U0673221

陈桥驿先生（1923—2015）

国家出版基金项目
NATIONAL PUBLICATION FOUNDATION

中国国家历史地理

陈桥驿全集

【第八卷】

陈桥驿 著

人民出版社

《中国国家历史地理》

主　　编：黄书元

副 主 编：于　青

策　　划：张秀平　关　宏

《中国国家历史地理·陈桥驿全集》编辑委员会

主　　任：罗卫东

副 主 任：冯建荣

委　　员（以姓氏笔画为序）：

　　　　　王永太　王　苑　方志伟　邱志荣　张秀平

　　　　　张环宙　陈汉林　范今朝　周复来　闻继威

　　　　　徐建春　屠剑虹　夏群科　阙维民　翟国庆

　　　　　颜越虎

主　　编：罗卫东　周复来　范今朝

责任编辑：关　宏　张秀平

特邀编辑：王京阳　白建献　华天惠　肖三华

　　　　　欧薇薇　张文品　张兆勇　陈雪兰

浙江大学

浙江大学理学部，浙江大学社会科学研究院，浙江大学地球科学学院

浙江大学地球科学学院地理科学系，浙江大学城市与区域发展研究所

绍兴市城市建设档案馆　绍兴市鉴湖研究会

协助

目　录

绍兴史话

越中杂识

绍兴地方文献考录

绍兴历史地理

绍兴简史

绍兴史话

一、远古的绍兴

《绍兴史话》，顾名思义要谈绍兴地区历史上的一些情况，既然谈历史，当然应该从比较远古的时代谈起。什么时代算是比较远古的时代呢？对于一个地区的远古情况，历史学家希望了解这个地区在新石器时代的社会结构，地理学家却想知道这个地区在中全新世的自然环境。新石器时代，这是历史学的称谓；中全新世，则是地质学的名词。其实，这两者在时间上是差不多的。大概总是距今七八千年到一万年的时代吧。因为一般说来，这个时代是人类有组织的生产活动开始的时候，也正是"史话"理想的开头。

这个时代没有文字记载，是我们对它进行了解的极大障碍。不过，考古学可以帮助我们获得甚至比文字记载更可靠的资料。正是借助于考古学，我们知道：绍兴的北面，距绍兴100多里的杭州良渚镇，1936年就发掘到新石器时代的良渚文化，距今约为4000年。绍兴以东，距绍兴100多里的余姚河姆渡村，新中国成立后也发掘出原始聚落的遗址，距今将近7000年。绍兴介于这两个新石器文化遗址之间，看来在新石器时代也是有人类活动的，近年来考古发掘的结果，已经证明了这种设想。只是在这里的发掘中，至今还没有获得像良渚和河姆渡这样系统而完整的资料。因此，对于绍兴地区远古的情况，我们除了利用第四纪地质学和考古学的一些资料外，主要还要依靠这个地区自古以来流行的传说。

下面，就是我们所要介绍的。

优越的自然环境

在古代,绍兴的原始自然环境是相当优越的。从南到北,从地形上看,是一个逐渐递降的阶梯。

绍兴的南部和西部,为著名的会稽山所盘踞。会稽山是一片高度在 500 米上下的丘陵,范围相当广阔,东西最宽约 100 华里,东南到西北延长达 200 华里。丘陵内部的分布和走向都比较复杂。会稽山的主干部分,绵亘于山阴、会稽和诸暨、嵊县的边界,主峰如鹅鼻山等,高度都在海拔 700 米以上。

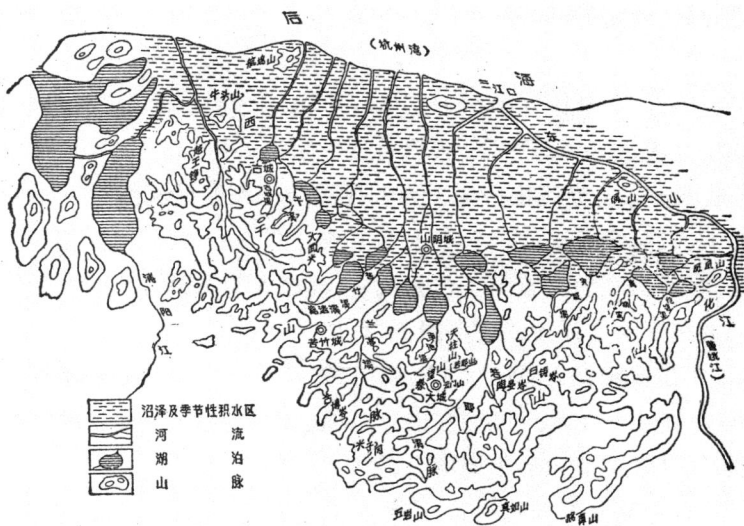

古代绍兴地区自然环境示意图

会稽山有 3 条主要分支:东翼是五百冈山脉,中翼称为化山山脉,西翼称为西干山脉。每一分支又分出许多更小的丘陵分支,使地形显得崎岖多变,形成会稽山范围内较高的一片丘陵地,面积约 350 平方公里。由于它的位置偏南,我们称它为"稽南丘陵"。

在化山山脉和西干山脉之间的地区,情况比南部更为复杂,这是绍兴地区历史上的重要活动中心。由于它们位置偏北,称为"稽北丘陵",面积约为 460 平方公里。稽北丘陵内部有许多山间盆地和河谷地,丘陵北端,在山势开朗处,形成一系列的冲积扇,冲积扇以下是许多宽狭不等的河漫滩,最后与"山会平原"连成一片。

山会平原就是古代山阴、会稽二县北部的冲积平原,其范围在后海(今杭州湾)以南,稽北丘陵以北,曹娥江以西。这片平原在第四纪时,原是一片浅海。今天在平原下11 至 12 米处所普遍存在的大量蛎壳,就是最好的证明。由于陆地的缓慢上升,和稽北丘陵河流的冲积,在历史时期已经成为一片沼泽平原,面积约 770 平方公里。沼泽平原从南向北缓倾,南部高度可达十余米,北部沿海不过 1 米—2 米。平原内部除了纵横交错的河流与湖泊外,还有数百座崛起于深厚的冲积层上的孤丘,高度从数十米到百余米不等。

山会平原以北是钱塘江河口,今天称为杭州湾,古代称为后海。钱塘江河口,历史上摆动于南大门、中小门和北大门三个口门之间,江道通过一个口门时,其余的口门就淤为陆地。目前的江道是通过北大门的,与山会平原相距已经很远。但这个地区在历史记载开始之时,江道走的却是南大门。当时,山会平原紧靠后海,潮汐可以直薄这片沼泽平原。

上面已经提到,绍兴地区在地形上好像一个南北倾斜的阶梯,稽北丘陵有许多河流从山麓冲积扇北流进入沼泽平原,然后通过平原注入后海。古人称为"鉴湖三十六源"。[①]这大概是把一些小支流也计算在内的说法。较大的河流约有二十多条,其中东部以若耶溪为最大,其余各溪后来有不少是汇入若耶溪的;西部河流相互汇合后,称为柯水。所有这些河流,在后汉鉴湖工程完成后,都注入鉴湖,所以称为"鉴湖水系"。

除了上列发源于稽北丘陵的许多河流以外,绍兴的东西两翼,还有两条源远流长的较大河流:东翼是曹娥江,西翼是浦阳江。曹娥江除了在河口处经常摆动外,一般比较稳定;浦阳江下游由于临浦等湖泊在历史时期的许多变化,河道比较复杂,摆动幅度很大,曾经较长时期地造成山会平原的灾害。

古代绍兴这种南高北低的阶梯状地形,配合它南北流向的河流,成为一种优越的自然条件。因为地形向北缓倾,河流出水就不致阻塞,要排干北部沼泽平原的积水,也比较容易。当然,在技术条件十分低下的古代,很长时间里,人们只能在咸潮不能波及的会稽山地活动,要开发水土资源丰富的沼泽平原,是有困难的。但是大自然的安排十分巧妙,在稽北丘陵与沼泽平原之间,有一系列的山麓冲积扇。这里有平坦而肥沃的土地,却不受咸潮影响;这里有许多向北注入平原的河流,使交通非常方便。山麓冲积扇成为会稽山地与沼泽平原之间的跳板。古代劳动人民从山区进入平原之前,有这样一个过渡地带,让他们在进入大平原以前,对于农业垦殖和水利建设等方面,有一个锻炼和实习的场所。另外,上面提到的沼泽平原上的数百座孤丘,也是大自然对古代绍兴人民的厚赐。水土资源丰富的山会平原,对于会稽山地的人们,当然非常富于引诱力。但是当他们一旦进入这里以后,面临的却是泥泞积水的沼泽和一日两度的潮汐,居住、饮水甚至燃料等,都遭到困难。人们必须首先在平原上站住足跟,而这些孤丘恰恰就是第一批开拓者的立足点。在这里,山坡上的小片土地可供耕种,这是咸潮所达不到的。山上有泉水可供饮用,而满山的树木可作燃料。这些孤丘向南的山麓,更是阳光充足、气候温暖,是人们建立聚落的理想地址。因此,这些孤丘就成为古代人民开发平原的基地。有些孤丘附近,还建立起大型的聚落,现在的绍兴城,即是利用了这一带的大小八个孤丘建立起来的。

古代绍兴地区的气候条件也很好,具有一种温暖多雨的亚热带季风气候。四季分明,夏季炎热,春秋温暖而湿润,冬季并不严寒。古籍记载,这个地区有"裸国"和"断发文身"等原始风俗,②这当然与古代物质生活水平低下有密切关系,但也同时反映了这里的气候条件。古今气候的变化并不很大,今天这个地区仍然是这样的气候类型。在古代,这里的水面比现在更广阔,特别是原始森林生长得十分茂密,对气候的调节作用与今天大不相同。因此,当时的气候可能比今天更为温暖湿润。

古代绍兴地区的自然资源也非常丰富,首先是植物资源。这里,在远古是一片茂密的原始森林,主要分布于今绍兴城以南的广大地区,所以古人称这片森林为"南林"。南林的范围很大,除了整个会稽山地外,很可能与当时浙江中南部及闽、赣等地的原始森林连成一片。这是一片亚热带的混交林和阔叶林,具有暖热地带原始森林的一般特色。森林中树种复杂多样,拥有许多树身高大的树类。古人所说"大二十围、长二十寻"③的巨木,可能有些夸大。但后来在南宋疏浚鉴湖时,从湖底挖出许多成湖以前的古棺,都是用整段树木刳空后制成的,④古代树木干径的粗大,可见一斑。除了高大的乔木外,这里还到处生长着竹林。竹类比较能适应低湿的自然环境,分布就更为广泛,不仅在会稽山地,北部沼泽平原中比较高燥的地方,也都有它们的分布。

茂密的森林之中,当然也有各种动物。我国的一本古代地理名著《禹贡》中,记载古代扬州地区有象和犀;另一本古籍《竹书纪年》中,记载越王曾向当时的周朝皇帝贡献犀角和象牙。当然,《禹贡》中所指的扬州,范围很大,绍兴虽然也包括在内,但象和犀并不一定就在绍兴。《竹书纪年》中所说越王贡献的犀角、象牙,也不一定就是当地的产品。不过,在原始森林已经大片消失的公元10世纪,今天浙江金华一带,还有像出没的确凿记载。⑤这样,在原始森林如此茂密的时代,这些动物在绍兴存在,是并不奇怪的。根据古书记载,南林是一片虎豹之野,此外还有猿、猴、熊、罴、野猪、鹿、麂等多种多样的野生动物。⑥春秋战国时代,毛皮是这里对外馈赠的常见礼物,也是区际贸易中的重要商品。⑦这同样足以说明,这里野生动物资源的丰富。

从上面所说的可以看到,在古代,这里的自然资源是很丰富的。会稽山地的天然植物资源和野生动物资源,山会平原的水土资源,后海一带还有海涂和海洋资源。所有这些资源,为这个地区古代劳动人民发展生产,创造了十分有利的条件。

生动的历史传说

　　在有历史记载以前,绍兴地区有许多远古的传说。这种传说,在远古人们中代代相传,到了有文字记载以后,又有人把它们记载下来,其中有些传说是生动而富有意义的。

　　有一个在我国古代广泛流行的传说,是禹会诸侯于会稽的故事。许多古籍如《墨子》、《管子》、《淮南子》、《吕氏春秋》、《史记》、《越绝书》、《吴越春秋》等,都有类似的记载,其中以《越绝书》的记载最为详细。《越绝书》说,禹曾到绍兴两次,第一次是为了治水而来,在这里召集各地诸侯进行会计(即会议讨论的意思)。为了纪念这次会计,把会议地点茅山,改称为"会稽山"("稽"与"计"同音),这就是会稽一名的由来。《史记》记载这个故事时,还加上另外一段插曲,说这次会稽之会时,有一个叫做防风氏的诸侯到晚了,竟被执法森严的禹诛戮示众,使故事更加富于传奇色彩。第二次到绍兴,是在他做了皇帝以后的巡狩,却偏偏在此病死,因此就葬在会稽山下。此后,汉代的司马迁曾经到过绍兴。他说此行是为了"上会稽,探禹穴"。《汉书·地理志》上也说,会稽山有禹冢和禹井。于是,到了三国以后,会稽山北段的一座叫做石帆山的山峰下,就出现了一所禹庙。北宋初年,朝廷又下诏迁了五户人家到山下守陵,禹庙和禹陵就这样固定下来。宋代以来,会稽山下一年一度的祭禹,成为浙江全省性的隆重典礼,而禹陵就成为绍兴的一处名胜古迹(现在是省级文物保护单位)。

　　禹会诸侯于会稽,以及死葬会稽的故事,当然不一定实有其事。早在后汉,著名的哲学家王充,已经说过:"禹会诸侯,非其实也。"[8]即使在中原,禹治水的故事,也不过是一种传说,并不是可靠的历史记载。但古代绍兴地区流行这种传说,却并不是偶然的。它反映了这个地区古代的洪水以及人们和洪水的斗争。前面已经说过,活动于会稽山地的人们,对于山北的广大沼泽平原,是心向往之的。因为随着人口的增加和生产力的发展,人们希望从崎岖狭隘的会稽山地,进入水土资源丰富的山会平原,这是势所必然。但是在技术条件很落后的古代,要进入沼泽平原定居,并不是一件轻而易举的事。在这里,山水下泻,海潮顶托,洪水是经常发生的事,也是这个地区主要的自然灾害。越王句践说,这片土地是:"西则迫江,东则薄海,水属苍天,不知所止。"[9]说明洪水是这个地区上自国君、下到人民大家所关心的大事。在这样的情况下,这里的人民对中原传说的领导治平洪水的禹,产生了莫大的崇敬,是完全可以理解的。他们不仅传颂禹的故事,并且还学习禹的精神,在自己的地区和洪水作斗争,改造沼泽平原的自然环境。他们围堤筑塘,疏导山水,抗拒咸潮,使沼泽平原逐渐得到垦殖。因此,古代绍兴所流传关于禹的传说,既反映了这个地区古代的自然环境,也反映了古代劳动人民改造自然环境的斗争,是具有积极意义的。

　　绍兴地区的古代传说中,还有一个"会稽鸟耘"故事。许多古籍都有关于这方面的记载,《越绝书》和《吴越春秋》的记载中,称为"鸟田"。"鸟田"是什么? 古书记载说:从前大禹在位十年,外出巡狩,死在会稽。于是就有鸟来为这个地方耘田,春天啄去草根,秋天啄去杂草。所以当地的县官,不许人民捕杀这种鸟类,否则就算犯罪。⑩

　　"会稽鸟耘"的传说,和我国历史上的另一种传说"苍梧象耕"相似。古书上说道:舜葬在苍梧,于是有象来为这个地方耕田。⑪把"象耕"和"鸟耘"这种现象,作为动物对于传说中的舜和禹这类人物的崇高伟大的报效,当然是非常荒谬的。哲学家王充说:舜葬在苍梧,象就到那里去为他耕田;禹葬在会稽,鸟就到那里去为他耘田。这不是事实,是虚妄的说法。⑫但是,从现象上看,"象耕"和"鸟耘"的情况,在古代的那些地区是存在的。这又是怎么一回事呢? 王充也解释说:事实上,苍梧是多象的地方,而会稽则是各种鸟类居住的地方。象跑到田野里翻搅土壤,鸟飞到耕地中啄食野草,结果是土壤松了,野草食尽了,好像耕田和耘田一样,于是人们随即在这样的土地上进行耕种。⑬王充还认为,"会稽鸟耘"的这种鸟类,是一种北方飞来的候鸟,他称为"雁鹄"。他说这种雁鹄,是从北方的碣石飞到会稽来避寒的。它们到会稽,恰恰是农事已毕的时候,于是就群集在田野里啄食杂草,到次年春雨下降、农事开始的时候,又飞回碣石去了。⑭王充对于"会稽鸟耘"的解释,是比较符合实际的。他的解释并不是单纯的逻辑推理。因为他是上虞人,他所在的时代,沼泽平原还没有完全得到垦殖,这种"鸟耘"的现象,他很可能是经过仔细观察的。

　　"会稽鸟耘",其实并不是什么神话,而是反映了这个地区大片沼泽平原的自然面貌。今天,北方的这类候鸟,每年仍然大批南来,它们栖息在钱塘江河口两岸芦苇连绵、水草丛生的沼泽滩地上,正和古代它们栖息在山会平原的沼泽地上一样。当然,它们栖息和活动的范围,较之古代大为缩小,因此在数量上已经完全不能和古代相比了。"鸟耘"这类传说,看来是在人们刚刚从会稽山地进入沼泽平原,而沼泽平原开始逐步垦殖时发生的。当时,沼泽平原的一部分,已经围堤筑塘、排干积水、辟为耕地;而平原的大部分,还是芦苇丛生、水草丰美的沼泽地,是候鸟栖息的场所。它们飞翔活动在沼泽平原之上,自然也会飞入刚刚开垦的耕地之间,于是就流传了"鸟耘"这样的动人故事。正是这些南来北去的候鸟,曾经目睹它们这块温暖舒适的南方领地,在古代劳动人民胼手胝足的辛勤劳动下逐渐缩小,最后不得不抛弃它们的这块世袭领地。正是它们,可以作为山会平原上古代劳动人民改造自然的历史见证。

二、古今沿革

前面已经提到,远古的绍兴介于良渚与河姆渡这两处新石器文化之间,因此,这里在远古有人类聚居和活动,大概是没有疑问的。但是,由于至今还没有在这里发掘到系统而完整的资料,因此在介绍这个地区的古今沿革时,我们暂时还只能从于越谈起。从传说中的于越,到记载确凿的于越,据说历时 1922 年。⑮但其中记载详细的,实际上仅仅越王句践一代而已。

公元前 222 年,秦始皇平定了中国的南部,于越也包括在内,他把这个地区的于越人民,迁徙到钱塘江以北的余杭和故鄣一带,又把其他地方的人民迁徙到这里,置会稽郡,使郡内各族互相融合。会稽郡的建置,除了公元 371 年—372 年一度成为会稽国(东晋文帝之子道子的封邑)外,一直稳定到公元 589 年(隋文帝开皇元年)。此后,开始废郡称州,而公元 605 年(隋炀帝大业元年),第一次出现越州这个名称。从隋朝到唐朝中叶,大约有 170 年时间,越州和会稽郡两个名称并见。到公元 758 年(唐肃宗乾元元年)以后,越州的名称就稳定下来,一直延续到 1131 年(南宋绍兴元年),这一年改越州为绍兴府。从南宋到清末,除了元朝的八十余年中,称为绍兴路以外,绍兴府的名称沿用不变。

下面分于越、会稽郡、越州,绍兴府四个阶段,分别简叙各个时代的沿革变迁。

于　越[16]

　　根据现在所知道的资料,绍兴地区在古代居住着一个称为于越的部族。于越部族的第一个酋长,按传说称为无余,他是夏朝第六个帝王少康的支庶。对于这个部族早期的活动情况,现在能掌握的资料很少,只知道他们在很长时期中,进行一种"随陵陆而耕种"的刀耕火种的原始农业和"逐禽鹿以给食"的狩猎业活动。这种原始的生产活动,具有很大的流动性,因此,部族的分布范围是很广泛的。今日的浙东,甚至江西和福建的一些地区,可能都有过他们的踪迹。但会稽山地是他们重要的活动中心。根据记载,秦望山下的嶕岘和诸暨境内的坤中,曾经都是部族酋长的驻地。[17]

　　在公元5世纪初期的著作中,还说到诸暨东北107华里有于越的古城,是于越中期的都城,其遗址在当时尚可见到。[18]《竹书纪年》记载,西周成王二十四年于越到周朝朝聘的事。这是于越这个部族在记载中的第一次出现,其时在公元前11世纪。不过《竹书纪年》这本书,不少人对它的真伪很有疑问,所以它的记载还不能作为定论。《左传》记载公元前606年(东周定王元年)楚国与吴、越结盟的事,这是于越作为春秋列国出现的最早记载,这个记载应该说是可靠的。但由于这些记载都很简单,因此,于越在当时的情况,还是相当模糊的。以后,到了公元前537年(周景王八年),适当越王夫康和吴王余祭的时代,吴、越两国在他们的边界,即今嘉兴一带发生了战争。这次战争据说是由于越发起的,[19]但详情也不明了。

　　公元前510年(周敬王十年),即越王允常即位的当年,句吴向于越发动了进攻,攻占了边界上的嶕李等地方。[20]当时句吴已是一个相当强盛的春秋列国,而且是由一个颇有称霸野心的阖闾做了国王。公元前505年(周敬王十五年),越王允常趁句吴兴兵伐楚的机会,出兵攻入吴境。[21]因为吴国国内空虚,越国因而打了胜仗。其实,吴国在当时已经是一个兵强马壮的大国,而越国不过是个边疆小国,其实力是完全不能与吴国相抗衡的。

　　这次战争以后,越王允常去世,由他的儿子句践即位。越王句践是一个有雄才大略的人。他继承王位以后,首先就把于越世世代代的部族酋长驻地,从崎岖狭隘的会稽山地,北迁到山麓冲积扇的平阳,[22]作为进入广阔山会平原的第一步。句践十分清楚,要击败吴国,进一步角逐中原,绝不是一个躲在会稽山区里的小部族可以达到的事业。要完成这样的事业,首先就得跳出山区,去经营广阔的山会平原。这也就是句践的谋士范蠡所说的:"不处平易之都、四达之地,将焉立霸主之业。"[23]同时,句践又在他的北部边疆,即今日的嘉兴一带,加强了兵力,与吴国发生连年不断的战争。吴王阖闾在位的最后一年,吴、越两国在樵李一带交战,阖闾在战场上负了伤,接着就不愈而死,[24]于越又打胜了一仗,但因此与句吴结下了更深的仇恨。

　　阖闾死后,继承王位的是吴王夫差。夫差也是一个很有才能的人,他既要报其父阖闾之仇,又要北上称霸中原。于是,就在公元前493年到492年先进兵伐越,以巩固后方。[25]由于他兵多士众,加上他父亲留下的楚国名将伍子胥的正确指挥,把越国打得一败涂地。句践最后只剩下了五千残兵败将,退入会稽山地。吴国大军长驱直入,将越国残部,紧紧围困在会稽山中。越国在这样的情况下,向吴国屈膝求和,城下之盟不消说是十分苛刻的。越国实际上已经覆亡,句践夫妇作为人质去到吴国。公元前492年,也就是句践即位后的第五年,句践夫妇和大夫范蠡等离越去吴,于越群臣在钱塘江边的固陵,为句践饯行。此去当然是凶多吉少的,群臣都垂泪无言,忧伤满怀。酒行三觞,句践仰天叹息,举杯垂涕,情况确实十分凄惨。[26]

　　到了吴国以后,越王夫妇君臣入见夫差,句践自称贱臣,叩头跪拜,执礼极恭。伍子胥知道句践是个胸怀大志的人,坚决主张将他杀掉。他说:青云上的飞鸟,我们尚且想用弓矢把它射下来,何况句践已经来到我们的掌握之中,正像庖厨宰杀牲口一样地方便,岂可失去这样的机会。[27]但是,夫差却认为杀戮一个已经投降或臣服的人,上天是要谴责和降祸的。这样,就把句践夫妇和范蠡等囚禁在一间石室之中,让他们作为宫廷养马的贱役。从此,他们衣衫褴褛,成为吴国的囚奴。句践割草喂马,他的妻子挑水除粪,低声下气、胼手胝足地在吴国宫廷中服了三年苦役。

　　当然,这不过是他们迷惑夫差,使他丧失警惕的一种策略。他们忍辱负重,在范蠡的策划之下,每时每刻都不忘报仇雪耻。他们贿赂夫差身边的一个幸臣太宰嚭,以窥测夫差的动静,并且让他在夫差面前替句践说好话。有一次,夫差生病,范蠡知道病情并不严重,就策划要句践尝夫差粪便的诡计。伺候机会,让句践在服侍夫差的宫人面前,亲自尝了夫差的粪便,然后入见夫差,向夫差道贺。说自己过去曾经有师傅传授,懂得人的粪,"逆时气者死,顺时气者生"。[28]现在据所尝的夫差粪便,其味又苦又酸,这是"顺春夏之气"。[29]因此,断定夫差的疾病,不久就会痊愈。如同范蠡所预料的,过了不久,夫差的身体果然恢复了。这使他十分赞赏句践的"耿耿忠心"。尽管伍子胥一再指出,句践一伙"内怀虎狼之心,外执美词之说"。[30]但是夫差越来越听不进伍子胥的这种逆耳忠言了。他最后于公元前490年,决定把句践一行释放回国。他们终于又回到了钱塘江边,看到了江南岸的故国家园,真是"山川重秀,天地再清"。句践满面涕泪地对他妻子说,我以为此生不可能再见到于越百姓了,岂料如今真的又重返乡国。[31]于是,群臣前来祝贺,百姓夹道欢迎,他们就这样结束了三年危险的囚奴生活。

　　返回故国以后,夫差又向句践封地百里,南到会稽山,北到后海,东西大概各到今曹娥江的浦阳江,即是历来山阴和会稽两县的范围。土地比过去当然小得多了,但是留下的部分,恰恰是于越部族历史上的聚居中心,算是不幸中的大幸。因为正如前面已经介绍的,在这片从南向北成为阶梯状的土地上,资源丰富,自然条件优越,而且由于部族长期来聚居在这里,群众基础也是十分扎实的。句践决心以这片土地作为基地,进行灭吴雪耻、角逐中原的伟大计划。他把一颗苦胆悬挂在自己的居处,出入时常用舌头舐舐,尝尝它的苦味,并且自问:你忘记了会稽的耻辱吗?[32]

　　上面已经提到,句践在即位之初,已将部族酋长驻地从山区移到山麓冲积扇带的平阳。这次回国后,他决心在平原上建筑一个都城。他把这个任务交给了大夫范蠡。范蠡在经过勘察以后,利用今绍兴城所在地区的 8 个孤丘,于公元前 490 年(句践七年)开始建城。建成了“一座周围二里二百二十三步的城邑”,称为小城,[33]作为于越的国都。这个小城,即是后来的山阴城,设有陆门四处、水门一处。为了迷惑吴国不使怀疑,城的西北隅不筑城墙。因为这是吴、越间的交通大道,这一隅不筑城墙,就表示甘心臣服,没有抗拒的意思。其实,小城西部的很大一段依靠种山,种山的顶巅高达海拔75 米,是附近 8 处孤丘中的最高点。范蠡在这里建造了一所很高的飞翼楼,后来称为“望海亭”,实在就是一个瞭望塔,一直可以望到钱塘江边。吴国如有所行动,这里老早就可以进行准备。小城筑成后,范蠡接着又在小城附近建筑大城,大城达“二十里七十二步,设有陆门三处、水门三处”。[34]小城与大城,大体上是后来绍兴城的范围。由于这些城邑由范蠡设计建筑,所以直到现在,绍兴城还常被简称为“蠡城”。

　　随着小城与大城的建成,于越有了一个坚固的中心。句践就以它为基地,开始了“十年生聚,十年教训”的长期计划。[35]最重要的当然是发展生产。句践首先采用大夫计倪提出的方案:减少税收,关心人民生活,兴修水利,奖励农桑,增加粮食积蓄以搞好战备。[36]大夫范蠡并且设计修建了富中大塘,进行开垦土地的工作。田间管理和耕作技术也开始讲究,例如古书所说的:“留意省察,谨除苗秽,秽除苗盛。”[37]这就是指的耘田的工作,说明了当时精耕细作的情况。于是,粮食、蚕桑、麻、葛等农产品,都有很大的增加。

　　在部族活动于会稽山地的时候,肉食主要是依靠狩猎业提供。现在,开始更多地依靠畜牧业来解决这种需要。许多专业化的牧场建立起来,例如养犬的犬亭山(犬在当时主要是肉食),养豕的豕山,养鸡的鸡山,养鹿的白鹿山等等。[38]畜牧业的发展,对提高部族居民的体质有很大好处。此外,范蠡又开辟养鱼池,发展了淡水养鱼。[39]

　　一整套手工业也先后建立起来。[40]句践在离城 15 里的官渎设置了工官,专门管理这方面的事务。首先,是和战备有密切关系的冶金工业。他们在锡山开采锡矿,在六山、铜牛山、姑中山等地开采铜矿,利用在炭渎所烧制的木炭,在练塘建立了冶铜和冶

锡的工场。这样,制造刀剑和其他战争武器的工业,也有了相应的发展。又在离城 15
里、交通方便而森林茂密的木客山建立了伐木场,派遣上千工人到那里采伐大量木材。
又在离城 50 里的海边建立船官,以制造船舶,建成了一支包括"戈船三百艘"的船队。
此外,又在离城 35 里的朱余,建立海涂盐场,进行盐业生产。就这样,越国的生产力在
短时期内有了很大的提高,建立了相当丰富的物质基础。

与此同时,句践在增加部族人口、提高人民素质方面,也作了很大的努力。由于历
年来的战争,部族的人口损失不小,兵力和劳动力都受到很大影响。所以首先要采取
奖励生育的办法。根据记载,这种办法的内容是:壮年男子不得娶年龄较大的女子为
妻,年轻女子不得嫁给年龄较大的男人;女子 17 岁不嫁,男子 20 岁不娶,他们的父母
都有罪;女子怀孕后必须报告,以便公家派医生看护;生育 1 个儿子,公家奖给酒 2 壶、
犬 1 头;生育 1 个女儿,公家奖给酒 2 壶、猪 1 头;生有子女 3 人的,公家雇给乳母;生
育子女 2 人的,公家给予食物补助。[41]于是,越国的人口在短期内有了很大的增长,

人口增长了,还有一个提高人民素质的问题。当时最重要的是军事训练,这是建
立一支精锐的远征军的必要措施。当然,这种训练是十分残酷的。比如,句践为了考
验他的战士是否忠勇,在宫廷前面烧起火来,结果是赴火而死的士兵不可胜数。[42]又
如,句践把水面上的船舶烧起火来,击鼓命士兵冲锋,士兵勇猛向前,伏水火而死者不
可胜数。[43]句践还在离城 5 里的射浦建立一个练兵场,从楚国聘请著名的射手陈音,前
来担任教官。经过这一切努力后,句践终于在他誓师伐吴的前一年,即公元前 481 年,
建成一支精锐部队,包括战士 4 万人,各级军官 6000 人,水兵 2000 人,部队中的各种
技术人员 1000 人。[44]这支军队后来立下了辉煌的功勋。

上面所说的,都是越国的内政。此外,在对吴国的外交方面,也做了许多工作。主
要是迷惑夫差,使他松懈警惕,丧失斗志。他们经常把越国出产的最好的东西,向吴国
进贡。他们知道夫差讲究穿着,就派人到山中采葛,织成精致的葛布,献给夫差。此
外,还献上甘蜜、狐皮、晋竹等许多好东西,以博得他的欢喜。果然,夫差再一次扩大句
践的封地,把东至今舟山群岛,南到今衢州一带,西到今嘉兴附近,北到今海盐县等地
纵横八百余里的土地,加封给于越。[45]使于越的土地,基本上恢复到战败前的范围。他
们又知道夫差好色,就到处物色美女,在诸暨苎罗山找到了西施和郑旦。她们生得十
分漂亮,于是就在小城以东建造了一座土城,花了 3 年时间教她们舞蹈和各种进退应
对的礼节,然后献给夫差。夫差高兴地说:于越把这样两个美女献给我,就是句践尽忠
于我的证明。于是沉沦酒色,不理政事,伍子胥尽管一谏再谏,夫差都充耳不闻。句践
还使人继续贿赂太宰嚭,让他挑拨夫差与伍子胥之间的关系。这一计策也获得成功,
夫差在公元前 484 年用一把属镂之剑,要伍子胥自杀。[46]这样,于越消除了一个最能干

的对手,向吴国进军已经箭在弦上了。

就在夫差杀伍子胥后的第四年,夫差为了角逐中原,正在今河南封丘附近与鲁哀公、晋定公等举行黄池之会,尚未返吴。他满以为于越是最可靠的后方,却料不到句践的利剑突然插入吴国的心脏。在国君外出、号令无人的情况下,句践的这种突然袭击,使吴国陷入一片混乱。越军虏杀了吴国的太子,冲入都城,焚烧了夫差建造的姑胥之台,真是如入无人之境。吴国的大臣派人到北方向夫差告了十万火急,但是远水不济近火。夫差一面把他在南方的败绩向参与黄池之会的诸侯保密,一面派人与越国讲和,总算暂时让句践退了兵。

这一仗的胜利大大鼓舞了于越军民,而吴国却从此一蹶不振,只能勉强维持苟且偷安的残局。接着,句践于公元前476年再次伐吴,次年就包围了吴国的都城,到公元前473年,即句践在位的第二十四年,终于覆灭了吴国,俘获了夫差。夫差因为当年会稽之战后赦免了句践,还希望句践会给他同等待遇。但是范蠡说:当年会稽之事,是天意要把越赐给吴,吴却不取;今日则天意要把吴赐给越,越是不会违抗天命的。[47]就这样,夫差伏剑自杀,吴国从此灭亡。越国的部队就横行于江淮之上。公元前472年,句践迁都琅琊,终于挤入中原诸侯的行列,"十年生聚,十年教训",这20年之中,绍兴在历史上第一次获得迅速的发展。

会稽郡

越王句践迁都琅琊以后,绍兴地区仍然是于越部族的重要聚居中心。琅琊是越国的首都,绍兴则是越国的基地,两者的关系是很密切的。一直要到公元前334年,即越王无疆九年,越为楚所败,楚人占领了原来的吴国全境。[48]接着,楚考烈王于战国末期又占领了琅琊,于越的境域,从此又退缩到绍兴一隅。尽管越王无疆以后,于越的王统已经不复存在,但于越作为一个部族却仍然存在,他们仍以绍兴一带为聚居中心,这样一直延续到公元前222年。这一年,秦平定了长江中下游以南的地区,降百越之君,置会稽郡。当时郡治建在吴县,在绍兴地区设置山阴县,这是山阴作为一个地名在历史上的首次出现。当时的会稽郡范围极大,北起长江南岸,南到今福建北部,包括长江和钱塘江之间的13个县以及钱塘江以南的13个县。绍兴按其行政地位无非是会稽郡下的一县,但在全郡26县中,山阴无疑是个显要的大县,因而特别得到秦统治者的重视。秦始皇在其在位的第三十七年,即公元前210年,曾经巡狩到了南方。他以万乘之尊,居然为了要到山阴县而甘冒钱塘江怒潮之险。[49]最后终于在江面较狭的今富阳一带渡江入境,登上了会稽山的一座山峰以望南海。这座山峰,至今仍然称为秦望山。

在绍兴城内向南遥望,可以清楚地看到此山的全貌。

秦始皇把吴、越两国的旧地合为一个会稽郡,其意图是和他的废封建、设郡县的整个政策相一致的。吴、会合治,再加强制的居民迁移,他把绍兴地区的许多于越居民迁移到今浙西的湖州、杭州和安徽的歙县、黟县、芜湖、石城等地,又把其他地区的居民迁移到绍兴。⑩这对摧毁吴、越的旧统治势力,促使各族间的融合和巩固秦的统治,都有很大的作用。这一措施对以后绍兴地区的发展,无疑也有很大的影响。但在另一方面,吴、越二地在历史发展和地理条件上的差异,终究不是合治所可以泯灭的,因此,虽然吴、会合治以后,郡治设在吴县,但山阴县却仍然是浙东、闽北13个县的中心。这种形势,成为以后吴、会分治的重要原因。

秦以后,整个西汉都维持吴、会合治的局面,一直延续到公元128年(后汉顺帝永建三年),绍兴地区作为会稽郡的山阴县,达350年之久。由于生产力不断提高,人事日趋复杂,交通不便对于行政区划的影响也日见突出,这样就终于在公元129年实行了吴、会分治。⑪分治大体上以钱塘江为界,江北置吴郡,郡治建于吴县;江南置会稽郡,郡治建于山阴县。会稽郡领山阴、余暨、剡、上虞、余姚、句章、鄞、鄮、乌伤、太末、章安等13县。山阴既为会稽郡治,绍兴地区重新又成为一郡的政治经济中心。此后,随着社会生产力的不断发展和人口的增加,会稽郡管辖的地区,就逐渐缩小。公元208年(后汉献帝建安十三年),今浙、皖间建立了新都郡,包括始新(以后的淳安县)、新定(以后的遂安县)两县,⑫浙江西南部首先与会稽郡分离。到了公元256年(三国吴太平二年),会稽郡东部建立了临海郡;⑬公元260年(三国吴永安三年),会稽郡南部今闽北地区又建立了建安郡;⑭公元266年(三国吴宝鼎元年),另外又建立了东阳郡。⑮从此,会稽郡的辖区缩小到今绍兴、宁波两个地区。

到了晋代,北方战乱频仍,朝廷被迫播迁到南方,称为东晋,随着发生了北人大量南迁的情况。会稽郡在接纳了许多来自北方的移民以后,得到了迅速的发展与繁荣。由于户口增加,社会的各种需要随着增加,这就刺激了农业和手工业。土地的垦殖扩大,著名的手工业如造纸和陶瓷等,都在这一时期迅速发展起来。东晋时期,正是鉴湖的全盛时期,它不仅促进了这里的农业生产,而会稽山青,鉴湖水秀,天然美景,更吸引了许多南迁的文人学士到这里定居,使这里的文化也有很大的提高。这样,就使这个地区出现了所谓"今之会稽,昔之关中"⑯的繁荣情况。所以,在公元4世纪前期(东晋成帝咸和年代),由于苏峻之乱,首都建康的宫阙大部成为灰烬,当时就有人建议把东晋首都迁到会稽。⑰尽管此事未付实现,但会稽在东晋一代的地位,已可想见。

东晋以后就是南北朝,这个地区的生产继续有所发展,作为郡治的山阴县成为"海内剧邑"。由于鉴湖工程在农田水利上的巨大效益,垦殖迅速扩大,农业生产的发展超过了以前任何时代,这就吸引了外来移民,使人口大为增加,山阴县出现了"土地褊狭,民多田少"[⑤]的现象,而造成地价高涨,达到"亩直一金"[⑤]的程度。以致地方政府不得不采取措施,设法移民到郡内偏东的余姚、鄞、鄮各县,[⑥]以减轻山阴县的人口压力。绍兴地区在南北朝初期的这种迅速发展,在行政区划上也有明显的反映,公元454年(南朝宋孝建元年),浙东的会稽、东阳、永嘉、临海、新安五郡设置了东扬州,州治就在会稽。[⑥]到了459年(南朝宋大明三年),又一度把扬州州治,从首都建康移到会稽,[⑥]这是会稽地位升高的显著标志。因为自从晋室南渡以来,建康一直既是国家首都,又是扬州州治。扬州刺史为诸州统帅,这是由来已久的事,会稽竟一度膺此重寄,其地位重要,可见一斑。虽然扬州州治随即迁返建康,但从梁初(5世纪初期)起,又被升格为东扬州。在整个南北朝时期,会稽俨然与建康东西相峙,成为当时江南的两大都会。也正是由于这个地区经济、文化的发展和户口的增加,区域内部的行政区划开始有了调整的必要。梁代以前的齐代,已经提出了要把山阴县划分为两县的建议,这个建议到了南北朝末叶的陈代(557—558)[⑥]终于实现,山阴县被划分为山阴和会稽两县。包括郡城在内,西部为山阴县,东部为会稽县。这也是会稽县在历史上的第一次出现。

越　州

以绍兴为中心的地区,在行政区划上称为越州,是从公元605年(隋炀帝大业元年)开始的。会稽郡早在589年隋朝建国之初,就已经取消,但以后又几度恢复,最后一次恢复会稽郡的名称是公元742年(唐玄宗天宝元年)。758年(唐肃宗乾元元年)起,越州的建置和名称从此稳定下来,不再变化。[⑥]越州的辖区,开始时大体相当于今天的宁波和绍兴两个地区,以后逐渐缩小。山阴与会稽两县在这期间时分时合,但一直是州治所在。

在会稽郡时代,郡境范围广阔,而郡治绍兴,一直是闻名全国的头等城市。可以这样说,会稽郡时代,是绍兴在全省首屈一指,而在全国显露头角的时代。越州的时代,不仅辖境逐渐缩小,作为州治的绍兴,在全国和全省的地拉也开始削弱,是一个从发展的顶峰逐渐下降的时代。

首先是越州领域的缩小,这是因为到了唐代,海上贸易开始发达起来。越州东部的鄮县,通过海上贸易,经济得到较快的发展,已经达到可以和山、会两县相颉颃的程度。于是在公元738年(唐玄宗开元二十六年),建立了以鄮县为中心,在行政地位上与越州相等的明州。[⑥]越州的范围缩小到东起姚江上游,西抵浦阳江流域,南达会稽山地,北滨杭州湾的地区。这个范围一直保持到清末。

　　越州的境域虽然缩小,但是作为州治的绍兴,晚唐以前在目前省境范围内的地位,仍然还是领先的。公元787年(唐德宗贞元三年),越州成为浙江东道的道治所在,当时的浙江东道领有越、衢、婺、温、台、明、处七州,绍兴仍不失为七州的首城。直到9世纪初期,著名诗人元稹当越州刺史时,他在任上作诗,仍说"会稽天下本无俦"。⑥元稹是见过世面的中原人,他这样夸越州州城,说明中唐以后,越州在城市规模上,俨然还是一个大城。从生产发展上说,鉴湖的灌溉效益在这个时期仍然较好,而后海沿岸的海塘工程基本完成,北部平原已经得到全面的垦殖。在农业生产的其他部门,如蚕桑业和会稽山地的植茶业等,也都开始迅速发展。手工业生产在这一时期获得蓬勃的发展,其中造纸业和陶瓷业的产品流行全国,甚至输出国外,丝绸业也已开始在全国显露头角。总的说来,经济提高的幅度较之前代是很有可观的。但是,从另一方面看,由于全国生产力在这一时期得到很大的发展,许多比越州条件更有利的城市,在经济发展和城市规模方面,有了比越州更快的速度。因此,从比较上说,越州的地位下降了,在全国所有发展较快的城市中,也包括和越州毗邻的杭州在内。杭州由于交通位置上是江南运河与钱塘江的交汇处,广大的杭嘉湖平原在农业生产上有巨大的潜力,而8世纪末期又引西湖之水入城,解决了居民的饮水问题。许多原因促使这个城市在经济上迅速发展,规模不断扩大,终于在唐代末叶超过绍兴,成为省境内的最大城市,而绍兴从此退居次位。

　　唐代末叶,由于中央政权削弱,地方势力进行割据,绍兴地区曾经发生过几次战争,这些战争对越州的发展无疑是产生不良影响的。第一次是杭州刺史董昌与浙东观察使刘汉宏之间的战争。战场在绍兴的外围和城郊,从公元882年(唐僖宗中和二年)打到公元886年(光启元年),兵荒马乱,对绍兴是很伤元气的。结果,以董昌部将钱镠攻占越州而结束。⑥但接着于公元896年(唐昭宗乾宁三年)又发生董昌与钱镠之间的战争,战场主要在越州城郊,结果是钱镠又一次攻占越州,才结束了战争。⑥

　　钱镠在这一次获胜后,建立了吴越国,把杭州定为吴越国西府,越州为吴越国东府,西府是吴越国实际上的首都。经过钱镠毕生的惨淡经营,杭州从此超过了越州。但是,越州作为吴越国的东府,是吴越国的行都,在吴越一代,也有较大的发展。钱镠在公元897年(乾宁四年)、公元908年(吴越天宝元年)、公元909年(天宝二年)数度驻节越州,擘划经营,很有建树。由于鉴湖的淤浅情况当时已日见严重,钱镠亲自主持了鉴湖的疏浚,并且订立了每年疏浚的规章制度。⑥此外,在越州的生产发展以至州城的扩充、整修等方面,都做了不少工作。吴越国时代命名的街道桥梁,至今仍然存在。吴越东府的几十年建设,使绍兴在北宋一代仍然不失为东南地区的一大都会,而且奠定了南宋初年作为全国临时首都的基础。

绍兴府

　　北宋末年,因金人入侵,举国动乱,绍兴地区也经历了历史上的很大变化。金兵在占领黄淮地区后,继续渡过长江南下,宋高宗赵构被迫于1129年(建炎三年)10月从杭州渡钱塘江到越州,驻跸州廨。越州第一次成为南宋的临时首都。但金兵在攻陷杭州后紧紧尾随,当年12月,赵构又东奔避难,从明州入海逃到温州。安抚使李邺以州城降金,金将䚟八成为越州的主宰。[70]这是绍兴地区自秦统一以来第一次为异族侵占,受到很大破坏。

　　次年(建炎四年)初,金兵撤退,宋高宗于当年4月从温州再度返越,以种山南麓的原州治为行宫。越州第二次作为南宋的临时首都,为期达一年零八个月之久。[71]这一次驻跸越州,由于时间较久,军事形势也比较稳定,越州在这一年多时间中,初步形成为南方的政治经济中心。流落在中原的和在战争中失散的大批王族和官员,在这时期也都纷纷来到绍兴。原来的许多祠堂庙宇,一时都辟为临时官舍,而且仍觉人满为患。这种形势促进了这个城市的生产和城市建设,使在短期内都获得较大的发展。越州从隋唐以来的500年中,在全国的地位已经逐渐下降,这一次又突然迅速上升,在全国显露了头角。

　　越州既已成为临时首都,赵构虽无恢复中原的大志,但也很想在此苟且偷安,巩固一下南宋小朝廷的所谓中兴之业。因此,建炎四年以后,他就改元为绍兴元年(1131),并且仿"唐幸梁州故事,升州为府,冠以纪元"。[72]越州从此改为绍兴府,这就是绍兴这个地名的由来。

　　由于绍兴地区和当时南方产粮最丰富的太湖平原之间,有钱塘江之阻,漕运不如杭州方便,加上杭州自五代吴越国建都以来,城市规模已经超过绍兴,并且还有西湖的繁华胜景,南宋朝廷才于绍兴元年决定移驻临安,并于次年初正式移驻。移驻以后,绍兴虽然从临时首都的地位下降为一个府的府治,但是绍兴接近首都临安,已经成为南迁的赵氏宗室的重要聚居地,朝廷的宫学也在此创办。因此,迁都以后,绍兴仍然是南宋朝廷的陪都,其地位显然要高出其他各州各府。特别是朝廷把王室的陵寝建立在绍兴,这就更增加了这个地方的重要性。南宋陵墓建在府城东南35里稽北丘陵的宝山,又叫上皋山。山下有一块不大的盆地,称为"攒宫"的陵墓就建在这里。南宋在这里建陵的意思是,就近攒殡,以待收复中原后归葬,所以叫做攒宫。当然,不仅归葬是句空话,整个陵墓在南宋覆亡以后,即被元朝的西僧杨琏真珈全部盗发,破坏殆尽。[73]葬在这些陵墓中的,有南宋六个皇帝及其后妃,即高宗永思陵、孝宗永阜陵、光宗永崇陵、宁宗永茂陵、理宗永穆陵、度宗永绍陵、所以后来称为"宋六陵"。

南宋虽然处在一种苟延残喘的偏安局面之下,但绍兴地区除了金兵在初期的短暂入侵外,其他并无战争,社会有较长时间的安定,生产力还是不断提高的。从农业上说,鉴湖在这个时期的湮废,确实带来不少水旱灾害,但沿海的海塘在这一时期改建成石塘,蓄淡抗咸的能力大为提高,有利于北部平原的灌溉。而鉴湖围垦的结果,使山、会两县增加了 2000 多顷土地,这对农业增产自然很有价值。会稽山地的植茶业,在这个时期进入全盛。这里出产的茶叶,已居全国第一。[74]手工业也有相应的发展,特别是丝绸和酿酒,在全国都居重要地位。另外,由于北方为金所占据,日本、朝鲜以及其他一些海外国家到临安来的使节,已不能取道北方。钱塘江河口多沙淖,航行也有困难,因此,他们往往改从明州入口,溯余姚江,从浙东运河到绍兴,再循运河北去临安。[75]对外交通的这种冲要位置,也替绍兴带来繁荣。因此,在南宋一代,绍兴仍然不失为一个通都大邑。早在 1136 年(绍兴六年),朝廷曾宣布全国大邑 40 处,山阴就名列前茅。[76]因为这里不仅经济发达,又是当时全国重要的文化中心之一,而山水之秀又名闻遐迩。在南宋小朝廷势力能及的范围里,除了首都临安以外,金陵与绍兴是两处最著名的城市了。[77]当时,绍兴已是一个居民超过万户的大型城市,市容繁华,商业发达,街衢整齐,交通便利。这就是 1157 年(绍兴二十七年)状元王十朋在府城内的种山鸟瞰全城所见到的:"栋宇峥嵘,舟车旁午,壮百雉之巍垣,镇六州而开府。"[78]在这个时期,历代以来的各种名胜古迹,都次第得到修缮,显得焕然一新;各种公用建筑如客舍、驿亭、仓库等,也陆续加以添造;城内的主要道路和桥梁,都用石料重新铺设、修建。例如,府城东部会稽县属的八字桥,即是这个时期修建的著名桥梁之一。这座石拱桥造型美观大方,结构精致牢固,至今仍在使用,而且已成为省级重点文物保护单位。

府城内的厢坊街巷,在这个时期也加以调整划分,全城划分为 5 厢 91 坊,井然有条。现在绍兴城内的坊巷名称,大部分还是这个时候流传下来的。府城以外,乡里的划分也有条不紊。山阴县划分为 14 乡 43 里,会稽县划分为 14 乡 33 里,这些乡里的名称,至今大部分沿用。特别重要的是,在南宋的这种城乡区划中,虽然在乡里的建置方面,山、会两县的界线仍然十分明确,但府城内的厢坊建置,已经开始打破山、会两县的传统界线。这说明,由于城市的发展,自从南北朝末期以来山、会两县在城内的界线,已经不符合实际的需要,而统一的绍兴城市规划的雏形,在南宋就开始出现。

南宋以后,这个地区在元代称大绍兴路,明清两代又恢复绍兴府,名称虽有不同,但绍兴在行政上一直是山阴、会稽、诸暨、萧山、新昌、嵊县、上虞、余姚八县的中心。

而且从明代起,浙江省的建置和杭州作为浙江省会的地位都稳定了,省内各地与

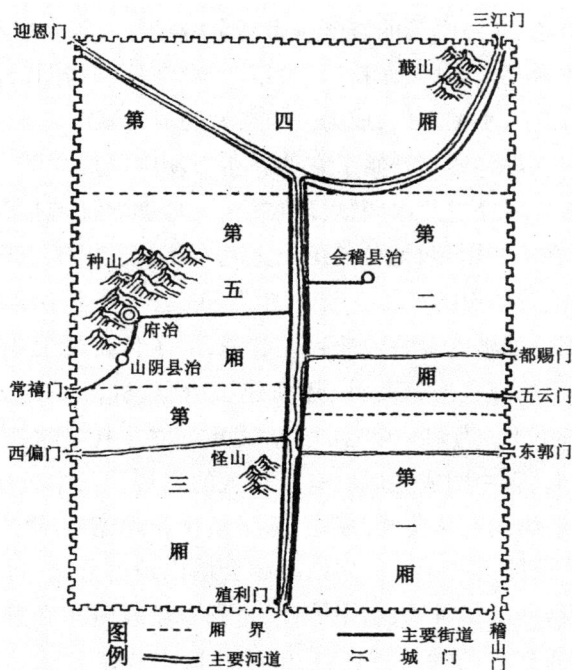

南宋绍兴城厢坊建置示意图

杭州之间的交通十分频繁,而温州、台州、宁波三府各县,到杭州的陆上交通和内河航运,都必须经过绍兴。加上这时期里鉴湖湮废所遗留的影响,已因钱清江的根治和三江闸的建造而得到改善,农业生产有较大幅度的提高,手工业也继续发达,因此,城市仍不断有所发展。虽然由于海上贸易的发展,省内的宁波、温州二地,都因它们作为海港的有利条件,城市规模在这时期中先后超过绍兴,但绍兴始终是一个浙东的重要商业城市。

绍兴的新生

前面已经介绍了绍兴两千多年来的历史沿革,从春秋战国时代的于越开始,经过会稽郡、越州和绍兴府几个阶段,山、会两县的劳动人民在利用自然、改造自然、发展生产、建设城乡等方面,获得了许多成就。但是,自从清代末叶起的近百年中,由于国内的反动统治和帝国主义的侵略,内忧外患,天灾人祸,以致生产停滞,民生凋敝。绍兴人民也和全国人民一样,蒙受了多年的灾难。到了新中国成立前夕,绍兴已经成为一座生产落后、市容萧条、人民困苦的破落城市。全城只有一座小型发电厂,一家手工操作的五金厂,另外还有几家布厂、面粉厂、火柴厂、电池厂和酱园(酿造厂)。十几万人口的城市,只有这么几家小型工厂,成为一个典型的消费城市。

全国新中国成立以后,绍兴开始了它的新生。新中国成立前,绍兴县是绍兴专区的所在地,新中国成立后经过几次调整,现在仍是绍兴地区(包括绍兴、诸暨、新昌、嵊县、上虞五县)的所在地,其行政地位与历史上基本相同。但工业生产却迅速发展,基本上改变了长期来消费城市的局面。新中国成立前只有几个小型工厂的城市,新中国成立后不久,各种工厂如雨后春笋般地兴建起来,除了传统的工业特色如酿造、制茶、瓷器、丝绸、造纸等仍然存在或恢复外,还新建了冶金、机械、化工等许多新的工业部门,1957年还建立钢铁厂,为绍兴今后的工业发展建立了扎实的基础。

在交通运输方面,新中国成立后也有了很大的发展。新中国成立前,绍兴原来只有北通杭州和东通曹娥的两条公路,现在,除了从杭州经绍兴到宁波的铁路早已完成外,绍兴还成为一个公路网的中心。向南翻越会稽山地的公路,可以分别到达诸暨与嵊县,它和新昌、天台、临海、黄岩、温州等地,也都有始发班车和过境班车相联系。全县约有一半公社已通汽车,新的公路还在继续建造中。在会稽山地以北的整个水乡中,船舶原来四通八达,但过去称为"埠船"或"航船"的依靠人力的交通船,现在都已由机动船所代替。

在城市建设和公用事业等方面,也取得了较大的成就。绍兴城内原来有许多狭窄的街道和小河,随着人口的增加和交通工具的发展,小街显得拥挤不堪,而河水污染严重。这些年来拓宽了不少街道,填塞了许多臭水沟,新建了大量公用建筑和住宅,开辟了卧龙山(即种山)和其他几处公园,修葺了许多名胜古迹,全城最主要的街道解放北路上,一幢幢宏伟的新建筑相继落成,市容有了很大的改善。此外,在环境卫生和城市绿化方面,也有较大的改进。新中国成立以前,绍兴人民经常为饮水问题而苦恼,因为井水味咸,河水污染,家家户户多靠下雨时积储起来的屋檐水作为饮水,实在很不卫生。新中国成立后已经建立了自来水厂,为人民解决了最迫切的用水问题,保障了人民的健康。

前面已经提到,统一的绍兴城市规划的雏形,实际上在南宋就已出现。但是在封建统治的时代,要进行这样的规划是困难重重的。自从唐宋以来,绍兴城市的布局,主要是沿城市南北中心线的一条南北流向的小河,作为山、会两县的分界。河以西是山阴县,河以东是会稽县,沿河是南北向的两条主要街道,即山阴县大街(现在的解放路)和会稽县大街(现在的后街)。这条小河称为府河,是山、会两条大街上许多商店和住户唯一的交通和给水渠道。在清代的记载中,府河早已成为一条船舶阻塞、河水污浊、腐臭不堪的河流。[19]

沿河建有桥梁十余座,作为山、会两县的通道,这些桥梁界于两县之间,形成一个两县行政力量都达不到的特殊地带,在旧时代成为酗酒、赌博、殴斗,凶杀等犯罪活动的场所。这就是绍兴历来俗语所说的"山阴不管,会稽不收"的地方。至于沿河的两条街道,是历来山阴和会稽两县的商业中心。街道狭窄,市场拥挤,建筑破陋,一片烦嚣杂乱的景象。除了山阴县大街在民国时代曾经拓宽外,这种落后的情况一直延续到绍兴解放。当然,这种情况是十分不利于城市发展的。

现在,绍兴人民已经进行规划,要改变历史遗留下来的落后的城市布局。人们正在着手填塞污浊狭窄的府河,把它改建成为地下涵道,山阴县大街和会稽县大街紧靠河岸两侧的房屋将予拆除。这样,历史上的山、会两条街道终将合并成为一条。不久以后,我们将会看到,在城市的南北中心线上所出现的一条宽广的柏油大道,两旁的新式建筑配上绿荫葱茏的行道树。谁想得到,这条马路真正统一了分治将近1500年的山、会两县呢?此外,对于绍兴城市的工业发展、生活居住、园林绿化与名胜古迹、市政公用设施,以及郊区布局等等,也都在进行全面的规划。绍兴的城市面貌,正在迅速改变之中。

绍兴又是一个历史悠久的文化城市,全县有名胜古迹一百多处,仅在今城关镇所辖的范围内,就有省级重点文物保护单位9处(鲁迅故居、秋瑾故居、大通学堂、八字桥、沈园、青藤书屋、禹陵、兰亭、西施山遗址),县级重点文物保护单位二十多处,并且还拥有陆续出土的大量宝贵文物。稽山镜水,不仅以它们的天然美景引人入胜,而且在考古学和历史地理学等学科的研究方面,也有重要意义。1978年起,绍兴已经列为开放城市,中外游客到此观光的正在日益增加。为了迎接四个现代化的加速到来,接待更多的中外游客,绍兴人民正在努力建设这个城市,美化它的环境。古老的城市已经面貌一新,焕发了它的青春。

注释:

① (宋)王十朋《鉴彻说》上,载《王忠文公全集》卷七。

② (汉)王充《论衡·书虚篇·四讳篇》。

③⑦㉓㊲㊺ (汉)赵晔《吴越春秋》卷五。

④ (宋)吕祖谦《入越记》,载《东莱文集》。

⑤ (清)吴任臣《十国春秋》卷一八;(宋)钱俨《吴越备史》卷四。

⑥　陈桥驿《古代绍兴地区天然森林的破坏及其对农业的影响》,载《地理学报》1965 年第 31
　　卷第 2 期。

⑧⑬　《论衡·书虚篇》。

⑨㊱　(汉)袁康《越绝书》卷四。

⑩⑰　(北魏)郦道元《水经·浙江水注》。

⑪　(唐)徐坚《初学记》卷二九。

⑫　《论衡·偶会篇》。

⑭　《论衡·偶伞篇》。

⑮㊇　《吴越春秋》卷六。

⑯　越部族在我国古籍如《春秋》、《左传》、《竹书纪年》、《史记》等之中,常常称为于越。《汉
　　书·地理志》:吴地,号曰句吴。颜师古注:"句,音钩,夷俗语之发声也,亦犹越为于越也。"
　　(清)李慈铭《越缦堂日记》同治八年七月十三日:"盖余姚如余杭、余暨之比,皆越之方言,
　　犹称于越、句吴也。"说明按部族方言,原来称为于越,后来才简称越。

⑱　(南北朝、宋)孔令符《会稽记》,载鲁迅《会稽郡故书杂集》,见《鲁迅全集》第八卷。

⑲　《春秋》昭公五年。

⑳　《春秋》昭公三十二年。

㉑　《春秋》定公五年。

㉒㉝㉞㉚㉛㊵　《越绝书》卷八。

㉔㊻　《吴越春秋》卷三。

㉕　《越绝书》卷七。

㉖㉗㉘㉙㉚㉛　《吴越春秋》卷四。

㉜㊽　《史记·越世家》。

㉟　《左传》哀公元年。

㊶　《国语·越语》。

㊷　《论衡·率性篇》。

㊸　《墨子·兼爱下》。

㊹　《吴越春秋》卷六。

㊾　《史记·秦始皇帝本纪》。

㊿　《越绝书》卷二。

51　《后汉书·孝顺皇帝本纪》。

52　《三国志·吴书·孙权传》。

53　《三国志·吴书·孙亮传》。

54　《三国志·吴书·孙休传》。

55　《三国志·吴书·孙皓传》。

56　《晋书·诸葛恢传》。

⑤⑦　《通鉴》卷九四,晋纪十六,成帝咸和四年。

⑤⑧⑤⑨⑥⑩　《宋书·孔季恭传》。

⑥①　《通鉴》卷一二八,宋纪十,孝武帝孝建元年。

⑥②　《宋书·沈怀文传》。

⑥③　《南齐书·沈宪传》,《方舆纪要》卷九二,浙江四,绍兴府会稽县。

⑥④　《新唐书·方镇表》。

⑥⑤　《新唐书·地理志》。

⑥⑥　《重夸州宅景色》,载《元氏长庆集》卷二二。

⑥⑦⑥⑧　《吴越备史》卷一。

⑥⑨　(宋)曾巩《越州鉴湖图序》,载《元丰类稿》卷一三。

⑦⑩　《宋史纪事本末》卷六三。

⑦①　(宋)李心传《建炎以来系年要录》卷三二。

⑦②　(宋)陆游嘉泰《会稽志序》。按“唐幸梁州故事”,指公元783年(建中四年)朱泚之变,唐
德宗出奔梁州后,于公元784年(兴元元年)诏改梁州为兴元府。事见《通鉴》卷二三一,唐
纪四七,德宗兴元元年。

⑦③　(清)丁业《六陵劫余志》,天一阁藏精钞本。

⑦④　(宋)欧阳修《归田录》卷一。

⑦⑤　(宋)姚宽《西溪丛语》卷上。

⑦⑥　(宋)熊克《中兴小纪》卷二〇。

⑦⑦　嘉泰《会稽志序》。

⑦⑧　(宋)王十朋《会稽三赋》

⑦⑨　(清)俞卿《禁造城河水阁碑》,载康熙《绍兴府志(俞志)》卷一六。

三、历代水利

前面已经说到,早在远古时代,绍兴地区的劳动人民就与当地的洪水进行斗争。他们对中原地区的禹治水的故事,十分崇敬。这本身就反映了这个地区自古以来的水患。所以在越王句践时代,越国大夫计倪,已经提出了围堤、筑塘以发展生产的计划。[①]在那个时代建筑的堤塘,现在有名可查的有富中大塘、炼塘、石塘等,[②]越国消灭了吴国以后,又利用吴国的战俘建筑了吴塘。[③]说明这个地区水利建设的发展,是很早的。

自从于越部族从会稽山地进入山会平原以后,首先面临的问题,就是水利问题。两千多年来,绍兴的劳动人民为了改造这片沼泽平原,发展农业生产,千方百计地为驯服山洪与海潮而斗争。不少有真知灼见的领导人物,曾经领导这里的劳动人民兴修水利,作出了卓越的贡献。今天,我们在山会平原上所见到的那种水网密布、土地平整、灌溉便利、耕作精细的景象,是从两千多年前山洪漫流、海潮泛滥、土地泥泞、沼泽连绵的情况下,改造过来的。抚今溯昔,对于古代劳动人民及其领导人物,在水利事业上呕心沥血的经营和胼手胝足的劳动,产生无限的崇敬。

下面,我们按历史时期,把这个地区的重要水利建设加以介绍。

后汉修建的鉴湖

　　鉴湖不仅是这个地区最早和最巨大的水利工程,也是我国东南地区最古老的著名水利工程之一。工程兴建于公元 140 年(后汉顺帝永和五年),主持人就是当时的会稽郡守马臻。

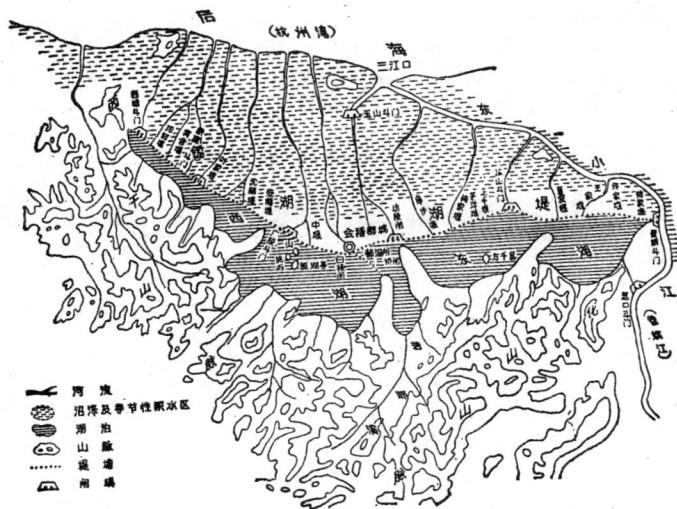

鉴湖示意图

　　鉴湖工程的主要部分是围堤,湖堤以会稽郡城为中心,分为东西两段,东段自五云门至曹娥江,长 72 里;西段自常禧门至钱清江,长 55 里,全长 127 里。④当然,湖堤未必都在永和年代修筑,永和以前零星修筑的堤塘必然不少,到这时加以培修利用,也是很可能的。堤塘围成以后,从会稽山地流出的许多河流,都因湖堤的拦截,在湖堤以南的平原地区泛滥漫溢。于是,湖堤与稽北丘陵之间,从山麓冲积扇以下,包括所有平原、洼地、河漫滩等,都积水而成为一片泽国,这样就形成了永和年代的鉴湖。当时的鉴湖,东邻曹娥江,向西经过郡城以南,然后折向西北而止于钱清江附近。湖的南界是稽北丘陵的山麓线,北界是湖堤,全湖呈狭长形,周围长度约为 358 里,其面积包括湖中洲岛在内约为 206 平方公里。⑤由于东部地形略高于西部,全湖实际上又分成两部分,以郡城东南从稽山门到禹陵的长 6 里的驿路作为分湖堤,东部称为东湖,面积约 107 平方公里;西部称为西湖,面积约 99 平方公里。东湖水位一般比西湖高 0.5 米—1

米。这就是古代鉴湖的大致轮廓。

当然,湖堤围成以后,堤内也并不全是浩渺一片。原来的平原、洼地、湖泊、河道、港汊等地区,都是较深的积水区。但这个地区,三五相连的低矮冈阜和零星孤丘为数不少,所以即使在湖泊整个形成之后,湖内仍有许多浅滩,在枯水季节可以局部涸出。此外,湖内还分布着许多洲岛,较著名的有三山、姚屿、道士庄、干山等,著名的古迹兰亭,有一度也在鉴湖之中。这些洲岛周围和其他湖底浅处,仍可常时或间时进行耕种。

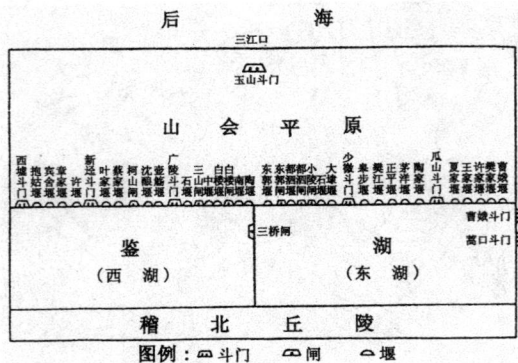

鉴湖斗门、闸、堰示意图

鉴湖工程的另一重要组成部分,是涵闸排灌设备。涵闸系统包括斗门、闸、堰、阴沟等四种。斗门属于大型水闸一类,主要设置于鉴湖与潮汐河流直接沟通之处,既用于排洪,也用于拒咸。闸和堰置于鉴湖和主要内河沟通之处,规模不及斗门,而堰比闸更为简单。闸和堰的作用,一方面是排洪,一方面是供给内河以灌溉用水,并保证内河以通行舟楫的必要水位。此外就是阴沟,这是沟通湖内和湖外内河的小型输水隧道,设备最为简单。斗门、闸、堰等设置,永和以后,历代有所增减,究竟哪些在鉴湖初创时已经建立,查考比较困难。《水经·浙江水注》说"沿湖开水门六十九所"。这里的"水门",大概就是斗门、闸、堰、阴沟四者的总称。到了北宋时代,据记载全湖有斗门8处,闸7处,堰28处,阴沟33处,[6]已比《水经注》记载的多了7处。这些涵闸所在的地区,直到今天都还可以查考。

此外,为了调节水位以保证湖堤安全和计量灌溉用水,在会稽五云门小陵桥以东,及山阴常禧门外跨湖桥以南,各设置则水牌(即水位尺)一处,并且又在山会平原北部的金鸡山和玉山两座小山之间,设置玉山斗门一处,以控制灌区的水量。

鉴湖的确是一个了不起的古代水利工程,由于它的庞大拦蓄能力和丰富蓄水,使山会平原解除了来自稽北丘陵的洪水威胁,得到了充分的灌溉。而且由于鉴湖在地形上比北部平原高出 2 米—3 米,使湖面在一般水位时较北部平原高出 4 米—5 米,因而灌溉方法就很简易。南北朝初期目击这种灌溉情况的山阴人孔令符,记载说:"筑塘蓄水高丈余,田又高海丈余,若水少,则泄湖灌田;如水多,则闭湖泄田中水入海。"⑦这样,鉴湖以北、曹娥江以西的大约 9000 顷土地,在永和以后的 800 年左右时间里,减少了自然灾害,扩大了土地垦殖,增加了农业收成,相对地改善了人民生活。所以宋代人说:"杭之有西湖,犹人之有眉目;越之有鉴湖,犹人之有肠胃。"⑧鉴湖对这个地区的重要性,于此可见。

在围堤蓄水的过程中,除了堤内的田地完全淹没以外,还淹没了不少房屋和坟墓。鉴湖的创始人马臻,因此遭到当地地主豪强的匿名控告,竟被昏聩的朝廷处以极刑。⑨但绍兴人民却世世代代怀念这位为民造福的水利功臣,早在公元 7 世纪,人们就在鉴湖边为他立祠,今绍兴市偏门外跨湖桥以南,还留有一座马太守庙。鉴湖虽然早已湮废,但马臻对于绍兴地区水利建设的功绩,却是永垂不朽的。

晋代疏凿的运河

绍兴是一个水乡泽国,河道纵横,湖泊棋布,平畴沃野,一望无际。历史上许多名人曾经对绍兴的山水赞美不绝。这是经过劳动人民长期改造的结果。上面已经指出,在古代,情况完全不是如此,这里是一片沼泽平原,山洪漫流,潮汐泛滥。在战国时代写成的地理名著《禹贡》中,这个地区的土地被列为"下下"等。春秋时代,齐国的宰相管仲是到过这个地区的名人之一,他对于这片沼泽地区的评价是:"越之水重浊而洎,故其民愚疾而垢。"⑩这话的意思是:于越地区的水又多又混浊,土地都浸在水里,所以这里的老百姓又愚笨又肮脏又不健康。从那时的情况来说,管仲看到的大概是事实。越王句践自己也承认:"越性脆而愚,水行而山处。"⑪当然,地理环境是可以改造的,上面介绍的鉴湖就是一个制服凶涛恶水的伟大工程。鉴湖围堤完成后,山洪有了拦蓄,灌溉有了保证,接下来的问题,就是如何开垦鉴湖以北的大片沼泽平原了。

这片沼泽平原北滨后海,大小河流都和后海相通。钱塘江的潮汐一日两度灌入这些河流,是造成这个地区泥泞沼泽的重要原因。越王句践对于这里的涌潮,曾经这样描述:"浩浩之水,朝夕既有时,动作若惊骇,声音若雷霆,波涛援而起。"⑫的确,对于古人来说,要在这个潮汐汹涌的地区立定足跟,来改造这片沼泽平原,其艰巨性是可以想见的。但是,人们毕竟做了,并且逐渐获得成功。

要开垦这片沼泽平原,一方面要在沿海建筑海塘以抗拒咸潮,这是下面将要提到的。另一方面更要整治平原上的河湖网,用以排干沼泽,降低地下水位;也用以灌溉土地,航行船只,养殖水产。在这样广阔的平原上整治河湖网,是一件工程浩大的事,首先当然要挖掘几条干道。后汉时代写作的《越绝书》上,曾经记载了一条于越时代的干道:"山阴故水道,出东郭,从郡阳春亭,去县五十里。"会稽郡阳春亭位于五云门外附郭,说明这条早期的河渠干道,是从郡城向东到达曹娥江边的。鉴湖工程完成以后,这条河道围入鉴湖的湖堤以内,就从此消失,从郡城到曹娥江边去的船舶,从此就在湖内行驶,当然也很方便。另外一条重要的干道,即是从郡城西郭经过柯桥、钱清、萧山,而到达钱塘江边的。这条河道起初称为漕渠,是公元 300 年前后晋会稽内史贺循主持疏凿的。[13]这条干渠疏凿以后,不仅山会平原上的排洪和灌溉有了很大改善,而且在交通运输方面也有很大作用,因为它沟通了郡城与钱塘江的关系。运河从萧山向北,在固陵镇与钱塘江汇合,固陵在晋代称为西陵,以后长期称为西兴。所以这条运河称为西兴运河。

西兴运河通过郡城内东部的都赐堰(即南宋以后的都赐门),进入鉴湖。既可溯鉴湖和稽北丘陵的任何一个山麓冲积扇的港埠通航,也可沿鉴湖到达曹娥江边,实际上沟通了钱塘江和曹娥江两条河流,所以十分方便。这条运河的重要性,还在于它联系了曹娥江以东的交通。因为曹娥江以东也有运河经上虞与余姚江连接,可以直达明州。钱塘江河口由于滩多水浅,而且江流变化无常,航行十分困难。因此,从明州经余姚、绍兴而到杭州的航道,长期以来运输频繁。这就是著名的浙东运河。

贺循主持疏凿这条运河,当时首先是为了灌溉。所以河道从钱清到郡城的这一段,与鉴湖湖堤基本平行。鉴湖的每一处斗门、闸、堰、阴沟,都和这条运河直接沟通,这就大大提高了鉴湖的排灌效率。因此,从晋代开始的运河疏凿,在山会平原的农田水利上具有重大意义。以西兴运河为基础,劳动人民又继续整治了许多与这条运河沟通的河道,完成了一个纵横交错的稠密河湖网,而西兴运河成为整个河湖网的干渠,把鉴湖所蓄积的大量淡水,通过这条干渠转入整个河湖网,流遍山会平原的各处,终于把这一大片泥泞的沼泽,垦殖成为 9000 顷沃壤,改变了山会平原的自然面貌。

唐、宋两朝的海塘

上面说到,在沼泽平原上,河湖网的整治是垦殖这片平原的重要手段。因为这些河道的南端都与鉴湖连通,可以输送鉴湖的淡水以供灌溉。但是另一方面,这些河道的北端却濒临后海,一日两度的咸潮,可以造成土地斥卤,使耕作无法进行。为此,必须使这些河道与后海的咸潮相隔绝,其办法就是在后海沿岸建筑海塘。

后海沿岸的海塘何时开始建筑？这是一个很难解答的问题。过去研究后海海塘历史的人，有的说"莫原所始"，[14]有的说"汉唐以来"，[15]总之是提不出确切的时代。其实，零星的海塘，恐怕在于越时代已有建筑。《越绝书》曾经记载当时山会平原北部沿海的三处地名：石塘、防坞和杭坞，它们离城都是40里。现在可以确切查考的是杭坞，即是萧山境内旧海塘沿线的航坞山。在钱塘江河口出南大门的时代，海水就在此山脚下，从春秋战国直到明末清初，都是如此。由此推断，则位置与杭坞并列的石塘，很可能就是当时后海海塘的一段。另外，于越曾在后海沿岸的朱余设置盐官，从事盐业生产。[16]在这种汹涌奔腾的钱塘江口从事盐业生产，不建筑海塘是不可想象的。所以，在朱余一带建筑零星的海塘，也是十分可能的事。

到了汉代，马臻在主持鉴湖围堤工程的时候，对沿海的海塘涵闸，必然也有所修建。其中最可靠的，是前面已经提到的玉山斗门。[17]这座斗门及其附设的堤塘工程，长期来成为山会平原灌溉区的枢纽，在16世纪三江闸完成以前，它一直发挥着抗咸排涝、蓄淡灌溉的作用。

但是，尽管从于越到汉代，都在后海沿岸修建海塘，但这种零星的海塘，都没有隔绝咸潮与山会平原的关系，直到公元4世纪的东晋时代，会稽太守何充，还在鉴湖以北的河湖中捕捞乌贼龟（即墨鱼）。[18]它们当然是溯潮汐河流进入山会平原的。这说明，在后海沿岸全面修建海塘，为时当在东晋以后。

历史书上正式记载的后海海塘修建，是从唐代开始的。公元686年（唐武后垂拱二年），山阴与萧山交界处的后海沿岸，筑成了长达50里的海塘。因为位处两县县界，所以称为界塘。这是修筑山阴海塘的最早记载。[19]公元722年（唐玄宗开元十年），会稽县令李俊之主持修建防海塘，东起上虞，北到山阴，全长百余里，捍卫了整个会稽县的北部海岸。这是修筑会稽海塘的最早记载。[20]此后在公元775年（唐代宗大历十年）和公元832年（唐文宗大和元年），又都进行了增修。这一段海塘，由于大部分位于曹娥江江口沿岸，后来习惯上称为东江塘。东江塘修建以后，后海与曹娥江已经基本上与内河隔绝了关系。这样，从鉴湖北流注入曹娥江的许多河流，从此都汇入山会平原北部南北流向的干渠直落江，然后北出玉山斗门入海。于是，山会平原上不受潮汐影响的内河水系扩大了，玉山斗门对鉴湖的调节作用，从此大为改善。因而它的排水负担也空前加重了。因此，在李俊之主持防海塘（即东江塘）修建的大约50年以后，浙东观察使皇甫政接着于公元786年（唐德宗贞元二年）主持了玉山斗门的扩建工程，把原来的两孔斗门改为八孔闸门，[21]玉山斗门从此就称为玉山闸。这是东江塘效果的有力证明。

山阴海塘自从上述界塘修建以后，记载比较疏缺。文献中记载的界塘，长50里，宽9尺,按里程计算,还没有包括整个山阴县的后海沿岸,如同会稽县的东江塘那样。但是现在看来,山阴海塘在会稽东江塘完成之时,大概也已经完成了。因为,假使这一段海岸当时尚无海塘,那末鉴湖灌溉区的拒咸蓄淡,单靠东江塘是无法做到的。特别是玉山斗门,这个鉴湖灌溉区赖以排水入海的枢纽工程,假使当时北部还有一大段海岸没有海塘,就根本不必在公元786年进行扩建。后期的历史记载也可以证明,这种设想是对的。在宋朝的文献中,出现了山阴海塘于1213年(宋宁宗嘉定六年)的一次风潮中溃决的记载。[22]这次溃决很严重,海塘倒塌达5000丈,造成了塘内7万亩土地的盐渍化,才由当时的绍兴府太守赵彦倓主持修复,全长6160丈,其中三分之一改用石料建筑。既然宋朝出现大规模溃决的记载,说明在宋代以前,山阴海塘早已完成。上述界塘与东江塘的修建,相隔不过30余年,则山阴海塘大体上总是在公元7世纪后期到8世纪初期这段时间里完成的。山阴海塘因为位于郡城正北的后海沿岸,后来常被称为北海塘。

从上面的介绍可知,绍兴北部的海塘,包括东江塘和北海塘,始建甚早,到唐代才全部完成,基本上隔绝了后海咸潮对山会平原的影响。到了宋代,这些海塘又有过一番全面的修整,例如上述北海塘,在13世纪初期的这次修建中,有三分之一的长度改用石料。这不仅是绍兴海塘建筑中最早的石砌塘,在整个江浙海塘中,也是最早的石砌塘之一。宋朝一代特别注意加固海塘,这不是偶然的,因为山会平原水利形势的发展,到了宋代,海塘的作用已经比以前各个时代都显得重要。关于这方面,下面将继续谈到。

鉴湖在南宋的湮废

上面已经介绍了唐代完成山、会两县海塘的修建,以及宋代再次加固这些海塘的大概经过。山阴海塘称为北海塘,会稽海塘称为东江塘,在古代,它们又常被总称为北塘。为什么称为北塘?因为与它们遥遥相对,绍兴还有一条南塘。南塘就是人们对鉴湖湖堤的总称。显然,南塘这个名称,是在北塘完成以后出现的。

在南塘与北塘并存的时期,南塘起着蓄淡、拦洪的作用,北塘则起着蓄淡、抗咸的作用。到了宋代,南塘开始坍决,北塘的负担自然顿时加重,这就是前面说到的,山会海塘为什么在宋朝又全面修整的原因。南塘为什么在宋代坍决?这就是这里要谈的鉴湖湮废的经过。

鉴湖的湮废,是长期围垦的结果。早在唐代中叶前后,湖底浅处,已经出现了不少葑田,说明当时湖底淤浅已经加速。由于吴越国王钱镠,在10世纪初期对它进行了一次规模较大的疏浚,情况才有所好转。但是到了 11 世纪初期,即宋真宗大中祥符年代,沿湖农民又开始进行围垦。到 11 世纪中期,即宋仁宗庆历年代,垦出了湖田四顷。[23]庆历以后,围垦规模扩大,在 20 多年时间中,垦出湖田达七百多顷。[24]到了 12 世纪初期,即北宋末年到南宋初年,围垦进入全盛,最后终于垦出了湖田 2000 多顷。[25]至此,整个鉴湖除特别低洼处形成新的湖泊和其他许多积水的港汊、河道外,绝大部分成为耕地。由于围垦必须放出湖水,因此,整个南塘在围垦过程中,逐渐遭到人为的坍决,最后就全部消失。

鉴湖的围垦,是在许多原因综合影响下造成的。

第一,在鉴湖围堤的初期,山会平原北部的河湖网尚未得到整治,海塘也尚未修筑完整,整个山会平原是潮汐出没之处,需要鉴湖蓄淡,才能保证灌溉。但是从晋代起,北部平原的河湖网得到逐步的整治,到了唐代,海塘建筑随着完成,广大的山会平原地区,也逐渐具备了蓄淡灌溉的功能,而且部分地取代了鉴湖在这方面的作用。

第二,鉴湖本身是一个人工水库,从永和成湖以后的 800 多年来,它一直承受着 36 源的输沙量,淤浅程度是日益增加的。会稽山地原来生长着茂密的森林。直到晋代中叶,稽北丘陵仍然保存大片茂林修竹。因此,永和围堤以后的初期,鉴湖流域的水土保持是较好的。但从晋朝南迁以后,会稽山地森林破坏的速度开始增加,唐代以后更甚。五代前后,稽北丘陵地区开始大面积植茶,以至终于出现了“有山无木”[26]的情况,水土流失从此日趋剧烈。因此,鉴湖在其后期,湖底淤浅的程度是非常严重的,蓄水能力随着不断降低。但另一方面,地形比鉴湖低 2 米—3 米的山会平原北部,却因河湖网整治和海塘建筑而空前增加了蓄淡能力,而且实际上分出了鉴湖的大量蓄水。这就加速了鉴湖的干涸过程,替围垦创造了有利条件。

第三,是人民对土地的需要,这和本地区人口的增加有密切关系。在于越时代,绍兴地区人口稀少,所以越王句践曾经采取一些前面已经提到的增加人口的措施。从前汉到后汉,这一带仍然地广人稀,所以在永和年代仍可选择以大片土地围堤蓄水的办法。此后,人口增殖加快,对土地和粮食的需要也随着增加。晋朝南迁以后,移民增加,以至山阴县在南北朝时代,出现了“土地褊狭,民多田少”的现象。宋室南渡,北方移民大批拥入,绍兴地区人口增长极快,根据当地的人口调查,在 1011 年(北宋大中祥符四年),山、会两县的人口总数还不过 5 万人之谱。[27]但到 1201 年(南宋嘉泰元年),山、会两县人口就增加到大约 12 万人。[28]在不到 200 年时间中,人口增加了一倍。这两百年中,恰恰也正是鉴湖被围垦殆尽的时期。

鉴湖围垦的经济效益,是很显著的。早在北宋局部围垦的时期,围垦收益就曾经作为苏州、湖州、秀州和平江府等地的水利建设费用。[29]南宋初期,估计鉴湖围垦的收益,每年可得米 10 万斛。[30]鉴湖最后围垦出良田 2000 多顷,这就替山会平原扩大了四分之一的耕地面积,其价值更是不可估计的。但在当时,也有不少人以老眼光看问题,他们不研究整个山会地区水利发展的形势,只是墨守成规,一味地反对围垦。等到围垦已经盛行,鉴湖面积迅速缩小,他们又高唱恢复鉴湖。但是他们提出的恢复鉴湖的办法,却是十分主观片面的。北宋的一个名叫刁约的知州,首先提出增高湖堤的复湖办法。[31]这个办法其实是非常危险的。因为当时的越州州城正在鉴湖湖堤之下,城垣除了北缘以外,其余各城门的水门如都赐门、东郭门、殖利门、西偏门等,都筑有堰坝以御湖水。人们立刻意识到:"瓮水使高,必败城郭。"[32]万一堤坝溃决,阖城立有没顶之虞。另外一些人主张疏浚,但在水土流失已经十分严重,湖底淤高与日俱增的情况下,疏浚的工程量是骇人听闻的,也不是当时的社会力量所能承担的。北宋的另一知州张伯玉,曾为疏浚的工程量算了一笔账:每天有 5000 人施工,把湖底挖深 5 尺,需要 15年;挖深 3 尺,需要 9 年。[33]这种劳民伤财的办法,居然在南宋初期为一个名叫吴芾的知府所采用,结果当然失败。[34]

　　从以上叙述中可以看到,鉴湖的湮废是绍兴地区随着农田水利形势发展而出现的现象。从整个宁绍平原上所有大型湖泊的湮废过程来看,这种现象是正常的。事情绝不像那些危言耸听的复湖派所渲染的那样糟糕。鉴湖湮废以后,原来鉴湖的蓄水,一部分留在鉴湖地区新形成的河湖网中,大部分则分散到山会平原北部的河湖网中。对于这个地区,鉴湖灌溉原来已经鞭长莫及,湮废后实际上更为便利。从鉴湖涸出的大片土地,都是肥沃的良田,这就空前地增加了这个地区的耕地面积,为农业发展创造了有利条件。当然,在鉴湖湮废的初期,由于北部平原的河湖网布局,还没有跟得上从鉴湖北移的大量蓄水,因而在灌溉和排涝等方面,都发生过一些问题,这些问题都是水利形势发展过程中不可避免的现象,是不值得大惊小怪的。在以后明代的河湖网整治中,先后获得了妥善解决。因此,我们可以这样说,鉴湖的创修是绍兴地区水利史上一个卓越成就,它为这个地区争取了 800 年的相对丰收;同样,鉴湖的湮废,在这个地区的水利发展史上也有重要意义。这个过程扩大了耕地面积,促进了山会平原河湖网的进一步整治,使山会平原最后形成了一个土地平整、灌溉便利的独立的三江水系。这是我们在下面接着就要介绍的。

明代的河湖网整治

　　上面已经说到,鉴湖湮废以后,鉴湖的蓄水大部分转移到山会平原北部。起初,由于北部的河湖网,在某些方面还跟不上这种水利形势的转变,因而出现了一些旱涝现象。

　　这里主要有两个较大的问题,首先,是钱清江的问题。在山会平原上,原来除了曹娥江以外,其他河流都是发源于稽北丘陵的,也就是说,都在鉴湖拦蓄的范围以内。在鉴湖湮废以前,曹娥江已因东江塘的修筑,与鉴湖水系各河隔绝。鉴湖湮废以后,鉴湖水系各河,都可由玉山斗门加以控制;本来是不会出现较大问题的。问题就发生在钱清江这条河流在宋代的出现。这条河流在宋代以前,原是一条普通的内河,并无钱清江这样的名称。㉟从宋代起,由于浦阳江在临浦以北的碛堰常常堵塞,原来北流注入钱塘江的浦阳江,在一个时期里常常东流借道山会平原上的河道,从钱清镇向东注入杭州湾。这样,在山会平原上忽然又增加了一条源远流长的大河,这条河流不仅玉山斗门无法控制,由于它从钱清镇东流,横贯整个山会平原北部,许多原来受玉山斗门控制的内河,现在却又受到它的强烈影响,几乎扰乱了整个鉴湖水系。至于钱清江本身,这条原来绝不闻名的河流,由于浦阳江的借道,山洪发于诸暨,潮汐来自后海,使河床迅速拓宽。南宋初期,在钱清镇附近,江面已宽达 360 尺,㊱岁旱时因咸潮上溯而无可灌之水,岁涝时又因潮汐顶托而排泄为难,泛滥漫溢,替山会平原带来不少灾难。早在南宋,知府赵彦俆在主持山阴海塘整修的同时,沿钱清江也已经建筑了堤塘。但钱清江涨落甚骤,单靠堤塘束水,不仅容易溃决,并且也影响排灌。15 世纪末期(明宪宗成化年间),一位对农田水利事业有经验、有远见的实干家戴琥,到绍兴当知府,着手整治这条河流。他除了加固原有的堤塘以外,又在堤塘南建筑新灶、柘林二闸,堤塘北建筑扁牴、甲蓬二闸,㊲使能在洪水时期分泄钱清江的水量。他知道,根本的问题是浦阳江的借道。为了山会平原的长远利益,他下令拆除浦阳江下游的碛堰,并且规定:"小江(指钱清江)决不可复开,碛堰决不可再筑。"㊳使浦阳江下游复归故道,基本上解决了自从南宋以来因浦阳江借道而引起的问题。

　　鉴湖湮废以后,山会平原在农田水利上发生的另外一个问题,是河湖水位的控制和涵闸的管理问题。鉴湖湮废以前,灌溉用水集中在鉴湖这个巨型水库之中,湖水的蓄泄,全视建立在湖内外的两处则水牌(水位尺)而定。全部斗门、闸、堰、阴沟,都在湖堤之上,管理也较方便。人们在这方面已经有了长期的经验,启闭蓄泄,都有成例可援,不至于发生什么问题。鉴湖湮废以后,原来集中管理的蓄水,分散到广大的山会平原,情况就显然复杂得多了。因为平原各地的河湖,河床与湖底的深浅各不相同,而平原各处的耕地,微地貌也有较大差异。此外,农业灌溉、水产养殖、舟楫航行,它们之间对河湖水位的要求,也不尽相同。这样,鉴湖湮废以后,整个地区的河湖水位与涵闸系统,就无法再像鉴湖时代那样有效率地统一管理。既然没有统一的管理,各自为政立刻就取代了过去的办法。于是各乡、各村以及各个有涵闸设施的地方,都按照自己地区的利益,行使自己可以行使的水权,其结果是可以想象的。不仅各地区之间发生了无穷的争执，而灌溉、养殖、航行等部门之间，也出现了许多矛盾。能不能再像鉴湖时代那样设置一些水位尺，来进行统一的管理呢？在地区这样广大、河湖这样分散的情况下，没有新式的测量仪器和技术，没有一张可靠的地形图，要设置这样的水位尺，其困难是可想而知的。但这样一个难题，却于1476年(成化十二年)为戴琥所解决。戴琥通过对钱清江和其他许多河道、湖泊的整治，通过大量的调查研究，终于在这一年建立了一座水则(水位尺)，地点在府城内佑圣观前河中，并在佑圣观立石碑一块，碑文说：

种高田，水宜至中则；种中高田，水宜至中则下五寸；种低田，水宜至下则，稍上五寸亦无妨，低田秧已旺。及常时，及菜麦未收时，宜在中则下五寸，决不可令过中则也。收稻时，宜在下则上五寸，再下恐伤舟楫矣。水在中则上，各闸俱用开；至中则下五寸，只开玉山斗门、扁拖、龛山闸；至下则上五寸，各闸俱用闭。正、二、三、四、五、八、九、十月不用土筑，余月及久旱用土筑。及水旱非常时月，又当临时按视以为开闭，不在此例也。[39]

这座水则，对调节山会平原的河湖水位，对不同季节、不同高程的农田耕作，以及舟楫交通等方面，都能全面顾到，而水则本身却设置在府城之内，观察和执行都很方便。戴琥水则确是绍兴水利史上的一个杰出的创造。从1476年起，这座水则一直使用了60年，直到三江闸建成，绍兴的水利形势又发生改变以后，才停止使用。现在，佑圣观河中的水则，虽然早已不再存在，但石碑仍在佑圣观旧址，碑文也仍然清晰可辨。

戴琥不愧是绍兴地区自从后汉马臻以来的又一位水利功臣。在这座水则设置以后，他又于1482年(成化十八年)根据在绍兴地区治水的经验，把山阴、会稽、萧山三县的水利形势和治理方法等，写成专文，立碑于府署，以供后世参考。这就是著名的《戴琥水利碑》。[40]

当然，戴琥也并不是完全解决了当时山会平原的一切水利问题。从钱清江来说，虽然加固了堤防，建立了涵闸，特别是隔绝了与浦阳江的关系。但是，经过浦阳江长约300年的借道以后，钱清江本身已经成为一条大河，而且是一条不在玉山斗门控制之下的、单独入海的潮汐河流。在平原上存在这样一条潮汐出没的河流，对农业生产毕竟是一种严重的威胁。而且尽管戴琥在任时下过“小江决不可复开，碛堰决不可再筑”的命令。但是在封建社会里，人存政举，人亡政息的情况，是很常见的。事情正是如此。戴琥以后，到了16世纪初期(明武宗正德年代)，航行部门为了舟楫通行的方便，居然又一次堵塞碛堰，开通浦阳江与钱清江之间的堤坝，使钱清江的情况又一度恢复到戴琥以前。幸亏这一次借道为时短促，1537年(明世宗嘉靖十六年)知府汤绍恩在修建三江闸的同时，开通碛堰，堵塞浦阳江和钱清江之间的麻溪坝，从此结束了浦阳江对山会平原的干扰。

　　汤绍恩和戴琥一样，也是一个脚踏实地，埋头苦干的实干家，同时也是一个精通水利的专家。他就任绍兴知府以后，研究绍兴水利发展的历史，相度山脉、水道的分布，还特别研究了玉山斗门的情况。玉山斗门位于北部滨海，这里，水道为玉山和金鸡山两座山丘所夹峙，山会平原的绝大部分内河都经这个斗门北出杭州湾，所以它是山会平原内河水系的枢纽。但问题却出在钱清江。这条多灾多难的河流，虽然到明代已经与浦阳江隔绝，情况已有所好转，不过由于山会平原的所有河流都是南北流向的，唯独钱清江从西向东，而且位置偏北，所以未能纳入玉山斗门所控制的水系之中，始终是一个心腹大患。经过再三踏勘选择，最后终于在玉山斗门以北约 10 里的马鞍山东麓，找到了建筑新的水利枢纽工程的地址。这里是玉山斗门出口河道与钱清江的交汇处，地名三江口。马鞍山余脉的基岩横过河床，正是理想的闸基。工程于 1536 年(嘉靖十五年)开始，次年完成。[41]全闸 28 孔，长 310 尺，闸身全部用块石叠成，石体巨大，每块多在 1000 斤以上，石与石牝牡相衔，胶以灰秫，灌以生铁，建筑得十分牢固，这就是著名的三江闸。[42]

　　三江闸建成以后，钱清江从此也纳入山会平原的河湖系统之中，成为一条内河。而钱清江以北的萧山平原诸内河，也随着纳入这个系统，这就是河湖密布、土地平整、排灌方便、不虞旱涝的三江水系。两千多年来，劳动人民的辛勤劳动，终于赢得了自然面貌的根本改变，潮汐出没的沼泽平原，被改造成为富庶的鱼米之乡。

　　三江闸使用了 400 多年，一直要到新中国成立以后的 60 年代，由于海涂不断外涨，才又在闸外建了新闸，完成了它的历史任务。在这 400 多年中，它已为山、会、萧平原地区，在农业、水产养殖业和水上运输业务部门，创造了不可估计的财富。

注释：

　　①⑫　《越绝书》卷四。

　　②③⑪⑯　《越绝书》卷八。

　　④⑥㉓㉔㉛㉜㉝　曾巩《越州鉴湖图序》。

　　⑤㉕㉞　陈桥驿《古代鉴湖兴废与山会平原农田水利》，载《地理学报》1962 年第 28 卷第 3 期。

　　⑦　孔令符《会稽记》。

　　⑧　王十朋《鉴湖说》上。

　　⑨　《会稽记》。

　　⑩　《管子·水地篇》。

　　⑬　嘉泰《会稽志》卷一〇引《旧经》。

　　⑭　(宋)李益谦《防海塘记》，载嘉泰《会稽志》卷卷一〇。

⑮　（清）程鹤翥《闸务全书》卷上。

⑰　（宋）沈绅《山阴县朱站斗门记》，载《会稽掇英总集》卷一九。

⑱　《水经·渐江水注》。

⑲　嘉泰《会稽志》卷一〇。

⑳　《新唐书·地理志》。

㉑　嘉庆《一统志》卷二九四。

㉒　《宋会要辑稿》第一五二册。

㉖　（宋）庄季裕《鸡肋篇》卷上。

㉗㉘　嘉泰《会稽志》卷五。

㉙　《宋会要辑稿》第一二四册。

㉚　《建炎以来系年要录》卷一五四。

㉟　《越缦堂日记》光绪元年十一月初五日。

㊱　（明）王祎《钱清江浮桥记》，载《王忠文公集》卷五。

㊲　（明）王祎《知府戴琥建闸文》，载康熙《山阴县志》卷一二。

㊳　（明）戴琥《水利碑》，载乾隆《绍兴府志》卷一四。

㊴　《水则碑》今仍存在，碑文并收入于（清）顾炎武《天下郡国利病书》卷八五。

㊵　乾隆《绍兴府志》卷一四。

㊶　（明）徐渭《闸记》，载《青藤书屋文集》卷二四。

㊷　《修筑绍兴三江闸工程报告》，载《绍兴县志资料》第1辑。

四、物产富饶，鱼米之乡

　　自从越王句践"十年生聚、十年教训"以来，绍兴地区的生产力，开始有较大的提高，地区的自然资源也开始得到广泛开发和利用。当时，这个地区的粮食作物，已有粢、黍、赤豆、稻粟、麦、大豆、穬等七种。[①]衣料作物方面，不仅发展了蚕桑业，并且还种植麻和葛。沿海设有盐场，内陆凿有鱼池，驯养鸡、犬、豕、鹿等肉食动物的畜牧业，也相当发达。早在2000多年以前，这个地区已经展现出一种欣欣向荣的景象，而历代劳动人民再接再厉，终于把这个地区建设成为一个物产丰饶的鱼米之乡。

　　鉴湖水利工程在后汉的建成，替这里带来800年的相对丰收。土地平整，耕作细致，农业生产发达。到了宋代，在山会平原上播种的水稻，品种已达50种以上，[②]使这里成为江南的富足粮仓之一。这个水乡泽国之中，还滋育了取之不尽、用之不竭的水产，除了丰富多彩的各种鱼鲜以外，还有菱、藕、芡实、莼菜等，不胜枚举。

　　手工业的发展在这里也有悠久历史。早在于越时代，越王句践已经设置了工官，专门管理工业生产的事务。于越的冶金和铸剑，从汉代到三国的铜镜铸造，晋代及其以后的造纸，唐代及其以后的陶瓷，此外还有绸缎、酿造、制茶等，都曾经名噪一时，为古今中外所熟知。

　　长期以来，这个地区已经向各地输出难以计算的粮食、畜产、鱼盐、山货和各种各样的手工业品，其中包括劳动人民精心制作、名闻中外的许多土特产品。还有历代上贡的绫罗绸缎、瓷器、纸张、柑桔、甘蔗、芡实、莼菜等等。

要在短小的篇幅中说明这个物产富饶的地区,在历史上的各种名产,必然是挂一漏万的。下面,只是选择较有代表性的几种加以介绍,实际上不过是这个琳琅满目、百货俱陈的大橱窗中的小小一角而已。

工艺精湛的剑和镜

在各种手工业产品中,绍兴地区最早出名的是剑和镜。说起来,这是古代绍兴一件很不平凡的事情。多数地方早期出名的手工业,往往建立在原料比较容易获得的基础上。但剑和镜却不然,它们的原料既不是竹、木、土、石,也不是丝、麻、毛、皮,而是需要较高技术才能获得的金属。为此,在介绍这两种名产以前,还得简单说一说这个地区早期发展的冶金工业。

早在春秋于越时代,这个地区已经有了冶金工业。其中文字记载比较清楚的,是越王句践时代的冶铜与冶锡。《越绝书》记载说:"姑中山者,越铜官之山也,越人谓之铜姑渎,长二百五十步,去县二十五里。"《水经注》记载说:"东有铜牛山,山有铜穴三十许丈,……山上有冶官。"现在有人考证,铜牛山就是姑中山。[③] 这大概就是越王句践的主要冶铜基地。直到宋代,在这山上还可以掘到当年遗留的铜屑。[④] 此外,《越绝书》还记载了:"六山者,句践铸铜。"这个六山,现在有人考证,就是绍兴城西南 30 里的六峰山。[⑤] 关于炼锡,《越绝书》也有记载:"练塘者,句践时采锡山为炭,称炭聚,载从炭渎至练塘,各因事名之,去县五十里。"《水经注》说:"练塘,句践炼冶铜锡之处,采炭南山,故其间有炭渎。"宋代的方志中,把这个地名称为锡山,说它是越王采锡之处。[⑥] 上面这些记载,虽然零星片断,但是它们记下了采掘矿石的矿山,冶炼矿石的冶官(即工场),冶炼的燃料利用南山(古代称会稽为南山)森林烧制的木炭,还记下了燃料等利用水上运输的方式。实际上是很完整的冶金工业资料。绍兴地区早期发展的这种冶金业,就是剑和镜两种名产的原料基础。

根据《越绝书》、《吴越春秋》等后汉著作的记载,越王允常时,于越有一个名叫欧冶子的工匠,善于铸剑。他为越王允常铸造了五把名剑,其名称分别是:湛卢、纯钩、胜邪、鱼肠、巨阙。到了吴王阖闾之时,由于对越战争的胜利,五把名剑中的湛卢、胜邪、鱼肠三剑,就成了他的战利品。阖闾又命吴国的铸剑名匠干将及其妻子莫邪,各又铸剑一把,合成五把。干将和莫邪所铸的剑,各以他们的名字命名。这些传说说明,在那个时代,吴、越两国都已掌握了铸造质量很好的青铜剑的技术。根据后来的记载,绍兴地区的铸浦、上灶、下灶、剑翁岭等地,都是越王句践铸剑的工场所在。[⑦]

近代考古学发掘的结果,完全证实了春秋战国时期于越的铸剑技术。绍兴及其附近地区,历来出土了不少于越的青铜剑,如"越王剑"、"越王者旨于赐剑"、"越王之子剑"、"越王门北古剑"等,都已具有很高的冶铸技术。而1965年在湖北省江陵县纪南城附近楚墓中出土的"越王句践剑"[⑧],无论从冶铸技术和艺术加工等方面,都不愧为一种精湛的作品。不久以前,在河南省淮阳县一座楚墓中出土的"越王剑",经鉴定为2470年前于越所造的铜锡合金剑,双刃锋利,剑脊突出,造型十分优美。[⑨]所有这些出土的青铜剑或铜锡合金剑,充分证明了于越手工冶金业的发展水平。

除了剑以外,绍兴地区古代的另一种著名金属加工产品是镜。由于剑是武器,当时还限于高级领袖人物所持有。而镜是日用品和装饰品,尽管早期的镜也远非一般平民可以享用,但其传播毕竟比剑要广泛得多。在战国时代,这里当然早已有镜的铸造。但绍兴成为全国的铜镜铸造中心,为时却要晚至汉朝和三国时代。

由于铜镜是一种普通的金属制品,它不像剑那样引人注意,因此,古人对于这个地区的铜镜铸造,记载并不很多。但近代的考古发掘,完全可以证实绍兴地区古代的这种精湛技巧。绍兴地区出土的铜镜,一种是神兽镜。镜铭中所刻的制作时代,多为黄武,黄龙、嘉禾、赤乌、建兴、太平、永安、甘露、宝鼎等三国时代东吴的年号。[⑩]其中有一面公元220年(汉献帝建安二十五年)铸造的神兽镜,镜铭上刻有"郑豫作"等字样。据日本人梅原末治考证,郑豫就是汉代绍兴地区的铸镜师。[⑪]

绍兴地区出土的古代铜镜中,另一部分是画像镜。其中曾发现过数面画有伍子胥故事的画像镜,镜背上刻画着慷慨激昂和愤怒的伍子胥拿着长剑自杀的形象。旁边并且还刻有"忠臣伍子胥"字样。[⑫]吴、越交战和伍子胥等人物,是绍兴地区历来广泛流传的故事,以这样的故事作为画像镜的题材,就充分表现了铜镜铸造的地方特色。

铜镜的铸造的确比剑要普遍得多,在绍兴,几乎每个乡村都有大量精致的古镜出土。新中国成立后,在稽北丘陵以北的冲积扇漓渚一带清理几十座古代墓葬,就得到不少这类铜镜,甚至有在一座墓葬中发现二、三面的。这也说明了古代这个地区铸镜业的发达情况。

上述剑和镜,在今天看来,不过是陈列在博物馆中的一般骨董。但是,它们不仅是绍兴地区最古老的冶金工业产品,同时也是我国南方最古老的冶金工业产品之一。它们的精湛技术,将在我国的冶金工业史上永放光芒。

誉满诗篇的越纸和越窑

纸是公元1世纪末叶(后汉和帝时代)蔡伦发明的。这是我们中华民族对世界文明的伟大献礼。自从纸张问世以后,各种学说、经验、创造、发明,以至文学、艺术等等,其传播和保存,较之以前不知方便了多少。因此,人类的文明从此有了更为迅速的发展。这是我们中华民族在人类历史上值得自豪的卓越贡献之一。

蔡伦是利用破布和渔网等原料制造纸张的。接着,人们开始利用各种植物纤维来造纸,竹是最常用的一种。绍兴地区自古以来拥有大片竹林,这是发展造纸业的重要条件。绍兴的造纸业始于何时,现在没有确切资料可以查考。公元 4 世纪中叶,著名书法家王羲之任会稽内史时,曾经从库房里一次拨出一种称为"侧厘纸"的纸张了 9 万张送人。这是这个地区有关纸张的第一次记载。⑬当时距离纸的发明为时还不很远,纸张在那个时候绝不是一种大众化的文化用品,能够一次拨出 9 万张纸来,就充分说明当地的造纸业已经相当发达。否则,尽管是一个郡的最高领导,恐怕也是不容易办到的。

到了唐代,著名的文学家韩愈曾经写过一篇《毛颖传》的文章。⑭这篇文章中,他替纸张起了一个别名——"会稽楮先生"。楮是一种落叶亚乔木,它的树皮,古代常用来造纸。纸被称为"楮先生",就是这个原因。楮先生而又冠以会稽,尽管绍兴的纸主要并不用楮制造,但这里的造纸业在当时具有全国地位,已经完全可以证明。也就是从唐代起,越州对朝廷的贡品中,开始列入纸张一项。⑮宋代,两浙成为全国造纸业的重要中心,而绍兴的造纸业,在两浙又居于显要的地位。当时政府在绍兴设有汤浦、新林、枫桥、三界四个造纸局,⑯这四处都是会稽山地中的集镇。这说明当时造纸业的分布,主要是在竹类原料取给方便的会稽山地,而竹纸就是绍兴最出名的纸张。上品的竹纸,在当时有姚黄、学士和邵公三种,最受书法家的欢迎。⑰根据宋代书法家们的经验,用竹纸写字有五个优点:第一,是纸质光滑美观;第二,是墨色在竹纸上显得特别润泽;第三,是竹纸上作书笔锋流利;第四,是以竹纸所作的书画,经过久藏而墨色不褪;第五,是竹纸不蠹。⑱

正因为绍兴出产的竹纸有这许多优点,所以当时的书法家们都喜欢用竹纸写字,并且用诗篇赞美这种纸张。著名的书法家米芾,在他的《越州竹纸诗》中,说道:

> 越筠万杆如金版,安用杭油与池茧,
> 高压巴郡乌丝阑,平欺泽国青华练。……

诗中所说的杭州油纸、池州茧纸、巴郡乌丝阑纸和泽国青华练纸,都是古代的全国名纸。以乌丝阑纸为例,这也是茧纸的一种。据说,当年王羲之写《兰亭序》,就是用鼠须笔写在乌丝阑纸上的。可是在米芾看来,所有这些名纸,都比不上绍兴竹纸。则竹纸的品质优良,可以想见。

宋代的另一书法家薛道祖,在他的《咏笔砚间物》一诗中,也赞美越州竹纸说,

> 越纸滑如苔,更加一万杆;

自封翰墨乡，一书当千户。

从上面这两位书法家的诗篇中，我们至少看到了一点，越纸之所以闻名，除了雄厚的原料基础外，特别重要的是制作技术，而这种技术又和两诗中都提到的"万杵"有关。"万"当然是多的意思，腐烂的竹浆，必须经过石杵的多次锤击，才能使其纤维均匀，制成的纸张当然光滑细致，所以这是劳动人民的石杵上的功夫。

宋代以后，越纸在元代不仅仍然闻名，而且花色品种有了增加，如彩色粉笺、蜡笺、花笺、黄笺、罗纹笺等等。[19]但是明代初年起，情况开始有了变化。因为从那时开始，一种迷信工业——锡箔工业在绍兴发展起来。[20]这种工业把锡和铅的合金（绍兴方言称为镴），锤打成如同纸张一样的箔，然后褙到一种黄色的薄纸上面，供制作银锭、元宝等纸钱之用。在封建落后的时代，这种工业有广泛的社会基础，其产品立刻风靡全国，销数甚巨。由于这种工业包括锤打、褙衬等多道工序，可以提供许多就业机会，其中有些工序，并通过家庭工业完成。因此，绍兴立刻出现一种称为"箔半城"的畸形繁荣，大量家庭都从这种工业中赚取工资。于是褙衬锡箔用的这种黄色薄纸——鹿鸣纸，立刻成为市场上供不应求的俏货。会稽山地的所有纸坊，一时都放弃了传统的纸张生产，而改制这种更为有利可图的迷信用纸，从此，著名的越纸就一蹶不振了。

古代绍兴的手工业产品中，与越纸齐名的还有越窑。这两种产品的闻名，几乎在同一个时代。从自然资源来看，绍兴地区除了高岭土的蕴藏相当丰富外，作为陶瓷器釉彩的青料，在会稽山地中出产甚多，而且质量比江西、广东等地出产的好得多。[21]从以后考古发掘的情况来看，古代陶瓷窑址发现最多的地区，在曹娥江两岸。会稽山地的曹娥江支流小舜江沿岸的上浦公社石浦大队，就已发现四个东汉龙窑和一个南北朝龙窑。联红公社红光大队的帐子山，也发现两个东汉龙窑、一个三国龙窑，和一个晋代龙窑。所以，有人认为这一带是我国青瓷的著名发源地。[22]此外，稽北丘陵的漓渚镇附近，在蔺家山和娄家坞等地，也都发现了古代窑址。

从上述可知，绍兴地区的陶瓷业发轫甚早，但在全国范围内显露头角，却是初唐以后的事，那就是名闻中外的越窑。越窑最初建立在绍兴，在稽北丘陵的不少地方，近代已经陆续发掘出不少这类窑址。但宋室南渡以后，越窑最重要的中心，已迁移到今余姚县的上林湖附近。越窑的产品，主要是青瓷，其质量在全国是数一数二的。唐朝的著名文人陆羽，曾经写过一本叫《茶经》的书，书中除了品评全国各地出产的茶叶外，也品评各地的瓷器，其中盘和瓯两者，都以越窑的产品为第一。近世一个对古瓷器很有研究的日本人上田恭辅，也把越窑列为唐朝第一。[23]

越窑青瓷器的优点，一方面在于瓷质精细而极薄，呈半透明状态，这就是古人所说的"越窑如冰"。这是我国古代其他各窑所无法制作的。南宋的绍兴人陆游，曾在陕西耀州看到那里出产的青瓷器,名称也叫越窑,但质地粗陋,一看而知其为赝品。越窑优点的另一方面,在于色泽逗人。越窑的青色,是一种晶莹透彻的微青色,古人称之为"雨过天青"。陆羽赞赏越窑色泽的名诗,说:"九秋风露越窑开,夺得千峰彩色来。"的确写尽了越窑的色泽之美,这也是别处青瓷所无法望其项背的。唐末的另一诗人皮日休诗说:"邢客与越人,皆能造瓷器。"的确,邢瓷的名气也很不小。但是根据陆羽的品评,越窑显然超过邢瓷。陆羽说:"或者以邢州处越州上,殊为不然,若邢瓷类银,越瓷类玉,邢不如越一也,若邢瓷类雪,则越瓷类冰,邢不如越二也;邢瓷白而茶色丹,越瓷青而茶色绿,邢不如越三也。"㉔陆羽是精通茶叶的,所以特别注意瓷器与茶叶的配合。9世纪初期的唐代著名诗人施肩吾写道:"越椀初盛蜀茗新,薄烟轻处搅来匀。"的确,用一个精致的越窑青瓷器,沏上一盏上等的会稽山新茶,则瓷色茶香,真是人间双绝,

　　在唐一代中,越窑青瓷器不仅在国内是一种珍品,在当时开始发展的国际贸易中,也是外国商人十分喜爱的商品。它们曾经被日本的遣唐使和商人大量地带回本国,在今德隆寺和其他许多地方,都有越窑青瓷器的保藏。㉕此外,在印度的勃拉名纳巴特废址(繁荣于7世纪,废于11世纪初),伊朗的沙麻拉废址(筑于公元838年,废于公元883年),埃及开罗南郊的福斯脱特(繁荣于9世纪,废于13世纪初)等许多地方,都曾发现越窑青瓷器的碎片。㉖越窑在世界上流传之广,于此可见。

　　越窑的声价到了唐末、宋初达于顶峰。吴越钱氏在绍兴地区建立了所谓秘色窑,制造秘色器。㉗秘色者,言其色泽神秘,不同凡品。吴越国的秘色器,是只让朝廷使用,百姓不得染指的。到此,越窑青瓷器已经被渲染到神乎其神的境界了。吴越国王先后于公元924年(钱镠宝大元年)、公元935年(后唐清泰二年),向后唐进贡秘色瓷器;又先后于公元969年(宋太祖开宝二年)、公元983年(宋太宗太平兴国八年),向宋朝进贡秘色瓷器。㉘宋太宗也曾经派遣他的殿前承旨赵仁济监理越州窑务。㉙这就是把越窑置于国家的直接管理之下,其地位的重要,由此可见。

　　南宋以后,越窑开始衰落。到了明代,据万历《绍兴府志》记载,当时绍兴地区虽然还有不少民窑,但所制大多是粗拙产品,只供本地使用,没有外销意义。由于国内许多新创的陶瓷业产地纷纷后来居上。随着时代的发展,越窑产品就逐渐销声匿迹,而成为收藏家追求的对象。当然,在我国陶瓷发展史上,越窑将永远闪烁着它的光辉。

　　上述越纸和越窑,是历史上绍兴地区长期闻名的手工业品,它们不仅遍布国内,而且还流传海外。以越纸书写刊印的各种书画刊本,今天早已都成为珍贵的善本;而越窑器皿,历来就是国内外博物馆收藏的珍品。所有这些,都是古代绍兴手艺人的智慧和辛勤劳动的结晶。

名闻遐迩的丝和茶

　　绍兴地区的蚕桑业始于何时？目前不易得到确切的资料。《越绝书》中已有"劝农桑"的记载,说明早在春秋战国时代,蚕桑业在这里已经存在。不过直到两汉,这个地区所记载的纺织业产品,主要还是麻织品,所以早期的蚕桑业,看来规模不大。一直到隋、唐时代,有关蚕桑业的记载才开始大量出现。绍兴不仅成为一个重要的蚕桑区,更成为各种著名丝绸的全国性产地。到了宋代,由于生丝的需要量增加,农民就通过增加饲蚕的次数,以提高产量。于是,除了春蚕以外,开始夏蚕和秋蚕的饲养,一年中饲蚕三次。[30]尽管从元代起,植棉业在这个地区开始发展,但是直到明末,绍兴的蚕桑业仍和粮食种植业及水产业并列,成为这个地区农业中三个最重要的部门之一。[31]而人民也仍然"丝布其服",[32]丝绸还是重要的衣料。到了清代,中外通商日益发展,绍兴所产生丝,甚至成为外商收购的对象。[33]

　　绍兴的丝绸是从隋、唐开始名闻海内的。隋炀帝时代,越州的贡品中有一种称为"耀花绫"的绸缎。这种绸缎采用特殊的纺织技术,绸面上有花纹突起,并且有特殊的光彩,极为朝廷所珍贵,因而名扬全国。[34]到了唐代,绍兴所产的丝绸品种大大增加,仅仅在贡品中列名的,就有白编绫、交梭、轻调、宝花罗、花纹罗、十样绫、花纹绫、轻容纱、生縠纱、花纱等。[35]其中特别著名的是罗,花色繁多,统称"越罗"。杜甫《后出塞曲》诗说:"越罗与楚练,照耀舆台躯。"其声望可见一斑。此外,轻容纱也是当时风行一时的产品,这是一种纯色无花的薄纱,因为丝缕极细,织工极精,所以既薄又轻,品质十分优异。当时,绍兴地区的丝绸业,是具有很大规模的。唐代末年,朝廷在浙东重赋搜括,单单越绫一项,每10天就要征调1万5千匹,[36]这个数字当然还只是这里丝绸总产量中的一部分,可见各种丝绸的产量,是非常可观的。

　　到了宋代,绍兴的丝绸业继续有所发展,除了隋,唐以来的品种仍然存在外,在贡品中又增加了绯纱和茜绯纱等名种。[37]因为这里出产的丝绸,已经名闻海内,因此,别处所出丝绸,也往往标名越产,以抬高身价。陆游在四川遂宁看到一种当地出产的丝绸,居然也称为"越罗",就是一个例子。

　　明代初年,朝廷在四川、山西、绍兴等几个地方,设置官办的织染局,[38]说明当时绍兴的丝绸,仍然具有全国地位。但是在这个时期中,全国其他地区特别是太湖平原和珠江三角洲等地的丝绸业,都有了较大的发展。加上棉织品大量增加等原因,明代中叶以后,除了官办的织染局仍能出产质量较高的越罗外,绍兴的民间作坊所生产的丝绸,质量开始下降。到了清代,尽管绫、罗两者仍是这个地区列名的贡品,[39]绍兴丝绸在全国的声望,实际上已经远非昔比了。

蚕桑以外,绍兴地区古代农业中的另一著名特产是茶叶。会稽山地小规模的茶叶种植可能开始较早,但名闻国内却始于唐代。陆羽在他的名著《茶经》中,品评浙东所产的茶叶,是:"越州上,明州、婺州次,台州下。"说明会稽山地的茶叶,当时已经位居浙东第一。到了宋代,绍兴地区的茶叶种植盛况空前,会稽山地顿时出现大片茶园,著名的产品除了日铸岭的雪芽茶外,还有会稽山的茶山茶、天衣山的丁坞茶、陶宴岭的高坞茶、秦望山的小朵茶、东土乡的雁路茶、兰亭的花坞茶等。⑩甚至连郡城之内的卧龙山上,也开辟了茶园,出产著名的瑞龙茶。⑪其品质仅次于日铸茶,也被列为贡品。当时,全国各地所产的茶叶,分成两大类:一类是福建等地所产的腊茶,另一类是两浙等地所产的草茶。草茶之中,日铸岭所产的,被评为全国第一。⑫日铸岭位于稽北丘陵,上灶溪即从此处发源,茶园主要在岭下资寿寺附近的一处阳坡上,朝暮都有日照,具有特殊的小气候条件,适宜于茶叶的滋长,所产茶叶历来称为"奇绝",为会稽山地其他茶园所不及。

绍兴地区的茶叶产量,在宋代已经相当可观。根据1162年(绍兴三十二年)的记录,当年绍兴府的茶叶总产量,到达385000多斤。⑬宋代以后,全国各地种茶的地区日益增加,绍兴的茶叶产量在全国总产量中的比数,虽然有所下降,但会稽山地的植茶业,仍然非常发达,茶园面积继续扩大。明、清两代,会稽山地出产的茶叶,仍以其优越的品质名闻于海内。明代有一位精通茶叶的专家许次纾,写了一本称为《茶疏》的专著,这是自从陆羽《茶经》以来,我国古代有关茶叶的又一种重要著作。《茶疏》调查全国各地所产的茶叶,评选出其中最著名的5种,即福建之武夷、天台之雁荡、括苍之大盘、东阳之金华、绍兴之日铸。日铸茶仍不失为全国五大名茶之一。万历《绍兴府志》记载当时北京牙行的统计,每年贩运到北京一地的绍兴茶叶,价值就达银3万两之巨,说明其总产量相当可观。

由于会稽山地长期来盛产茶叶,而产量中的很大部分集中在稽北丘陵的水运码头平水镇,加工外销。于是从明末、清初起,平水镇就逐渐形成一个重要的茶市。开始是山、会两县的茶叶在这里集散,逐渐发展到新昌、嵊县、诸暨各县,也将茶叶送来此处,最后并包括上虞,余姚等县,平水镇成为全国闻名的茶叶加工集散中心。这里加工外销的茶叶,有珠茶和眉茶等著名品种,珠茶形如一粒粒极小的珍珠,又圆又绿,逗人喜爱。它具有茶形美观,茶色黛绿,茶香醇郁,茶味隽永等特点,历来是出口的大宗。眉茶茶形纤细,宛如一条条娥眉,而色香味俱佳,也是茶中上品。这些茶叶,自从清代以来,一直在国内外市场享有盛名。根据清代末叶的统计,每年从平水镇运销外洋的茶叶,约为880万斤,运销国内的约为180万斤。此外,由各茶号拣出的茶梗,筛出的茶片、茶末等,多供省内销售的,也达 140 万斤。三项合计,共达 1200 万斤。在这总产量中间,嵊县一县独占十分之四,山、会两县占十分之四,其余各县约占十分之二。[44]说明直到清末,绍兴的茶叶产量为数仍然不少。

丝和茶是绍兴历史上两种名闻遐迩的农业特产,它们也都是绍兴地区历史上大宗外销的货品。长期以来,已为这个地区创造了巨额的财富。时至今天,手工丝绸业虽然已经不再具有意义,但会稽山地的茶园,却发展得更为兴旺。当人们驱车奔驰在会稽山区新辟的公路网之间,漫山遍野到处可以看到一丛丛、绿葱葱、整齐可爱的茶蓬。尽管平水镇上的许多手工业"茶栈"已经不再存在,而代之以绍兴城内拥有现代化设备的新式茶厂,但是平水珠茶这种传统产品,至今仍是这个地区的名产。

历史悠久的绍兴酒

绍兴酒,严格地说应该叫绍兴黄酒。这是一种和醇馥郁而含酒精又很少的饮料。提起它,的确可以使许多有这种嗜好的人垂涎欲滴。按照这种酒的酿造历史,它又称得上是一种很古老的名酒。日本人西园寺公一认为,绍兴酒已有 4000 多年历史,[45]我们还不知道他根据的是什么资料。不过即使仅从历史文献考查,春秋战国时代绍兴地区已有很普遍的饮酒习惯。广泛流传的越王句践伐吴的故事中,据说在誓师的仪式上,越王句践把酒倒在江里,让军民同饮,以激励士气。[46]宋代的地方志,考证越王句践倒酒的这条河流,叫做投醪河,或称劳师泽。[47]醪就是一种浊酒,投醪河就是把酒倒入河里的意思。现在,绍兴城内仍有这个地名存在。前面曾经介绍过,越王句践在十年生聚、十年教训的时候奖励生育的故事:生儿子的奖给酒二壶、犬一头;生女儿的奖给酒二壶、猪一头。这些都说明,早在于越时代,酿酒和饮酒都是很普通的事情。当然,于越时代所酿造的酒,和以后名闻中外的绍兴黄酒是否相同,仍然是一个尚未解决的问题。

绍兴酒是一种以糯米和鉴湖水酿造的、略带酸甜之味、含酒精率较低(5%—20%)的醇美黄酒。绍兴地区古代酿造业的这种特色,最晚在南北朝时代已经存在,这就是 6 世纪中期梁元帝萧绎所说的"山阴甜酒"。[48]绍兴酒由于它的这种独特风味,与北方人的饮酒习惯不相符合。绍兴酒含酒精少,而且带甜味,在当时是北方人所不喜欢的,认为饮了以后使人胸闷。[49]所以直到南宋初年,南迁的北人尚不习惯饮用绍兴酒。例如,逃难到绍兴的宋朝的隆裕太后,是喜欢饮酒的,可是却饮不惯绍兴酒,只好另酿北方的酒饮用。[50]为此,绍兴酒在一个很长的时间里,没有在全国显露头角。宋朝南渡以后,由于南北杂处,交流频繁,时间稍久,绍兴酒就逐渐为大众所熟知。

它的独特风味,也逐渐为大众所赏识。饮用的人多了,销售量骤然大起来,这就促进了绍兴地区酿造业很快发展。另外,由于盐、茶、酒三税,是宋朝最主要的税收来源,[51]酿造业在当时是受到鼓励的行业。南渡以后,在首都临安,酒铺特别多。原来在衙门里有一官半职的人,现在居然也设起酒铺来,以致社会上流行"若要富,守定行在卖酒醋"这样的俗谚。[52]绍兴是酒乡,酒铺当然更多,达到了"酒满街头"[53]的程度。从这些方面可以看到酿造业发展的情况。

因为流行不广,所以绍兴酒在宋朝以前品种不多。有文献记载的,只有南北朝的甜酒和唐朝的缸面酒等品种,这些多是在本地流行的。到了南宋,由于这个行业发达起来,花色品种就随着增加,出现了竹叶酒、瑞露酒、蓬莱春等许多名闻海内的品种。[54]特别是蓬莱春,当时的许多记载中都提到,成为南宋最著名的品种。明代以后,品种就更为增加,诸如豆酒、薏苡酒、地黄酒、鲫鱼酒等,[55]不一而足。其中特别是以绿豆为酒曲而酿造的豆酒,据清朝初期的文献所载:"一名花露,甲于天下。"[56]绍兴黄酒从此进入了它的全盛时代,品种多,产量大,并且行销全国。

历史上绍兴地区的酿造业,除了家酿和零星的小酿户遍及山、会两县外,有两个地区是酿造业特别集中的地方。一个地区在城北的东浦、柯桥和阮社一带,这个地区由于接近鉴湖,取水方便,而且又是糯米的生产中心,原料不必远程运输,条件相当优越。所以早在宋代,东浦已经形成了一个酿造中心。历史上对这个地区产酒的记载很多,例如柯桥附近的梅市,即是著名的香雪酒的重要产地。[57]东浦虽然只是一个集镇,到了清代初年,其酿造业已经名闻国内。当然,酿户并不全部集中在镇上,在这个地区的广大农村中,酿酒十分普遍。"东浦十里闻酒香"。[58]过去,在熬酒灌坛的腊月季节,要能坐上乌篷船到那一带水乡去走走的话,则酒香扑鼻,应接不暇,上面的诗句真是最生动的写照。另一个重要的酿造区在府城内,这里不仅本身就是一个市场,特别重要的还由于府城在交通上的枢纽地位,每年外销的酒,有很多就是从这里装运的。所以在明代,府城内的酒坊已经很多,到了1662年(清康熙元年),著名的高长兴酿坊在府城内创设,接着沈永和、谦豫等著名酿坊,也先后创设。[59]这些酒坊都拥有较大的资金,它们既建有规模很大的酿造作坊,又经营对全国各地甚至海外的运销业务。像这类规模较大的酿造企业的建立,标志着绍兴酿造业从清代初期起的更大发展。

大型酿坊出现以后,由于黄酒产量日益增加,外销业务也不断扩展,于是绍兴黄酒在品种、规格以至包装形式等方面,开始在各个酿坊之间的协商下统一起来。宋、明以来的各种花色酒,由于配方规格并不统一,质量也无一定的标准,就统统列入花色酒一类,只供小批生产。大宗生产的产品,从这个时期起基本上确定为3个主要的品种,即状元红、加饭和善酿。[60]状元红又称元红,这是黄酒中最普通、销售量最大的品种,根据传统的配方,制作元红酒一缸(绍兴酒的酿造单位),用糯米 288 斤,浆水(即浸泡过糯米的米浆水)168 斤,水 224 斤。加饭是比元红更高级的黄酒,"加饭"二字的意思,实际上就是减水。所以每缸加饭酒用和状元红同样的糯米,却只加浆水 120 斤,水 150斤。用的水少,出酒率降低,酒味自然更为醇厚。有的酿坊把加饭酒配方中的用水再予减少,这样的酒,就称为"双加饭"。善酿酒是最高级的黄酒,288 斤糯米一缸的善酿酒,只用浆水 110 斤,另外再加陈元红酒 165 斤以代水,这样制成的酒,酒味当然醇厚无比。远年的善酿酒,是绍兴酒中的绝品,饮上一杯后,精神焕发,口舌生香,真是名不虚传。

绍兴酒的质量是越藏越佳的,所以酒铺里都以"远年陈绍"作为标榜。由于需要久藏,所以就得有一种适应于久藏的包装。传统的形式是陶制酒坛,封以一个特制的泥盖。这样,不仅久藏不坏,而且越陈越香。从清代初期起,绍兴酒的包装,按运销地区的不同,分成两大类。行销于北京或北方各地的,称为京庄酒;行销于南方各省或外销南洋的,称为广庄酒,或称建庄酒。此外,还有一种特殊包装的花雕酒,要在酒坛上描绘出各种彩色的花鸟人物,这是婚嫁时作为彩礼,或作馈赠、进贡等用途的。花雕酒不仅是一种名酒,同时也是一种艺术品。

自从宋代以来,绍兴酒的确替绍兴带来了不少繁荣,但一个时期也替绍兴带来了相当严重的问题。绍兴酒必须用糯米酿造,在南宋以前产量不大的情况下,糯米供应是不成问题的。南宋以后,产量骤增,糯米就显得供不应求。由于酿造业获利大,糯米的身价也就迅速提高。南宋初期,绍兴的糯米价格比粳米高出一倍。[61]糯米价格提高了,种植糯米的人立刻多起来,原来种植粳米的耕地,就大片改种糯米。南宋一代中,绍兴地区的糯米播种面积,竟占全境水稻播种面积的 6/10。[62]这样,酿酒的原料解决了,但人民不能以饮酒代替吃饭,粮食问题立刻严重起来。到了明代,糯米播种面积仍占全境水稻播种面积的 4/10,[63]粳米产量减少了,价格当然也贵起来。这就是明代的著名文人徐渭所说的,酿造业日益发达而粮食日益短缺,种田人都将吃不饱了,但事情却无法扭转[64]。明朝末年,会稽县一个名叫余煌的状元,目睹他们乡里种糯米的田亩到达十分之四、五,有几个乡甚至全种糯米,不种粳米。他感慨地说:绍兴酒行遍了天下,但绍兴的粮食却减少了十分之五、六。[65]这种情况的发生,与当时商品经济的不发达很有关系。到了清代初年,大规模酿坊出现,他们资金雄厚,经营的方式是资本主义的,有自己的运销和采购网。他们通过水运到江苏的无锡、丹阳一带采购质量比绍兴好得多的糯米,这样,绍兴的糯米价格立刻就降下来。尽管清代的绍兴酒产量比以前大为增加,但绍兴境内的糯米种植面积却迅速缩小,粮食问题也就随着解决了。

因为种种条件的改善,历史悠久的绍兴酒从清初以后盛极一时。到了清代末叶,据估计,绍兴每年酿酒达到 30 万缸,以每缸灌京庄大坛(50 斤)10 坛计算,则年产量达 300 万坛之巨。[66] 它们不仅运销国内各地,并且远销南洋、日本等国外市场,真正达到了"越酒行天下"[67] 的局面。1910 年(宣统二年),绍兴黄酒由于它的优异品质,而获得南洋劝业会的奖状和金牌,[68] 在国际市场上为祖国争得了荣誉。

绍兴酒的确是绍兴地区值得自豪的特产。取之不尽的鉴湖水,是酿造绍兴酒不可取代的水源,也是绍兴自古以来发展酿造业得天独厚的条件,而特别重要的更是几千年来所积累起来的酿造经验。近代以来,绍兴酒仍然声誉斐然。1925 年,它获得西湖博览会的奖状和金牌;1936 年,又在浙赣特产联合会中获得优等奖状。[69] 新中国成立以后,绍兴黄酒被评为全国八大名酒之一,而且是八大名酒中的唯一黄酒。但是,由于种种原因,自从 1960 年以后,绍兴酒的生产受到了严重的影响。因为产量锐减,不仅国外市场供不应求,国内市场也无以为继。现在,绍兴的酿造业决心把产量赶上去,他们制订了今后的每年增产计划,预计到 1985 年,年产量将达到 32000 吨。[70] 在提高产量的同时,还必须做到质量上的精益求精。当然,在这方面,积累长期经验的绍兴酿造工人,更是信心十足。1979 年秋季,第三届全国评酒会在旅大市举行,有 18 种酒在会上被评为全国名酒,其中黄酒类有两种,而绍兴加饭酒,名列前茅。[71] 这次新的评酒会,对绍兴的酿造业无疑是一种鼓舞。在四个现代化的宏伟目标前面,绍兴的酿造工人将要酿造出更多更好的绍兴名酒,要让五湖四海的人们,都能尝到这种古老名酒的醇美和芳香。

注释：

① 《越绝书》卷四。

② ⑰ ⑱ ㉚ ㊵　嘉泰《会稽志》卷一七。

③ 《越绝书》卷八,姑中山,张宗祥案。

④ ⑥　嘉泰《会稽志》卷九。

⑤ 《越绝书》卷八,六山,张宗祥案。

⑦ 嘉泰《会稽志》卷一三。

⑧ 陈谦《越王句践四剑》,载《人民中国》(日文版)1973 年 6 月号别册,《绚烂たろ中国古代文化》。

⑨ 载《光明日报》1979 年 7 月 26 日《文物与考古》第 107 期。

⑩ ⑫　王士化《浙江出土铜镜选集》,中国古典艺术出版社 1957 年版。

⑪ 梅原末治《绍兴古镜聚英》,日本京都文星堂影印本。

⑬ (晋)斐启《斐子语林》,载鲁迅:《古小说钩沈》,《鲁迅全集》第八卷。

⑭ 载《全唐文》卷五六七。

⑮《新唐书·地理志》。

⑯ 嘉泰《会稽志》卷四。

⑲（明）文震亨《长物志》卷七。

⑳（清）范寅《越谚》卷中。

㉑（清）朱琰《陶说》卷一。

㉒ 叶宏明、曹鹤鸣《关于我国瓷器起源的看法》，载《文物》1978年10月号。

㉓ 上田恭辅《支那陶瓷器の时代研究》，大阪屋号书店，昭和十一年。

㉔《茶经》卷中。

㉕ 厦门大学考古专业《古刺桐港》第二册，第156页（油印本）。

㉖《文物参考资料》第38期，第166页。

㉗ 胡行之《越窑秘色瓷研究》，载《绍兴史迹风土丛谈》第八册，浙江图书馆藏抄本。

㉘《十国春秋》卷七八。

㉙ 丁慰长、陈觉民《浙江杂谈》，上海文化出版社版。

㉛（明）徐渭《西施山书舍记》，载《青藤书星文集》卷二四。

㉜（明）徐渭《风俗论》，载《青藤书屋文集》卷一八。

㉝ 刘禺生《补述容闳先生事略》，载《世载堂杂忆》，中华书局版，第117页。

㉞（唐）冯贽《南部烟花记》，载《唐人说荟》第十三册。

㉟《通典》卷六。

㊱《通鉴》卷二五九，唐纪七五，昭宗乾宁元年。

㊲《元丰九域志》卷五。

㊳《明史·食货志六》。

㊴（清）洪亮吉：乾隆《府厅州县图志》卷二七。

㊶ 宝庆《会稽续志》卷四。

㊷《归田录》卷一。

㊸《宋会要辑稿》第一三六册。

㊹《会稽县劝业所报告册》宣统三年上期，绍兴鲁迅图书馆藏钞本。

㊺《中国の酒》，载《人民中国》（日文版）1962年11月号。

㊻《吕氏春秋·顺民篇》。

㊼ 嘉泰《会稽志》卷一〇。

㊽《金楼子》卷六。

㊾（宋）朱翼中《北山酒经》卷上

㊿《建炎以来系年要录》卷三六。

(51)《建炎以来朝野杂记》甲集卷一四。

(52)（宋）张知甫《张氏可书》。

(53)（宋）陆游《小圃独酌》，载（明）冯时化：《酒史》卷下。

(54) (宋)周弁《曲洧旧闻》卷一;(宋)周密:《武林旧事》卷六。

(55) 万历《绍兴府志》卷一一。

(56) 雍正《山阴县志》卷七。

(57) 《越缦堂日记》同治六年四月十一日。

(58) 《越缦堂日记补》咸丰五年正月十三日。

(59)(60) 轻工业部科学研究设计院、北京轻工业学院:《黄酒酿造》,轻工业出版社1960年版。

(61) 《宋会要辑稿》第一二六册。

(62) (宋)孙因《越问》,载宝庆《会稽续志》卷八。

(63)(64) (明)徐渭《物产论》,载《青藤书屋文集》卷一八。

(65) (明)余煌《与周父母论煮粥平粜禁粘书》,载《余忠节公遗文》,《越中文献辑存书》卷一〇。

(66) 《绍兴史迹风土丛谈》第十五册。

(67) 万历《会稽县志》卷三。

(68)(69) 《黄酒酿造》。

(70) 据新华社1970年7月26日杭州电,载1979年7月27日《杭州日报》。

(71) 据新华社1979年9月5日沈阳电,载1979年9月6日《文汇报》。

五、人才辈出，文物之邦

绍兴号称文物之邦，从于越到晚清的 2000 多年历史中，已经涌现了许多出类拔萃的人物。在越王句践"十年生聚十年教训"、兴越灭吴的事业中，于越大夫文种、范蠡、计倪等，他们在发展生产、建设城邑、兴修水利等许多方面，为绍兴立下了功勋。在汉代的人物中，首先当然是马臻，这是使绍兴自然面貌得到改造的不朽人物。另一位郡守刘宠的事迹，也很有教育意义，他供职绍兴，吏治清明，政绩斐然。临去时，百姓感戴，会稽山中的一些老年人也赶来送行，并要送给他若干盘缠。他既不愿接受百姓馈赠，又不忍拂逆父老盛情，结果取了一个大钱，登舟而去。在他取钱离去之处，至今留下了"钱清"这个发人深省的地名。①三国时代的朱育，无非是个会稽郡门下的书佐，但是他精通故乡乡土史地，在太守濮阳兴的询问下应答如流，结果写出了《会稽土地记》与《问土对》②这样两篇著名的绍兴乡土文献。在西晋人物中首推贺循，他不仅以领导疏凿运河的功绩为后人留念，并且还撰写了《会稽记》这样一部乡土文献。③晋室南迁后，绍兴成为文人学士聚会之所。东晋的文学流风历整个南北朝而不衰，像谢灵运、孔灵符等，都是代表人物。孔著《会稽记》，④也是重要的乡土文献。隋唐承六朝之后，绍兴地区的经济更为繁荣，人文更为兴盛，会稽山水吸引了许多知名人物来临。诸如初唐的王勃、盛唐的李白、中唐的元稹等，都曾来到越州，并且留下了著名的文章和诗篇。两宋间，宦游越地的名人也很不少，知名政治家和文学家范仲淹、名列唐宋八大家之一的曾巩、才华横溢的南宋状元王十朋等，都在任职期间考察越州的山川水利，并且留下了重要著作,为绍兴的乡土文献倍增光彩。

在明一代中,由于鉴湖已于南宋湮废,水利问题成为绍兴突出的问题,那些有作为的地方领导人物,献身水利事业、造福越中人民的颇不乏人,其中郡守戴琥和汤绍恩,都是最杰出的代表人物。明代末叶,不少越中乡贤表现了他们的民族气节。这中间,曾任左通政的著名学者刘宗周,与曾任御史巡按的祁彪佳⑤都以身殉难,名垂后世。绍兴地区在明代也有许多文人学士,其中最著名的却是一位没有功名的布衣徐渭。⑥他是一个作品很多的文学家,又是一个著名的画家,并且热心乡土文物,他所主纂的万历《会稽县志》,⑦是历来绍兴地区最优秀的地方志之一。他一生不得志,死后却得到许多人的推崇。他的故居青藤书屋,成为绍兴城内的名胜古迹。清代,绍兴地区人物鼎盛不减往昔。这一代中,越中文士又为全国学术著作和绍兴地方文献增加了许多光彩,诸如章学诚的《文史通义》、章宗源与姚振宗两家的《隋书经籍志考证》、杜春生的《越中金石记》、⑧李慈铭的《越缦堂日记》、⑨平步青的《霞外攟屑》⑩等,都以一代名著而流传后世。当然,绍兴的知识分子并不只是闭门著述,在关键时刻,他们也能挺身而出,为民族国家而慷慨赴义。"时穷节乃见,一一垂丹青。"晚清的徐锡麟和秋瑾,都是以此而光耀史册的。

外还有一位晚清时期诞生于绍兴城内的杰出人物,他使绍兴这座历史古城在现代倍增光彩,那就是伟大的鲁迅。尽管鲁迅一生中的重要业绩,主要是在辛亥革命以后的20多年之中。但是实际上,在辛亥革命以前,鲁迅已经振铎桑梓,在把现代科学引进故乡的事业中,作了重大贡献。

以上是绍兴地区历史人物的大概情况,下面将把其中最重要的一些分别介绍。绍兴,这个古老的城市,由于这许多历史人物在它的土地上诞生和寓居,而引以为荣。应该指出,除了历史人物以外,这里也涌现了许多著名的现代人物,而绍兴特别以伟大的无产阶级革命家、敬爱的周恩来总理的籍贯,而感到无比自豪!

于越的谋士:文种与范蠡

越王句践从兵败国破、身为人质的危亡处境中,最后达到兴越灭吴、称霸中原的愿望,除了他自己的雄才大略外,也和他所任用的一帮谋士分不开。这帮谋士称为大夫,其中有名可查的有文种、范蠡、计倪、苦成、曳庸、皓进、诸稽郢、皋如等。这中间功劳最大的,当然是文种与范蠡。

文种据传说姓文名种,字会,楚国郢人。他在于越诸大夫中,常常排列在第一位。他的才能,于越的其他大夫都是佩服的。在句践夫妇离越去吴作人质的前夕,正当于越生死存亡的关键时刻,范蠡是决定随行保驾的。于越国内假使没有一介有威望、有能力的权臣主持国政,那就马上会分崩离析。于是,大家就推荐文种负此重任。大夫曳庸说他是"国之梁栋,君之爪牙"。大夫皋如说他"忠而善虑,民亲其知,士乐为用"。文种自己也临危不让,坚决地说:对内政治清明,对外备战应变,土地不使荒芜,人民团结一致,这是他的责任。⑪就这样,文种在于越最艰难危急的时刻,以身自任,度过了两年多朝不保夕的岁月。在这段时间里,他一面主持国政,一面还要为营救句践奔走于吴、越二国之间,终于赢得了夫差最后把句践夫妇与随行的范蠡释放回国的胜利。

句践返越以后,除了赶紧重建家园外,最念念不忘的大事,就是如何兴越灭吴,报仇雪耻。他以此事垂询大夫计倪,计倪说:范蠡处事精明而善理内政,文种见识广阔而长于外交,伐吴大业得与文种商议。于是,句践召见文种,文种就向句践献出了著名的"九术"。"九术"的内容主要是:

第一,尊天地、事鬼神;第二,以财币货品厚献给吴王及他的大臣,以博得他们的喜欢,松懈他们的警惕;第三,用高价购买句吴的粮食,以空虚他们的粮食贮备;第四,选美女献给夫差,使他迷于酒色,不理国政;第五,向句吴遣送巧匠,献给良材,使他们大兴土木,以疲乏他们的财力;第六,扶植句吴国内自私自利、阿谀奉承的小人,使之当权,句吴就会变得脆弱;第七,中伤句吴国内忠直不阿的人物,使之受到排斥,甚至自杀;第八,发展生产,充实军备;第九,训练士兵,伺机进攻。⑫

"九术"得到了句践的完全赞同,而付诸实施。文种知道夫差有大起宫殿的欲望,而会稽山中有的是原始森林,于是就派遣木工1000多人,入山伐木1年,把大量良材献给吴国。夫差十分高兴,不顾伍子胥"桀起灵台,纣起鹿台"的力谏,大起姑苏之台,高300丈,广84丈,在200里范围内都可以仰望遥见,弄得句吴道死巷哭,民不聊生。文种又深知夫差淫而好色,于是就在会稽山西翼的苎罗山下,物色到西施与郑旦二人,通过句吴幸臣太宰嚭,献给夫差。当时伍子胥也以"夏亡以妹喜,殷亡以妲己,周亡以褒姒"的教训力谏,但夫差充耳不听,从此沉湎酒色,不理政事。

文种还亲自去到句吴,诡称于越遭遇饥荒,向句吴告籴。虽然伍子胥力主拒绝,但夫差在太宰嚭的怂恿下,将稻谷万斛借给于越。两年后,于越选择了最好的稻谷蒸熟后还给句吴。夫差看到了于越归还的稻谷颗粒饱满,要太宰嚭把这批稻谷留作种子。这样的种子当然不会萌芽,因此就造成了吴国的大饥。⑬

由于"九术"的实施,于越的国势蒸蒸日上,句吴的国势却每况愈下。夫差最后又中计命伍子胥自杀。于是,于越终于在公元前472年覆没了句吴,并且北渡江淮,与齐、晋诸侯会于徐州,周朝的皇帝也派人赐句践以命号,达到了他逐鹿中原的目的。

就在这时候,范蠡写信给文种说:高鸟已散,良弓将藏;狡兔已尽,走狗将烹。越王是可以共患难而不可以共安乐的人。事情成功了,我们再不走,他必会加害我们。⑭但文种不相信范蠡的这番话。范蠡毅然出走,文种却仍然留下来。范蠡出走后一年(公元前471年),句践把文种召来,对文种说:你是一位有计谋、懂兵法、能覆没一个国家的人物,你所献的"九术",我只用了三术,强大的句吴就破败了。吴、越世代作战,我的前王生前被句吴的前王所打败,现在我希望你拿留下的六术,到地下去献给我的前王,以便我的前王可以在地下对付句吴的前王。就这样,句践仿效夫差杀伍子胥的办法,赐文种一把属镂之剑。文种仰天叹息,用这剑自杀了。⑮

文种死后,句践将他葬在西山上,人们怀念文种,把此山改为"种山",就是现在绍兴城内的卧龙山,后来,人们还传播着这样的故事:伍子胥被夫差杀害以后,上苍封他为"潮神"。文种被害后一年,伍子胥乘怒潮把葬在种山的文种带走,从此文种也做了潮神。以后钱塘江怒潮来到时,潮前的是伍子胥,潮后的是文种。⑯当然,这是一个神话。但人们把这两位忠心为国、最后却被各自的君王杀害的人联系在一起,说明人们对他们的怀念与崇敬。文种墓历经后代修葺,至今仍在卧龙山的望海亭之下。

于越的另一位谋士是大夫范蠡。范蠡据传说姓范名蠡,字少伯,楚国三户人。他在于越最危险的时刻,随同句践入吴。入吴前夕,他表决心说:扶持面临危险的国君,保存行将覆亡的国家,忍住受屈辱的灾难,安守被侵略的土地,此去必然设法回来,为国家报仇雪耻,这是我的责任。⑰在句吴两年多的俘虏生活中,范蠡含垢忍辱,终于使句践化险为夷,平安返越。

回越以后,范蠡首先为于越在山会平原上选定了一个建立城市的地址,把于越的中心从崎岖的会稽山地,迁移出来。范蠡之所以选择今绍兴城所在地建立国都,是有他的远大战略思想的。他对句践说:你想要立国建都,并于将来进攻敌国,作为这样一个基地,必须建立在具有宽广平坦的地形和四通八达的交通的地方。要有这样的国都,才能建立霸王的事业。就这样,范蠡先后建筑了小城和大城。于越一代的历史和以后2000多年的历史,都充分证明范蠡所选择的建城地址,是十分理想的。

正如大夫计倪所说的,范蠡处事精明而善理内政。他实际上是于越十年生聚、十年教训中最重要的计划者和领导者。他告诉句践:要兴越灭吴、称霸中原,首先要使老百姓安居乐业,而在强敌逼境的情况下,要让百姓安居乐业,就必须建立一支强大的军队;建立强大的军队,就必须有众多的人口,要养活众多的人口,就必须发展农业。因此,人口众多则国家安全,粮食众多则军队强盛。所以,于越的当务之急,是发展农业,增加人口。⑱这一席话成为于越的基本国策。范蠡就这样,首先领导百姓发展农业,着手开辟土地,扩大种植面积,增加粮食生产。他利用山会平原上的许多孤丘,发展养鸡、养猪等畜牧业;利用这个地区的广阔河湖网,发展水产业。把农业生产中的各个部门都建立起来。为了使农业生产有保障，他又研究季节与农业生产的关系，研究灾害天气与农业生产的关系等问题，从中总结出许多规律性的东西。他说："春生之，夏长之，秋成而杀之，冬受而藏之"；"八谷贵贱之法，必察天之三表"；"夏三月之时，大热不至，则万物不能成"；"当寒而不寒者，谷为之暴贵"，等等。为了观察天文现象和天气现象，以掌握季节变化和气候变化的规律，他为句践在怪山（今城内塔山）建造了一座怪游台，高四十六丈五尺二寸，周围五百三十二步。[19]这座建立于公元前 490 年稍后的综合性观象台，称得上是世界上最早建立的天文台和气象台之一。

除了整顿内政、发展生产以外，他也关心军队的建设。他招聘了著名的射手、楚国人陈音，让他担任于越部队的射击教官，提高了于越军队的作战技术。他还同时配合文种的"九术"，进行从内部瓦解句吴的工作。他在今绍兴城东建造一座土城，让西施和郑旦在这里学习舞蹈和各种社会礼仪，然后又亲自把她们献到夫差身边去。范蠡的确是一个知识渊博、才能出众的人物。对于他，敌国的评价可能比本国的赞誉更有意义。伍子胥曾经在夫差面前，把范蠡说成越国的"圣臣"。这样的称号，范蠡看来是受之无愧的。

范蠡懂得功成身退的道理，公元前 472 年，句践大功告成的当年，他就毅然引退，抛妻离子，乘扁舟出三江入五湖，人们从此不知道他的行踪。句践特地叫良工为他铸了一座金像，放在自己的座侧，与这座金像朝夕论政，以表示对他的纪念。后来有人传说他到了陶的地方，改名陶朱公，成为一个慷慨而豪富的商人，累资巨万，但也常常散发资财以救助别人。

范蠡虽然有十分渊博的知识，又有非常丰富的实践经验，但是由于当时社会条件的限制，他的著作能够流传下来的，只有《养鱼经》一种。这本书上谈到："治生之术有五，水蓄第一。"范蠡把水产业的地位说得这么高，一定是在一种河湖广阔的自然环境之中。因此，这部著作很可能是他在绍兴的时候撰写的。《越绝书》中也谈到越王句践战败后在会稽山凿池养鱼的事，两者是相符的。可惜这部著作已经散失，现在留下来的，只是后人收辑起来的一小部分。[20]

汉代的史家：袁康、吴平与《越绝书》，赵晔与《吴越春秋》

前面一再提到，绍兴地区的历史记载最早开始于于越时代，而于越的历史，除了在《国语·越语》和《史记·越世家》中有一些记载外，大部分都依靠后汉的《越绝书》与《吴越春秋》这两部著作，才得以保存下来。假使没有这两部著作，今天流传的关于于越的大部分情况，就无从知道。因此，对于这个地区最古老的历史记载的保留，这两部著作是起了十分重要的作用的。

先说《越绝书》。这部书是我国最古老的历史书之一，名气很大，价值确实也不小，但是它的作者，却是两位默默无闻的历史学家。他们写出了这样重要的著作，却不想把自己的姓名流传下来，为了考证这部书的真实作者，历代许多学者花费过大量功夫。

因为《越绝书》是一部古老的著作，因此，在我国很早的图书目录如《隋书·经籍志》、《旧唐书·经籍志》、《新唐书·艺文志》之中，都已经列有此书的名称。但是对于此书的作者，历来却没有定论，有的说是孔子的弟子子贡所作，也有的说是伍子胥所作，有的干脆就不列作者。实际上，此书卷二《吴地传》末尾，写到："句践徙琅邪，到建武二十八年，凡五百六十七年。"建武是后汉光武帝的年号，建武二十八年适当公元52年，子胥和子贡都是春秋末叶人，怎能写到后汉初年的事情？一看而知是错误的。古人当然也看到这一点，但是由于找不到真正的作者，所以这种说法，才一直以讹传讹地流传到明代。

到了16世纪初期（明正德到嘉靖年代），由于有些学者的仔细钻研，才发现此书的真正作者在写作此书时，安排在书内的一项秘密。此书卷十五，即全书的最后一篇，称为《篇叙外传记》，相当于现代书的跋或后记。这里面有一段话写道：

> 记陈厥说，略有其人，以去为姓，得衣乃成，厥名有米，覆之以庚，禹来东征，死葬其疆，不直自斥，托类自明，写精露愚，略以事类，俟告后人，文属辞定，自于邦贤，邦贤以口为姓，承之以天，楚相屈原，与之同名，明于古今，德配颜渊。

这段话原来是一段隐语，"以去为姓，得衣乃成"，分明是个"袁"字，"厥名有米，覆之以庚"，实在就是"康"字。因为《越绝书》以前的许多著作，如《墨子》、《管子》、《吕氏春秋》、《淮南子》、《史记》等书中，都有禹葬会稽的传说，所以"禹来东征，死葬其疆"，无疑是指会稽。这一段话实际上就是说，此书作者是会稽人袁康。下面所说"文属辞定，自于邦贤"，意思是校订此书的，是一位邦贤。邦贤，当然是同郡贤者之意。"邦贤以口为姓，承之以天"，说的当然是个"吴"字。"楚相屈原，与之同名。"大家知道，屈原名平，因此下面这一段话，实际上就是说，校订此书的是同郡人吴平。

这个隐语的发现，在明人杨慎的《丹铅总录》、胡侍的《真珠船》、田艺蘅的《留青日札》等书上，都有记载。余姚人陈垲在1547年（嘉靖二十六年）重刊的《越绝书》跋尾中，说："千载隐语，得升庵而后白。"升庵是杨慎的号，所以首先发现这段隐语的，可能就是杨慎。清初修订《四库全书》，将此书作者正式定为："会稽袁康所作，同郡吴平所定。"这两位后汉初年的无名历史学家，从此又在他们的著作中写上了姓名。

实际上，真正无名的是袁康。吴平的姓名看来是有人提到过的，那就是较袁、吴稍晚的上虞人王充。王充在他的名著《论衡·案书篇》中，有一段话说：

> 东番邹伯奇，临淮袁太伯、袁文术，会稽吴君高、周长生之辈，位虽不至公卿，诚能知之囊橐，文雅之英雄也。观伯奇之《元思》，太伯之《易章句》，文术之《箴铭》，君高之《越纽录》，长生之《洞历》，刘子政、扬子云不能过也。

这里提到会稽人吴君高和他的著作《越纽录》。此外《论衡》的《超奇篇》中，也提到："前世有严夫子，后有吴君高。"《书虚篇》中又一次提到吴君高，其内容并和《越纽录》有关。

王充所说的会稽人吴君高，不少学者认为就是吴平；王充所说的《越纽录》，许多人认为就是《越绝书》。清初修《四库全书》，在《越绝书》的提要上指出：所谓吴君高，大概就是吴平的字，所谓《越纽录》，大概就是《越绝书》。

这种说法有许多理由，中国人的习惯，名和字往往意义相关，所以名平、字君高，是合乎这种习惯的。"越纽"和"越绝"，根据明代人考证，意义也相类似。此外，籍贯相同，年代没有出入。《四库全书提要》甚至说这两者是"一一吻合"。这样看来，吴平是一个很有学问的人。王充说"前世有严夫子，后有吴君高"。严夫子大概是指的后汉光武帝的同学严光，光武帝做了皇帝后，到处找寻他，他却隐没在富春江畔垂钓，不愿出去做官，王充心目中，吴平是严光一流人物，其清高博学可以想见。而他的著作《越纽录》，又超过刘向和扬雄㉑这样鼎鼎大名的学问家，其声望更是不言而喻的了。

可惜对于袁康的生平事迹，历来绝无点滴记载，完全不得而知。清人卢文弨从《越绝书》的文字，推想袁康的为人，说他生当云集龙斗之时，身负奇气而胸怀大志，但是却怀才不遇，所以著此书以发其愤。㉒卢文弨的推测，并不是没有道理的。因为既然博学多才如吴平这样的人，愿意为他校定文字，则袁康必然也是一个不平凡的人物。正是因为这位自甘隐没姓名的历史学家，才使这个地区最古老的历史，能够在后世永远流传。

的确，这部被王充称誉为当时五大名著之一的《越绝书》，在后世也获得了很高的评价。因为此书详细记载了吴越交战，越王句践生聚教训，最后兴越灭吴，逐鹿中原的经过，内容涉及兵法、权谋、术数，等等。所以有些学者称它为"复仇之书"。㉓因为此书也记载了许多有关季节变化，农田水利，土地利用，粮食丰歉等内容，所以有些学者也把它作为一本发展生产、经世致用之书。㉔此书中的《吴地传》与《地传》两篇，详细记载了句吴和于越的山川、地理、城池、物产，等等。所以，有的学者又把此书作为我国地方志的鼻祖。㉕对于我国古籍遗产中的这样一本不可多得的好书，当然是应该归功于袁康和吴平这两位无名的历史学家的。

可以与《越绝书》配成姊妹篇的另一部记载于越的历史著作是《吴越春秋》。它的作者是后汉的另一位历史学家山阴人赵晔。赵晔,字长君,后汉末期人。与袁康、吴平相比,赵晔的名望显得更大些,因为在《后汉书·儒林传》中,有他的一篇简单传记。但是实际上,他没有当过什么官,在当时也是一个不得志的小人物。年轻时代,他曾经当过县官下面的一个小吏,上峰命令他去迎接督邮,而他的傲骨实在做不了这种卑躬屈膝的差使。他宁愿丢掉这个小小的位置,而跋涉到边疆的犍为郡,去拜一位名师,在那里茹苦含辛,埋头苦学达 20 年之久。既不回家,也不与家里通音讯,家里人以为他早已死了。学成以后回家,地方官员知道他有学问,要请他出来做官,但是他拒绝接受,仍在家闭门读书和著作。最后,他写成了《吴越春秋》等书,年事也大了,就这样结束了他实际上是默默无闻的一生。后汉末年,著名的学者蔡邕来到绍兴,读到了他的著作,不禁拍案叫绝,认为比王充的《论衡》还好。蔡邕回到首都,把这些著作传示给其他学者,赵晔的著作才开始为公众所闻知,而他的声名也从此为学者所景仰。

《吴越春秋》内容有许多与《越绝书》相似之处。说明赵晔写作此书时,曾把《越绝书》作为重要的参考资料。但是,他绝对不是简单地抄录,《吴越春秋》记载于越和句吴两国间的关系,内容比《越绝书》详细,其中不少资料是《越绝书》所完全没有的。说明他在写作过程中,除了《越绝书》以外,还广征博引,搜集了许多当时尚有流传而现在早已亡佚的资料,这些资料对于研究于越历史,是很珍贵的。另外,《吴越春秋》写作的体裁与《越绝书》也很不相同。《越绝书》现在所存的共 19 篇,每篇之间的连贯性不强,都是可以独立成篇的。但在《吴越春秋》现存的 10 篇之中,篇与篇之间有紧密的联系。赵晔是个严谨的历史学家,他在写作中十分重视年代的记载,10 篇之中,除了吴太伯和越王无余两篇,因为时在远古无年可记外,其余每一篇中的每一件历史事实,首先都记明年代。因此,《吴越春秋》在体例上,是一部结构严密的历史书。

当然,赵晔是一个苦读出身的人,天赋的才华可能不及袁康和吴平,也可能是受到体例结构的限制,因此,《吴越春秋》在文章的气魄和文字的技巧方面,还没有到达《越绝书》的水平。有的学者认为,《吴越春秋》不及《越绝书》的"博奥伟丽",[26]也有学者认为《吴越春秋》"文气卑弱"。[27]还有一些学者认为,《吴越春秋》"文气时有滞碍"。[28]与《越绝书》相比,这些议论可能都是正确的。但是,无论如何《吴越春秋》仍不失为绍兴地区一部古老的历史名著,它的丰富资料和翔实的年代记载,更可补《越绝书》的不足。

顺便还可以提一提的是,到了宋末元初,另外还有一位历史学家山阴人徐天祐。他把《吴越春秋》作了一番音注,在 1306 年(元大德十年)重新付刊。今天我们读到的《吴越春秋》,绝大部分都是徐天祐音注的本子。古书比较难读,经过他音注的本子,读起来就方便得多了。因此,徐天祐对这部著作,也是作了贡献的。徐天祐字受之,是南宋末年的进士,应试时,其词赋一科列为第一。他中进士后不久,南宋就亡了。他从此终身不仕，在绍兴城内读书和写作，在当时知识分子中名声很大。《吴越春秋》的音注本，就是他的许多作品中的一种。

东晋、南北朝的书法家和文豪：
王羲之与《兰亭诗序》，谢灵运与《山居赋》

西晋末叶，因为北方发生"五胡乱华"的大变故，晋室南迁建康，这就是东晋。一时，在北方的士大夫甚至一般平民，都纷纷渡江南迁。这是我国历史上汉族的第一次大规模南迁。当时，绍兴地区由于鉴湖水利工程正在发挥作用的全盛时期，土地垦殖，农业发达，而且山青水秀，自然风景也很诱人，因而成为一个对北人南迁很有吸引力的地方。许多名流学士，都纷纷来到这里，他们有的到此做官，有的到此寄寓，有的在做官后在此定居。著名的书法家王羲之，即是其中之一，

王羲之，字逸少，山东琅琊人。他的祖辈都是晋朝的官吏，他自己在少年时代就列身士大夫之林，成为一个知名人士。他写得一手好字，特别善于隶书，被称为"古今之冠"。人们赞赏他书法的笔势：如天上的浮云，如受惊的神龙。㉙他南渡后去到浙东，一过钱塘江，立刻被这里的山水所吸引，决心终生在此安家。公元 4 世纪中叶，他以右军将军的头衔出任会稽郡内史，从而有机会尽情地享受这里的自然美景。在和稽山鉴水的日夕接触之中，他终于吟出了描写绍兴风景的千古名句："山阴道上行，如在镜中游。"为了欣赏会稽山的美景，他于公元 353 年（永和九年三月三日），邀集宦游或寓居在绍兴的名流如谢安、谢万、孙绰等 41 人，到稽北丘陵的兰亭去饮酒赋诗，这就是著名的兰亭之会。在席上，名流们一共做了 30 多首诗，王羲之为这些诗写了一篇序文，这就是著名的《兰亭诗序》。㉚相传王羲之一时兴来，用鼠须笔在乌丝阑茧纸上，把这篇 315 字的文章一气呵成，成为我国书法艺术上登峰造极的作品。但原书早就不见，只有唐人的临摹本在后世流行。著名的如欧阳询"定武本"，1917 年曾经影印出版。清帝乾隆也爱好书法，他搜集了历来许多名家的临摹本，汇为一帙，称为《兰亭八柱帖》。1973 年上海书画社影印出版的《唐人摹兰亭墨迹三种》，即是《八柱帖》的一部分。其中第一种传为"冯承素摹本"，也就是历来所称的"神龙本"。过去不少书法家认为，这一本和真迹最为接近，因而久负盛名。1964 年，北京出版社汇集故宫博物院所藏历代临摹《兰亭序》的著名墨迹，影印出版了《兰亭墨迹汇编》，已经集其大成了。

王羲之写《兰亭序》的故事，当然只能视作一种传说。对于这件事，历来考证甚多，说法也很纷歧，正反两面都可以举出一些考证来说明自己的观点，看来还不能作出定论。在绍兴，历来传播的有关王羲之写字的故事，是很多的。其中很有趣的一个是：

有一个老妇人拿了许多六角竹扇，在一座桥边向王羲之求售，王没有买扇，却在每把扇上都写了五个字。当然，老妇人很不高兴，不买扇也就算了，扇上写字干什么呢？但王要她到市上去卖掉这些扇，只要说扇上的字是王右军写的，每扇可卖钱一百文，这是原价的数十倍。说也奇怪，老妇人的扇，在市场上顷刻间抢购一空。以后老妇人常常在那桥边等候王羲之题扇，王不胜其烦，只好躲在桥堍的一条小弄堂，避开这个老妇人。那条桥后来称为"题扇桥"；王躲避的那条小弄，后来称为"躲婆弄"。这两个地名，绍兴现在都还存在。这是绍兴人茶余酒后常谈的，当然，也都不过是传说而已。

　　永和年间聚会的兰亭，现在仍然存在，是绍兴的一处名胜古迹。人们常到那里去游览风景，凭吊古迹。但实际上，永和以后，兰亭已经迁移过多次，现在的兰亭，早已不是晋代的兰亭了。兰亭的位置，在王羲之的《诗序》里仅仅说："会于会稽山阴之兰亭。"这句话有两种解释：一种是会稽郡山阴县的兰亭，另一种是会稽山北的兰亭。两种解释都是对的，但都不够明确。《水经注》的记载比《诗序》明确得多，它说：鉴湖以南有天柱山，湖口有亭，叫做兰亭，也叫兰上里，太守王羲之和谢安兄弟常去那里。这段记载说明，当时兰亭在天柱山附近的鉴湖湖口。天柱山是稽北丘陵的一座山峰，它的位置现在仍然明确，但由于鉴湖早已湮废，它附近的鉴湖湖口，就无法确定了。在王羲之等集会以后，兰亭的位置接着就开始迁移。《水经注》又说：太守王廙之，把兰亭移到水中。晋朝的何无忌来当郡守，把亭建在天柱山山顶上，位置很高，可以极目四望。后来亭宇坏了，但亭基尚在。这段记载说明在晋一代中，兰亭从湖口迁到湖中，又从湖中迁到天柱山山顶，迁移了好几次。在以后各朝里，兰亭继续迁移，到了北宋的著作中，兰亭已经在山阴天章寺。[31]天章寺的位置，根据南宋的著作，可以清楚地计算出来，位于绍兴到诸暨的陆路上。[32]这个地方，即使在鉴湖全盛时期，也决不濒湖。清朝初年有人计算过，六朝时代的天柱山兰亭和北宋以后的天章寺兰亭，相距达30里。[33]

　　北宋时代的天章寺和兰亭，在元代末年的战乱中都被焚毁，一直要到1548年（明嘉靖二十七年），绍兴知府沈启，又在原天章寺以北择地重建。[34]这一次重建，实际上也不是宋代故址了。但是现在的兰亭，就是这一次重建后并经多次修葺的。明末清初的一位学者张岱，一生中曾多次到兰亭宴游，对兰亭故址的迁移很有研究。他对沈启重建的兰亭的意见是：因为这里原来有些池沼，就把亭子造在上面，又用石块筑成小沟，将稻田里的水引进来，模仿《兰亭诗序》里所说的"流觞曲水"，这真是儿戏！[35]但不管是不是儿戏，1695年（康熙三十四年）康熙皇帝一道手谕，地方官立刻在这里大加修葺，并把康熙御书《兰亭序》刻石放在亭樾两旁。康熙另外又写了"兰亭"两个大字，悬在亭上。这样，不管以前有过多少考证，兰亭就算定了。到了1751年（乾隆十六年），乾隆皇帝亲自来到这里游山玩水，并且写了好几首诗，每一首诗都提到当年王羲之在这里的聚会。既然皇帝硬要把这里作为永和年代的兰亭,大家也就不再说话。这就是我们今天所看到的兰亭。

东晋以后,在一个相当长的时期中,绍兴地区一直是文人学士荟萃之所,文风继续兴盛。东晋末年诞生于绍兴的谢灵运,即是一个有代表性的人物。前面介绍的以王羲之为首的永和兰亭之会中,谢安和谢石都是与会的名士。而谢灵运的曾祖父谢奕,就是谢安和谢万的同胞兄弟;他的祖父谢玄,即是被封为康乐公的东晋车骑将军;父亲谢瑍,曾任秘书郎。总之,这是一个世代在晋朝做官的家族。这个家族因为在淝水之战中立了卓越的功勋,所以在社会上很有声望。

谢氏家族原籍陈郡阳夏,南渡后卜居会稽,所以谢灵运于公元385年(晋孝帝太元十年)生于会稽。他出生后不久,父亲谢瑍去世,祖父谢玄眼看独子独孙,担心抚养不易。灵运出生后,就把他送到钱唐杜明师处抚养,因此,他的童年和少年,是在杭州度过的。15岁那年,他从钱唐去到建康,也就在这一年,他承袭了祖父康乐公的封荫。后世称灵运为谢康乐,就是这个缘故。

他21岁就到军队里当文职官员,由于随军行动,十几年中跑遍了今江苏、安徽、江西、湖北各地,并且有机会攀登庐山,在那里见到学识渊博的高僧慧远。灵运原来是一个负才傲俗的人,平时很少有人被他看得上眼。但和慧远一相见,他立刻肃然心服,成为一生最好的知交。灵运天赋很优越,加上足迹广阔,涉猎丰富,青年时代就名噪一时,人们称誉他的学问是"博综该洽,易、老、仙、释,靡不精究"。[③]他每成一诗,士庶即竞相传写,不要多久,就可以远近传遍。[⑤]他的盛名和恃才傲物的处世态度,不可避免地会遭到同僚们的妒嫉。公元420年,刘裕篡位成为南朝宋的第一个皇帝。公元422年,灵运就在朝廷受到排挤,外放为永嘉太守。从建康到永嘉上任的途中,他道经富春江,并且第一次回到了他出生的会稽,和他祖辈卜居的始宁别墅,留下了一些至今传诵的诗篇。他在永嘉一年,不理政事,放荡于山水。浙南的许多名胜古迹,都留下了他的足迹和诗篇。

公元423年(宋少帝景平元年),他称疾辞官,有从此不再做官、终老山林的打算。他家族中的许多人都写信劝阻他,但他不为所动,于次年回到会稽故居,开始了息隐田园的生活。当时他年已40,年岁大了,学问也成熟了。他住在会稽山地中今绍兴和上虞之间的始宁别墅里,细心观察这个地区的自然环境,举凡这一带的山川形势、田园农事、草木花果、飞禽走兽等等,无不详尽研究。最后,写出了他一生中最重要的杰作《山居赋》。[⑧]在这篇近4000字的韵文中,他对会稽山地和四明山地一带的自然环境,作了综合性的描述。除了山川地形和季节变化等写得十分细致外,这个地区的动植物经他调查而写入文内的,就有野兽16种,鸟类10种,鱼类16种,树木14种,[⑨]果木14

种,蔬菜 10 余种,水草 16 种,等等。对于这些动植物的地理分布,还作了规律性的研究。例如野兽,他指出有 8 种生存在山上,另外 8 种活动于山下。对于树木,他指出由于地形和土壤的不同,而分布具有区域差异。对于动植物的品种,他也细心地加以鉴别。例如对竹、箭这两种竹类植物,他就辨别了它们的差异。《山居赋》不愧为会稽山地与四明山地综合性地理著作中的杰出典范。这篇地理著作,在体裁上是用韵文形式写作的,结构紧凑,音韵谐和,词藻美丽。它不仅具有丰富的内容,而且也具有高度的写作技巧。《山居赋》所记载的绍兴地区地理概况,今天已成为研究这个地区历史地理的珍贵资料。

谢灵运终老会稽的希望,仍然事与愿违。由于他才华过高,名声过大,即使遁迹山林,也仍然避免不了那些忌才如仇的人的陷害。公元 431 年(宋文帝元嘉八年),会稽太守孟颛竟到朝廷诬告他有谋反的阴谋,使他不得不离开原来打算终身退隐的会稽,而赶到建康去声辩。皇帝虽然相信他的声辩,却也不放心让他再回会稽去,就派他到临川去当内史。在临川不过一年,妒忌他的人再一次诬陷他阴谋叛乱,结果于公元 433 年被流放到广州,并且在广州遭到杀害。当时他还只有 49 岁。[40]要是他能够如愿地在会稽终老,相信在他的晚年,将会写出比《山居赋》更好的著作来。

唐宋的诗人:贺知章与陆游

唐朝是一个诗的黄金时代,诗人多,诗更多。文风鼎盛的绍兴地区,当然也不例外。在唐一代中,这里出了不少诗人,其中最著名的就是贺知章。贺知章,字季真,原籍越州永兴县(今萧山县)。他青年时代就以文词著名,公元 695 年(武后证圣元年)成为进士,接着就在首都长安当官。开始当然是小官,年代长久了,地位就高起来,先后当过礼部侍郎和工部侍郎等高级官吏,并加集贤殿学士的衔头。最后,当到了太子宾客。这虽然是个没有实权的职务,但地位是太子的老师,因而受到朝野人士的普遍尊敬。

贺知章是一个生性旷达、谈吐诙谐、不修边幅的人。因此,朝中贤达都喜欢和他往还。有的人甚至说:一天不见贺兄,人就鄙吝起来了。[41]到了晚年,他的性格变得更为放荡不羁,常常喝醉了酒,舞文弄墨,自称为"四明狂客"。他不仅是诗人,也是书法家,特别擅长写草隶,一张纸只写十几个字。人们把他的手迹如同珍宝一样地收藏起来。[42]他一生写了许多文章,吟了更多的诗。他文思敏捷,才华豪放,正如《旧唐书·贺知章传》中所说的:"醉后属词,动成卷轴,文不加点,咸有可观。"所以,他的作品实际上一定很多,可惜大量作品都已散失。在清朝初年整理的《全唐诗》一书中,他的各种体裁的诗被收入在内的，不过 20 首而已。

从公元 695 年成为进士起，他在朝廷当官达 50 年之久。公元 744 年（天宝三年），他决心告老还乡，向皇帝唐玄宗上了辞呈，说愿意做一个道士，返乡去度余年。玄宗同意他的要求，并在他离京之日，要包括皇太子在内的百官，前去送行。对贺知章来说，这确实是一种十分荣耀的宠遇了。就这样，他回到了离别多年的故乡。

回到越州，地方官早已为他的退休作好了安排。因为从名义上说，他已经成为一个道士，所以他的住宅就被题为"千秋观"。朝廷并赐给他"鉴湖一曲"，让他有个游览和休养的地方。鉴湖后来又称贺监湖，就是这样得名的。故乡的情况没有什么变化，但他离开故乡时，只不过是个 20 岁左右的年轻人，如今已是一个白发苍苍的老人。他和家里的年幼一辈，彼此都不相识，所以对他自己来说，变化却是够大的。这引起了他的万分感慨，因此而写下了这样的诗篇：

少小离乡老大回，乡音难改鬓毛衰；

儿童相见不相识，笑问客从何处来？

这样的诗篇与其说是一首绝诗，倒不如说是几句生动的对话。多么的通俗，多么的自然，一点儿都没有矫揉造作的地方，但是感情却又是如此丰富。写诗到达这样的境界，真是炉火纯青了。

他有时住在千秋观，有时到鉴湖一曲去游憩。鉴湖也和他年轻时一样，依然是那样的山光水色，风景如画。他因而也写下了这样的诗篇，

离别家乡岁月多，近来人事半消磨；

唯有门前镜湖水，春风不改旧时波。

这同样是一首不事雕琢，但感情却又十分丰富的作品。鉴湖山水，对他是具有极大吸引力的，他在回答长安朝士对他的问候时，说道："钑镂银盘盛蛤蜊，镜湖莼菜乱如丝。"蛤蜊和莼菜是多么普通的食品，但在贺知章看来，鉴湖的土产方物，远远超过京城里的山珍海味，就这样，他在越州过着优游自得的退隐生活，一直到 86 岁高龄，才与世长辞。

在贺知章身上，我们是可以看到不少优良品质的。首先，尽管他服官盛世，生活优裕，不免流于颓废，到后来甚至看破红尘，以道士归隐。但是对于边防的巩固和国家的尊严，却是十分关心的。他是一个忠诚的爱国主义者。他在《送人之军》一诗中，说道："陇云晴半雨，边草夏先秋；万里长城寄，无贻汉国忧。"对于边防巩固和祖国安全的关切，跃然纸上。前两句显然有边事多变、必须提高警惕的意思，而"万里长城寄，无贻汉国忧"，完全说出了他保卫国家安全、保卫国家繁荣和尊严的衷心愿望。其次，贺知章虽然服官多年，但生性豁达纯朴，并没有沾染多少当时的官场习气。这从他的

交友、接物中,可以得到证明。他在长安做官达50年,结识的达官贵宦不知有多少,但是他最赏识的,却是一个才气横溢而没有功名的李白。李白与贺知章第一次在长安紫极宫相见,贺当时已身居太子宾客的高官显位,李白却还是一个布衣。他读了李白的诗,十分欣赏佩服,把李白称为"谪仙",一见如故,坐下来对饮畅叙。手头适无钱沽酒,贺知章毫不犹豫地解下佩在身上以显示官品级别的金龟,要人去换了酒来饮。多么的真挚,多么的豪爽。接着,贺又向玄宗推荐,把李白任为供奉翰林。由此,二人结下了深交。贺知章告老还乡时,李白写了好几首情意深长的诗为他送行,其中一首七绝说:

> 镜湖流水漾清波,狂客归身逸兴多;
> 山阴道士如相见,应写黄庭换白鹅。

以后,李白得悉贺知章在越州去世,十分感伤,又写了不少怀念的诗篇,其中如"金龟换酒处,却忆泪沾巾","念此杳如梦,凄然伤我情"等等,感情都是十分真切的。从贺、李二人的交谊之中,我们再一次看到贺知章的优良品质。

在贺知章以后的悠悠岁月中,绍兴不断涌现出有才华的诗人,不过他们的成就和声望,很少能有与贺知章相比的。一直要经过三个半世纪,才诞生后来居上的陆游。陆游,字务观,号放翁,越州山阴县人。他生于1125年(宋徽宗宣和七年)。诞生才一年多,金兀术带领的兵马,就过了黄河与长江。因此,从他开始懂事的时候起,就生活在强敌逼境的南宋。所以,他的一生开始就是多灾多难的。的确,从文学诗词上的成就和声名来说,他超过贺知章很多,他的著作也绝大部分能够保存下来。[43]但是他个人的遭遇,却是十分不幸的。

陆游在青年时代蒙受婚姻问题的极大痛苦,整个过程宛如一出悲剧。他的第一个妻子是他的表妹唐婉,婚后,年轻夫妻的感情很好。虽然国势陵夷,但小家庭的日子总算是甜蜜的。不幸的是婆媳不能相处,陆游的母亲十分厌恶这个媳妇。在封建礼教的迫害下,最后只好忍痛分离。陆游被迫再娶,唐婉也终于改嫁给赵士程。这对双方当然都是极端痛苦的,他俩已经结婚几年,夫妻恩爱,这种感情是一辈子都无法忘怀的。陆游31岁那年,曾到绍兴城南的沈园独自春游。这一天,唐婉与赵士程偏偏也在沈园游览。这种邂逅的滋味,不消说是十分苦涩的。唐婉心里十分难受,但她表面上还能强自镇静,表现得落落大方,替陆游与赵士程作了介绍。他俩是带了酒菜来的,在沈园的亭子里,赵士程夫妇殷勤地款待了陆游。唐婉为陆游斟酒,两人都有说不尽的离怀别苦。但是,在那样的场合里,纵有千言万语,也无法倾吐半句。陆游无限感伤,在园壁上题了一阕《钗头凤》的词:

> 红酥手,黄滕酒,满城春色宫墙柳。东风恶,欢情薄,一怀愁绪,几年离索。

错,错,错!

　　春如旧,人空瘦,泪痕红浥鲛绡透。桃花落,闲池阁,山盟虽在,锦书难托。

莫,莫,莫!

　　诵读了这样的词,由不得唐婉衷肠寸断,哀伤欲绝,回家后不久,就郁抑而死了。对陆游来说,这种痛苦的经历,更是他终生念念不忘的。40 年以后,陆游已是一个年逾古稀的老人了,他又一次重游沈园,回忆前情,泫然泪下,不禁又写下了两首题为《沈园》的绝诗:

　　城上斜阳画角哀,沈园非复旧池台;

　　伤心桥下春波绿,曾是惊鸿照影来。

　　梦断香销四十年,沈园柳老不吹绵,

　　此身行作稽山土,犹吊遗踪一泫然。

　　从这些诗词中可以看到,陆游对唐婉的爱情是忠贞不渝的,但是在封建淫威之下,造成了他们夫妻的生离死别,是陆游的毕生痛苦。

　　除了婚姻的痛苦以外,陆游的仕途也很不得意。陆游的祖父陆佃,在宋徽宗时代曾任礼部侍郎,一度拜尚书右丞。他年轻时就荫补登仕郎,后来又得到赐进士出身。但是,由于他抗金救国的主张,受到朝廷中掌握大权的主和派排斥,一直得不到重用。1170 年(宋孝宗乾道六年),范成大到四川去主持军务,陆游做了他的参议官,随范入蜀,军务倥偬,走遍了陕西和四川的许多地方。1178 年(淳熙五年)又回到临安,被派到严州等地做了几任地方官,由于得不到朝廷的信任,一直没有升迁。到了 1023 年(宋宁宗嘉泰三年),朝廷给他一个宝章阁待制的空衔头而退休。其实,陆游绝不是一个追求功名利禄的贪得无厌的人,使他痛苦的是,由于仕途坎坷,他一直处于人微言轻的地位。他的抗金救国的抱负,也就一直无法完成。他在《长歌行》一诗中所写的:"金印煌煌未入手,白发种种来无情。"表达了他在这方面的痛苦心情。

　　陆游一生最痛苦的事情,当然是夷敌侵凌,中原沉沦。这也是他毕生未尝一刻忘怀而最后抱恨终天的事。"狐狸九尾穴中国",这是陆游自从懂事以后就引为奇耻大辱的。而抗金救国、还我河山,一直是他耿耿于怀的愿望。《长歌行》一诗,写出了他的抱负:

　　人生不作安期生,醉入东海骑长鲸,

　　犹当出作李西平,手枭逆贼清旧京。

　　手枭逆贼清旧京",是他收复中原、重返旧都的迫切愿望。这种愿望,甚至在他的睡梦中也是萦萦于怀的。他的诗句:"三更抚枕忽大叫,梦中夺得松亭关",就真挚地表达了他的这种感情。可是朝廷在主和派的把持之下,媚敌求和,苟延残喘。尽管陆游呼吁奔走,结果只是招致他们的打击和排挤,而岁月蹉跎,壮年消逝,使他悲愤欲绝。这就是他在《诉衷情》一词中所倾诉的:"胡未灭,鬓先秋,泪空流,此生谁料?心在天山,身在沧州。"对于陆游这样一个热心爱国的人来说,这是何等痛苦的事!当然,陆游毕竟还是一个信心坚强的人。他知道,异族可以一时蹂躏我们,但中华民族是决不会永久沉沦的。他在自知不久于人世的时候,仍然满腔希望地写下了《示儿》一诗:

> 死去原知万事空,但悲不见九州同;
> 王师北定中原日,家祭无忘告乃翁。

陆游终于以85岁的高龄,在对收复国土、复兴民族的焦急盼望中与世长辞。他给我们留下的遗产,首先当然是他的那颗超乎一切的爱国热心。他以他呕心沥血的诗句,告诉我们:祖国,是如何地值得热爱。特别是当她遭到危难的时候,我们应该以怎样的抱负、怎样的行动去热爱她,拯救她,保卫她。从青少年时代开始,直到衰老以至临死,他所念念不忘的,就是祖国的荣誉。在这方面,陆游将永远是值得人们怀念的。

另外,一个热爱祖国的人也必然热爱他的故乡。陆游是山阴人,晚年长期卜居鉴湖沿岸的三山。从他的诗篇中可以看到,他经常到会稽山地和北部平原游览。对于故乡的山川草木、土产方物,他无不讴歌赞美,充满热爱。不仅如此,他还教育子孙后辈热爱乡土,亲手绘制了《鉴湖图》,撰写了《鉴湖歌》,要他们世世代代传诵。[64]他的《鉴湖歌》,一开头就说:"千金不须买画图,听我长歌歌鉴湖。"对于故乡的优美风景,他是何等地引为自豪!特别重要的是,为了整理和保存乡土文物,他在晚年要长子陆子虞和郡中的其他一些文士,进行《会稽志》的编纂。在他的擘划指导下,此志于1021年(嘉泰元年)编纂完成。他亲自为此志写了一篇序文,这就是至今流传、得到各方面好评的嘉泰《会稽志》。[65]从全国来说,这也是至今尚存的少数几种宋代方志之一,是陆游在乡土文物上的重大贡献。

晚清的革命烈士:徐锡麟与秋瑾

清代末叶,朝廷昏聩,政治腐败,特别是鸦片战争以后,帝国主义的侵略日甚一日,而清朝封建统治的残酷,更是无所不用其极。全国人民在内忧外患的煎熬之下,真是水深火热。在这种亡国灭族的灾难面前,全国各地的知识分子首先起来。他们挺身而出,抛头颅,洒热血,从事推翻清朝反动统治的革命。在这场革命斗争中,绍兴地区的知识分子,也踊跃参加革命的行列,其中如徐锡麟、秋瑾、陶成章、陈伯平等,都在革命中贡献了自己的生命。而徐锡麟和秋瑾,即使从全国来说,也是影响巨大的代表人物。

徐锡麟,字伯荪,1873年(同治十二年)生于绍兴一个封建士绅家庭。他在少年时代就喜欢阅读当时从国外翻译进来的书籍,而对天文、历算一类的新知识特别感兴趣。⑩他深感不提倡科学知识,就不能启发人民的愚昧。所以,20余岁就到绍兴中学堂任教,希望把学到的新知识,传授给学生。当时,革命的知识分子已经开始在各地建立各种组织,上海由于有外国租界的掩护,行动比较方便,浙江的一些知识分子就在上海建立光复会,徐锡麟即是其中的一个积极分子。为了传播科学知识,徐锡麟又于1902年集资在绍兴轩亭口开设一家书局,并在杭州青云街设分局,专门运售翻译的西洋和东洋新书,并经售《新民报》。1903年(光绪二十九年),他以山阴县廪生的资格,到杭州参加乡试,中了副贡。这样,他算是一个有了功名的人了,在绍兴的社会地位就高起来,这对于他从事革命活动是十分有利的。他担任了山阴县学堂的校长、绍兴府学堂的监督,继续传播科学知识,启发人民觉悟。他曾亲自用木材等原料,制作一个巨形地球仪,对学生进行天文、地理等的直观教学。因为他明白,人民的愚昧是抗清革命的重大障碍。另外,他更积极地进行武装起义的组织准备。1905年(光绪三十一年),他在绍兴富商许仲卿的资助下,在城内古贡院创办大通师范学堂,并以提倡兵式体操为名,经知府熊起磻批准,到上海购买后膛九响枪50枝、子弹2万发,实际上是准备革命武装。他邀集绍属各县具有革命思想的地方帮会领袖,利用体操专修科的名义,实际上培训了军事干部。同时,他又假托帮助清政府实施征兵,让大通学堂的毕业生回到本乡创办团练,实际上是到本乡去传播革命种子,并积蓄武装起义的军事力量。

　　大通学堂分为特别班与普通班两班,前者学生全部都是会党成员,他们只练操习武,不修其他学科,这些学生毕业后都是革命武装的骨干力量。普通班的学生中,有一部分也是会党成员,其余的学生有不少具有革命思想,他们开设国文、史地、数学等课程,但仍有大量时间进行体操和军事训练。依靠内部的严格保密和对外的善于应付,学堂深得知府熊起磻的信任,第一期的教学,进行得十分顺利。由于徐锡麟离校赴日,以后才由秋瑾接办。大通学堂的确为革命培养了不少人才,后来与徐锡麟在安徽同时殉难的陈伯平,就是大通学堂出身的。

　　自从中了乡试副贡后,他也算得是一个举人了。按照清朝的制度,他可以出钱捐一个官当。为了革命活动的方便,他在富商许姓的帮助下,捐得了一个道员。为了联络志士,组织力量,学习新的军事知识,他又邀集青年志士20余人,东渡日本。他原来希望进入日本的陆军联队,以学习新的军事知识和接受部队训练,但没有获得成功。于是,就进警察学堂,在那里学习半年后毕业,随即返回祖国。

　　回国以后,他以候补道员的资格,于1906年分发到安徽省城安庆候差。安徽省巡抚满洲人恩铭,因为徐锡麟在日本学过警察,就派他主持巡警学堂。从此,安徽巡警学堂就成了徐锡麟组织革命、策划起义的基地。他和绍兴人陈伯平、余姚人马宗汉,构成了这个组织的核心。陈、马二人多次往来于安庆与上海之间,布置起义工作。他们的计划,是和绍兴大通学堂所组织的武装起义密切配合。浙东起义得手,立刻渡过钱塘江占领杭州;安徽起义得手,立刻顺大江东下占领南京。两路会合,东南半壁就可以首先光复。在这样的计划下,徐锡麟于1907年(光绪三十三年)2月,把他的眷属送回绍兴,使起义时减少牵累。同时又写信给绍兴的秋瑾,说:"我辈所作之事,必须从速成就,迟则恐有阻碍。"经过比较周密的准备,他们计划在这年5月28日,请巡抚恩铭及省垣所有高级官员,到巡警学堂参加毕业典礼并观操练,趁机将全省显要一网打尽,宣布起义。

由于当时各地革命党人的活动十分活跃,清朝的官员已经感到草木皆兵,惶惶不可终日,因此加强了防范。老奸巨猾的恩铭,原定5月28日去巡警学堂,却突然通知提早于26日前去;使徐锡麟不得不将起义时间仓促提前,因而组织、联系等工作,受到很大影响。

6月26日那天,恩铭带了一大批官员,大摇大摆地来到巡警学堂观操。他不知死已临头,装腔作势地踞坐在上。徐锡麟拔出藏在马靴内的手枪,当场将他击毙。然后与陈、马二人,率领一百多巡警学生,前往占领军械局。由于起义提前,联系不周,而敌方已经作了准备。到达军械局后,立刻遭到敌人包围。陈伯平在战斗中殉难,而徐锡麟和马宗汉在众寡悬殊的情况下,不幸被捕。起义遭到了失败。

敌人用一切酷刑审讯徐锡麟,但徐锡麟大义凛然,绝不为屈。他在笔供上说:"革命党本多,在安庆实我一人。"他早把生死置之度外,笔供说:"尔等杀我好了,两手两足剁了,全身砍碎了均可。"[47]他还通过笔供,揭露清朝统治者搞"立宪"的阴谋诡计,号召人民群起革命。他说:"立宪是万万做不到的,革命是人人做得到的。"[48]

敌人最后用十分残酷的方式杀害了他,当时他还只有35岁。徐锡麟所播种的革命种子,不久就在全国范围内苗壮成长,开花结果。全国革命的浪潮,接着就葬送了这个昏聩腐朽的王朝。

徐锡麟在安徽慷慨就义后还不到10天,清朝统治者又于这年夏历六月初六日在绍兴杀害了秋瑾。

秋瑾,字璿卿,号竞雄,别号鉴湖女侠。她出生于绍兴在一个官宦家庭,祖父是厦门知府,所以童年和少年是在福建度过的。厦门当时已经被帝国主义强迫开为商埠,因此,外国殖民者的凶横霸道,以及当地土豪劣绅勾结外人鱼肉人民的情况,已使少年时代的秋瑾十分愤慨,孕育了反清救国、复兴民族的革命思想。[49]

秋瑾从小资质聪颖,11岁就学会了做诗。16岁时,她祖父卸任携眷返绍,居住在城南的和畅堂(就是现在的秋瑾故居)。她从表弟单忠勋处学会了骑马、纵跳、击剑等一身武艺，接着，她父亲秋寿南出任常德、湘潭二县的厘金局总办，携眷到湖南上任。到了湖南以后，秋瑾就在她 22 岁那年，嫁给湘潭人王廷钧为妻。王家是湘潭的首富，王廷钧是个行为不端的纨绔子弟。对于这样的封建婚姻，秋瑾当然是非常痛苦的。1903 年，王廷钧由于贪慕虚荣，在清政府户部里捐了一个主事的职位，带秋瑾和他们的一子一女到北京居住。北京是清朝反动统治的中心，但也是人物荟萃、各种思想交流的地方。从闭塞的湘潭来到北京，秋瑾的眼界为之一广。她阅读了许多新的书刊，目击朝廷的昏聩腐败，更加增强了革命意志，并进一步认识到提高女权、提倡男女平等的必要。这就使她萌发了去日本留学、学习新知识、结识革命志士的宏愿，而且终于冲破了王廷钧的百计阻挠，在 1904 年把子女带回绍兴，付托给母亲，自己只身东渡去日本。

　　到日本以后，当年就在日语讲习会毕业。为了筹措学习款项，又从东京返绍兴一次，在绍兴结识徐锡麟，并参加光复会。随即又赴日进入青山实践女学校读书。在校里，她努力研究女子教育、工艺等学问。为了提倡女子就业，她还悉心研究医药、看护等工作，参考日本书籍，编译了《看护学教程》一篇。因为这是妇女适宜从事的工作。当然，更重要的是结识革命志士，组织革命工作。秋瑾在东京先后认识了陶成章、鲁迅、陈公猛等同乡人，他们都是爱国人士。在日本，虽然学习任务紧张，革命活动又多，她却每时每刻不忘关心祖国的河山。她在《感时》一诗里，写道："祖国山河频入梦，中原名士孰挥戈。"她在《感愤》一诗里，写道："国破方知人种贱，义高不碍客囊贫；经营恨未酬同志，把剑悲歌涕泪横。"一字一句，都表现了她对于祖国的无比热爱和对革命事业的焦急与关心。

　　当时，清政府觉察到留日学生的反清革命活动，就千方百计与日本政府勾结，让日本文部省颁布《清国留学生取缔规则》，禁止留日学生的爱国活动。当时在日本留学的中国学生达 8000 多人，无不愤慨抗议，罢课交涉。对于日、清勾结的这种卑劣行为，秋瑾当然痛恨欲绝，她决心停学归国，以实际行动进行革命。这样，她就于 1906 年春离开东京，经上海返回绍兴。

　　到绍兴以后，她曾在明道女学堂担任体操教习，但不久又去吴兴浔溪女校任教，所到之处，都积极鼓吹革命。为了刺杀敌人的需要，她到上海与陈伯平等制炸药，不慎因炸药爆炸而受伤。1906 年冬，她又聘请陈伯平当主笔，在上海创办《中国女报》，以唤起妇女，争取男女平等，参加抗清革命。秋瑾自己写了发刊词和其他许多文章。女报先后出了两期，因经费困难而停刊。1907 年春，她应大通学堂同仁的要求，去主持校务，再一次回到故乡绍兴。

　　秋瑾主持下的大通学堂，立刻成为浙江的重要革命基地。她一面联络光复会和各县的龙华会、平阳党等地方帮会革命组织，一面又联络杭州的浙江新军第二标和浙江武备学堂的军士和学员,筹组统一的光复军。她把光复军的宗旨、制度、服饰、旗号等等,都作了详细而具体的规定。这年夏历五月初,她赶赴上海与陈伯平、马宗汉会晤,密商浙、皖二省起义的计划。最后,她决定5月26日为浙江各地起义的时间,派人传达到各处,准备到那天一举起义。但可惜事机不密,金华、兰溪、武义等地的革命活动,在起义日以前先后败露,加上叛徒的破坏,以致起义无法如期发动。徐锡麟在安徽刺杀恩铭的消息传到浙江以后,浙江巡抚张曾扬和绍兴知府贵福都心惊胆战,生怕落得个恩铭的下场。他们狗急跳墙,从省垣调集大批军队,于六月初四日如临大敌地开入绍兴,包围大通学堂,逮捕了秋瑾。

秋瑾在狱中坚贞不屈,正气凛然,不管敌人如何刑讯逼供,除了"秋风秋雨愁煞人"这一诗句外,没有任何供词,使贵福等人无可奈何。秋瑾终于在六月初六日凌晨,从容就义于绍兴轩亭口,这个地方,现在巍然屹立着那块"秋瑾烈士纪念碑",受到世世代代的凭吊和景仰。

鲁迅与乡土文物

1881年(光绪七年),绍兴城南都昌坊口附近,诞生了一位到后来闻名全国和全世界的大文豪,这就是鲁迅。鲁迅原名周树人,字豫才,是我国著名的现代文学家、思想家和革命家。

鲁迅从小生长在绍兴,他童年读书和嬉耍的环境,在他的《从三味书屋到百草园》一文中有生动的描写,现在这两处地方依然存在,供人民参观。鲁迅童年和少年时代的绍兴城乡自然环境和社会情况,在他的许多小说如《社戏》、《阿Q正传》、《孔乙己》、《风波》、《药》、《祝福》、《故乡》等中,也都有所反映。这是大家所熟悉的了。

自从1898年去南京水师学堂求学后,他只有从日本归来,即清朝末年和民国初年在绍兴中学堂和山会初级师范学堂教书的时期,居住在绍兴。1912年离开绍兴去北京以后,从北京到厦门,从厦门到广州,最后又从广州到上海定居,其间除了1913年、1916年两度回家探亲,以及最后于1919年回绍兴搬家外,直到他于1936年逝世,就很少再回到故乡。鲁迅一生中在故乡的时间不算很长,特别是他一生事业中的重要时期,都不在故乡。但是,鲁迅是个热爱故乡的人,他对他从小长大的这块乡土,有十分深厚的感情,对乡土文物也作出了重要的贡献。

1909年(宣统元年)6月,鲁迅从日本回国后,即到杭州浙江两级师范学堂任教一年。1910年秋,回到故乡的绍兴中学堂任教。为了把现代科学知识大量地传授给故乡的学生和社会,他在繁重的教学工作之余,还十分重视在故乡开展科学普及的工作。

当时，绍兴有一种杂志叫做《越社社刊》，他就在这个刊物上发表一些科学普及的文章，为桑梓人民普及科学知识服务。现在可以查到的还有两篇，一篇是《会稽山采植物记》，[50]记载他到禹陵附近的会稽山采集植物标本的经过。他曾经攀上会稽山的陡峭悬崖，采到了一种叫做"一叶兰"的稀见植物。鲁迅在两级师范学堂任教时，除了自己的繁重课程外，还兼任当时日籍植物学教师铃木珪寿的翻译。当时，他几乎每星期六下午都带学生到野外去采集植物标本。[51]因此，到了绍兴，他仍继续这个工作。另外一篇是《镇塘殿前观潮》。[52]镇塘殿在绍兴东北孙端镇附近的海塘上，属于东江塘的一部分，此文除了记载这里的海潮外，还写了他蹚进长满芦苇的泥塘，采集长在泥塘中的水生植物——野菰的经过。这些科普文章的发表，对当时相当闭塞的绍兴社会，当然是很有作用的。

　　绍兴在历史上是个文化发达的地方，自古以来流传下来的文化遗产很多，历代也很注意这些文化遗产的保藏和传播。但从清代中叶起，由于政治腐败，这方面就开始衰落。以修纂府志为例，明朝200多年中，官修和私修的府志达七、八种。清朝初期，仅康熙一朝60年中，府志就修纂过5次。但从1792年（乾隆五十七年）最后一次修志后，到鲁迅所在的时期，相隔已经100多年，府志竟未曾修纂过一次。不仅如此，过去流传的许多地方文献，到那时也已经大量散失，这是鲁迅深感痛心的。因此，清末民初，他曾花费了大量劳动，从各种古籍中辑录有关会稽郡的历史文献，包括三国吴谢承的《会稽先贤传》、晋虞豫的《会稽典录》、晋钟离岫的《会稽后贤传记》、贺氏的《会稽先贤像赞》、三国吴朱育的《会稽土地记》、晋贺循的《会稽记》、南北朝宋孔灵符的《会稽记》、夏侯曾先的《会稽地志》等八篇文献，使这些地方文献得到部分的复原。鲁迅把这些文献合为一帙，名为《会稽郡故书杂集》，于1915年（民国四年）在北京木刻印行，保存了已经散失的乡土文献。鲁迅在此书序言中说："会稽故籍零落，至今未闻后贤为之纲纪，乃创就所见书传，刺取遗篇，累为一帙。"大家知道，鲁迅的经济情况，特别是在那个时候，是非常拮据的。但他不惜花费大量精力和非常困难的财力，让此书付刊印行，在当时的确不是一件轻而易举的事，其原因就是"会稽故籍零落"。所以热爱乡土的鲁迅，义不容辞地承担了这样的责任。此书后来收在《鲁迅全集》第八卷，[53]全集出版社还出过此书的单行本，得到广泛的流传。此书手稿本3册，至今也仍然存在北京的鲁迅纪念馆，成为绍兴乡土文献中的珍品。

　　除了乡土文献外，对于其他乡土文物，鲁迅也十分留意，特别是对于绍兴出土的砖瓮及其拓本。有关这类文物，除了1830年（道光十年）杜春生编纂的《越中金石记》十卷中有所搜集外，此后就不再有人从事这方面的研究。所以鲁迅从早年起就锐意搜集故乡的砖瓮和拓本，打算撰写一部《越中专录》的专著，为乡土文物贡献力量。当然，这是一种非常花钱的工作，鲁迅自己知道："资力薄劣，俱不易致。"㊿经过十几年辛勤劳动，他获得了古砖20余种和一些拓本。但是后来家庭迁徙，收藏被人侵吞，只剩下大同十一年（南北朝梁武帝萧衍年号，545）的古砖一枚，和古砖拓本173种。1960年由北京文物出版社影印出版，书名《俟堂专文杂集》。《越中专录》的愿望虽然没有实现，但是他的辛勤搜集，仍然为绍兴保存了不少珍贵的文物。

鲁迅对故乡的感情的确十分深厚。在他回忆他童年和少年生活的小说中，故乡的事、地、人、物，是何等地引起他的怀念和留恋。三昧书屋的桂花树，百草园的矮墙头，鲁镇的河浜，平桥的社戏，阿长的好心照顾，农村小伙伴的热情好客，六一公公的慈祥朴素等等，在他的笔下，都写得栩栩如生。还有，受凌辱、受折磨的贫苦知识分子孔乙己，因愚昧无知而财破人亡的老栓一家等，都是鲁迅所同情的故乡人物。故乡也有他深恶痛绝的坏人，那就是鱼肉人民的赵太爷和仗势欺人的假洋鬼子之流。总之，鲁迅虽然很早就离开了故乡，以后也很少重返故乡，但故乡实际上一直是他所萦萦于怀的。

可以告慰鲁迅的是，在中国共产党的领导下，绍兴已经起了翻天覆地的变化。赵太爷和假洋鬼子式的人物，早已被革命的洪流冲洗干净。愚昧和落后终将逐渐成为过去。"会稽故籍零落"的情况，也开始扭转。新中国成立以来，从历史学、历史地理学和考古学等方面对绍兴的研究，已经取得了许多成果，绍兴的历史文献和地方文物，也正在得到整理和保藏。特别是绍兴的生产建设有了长足的发展，使古老的城市出现了欣欣向荣的景象。鲁迅在他的《故乡》中，何等殷切地替故乡人民希望："他们应该有新的生活"。现在，在四个现代化的宏伟目标面前，故乡的人民正在为创造他们的新的生活而胜利前进！

注释：

① 《后汉书·刘宠传》。

② 《会稽土地记》一卷，此书久佚，残存仅两条，收辑于鲁迅：《会稽郡故书杂集》中；《问土对》收入于（宋）孔延之：《会稽掇英总集》卷二〇，及嘉泰《会稽志》卷二〇。

③ 贺循《会稽记》，在南宋时已佚，残存数条，收辑于鲁迅《会稽郡故书杂集》中。

④ 孔灵符《会稽记》，在南宋时已佚，残存部分收辑于《说郛正续》另六十一及鲁迅：《会稽郡故书杂集》中。

⑤ 刘宗周，字启东，号念台，山阴人，万历进士，清兵陷杭州，绝食死，《明史》有传；祁彪佳，字世培，天启进士，清兵陷杭州，投水死，《明史》有传。

⑥ 徐渭，字文长，山阴人，《明史》有传，他的著作在死后才由著名学者袁宏道整理付刊，称为《青藤书屋文集》。

⑦ 万历《会稽县志》十六卷，修纂于 1576 年(万历三年)，其中除了人物传由张元忭所纂外，均为徐渭所纂。万历《绍兴府志》卷五十对此书的评价说："文字尔雅可观，而户书徭役特详核，为邑志最"。清学者平步青获得此书后，认为"如获瑰宝"。

⑧ 《越中金石记》十卷，1830 年(道光十年)刊，全书收辑上起汉章帝建初(公元 8 世纪)，下迄元顺帝至正(公元 14 世纪)，计各种碑碣 218 种。(清)李慈铭评价此书为"考核精严，尤为杰作"。编者杜春生，山阴人，嘉庆十二年举人。

⑨ 《越缦堂日记》是(清)李慈铭的日记，除了一部分遗失外，现存北京浙江公会影印本，自 1863 年(同治二年)夏历四月一日起，至 1889 年(光绪十五年)7 月 10 日止，共八函五十一册。又有《越缦堂日记补》十三册(自咸丰四年三月十四日至同治二年三月三十日)。李慈铭字莼客，号越缦，会稽人，光绪六年进士，《清史稿》有传。李为清末绍兴的著名学者，其日记内容丰富，包罗甚广，是重要的学术著作。

⑩ 《霞外攟屑》是平步青的著作之一，平字景莉；号栋山，山阴人，同治元年进士，是清末绍兴的著名学者之一，近人谢国桢有《平景荪事迹》(载《明清笔记谈丛》第 317—350 页)一文，详述其生平。

⑪⑰ 《吴越春秋》卷四。

⑫⑬ 《吴越春秋》卷五。

⑭⑮⑯ 《吴越春秋》卷六。

⑱ 《越绝书》卷一三。

⑲ 《越绝书》卷八。

⑳ 范蠡撰《养鱼经》一卷，在《旧唐书·经籍志》及《新唐书·艺文志》中均有着录。《水经·沔水注》说："白马陂水又东，入侍中襄阳侯习郁鱼池，郁依范蠡《养鱼法》作大陂。陂长六十步，广四十步。"说明此书在晋代已经流行。此书亡佚已久，残余郎分辑存在《齐民要术》卷六之中。

㉑ 刘向，字子政，西汉宣帝时人，通达能文，著作有《洪范五行传》、《列女传》、《新序》、《说苑》等；扬雄，字子云，西汉成帝时人，好学多才，长于词赋，著作有《甘泉四赋》、《法言》、《方言》等。

㉒ (清)卢文弨《题越绝后》，载《抱经堂文集》卷九。

㉓ (清)钱培名《越绝书札记》，载《小万卷楼丛》及《龙溪精舍丛书》。

㉔ 《越绝书》，张宗祥校本，张宗祥序。

㉕ 乾隆《醴泉县志》，毕沅序："一方之志，始于《越绝》"；朱士嘉:《宋元方志传记索引》序:"《越绝书》是现存最早的方志。"

㉖ 周中孚《郑堂读书记》卷二六。

㉗ 万历《绍兴府》卷五八。

㉘ (明)郭钰《古越书》凡例。

㉙ 《晋书·王羲之传》。

㉚ 此文名称甚多,如《兰亭序》、《曲水序》、《兰亭集序》、《兰亭记》、《临河记》、《兰亭修禊序》。《上巳日会兰亭曲水诗并序》、《三月三日兰亭诗序》,等等。

㉛ 康熙《绍兴府志》卷八,墨池引华镇《兰亭记》。

㉜ (宋)吕祖谦《入越记》,载《东莱文集》。

㉝ (清)全祖望《宋兰亭石柱铭》,载《鲒埼亭集》卷二四。

㉞ (明)文征明《兰亭记》,载《甫田集》卷二九。

㉟ 张岱《古兰亭辩》,载《琅嬛文集》卷三。

㊱ (南北朝梁)锺嵘:《诗品》卷三。

㊲ 《宋书·谢灵运传》。

㊳ 此文收入于(明)张溥编《汉魏六朝一百三家集》,及(清)严可均辑《全宋文》。

㊴ 因原文在记载树木处缺佚两字,故所记树木可能有16种。

㊵ 郝昺衡《谢灵运年谱》,载《华东师大学报》1957年第3期。

㊶ 《旧唐书·贺知章传》。

㊷ 《新唐书·贺知章传》。

㊸ 流传至今的主要有其子陆子虡编定的《剑南诗稿》85卷,又有《渭南文集》(包括文章与词)50卷。

㊹ 《宋渭南伯放翁公游记略》,载《山阴梅湖陆氏宗谱》卷一。

㊺ 嘉泰《会稽志》20卷,历来好评甚多,(宋)陈振孙:《书录解题》卷八说:"气壮文雅,盖奇作也";《四库提要》卷六八,说:"不漏不支,叙次有法";(清)卢文弨:《嘉泰会稽志跋》(载《抱经堂文集》卷九),说:"简详得中,纪叙典核。"

㊻ 《绍兴县志资料》第一辑第十六册,人物列传。

㊼㊽ 《皖案徐锡麟遗事》上海裕记书庄出版,光绪三十三年九月。

㊾ 朱耀庭《秋瑾》,浙江人民出版社,1957年。

㊿(52) 周建人《鲁迅与自然科学》,载《回忆鲁迅》,上海人民出版,1976年,第50页。

(51) 方各《鲁迅先生在浙江两级师范学堂》,载《浙江日报》1979年7月27日《教育阵地》。

(53) 此书收入于1946年作家书屋、1948年大连光华书店、1973年人民文学出版社《鲁迅全集》第八卷。单行本除全集出版社出版的外,香港新月出版社1962年也有此书单行本出版。

(54) 《俟堂专文杂集》题记。

后　记

　　我曾经搜集和整理过绍兴的地方文献，包括亡佚的和现存的，计有方志类146种，名胜、古迹、游记类283种，水利类141种，人物类69种，其他还有图说、地名、语言、兵要、灾荒、学校、寺观、陵墓等类，地方文献的总数在1400种以上，是一宗可观的历史遗产。但是自从1803年（清嘉庆八年）的《山阴县志》与1845年（清道光二十五年）的《会稽县志》以后，绍兴从此不再有地方志的修纂，而其他各类文献，在这一时期以后也显著减少。这样，旧的文献不断亡佚，新的著述绝少增添，出现了鲁迅在《会稽郡故书杂集》序言中所说的"会稽故籍零落"的现象。这当然是十分不幸的。

　　新中国成立以后，由于党对地方文物工作的重视，越中文献开始得到整理，情况已经有所好转。在整理故籍的基础上，修纂新的地方志就逐渐具备了条件，绍兴地方文献在寂寞了100多年以后，必然会欣欣向荣地发展起来。希望这本小小的《绍兴史话》，能够成为这方面的前驱，起到抛砖引玉的作用。

　　本书所附照片，绝大部分由绍兴市文化馆的杨乃燕、陈鹏儿、潘宝木同志拍摄，地图由杭州大学地理系的吕以春同志清绘。此外，绍兴市文管会为本书提供古剑、铜镜、越王剑、青瓷器等照片，陈庆懋、程加里、陈鹏儿诸同志，都曾协助过本书的写作，谨致谢忱。

作　者

1979年11月于杭州大学地理系

原著上海人民出版社1982年版

越中杂识

从《越中杂识》谈浙江的方志（代前言）

　　乾隆钞本《越中杂识》的排印出版，是值得高兴的事。为此，我想就浙江地方志的若干方面发表一点浅见。

　　地方志的修纂是我国优秀的文化传统之一。全国各地修纂的地方志，数量十分可观。根据朱士嘉的《中国地方志综录》统计。种数达 7000，卷数近 11 万（据近年的调查，种数已有 8000，卷数到达 12 万）。在这之中，就浙江来说，在许多方面都是名列前茅的。浙江不仅有悠久的修志历史和大量的方志卷帙，而且还拥有许多众所公认的优秀作品。

　　我国历来有一种说法，认为《越绝书》是全国最古老的地方志。万历《绍兴府志》卷五十八序志中评论《越绝书》说："其文奥古多奇，《地传》具形势、营构始末、道里远近，是地志祖。"清代乾隆《澄城县志》洪亮吉序和乾隆《醴泉县志》毕沅序都说："一方之志，始于《越绝》。"今人傅振伦在其《中国方志学通论》中，也认为《越绝书》和晋代的《华阳国志》是"古志仅存之硕果"。朱士嘉在其《宋元方志传记索引》序言中说："《越绝书》是现存最早的方志。"洪焕椿在其《浙江地方志考录》前言中也认为《越绝书》"不但是浙江最早的地方志，也是国内现存最古的地方志"。这种看法也流行在国外。不久以前，我收到日本学者秋山元秀寄赠的著作《中国地方志论序说》（载日本《东方学报》1980 年 3 月号），他在这篇论文中，也将《越绝书》作为地方志。

　　《越绝书》是战国后期的作品，经过后汉会稽人袁康、吴平的编辑增删。这部经历了将近 2000 年而基本完整的地方著述,现在已经成为浙江地方志修纂历史上值得自豪的作品。此外,在张国淦《中国古方志考》中列为浙江省通志类的第一部著述《会稽贡举辦》和府县志类中的《临海水土记》,也都是后汉的作品,可惜早已亡佚。

我国修纂地方志的风气盛于六朝。现在有名可稽的撰于这个时代的方志,有三国吴韦昭的《吴兴录》、沈莹的《临海水土物志》和南朝宋山谦之的《吴兴记》、刘道真的《钱唐记》、刘宋郑缉之的《东阳记》、《永嘉郡记》、孙诜的《临海记》、谢灵运的《永嘉记》等。作为当时地区中心的会稽郡,地方志当然更多,有名可稽的有三国吴朱育的《会稽土地记》、晋贺循的《会稽记》、南朝宋孔灵符的《会稽记》,佚名的《会稽旧记》、南朝齐虞愿的《会稽记》和南朝陈、隋间人夏侯曾先的《会稽地志》等。可惜这些作品几乎全部亡佚,至今只有若干辑本可供参考。

我国各地对地方志的普通修纂始于宋代。宋代的地方志,不仅数量剧增,而且在修纂体例上,也为以后元、明、清各代定下了一个规范。我国以后流行的绝大部分地方志,其格局内容,基本上都是承袭宋代方志。两宋的地方志修纂又以南宋为盛,南宋建都于临安,则当时两浙地方志修纂的普遍可以想见。根据《中国古方志考》的著录,今浙江境内各州、府、县在宋代修纂的地方志达到 137 种,而至今仍然存在或部分残存的有 14 种。其中宝庆《四明志》尚有一部宋版原本完整地保藏在北京故宫博物院,这是我国现存屈指可数的完整宋版方志,也是浙江地方志的瑰宝。

有了宋代修纂地方志的榜样,明、清两代浙江省修志之风更盛极一时。据洪焕椿《浙江地方志考录》前言引燕京大学《史学年报》所载的《历代方志统计表》,明代修纂的浙江地方志,计有 49 种、988 卷,种数仅次于江苏,而卷数居全国第一。清代修纂的浙江地方志,计有 266 种,5757 卷,种数居于全国第八,而卷数居于全国第四。上述明、清两代的数字,加上《中国古方志考》著录的明以前的浙江方志 246 种,再加上民国时代继续修纂的数十种,则全省历代修纂的方志总数当在 600 种以上。这个数字还没有包括各种专志如游览志、古迹志、寺观志、庙宇志、祠墓志、书院志等等在内,若把所有这些专志合并计算,则总数当在千种以上。

除此以外,还应该指出,在浙江地方志中,拥有许多著名的佳作。前面提到的为许多学者推崇为我国地方志鼻祖的《越绝书》,即是其中名闻遐迩的一种。此书在后汉当代,就被著名学者王充评价为"刘子政、扬子云不能过也"。明张佳胤称此书"其文辨而奇,博而机"。而《四库提要》则誉之为"纵横曼衍,博奥伟丽"。

有关浙江的六朝方志,几乎全部亡佚,幸存的仅谢灵运的《山居赋》一种。谢灵运曾在曹娥江沿岸、界于会稽、四明二山之间的始宁县(今上虞章镇附近)居住,《山居赋》写的就是这个地区的自然环境和人文概况。全篇约 4000 言,举凡当地的山川形势、田园农事、飞禽走兽、草木花果等等,都有生动而详细的记载。它实际上替这个建置短暂的始宁县留下了一部宝贵的县志。这部地方志是以韵文形式撰写的,它为以后浙江境内以韵文形式撰写地方志开创了范例。像南宋王十朋的《会稽三赋》,孙因的《越问》,诸葛兴的《会稽九颂》,佚名的《四明风俗赋》,葛澧的《钱塘赋》,元赵孟頫的《吴兴赋》等等,都是在《山居赋》的影响下而撰写的韵文地方志。

　　北宋地方志还替后世开创了图文并茂的优良先例,这就是丰富多彩的称为图经的作品。按图经之名始于汉代,即《华阳国志·巴志》所引及的《巴郡图经》。在浙江,唐代也出现过开元《湖州图经》和陆羽修纂的《湖州图经》等作品,但为数毕竟极少。图经的大量出现无疑始于北宋。北宋曾经有过两次见于正式记载的,由朝廷主持的全国性图经修纂。第一次在宋太祖开宝四年到六年(971—973),即《玉海》卷十四的“开宝修图经”。第二次在宋真宗大中祥符元年到三年(1008—1010),即《玉海》卷十四的“祥符州县图经”。记载说:“庚辰,真宗因览《西京图经》,有所未备,诏诸路州府军监以图经校勘,编入古迹,诏知制诰孙仅、待制戚纶、直贤集院王随、评事宋绶、邵焕校定。仅等以其体例不一,遂加例重修,命翰学李宗谔、知制诰王曾领其事,又增张知日、晏殊,又选李垂、韩羲等六人参其事。祥符元年四月戊午,龙图待制戚纶请令修图经官先修东封所过州县图进内,仍赐中书密院、崇文院各一本,以备检阅,从之。三年十二月丁巳,书成,凡一千五百六十六卷,宗谔等上之。诏嘉奖,赐器币,命宗谔为序。”李宗谔在祥符三年所上的全国图经中,属于浙江各州县的至少有 7 种,即现在尚有名可稽的杭州、湖州、越州、台州、严州、温州和天台县的《祥符图经》。若把祥符年代以外修纂的一起计算,则浙江各州、府、县的图经为数约近 60 种。仅杭州一地,有著录可查的图经就有 4 种。可惜所有这些图经,除了宋乾道《四明图经》、淳熙《严州图经》和元大德《昌国州图志》残存以外,已经全部亡佚。图经虽已不存,但修纂地方志中这种图文并茂的传统,却在浙江以后的地方志中发生了深远的影响。明代以来,绝大部分地方志都有数目不等的插图。以万历《绍兴府志》为例,全书不过 50 卷,但几乎各门类之下都有插图,总数达到 102 幅之多。又如清雍正《浙江通志》,除了全省地图外,各府各县也都有地图,而省内的名山、大川、堤塘、海防、关隘以及著名的寺院、庙宇、陵墓、书院等等,也无不有图。在地方志的修纂历史中,这无疑是一个重要的发展。

　　浙江地方志中为历来所称道的佳志,当以南宋修纂的各志为代表。这中间包括著名的《临安三志》(乾道《临安志》、淳祐《临安志》、咸淳《临安志》)、《四明六志》(乾道《四明图经》、宝庆《四明志》、开庆《四明续志》、延祐《四明志》、至正《四明续志》、大德《昌国州图志》,后三种是元代地方志)、《会稽二志》(嘉泰《会稽志》、宝庆《会稽续志》)

等等，此外如谈钥的《吴兴志》、高似孙的《剡录》等，也都是这一时期的著名地方志。

在浙江的地方志中，古志固多佳作，新志中也同样有出类拔萃的作品。浙江省年代最晚近的一部地方志即《鄞县通志》就是突出的例子。此志创修于 1933 年，到 1937年大体告竣，随即陆续付印，直至 1951 年才全部印毕。此志共 51 编，分为舆地、政教、博物、文献、食货、工程 6 志，计 36 册，又有地图一函，计新式绘制的地图 26 幅。洪焕椿在其《浙江地方志考录》中，称道此志"是浙江一部规模最大、篇幅最多、内容最丰富的县志"。

以上所述，是浙江历史上地方志修纂的大概过程。2000 年来，这个地区的地方志修纂的确是成绩斐然。不幸的是，历史上的大量成果已经亡佚，至今徒见著录而已。除了最古老的《越绝书》幸而硕果仅存外，六朝方志只留下上述《山居赋》一种。张国淦《中国古方志考》中著录的元代以前的全部 246 种方志之中，至今存在或残存的，不过 18 种。更令人不安的是，古志亡佚既已如此，而近志情况也未必佳。以《绍兴府志》为例，明清二代所纂修的《绍兴府志》共计 14 种，而至今尚存的只有 6种，已经不到半数。对于浙江地方志的丰硕成果，确实令人自豪，但看到这些成果在后代的大量亡佚，不免使人忧心忡忡。我们这一代人的责任，不仅要承前启后，使我国历来修纂地方志的优秀传统能够继续流传，发扬光大，并且还要使我们祖先辛苦积累的文化遗产能够得到妥善的保藏以发挥它们的最大作用。为此，我想在这方面提出一点刍荛之见。

首先，对于已经亡佚的古代地方志，我们应该重视辑佚工作。在这方面，有些古人已经取得了不少成绩。元陶宗仪与清陶珽编辑《说郛》，其中就包括若干浙江的六朝方志。而清王谟编辑《汉唐地理书钞》，其辑佚所得，也使浙江的古代方志稍有恢复。在浙江古代地方志的辑佚工作中特别可以作为我们表率的是鲁迅，他在 1915 年辑录刊印的《会稽郡故书杂集》，就包括了三国吴谢承《会稽先贤传》、朱育《会稽土地记》、晋虞预《会稽典录》、锺离岫《会稽后贤传记》、贺氏《会稽先贤象赞》、贺循《会稽记》、刘宋孔灵符《会稽记》以及夏侯曾先《会稽地志》等 8 种，使长期亡佚的地方志，得到部分的复原。

过去，由个别学者分散进行的辑佚工作，是存在很大局限性的。他们本着爱护祖国文化遗产的热忱而努力工作，但是由于资金短绌，版本缺乏，体力衰弱等原因，不仅工作困难，其成果也往往受到很大的影响。以王谟编辑《汉唐地理书钞》为例，这是在年过 80，如他自己所说"大耋已及，贫病交加"的困境下进行的。他身处交通闭塞的江西内地，而当时有许多善本书都在江浙一带的藏书家手中，他又无法与他们取得联系，以致在他所辑的文字中，沿袭了不少因原本不佳而造成的错误。即使在江浙一带书籍较多的地区,由于善本书相对分散、交通不便、联系困难等种种原因,辑佚工作也并非容易。以《越绝书》为例,虽然身在江浙的清钱培名和俞樾,都曾为此书做过辑佚工作(钱文收入于《小万卷楼丛书》及《龙溪精舍丛书》,俞文收入于《春在堂全集》卷三十七),但前几年我在北京图书馆获睹钞本《晏元献公类要》,仍然发现了他们所未曾辑录的佚文(见拙作《关于〈越绝书〉及其作者》)。现在,我们的条件和古人已经大不相同,全国各大图书馆都已编印了藏书目录,全国的善本书目录也正在整理,加上通信快捷,交通便利,复制工具进步等等,所以我们已经完全有条件组织力量,广泛搜集,仔细辑录,编纂成书。

除了辑佚以外,对明清地方志中的稀见和残缺版本,必须尽早动手,进行配补工作。以万历《绍兴府志》为例,据我所知全国尚存 10 部左右。在这 10 部左右的藏书中,多数都有不同程度的残缺。例如宁波天一阁所藏的一部,蠹鱼蚕食,残损殆已过半,若再迁延,势必全毁。所以就应该在藏有此书的各馆之间互通消息,调剂有无,以抄录或复制方法进行配补,使所藏都成完璧。又如成化十八年(1482)刊本《处州府志》,目前所知,国内仅北京图书馆,上海图书馆、宁波天一阁 3 处各有一部,但 3 部却都是残本,不过因残缺的部分彼此不同,因此仍有相互配补的价值。另外还有一种情况,即国内仅存残本的方志,在国外却有完璧,例如万历《严州府志》,北京图书馆和宁波天一阁所藏均为残本,但日本宫内省图书馆却藏有完璧。又如万历《象山县志》,国内仅北京图书馆藏有残本,但美国斯坦福大学胡佛研究所却藏有完整的复制本。又如天启《江山县志》,国内亦仅北京图书馆残藏,但日本宫内省图书馆藏有完璧。又如康熙《平阳县志》,北京图书馆所藏也是残本,但日本内阁文库却藏有完璧。

对于孤本和稀见本的复制也是十分必要的。中国书店曾于 60 年代借宁波天一阁等所藏的不少明版地方志,进行了重印出版的工作,其中也包括若干浙江地方志在内,这项工作是极有意义的。现在,浙江地方志的孤本或稀见版本藏于省外各图书馆的仍然不少,例如北京图书馆所藏的万历《余杭县志》、明版《古越书》和《绍兴考》、顺治《奉化县志》、康熙《诸暨县志》、康熙《新修武义县志》等,北京大学图书馆所藏的嘉靖《永康县志》,南京图书馆所藏的万历《汤溪县志》、崇祯《浦江县志》,南京大学图书馆所藏的乾隆《湖州府志》、乾隆《乌程县志》,江苏地理研究所图书馆所藏的康熙《桐庐县志》、康熙《浦江县志》、《山阴旧志续考》,上海图书馆所藏的康熙《平湖县志》、雍正《嘉善县志》等等。至于收藏在本省的孤本或稀见版本中,如浙江图书馆所藏的天启《衢州府志》,即是一部十分稀见的方志。该馆所藏的光绪《天台县志稿》,虽然年代晚近,但过去未曾付刊,所藏只是一部 1915 年的油印本。这些都是值得重视的。

　　为了访缺求遗，使明清两代的地方志更趋完整，最后还必须重视国际学术交流工作。因为浙江地方志中，有不少孤本、善本和稀见版本收藏在国外的图书馆中。我根据若干国外图书馆所藏中国方志目录的约略统计，上述珍贵版本之收藏于日本和美国各图书馆的，至少在 30 种以上。例如日本宫内省图书馆所藏的嘉靖《山阴县志》、嘉靖《武义县志》、万历补刊隆庆《平阳县志》、崇祯《嘉兴县志》、康熙《常山县志》，日本内阁文库所藏的崇祯《义乌县志》、顺治《龙泉县志》、康熙《昌化县志》，日本东洋文库和静嘉堂文库各藏一部的嘉靖《湖州府志》，日本尊经阁文库所藏的嘉靖《永嘉县志》，美国国会图书馆所藏的康熙二十二年刊本《山阴县志》（国内仅有康熙十年刊本）等等。都是国内各图书馆所没有收藏的。某些版本国内虽有收藏，但国外图书馆却收藏了善本。例如康熙《乌程县志》和康熙《西安县志》，国内收藏的是一般刊本，但美国国会图书馆收藏的却是抱经楼卢氏藏书。至于国内所藏的已经残缺，而国外所藏却是完璧的也为数不少。

　　1979 年，美国斯坦福大学威廉·施坚雅教授（G. William Skinner）委托耶鲁大学柯慎思教授（James H. Cole）寄给我一份由他主编的《浙江宁绍地区地方志目录》，这是我近年来所看到的一份外国收藏浙江地方志的最新目录。这份目录中著录了斯坦福大学胡佛研究所收藏的浙江全省通志、旧宁波、绍兴二府（包括部分台州府）府志和所属各县县志的原本及复制本共 230 种。内有稀见版本 33 种，而其中如明万历三年谢廷杰纂的《两浙海防类考》、康熙《象山县志》（康熙二十一年刊本，国内仅有康熙三十七年刊本）、康熙《嵊县志》（康熙三十三年刊本，国内仅有康熙十年刊本）、崇祯《天童寺志》、乾隆《越中杂识》等，都为国内各图书馆所未见。上面仅仅提到日、美两国，而收藏在世界其他地区的还没有估计在内。

　　《越中杂识》的排印出版，是国际学术交流的成果。《越中杂识》虽然早在乾隆五十九年（1794）已经纂成，但是一直要到 1942 年美国国会图书馆出版了朱士嘉编的《国会图书馆藏中国方志目录》以后，我们才获悉这一书名。一直要到施坚雅教授把此书复制本寄到我手上以后，我才明白此书的价值，实在比我原来所估计的要大得多。此中经过，我在拙作《绍兴地方文献之稀见钞本》一文中已述其详。在这全书行将排印出版之际，我们要再一次对施坚雅教授表示感谢。

　　关于原书版式，根据美国国会图书馆复制服务部在复制本卷前所附的缩尺，补述如下：此书因系用无格纸张钞写，故书无版框。书高 25.26 厘米，宽 14 厘米，页 10 行，行 24 字，书眉宽 4.2 厘米，底边宽 2 厘米，版心上写书名，中写门类，下写页码。全书263 张，计 526 页，楷书端钞，出一人手笔。卷首另有序 2 张计 4 页，《绍兴府县全图》一张计 2 页，图名上有一个"美国国会图书馆藏"矩形藏书章，此外别无其他收藏或转移痕迹。又有《越中图说》一页，是《绍兴府境全图》的文字说明。至于原书的纸质、墨色、装帧等等，在复制本上已无法窥及。又书成于乾隆年间，故避康熙（玄烨）讳，凡"玄"字皆作"元"，如书谢玄为"谢元"等，现已改回，特此说明。

陈桥驿

1981 年 12 月于杭州大学

《越中杂识》序

　　绍兴于古为荒服地,《禹贡》隶扬州之域,自少康封其庶子无馀于越,以奉禹祀,始以越称。秦并天下,改为会稽郡。唐以后则称越州。宋绍兴初,高宗南渡,驻跸龙山,命升州为府,而冠以年号,此绍兴府之名所由始也。元明及昭代因之。夏商以前,人物无可考,春秋时,种、蠡、郢、倪,辅越灭吴,以后代有闻人。守斯土者,皆辅相之才;生斯土者,多菁华之彦。载籍所纪,历历可征。风土则晋人有云,"千岩竞秀,万壑争流;"又云,"水木清华,山川映发"。读兹数语,固不必身至山阴道上,而景物之妙,有可见之想象间者矣。至于秦碑、汉隶、禹穴、兰亭,往迹遗文,更难仆数也。沈益川夫子家于越之西郭门,乾隆己卯,予归自岭南,客其家者累月。嗣后渡江往省,居必旬余。凡禹陵、南镇、稽山、鉴湖、三江、若耶、云门、射的之胜,皆遍历焉。拜忠敏于寓园,访青藤于观巷,瞻会龙之旧址,吊霸王之荒祠,莫不感慨流连,发为歌咏。癸卯以后,不渡钱塘者一纪于兹,缅想山川如故,而哲人已亡,羊昙西州之恸,伤何如已。昔在越时,遍求郡志读之而不可得,故惟向所素悉者是游,其事其境之稍僻者,则弗至焉。铁岭李公晓园守越之二年,敦请名流,重修越志,期月而书成。予从友人借读之,文简而赅,事繁而核,考订极博,体例井然,堪与李敏达公《浙江通志》相颉颃,夫岂寻常志乘所可比拟者哉。闲居无事,摘而录之,而稍为之增损,并以予昔所流览见闻极真者参记其间。一披览间,旧游之区,宛然在目,他日重游其地,按所识而考求之,则越之山川人物,古迹碑铭,当更一览无余矣。山陬下士,偶识旧闻,何敢自居于著述,故以《越中杂识》名编云。

　　乾隆五十九年仲冬中浣之吉,西吴悔堂老人书,时年六十有五。

越中雜識序

紹興於古為荒服地禹貢繫于揚州之域自少康封其庶子無
餘于越以奉禹祀始以越稱秦并天下改為會稽郡唐以後則
稱越州宋紹興初高宗南渡駐蹕龍山命升州為府而冠以年
號曰紹興府之名所由始也元明及　昭代因之要皆以前人
物無可考春秋時種蠡邑況輔越滅吳以後代有聞人守斯土
右官輔相之才生斯土者多菁華之彦武稽所紀歷歷可徵風
土則晉人有云千巖競秀萬壑爭流又云水木清華山川映發
讀茲數語固不必身至山陰道上而景物之妙有可見之想像
間者矣至於秦碑漢隸禹穴蘭亭往蹟遺文更難僂數也　沈

越中雜識　序

一

紹興府境全圖

绍兴府境全图

越中图说

　　绍兴府在浙江省城东南一百三十八里,东西广二百九十里,南北袤四百四十七里。倚江濒海,山秀水清,风景常新,英贤辈出。属邑八:山阴、会稽、萧山、诸暨、余姚、上虞、嵊、新昌。东至宁波府慈溪县界,西至杭州府钱塘县界,南至金华府义乌县界,北至大海,东南至台州府天台县界,西南至杭州府富阳县界,西北至杭州府钱塘县界,东北至宁波府慈溪县界。濒海之邑凡五:山阴、会稽、萧山、余姚、上虞是也;濒浙江之邑一,萧山是也。

越中杂识　上卷

山

卧龙山，在府城中，盘旋回绕，形若卧龙。越大夫文种葬此，又名种山。康熙戊辰，翠华南幸，驻跸于此，易名兴龙山。府治据东麓，故俗称府山。山阴县治在其西麓。绝顶有望海亭。

火珠山，在卧龙山东隅，小而圜，绝类龙额之珠。

蛾眉山，在卧龙山之左，火珠山之东南，山高丈余，阔三丈，长数十丈，南至轩亭，北至香橼巷，望之如蛾眉一弯，横黛拖青，浑身空翠，故名蛾眉。今山上蛾眉庵中有活石隐起，仅二尺许，俗以为即府城八山中之蛾眉山，非是。

龟山，在卧龙山南，越王句践时，一夕自琅琊东武海中飞来徙此，故一名飞来山，又名怪山。上有应天塔，今称塔山，称塔曰东武塔。山巅有巨人迹、锡杖痕、灵鳗井，山麓有宝林寺，今名报恩光孝禅寺，故山又名宝林山。山下有明朱文懿公赓逍遥楼旧址。

阳堂山，在卧龙山南三里，郡城跨其上。南麓出城外，踆于河隍。后汉鲍盖葬此，其子梦盖言，当更生，启棺视尸，俨然，但无气耳，人事之颇著灵验，故一名鲍郎山。山北旧有鲍郎祠。

戢山，在卧龙山东北三里，产戢。越王尝吴王秽后，遂病口臭，乃采戢食之，以乱其气。晋王羲之宅在焉，后舍为戒珠寺，故又名王家山。今有右军祠。山有戢山书院、大观亭。

白马山,在蕺山东南一里许,土渐削,山石依然,麓有白马庙。

彭山,在白马山东,有助海侯庙。

黄琢山,在草子田华严寺后。

按:张岱记越城内为山者八:卧龙、火珠、蛾眉、宝林、鲍郎、蕺山、白马、彭山是也。而不知华严寺后尚有黄琢一山,土中带石,大过蛾眉,岂可于鞋鞁下失之,则越州城内之山当称有九。按卧龙、火珠、蛾眉、塔山、鲍郎、蕺山,隶山阴;白马、彭山、黄琢,隶会稽。

亭山,在山阴县南十里,山形独立如亭,故名。

兰渚山,在山阴县西南二十七里,晋王羲之修禊处。宋末义士唐珏等葬宋陵骨于此。

柯山,在山阴县西南三十五里,山体皆石,为民所采,巧匠琢为大佛,高五丈余,唐宋以来建寺覆之。

会稽山,在会稽县东南十三里,其山亥延数十里,禹陵、南镇庙皆在焉。

秦望山,在会稽县东南四十里,高出群山之表,秦始皇登此以望东海。其东南隶会稽,西北隶山阴,与城中卧龙山屹对,为府治屏障。

刻石山,在会稽县东南五十里,又名鹅鼻山。昔秦始皇以三十七年东游之会稽,取钱唐岑石,长丈四尺,广六尺,厚尺六寸,使李斯撰文,刻于石上。前有方石数丈,云是始皇坐;旁分列方石八,是丞相以下坐。

天柱峰,在秦望山稍北,二山相并,而天柱略卑。

云门山,在会稽县南三十二里,云门寺在其下,山在秦望南。

射的山,在会稽县南十五里,山半石壁,有白晕,宛若射侯,故名。土人常占射的,以为岁收丰歉之准。的明则米贱,的暗则米贵,故谚曰:"射的白,斛米百,射的玄,斛米千。"稍西有石室,称为仙人射堂。

石帆山,在射的山之北,山形连比,遥望如张帆然。或云山东北有孤石,高二十余丈,广八尺,望之如帆,因以为名。樵风泾即在其下,至今风尚朝南暮北。

宝山,在会稽县东南二十五里,一名上皋山,南宋攒宫在焉。

宛委山,在会稽县东南十五里,一名石箦山,一名玉笥山,即夏禹得金简玉字处。阳明洞天在龙瑞宫旁,是一巨石,中罅,道家之第十一洞天也。明王文成公以主事告归,时结庐其侧,因以为号。

酒瓮石,在射的山麓,三石品峙,其状如瓮,人谓之秦皇酒瓮,故射的山俗称酒缸山。

萧山,在萧山县西一里,晋高士许询隐此,萧然自放,故以为名。至唐天宝初,取以名县。

　　苎萝山,在萧山县南二十五里,下有西施宅,上有红粉石。按诸暨亦有苎萝山,然考《后汉书·郡国志》,当以萧山者为是。

　　龛山,在萧山县东五十里,其形似龛,下临浙江,与海宁县赭山对峙。其西有小山,曰鳖子山,浙江出其间,名鳖子门,亦曰海门,为钱塘之锁钥。盛暑时,有龙挂于此,吸水而上即雨。

　　玉京洞,在诸暨县西五十里,洞岩山洞十数重,深数十里,须秉烛而入,入必以物记其处,洞门多相似,不记则迷路。洞中宽敞崎岖不一,火光中,岩石奇峭,光洁如洗,流水溅溅,或汇为池,或泻为溪,中一处有窍,仰视如巨星,天光下射,微辨颜色,石床在焉。又入,则蝙蝠群触人面,不可前。或云,深处行二三日,可达钱塘。洞口有石人二,盖因岩石刻成者。入宜带席或干草,洞门有卑隘处,须伛偻匍匐以行,下甚湿,必借以席或草乃可。

　　苎萝山,在诸暨县南五里,山下有石,传是西施浣纱石。按苎萝山一在萧山苎萝乡,滨钱清小江,有西施小庙,而无浣纱石。一在诸暨县南五里,滨浦阳江之西,俗呼为张家山,下有浣纱石,而无西施之居。至今传疑。

　　清风岭,在嵊县北四十里,岩石甚峻险,下瞰深渊,波流迅急,宋临海王烈妇为元兵所掠,至岭,啮指出血,题诗岩上,投崖而死,历今数百载,每阴风凄雨时,岩上血痕犹隐隐不灭云。

川

　　鹅池,在府城内戒珠寺前,寺本王右军宅,池为右军养鹅之所,今尚存。

　　天池,在府城观巷内徐文长故宅中,池上石刻"天汉分源"四字,文长所书也。

　　三汲泉,在卧龙山麓,泉甚浅,仅有水数斗,然汲尽即满,未尝竭也。

　　鳗井,在宝林山一磐石上。石高丈许,井方仅数寸,乃一石窍,好事者以线悬钱探之,尽两纻不得其所止。鳗时出,游人取置怀袖间,了无警猜,如鳗而有鳞,两耳甚大,尾有刃痕,相传黄巢尝以剑砍之。凡鳗出游,越中必有水旱疫疠之灾,乡人尝以为候。

　　洗砚池,在白马山下,是王右军洗砚处。今人指戢山潢污当之,非也。

　　东大池,在东府坊,通广宁河。宋理宗封母弟与芮为荣王,开府于戢山之南,此其台沼也。今府城酿酒者,多用此水。

　　　　以上俱在府城内,鹅池、天池、三汲泉、鳗井,隶山阴;洗砚池、东大池,属会稽。

　　钱清江,在山阴县西五十里,汉刘宠投钱处也。为山阴、萧山分界处。

　　西小江,在山阴县西北四十五里,为绍兴至杭要道。昔董昌为钱武肃王所擒,至西小江自沉于水，即此。

镜湖，在府城南三里，东汉太守马臻所开。

离渚，在府城西三十里，发源于西南诸山，萦回盘旋，合于离渚。居民数十家，俱傍山倚竹而居，曲涧小桥，境界幽静。

兰渚，在山阴县西南二十五里，王右军修禊处，墨池、鹅池、流觞曲水皆在焉。

半月泉，在法华山天衣寺侧，泉隐岩下，虽月圆，池中只见其半。南宋时，俗僧凿开岩上，易名满月，甚可惜也。

曹娥江，在会稽县东南七十里，汉曹孝女投江觅父尸处。潮汐之险，亚于钱塘。会稽、上虞分界处。

镜湖，在府城南三里，亦名鉴湖，东汉太守马臻，筑塘蓄水，溉田九千余顷，人获其利。湖跨山、会二县，周三百余里，东至曹娥，西至西小江，南至山，北至郡城，向为潮汐往来之区，自马太守筑坝筑塘之后，始成乐土。湖之隶山阴者三，属会稽者七，故历来记镜湖者，独详于会稽。

若耶溪，在会稽县南二十五里，樵风泾在焉。

平水，在会稽县东南三十五里，镜湖三十六源之一，虽在深山中，而为茶笋聚集之所，居人颇擅其利。

沈酿埭，在若耶溪东。昔越王句践得美酒，不自饮，以飨士，虑不能遍及也，乃投之于溪，先自酌水，而令士卒共饮之，士气感奋。《志》称：太尉郑宏赴洛，亲友钱之，宏投钱于水，依价量水，饮之，各醉而去。考宏乃汉名臣，非有幻术，盖由樵风泾事而傅会之耳。

湘湖，在萧山县西二里，周八十里，溉田数千顷，生莼丝最美。乡民以贩渔为业者不可数计。

五泄溪，在诸暨县西五十里，山峻而有五级，故以为名。瀑布三层，下层垂三十丈，广十丈。中层有三道，不可逾度，登他山望，始见之。上层约百余丈，望若云垂，声如震霆，俱下注于溪。

余姚江，在余姚县南一十步，源出上虞，东入于海，潮汐上下二百余里，虽通海而水不咸。

秘图湖，在余姚丞廨之前，初本石窦，微有泉流，好事者因而广之，才丈许。岩石陡处，镌曰"神禹秘图"。

黑龙潭，在上虞县东南四十五里潭山，两山外夹，潭界其中。山之上下凡三潭，一潭居山腰，前有礼拜石，平如掌，遇旱祷之，恍惚有黑龙见。上潭在山巅，人迹罕至，土人云，每至第二潭，人已眩晕，不能支矣。明万历十一年大旱，乡民相聚，迎龙于潭，以一木桶贮水，到潭边拜祷毕，忽有小青蛇见桶中，众舆以归，比至村，则大雨滂沱矣。凡往迎者,其田皆沾足,余田则否,次日送还潭,致敬以谢,蛇忽不见。

焦家井,在上虞县东通明门外,汉焦赣卜地穿此井,水味甚甘。

舜井,在上虞县西北三十五里百官市虞帝庙北,东西各一。钱武肃王浚之,得谶记宝物。

剡溪,在嵊县南一百五十步,即王子猷雪夜访戴逵处。

桥　梁

拜王桥,在府西狮子街。唐末,钱武肃王平董昌,郡人拜谒于此。后封吴越王,故桥以拜王名。

鲤鱼桥,在山阴县北二里许,宋时浙东贡院故址,与锦鳞桥相近。

光相桥,在城西北光相寺前。

北海桥,在城西北越王祠南岸,相传唐李邕寓居之地。

谢公桥,在北海桥南,以太守谢公所建,故名。

江桥、小江桥,在府城内西北,为城中东西水道要冲。

斜桥,在府治东北中正桥旁。

水澄桥,在水澄巷内,刘氏俱聚居于此。

大善桥,在大善寺前。

题扇桥,在戢山之南,王右军为老妪题扇处。

滑桥,在会稽县治东。

广宁桥,在都泗门内。

八字桥,在广宁桥之南。两桥相对,而斜状如八字,故名。明冢宰商周祚宅在桥西。

东双桥,在府城东。

柳桥,在府治东南,明王毓蓍殉节处,有碑。

清道桥,在府东二里。

探花桥,在戒珠寺南。河口有探花坊,明探花余姚谢丕立,因以名桥。

春波桥,俗名罗汉桥,在禹迹寺前。昔陆放翁娶唐氏,伉俪相得,弗获于姑,遂出之,后春日出游,相遇于禹迹寺南之沈氏园,放翁怅然,题词于壁。迨唐卒,放翁过此赋诗,有"伤心桥下春波绿,曾见惊鸿照影来"之句,后人因以名桥。《志》引贺知章"春风不改旧时波"句,盖失考也。

观桥,在观巷内,明徐文长故里,有碑。

大庆桥,在府东南,以旁有大庆寺,故名。

以上俱在府城内

跨湖桥，在山阴县西南五里镜湖上，南通离渚。

兰亭桥，在山阴县西南二十五里王右军修禊处。桥下细石浅濑，水声昼夜不绝。跨桥为含晖亭。

第五桥，在跨湖桥西南。由跨湖桥泛镜湖，此居第五，故名。

迎恩桥，一名菜市桥，在西郭门外。

永乐桥，在菜市桥北五十步。

虹桥，在西郭门外三里，宋理宗少时尝浴于此。稍东有会龙堰，为余天锡遇宋理宗处。

高桥，在府城西十里。

梅市桥，在府城西二十里，水通梅市，旁有弥陀寺。北五里即柯桥市。

柯桥，在府城西北二十五里，汉蔡邕取柯亭椽竹为笛处。桥侧向有笛亭，今为土地祠。

太平桥，在府西北四十六里。桥北有张帝祠。

钱清桥，在府城西北六十里钱清镇。自府城至西兴，至此路程一半。

以上属山阴县

渡东桥，在东郭门外，明余煌殉节处。桥侧有曹娥庙、先贤祠。

万安桥，在樊江广渡庵之南，长二十四洞。

以上属会稽县

文昌桥、会龙桥，俱在萧山县东门外新坝。

瑞莲桥，在萧山县东十五里，明万历时，女子蔡瑞莲所建，俗称姑娘桥。

义桥，在萧山县南三十里钱塘江口，为江南、江西、福建入绍兴要津，商旅往来如织。

通济桥，在余姚县城南十步，创自北宋，屡修屡圮。雍正时，总督李卫重修之。长二十六丈五尺，高一百六级，下列三洞，跨南北两城之间。

田　赋　乾隆四十九年额则

山阴县，田、地、山、池、荡，共一万五千三百六十顷三十八亩九分零，计征地丁等银八万三千六百二十七两五钱七分五毫零，征米一万六千八百二十五石九斗六升六合零。

会稽县，田、地、山、池、荡、溇，共七千二百七十顷四十七亩二分零，计征地丁等银五万四千七百六十九两五钱七分四厘零，征米一万四百七十八石二斗八升四合零。

萧山县，田、地、山、池、荡、浜、沥，共五千五百五十五顷七亩五分零，计征地丁等银四万九千三百六十三两五钱九分六厘零，征米三千六十一石三斗五升九合零。

诸暨县,田、地、山、塘,共一万一千六百二十一顷二十六亩七分零,计征地丁等银五万九百二十两三钱五分四厘零,征米五千五百一十六石九斗八升七合零。

余姚县,田、地、山、荡,共八千九百二十顷一十九亩三分零,计征地丁等银七万五千四十八两六钱九分八厘零,征米二千五百六十六石五斗四升六合零。

上虞县,田、地、山、荡、池、塘、沥,共九千四百二顷三十四亩一分零,计征地丁等银五万三千八百三十六两五钱九分五厘零,征米二千一百一十六石二斗四合零。

嵊县,田、地、山、塘,共七千三百六十五顷三十九亩一分零,计征地丁等银三万四千五百七十两八钱七分一厘零,征米二千九百四十五石三升八合零。

新昌县,田、地、山、塘,共三千九十三顷七十一亩二分零,计征地丁等银一万四千九百一两八钱一分九厘零,征米三十六石。

绍兴府八属,共田、地、山、池、塘、溇、荡,六万八千五百八十八顷八十四亩二分零,计征地丁等银四十一万七千二百三十四两一钱一分九厘零,征南米四万三千五百四十六石三斗八升六合零。

山阴县额征,加闰银一千三百七十一两四钱七分一厘零,加闰米三百五十二石一升六合。

会稽县额征,加闰银九百二十八两五钱七分七厘零,加闰米二百七十九石五斗八升四合。

萧山县额征,加闰银七百八两三钱七分零。

诸暨县额征,加闰银五百三十四两八钱五分七厘零,加闰米一百石。

余姚县额征,加闰银六百八十九两二钱八分一厘零。

上虞县额征,加闰银五百八十九两六钱八分八厘零。

嵊县额征,加闰银五百二十五两五钱五分六厘零,加闰米一百石。

新昌县额征,加闰银二百九十九两四分五厘零。

本府外赋不入地丁,加闰银一十六两三钱六分一厘零。

通府征收,加闰银五千六百六十三两二钱一分零,征米八百三十一石六斗。

户 口

康熙籍,合郡户共十六万七千三百三十一,口共六十七万六千五百九十七。康熙五十二年三月十八日,奉上谕:"海宇承平日久,户口日繁,地亩并未加广,宽施宽大之恩,共享恬熙之乐,嗣后直隶各省地方官,遇编审之期,察出增益人丁,止将实数另造清册奏闻,其征收钱粮,但据康熙五十年丁册,定为常额,续生人丁,永不加赋,仍不许有司于造册之时,藉端需索,用副朕休养生息之意。钦此!"

水　利

府河,在府城中,跨山、会二县界。其纵者,自江桥南至南门,北至昌安门;其横者,自都泗门至西郭门。中间支河甚多,皆通舟楫。河之在市者,皆壅窄甚,渐不可行舟。明嘉靖间,郡守南大吉疏辟之,拟斥两旁庐舍六尺许,以广河道,而豪右向侵为世业者,共哗以为不便,会罢官而止。嗣后邑令、绅士尝疏通之,而日以淤浅。康熙五十一年,郡守俞卿浚之,并拆居民架水阁于河上并跨河造阁为便房密室者,刊禁碑二,立于府仪门及江桥张神祠。日久禁弛,复有架阁于河者。乾隆五十七年,郡守李公亨特复出示拆毁,并浚河路淤塞处。盖城中有河七,昔人称为七弦水。自通衢至委巷,无不以水环之。民居相杂,日投秽恶,故河易淤。且地在商贾辐辏之所,市民限于地狭,架阁河干,或跨河造屋,舟行其下,几不见日月,或时倾污秽,溅入行舟,往来者苦之。李公拆去阁屋七十四座,石条四座,木桥八座,河道为之一清。

镜湖,在府城南三里,东汉太守马臻筑塘蓄水,溉田九千余顷。今皆成田,尽为膏腴。然湖之深阔处如南塘一带,犹然巨浸也。昔有浚湖以复马公之旧者,以众议不可而止。盖汉时越中未建坝闸,湖尝苦涸,故马公为堤于镜湖,蓄水以资灌溉。今则有海塘,有三江闸修筑,启闭甚谨,永无他患,何用铲掘膏腴,规复旧迹哉。

麻溪坝,在府城西南一百二十里,在山阴、萧山之间,外邻浙江。江水涨时,常入越地为害,汉太守马臻筑坝以御之。至明成化时,郡守戴琥复加筑之。万历时,萧山令刘会加石重建,下开霤洞,广四尺,每旱则引水以溉田。学士余煌修而广之。本朝康熙二十一年,福建总督姚启圣改洞为三,各广六尺。康熙五十六年,郡守俞卿重修。

应宿闸,一名三江闸,在三江所城西门外,明嘉靖中,郡守汤绍恩建。凡二十八洞,亘百余丈,山阴、会稽、萧山之水,自此入海。当未建闸时,三县近海之处,皆有口岸而乏堤防,河水泄泻无余,岁常苦旱。汤公莅越后,询知其弊,遂自乘小舟,测度水势,惟三江城外,水口较他处为最低,中有石脉,横亘数十丈,而两崖亦皆活石,于是定为建闸之所,请之上台,皆曰如议,遂集夫伐石,授以方略,使巨石牝牡相衔,石之激水处,则剡其首,使不与水争,其下有槛,其上有梁,中受障水之版,立水则于三江城外,以金、木、水、火、土为则,如水至金字,则二十八洞齐开,至木字,开十六洞,至水字,开八洞,夏至火字,齐闭,冬至土字,齐闭,并刻水则于府治东佑圣观,以防欺蔽。闸成,遂尽塞濒海诸口,三县之田,始无旱患矣。岁久闸稍坏,万历中,郡守萧良幹增石修之。本朝福建总督姚启圣重修。

按麻溪坝所以阑江水,使不得入越地,而下有霪洞,遇旱则可以放江水入内溉田。三江闸所以阑河水,使不得外出,而洞有二十八,遇涝则可以齐开,以泄洪水。一坝一闸,绍兴之关系非浅也。

曹娥江,在府城东南七十里,其源自剡溪,东折而北,至曹娥又西北折,入于海。

湘湖,在萧山县西二里,周八十里,宋杨龟山作令时,筑塘蓄水以溉田,民至今赖之。

西江塘,即钱塘江东塘也,以在萧山县西,故曰西江。口岸凡十六处,俱设塘长看守,其尤要者,曰潭头、闻家堰、义桥坝。

余姚江,在余姚城外,滨江之田,皆赖以灌溉,若涝,则诸乡之水咸放而直入于海。

蒿坝,在上虞县十一都,近蒿山,长十丈,为绍兴、台州往来必经之地。

梁湖坝,在曹娥江东岸,隶上虞。

海塘,起自绍兴府属之萧山,历山阴、会稽、上虞、余姚,接宁波府属之慈溪,至定海而止,逶迤五百余里,中历七县,而五为绍兴境。

城　池

绍兴府城,相传筑自范蠡,故称蠡城。隋开皇中,杨素封越国公,以越州系其封邑,因重筑之。历代修筑,不能悉举。今府城周二十余里,为门九:东曰都泗、五云、东郭,往余姚上虞路;东南曰稽山,由此达禹陵;正南曰植利,俗称南堰门;西南曰水偏门,曰常禧,俗称旱偏门,通诸暨路;西曰迎恩,俗称西郭门,往萧山、杭州路;北曰昌安,一名三山门,通海塘。陆门五:五云、稽山、常禧、西郭、昌安。水门六:都泗、东郭、南堰、水偏、西郭、昌安。

山阴、会稽两县,附府城,所谓八山七水,皆在城内。三江、白洋、黄家堰巡检司城,三江所、沥海所城,俱明初信国公汤和筑,以备海贼倭寇。

府城内外皆有壕,外壕广十丈、八丈、五丈不等,深一丈二尺、一丈、或八尺、九尺不等,内壕俱广一丈八尺,深七尺。

萧山县城,周五里,门四:东曰达台,南曰拱秀,西曰连山,北曰静海。水门三:东、西、南。濠广三丈,深一丈五尺。

诸暨县城,周四里,门四,水门三。

余姚县城,周九里,门五:东曰通德,西曰龙泉,南曰齐政,北曰武胜、后清。水门二。四面皆引江为濠,可通舟楫。姚江南岸新城,周八里,明嘉靖时筑,门四:东泰、西成、南明、北固。小陆门二:恩波、流泽。水门二:左通,右达。四门之上,皆有重楼,而北固楼枕江,与旧城舜江楼相直,通济桥居其中。南北皆为月城,通两城为一。眉山、三山、庙山三巡检司城，三江所、龙山所、临山海卫三城，皆明初信国公汤和筑。

上虞县城，周十三里，门五：东曰启文，西曰来庆，南曰百云，北曰丛桂，西南曰通泽。水门三：东、西、西南。

嵊县城，周七里有奇，门四：东曰拱明，西曰来白，南曰应台，北曰望越，皆有楼，有月城。

新昌县城，周六里，门四：东曰应台，西曰通会，南曰仰山，北曰济川。东、南、北皆引溪为濠，南面凭山。

衙　署

府治，在卧龙山东偏山半，由照墙而头门，而仪门，而大堂，皆层层历级而上，面对秦望山。唐及吴越节度使治，宋、元、明太守治，皆于此。府宅在仪门内折而东，与大堂相并。

同知署，在府治西。同知移驻余姚之梁湖，兼辖宁波、台州接壤之处，以事至府，则仍居旧署。

通判署，在府治仪门外之东。

南塘通判署，在三江所城中。

试院，在仓桥西，俗称新司马，为察院署。

国朝为提督署，后提督移驻宁波，遂为督学校士之所。旁有空地，人称小教场。

教授、训导署，俱在学官旁，各县同。

经历、照磨署，在府治东；司狱署，在府治南半里。

山阴县治，在府西一里，负卧龙山脊，面秦望，带鉴湖，玉架、天柱诸峰环峙左右，形势雄伟。丞、尉署，在治厅东西。柯桥巡检署，在柯桥官塘西。

会稽县治，在府治东三里。治厅后有河，石桥跨之，桥北即内宅门。丞、尉署俱在署内东偏。曹娥巡检署在东关驿。

萧山、诸暨、余姚、上虞、嵊、新昌五县治，俱在本县城，巡检、驿丞，各照衔驻扎，丞、尉署皆在治侧。

学　校

府学，在府治南五里，历代修葺。国朝郡守夏霖、张三异，里绅姚启圣、朱懋文屡修之。康熙五十七年，郡守俞卿尽易其旧，大加兴作，壮丽完密，称浙中诸庠第一。乾隆十八年，郡守舒宁、郡丞汤大宾修之。至五十六年，殿宇学舍俱败坏倾圮，郡守李公亨特倡捐修建，学宫焕然一新。

正殿

至圣先师孔子，四配复圣颜子回，述圣子思子伋，俱殿内东旁西向。宗圣曾子参，亚圣孟子轲，俱殿内西旁东向。十二哲闵子损，冉子雍，端木子赐，仲子由，卜子商，有子若，俱在殿内次东西向。冉子耕，宰子予，冉子求，言子偃，颛孙子师，朱子熹，俱在殿内次西东向。

东庑先贤

蘧子瑗，	澹台子灭明，	原子宪，	南宫子适，	商子瞿，	漆雕子开，
司马子耕，	梁子鳣，	巫马子施，	颜子辛，	曹子恤，	公孙子龙，
秦子商，	颜子高，	壤驷子赤，	石作子蜀，	公夏子首，	后子处，
奚容子蒧，	句井子疆，	颜子祖，	秦子祖，	县子成，	公祖子句兹，
燕子伋，	乐子欬，	狄子黑，	孔子忠，	公西子蒧，	颜子之仆，
施子之常，	申子枨，	左丘子明，	秦子冉，	牧子皮，	公都子失名，
公孙子丑，	张子载，	程子颐。			

西庑先贤

林子放，	宓子不齐，	公冶子长，	公晳子哀，	高于柴，	樊子须，
商子泽，	冉子孺，	伯子虔，	漆雕子徒义，	漆雕子哆，	公西子赤，
任子不齐，	公良子孺，	公肩子定，	鄡子单，	罕夫子黑，	荣子期，
左人子郢，	郑子国，	原子亢，	廉子洁，	冉子季，	叔仲子会，
公西子舆如，	邦子巽，	陈子亢，	琴子张，	步叔子乘，	秦子非，
颜子哙，	颜子何，	县子亶，	乐正子克，	万子章，	周子敦颐，
程子颢，	邵子雍。				

东庑先儒

公羊子高，	孔子安国，	毛子苌，	高堂生，	郑子康成，	诸葛子亮，
王子通，	司马子光，	欧阳子修，	胡子安国，	尹子焞，	吕子祖谦，
蔡子沈，	陆子九渊，	陈子淳，	魏子了翁，	王子柏，	许子衡，
许子谦，	吴子澄，	王子守仁，	薛子瑄，	罗子钦顺。	

西庑先儒

谷梁子赤，	伏子胜，	后子苍，	董子仲舒，	杜子子春，	范子宁，
韩子愈，	范子仲淹，	胡子瑗，	杨子时，	罗子从愿，	李子侗，
张子栻，	黄子幹，	真子德秀，	何子基，	赵子复，	金子履祥，
陈子澔，	陈子献章，	胡子居仁，	蔡子清，	陆子陇其。	

崇圣祠

昌圣王伯夏,裕圣王祈父,肇圣王木金父,诒圣王防叔,启圣王叔梁纥,配位先贤颜氏无繇,孔氏鲤,俱殿内东旁西向。曾氏点,孟孙氏激,俱殿内西旁东向。东庑先儒周氏辅,程氏珦,蔡氏元定,西庑先儒张氏迪,朱氏松。

先师位前,陈设礼神帛一,白色,白磁爵三,牛一、羊一、豕一、登一,实以太羹;铏二,实以和羹;簠二,实以黍稷;簋二,实以稻粱;笾十,实以形盐、藁鱼、鹿脯、枣、栗、菱、芡、榛、黑饼、白饼;豆十,实以韭菹、菁菹、芹菹、笋菹、醓醢、鹿醢、兔醢、鱼醢、脾肵、豚胉;酒樽一。四配每位礼神帛一,白色,白磁爵三,羊一、豕一、铏一,实以和羹;簠、簋各二,同上,笾八,实以形盐、藁鱼、鹿脯、枣、栗、榛、菱、芡;豆八,实以韭菹、菁菹、芹菹、笋菹、醓醢、鹿醢、兔醢、鱼醢;酒樽一。十二哲东六位,六案,每案帛一,白色,白磁爵一,豕一、铏一,实以和羹;簠一,实以黍;簋一,实以稷;笾四,实以形盐、藁鱼、枣、栗;豆四,实以韭菹、菁菹、醓醢、鹿醢;豕首一。西六位同。东庑帛一,铜爵各一,豕三,每案簠一,簋笾四,豆四,实同上。西庑同。

崇圣祠,正位五案,每案陈设同四配。配位每位一案,帛二,豕首一,每位铜爵三,簠一,簋一,笾四,豆四,实同上;豕肉一。两庑帛二,每位铜爵、簠、簋、笾、豆、豕肉,同配位。

祝文曰:"维某年,岁次某某月朔,某越几日,某官、某等,敢昭告于至圣先师孔子曰,维师德天地,道冠古今,删述六经,垂宪万世,惟兹仲春秋;谨以牲帛醴斋,粢盛庶品祗奉,旧章式陈明荐,以复圣颜子、宗圣曾子、述圣子思子、亚圣孟子配,尚飨!"

迎神奠帛,初献、亚献、终献、撤馔、送神,皆有乐有舞。崇圣祠同日先祭,无乐舞,余仪同。

山阴学,在县治南,有石刻圣象,四配东西庑先贤象,并赞。

会稽学,在县治南。

萧山学,在县南门外。

诸暨学,在县治西。

余姚学,在县南新城中。

上虞、嵊、新昌学,俱在县城内。

学额,府学额进二十五名,廪生四十名,增生四十名,一年一贡,山、会、萧、诸、余五学名额,进二十五名,廪、增各二十名,二年一贡,上、嵊、新三学名额,进二十名,廪、增各二十名,二年一贡。

蕺山书院,在蕺山戒珠寺后,明末刘念台讲学于此。后为优人所居,供唐明皇于中,号老郎庙。康熙五十五年,郡守俞卿召优人,捐俸赎之,创为书院,延师聚徒,复置田亩,岁收以供饩廪,每科策名者,常十余人。中祀刘公宗周,汤公绍恩。乾隆乙巳,邑人陆凯于刘公祠后构堂三楹,移戒珠寺前王右军象奉于堂之中间,左祀名宦,右祀乡贤,复捐钱千缗,以广膏火。

龙山书院,在挂屏衕;稽山书院,在卧龙山西冈;五云书院,在东双桥;阳和书院,在卧龙山,与稽山书院上下相望。以上隶山阴

稽山书院,在舍子桥,久废,郡守俞卿率县令张我观鼎新之,题额。乾隆五十三年,县令余名暨重修,题额。以上隶会稽

笔花书院,在萧山;毓秀书院,在诸暨;龙山书院,在余姚;承泽书院,在上虞;剡山书院,在嵊县;南明书院,在新昌。

祠　祀

府城隍庙,在卧龙山西南之巅。神为唐初越州总管庞玉,从太宗力战有功,出任越州,威望甚著,惠泽在民,及卒,邦人怀之,祀为城隍神。梁开平中,吴越武肃王上其事,封崇福侯。南宋时,加封昭祐公,进忠应王。明初另祀于山麓。康熙中,郡守俞卿重修上下两庙。乾隆五十六年,郡守李公亨特重修上庙。钱武肃王墙隍庙碑、南宋敕书碑尚存。又柯桥镇有城隍行祠。

仓帝庙,在卧龙山之西麓,创自前明,颓废已久。乾隆初,重建正殿,奉仓帝先圣,沮诵先贤,史籀、胡母敬、程邈左右配。进内为文武二帝殿、魁星阁、六君诗巢。六君为唐贺知章、秦系、方干、宋陆游,元杨维祯,明徐渭。

唐将军庙,在府治东南五里,祀宋卫士唐琦。建炎间,高宗航海,琦病留越州。金兵至,守臣李邺以城降。琦袖石伺道旁,金帅出,击不中,被执,诟骂不屈。适邺在侧,琦顾谓曰,我月给止石五斗米,不肯背王,尔受国厚恩,乃屈膝降敌,岂复齿人类哉。金帅怒,命束其身,植诸通衢,置炬于首,燃杀之。琦至死骂不绝口。事闻诏为立庙,赐名旌忠。今墓在祠后,乾隆五十七年,郡守李公亨特重修。以上府城内

朱太守庙,在昌安门外文应桥,祀西汉太守朱买臣,以有破瓯越,辟境土之功,民立庙祀之。

灵助侯庙,在钱清镇,祀汉太守刘宠。

三江司闸正神庙,在西郭门外三江闸上,祀明莫隆。按隆系郡守汤公绍恩皂隶。公建三江闸,隆董夫役,悉心所事。一日在工所,方下探闸底,巨石猝下,被压以死。汤公震悼,为恤其母终身,闸成,祀为司闸之神。每闸流久闭,沙土壅淤,虽千百人力不能开,开则潮水冲塞如故。有司虔祷于神则闸下,始则细流涓涓,继则湍啮淤去,顷刻间百里豁然矣。

项王庙,在府城西南二十里项里,祀西楚霸王项羽,以范增配食。旁有村落数百

家,岁时奉祀。

邓公庙,在山阴县紫洪村。康熙十五年,有客山行,宿山神祠。夜半有虎作人言,向神乞食,神以邓樵夫许之。明晨客伺于祠外,果见一樵过之,问其姓,则邓也,遂告以夜所闻见,戒勿往。邓以有母仰食于樵,不则饥死,遂去不顾。客随而觇之,樵甫采柴,虎突出丛薄中,邓手搏之,持其尾不释。虎震吼,一跃拔尾去。邓逐杀之,遂同客至庙大诟,以死虎示神曰,今竟何如?碎其土偶,跃坐神座,一笑而逝。乡人建祠祀之。以上山阴

南镇庙,在府城南一十三里会稽山下,祀南镇会稽山之神,自秦汉以来祭祀唯谨。国朝自顺治八年至乾隆五十五年,遣官致祭者二十八次,祭品牛、羊、豕各一,登一,铏二,簠、簋各二,笾、豆各十,酒爵三,烛二,灯十盏,每岁有司于春秋二仲月祭,后禹陵一日,行初献、奠帛、献爵、读祝文、亚献、终献、三跪九叩头礼。

禹庙,在府城东南十二里,历代虔祭。园朝康熙二十八年南巡,二月十四日,圣驾诣庙亲祭。乾隆十六年南巡,三月初十日,圣驾诣庙亲祭。以姒恒旬授八品官,世袭奉祀会稽陵庙。自康熙二十一年至乾隆五十五年,遣官致祭者二十五次,祭品祭仪同南镇庙,每岁有司于春秋二仲月祭。

曹娥庙,在府城东九十二里曹娥江畔。按娥,上虞人。父盱,汉汉安二年五月五日溺于江。娥年十四,哀号江畔者旬有七日,求父尸不得,遂投江死,经五日抱父尸出。上虞长度尚命邯郸淳作文,立碑墓侧。宋熙宁中,诏以曹孝女坟庙载于祀典。大观四年,封灵孝夫人。政和、淳祐中,屡加封号。又封其父和应侯,母庆善夫人。宋端平中,以朱娥配享;明万历中,以诸娥配享。皆孝女也。国朝顺治五年,里绅沈文奎捐千金改建。乡人以其余资建祠庙侧,祀文奎,名沈公祠。后为豪民所占,郡守俞卿复之。

马太守庙,在府城南二里,祀汉太守马臻。公筑镜湖,遗惠在越。唐开元中,立祠湖旁。康熙中,郡守俞卿重新之,壮丽倍昔。另有祠在斗门,属山阴。以上会稽

岩将庙,在萧山县东三十里凤凰山后。唐有管姓者,不详其名,世居邑南之管城,兄弟三人,刚方岸异,不畏强御。其舅氏董十五,亦任力喜侠。四人咸以樵采为业。清泰中,土人周段清以妖术聚众,里有娶妇者,使数贼从空下,挟之去。从者迷瞶,莫与抗,远近苦之。公愤然,与弟暨舅氏设计,公佩刀,插髻衣妇人衣,令二弟肩舆舁之,董卫其后,过贼寨。贼又从空下,拥以入,欣然就之。公抽刀砟其首,贼急拾梃,苦斗不相下。而公弟冲其左,董冲其右,为战两昼夜,殪之,余党负伤走。贼平,里人德公甚,呼为老太,号之曰岩将。事闻,赠太尉惠民侯,立祠,并祀四公于凤凰山右,灵爽显赫,历今犹然。

西施庙,在苎萝山下,庙址传是施之故居,土人祀为土谷。以上萧山

严子陵庙,在余姚严公山,墓在庙旁一里。

虞公庙,在余姚凤亭之石龟,吴国虞翻墓也。以上余姚

赤石夫人庙,在上虞县北五里。山腰有望夫石,夕阳返照,其色正赤,状如绯衣妇人。乡人异之,为立祠。以上上虞

五显庙,在嵊县东门内。案天官书有五帝,内座月令,以帝为太昊、炎帝、少昊、颛顼,而配以勾芒,是为五行。故神所服,各绘其方之色焉。或曰,水、火、木、金、土与谷,为六府,有国者之大用也。祀神以五报其所自,亦等乎里社土谷,故其号特避帝而称圣,圣者,诸神之通谓也。明初定祀典,南京鸡鸣山有五显灵官,春秋致祭,此神祀所由著,沿及郡县民间。而不知者以五通例之,妄矣。

晏公庙,在嵊县北门内。神名戍仔,江西临江人,元初为文锦局堂长,因病归,登舟即尸解,灵显江湖,人立庙祀之。明太祖与陈友谅战于鄱阳湖,舟将覆,有红袍者救之,问何神?曰晏公也。后猪婆龙攻崩江岸,一老翁示杀鼍法,问其姓名,答以晏公。太祖感及前事,遂封神霄玉府都督大元帅平浪侯。

周宣灵王庙,在嵊县孝嘉乡,俗称东石鼓庙。神名雄,杭之新城人,童稚以孝闻。嘉定初,母构危疾,神晨夕吁天,请以身代。人言徽婺有神,祈祷立应,母促往祷,神不敢远出。母厉责之,遂往,行次衢州,闻母讣,恸哭立化舟中,篙师胡伯二售舟结庐奉焉。显灵江湖,江以南咸祀之。端平、嘉熙间,国事赖神默佑,敕封翊应正烈宣灵王,而其事不详。以上嵊县

刘阮庙,在新昌十一都采药径,祀刘晨、阮肇。又嵊县南十里有阮仙翁庙,即阮肇故宅。

五灵山庙,在新昌三泾,四围有金、木、水、火、土之形,中祀石真君。前有云梯岩,地称灵异。以上新昌

以上庙祀

名宦祠,在府学,有司春秋祭。名宦祠祀六十二人。

任延	第五伦	张霸	刘宠以上汉	诸葛恢
王舒	谢元以上晋	蔡兴宗	褚淡之以上南北朝	姚元之
杨於陵	王式以上唐	蒋堂	范仲淹	赵抃
程师孟	刘韬	翟汝文	张守	傅崧卿
綦崇礼	赵鼎	吴芾	邱崈	朱熹
王希吕	洪迈	王信	沈作宾	汪纲
吴潜	魏了翁	常楙	曾巩	陈瑾
王十朋	黄震以上宋	唐铎	李庆	罗以礼

彭谊	南大吉	戴琥	汤绍恩	李侨
萧良幹	梅守德	张鲁唯	黄璧	许如兰
毛伯温	陈让	关永杰	王期升以上明	朱昌祚巡抚
范承谟巡抚	杨宗仁臬使	徐元梦巡抚	施肇元以下知府	张三异
李铎	许宏勋以上国朝			

乡贤祠,在府学,有司春秋祭。祠祀四百五十三人。

梅福	严光	钟离意	郑宏	孟尝
魏朗	王充	陈嚣	戴就	朱儁以上汉
虞翻以上吴	嵇康以上魏	贺循	孔愉	孔坦
孔严	丁潭	王羲之	谢安	谢玄
王徽之	王献之	虞喜	虞预	嵇绍
张茂	夏方	谢敷	杨方	夏统
戴逵	孔沉	王宏之	虞潭以上晋	贾恩
郭原平	戴颙	何子平	谢惠连	朱百年以上宋
孔稚圭以上齐	贺场	贺琛	王琳	张嵊以上梁
虞寄以上陈	虞世南	贺知章	张万和	许伯曾以上唐
杜衍	吴孜	钱勰	尹焞	石待旦
顾临	陆佃	姚勔	李光	王琰
潘畴	黄汝楫	陈过庭	董公健	姚舜明
张宇发	石公弼	石公揆	宋延祖	胡沂
王佐	陆游	曾忘	陈櫜	姚宏
姚宪	姚宽	贝钦世	王迷	蔡定
黄开	石墩	俞浙	孙应时	杨文修
王希吕	李孟传	黄度	唐阅	王厚之
赵良垣	莫叔光	王梦龙	王爌	刘汉弼
刘汉传	刘汉仪	莫子纯	张愗	陈祖
陈雷	许桌	孙子秀	唐震	吴观
陈非熊	唐珏	徐希	胡义	张坚
黄振	杨钦	杨贤	朱光	何云
张定	郦元亨以上宋	王艮	韩性	杨维祯
石明三	石永寿	丁祥一	黄奇孙	吴雄
刘子华	胡存道	王冕	俞汉	吴宗元

方鉴	方铁以上元	顾观	韩宜可	叶砥
钱古训	刘季篪	姚友直	刘谦	刘谨
刘谔	朱仲安	黄邻	吕升	邵廉
吕升	魏骥	钱宰	唐肃	谢肃
刘履	刘绩	骆象贤	罗顾	朱节
刘壎	张璨	范瓘	董曾	刘栋
陈性善	胡刚	章敞	王钰	杨诚
徐初	胡智	王暹	甄完	贝秉彝
殷旦	谢泽	赵绅	司马恂	吕昌
徐琦	俞钦	章瑄	胡谧	唐彬
沈性	曹谦	毛吉	王渊	丁川
薛纲	陈壮	谢迁	张嵩	何鉴
韩邦问	王鉴之	王华	黄珣	陈雍
吕献	张以宏	张景琦	俞振才	俞振英
陆渊之	董复	周山	泮府	董玘
陶谐	何诏	葛浩	胡东皋	宋冕
胡铎	董祖庆	张景明	徐守诚	吴蒜
陶悸	费愚	牧相	王守仁	孙燧
陈士俊	葛本	魏有本	车纯	陈克宅
汪应轸	萧鸣凤	俞集	周祚	顾遂
徐爱	季本	孙堪	孙墀	郁采
徐文彪	王畿	刘樽	张逵	孙升
吕光恂	翁溥	陈升	龚辉	诸大绶
陶大临	陶大顺	叶经	陈绍	沈炼
沈束	徐学诗	潘壮	周如砥	何鳌不必入祀
茅宰	朱公节	翁大立	周如斗	吕改
陈鹤	闻人铨	祁清	王燮	陶承学
赵锦	张天衢	潘晟	孙铖	姜子羔
王元敬	吴兑	张岳	陈有年	骆问礼
邵升	罗万化	朱赓	邹学柱	周应中
李檠	张元忭	章守诚	孙铲	范可奇
刘焌	陈性学	鲁锦	姜镜	何继高

吕继梗	陆璋	王以宁	王舜鼎	喻安性
陆梦祖	王三才	沈绾	刘永基	姜逢元
李懋芳	董子行	周汝登	陶望龄	陶奭龄
倪涑	陆梦龙	刘宗周	葛晓	倪元璐
王思任	何育仁	黄尊素	刘竟中	祁彪佳
倪元珙	何国辅	陈箴言	余煌	施邦曜
俞志虞	周凤翔	韩振强	吴从义	金轳
金兰	王经	吴便	唐之淳	朱衮
王硕	陶廷奎	吕本	司马相	张一坤
冯景隆	陈翰英	范槚	郑遂	祁司员
朱东阳	郑舜臣	徐敬	张元冲	王潘
司马祉	朱敬循	钱楥	胡翰臣	刘垩
商为正	商维河	朱调元	张泰祯	叶云礽
徐应箕	朱启元	陈云器	诸万里	陈季涝
林绍明	姚祖寿	张汝为	倪铠	倪应靳
朱贞元	王洲	蔡天福	朱炆	范绍裘
周养浩	蔡国龄	鲁元宠	余增远	陈鹄
陈尧言	章自孝	鲁诚	章尚纲	诸燮
陈复	周钝	章正宸	姚会嘉	何台
吴乌	吴石	沈樘	刘泽	童谷
商周初	金应元	凌案	冯应凤	叶信
陈谷	王絅	胡恩	董懋策	王业浩
徐如翰	朱敬衡	钱鹤	王允升	郭日孜
郭斯垕	冯谦	孙述可	陈翰英	郑钦
陈于朝	周国璘	吴凯	张鹏翼	周于德
魏宗杲	蒋文旭	傅日炯以上明	沈文奎	胡兆龙
吴执中	张尚	王之鼎	周方苏	周维屏
鲁元锡	胡一言	郦允昌	童士毅	姜天枢
严允立	张建璧	胡拱枢	姚启圣	周之鳞
胡升猷	唐允思	唐赓尧	鲁元尧	余维
余缙	秦长春	杨学泗	姜希辙	王龙光
何治仁	何嘉祐	陈新	陈至言	闻人炳

虞敬道	赵自成	韩大能	倪会鼎	沈以庠
何曾桌	冯士章	胡岳	朱洪谧	黄宗羲
胡廷赞	张锦	莫之永	傅性喆	吕兴道
陶师孟	鲁简	刘汋	范仍	朱鼎祚
傅易	章启周	章光世	鲁晋	陈三益
陈必成	章自孝	何焆	胡惟宏	谢宗岳
宣德仁	赵璧	赵氏璧	楼墨林	楼永叔
郭元宰	周茂枢	张瑞虬以上国朝		

各县名宦、乡贤，姓氏俱详邑志，兹不备载。按府学《乡贤志》称共四百五十三人，而稽其姓名，计四百八十九人，盖刊志时有窜入者矣。明之朱燮元、王毓者，本朝之吴兴祚均未入祀，未免遗漏。且自明代以来，封翁俱在祀列，不无太滥。当增入甄别为是。

越王祠，在西郭门内光相寺侧，祀越王句践。文种、范蠡、诸暨郢、计倪侍祠前。有石坊，颜曰"畏天保国"。有司春秋祭。

王右军祠，在戢山戒珠寺，即右军别业，鹅池、墨池尚在。康熙中，郡守俞卿修之。乾隆乙巳，邑人陆凯建堂于戢山书院，移像祀于中。

司马文正公祠，在府治北三里。公四世孙吏部侍郎伋，从高宗南渡，家于山阴，立祠奉祀。今郡中有司马池沼，皆其聚族所居之地。

沈文肃公祠，在戢山上，祀宋大学士沈绅。

忠烈祠，在卧龙山东麓，祀孙忠烈公燧。其子都督、旌表孝行堪，尚宝卿墀，尚书文恪公升祔。一在余姚龙泉山南麓。

五贤祠，在卧龙山府署上，祀越大夫文种、范蠡，汉太守刘宠，明郡守汤绍恩，国朝郡守李铎。

言子祠，在武勋桥侧，祀言子偃。按言氏子孙居越者众，向无专祠。康熙中，郡守俞卿驱逐邪教，改饰其门宇，以祀言子。后俞公复撤而新之，大门、飨堂、后楼，俱轩敞宏壮。雍正初，将去任矣，力成之而后行。

王文成公祠，在府治北二里，祀明新建伯王守仁。康熙中，郡守李铎、俞卿修之。乾隆十六年，翠华南幸，遣左副都御使胡宝瑔致祭。御书祠额曰"名世真才"。乾隆五十二年，礼部侍郎、提督学政朱公珪，允公九世孙生员昆泰、昆潮之请，补撰墓表，梁公同书书之。五十七年，郡守李公亨特勒之石，并跋其后。

六贤祠，在府学之东罗门侧，祀明黄忠端公尊素、倪文贞公元璐、刘忠介公宗周、施忠愍公邦曜、周文忠公凤翔、祁忠敏公彪佳。康熙乙丑，学使王掞檄府，即倪文贞故圃建祠以祀。

白太守墓祠,在卧龙山阴县治西北一里。明郡守汉中白玉卒于官,因葬焉。嘉靖中,郡守张明道允士民之请,就墓所立祠祀之。乾隆壬子,郡守李公亨特重修,立碑禁樵牧。

范大夫祠,在蕺山天王寺麓,祀越大夫范蠡。明万历中,并祀文正公仲淹、恭献公纯礼。下有泠然池,宋郡守洪珠书镌石壁上。

钱王祠,在府治南五里。吴越武肃王钱镠薨后,嗣王立庙于越,基甚宏敞,至宋末渐圮。明初奉旨重建,有司春秋祭,并祀文穆王元瓘、忠献王佐、忠逊王倧、秦国忠懿王俶。嘉靖中,郡守汤绍恩修之。国朝,郡守俞卿、总督李卫复修。乾隆壬子九月,郡守李公亨特又大修之,重建内殿五间。适王子孙居台州者,以唐昭宗所赐铁券来观,并允王裔孙廉江宝慧之请,勒石立于祠内。

刘公祠,在府治东南四里杏花寺侧,祀五忠刘公。按《宋史》,刘颌谥忠简,孙纯谥忠烈,从孙韐谥忠显,韐子子羽谥忠定,子羽子珙谥忠肃。当方腊之乱,韐守越有捍御功,旧有祀而圮,其后自闽崇安迁居于越,就旧址建祠,合五忠祀之,有司春秋祭。今府城中水澄巷刘氏即其后裔。明初孝子刘谦、刘瑾,明末刘忠介公宗周,皆其后也。

吴孜祠,在府学内。宋吴孜舍宅为学,因祀之。王十朋诗:"右军宅作空王寺,秘监家为羽士宫,唯有先生旧池馆,春风长在杏坛中。"

汤公祠,在府治东南二里开元寺内,祀明郡守汤绍恩,有司春秋祭。又一祀在三江闸西玉山下,雍正间准总督李卫奏请,封宁江伯。

沈公祠,在稽山里,祀明锦衣卫经历赠光禄寺少卿沈炼,有司春秋祭。

以上俱府城

高氏五王祠,在府西六十里梅花山之石塔湾,祀宋太尉卫王高琼、子康王继勋、孙楚王遵甫、曾孙武宁王士俊、元孙晋宁王公纪。靖康末,少保高世则扈跸南渡,任越州观察,有功于越,敕建祠,祀高琼以下五王,而以少保世则祔。有司春秋祭。

陆放翁祠,在镜湖上,祀宋宝文阁待制渭南伯陆游。以上山阴县

贺监祠,在镜湖上,祀唐秘书监贺知章。

双义祠,旧在名宦祠侧,祀宋末唐珏、林德旸。明嘉靖间改建于攒宫。按元初西僧杨琏真伽,发宋诸陵之在绍兴者,取其珠玉宝物,投骨于草莽。二人散家财,结义侣,伪为乞丐及采药者,收陵骨,匣而瘗之兰亭天章寺侧,植冬青以识之,而取他骨置于原所。未几,杨髡衰遗骸杂牛马人骼,筑塔于故宫之基,号曰镇南。杭民哀号不忍仰视,而不知陵骨故在也。迨杨髡诛,后人始传之,士民高其义,建祠于县学祀之。岁久渐圮,嘉靖中,邑令张鉴改建于陵寝之旁,岁时有事于六陵,以次及祠,盖与陵相为终始之意云。

长洲文征明作记立石。

章公祠,在道墟,祀明殉难长史赠副使章尚絅。

彭公祠,在丰安闸,祀前会稽令金川殉难彭元玮。以上会稽

德惠祠,在西门外净土寺山麓。宋县令杨时开湘湖,民感其惠,立祠祀之。明邑人尚书魏骥,亦有功于湖,有司请于朝以配享。后又祔祀邑人御史何舜宾、孝子何竞于左楹,春秋致祭。

江公祠,在西兴镇慧济寺左,祀梁江革。革为会稽丞,行太守事,及归,行李萧然,以舟轻不能渡钱塘,因取西陵石十余片实之以渡。后人思之,建取石亭。宋时就亭所建祠祀之。今祠中有巨石,大书"取石"二字龛于壁。

灵助侯庙,在钱清北镇,祀汉太守刘宠。钱清为山阴、会稽分界处,故镇有二祠,各祀为土谷。以上萧山

毛忠襄公祠,在江姥桥东,祀明广东按察司金事毛吉。公官广东时,征广西蛮,力战被害。七日得尸,貌如生。或以犒军余银密付公家僮为归资,公降于僮,立归于官。事闻,赠按察使,谥忠襄,立庙广东及公之故里,有司春秋祭。

谢文正公祠,祀明大学士谢迁;吕文安公祠,祀明大学士吕本。俱在龙泉山,有司春秋祭。

黄忠端公祠,在新城内,祀明御使黄尊素。公与阉人魏忠贤忤,死诏狱,极惨,绝命时赋诗云:"钱塘有浪胥门目,惟取忠魂泣属镂。"盖以子胥自况。按子胥死二十年而吴灭,公死二十年而明亡,诗句若烛照蓍断焉。崇祯初,赠官、赐谥、荫子,予祭葬,立庙京师,并建柯于乡,后以其子宗羲祔祀。

施恭愍公祠,在驿东,祀明殉节左副都御史施邦曜,有司春秋祭。顺治十年,赐明殉节臣倪文贞、施恭愍、周文忠,各地七十亩,以为祭田。以上余姚

灵济侯祠,在县东门外百余步。神姓陈,名贤,南宋乾道间人。神生稍长,辄假寐,神游江海间,救护舟楫。或为人惊寤,则叹曰:坏一舟矣。每祭潮神,神与焉,寤则哇所享牲醴。钱塘恃堤岸以捍江潮,嘉定间,潮怒啮堤,随筑随毁。有司召神问计,神祭江潮以牲,手一竹于沙上而誓之曰,潮毋越此。潮将及竹即逶迤而东行,西岸拥沙成阜,堤遂以成。既殁,御灾捍患,所在响应。端平甲午,以水战助王师败金兵于蔡州。咸淳壬子,显形平浙东大水。屡著灵异,封灵济侯,加封善应协惠,载入祀典。墓在浦桥,墓前亦有祠。

王烈妇祠,在县北四十里清风岭。烈妇,台之临海人,宋末为元将所掠,杀其舅姑与夫,将纳之,烈妇哭骂,帅悦其美丽,不忍杀,使俘囚妇人杂守之。烈妇欲觅死不得,间伪为好语绐帅,请服舅姑、夫丧期月,然后相从。帅许之,然益置守。迨师还,守者渐

懈,行至清风岭,见岩石险峻,下临剡江,乃啮指血写诗山石上,投崖而死,血渍入石。至今天阴雨则坟起如新。有司春秋祭。康熙中,巡抚朱轼、郡守俞卿修之,倍加壮丽。入祠瞻仰者,必肃恭再拜,或杂他念,必致奇祸。以上嵊县

以上祠祀

寺　观

大能仁寺,在府治南二里。晋许询舍宅为祇园寺,宋时改为能仁寺,旋易玉清万寿宫以奉道教。至南渡后,复为能仁寺,嗣后屡经兴废。康熙中,僧德禧兴复之,还旧观焉。

小能仁寺,在府治西北三里东光坊,吴越时观察使钱仪建。

宝林寺,在塔山下,宋绍兴中,专奉徽宗皇帝香火。山上有清凉寺,宋时建。

大善寺,在府治东一里,梁天监中建。屋栋有题字云:“天监三年,岁次甲申,十二月庚子朔八日丁未。”今尚存。唐改为开元寺,吴越时复旧名。殿西有塔,寺旁有肇兴夫人钱氏祠,盖创寺者也。唐开元二十二年敕封。国朝傅王露作祠记,勒于石,树之祠庑。

光相寺,在府治西北三里越王祠侧。寺前有桥,曰光相桥。按寺基为后汉太守沈勋公宅。晋义熙中,宅有瑞光,掘得舍利数粒,遂舍为寺,故寺门额曰“舍利放光胜地”。

至大寺,在府治北二里东光坊,祀汉寿亭侯关公。威灵显赫,签诀极验。

戒珠寺,在蕺山之南麓,本晋王羲之故宅,或曰别业也。门外墨池、鹅池尚存,寺中有卧佛殿,塑释迦示寂象。所谓十大弟子者,悲泣其旁,或候气,或扪足,而佛之父母亦在焉。临危情状,无不酷肖。

天王寺,在蕺山东麓。寺后石壁刻字曰:“唐景福元年,岁在壬子,准敕建节度使相国陇西公生祠堂,其年十二月十六日,兴工开山建立。”盖董昌生祠也。昌诛祠废。后唐时,钱武肃王梦神人求祠宇,或言祠本古天王院,因建天王寺。

永福寺,在卧龙山之阴,上有明郡守白玉祠墓。

开元寺,在府治东南二里,唐节度使董昌故第,吴越武肃王奏改为寺。寺处府城之中,四旁远近适均,重甍广殿,修廊杰阁,大钟重数千觔,声闻浙江之湄。佛大士应真之象,皆雄丽工致,冠绝他刹。嗣后兴废不一,今尚宏敞。寺内有汤公祠,祀明郡守汤绍恩。

长庆寺,在府治东南二里唐将军庙侧,俗称斑竹庵。

杏花寺,在府治东南四里,旧植杏甚茂,因以名寺。

禹迹寺,在东郭门内。宋绍兴中,曾文清公几寓居于此,陆放翁尝从学诗。后卒于寺,放翁为志其墓。

龙华寺,在都泗门内,江总于梁太清时避乱居此。寺面秦望山,水环前后,左有广

宁桥,东有龙华桥,微风细雨,缭绕烟波,皓月澄潭,水天一色。东大池在其东,昔为宋福王与芮台沼,畜鱼味甚美。以上府城内

天章寺,在府城南二十五里兰渚山,有宋仁宗御书"天章之寺"篆文碑,又高宗《兰亭序》石刻,旁即宋义士唐珏等瘗宋陵骨处。

融光寺,在府城西三十里柯桥镇。寺极宏敞,而御经楼尤壮丽。传有贯休所画十八应真像藏于寺。予于乾隆甲申曾见之,盖出于好手临摹,非贯休真迹也。闻寺毁于五十三年,现在重建,未知应真像无恙否?念之惘然。

柯山寺,在府城西三十里柯山下,晋永和中建。山产石,巧匠琢为佛像,高五丈余,上有华盖覆之,柱磉地平,阶除甬道皆具,殿外一石峰高过于檐,正当佛前,上凿香炉,炉中生小树二株,宛如盆景。以上皆就地铲成,通体一石也。以上山阴

云门寺,在府城南三十里云门山,晋中书令王献之宅也,后改为寺。顺治中,赐币银修雪峤塔。按云门山古有六寺,今存云门、广孝、宝严、寿圣四寺。

泰宁寺,在府城东南宝山,初名证慈,为陆左丞佃功德院,米芾书额。绍兴初,卜葬昭慈圣献孟太后攒宫于宝山,遂以证慈为陵,寺赐名泰宁。后徽宗永祐及高宗永思以下六陵,皆攒于此,故寺益加崇葺。明永乐时灾,正统中重建。以上会稽

觉苑寺,在萧山城内,建自南齐,江昭元舍宅也。宋时沈辽书寺额,胡舜臣画山水于壁,时称双绝。明嘉靖中圮,后重建大殿,今画壁漫灭,张即之书"江寺"二字,扁于山门。

惠济寺,在萧山城内东北凤堰桥,俗称竹林寺。宋理宗朝,医僧净暹有功掖庭,御书寺额以赐。明末毁于兵火,僧即空积所得医金,陆续重建之,较旧更加崇焕。其医术代出老宿,至今尚传。以上萧山

石井寺,在诸暨普润山,殿内一柱,中空若朽木,弹之铿然。相传鲁班以木屑结成。以上诸暨

纂风寺,在上虞。殿四角俱雀舌、升斗叠成,甚奇。苏东坡回文诗:"潮回暗浪雪山倾,远浦渔舟钓月明。桥对寺门松径小,槛当泉眼石波清,迢迢远树江村晚,暖暖红霞晓日晴,遥望四山云接水,碧峰千点数鸥轻。"以上上虞

宝相寺,在新昌西南十里南明山之阳。齐永明中,僧护凿石造百尺弥勒象,至梁天监十二年,阅二十七载而成。龛高一十一丈,广七丈,深五丈,佛身通高十丈,座广五丈六尺。其面自发际至颐长一丈八尺,广亦如之。目长六尺三寸,眉长七尺五寸,耳长一丈二尺,鼻长五尺三寸,口广六尺二寸。从发际至顶高一丈三尺,指掌通长一丈二尺五寸,广六尺五寸,足亦如之。两膝跏趺,相距四丈五寸。端严壮丽,鲜可比俪。其最异者,象自石中凿出,而佛身后石壁之上,有自然圆晕,大如车轮,正当佛首,四方广狭相同,无毫厘差谬,虽蜀中凌云大象,亦不能及也。后梁开平中,吴越武肃王赐钱八千万

贯,造阁三层,东西七间,高一十五丈,又建屋三百余楹。后其孙忠懿王俶,造二菩萨夹侍阁前,高七丈。宋时邑人铸铜钟二口,傅象以金,又诣阙请经一藏,起转经藏并宝殿以安之。元时,寺僧更为坐像二,高六丈五尺。明初,寺僧重建山门毗卢阁,凡三层五楹,高十三丈五尺。正统中,悉毁于火,今惟僧房十数间而已。寺名石城,宋景德间赐额宝相云。

清凉寺,在新昌十九都滕公岭下。滕公岭最高,其巅俯视群峰,在足下者以万计,为绍兴、台州往来门户,而数十里间并无村落。康熙中建寺后,行旅便之。

以上僧寺

蛾眉庵,在府治东娥眉山上。庵内有活石,隐起二尺余,土人误认为府城中八山山阴学前之蛾眉,故以名庵。

小隐庵,在山阴学前、明相国朱文懿公赓别业也。康熙中,改为庵。乔木数章,犹然故物,池沼岩石,尚有存者。以上府城

大树庵,在府城西北十里大树港之浒。宋南渡时,金人追高宗急,至此无以济。岸有松杨两株,忽自拔其根俯于水,两木相向如覆舟状,帝缘木而渡,及岸,顾其木,仍昂首自植。已而金兵至,怒而截为数段,委于河而返。高宗得入西门,驻越州,使人至树所验其迹,以长官封之。木益灵,漂泊于河,出没自如,虽疾风不为上,湍流不为下,岁必三四出,色黯而泽,长不过丈许,大可一围,行舟者遇之多吉,有意触之灾祸立至。或因水涨时偃卧堤上,至水复来,仍乘流去,土人不敢犯。自南宋迄今五百年来未尝离数里之内。顺治丙戌以后,十余年不复见,己亥冬日,忽见于大树港东南隅,横眠波上。于是土人群集,迎置于岸,建庙祀之,今尚在庵侧。

灵石禅院,在兰亭西十里东坑,溪山幽邃,人迹罕至。一石笋壁立数仞,状如巨人。相传王右军曾勒诗其上,唐时为雷击碎,自明季至国初,石复长如故,土人称之曰"灵石",因以名院。士人习静者,每读书其中。以上山阴

以上庵院

大善塔,在大善寺佛殿之右,高有九层,可望浙江。

应天塔,在宝林山巅。以上府城

雪峤塔,在云门寺。以上会稽

感应塔,在萧山县治西祇园寺正殿前,方塔二座,梁岳阳王萧詧建。山门内圆塔二座,吴越监军节度使渤海公建。

江寺塔二座,在山门外河干,宋天圣中建。以上萧山

以上塔

祐圣观,在卧龙山东麓,前临河岸。岸侧有则,水碑上勒金、木、水、火、土五字,以

遥验三江闸水候。

长春观,在府治东三里,陈时建,宋徽宗时赐名万寿,为崇圣祝禧之地,后改天宁。有何道士者,喜栽花酿酒以延客,居观之东廊。一日,有道士款门求见,状貌甚伟,喜谈论,善作大字。何欣然接之,数日乃去。未几,有妖人张怀素者谋乱,即前日道士也,何亦坐系狱,以不知谋得释。自是畏客如虎,杜门绝往还。一日,有道人亦美丰仪,多技术,观之西廊道士张若水介之来谒。何大怒,阖扉拒之。未几,永嘉林灵素以方术得幸于上,贵震一时,即前日道人也,平日一饭之恩必厚报之。若水乘传赴阙,官至蕊珠殿校籍,父母皆封赠。而何以怒骂故,朝夕忧惧。若水为之解,且以书慰之,何始少安。而宫殿以若水故,动帑修理,较旧尤壮丽焉。元初更名长春,今仍之。

明真观,在府治东北二里,即贺知章宅也,名千秋观。明永乐中,改今额,中祀贺监。两庑祀前代高尚之士四十一人。_{以上府城}

天长观,在五云门外,唐时建。象设奇古,传为唐塑,如麻姑、浮邱伯等,皆他宫观所无,郡人谓之土宝。又殿东有铜钟,范制甚奇,声尤清远。尝仆地损裂,匠者锯为大镈,声更宏壮,遐迩皆闻。_{以上会稽}

祠宇观,在余姚县南七十里四明山,汉刘纲同妻樊夫人上升之所。_{以上余姚}

以上道观

帝　王

虞舜支庶封于余姚,又封于上虞。以虞称国,故因曰上虞;以姚称姓,故因曰余姚。而其地有历山、舜井、舜田、陶灶,皆其子孙象舜所居而名之者。旧以为舜实生长于是,则附会矣。

夏禹,受禅之后,周行天下,至会稽,大会诸侯,以防风氏后至,诛之,寻崩,葬于会稽。

宋高宗,讳构,徽宗第九子。二帝北狩,帝奉元祐太后诏,立于南京。建炎三年,金人分道来侵,帝自临安如越州,以州治为行宫,用吕颐浩计下诏亲征,赵鼎力谏而止。乌珠入建康,帝走明州;金人陷越,帝奔温台。四年,金人自明州北还,帝复驻越。元祐皇太后孟氏,至自处州。次年正月,下诏改元绍兴。元祐太后崩,攒于会稽山之上皇村,升越州为绍兴府。二年,帝以吕颐浩劝,自绍兴还临安,复以行宫赐守臣。

宋理宗,讳昀,初名与莒,太祖十世孙,父希瓐,母全氏,家于山阴西郭门外之虹桥。时宁宗弟沂王薨,无嗣,以宗室子贵和为王后,后立为皇子,改名竑。史弥远在相位久,竑深恶之,弥远因欲废置。会塾师余天锡归庆元,弥远嘱曰,今沂王无后,宗子贤厚者,幸与俱来。天锡渡江抵西门，避雨于门左全保长家。全知为丞相馆客，具鸡黍甚肃。须臾，有二子侍立，全曰，此吾外孙赵与莒、与芮也，日者尝言二子极贵。天锡忆弥远所嘱，返告弥远，弥远命密与俱来。弥远善相，大奇之曰，二子，长者最贵。恐事泄，厚资遣归。未几，召入嗣沂王，赐名贵诚。帝时年十七，凝重寡言，洁修好学。弥远潜谋易储。宁宗崩，弥远谋于杨皇后，矫诏立贵诚为皇太子，改名昀，嗣皇帝位。在位四十一年而崩，庙号理宗，葬绍兴宝山，陵名永穆。

宋度宗，讳禥，父福王与芮，理宗母弟也。嘉熙四年生于绍兴福邸，母隆国夫人黄氏，德清人，梦神人拥一龙纳怀中，已而有娠生帝，七岁始言，理宗奇之，在位久无子，遂属意托神器焉。景定初，立为皇太子，理宗崩，受遗诏即皇帝位。在位十年，崩，庙号度宗，葬于绍兴宝山，陵名永绍。

越王句践，其先，夏少康庶子也，封于越。传至允常，始称霸。数与吴战，结怨。允常卒，子句践立，与吴王阖闾战于槜李。阖闾伤将指，卒，子夫差立，伐越至会稽，将灭之。句践使人行成，遂入臣于吴者三年。始释归，与其谋臣文种、范蠡等，外事强邻，内修国政，凡二十年而灭吴。乃北渡江淮，与齐晋诸侯会于徐州，致贡于周。周元王赐胙，命为伯。当是时，越兵横行于江淮诸侯，诸侯毕贺，号称霸王。句践卒，子鼫与立，数传至无疆，北伐齐，西伐楚，与中国争强，为楚威王所灭。其子孙散处瓯越，自相雄长。至闽君瑶，佐诸侯平秦，汉高帝复以瑶为越王，以奉越祀。东越、闽君，皆其后也。

吴越王钱镠，字具美，临安人。唐乾符中，浙中王郢作乱，镇将董昌募兵讨贼，表镠偏将，击郢破之。又出奇兵，破黄巢于临安。昌团集诸县兵为八都，以镠为都指使。越州观察使刘汉宏，与董昌有隙，屯兵西陵以窥杭州。镠率八都兵渡江，败之，下诸暨、萧山诸邑，攻破越州，僇汉宏于市，乃奉昌居越，而自居杭州。唐拜镠杭州刺史。乾宁中，董昌据越州反，昭宗以镠为浙东招讨使讨昌。镠曰："董公与吾有恩，不可遽伐。"乃引兵屯近恩门。昌登城与语。镠下马再拜，指陈祸福。昌感悟，以钱犒军，自请待罪，镠乃还。未几，昌复拒命。镠遣顾全武讨之，克越州，执昌归杭，昌至西小江投水死。唐拜镇海、镇东节度使，赐铁券，恕九死。镇海，即杭州；镇东，乃越州也。镠至越州，受命而还，治钱塘，以越州为东府，于是镠全有吴越矣。梁太祖即位，封镠为吴越王，唐庄宗赐以玉册金印。明宗长兴中，薨，年八十一，谥武肃，子文穆王元瓘、孙忠献王宏佐、忠逊王宏倧相继立。大将胡进思废倧，迎其弟宏俶立之。俶历汉、周，袭封吴越国王，赐玉册金印，皆如先世。宋太祖开宝九年，俶与妻孙氏、子惟浚入朝，贡赐俱厚，诏赐剑履上殿，书诏不名，封夫人为吴越国王妃，令俶归国，上亲饯之。太宗太平兴国三年，入朝纳土，许之，封淮海国王。雍熙初，改汉南国王。俶上表让国王封，遂封许王。端拱初，徙封邓王。卒，年六十，追封秦国王，谥忠懿。钱氏自镠至俶，三世四王，与五代相终始。方天下大乱,吴越独敬事中国,保障一方百姓,不罹兵革,卒归真主,善始令终。吴越人思慕功德,至今祠祀不废云。

吴越王钱宏倧,忠献王宏佐弟也。佐卒,倧以次立,甫半年,大将胡进思作乱,废倧而立其弟宏俶。倧迁居越州,俶命越州以官物充王取给,为王置园亭于卧龙山。遇良辰美景,王被道士服,拥伎乐,旦暮登赏。能为诗,亭榭之上,题咏殆遍。宋开宝中卒,年四十四,以王礼葬于秦望山之昌源,谥忠逊。子昆,入宋官至秘书监;次易,官至知制诰。真宗时,有赠钱昆父让王为尚书令敕;仁宗时,有赠钱易父让王为天下兵马都元帅敕。盖吴越时,越州人俱称倧为让王云。

福王赵与芮,理宗母弟也。理宗即位,追封父希瓐为荣王,以与芮袭封奉祀,开府第于府城蕺山之南。度宗立,改为福王。追德祐初,元师入杭,三宫北去,王亦随行。至燕,封为平原郡公,年几七十矣,未几卒。

以上帝王

名　宦

朱买臣,字翁子,吴人也。家贫,随上计吏为卒,将重车至长安,上书不报。邑人严助,荐为中大夫,坐事免。时东越数反复,买臣上言攻取之策。武帝悦,拜会稽太守,谓曰:"富贵不归故乡,如衣绣夜行,今子何如?"买臣顿首谢诏。买臣到郡,治楼船,备粮食,修战具,须诏书到军与俱进。居岁余,受诏将兵,与横海将军韩说等击破东越。有功,征入为主爵都尉。子山,拊官右扶风郡守。按《史记·张汤传》,买臣为大中大夫时,汤为小吏,跪拜于侧。及买臣以会稽守入为主爵都尉,列于九卿,数年坐法废为长史,往见汤,汤时为御史大夫,坐床上,弗为礼。买臣深怨之,与长史庄助、王朝,合谋倾汤。上果以汤怀诈面欺,使赵禹责让之,汤自杀。后上廉知其冤,乃尽案诛三长史。

马臻,字叔荐,不详何处人。永和中,为会稽太守,创筑镜湖长堤以蓄水,旱则泄湖灌田,潦则闭湖泄田水入海。其塘周回三百一十里,溉田九千余顷,民甚赖之。是时,汉祚日衰,宦监专政,豪右恶臻,使人飞章告臻筑堤淹没百姓冢宅。征臻下廷尉,被诬以死。越民思其功,立祠湖上祀之。

刘宠,字祖荣,东莱牟平人,以明经举孝廉,拜会稽太守,简除烦苛,禁察非法,郡中大治,征为将作大匠。将行,有五六老叟皓首庞眉,自若耶山谷间出,人赍百钱以送宠曰:"自明府下车以来,犬不吠夜,民不见吏,年老遭值圣明,今闻将去,故自扶奉送。"宠曰:"吾政何能及公言耶?勤苦父老!"为人选一大钱受之,至西小江,投之于水而去。今称其地为钱清,有祠祀宠曰"一钱太守庙"。以上汉

　　王羲之，字逸少，为右军将军会稽内史。时东土饥荒，羲之辄开仓赈贷。赋役繁重，吴会尤甚，羲之上疏争之，多见从纳。尝遗书殷浩，止其北伐；上书谢安，谏其清谈。众皆韪之。后王述为扬州刺史，羲之耻居其下，谢病归。_{以上晋}

　　沈僧昭，武康人，为梁山阴令。时武陵王纪守会稽，燕坐池亭，蛙鸣聒耳。王曰："殊废管弦之听。"僧昭临池，叱之便止。及日晚，僧昭曰："王欢已阑，今恣汝鸣。"便即喧聒。又尝出猎，中道而还，左右问之，曰："适闻南山虎啸，知国家有边事，须还而处分耳。"俄顷使至。

　　江革，字休映，济阳考城人。少孤贫，力学有节概。武陵王纪守会稽，颇骄纵，武帝除革长史会稽郡丞，行府州事。革至越，绝通问，屏苞苴，吏畏民安，百城震恐。王惮之。每侍宴，言论必以诗书，王因此耽学好文。征为都官尚书，赠遗一无所受。乘舟轻，不得安卧，乃于西陵岸取石十余片以实之。今西兴有祠祀革，并建取石亭焉。_{以上梁}

　　姚崇，字元之，洛阳人。景龙中，出典越郡，治尚简肃，不树威而民化之。及去，百姓送至钱塘江干者以千计，望崇去远，皆号泣而返。

　　韩滉，字太冲，京兆人，宰相休之子也。性强直，明吏事。贞元初，为浙东西观察使，绥辑百姓，均租调。不逾年，境内称治。

　　元稹，字微之，河南人。长庆中，任浙东观察使。明州岁贡蚶，役邮夫万人，民不胜其疲。稹奏罢之。所辟幕职，皆当时名士，每有讽咏，动盈卷帙。副使窦巩，负海内诗名，与稹酬唱最多，至今称为兰亭绝唱。

　　黄碣，闽人，治婺州有政绩。董昌以陇西郡王为浙东节度使，表碣自副。及昌反，碣谏曰："大王拔田亩，位将相，乃妄自尊大，诛灭五种矣。"昌斩之。以首至昌，诟曰："贼负我，三公不肯为而求死耶！"投诸溷中，族其家百口，坎镜湖之南同瘗焉。昌诛，诏赠司徒。

　　张逊，乾宁初为山阴令；吴镣为会稽令。董昌反，自号大越罗平国，改元顺天，置百官，召二人问策，且欲官之。二人固辞，齐对曰："大王为真诸侯，遗荣子孙而不为，乃作伪天子，自取灭亡耶？且六州势不助逆，王据孤州，立见速毙耳。"昌怒，杀之，并族其家。_{以上唐}

　　范仲淹，字希文，苏州人，以吏部郎知越州，有惠政，尝作《清白堂记》以见意。既去，越人祠祀之。至今郡中有泉曰"清白"，有亭曰"希范"，郡前有坊曰"百代师表"，盖人而不忘如此。

　　沈遘，钱唐人，仁宗朝进士，以知制诰知越州，锄奸奖善。民畏其威而怀其德。既去，州人画像事之。

　　赵抃，字阅道，衢州西安人，进士及第，神宗时知越州。吴越大饥，疫死者过半，抃尽救荒之术,疗病埋死,而生者以全。下令修城,使得自食其力。时米价涌贵,诸州皆禁增价,扑独榜于衢,令有米者任其照近时增价粜卖。于是远处米商竞集,值反贱于他州。后徙知杭州去。

刘韐,字仲偃,崇安人,宣和初,知越州。镜湖为民盗耕,官因收其租,岁二万斛。政和间,涸以为田,衍至六倍,隶中官应奉。租太重而督索严,民多逃去。官复勒邻伍取偿,民咸患苦,韐奏而蠲之。方腊陷衢、婺,越大震,官吏悉遁。韐不为动,益励战守,富者出财,壮者出力,士民皆奋。贼至城下,击败之,迁官去。靖康之难,沐浴更衣,酹卮酒而缢,八十日乃殓,颜色如生。丧还过浙,越人感其恩,哭奠于道。

李邴,字汉老,巨野人,崇宁中进士,以徽猷阁待制知越州。为政清简,抑强扶弱,卒谥文敏。

赵鼎,字元镇,闻喜人。初以尚书右仆射兼知枢密院,赞亲征,大破金人于大仪。张浚久废,鼎荐知枢密院。浚与鼎异,鼎求去,以观文殿大学士知绍兴,恤吏爱民,不以故相自处。召入同平章事,与秦桧不合,以忠武节度复知绍兴。余具《宋史》。

史浩,字直翁,鄞人。初尉余姚,好修礼教,购地作射圃,引诸生习射其中。封表严光墓道,建祠祀之。乾道四年知绍兴,复以私帑置义田,给郡中贤士大夫之后贫无以丧葬婚娶者,其后郡守咸继之。浩官至右丞相,封会稽郡王,加封越王,谥忠定,配享孝宗庙廷。

朱熹,字元晦,婺源人。淳熙中,浙东大饥,朝命熹提举浙东常平茶盐公事。始拜命,即移书他郡,募米商,蠲其征。及熹至越,则客舟之米已辐辏。熹日钩访民隐,按行境内,所部肃然。凡政有不便于民者,悉厘革之。与时宰不合,前后奏请多所见抑,幸而从者,率稽缓后时,不胜忧愤。会迁江西提刑,辞病不拜,遂归。

李彦颖,字秀叔,德清人。绍兴中进士,以资政殿学士知绍兴府,勤约有惠政,自奉淡泊,止饮镜湖一勺水而已。以病奉祠提举洞霄宫,旋拜资政殿大学士,复知绍兴府。

张构,字定叟,浚之仲子也。以集英殿修撰知绍兴,董高宗山陵事。天分高爽,吏材敏给,遇事不凝滞,抚良善,锄奸恶,郡中大治。其子孙后有家会稽者。

辛弃疾,字幼安,历城人。庆元中,知绍兴,兼浙东安抚使。四年,召见言盐法,加宝谟阁待制。豪爽尚气节,识拔英俊,所交皆海内名士,与朱熹交谊尤厚。卒赠少师,谥忠敏。

吴潜,字毅夫,宁国人,举嘉定进士第一。忠亮刚直,立朝屡有论列,不顾忌讳。淳祐中,知绍兴,有惠政。召为左丞相,后为贾似道所挤,贬循州卒。

王十朋,字龟龄,乐清人,对策第一。诏:"十朋乃朕亲擢,授绍兴佥判。"既至,或以书生易之。十朋裁决如神,吏不能欺。时以四科求士,府帅王师心谓十朋身兼四者,独以应诏。

刘子羽，字彦修，崇安人。宣和末，父忠显公餄帅浙东，方腊反于睦，陷诸郡，直抵越州，越兵不满千，贼且数十万，子羽年二十四，为主管机宜文字，佐忠显，募民以守，城赖以全。

杨时，字中立，将乐人，熙宁中进士。政和初，为萧山令，经理庶务，裁决如流，以民苦屡旱，开筑湘湖，灌溉九乡，民赖其利。晚居谏垣，仅九十日，以龙图阁直学士致仕。卒谥文靖。

丁宝臣，字元珍，晋陵人，第进士，知剡县，听决精明，赋役有法，民畏而安之。改令诸暨，诸暨人喜曰："此剡人所戴以为慈父者，吾邑何幸焉。"而宝臣亦以治剡者治诸暨，大著政声。以材行选编修，校理秘阁。其卒也，欧阳修表其墓。以上宋

宋文瓒，字子章，裕州人。后至元中，为绍兴路总管。始至，即治庙学，均力役，宽酒榷，筹盐筴转漕之。千夫长凌蔑有司，倍取斛面，文瓒白行省簿责之，皆帖服。郡学有故宋丞相史忠定王所创义田三千亩，故家及先贤之后无以具婚丧者，予米五石。岁久不时给，又有克取之弊，非挟势要不可得。文瓒乃考正旧规，择善士司之。治民一本仁爱，然嫉恶最甚，绳黠吏、横卒、豪右，不少恕。获海滨劫盗六十余人，悉置于法，四境以安。至正中，改山东都转运使去。

泰不华，字兼善，蒙古人。父仕于召，遂居焉。年十七，举浙江乡试第一，明年及第。至正初，除绍兴路总管，革吏弊，除没官牛租，令民自实田以均赋役。行乡饮酒礼，教民兴让，越俗大化。方国珍乱，以不华为浙东宣慰司都元帅，与孛罗帖木儿夹攻之。不华纵火焚其舟，国珍遁去。朝廷遣官招降，不华亲至海滨，散其党羽，拘其海舟兵器。既而迁为台州达鲁花赤。国珍复叛，不华自誓以死报国，发兵扼之，被害，追封魏国公，谥忠介。

迈里古思，字善卿，宁夏人。至正中进士，授绍兴路录事，司达鲁花赤。苗将杨完者，在杭纵军抄掠，莫敢谁何，民甚苦之。俄有至绍兴城中强夺人马者，古思擒斩之，苗军惧，不敢复至其境。会江南行台移治绍兴，以古思为行台镇抚，乃募民兵为守御计。处州山贼寇永康、东阳，古思会石抹宜孙夹击之，山贼以平。时浙东西郡邑多残破，独古思保障绍兴，境内晏然，民爱之如父母。擢行枢密院判官，分治绍兴。会方国珍遣兵侵绍兴属邑，古思曰："国珍海贼，今既降顺为大官，而复来害吾民乎！"欲率兵问罪，而先遣部将黄中取上虞，中还请益兵。是时，朝廷方倚国珍资其舟以运粮，而御史大夫拜住哥，素与国珍通贿赂，情好甚厚，愤古思举兵生事，使人召古思至私室计议，命力士以铁椎挝杀之，断其头，掷溷厕中。郡人闻之，男女老幼无不恸哭者。黄中乃率其众复仇，尽杀拜住哥家人及召府官员掾吏，独留拜住哥不杀，以告于张士诚，诚乃遣其将以

兵守绍兴。监察御史真童上言，拜住哥阴害帅臣，几至激变，不法不忠，莫此为甚。于是诏削拜住哥官职，安置湖州，而古思之冤始白。按《辍耕录》载，古思未死先三日，有星大如杯碗，红光烛天，坠于镇粤门，化为石。被害后，军民皆为持服设位以祭，号哭如丧私亲。私谥曰越民考。

吕珍，字国宝，安丰人。伟貌多力，沈毅英断，元至正十八年以江浙行省枢密副使镇绍兴。时明将胡大海已克婺州，陷诸暨。珍浚濠立栅，阻水为固，筑月城，施钓桥，旁置两门，便士卒出入。月城外复起土垒，左右横翼为外护，移城外居民清野以待。俄明师三路至，乃开门延敌，令曰："彼远来利速战，城外多水，非用武地，当以逸待劳，观其动而制之。"明兵先攻常禧门，珍跃马出敌，一骑来迎，珍挥叉中其颐，擒之。遣总管焦德昭等以舟师扼半港庙，断敌营往来，通所填河，连日亲搏战。耆老请曰："一城之命悬于公，愿毋轻出。"珍曰："敌方锐，非身先士卒不可，父老休矣，待平敌后方如教耳。"一日，师不利，退至月城，敌突入，珍在舟叱诸将曰："今日尚爱死耶？"因上马奋入敌军，将士继进，敌崩溃逐北，夷垒而还。又尝乘敌收军，潜蹑其后，至中堰胡大海寨，大呼而前，敌大乱。又命战船自东门出者入西门，自西门出者入东门，终日巡哨不绝，乘间烧其寨栅。一日，敌潜水军于浮草下，步兵翼之。珍立马跨湖桥上，命游骑歼步兵，而以劲矢射水中，水军尽殪。敌每以骑为先锋，乃多掘坑坎，布竹签、蒺藜、钉牌于泥中，至即颠仆被擒。时各门受敌，惟昌安通粮运，敌自箬篑山逾河趣石堰以断运道。珍命元帅包玉急攻之，总管焦德昭亦至，伺懈奋击，焚其砦栅十余里。又自官塘坝填河至西施山，结砦山上，珍出兵烧之。又自山后筑路趣罗家庄，复击败之，迄不得至城北。自二月庚午至五月己酉，敌百计攻击，四面齐逼，大小百余战，排栅楼堞矢皆满，珍陷阵摧坚，身当矢石，随宜应变，焚烧攻具无余。知人善任，赏罚分明，故人乐为之用。或有异志，辄先觉而处之无迹。先后归附者，万户马显祖等数十人，生擒敌帅戈宗杰等五十余人。至所擒士卒以千百计，多纵还不杀，复擒者仍纵之，有三五纵者，其人投械拜伏。大海先遁，余帅继之，珍督兵逐北，驱戮无算。抚辑被难之民，论功皆归于下。自以诸暨失守，固请贬降，乃以金院署职，寻授本省参政事，事详徐勉之《保越录》中。以上元

唐铎，字振之，明太祖初起兵即侍左右。洪武三年，以殿中侍御史出知绍兴，御下以诚，人不忍欺。凡征赋有非土产者，悉奏罢之。余姚、上虞争夏盖湖水利，经岁不决，铎至，断以至公，民悦服。六年，召拜刑部尚书去。

刘鳞，字元瑞，安仁人。居南京，绩学能文，与顾璘、徐祯卿称江东三才子。宏治中进士，正德初，由刑部郎中出为绍兴知府。举坠利民，郡人德之。逆阉刘瑾以鳞前不谒谢，摭录囚细，故罢为民，贫不能归。士民醵金赆之，不受，以公服质钱为路资而去，郡人为建小刘祠，以所质公服衣于象，以配汉时刘宠云。瑾诛起官，仕至工部尚书。致仕

后,居湖州,年八十九卒,赠太子少保,谥清惠。

南大吉,字元善,渭南人。性豪宕,雄于文,与康海、胡缵宗诸人齐名。正德辛未中进士,以部郎出守绍兴。政修废举,戢暴惩奸。建稽山书院,集八邑髦士讲习其中。囚不决者,一鞫即得其情。属吏有被诬者,力为湔雪。每临重囚,必朱衣象简,秉烛焚香,洞开重门,令众见之,人咸以为神人不可犯。又尝开浚郡河、运河,为势家侵占者,治其罪而复之,筑陂塘,备旱涝。郡有大盗,数为权要所庇,悉置之法。有学士侵王右军、谢太傅故地,悉剖归其主。由是见忤权贵,腾谤京师,以大计落职去。大吉政尚严猛,喜任事,不避嫌怨,竟以是罢官,然锄奸兴利,至今赖之。

汤绍恩,四川安岳人,嘉靖五年进士。十四年,由户部郎中出知德安府,移守绍兴。为人宽厚淳朴,性俭素,内服疏布,外以父佐任参政时所遗故袍袭之。始至,新学宫,广社学,缓刑罚,恤贫弱,褒节孝,民情大和。山阴、会稽、萧山三邑之水,汇三江口入海,潮汐日至,拥沙积如丘陵,遇霪潦,则水阻沙不能骤泄,良田尽成巨浸。官不得已决塘以泻之,塘决则忧旱,岁苦修筑。绍恩遍行水道,至三江口,见两山对峙,喜曰:"此下必有石根,其于此建闸乎!"募善水者探之,果有石脉亘两山间,遂兴工,先投以铁石,继以笼盛甓屑沈之。工未半,潮冲突不能就,役夫皆哭,怨訾烦兴。绍恩不为动,祷于海神,潮不至者累日,工遂竣。长四十余丈,为闸二十有八,以应列宿。于内为备闸三,以防大闸之溃;闸外筑石堤四百余丈以扼潮,潮始不为闸患。刻水则于石,俾后人视水高低,以时启闭。自是三邑无水患矣。士民德之,立庙闸左,岁时奉祀不绝。通判周表者,苏州人,才敏虑周,董视闸功,著有劳绩,越人思其功,配享于庙。初,绍恩之生也,有峨嵋僧过其门曰:"他日地有称绍者,将承是儿恩乎。"因名绍恩,字汝承,至是果验。官至山东右布政使,致仕归,年九十七而卒。国朝雍正间,允总督李卫之请,封宁江伯,勒石于三江闸庙中,而绍兴府志不载,未详何故。

张明道,罗田人,继汤绍恩为守,无所更张,务与民休息,好立名义,暇即焚香读书。当是时,太守习为宽大,民视太守,嘻嘻如父子。越俗,上元灯火甚盛,太守偕郡僚,角巾步市中观灯,不以为异。郡署中有亭,在卧龙山巅,纵民出入,登眺无禁也。故老犹能言之。

吴成器,休宁人。父尉靖州,值苗乱,成器应募,斩获有功,授会稽典史。倭三百余劫会稽,为官军所逐,走登凫山。成器遮击,尽殱之。未几,又破贼曹娥江。擢浙江布政司经历,遭丧,总督胡宗宪奏留之。败倭于王江泾,斩三巨酋,擢绍兴府通判。又歼寇于陶家堰、后梅。寇平,致仕归。成器与贼大小数十战,未尝败衄,身先士卒,进止有方略,所部无秋毫犯士民,故所向有功,而人皆怀德云。

王遴,字继津,霸州人,嘉靖二十六年进士,除绍兴府推官,廉慎刚直,民无冤狱。

入为兵部主事，历员外郎。会同官杨继盛以劾严嵩及其孙效忠冒功事，下兵部查复。世蕃自为稿，以属郎中周冕。冕发之，反得罪。尚书聂豹趣所司，以世蕃稿上。遴直前争，豹怒，竟复如世蕃，指刑部尚书何鳌文致之，继盛遂论死。遴为资粥谊，且以女字其子应箕。继盛死，收葬之。嵩父子大恚，摭他事下之诏狱。起官，历官户、兵二部尚书，卒赠宫保，天启中，追谥恭肃。

关永杰，字人孟，巩昌卫人，世官百户。永杰好读书，每遇忠义事，辄书之壁。状貌奇伟，类世所绘忠武侯象。崇祯四年，会试入都，游忠武祠，有道士前曰："昨梦神告，吾后人当有登第者，后且继我忠义，可语之。"永杰愕然，登第后，授开封推官，忧归。起官绍兴，刚直不阿，而本之仁爱，民畏而爱之。迁兵部主事，出为陈州兵备佥事。十五年二月，李自成攻陈州，永杰率士民分堞守，贼遣使说降，斩其头，悬之城上。贼怒，攻破之。永杰格杀数贼，身中乱刃死。事闻，赠光禄卿。国朝乾隆四十一年，赐谥忠烈，入祀忠义祠。

陈之龙，字卧子，华亭人，崇祯十年进士。选绍兴推官。决谳平允，案无留牍，请托干求俱绝，官舍萧然如僧庐。东阳诸生许都者，副使达道孙也，家富，任侠好施，阴以兵法部勒宾客子弟，思得一当。子龙荐诸上官，不用。东阳令以私事憾之。适义乌奸人假中贡名招兵事发，都葬母山中，会者万人，或告监司王镛曰，都反矣。镛遽遣使收捕。都遂反，旬日间聚数万，连陷东阳、义乌、浦江，遂逼郡城。既而引去。巡按御史左光先以抚标兵命子龙为监军讨之，稍有俘获，而游击蒋若雷破其犯郡之兵，都乃率余卒三千保南砦。镛欲抚贼，语子龙曰："贼聚粮据险，官军不能仰攻，非旷日不克，我兵万人，止五日粮，奈何?"子龙曰："都旧识也，请往察之。"乃单骑入都砦，责数其罪，谕令归降，待以不死。遂挟都见镛，复同都入山中，散遣其众，而以二百人降。光先与东阳令善，听其言，竟斩都等六十余人于江浒。子龙争之不得。以定乱功擢兵科给事中，命甫下而京师陷，乃事福王子南京，明年投水死。乾隆四十一年，赐专谥忠裕。按许都为诸生时，就试至杭，祈梦于三台山于忠肃公祠，梦公延之上座，设宴款之，令优人请都点戏，都命演《西厢·草桥惊梦》一折，公又命点，都固辞，公曰，止于此乎，叹息者数四。寤而思之，不得其故，后以谋反受戮于杭之草桥门外方悟前梦。

吴锺峦，字稚峰，武进人，李忠毅公应升之受业师也。崇祯七年，授长兴知县，以征练饷不及额，谪绍兴府照磨，逾年移桂林推官，鲁王以为礼部尚书。大兵渡江，锺峦走昌国卫，积薪于孔庙，抱孔子木主自焚死。乾隆四十一年，赐谥忠烈。

王耕，字舜耕，山东人。永乐中，知山阴，有经济大略。时朝廷初事营建，征发旁午，耕调剂节约，不废法，亦不病民。中官郑和下西洋取宝玉，所至恣横。耕抗言，邑所产惟布粟，宝玉非所有也。和遂去。

李良,山东人。宏治初,知山阴,才略过人,废坠毕举。运河土塘,骤雨辄颓,水溢害稼,且病行李。良甃以石,自虹桥达钱清,亘五十余里,塘以永固,田不为患,至今便之。

顾铎,字孔振,博兴人。正德间,知山阴,严明威断,吏不敢为奸,豪右敛迹。至今谈其政,凛然风生。

许东望,字应鲁,宿松人,嘉靖戊戌进士。知山阴县,政尚宽和,民德之如慈父。历浙江参议,会倭寇内扰,奉檄分守浙东,驻绍兴。时方军兴,敛急法烦,东望镇以简静,爱民下士,吏卒皆感恩用命。柯亭、后梅、龛山、清风之捷,东望皆亲冒矢石,而典史吴成器实左右之。以功进副使,整饬兵备,兵巡之名自此始。东望自为令以至兵宪,务为宽大,人比之羊叔子,越人至今祠祀之。

张伯鲸,字绳海,江都人,万历丙辰进士。知会稽,以敬士养民,锄奸剔弊为事。崇祯中,官榆林兵备佥事,击破流贼贺思贤,斩一座城、金翅鹏,败套寇于长乐堡、鱼河、双山。召为兵部侍郎,乞休。福王立于南京,马、阮用事,伯鲸家居不出。扬州被围,与当事分城而守,城破,自经死。

苏琳,蒙阴人。初为御史,出知萧山。萧山岁贡樱桃,每令中官采取,多索常例。琳抗不与,遂与中官相格,械逮至京。英宗问曰:"尔何为格我内官?"对曰:"朝廷以口腹残民,内官以威势虐朝廷命吏,臣是以抗之。"上叹曰:"直臣也。"令还职。琳曰:"樱桃复贡,萧山民死过半矣,乞免之。"上许可,自是萧山免贡樱桃。按明初定鼎南京,故于近畿采取鲜果,以供宗庙,进内廷。永乐中,迁都北京,而旧例尚未改易,所以萧山有樱桃之贡。然大臣不为奏免,而以邑令谠言,遂除其令,深可叹息。

施尧臣,字忠甫,青阳人,嘉靖中,知萧山,有干才,遇事刃解,甚得民誉。邑向无城,后屡经海寇,始议筑而未定。尧臣至,力请筑之,相度地形,鸠工聚石,昼夜督率,不数月而城成,周围凡十里,坚厚周密,屹然一方保障。擢吏部主事,去时,行李惟两竹簏而已。官至顺天府尹。后海贼屡至,城市宴然,歌颂不已。

王章,字汉臣,武进入,崇祯元年进士。少孤,母训之严。及令诸暨,祖帐归少暮,母诃跪,予杖曰:"朝廷以百里授酒人乎?"章伏地不敢起,亲友力解之,乃已。治诸暨有声,甫半载,以才调鄞县。屡注上考,十一年,行取擢御史。十七年三月,贼逼京师,章与给事中光时亨守阜城门。贼傅城下,章手发二炮,贼稍却。顷之,闻贼已从某门入,时亨摄章走。章厉声曰:"事至此,犹惜死耶?"时亨曰:"入朝访上所在,不获,则死未晚也。"章从之,与时亨并马行,俄贼突至,呼下马,时亨仓皇下马跪,章持鞭叱曰:"吾视军御史也,谁敢犯!"贼刺章股堕马,章大骂之。贼怒,攒槊刺杀章,牵时亨而去。抵暮,家人觅尸,犹一手据地坐,怒目张口,勃勃如叱贼状。妻姜在籍,闻之一恸而绝。赠大理寺卿,谥忠烈。国朝赐谥节愍。次子之栻仕闽,为职方主事,亦死难。

顾存仁,字伯刚,太仓人,以进士知余姚,才识闲敏。时赋役多奸欺,豪猾漏免,贫民一丁有出钱九百以上者。存仁乃摊丁于田,每亩出银六厘,于是无田者得以无扰。上宪善之,推其法于全浙。后迁给事中去。

余飏,字赓之,莆田人,崇祯丁丑进士。令上虞,蔼然可亲,而中持耿介,以文艺交者,欢若平生,势豪挠之不能动。甲申,燕京陷,越中土贼猝发,飏勒乡勇力战,格退之,所擒之人,皆毙之杖下。及得贼籍,急曰:"勿展视,燔之可也。"一时良民、莠民,无不感泣。

臧凤,字瑞周,曲阜人,宏治庚戌进士。知嵊县,重农恤民,摧抑豪右。城南旧惟土堤,洪水一至,则溃堤漂屋,屡为民患。凤乃相基垒石,周遭若干里,长堤屹然。迨嘉靖中,知县吴三畏筑城堤上,水不能啮,皆凤力也。官至南京兵部尚书。

吴三畏,字日寅,莆田人。嵊县旧无城,自三畏始建。时倭寇方炽,经始仓皇,昼夜劳瘁,城始及半,贼自天台来,望见灯燎烛天,呼噪动地,以为大兵,遂宵遁。及城成,贼复至,三畏乘城守御,贼不能犯,嵊人德之。

曹天宪,字恒卿,浮梁人。嘉靖中知新昌,性刚直,不习脂韦,躬行节俭,不携家累。每延诸生至寝室,蔬食相对,萧然如寒士。县阻山,民苦夫役。为言当路裁损之,即取怒贵要不顾。一监司过县,首问沃洲天姥。天宪正色对曰:"山不在高,有仙则名,今仙去矣,止荒山耳。"监司惭而止。岁旱,布袍芒屩,步祷烈日中,望见槁苗,泫然泪下,欲与城隍象同焚,以谢百姓。大雨随至,岁登,民爱戴之。迁兵部主事官,至四川参议。

万鹏,字云程,武进人。嘉靖中,自松阳改新昌,性廉介,明习吏治,常曰:"吾训士惟一经,治民惟一律耳。"时倭贼大乱,新昌旧无城,鹏决议筑之。度方广,量丁土,聚石鸠工,使民分筑之。城成,而以昼夜劳瘁卒。室无储粟,民哭之如丧慈父母焉。以上明

许宏勋,字无功,辽阳诸生,以父荫除刑部员外郎。出守云南顺宁,后移绍兴。康熙十三年,吴三桂反,耿精忠继之,遍传伪札于浙东,奸民互相讧煽,遂作乱,连陷诸暨、嵊县、新昌,克期攻郡城。宏勋谋城守,事具而贼大至。七月十三日,贼攻常禧门,击却之。又从南渡河攻稽山门,锐甚。宏勋燃巨炮击贼,贼皆糜烂。次日攻五云门,宏勋辟门率众出城,斩贼数百,溺死者无算。贼奔还稽山门。十五日宁波援师至,与战,连败贼众,追至亭山。十七日省城满兵过江,贼闻之溃散。八月谕降大岚山贼吴双期,十一月进兵,由仙岩直抵贼巢,遂破长岭、长乐、太平、开原、蔡湾诸寨,至桂门山乃班师,越地以宁。总督李之芳疏荐之,擢副使,分巡宁绍,以忧归。官至河南布政使,卒。

李铎,字天民,铁岭人,由兵部郎中出知绍兴。为政尚严,甫下车,廉得奸人十余辈,笞杀之。性喜有为,自郡治、城垣、坛庙、钟楼、驿馆、书院、贤祠,一切陂塘、古迹,期年俱振起,立变从前惰窳。康熙庚午,余姚大水,田没民饥,铎与知县康如琏煮粥,赈

米,给棉衣,全活无算。守越四载,不名一钱,后亦渐宽和。三十一年调守杭州,越民遮道,大哭送之,锋亦流泪不忍去。后以违误,左迁霸州守,卒。

俞卿,字恕庵,云南陆凉州人,康熙辛酉举人。五十一年由兵部郎出知绍兴,甫任事,值飓风海啸,连坏山阴、会稽、萧山、上虞海塘。卿以土塘不能历久,改而为石,共筑石塘五千七百余丈,土塘万一千余丈。又修麻溪坝及山西闸。越中自是无水患矣。又以余力缮城浚河;大修学宫、禹庙;新辟宇及城隍神祠;创蕺山书院,置田以赡之。在任十二年,百废俱举。性刚果,治尚严峻,抚贫弱,摧豪强,猾吏莠民,诛窜殆尽,八邑震肃,野无行盗,越中积弊为之一清,人方之国侨之治郑云。按俞公治越,距今已七十年,越人颂其政绩,尚不容口,是可以知其当日之政矣。但府志不载其去任之故,且未入名宦祠,实亦憾事。

周范莲,字效白,长洲人,雍正庚戌进士,入翰林,出知严州,力请豁免所属田亩之已废而征者。乾隆五年,调守绍兴,修江塘、海塘,浚湖,修育婴普济堂,治夏盖湖官田。郡大水,庐舍漂没,观察往勘,失抚绥法,民哗。范莲即日发赈,治为首者一人,众乃服。又修筑湖田堤坝,以工代赈,存活甚众。聘孙灏、方樑如、陈兆仑、徐廷槐诸名宿主蕺山书院讲席,文风大振。嗣以母老归养,起复,改授广西南宁府同知,署镇安府,引疾,未归而卒。

邹应元,字清源,无锡人,乾隆辛未进士。历江西武宁、上饶知县,吴城同知,升守绍兴,宽平廉正,济以果决。有大利病大狱,请于上官不得,争以再三,卒如其议而止。时诸暨令纵役敛已赦之赋,应元发之而未竟其事,调守嘉兴。摄篆者祖役置不问,民汹汹走诉京师,乞如应元断。朝廷遣大臣来鞫,应元随以行,诸暨人闻其来也,户设香案,跪道欢呼,拥舆不得前。钦差为叹重,且曰:"民情如是,吾知所以办矣。"一如应元所论。次年,特旨调守杭州,又移台湾。值黄教构逆围诸罗,应元募士兵三百人,亲驰往擒之。后以疾归,卒年五十九。

李亨特,奉天正蓝旗人。乾隆五十五年知绍兴府,甫下车,见学宫颓敝,即倡议重建之,殿宇庑舍,俱焕然一新。整理河堰陂塘,修葺前贤祠墓,表扬忠孝,奖善锄奸。尝微行城乡,体察疾苦,凡有关于民瘼者,罔不为除剔整顿之。郡中是处皆河,而两岸居民日投粪壤、瓦砾于中,渐以污壅,一经水浅,不可行舟。且有于河身狭窄之处,架木为基而造屋其上,舟行于下,仰不见日,每抛掷秽物,行舟适遭之,以致诟骂涉讼,往往有之。前守俞卿曾经疏浚拆毁,并申禁令。而日久弊生,河之通者仍污,复有架屋于河上者。公先颁告约,限于一月内自行拆去,迟则治以侵占之罪,然后于污浅处逐一通之,舟楫往来咸便焉。绍兴城中街衢宽坦,虽委巷悉以石甃,故有"天下绍兴路"之谣。国朝以来,生齿日繁,阛阓充斥,居民日夕侵占,以广市廛。街之存者,仅容车马。每当久雨积雪,道路泥泞,肩趾相挤,人甚苦之。康熙中,俞公下令辟之,以石牌坊中柱为界。牌坊为官街旧址,多建于明万历、崇祯时,每坊必有四柱,中二柱在街心,外二柱跨街傍屋。今外柱已砌入屋中,并将中柱亦据而有之,于是街路所存无几。俞公始欲清出四柱基地,以复旧观,又念商贾辐辏,为盛世景色,因去其太甚,取中二柱为准绳,使行人足以往来而止。七十年来,复有侵占街地,屋出中柱外者。公亦如治水阁之法,令民自去其所占,仍以中柱作界,于是尽复俞公之旧矣。又立十禁碑于仪门,俾民知所儆惕,声势赫然。五十八年调任杭州去。郡人至今谈公德政,不胜屈指,以为俞太守再见于今云。

刘方至,山东人,以明经授绍兴推官,兼视上虞篆。刑简政清,民怀其德。顺治戊子,山贼王岳寿率众夜攻上虞,城陷,方至死之。事闻,赠浙江按察司佥事,荫一子,入监读书。

张邦福,蕲水人,顺治中任绍兴推官,精敏练达,摘发如神。凡颂诉牒,悉置内署,勾摄罪犯,惟姓名而已。故诉者不知其讼,讼者亦不知其诉,吏胥不能为奸,诘讯之下,情伪立辨,为颂公明。尤善于衡文,所拔皆当时名士。

杨为域,巴陵人,康熙丙戌进士,知山阴。府城北五里许曰单港村,其人以大网为业。一日网于渊,得巨箧二,皆金珠,村人酿酒相庆。已而,捕盗者至,迹之,为某案赃。酿酒三十余人,皆不胜拷,自诬服。为域既视事,阅其牍而疑焉,以散饭诣狱中,宛转究诘,得其情,白之府。太守曰:“君儒者,不谙狱比。两巨箧皆金珠,此岂可一网得之者?”为域曰:“固然,然天下亦无剽劫得赃而酿酒相庆者。”太守语塞,乃曰:“狱且成矣,姑为君迟之。请仍以其箧投之水,仍以其人网之。网之得,固大善,倘不得,君将何辞?”为域大喜,再拜出,仍以其箧投故处,使其入网之,夹岸观者且万人,网之凡两日,往来十余,竟不得。太守曰:“何如?”为域大哭曰:“天也,虽然,吾不能明此狱,吾能决此囚哉!”即日谢病去。比去而盗获于他所,狱乃解。其后单港人时时流涕道其事。

刘晏,亳州人。令山阴,廉平不苛,明于听讼,摘奸扶伏如神。民间有刘青天之目。

彭元玮,字安庐,南昌人,雍正己酉举人。乾隆二十二年知会稽,清廉公正,馈遗请托皆不行。修学宫,建仓廒,平盐价,筑陂塘。范洋地势低洼,岁被潮患,乃于乌石滩两山间建石闸三洞,刻石志其启闭之节,得良田六千亩。民呼彭公闸,立祠祀之。升同知,分发四川,随将军温福征金川,阵亡。赠兵备道,祀昭忠祠,荫一子知县。

李成龙,字时庵,正蓝旗人。以笔帖式出知余姚邑,当耿逆及山贼龚万利初平之后,疮痍未复,下车即巡视乡村,悉力抚绥,民始安堵,知太平之乐。擢涿州牧,升山东布政使,历安徽巡抚、湖广总督。所至兴利除弊,有所陈奏,辄当上心。后任正白旗都统,卒。孙宏,历任河东、江南河道总督。曾孙奉翰,任河东河道总督。元孙亨特,出守绍兴,修葺郡志。余姚为所隶邑,表扬名宦,因得重辑公传,尤为盛事云。

张殿,字国相,山西人,官上虞把总,素爱民。县有故巡检司土城,康熙十七年七月,海贼掠村落,殿命妇女避入土城中,而独与仆操刃门焉。贼至,蜂拥欲入,殿奋击之,手刃数人。贼相顾错愕,以刀环斫。相持久之,殿力屈,与仆俱被害。里人感之,共建祠,祀为土地神。以上国朝

以上名宦

乡　贤

郑宏,字巨君,山阴人。少为乡啬夫,太守第五伦见而奇之,召署督邮,举孝廉。宏师同郡河东太守焦贶。楚王英谋反,事连贶,贶被收道卒,妻子系诏狱。宏负斧锧,诣阙上书讼冤。显宗悟,赦其家属,宏护贶丧及妻子还乡里。由是显名,拜为邹令,迁淮阴太守。所至称治。累迁尚书令,出为平原相,征拜侍中。建初八年,代郑众为大司农。交阯七郡,贡献转运,皆从东冶泛海而至,沉溺相属。宏奏开零陵、桂阳峤道,至今遂为常路。时天旱民饥,而帑藏殷积,宏请免贡赋,减徭费,以利饥人,帝从之。元和初,代邓彪为太尉。时第五伦为司空,班次在下,每正朔朝见,宏曲躬自卑。帝问知其故,诏置云母屏风隔之,遂为故事。后忤窦宪,因乞归,未许。病笃,上书陈谢,并言窦宪之短,帝遣医省视,宏已卒。临没,悉上所赐物,令妻子褐巾布衣,素棺殡殓,以还乡里。

谢夷吾,字尧卿,山阴人。少为郡史,善风角占候。太守第五伦擢为督邮。时乌程长有赃衅,伦使收案。夷吾到县而还,白伦曰:"窃以占候,知长当死,近三十日,远不过六十日。游魂假息,非刑所加,故不收之。"月余,长果暴卒。伦益礼信之。举孝廉,为寿张令,迁荆州刺史、巨鹿太守。所在爱育人物,有善绩。及伦作司徒,令班固为文荐之。后以事左转下邳令。豫克死日,谓其子曰,汉末当乱,必有发冢露骸之祸,使悬棺下葬,墓不起坟,如期果卒。以上汉

孔愉,宇敬康,山阴人。祖竺,吴豫章太守;父恬,湘东太守。愉十三而孤,事祖母以孝闻,与同郡张茂伟康、丁潭世康齐名,人号"会稽三康"。吴亡,愉入新安山中,以耕读为务,信著乡里。建兴初,始应召为丞相掾,时年五十矣。以讨华轶功,封余不亭侯。愉尝经余不亭,见笼龟者,买而放之溪中,龟中流左顾者数四。及铸侯印,而龟纽左顾,三铸如初。时帝颇疏远王导,愉陈导有佐命功,宜加谘访,忤旨,出为吴兴太守,迁侍中。太常苏峻反,愉朝服守宗庙。峻平,温峤执愉手,流涕曰:"天下丧乱,忠孝道废,能持古人之节,岁寒不凋者,惟君一人耳。"三迁尚书左仆射,以议论守正,为王导所衔,出为会稽内史。在郡三年,乃营山阴湖南侯山下地,为草屋数间,弃官居之。年

七十五卒,谥曰贞。子三:阎、汪、安国。阎嗣爵,官建安太守。汪好学,有志行,位至侍中,出为都督交广二州军事、广州刺史,政绩甚著,为岭表所称。安国与汪,少励孤贫之操,历仕侍中、太常、会稽内史、领军将军。孝武崩,袁经涕泗竟日,后历尚书左右仆射。阎子靖,义熙初为会稽内史、吴兴太守。刘裕北伐,以靖为太尉军谘祭酒,从平关洛,拜侍中,辞事东归。宋受命,加开府仪同三司,不受,卒。子生、灵符。生仕宋,历官侍中、会稽太守,元嘉二十七年卒。灵符仕宋,为司空长史、南郡太守、尚书吏部郎,自侍中出为辅国将军、郢州刺史,入为丹阳尹,出为会稽太守,寻加抚军长史。废帝时,忤近臣,为所谮,构杀之。二子湛之、渊之,皆赐死。太宗即位,追赠金紫光禄大夫。

谢玄,字幼度,上虞人。少颖悟,为叔父安所器重。及长,有经国才略。时苻坚强盛,数犯边境。朝廷求文武良将。安以玄应诏,征拜建武将军,监江北诸军事。苻坚入寇,诏以玄为前锋,与叔父安、从弟琰、中郎将桓伊等拒之,以八千兵败秦师数十万于淝水上。秦帅苻融,马倒被杀,坚中流矢走。秦兵自相藉踏,死于水者不可胜计,淝水为之不流。诏进拜前将军,假节钺,封康乐县公。会翟辽张愿叛,河北骚动,玄自以处分失所,上表求解所职,又以疾辞,皆不允。久之,乃转授散骑常侍、左将军、会稽内史。玄舆疾至郡,卒,谥献武,葬始宁。子瑍嗣爵,早卒。子灵运嗣。

王献之,字子敬,羲之子。少有盛名,尝与兄徽之、操之同诣谢安。二兄多言时事,献之寒温而已。既出,客问王氏兄弟优劣,安曰:“小者佳。”客问故。安曰:“吉人之辞寡。”献之工草隶,善丹青。安请为长史。太元中,起太极殿。安欲使献之题榜而难以言,试谓曰:“魏时凌云殿榜未题,而匠者误钉之,不可下,乃使韦仲将悬橙书之,比讫,发鬓尽白,裁余气息,还语子弟,宜绝此法。”献之知其指,举笏正式对曰:“仲将魏之大臣,宁有此事?使果有此,是以知魏德之不长。”安遂不之逼。尝从山阴道上行,语人曰:“山川自相映发,使人应接不暇,若秋冬之际,尤难为怀。”官至中书令,谥曰宪。以上晋

虞世南,余姚人,与兄世基,同受学于顾野王,十余年精思不懈。文章婉缛,摹效徐陵,陵以为类己,由是知名。陈文帝召为建安王法曹参军。陈亡,与世基入隋。世基辞章清劲过世南,而赡博不及也。炀帝时,官秘书郎,帝虽爱其才而恶其峭正,为七品十年不徙。世基得君日贵盛,而世南贫约不改。宇文化及杀世基,世南抱持号泣请代,自是哀毁骨立。从至聊城,为窦建德所获。秦王破建德,引为府僚,迁太子中舍人。太宗践祚,拜员外散骑侍郎、宏文馆学士。时世南已衰老,屡乞骸骨,不允,迁秘书监,封永兴县公。世南貌儒谨,弱不胜衣,而秉性抗烈,议论持正。尝因灾异,请慎庶狱,赈饥民,因天变,请去骄矜,慎终始,太宗皆纳之。每称其五绝:一德行,二亮直,三博学,四文词,五书翰。世南始学书于僧智永,得其秘法,为世珍赏。十二年致仕,授银青光禄

大夫,宏文馆学士如故,仍颁禄廪。年八十一卒,赠礼部尚书,谥文懿,陪葬昭陵。帝手诏魏王泰曰:"世南于我犹一体,拾遗补阙,无日忘之,盖当代名臣,人伦准的,今已云亡,石渠东观中,无复人矣。"后数岁,梦进说言如平生,翌日下诏,厚恤其家。子昶,终工部侍郎。

顾全武,余姚人,机警有才略。钱武肃王以八都兵建国,辟为裨将,累迁都知兵马使。乾宁三年,董昌据越州反,全武率师力战,讨平之,执董昌以归。奏加检校太保明州刺史。四年,率兵由海道救嘉兴,与董昌将李宗礼战于城外,大破之。时吴将田頵守湖州,台濛守苏州,皆弃城遁。全武追袭百余,擒吴昆山守将秦裴。徐绾、许再思叛,围外城,吴田頵以兵应之,钱武肃使全武行成于吴,至广陵,杨行密乃遣使召頵还。长兴初卒,年六十五。平日善抚士卒,喜怒未尝形于色。每大敌在前,鼙鼓震地,分行布阵,颐指口授,裕如也。既卒,武肃哭之恸,未几亦薨。

鲍君福,字庆臣,余姚人。性淳厚,沉默少语,胆勇绝伦。余姚有井,面阔丈余,横以双梁,水深不可测。君福每醉,必寝其上。钱武肃王讨刘汉宏,君福来附,从军以骁勇闻,马上轮双剑,望之如飞电。淮人寇衢州,授衢州刺史击破之。官至同平章事兼侍中,天福五年卒,年七十七。子修让,亦寡言语,治军严整有法,事忠懿王,累官诸军都钤辖使,同参丞相府事,卒。以上五代

杜衍,字世昌,山阴人。父遂良,仕至尚书度支员外郎。衍总发,苦志厉操,尤笃于学,擢进士,补扬州观察推官,改秘书省著作郎,知平遥县,通判晋州,知乾州,徙知凤翔府,罢归。以太常博士提点河东刑狱,迁尚书祠部员外郎,徙知扬州,又徙河东转运副使。召为三司户部副使,出为河北都转运使,迁枢密直学士。求补外,以右谏议大夫知天雄军。衍为治谨密,不以威刑督吏,然吏民亦惮其清整,不敢犯。仁宗特召为御史中丞,兼判吏部,百僚震肃。而铨事悉自予夺,吏不能为奸。改知审官院,其裁制如判铨时。迁工部侍郎知永兴军。时方用兵,民苦调发,衍区处计划,不劳民而省费过半。召还,权知开封府,权近莫敢干以私。拜枢密副使,夏疏上攻元昊策,衍以非万全计,争议久之,求罢不允,以为河东宣抚使,寻拜吏部侍郎枢密使。每内降恩,率寝格不行,积诏旨至十数,辄纳帝前。谏官欧阳修入对,帝曰:"外人知杜衍封还内降耶?凡有求于朕,每以衍不可告之,而止者多于所封还也。"范仲淹素以父行事衍,及为参知政事,数以论边事争于上前,衍无愠色,仲淹益敬服之。旋拜同平章事集贤殿大学士,兼枢密使。衍好荐引贤士,而沮止侥幸。小人多不悦,因劾其婿苏舜卿,欲以危衍。衍遂以尚书左丞出知兖州。庆历七年,上表求退,乃以太子少师致仕。皇祐元年,特进太子太保,召陪祀明堂,仍诏有司敦请,就道都亭驿,设帐具几杖待之。称疾固辞,进太子太傅,赐其子同进士出身。又进太子太师,封祁国公。衍清介不殖私产,既退,寓南都凡

十年，第舍卑陋，寝室葛帷布衾，晚间一灯，荧然欲灭，居之裕如也。病革，帝遣中使太医往视不及，卒，年八十，赠司徒兼侍中，谥正献。

　　孙沔，字元规，会稽人。为人明敏果敢，有才略。以进士补赵州司理，迁监察御史里行，出知衡山县，以言时事贬监衡州酒税，移通判，知楚州、处州，召为右正言，迁提点两浙刑狱、陕西转运使。奏宰相吕夷简蔽贤蠹国，语甚睿切，帝不之罪。为环庆路经略使，知庆州，徙秦州。时侬智高反，沔入见帝，以秦事勉之。沔曰："臣虽老，然秦州不足忧，陛下当以岭南为忧。"明日，官军以败闻，帝以沔先见，遂迁广南路安抚使，便宜行事。同宣抚使狄青击走侬智高，迁给事中。还，帝问劳，解玉带赐之，擢枢密副使。张贵妃薨，追册为后，以宰相护丧，命沔读册。故事，正后翰林学士读册。沔既陈不可用宰相护丧，且曰："陛下若以臣沔读册，则可；以枢密副使读册，则不可。"遂求罢职，以资政殿学士知杭州，又徙并州。言官挟私憾，摭细事弹之，以礼部侍郎致仕。英宗即位，欧阳修荐沔可任边事，遂起为资政殿学士，知河中府，又徙知延州。卒，年七十一，赠兵部尚书，谥威敏。

　　钱勰，字穆父，山阴人。父彦远，任起居舍人，知谏院直，声震一时。勰五岁，日诵千言。熙宁中，试中秘阁选，廷对入等矣，王安石恶孔文仲策，迁怒罢其科。元丰定官制，勰方居丧，帝于左司郎中格自注其姓名，俟终制日授之。奉使高丽，求吕端故事以行，凡馈饩非例所有者，皆却弗纳。还拜中书舍人。元祐初，以龙图阁待制知开封府，诉牒至七百余，勰简不中理者缄识之，戒无复来。阅月，一人又至，诘之曰，吾已戒汝矣，启缄示之，信然。宗室贵戚俱为敛手。改知越州，徙瀛州，复知开封，临事益精敏。苏轼秉其据按理事时遗诗，勰操笔立就以报。哲宗莅政，命为翰林学士兼侍读，以尝行章惇谪词，求去。帝曰："得非即'鞅鞅非少主之臣，硁硁无大臣之节'数语乎？朕固知之，无庸避也。"惇讽全台攻之，罢知池州，卒，年六十四。元符末，追复龙图阁学士。

　　陆佃，字农师，山阴人。居贫苦学，夜映月读书，蹑屩从师，不远千里，过金陵受经于王安石。熙宁中，应举入京，适安石当国，首问新政，佃曰："法非不善，但推行不能如初意，还为扰民，如青苗是也。"安石惊曰："何为乃尔，吾与吕惠卿议之。"又访外议。佃曰："外间颇以为拒谏。"安石笑曰："吾岂拒谏者，但邪说营营，殊无足听。"佃曰："是乃所以致人言也。"廷试擢甲科，授蔡州推官，召补国子监直讲。安石以佃不附己，不复咨以政事。安石子雱用事，干进者至崇以师礼，佃待之淡然。迁光禄丞，加集贤院校理。崇政殿说书，进讲《周官》，神宗称善，命同修《起居注》。元丰中，定官制，擢中书舍人给事中。哲宗立，更先朝法度，去安石之党。安石卒，佃哭而祭之，识者嘉其无向背。迁礼部侍郎，修《神宗实录》，进权礼部尚书，改龙图阁待制，知颍州，徙知江宁府。甫至，即往祭安石墓。绍圣初，治《实录》罪，落职知泰州，复集贤殿修撰，移知蔡州。

徽宗立,召为礼部侍郎,修《哲宗实录》,迁礼部尚书,报聘于辽。归,拜尚书右丞,转左丞。佃执政持论多近恕,每欲参用元祐人才,尤恶奔竞。会御史欲更惩元祐余党,佃言不宜穷治,乃下诏申谕,揭之朝堂。谗者遂诋佃名在党籍,不欲穷治,正恐自及耳。遂罢为中大夫,知亳州,卒,年六十一,追复资政殿学士。佃著书二百四十二卷,于礼家名数之说尤精,如《埤雅》、《礼象》、《春秋后传》,皆传于世。子宰,字元钧,官朝请大夫,直秘阁,赠少师。绍兴十年,下诏求遗书,命绍兴府录宰家书来,凡万三千卷有奇。孙游,自有传。按佃出王安石之门,人皆议其党于安石,予考《宋史》盖佃微时尝从安石受经,其哭而祭之,乃师生之谊,至立朝之际,则未尝相比也。宋儒刻以论人,每于无过中求过,一与权贵相值,即指为党与,而不察其事之是非,予不平之。兹摘叙《宋史》列传,以见佃之品概云。考元祐奸党碑,佃名在曾任执政官第二十三人,与司马文正、文忠烈诸公并列,其人品臧否,盖可知矣,议者徒多饶舌耳。

　　姚宏,字令声,嵊县人。父舜明,通判婺州。睦寇方腊攻城,舜明力战败之。除直秘阁,提点两浙刑狱,迁监察御史。高宗时,以军功历官秘阁修撰,充江淮荆浙转运使、户部侍郎。乞闲,进徽猷阁待制,提举太平观,卒。宏少有才名,吕颐浩荐为删定官,以忧去。秦桧当国,谓人曰:"靖康末,舜明与桧俱在柏台,上书粘罕,乞存赵氏,拉其连衔,持牍去,经夕复见归,竟不金名,此老纯直非狡狯者,闻皆宏之谋也。"宏闻之曰:"不然,先人当日固书名矣,今世所传秦所上书,与当日持来者大不同,盖更易其语以掠美名,因仆曾见之,故作此语耳。"已而,言达于桧,桧大怒。会宏调衢州江山县,适亢旱,有巡检自言能以法致雷雨,试之果然,而邑民讼其妖术惑众,追宏赴大理,死于狱中。宣和时,宏在上庠,有僧谓之曰:"君于端午日伍子胥庙中,见石榴花开,则奇祸至矣。"宏在杭不敢登吴山。将赴江山,自诸暨至越,值大风雨,憩路旁小庙,庭下榴花盛开,视神像,则伍子胥,其日即端午也。宏瞿然,未几祸作。

　　李光,字泰定,上虞人,崇宁中进士,知常熟县。朱勔方以花石得幸,势焰薰灼,光不为屈,监司移光知吴江以避之。光挺劲自若,勔亦不能害也。历官司勋员外郎。钦宗立,擢左司谏,首论梁方子、梁师成、蔡京、王黼表里蒙蔽,罪皆当诛。又极论蔡攸、朱勔奸恶。上咸纳之。高宗移跸建康,以光知宣州为屏藩。光缮城池,聚兵甲,集粮储,金人不敢入境。巨盗戚方傅城下,光随其攻而应之,凡二十八日,援兵至,解去。除徽猷阁待制,知临安府,入为吏部侍郎,进尚书。大将韩世清久驻宣城,招聚逋逃,拒朝命,光请先发制之,授淮西安抚使,亲受密旨,遂假道擒世清以归。除端明殿学士,知建康府,徙知湖州、平江,以吏部尚书召,遂除参知政事。时秦桧方以和议得君,并欲撤淮甸武备,光俱极言不可,争于上前。光毅然不挠,因乞去。乃除资政殿学士,知绍兴府。桧嗾言者攻之,改提举洞霄宫,安置滕州,又徙琼州昌化军。绍兴二十五年,桧死,内徙郴州。二十八年复官,听自便,行至蕲州,卒,年八十三,追复资政殿学士,谥庄简。子孟博、孟坚、孟珍、孟传,皆知名士。

孟忠厚,字仁仲,会稽人,元祐皇后兄也。后退居瑶华宫,哲宗恩眷不衰,故忠厚得以仕进。靖康元年,授卫尉卿。金人围汴,瑶华宫火,后出居忠厚家,故免北迁。金兵退后,遣忠厚迎康王即位,授忠厚徽猷阁待制,提举一行事务,兼干办奉迎太庙神主事。未几,奉太后幸杭州。苗傅乱平,以复辟功推恩外家,进宁远军节度使,以母忧解职。后崩,以祔庙恩起复镇海军节度使、开府仪同三司,封信安郡王。既而太后攒会稽,乃命忠厚判绍兴,兼修奉攒宫事,加少保。三梓宫归,充迎护使。及营祐陵,除枢密,为总护使。秦桧与忠厚僚婿也,心实忌之,山陵事毕,讽言者引故事论之,遂判建康,改判绍兴。会郊赦,加恩中丞。詹大方希桧意,摘忠厚谢表语劾之,罢为醴泉观使。桧死,授保宁军节度使,提举秘书省。二十七年卒,赠太保。忠厚避远权势,不以私干朝廷。秦桧当国,亲姻扳援以进,忠厚独与之忤。帝以元祐太后拥护功,故眷忠厚特优。及卒,三子皆除秘阁,亲属六人,各进一官。

王佐,字宣子,山阴人。绍兴中,廷对第一,授承事郎签书平江节度判官,未赴,召为秘书省校书郎。时秦桧专政,其子熺提举秘书省,馆中咸趋附之。佐独简然严重,不妄交一语。熺嗾言者论去之。桧死,熺斥。起为秘书郎。兼玉牒所检讨官,迁尚书吏部员外郎。桧妻王氏陈乞旧所得恩数之未用者,自称冲真先生。佐驳之曰:"妾妇安得有此称!向者误恩,有司不能执,为失职,今当追正。且王氏封两国夫人,此祖宗以宠亲王之配及外家尊属者,何可滥封,以阶僭窃,当并夺之。"执政不能听,但寝其所请而已。后王氏死,卒夺先生号。绍兴末,除直宝文阁,徙知明州。隆兴初,知宣州,徙知建康。妖人朱端明,挟左道,与军中不逞辈谋不轨,约大阅日起事。佐得其阴谋,一日坐帐中决事,命捕为首者至,略诘数语,即斩,而流其党数人于岭外,余置不问。僚属方候见于客次,无一人知者。谗者论佐纵有罪,遂罢官。谗者去,乃复起知扬州,召为宗正卿。淳熙中,出知潭州。郴州民陈峒作乱,连破江华、蓝山、阳山,旬日有众数千,湖南震动。佐奏乞兵,而贼势渐逼不可待,适冯湛以事流潭州,佐召与语,使其戴罪立功。湛感激请行,遂以湛权湖南路钤辖,统制军马,即日成行。佐奉朝命亲至军前督战,连败贼兵,斩陈峒,覆其巢穴。事平,复湛官,擢佐显谟阁待制,知临安府,进侍读,权户部尚书,知淳熙十一年贡举。尹京三年,力乞奉祠,提举上清太平宫,卒,赠银青光禄大夫。按佐为朱文公榜状元,今府城江桥北埭有碑,勒"宋徽国文公榜状元王佐故里"十二字。越人皆称佐为秦桧妻王氏之兄,以奸党目之,今考陆放翁《嘉泰志》,摘录其行略如此。放翁与佐同郡同时,所志当无舛错也。

陆游,字务观,山阴人,佃之孙也。母梦秦少游而生游,故名其字而字其名。十二能诗文,荫补登仕郎,锁厅荐送第一,秦桧孙埙居其次。桧怒,至罪主司。明年试礼部,复置游前列,桧显黜之。桧死,始赴福州宁德簿,以荐除敕令所删定官,时杨存中久掌禁旅,游力陈非便,遂罢存中,迁大理寺司直。孝宗立,迁枢密院编修,兼编类圣政所检讨官。上尝问周必大曰:"今诗人亦有如唐李白者乎?"必大以游对,人因呼为小太白。史浩、黄祖舜荐游善辞章,谙典故。召见,上曰:"游力学有闻,言论剀切。"遂赐进士出身。和议将成,游白二府曰:"江左自吴以来,未有舍建康他都者,驻跸临安,出于权宜,一和之后,动有拘碍,今当与之约,建康、临安,皆系驻跸之地,北使朝聘或就建康,或至临安,如此,则我暇时可以建都立国,彼不我疑。"时龙大渊、曾觌用事,游言于枢臣张焘使去之。焘如游言,上诘语所自来,焘以游对。觌党遂论游交结台谏,鼓倡是非。上出焘通判建康府,游免归。久之,通判夔州。宣抚使王炎辟为干办公事。游为炎陈进取之策,当积粟练兵,先攻陇右,后取长安。吴璘子挺掌蜀兵权,颇骄恣,游请以玠子拱代挺,炎不从。后挺子曦谋逆,游言始验。范成大帅蜀,游为参议官,以文字交,不拘礼法,人讥其颓放,因自号放翁。后累迁江西常平提举。江西水灾,奏拨义仓赈济,檄诸郡发粟以予民。召还,知严州。陛辞,上谕曰:"严陵山水胜处,职事之暇,可以赋诗自适。"再召入见,上曰:"卿笔力回斡甚善,非他人可及。"除军器少监。绍熙元年,迁礼部郎中,兼实录院检讨官。嘉泰二年,诏游同修孝光两朝实录及三朝国史,免奉朝请,寻兼秘书监。三年书成,升宝章阁待制,封渭南伯致仕。嘉定二年卒,年八十五。子六:子虡、子龙、子遹、子坦、子布、子修。子虡仕至朝清大夫,知江州,余皆知名士。游才气超逸,尤长于诗,所著有《渭南文集》五十卷,《剑南诗稿》八十五卷,《逸稿》二卷,《南唐书》十八卷,《老学庵笔记》十卷,《家世旧闻》一卷,《斋居纪事》一卷。湖南毛晋汇刻于汲古阁中。按《宋史》谓放翁晚年再出,为韩侂胄撰《南园阅古泉记》,见讥清议。予谓放翁之出,盖应修史之召,非侂胄召之为门下客也。至于以为韩作记而讥之,夫宰相求一品题泉石文字而必拒而却之,无乃太甚乎。及读其所记,至饮阅古泉独尽一瓢,且曰视道士有愧,视泉尤有愧,已面唾侂胄。及南园之末,惟勉以先忠献王事业,无谀辞,无侈言,放翁固未尝为韩辱也。宋儒刻以论人,吹毛求疵,见其为韩作记,即不论是非,遽群起而排之,即朱子尚有不满之言,无怪余子。然两记具在,胡可诬也。予书放翁传,因考《南园阅古泉记》而书其后云。

　　莫子纯,字粹中,山阴人。以恩荫补官铨试及试江东运司,俱第一。庆元二年礼部奏名,复第一,免廷对,赐进士及第。签书平江节度判官厅公事,除秘书省正字,迁中书舍人。苏师旦本平江吏,韩侂胄任为腹心,气焰薰炙,求进者争趋其门。一日遇子纯于都堂,趋前执礼甚恭,子纯略不为礼。师旦已深恨之,会师旦当迁官,子纯又执不可。于是忤侂胄意,出知赣州,加右文殿修撰,改知江州,不赴。又改温州,提举太平兴国宫。

嘉定八年卒。年五十七。子纯性姿聪悟,强记博闻,立朝之节,始终不渝,士论归之。

张孝伯,萧山人,登进士,仕至华文阁待制,知镇江府,召同知枢密院事。嘉泰四年,参知政事,寻罢归。韩侂胄方严道学之禁,贬斥正人无虚日。孝伯谓侂胄曰:"不弛党禁,恐后不免报复之祸。"侂胄然之,于是追复赵汝愚、朱熹官,周必大、留正亦复秩还政,党禁寝解,正人始有所容。子即之,字温夫,官至司农丞。翰墨之妙著闻天下,志行尤卓然云。

王爚,字仲清,新昌人,嘉定十三年进士。咸淳八年为左丞相,进少保右丞相,兼枢密使,寻加都督诸路军马。极言贾似道丧师误国之罪,于是始降诏切责似道。寻进平章军国重事,辞不允。时命张世杰等四道出师,陈宜中、留梦炎二相都督军马。爚请二相建阃吴门以护诸将,不然,臣请效死封疆不敢辞。宜中、梦炎乃上疏乞行。事下三省,集议不决。已而,世杰等兵果败,爚自以失职乞罢。乃罢爚平章,以少保观文殿大学士充醴泉观使。爚为人清修刚劲,贾似道天台葬母,过新昌,爚独不见之。后以元老入相,值国势倾危之际,人心属望,而与宜中不协,去位,逾年而卒,宋亦随亡,天下莫不惜之。以上宋

顾观,萧山人,善属文。年十六,适洪武开科之始,领乡荐第一,明年成进士。太祖爱之,日侍左右,呼曰小翰林。太祖尝询以天下利病,对曰:"法徒罪以上悉廷审,臣民皆苦其烦,请自死罪外,悉从外省径决。"允之,遂为定制。寻擢大理评事,卒于官,年才二十四。魏文靖骥尝从之学,惜其无嗣,为设主于家祠侧,创室祀之。

韩宜可,字伯时,山阴人。洪武中,为监察御史,时丞相胡惟庸、御史大夫陈宁、中丞涂节方用事。尝侍坐燕语,宜可直前出弹文,劾三人险恶奸佞,恃功怙宠,内怀反侧,擅作威福,乞斩之以谢天下。帝怒,下宜可诏狱,寻释之。后惟庸以谋反诛,宁、节皆以奸败,如其言。出为陕西按察司佥事,上言:官吏有罪,当按其情之轻重,分别治之,不宜一概谪屯凤阳。罪人不孥,不当以罪人家口分给各官。帝是其言。后坐事将刑,御谨身殿亲鞫之,忽雷火绕殿,上惊曰:"得非枉耶?"雷乃息,宜可获免。建文时,拜左副都御史,卒于官。是夜,大星陨,枥马皆惊云。

刘子华,字昭甫,山阴人。洪武初,以明经荐,召赋《常遇春挽诗》,子华立成云:"挥戈十载定河山,忽报星沈易水湾,马首西风旌旆卷,天涯落日凯歌还,功成楚汉兴亡际,名在韩彭伯仲间,圣主酬勋心独苦,黄金真欲铸真颜。"大称旨,授大兴同知。

魏骥,字仲房,萧山人。永乐中,以进士副榜,授松江训导,召修《永乐大典》。以荐迁太常博士,历仕吏部郎、南京太常少卿、吏部侍郎。命巡视畿内遗蝗,问民疾苦。改礼部,以老请致仕,用尚书王直言,致南京吏部,复以老辞,不允,旋进尚书。英宗北狩,骥条上时务,多见施行。景泰元年致仕,年七十七。骥居官务大体,在太常,山川坛

获双白兔，圻内生瑞麦，皆却不进。在吏部，有进士未终制求考功，同官将许之，骥持不可。法司因旱恤刑，有犯恶逆当诛者，或悯其少欲缓之。骥曰，此妇人之仁，天道不时，正此故也。狱决而雨。王振怙宠凌公卿，独严重骥，称先生。景泰初，以请老至京师。大学士陈循，骥门生也，请间曰："公虽位冢宰，未尝立朝，愿少待，事在循辈。"骥正色曰："君为辅臣，当为天下进贤才，不得私一座主。"退语人曰："渠以朝廷事为一己事，安得善终！"竟致仕去。萧山故多水患，有宋县令杨时湖堤遗迹，骥倡修诸塘堰，以捍江潮，兴湖利，乡人赖之。事兄教谕骐，老而益恭。居恒布衣粝食，戴笠行田间，与齐民等。成化七年，御史梁昉上言，骥齿德有余，爵在上卿，可称达尊，乞下所司，酌前代故事施行。帝览奏嘉叹，遣行人存问，赐羊酒，命有司月给米三石。使命未至而骥卒，年九十八，赐祭葬如礼，谥文靖。其子完，以骥遗言，诣旨辞葬，乞以其金赈饥民。帝怃然曰："骥临终犹恐劳民，可谓纯臣矣。"许之。萧山民德骥，诣阙请祀于德惠祠以配杨时，制曰可。

司马恂，字恂如，山阴人。正统末，由举人擢给事中。大学士李贤言，孔公恂大圣人后，司马恂宋大贤温国公光后，俱宜辅导东宫。帝喜，同日拜少詹事，侍东宫讲读，入语孝肃皇后曰："吾今日得圣贤子孙为汝子傅。"孝肃皇后者，宪宗生母，方以皇贵妃有宠，于是具冠服拜谢，宫中传为盛事。宪宗立，命兼国子监祭酒。卒，赠礼部侍郎。

谢迁，字于乔，余姚人。成化十年，乡试第一，明年举进士，复第一。授修撰，累迁左庶子。宏治中，进詹事，兼侍讲学士。八年，诏同李东阳入内阁。皇太子出阁，加太子太保兵部尚书兼东阁大学士。上疏劝太子亲贤远佞，勤学问，戒逸豫。上嘉纳之。尚书马文升，以边饷不足，请加南方两税折银，迁不可。尚书倪岳亦争之，议遂寝。迁秉节直亮，见事明敏，与刘健、李东阳同辅政，时人为之语曰："李公谋，刘公断，谢公尤侃侃。"天下称贤相焉。武宗立，加少傅，数谏，帝勿听，因天变，求去甚力，帝辄慰留。及请诛刘瑾不克，遂与健同致仕归。瑾怨迁不已，焦芳亦以迁尝举王鏊、吴宽自代而不及己，从而煽之，削迁官，追夺诰命及所赐玉带服物。弟兵部主事迪，子编修丕，皆斥为民。且诏，自今余姚人毋选京官，著为令。瑾诛，复职致仕。世宗立，遣使存问，复迪、丕官。六年，大学士费宏举迁自代，张璁亦力荐之，乃遣行人赍手敕，即家起之，命抚按官敦促上道。迁年七十九矣，不得已拜命。至京，居位数月，力求去。帝待迁愈厚，以天寒免朝参，赐药饵酒饩，相望于道。迁竟以次年正月辞归，十年卒于家，年八十有三。赠太傅，谥文正。迪官至广东布政使，丕乡试第一，进士第三人及第，历官吏部侍郎，赠礼部尚书。

王华，字德辉，余姚人，成化十七年进士第一，授修撰。宏治中，累官至少詹事。华有器度，在讲幄最久，孝宗甚眷之。时李广贵幸，华讲《大学衍义》，至唐李辅国与张后表里用事,指陈甚切。帝命赐食劳焉。正德初,进礼部侍郎,以子守仁忤刘瑾,出为南京吏部尚书,以会典小误,降侍郎。瑾诛复故官,卒。华母岑年逾百岁卒,华年已七十余,犹寝苫蔬食。士论多之。按刘瑾专政,士大夫争走其门,华独不往,出之南京,犹致意令往谢,卒不往,遂求其微过罢之。

汪应轸,字子宿,山阴人,少有志操。正德十二年成进士,选庶吉士。以谏南巡,受廷杖几毙。以教习竣出知泗州。土瘠民惰,不知农桑。应轸劝而教之,由是民足衣食。帝方南征,中使络绎于道,恣索无厌。轸计中人阴懦,可慑以威,乃率壮士百人列舟次,呼诺之声震远近。中使错愕,不知所为。轸麾从人,速牵舟行,顷刻百里,遂出泗境。车驾驻南京,命泗州进美妇善歌吹者数十人。轸言州子女荒陋,无以应诏,臣向募有桑妇,请之宫中,传授蚕事。事遂寝。世宗立,召为户科给事中。山东盗起,流入畿辅、河南。轸上言,弭盗与御寇不同,御寇之法,驱之境外而已,若弭盗而纵使出境,是嫁祸于邻国也。凡一方有警,不行扑灭致延蔓他境者,俱宜重论。报可。以乞养亲,改南京户科。言新建伯王守仁心迹甚明,不当以谤掩功;尚书林俊,当纳其言,不当听其去;孝惠太后发引,不宜由中门;兴献帝尊崇,不当过礼。并侃侃为世传诵。嘉靖三年,出为江西佥事,以侍养归。久之,起视江西学政。丁父艰归,病卒。

孙升,字志高,余姚人,忠烈公燧季子也。嘉靖十四年,进士及第,授编修,累官礼部侍郎。严嵩枋国,升其门生也,独无所附丽。会南京礼部尚书缺,众不欲行,升独请往。卒,赠太子太保,谥文恪。升尝念父死宸濠之难,见其名辄忿恨终身,不书"宁"字,亦不为人作寿文。四子:铖,吏部尚书,谥清简;铤,南京礼部侍郎;棕,太仆卿;厚,南京兵部尚书。孙:如法,刑部主事,万历中,以请立太子贬潮阳典史;如游,大学士,谥文恭;如洵,江宁参政。皆名臣。

诸大绶,字端甫,山阴人,嘉靖丙辰状元。是时,卧龙山鸣。历官翰林,终吏部侍郎。大绶状貌修伟,而恺弟坦易,立朝不激不随,有公辅之望。侍穆宗日讲六年,剀切详明,穆宗注听焉。方属意大用,会崩,而大绶亦病卒。赠礼部尚书,谥文懿。大绶为叔父后,旧制,凡为人后者,封不及本生,大绶疏恳赐封,世宗允之,因以为例。所生母卒,旧制,无兼服之文,大绶衰绖三年。于是本生之服,遂著为令。

周如砥,字允直,余姚人,嘉靖己丑进士。知婺源县,忤汪铉,移判武昌。汪去位,始擢工部主事,历营缮郎中。时庙郊慈庆、慈宁诸大工继起,川湖巨材御尾至。故事,至则挽入台基山西二厂,听内竖取裁,缮司唯唯而已。如砥密召工师,索其总册,梁柱若干,围长若干,榱栋槛椽之类毕具。乃令挽木者,悉以木置长安东西街,令匠如式裁用,然后进厂,而所余关头,悉送器皿厂造御器。内竖一无所得,大恚恨,日夜伺其短,竟无隙。后擢太仆少卿。念亲老,请告归,卒。

　　邵蕡,字南皋,余姚人,宏治庚戌进士,官通州知州。张皇亲游历天下,所至苛索金帛,毒威以逞。通州士民闻其将至,劝蕡豫备。蕡曰:"无害也,可制囚车二乘,须其来,汝辈但一呼众集,听吾指授耳。"皇亲至,坐堂上,役卒咆哮,主亦威武。蕡令纳之囚车中,而自槛其一,北行,百姓乘间殴其役卒,观者忧之。及至京,上大嘉悦,下皇亲锦衣卫,毙狱中。久而太后闻之,曰:"吾不识邵知州何状,乃能如此,可令吾一见耶!"奉懿旨逮蕡,则已升南刑部郎中矣。寻命往南逮之,则已迁福建参议,又升广东参政,旋擢福建布政使。缇骑往来,皆不相值。上知太后怒未已,密敕致仕。世宗立,诏即其家赐麟衣以旌之。

　　吕本,字汝立,初姓李,其后奏复,余姚人,嘉靖壬辰进士。授检讨,历官宫坊。世宗方锐意总揽乾纲,本主顺天试,题为《礼 F 乐征伐自天子出》破云:"治以一统为盛势,以不移为尊。"上览而悦之,属意大用,晋祭酒,以少詹入阁办事,充会试总裁。复掌吏部,加少傅。本所事既英察主,又分宜、华亭二相为同列,而上不疑,下不忮,奏对能持大体,调停景、裕二邸,以安国储,其功居多。建议筑新城于姚江南,为乡里保障。丁忧回籍,优游林下者二十余年,终身无疾言遽色,人咸服其盛德。神宗癸未,年八十,上命有司存问。又四年,卒,赠太傅,谥文安。

　　赵锦,字元朴,余姚人,嘉靖二十三年进士。授江阴令,擢御史,清军云南。三十二年元旦,日食,锦以为权奸乱政之应,驰疏劾严嵩罪。上大怒,谓锦欺天谤君,遣使逮治。既至,下诏狱,考讯榜四十,斥为民。穆宗立,起故官,累官工部侍郎。万历二年,迁南京右都御史,改刑部尚书。张居正遭丧,南京大臣议疏请留锦及工部尚书费三旸,不可而止。居正令言官劾锦讲学谈禅,妄议朝政。遂乞休去。居正死,起故官。十一年,拜左都御史。时方籍居正资产,锦言,世宗籍严嵩家,祸延江西诸府,居正私藏,未必逮严氏,若加搜索,恐贻害三楚,且居正诚擅权,非有异志,其翊戴冲圣,夙夜勤劳,功亦有不容泯者,今其官荫赠谥及诸子宫职,并从褫革,已足示惩,乞特哀矜,稍宽其罚。不纳。二品六年考满,加太子少保,寻加兵部尚书,仍掌院事。帝幸山阴,奉敕居守。十九年,拜刑部尚书,年七十六矣,辞,不允。寻卒,赠太子太保,谥端肃。锦厉清操,笃信阳明之学,而教人则以躬行为本。守仁从祀孔庙,锦有力焉。始忤严嵩,得重祸,后道过分宜,见嵩藁葬路旁,恻然悯之,属有司护视。继忤居正罢官,追居正被籍,复为营救,人以是称锦长者。

　　吴兑,字君泽,山阴人,嘉靖三十八年进士,授兵部主事。隆庆三年,由郎中擢湖广参议、蓟州兵备副使。五年,以右金都御史巡抚宣府。兑举乡试,出高拱门,拱罢相,兑独送至潞河。及拱再起兼吏部,遂超擢之,释褐十三年,得节钺,前此未有也。时俺答尝为边患,兑以计驯其妻三娘子,三娘子为兑尽力,遂通贡市。万历二年,以功加右副都御史。五年，迁兵部侍郎，总督宣大、山西军务。七年，召还，寻加右都御史，佐兵部事。九年，复以本官总督蓟辽、保定军务。速把亥寇边，兑遣总兵李成梁等击斩之，余寇遁去。诏召还，拜兵部尚书。御史魏允贞劾兑历附高拱、张居正，给事王继光亦言兑受将吏馈遗。兑遂乞休再三，许之归。后数年，卒。自兑居边十余年，烽烟无警，兑去而边患如故。

朱赓，字少钦，山阴人，隆庆二年进士，入翰林。万历六年，以侍读为日讲官。宫中方兴土木，赓因讲《宋史》，极言花石纲之害，上悚然。累官礼部尚书，丁母忧去。二十九年，以故宫兼东阁大学士，遣行人召之，辞，不允，入朝与沈一贯、沈鲤同列。赓极陈矿税之害，帝不能用。未几，妖书事起，辞诬赓动摇国本。乞避位，帝慰谕有加。一贯倡群小穷治不已。赓在告，贻书一贯，请速具狱，毋株连，事乃得解。三十四年，一贯、鲤去位，赓独当国，年七十二矣。朝政日弛，中外解体，赓揭月数上，十不一下。又因言官言，力请帝更新庶政，而于增阁臣、补大僚、广言路三事，语尤恳切。帝优答之而不行，赓乃素服诣文华殿门恳请，终不得命。赓以老，屡引疾，阁中空无人。帝谕简阁臣，赓力疾请付廷推，乃用于慎行、李廷机、叶向高，而召王锡爵于家，以为首辅。三十六年冬，卒。遗疏陈时政，语极悲切。赓先加少保，进吏部尚书文华殿大学士，及卒，赠太保，谥文懿。子敬，循官至右通政。

朱燮元，字懋和，山阴人，万历二十年进士。除大理评事，迁苏州知府，累官四川右布政。天启元年，将入觐，而永宁土官奢崇明反，蜀王要燮元治军。崇明僭伪号，统所部及徼外蛮数万，分道陷州郡，趋成都。成都兵止二千，饷又绌，燮元檄征诸道兵入援，敛二百里内粟入城，偕众官分陴守。贼百计攻城，燮元随其来而破之。援师集，力战，崇明遁走，城围百二日而解。乘势复州、县、卫所四十余，以功擢兵部侍郎总督四川、湖广、陕西军务，遂集将佐直攻永宁，石砫女官秦良玉以兵会之，连败崇明，据其巢穴。崇明既失永宁，求救于贵州土司安邦彦。邦彦遣军窥永宁，燮元败走之。朝命燮元以兵部尚书兼督川、贵、云、广军务。崇明、邦彦畏燮元，乞就抚。燮元闻于朝，许之。燮元旋以父丧归，贼复炽。崇祯元年，复召燮元以原官视师，进少保，赐尚方剑。于是大集诸将，三路进兵，大破之，崇明、邦彦皆伏诛。捷闻，帝大喜。燮元又复乌撒，降水西，平定番、镇宁叛苗。四年，阿迷土官普名声作乱，远近震动，巡抚总兵不能御。燮元以兵临之，遂就抚。以功进少师，世荫锦衣卫指挥。十一年卒于官，年七十三。

吴孟明，字文徵，尚书兑子也。以荫为锦衣千户，进镇抚司副理刑。时逆阉魏忠贤私人许显纯掌镇抚刑篆，孟明与同事。中书汪文言下狱，忠贤欲致其供词以兴大狱，授意显纯，方会讯，文言不妄供，乃刑掠之，十指尽拔其甲。谓曰："高攀龙、杨涟、左光斗等，岂非汝党？"文言抵痛将绝，似有应声。显纯即书高攀龙等数十人姓名，欲以成狱。

孟明曰："凡昏绝中语，理当再申。"文言毕而复苏，急索名单，且哭且碎之曰："与高攀龙等无涉。"乃得免。显纯诬孟明藏匿亡命，下本司拷讯，削籍归。尝出游，忽遇旧逻卒来谒，问以何为？卒曰："为伺察周汝登、刘宗周等间隙耳。"孟明曰："昔夏门亭长知怜李固，长安石工犹贤司马，今尔曹独无心耶？"卒乃唯唯去。崇祯初，起故官，进掌卫事。先是，文选郎李彬、职方郎邹毓祚，以赃系狱，而彬死。孟明承问时，毓祚赃少，上怒。对曰："毓祚原参三款，已承其二，安敢法外苛求。且臣果有舤徇，何不坐赃于已死之彬，乃坐赃于现存之毓祚耶！"上是之，报可。苏州以复社事，指张溥等为乱魁。孟明具疏救之。掌篆二年，解任去，进阶荣禄大夫。年八十，卒。子邦辅袭职，亦理比司刑。崇祯末，给事姜埰、行人熊开元，以言事同日系诏狱。帝欲置之死，邦辅白缇帅骆养性，故缓其狱。帝怒稍解，令严讯主使者。邦辅乃略讯具狱，诏予杖遣戍，二人由是获免。

　　章正宸，字羽侯，会稽人。从学同里刘宗周，有学行。崇祯四年，进由翰林，改礼科给事中，参王应熊阴鸷狠傲，不宜入阁。帝大怒，下狱考讯，削籍归。九年，召为户部主事，迁吏科都给事中。周延儒再相，正宸出其门，不肯阿徇，尝与相忤。延儒以罪辅冯铨力得再召，欲假守涿功，复铨冠带，正宸争之，事遂寝。未几，以救李日宣，谪戍均州。福王立，召复故官。正宸上疏，请檄江北四镇，分渡河淮，互为声援，陛下缟素，亲率六师，驻跸淮上，声灵震动，人切同仇，简车徒，选将帅，进寸则寸，进尺则尺，据险处要，以规中原，忠义所激，四方岂无响应而起者哉。魏国公徐宏基荐逆案张捷，安远侯柳昌祚荐逆案阮大铖，部议并起用邹之麟、张振孙、刘光斗等，正宸疏谏皆不纳，改大理丞，乞假归。鲁王监国，署旧官，事败，弃家为僧，不知所终。

　　黄鼎元，字庐先，山阴人。内行淳至，游历燕、赵、韩、魏间者二十余年，地理形势悉识于心。崇祯七年，赴山西副将李秉春之招。时大兵至大同、宣府境，下城堡数十，直至北楼。秉春问计，鼎元曰："我兵寡，战必无功，惟劫营或可图存耳。"于是造转线木炮数十，铁炸炮九，每炮入火药四十余斤，选死士三百人，乘夜大雨，火攻之，又设伏力战，城赖以全。是时监军内臣刘允中，拥重兵败走，惭且忌，乃诬奏秉春冒夺军功，不俟报，械系之。秉春愤懑，气塞死。鼎元走击登闻鼓，代诉冤。命三法司会谳得实，遂斩允中，赠秉春都督同知，鼎元授宣府守备。九年，大兵攻宣府，鼎元复用火器守御。明年，升万全卫都司，屡擒大盗，两定兵变。十四年，张献忠蹂湖北，特升湖广掌印都指挥使，加都督府衔。时城堞不完，军器残缺，鼎元见巡抚宋一鹤，谋整御之策，条画甚悉。一鹤大不以为然，作色曰："湖广乃腹内承平之地，非边塞比，贵阃当以牧民为主，何必纷纷多事。"鼎元对曰："张献忠现在侵掠，止隔汉江一带，尚言承平耶？"一鹤曰："长江天堑，岂能飞渡？"鼎元曰："公真书生之见也。"遂出叹曰："事不可为矣。"遂佯狂病归。

十五年七月去任,九月武昌陷,屠戮无孑遗。

盛国政,字寰宇,山阴人,虎项骈胁,长八尺,声如洪钟,目灼灼有光。儿时溺于水,数鸬鹚衔其衣出之。崇祯庚辰,以辽阳籍,举武进士第三,除福建守备,升延平参将,军政严肃。移镇杉关,汀州山贼阎王、猪婆等作乱,巡抚檄国政往讨。国政按兵,与汀人讲求贼所出没,咸得其实。乃召父老,每村与一鼓、一旗,贼至,则入堡,鸣鼓举烽,他村应之,其有旗之众,即是良民,兵毋得入。约定,乃亲率百人,夜犯一村,村鸣鼓举烽,顷刻,百里传警皆遍。国政知民可用,乃进兵,村民锄棒争先,烧其二砦。猪婆出战,亲射杀之。又以巨炮横击,洞石糜碎。贼悸不敢出,数日缚阎王以献,贼遂平。乙酉,率所部赴南京,马士英以不先谒己,沮弗达。唐王入闽,国政建议当称监国,不从。及议战守,请出衢信,以号召三吴,若画地而守,则备多众分,即碙州、厓山之覆辙。众不听。郑芝龙专国,方筑安平镇拟郿坞。乃叹曰:"时事不可为。"即日决去,隐于医。王师入闽,贝勒招之,不应,去之西乡。固山金砺贻书劝之。国政复书曰:"仆今所欠,惟一死耳,所以不死者,以上有七旬老父,又三世单传,膝下甫呱呱一子,将转沟壑,并斩吾祖后耳。若相迫不已,岂真不能死哉?"固山言于贝勒而阴护之,得免。国政于天官奇遁、历代阵法、九边海防,皆有图注。尤深好《大学衍义》,手录辨订四十卷。耻伐旧绩,或偶举及,辄不乐而罢。闽都督王进功,故麾下也,尝奉檄剿沿海居民之通贼者,以问国政。答曰:"盍先驰骑令内徙,令而不听,两不恨矣。"进功如其言,全活甚众。后三十年,卒,葬建宁。以上明

沈文奎,会稽人。年二十,为明诸生,北游遵化,天聪三年,随众来归。命直文馆,隶汉军镶白旗。崇德元年,授宏文院学士。以饮醉乘马失避御前仪仗,论死,上特宥之。顺治元年,授保定巡抚。时盗贼、叛将所在蜂起,文奎设方略,遣将士擒斩之。又保定等府赋课,尚沿前明旧例摊厉民,文奎奏请罢免,俱报可。擢淮扬漕运总督,至则淮徐扬方遭高进忠、魏用通、高升之乱,文奎先谕降贼将孔道兴等八人,进忠等遂潜遁入海。有鄞报国、司邦基者,假拥立明宗新昌王为名,讹言惑众。于是魏明通、高升复突入应之。文奎亲帅将佐,逐至白驹场,尽歼之,高进忠降。又平如皋叛渠于锡藩、邳州土寇杨秉孝等,海滨底定。于是疏请禁革漕弊,不论官户、儒户、济农名色,概令有司与民户一体催督,及时上仓。遂著为令。四年,以擅免荒田税赋,又请明朝陵寝祀典,革职。五年,起补宏文馆学士,充实录馆副总裁,寻充会试主考。八年,复总督淮扬漕运。十年,胶州总兵海时行叛,奉命同直隶、河南、山东总督马光辉统兵进剿,两路夹攻,俘斩甚众,时行自杀。其党李文进率所部降。以功加一级,荫一子。时江北水旱相继,文奎请将十年漕粮照灾改折,九年以前宿逋酌量蠲免。部议往返咨驳,各属候复,冬尽犹未开征。十一年,海寇朱周镇称伪号,文奎督兵擒之,悉诛其党。又奏垦江北荒

屯地九千余顷。是秋,以催运稽迟,降三级调用,寻补陕西督粮道,卒于官。按越中《旧志》,文奎字清远,世居曹娥村。

　　徐准,字式平,会稽人。少习举子业,弃去,走京师。杨嗣昌奇其才,招之往。嗣昌驱贼入川,谏弗听。嗣昌死,丁启睿引与议事,以计擒通许、太康二贼官。启睿使伏阙上《寔陈寇情疏》,上见之大骇,面询之。准指陈多切时弊,退复上用间十二策。授开封同知,赞画军务,随李建泰出师。甫出都,兵散,准往河南结土寨,至则闻都城已破,南依史可法,使监黄得功军,补庐州同知,进工部员外。得功自刭,准与诸将降王师。次年,大兵将渡西兴,准曰:“越吾乡也,不可不一救。”遂诣军门,愿自效。内院佘公,素知准,荐之贝勒。准启贝勒曰:“江东必破,破则第勿杀,吾能招之。”至萧山,仅空城,径趋钱清,准预使父老具牛酒,迎拜马前,准故询曰:“此何地耶?”则咸对曰:“太平桥。”准曰:“自此太平矣,请封刃。”贝勒从之,一郡以全。授准招抚使,招朱大典于金华,大典自焚死。转之衢,失所持符信,守衢者遂杀准。越三日,大兵薄衢,守者降,以杀准故,诛之。其姻家山阴昌师著,官三衢教授,徒行求准尸殓之,弃官护之归。子嘉庆当荫官,辞不受。萧山毛奇龄为准作墓表。

　　杨懋经,字九有,山阴人。生有异表,既龀,左右辅牙长寸许,出唇外,母使医截之。有老人见而惊曰,惜哉,此封侯相也。及长,长八尺,知勇绝伦。时浙东初定,余寇逃入山海者数十屯,号白头兵。懋经集乡人,团练以守,贼来,设伏败之。盗首王三等,惊窜入海去,浙东以宁。游京师数年,苏抚张忠元延以俱南。岁甲午,湖寇钱应魁聚众焚掠吴江,城门昼闭,屡败官军。乃署懋经为太湖营总巡。懋经募死士,造快船,往来巡徼,先捕杀贼耳目数十人,入湖遇贼,即力战,贼退则尽筑诸隘口,以兵守之。贼急甚,捕鱼虾为食,将遁入海,懋经密令识应魁者预伺海口,果获之。事闻,赏银五十两,改署平望守备,剿平浙寇。己亥,署苏松水师镇标守备,屯崇明。时海寇郑成功率众四十余万,欲犯江宁,由崇明而北。总兵梁化凤所部,兵少不敢动。懋经将渡海,人以中流有大寇止之,懋经曰:“此正吾辈立功时也。”率前所募死士,乘风纵击,杀数百人,夺其楼船十余艘。化凤曰:“有此飞将,吾无惧矣。”遂委以中军,兼署左前后守备事。郑成功围镇江,总督郎廷佐悉发江宁兵援之而败,镇江陷,进逼江宁,围城数重,江路绝,援兵莫至。懋经与化凤率四千人驰入江宁,屯教场,廷佐以其兵少,不足当敌,绝弗问。会积雨没胫,懋经谒化凤曰:“外援绝,粮且尽,坐死于此,曷若决一死战乎。”化凤不可,固请之,则曰:“尔往谒军门。”乃疾驰谒廷佐请战,廷佐难之。懋经愿独率所属缒城以战,胜则辟门相助,败则甘罪。廷佐壮而允其请,遂勒所部三百人,且蓐食列于仪凤门内,自与死士十八人,背旗跃城下,既摩敌垒,乃大呼奋击。敌出不意,自相蹂踏。而门内三百人亦出合击,贼大败。擒其将张顺而还。明日,复率数百人出别门搏贼,贼退走,参将李廷栋助之,遂获大胜。六月十七日,为郑成功生日,大会将佐。懋经侦知之,启化凤曰:"昔汉高会诸侯兵四十万于荥阳,置酒高会,项王选二万骑破之,兵家所谓击其怠也,今其时矣。神策门临大江,自明初已塞,请穿塞,乘其醉击之。"化凤起揖曰:"非君不及此,请同李廷栋先尝贼,吾统众即至。"约束定,日已昳,曰:"贼已醉矣,时不可失也。"先诸将穿塞出,直捣中军,奋呼力战,化凤兵至,夹击之,敌溃,亟扼之江,大破之,成功仅以数千人遁,遂乘胜复镇江。是役也,懋经获敌都督二、总兵二、副将三、大纛一、首级无算。李廷栋无所获,分所获都督二、总兵一让之。成功既败,率余众复困崇明,懋经驰救,一鼓破之,追奔三十里。懋经功第一,御赐袍帽、靴袜、刀带等物,以旌异之,升崇明镇都司,世袭,拜他喇布勒哈番,迁广东惠州游击。康熙初,擢两广督标中军副将;九年,升山西平阳镇总兵,未赴,战伤发,病且革矣,犹呼曰:"大丈夫未罄生平,奈何死耶。"呕血而卒,年四十五。子国柱袭。

姚启圣,字熙止,会稽人,附族人籍,隶镶红旗。由康熙二年举人授广东香山知县。十三年,耿精忠反,康亲王统师进讨,辟启圣为参谋。当是时,精忠结郑成功子经同反,经使其将刘国轩等拒大兵。会精忠为浙督李之芳所败,窘迫乞降,王不许。启圣曰:"二贼相合,猝难破也。请许精忠降而专攻经。"王许之,于是招降潮州刘进忠、汀州韩大任,皆吴逆党也。以功授温处道,升福建布政使。又率其子仪,破贼紫阆山,擒贼将曾养性于温州,擢福建总督。十七年,刘国轩陷海澄、长泰、同安,围泉州,进逼漳州,兵号十万。启圣乘大雾出,死士持戈先登,启圣自率精兵继之,呼声震天,贼不辨众寡,自相踏籍,大败而去。遂复长泰、同安,进攻海澄。十八年,经大将朱天贵来降,贼势愈促。十九年,启圣会巡抚吴兴祚,水陆并进,攻海澄,克之,贼逃归台湾。适施烺以忤经来降,启圣计破台湾非水师不可,习水师非烺不可。值郑经死,乃疏言时不可失,请用烺为水师提督,以百口保之。得旨允行。烺先攻膨湖,不克,总兵朱天贵战死。启圣率大兵救之,至鹿耳门,门窄水浅,舟不得上,贼据高险处远观,扬扬自得。忽海水骤长丈余,千舟如鸟张翼而进。贼错愕不知所为,郑经子克塽与刘国轩面缚出降,台湾平。启圣晋太子少保,兵部尚书。吏部议功,加至四百余级。二十二年冬,卒,年六十。启圣长七尺,皙而髯目,精光四射,手勒奔马,用弓至二十石,麾下所养奇才、剑客,皆能得其死力,临阵应变如神,而性慈,不妄杀戮。先是闽人困军供,十室九空,当事者迁沿海居民于内地,界而围之,越者死,民多流离,营兵又奴其男妇。启圣三疏于朝,请旋师,归者犹驱人口北行。启圣泣请于王,下令严禁,而倾私财尽赎以还。又请开海禁,复民田庐,听降卒垦荒为生,列戍于外以防卫之。疏凡四上,部议不从。尝念越州父母之邦,修郡邑庠、三江闸、西江塘,乡人至今称之。子仪,字长文,初随父征闽有功,授知县,仪状魁岸,千夫辟易,尝驱驷马驾奔车,自后掣之,踯躅不能进。挽弓四钧,百步之外洞数札。收壮士张黑子、王三痴、锺宝等十人置左右，令募兵而教之，无不以一当百。贼望见前锋曰，姚公子旗也，皆引去。同安之捷，迁员外郎转郎中，应出为知府，上以仪才略素优，以总兵官用，授江南狼山总兵。启圣卒，袭骑都尉世职，历沅州、鹤丽诸镇，擢镶红旗副都统。卒，赐祭葬，子法祖嗣职。

吴兴祚，字伯成，山阴人。世居州山，祖大圭，教授辽东，遂隶正红旗。父执中，顺治中官御史，备兵漳泉，谕降海澄黄梧有功，迁湖广参政，谢病归。兴祚，顺治七年贡生，授江西萍乡令，迁沂州知州，以事降，补江南无锡知县。无锡旧赋合十余万，羁狱者五人。兴祚请于巡抚，以公事开除其半，而余半自任之，破械出五令，为办装使归。康亲王征福建，五令中有为王幕客者，荐其才，王辟以从军。耿逆平，擢福建按察使。奸人奉朱统锠为渠帅，盘踞江西、福建错壤处。兴祚使诸将布列声势，而令壮士持檄说降其大校陈龙等，独统锠匿赣州山中。兴祚佯言班师，而阴令降人奔统锠，导以趋闽。统锠果乘间来，设伏擒之。论功擢福建巡抚。时郑经据台湾，遣刘国轩等犯漳泉等处。兴祚与总督姚启圣合力拒之，收复被陷州县，擒获、招降贼将数十人，国轩遁。兴祚与启圣乡里至好，军旅指画，彼此应如桴鼓，故事集功成。十九年，复海澄，克厦门，以功予世职。二十年，擢两广总督。时左都御史徐元文奏请革除逆藩私增诸税，而御史祝锺灵奏粤省盐课太少，恐有侵蚀情弊，并下督抚详察。兴祚上言，粤东盐法与淮浙不同，其自赴盐场收买者曰水客，商人转买水客之盐卖民间者曰埠商，每岁额课十四万有奇，盖不知几千百商民凑合资本，获利原自无多。自逆藩强占场埠，高价市卖，向来数千百商民主利，全归私囊，盐埠，诚困民之一也。粤东渡口三百余处，每处岁纳官税，多不过二三两，自藩兵罗踞津口，重加税钱，负贩只身，并苦毒害，渡税，亦困民之一也。货物旧有落地税，通省每岁三万五千两有奇，逆藩使土棍横称总店，鸡豚蔬果一概抽分，其铜锡诸物已纳税者，又加私敛，总店，亦困民之一也。通省渔户每年输税五千有奇，逆藩举渔户微利，一网全收，渔课，亦困民之一也。盖逆藩尚之信，于稍可获利之处，遍布爪牙，横行剔括，每岁所得约计不下数十万，皆从小民剥肤敲髓而出，未可因利孔之多从而节取。伏读恩诏，有云："逆贼盘踞地方，横加钱粮税课，督抚察明，悉行除免。"则粤东一省，睿照所必周矣。疏下会议，凡尚之信横征苛敛，悉饬革除。二十二年加兵部尚书。二十四年，请于广东、广西两省设炉鼓铸。二十八年，降调。三十一年，授归化城副都统。又以拨送马匹不即察收，降调。三十六年，大军征噶尔丹，兴祚坐沙克舒尔塘，命复原职。未几，卒。孙奕曾袭世职。兴祚好晋接交游，海内名士尝聘致署中，暇则诗文觞咏，往往倾箧赠之。又散黄金于族属，以故尝困乏，及罢官，至不能给衣食，及死，人皆痛之。

何嘉祐，字子受，山阴人。生而秀挺，工文字。方国安溃兵东掠，嘉祐奉父以避，追及,刃挥其父,嘉祐承以膊,号而求代,俱得免。顺治丁酉,举顺天副榜,授江西奉新知县。自金声桓乱后,四境不靖,民多流亡。嘉祐严保甲,劝农桑,不一,二年,户口殷集,渐成富饶。擢户部主事,乞尚书免江南民欠百余万。尚书梁清标赍诏撤平南王,请与俱行。甲寅正月三日,尚可喜拜诏且逡巡,次日,可喜来见,议遣其子先发,而已以三月行。其子攘袂大言曰:"急则作郑国姓耳,何以行为?"藩下诸将皆汹汹。五日夜半,督抚提镇交至,告吴三桂以滇南反。清标顾嘉祐曰:"奈何?"嘉祐曰:"制仓卒,勿辱使命,其责在公。设守卫,俾他日不横决,则封疆自有主者。今日独可使缓发,以需朝命。"清标俯首良久,曰:"更为我思之。"嘉祐曰:"此毋庸思,不速断,即为人制。"即起然烛草疏。诘旦,可喜从数百人擐甲入,两阶夹戈刃坐定,清标对众言曰:"王毋为行计,予已具疏留王,非王,孰可拒滇逆者。"可喜愕然曰:"仆不识尚书何谓也?"清标出疏曰:"疏已具,努力答恩厚。"可喜气顿缓,手疏传示诸将,皆相顾而散,事遂定。其秋,可喜子终叛,而以先有备,亟伏诛。嘉祐升员外,晋郎中,改御史,巡视河东鹾政。卒,年五十九。

王灿,字子美,会稽人。伟貌长躯,望之如神人。中康熙甲辰进士,授陕西甘泉知县,有惠政。已而吴逆反,四方无赖蜂起,邻邑有王士成者,亦聚众劫掠。灿补城垣,科丁壮,简兵仗,办粮草,为守城计。而阴察左右胥皂,多目动言肆者,知其为贼内应,城必不可守。乃日朝服视事,曰:"吾办一死待贼矣。"未几,贼伪为难民,至城下,内应者启之,城遂陷,灿方坐堂皇,遽拥至贼营,贼见其貌,大骇,有老贼曰:"此酷似孙尚书。"谓类明督师孙传廷也。皆罗拜请为帅。灿大骂。贼怒欲刃之,而贼中有甘泉人,谓灿好官,代为乞命,乃械其手足,纳之狱。先是,灿朝服待死,仓卒为贼篡去,未及死而朝服故在身。逾数月,大兵至,贼窜走,主兵者出灿于狱,衣虽破敝,缕缕尚朝服,大叹异之,檄署延安府靖边同知。群逆削平,上官欲以灿抗节事奏闻,灿谢曰,某所领县,城池、仓库、狱囚,无一完者,且并所佩印失之,律当致法,得免死足矣,敢邀赏乎?乃卒受靖边同知以归。又二年,病卒。

沈嘉徵,字怀清,山阴人。年十三,刲服和药愈母疾。援例授广西苍梧县长行乡巡检,调横州,吏目所在,民歌颂之。雍正三年,督抚以卓异荐,超授江西乐平知县,建义社谷仓。民讼随到随判,案无留牍。有明建文时县令龙泉张彦方者,举义以抗靖难师,捐躯甚惨,母妻同时殉节,邑人哀之,合葬县治清白堂后,三百余年莫敢至墓所者。嘉徵为文以祭,且修其茔,祀之名宦。调知浮梁,却陶户陋规。窑俗,遇佣夫病,辄弃不治。乃创广济堂,俾病者居之,资以医药,全活无算。并设义冢,立石志其姓氏里居。建昌江书院,以训士子。邑向有蛟穴,邑人輂土塞之不能满,咸谓穴中有怪,近穴之田百余亩,皆荒芜不治。嘉徵率役,手辟榛莽,平高田之土以实之,尽成沃壤。其他奉檄审理邻邑疑狱，平反无算。乾隆三年，卓异升知广西象州，转百色同知，土司率豪侈，馈嘉徵以金。却之，曰："尔自检束，吾不尔苛，无以金为也。"历镇安、太平知府，升云南迤西道；十七年，擢云南按察使，理诬申冤，狱无枉滥。二十二年，督抚购金事发，嘉徵以不先奏，劾罢归。旋授江南常镇道。越二年，以年七十告归，又六年，卒。按公历仕数十年，淡泊自处，宦橐萧然，室无妾媵。夫人亡后，即独居一室，以一稚孙侍，婢仆不敢辄入也。引年归，辟屋旁地为圃，曰晚香，莳花种竹，逍遥其中。予昔至绍兴，曾谒公于南门里第，长身岳峙，白髯长尺余，言论和平而详尽，谦恭温厚，一代伟人也。

姚述祖，字思乘，会稽人，乾隆元年进士。官山东历城知县。仁慈明敏，民爱戴之。鬻珠人郑某，误以大珠入小珠中，以与贩者，后追索涉讼，述祖曰：珠在某所，吾已知之矣。即命役投持牒向贩妇取大珠，谓其夫所白也，妇果出珠。一民被殴舁验，血渍头面，状甚危。述祖熟视，令起诉。舁者言，创甚不能起。述祖曰："吾知其徒步至捍石桥，始舁而进，何敢欺我！"其人愕然起。或问谁见之者？曰："无之。此人殴于昨暮，而夜半方雨，吾见其履有泥，故知之耳。"仙台院道士，谋毒同侣而误杀其师。述祖往验，抚尸叹曰："吾有良药可使立苏，惜未识所中何毒耳？"道士不觉吐实曰："银锄。"遂以抵法。述祖听讼，令人各尽其辞，徐以一言剖曲直，无不心服者。不轻用刑，尝曰："三木之下，何求不得，虽款输无疑窦，吾终不敢自信也。"时山东大疑狱，上官悉以属之，平反不可胜计。迁胶州知州，未任，丁外艰归。家贫，不能具饔飧，未几卒。以上国朝

以上乡贤

理　学

王守仁，字伯安，余姚人。父华。守仁娠十四月而生，五岁不能言，异人拊之，乃言。年十五，访客居庸关，时阑出塞，纵观山川形势。弱冠举乡试，学大进，益好言兵，且善射。登宏治十七年进士，授兵部主事。正德元年，以疏救给事戴铣，触刘瑾怒，廷杖，谪贵州龙场驿丞。守仁因俗教导，苗民化之。瑾诛，移知庐陵县，迁南京刑部主事，擢鸿胪卿。兵部尚书王琼素奇其才，十一年升右佥都御史，巡抚南赣。时山贼谢志山、池仲容等，攻掠州县，守仁至，以计陆续破之。上言权轻无以令将士，请给旗牌，提督军务，得便宜行事。王琼奏从其请。乃治军进兵，破贼巢八十有四。诸贼首皆受诛，降者无算。于横水设崇义县，于下浰设平和县，置戍而归，境内大定。守仁所将，皆文吏及偏裨小校，而平数十年巨寇，远近惊以为神。进副都御史，世袭锦衣副千户。十四年六月，宁王宸濠反，守仁急趋吉安，与知府伍文定征调兵食，治器械舟楫，传檄暴宸濠罪，俾守令各率吏士勒王。又以计檄府县，言都督许泰等，将边兵、京兵各四万，湖广、两广

督抚，与南赣兵共十六万，直捣南昌，所至有司缺供者，以军法论。宸濠闻之恐，留十余日，诇知中外兵不至，始悟守仁绐之，七月朔，留宜春王拱樤居守，而自率众袭破九江、南康，下攻安庆。时守仁兵食已集，闻南昌兵少，大喜，趋樟树镇誓师。十九日夜半，抵广润门，黎明，诸将梯堞而登，缚拱樤等，宥胁从，安士民，慰谕宗室，遣兵分道进。宸濠闻南昌破，自安庆回兵。二十四日，遇于黄家渡，大战，贼溃。次日复战，贼又败，退保樵舍。二十六日，官军用火攻，贼遂大败，追宸濠获之，其党皆就缚，贼平。京师闻变，皆震惧，王琼大言曰，王伯安居南昌上游，必擒贼。果奏捷，时帝已亲征，捷书至，诸嬖幸嫉其功，竟为蜚语。守仁俘宸濠，发南昌，上书止帝南征，不许。命为江西巡抚。世宗即位，拜南京兵部尚书，论功封新建伯。嘉靖六年，思恩田州土酋卢苏王受反，总督姚镆不能定，乃诏守仁以原官兼左都御史，总督两广。守仁至南宁，苏受乞降，乃数其罪，杖而释之。亲入营，抚其众，上书请于思恩设流官，量割田州地，立岑邦相为土知州，而于田州境置十九巡检司，以苏受等任，并受流官知府约束。帝从之。断藤峡瑶贼结连八寨、花相诸蛮，盘亘三百余里，焚掠郡邑。守仁就便讨平之。事闻，杨一清、桂萼忌之，赏格不行。守仁病，疏乞骸骨，举郧阳巡抚林富自代，不俟命，竟归，行至南安，卒，年五十七。守仁天姿敏异，与上饶娄谅论朱子格物大旨，还家日端坐读《五经》，数年无所得。后谪龙场，忽悟格物致知，当自求诸心，不当求诸事物，喟然曰："道在是矣。"遂专以致良知为主云。守仁既卒，桂萼奏其擅离职守。帝怒，下诏停其世袭，恤典俱不行。隆庆初，廷臣颂其功，诏赠新建侯，谥文成，世袭伯爵。万历中，从祀文庙。子正亿，二岁而孤，长袭新建伯，卒。子承勋嗣，督漕运，卒，无子。侄先通嗣，崇祯十七年春，流贼陷京师，被杀。

陶望龄，字周望，会稽人。少有文名，举万历十七年会试第一，殿试一甲第三。授编修，历官国子监祭酒，卒，谥文简。望龄笃信阳明之学，与弟奭龄及周汝登，皆以讲学名。沈一贯以妖书事倾郭正域，望龄偕唐文献等往见一贯，曰："郭公将不免，人谓公实有意杀之。"一贯踌躇酢地，若为誓者。文献曰："固知公无意杀之也，第台省承旨下石，而公不早讫此狱，何辞以谢天下？"一贯敛容谢之。望龄见朱赓不为救，亦正色责以大义，愿弃官与正域同死。赓遂致书一贯。狱得解。

刘宗周，字起东，山阴人。幼孤，育于外家，中万历二十九年进士。母卒于家，宗周奔丧，为垩室中门外，日哭于中。服阕，选行人，请养大父母。遭丧居七年，始赴补，以母节闻于朝。天启元年，转礼部主事，以疏劾魏忠贤，停俸半年。累迁至太仆少卿，移疾归。四年，起右通政，宗周复固辞。忠贤责以矫情厌世，削其籍。崇祯元年，起顺天府尹，上疏言。"陛下求治之心太急，酝酿而为功利，功利不已，转为刑名，刑名不已，流为猜忌，猜忌不已，积为壅蔽。此人心之危，所潜滋暗长而不自知者。诚能建中立极,默正此心,以之求治,则天下化之,陛下一旦济于尧舜矣。"帝以为迂,然叹其忠。未几,都城被兵,传旨办布囊八百,中官竞献马骡。宗周曰:"是必有以迁幸动上者。"乃诣午门,叩头泣谏,俯伏待报,自晨迄暮。中官传旨报可,乃退。为京尹,政令一新,豪贵敛迹。居一载,谢病归。八年,诏起用,固辞,不许。九年入朝,帝问人才、兵食及流寇猖獗状。宗周言:"陛下求治太急,用法太严,布令太烦,进退天下士太轻,诸臣畏罪饰非,故有人而无人之用,有饷而无饷之用,有将不能治兵,有兵不能杀贼。流寇本朝廷赤子,抚之有道则还为民,今急宜以收拾人心为本,收拾人心在先宽有司参罚,参罚重则吏治坏,吏治坏则民生困,盗贼由此日繁。"帝又问兵事。宗周言御外以治内为本。对毕趋出,帝顾温体仁,迁其言,命他用,授工部侍郎。逾月,上《痛愤时艰疏》。帝怒甚,谕阁臣拟严旨。已而意解,降旨奖其清直焉。帝欲大用宗周,体仁患之,募山阴人许瑚疏论之,谓宗周道学有余,才谞不足。帝以瑚同邑,知之宜真,遂已不用。其秋,三疏请告去。至天津,闻都城被兵,又上章力言时弊,并言体仁误国。帝大怒,体仁又力诋,遂斥为民。十四年,帝以宗周清正敢言,用为吏部侍郎,未至,擢左都御史。力辞,不允。入对文华殿,帝问都察院职掌安在?对曰:"在正己以正百僚。"帝曰:"卿力行以副朕望。"乃列建道揆、贞法守、崇国体、清伏奸、惩官邪、饬吏治六事以献。又劾御史喻上猷、严云京,而荐袁恺、成勇,帝并从之。冬十月,召见廷臣于中左门。时姜埰、熊开元以言事下诏狱,宗周约九卿共救。入朝,闻密旨置二人死,宗周愕然,谓众曰:"今日当力争,必改发刑部始已。"及对,侃侃言之,帝大怒,以宗周偏党,革职斥为民。归二年而京师陷,宗周徒走荷戈诣杭州,请巡抚黄鸣俊讨贼。鸣俊辞以甲仗未具。乃与故侍郎朱大典、故给事中章正宸、熊汝霖,召募义旅。将发,而福王立于南京,起宗周故官。宗周以大仇未报,不敢受职,自称草莽孤臣,疏陈时政,言今日大计,舍讨贼复仇,无以表陛下渡江之心;非毅然决策亲征,无以作天下忠义之气。一曰据形胜以规进取;一曰重屏藩以资弹压;一曰慎爵赏以肃军情;一曰核旧官以立臣纪。又言南中封疆诸臣之可诛者有二,举朝谋国不忠之当诛者有二。语皆切中时病。诏纳其言,宣付史馆,中外为悚动。而马士英、高杰、刘泽清恨甚。宗周又抗疏劾士英,王优诏答之,促其入朝。士英大怒,即日具疏辞位,而泽清、杰遣刺客十辈,往杀宗周。宗周时在丹阳,终日危坐,未尝有惰容,客前后至者,不敢加害而去。泽清草一疏,连署高杰、刘良佐及黄得功名上之,言宗周劝上亲征,谋危君父,臣等即渡江赴阙,面讦奸臣,正春秋讨贼之义。疏入,举朝大骇,传谕和衷集事。宗周不得已,以七月十八日入朝。初,泽清疏出,遣人录示三镇。高杰曰:"我辈武人,乃预朝政耶?"得功疏辨臣不与闻。士英寝不奏。史可法不平,遣使遍问诸镇,咸曰不知。遂据以入告,泽清辈由是气沮。士英既嫉宗周,益欲去之,而荐阮大铖知兵。宗周曰:"大铖进退,系江左兴亡,老臣不敢不一争之,不听则将归尔。"疏入,不听。遂告归,诏许乘传,将行,疏陈五事:曰修圣政、振王纲、明国是、端治术、固邦本。优诏报闻。明年五月,南都亡,六月,潞王降,杭州失守。宗周方食,推案恸哭。自是遂不食,移居郭外,往辞祖墓,归舟过西洋港,跃入水中,水浅不得死,舟人扶出之,绝食二十三日,始犹进茗饮,后勺水不下者十三日,与门人问答如平时。闰六月八日卒,年六十八。其门人徇义者,有祝渊、王毓蓍。宗周始受业于许孚远,后入东林书院,与高攀龙讲习。冯从吾首善书院之会,宗周亦与焉。越中讲学,自王文成公后,流弊渐入于禅,宗周忧之,乃筑证人书院于蕺山,集同志讲肄。将死,语门人曰:"学之要,诚而已,主敬其功也,敬则诚,诚则天,良知之说,鲜有不流于禅者。"学者称念台先生。乾隆四十一年,赐专谥忠介。子汋,字伯绳,少通举子业,宗周不令就试,恐当道借此为情也。己巳,宗周官京尹,遇册立东宫,恩补官生。日潜心经史习读而身体之。自宗周殉节后,恪守遗训,布衣蔬食终其身。坐卧小楼二十年,以哀毁成疾卒。友人私谥贞孝先生。

　　按刘念台先生殉节处,在西郭门外西北二里许梁浜村,今为农舍,中屋有石陷壁中,高八尺余,大书"明刘念台先生殉节处"。字大径尺,笔势挺劲苍古然无款识,不知为何人所书也。予往游时,在乾隆乙酉二月□□日。以上明

以上理学

儒　林

　　蒋劝能,字汝才,余姚人,嘉靖乙丑进士。授行人,擢礼部主事。是时,同官多知名士,共订读书约,欲兼通今古,乃先读《经济录》、《吾学编》,次读《左传》、龙门、班、范诸史,各以意加评点,十日为期。公退时,各携所读帙来,直会者一人朗诵,遇有疑,则共相辩论。劝能沈细,不为枝蔓谈,众方竞辨时,劝能间出一语,辄中的。寻转郎中,出为湖广参议,分辖衡、永,治以慈惠为本。零陵有要人,气焰张甚,屡以事干劝能,不为意,遂诬构之,贬一秩,归遂不出。永州龙兴寺有息壤,柳子厚尝记之,要人欲夺此寺为宅基,劝能不可。及归而地竟属要人。土功兴,执锸者八人,一日死,未几,要人亦卒。闻者无不惊怪。劝能家居,好读书,所著有诗文集若干卷,卒年六十八。以上明

　　黄宗羲,字太冲,余姚人,明御史尊素子也。天启时,尊素以劾魏忠贤、客氏,死诏狱。庄烈帝即位,忠贤伏诛,宗羲年十九,乃袖长锥,草奏疏,入京讼冤。至则尊素赠荫、祭葬诸恤典已下。会刑部鞫逆党许显纯等,召宗羲对簿,即出锥锥显纯,血流被体,又击杀狱卒颜咨、叶仲文。盖显纯为镇抚时锻炼尊素,而绝命于二狱卒手。宗羲因冒死报仇,时以忠义孤儿宥之。崇祯十二年,逆党阮大铖挟重贿,将谋起用,宗羲与诸名

士为《留都防乱揭》讨之。福王立，大铖秉朝政，修旧怨，曲杀周镳，遂以次逮问宗羲。值大兵南下，事得解。鲁王监国，授兵部主事，擢御史，晋副都御史。王航海，宗羲匿山中，发箧衍读之。宗羲早岁受业刘宗周，闻诚意、慎独之学，至是复举证人讲会，绩学之士咸宗之。康熙十七年，学士叶方蔼欲荐博学鸿词，宗羲寓书止之。十八年，左都御史徐元文荐于朝，复以老病辞。乃诏取所著书，宜付史馆。宗羲上下古今，穿穴群言，文章疏古淡宕，得庐陵神髓，自天官、地志、百氏、九流，及野乘稗言，无不精究，学者称为梨洲先生。卒年八十六。按《浙江通志》，宗羲拔崔呈秀之须，焚告父墓，复以锥锥李实及许显纯。<small>以上国朝</small>

以上儒林

文　苑

贺知章，字季真，永兴人。性旷夷，善谈说。证圣初，擢进士，累迁太常博士，召入丽正殿，撰《六典》等书。开元中，迁礼部侍郎，兼集贤院学士。肃宗为太子，知章迁宾客，授秘书监。知章晚节尤放诞，自号四明狂客，每醉，辄属辞，笔不停书，咸有可观。善草隶，世传以为宝。天宝初，请为道士还乡里，并乞镜湖一曲，诏许之。擢其子为会稽郡司马，使侍养，卒年八十六。肃宗立，以雅旧，赠礼部尚书。<small>以上唐</small>

杨维桢，字廉夫，山阴人。少时日记数千言。父宏筑楼于铁崖山中，绕楼植梅百株，聚书数万卷，去其梯，俾读楼上者五年，因自号铁崖。元泰定四年成进士，署天台尹，改钱清场盐司令。性狷直，十年不调。会修宋、辽、金史成，维桢著《正统辩》千余言，总裁欧阳元功读而赏之，欲荐不果。转建德路推官，擢江西儒学提举，未上。会兵乱，避地富春山，徙钱塘。张士诚屡招之，不赴，具书复士诚，反复告以顺逆成败之说，士诚不能用也。又忤达识丞相，徙居上海，海内名士、荐绅，造门纳履无虚日。酒酣兴至，笔墨横飞，或自吹铁笛，侍儿歌以和之，人目为神仙中人。明洪武二年，太祖召诸儒纂《礼乐书》，以维桢前朝老文学，遣翰林詹同奉币诣门敦请，辞疾不赴。明年又召之，维桢请受事而辞官。帝许之，赐安车诣阙，留百有十日，所纂叙例略定，即乞骸骨。帝成其志，仍给安车还山。宋濂赠诗曰：“不受君王五色诏，白衣宣至白衣还。”盖高之也。抵家卒，年七十五。维桢与无锡倪瓒、昆山顾瑛、茅山张羽、永嘉李孝光为友，诗文俱擅一时。<small>以上元</small>

戚澜，字文澜，余姚人。文名雄一时，意象脩远，非人世荣利所可羁縻者。官编修，天顺初，予告归省。岁余诣京，晚渡钱塘，风涛大作，有绛纱灯数百，照耀江水，丈夫九人，帕首裤靴，带剑乘马，飞驰水面，一舟皆恐。澜曰：“无惧，我知之矣。”推窗谓曰：

"若非桑将军九弟兄耶?"皆跪而应曰:"然。"曰:"去,吾喻矣。"须臾风息浪子,即命返棹归,谓家人曰:"吾某日逝矣。"及期,沐浴朝服端坐,顷之,向九人者,率甲士来迎,戈戟旌旗,晃耀闪烁,遂卒。卒后,车骑腾踔前后,若呵卫者,隐隐入空而灭。

徐渭,字文长,山阴人。十余岁,仿扬雄《解嘲》作《释毁》,人皆传诵。长为诸生,有盛名,总督胡宗宪招致幕府,掌书记。宗宪得白鹿,将献诸朝,令渭草表上之,世宗大悦,宠异宗宪,宗宪益重渭。及宗宪下狱,渭惧祸,遂发狂,又击杀其继妻,论死,里人张元忭力救得免。乃游金陵,抵九边,还入京师主元忭,元忭导以礼法,怒而去。后元忭卒,渭白衣往吊,抚棺恸哭而去。后卒于家,年七十三。渭天才超轶,诗文出伦辈,善草书,工写花草竹石。后二十年,公安袁宏道游越中,得渭残帙,以示陶望龄,相与激赏,刻其集行世。

祁豸佳,字止祥,弟熊佳,字文载。山阴人。豸佳,天启丁卯举人,以教谕迁吏部司务;熊佳,崇祯庚辰进士,除知县,召为兵科给事中。明亡之后,当事币聘,皆却之,日与老衲淡禅,其轨辙相同。而豸佳工书画,往往流汗呵冻以应。熊佳杜门枯坐而已。后俱以寿终。当熊佳入垣,值马士英以王之明诈冒太子,欲付法司严鞫,并以倾黄道周、姜日广。熊佳扬言于众曰:"太子真伪未可知,若遽加考掠,何以服天下? 今老成凋丧而罗织大臣,此何谓也。"福王选采女入宫,又抗疏反复争之。后左良玉称兵东下,遗檄熊佳,熊佳复书曰:"马士英神人共愤,仆不难手刃之以谢天下,但名义所关,将军悉兵东向,恐无解于道路之口。"良玉不听,天下传诵之。以上明

张岱,字宗子,山阴人,明文恭公元忭曾孙,参议汝霖孙也。文思坌涌,好结纳海内名流。明亡,避乱剡溪山中,家业益落,故交朋辈多死亡,语及少壮秾华,自谓梦境。著书十余种,率以梦名,而《石匮书》记明代三百年事,尤多异闻。年六十九,作生圹于项王里,曰:"伯鸾高士冢近要离,予故有取于项里也。"后又十余年卒。

祁班孙,字奕喜,山阴人,明忠敏公彪佳子也。年十四而忠敏殉国。班孙性敏慧,既无举业,乃学为诗,与同邑朱士稚、慈溪魏畊、归安钱缵曾善,俱以诗名于时。班孙自以义烈之后,亡国余生,故所作多忧深思微,以会风人之旨。顺治十八年,畊、缵曾俱以罪见法,士稚亦牵连系狱,寻得释。班孙坐流宁古塔,至戍所数年,为沙门,寻卒。所著有《自怡堂集》。兄理孙,字奕庆,以才藻自豪。乱后闭门谢客,诸文多散佚。理孙子曜徵,字既朗,诗品清皎,有《卧士诗稿》。

傅日,字午侯,山阴人。博学工诗文,与黄逵、朱轸、王雨谦,号四君子。所著有《壮游漫草》、《壮游近草》、《西征草》、《西归草》、《纲鉴评》、《史记评》、《叫月前后》等集。年九十,临卒前一日,手书讣状十余纸,末附一绝云:"一入红尘九十秋,投闲笔墨遂风流,重来改换头和面,不是今朝傅午侯。"子廷钺,字宁远,行谊文章,克肖其父,著

有《匡园杂录》、《杂考》及《文苑杂捃》、《学律》等书。卒年八十七。

张杉，字南士，山阴人。少负才名，越中名士咸重之。与萧山毛奇龄为忘年交，龄有作，必呈杉证其可否，常相倡和，日必咏诗数章。卒年七十。子燧，字星陈，康熙庚辰进士。知栾城县，入为吏部主事，卒。明崇祯己卯，杉寓萧山，邑令罗明祖集文士于河阳馆课文，题为《德行颜渊》一节，课毕，复揭一纸于卷末曰，汉人有名曰颜子、曾子、仲弓、子路、子游、子夏者，何人也？坐中无应者，杉从容书其下曰：颜子，黄宪也；仲弓，陈寔也；张曾子，张伯饶也；城头子路者，东平爰曾也；子游，张骞之孙猛也；汉同时有两子夏，一杜钦，一杜邺也。明祖避席揖之，问其年，盖十九云。

商盘，字苍雨，号宝意，会稽人。少时过目成诵，文思如涌泉，未冠已名震一时。举雍正庚戌进士，授庶常，迁编修，以禄养，自陈乞外任，出为江南、湖北同知，擢广西梧州知府，改庆远，移守镇安。丁忧服阕，补知云南府，移元江。大兵剿缅甸，督运军粮，以劳卒，年六十七。著有《质园诗集》三十二卷，又集国朝越州人诗数千首，为《越风》若干卷，行于世。乾隆丙子，予客广西桂林太守商公思敬署中，适公以科场内监试至省，公为居停主人族侄，故公事毕日，进署相叙。所言惟道平生所历名胜，间及经济，而绝口不谈文艺。然每见其有所著作，辄兀坐少许，即据案疾书，手不停挥，而诗文成矣。视其稿，则字画多半边字，且有仅数点者。问之，则言吾上句未及写完，而下句已至，固无暇书全字也。又言吾每一题入手，则辄思立格若何，至文辞，则下笔即至，毋庸求索也。此予所目睹者，其学瞻而思敏，固非流辈可及。

胡天游，字稚威，山阴人。雍正乙卯，诏举博学鸿词科，礼部尚书任兰枝以天游荐入京师。大学士鄂尔泰问两戒形脔、九乾躔度、八十一家文墨，口汩汩如倾海。鄂公大惊曰："是真才也。"未几，试殿上，天游鼻衄，血污卷几满，遂报罢。鄂公延为三礼馆纂修，诸公卿争欲致门下，概谢之。每试，策文至二千言，论或仅数十字，与常格不合，登甲科屡改乙科。天游凡三中乙科，乾隆十六年，再荐经学，寻游太原，卒。所著有诗集文集若干卷。

童钰，字二树，山阴人。废举业，专攻诗，与刘鸣玉、陈芝图号越中三子。后客河南，修一省三十六州县志乘，条例谨严，人多称之。善画兰竹水石，尤工画梅。有高氏，九棺未葬，挥十纸助之，窀穸立办。寝疾扬州，画梅题诗求袁枚序其集，未尽一句，掷笔卒。以上国朝

以上文苑

越中杂识　下卷

忠　节

嵇绍,字延祖,□□人,中散大夫康之子也。十岁而孤,事母孝谨,以父得罪,靖居私门。山涛言于武帝,起为秘书丞,累迁汝阴太守、徐州刺史、黄门侍郎,迁侍中,忤齐王冏,以事免。朝廷有北征之役,征绍,复其爵位。驰诣行在所,值王师败绩于荡阴,百官侍卫皆溃散,绍俨然端冕,以身捍卫,兵交御辇,遂被害于帝侧,血溅御服,天下哀之。及事定,左右欲浣衣,帝曰:"此嵇侍中血,勿去也。"册赠侍中光禄大夫,加金章紫绶,爵弋阳侯,赐墓田一顷,客十户,又赠太尉,祀以太牢。元帝即位,赐谥忠穆,子孙袭封。

谢琰,字瑗度,安之子也。美风姿,弱冠以贞干称。苻坚南寇,安以琰有军国才用,出为辅国将军,以精兵八千,与从兄玄陷阵破坚。以功封望蔡公,除征虏将军、会稽内史,征为尚书右仆射。太元末,为护军将军,加右将军。王恭反,假琰节都督前锋军事。恭平,迁卫将军徐州刺史假节。孙恩作乱,加督吴兴、义兴二郡军事,讨恩,斩贼许允之,破邱尪,恩遁于海岛。朝廷以琰为会稽内史,督五郡军事,本官并如故。恩复寇浃口,入余姚、上虞,进及邢浦,去山阴北三十五里。琰将兵而出,广武将军桓宝为前锋,摧锋陷阵,杀贼甚多,而塘路窄狭,琰军鱼贯而前,贼于舟中旁射之,军中断,琰至千秋亭败绩。帐下都督张猛于后斫琰马堕地,与二子肇、峻俱被害,宝亦死之。后刘裕左里之捷,生擒猛,送琰小子混,混刳肝生食之。诏赠琰侍中司空,谥忠肃;肇,散骑常侍;

峻，散骑侍郎。以上晋

　　王琳，字子珩，山阴人。梁元帝时，以军功封建宁侯，拜湘州刺史。平侯景，拒武陵王纪，功俱第一。元帝性多忌，以琳兵盛得众心，出之岭外，为都督广州刺史。后元帝为魏所困，乃征琳赴援。琳次长沙，知江陵已破，乃为元帝举哀，为进取计。陈霸先立敬帝，以侍中司空征琳，不赴。霸先受梁禅，遣侯安都、周文育讨之，战于沌口，擒安都、文育，乃立军府于郢，带甲十万。初，永嘉王庄出质于齐，及敬帝被弑，乃遣兄子叔宝赴邺，奉庄篡梁祚于郢州。庄授琳侍中大将军中书监，改封安城公，辅庄次于濡须口。陈遣吴明彻袭溢城，败之，明彻仅以身免。琳督兵东下，直趋扬州，陈太尉侯瑱等拒之芜湖，时西南风急，琳以火燧掷瑱船，忽风转为东北，反烧己船，遂大溃。琳奉庄入齐，齐孝昭遣琳出合肥，纠集义故，旋令镇寿阳。其部下将帅，悉听以从陈氏结好于齐，齐召琳还邺。未几，陈将吴明彻寇齐，命琳与将军尉破胡共为经略。琳以今年太岁在东南，岁星居斗牛，不利于我，宜守以制之，慎勿轻斗。尉不从，大败，齐令琳赴寿阳召募，进封巴陵王。吴明彻进兵围之，堰淝水灌城，城陷被执。百姓号泣从之，明彻部下将领争来致请。明彻恐其为变，杀之。还其丧于邺，赠琳侍中开府录尚书事，谥忠武。以上梁

　　曾恁，字仲常，巩之孙也。官通判温州，需次于越。建炎二年，金人陷越，恁被执，辞气不屈，遂并其家属四十口杀于越南门外。越人作窖瘗其尸。金人去，其弟恩时知余杭县，制大棺殓其骨，葬之天池山。事闻，予三资恩泽，官其子宓将仕郎。方被难时，宓甫四岁，与乳母张皆死，至夜张苏，顾见宓亦苏，尚吮其乳，郡卒陈海匿宓以归，后仕至知南安军。

　　唐琦事见祠祀。

　　赵孟松，福王与芮从子。元兵驻绍兴，孟松谋举兵，事泄，被执至临安。范文虎诘其谋逆，孟松诟曰："贼臣负国厚恩，共危社稷，我帝胄，欲复疆土，乃反以为逆乎？"文虎怒，趣斩之，过太庙，呼曰："太祖列宗之灵在天，何以使孟松至此。"闻者皆为陨涕。既死，雷霆晦冥者久之。

　　吴观、陈非熊，新昌人，皆业儒，有气节。元兵至浙东，少帝北去，闻报，相对恸哭，协谋奉宋宗室赵节，使图恢复，集义勇，缮城固守，俱力战而死。非熊三弟、两子、十余仆皆遇害。观、非熊，并祀乡贤祠。

　　谢绪，会稽诸生，宋谢太后侄也，居钱塘之安溪。三宫北行，绪大哭，投安溪死。门人葬之金龙山。今墓前有庙，有司岁时祭焉。

　　朱光，字吉甫，诸暨人，明经敦行。元伯颜入临安，遣裨将招抚浙东，至县，光与同邑张轸、朱皎等，率乡兵抵御，被执。光口占曰："生为大宋臣，死为大宋鬼。一片忠义心，明月照秋水。"元将怒，以火然之，三日始绝。轸、皎亦死之。以上宋

　　董旭，字太初，新昌人。少负英气，博通群书，善画。方国珍据台、庆，欲罗致幕下，不屈被害。其画有《江山伟观图》，朱竹垞尝题诗其上。画锺馗极怪伟之状，见之生畏，今尚有存者。

　　顾圭，上虞人。方国珍侵上虞，圭聚乡兵拒之，战于曹娥，众寡不敌，被杀，里人瘗之江岸。后其子谅迁葬，启之，容体如生，次日其地为风涛所啮，尽入江矣。谅字希武，号西村，明初官无锡教谕，有《省己录》行于世。以上元

　　永乐初，会稽有二隐者，一云门僧，一若耶溪樵。僧常泛舟赋诗，归则焚之。樵日鬻薪两束，足食则已。每于溪沙上以荻画字，已，辄乱其沙。有疑者，自后抱持观之，则七言律也。诗云："梦入鹓班觐紫宸，醒来依旧泣孤臣，半生家国唯余我，万里江山已属人；无地可容王蠋死，有薇堪济伯夷贫，伶仃苟活缘何事，要了荧荧一点真。"乾隆四十一年，赐祀忠义祠。

　　按《会稽县志》，蔡运，南康人，官四川参政，罢归。靖难后为僧，至云门寺寓焉。《表忠录》，樵即廖平，襄阳人，建文时官兵部侍郎。

　　毛吉，字宗吉，余姚人，景泰五年进士。除刑部主司，辖锦衣卫。卫卒伺百官阴事，以片纸入奏即获罪，朝官莫不惴恐。即以罪下刑部者，亦莫敢捶挞。吉独执法不挠，有犯必重惩之。其长门达，怙宠肆虐，百官道遇皆避马，吉独举鞭拱手过。达怒甚，吉以疾失朝，下锦衣狱，达大喜，简健卒用巨梃搒之，肉溃见骨，不死。天顺五年，擢广东佥事，分巡惠潮，痛抑豪强，民大悦。以平程乡贼杨辉进副使，移高、廉、雷三府。时土贼四起，数百里无人烟，诸将悉闭城自守。吉愤甚，以平贼为己任，与海康知县黄骐日义激其民，贼至，辄各率所部击败之，贼皆远去。成化元年，新会告急，吉率兵至大磴，力战破贼，乘胜追至云岫山，去贼营十余里。时夜已半，召诸将分三哨，黎明进兵，会大雾，众失期，吉遇贼独战，援兵不至，遂溃。吉策马与贼相持，军吏劝吉且避敌，吉不听，手剑击贼，断贼魁臂，力绌，遂被害。是日雷雨大作，山谷皆震动。越八日，得其尸，貌如生。事闻，赠按察使，录其子科入国学，寻登成化十年进士，终云南副使。

　　孙燧，字德成，余姚人，宏治六年进士。授刑部主事，历官河南布政使。正德十年，擢江西巡抚。时宁王宸濠有逆谋，燧闻命叹曰："是当死生以之矣。"遣妻子还乡，独携二僮往，至则宸濠逆状已大露。察副使许逵，忠勇可属大事，因与之谋。先是，副使胡世宁以白宸濠逆谋，得罪去。燧念讼言于朝无益，乃托御他寇，城进贤、南康、瑞州，请设通判于弋阳，兼辖五县兵，以备横峰、青山诸窑贼。又恐宸濠劫兵器假讨，则尽出之他所。逵劝燧先发后闻，燧曰："奈何与贼以名，且需之。"会御史萧淮尽发宸濠不轨状，诏遣大臣宣谕。宸濠闻，遂决计反。宸濠生日宴众官，明日燧及诸大吏入谢，宸伏兵于府，大言曰："孝宗为李广所误抱民间子，我祖宗不血食者十四年，今太后有诏，令

我起兵讨贼,亦知之乎?"众相顾错愕,燧直前曰:"安得此言,请出诏示我。"宸濠曰:"毋多言,我往南京,汝当护驾。"燧大怒曰:"汝速死耳,天无二日,我岂从汝为逆哉。"宸濠怒,叱缚燧。逵奋曰:"逆贼安得辱天子大臣。"因以身蔽燧。贼并缚逵,二人且缚且骂,贼击燧折左臂,与逵同曳出。逵谓燧曰:"吾劝公先发者知有今日故也。"二人同遇害于惠民门外。巡按王金、布政使梁宸以下,皆稽首呼万岁。宸濠遂发兵首遣娄伯徇进贤,为知县刘源清所斩。招窑贼,贼畏守吏不敢发。大索兵器于城中,不得,贼多持白梃。伍文定起义兵,设两人木主于文信国祠中,率吏民哭之。王守仁与共平贼诸逋,贼走安义,而安义为燧所新设县,遣重兵戍之,贼至皆见获,无脱者,于是人益思燧功。燧生有异质,两目烁烁夜有光。死之日,天忽阴惨,烈风骤起凡数日,城中民大恐,收两人尸,尸未变,有黑云蔽之,蝇蚋无近者。明年,守臣上其事,阻于佞幸,未报。世宗立,赠礼部尚书,谥忠烈,与逵并祀南昌,赐祠名旌忠,各荫一子。燧子堪、墀、升,闻讣赴之,扶枢归,兄弟庐墓,蔬食三年,服除,以父死难,更墨衰三年。堪字志健,荫锦衣,中嘉靖丙戌武会试第一,官至都督佥事。子钰,嘉靖癸丑武进士,官都督同知。钰子如津,隆庆戊辰武进士,都督佥事。墀字仲泉,以贡生历官尚宝卿。墀孙如游,万历壬辰进士,官大学士。如游孙嘉绩,崇祯丁丑进士,官佥事,鲁王监国,拜大学士。陞,嘉靖乙未进士,官尚书。子铳,嘉靖丙辰进士,官尚书。铤,嘉靖癸丑进士,官侍郎。锭,隆庆戊辰进士,官太仆卿。犀,万历甲戌进士,官尚书。铳子如法,万历癸未进士,官主事。如洵,万历癸丑进士,官参政。并以行谊文章世其家。

沈束,字宗安,会稽人,嘉靖甲辰进士。除徽州推官,擢给事中。时严嵩擅政,寝总兵周尚文恤典,束疏论之。帝怒,下束诏狱,予杖,长系之。后同邑沈炼劾嵩,嵩疑与束同族为报复,令狱吏械其手足,徐阶劝得免。追嵩去位,束在狱十八年矣。妻张氏上书,言束家有老亲,无人侍养,臣愿代夫系狱,令夫得送父终年,仍还赴系。法司以请,帝不许。帝深疾言官,以廷杖遣戍未足遏其言,乃长系以困之,而令狱吏日奏其语言食息。一日,鹊噪于束前,束谩曰:"岂有喜及罪人耶?"帝闻之心动,遂释归。束归而父已前卒,枕块饮冰,佯狂自废。甫两月,世宗崩,穆宗立,召为都给事中,旋擢南京右通政。辞疾不赴,布衣蔬食十余年,终老于家。初,束无子,妻张自绍兴来京师,置妾潘与俱,至则束已系狱三日矣。张怜潘年少,欲更嫁之,潘涕泣,誓以死待。束出狱归,张身执汲炊,而日令潘进御,然竟无子。束卒未期而潘亦寻殁。山阴令徐贞明,表其里曰"一门风节"。

沈炼,字纯甫,会稽人,嘉靖戊戌进士。除溧阳知县,调茌平,入为锦衣卫经历。性刚直,疾恶如仇,锦衣帅陆炳善遇之。炳与严嵩父子交至深,以故炼亦数从世蕃饮。世蕃每以酒虐客,炼不平,辄为反之,世蕃惮,不敢较。嵩贵幸用事,人争致贿遗,炼时时扼腕,遂上疏言之。帝怒,榜之数十,谪佃保安。会嵩党杨顺总督宣大,俺答入寇,顺纵军士杀避兵人以冒功。炼遗书责之,顺大怒,为蜚语告世蕃,世蕃属与巡按路楷共图之。适妖人阎浩等以白莲教惑众,官军捕获之,顺、楷遂窜炼名其中,诬浩等师事沈炼,听其指挥。狱具上,嵩父子大喜,遂斩炼宣府市,戍子襄极边。后嵩败,世蕃诛,襄始释还。隆庆初,赠炼光禄少卿,任一子官。襄乃上言顺、楷杀人媚奸状,给事中魏时亮、陈瓒继论之,遂下顺、楷吏,论死。天启初,赐谥忠愍。

按杨顺以杀良民冒功获赏,寮属称贺,炼作诗大书遗之云:"杀良献馘古来无,解道功成万骨枯,白草黄沙风雨狂,冤魂多少觅头颅。"炼号青霞,著有《青霞集》。襄号小霞,工书画。予昔于绍兴永寿堂见其墨梅一幅,纸仅二尺余,干劲花繁,极其苍古。上题诗云:"冻风吹百卉,万物无生意,举首看寒梅,枝头开也未?"后署襄画并书。揣其诗意,盖蒙难时所作也。后官云南姚安知府,大善寺前东首,石坊尚存。

姚长子者,山阴独山人,失其名。嘉靖中,倭合山贼,由诸暨突入郡境,获长子,贯其肘,使为导。长子乃绐之令西,而密呼乡人曰:"俟我过某桥,若等亟撤之,我引贼入绝地,可悉就擒,我死无恨。"果陷贼于化人坛,四面皆水,官兵截其后,贼知为所绐,杀长子,剸其尸。贼百三十余人,乃尽歼于此,乡人立祠,祀长子于死所。

黄尊素,字真长,余姚人,万历丙辰进士。除宁国推官,精敏强执。天启二年,擢御史,疏请召还刘宗周、邹元标、周洪谟,而劾尚书赵秉忠、侍郎牛应元、通政丁启睿。秉忠、应元俱引去。又劾山东巡抚王惟俭抚绥失宜,并数论边事,直声震朝宇。时帝在位数年,未尝召见大臣,尊素请复便殿召对故事,面决大政。又力陈时政十失。魏忠贤怒,欲廷杖之,韩爌力救乃免。既而杨涟劾忠贤,被旨谯让。尊素愤,抗疏继之。郎中万燝廷杖死,又请赐恤,忠贤愈恨。五年春,逆党曹钦程劾之,遂削籍。尊素睿谞敢言,尤有深识远虑。邹元标讲学都门,尝规止之,元标不能用。万燝死,尊素讽杨涟去,涟不从,卒及于祸。魏大中将劾魏广微,尊素曰:"广微小人之包羞者也,攻之急,则铤而走险矣。"大中不从,广微益合于忠贤,难端遂作。会吴中讹言,尊素欲效杨一清诛刘瑾,用李实为张永,授以秘计。忠贤惧,遣使谯诃实,取其空印白疏,入尊素等七人姓名,遂被逮,入诏狱。许显纯榜掠备至,勒赃二千八百,五日一追比。知狱卒将害己,叩首谢君父,赋诗一章,遂死,时六年闰六月朔日也,年四十三。崇祯初,赠太仆卿,任一子,福王时追谥忠端。

倪元璐,字玉汝,上虞人,天启壬戌进士。入翰林,册封德府,典试江西,暨复命,则魏忠贤已诛矣。逆党杨维垣上疏诋东林,元璐劾之,于是善类稍登进。寻进侍讲,请毁《三朝要典》,从之。历迁南京司业,右中允,进谕德庶子,国子祭酒。元璐雅负时望,位渐通显,温体仁忌之。一日,帝手书其名下阁,令以履历进。体仁益恐,令诚意伯刘孔昭劾其妻陈尚在，而妾王冒继配复封，败礼乱法。诏下吏部核议。其同里尚书姜逢元、侍郎王业浩、刘宗周，及其从兄御史元珙咸言，陈氏以过被出，继娶王非妾。会部议行抚按勘，奏即拟旨云，《登科录》二氏并列，罪迹显然，何待行勘，遂落职闲住。十五年九月，诏起兵部侍郎，兼侍读学士。十六年五月，擢户部尚书，兼翰林学士，充日讲官。帝眷元璐甚，五日三赐对。因奏，陛下诚用臣，臣请得参兵部谋。帝曰，已谕枢臣，令与卿协计。当是时，冯元飙为兵部，与元璐同志，钩考兵食，中外想望治平，帝亦以用两人晚。然时事已不可为矣。元璐请租赋专责督抚，毋用朝使督催。自军兴以来，正供外有边饷、新饷、练饷各款，元璐请合为一，以杜奸欺，帝皆报可。十月，命兼摄吏部事。陈演忌之，风魏藻德言于帝曰："元璐书生，不习钱谷。"元璐亦数请解职。十七年二月，命以原官，专直日讲。逾月，李自成陷京师，元璐整衣冠拜阙，大书几上曰："南都尚可为，死吾分也，勿殓我尸，聊志吾痛。"遂南向坐，取帛自缢死。赠少保吏部尚书，谥文正。本朝赐谥文贞。

施邦曜，字尔韬，余姚人，万历癸丑进士。不乐为吏，改顺天武学教授，历官至工部员外。魏忠贤专政，诸曹郎奔走其门，邦曜不往。忠贤欲困之，使拆北堂，期五日，适大风拔屋，免谯责。又使作兽吻，仿嘉靖间制，制式莫考，梦神告之，发地得吻，嘉靖旧物也，忠贤不能难。迁郎中，出为漳州知府，尽知所属奸盗主名，每发辄得，咸以为神。迁福建副使参政、四川按察、福建布政，并有声。入为光禄卿，改通政使，以事夺官。逾年起故宫。吏部推刑部侍郎，帝曰："邦曜清执，可左副都御史。"时崇祯癸未十二月也。明年，贼薄近郊，邦曜语兵部尚书张缙彦檄天下勤王，缙彦慢弗省，邦曜太息而去。城陷，趋长安门，闻帝崩，恸哭，解带自缢，仆救之苏。时贼满衢巷，不得还邸舍，乃市信石，杂烧酒，即途中服之，血迸裂而卒。赠太子少保左都御史，谥忠介。本朝赐谥忠愍。康熙十一年，巡抚范承谟、郡守张三异，捐俸与倪元璐同营葬，树表立碑如制。

周凤翔，字仪伯，山阴人，崇祯戊辰进士。由翰林迁司业，历中允谕德，为东宫讲官。尝召对平台，陈灭寇策，帝为耸听。军需急，议税间架钱，凤翔曰："事至此，亟宜收拾人心，尚可括民财、摇国势耶？"亡何，京师陷，帝崩，有传驾南幸者。凤翔不知帝所在，趋入朝，见魏藻德、陈演、侯恂、宋企郊等群入，而贼李自成据御坐受朝贺。凤翔至殿前大哭，急从左掖门出，贼亦不问。归邸，作书辞二，亲题诗于壁曰："碧血九原依圣主，白头二老哭忠魂。"遂自经，二妾从之。赠吏部侍郎，谥文节。本朝赐谥文忠。

祁彪佳，字宏吉，山阴人。弱冠，登天启壬戌进士，授兴化推官。吏民易其少，及治事，剖决精明，皆畏服。丁外艰归，崇祯四年起御史，出按苏松诸府，廉积猾四人，杖杀之。宜兴民发周延儒祖墓，又焚陈于鼎、于泰庐，亦发其祖墓，彪佳捕治如法，而于延儒无所徇。延儒憾之，回道考核降俸。寻以侍养归，家居九年，母服终，召掌河南道事。

十六年，刷卷南畿，便道还家。北都变闻，谒福王于南京，擢江南巡抚。苏州诸生檄讨其乡官从贼者，奸民和之，少詹事项煜、大理寺正钱位坤、通政参议宋学显、礼部员外汤有庆之家，皆被焚劫。常熟又焚给事中时敏家，毁其三代四棺。彪佳请议从贼诸臣罪，而治焚掠之徒以加等，从之。诏设厂卫，彪佳力陈诏狱、缉事、廷杖之弊，遂止。督辅部将刘肇基、陈可立、张应梦、于永绥驻京口，浙江入卫都司黄之奎，亦部水陆兵四千戍其地。之奎御军严，四将兵恣，横刃伤民，浙兵缚而投之江，遂有隙。已而，守备李大开统浙兵斫镇兵，镇兵与相击，射杀大开，乱兵焚掠，死者四百人，永绥等遁去。彪佳劾治四将罪，周恤被难家，民大悦。高杰驻瓜州，跋扈甚，彪佳克日往会，至期，风大作，杰意彪佳必无来，彪佳携数卒冲风渡，杰大骇异，尽撤兵卫，会彪佳于大观楼。彪佳披肝膈，勉以忠义，共奖王室。杰感叹曰："杰阅人多矣，如公，杰甘为死，公一日在吴，杰一日遵公约矣。"共饭而别。群小嫉彪佳，竞诋诔，以沮登极立潞王为言，彪佳竟移疾去。明年五月，南都失守，六月杭州继失。彪佳即绝粒，移居城外寓山别业，笑曰："山川人物，固属幻境，而人生已一世矣。"闰月四日，绐家人先寝，夜半出赴水。子理孙梦中似闻开户声，惊起，见几上别庙文，并绝命词，急出遍求之，苦无迹。顷之，东方渐明，柳陌浅水中，露角巾寸许，端坐卒矣，犹怡然有笑容，年四十四。唐王赠少保兵部尚书，谥忠敏。乾隆四十一年，赐专谥忠惠。

按公一字世培，家在梅墅，距寓山五里许。寓山别业今为僧舍，予曾过之。一碑峙门外河畔，大书："明祁世培先生殉节处"。石亭覆之。入门，舍宇颇精雅。佛殿前有池，约宽二亩许，中植荷蕖，垂柳周之，即公殉节处也。池南为四负堂，匾额系公手书，寓负天、负地、负君、负亲之意。中肖公象，白面微须，而青筋隐隐现于面，威严端肃，瞻之起敬畏心。每岁春秋及忌日，其子孙毕集于此致祭云。予游时为乾隆庚辰九月十四日。

王思任，字季重，万历乙未进士。三为邑令，迁袁州推官，有能声。历官主事，佥事江西。鲁王监国，授礼部侍郎。未几，郡城失守，思任屏家，于祖墓构草舍以居，颜曰孤竹庵。巡按王应昌请拜新命，复书谢之，不食而卒，时丙戌九月二十二日。

余煌，字武贞，会稽人，天启五年状元。授修撰，崇祯时，历官中允、谕德、庶子。户部尚书程国祥请预借京城房租，煌力争不得，乞假归，遂不起。鲁王监国绍兴，起礼部侍郎，再除户部尚书，皆不就。明年，以武将横甚，上书劾之，王嘉纳。大兵渡江，王航海遁，煌朝服袖石，自沈东郭门外渡东桥下。时丙戌六月二日。

王先通，文成公曾孙。袭封新建伯，掌前军都督。都城破，先通下城巷战，手刃数人，被执。贼割舌剖心，而后杀之。子业泰，福王时袭伯爵，后被执于杭州，不屈死。

沈至绪，萧山人，崇祯辛未武进士。任道州守备。张献忠寇道州，至绪战死。其女云英，再战败贼，夺父尸还，城获全。事闻，赠昭武将军，立祠麻滩驿，荫一子入监。乾隆四十一年，赐谥烈愍。

熊汝霖，字雨殷，余姚人，崇祯辛未进士。授同安知县，擢户科给事中。疏陈用将之失，帝是其言。又言官兵不肯杀贼，专事掳民财、戕良民以为功。帝恶疏中有饮泣地下语，谪福建按察司照磨。福王立，召还补原官。马士英荐阮大铖，汝霖力争不可，不听。逾月，以奉使出，未几南京破，士英窜杭州，汝霖责其弃主，士英无以应。杭州亦破，与孙嘉绩同起兵。鲁王监国，进佥都御史，督师防江。丙戌，进兵部尚书，从鲁王泛海。丁亥，以本官兼东阁大学士。时郑彩专政，憾汝霖，戊子正月十七日，汝霖休沐琅琦岛，彩遣人潜害之。乾隆四十一年，赐谥忠节。

王毓蓍，字元趾，会稽人。为诸生，跌宕不羁，已受业刘宗周之门。杭州不守，宗周绝粒未死，毓蓍上书曰："愿先生早自裁，毋为王炎午所吊。"一日，遍召故人欢饮，伶人奏乐，酒罢，携灯出门，投柳桥下死。乾隆四十一年，赐祀忠义祠。

严起恒，山阴人，崇祯辛未进士。历广州知府，迁衡永副使。十六年，张献忠躏湖南，起恒固守永州，贼不敢至。永明王立，进户部侍郎，兼督湖南军饷。王驻武冈，拜起恒礼部尚书，兼东阁大学士。从返桂林，复从至柳州、南宁。李成栋以广东附于王，起恒从王至肇庆，与王化澄、朱天麟、何吾驺、黄士俊先后同辅政，廉洁持平，不立党羽。尚书吴贞毓等恶之，令给事中雷德复劾其二十余罪。王不悦，夺德复官。起恒力求罢，王挽留之。桂林破，从王奔南宁。孙可望据云南，遣使求封秦王，起恒持不可。可望怒，遣其将贺九仪等，率劲卒五千，迎王至南宁，直上起恒舟，格杀之，投尸于江。又杀给事中刘尧珍、吴霖、张载述，追杀兵部尚书杨鼎和于昆仑关，皆以阻封故，时顺治八年二月也。起恒既死，尸流十余里，泊沙渚间，虎负之登厓。永明王遣人求得之，葬于青山。王手书墓碑，勒石志之。后其子扶柩还，至平乐，以资斧告匮，厝于某村。村民为起坟，并立庙祀之，颇著灵异，事载《广西通志》。乾隆四十一年，赐谥忠节。按起恒字震生，起家刑部主事。

刘穆，字公岸，山阴大善桥人。貌修伟，善大刀及射，举崇祯丁丑武进士。史可法知穆才，擢为江南水师参将。南都破，募兵五百归越，为鲁王守潭头，以功，开府晋爵，移镇舟山。丙戌六月十八日，王航海去，穆闻之，顿足暴卒，目不瞑。长子肇勣，以游击隶穆军，与诸弟袒跪，腹刺尽忠报国字，涅而誓之，乃瞑。肇勣葬穆于舟山，率所部从鲁王去，不知所终。穆次子肇勷。先穆战死。勷字子让，短悍有胆义，幼随父任江南，识大盗毕昆阳于狱。昆阳，歙人也，善用枪，世传"毕家枪"。肇勷与兄肇勣慕之，日赂守者饭昆阳，一年不怠。昆阳出，遂授以枪法，由是刘氏毕枪名天下。及父穆移镇舟山，令以一军守江干。顺治乙酉六月，同兄勣渡江战，骑而据岭，连殪七人。会伏兵起丛射之，矢集如猬，僵立不仆。勣号而上者三，弗应，驰而下视，死矣。抽矢出镞斗许，负以归。同死者王允贤、陆建夔、郡吏印玉及掾吏壮士十六人。

陆建夔,字芳侯,山阴人,放翁后也。少有胆略,膂力绝人,与肇勳兄弟姻连,因习其用枪法。鲁王时,官总兵,每战身先士卒,一军倚重。后守江干,值沙涨,与肇勋、肇勳等,涉浅而渡,思为掩袭计。大兵先已准备,矢如雨注,建夔持枪奋斗,矢不能入。转战至万松岭上,失足仆地,遂不支。家仆负之归,气犹缕缕相属,出镞斗余,逾刻始绝,顺治乙酉六月廿四日也。子曾升袭爵,痛父惨死,不数月亦卒。

孙嘉绩,字硕肤,忠烈公燧五世孙也。崇祯丁丑进士,任职方主事,以弗予太监高起潜世荫,被谗下狱,狱中从黄道周受《易》,司寇徐石麒出之,戍金陵,起九江佥事,未上而国亡。乙酉,县令役民修道,嘉绩率所役三百人杀县令,偕熊汝霖入郡,迎鲁王监国,会兵江上,授东阁大学士。师溃,嘉绩携印绶图籍,由江溯海,至中洋悉沉之,蹈海死,丙戌六月二十四日也,年四十四。初葬翁洲,越二十八年,孙讷渡海扶枢,返葬烛湖。

沈八十九,失其名,萧山人。顺治丙戌五月,江防溃,结砦榆青岭以死守,杀一裨将。骑合攻急,持篾笠奋斗,皆披靡走。后力竭渴饮涧水暴死。有张锯匠者,亦萧山人,握大斧左右翼沈而斗,亦以力竭死。

王翊,字完勋,上虞人,赞熊汝霖起义,官职方郎中。江干兵溃,部其兵居四明山,为声援计。鲁王驻舟山,遥授兵部尚书,督兵五年,战辄胜。顺治辛卯六月,大兵猝至,翊率数十人将走天台,至奉化之小晦亭,居民误以为盗,缚以献。翊声色自若,被磔死,悬首于甬之西门城阙。鄞人陆春明、沈质先、范香谷,与翊旧卒毛明山,邀奉化江子云,谋收葬之。会中秋竞渡,游人杂沓,子云从十余人登城,邀游至悬首所,问守卒曰:"此谁首也?"卒以翊对。子云佯怒曰:"嘻,吾怨家也,亦有是日乎?"拔刀击之,绳断首坠地。春明、明山等已预立城下。方是时,龙舟噪甚,人无回面易视者,春明等以身蔽明山,拾首杂稠人中而去。春明祀之书室十二年,家人无知者。事定,归首于其子葬之。方翊被缚时,有三门者从之,翊麾之不去,临刑,监者以册无名,纵使去,复不肯,竟同死。翊女年十三,为营将所掠,欲娶之,女夺剑自刭。营将高其节烈,葬之以剑殉。

何腾蛟,字云从,其先山阴人。天启元年,腾蛟以贵州黎平卫戍籍举于乡。崇祯中,知南阳县,屡败流寇土贼,迁主事,历口北道、淮徐兵备道,十六年冬,巡抚湖广。时湖北地尽失,止存武昌,屯左良玉军。腾蛟与良玉交欢,得相安。明年五月,福王立,诏至,良玉不欲开读,腾蛟以死争之,卒开读如仪。八月,兼抚湖南,寻总督川、湖、云、贵、广西军务。明年,良玉以清君侧为名,率兵东下,邀腾蛟偕行,不可,急以印付家人,令速走,将自刭,为良玉拥置舟中,乘间跃入江,漂十余里,渔舟救之起。适家人怀印者亦至,相视大惊,觅渔舟忽不见。乃从宁州抵长沙,集将卒、聚粮糈,兵势稍振。顺治乙酉,南京破,唐王自立于福州。李自成毙于九宫山,其将李锦、高必正、刘体神、郝摇旗等,皆率众来归。腾蛟上书唐王,唐王大喜,拜东阁大学士,兼兵部尚书,封定兴伯,令规取江西南都。乃参用旧军降卒,立十三镇,大会诸将于岳州。拜表出师,至湖北,为大兵所败而还。大兵破汀州,唐王死,腾蛟大恸,厉兵保境如平时。永明王立,进武英殿大学士。大兵下湖南,腾蛟走全州,调诸将分扼要害。五年,加太师进侯。大兵破全州,直抵桂林,腾蛟督兵拒守。会金声桓、李成栋叛本朝,大兵暂退。腾蛟复取所失地,将攻长沙,马进忠内讧,为旧将徐勇拥见大兵,杀之。永明王赐祭,赠中湘王,谥文烈。乾隆四十一年,赐专谥忠诚。

孔四郎者,失其名,会稽人,善歌。崇祯间,父为四川主簿,死。四郎为献贼将所获,命歌以侑酒。乘其醉斫之,误中股,提刀大骂曰:"砍贼不死,天也。"遂自刎,头已落而僵立不仆。以上明

谢文,字同书,余姚人。倜傥尚志节,善骑射。顺治庚子,武会试第一。充侍卫,出为庄浪都司,调征郝、刘诸贼,平,擢游击。莫洛经略川陕,题授副将,委以前军事,统兵入川。王辅臣叛,杀莫洛,且招文。文大骂曰:"我岂从汝反者?"率孤军力战,杀贼百十人,矢尽,以短兵接战,贼用长刀斫之,中肩死。事闻,赠奉国将军,赐祭葬,官其弟文镐守备。

薛人凤,字仲辉,会稽人,以诸生援例授县丞,累升夔州通判。康熙十九年,万县逆帅谭宏叛,遣将攻夔州,城破被执,勒受伪职,不从,囚之。会川北高总兵引大军至,宏将逃入湖广,并押人凤往。人凤乘夜杀监者,奔投高总兵,潜行至天成山七里沟,遇大雪,僵卧不能前。黎明,宏觉,飞骑追及之,谓曰:"谭帅知汝有才,邀汝速回。"人凤曰:"吾头可断,身不可转也。"贼怒,杀之河干,取其头而去。事闻,赠四川按察司佥事,赐祭葬,荫其子文岳绛县知县,以官逋罢职。特恩以人凤死节,悉免之。

王龙光,字幼誉,会稽诸生。范忠贞公承谟巡抚浙江,闻龙光名,延之课子。承谟迁福建总督,邀与同行。旋值耿精忠反,承谟骂贼被系,逆党围制府,尽搜录男妇絷之去。龙光与无锡嵇永仁携手行,逆卒窘辱之,驱至殿前,令草安民檄,啖以官。二人不屈,遂羁狱中,困顿不可忍。永仁历叙诸境,为《百苦吟》,龙光和之。康熙丙辰,王师破仙霞岭,耿逆迎降,欲饰词丐死,虑承谟白其实,遂害之,并及龙光、永仁等。康熙戊子,赠修职郎国子监助教。

按永仁名留山,子曾筠,孙璜,俱大学士。孙曾簪缨弗绝。龙光与永仁同殉难,而后起无闻,为之浩叹。

章启周,字贞伯,会稽诸生。入京为部掾,得湖广汉川县刘家隔巡检。公余,则与邑士子讲学会文,为月旦评。士子知其学有渊源,咸乐从之。未几,吴逆变作,顺承王统禁旅至荆襄,启周谒军门,慷慨而谈,甚合机宜。王授以通判衔,委之招抚。遂渡江至贼营,宣示威德,晓以大义。贼怒,胁以刃,骂不屈,置之高竿,丛射杀于松滋县浣市

之关帝庙前,首悬江干,尸抛大江。吴逆平,弟启尚访之庙僧,言其详,遂以其状具诉府县。长子孚元赴阙请恤,部议行查。奉旨:章启周原系差往招抚人员,殉难是实,不必行察,着即议叙。赠主簿,荫一子,入国子监读书。

吴璜,字芳甸,山阴人。幼即能诗,为舅氏商盘所器,举乾隆庚辰进士。授户部主事,出知澧州。丁忧,服阕赴补,从温将军征金川。大军溃于木果,中炮坠溪死,赠分巡道,祭葬如例。子安祖,授福清令。璜未死时,自知不免,写诗一册付其妻叔周某带回,毕尚书秋帆序而刻之。以上国朝

谨按,我朝崇奖忠贞,有加无已。顺治九年,表章前代忠臣范景文、倪元璐等二十人,各予美谥,各给地七十亩,建祠致祭。乾隆四十一年,特奉恩纶,凡流贼蔓延,时穷节见,悉邀甄录。即天戈所指,抗颜拒命者,亦一例褒扬。分赐专谥、通谥、附祀,以追奖忠魂,垂训来裸,诚大公至正之盛心,亘古未有之旷典也。绍兴忠节之士,代不乏人,而胜国末年,殉节尤众。顺治九年赐谥者三人:倪元璐、施邦曜、周凤翔。乾隆四十一年赐专谥者又三人:刘宗周、祁彪佳、何腾蛟。得忠烈、忠节、烈愍、节愍、通谥者四十二人,入忠义祠者二十三人,可谓盛矣。书繁,不及备录,兹择其忠节尤著者记之。

欲尽悉诸忠,请览《绍兴全志》。

以上忠节

孝　行

石明三者,与母居余姚山中。一日,明三自外归,觅母不得,见壁穿而卧,内有三虎子。知母为虎所害,乃尽杀虎子,砺巨斧立壁侧,伺母虎至,斫其脑,裂而死。复往倚岩石旁候牝虎,亦斫杀之。明三亦立而死,身不仆,张目如生,所执斧牢不可拔。村人葬之,立祠祀焉。以上元

杨宗晖,洪武初,父叔器为掾,献《鱼鳞图》,以大红花绫为面。上恶之曰:"吾方以俭率天下,安得违式献此。"命诛之。宗晖赴法曹诉曰:"此宗晖实为之,今诛父,是宗晖陷之也,愿以身死法,而请释父。"法曹以闻,上许之,戮于市,年十九。宗晖,诸暨人。

宋瑜,字茂纯,会稽人。父黼,字味古,为诸生。当建文逊国时,黼设位奠哭,为仇家所告,四子争代父罪。瑜谓,伯兄承祧,诸兄皆有室,俱不可死,我未婚,止一身,请代父死,不可,则先死父兄前。黼及诸子勉从之,各窜去。逮者至,瑜曰:"事实我所为,父耄老,诸兄析居,皆不知也。"历经刑鞫不易词,以次年三月谳定屠肠。临刑,血书衣襟曰:"志伸大义不辞艰,去岁今朝别膝前,空忆曾参养曾皙,那知颜路哭颜渊,抛残骸骨酬明主,剖沥肝肠诉碧天,谁识夷齐燕市死,魂归故国化啼鹃。"诸兄收骸不得,葬衣

冠于故里御车峙。

刘谦,字惟恭;弟谨,字惟勤,山阴人。洪武中,父坐法戍云南。谨方六岁,问云南何在?家人指西南示之,辄朝夕向之拜。谦往省不返,谨又往省之,至则父患风痹而兄已死。谨告官,乞以身代。而戍法必年十六以上嫡长男始许代。时谨年十四,仍归家,悉鬻其产以畀兄子,偕以往,始获奉父还,孝养以寿终。

按刘氏为宋忠显公韐之后,世居城中水澄巷,今子姓绳绳,皆谨裔也。明末,忠介公宗周,以忠节、理学、著名于世。忠臣、孝子,后先辉映云。

何竞,字邦植,萧山人。父舜宾,为御史,谪戍广西庆远卫,遇赦还。当涂邹鲁者,亦以御史谪迁萧山令,贪暴狡悍,与舜宾不相能。鲁遂隐舜宾回籍文牒,诡言舜宾遇赦无验,捕解庆远。又令解役屏其衣食,至余干,宿昌国寺,夜以湿衣蒙其面,压杀之。鲁复捕其妻子,竞与母匿父友常熟王鼎家。已而,鲁迁山西佥事,将行,竞潜归,聚亲族数十人,各持器伏道旁,伺鲁过,竞袖铁锤奋击,驺从骇散,仆其舆裸之,杖齐下,眍两目,须发尽拔,竞拔佩刀斫其左股,必欲杀之,为众所止。乃与鲁连锁赴按察司,而预令族父泽走阙下诉冤。上遣刑部官会巡按御按治。揭舜宾棺验之,验者报伤,而解役任宽慷慨首实,且出舜宾临死所付血书,于是鲁始辞伏,遂拟鲁斩、竞徒。法司改鲁斩,以笃疾长系,竞遣戍,时宏治十四年二月也。后武宗登极肆赦,鲁免死,竞赦归,又九年卒。

张震,余姚农家子也。生周岁,父为人所陷,将刑,啮震指语曰:"某吾仇也,汝勿忘。"震长,而指疮不愈,母告以故,震誓必报。其友谓曰:"汝力弱,吾为汝报之。"未几,友遇仇于野,以田器击杀之。震喜,走告父墓。已而事发,有司伤其志论戍,遇赦归。

夏千,会稽东关人。饶膂力,事父以孝闻,众逐虎,虎逸入千园中,父出见攫。千持梃击虎头,虎爪其面,不为动,击愈急,虎舍之去,乃负父归,肠出,纳而纫之。父创甚,猝不得善药,因揽庭前苦荬嚼傅之,痛稍止。俄群猎过其门,询所用药,入视曰,此即是也,和酒饮之,令各沾醉,数日则俱起矣。服之果俞。

倪绍先,字述之,会稽人。四岁丧父,事母沈至孝。母患心疾,疗治弗效。有方士至门曰:"此疾须木心石乃瘥,然不易得也。"绍先日夜遍觅,适邻人有伐沙朴者,闻锯中有声,默祷之,果得石如弹丸。取以饮母,果瘥。人以比昔之丁公藤去。以上明

杨学泗,字鲁峄,诸暨人。父昱奇,为山贼汤梁七所杀。学泗时年十四,誓欲报之。迨大兵入境,梁七就抚,给免死牌,无间可乘。学泗破产结死士。方时进者,其父陷重辟而非其罪,学泗捐金出之,时进大感激。顺治十六年,梁七复叛,时进请深入贼营为之间。无何,贼将出劫,时进密告其期。学泗集勇士,得素所亲厚者四十三人伏大溪旁,贼来约千许,伺半渡截击之,大溃。时进随梁七马后,击梁七堕马,生擒之。宁绍道篡取贼去,以为己功,且有夤缘其中军谋犨金以赏其死者。学泗曰,事迫矣,率四十三

人见巡道,争曰:"此囚非他,某竭十二年之心血以得之者。"巡道惮其言直,降色曰:"以为渠魁当枭刑,故郑重耳,安有他也。"言讫,令枭梁七,学泗直前剖其心,提归祭父墓。康熙十一年,三藩反,梁七兄梁四仍踞紫阆山。学泗日与乡人讲守御。贼灭,罄家财赎被掠妇女。所著有《道学宗谱》、《易经讲义》、《理学心印》、《越骚》、《家训》、《五云诗集》、《五云文集》、《逸老编》。

楼墨林,诸暨人。父越凡,为山寇杨六所杀,墨林挺戈以斗,杀贼党三人,贼环攻杀之。其弟永叔,翼兄以受刃,俱被害。越七日,族人收三尸,颜色不变。墨林聘朱氏,未娶,闻讣自经。后数日,墨林见梦于家人曰,吾已得杀贼矣,会且五马裂之。时杨六破县城,计欲袭杭,驻县北五马岭,遇官军至,贼俱败死。乾隆二十五年,巡抚庄有恭具题,并建三坊以旌之。

刘廷栋,字霞文,山阴人。年十二,母疾笃,乃刲股和粥糜以疗之。父患痢,医者问痢之臭息以察生死,因尝粪以告之,毒气达脏腑,一呕几绝。康熙甲午举乡试,雍正中授广西岑溪知县。岑地广而瘠,每遇歉岁,以待赈需时,先捐俸设粥以拯之,全活甚众。邑有鼠窃者,土人多以盗控,前令捕盗十二人,计赃仅十余金。廷栋为请命于臬使,臬使怒,以纵盗揭之,藩司杨锡绂力解乃止。而臬使卒置二盗于法,及决囚,廷栋泪下。囚泣曰:"公非杀我者,我见公之心矣。"县民管凤仪者,患疯,与妻锺反目,服毒草自杀。廷栋勘实具详,臬使疑为谋,故委员复讯,如廷栋谳。臬使怒,别饬健令提讯之,严刑六昼夜,锻炼成狱,论锺凌迟。廷栋慨然曰:"事无实据,而罪至极刑,吾为县令而不能雪冤,愧职守矣。"遂乞休。臬使余怒未平,以故出入罪,免其官。治岑溪十年,去之日,百姓送者以万计,号泣声达数十里。廷栋在岑,遇疾已危,梦黄冠者遗一桃曰,公孝子也,可啖之。甘入心脾,病霍然起。卒,年八十一。予昔在梧州,闻岑溪人谈其德政不容口,时廷栋去岑已二十年矣,岑之民犹思之。而予乡先辈戴明常先生,为廷栋延于岑溪署中以训其子,知之尤详,盖与《越志》相合云。

沈士凤,字羽皇,山阴人。父客塞外,垂二十年,无音耗。士凤襆被万里寻之,穷荒僻壤,足迹几遍。越三载,遇于凉州驿舍,遂奉以归。生平恂恂无忤色,耄年怡情山水,资笔墨以糊口。盖羽皇善草书,为越中第一云。年九十余卒。予昔客绍兴曾见之,伟貌童颜,视听不衰,赠予草书大幅及柱联,至今宝之。以上国朝

以上孝行

义　行

吴孜,会稽人。尝从胡安定学,名闻嘉祐、治平间。会谋建郡学,孜即舍宅为基。

今学中有祠祀孜,岁春秋祭之。

厉德期,字直方,余姚人。妹为侍郎曹咏妻。咏昵秦桧,守乡郡,附者恐后。德期独不往。咏讽邑令引为里正,胁治百端,冀其祈已,竟不屈。桧死,德期致书于咏,启封,乃《树倒猢狲散赋》也。咏贬新州,又以十诗赠行,其一云:"断尾雄鸡不畏牺,凭依掇祸复何疑,八千里路新州瘴,归骨中原是几时。"咏得书,愤叹而已。

唐珏,字玉潜,山阴人。家贫,聚徒授经以养母。元初番僧杨琏真伽发宋渚陵取宝玉,珏闻之,不胜痛愤,亟货家资,具牛酒,邀里中少年饮,告以故。众皆曰唯命是从。乃具木柜、绢囊,各署陵名。时髡贼先发光、宁、理、度四陵,珏分委散遣收诸帝遗体,瘗兰亭山中,树冬青树于上以识之。而拾他骨置故处,使不疑。未几,髡贼又发高、孝两陵,珏友林景熙、郑朴翁、王才翁,亦潜收之,葬于东嘉。后髡贼下令哀陵骨,杂置牛马枯骼中,筑塔于故宫基,名曰镇南。杭民悲号,不忍仰视,而不知陵骨之犹存也。髡贼旋被诛,珏事乃稍稍传播,义声震吴越云。以上宋

黄玺,字廷玺,余姚人。兄伯震,商十年不归。玺出求之,经行万里,不得踪迹。最后至衡州,祷南岳庙,梦神授以"缠绵盗贼际,狼狈江汉行"二句。一书生告之曰,此杜甫《春陵行》也。春陵,今道州地,曷往寻之。玺如其言,既至,无所遇。一日入厕,置伞道旁,一人过之曰,此吾乡之伞也。循其柄而观之,见有"余姚黄廷玺记"六字,方疑骇,玺出问讯,则即伯震也,遂奉以归。

吕光午,号四峰,新昌人。倜傥不羁,有绝力,善诗文书画,喜谈兵,与徐渭、杨坷等游。嘉靖时,倭乱,总督胡宗宪养僧兵于杭,光午与少年入寺,僧兵谑之,怒击五百人,皆流血被面。督学阮鹗,困于桐乡,光午单骑破围,杀倭数百救出之。阮欲官之,不可。万历初年,关白犯朝鲜,下诏聘天下谙将略者七人,午居第二,辞不赴召。张居正诛何心隐,尸于朝天门,卫以兵。月下有二人负其尸去,光午仗剑殿其后,人莫敢近。张大复《笔谈》载其事。

张汝撰,山阴人。万历时,游京师。一日晨出,见一士子泣而投河,亟止而询之,则蜀下第举人喻思恂也,以资尽难返,故就死耳。汝撰与偕归,馆以别室,知其无子,为纳妾。三年,捷会闱,入翰苑。既而汝撰选詹事府主簿,旋里不与外事。一日,传新巡抚渡江来谒,则即思恂也。执弟子再拜稽首,人服其高义,且有知人之鉴。

金养者,王华仆也。嘉靖中,倭寇至,华族妇女数十人前遁,贼望见逐之,众大窘。养麾之曰:"主第走,养能捍之。"即扼桥拒贼,白刃如林,养独以孤梃,出入死战,良久乃仆,而主人远矣。王氏既免,思养功,祀于家祠之侧。

老哥,俞氏老仆也,失其姓名。崇祯末,白头兵起,所过焚劫,主人尽室避入城,老哥愿居守,比贼至,掠无所获,怒,烈炬束厅柱而去。时老哥已中贼矛,肠出仆地,睸贼

去,强起,以手掬肠,膝行至厅,攀柱解炬,旋殒于柱下。俞氏世祀之。以上明

　　倪宗贤,字涵初,山阴诸生。以医名,好理学,尝从鳌屋李颙讲学于武进。性慈厚,尝蓄贵药于笼中,遇贫者辄以救之。一日,舟行暮归,有盗其邻田禾者,宗贤呼曰:"此某寡妇田,借以活命,汝辈不可刈。左右为倪涵初田,渠以医得利,虽刈无伤也。"言毕鼓棹去,窃者不知宗贤之自呼,竟尽刈之。其为人概如此,及卒,人有梦见为台州城隍神者。

　　倪会鼎,字子新,文贞公元璐子也。幼侍父京邸,偶憩树下,中贵数人,见其儒雅,遣使请接席语。会鼎念父方奏撤宦官,亟谢去,年才十四耳。黄道周谪官过越,养疴于衣云阁,会鼎从之,受业讲性命之理、经济之学。文贞殉国难,时行旅断绝,乃鹑结奔丧,扶枢归。福王召袭锦衣职,不往。史可法遗书劝之,会鼎谢曰:"今在朝则具卢祀、秦桧之奸,在镇则萌王敦、李怀光之逆,公大臣也,支持半壁,若某则棘入耳,其敢以燕雀处堂负明训哉?"唐王立闽中,道周荐其有用世才,改授兵部郎中,固辞。道周复贻书勉之,卒不拜。上书言:"今者,地蹙兵骄,文武如水火,自一二正人外,无可倚者,其视宋之祥兴,相去几何! 盍遣使婉约通诚,或得休息境内,万不可,则亦如虞宾之奉唐祀,无余之守越封耳。"议未纳,而唐藩召道周出师趋婺源。会鼎上书,言用兵之道必求万全,今方略规模,一无可恃,而率乌合之众,轻于一试,诚不知其可也。王师定全浙,会鼎杜门,奉养祖母、老母,不敢顷刻离。康熙中,诏举山林隐逸,有欲推毂者,婉辞谢之。文贞尽节,家贫不能营葬,蒙本朝恩旨褒恤,且有墓田之赐,以供蒸尝。会鼎每春秋祭享,必率子姓,炷香北望叩头,而后入家庙。当道周之死事也,会鼎恸哭,持弟子服,走金陵殓之,寄其椊于僧舍。胶州高宏图,绝粒越中,为权殡于云门山。其后二公皆得归葬。华亭陈子龙、清江杨廷麟,皆文贞高弟也,殉节后,会鼎访问遗孤,力致周恤。西江塘坏,请合山会以助萧山,按亩输课,分段鸠工,命其子运建董之。自麻溪、临浦,迤西转北至褚家坟,延袤四十里,悉为改筑。塘之高三丈,基之阔加二,顶之阔亦三丈,屹然保障,至今无斥卤之患焉。晚年闭户著书,人莫识其面。所著有《治格会通》二百七十余卷,自天官、历律、礼乐、农桑、选举、征辟、赏罚、号令、赋役、屯田、封疆、关隘,以及鱼盐、坑冶之属,莫不叙其源流,辨其得失,凡二十年乃成。又著《明儒源流录》二十卷,《古今疆域合志》、《越水詹言》若干卷,其诗、古文、词,别为一集。卒年九十有七。

　　郭元化,字化宇,诸暨人。性至孝,勇略过人。时山贼猖獗,邑人推元化为团练长,遇寇于闹桥,转辗斗敌,贼尸遍野。元化身负六枪,犹越沟杀贼,中伏断三指,遂巡害。后三年,元化子、诸生士达,遇杀父贼于途,手戮之以告墓。顺治十八年事。

　　陈文焕,上虞人。广西巡抚马文毅公雄镇,延之幕中。康熙十三年,将军孙延龄叛,文毅阖门死节,文焕目击被害之惨,冒死出城,列状军前。事得上闻,奉旨:陈文焕冒险来归,忠荩可嘉,授安邱县令。在任弭盗赈饥,建学爱民。载《广西通志》、《安邱

县志》。

钱炎,字丙兼,会稽人。入都,僦屋而居,夜半不寐,觉腰膂间有物,揩挂之,晓起检视,则一坑砖微凸,扶之起,探得瓦瓶,朱提满焉。仍藏之,而问主人,向谁居此？曰:"亦君同县人朱某,三十年老贴书也,数日前瘵疾卒此,已具棺厝郊外矣。"炎不忍私其金,乃发书寄家,令其子来奔丧。炎父虞工亦长者,访至市门阁得之,资送至都,炎敛于同事得金,俾扶柩归,临行,出瓶金付之,其子感泣,同人莫不高其义。后为重庆府司狱,以素封终。

吴云潜,副将谢文之仆。文统兵随经略莫洛入川,王辅臣反,文孤军力战,殁于阵,云潜冒死入贼中,负主尸归。以上国朝

以上义行

隐　逸

严光,字子陵,余姚人。少有高名,与光武同游学。及光武即位,光变姓名,隐于齐,帝物色得之,征至都,车驾即日幸其馆,复引光入,论道旧故,相对累日,除谏议大夫,不拜,归耕于富春山。建武十七年,复征之,不至。年八十,终于家。以上汉

嵇康,字叔夜,上虞人,以避怨徙铚。少有奇才,远迈不群,美风仪,善词藻,与魏宗室婚,拜中散大夫。交者,惟陈留阮籍、籍兄子咸、河内山涛、向秀、沛国刘伶、琅琊王戎。后与东平吕安善,每一相思,千里命驾。安以事系狱,辞相证引,遂收康。锺会与康有隙,谮于司马昭曰:"嵇康卧龙也,不可起,宜因衅除之。"康赴东市,顾视日影,索琴弹之而死,时年四十,海内莫不痛之。昭寻悟而惜焉。以上三国

许璋,字半圭,上虞人。淳质苦行,潜心性命之学。王文成公养疾阳明洞,与璋共参道妙,互有资益。璋于天文地理、孙吴韬略、奇门九遁,靡不精究。正德中,尝西指谓文成曰,帝星今在楚,数年后君当见之。又谓其所居北山,当大发祥,顾吾子孙无当之者,北邻陈氏兄弟,非凡人,强与之。陈后子孙繁衍,科甲蝉联,其占卜奇中多类此。文成平宸濠归,每访璋山中,信宿而去。殁后,文成题其墓,曰:处士许璋之墓。时嘉靖二年也。

王雨谦,字白岳,山阴人。幼精敏,工古今文,性沈勇多力。时海内大乱,雨谦喜谈兵,受沈将军刀法。倪文贞劝其藏锋锷,为万人敌,遂折节读书。崇祯癸酉,举于乡。南都、杭州破,跋涉入闽;闽破,潜身归。国初,访求前代遗逸,同年生王三俊闻于津要,以监司聘。婉辞之,闭户著《廉书》若干卷。年八十余犹能舞百二十斤大刀,卒年九十。

俞增雍,字清文,会稽人,明天启甲子举人。长兄煌,投渡东桥下死。次兄增远,崇祯癸未进士,授宝应令,挂冠归隐东郭门外,灌畦终身。增雍入显圣寺为僧,往来炉峰、

若耶之间。每天寒夜午，霜雪凛冽，增雍诵佛号，声如钟吼，响震林木。诵未终，往往继以大哭。闻者怜之，劝其毋夜行。增雍曰："吾今复何求，惟求速死耳。"后雨夜至望仙桥，为虎所伤而卒。

姚球，字鸣玉，诸暨诸生。少具经济才，不求仕进。孙嘉绩起义旅，聘之幕中，军事必谘焉。方国安依鲁王于越，人皆附之。球与有旧，国安曰："主我，富贵如拾芥耳。"球叹曰："是何愚哉，不数年树倒猢狲散矣。然我不见几，彼将羁我。"遂辞孙，变姓名，远入太白山中，樵采自给。方屡物色之不能。时或传球已道亡者。后方败，始旋里，而家人已服阕矣。以上明

以上隐逸

寓　贤

梅福，字子真，九江寿春人。少习《尚书》、《春秋》，为郡文学，补南昌尉，后去官。王莽专政，福一朝弃家去，人传以为仙。其后有人见福于会稽者，变姓名为吴市门卒云。今山阴有梅山、梅市、梅里，皆以福得名。

吴羌，平帝时隐于耕。王莽居摄，携妻子随梅福隐吴门。后徙乌程馀不乡，后人名其居曰吴羌山。

蔡邕，字伯喈，陈留人。汉灵帝时，忤中常侍王甫之弟，诬以怨谤。邕乃亡命江海，远迹吴会。至高迁亭，见东间第十六屋椽竹可以为笛，取用，果有异声。

按笛亭，今柯桥土谷祠是。以上汉

王羲之，字逸少，司徒导从子也。以骨鲠辨赡称于时，善隶书，为古今之冠。起家秘书郎，迁右军将军、江州刺史，又为会稽内史。羲之雅好清逸，不乐在京师，初渡浙江，便有终焉之志。会稽有佳山水，名士多居之。尝与同志宴集于兰亭，自为序，以申其志。称病去郡，筑居于戢山，遍穷名胜。年五十九卒，政绩详名宦。

谢安，字安石，太常卿裒子也。少有重名，初辟司徒府，除佐著作郎，并以疾辞。居会稽，与王羲之、许询、支遁游处。简文帝为相，召之，始出，年四十余矣。桓温请为司马，寻除吴兴太守，征拜侍中，迁中护军吏部尚书。简文帝疾笃，安受顾命。时温威振内外，人情噂嗒，安尽忠匡翼，终能辑穆。进侍中，都督诸军事。时苻坚强盛，率兵号百万，次淮淝，京师震恐。加安征讨大都督，授兄子玄方略，破坚于淝水。拜太保，封庐陵郡公。上疏自求北征，乃进都督十五州军事，加黄钺，出镇广陵之新城。以病请逊位，寻薨，年六十六。赠太傅，谥文靖。子瑶袭爵，传至承伯，国除。刘裕更封其孙谵为柴桑侯，邑千户，以奉安祀。

王谈，乌程人。年十岁，父为邻豪窦度所杀。谈阴欲复仇，乃市利锹，阳若耕锄者。度常乘舟出入经桥下，度过，谈伺于桥上，以锹斩之，应手而毙。自归于有司，太守孔岩壮其孝，勇奏其本末，赦勿杀。孙恩之乱，杀岩诸子，谈乃移居会稽，修岩父子冢墓。元兴中，太守孔廞举谈为孝廉，辞之，卒于家。以上晋

范云，字彦龙，舞阴人。齐建元初，竟陵王子良为会稽太守，云为府主簿。将同登秦望山，云以山上有秦始皇刻石，此文三句一韵，人多作两句读之，故不得韵。又皆大篆，人皆不识，乃夜取《史记》熟读之。明日登山，子良令宾僚读之，皆莫能知。末问云，乃进诵如流。子良大悦，因以为上宾。以上齐

江总，字总持，济阳考城人。侯景寇京师，台城陷，总避难至会稽，憩于龙华寺。后入陈，为仆射尚书令。今萧山有江丞相祠，人作江淹，误。以上陈

李显忠，字君锡，清涧人。绍兴中，自西夏率众来归。高宗召对，适金兵入边，乃会诸将战于拓皋，大败之。因上恢复之策，忤秦桧意，屏居台州。久之，起为池州都统，与金人战于大人洲，首挫其锋。又同虞允文败金主亮于采石，收复和州、灵璧、宿州，中原震动。会邵宏渊忌其功，倡言惑众心，师遂溃于符离。责授团练使，安置长沙，徙信州。后朝廷知其故，复太尉，归老于会稽，遂卒而葬焉。显忠生而神奇，立功异域，父子破家殉国，志复中原，未就而卒，天下惜之。帝尝奇其状貌，命绘象阁上，谥忠襄。

沈焕，字天明，钱塘人，登熙宁进士。为开封推官，以清慎闻，擢右正言宝文阁待制。元丰中，奉使辽国，不辱君命。章惇谓给事中既为三省属，凡所封驳，宜先白后上。诏从之。焕曰："如是则给事中失其职矣。"奏请仍旧，又力言青苗法之害。拜枢密副使，辞归。神宗崩，太皇太后屡诏不起。渡江入越，隐鉴湖之浒。卒年七十有一，谥忠肃，立祠法云寺右，春秋祀之。子琰，崇宁进士。官国子监直讲，高宗时，擢御史，具疏言秦桧和议非是，帝不怿。后迁翰林博士，致仕归。琰子继禄，孝宗时著作郎，迁右司谏，与权臣抵牾，去。宁宗召补御史，改翰林学士，托疾归。端平二年卒，葬苦竹山。

按忠肃后裔，今聚居西郭门外之霞头，其家祠亦在焉。中肖忠肃象，颀面修髯，凛然可畏。

言通，字宗文，吴人，先贤子游后也。咸淳二年，以敷文阁学士知绍兴，悦其山川之秀，遂移家居焉。今城中言氏，皆其后。

韩肖胄，字似夫。曾祖琦、祖忠彦，皆北宋名臣。肖胄除资政殿学士，知绍兴，遂家于越，与弟膺胄事母，以孝闻。所得恩泽，皆给宗族。侂胄，其从弟也，后以擅权误国败，至于传首于金，人益称肖胄之贤。以上宋

高宏图，字研文，胶州人，万历庚戌进士。崇祯十六年，拜南京兵部侍郎，迁户部尚书。福王立，改礼部尚书，兼东阁大学士。马士英疏荐阮大铖，宏图力言不可，马、阮并

怒。乞休，许之。既谢政，无家可归，流寓会稽。国破，逃野寺中，绝粒卒。

　　杨定国，字清宇，济宁诸生。甲申，本朝定鼎，以户部侍郎王鳌永招抚山东，定国弃家走金陵，又之杭州，谒鲁王于越，授中书舍人。鲁王出走，流寓皇甫庄，里中人置酒劝其归命，定国曰："唯唯，且饮耳。"乘间登所居小楼，端坐自经死。邑人范会葬之，岁时致祭。今墓在皇甫庄贺家湖之南，地名费墅，包公殿侧，墓碣书"明中书舍人杨定国墓"。土人云，此墓屡有人访查，土人恐致事端，俱委不知。以上明

　　孙人龙，字端人，归安人，雍正庚戌进士。入翰林，两任云南学政，迁中允，又视学广东，俱以廉谨得士称。乾隆丁丑解组归，主蕺山书院讲席，培植后进，恩谊备至。越六年卒，贫不能归，士人争醵金置产，抚其家人。龙殁时，子元球甫十龄，及长，公请入籍，补会稽学诸生。人龙墓在稽山麓，数十年岁时展省者不绝，其感人之深如此。以上国朝

　　以上寓贤

后　妃

　　安僖王皇后，讳神庆，中书令献之之女也。太元二十一年，纳为皇太子妃；安帝即位，立为皇后。无子，义熙八年崩于徽音殿，葬休平陵。以上晋

　　文宣阮太后，讳令嬴，余姚人。梁武帝纳为采女，幸之，生元帝，拜为修容。随元帝出藩，薨于江州，归葬江宁县通望山。元帝即位，追崇为文宣太后。

　　梁敬帝母夏太后，会稽人。普通中，纳于湘东王宫，生敬帝。敬帝绍泰元年，尊为太后。明年冬，陈武帝立，降为江阴国太妃。以上梁

　　唐穆宗王皇后，会稽人。自幼侍帝东宫，生敬宗，长庆中册为妃。敬宗立，尊为皇太后。以上唐

　　宋宁宗杨皇后，少以姿容选入宫，侍宁宗，忘其姓氏，云会稽人。时有杨次山者，亦会稽人，后自谓其兄也，遂姓杨氏。庆元二年，封婕妤；六年，进贵妃。恭淑皇后崩，韩侂胄劝帝立曹美人为后，而贵妃以智术邀帝过宫遂立之后，由是怨侂胄。会侂胄用兵中原，再开边衅，后遂与史弥远定计，杀之于玉津园。宁宗崩，后又与弥远废皇子竑，而立宗室子昀为帝，是为理宗。尊后为皇太后，次年崩，谥恭圣仁烈太后。

　　宋度宗全皇后，山阴人，理宗母慈宪夫人侄孙女也。景定中，册为皇太子妃；度宗即位，立为皇后。度宗崩，少帝立，尊为皇太后。元兵入临安，后与少帝俱北去，为尼以终。以上宋

　　明神宗孝端皇后王氏，余姚人，生京师。万历六年，册立为后。性端谨，事孝定太

后,得其欢心。郑贵妃专宠,后不较也。四十八年崩,谥曰孝端,合葬定陵。以上明

越王句践夫人,不知何氏女。王入臣于吴,夫人从之渡江,作《乌鸢之歌》。已而,从王居吴石室,衣无缘之裳,施左关之襦,与王坐马粪之旁者三年。吴王望见伤之,遂释归。

西子。越王得苎萝山鬻薪之女,曰西施、郑旦。王饰以罗縠,教以容步,筑土城,建宫于中以教习之,三年学服而献于吴。以上周

以上后妃

列　女

曹娥,上虞人,事见祠祀。

谢道韫,安西将军谢奕女,王凝之妻也。聪识有才辨,叔父安尝问《毛诗》何句最佳? 道韫称:"吉甫作颂,穆如清风。仲山甫永怀,以慰其心。"安谓有雅人深致。安尝于雪日内集,安曰:"白雪纷纷何所似?"兄子朗曰:"撒盐空中差可拟。"道韫曰:"未若柳絮因风起。"安大笑乐。后凝之为孙恩所害,嫠居会稽家中,莫不整肃。以上晋

陈婆妻,剡人。早寡,好饮茗。宅中有古冢,每饮辄祀之。其子欲掘去,母禁而止。梦一人谓曰:"吾居此三百余年,赖相保护,又飨吾佳茗,虽泉壤朽骨,岂忘翳桑之报。"及晓,于庭内获钱十万。陈年九十余卒。以上齐

朱娥,上虞朱回女。幼失怙,恃鞠于祖母。治平中,祖母诟其族人朱颜,颜怒,手刃刺焉。娥方十岁,骤挽其衣,祖母得以脱去。颜怒,连砍之,身被十余刃,而手挽颜衣如故,遂断其吭而死。诏赐粟帛,乡人为立祠。熙宁中,配祀曹娥。

王烈妇,见清风岭祠祀。以上宋

徐允让妻潘氏,山阴人。至正十九年,与夫奉其舅安,避兵山谷间。遇寇欲杀安,允让呼曰:"宁杀我。"寇遂舍安而杀让,曳潘以行。潘曰:"吾夫死,吾不忍暴弃,愿待焚化而后行。"寇悦其色,从之,拆民屋,积而焚焉。焰正烈,潘奋身投火死。以上元

诸娥父士吉,洪武初,为粮长,被诬论死,二子亦罹罪。娥方八岁,昼夜号哭,与舅走京师诉冤。时有令,称冤者非卧钉板,勿与勘问。娥辗转其上,几毙。事闻勘之,仅戍一兄而止。娥以伤重卒,里人哀之,肖像配曹娥庙。

白母者,葛氏女也。夫瑾,成化中以进士知分宜县,葛与俱往。明年,瑾病。邻境有因饥作乱者,将率党劫分宜库。葛乃迁瑾别室,埋银污池中,着瑾服,升堂俟贼。贼至,则为好语相劳苦,以私藏钗珥衣服与贼。贼谢而去,而不知阴已表识,后捕得之。瑾以病卒于县,葛扶柩归,闭门谢外事。至暮年,乃为亲邻决疑难、剖曲直,人咸服焉。

以寿终。

沈束妻张氏、妾潘氏,见忠节《沈束传》。

王桢妻张氏,姑病笃,张割股调药以进,人无知者。阅二年,姑卒,张哭绝于地,有扶之起者,误触创,血淋淋下,始知其溃烂已久,几至不救。桢字良干,任兵马司指挥,从大司马田吉籍魏忠贤家,珍宝山积,田多染指,并以金砖一巨箱予桢。事毕,桢白田曰:"尚有金箱未加封登籍。"田笑之。未数月,匿赃事发,田遣戍,擢桢王府长史。

章宪,字钦臣,会稽人,鲁王时总兵。王航海去,宪散兵还家。妻金氏劝其从王,不听。匿山中,为郡守刘桓、镇将吴学礼所执,许以官,宪不应。金大声曰:"男儿死即死耳,毋二心也,妾愿从君死。"狱成欲免金以界幕僚,氏不从,命同磔,则欣然就缚。至镇东阁下,先磔宪,金闭目诵佛号,及氏,无号痛声。行刑马某,故以刀刺氏阴,两股夹不可开,乃肢解之。明日见金至曰:"死固吾分,何见辱耶?"遂椎胸呕血死。金于磔所显为灵神,祷者辄应。

商景兰,字媚生,会稽人。冢宰周祚女,祁忠敏彪佳配也。忠敏殉节,景兰年四十有二,教其二子理孙、班孙,女德渊、德琼、德茝,子妇张德蕙、朱德蓉,俱以诗名,家庭之间,竞相倡和焉。

沈云英,萧山长巷里人。父至绪,客京师,云英从之。能马射,耽书籍,过目不忘,而尤精于《春秋胡氏传》。崇祯十六年,随父任道州守备,流贼寇道州,至绪败之于麻滩驿,斩其渠于阵。贼惧,将徙去。会至绪左体被创,足僵坠马,为援贼所杀,掠其尸去。云英束发被甲,帅十骑,直趋贼砦,连杀三十余贼,负父尸而还,贼大骇遁去。湖抚以闻,敕赠至绪昭武将军,以云英为游击将军,使仍领父众。会其夫贾万策为荆州都司,守南门,流贼陷荆州,万策殉节。云英哭辞,诏命扶枢回乡。王师渡江,云英赴水死,其母力救之,免。贫甚,开垫于家祠之左,训其族中儿,族中诸生习《胡传》者悉师之。顺治十七年秋,沐浴卧而卒,年三十七。乾隆某年,湖南巡抚杨锡绂请于朝,予祠。

黄烈妇,何汝辉妻,诸暨人。孝事舅姑,夫死无子。甲申兵乱,黄匿荆棘中,贼呼使出,否则将以枪刺,黄厉声骂之,贼怒乱刺之而去,越三日殁,遍体破碎,颜色如生。

杨夫人,余姚人,孙忠烈公燧之配也。正德中,忠烈巡抚江西,舟至钱唐,遣夫人归,夫人已喻其意。及闻变,恸绝复苏,即命诸子赴难。未几枢归,宗党以枢自外入,俗所忌,夫人曰:"吾夫殉国,而枢不入中堂,非礼也。"竟奉之正寝,哭踊尽礼。后三子皆官京师,迎养邸第。七十生辰,宗戚往贺,戒诸子谢却,闭门恸哭。众侧然而散。其八十、九十,亦如前。年九十二卒。其孙清简公铉之配钱夫人,寿一百余岁,今清道桥一品百岁坊尚存。

谷氏,史茂妻,余姚人。氏父以茂有文学,赘之于家。数日,邻人宋思征债于氏父,见氏美，遂指逋钱为聘物。讼之官，知县马从龙审察其诬，杖遣之。及氏下阶，茂将扶以行，氏故未尝出闺阁。见隶人林立，而夫近已渐赪，推茂远之。从龙望见，以氏意不属茂也，立改判归思，思即率众拥舆中去。氏母随之，至思舍，氏呼号求死，断发属母遗茂。思族妇女环劝不可解，乘间缢死。从龙闻之大惊，捕思，思亡去。茂感妻义，终身不娶。

杨文俪，工部员外仁和杨应撖女，余姚礼部尚书孙升继室也。升初娶于韩，后娶于杨，诸子登进士者四人。冢宰清简公铖、宗伯铤、太仆鍠、司马厚，皆夫人亲教之。示矿诗云："何待三迁教，传经有父兄。"盖谦辞也。夫人精帖括，断决不爽。矿会试后，录文呈母，夫人笑曰："淡墨虽书第一，未免啮笔似鱼，非文之绝品也。"

姚淑人，上虞姚克俊女，余姚黄尊素配也。尊素为御史，与杨、左、魏、李诸公语及群小用事，辄叹息泣下。宾退，淑人进曰："公等不能先事绸缪，涕泣何益。"尊素被逮，淑人每夜祈死北辰之下，愿以身代。逆阉伏诛，赐章服三品，教其子，宗羲，为复社领袖。南国诸生公讦阉党阮大铖，宗羲名在第三。大铖后柄用，中旨逮治，淑人喟然曰："不意章妻、滂母萃吾一身。"山阴刘念台、常熟瞿稼轩，皆目之曰女师。以上明

傅氏，山阴王子和妻。年二十八，夫亡，纺绩事翁姑，寒暑不辍。邻妇或语以他图，变色斥之，弗与往来。课子孙，皆成立。九十初度，贺者满堂，氏出旧纺车布机数具曰："此吾所借以仰事俯育者。"又出破絮被棉衣各一曰："此吾所借以御数十年奇寒者。"子若孙皆泣。氏止之曰："吾出示尔曹，盖喜告无愧于泉下，何泣为？"乃洗盏祀其夫，然后受子孙之谒。又六年，无疾终。

范七姑，会稽人。字山阴俞炳，未婚而炳卒。范年十九，欲奔丧守志不得，遂吞金珥，不死，复投河死。衣履皆密纫，殓时有异香。家人于其脂盍中得片纸云："吞金不死又投河。"盖绝命词也。与炳合葬横江村，土人尝见有野鹿至墓前跪伏，如人稽首状。

潘集妻某氏，国色也。集为文，氏纺织，每计所织之寻丈，以较为文之迟速，以为常。集与王毓蓍善，毓蓍有友远出，妻不谨，毓蓍执而辱之，立俾母家遣去。及毓蓍自沈，集闻，即归与妻别，谓曰："我死汝当适人，毋重烦他人为王毓蓍也。"氏曰："君布衣能殉国，吾独不能以节殉夫乎？"集大喜揖谢之，走投渡东桥下死。氏纺绩自给，后五十余年卒。

祁德渊，明忠敏公彪佳女，姜廷梧之配。工诗，著有《静好集》。送黄皆令诗："西风江上雁初鸣，水落寒塘一棹轻，绕径黄花归故里，满堤红叶送秋声，片帆南浦离愁结，古道河渠别思生，此去长途霜露重，何时双鲤报柴荆。"

象山烈妇，兵乱时为营卒所掠，至钱清禹会桥，乘间赴水死。居民获其尸，衣袂尽

皆缝结，具棺殓而葬之，题碑曰"象山烈妇"，岁时祭焉。逾数月，有象山李生寻访至，曰："吾妇也。"欲携棺归，居人以烈妇姓氏莫考，未敢遽信，皆不肯。李生恸哭去。

徐履谦，会稽人。妻章氏，读书明大义。父万青，生二女而无子，久客无耗。氏将适徐，邀宗党为父立后，婚其妹，却父昔所赐籨田为祭产。归二年而履谦卒于京，讣至，氏号泣投缳。姑莫氏救之曰："汝不念我乎?"氏遂复就食。乾隆甲申七月，姑卒，既殓，氏中夜潜起，衰绖投井死。时水仅数尺，见孝帕于水上，众谋所以出之。似屠氏曰："贞妇非男子所宜负。"乃向井祷之，井水骤溢，尸随水抵井阑，诸妈舁以出，两袖端拱面如生，年二十八。以叔行美之子绍为嗣。

学士沈文奎妻陈氏，年十八归沈。方六载，文奎游遵化，久之，传闻以兵燹死。陈昆弟强之改适，乃截发誓无贰。既而贫益甚，日啜一粥，死守之。文奎从驾入关，遣人迎之，别已十八年矣。寻封淑人，年六十一而卒。

商婉人，会稽学究女。工制艺，能诗，楷书精妙。常仿吴彩鸾写唐韵，作廿三先、廿四仙。武陵沈荪为题绝句云："簪花旧格自嫣然，颗颗明珠贯作编，始识彩鸾真韵本，廿三廿四是仙先。"

徐烈妇，包家山徐某妻。事姑孝，家贫。有中表宦秦晋者，夫往依之。氏工绣作缝纫，姑及小姑叔俱赖以活。越二年而夫讣至，氏号哭觅死，姑谨守之。七七日，赴舍旁井中死，水不及胸，端立如生。家贫，越七日始殓，异香彻于里间，皆以为神。

徐氏，萧山诸生陆道见妻。夫亡，瘠田数亩，仅供馆粥。族有无赖，利其产，诱其孤，至柳巷刃之，忽闻后呼杀人者止，回视则黄衣道貌者也，因弃刃遁去。孤伤左颊，血丛面仆地，黄衣出囊药涂之，扶孤扣氏门曰："此子非我不活，然宜早为之所。"氏急讯故，转瞬不知所之。于是僦居母家，母子相依，非寒食展墓不外出。孤长，始返故居，恢先业，为东门水亭巨族。

朱烈女，诸暨朱国光女，许字楼墨林。康熙甲寅，寇乱，掠凤仪，杀墨林父。墨林挺戈报仇，杀贼三人，贼群聚攻之，遂死。其弟永叔，仓皇赴救，亦死之。是日讣闻，烈女曰："死得其所也已。"馀不置一语，夜俟母寝，乃缝其衣裙，自缢死。初，楼氏订婚，期于十月三日，而七月三日俱死于难。乾隆二十六年，巡抚庄有恭具题，与墨林兄弟特建三坊以旌。

华烈妇，诸暨傅焕照妻也，家贫甚。乾隆丙午岁歉，氏依其从父子杭，以病归，僦小舟至江隈。操舟者思犯之，氏呼号莫救，自沉于江。逾月，焕照之杭，辗转得其详，擒舟子，具狱弃市，氏建坊入祠。而小舟之隶官籍编字号，于此始。

李贞女，诸暨人，许字下图里屠天瑞，所居相隔里许。天瑞家贫，年十八，客死于蜀。其母独居，无他子，卧床褥，朝夕不得食。闻而伤之。女父母议将他字。一日，邻妪有之下图者,女谬言他往,随之行,过天瑞居,妪指曰:"此姑家也。"女乃径入,姑见之惊喜,问来意,对曰:"愿事姑。"姑以贫辞之。俄而女父仓皇至,劝之归,不肯,誓以死守,父叹息而去。所居环山多旷土,乃亲自垦辟,种粟麦,身事刈获。时在田者,皆内外族党,咸敬重之,相约守视其田禾,岁入乃足给。如是者三十年,姑卒,女子身持丧,俱当礼。姑卒无所依,抚其从侄美先。乾隆戊辰,病,告族长思忠曰:"吾悯先人无后,积渐置田八亩余,愿继美先奉祀事。"乃卒,年六十九。

长青岭烈妇,不知何许人。康熙甲寅,土贼朱德甫据诸暨紫阆山,受耿逆伪札,遥为声援。大兵进剿,贼溃散。有一卒系良家妇并其幼子于马后,且将犯之。妇好谓卒曰:"吾已被获,从汝必矣,但夫止此子,俟其来,以子归之,然后任汝所欲,吾无憾矣。"卒许之,行至长青岭,其夫奔而前,妇请于卒,以子付夫去。妇在岭上徘徊,望去者已远,至岩壁间,奋身掷下,岩深千尺,尸骨皆糜。邑人于岭上筑亭祀之,过者皆垂涕焉。

烈妇宋氏者,山阴人。归诸暨宣拱,逾年而卒。拱兄君修,狡而贪,有子数人。氏欲抚其一为嗣,不可。淮安巨商适诸暨,见氏貌美,遣女侩以多金唉君修。君修喜而允之,与商订,期于某夜以帛缚氏置舆中,拥之去。邻妇知其计,密告之,氏唯唯。遂密缝其上下衣,夜半潜奔下堰塘,投水死,康熙壬戌十一月十三日也。时天寒水冻,氏死层冰下,君修求之不得,疑匿他所。倏狂风怒起,池冰裂开数尺,声若吼雷。氏尸蹶然起,寒峭如生,冰结衣缝间棱棱然,观者成市,皆感叹,有泣下者。邑令闻之,捕君修、巨商鞫之,得其情,定罪如律。孝廉杨三炯,合士民请于官,袝祀蔡烈妇祠,而贡士何宏基独建祠于白塔湖侧祀之。人因名其池曰殉节池,池水旧污浊,自氏死后,澄澈如秋。

陈氏,府庠生谢璜妻;金氏,陈阶二妻,俱上虞人。陈袝氏家贫,以针黹给衣食。璜卒于京,或欲夺其志,持刀将自刭,乃已。康熙戊午秋,海寇肆掠,氏被掳至贼艘,骂贼,奋身入水。既死,英灵不泯,土人时见白马翱翔,随波上下。金氏举动端庄,乐道古节义事。康熙戊午秋,海贼掠上虞,入氏室,迫使行。氏厉声骂,贼怒,砍其手,骂益烈,贼遂砍其头,死于夏盖山下。康熙甲戌,郡守李铎筑堤,久而不就,梦二氏同来授以方略,却潮数里,堤不日告成,因建双烈祠于海滋。后郡守俞卿修夏盖夫人庙,以二氏配左右楹。

烈妇顾氏,上虞陈秉均妻。秉均客死于闽,氏年十九,母劝改图,不应,引刀断一指示之,母大惊而止。遂依母纺绩以活,母病,割臂肉和药。进之,弗效,卒。贫不能殓,乡老为醵钱以助。送殡归,奉母木主,遍拜里人之资助者。事已,阖闱久不出,邻媪穴窗纸窥之,僵卧于床,排户入视,气已绝,卤碗在几,而所服衫裤咸缝连交缀。好义者复为营殡于母柩之侧。既殡,群鸟悲鸣其处,累月始散,时乾隆二十三年也。

丁氏,嵊县周尚化妻。归未一年而尚化卒。家奇穷无依,乃返居母家,丝麻不去手。婢曰芳邻,感丁志操,誓不嫁,奉氏以老。初,氏从父受诗,在室时,咏水面落花云:

“飘零且莫怨东风，薄命能消几日红，洗尽铅华香在骨，肯随飞絮堕泥中。”识者以为诗谶。以上国朝

以上列女

仙释

刘晨、阮肇，剡人。汉永平十五年，入天台山采药，遇二仙女，款留之。居半年，求归，女送之出山，指示归路。及还，乡邑零落，询问子孙，已历七代，时晋武帝太康八年也。年余，失二人所在。

刘纲，字伯经，下邳人。吴时为上虞令，与妻樊夫人师事白君，受道历年。道成，邀亲故会别，登县厅侧皂荚树上，举手入云，夫人坐榻上，冉冉而升，遂同升天去。今白水观，乃其遗迹云。

圣道者，不知何许人。宋绍兴初，居萧山净土寺，日乞食于市。口常吐一珠，大如弹丸，光夺琥珀，玩弄掌中，人欲攫取，则复吞之。一日，与项姓者同游，指山下一穴曰："此有酒可饮。"项饮之，甚甘洌，覆之而去。项后自往取饮，则皆水耳。忽一日乞薪于市，人问之，曰："吾将去矣。"乃于卧处积薪自焚，人即其地葬之。后有见之于蜀者，归发其棺，则尸解矣。

陶与龄，字德望，会稽人，望龄之兄也。为人通敏沉默，笃孝友而澹声华。万历乙酉举于乡，出宗伯李长春门，未几卒。甲午，长春子云卿自成都试还，盛气自得，于龙象山麓遇一道士，迎马笑曰："勿妄想，解元属某人矣，汝当于庚子得隽，丁未乃成名耳。"云卿怒欲捶之，道人曰："吾会稽陶与龄，为若翁门下士，欲汝恬守，故来语汝，何辱我为？"云卿归，白其父，久知与龄物故，讶之曰："与龄殆登仙矣。"已而所言皆验。蜀人传其事，建遇仙桥，书寄塑龄，为之作记，臬使李一公刻石桥上。

智永，王右军七世孙，徽之之后也。常居永欣寺，阁上临书，所退笔头置大竹簏中，凡满五簏，临得真草千文八百余本，浙东诸寺各施一本。王凤洲云，曾见一绢本《智永千文》于山阴董氏，妙墨深入肤理，滃郁欲飞，真神物也。

净全，诸暨人。幼出家于宝寿寺，入径山，参大慧禅师宗杲，杲甚器之。一日，随众采椒，作《摘椒颂》云，"含烟带露已经秋，颗颗通红气味幽，突出眼睛开口笑，这回不恋旧枝头。"众皆叹异。有檀越，以度僧牒施杲，杲命侍者十辈各探筹，全得之，九人皆不平。杲令复探，全再获，若是者三，遂祝发。尤延之、王厚之、钱象祖皆与为方外交。开禧三年卒。

怀实，上虞人。寿昌寺欲建佛阁，令实往天台伐木，远不能致，遂于山中诵《大悲

咒》，以芝麻一升记之。垂尽，梦山神告曰："师第还，吾当助力。"约以时日，令候于塘角村江岸。如其言还寺，众嗤笑之。至期，大风雨果漂所伐木至，阁遂成。又塘角村江岸屡坍，实筑塔其上，潮遂不为害。一百二岁，无疾卒。

欧兜祖师，元至正间卖菜佣也。幼失父母，嫂抚之如子。欲为之婚，师不听，潜至越王峥修道。嫂饷以笋及鱼螺，师悉食之。俄顷，吐所食笋，笋活；吐所食鱼螺，鱼螺亦活。逾年，端坐而化，时盛暑，面色如生，且有异香，而须发常长。后涂以漆，至今跏趺如故。今峥上有篆刀竹，其节上下相错，鱼腹焦而无鳞，螺无尾、无餍，即师所吐者也。

佛进，嵊人。日念弥陀者数十年，无顷刻辍。一日，持钵乞米数升别大众，告以明日示寂。至期，危坐如常，众问之，曰："俟观音大士至便去。"咸大笑。日将午，有以木刻观音象来舍者，进以所乞米，设斋拜象毕，遂摄衣坐，众环视之，见目渐合，气渐微，迫视之，已化去矣。

正虚，新昌人。居南岩寺，日痴坐，一日，谓其徒曰："我将化，可作一龛。"众无信者，至期，一老人伛偻来，引之入龛，焚香置正虚胸间，遂诵《法华经》至七卷，口中忽生畑，身渐成烬，惟余衣履、念珠耳。老人亦不见，灰中得舍利数枚，今坐化台尚存。

道忞，字木陈，广东大埔人。弱冠弃诸生，从匡庐开先寺剃发，受戒于五乳憨山，驻锡天童。顺治己亥，召至京，住都城万善殿，锡宏觉禅师银印并敕。固辞归山，投老会稽化鹿山之阳明洞天，即兴福观，建为平阳寺。卒年七十九，所著有《九会录》、《北游集》、《百城集》若干卷。

以上仙释

方　技

孔侃，字敬思，山阴人。晋咸和中，历官至大司农，善行书。从弟愉，字敬康，封馀不亭侯，善草书。俱有名江左。

徐浩，字季海，越州人。擢明经，有文辞。张说称其才，荐为集贤校理。代宗时，官至吏部侍郎，封会稽县公。浩工书，人称为怒猊抉石，渴骥奔泉。子璹，善行楷；次岘，善行草。皆著于时。

陆元长，山阴人，放翁伯父也。病右臂，以左手握笔，而书法劲健过人。见放翁《老学庵笔记》。

沈襄，号小霞，忠愍炼长子。官姚安知府，善墨梅，干随笔生，枯润咸有天趣。

孙堪，字伯子，余姚人，忠烈公燧长子，善画菊。性本爱菊，所居辄种菊，日夕玩之，故画每得其神。黄紫参差，俨如庭植。书学颜鲁公行草，咄咄逼《座位帖》。

陈洪绶，字章侯，号老莲，诸暨人。素豪放善饮，好吟咏。弃诸生，覃思书法，不屑倚傍古人。及作画，操笔立就，奕奕有生气，举世称重。华亭董文敏公，尝誉之不容口。子字，字无名，号小莲，书画绰有父风。洪绶妾净鬘，亦工画。

金古良，字射堂，山阴人。集古人作《无双谱》四十页，书、画、诗皆备，王阮亭称为三绝。先是陈章侯画《水浒传》像，各极意态，妙绝一时。后有刘伴阮《凌烟阁功臣图》，亦见称海内。古良《无双谱》出，与之并立为三，好事者皆雕行之。

陆振宗，字辛崖，山阴人。工画，郡中山水写之殆遍，人以为董源、范宽复作。乾隆庚午，当事欲仿吴道子画本，摹先圣先贤象，勒石学宫。画工俱无敢应者，辛崖欣然受聘，精心摹仿，奕奕有生气。今碑竖大成殿。卒年八十一。以上书画

滑寿，字伯仁，余姚人。幼警敏，好学能诗。学医术于京口王居中，学针砭于东平高洞阳，俱得其秘奥。著有《伤寒论抄》、《诊家枢要》、《十四经发挥》、《医韵》、《痔瘘篇》五种，所疗无不奇效，能决生死。一孕妇腹痛呻吟，寿隔垣闻之曰："此蛇妖也。"针之，产数蛇，得不死。又一妇临产而死，寿视之曰："此儿手捉其心耳。"针之即苏，少顷儿下，大指有针迹。无问贫富，皆往治，报不报弗较也。年七十余，容色如童孺，行步跻捷，饮酒无算。天台朱右，摭其治疾神效者数十事为作传。叶知府逢春云：寿为刘文成基之兄，易姓名为医。文成既贵，尝劝之仕，不应。

俞用古，新昌人。明初以神医名。一人病笃呻吟，延用古治之；一人无病，欲试用古术，亦诈病卧。用古俱诊之，曰："呻吟者可治；此则膀胱气绝，必死。"主人大笑。已而，其人果以忍便急淫泄卒，而病笃者果愈。王姓数口，忽皆暗哑，医莫能治。用古见雄毛盈厨，曰："吾得之矣，雄食半夏，是中半夏毒也。"以姜汁饮之，立愈。一女子欠伸两手，直不能下。用古曰："须灸丹田。"因灼艾，诈作欲解其裈带状，女子惊护之，两手遂下。其治奇疾率类此。

道人，无姓氏，亦不知其所自来。自言精于医，凡针药所不及者，能剖洗以疗之，人不之信。过嵊之长乐乡，有钱遵道者。噎不治，自念剖割与不食等死耳，请以医试。道人用麻沸散抹其胸，割之长七八寸许，出痰涎数碗，遵道昏晕无所知。顷之苏，以膏傅割处，四、五日差，噎亦愈。道人不受谢而去。

张景岳，名介宾，山阴人。年十四，从父游京师，学医于金梦石，尽得其传。为人治病，必沉思其致疾之源，单方重剂，莫不应手霍然。求治者辐辏其门，沿边大帅，皆致金币迎之。所著有《类经》数十万言，《景岳全书》六十四卷。介宾又于象数、星纬、堪舆、律吕，皆能究其底蕴。在辽阳，道中闻御马者，歌声聒耳。蹙然曰："不出五年，辽其亡矣。"所亲问以近事，答曰："我观天象，宫车殆将晏驾，天下亦从此乱矣。"未几，神宗崩。介宾遂返越，时年五十八。又二十年卒，盖崇祯十三年庚辰也。以上医

　　叶简，剡人，善卜筮，凡占盗贼，皆知其姓名。尝在钱武肃王府，忽一日，旋风南来。绕案而转，召简问之，曰："此淮南杨渥已薨，当遣吊使去耳。"王曰："生辰使方去，岂可便申吊祭？"简曰："此必然之理，速发使往彼，若问如何即知，但云，贵国动静皆预知之。"王从而遣之，生辰使先一日到，杨渥已薨，次日吊祭使至，杨氏上下皆大惊服。

　　张德元，不知何许人。至正间为诸暨州吏目，避乱居山阴，善观字，知吉凶。生一子，名之曰槐。忽谓友人曰："是儿必死，槐字木旁鬼，非死兆耶。"未几，儿果卒。其友病，以丰字示之。德元曰："死矣，豐字，山墓所也；两丰，封树也；豆，祭器也。墓既成矣，尚得生乎？"友果死。或以命字揖德元使占人病，德元曰："已死，君持命字以揖，垂命之兆也。"已而果然。尝饮刘彦昭家，曰："今夕当复有客。"已而客至，问之，德元曰，吾闻涤器声故耳。<small>以上占卜</small>

　　莫起炎，一名洞一，号月鼎，山阴人。师青城山徐无极，及南丰邹铁壁，传斩勘雷书，能役鬼神。宝祐六年，浙东大旱，郡守马峦迎请求雨。起炎登坛，书符焚之，甘雨立降。理宗作诗以赐。元初，见世祖于内殿，世祖曰："雷可闻乎？"起炎即取袖中核桃掷地，雷应声起。又命请雨，随即大澍。

　　来悦，字绎之，萧山人。少遇异人，授秘书一卷，能呼召风雷，飞走沙石，口诵密语，瞬息晦冥，飞石出袖中，能塞路破屋，运用不穷。一日，与一丐者忤，欲出飞石掷之，反为所制，不能走，遂长跪请教。丐见其诚，以法授之，以此益娴秘枝。尝着油靴，舞槊于阁檐上，运槊如风，而檐瓦不损。四明边成以绝力闻，欲与悦角技。成能跃起数丈，而悦跃倍之。成持双梧踊而前，悦张空拳取头上簪，阳投其面，成目瞬，遂夺其梧，成乃服。沙中刘草者用巨刀，锋利甚，与悦相忤，合数十人，执刀围悦。悦得童子搦螳蜞小钩自卫，无能近者。有负逋奴，狡甚，窟穴山中，捕索之，登层楼去梯，悦腾而上若鹰隼，竟缚奴以归，名倾一时。求受术者，辄拒之。有两人恳事最久，稍为指引，不旬日而一抉人阴，一劓人面。悦怒曰，竖子果不足教，遂焚其书，后无传焉。孙良相，万历四十五年贡士。<small>以上符术</small>

　　周瑾，字孟瑾，诸暨人。生有异质，于星历、筮卜、音律、杂算诸书，无不通究，前知如神。当建文帝时，或劝之仕，瑾曰："俟三年后更议之。"未几而靖难兵起。永乐初，诏有司各举所知。郡县交辟之，固辞，以青乌隐。著有《地理指迷》一书，未梓，购得者必手录之，珍为枕秘。

　　骆用卿，字原忠，号两山，余姚人。以经术授徒他郡，族故有戍籍在关中，应戍者不欲往，倩用卿解馆归，贿卒就途中仓猝以用卿行，以卫学生中陕西乡试。正德三年，成进士，历官兵部员外郎，致仕，侨居通州，精青乌术。嘉靖中，建初陵，大学士张孚敬、尚书汪鋐交荐之，择地于十八道岭，具图说以进，遂用之，即永陵是也。尝自叹曰："天生骆两山,顾作相埋术士乎?"后卒于通州。用卿奉使山西,题诗韩信庙,李梦阳见而赏之,曰:"题淮阴庙绝唱也。"_{以上堪舆}

以上方技

古　迹

　　会稽山上城,在县东南一十里。句践为夫差所败,以甲盾五千保于此城也。今城址已无可考。

　　会稽山北城,在会稽县东十里。夫差围句践于会稽山,伍员筑此城以屯兵。今吴王里是。

　　土城。越王得西施、郑旦,使习歌舞于土城,三年,学服而献于吴。今五云门外有土城村、西施里,是其遗迹。

　　西陵城,在萧山县西十里,范蠡屯兵处。其陵固可守,故谓之固陵,今西陵是也。吴越武肃王以陵非吉语,遂改曰西兴。今临江,西面城门尚存。

　　吴越王东府,在卧龙山东麓。唐乾宁三年,武肃王平董昌,以越州为镇东军,拜武肃镇海、镇东节度使,遂有越州之地,谓之东府。后忠逊王倧逊位,忠懿王奉倧居此,筑宫室、园囿、池沼,逍遥其中,凡二十年而薨。即今府治是也。

　　宋行宫,高宗建炎中,驻跸于越,即州治为行宫。后返临安。命仍为州治。

　　宋福王府,在东府坊。嘉定十七年,理宗即位,以母弟与芮奉父荣王祀,开府于蕺山之南。今东大池,其台沼也。

　　宋贡院,在郡城西北隅鲤鱼、锦鳞二桥。孝宗时,史忠定浩、钱端礼,首创贡院,试士于此。嘉定中,郡守汪纲复开拓之。内外地皆砌以石,士子便之。康熙甲戌,贡生周廷翰请于布政使蒋毓英,檄县竖石坊表之,曰,古贡院。

　　斩将台,在涂山东。禹会诸侯,防风氏后至,身长三丈,刑者不及。乃筑高台,临而斩之。今府城北十五里有刑塘,是其地也。

　　清白堂,在府治。宋康定中,范仲淹守越时建。嘉定中,郡守汪纲重建之。康熙间,知府俞卿改建于大堂之东。

　　孔车骑宅,在府城西南三里侯山。山孤立长湖中,晋车骑将军孔愉栖迹于此。

　　青藤书屋,在府城中观巷,明徐渭故居也。青藤是渭手植,今尚存。藤下一池横小平桥,桥承以柱,题曰"砥柱中流。"桥北一巨石,俯临水际,题曰"天汉分源。"后渭自北归,题东寮之壁云:"童时画壁剥成泥,圆泽投胎锦水西,一念忽穿三十载,竹梢寒雨覆窗低。"皆渭手笔也。书屋今为金氏书舍。_{门侧碑刻徐文长先生故里。}

孙尚书宅,在山阴县署东。明嘉靖间,孙清简公铖,自余姚迁居郡城,建第于此。公曾任南、北吏部尚书,故门额颜曰"两都冢宰"。宅后,即卧龙山麓。

王文庄公宅,在郡城中大江桥畔。碑勒大儒徽国文公应制科榜状元王佐故里,上覆以石亭。

刘孝子故里,在郡城水澄巷。乾隆三十一年,郡守王鸣立碑曰:"明孝子刘遂庵先生故里"。公名谨,字惟勤,号遂庵,事见孝行。

陆放翁宅,宋宝谟阁待制,渭南伯陆游所居。在府城西九里鉴湖中三山,地名西村。

全后宅,在西郭门外,宋理宗母全后家也。理宗幼时育于外家。又浴龙宫,在西郭门外虹桥,理宗童时同弟与芮浴于河,即余天锡梦龙负舟处。

贺监宅,在五云门外,一名道士庄。唐贺知章,以秘书监请为道士还乡里,诏许之,以宅为千秋观,后改天长观。又府城千秋巷中,亦有千秋观,俗祀知章于此为土谷神,未知何者为是。

范蠡宅,在诸暨县西一里长山侧,今为翠峰寺。旧有陶朱公庙,山后有陶朱井。

西施宅,在萧山东南苎萝山,山下即西施宅,有红粉石。又诸暨亦有西施宅、浣纱石,辨者以萧山之宅为真。

孙文恭故宅,在余姚县城西北隅。公名如游,忠烈公曾孙,以宰辅归里,师李文靖遗意,粗具堂构。其孙嘉绩守故居,无所增饰,惟于屋旁辟地数弓,杂莳花木而已。后嘉绩死海外,所居毁于兵火。

黄忠端公尊素故里,在余姚通德乡黄竹浦。

阮肇宅,在嵊县南十里,今阮仙翁庙是。

王右军宅,一在府城蕺山之阳,今为戒珠寺;一在嵊县东七十里金庭山,今为金庭观。二处俱有右军象,及墨池、鹅沼。

卧薪楼,在府城西郭门外,传是越王句践卧薪处。楼去城仅百余步,上供越王象,下即通衢,颜曰"古卧薪楼"。乾隆己巳毁于火,辛巳,大禹后裔姒恒畿重建。

逍遥楼,在府城中宝林山下,明朱文懿公赓读书处。

瑞云楼,在余姚龙泉山北,王文成公守仁所生处也。公父华未第时,尝居是楼,一夕,梦云中鼓吹幢盖,送一小儿来,遂诞公,因名其行曰云一,其楼曰瑞云,湛文简公若水为之记。

蓬莱阁,在府治设厅后卧龙山上,吴越武肃王建,盖因元微之诗名之也。宋元祐间,郡守章綡修之。淳熙元年,武肃八世孙端礼,以资政殿大学士知绍兴府,又修之,乃特揭于梁间云:"定乱安国功臣,镇海、镇东两军节度使,检校太师侍中兼中书令,食邑一万户、实封六百户,吴越王钱镠建。"嘉定十五年,焕章阁待制、知府事汪纲复修。今阁已久废不可考,故老云,今署中松风阁是。核之《嘉泰志》云,设厅之后为蓬莱阁。今松风阁正当设厅后,当是其处也。

镇东阁,在府治左,吴越王镇东军之军门也。宋元以来,名镇东阁,明嘉靖元年毁,四年,知府南大吉重建。本朝康熙二十五年,又灾。二十九年,知府李铎又建。五十三年,知府俞卿修之。乾隆五十六年,知府李亨特又修之。高五丈四尺,东西进深四丈六尺,南北宽八丈六尺。阁上有大铜钟一,明洪武十年铸,即能仁寺钟也。今钟上铭文年月尚存,重可千钧,声闻数十里。

衣云阁,在府城南隅,倪文贞元璐别业也。堂东飞阁三层,匾曰"衣云"。凭栏,则万壑千岩,皆在舄下。适石斋黄公至越,文贞款之,施以锦帷,张灯四照。黄公不怡,谓国步多艰,吾辈不宜宴乐。文贞笑曰:"会与公诀尔。"既北行,遂殉寇难。顺治初,阁尚存,后鞠为茂草矣。朱竹垞有《过倪尚书别业》诗云:"尚书池馆古城边,卷幔山光绕座前,一自鼎湖龙去后,难期华表鹤归年,石廊细雨生春草,蒿里悲风起墓田,枉付尼师作精舍,粥鱼茶版此安禅。"康熙乙丑,学使王掞即址建六贤祠,祀公及黄公尊素、刘公宗周、施公邦曜、周公凤翔、祁公彪佳。乾隆乙巳,山阴令金仁重修,立石记之。

望海亭,在府城卧龙山顶。昔越范蠡作飞翼楼以压强吴,此亭即其址也。唐时,元稹、李绅守郡时尝赋诗。亭之名由来久矣,嗣后兴废不一,曰五桂、曰越望、曰镇越,屡易其名,而郡人仍称为望海。康熙己巳,翠华南幸,二月十四日至绍兴,亲祀禹陵毕,入郡城,御舟由都泗门至大江桥,舍舟从陆,幸府仪门,登望海亭,驻跸久之,因赐名卧龙山曰兴龙山。

柯亭,在府城西南三十里。汉末,蔡邕避难会稽,宿于柯亭,见屋椽竹东第十六根可以为笛,取用之,果有奇响,亭因得名。今已废为融光寺。或云:柯桥畔土谷祠,是亭故址。

兰亭,在山阴县西南二十七里。昔句践种兰于此,故地名兰渚,亭亦以名。晋永和九年三月,王右军同谢安、孙绰等四十一人,修禊于此,人各赋诗,右军作序,兴酣落笔,为千古墨妙。康熙乙亥,御书《兰亭序》,勒石于天章寺侧,上覆以亭。戊寅,复御书"兰亭"二大字,悬于前楣。前疏为曲水,后为右军祠,密室回廊,清流碧沼。入门架以小桥,翠竹千竿环绕左右,游人至者无虚日。乾隆辛未,翠华临幸,有御制诗恭勒诸石。乾隆五十七年壬子三月,郡守李公亨特,仿右军故事,修禊于此。适太史袁枚游天台过此,亦预斯会,因作《续兰亭禊饮图》,姚兴洁记之云:"乾隆壬子,岁三月,绍兴太守李公作续兰亭禊饮会,绘图一卷,与会者二十有一人焉。一人扶杖而来,白须飘萧,老而有雄杰气者,为袁简斋太史。随行者为太史弟子张香岩。一人遥指太史左顾者,为李松巢。与松巢相对,手拈髭而褭如者,徐上亭。又一人倚石执杯者,王燕山。长松插云下坐二人,一人抱膝坐,丰容广颡,为史少冈;一人跂脚坐,为平宽夫宫詹。稍东,颀身瘦骨,俯而观泉者,陈斗泉。流泉之左,松根之下,卧而引杯者,何养亭。翠竹深处,一人握管而沉吟者,郭恕堂。其左手按地坐,小童捧卮立于旁,为阙文山。一人两手自拥,盘膝而坐者,丁啸谷。又二人坐,一人立,坐而执书者,徐铁谷;一手指书,若辨难者,朱九榆;立而俯视者,侯继苏。二人对立,其指右者,为徐阆斋;又手若微笑者,为姚秋槎。一人坐亭隅弹琴,为钱梅溪。一人坐而听者,为张葇园。端坐亭中左顾,若领琴韵者,主人李晓园。膝下圆颐广额,眉目秀异,绯衣总角,可五六岁者,公子善祺也。袁太史名枚,钱塘人,时年七十有七,与其徒由金陵渡江而东,将之天台,过会稽,故与斯会,余皆太守宾客。时方辑《越志》,故多士云集。作画者即丁君啸谷、阙君文山,陈斗泉为补山水云。图成于是岁六月,姚秋槎记而书之。"

候轩亭,在府治南,唐观察使李绅建。后于亭前临街建大楼,为五通神所据,土人敬事之。靖康初,翟忠惠公汝文帅越,亭尚无恙。公出,有风冒其伞置亭阑干上。或谓亭神为祟,公怒,即日毁其神像,改为酒库,于神座下得一石刻大酒字。故老云:昔塑像时,一道人过之,书字于石,谓众曰:"虔奉此字,则神灵验。"不知其为后谶也。后易名为和旨楼,取食货志酒酤在官,和旨便人之义。今亭与楼俱废,土人犹称曰轩亭口。

窆石亭,在禹庙之左,中贮窆石,详见《金石志》。

取石亭,在萧山西兴渡口。梁江革官会稽丞还,舟轻,不能渡江,乃取西陵岸石实之以济。后人于此建亭,今入江公祠。

西园,在卧龙山西麓。吴越时,以越州为东府,穿渠引湖水,为后宫棹讴凫雁之乐。后忠逊王迁居州治,益修治之。钱氏纳土,日渐颓废。至宋仁宗时,郡守蒋堂、向传式,复为葺建,中有飞盖堂、流觞亭、绿波亭、望湖楼诸胜。自后扁榜位置,更易不常,而西园之名及飞盖堂如故也。宋末尽废。明代即西园故址构庐,以祀唐贺知章、秦系、方干、宋陆游、元杨维桢、明徐渭六君子,名曰诗巢。岁久圮。康熙间,商和、何嘉珘等重葺,集同志者吟咏其中。今前为仓帝祠,后为诗巢,各塑像祀之。

寓园,在府城西南二十里寓山之麓,崇祯初祁忠敏公彪佳别业。乙酉六月,杭州破,忠敏移居园中,闰月六日,题其案曰:"图功为其难,洁身为其易,吾为其易者,聊存洁身志,含笑入九泉,浩然留天地。"又书曰:"已治棺寄蕺山戒珠寺,可取以殓我。"是夜兄子鸿孙侍侧,夜分不寐,公第曰:"君子之爱人也以德。"逮鸿孙倦,隐几卧,忠敏出至池岸放生碣下投水死。子理孙、班孙葬之园旁,舍池馆为僧舍,肖公象于堂,至今存焉。

沈氏园,在东郭门内禹迹寺南。陆放翁娶唐闳女,于其母为姑侄,伉俪相得而不获于姑,不得已出之,则为别馆往焉,姑知而掩之,遂绝。春日出游,相遇于此园,唐遣婢致酒肴,放翁怅然,赋《钗头凤》词题园壁,实绍兴乙亥也。放翁生于宣和七年乙巳,至绍兴乙亥年三十一。放翁后居鉴湖之三山，晚岁家居，每入城，必登寺眺望，忾然久之。绍熙壬子，尝赋七言律诗一首并序。庆元己未，又赋二绝。开禧乙丑岁暮，有《梦游沈园》两绝句，俱见《剑南诗集》。沈园后属许氏，又属汪氏云。按禹迹寺前有桥，勒字曰"春波"，盖取放翁"伤心桥下春波绿，曾是惊鸿照影来"及"绿醺寺桥春水生"之句名之。今俗名罗汉桥。沈园已莫可稽考，然放翁诗序云在寺南则，亦可以仿佛想象矣。

独乐园、乐志园，在余姚。俱吕文安公本别墅，一在姚江北，一在江以南。

银杏山庄，在余姚东山，谢文正公迁别墅。

西陵馆，在萧山西兴。唐周匡物，龙溪人，应贤能之书，家贫，徒步西上，道出西陵，久不得济，乃题诗馆壁云："万里茫茫天堑遥，秦王底事不安桥？钱塘江口无钱渡，又阻西陵两信潮。"见《全唐诗》。今馆已不可考矣。

廉夫诗巢，在卧龙山仓帝庙后，即宋西园飞盖堂故址。元杨廉夫结庐于此，以拟放翁诗巢。后人即其所居祀之，因上溯唐之贺季真、方雄飞、秦公绪，宋之陆放翁，以及明之徐文长，并祀焉。是为六君子诗巢。

浴龙宫，在西郭门外虹桥北，宋理宗母全氏家也。理宗童时，值秋暑，偕弟与芮浴于河。适鄞人余天锡自杭来，舟抵此，忽雷雨，帝与与芮趋避舫侧。天锡卧舟中，梦龙负舟，惊起视之，则两儿也。问之，为全保长家儿，乃登岸诣全氏，主人具鸡黍，命二子出侍，因谓天锡曰："此吾外甥赵与莒、与芮也。日者尝言二子后当极贵。"天锡时为丞相史弥远客，弥远有废立皇嗣意，嘱天锡密访宗子之贤者，适感此异，遂还白弥远，后卒代济王为皇嗣。宁宗崩，即位，是为理宗。与芮封荣王，改封福王。今桥侧会龙石尚存。

按今西郭门外有会龙堰，云是余天锡会宋理宗处，而桥北一村，地名宫后，亦理宗遗迹也。

窆石，在禹庙之左，高丈许，状如秤锤。禹葬会稽山，取此石为窆，上有古隶，不可读。元末，明兵围越，石为胡大海所仆，今石已中断。天顺戊寅，郡守彭谊作石亭覆之。

雷门，即五云门也。《会稽记》云，雷门上有大鼓，围二丈八尺，鼓声闻洛阳。孙恩之乱，军人破之，有双白鹤飞出，后不复鸣。按《汉书》云，毋持布鼓过雷门。则汉时已有之。又吴越兵攻五云门，遂平越州，擒董昌，实乾宁三年五月也。

会稽县东南，有地名第四宫、第五宫、第八宫，故老相传，为董昌故宫。

鉴湖一曲。贺知章始求周官湖数顷，诏赐镜湖剡川一曲。故老谓，今东城南望，为贺家湖，疑即剡川也。极目浩渺，光景澄澈，实东州佳境云。又镜湖中有道士庄，上虞有贺墅，皆知章所居，千秋观，乃明皇所赐也。

采药径，在嵊县东三十五里刘门山，相传为汉刘晨、阮肇采药处。今山下有刘阮庙。

强口，在嵊县北二十里。昔王谢诸人，雪后泛舟至剡，徘徊不能去，取水饮之，曰：

"虽寒,强饮一口。"今其地出布,名强口布。

陵　墓

越王允常冢,在府城西南二十七里木客山。句践都琅邪,欲移允常冢。冢中风出,飞沙射人,不可近。遂止。

越王句践冢,在府城西三十五里柯山东独山,号独山大冢。

越大夫文种墓,在卧龙山。种伏剑死,越人哀之,葬于山之北麓,潮水至,失其尸。今北麓有坎,相传即种葬处。

汉会稽太守马臻墓,在府城南二里鉴湖铺马公祠西。康熙五十六年,郡守俞卿修之。

晋尚书左仆射孔愉墓,在县南二十五里。按湖州德清县南门城山下,亦有愉墓,墓前祠堂尚存,载郡邑志,未知孰是?

唐秘书监贺知章墓,在府城南九里,因名九里山。墓在山巅,乡人呼为贺墓。

宋宫嫔墓,在府城西南三十里离渚罍石湖滨狮山侧,有二十四处,俗称廿四堆者是也。邵廷镐诗云:"罍湖湖水莹如镜,照出兴亡事可哀,二十四堆春草绿,红兜幸未摸金来。"

宋魏惠宪王赵恺墓,在府城西南二十五里法华山。王为孝宗第二子,初自魏邸出判宁国府,又判明州,兼领雍州牧,薨,有旨,宜于绍兴善地权厝。遂厝于天衣寺之法堂,遣使莅祭且视窀焉。

宋太子太师祁国正献公杜衍墓,在永昌乡苦竹村。

宋观文殿学士谥威敏孙沔墓,在承务乡。

宋右史唐阂墓,在兰亭。

元金江浙枢院事西夏侯谥忠勇迈里古思墓,在蕺山。

元金都御史韩惟仁墓,在南岙山阳。至正末,明将胡大海攻越,惟仁战死萧山城下,丧其元,殓以金头,故俗称金头坟,今华表石柱尚存。

明绍兴府知府白玉墓,在卧龙山之阴。公汉中人,正统中,任绍兴府知府,合家病卒,无所归,因葬焉。嘉靖中立祠墓前,有司春秋祭。本朝乾隆五十七年,知府李公亨特修之,并立墓碣,禁人樵采。

明吏部尚书王华墓,在府城西南十五里二十二都徐山,墓碣勒:皇明成化辛丑状元、南京吏部尚书、晋封新建伯、龙山府君,暨德配累赠一品夫人郑太君之墓,孝男王守仁同弟守俭、守文、守章奉祀。

明新建伯谥文成王守仁墓,在府城南二十里花街之洪溪,湛文简若水志其墓。明季以来，文成与其父母三墓，为土人侵占殆尽。康熙五十四年，郡守俞卿毅力廓清，尽归所占于王氏，俾世守之；五十七年，立谳语存案。乾隆五十二年，文成九世孙增生、昆泰、昆潮等，以墓碑岁久无存，请文于学使朱公珪，朱公为补撰墓志铭，侍讲梁公同书书之。五十七年，郡守铁岭李公亨特，立石并勒跋于碑阴。

明吏部尚书谥清简孙铖墓，在府城北十八里梅山，一名巫山，赵南星撰墓志。

明川湖云贵广五省总督朱燮元墓，在府城南九里山。

明青藤山人徐渭墓，在府城西南十五里里木栅山。

明赠礼部尚书谥文懿诸大绶墓，在府城西南三十里漓渚山九板桥。

明户部尚书谥文正倪元璐墓，在白莲岙山圣仪洞。康熙十年，巡抚范承谟以其子孙贫不能葬，捐俸行府议。知府张三异，更为捐俸营葬。先是，里绅姜天枢知文正无葬地，欲以白莲岙山赠之，后竟践其言。

明苏松巡抚谥忠敏祁彪佳墓在亭山，离府城十里。

明处士义成先生潘集墓，在鸿渐里谢墅官山岙。

明鲁王参将史在慧墓，在府城南九里山之麓。按《史氏家谱》，在慧宇俊之，会稽朝东坊人。明崇祯末，中武举。鲁王监国，授守备，旋擢参将，分守江口。王师东下，监国兵溃江上，在慧力不能支，且战且走，遇难于西郭门外驿亭。其父宗圣，收尸葬之。

国朝象山烈妇墓，在钱清镇环翠寺右，里人叶金等祠祀立石。按钱清为山阴、萧山分界处，故《萧山志》亦收之。

明陈洪绶墓，在谢墅官山岙横棚岭下。

国朝倪宗贤墓，在麻地。乡人祀之，香火不绝，见义行。以上山阴

禹陵，在府城东南十五里会稽山西北禹庙南数十步。历代国有大事，皆遣官告祭。每岁，有司以春秋二仲月致祭。嘉靖中，郡守南大吉立石，刻"大禹陵"三字，覆以亭。

禹穴。唐宝历中，郑鲂于宛委山书"禹穴"二大字，元稹铭而鲂序之，刻石于禹陵之侧。人于是定于此处为禹穴，然洪迈言禹穴有二处；一在禹庙窆石下；其一去庙十余里，名曰阳明洞天，有石长丈余，中裂为罅，阔不盈尺，深莫知底，相传禹投玉简于此。而郦道元又以禹井为禹穴。杨慎以禹穴在蜀之石泉，禹所生之地，其石杳深，人迹不到。近巡抚刘远夫修《蜀志》，访古碑刻于其处，得"禹穴"二字，乃李白所书，始知会稽禹穴之误云云。纷然聚讼，终无确识。愚以为世代迢遥，陵谷改易，既乏确据，安可以臆见定之，论者姑存其说可也。

汉孝女曹娥墓，在府城东七十里。自汉元嘉初，县长度尚改葬娥于江南道边，至今存焉。墓所有翁仲对峙，亭曰"双桧"，后人所封植也。

宋元祐昭慈圣献太后孟氏陵，在会稽宝山。后洛州人，哲宗元祐□年，册为皇后，

后废,居瑶华宫。二帝蒙尘时,后适以瑶华宫灾,移居后兄孟忠厚第,且已不系于宫籍,故免北迁。高宗即位,尊为太后。绍兴元年四月,崩于越州,遗诰:"殓以常服,勿用金玉,权宜就近择地攒殡,俟军事宁息归葬园陵,所制梓宫,取周吾身,勿拘旧制,以为他日迁奉之便。"是时,朝廷欲建山陵,江东漕兼掇二浙曾纾议曰:"帝后陵寝,今存伊洛,不日恢复中原,即归祔矣,宜以攒宫为名。"从之,攒宫之名实始于纾之请也。今其地名攒宫山。

宋徽宗陵。绍兴元年,徽宗显肃皇后郑氏崩于五国城。五年,徽宗亦崩。九年,高宗显节皇后邢氏崩于五国城。十二年八月,金人以三梓宫来归。十月,徽宗、郑后合攒于孟太后陵西北,上陵名曰永祐。显仁皇后韦氏,高宗生母也,从徽宗北迁,十二年八月还临安,二十九年九月崩,攒于永祐陵西。

宋高宗陵。淳熙十四年十月,高宗崩,攒于宝山。庆元三年十一月,慈烈皇后吴氏崩,祔葬,上陵名曰永思。先是,高宗显节皇后邢氏梓宫十二年自金还,即于是年十月攒于孟太后陵西后,不祔葬思陵。

宋孝宗陵。绍熙五年六月,孝宗崩,攒于永思陵西。上陵名曰永阜。开禧三年五月,成肃皇后谢氏崩,祔葬永阜陵。

宋光宗陵。庆元六年八月,光宗崩,攒于宝山,上陵名曰永崇。慈懿皇后李氏,先光宗两月崩,不祔葬。

宋宁宗陵。嘉定十七年闰八月,宁宗崩。冬,命吏部侍郎杨华为按行使。华归奏云:"独泰宁寺之山,山冈伟峙,五峰在前,直以上皇村名、青山之雄,翼以紫金、白鹿之秀,层峦朝拱,气象尊崇,宜为先帝弓剑之藏,预卜万载兴隆之庆。"寻令太史卜之,吉。诏迁寺而以其基为陵,上陵名曰永茂。绍定五年十二月,仁烈皇后杨氏崩,祔葬永茂陵。孝宗成穆皇后郭氏、成恭皇后夏氏,光宗慈懿皇后李氏,宁宗恭淑皇后韩氏,攒于山陵之前,未曾祔葬。其攒所,今俱无可考。

宋理宗陵。景定五年十月,理宗崩,攒于宝山,上陵名曰永穆。皇后谢氏,德祐初同少帝北去,崩于燕,葬所未详。

宋度宗陵。咸淳十年七月,度宗崩,攒于宝山,上陵名曰永绍。皇后全氏,德祐初同少帝入燕,后乞为尼,崩于沙漠,葬所未详。

元至元二十二年,西僧杨琏真伽发南宋诸陵。其事起于天衣寺僧福闻,天衣为魏惠宪王坟寺,闻欲媚杨髡,遂献其寺。继发魏王之冢,多得金玉,以此起发陵想,而刿僧演福、寺僧允泽力赞成之。适泰宁寺僧宗恺、宗允,盗斫陵木,与守陵人争诉,遂说诱杨髡诈称杨侍郎即相宁宗陵地之杨华、汪安抚侵占寺地为名,出给文书,于八月内带同西僧凶党部领人夫发掘。时有宋陵使中官罗铣者,与之力争。允泽率凶徒箠之,胁之以刃。

铣力不能敌，犹据地大哭，众逐之去。于是发掘宁宗、杨后、理宗、度宗四陵，割破棺椁，劫取宝玉。独理宗陵所藏尤厚，启棺之初，有白气竟天，盖宝气也。理宗之尸如生，其下皆藉以锦，锦之下则承竹丝细簟，一小厮攫取，掷地有声，视之，乃金丝所成也。或谓含珠有夜明者，遂倒悬其尸，沥取水银者三日，首为番僧取去为饮器。凶徒以船装载宝物，回至西郭门，有台省所委官，拦挡不住。台察陈奏，亦不见施行。杨贼等发掘得志，又于十一月复发徽宗、郑后、韦后、高宗、吴后、孝宗、谢后、光宗、及元祐孟后诸陵。徽宗陵止朽木一段；高宗陵骨发尽化，略无寸骸；孝宗陵亦蜕化无余，止有顶骨一小片；光宗陵俨然如生。俱毁弃骸骨，尽取宝玉去。事竟，罗铣先后买棺，制衣收殓，大恸几绝，悉从火化。陵中金钱以万计，皆为尸气所蚀，悉如铜铁，以故髡贼弃诸草间，往往为村民所得，间有得猫睛、金刚石、异宝者。一村翁于孟后陵得一髽发，长六尺余，其色绀碧，髽根有短金钗，遂取以归，以其为帝后遗物，虔致圣堂中奉事之，自此家道渐丰。其后凡得金钱之家，非病即死，翁恐，遂并送之龙洞中。髡贼下本路文书，只言争寺地界，并不及发陵事。因此掘坟大起，江浙无不发之墓矣。方移理宗尸时，允泽在旁，以足蹴其首，以示无惧，随觉奇痛一点，起于足心，以致双股溃烂，十指堕落而死。福闻既富不义之财，复倚杨髡势，强占人产，为乡夫二十余辈俟之道间杀而脔割之。当时，刑法不明，以罪不加众，各授杖而已。宗恺、宗允，与杨髡分赃不平，为髡杖死。唐珏字玉潜者，山阴人，家贫授徒，闻发陵事，不胜痛愤，乃货田产，聚里中少年，潜拾陵骨瘗之天章寺前，而以他骨置陵所。杨髡下令裒陵骨，杂置牛马骼中，埋于杭之故宫，筑塔其上，名曰镇南。杭民皆悲号不忍仰视，而不知陵骨之犹存也。事详《义行传》中。后世祖知杨髡横肆骄淫，召还诛之，其资皆籍于官。理宗颅骨亦入宣政院，以赐所谓帝师者。明初，危素在翰林宴见，备言始末。太祖叹息久之，乃命北平守将购得颅骨于西僧汝纳所，送至金陵，上命有司权厝于高座寺西北。其明年，绍兴以《南宋诸陵图》来献，遂敕葬颅骨于永穆故陵。又诸陵中惟孝宗、理宗二陵尚存，享殿三间，缭以周垣，余仅存封木。乃命有司设陵户二人看守，五百步之内，禁人樵采。三年一传制，遣道士赍香帛致祭于孝宗、理宗二陵。登极，则遣官祭告。理宗陵有顶骨碑亭，其右为义士祠，内外禁山三千七百三十五亩，田三十八亩九分，岁久为居民所占。正统间，赵伯泰奏复之。其后或以山无守者，虽有厉禁，侵盗无已时，乃割禁山之半佃为民业，其半亦令居民守之，而入其租。然樵采之禁、守卫之夫，亦寖以疏矣。本朝雍正七年三月，钦奉上谕，饬令该地方官钦遵，于宋高宗以下六陵，加意防护，春秋致祭。又考《田赋志》，存留项下，有宋陵添设陵户工食银九两，存留加闰项下，有宋陵添设陵户工食银七钱五分。则本朝亦设陵户守之，每月给工食七钱五分，但未知若干名耳。志未载明，存以俟考。

　　季本云，按收宋诸陵遗骸事，张孟兼、罗有开以为唐珏；郑明德以为林景熙；而陶九成则以唐、林并载;黄文献、赵之常、傅藻则以为王英孙;而孔希普亦以唐、王并载;至章祖城、毛秀,又谓与郑朴翁、谢皋羽等数人共为之。诸说纷纷,不能不起后人之惑。予尝考王英孙号修竹,为宋勋戚之裔,好义乐施,延致四方名士,林、郑、谢、唐,皆其客也,结社稽山之麓,与寻岁晏之盟,慷慨激昂形诸吟咏,如所谓《冬青行》、《冬青树引》及《感事梦中》诸作,更相倡酬,散见诸集,则收骨时必皆与闻其事,协谋为主,而英孙固主持其间者也。不然唐虽邑人,特一寒士,而林、郑、谢皆客处异乡,安能动捐百金,以成其事哉?盖事属秘密,不欲显露颠末,故姓氏互传之,数人者,皆功同一体者矣。今唐、林二君已祠祀于攒陵,而王、郑诸君尚湮逸而未之及,亦司风教者一缺典也。谨识此以俟采择。

吴越忠逊王钱倧墓,在秦望山北,地名昌源。按王为文穆王第七子,晋开运元年六月即位,十二月为内衙统军使胡进思所废,迎王弟俶立之,迁王于临安。进思死,俶奉王居东府,宋开宝中薨,以王礼葬于秦望山之原,谥曰忠逊。子昆易仕宋,为显官有声。

宋安化军节度使彭城侯钱仪墓。仪为文穆王第十一子,忠懿王纳土,仕于宋,太平兴国四年卒,归葬于越之秦望山重曜塔侧。

宋荣王赵希珘墓,在秦望山之昌源,即理宗福王之父也。

宋太傅信王赵璩墓,在昌源石伞峰。按璩与孝宗同为高宗育于宫中,封恩平郡王。后立孝宗为太子,璩以少保判大宗正,赐第于绍兴。孝宗立,进封信王,薨,赠太傅。

宋左丞陆佃墓,在府城东南四十里陶宴岭支峰下,即放翁之祖。

宋少师陆宰墓,在府城南三十二里云门山卢家㟁。子通判浚祔宰,即放翁父,字元钧。

宋左光禄大夫谥文清曾几墓。几,赣州人,南渡时,官敷文阁待制,卜居于越,寄居禹迹寺,卒,葬府城东南四十里凤凰山。子大理卿逢、侍郎逮祔。

宋佥书枢密院事徐俯墓。俯字师川,洪州分宁人,黄山谷甥也。官至参知政事,绍兴四年罢归,卜居会稽山之南,卒,葬伏虎山。曾孙元杰,理宗朝为将作监。史嵩之夺情起复,上疏极谏,不纳,归。杜范入相,起为工部侍郎。淳祐五年六月朔,元杰当侍班,先一日谒宰相范锺归,至夕,热大作,夜四鼓,指爪忽裂而卒。人皆以为嵩之毒之。太学生伏阙讼冤,诏给田五百亩,钱五千缗,恤其家,祔葬于俯墓侧。

宋太尉谥忠襄李显忠墓,在府城东南三十里秦望山北法华岭之侧,福国夫人周氏祔。

宋观文殿大学士陇西忠定公李纲墓。公字伯纪,邵武人,高宗建炎初,为尚书左仆射,兼门下中书侍郎,明邪正,整纲纪,力图恢复。右谏议宋齐愈,以怂恿金人立张邦昌为楚帝,且污伪命,公正其罪,戮于东市。黄潜善、汪伯彦劝帝南幸避敌,公力言不可。而侍御史张浚,素与齐愈厚,且为潜善客,于是劾公以私意杀侍从,且论其买马募兵之罪,潜善、伯彦复力排之,遂罢公,提举洞霄宫,旋窜之鄂州,又安置于万安军。绍兴二年,起为湖广宣抚使,吕颐浩论之,复提举洞霄宫。十年,卒,葬于会稽之范洋。明末,越绅董念儒造坟侵其穴,见公击以金简,立毙。

宋和靖先生尹焞墓,在府城东十五里石帆山下。其墓自前明已为村民盗占。乾隆四十九年,山阴李观察浚原,游山至谢墅,得其志石,因遗书嵊令,访其迁嵊子孙。于是尹熔等至郡拜墓,备价赎回三十余亩,修墓树碑,以复其旧。

宋宝章阁待制渭南伯陆游墓,在府城南三十二里云门山卢家岙。

宋少师谥文肃沈绅墓,在云门寺前塔头山。绅字公垂,会稽人,宋仁宗宝元元年进士,官至资政殿大学士,赠少师,谥文肃祠在蕺山。今绍兴沈氏人极繁衍,而考其世系,则有三支:一为文肃绅后也,一为忠肃焕后也,焕事迹见寓贤传一为武肃。予遍考越中名臣学士,无谥武肃者,当再访问其后人,庶悉其名字爵位云。

宋卫士唐琦墓,在府治东南三里长庆寺侧,墓前有旌忠庙,事详祠祀。

宋将作监丞王英孙墓,在五云乡陶山,英孙号修竹,唐、林诸义士收宋陵遗骸,是其所主,墓旁有三贤祠,祀陆余庆、陶贞白、陆放翁,即英孙所建。

元枢密副使吕珍墓,在府城东南七十里汤浦狮子山麓。按珍于至正末守绍兴,败胡大海,功业甚伟,未详其卒葬年月,存以俟考。

明左都御史赵锦墓,在兰亭娄家坞。

明文华殿大学士谥文懿朱赓墓,在白鸡汀。

明国子监祭酒谥文简陶望龄墓,在下灶。

明左春坊左谕德谥文恭张元忭墓,在小南山。

明左谕德赠礼部侍郎谥文忠周凤翔墓,在会稽洋之后山。

明左都御史谥忠介刘宗周墓,在下蒋之原,夫人章氏祔。

明九江佥事王思任墓,在凤林山,一云在仙桃山。

明诸生王毓蓍墓,在上灶。朱竹垞吊王义士诗:"中丞弟子旧家风,杖履相随誓始终,闭户坐忧天下事,临危真与古人同,短书燕市遗丞相,余恨平陵哭义公,此地由来多烈士,千秋哀怨浙江东。"

明孝廉杨定国墓,在府城东北三十里贺家池包公殿侧,事详寓贤。

国朝太子少保兵部尚书福建总督姚启圣墓,在漓渚山蒋家塔。

国朝太子少傅东阁大学士谥文定梁国治墓,在干溪五台山,兵部侍郎朱珪撰墓志,谕祭葬。

国朝处士倪会鼎墓,在府城内东南罗坟畈,即明文贞公元璐子也。以上会稽

宋宁江侯张夏墓,在萧山县北五里去虎山。宋兵部郎中张夏,治海塘有功,封宁江侯。雍正三年,敕封静安公,置祠奉祀。

明南京吏部尚书谥文靖魏骥墓,在湘湖齐家圩。

明孝子何竞墓,在二都高田。

明来宗道墓,在湘湖井山,崇祯时,官大学士。

明象山烈妇墓,在钱清镇。按钱清为山阴、萧山接壤,故其墓两邑并载之,表扬节烈,固不嫌其重复也。

国朝通政使周之麟墓,在来苏乡,康熙时,赐祭葬。

国朝翰林院检讨毛奇龄墓,在萧山县北一里北干山后之浦滩。以上萧山

晋右军将军王羲之墓,在诸暨县南五里苧萝山,孙绰作碑记,王献之书之。今已不存,或云在嵊金庭山,或云在会稽云门山,俱无迹莫考。以上诸暨

汉徵士严光墓,在县东北十里陈山,又名客星山。光盖尝家是山而归葬焉。宋史浩镇越,始告县表墓道,起精舍曰客星庵,为置墓田,长吏以时致祭。墓所故有题石曰"汉严光墓",唐人笔也。后泐明正德八年绍兴府同知屈铨复立墓碣,曰"汉徵士严光之墓"。

汉上虞令刘纲墓,在四明乡皂荚坞。纲与妻樊夫人升仙,其蜕骨合葬于此。

吴骑都尉虞翻墓,在凤亭乡罗壁山下。

宋秀王赵伯圭墓,在从山,孝宗之兄也。县志称伯圭为孝宗本生父。按孝宗本生父名子偁,秦王德芳六世孙,孝宗即位,追封秀王,谥安僖,子伯圭嗣爵奉祀,家余姚而葬焉。志误。

宋资政殿学士谥庄简李光墓,在县西北五十里姜山。

宋资政殿学士史岩之墓,在余姚东北十八里烛溪湖梅梁山石门石香亭,尚存石柱,远在山外,临溪水。

明于家大墓,在余姚县治西南隅山川坛右,于忠肃公谦祖墓也。忠肃之先家余姚,后徙于杭,而墓则岁时渡江致祭焉。

明广东按察使谥忠襄毛吉墓,在丰山,去县西北五里。

明大学士谥文正谢迁墓,在县西北四十里杏山,嘉靖七年赐祭葬,朱希周撰墓志铭。按杏山,即东山支峰。

明吏部侍郎谢丕墓,在县西北四十里东山余季墩,文正公之子,宏治乙丑探花,今府城探花坊尚存。

明江西巡抚赠礼部尚书谥忠烈孙燧墓,在慈溪龙山,杨一清撰墓志铭。

明大学士谥文安吕本墓,在县西北五十里姜山。

明礼部尚书谥文恪孙升墓,在烛溪湖月山,徐阶撰墓志铭。

明锦衣卫都指挥孙堪墓,在烛溪湖瑶湖山。

明礼部侍郎孙铤墓,在烛溪湖宝幢山,张四维撰墓志铭。

明兵部尚书孙矿墓,在烛溪湖小月山。

明大学士谥文恭孙如游墓,在烛溪湖寿山。

明御史赠太仆寺卿谥忠端黄尊素墓,在县东南二十里化安山,文震孟撰神道碑铭,谕祭葬。

明左副都御史谥忠愍施邦曜墓,在县东二里大黄山,黄道周撰墓志铭。康熙十一年,郡守张三异知其无子未葬,与邑令潘云桂捐俸治之,竖表勒碑如例。

明东阁大学士孙嘉绩墓,在烛溪湖寿山,毛奇龄撰墓志铭。

明东阁大学士兼兵部尚书谥忠节熊汝霖衣冠墓,在水阁洲。

国朝处士黄宗羲墓,在化安山。宗羲字太冲,号梨洲,明忠端公尊素子也。屡征不起,著书以殁。以上余姚

汉合浦太守孟尝墓,在县东南二里。

汉校书郎刘瑜墓,在上虞县东十里智果寺西阜。墓旁有松一株,高百余丈,大数十围,覆垂至地,不知何时所植。

晋太傅谢安墓,在上虞县西北四十里。按《晋书》,安墓在建康梅冈,而《南史》载,谢灵运父祖并葬始宁,此或是谢玄父子耳。晋始宁县,今上虞是。

宋孝女朱娥墓,在县南六里。以上上虞

汉会稽太守朱买臣墓,在嵊县北六里,墓前石羊犹存,今有石羊庙。又《嘉兴府志》载,福城寺雷音阁之后,亦有朱买臣墓,姑存俟考。

晋处士许询墓,在孝嘉乡济度村。询字元度,高阳人,有才藻,善属文,与孙绰、王羲之、谢安辈友善。父旼,晋元帝时为会稽内史,因家焉。询隐居不仕,筑室永兴今萧山是西山,萧然自放,因号其山曰萧然山。后入剡卒,葬于此。

宋处士戴颙墓,在县北通越门外一里。颙字仲若,谯郡铚人,与父逵、兄勃,并隐遁,有高名。宋元嘉中,居京口黄鹄山北竹林精舍,后慕剡中山水,遂移居焉。卒,葬于此,剡人为立石表于墓所。宋绍兴中,嵊令范仲将作享堂墓前。嘉泰中,四明楼钥书颙本传,立碑道左。史安之重建墓亭,以修时祀。元至元中,县丞汪庭作雪溪精舍于墓左,置田八十亩以供祀事。明宏治庚申,邑令徐询重建墓亭。《宋书》,汉世始有佛像,形制未工,戴逵特善其事,颙亦参焉。宋世子铸丈六铜象于瓦官寺,既成,面太瘦,工人不能治,迎颙观之。颙曰:"非面瘦,乃臂胛肥耳。"于是如其言治之,体貌乃匀,卒年六十四,无子。以上嵊

宋观文殿大学士王爚墓,在上虞葛仙乡。

明广东巡抚谥恭惠杨信民墓,在县南八十里彩烟山上王山,谕祭葬。以上新昌

义冢。山阴会稽凡七处,萧山十四处,嵊县一处,新昌一处,俱有田地租息,以为培土、祀孤、及看守工食之费,章程甚设。宋建炎初,翟公汝文守郡,命收四郊暴骨葬之漏泽园中。时值金兵退后,得骸千计,内有异骨二,皆相勾连,自顶至踵无分寸脱落,释氏所谓镍子骨是也,亦奇矣哉。

碑　版

大禹《岣嵝山铭》　南岳密云峰,有神禹治水碑,皆蝌蚪文字,字青石赤。宋嘉定中,有好奇者,不惮高峻,摹拓以归。其文云:"承帝曰嗟,翼辅佐卿,洲渚与登,鸟兽之门,参身洪流,而明发尔兴,久旅忘家,宿岳麓庭,智营形折,心罔弗辰,往求平定,华岳、泰、衡,宗疏事衷,劳余伸禋,郁塞昏徒,南渎衍亨,衣制食备,万国其宁,窜舞永奔。"凡七十七字,转运使曹彦约刻于岳麓书院,流传遂广。明嘉靖二十年,郡守张明道摹刻,立于禹庙前,北向,以亭覆之。又一碑,在府治东水则亭火神庙门,不详何人所刻。按此碑,唐韩文公、刘梦得,皆有诗咏之,而以不得一见为恨。至宋时,始传于世,摹刻遂多。杨升庵刻之云南安宁州,杨时乔刻之金陵栖霞,湛若水刻之扬州甘泉,李蕃刻之山东黄县。又河南归德、陕西西安,俱有是碑。神物显晦,信有时哉。

越王铜罍　晋太元中,谢辅为郡守,掘郡厅柱下,深八尺,得古铜罍,可容数斗,题作越王,字文甚分明,是今隶书,余不可识。辅以为范蠡压胜之术,遂埋之,今不识其处。

上虞古鼎　万历甲午春,上虞民耕尚妃湖田,得古鼎,铜色微绿,篆花细密,不知何代物也。民以献县,邑令杨为栋送入儒学供奉,至今存焉。

秦会稽刻石　始皇三十七年,东巡会稽,刻石纪功,丞相李斯书之,取钱塘岑石刻文,石长丈四尺,广六尺,立于越东山上。文以三句一韵,字四寸,画如小指,是小篆字。梁时,竟陵王子良守会稽,登山见碑,使主簿范云读之。碑文见《始皇本纪》姚令威《西溪丛语》云:予尝上会稽东山,登秦望山之巅,尽是黄茅,并无树木。山侧有三石笋,上无字迹。复自小径别至一山,俗名鹅鼻山,山顶有石如屋中开,一碑插其中,文皆为风雨所剥,仅隐约可见,其为大篆、小篆,均不可考。不知此石果岑石欤?非始皇之力,亦不能插于石中也。此山险绝,罕有至者,其非伪碑可知云云。此碑自梁以前,文固无恙,宋绍兴以前,字虽泐而石犹如故也,嗣后亦无访而志之者。元至正初,绍兴路推官申屠駉,以家藏旧本摹勒于府学稽古阁,与徐铉所摹峄山碑,表里刻之。今峄山之文,仍在碑阴,而会稽刻石,则于康熙间为石工磨去。乾隆五十七年四月,郡守李公亨特以申屠氏本重勒,仍置阁下,即今尊经阁也。

秦《峄山碑》　在会稽刻石之阴,凡十一行,行廿一字,后刻郑文宝题字三行,末又一行云：“至正元年，岁在辛巳，二月初五日，承德郎绍兴路总管府推官、鲁人申屠駉，以秦刻校徐铉摹本，重镌于越庠之稽古阁。”凡四十五字，作八分书。

汉刻禹庙窆石题字　石崇五尺，在今禹庙东侧，南向，覆之以亭。禹葬于会稽，取石为窆，盖用以下棺，故顶上有穿状如秤锤，所以系绳也。石本无字，汉永建元年五月，始有题字刻于石。见赵明诚《金石录》其石，相传千夫不能撼。元末，胡大海至越，手拔之，石中断。部下健儿迭相助，及拔，陷地才扶寸尔。土人涂之以漆，仍立故处。康熙初，浙江督学张希良曾拓之，以意属读得二十九字，盖汉代展祭之文。寻其隅角，当为五行，行十六字，其下截为元季兵毁，依韵求之，则其下当缺六字也。今唯有“玉石并天文”等字，隐隐可辨。其旁有宋人八分书，题名一行云：“会稽令赵与升来游，男孟握侍。”十二字，不著岁月。又有元人题名二行云：“员峤真逸来游，皇庆元年八月八日。”凡十四字。按《图绘宝鉴》云，李倜，字士宏，号员峤真逸，官至集贤侍读学士，河东太原人也。《旧志》称有杨龟山题名，今剥蚀无一字矣。噫，穀林之阳，苍梧之野，已无陈迹可求，而岣嵝有碑，启母庙有阙，会稽有窆石，益以征神禹明德之远也夫。

汉《曹娥碑》　汉元嘉元年，县长度尚改葬娥于江南道旁，为立碑焉，使甥邯郸淳为碑文，以彰孝烈。蔡邕访之，值暮夜，手摸其文而读，题八字于碑阴曰：“黄绢幼妇，外孙齑臼。”今碑已不存。旧传有王右军小字本，吴茂先刻之庙中，后为人取去。今所存有四碑，一为宋蔡卞书大字本，一为明赖恩集李北海书，一为康熙间王作霖重摹右军本，一为近时所刻，则愈摹而愈失真矣。

汉熹平《石经》摹本　熹平四年，议郎蔡邕，书《易》、《尚书》、《鲁诗》、《仪礼》、《公羊》、《论语》、《春秋》，刊石立于太学，凡四十六碑。晋时已毁二十有九，北齐徙之邺都，至河阳，岸颓，半没于水。隋复载入长安，未及补治而乱作，营缮者至用为柱础。唐初，魏徵收聚之，十不存一。宋初，遗经断石，已不多见。靖康之变，残碑日益鲜矣。乾道二年，洪文惠公适为浙东安抚使，以所有《尚书》、《鲁诗》、《仪礼》、《公羊》、《论语》残本，共一千七百三十六字，刻之会稽蓬莱阁下，破缺磨灭，不异真本。元时，吾邱衍求之，石已渺不可得。乾隆五十七年四月，郡守李公亨特购得钱唐黄氏所藏《尚书》、《论语》百余字，金匮钱氏所藏《尚书》、《鲁诗》、《仪礼》、《公羊》、《论语》五百余字，摹勒之，置于府学尊经阁下。

古砖　明会稽令吴希孟修城镢故址，得一砖，识云“汉乙卯岁，剟长吴阙记”九字。宋乾道中，上皋耕者得古砖，有文曰“汉五凤元年三月造”八字，以献府牧洪适，适琢为砚。宋淳熙中，三山陆氏凿渠得古砖，有文曰“永安五年七月四日造”九字，盖吴时所造也。又一砖有文曰“晋太康十年七月造”。按三山陆氏，即放翁家，藏书及古器物甚多。乾隆五十年，江浙大旱，土人于太湖中掘井得一砖，文曰，“晋太康八年七月十五日吴贺申作",凡十四字,今藏山阴陈氏。

晋《太康瓦券》 形如破竹,以陶为之,高五寸,广三寸八分,其文曰:"大男杨绍,从上公买冢地一丘,东极阚泽,西极黄滕,南极山背,北极于湖,直钱四百万,即日交毕,日月为证,四时为任,太康五年九月廿九日,对兵破菊,民有私约如律令。"凡六行,六十五字。万历中,土人得之山阴二十七都应家头之西倪光简冢,地中尚有白瓷狮子一、瓷杯一,及诸铜器,铜器出则腐败矣。狮藏光简家,杯与券归于徐文长,今为山阴童二树钰所藏。

晋王右军《兰亭诗序》 晋穆帝永和九年三月三日,右军将军、会稽内史王羲之,与孙统、孙绰、谢安、支遁、子献之、凝之、徽之等四十一人,修祓禊之礼于兰亭,人各赋诗。右军挥毫制序,兴乐而书,用蚕茧纸、鼠须笔,遒媚劲健,绝代所无。凡二十八行,三百二十八字,有重者,皆构别体,就中"之"字最多,至二十许字,悉无同者。他日更书数十百本,终不及之。右军亦自爱重,留付子孙传掌。至七代孙智永,即右军第五子徽之之后,精勤此艺,年近百岁乃终,以序付弟子辨才,辨才于寝所梁上,凿暗槛以贮之,宝重过于其师。唐贞观中,太宗访求二王真迹,收罗备尽,惟《兰亭》未获。寻知在辨才处,凡三召,善求索之。辨才奏言,往日侍奉先师,实曾见此,洊经丧乱,坠失不知所在。靳固不出,遂放之还山。房玄龄奏荐御史萧翼多权谋,负才艺,可使以计往取。从之,翼遂微服至越,谬与辨才往来交善,赚得之,驰驿至都。太宗大喜,厚赏玄龄,擢翼官,复加重赐,而敕越州支给辨才帛三千段、谷三千石。太宗既得《兰亭》,命大臣褚遂良、虞世南及供奉赵模、韩道政等各拓数本,以赐太子、诸王、近臣,俱勒于石。又使欧阳询以原本钩摹,刻石藏之禁中。后太宗不豫,命高宗以所得《兰亭》原本殉葬昭陵。五代之乱,昭陵为温韬所发,《兰亭》复出人间。至元丰末,有人自浙赍入京师,至太康县,值神宗上宾,不获上之,质钱于民间而去,后不知所在。其禁中之石,时代变更,屡经迁徙,至石晋末,契丹与宝货图书同辇而北,至定州杀狐林,耶律德光死,中原兵振,遂弃此石遁去。宋庆历中,士人李学究者得之,时韩忠献守定武,李生以墨本献,所谓《定武兰亭》是也。公坚索石,李生别刻石本示公。至宋景文守定,从其子求原石,以重金购之,藏于库中,非贵游交旧,不能得也。熙宁时,薛师正出牧,其子绍彭又刻别本留于库,易古刻携归长安,刻损"天、流、带、右"数字,以记真赝。宣和中,下诏索取,薛氏不敢隐,遂上之。金兵入汴,御府珍奇悉为所取,而此石独留。宗忠简留守东京,匦送行在。兀术逼扬州,高宗仓皇渡江,命近侍投之井中,遂失此石。明宣德庚戌,扬州石塔寺僧浚智井得之,归于运使东阳何公士英,字一白何识其为《定武兰亭》也,宝而藏之。其五世孙静虚,以拓本示山阴张文恭元忭,文恭为叙《兰亭序》故实于帖后,时万历癸巳也。今去文恭题跋时又一百九十二载矣,此石不知尚存何氏否? 乾隆甲寅十月十九日书。

晋《黄庭经》　题云,永和十二年,山阴县写。无书人名氏。不知石所在

晋王右军"渴蜺"二字　在府城戒珠寺后蕺山书院中。渴字已剥蚀其半,今惟蜺字尚全,传是右军手勒。

晋王大令《保母砖志》　宋宁宗嘉泰二年六月二日,会稽樵人得于黄閟土中,钱清王畿又队樵人得之。砖已断,为四志,凡十行,行十二字,可辨者一百又四字。其文云:"郎邪王献之保母,姓李,名意如,广汉人也,在母家,志行高秀,归王氏,恭顺柔勤,善属文,能草书,解释老旨趣,年七十,兴宁三年,岁在乙丑,二月六日,无疾终,闕十二字閟冈下,殉以曲水小研交螭方壶,树双松于墓上,立贞石而志之,悲夫,后八百余载,知献之保母宫于兹土者,尚闕二字焉。"按原砖久已不存,所传者惟拓本耳。明末,嘉兴项子京家,曾得一本,有宋元人楼钥、周必大、姜尧章等三十余人诗跋题名。本朝康熙中,为高宫詹士奇所得,见《消夏录》而徐尚书乾学亦得一本,后亦有宋元人题跋,见《曝书亭集》岂即江村所得之本与?近吴门蒋氏亦有一本。按姜尧章跋云:"《保母志》有七美,非他帖所及。一者,右军与怀祖王述同家于越,右军琅琊族,怀祖太原族,故大令首言郎邪,所以自别,古人之重氏族如此。二者,世传大令书,除《洛神赋》是小楷,余多行草,此乃正行备尽,楷则笔法劲正,与《兰亭序》、《乐毅论》合,已外虽《东方赞》、《黄庭经》亦不合也。三者,《兰亭序》世无古本,共宝《定武本》,《定武本》刻于数百年之后,宁不失真。此乃大令在时刻,笔意都在。求二王法,莫信于此。四者,不惟书似《兰亭》,文势简秀,亦类其父,又与叔夜、伯伦、渊明、远公所作,同一标致。五者,《定武兰亭》乃前代巧工所刻,尝以他古本较之,方知太媚,此刻甚深,惟取笔方,不求圆美,'双'字之掠,'夫'字之磔,'载'字之戈,'志'字之心,再三刻削,乃成妙画。盖古之能书者多自刻,锺繇刻受禅表,李北海寓名黄仙鹤、伏灵芝之类,此砖亦恐是大令自刻,不然何其妙也。六者,意如妇人而能文善书,入元,乃知当时文风之盛,妇人可称者不独杨皇后、魏夫人、卫茂猗、谢道蕴辈,又知古人教子,既使之外从师友,退居于内,亦使妇人之能文艺、知道理者与之处,宜乎子敬之为晋名臣也。七者,晋兴宁三年乙丑,至宋嘉泰二年壬戌,实八百三十八载,大令能预知八百余年事,虽近于异,然古之贤达如此者众,伊川之为戎,樗里之知葬,出于神明虚旷,自然前知,岂必运式持筹而后得之哉。砖已入土八百余年,质已腐坏,恐不能久,近所摹本,比初出土时,已觉昏钝,摹之不已,日就磨灭,得墨本者,宜葆之哉。嘉泰癸亥九月,番阳姜夔尧章跋。"尧章亲见砖志,连书十一跋于墨本后,此其一耳,然倾倒至矣。竹垞言,砖出土已断,合而拓之,宜有裂文,而仍若不断者,信夫拓手之良,非今工匠所能及也。予读白石跋而知书法之神妙,读竹垞跋而知摹拓之精工,此帖宛在目前矣。世人知有《兰亭序》而不知有《保母志》,故备识

之。按中阙十二字为"中冬既望,葬于会稽山阴之黄",盖字虽漶漫,而点画犹似针画,隐隐可辨,末二阙字,则不可考矣。此帖予曾于两淮运使赵公之壁处见之,精神炯然,悉如尧章跋语。摹拓已五百余年,而墨色黯而有光,古香可爱。后有真西山、陆子虞放翁子、贯酸斋、赵松雪、高彦敬、吴匏庵、沈石田、康对山诸跋,与昔徐健庵所藏当别是一本,真墨宝也。今距见时已三十年矣,书之以志过眼云烟。

梁《建安王造石城寺石象碑》 在新昌县西南十里宝相寺。齐永明中,僧道护凿石造弥勒象,建寺曰石城。至梁天监十二年,象始成,身高百尺,刘勰作记。今石象犹在,碑已漶漫不可读矣。

隋禹庙残碑 文字磨灭已十五六,而其末隐隐可辨云:"大业二年五月,会稽郡下阙三字史陵书。"笔法精妙,不减欧、虞。按张怀瓘《书断》云:褚河南尝师史陵。盖当时名笔也。人称为禹庙没字碑。宋庆元初,吴兴施宿令余姚,令工洗刷椎拓之,得二百二十四字,乃为碑谱,刻置祠下。

唐贺知章二告 一延和元年八月,加阶告四门助教拟宣议郎;一开元四年八月,起居郎。旧在天长观,今徙置府学。

唐《龙瑞宫记》 贺知章撰,并正书,刻于宫后葛仙翁炼丹井侧飞来石上,今犹隐然可辨。

唐贞元题字 在府治卧龙山顶望海亭下摩厓,题云:"贞元己巳岁十一月九日开山"。凡十二字,作二行,后有元祐戊辰杨杰等四人题名。

唐《十哲赞碑》 在府学明伦堂,久弃暗壁。乾隆辛亥十月,教授俞甡始搜出之。十哲者,以颜回子渊为先师,制赠兖公,明皇御制赞;以下闵损子骞赠费侯,银青光禄大夫守侍中源乾曜赞;言偃子游赠吴侯,大中大夫守中书侍郎上柱国卢从愿赞;端木赐子贡赠黎侯,黄门侍郎兼鸿胪卿韦抗赞;冉予子我赠齐侯,右散骑常侍元行冲赞;冉雍仲弓赠薛侯,银青光禄大夫守中书令上柱国张嘉贞撰;冉求子有赠齐侯,开府仪同三司上柱国广平郡开国公宋璟赞;仲由子路赠卫侯,右散骑常侍上柱国陆余庆赞;冉耕伯牛赠郓侯,开府仪同三司上柱国梁国公姚元崇赞;曾参子舆赠成伯,礼部尚书许国公苏颋赞;卜商子夏赠卫侯,尚书左丞上柱国裴灌赞。后题,元和十年十二月三日,浙东观察使、越州刺史、兼御史中丞孟简置。碑阴刻张南轩手书《孝经》。按《史记·仲尼弟子列传》,宰予字子我。裴骃引郑康成注曰,鲁人未闻其姓冉也。兹称冉予,当必有据。

唐《太和造像碑》 在余姚龙泉寺,象后刻:"唐太和九年,头陀蔡宏愿率众化缘,永充供养"十八字。其西庑又有供养碑一,通刻施主姓名。

唐《戒珠寺尊胜经幢》 在戒珠寺后戢山书院。《嘉泰会稽志》云,行书序,正书经,会昌元年六月二十七日建,前昭义军节度要籍试右监门率府兵曹参军、上护军奚奖

书。按此幢于乾隆戊辰，金坛于文襄公敏中视学至越，访得之戒珠寺右民舍厕间。幢
凡二，其一已中断，高四尺五寸，周五尺六寸。幢凡八面，每面八行，通计六十四行，前
刻行书序十四行，其首行有"前昭义军节度要籍"八字，已下残阙不辨，后刻尊胜经咒
五十行，末有会昌等字隐约其间，又有檀越主姚寓等名，其年月姓名虽阙，其为奚奖所
书无疑。近郡人俞永思《乘剩》载，以为隋智永书，童钰以为王凝之书，皆误也。又一
幢，高三八寸，周四尺余，亦分八面，序言经咒并同，而剥蚀更甚，其后仅存"为先考故
江陵府江陵"数字，姓名年月俱缺，亦确是唐人所书，结体在虞、褚之间。按《复斋碑
目》载有咸通十三年闻人铢等造幢于戒珠寺者，岂即是与？

唐王瑢书《尊胜经幢》　在萧山江寺前，东西各一，皆剥蚀殆尽。在东者，上题：
"咸通二年，岁次辛巳，正月丙子朔十八日癸巳，建功德主唐轸等、僧鸿立等、都料王镕
书。"西幢已断为二，铁叶裹之，年月皆泐，乃处士胡季良述并书者也。后题名十余行，
可辨者惟守萧山县令杨郯及前行萧山县尉李绅二人而已。则知公垂亦尝为萧山尉也。

唐《墓志铭》　是碑近时出土，在萧山县民家，凡廿四行，其首行已阙，故不详其姓
氏。下有"君承家伐之休美，禀梦笔之灵异"云云，疑其江姓也。后云："以咸通十一年
二月廿四日卜于昭原乡、昭元里、社头村之原。"又另刻一行云："续改地在广孝乡、延
寿里、社湖村之原。"其铭词曰，"呜呼公都。"应即其字。

唐王子安刻石诗，在萧山县南九十里大山石壁，水涧石器，乃见其迹。

梁《重修墙隍神庙兼奏进封崇福侯记》　在府城卧龙山上城隍庙，文不具录，后书
"开平二年，岁在武辰，某阙字月启圣匡运同德功臣淮南、镇海、镇东等军节度使、检校
太师守侍中兼中书令吴越王镠记。"按梁太祖父名诚，曾祖名茂琳，故改城隍为墙隍，
改戊本音茂辰为武辰，避嫌名也。

吴越武肃王书"大吉"二字　在府城东南三十里跳山石壁上。相传武肃微时贩
盐，遇官兵逃避于此，以指书大吉于石壁，指痕入石者寸许，今字并指脚迹俱存。予以
为武肃虽具神力，然指焉能入石至寸许之深，想是武肃有吴越后，追念旧事，才刻之故
地耳。否则，好事者附会之。

吴越《浚舜井得宝物碑记》　在上虞百官市百官桥南半里，碑云："宝正四年六月
廿九日，差钱文殷祭神镌字于重华石曰，吴越国王宝正三年八月十九日，重开舜井，收
得重华石一片，窃恐年移代远，莫测端由，特令镌刻，用记年月。己丑岁林钟之月二十
九日，天下兵马都元帅吴越国王记。"

吴越钱武肃王庙碑　庙在府东南四里，本甚宏壮，岁久渐圮。有巨碑，旧在庑下，
其国丞相皮光业之词也。光业为日休子具载武肃弃宫馆后，嗣王建庙于越云云。本朝雍
正间，总督李敏达公卫修庙立石。乾隆壬子九月，郡守李公亨特又修之，立碑于庭，文

云:"王姓钱,讳镠,临安人。唐以功拜镇海、镇东军节度使,赐铁券,封越王,又封吴王。梁加天下兵马都元帅吴越王,薨谥武肃,立庙东府,在今郡城南隅,文穆、忠献、忠逊、忠懿,各有象配。自宋以来,岁有享。国朝雍正三年,敕封诚应王。乾隆十六年,皇上南巡,赐祭,赐额,有司春秋祭如礼。王当唐末造,天下坏乱不可救,然王不藉尺寸而大小数百战,腾踔蹈厉,卒成大功,镇抚吴越,古未有起自贩博,图凌烟,尊尚父,身历数朝,以勋名终,而庙食百世者,王一人而已。乾符、中和以后,中土分裂,所在糜烂,王一出而东南镇定,黎庶晏然,然则王之豪于盖代,获寿考,享国五世,荫蔽于后者,岂惟其功之足尚哉。亨特来守绍兴,展谒祠象,英气凛凛如在。今岁五月,王之后裔处台者,以王铁券来观。呜呼!功在河山,传之无穷,非偶然也。王之祠于越者,兹庙最古,即晋天福间王之子文穆王所立者也。风雨摧颓,庙屋倾圮,乃捐俸鸠工,葺而新之。乾隆五十七年七月工讫,钱氏裔孙廉江、宝慧等,乃相与请辞勒之石。辞曰:惟王之烈,抚有吴越;惟王之灵,千狄无缺。王有铁券,子孙保之;王有原庙,奕世奉之。卧龙蟠蟠,秦望苍苍,新庙既成,用歆馨香。"

吴越忠懿王诗刻　在新昌县西南十里宝相寺壁间,今仅存后二行云:"丁未岁仲冬,自丹邱归国,由南明山礼瑞象,因书二十八字,吴越王记。"

吴越忠懿王金涂塔　凡二,一藏萧山祇园寺,一藏山阴世袭云骑尉陈广宁家。高四寸三分,其式类阿育王塔,外四面镂释迦往因本行示相,前则慈力王割耳然灯,后则尸毗王割肉饲鹰救鸽,左则萨埵太子投崖饲虎,右则月光王捐舍宝首。文理密缀,渗之以金。塔内有题名四行云:"吴越国王钱宏俶敬造八万四千宝塔,乙卯岁记"十九字,四行之下,又有一"保"字,或有作"人"字者,与上文不相连属,应是造塔时所编记耳。朱竹垞以为武肃王所造,盖本周青士之言,而竹垞实未曾未睹也。乙卯岁,当是周世宗显德二年。

吴越祇园寺舍利塔题名　在萧山祇园寺,塔凡四。乾隆丙申四月,海塘圮,水及其二级,水退,塔圮其一,寺僧拾得一砖,文云:"弟子夏承原,并妻林一娘阖家眷属,舍净财,铸真身舍利塔两所,恐有多生罪障业障,并愿消除,承兹灵善,愿往西方净土。戊午显德五年十一月三日记。"凡五十九字,方折而旋以刀划之。按祇园寺在萧山县西二百步。

宋真宗御制《至圣文宣王赞并加号诏》　在府学,行书横列。后题,"大中祥符元年十月二十四日,东封礼毕,十一月一日,车驾幸曲阜县,谒奠先圣文宣王,命刑部尚书温仲舒等,分奠七十二弟子、先儒,礼毕,幸孔林,是日,诏先圣加号至圣文宣王,御制赞。又诏吏部尚书张齐贤等,次日以太牢致祭。诏兖公颜子进封兖国公;十哲闵子以下进封公;曾子以下进封侯;先儒左丘明以下进封伯。五年八月二十二日,奉敕,诸道州府军监,各于至圣文宣王庙刻御制赞并诏。”

宋越州萧山县昭庆寺《梦笔桥记》 在萧山江寺大殿前殿间。承奉郎守太常寺奉礼郎签书苏州观察判官厅公事叶清臣撰,天圣四年春三月甲申日记,东越吴则之书。后有知县事李宋卿、县尉王式、宋昌期等名,景祐五年冬十一月既望,知县苗振重立。

宋张南轩手书《孝经》石刻 在府学,即唐十哲赞碑之阴,横列刻,中阙十二行,后题云:“熙宁字阙子八月壬寅书付侄慥收,时寓阙之废寺,居东斋南轩题”二十五字。按神宗熙宁元年戊申,至戊午,即改元元丰,此云某子,当是五年壬子也。予按,张栻号南轩,为魏公张浚子,系高宗、孝宗时人,熙宁为神宗年号,去高、孝九十余年,安得为栻所书乎?记者因款中有南轩字,故归之于栻,盖未尝考其世代也。

宋杨杰等题名 在卧龙山贞元题字之后,题云:“后三百年元祐戊辰,杨杰、张询、朱巩、戚守道登卧龙山。”凡三行,行七字,作八分书。贞元题字之下横刻八行,行四字,云:“绍圣二年,晋江吕升卿明甫,以提点刑狱摄领州事,数与宾佐宴集卧龙山”。

宋徽宗御书《辟雍诏》 在府学大成殿后壁上,刻徽宗御书辟雍诏十四行,世所谓瘦金体者是也。下刻辟雍诏后序十八行,承议郎试大司成兼侍讲武骑尉、保宁县开国男赐紫金鱼袋薛昂奉旨撰并书,司空尚书左仆射兼门下侍郎上柱国卫国公蔡京奉敕题额,崇宁四年十二月二十日建。又有何昌言等十人官位姓名。

宋赐《越州显宁庙昭佑公牒》 在卧龙山上城隍庙。正书七行,字径三寸,前列小字三行,乃太常寺状申闻尚书省奉敕施行者也。后有判绍兴军府事浙东路安抚使孟忠厚题名。是碑盖其所立,碑阴刻赐越州显宁庙牒,俱绍兴元年立。

宋高宗御书《兰亭序》 绍兴八年三月壬寅,赐浙东安抚使孙近,后有近题跋,勒石兰亭曲水右军书堂及右军画像,至今皆在。

宋高宗御书广孝寺额 在云门山广孝寺前,碑高丈余,题云:“传忠广孝之寺”。中间又题小字云:“赐传忠广孝寺。”玺文二,其一曰“御书之宝”;其一作“戊辰”两字,当是高宗十八年所赐也。其字朱色灿然,云是刻成后,以红鞓鞡涂之,故历数百年如新。

宋云门寺《寿圣院记》 康熙中,僧慧云得一碑于路旁荆莽中,洗而视之,乃宋寿圣院碑,绍兴丁丑十一月十七日陆游撰,今为寿圣寺碑,龛于殿壁。寺在府城东四十里。

宋蓬莱阁诗刻 在卧龙山望海亭下摩厓,刻七言律诗二首,仅辨九十余字,其一云:“万壑千岩百尺楼阙六字州,旁窥照水烟波阔,回阙沧江雪浪浮,望远尚余秦辙迹,阙四字晋风流,凭栏已足消尘虑,阙四字汗漫游。”其二云:“巍然阙二字卧龙山,阙物年来阙二字观,犹有楼台出天阙二字今阙四字寒,春风偶种花千树,夏日阙栽竹万竿,自愧牧民无实阙五字后来看。”下刻云:“右登卧龙山,隆兴甲申八月朔。”其下姓名俱缺,按隆兴甲申为孝宗初元之二年,其时浙东提刑为王葆,郡守为徐喜,诗中有牧民字,大约不外此二人也。

宋《重修刘忠显公祠堂记》　乾道己丑史浩述，在府城。

宋重立戴颙墓碑　在嵊县北一里。嘉泰三年，四明楼钥为书本传，立碑于墓左。

宋太守汪纲等题名　在卧龙山望海亭下摩厓，刻上下为苔藓所侵，不能卒读，可辨者惟"太守汪纲，宴刺史李寿朋、通判赵汝捍"十余字而已。按纲，字仲举，黟县人，以宁宗嘉定十四年知绍兴府，理宗宝庆元年再任，想即是时所题也。按宋时无刺史之称，而职官表中又无李寿朋其人，石刻自是无讹，于以知载纪之遗漏者盖不少矣。

宋理宗御书"府学"二大字　在府学大成殿，字旁有"御书之宝"及"癸丑"两印，下有戴登云谢表小字六十九行，其末云："宝祐元年十一月日，迪功郎特差▦绍兴府学▦二字臣戴登云。"其下模糊不辨，又有乡贡进士、免解进士凡七人。

宋《积庆寺碑》　在余姚烛溪湖梅梁山寺前，刻宋理宗御书"积庆教寺"四大字赐史岩之，其下即刻岩之谢表，宝祐四年四月立。碑今中断为二。

宋《绍兴府建小学田记》　在府学，绍兴府学教授陈景行记，通判绍兴军府事留梦炎题额，景定三年，学生漕贡进士司计朱发等，为太师厚斋先生增置小学田所立。

宋朱子书刻　在山阴县城隍庙。碑凡二：左碑书"天风海涛"四大字，款书晦翁二字；右碑书"与造物游"四大字，款题晦翁书三字。又府治后松风阁前石壁上亦是晦翁书"与造物游"四字，俱不详何时所刻也。

宋"越王台"三篆字　在卧龙山摩厓，刻鲁耆年篆。又有"于越"二大字，年月、姓名俱剥蚀难辨。

宋仁宗御书　在兰渚山天章寺内，御书"天章之寺"

宋高宗御书诗刻　在府城内至大寺壁间。

宋诸陵碑　在会稽县之宝山，凡七种。

宋刻刘怀祖画竹　在诸暨。

宋刻"四明山心"四大字　八分书，在四明山芙蓉峰上。

宋江寺额　在萧山江寺山门，张即之书。

宋《翰墨堂记》　在余姚县署，苏文忠公轼书。

宋"南明山"三大字　在新昌宝相寺石壁，米芾书。

元世祖谕旨二道　在府学大成殿。一正书十二行，至元二十五年十一月立，上有蒙古字十余行，如本文之数；一正书十八行，至元三十一年七月立，上有蒙古字二十九行。

元成宗《敕封南镇庙诏》　在南镇庙二门西庑，大德二年二月立，凡十行。碑阴刻《南镇庙记》，后有绍兴路总管府推官傅汝霖、判官马良、治中朱端义，同知沙不丁、总管忽计儿等名，昭勇大将军、绍兴路总管府达鲁花赤也先帖木儿记。

元《重建萧山县学大成殿记》 在萧山县学宫。翰林直学士奉训大夫知制诰同修国史张伯淳撰，集贤直学士奉议大夫太原路汾州知州赵孟頫书，朝列大夫江浙等处行中书省左右司郎中贾仁篆额，大德三年十月立。此碑，雍正甲寅于明伦堂侧土中掘出，字画完好，宛如新刻，故初拓极精。予曾于故友萧山周振声处见之。摹拓者多，今亦渐有残缺处矣。然松雪石墨，终以此碑为最完好。

元刻《陀罗呢经咒》石幢 在府城开元寺，前临河。前后剥蚀难读，上有题记十八行，亦不甚辨，其大略云："后唐长兴元年，吴越武肃王奏以节度使董昌故第造寺，建炎庚戌，例遭煨烬，致寺前河步及四围基地皆为居民占住，逮至元二十七年，钦奉圣旨，仍复旧基"云云。又云，"重建法幢，端为祝延圣寿万安，皇图巩固，民康物阜，雨顺风调，愿佛法久住世间，使群品正信不断。岁次辛丑大德五年九月庚申，开元寺僧守模等敬立。"

元《绍兴路福仙禅寺记》 在上虞勾章，任士林撰，赵孟頫书，大德七年立。

元《绍兴路增置义田之记》 在府学头门侧。怀远大将军、潭州安抚副使曾纲撰，集贤直学士朝列大夫、行江浙等处儒学提举赵孟頫书，少中大夫、浙东海右道肃政廉访使梁国华篆额，大德八年四月日记，为汴梁刘侯来总府事增置义田所立。 按刘侯名傔，元贞元年为绍兴路总管。

元《临海王烈妇碑》 在府学二门西侧，永嘉李孝光记，亚中大夫绍兴路总管泰不华篆书，其略云："烈妇临海人，至元十三年，世祖命将南下，妇之舅姑及夫俱被杀，有千夫长见妇色美，欲犯之，妇诡辞求缓，行至剡之清风岭，啮指血题诗石上，投厓而死。至治间，邑丞徐端为起石祠，树碑祠中，以彰其烈"云。碑阴刻康里巎行书《清风篇》七古一首。

元刻《至圣文宣王象》 在府学大成殿，刻于泰定二年乙丑暮春，句章周耘取孔氏家庙藏本重摹者也。作弁服坐像，像下有记三十七行，后列国子监学生王时、绍兴路总管王阙二字名。

元《觉苑寺兴造记》 在萧山县江寺大殿右壁，至正二年三月赵篑翁撰，赵宜洛行书，泰不华篆额。

元《重建旌忠庙记》 在府治东南三里长庆寺侧唐将军庙中，宁国路儒学教授夏泰亨记，郡人吕中立书，太中大夫秘书卿泰不华篆额，至正七年立石。

元《萧山县重建武祐庙记》 在萧山县厉将军庙。从仕郎、前江浙等处儒学副提举刘基撰；东平董晋篆额；彭城刘俨书丹；至正十七年，岁次丁酉腊月望日，登仕郎江东建康道肃政廉访司经历迈里古思立石。按庙在萧山县北二里。厉将军名狄，秦时人，与项王同起山阴，功未竟而死，素有德于民，卒后祠祀于此。宋时方腊反，将渡江犯会稽，吏民恐，相率祷于神。比寇至，风逆其舟不能前，又见神擐金甲，陈兵于江岸，大旗上有北岭字,遂不敢渡。知越州刘忠显公拾闻于朝,赐庙额曰武祐,后封显应侯,加封灵顺。元至正十二年,妖贼入杭州,萧山震恐,无赖欲起应之。贼见江岸列甲张旗,惧不敢来。而主簿赵诚捕无赖,悉诛戮无遗,民遂以安。于是邑人竞新其庙焉,今称北岭将军庙。

元续兰亭会诗刻　在余姚县学宫,作三层刻,上刻图,中刻刘仁本序,下刻诸名士诗。按仁本字德元,天台人,历官江浙省右司郎中,佐方国珍谋议。后朱亮祖克温州,仁本被获。当方氏盛时,招延士大夫,折节好文,与中吴争胜,文人遗老如林彬、萨都剌辈,咸往依焉。至正二十年,仁本治师余姚,作雩咏亭于龙泉左麓,仿佛兰亭景物,集名士赵俶、谢理、朱右,天台僧白云以下四十二人,修禊赋诗,仁本为之序云。仁本又撰《贺监祠堂记》,史铨书,周伯琦篆额,至正二十年庚子七月既望立石。

元《稽山门瓮城开路碑》　在府城稽山门外,前后剥蚀不辨,有云:"司徒陇西公领兵按台"云云,后有"始工于至正二十六年二月"等字。

按《绍兴碑版志》自夏至元,以世代之次序纪之,故地名每多重复之处,如府学及卧龙山诸石刻是也。予以为不若仍分郡邑,某学中碑记若干,某山、某寺碑记若干,记之者归于一处,阅之者流览无遗,既省条款,又便稽考之为得也。至明朝一代,碑文全缺,未解何故,似当补入以成全书。予游越最久,兹以所见者略志一二于后。

御书"名世真才"四大字　在府城内王文成公祠前河干,本乾隆十六年南巡时所赐祠额也。王氏后裔恭摹,勒石建亭覆之。碑阴刻遣左副都御史胡宝瑔谕祭文,使往来之人咸瞻仰云。

东岳庙大字碑　在大江桥侧东岳庙前河干,碑高八尺许,大书"仁与天齐"四字,不纪岁月书人姓名。

王佐故里碑　在府城大江桥畔,上覆亭,碑作两行,书"大儒徽国文公应制科榜状元王佐故里"。

刘忠介公碑　在府城西郭门外民家中堂,大书"刘念台先生殉节处",地名梁浜,离城二里许。

祁忠敏公碑　在府城西二十里寓山之寓园河干立碑,大书"祁世培先生殉节处"。

徐文长故里碑　在府城观巷内河干,碑长五尺许,直书"明徐文长先生故里"。

著　述

《读易详说》十卷 宋李光撰。

《读易管见》五卷 宋孙嵘叟著,会稽人。

《观易阙疑》十二卷明余姚毛吉撰。

《周易衍义》明山阴王野贞翁著。

《易学象数论》六卷国朝黄宗羲著，自序略曰："《易》广大，无所不备，自九流百家，借之以行其说，而《易》之本意反晦，世儒过视象数，以为绝学，故为所欺，今一一疏通之，知其于易本无干涉，而后反求《程传》，亦扩清之一端。"

《春秋占筮书》三卷国朝毛奇龄著，撮《春秋传》所载占筮，以明古人之易学，实为《暑》作，非为《春秋》作也。

《尚书解》明山阴沈束著。

《诗经解疑》明山阴胡懋新著。

《春秋集传》明刘宗周著，子汋编。

《春秋比事属辞记》十卷国朝毛奇龄著。

《礼经考次》十八卷明刘宗周著，子汋编。

《孝经正误》明潘府著。

《四书缄》八卷明黄尊素著。

《四书质疑》五卷国朝余姚陈梓著。

以上经部

《晋书摘谬》二卷明萧山郭为栋著。

《宋书补遗》三卷国朝黄宗羲著。

《晋记》六十八卷国朝萧山郭伦著。伦字凝初，号酉山，乾隆丙子举人，以《晋书》取舍失衷，是非督乱，因重刊定之。

《钱唐平越州录》宋元宏著，记钱武肃平董昌事。

《保越录》一卷徐勉之著，记至正戊戌吕珍守越事。

《续保越录》国朝余缙著，记郡守许宏勋守城事。

《淳熙杂志》宋程迥著。

《茶史》明朱赓著，赓意食茶者以苦语人，人不知，惟食者知之，问以苦何如不能吐一语，盖自况其入阁后之苦衷也。

《石匮藏书》国朝山阴张岱著，纪前明一代遗事，谷应泰作纪事本末，以五百金购请得之。

《史料》明萧山魏骥著。

《越中纪传》四卷明南逢吉著。

《越殉义传》六卷国朝陶亦鲁、俞忠孙著。

《孙沔遗事》一卷无撰人姓名。

《忠烈编》九卷明孙堪编，正德间，其父忠烈公燧死宸濠之难，诸名贤题赠诸篇。

《沈青霞褒忠纪事》一卷无撰人名。

《沈青霞戍死始末》一卷明程正谊著。

《沈给谏留丹录》一卷纪沈束事。

《子刘子行状》国朝黄宗羲为其师刘念台著。

《玉树芳声》二卷明谢允忠辑谢绪事实。

《金龙四大王事迹》一卷国朝俞星留辑。

《谢文正公年谱》一卷明倪宗正著。

《王文成公年谱》二卷门人邹守益著。

《沈青霞年谱》一卷无撰人名。

《沈小霞年谱》一卷无撰人名。

《畸谱》一卷徐渭自著年谱。

《刘忠介公年谱》二卷子汋编。

《内臣昭鉴录》明胡良臣著。

《汰存、思旧录》各一卷国朝黄宗羲著。

《越绝书》十五卷汉袁康著。

《吴越春秋》十卷汉赵煜著。

《吴越备史》九卷吴越掌书记范坰、巡官林禹著,其初十二卷,尽开宝三年,后又增三卷,至雍熙四年,今书止石晋开运,计阙六卷,本钱俨著,托名范林云。

《吴越备史遗事》五卷

《忠懿王勋业志》三卷

《戊申英政录》一卷三种,俱宋钱俨著。

《吴越纪余》宋钱贵著。

《家王故事》一卷,《家王贡奉录》二卷宋钱惟演著。

《南唐书》十五卷宋陆游放翁著。

《吴越会粹》一卷无撰人名。

《东国史略》六卷明余姚钱古训著。

《会稽志》二十卷宋陆游及通判施宿著。

《会稽续志》八卷宋张淏续记辛酉以后事。

《越州新志》宋陈公亮著。

《古越书》四卷明山阴郭钰汇次《左、史、越绝》等书成编,附《武备志》、《保越录》二帙。

《绍兴府境全图记》明郡守藏琥绘图刻石。

《绍兴府县图》明郡守南大吉修志未竟去,仅刻图数十页。

《越郡志略》十卷田司马相著,会稽人。

《于越新编》明山阴诸万里著,共四十五卷。

《越语肯綮录》一卷国朗毛奇龄著。

《越谚》二卷国朝郡人周徐彩著。

《绍兴府志》明郡人张元忭、孙鑛修,凡五十卷。国朝康熙辛亥,郡守张三异聘句章王嗣皋修,凡五十六卷。康熙癸亥,郡守王之宾聘郡人董钦德修,凡五十八卷。康熙辛未,郡守李铎修,凡六十卷。康熙己亥,郡守俞卿聘郡人邹尚、周徐彩修,凡六十卷。乾隆壬子,郡守李公亨特聘金匮、徐嵩,郡人平恕修,凡八十卷。

《剡录》十卷宋商似孙著。

《三江志略》国朝山阴陈和著,和世居三江城,志仿郡邑志例。

《兰亭游览志》四卷明张廷宰著。

《镜湖游览志》五卷明陈树功著,倪元璐序。

《四明山志·古迹志》十四卷黄宗羲著。

《台宕纪游》国朝黄宗羲著。

《五泄苧萝遗事》国朝周文炜著。

《曹江孝女庙志》十卷国朝印绘、张疆著。

《西湖梦寻》五卷国朝山阴张岱著。

《北征录》七卷宋倪思著。

《入蜀记》六卷宋陆游著。

《乾道奉使录》一卷宋姚宪著。

《西蜀纪行录》明吴中著。

《宦辙远游记》明陶大年著。

《塞程别记》一卷国朝余彩著。

《北游纪方》国朝余姚黄百家著。

《史评》八十卷元俞汉著。

《读史笔记》元胡粹中著。

《宋史断》明上虞管佑之著。

《读鉴随笔》明陈垲著。

《读史肤评》明张元忭著。

《史发》明会稽孟称舜,取许由至谢枋得事迹,著论四十篇。

《史衡》明何治仁著。

《涉史谬论》明郑伯乾著。

《诸史辨论》国朝余姚楼镇著。

以上史部

《朱子晚年定论》一卷明王守仁著。

《刘子全书》刘宗周著，子汋辑。

《弩守书》宋姚宽著，宽尝谓守险莫如弩，因衷集古今用弩故实及造弩制度，为书以献。

《兵略》十卷宋李光著。

《医衍》二十卷宋杨文修著。

《景岳全书》六十四卷，《张氏类经》四十二卷，《类经图翼》十五卷，明张介宾著。

《石室秘录》六卷国朝山阴陈士铎著。

《医家恒言》、《痘瘄一家言》国朝徐廷槐著。

《卜筮书》元吴雄著。

《地理指迷》明周瑾著。

《郭璞葬经注》明徐渭著。

《星影》三卷国朝姚大源著。以地理、天文，合而定穴。

《书画跋》，跋三卷、续三卷明孙鑛著，王世贞尝作《书面跋》，鑛又跋其所跋，故重文见义，犹之非非《国语》也。

《百官铎谱》明倪元璐著。

《石谱》三卷明杜绾著，考订名石，辨其出产、形质，为题品之。

《茶经》二卷《酒史》六卷明徐渭著。

《西溪丛语》三卷宋姚宽著。

《老学庵笔记》十卷、《续笔记》二卷宋陆游放翁著。

《金罍子》四十四卷明陈绛著。

《慈山杂著》明徐守诚著。

《神道大编》一千卷明周述学著，自历以外，凡图书、皇极、律吕、山经、水志、分野、舆地、算法、太乙、壬遁、演禽、风角、鸟占、兵符、阵法、卦影、禄命、建除、葬术、五运、六气、海道、针经，莫不各有成书，统名曰《神道大编》。

《笔奕》八卷明山阴吕曾见著。

《古今评录》四卷叨会稽商维浚著。

《识大识小录》各二十卷国朝周徐彩著。

《治格会通》二百七十卷国朝倪会哲著。

《百衲》十卷国朝徐廷槐著。

《乘剩》一卷国朝俞永思著杂记见闻，以补郡志之阙。

《南部新书》宋钱易著，即吴越忠逊王子。

《经锄堂杂志》八卷宋倪思著。

《山林思古录》十卷宋俞亨宗著。

《纪异录》十卷宋李孟传著。

《松下偶抄》三卷明嵊人吴大有著。

《湖海摘奇》明诸暨陈洙著。

《支湖杂说》明余姚胡铎著。

《路史》二卷明徐渭著。

《载记存疑》明余姚陈塏著。

《漫叟目录》八卷明山阴金锐著。

《竹屏偶录》、《见闻琐录》、《宦辙私记》明会稽陶大年著。

《槎间漫笔》明张元忭著。

《郊居杂记》明山阴张汝霖著。

《稗海》三百六十八卷明商浚著。

《樵书》十二卷明来集之著。

《征信录》二百十二卷、《澹生堂余苑》六百四卷明山阴承爆辑。

《太平广记节要》十卷明陶作楫著。

《无双谱》一卷国朝金古良著并画。

《癸亥消夏录》、《丁卯雁南编》、《戊辰杂编》、《茅渚编》、《茅渚杂编》国朝徐廷槐著。

　　以上子部

《嵇中散集》十三卷以上魏。

《嵇侍中绍集》二卷

《王羲之集》九卷

《谢安集》十卷

《王献之集》十卷

《谢道韫集》二卷以上晋。

《谢灵运集》十九卷

《谢惠连集》六卷以上宋。

《虞世南集》三十卷

《秦系诗》一卷

《元英集》八卷方干著。

《严维集》一卷以上唐。

《杜祁公诗》一卷杜衍著。

《钱惟治集》十卷

《孙沔集》十卷

《会稽公集》一百卷武肃王五世孙鳃著，字穆父。

《李庄简公文集》二十卷李光著。

《茶山集》八卷曾文清公几著，陆放翁从之学诗。

《剑南诗稿》八十五卷、《渭南文集》五十卷、《逸稿》三卷陆放翁著。

《西溪居士集》十二卷姚宽著。

《敬斋文集》二十卷王佐著。

《磐溪诗》二十卷、《文稿》三十卷、《宏词类稿》十卷李孟传著。庄简子。以上宋。

《东维子集》三十卷、《附录》一卷

《古乐府》十卷、《补》六卷

《复古诗集》六卷

《丽则遗音》四卷俱杨维桢著。以上元。

《丹厓集》八卷唐肃著。

《雪庵咏史录》二卷余姚冯兰著。

《南斋集》二十卷萧山魏骥著，孙婿洪钟辑。

《谢文正公集》四十卷谢迁著。

《龙山稿》十三卷、《垣南草堂稿》十五卷王华著。

《诗文启札》六卷、《奏议》四卷、《案牍稿》十卷、《恤刑录》二卷孙燧著。

《王文成公集》三十八卷王守仁著。

《肥遁斋稿》、《留园集》、《济美集》谢丕著。

《青湖文选》十四卷汪应轸著。

《孙孝子集》二十卷孙堪著。

《孙文恪公集》二十卷孙升著。

《青霞集》十一卷、《年谱》一卷沈炼著。

《屏南集》十卷沈束著。

《诸文懿公集》八卷诸大绶著。

《陈恭介公集》十二卷陈有年著。

《徐文长全集》二十九卷徐渭著。

《瑞云楼集》王承勋著。文成冢孙。

《朱文懿公集》十二卷朱赓著。

《不二斋稿》十二卷，《山游漫录》俱张元忭著。

《孙月峰集》四卷孙矿著。

《恒岳遗稿》朱燮元著。

《刘蕺山集》十七卷刘宗周著。

《施忠介集》施邦曜著。

《倪文贞全集》四十卷倪元璐著。

《周文忠公集》周凤翔著。

《宝纶堂集》九卷陈洪绶著。以上明。

《陶庵文集》张岱著,别有《梦忆》、《梦寻》、《快园道古》、《奚囊》诸书。

《和硕永仁百苦吟》一卷王龙光著。

《西河全集》一百七十九卷毛奇龄著。

《道南集》四卷朱士稚著。

《巡海诗草》贝兴祚著。

《南雷文定》十一卷、《文约》四卷黄宗羲著,宗羲居余姚之竹桥南雷里,故以名集。

《二晦山栖集》黄宗炎,忠端次子、宗羲之弟。

《玉笥房诗集》傅王露著。

《几山文选》二十卷、《名山藏诗稿》十二卷会稽周徐彩著,康熙庚午举人。

《补山诗存》会稽金以成著。

《鹤泉诗集》公稽章钟著。

《赐书堂诗选》八卷、《石帆山人年谱》一卷山阴周长发兰坡著。

《墨汀文钞》六卷、《诗》六卷徐廷槐著。

《质园诗集》三十二卷商盘著。

《抗言在昔集》一卷山阴贡生沈冰壶著,冰壶字清玉,博览群书,尤熟胜国诸老遗事,贫无箱箧,所著以一缸贮之,往往为人取去。为诗善于持口,著有《古调自弹集》十二卷,是集皆七言绝句,为其咏古之作,颇能考正文史,自抒学识,非仅评论事迹之末,然有意骇俗,遂至流于放诞。

《胡稚威集》胡天游著。

《梁文定公集》梁国治著。

《石驭山人集》山阴刘文蔚豹君著。

《朴庭诗稿》十卷山阴吴燏著。

《梅芝馆集》四卷山阴刘鸣王凤冈著。

《二树山人集》十二卷山阴童钰著。

《石墟山人稿》四卷山阴杨祖桂丹山著,一号笠帆。

《敬川诗稿》二卷山阴沈塘康勤著。

《鹗岑集》六卷山阴周亭立原青著。以上国朝。

《放翁词》一卷宋陆游著

《西溪乐府》一卷 宋姚宽著。

《桂枝词》一卷 国朝毛奇龄著。

《竹浦稼翁词》一卷 国朝黄千人著。以上词。

《会稽掇英集》二十卷 宋郡守孔延之、程师孟相继纂集，取诗文之有关于会稽者八百五篇，分类编次。

《会稽掇英续集》五十五卷 宋嘉定中，郡守汪纲辑，四十五卷，会稽主簿黄康弼辑十卷。

《姚江逸诗》十五卷 国朝黄宗羲编次。

《越风》三十卷 旧朝商盘、刘文蔚辑。

《金石要例》一卷 国朝黄宗羲著。

《西河诗话》八卷、《词话》二卷 毛奇龄著。以上总集。

《孙夫人诗》一卷 余姚孙升妻杨文俪著。

《笑竹轩吟草》会稽李因著。

《静好集》一卷 山阴祁德渊著，忠敏长女，姜廷梧配。

《修嫣诗稿》祁德琼著，忠敏仲女，王鳄叔配。

《寄云草》祁德菠著，忠敏季女，沈萃祉配。

《东书堂稿》张德蕙、朱德蓉、祁德渊等合集。

《吟红集》山阴王端淑著，王思任女，宛平丁睿子配。

《红鹤山庄集》山阴胡慎容著。以上闺秀。

以上集部

按《绍兴经籍志》，经、史、子、集四部，共二千一百四十三种，美不胜收，所录者仅什一耳，兹又以予所见者附纪数种，披阅之下，如见故人。

艺　文

宋王十朋《会稽风俗赋并序》：昔司马相如作《上林赋》，设子虚、乌有先生、亡是公三人相答难。子虚，虚言也；乌有先生者，乌有是事也；亡是公者，亡是人也。故其词多夸而其事不实。余赋会稽，虽文采不足以拟相如之万一，然事皆实录。故设为子真、无妄先生、有君答问之辞。子真者，诚言也；无妄者，不虚也；有君者，有是事也。以反相如之说焉。

有客过越，自称子真，介于无妄先生，赍见于有君。谒入，乃膝而前曰："闻有君之名雅矣，今幸际颜色，聆话言，仆辄有请，君其听焉。君世家于越，以风流自命，业博缣素，才播歌咏，越之山川人物，古今风俗，载在君腹，愿闻其略可乎。"有君乃敛衽肃容谢曰："唯唯。客姑坐焉，吾以语尔。"越于九域，分曰扬州，《禹贡》，淮海惟扬州。《图经》，越州，《禹贡》扬州之域。仰瞻天文，度当斗牛，《汉书·地理志》，吴地斗分。《晋书·天文志》，会稽入斗一度。在辰为丑，自夏而侯。《图经》，少康封少子无余于越，是为越侯。郡于秦汉，秦灭荆置会稽郡，汉属吴国，景帝灭贝，仍为会稽郡。霸于春秋。《史记》，句践平吴，横行江淮间，号称霸王。州于隋而使于唐，隋大业中改为越州，唐乾元中置浙江东道节度、观察等使。公有素而王有镠。隋杨素封越国公，唐末钱镠封吴越王。因种山而中宅，《图经》，重山一名种山，越王葬文种于此，故名，即今卧龙山也。廓蠡城而外州；龙楼翼而屹峙，石窦伏而巽流；法天门兮地户，惟昆仑兮是侔。《吴越春秋》，句践自吴还，范蠡筑城西北，立龙翼之楼以象门，东南伏漏石窦以象地户。范蠡曰，臣之丛城也其应天矣，昆仑之象存焉。实东南之大府，号天下之无仇。无仇句未详。其山则郁郁苍苍，岩岩嵬嵬，磅礴蜿蜒，崒崒崒崒；若骞若奔，若阖若开，或凹或凸，或阜或堆；或断而联，或昂而低，虎卧龟蹲，龙蟠雁徊，舒为屏障，峙为楼台，掩映江湖，明灭云霓。八山中藏，府城内有八山：种山、怪山、戟山、火珠、鲍郎、蛾眉、彭山、白马山。千里周回，彭、鲍名存，峨、马迹迷，《图经》，彭山在会稽县北四里，鲍郎山在大能仁寺前，蛾眉山在府桥东轩亭之西，白马山在会稽县北五里，俱已湮灭，仅存其名。巨者南镇，是为会稽，唐开元十年，封南镇会稽山为永兴公。洞曰阳明，群仙所栖。《白玉经》曰，会稽周回一百二十里，名阳明洞天，皆仙圣天人都会之所。石伞如张，《图经》，石伞山在会稽县东南十五里王笥山侧，状如伞。石帆如扬，石帆山在会稽县东十五里射的山北，有石壁高数十丈，中央少纡，状如张帆，又有文石，共状如鹦，人亦称为石鹦山。石篑如藏，宛委山上有石篑，壁立云中，升者累梯而至。石鹦如翔。石壁匪泥，注见上。石瓮匪携，巨石三，在射的山麓，人谓之秦皇酒瓮。香炉自烟，会稽一峰，状如香炉，人谓之香炉峰。天柱可梯。《图经》，望秦山一名天柱山。韫玉有笥，玉笥山在会稽县东南十五里，共形如笥，山出美玉。降仙有台，宛委山上有巨石，嵬然如台，尝有神仙降共上，号降仙台。禹穴窅而叵探，《史记》，司马迁登会稽，探禹穴。葛岩蜚而自来；禹穴北有石岩高丈余，南面侧平如削，真诰云，此石于吴赤乌二年从安息国飞来，上有索痕二条，晋葛仙翁于此炼丹。射堂丰凶之的，射的山半有石室，乃仙人射堂，东峰有白点如射侯，土人常以占谷贵贱，谚云，射的白，斛米百；射的元，斛米千。宛委日月之珪，《遁甲开山图》云，禹开宛委山，得赤珪如日，碧珪如月。应天上之玉衡，《地理志》，会稽山一名衡山，谓当天文之玉衡星。直海中之蓬莱。《旧志》，蓬莱山正属会稽，沈绅《蓬莱阁诗》云，三山对峙海中央。至若嵊山巍其东，嵊山在剡县东三十四里，唐改县曰嵊县。涂山屹其西，涂山在山阴西北四十五里，按汉应劭云，在永兴北，永兴即萧山也。阜至繇蜀，蜀阜山在山阴县三十五里，《旧志》云，山自蜀飞来。龟来自齐。龟山在山阴县东八十步，范蠡筑城既成，山自东武海中飞来，故又名怪山。梅山乃隐吏之窟，梅山在府城北十八里，昔梅福隐此。苎萝盖西子之闺，苎萝山，西施、郑旦所居，今萧山、诸暨皆有苎萝山。五泄争奇于雁宕，五泄山在诸暨县西四十里，壁立山际，瀑布凡五，故云五泄。四明竞秀于天台。四明山在余姚。五云，中令之故居，晋义熙中，中书令王献之山居，有五色云见，安帝诏建云门寺。十峰，昙翼之招提。法华山在会稽县南四十里，晋县翼栖此，诵《法华经》，因置寺焉，山有十峰，今天衣寺是也。故越为之首兮；剡为之面兮；沃洲、天姥，眉兮、目兮；白乐天《沃洲山记》云云，沃洲、天姥二山，属新昌县。金庭桐柏，仙子宅兮。金庭观在嵊县东，真诰云，越有桐柏之金庭，养真之福地也。**南明嵌岩，宝相涌兮，**新昌南明山有宝相寺，梁时造石佛一躯，高一百尺。**南岩嵯峨，海迹古兮。**南岩在新昌县西南，唐李绅《龙宫寺碑》云，南岩海迹，高下犹存。**陟秦望而望秦兮，**秦望山在会稽县南四十里，始皇登此立石刻颂，又有望秦山，群臣登此以望秦皇。**登洛思而思洛兮。**在萧山县东，昔洛人朱隽来会稽，三年不得反，乃登山北顾而叹，因名。**采葛、食戠，敬吊前王兮，**戠山在府城中，产戠，句践聚而食之；葛山在会稽县东十里，句践使女采葛于此，织布献吴。**修竹茂林，缅想陈迹兮。**王羲之《兰亭修禊序》语。**连山如珠，秦皇之所驱兮，**连山在萧山县西长冈九里，北至定山，始皇欲造石桥渡浙江，今尚有石柱数十，列于江际，世称始皇驱山塞海。**厍山如玦，亚父之所割兮。**厍乌在萧山县南，《神异志》云，山是亚父所割，厍断乌江。**北干隐兮明月在；**北干山在萧山县北，晋许询隐此，刘真长叹曰，清风明月，恨无元度。**东山卧兮白云迷；**东山在上虞县西北三十里，谢安高卧处，李白《东山诗》云，白云他自散。**少微寂兮幽鸟怨；**少微山在五云门外十里，齐唐墓表云，公退居湖山，日游少微。**太白空兮野猿啼。**太白山在剡县西六十里，赵广信炼丹处，上有白猿。**其水则浩渺泓澄，散漫溇迁；涨焉而天，风焉而波，净焉如练，莹焉如磨。溢而为江，潴而为湖，为沼为沚，为潢为污。汇为陂泽，疏为沟渠，浸而田畴，污而泥涂。生我稻粱，溉我果蔬；集有凫雁，戏有龟鱼；实有菱芡，香有芙蕖。鹢舟如击，**鹢舟，战船名也。**马楲如驱，**《吴越春秋》，越人以船为车，以楫为马。**船龙夭矫，桥兽睢盱。**《白乐天诗》，船头龙夭矫，桥脚兽睢盱。**堰限江河，津通漕输，航瓯舶闽，浮鄞达吴。浪桨风帆，千艘万舻；大武挽纤，五丁噪谯；榜人奏功，千里须臾。境绝利溥，莫如鉴湖，有八百里之回环，灌九千顷之膏腴，**后汉马臻，字叔荐，山阳人，始创鉴湖，筑塘蓄水，周回三百十里，溉田九千余顷，一说鉴湖八百里，盖总言之。**浮贺监之家，**贺知章为秘书监，请为道士，诏赐鉴湖一曲。**浸允常之都。**《吴越春秋》云，越之兴霸，自允常始。**人在鉴中，舟行画图，**王逸少云，从山阴道上行，若在镜中游。**五月清凉，人间所无；**《杜甫诗》，鉴湖五月凉。**有菱歌兮声峭，**谢灵运诗：菱歌调易急。**有莲女兮貌都；**李白有《采莲曲》。**日出兮烟消，渔郎兮啸呼。东泛曹江，哀彼孝娥；**曹娥，上虞人，父溺死，娥入水求父尸，亦死。**西观惊涛，吊夫子胥。**浙江在萧山西十三里，吴王杀子胥，浮其尸于江。**概浦思夫概之封，**概浦在诸暨县北，吴夫概所封之地，因名。**翁州访偃王之庐；**翁州属会稽，志云，徐偃王昔居于翁州。**蠡醪投兮沼吴因，**蠡醪河在府城，句践投醪之所，《左传》，伍子胥曰，吴其沼乎。**扁舟去兮变陶朱。**范蠡功成身隐，居于陶，天下称陶朱公。**鼓樵风兮游若耶，**若耶溪朝南暮北风，汉郑宏遇仙事。**兴雪棹兮寻隐居。**晋王子猷雪夜访戴逵事。**禊事修号觞兰渚，**王右军《兰亭序》，清流激湍，引为流觞曲水。**陶泓沐兮池戒珠。**戒珠寺有右军鹅池、墨池。**了溪凿兮禹功毕，**了溪在剡县东北，源出于山，《越绝书》云禹疏了溪，人方宅土。**刑塘筑兮长人诛。**禹会诸侯于涂山，防风后至，诛之，其身三丈，刑者不能及，乃筑高塘临之，今其地曰刑塘。**酌菲泉兮怀古，**会稽山大禹寺有水，曰菲泉。**饮清白兮自娱。**郡治清白堂清白泉，范文正公命名。**其物则有鱼盐之饶，**濒海居人，以鱼盐为生。**竹箭之美，**《尔雅》，东南之美者，则有会稽之竹箭。**山涵海蓄，忘有其几，贡入王室，利周遐迩。耕焉以火，耨焉以水，**《汉书·地理志》，江南地广，火耕水耨，民食鱼稻。**南风翼苗，翠浪千里。秅秬一空，玉粒如峙，炊粳酿秫，既甘且旨。桀桑之奇，号为第一，《吴录》云，诸暨境土，诸丝第一，桀桑文采如傅綦，方正骈次如画。龙精儘儘，吐丝满室。《蚕书》曰，蚕为龙精，其状儘儘，屡化如神。万草千华，机轴中出，绫纱缯縠，雪积缣匹。《图经》，越贡花纱、文绫、生縠、花罗、吴绢。木则枫挺千丈，天姥山有枫，高千丈。松封五夫；上虞有地名五夫，始皇封松为五大夫处。桐柏合生，嵊县金庭观，有桐柏合生，檫棐异隅，余姚太平山，四隅各生一种木，不相杂，一隅纯擦，一隅纯梓，一隅纯棐。文梓、楩楠，吴王始治宫室，越王献梓楠一双，大二十围。栎、柞、槠、榆，《郡国志》，若耶溪有栎木，上虞历山多柞木，诸暨有槠山，剡县有榆木山。连理之柯，诸暨木连院有连理木。合抱之株，乃斧乃斤，以舆以庐。乃有萧山陆吉，东坡《黄甘陆吉传》，古隐萧山。诸暨三如，诸暨有如锦之桑，如拳之栗，如丝之苎。胡楠成林，贺瓜满区；《述异记》有胡氏楠园，贺家瓜丘。枣实全赤，檎腮半朱；火榧壳玉，樱桃荐珠；鸭脚舍黄，鸡头去卢；百益、七绝之奇，《埤雅》，柑有百益，柿有七绝。双头、四角之殊。越多双头莲、四角芰。蔗有昆仑之号，《本草》，蔗之赤者名昆仑蔗。梅有官长之呼；越产杨梅，佳者名官长梅。蔓生则马乳、蘡薁，土实则凫茨、慈菰。野蔌溪毛，园蔬木菌，湘湖之莼，箭里之笋，萧山湘湖出莼菜，会稽有美箭里。可荐可羞，采撷无尽。鳞虫水族，海生池养，丁首丙尾，皤腹缩项，赤鲆文鳢，元鲋黄鲦。以上越之鱼名。歔人骈集，以钓以网，虀金脍玉，不数熊掌。能言之鹜，善鸣之鹅，鸭能言，陆鲁望事。输芒之蟹，孕珠之蠃。文身合氏之子，蛤有文，故称文蛤，合氏子，见东坡《江瑶柱传》。跛足从事之徒，《元稹诗》，跛鳖称从事。街填巷委，与土同多。异兽珍禽，屑铜吐绶：铜牛山在会稽县，昔有铜牛见于此山，掘之悉铜屑也；太白山有鸟，口吐绿绶，长数尺，名吐绶鸟。猛虎负子，萧山去虎山，宋时多虎患，一日，虎负子渡浙江而去。灵乌送鸷；法华山有二，雏长则送出之，故惟此乌在焉。凤栖鹿化，会稽有凤林乡，禹会诸侯，凤凰集此；葛仙翁有楠木，隐几化为白鹿三足，号为鹿迹山。鹤拾雁耨；射的山西南有白鹤，为仙人拾箭，因名箭羽山；上虞有雁田，夏禹时，群雁春为拔草根，秋除其穗。熊罴狸豹，猴玃猿狖。鸡衔鸠吐，鸡鹤衔母翅而飞，鸠鹚吐而生子。莺求鹎斗；鸥浮鹬浴，鹬即翡翠。鸱寒乞瘦。乞燕也。巧妇锥喙，鹪鹩名巧妇，其啄尖利如锥。春锄雪胆，鹭行浅水，常自低昂，若春锄状，因名。林栖水宿，修尾长咮，山禽咮短而尾修，水禽咮长而尾促。江湖为笼，山林为囿，以牡以牝，以飞以走。甲第名园，奇葩异香，牡丹如洛，芍药如扬，牡丹以洛阳为第一，扬州出千叶芍药。木兰载新，唐庙镇东使院木兰一株，为越中第一，董昌谋反，忽面凋零，迨钱武肃平越，仍复茂盛。海榴怀芳，州宅有海榴亭，唐《李绅诗》，怀芳不作翻风艳，列萼犹含濯露研。菊山黄华，山在萧山县西，山多甘菊。兰亭国香。兰亭为越王种兰处。天衣杜鹃，东山蔷薇，天衣寺有杜鹃花最奇，《李白诗》，不到东山久，蔷薇几度花。湖映香雪，越多梅花。鉴生水芝，《李白诗》，荷花鉴里生。鸳梅并蒂，仙桂丹枝，越有鸳鸯梅、丹桂。司华骋巧，天女效奇，桃李漫山，臧获眡之。药物之产，不知其名，白术、丹参，甘菊、黄精，吴萸、越桃，山栀子一名越桃。禹粮、石英。嵊县了山出禹余粮，诸暨乌带山出紫石英。蓟训鬻之以疗疾，古废市在州南，蓟子训卖药处。彭祖服之而延龄；彭山为彭祖隐居处。秦皇求之而莫致，始皇令方士入海求神药。葛仙饵之而飞升。葛仙炼丹岩在禹穴北。日铸雪芽，日铸山在会稽东南，产茗芽。卧龙瑞草，卧龙山亦产佳茗。瀑岭称仙，余姚瀑布岭，茶号仙茗。茗山斗好，山在萧山西，多奇茗。顾渚争先，建溪同蚤，碾尘飞玉，瓯涛翻皓，生两腋之清风，兴飘飘于蓬岛。剡藤番番，管城斑斑，剡出纸，越出笔管。冰敲嵊水，越有敲冰纸。竹蒻顾园，越有顾家斑竹。制于蒙蔡之手，游于羲、献之间，友陈京与端紫，同文字于人寰。至若龙护金书，禹得金简玉字于宛委山，唐开元中投金龙于禹穴，俄有一龙自穴出，因赐号龙瑞宫。苔封石刻，剡县剡石山，相传已久，不知文字所在。苗山金玉，会稽一名苗山，上多金玉。邪堇铜锡，赤堇山出锡，若耶溪出铜，欧冶子取之铸剑。黄帝之鉴，黄帝铸鉴于此，故名鉴湖。神禹之璧，绍兴丁丑，禹祠前有光现，掘之得圭璧。欧冶之剑，蔡邕之笛，邕避难于越，取柯亭椽竹为笛。虞翻之床，翻为孙策所礼，设床以表贤客。秦皇之石，始皇刻石处有石方，广十丈，云是始皇坐石。淳碑斯篆，汉邯郸淳作《曹娥碑》，《始皇功德碑》，李斯篆。江笔肃墨，萧山梦笔驿以江淹得名，王萧梦女子赠墨二丸，才思益敏。雷鼓铜漏，雷门即五云门，上有大鼓，声闻洛阳；会稽黄阁有铜漏，王右军书陆机《漏赋》，镂刻于上。梅梁穾石。俱在禹庙。罍金履铁，上虞道院井中得金罍，涂山有石船，人于船侧得铁履一双，梁时又得青玉印。罍铜印玉，晋时于郡厅柱下得古铜罍，上有越王字，玉印见上。胎草蹄石，陈惠度于剡山，射孕鹿，既伤，产一子，舐子身干而母鹿死，陈遂弃弓矢为僧，今其处生鹿胎草；诸暨有马蹄石，传是始皇东巡马迹。黄竹神木，黄竹山在萧山，昔范蠡遗鞭于此。生笋成林，竹色皆黄，神木见文梓注。流黄汉箽，汉时会稽贡竹箽，錞于周乐，涂山庙有周时乐器，名錞于。活人之草，生横山，人死覆之即活。止痛之木，郡厅两杉梁，相传越王时旧物，削服之，能愈心痛。柘敷荣而华含戚，新昌石昉墓前有柘木，覆坟如盖，每有登科者，则特生枝；四明山有双石笋，野花丛生其顶，国有大戚，不荣者二年。天雨钱而山储粟，齐黄将军僧成，有德政，感天雨钱，遂舍造寺，剡县禅房寺是，储山在会稽东南，舜时供储于此。皆稀世之奇迹，盖欲言而不足。其人则见于《吴越春秋》，《会稽典录》，《图经》地志，历代枣牒，大书特书，班班满目。孝者弟者，忠者义者，廉者逊者，智者健者，优于文词者，长于吏治者，擢秀科目之荣者，策名卿相之贵者，杀身以成仁者，隐居以求志者，埋光屠钓之微者，晦迹佛老之异者，虞翻之言，有所不能尽，朱育之对，有所不能既，孙亮时，山阴朱育为郡书佐，太守濮阳兴曰，昔王景兴问士于虞仲翔，而未观仲翔对也，书佐宁设之乎？育对云云，大守称善。予亦焉能缕数之哉？姑摘其尤之一二，前则种、蠡、计倪，号贤大夫；三人皆越王句践臣。后则严助、买臣，直承明庐。二人汉武帝时为侍中，后皆为会稽太守。孝悌，则张万和之父子，唐诸暨张万和，父母死，庐墓三年，后其子亦然。韩灵敏之弟昆；齐韩灵敏，剡人，母亡无以营葬，与兄灵珍种瓜积资，以勤葬事。邓、斯、祁、樊，自杀以代皋；邓卢叙，弟犯罪，自杀乞代，斯登、祁庚、樊正咸，代父死罪。董、黯、朱、魏，报仇而名闻，汉董黯、魏朱恭明，后汉魏少英，俱为父兄报仇，杀仇亡命。或湿衣以障火，会稽丁兴，母病，邻火沿烧，兴以湿衣覆母，以身障火，身死母存。或泣血以戢焚，萧山许伯会，遭忧庐墓，野火及坟，乃仰天号哭，忽大雨火灭。或衔哀而庐墓，钟离表、郑僧表、戴恭等，皆以庐墓著名。或负土以成坟；张孝和、申屠女、郭世道、许伯会，并负土成坟。或以行而名里，剡王知元、诸暨贾思会、永兴郭世道，俱以至孝闻，敕改所居里为孝行里。或以义而旌门。山阴严世、剡公孙达，以好善闻，萧山俞菫，四世八十余口同居，诏表门闾。懿矣三女，会稽陆氏，三女无男，祖父母相继卒，自营坟葬，为庵舍墓侧。贤哉二娥，曹娥注见上。上虞朱娥，年十载，以救祖母被杀，配享曹娥。处子之孝，凛然可多。节义则黄公居四皓之列，夏黄公，鄞人，与甪里先生四人相友，人称四皓。少英参八隽之俦；上虞魏少英，名在八隽，为世英彦。蒙难卫主，则有若丁潭，晋丁潭，山阴人，苏峻之乱，潭为侍从，不离帝侧。委身授命，则有若王修；虞翻曰，句章王修，委身授命，垂声来世。虞喜躬岁寒之操，晋虞喜，余姚人，太康中诏曰，喜洁静其操，岁寒不移。孔愉洪止足之谋；《晋史赞》曰，愉洪止足之分，有廉逊之风。或一门死三世之义，虞翻曰，上虞孟瑛，三世死义。或一邑萃三康之流。山阴孔愉敬康，张茂伟康，丁潭世康齐名，人号会稽三康。至若松杨柳朱，永宁瞿素；妇节峥嵘，踏死不顾。朱育对濮阳兴语，见前。卓行则郑宏、韩说、钟离意、朱隽、戴就举于孝廉，五人皆汉时举孝廉。虞潭、孔奂、沈融、朱仕明举于秀茂；晋虞潭、陈孔奂、唐沈融，并举秀才，齐朱仕明举茂才。虞寄起于对策，寄弱冠对策，登高第。赵晔推为有道；晔后汉人，举有道。陈子公退侵地之藩，会稽陈嚣与纪伯邻，伯窃嚣藩地自益，嚣更移一丈以让，伯惭乃还所侵地。钟离牧拒惭还之稻。吴钟离牧居永兴，民有误认其稻者，牧与之，后民惭还牧，牧拒不受。循吏则有还珠孟尝，汉上虞孟尝，为合浦太守，郡产珠，前守贪残，珠徙交址；尝清洁无求，珠乃还郡。致雁虞国，汉余姚虞国为日南太守，多惠政，每行部，有双雁随车。希铣遗四州之忧，唐会稽康希铣为饶、海、台、睦四州刺史，颜鲁公撰碑。夏香著历任之绩。夏香，萧山人，历任邑长，皆有声绩。儒学则王充以《论衡》显，后汉上虞王充，著《论衡》八十五卷。沈珣以《大义》称；唐沈珣，会稽人，著《九经大义》一百卷。谢沈、谢承之史学，晋谢沈撰《晋书》三十余卷，承撰《后汉书》一百卷，俱山阴人。孔金、孔祛之明经；梁孔金通五经，尤明三礼；祛著《尚书义》廿卷，俱山阴人。贺孝先擅儒宗之号，晋贺循，山阴人，经学第一，为江东儒宗。虞伯施专博学之名。唐太宗称世南五绝，其一博学。文章则孙兴公掞金声之赋，晋孙绰作《天台赋》，谓友曰，卿试掷地，当作金石声。徐季海挥玉堂之策；唐徐浩为中书舍人，诏令诰策，皆浩为之。晔若眷荣则任奕、虞翔，朱育对濮阳兴曰，任奕、虞翔，各驰文檄，晔若春荣。文不加点则四明狂客。贺知章醉后属辞，文不加点。二贺、二虞，蜚声藉藉，唐贺德仁、德基，以文辞称；虞世基、世南，俱善属文，时人方之二陆。吴融十诏，成于俄顷。唐吴融为翰林学士，昭宗命为制词十诏，少选俱就。隐逸则严、谢、秦、方、述睿、充符。汉严光，余姚人，晋谢敷，唐秦系、方干，俱会稽人，唐孔述睿与兄充符，山阴人，皆隐士也。方术则介象、吴范、严卿、夷吾。吴介象有异术，能于茅屋上煮物，而火不焚。吴范，明历数，知风气。晋严卿，善卜筮。皆会稽人。汉谢夷吾，山阴人，精风角占候。丹青则孙遇、道芬，二人皆会稽人，以善画名。笔札则孔琳、徐峤。二人皆工草隶。浮屠则道林、灵澈；支遁字道林，晋人，灵澈唐人。神仙则刘晨、阮肇。汉永平中，二人入天台山采药，遇仙女留之，及还，已历七世。乃有溪上浣纱之女，诸暨有西施浣纱石。林间舞剑之姝，《吴越春秋》，处女隐于南林，越王询以剑术。色白天下，杜诗，越女白天下。气雄万夫。越女论剑曰，闻斯道者，一人当百，百人当万。故句践之复国也，有六千君子；《史记》，越伐吴，发教士四万人，君子六千人。项氏之崛起也，有八千子弟；《史记》，羽起会稽，以精兵八千渡江，今山阴项里乃羽避仇之地。霸有江浙，横行当代。彼二霸之得人，尚斗量而车载，矧历代之人材，亦足明其大概。逮我国朝，尤好多士，二百年间，不可胜纪。大则杜正献之勋德。杜祁公衍。次则孙威敏之功名；孙资政沔。姚右郎司元祐之直，姚辉中，山阴人，为谏官，有直声。顾内相号江南之英，顾临，会稽人，东坡赠诗云，君为江南英，面作河朔伟。万石云礽，匪建则庆，新昌石氏，为江南名族。二陆棠棣，如云与衡。陆佃与其弟，俱有才名，人以比机云。吴先生风高于贺老，宋吴考，舍宅为泮宫，君子以为贤于贺监。齐职方迹拟于困明。齐唐致仕，退居湖山，名曰少微。钱氏世贤科之盛，钱易，忠逊王子，与子明逸、彦远，并中制科。史门继衣锦之荣。剡中史氏兄弟登科，乡号继锦。刘、求以义门显，会稽求氏，上虞刘氏，并号义门。杜、赵以处士称。杜醇、赵仲，被召不赴。或览古以流咏，华镇著《会稽览古诗》百余篇。或编图而著名。诸葛深集历年帝王纪年，编之为图。至若联翮桂籍，焜耀簪缨，名登史策，足叠天庭，盖尝询之故老，往往莫识其名矣。故千岩竞秀，万壑争流者，顾长康之言也；长康游越还，人问山川之美，答曰云云。山转远转高，水转深转清者，李浙东之记也；唐李逊《游妙喜寺记》。瑰奇市井，佳丽闾阎者，白文公之诗也；乐天和微之《阳明洞天诗》，瑰奇填市井，佳丽溢闾阎。忠臣系踵，孝子连闾者，虞功曹之对也。虞翻对王府君语。越之山川风物，其大略如此。子真始惊而疑，卒叹而喜曰："壮矣哉，盛矣哉！山川如斯，人物如斯，吾未之前闻也。然越在春秋，僻处东夷，夫子作经，贬为于越，其人材风俗，固未可与齐、晋、鲁、卫诸国抗衡也。今有君所称，几不容口，岂昔日远于京畿，含香未越，如王景兴之言耶？王景兴问虞翻曰，贵邦旧多英俊，徒以远于京畿，含香未越，功曹雅好传古，宁识其人耶？抑山川降灵孕秀，固自有其时耶？抑亦因人作成而致然耶？"有君曰："昔严、朱二子，为汉名卿，昼绣故乡，"严助、朱买臣以文辞显，上拜买臣会稽守，谓曰，富贵不归故乡，如衣绣夜行，今子何如，买臣顿首谢。夹道郊迎，争观快睹，歆艳其荣，故其俗始尚文学而喜功名。晋王右军为越内史，雅会兰亭，流觞曲水，临池墨妙，辉映千祀，能使遗文，感慨君子，故其俗始尚风流而多翰墨之士。王右军兰亭修禊，事见前。唐元微之一代奇才，罢侍玉皇，谪居蓬莱，宾窦邻白，唱酬往来，繇是鉴湖秦望之奇益闻，故其俗至今好吟咏，而多风骚之才。元微之罢相，为浙东观察使，赋诗云，我是玉皇香案吏，谪居犹得住蓬莱，辟窦巩为副，酬唱极多，时白乐天守杭，常以诗筒往来唱和。不独此数君子也，任延、张霸，以尚贤为治，而俗始贵士；汉任延为郡尉，聘高士董子仪、严光，待以师友之礼；张霸为守，表用处士顾奉、公孙宏等。刘宠、车俊，以洁己化下，而人始尚清；汉刘宠为太守，赴召，父老以百钱送宠，宠为人选一大钱受之；吴车俊守郡，公亮清忠。第五伦下令，而淫祠之风革，伦为太守，俗多淫祠，伦晓告百姓，其风遂绝。诸葛恢莅政而陵迟之俗兴。恢为太守，告元帝曰，今天下丧乱，风俗陵迟，宜进忠实，退浮华，帝嘉纳之，特加一秩。至若唐代刺史，九十八公，首有庞玉，显有姚崇，《图经》十子，郡绩称雄。唐太守题名凡九十八人，总管庞玉为首，姚崇后为开元宰相，见于《图经》者，李大亮、薛苹、杨于陵、元稹、王式等十人。国朝逮今，盖百余政，前有文简，后有文正，题名所记，比唐为盛。宋太守题名，姑于毕文简士安，而最贤者范文公正。承宣得人，风俗斯美，盖亦理之然也。子真曰："是诚有之，然皆二千石之事尔，未足多也，愿闻其上者。"有君曰："昔句践惩会稽之栖，吴败越于夫椒，越王以甲楯五千，退保会稽。痛石室之辱也，越王入臣于吴，拘之石室之中，斫剉养马。蓼目水足，抱冰握火，越王念切吴仇，苦身劳心，目瞑，则切之以蓼，足寒，则渍之以水，冬日抱冰，夏还握火。采葛于山，见前注。置胆于座，句践返国，置胆，坐卧饮食皆尝之。葛妇兴歌，名曰《何苦》，其词曰'尝胆不苦味若饴，令我采葛以作丝。'越王使国中男女采葛作布以献吴王，葛妇伤越王用心之苦，乃作词云云。二十年间，焦心苦志，卒灭强吴，以雪前耻，越绝之称，权舆于此，越者国之氏也，绝者绝也，谓句践时也，出《越绝书》。故其俗，至今能慷慨以复仇，隐忍以成事，若是何如？"子真曰："兹霸者之事也，传不云乎，粹而王，驳而霸，彼齐桓、晋文之盛，犹不足称于大君子之门，况句践乎？"有君曰："昔禹治水之毕，与群后计功苗山，更名会稽，卒而葬焉，祠庙陵寝，于今尚存，禹陵在会稽山，少康立祠陵所。上有遗井，山有禹井，去禹穴二十五步。下有菲泉，过而饮者，莫不发兔鱼之叹，兴河洛之思，不独句践有其烈，《史记》，句践有禹之遗烈。马侯嗣其功，马臻创立鉴湖。至今其俗勤劳俭啬，实有禹之遗风，若是何如？"子真曰："美哉禹功，宜其代舜而有天下也，游于是，岁于是，庙食于是，兹所以化被万世之久也。然说者以为入圣域而未优，其必有大于此者乎？"有君曰："舜生于诸冯，《孟子》以为东夷之人，历世逾远，流传失真，太史公以为冀州，然耶，否耶？《史记》，舜冀州人，冀在河南，非东夷也，与《孟子》之说异。然越之邑，则有上虞、余姚，《图经》，舜后支庶封于此。山有虞山、历山，虞山在上虞之东，历山在会稽东南八十里，昔舜耕之所。水有渔浦、三忄忧，上虞县北有渔河，是舜渔之处，江有上、中、下三忄忧，云二女降时，所历皆商险回曲，忄忧然而叹，故曰三忄忧。地有姚邱、百官，《风土记》，舜生于姚邱，去上虞四十里；百官者，百官从舜至此，故名。里焉有粟，上虞有粟里，舜时供储在此。陶焉有灶，上虞有古陶灶，言舜所作。汲焉有井，舜井在百官。祀焉有庙，舜庙在上虞县西三十五里。皆其遗迹也，意者不生于是，则游于是乎？舜为人子，克谐以孝，故其俗至今烝烝是效。舜为人臣，克尽其道，故其俗至今孜孜是蹈。舜为人兄，怨怒不藏，故其俗至今爱而能公。舜为人君，以天下禅，故其俗至今廉而能逊。若是何如？"子真矍然，离席而立，拱手而对曰："呜呼，噫嘻，尽善尽美，虽甚盛德，蔑有加矣。昔季札观乐而止于韶，自韶之外不敢观。余问风俗，亦极于舜，自舜之外，不复问矣。"无妄先生粲然失笑于旁曰："固哉子真之问，有君之答也，兹皆古之越，非今之越也。人死骨朽，世变风移，山川虽在，人物已非，前日淳朴，变为浇伪，前日廉逊，变而争夺，前日勤俭，变而骄怠，前日忠孝，变而凶悖，尚何执纸上陈迹而诧诧其颊舌耶？"有君曰："先生之言是也。然风俗不常美，亦不常敝，善焉恶焉，维人是系。今朝廷驻跸东南，越为巨藩，密迩尧天，盖尺五间。帝命重臣，来镇是邦，入境问俗，登堂观风，卧龙山有观风堂。因舜禹之遗化，明吾君之至仁，布德教于黄堂，变薄俗而还淳。矧何世之无才，亦何有于古今。子不见夫衔命北庭，死于王事，如陈公、张公者乎？陈公过庭，张公宇发，靖康时为和议使，咸死于金，山阴人。议礼靖康，赴难建炎，如华君、傅君者乎？靖康初，华初平为太常博士，议礼不屈，见墓志；建炎中，金兵犯浙，越守降，傅崧卿举兵赴难，越人赖之。是岂异代之人耶？又不见夫姚江陈公，名襄。所临有声，亦克知退，身名两荣；执政李公，名光。见忤奸臣，老于沦落，世贤其人；愍孝蔡子，捐生可悲，同被旌忠，庙食于兹；蔡定，父以罪系狱，请代弗许，自沈于河，事闻，免父罪，立庙曰愍孝；建炎中，金兵破越，班直唐琦，奋击金帅，大骂而死，赐庙旌忠。隐吏王君，名公袞。手斩发母冢贼。斩仇著名，一门可称，贤父难兄。兹固先生目所亲睹也，安知后之视今，不犹今之视古乎？"先生曰："有君越人也，知越之风俗而已矣。昔子虚夸云梦，乌有先生诧齐，无是公折之以上林之事，今越未足侔齐、楚之大，尚何足以夸之？"有君曰："昔吴子问柳先生以晋国之事，而柳以晋对；今子真问余以越国之俗，而余以越答，亦各因其所问而及之尔，余岂梦然无闻，无知于越之外哉？今天子披舆地之图，思祖宗之绩，求治如不及，见贤而太息，文德既修，武事时阅，盖将舞干戚而服远夷，复侵疆而还京阙。余俟其车书同，南北一，仿吉甫，美周室，赋崧高，歌吉日，招鲁公，命元结，摩苍厓，秃巨笔，颂中兴，纪洪烈，迈三五，复前牒，亘天地，昭日月，于是穷章亥之所步，考神禹之所别，览四海、九州之风俗，掩两京、三都之著述，腾万丈之光芒，有皇宋一统之赋出，回视会稽，盖甄陶中之一物。"无妄先生自知失言，色有余愧，乃与子真逡巡而避。有君退而笑傲于南窗，有飘飘凌云之气。

国朝陶元藻《广会稽风俗赋并序》：有客谓予曰：

　　昔王梅溪作《会稽风俗赋》，博引繁称。"洋洋巨制，询乎不朽之言矣。然越事綦繁，尚多阙略，宜补之者十之二。考作赋之年迄今，复经六百数十载，宜续者十之三，子盍为广其说，以佐前人所未逮。"予笑曰："是欲窃炼余之石，而轻窥不足之貂也，予虽生长是邦，陋于见闻，己不若梅溪宦游于此者，网罗闳远，又何论文采之相悬霄壤与？或者千虑一得，姑且自忘其愚，恐观者终讥其妄也。"

赋曰：

维吾越郡，古曰会稽，地名由禹，城传自蠡。《史记》，禹会诸侯计功，命曰会稽，会稽者，会计也，郡城传为范蠡所筑。指列宿以鼎分，分野兼斗、牛、女三星。位少阳其独朗，虞翻曰，会稽下当少阳之位。控四郡而势雄，谓杭州、宁波、台州、金华。布八邑而地广，绍兴府辖山阴、会稽、萧山、诸暨、余姚、上虞、嵊、新昌八属。为天南之乐郊，实浙东之沃壤，《地理志》，越土膏沃。非鄠杜其可侔，《地理志》，陕西鄠杜南山，土地膏沃，会稽带海傍湖，良田万顷，鄠杜不能比也。岂梁益兮能抗。陆游《嘉泰志》序云，天下巨镇，惟金陵与会稽耳，荆、扬、梁、益，莫敢望也。其为山也，峻而不险，巨而不顽；盘纡静穆，起伏幽闲。其为川也，流非奔泻，聚少盘涡；千村有楫，百里无波。缥缈郁苍，漾洄绰约，妃耦停匀，映带错落。顾盼皆别有烟霞，寻丈即自成丘壑；绝天梯石栈之劳，多稳舵平舟之乐。朱华恒丽，朱华峰在会稽山，中与鹅鼻峰相近。寒云自扬；寒云千叠山属新昌，峰岩幽秀，夏月人犹挟纩。龙归梅澳，余姚梅澳湖多梅树，昔吴造建业宫，采木于此，得巨材还都会，木已足，无所用，梅飞还故所，长卧湖中，每有大雷雨，辄声吼闻数里。旷依富塘。富中塘在山阴，左太冲《吴都赋》富中之甿。涧中问马，新昌县东有放马涧，晋支道林养马之所。坞畔思航，航坞山属萧山，句践渡江处。非酿名酿，沈酿川与若耶接，昔郑宏投钱水中，人饮之，各醉而去。因姜字姜。乾姜山在萧山，趋王取其泉造姜，故名。蒲萄之岭，岭在会稽驻跸岭东北。琵琶之洲，在上虞东山下小江口。岩号狮子，岩即石室，在府南十五里。湖云鹁鸠，湖与长湖相近，属会稽。烛怜人而溪曙，烛溪湖在余姚，昔人夜行失道，忽有人持烛照之，因得路，故名。麻益弩而林稠。麻林山在府城西南十五里，昔越王种麻于此，以为弩弦。浦阳则利争吴越，《禹贡》，三江既入，韦昭云，松江、钱塘江、浦阳江也，浦阳源出义乌，径诸暨、山阴、萧山，与浙江合，申胥曰，与吾争三江五湖之利者，非越乎。夏盖则迹迈商周；上虞夏盖山，相传禹治水驻此。环珮升兮嵊岭寂，嵊山即嵩尖，地接上虞，汉骆夫人学道升仙处。旌旗掩兮丰山幽，丰山临曹娥江，钱武肃破刘汉宏将朱褒于此。粟米储兮怀句践，储山云是越王供储之处。日月辟兮忆钱镠；武肃有目疾，浚月池于会稽县北，又浚日池，今入县治中。石骨昂藏，双猊立化兮；新昌隐岩寺前有狻猊石，昔僧智觊死，有二兽至而号吼，遂化为石。潭光潋滟，四相同嬉兮；新昌石待旦开义塾，文彦博、杜衍、吕公著、韩绛皆来学，尝浴于潭，今称四相潭。渔浦可渔，谢公之所济兮；渔浦在萧山，谢灵运游此有诗。阴山在阴，秦皇之所移兮。秦始皇移阴山于会稽县山北。三百里之为湖兮，岂谪仙之我诳；《李白诗》，鉴湖三百里，菡萏发荷花。十一山之在城兮，非思陵其孰知？府城内向有八山，而会稽治东二里华严寺旁有黄琢山、云山，则城中之山当为十，又让檐街有一土山，人称为十一山，他日旁坎得一石，有第十一山字，按题，则思陵笔也。于焉别墅、别业，错列纵横，始宁先筑，始宁园在上虞东山下，宋谢灵运罢永嘉守居此。遂初后营。园去府城十里，太常卿金兰筑。西园则衣香不断；西园在卧龙山下，宋太守蒋堂置，每年二月二日，纵士女嬉游。昌园则花气常盈；昌源精舍在府城东南二十里，梅花万株，香闻数里。寓园有怀沙之痛；园在梅墅，明祁忠敏殉节处。沈园感破镜之情。园在府城内禹迹寺南，昔陆放翁遇唐夫人处。职贡吴闻兮，年年豢鹿，鹿墅在府城东南八里，越王养鹿献吴处。携尊小隐兮，夜夜鸣筝，小隐园在府城西南，宋太守杨纮尝与宾从载酒嬉游处。猎火销兮乐野废，越王弋猎大野，故称乐野，今会稽有乐渎村，即其地。美人去兮土城倾；土城在会稽县东六里，越王教西施、郑旦歌舞处。云楼改兮杜兰失，贺墅在余姚云楼乡，晋贺循所居，宋《岑全诗》，散骑茅堂见杜兰。罗壁变兮畴苑更。虞国墅在余姚罗壁山，襟带溪山，表里畴苑。惟畅鹤、烟萝，遗踪二宕兮，犹使人过残山、问剩水，宛游濠上，而闻泼刺于澄泫，会稽曹山有水、旱二宕，皆昔人伐石之所，珍珑透秀，巧夺天工，明陶望龄读书其中，有畅鹤园、烟萝洞诸胜，水宕蓄巨鱼，皆盈丈，郡人游观者无虚日。尔乃文榥雕礵，映岫迷汀，軒名蘸碧，轩在鉴湖上，齐祖之有诗。楼号来青，楼在新昌陆家巷，元末刘基读书处。望乌表瑞，越王入吴，有乌夹舟而飞以为瑞也，反国筑望乌台，地属山阴。呼鹰效灵，呼鹰台在会稽石姥山，昔有异人呼鹰于此。怡怡岩室，怡怡山堂在萧山北干山下。小小山庭，小小斋在新昌，宋孝子吕升所居。巢书碍步，书巢，陆放翁读书处，其中曲折纵横，游者始不能入，既入，又不能出。壁帚流馨，王子敬见北馆垩壁白净，因取扫帚沾泥汁为方丈字，观者惊叹。抚松蜡屐，陆宰得王氏之山小隐园，建抚松、蜡屐等亭。答春应星。答春堂在新昌，宋王爚建，应星亭，会稽齐祖之宅。江总赋江彪之宅，江彪宅在会稽县东三里。后为龙华寺，梁江总避难居此，作《修心赋》。子安楔子敬之亭；王子敬山亭在云门山，唐王勃修禊作诗。履石田而芝满，余姚四明山有石田山房，四面皆奇石，产菖蒲、芝草，元道士毛永贞所筑。叩梅舍而云扃。五云梅舍乃王氏别第，在五云门外三十里，梅花甚盛。离台、燕台兮，风月竞驾台之胜，离台在淮阳里，燕台在石室，皆属会稽，驾台属山阴，俱越王所筑，见《吴越春秋》、《越绝书》。香阁、书阁兮，云霞分钓阁之形。智永书阁、辨才香阁，俱在云门寺，辨才赴太宗召，有云霄咫尺别松关，禅室空留碧嶂间之句，钓阁在齐祖之园内，尽湖山登览之胜。则见半月韬影，半月泉在天衣寺侧，虽月圆，泉中只见其半，宋僧法聪凿开岩石而月遂满，人咸惜之。五剑腾芒，越有宝剑五，闻于天下，即纯鉤、湛卢、胜邪、鱼肠、巨阙是也。玉梁玉珮，汉武帝时，天降白玉梁于玉笥山，因建玉梁观，至魏武，遣使取之，化为黄龙飞去，宋绍兴中，禹庙前有光焰，掘得玉佩、圭璋等物。笔冢、笔仓。笔冢，智永埋退笔头处，今无可考；王子敬笔仓，在显圣寺，今废为智井。百齿之梳，元僧发宋光宗陵，得交加百齿梳。六角之扇，王右军在蕺山，见老妪卖六角扇，右军各书五字于上，人竞买之。太真之琴，织女之绢。磬玉如编，鞍珠成串，虎枕则七宝摩挲，藤盘则五光隐现。府城东十五里有织女潭，乃董永卖身葬父遇织女，为永织绢，偿佣钱于潭上升处；元僧发宋陵，于高宗陵，得珍珠戏马鞍，理宗陵得杨妃穿云琴、绿玉磬、七宝伏虎枕。度宗陵得五色花藤盘。舜石洪砖，吴越王浚舜井，得重华石一片，宋时上皋耕者得汉砖，献于郡守洪适，琢以为砚。周洗秦砚，周枢于消化得三足洗，上有铭十六字，秦系注，老子穴山石为砚。刿壶敦题，刿人发荒墟，得一壶，范古藓绿，上有文十六字。许瓢争衔。上虞吴云拔得许承一瓢，可受一斛。换鹅有帖，王右军见道士鹅爱之，为书《道德经》一卷，易鹅而归。斗草有须，谢灵运须美，临刑，施为维摩诘象须；唐时宫中斗百草，遂驰取用之。幻矣珠口，萧山有道者居净土寺，常口吐一珠，如弹丸，光采夺目，人欲取之，复纳于口。伤哉酒颅。元僧取宋理宗颅为饮器，明太祖索于西僧，得之，命还葬穆陵。识于阓之易寺，因阓寺钟，因风雨失所在，后得之于福庆寺。验徽命之应符，晋元帝使郭璞筮，遇豫之睽曰，会稽当出钟以告成功，后刿人于井中得一钟，上有会稽徽命字，余不可辨。石怀松兮鳞古，马自然登仙，松化为石。水入画兮声粗。萧山觉苑寺，壁有宋吴舜臣画水。《广陵曲》兮传复绝，嵇康遇古伶官之魂，授以《广陵曲》，后临刑东市，索琴弹之，叹曰，广陵散从此绝矣。青藤叶兮萎复苏。明徐渭于读书处手植青藤一株，今尚存。赏鉴湖之番音兮，遇独孤而顿失；唐李暮吹笛鉴湖中，独孤生谓其音杂番乐，暮惊服。笑苎萝之红粉兮，惟王轩之是娱。唐王轩游苎萝，题诗云，岭上千峰秀，江边细草生，今逢浣纱石，不见浣纱人。遇一女子，自称西施，留与会饮，结伉俪，逾月始归。以言陵墓，则冬青穴义薄穹苍，运当子丙，时惟马羊，金凫将失，玉骼谁藏；宝匣之蚊龙辗转，桥山之弓剑凄凉，元至元中，杨琏真伽发宋陵，取宝玉，义士唐珏、林景熙等，潜收陵骨，以匣函之，埋于兰亭后天章寺旁，植冬青识之，子丙、马羊，谓发陵岁月也。断六更之谯鼓，宋太祖于庚申岁受周禅，问历于陈抟，答言，只怕五更头，故命宫中打六更，后历五庚申而少帝北去。感一骑之天香。《唐珏诗》，回忆年时寒食节，天家一骑捧香来。后之人，第怅攒宫地裂，谁能辨岸谷，核沧桑，跖碛砾，拨榛篁，访珠邱于兰渚，而识金粟于天章。唐珏又有一抔自筑珠邱土，及金粟堆寒起暮雅之句。以言水利，则应宿闸功垂奕祀，三邑交资，万亩均济，星斗森罗，山厓根蒂，水测盈虚,洞分启闭。山、会、萧三邑之水,蓄泄无方,遇旱则河皆涸坼,明太守汤绍恩,于三江城外两山对峙处,掘得石脉,横亘数十丈,遂建闸其上,凡二十八洞,以应列宿,其启闭则以中田为准,立水则于河干,以金、木、水、火、土五字为则,水至某字,则开洞若干泄之。訇礚砯磅,澎湃溶漪,卷雪奔云,目眩神逝。溯马臻之遗爱分,再见黄堂;汉马臻开鉴湖,言越水利者首推之。岂栾却之后昆分,何来皂隶。汤公建闸时,惟中洞不能就,梦神告曰,必得木龙血,事乃济,适有皂隶名莫隆者,因命往视工,至中洞,忽失足坠水,血渍石上毙焉,工果就,后人建祠祀汤公,并塑其象祀之,守令祭汤公者必拜隶,水流乃顺,否则闸启而水不行。鸟兽草木,前赋言之详矣,试观用物。古今攸需,白叠皑尔,白毡布,古所贵重,晋令士卒百工毋得服越叠。宝街烂如,越地贡宝花罗,今宝街罗是。侧理孰赠,桓温从王右军求侧理纸,库中有五十万,尽赠之,纸理横斜,故曰侧理。秘器谁输,磁器之佳者,臣庶不得用,放曰秘器,吴越王时,自越州烧进,为供奉之物。湘湖土甓,萧山湘湖土,造砖瓦极坚细。陶堰竹炉,陶堰造竹手炉其精。牛轮戽水,单氏权舆。萧山单俊良创牛车戽水之法,以省人力。惟彼饮食,亦可类推,贺求湖米,贺循事母孝,母嗜菰米,循尝躬自采撷。樊约山莱,莱,蔓青也,刘纲妇樊夫人,种莱于山,嘱纲于莱熟同升举,今龙泉山多莱。狸因柿茂,新昌出玉面狸,最美,喜食柿,故曰柿狸。鱼待梅开,梅鱼至梅花时始有。义安之禾,收获先于一郡,义安即诸暨,六月尽,稻已熟,一郡赖之。东浦之酝,沈酣遍于九垓,越善酿,而惟东浦之水酿者尤佳。更有石耳、石芥,吐云纳霞,二物产四明山。九熟之枣,出诸暨。五色之瓜,《述异记》,会稽出五色瓜。道墟之桔,甘逾谢家。道墟,余姚谢氏园,皆产桔,而道墟蜜桔尤甘美。千林夏熟,解渴偏宜,惟白最美,有线尤奇。荔枝品重,嘉名是贻,不独官长之擅誉一时也。杨梅以白色及有纹如线与名荔枝红者,皆上品也,官长梅见《王梅溪赋》。玉版非禅,可羞可荐,曰簪曰花,曰猫曰燕,笛苃箓笆,冈原殆遍,不独箭里之堪为世羡也。玉版师笋也,用东坡事,细嫩而鲜美者曰道士簪,花笋、猫笋,盛于三月,燕笋,燕来时生,甚美。雨前瀑岭,旗枪乍肥,厥名仙茗,人间所稀,新泉活火,领妙探微,其色香味之毕具者,又不独卧龙、日铸之为庶几也。余姚瀑布岭产茶,有一旗二枪之号,谓一叶二芽也,活火新泉,本《东坡诗》。至于熬波煮海,雪积诸场,篾盘悬而火不灼,石莲试而卤可量,此枕溟裸渤之邦,咸擅其利,不足为越重也,姑识焉以昭食货之常。越盐,山、会、萧、上、余五邑皆有之,编竹为盘,为百,耳以篾悬之,涂以石灰,中贮卤,以火煎之成盐,验卤以石莲,投之莲横浮则卤厚,直浮则卤薄难用。故夫山川映发,应接不暇,王中令所神怡也;王子敬尝谓山阴道上,山川掩映,使人应接不暇。公私宴安,百度饶羡,陈都官所心钦也。宋陈舜俞言,越为东南一都会云云。然不闻虞功曹之言乎? 海岳精液,善生俊异,吴虞翻语。则千岩万壑,扶舆清淑之气,不钟于物而钟于人。其弸于中也,如贯虹罗宿,而欲乎天汉之津;其彪于外也,如丰隆列缺,礌硠焰熠,一发而骇慑乎八埏之民。抡元夺魁,不足以称士;建牙列戟,不足以称臣。仁孝则遇寇代死,新昌石永寿,元末,父被乱兵所执,寿抱父,愿以身代,兵遂杀寿而释其父。击官复仇,萧山何竞复父仇,事见《孝行传》。力甘竭于众虎,石明三母为虎噬,三力毙五虎,见《孝行传》。卧遑恤乎荒丘。明山阴高珣早孤而贫,母卒,每夕往墓所,苫薄而卧,三年不辍,寒时,夜有物来暖其足,密窥之,狐也。笃行则建业赴千里之期,上虞卓恕,尝从建业还会稽,诸葛恪问以来期,恕答以某日,至期众以为未必来,俄而恕至。**浣水得五男之报**,黄汝楫,诸暨人,方腊犯境,掠士女千余人,将杀之,汝楫罄家资赎归,后五子相继登第。**悯穷饿者,望炊火而楼登**,诸暨黄振,尝登楼以望村中,有日中未炊者,遗以米。**避权门者,诮猢狲其树倒**。余姚厉德斯,事见《义行传》。**循良则罗珦、顾临,并留嘉绩**,宋罗珦,为庐州刺史,顾临,为河北转运使,并著政绩,俱会稽人。**胡沂、黄度,咸昭直声**;余妮胡沂为御史,论龙大渊曾觌及殿帅成闵罪状;新昌黄度,以光宗不朝重华宫,上书极谏。**或击魏而南戍**,新昌邹维琏,以参魏忠贤谪戍云南。**或劾刘而西征**。会稽陶谐劾刘瑾,杖戍肃州。**谢文正克称贤相**,谢迁辅孝宗,相业甚著。**魏文靖何愧名乡**。魏骥官尚书,以道自持,不肯徇俗。**朱燮元之整旅瑶壮,功侔铜柱**,燮元督师五省,平定诸蛮。**周养浩之筹边山海,勋埒长城**。会稽周颐,备兵山海关,边境乂安。**忠烈则骂贼而兄弟皆殄**,宋会稽黄震守饶州,元兵破城,被执不屈,与兄椿同遇害。**守陴而长幼俱戕**;元兵至新昌,陈非熊集义勇固守,与两弟、二子、二侄,皆力战死。**肢体隳焘然之狱**,黄尊素劾魏忠贤,下狱拷掠,死狱中。**衣冠沈鱼鳖之乡**。陈性善,山阴人,建文朝副都御史,永乐入立,朝服投河死。**树四谏之先声兮,独年深乎犴狴**,沈束忤严嵩,受杖几死,后沈炼、赵锦、徐学诗相继劾嵩,时称越中四谏,束系狱十八年,始出。**著三人之好事兮,谁血溅乎衣裳**。孙燧、王守仁、胡世宁同举于乡,发榜时,监临官闻空中呼曰,三人做得好事,后宁王反,胡先发其逆,孙殉节,王禽濠平乱,当宸濠举事时,胁孙保驾,孙大骂,濠以刃斫其左臂,孙以右手举臂掷之,濠衣尽为血污,遂被害。**痛纯甫之锄奸兮,愤同继盛**,沈炼,字纯甫,以劾严嵩被杀,见《忠节传》。**愍念台之殉国兮,志类天祥**。刘宗周闻南都亡,遂绝粒而死。**暨夫彪佳、元璐、邦曜、凤翔,莫不歊歔社稷,而垂大节于堂堂**。四人皆则亡殉节,事见列传。**儒林则回、开、谦、浙、塾、野、光、征**,宋程回、赵谦,余姚人,黄开,诸暨人,俞浙、石塾,新昌人,王野,山阴人,李光,上虞人,明丁征,新昌人,皆经学醇儒。**潘太常乃士林圭臬**,上虞潘府,致仕后讲学南山。**韩庄节亦乡间准绳**;元公稽韩性,博学笃行,人以其论述即为准绳,卒谥庄节。**石篑、石梁,二难交最**,明陶望龄,字石篑,弟奭龄,字石梁,兄弟皆讲学。**王畿、王艮,一脉同承**。畿山阴人,艮诸暨人,俱王文成高弟。**文苑则宫体可变**,徐摛,剡人,属文好为新异,与晋安王纲游处,宫体为主一变。**秘书尚传**。唐严维,会稽人,其诗藏于秘府。**宋雅之什**,宋钱易作《宋雅》一篇,献之太宗。**东山之篇**,明山阴吴骥作《东山赋》,人谓不减孙绰之赋天台。**若宽若绩,颉颃后先**。朱嵊姚宽,明山阴镏绩,俱博学,工诗文。**隐逸则遁歆惟陈**,汉陈业,上虞人,守会稽,遭汉中衰,弃官隐于黟歆。**潜吴曰戴**,戴颙为海内所称,尝隐居吴下。**得鱼置亲故之门**,上虞王宏之好钓鱼,得鱼过亲故,各置一两头于门内而去。**辞米有贤鳌之配**。山阴朱百年,家贫有守,及卒,会稽守饷其妻以米,妻固辞,人以梁鸿妻比之。**胶胶乎何为**,宋新昌石余亨,甫仕即归,作胶胶之铭以自怡。**嵖岈幽厂之间,白云先生在焉**。吴越时,新昌石廷翰,遁迹沃洲山白云谷,人称白云先生。**复有照水征君**,宋赵宗万居会稽照水坊,征辟不就。**画梅高士**,元诸暨王冕工画梅,流传海内。**铁笛骚人**,杨维桢善吹铁笛。**蓝衫才子**,明徐渭《金陵诗》云,疲驴仄径逢官长,破帽蓝衫谒孝陵,脍炙人口。**灵产风角**,宋孔灵产,山阴人,精风角,高帝赐以羽扇素几。**赤松手谈**,会稽夏赤松,善弈。**十里先见**,明新昌杨宗敏善堪舆术,每登山,隔十里即知作穴所向。**三家合参**,元余姚滑寿,工医,参考张仲景、刘守真、李朋三家,会其元妙而变通之。

悬黄金而远购，宋萧山张即之善书，金人悬饼金购求其字。称能品而无惭。明余姚邹鲁遗善书，书家谓入能品。其游于方外者，刘宰官则树高人远，陈院长则眼碧头蓬，上虞令刘纲，与妻樊氏，学仙道成，升树乘云而去；陈院长名明，攒宫铺兵也，常头蓬足跣，眼色正碧，能知未来，卒后，其徒发瘗将火之，空无一物。简长超九僧之列，宋简长诗，清奇雅正，为九僧之一，居沃洲山。湛然冠六寺之中。湛然为莲池弟子，居显圣寺，有道行，六寺者，即云门山广孝、广福、显圣、雍熙、普济、明觉诸寺也。其著于闺秀者，地下感驱狐之早，楚昭王越姬，句践女也，王素爱而敬之，有赤云夹日如飞鸟，占者云，当害王身，姬曰，妾愿从王，请为先驱狐狸于地下，遂自杀。庭前夸咏絮之工。谢道韫，事见列女。或弃华以昭德，余姚虞预女为孙晷妻，其归也，预戒之曰，弃华从质以谐夫，子女于是自甘淡泊，与晷耕织以事亲，人以比梁鸿夫妇。或克敌以成忠。陆氏女为吴郡太守张茂妻，茂以讨沈充遇害，陆愤激，率部曲讨充克之，诏并旌焉。或身殒于背腐，明诸娥卧钉板求雪父冤，见列女。或盲开于泪红，宋萧山王氏女，幼目盲，性至孝，父死临尸一恸，目皆流血，盲翳即开。杨妹子擅椒房翰墨，扬为宋宁宗杨后之妹，工词翰，世称杨妹子。沈将军称巾帼英雄，萧山沈云英，事见列女。彼景兰之侍枏金童兮，无双国色，商景兰，吏部尚书周祚女，祁忠敏公彪佳配也，有国色，祁亦美丰仪，人有金童玉女之目。惟文俪之传经纱幔兮，第一门风。杨文俪，孙文恪公妻，见列女。若夫铢比翼，挫交柯，誓从一，矢靡他，自虞、吴两母，晋余姚虞忠死国事，妻孙夫人誓不改节，子潭以功封侯；宋萧山吴翼之母丁氏，少丧夫，教子成名。屠、张二妹之后，齐诸暨屠氏女，无兄弟，亲亡负土成坟，守墓不嫁，为山贼所；梁张楚媛，稷之女，稷为冀州刺史，被乱民所害，楚媛以身蔽刃，先父卒。捐厓、泪水、投缳、触戈，未嫁而贞，既婚而节者，诜诜总总，几比沙于恒河。他若金龙、六五，会稽谢绪，隐于金龙山，元兵入临安，绪赴水死，明时屡显于江河，是处庙祀，人称金龙四大王；宋萧山张夏行六五，官两浙转运使，筑浙江塘，邦人庙祀之，国朝封静安公。乘云驭虬，恍兮惚兮，扬灵水陬，能驱河伯，能御阳侯，肥蟠冈象，咋舌垂头，羌拯九死于一发兮，何虞手潆流渫岸，而飙飓之惊舟。然而诗学之伟，莫如放翁，六十年长吟牖下，陆放翁有六十年来万首诗之句。一万卷独步江东，陆氏藏书之富，为江东第一。制"杏花"、"春雨"之篇，早传紫禁，放翁有小楼一夜听春雨，深巷明朝卖杏花之句，为思陵所赏。读"王师北定"之句，始鉴丹衷，放翁为韩侂胄作《南园记》，时人讥之，及临终示儿，有王师北定中原日，家祭毋忘告乃翁之句，其心方表暴于世。虽青莲之克肖，宋孝宗问周必大曰，今诗人亦有如唐李白者乎？必大以游对，人团呼小太白。实少陵之是从，刘后村云，放翁力学似少陵。殆超四灵，翁卷、徐照、徐玑、赵师秀，为永嘉四灵。殊二派，宋诗学杨亿者为西昆派，学黄山谷者为西江派。冠中兴诸彦，而卓然为南宋之大宗。德业之巨，莫如文成，有体有用，克言克行，讲学阐良知之旨，运筹操必胜之兵，巢室免鸥鸦之破，封疆弭烽燧之惊，先三浰以戡乱，终九华以葆贞，宜朝廷绵其爵秩，史册垂为国桢，圣朝犹宠之隔代，奠以前楹，焕宸章之宠锡，而标名世之荣名。明王守仁谥文成，事见理学、祠祀。若入其境，而易见者，十树一村，五树一坞，王稚登《客越志》，山川映发，水木清华，绿波荡漾，数十里皆作碧琉璃色，新田碧涨，着佛衣参差云云。耕不弛畴，织无息庑，弦诵之声，连间比户，《宋志》，弦诵之声，比屋相闻。无间城乡，无分乐苦，咸礼让而循循，宛当年之邹鲁。《晋书》，越之俗，盖有禹之遗风焉，故其民循循。夫风俗之美，原不扶自直，不斫自雕，矧有皋羽、霁山之俦，谢翱，字皋羽，为文丞相参军，宋亡，避地越中；林德旸，字景熙，号霁山，寓越，与唐珏同收陵骨。伯温、子充之侣，元末，刘基以劾方国珍编管绍兴，凡境内名胜，游赏殆遍；王祎，字子充，元末避地萧山。气节文章，倡予和汝，来寓于斯，久历寒暑，复为紫阳施教之邦，清献临民之处，宋朱文公为浙东提举，赵清献公守越州，皆有善政。或立雪而南来，宋杨时、游酢，为程伊川弟子，后杨宰萧山，游为尉，民均德之。或载石而西去，梁江革，事见名宦。其观摩也如彼，其董率也如此，遗韵流风，讵无所补与！逮乎国朝，钟灵毓英，三张联辔，山阴张杉，与兄梯、弟楞，俱能文，时号三张。二徐争衡，徐缄，山阴人，徐咸清，上虞人，缄工诗，咸清通字学，历举字之形、音、义，集成一书，名《资治文字》，计一百卷。前辈扩名流之社，余姚姜希辙，家富嗜学，海内名流咸集，及卒，人惜曰，前辈风流，自此尽矣。他乡坚死友之盟，会稽王龙光，死耿逆之难，事见忠节。姚少保息鲸波于台厦，吴中丞扫豺穴于宁平，姚羲咨、吴兴祚，事见乡贤。梨洲隐而淹通兮，一朝文献；黄宗羲，事见儒林。西河征而博洽兮，万里知名。萧山毛奇龄，号西河，举康熙己未博学鸿词，琉球贡使至京，问毛西河安在，市其文集而归，彭茨门赠以联云，千秋经术留天地，万里蛮方识姓名。玉暎轶乎昭华兮，女史握丹铅之妙，山阴王玉暎，思任女，通史学，能诗；徐昭华，上虞徐咸清女，有诗才，工词曲。肇杞同于洪绶兮，画人垂缣素之精。会稽冯肇杞，工画山水，见周栎园《画人传》；陈洪绶，见方技。其间识五收、两界之原，五收者，即乐部中五音，所谓喉、腭、舌、齿、唇是也，韵律中亦如之；两界者，谓《韵书》三十部，中有入声者十七部，自为一界，无入声者十三部，自为一界也。膺七步、八义之选，用曹植、温庭筠事。橘丽句、吐清词者，殆多多而益善，虽诗巢之二十子，未见一斑，诗巢在卧龙山西麓，祀贺知章、秦系、方干、陆游、杨维桢、徐渭六人，康熙中，商和、刘正谊等二十人结诗社于此。即《越风》之三十卷，仅窥半面。商盘选八邑诗人之作为《越风》，共三十卷。盖自被列圣深仁之育，沐九重大化之敷，既渐摩而砥砺，弥感奋而勤劬。洪惟圣祖，省方越区，我皇绳武，载巡海隅，湛露沛于畔路，请问及于里闾。玉书赫其灵启，禹得黄帝治水之书于宛委山，既平水土，复藏其处，所谓玉书金简是也。东箭煦而荣舒，《尔雅》，东南之美者有会稽之竹箭。俨乎禹会，于山之涂，涂山即会稽山，禹会诸侯于此。有神南镇，效嵩三呼，《周礼·职方氏》，扬州之镇曰会稽，南镇之名始于此，历代咸祭之。横经之彦，抱布之夫，陈谟制颂，击壤歌衢，济济翼翼，喁喁于于，麟麟炳炳，蔼蔼愉愉，以醲以厚，以蕃以肤。今之越有更胜于古之越者，虽使作《越问》、《剡录》，《先达后贤传》，《越问》，宋孙因著，《剡录》高似孙著，《会稽先达传》明吴骐著，《会稽后贤传》钟离岫著。诸人复起而操觚，犹恐未能润色鸿庞，镌馋幽窅，岂鄙人所能辅张扬厉，而一篇之得，以罄其馥，竭其腴也哉！聊吮枯毫，略言陈迹，愧彼前贤，谢尔嘉客。

原著署　（清）西吴悔堂老人录　陈桥驿点校

浙江人民出版社 1983 年版

绍兴地方文献考录

前　言

　　绍兴是我国历史上地方文献最丰富的地方之一,在我所考录的文献之中,有我国地方志鼻祖的《越绝书》,有书法艺术登峰造极的《兰亭诗序》,有我国近代图书馆嚆矢的《古越藏书楼记》,也有区域经济调查的佳作《宣统三年上期会稽县劝业所报告册》(稿本)。这些文献,不仅对绍兴一地具有重要价值,对浙江省甚至全国来说,也是极有意义的。我把这些文献分成十八类,并将各类的情况说明如下:

　　首先是方志类,从地括吴、越的《越绝书》起,直到记载一乡一村的小区域地志。绍兴历史上纂修的方志多达140余种,目前尚存近一半,这是一宗重要的历史遗产。除了《越绝书》外,还有许多著名的方志,如《嘉泰会稽志》、《宝庆会稽续志》,是流传至今的我国少数完整的宋代方志中的两种,编纂严谨,搜罗丰富。南北朝宋谢灵运的《山居赋》,是我国最早和最著名的用韵文撰写的地方志之一。全文4000言,对会稽山区的山川形势、田园农事、飞禽走兽、草木花果等都有详尽的记载。地方志类中还有图书馆珍藏的稿本和钞本,如江苏地理研究所图书馆所藏的稿本《山阴旧志续考》,浙江图书馆所藏的稿本《绍兴史迹风土丛谈》,天一阁所藏的稿本《绍兴掌故琐记》,绍兴鲁迅图书馆所藏的会稽董氏抄本《绍兴杂录》和清沈复粲的稿本《霞西过眼录》以及美国国会图书馆所藏的抄本《越中杂识》等等,这些都是十分珍贵的资料。

　　第二类是名胜、古迹、游记类,这类文献共有270余种,是各类中数量最多的。绍兴历史悠久,人才辈出,而千岩竞秀、万壑争流的优美风景,又吸引着无数游人。历史上许多著名的学者如王羲之、王勃、元稹、曾巩、陆游、袁宏道、朱彝尊等,都留下了这方面的章篇。这类文献中,有的是概括整个地区面貌的游记,如宋吕祖谦的《入越记》;有的是对一山一水或一事一物的记载,如《兰亭诗序》。

第三类是水利类,共有文献 140 余种。绍兴号称鱼米之乡,历史上的水利建设非常发达。鉴湖即是江南最古老的大型水利工程之一。对于这个地区的农田水利,历史上的不少知名人士如王十朋、叶适、王阳明、刘宗周、全祖望、齐召南等都曾有所论述。这一部分历史文献,对研究我国古代的水利,很有参考价值。

第四类是图说类。根据《玉海》卷十四的记载,全国各地普修图经始于北宋开宝四年(971),绍兴在这时可能也修了图经。但这个地区确凿有据的图经成于北宋大中祥符年代(1008—1016)。我所考录的这类文献近 60 种,其中有不少实际上是画,例如占总数四分之一的各种《兰亭图》,都是画的兰亭风景和宴饮人物。这近 60 种文献中,全部缺佚的就达一半,而其余的也大多存文而佚图,图、文并存的不过五六种。现存插图最多的方志是《万历绍兴府志》,全书共有插图 102 幅。此外,康熙年代的几种《绍兴府志》和《乾隆绍兴府志》,也都附有大量插图,可以借此窥见古代图说于一斑。

第五类是地名类。这是论述地名来历和变迁,建置沿革和发展等的有关文献,总数近 30 种,其范围大至会稽全郡,小至一村一镇或一街一弄。其中有些文献在地名和沿革等的议论中,也涉及当地的山川方物、人物掌故等内容,其性质近似方志。

第六类是城镇建设类。举凡城郭兴修、府署建造、驿站设置、道路铺筑,以及有关其他各种公用事业等的文献都归入这一类,总共超过 30 种。

第七类是物产经济类,凡是有关古代农工生产、物资经济、土贡田赋等方面的文献都收入此类,共有 30 余种。这中间也有一些记载生产技术的文献,其中以《养鱼经》和《会稽郡造海味法》两种最值得注意。传为范蠡所撰的《养鱼经》,是世界现存的记载淡水鱼养殖方法的最早文献。会稽郡是我国沿海最早发展的州郡之一,在海产加工方面,必然自古就已经营。可惜撰于隋代的《会稽郡造海味法》早已缺佚。在这类文献中,《宣统三年上期会稽县劝业所报告册》(稿本)是值得珍贵的。它对会稽县的农业、森林、渔业、蚕桑、手工业、工场、工厂、运输业、进出口货物、邮政电讯等项,都有详细的记载,并附有各种生产和经济统计表格及地图。

第八类是灾荒类,这一类主要收录有关历史上水旱灾荒的文献,兼及仓储、赈济、平粜等资料,总数超过 40 种。随着水旱灾荒的记载,涉及许多灾害天气的资料,诸如霖雨的久暂,亢旱的日数,台风的行径,冰雹的持续以及水位的记录等等,有时并且还会涉及到作物新品种的引进和居民的迁移等等。

第九类是语言类,总共不到 10 种,按数量是各类中最少的。但其中清范寅的《越谚》三卷,是一种重要的著作。撰者从整理绍兴本地语言而写成的这部著作,对整个吴越方言的研究,也很有价值。

第十类是军事类,这是绍兴历史上有关兵戎战守的文献。绍兴的 10 余种这类文献中,包括太平天国军攻克郡城的记载 4 种,其中陈锦的《蠡城被寇记》记载特详。这些文献都是研究太平天国革命的重要资料。

第十一类是人物类,总数近 70 种。其中如汉赵晔的《吴越春秋》、晋虞预的《会稽典录》、三国吴谢承的《会稽先贤传》等,都是有名的文献。记载人物的文献是与这些人物的活动密切相关的。例如明许浩的《绍兴水利功臣彭》、清毛奇龄的《绍兴知府汤公传》,主要就是记载彭谊对于西小江和汤绍恩对于三江闸的贡献,实际上仍然是一种有关水利的文献。

第十二类是学校类,共有 70 余种。这类文献之所以仍然有用,是因为文献所记载的除了一些学校、书院等渊源以外,还常常涉及到另外一些东西。例如宋林景熙的《陶山修竹书院记》,就记载了不少陶山的山川形势,它可以和宋邓牧的《游陶山记》相得益彰。又如明徐渭和张岱的《西施山书舍记》,其内容主要还是西施山的沿革掌故,在这方面,它们甚至比袁宏道作为游记的《西施山》更为详细。还有另外一些值得重视的文献,例如《绍兴府学堂通章》、《绍兴教育会章程》、光绪二十七年和二十八年《绍兴府学堂征信录》以及徐锡麟编的《绍兴府学堂癸卯、甲辰课艺》等。这些文献,对我国从封建教育到资本主义教育之间的教育史的研究,都可提供许多有用的资料。

第十三、十四、十五三类分别是寺观、庙宇、祠堂类,总共有文献近 200 种。祠堂庙宇虽然都是旧时代的产物,但我们仍然可以从中获取一些有益的东西。寺庙中的碑碣,有的即是重要的历史文献和文化遗产。例如唐李邕的《秦望山法华寺碑》,长期来为金石家所珍视。不少寺庙文献中对历史地理问题有所考证,例如清赵甸的《偶山偶心寺志》,考证了春秋越国手工业的地理分布,而毛奇龄的《重修平阳寺大殿募疏序》,则考证了越王句践初期的建都所在。有些祠堂庙宇的文献所记载的实际上是历史时期的重要建设。例如唐韦瓘的《修汉太守马君庙记》,记载了鉴湖水利工程的始末;清孙祖德的《蒿坝钟公祠碑记》,记载了蒿坝清水闸的修建经过。

第十六类是陵墓类,共有文献 40 余种。这中间除了少数几种外,几乎全部是记载禹陵和宋六陵的。在绍兴,这两处与其说是陵墓,毋宁说是名胜古迹。

第十七类是汇编总集类,共有文献 30 余种。这中间如宋孔延之的《会稽掇英总集》,清杜春生的《越中金石记》,鲁迅的《会稽郡故书杂集》等,都收辑了大量越中文献,是前人整理越中文献的重要成果。

第十八类是附录,收录了清以后迄建国前有关绍兴的地理文献 30 余种。

　　绍兴地方文献浩繁，个人能力有限，考录未必完善，有求于各方面的指正。此外，通过这个考录的编纂，使我也大体上看到了越中文献缺佚散失的情况。两宋以前的不必说，即在明、清的文献之中，缺佚也已不少。例如明诸万里的《於越新编》四十五卷，四十年前尚为人所目睹，但以后就缺佚不见。有的流散在国外，如张天复的《嘉靖山阴县志》在日本，清悔堂老人的《越中杂识》（抄本）在美国。目前尚存的文献中，也有不少已经成为稀物，如明郭钰的《古越书》，只有北京图书馆藏有一部孤本。《万历绍兴府志》和《万历会稽县志》，虽然尚有少数收藏；但大多已经残缺。甚至康熙年代纂修的五种府志，至今也已不可多得，其中《许志》根本不得见，而《张志》也已成为凤毛麟角。

　　对于绍兴地方文献的整理工作，历来曾有不少人作过努力。清代的李慈铭曾经想把《越绝书》、《吴越春秋》、《会稽典录》等文献校订合刻。鲁迅早年纂辑《会稽郡故书杂集》，把早已亡佚了的隋唐以前的 4 种方志和 4 种人物传记，从其他古籍中辑录出来，保存了绍兴的地方文献。他还锐意搜集绍兴历史上的砖瓮和拓本，预备编辑一部《越中专录》。这些年中，我一面查阅了400 余种的公私书目、方志、笔记、谱牒和其他著作，以使越中文献尽可能地得到一个比较完整的目录。另一方面我又阅览了杭州大学图书馆、浙江图书馆、绍兴县文物管理委员会、绍兴鲁迅图书馆、宁波天一阁以及上海、南京、北京、天津、武汉等地图书馆所藏的绍兴地方文献。我由衷地感谢这些藏书单位给予的支持与帮助。此外，我还要感谢美国斯坦福大学人类学系施坚雅教授，委托耶鲁大学历史系柯慎思教授把他所编纂的《浙江宁绍地区地方志目录》寄赠给我。

　　从整理地方文献的角度来说，编纂考录是最起码的工作。假使这一工作能够引起人们对越中地方文献的重视，或者能在整理地方文献中起到点滴作用，那对我来说是最大的慰藉。

陈桥驿
1980 年于杭州大学

一　方志类

越绝书　　15 卷

后汉会稽袁康撰，同郡吴平定。

此书明以前各家著录如《隋书经籍志》卷二，《旧唐书经籍志》卷上，《新唐书艺文志》卷二等，多作子贡所作，惟《直斋书录解题》卷五伪史类云："无撰人名氏，相传为子贡者，非也。"明代的不少著录，撰者姓氏仍未考定，如《百川书志》卷四史部杂史云："未考作者，盖复仇之书也。"胡应麟《少室山房笔丛》卷二四续乙部·艺林学山云："《越绝书》或以为子贡作，又云子胥，皆妄说也。"《嘉靖河南通志》卷四二艺文六书目《越绝书》条，仍云此书为端木赐（按，即子贡）所作。正德、嘉靖间，有些学者，始据此书第十九篇《越绝篇叙外传记》所云："记陈厥说，略有其人，以去为姓，得衣乃成，厥名有米，覆之以庚。禹来东征，死葬其疆，不直自斥，托类自明，写精露愚，略以事类，俟告后人，文属辞定，自于邦贤，邦贤以口为姓，承之以天，楚相屈原，与之同名，明于古今，德配颜渊。"提出此书为会稽袁康所撰，同郡吴平所定的说法。如杨慎《丹铅总录》卷十三、《丹铅杂录》卷九，胡侍《真珠船》卷三，田艺蘅《留青日札》卷十七，焦竑《焦氏笔乘续集》卷四等。此书的嘉靖二十六年陈垲刊本卷末跋云："千载隐语，得升庵而后白。"则首先提出此说者当为杨慎。明代某些公私书目如《国史经籍志》卷三史类杂史，《澹生堂书目》卷四史类第八霸史类等，已将撰人定为袁康、吴平二人，《万历绍兴府志》纂者孙𬭚在其卷五八序志中云："其姓名似是袁康而宦于越，搜往籍，属郡人吴

平编次之。"《四库总目提要》卷六六史部二十二载记类,据明代各家笔记,论定此书为
"会稽袁康所作,同郡吴平所定"。并据此书第三篇《越绝外传记吴地传》,证明袁、吴
为后汉初人。张宗祥在其手写之校注本序中云:"《四库提要》之说,盖可据也。"明代
学者与《四库提要》的说法,虽然附和者较众,但仍不宜作为定论。对此书来历及其撰
者,在杨慎首创此说以后,甚至在《四库提要》肯定此说以后,仍有不少学者持有异议。
一种意见以汉王充《论衡》为据,认为此书应名《越纽录》,撰者为吴君高(可能是吴平
之字)。因《案书篇》云:"君高之《越纽录》,刘子政、扬子云不能过也。"《书虚篇》又
云:"吴君高说会稽本山名,夏禹巡狩会计于此山,因以名郡,故曰会稽。"故清王鸣盛
《蛾术编》卷十二越绝书条云:"《越绝书》十五卷,不著撰人姓名,王充《论衡·案书
篇》云,会稽吴君高之《越纽录》,刘子政、扬子云不能过也。今作《越绝书》,似讹。"清
邵懿辰在其《增订四库简明目录标注》史部九中,将撰者专属吴平一人。张宗祥虽然
同意《四库提要》之说,但对此亦疑惑不解,在其手写之校注本序中云:"独《越纽录》是
否即为此书,无可证实耳。"另一种意见认为《越绝》是先秦人所作,而汉人附益之,非
成于一人之手。嘉靖孔文谷刊本田汝成序云:"内经内传,辞义奥衍,究达天人,明为
先秦文字;外传猥驳无论;记地两篇,杂以秦汉,殆多后人附益无疑也;本事篇序则又依
托《春秋》,引证获麟,归于符应,若何休之徒,为《公羊》之学者。故知是书成非一手,
习其可信而略其所疑,亦可以苴埤史氏之阙脱矣。"明郭钰《古越书》凡例云:"《越绝》
成非一手,昔贤辨之详矣,内经内传辞义奥衍,究达天人,明为先秦文字,外传或驳或
醇,而记地两篇,杂以秦汉,殆多后人附益无疑也。何物袁康,托隐语以自露,意欲盗名
后世,遂尔诡迹前人,乃其文气不类,谁可为欺者。"清徐时栋《烟屿楼读书志》卷十三
云:"周时有《越绝》一书,所谓或子贡或子胥作者。今所传《越绝书》乃汉袁康所作,是
《越绝》之传。其后《越绝》亡而《越绝书》独存,书中明白可考。不解数千年来读是书
者何以皆复梦梦,即以汉人之书而疑子贡、子胥作也。其篇末详记作书人姓名为袁康,
删定者为吴平,既已显著名氏,毫不掩饰如此,而书中乃曰子贡作此书、子胥作此书,虽
梦中呓语无是理也。本事篇明云:何不称越经书记而言绝乎,谓此书何以不名曰越经
或越书或越记而乃名越绝乎。下文详释所以称绝之故。今此书俨然名《越绝书》而尚
曰何不称书,又梦中呓语所未有者。即此两端,今书显为《越绝》之传,作者本是明白,
并未作一梦语,而后之读其书者反皆愤愤说梦,可异也。余证尚多,余将为《越绝考》
以发其覆而解数千年不解之疑案,亦一快事也。"清洪颐煊《读书丛录》卷二〇《汉书》
条云:"杂家五子胥八篇,兵家五子胥十篇,图二卷。颐煊案,《武帝纪》臣瓒曰,伍子胥
书有戈船,又曰伍子胥有下濑船,此当在兵技巧家十篇中。《史记正义》引《七录》云,
《越绝》十六卷,或云伍子胥撰,《艺文志》无《越绝》,疑即杂家之五子胥八篇,后人并

为一,故《文选》《七命》李善注引《越绝书》《五子胥水战兵法》一条,《太平御览》三百一十五引《越绝书》《伍子胥水战法》一条,引《伍子胥书》,皆以《越绝》冠之,今本《越绝》无《水战法》,又篇次错乱,以末篇证之,《越绝》本八篇:太伯一、荆平二、吴三、计倪四、请籴五、九术六、兵法七、陈恒八,与杂家五子胥篇数正同。"余嘉锡《四库提要辨证》卷七、史部五、《越绝书》条云:"自来以《越绝》为子贡或子胥作者,固非其实,而如《提要》或徐氏(驿按,指徐时栋)说,以为纯出袁康、吴平之手者,亦非也。余以为战国时人所作之《越绝》,原系兵家之书,特其姓名不可考,于《汉志》不知属何家耳,要之,此书非一时一人所作,《书录解题》卷五云,《越绝书》十六卷,无撰人名氏,相传以为子贡者,非也。盖战国后人所为,而汉人又附益之耳。斯言得之矣。"上述田、郭、洪、余四氏均以为《越绝》并非出于袁、吴,而徐氏虽以为《越绝书》出于袁、吴,但其书绝非《越绝》。关于此书作者问题,可参阅拙撰《关于越绝书及其作者》(载《杭州大学学报》哲学社会科学版,1979 年第 4 期)一文。此书书名,历来说法亦不一致,田艺蘅《留青日札》卷十七云:"《隋志》作《越绝记》,汉《文选》注作《富中越绝书》。"《北堂书钞》卷三十一,贡献十三作《越记》。清章宗源《隋经籍志考证》卷三及姚振宗《隋书经籍志考证》卷十三均从《隋志》,作《越绝记》。此书卷数在各家著录中也互有出入,《隋志》、《两唐志》、宋高似孙《史略》卷五载记类等均作十六卷,但《崇文总目》卷二杂史类上作十五卷,此外亦有作十四卷者,然其篇数均为十九。《四库提要》云:"按《崇文总目》称《越绝书》旧有内记八,外传十七,今文题阙舛裁二十篇,是此书在北宋之初已佚五篇。"此书历来公私书目多见著录,如《文渊阁书目》卷二、宙字号、第一厨,《世善堂藏书目录》稗史野史类,《宝文堂书目》卷上,《嘉靖浙江通志》卷五四,《红雨楼书目》卷二,《古今书刻》卷上,《铁琴铜剑楼书目》卷十,《带经堂书目》卷二,《爱日精庐藏书志》卷十,又《续志》卷二,《绛云楼书目》卷一,《邵亭知见传本书目》卷五,《虞山钱遵王藏书目》卷二,《季沧苇书目》,《诒庄楼书目》卷三,《述古堂书目》卷一,《近古堂书目》卷上,《万卷楼书目》卷二,《培林堂书目》史部,《孙氏祠堂书目》卷二,《双鉴楼善本书目》卷二,《善本所见录》卷二,《八千卷楼书目》卷五,《寒瘦山房鬻存善本书目》卷三,《烟屿楼书目》载记类,《稽瑞楼书目》,《古越藏书楼书目》卷十一,《东方文化研究所汉籍分类目录》史部第四等等,足见流传甚广。此书宋刊本所知最早者为嘉定庚辰东徐丁黼夔州刊本,其次为嘉定甲申汪纲刊本等,但均已不存。案翻宋本所载夔州刊本丁黼跋云:"予于绍兴壬子游吴中,得许氏本,讹舛特甚;嘉定壬申令余杭,又得陈正卿本,乙亥官中都,借本秘阁。以三本互相参考,择其通者从之,乃粗可读,然犹未也。念前所见者皆誊写失真,不板行则其传不广,传不广则私所藏,莫克是正,遂刻之于夔门。以俟来者。"据跋,则所谓许氏、陈正卿本及秘阁本均系抄本,丁跋所云绍兴壬子得许氏本,嘉定壬申得陈正卿本之语,既不能断此二本为刊本,更不能断此二本刊于绍兴、嘉定年代。洪焕椿《浙江地方志考录》所谓"南宋绍兴间有许氏刊本,嘉定五年(1212)有陈正卿刊本"云云,不知其所据为何?此书目前流传者多为明、清刊本,作15卷,共19篇。北京图书馆藏有明正德刊本、嘉靖二十六年陈垲刊本及嘉靖三十三年张佳胤双柏堂刊本等善本。天津市人民图书馆藏有明嘉靖孔文谷刊本,卷首有嘉靖二十四年田汝成序。宁波天一阁藏有明刊本3种,一为嘉靖二十四年刊本,版心有"姚江夏恕刊"5字;另一种为吉水刘以贞刊本,仅存八—十五卷。近人潘景郑所见之明都穆跋、正德吉水刘恒刊本(见《著砚楼书跋》第99页),即是刘以贞本。又一种为明末钱塘阎光表刊本,卷首有大泌山人李维桢序,版框上端刊有宋刘辰翁评语。浙江图书馆藏有嘉靖二十六年陈垲刊本及原嘉业堂所藏明刊本。陕西图书馆藏有万历丙戌武林冯念祖重刻本。南京图书馆藏有明天启刊《汉魏丛书》本。此书收入于丛书者甚多,除明刊及清刊《汉魏丛书》外,尚有《古今逸史》,《小万卷楼丛书》,《龙溪精舍丛书》,《四部丛刊》,《四部备要》,《丛书集成》等,并节收于明郭钰校刻之《古越书》卷二。清李慈铭《桃华圣解庵日记》同治庚午三月十一日(《越缦堂日记》三函)云:"此书各丛书皆肴乱伪脱,纷不可理,予尝欲合诸本及各古籍所引,⋯⋯合而刻之,以见越中史学渊源之古,困于资力,不能成就。"近人张宗祥据明刊本加以校注写定,卷末附以清代学者俞樾、钱培名等研究《越绝书》的札记,于1956年由商务印书馆影印出版,在目前流传诸版本中,堪称佳本。此书历来学者多以为是我国地方志之鼻祖,如万历《绍兴府志》卷五八序志云:"其文奥古多奇,地传具形势营构始末道里远近,是地志祖。"乾隆《澄城县志》洪亮吉序及乾隆《醴泉县志》毕沅序均云:"一方之志,始于《越绝》。"朱士嘉《宋元方志传记索引》序云:"《越绝书》是现存最早的方志。"均是其例。

越绝书外传

撰者及撰述年代不详。

此书已佚。《遂初堂书目》杂史类著录。该书目杂史类同时又著录《越绝书》1种,故《外传》与《越绝书》似非一书。《烟屿楼书目》载记类除著录《越绝书》15卷外,另亦有《外传本事》1卷1册,此《外传本事》可能即是尤袤所藏的《外传》。案《越绝书》19篇中,题为外传者达13篇,清钱培名《越绝书札记》云:"然篇叙篇于子贡、子胥不能定,其云记陈厥说,略有其人,又曰文属辞定,自于邦贤,则袁、吴止为之论说,疑外传诸篇是其所作,非即原著《越绝》之人。"故尤、徐著录之《外传》、《外传本事》之类,是否即是《越绝书》外传之13篇,于事存疑。

越纽录

后汉会稽吴君高撰。

此书自来只见于王充《论衡》。《案书篇》云:"君高之《越纽录》,刘子政、扬子云不能过也。"明人笔记如杨慎《丹铅总录》卷十三、订讹类《越纽越绝》(又收入于明刊《太史升庵文集》卷十),《丹铅杂录》卷九《汉人好作隐语》,胡侍《真珠船》卷三《越绝书》以及田艺蘅《留青日札》等,均认为此书即《越绝书》。《留青日札》卷十七《越绝书人姓名字考》云:"越纽者,即越绝也。盖纽有结束之义。即绝之所谓断灭也,纽有关纽之义,即绝之所谓最绝也。岂初名《越纽录》,而后定为《越绝书》耶?"《四库总目提要》卷六六史部载记类所云亦以明人笔记为然,认为"所谓君高,殆即平字;所谓《越纽录》,殆即此书欤。"《增订四库简明目录标注》史部卷九载记类《越绝书》下亦云:"据《论衡》,此书名《越纽录》。"又清卢文弨《题越绝后》(《抱经堂文集》卷九)云:"王仲任《论衡·案书篇》称会稽吴君高之《越纽录》,向、雄不能过,《越纽》即《越绝》,君高即平之字无疑,则以是书专属平所撰矣。"但历来学者亦有以《越纽》、《越绝》为二书者,清姚振宗《后汉艺文志》载记类即将《越绝书》及《越纽录》作为两书著录,并云:"《侯志》(驿按,指清侯康撰《补后汉书艺文志》)曰:此书论者多疑即《越绝书》,然究无实证,今仍分录之。"李慈铭《桃华圣解庵日记》甲集同治九年三月十一日(《越缦堂日记》三函)云:"越绝字,近儒以为是越纽之误,案首篇外传本事,首发绝字之义,两云绝者绝也,谓句践内能自约,外能绝人,故不称越经书记而称越绝,末篇叙外传记,又自比于孔子之作《春秋》,言圣人没而微言绝,圣文绝于彼,辩士绝于此,故题其文谓之越绝也,其恉甚明,何得谓误。"洪焕椿《浙江地方志考录》也说:"清姚振宗的《后汉艺文志》作为两书著录,是恰当的。"案《越绝》、《越纽》之为同书,尚无确证,但据《论衡·书虚篇》云:"吴君高说会稽本山名,夏禹巡狩会计于此山,因以名郡,故曰会稽。"与《越绝书》卷八所云:"禹始也忧民,救水到大越,上茅山,大会稽,爵有德,封有功,更名茅山曰会稽。"所言一致。又《越绝书》言会稽,如会稽山上城、会稽山北城及涂山各条,均不指方位里程,此与《书虚篇》所云:"君高能说会稽,不能辨定方名。"亦相符合。则《越绝书》、《越纽录》之同书异名,固极有可能。张宗祥《越绝书》写定本序云:"独《越纽录》是否即为此书,无可证实耳。"上述是否亦可谓一证。

题越绝后

清卢文弨撰。

此文收入于卢氏《抱经堂文集》卷九。卢谓《越绝书》"杂采诸书而成,故往往有异文驳议。"又考证撰者袁康谓"康行事无所考,然由此书以想其为人,盖其生适当云集龙斗之时,负其奇气,欲有所试,而卒不为人用,故无所表见于此,乃借胥、蠡、倪、种之事,荟萃增益之,以发抒己见云尔。"撰者,字召弓,号矶渔,又号抱经,余姚人,乾隆进士,《清史稿》列传卷二六八及《光绪余姚县志》卷二三有传。

读越绝书　　1卷

清俞樾撰。

《清史稿艺文志》卷二著录。收入于《曲园杂纂》第十九(《春在堂全书》卷三七),又收入于李念劬堂本及中华书局铅印本《诸子平议》,题为《越绝书平议补录》。又附于张宗祥写定本《越绝书》卷末,题为《越绝书札记》。撰者,字荫甫,号曲园居士,道光进士,《清史稿》列传卷二六九及《民国德清县新志》卷八有传。

越绝书札记　　1卷

清钱培名撰。

《清史稿艺文志》卷二著录。附于《小万卷楼丛书》本、《龙溪精舍丛书》本、《丛书集成》本、张宗祥写定本等《越绝书》之后。撰者,字宾之,咸、同间金山人。

越绝书逸文　　1卷

清钱培名辑。

《清史稿艺文志》卷二著录。收入于《小万卷楼丛书》本、《龙溪精舍丛书》本、《丛书集成》本、张宗祥写定本等《越绝书》之后。

越绝书佚文　　1卷

清王仁俊辑。

此文收入于稿本《经籍佚文》,上海图书馆藏。此稿本并经上海图书馆制成缩微胶卷。

越绝考

清徐时栋撰。

此文不见。徐氏《烟屿楼读书志》卷十三云:"今书显为《越绝》之传,作者本是明白。……余将为《越绝考》以发其覆,而解数千年不解之疑案,亦一快事也。"故知徐氏或有此文之撰。余嘉锡《四库提要辨证》卷七史部五云:"顾其所作《越绝考》,余未之见,不知其说云何。"博洽如余氏尚未见此文,则徐氏是否确已撰成,于事存疑。

续越绝书   2卷

明钱䡄撰。

此书已佚。清朱彝尊《经义考》卷二七五,拟经八著录。朱云:"按《续越绝书》二卷,亡友钱稚苗避地白石樵林时所撰也。其云书得自石匣,谓是汉吴平著,蜀谯岇注,盖诡托之辞。上卷曰内传本事,吴内传德序记,子游内经外传,越绝后语,西施、郑旦外传,下卷曰越外传杂事,别传变越上,别传变越下,经内雅琴考叙传,后记。序略曰赐纪越绝成一家言,袁康接之,章句其篇,文属辞定,又何续焉,惟上纪春秋之获麟,下逮更始之元,是亦可谓好事矣。"《四库总目提要》卷六六史部二二载记类云:"䡄与尊友善,所言当实,今未见传本,其伪妄亦不待辨。以其续此书而作,又即托于撰此书之人,恐其幸而盛传,久且乱正,又恐其或不能传,而好异者耳闻其说,且疑此书之真有续编,故附订其伪于此,释来者之惑也。"撰者钱䡄,《甲申传信录》(《国难丛书》第一辑第二册)作钱轵,字稚苗(《甲申传信录》作稚农),明末人。《小腆纪传》卷五八逸民,钱士馨条云:"一名䡄,字稚拙,平湖贡生,研究经史,多所撰述,晚入京师,遇甲申之变,著《甲申传信录》十卷,颇不失实。"

越绝记

撰者及撰述年代不详。

《越绝书》案《隋书经籍志》著录作《越绝记》(参见《越绝书》考录)。但《晏元献公类要》卷一、两浙路、越、黄竹山引《越绝记》一条云:"范蠡遗鞭于此,生笋为陵,竹色皆黄。"此条不见于《越绝书》,文气与《越绝书》亦绝不相类。《晏公类要》卷一、江南路、饶、干越亭曾引《越绝书》一条,则晏殊所引《越绝记》非《越绝书》可以无疑。此书已佚,除《晏公类要》外,罕见他书引及。书既为晏氏所引,则成书当在北宋或北宋以前。

越绝异记

撰者及撰述年代不详。

此书已佚。《明史艺文志》卷二史类、《文渊阁书目》卷四来字号第一厨古今志类、《明书经籍志》拾补、《菉竹堂书目》卷六古今通志类等著录。由于此书多见于明人著录,故可能为明代著作。

会稽土地记   1卷

三国吴朱育撰。

此书,《隋书经籍志》卷二著录作一卷,但《旧唐书经籍志》卷上及《新唐书艺文志》卷二均作《会稽记》四卷。《嘉靖浙江通志》卷五四作《会稽记》,不分卷次,《通志艺文略》卷四、侯康《补三国艺文志》卷三、秦荣光《补晋书艺文志》卷二及章宗源《隋书经籍志考证》卷六等均从《隋志》,皆作一卷。姚振宗《隋经籍志考证》卷二一云:"案本书《土地记》一卷,《两唐志》合土地、人物为一书,故四卷。"《玉海》卷十五、地理书,亦著录此书,但不著撰人姓氏。《国史经籍志》卷三、史类、传记,有朱育《会稽记》四卷,同卷、史类、地理,又有朱育《会稽土地记》一卷,焦氏是否亲见此书,于事可疑。此书自来只见《世说新语》言语篇注引及《土地志》两条计18字(《嘉泰会稽志》卷十二所引一条必系从《世说》转引),故知缺佚已久。此书今辑存于民国四年(1915)鲁迅辑《会稽郡故书杂集》中,亦即《世说》所引之文。威廉·施坚雅在其所编《浙江宁绍地区地方志目录》中,即根据1962年香港新月出版社《会稽郡故书杂集》著录此书。又《汉唐地理书抄》重订前编书目,浙闽古地理书目门,亦存此书名目。撰者朱育,据《三国志》卷五七、《吴书》十二、《虞翻传》注引《会稽典录》云:"孙亮太平三年,育为郡门下书佐,后为东观令。"又《嘉泰会稽志》卷十四有传。

问土对

三国吴朱育撰。

此文收入于《会稽掇英总集》卷二〇,《嘉泰会稽志》卷二〇等,明、清以来,历修绍兴府志及山阴、会稽两县县志亦多收入。其文末句云:"建岁吴之太平二年,岁在丁丑。"据此,则此文撰于公元257年,撰者当时适为郡门下书佐。姚振宗《隋书经籍志考证》卷二一云:"《会稽土地记》一卷,……其人物则《会稽典录》所载,虞翻对太守王朗问,朱育对太守濮阳兴问,各言本郡古今来人士,当在其书,亦大略可睹矣。"据此,则此文实为《会稽土地记》之一篇。

会稽记　　1卷

晋贺循撰。

此书,《隋书经籍志》卷二,《通志艺文略》卷四,《国史经籍志》卷三,丁国钧《补晋书艺文志》卷二,文廷式《补晋书艺文志》卷三,秦荣光《补晋书艺文志》卷二,吴士鉴《补晋书经籍志》卷二,章宗源《隋经籍志考证》卷六,姚振宗《隋书经籍志考证》卷二一,《东方文化研究所汉籍分类目录》史部十一地理类,威廉·施坚雅《浙江宁绍地区地方志目录》等著录。又《宋书州郡志》会稽始宁令下所引贺续《会稽记》,当必亦是此书("续"字为"循"字之误)。《宋书》以后,《史记》卷四一、《越王句践世家》"越王句践其先禹之苗裔",《正义》引此书一条,《御览》卷四七、地部,石篑山亦引此书一条,

《寰宇记》卷九六所引与《御览》相似。此外如《舆地纪胜》卷十,《嘉泰会稽志》卷十,《宝庆会稽续志》卷一,《会稽三赋》周世则注等均有引及。但其中《嘉泰志》卷十刑塘条,注明系从《旧经》转引,说明此书在南宋时已佚,上列南宋各书所引者,均系转引。此书今辑存于《会稽郡故书杂集》中。撰者,字彦先,山阴人,晋惠帝时任会稽内史,《晋书》卷六八有传。

会稽记

南北朝宋孔灵符撰。

此书早佚。章宗源《隋经籍志考证》卷六云:"《会稽记》,卷七,孔灵符撰,不著录。"清代方志著录此书,书名与撰人名氏常常互有出入。《雍正浙江通志》卷二五三作晋孔晔《会稽郡记》,《乾隆绍兴府志》卷七七作晋孔煜《会稽郡记》,《雍正山阴县志》鲁曾煜序中更将此书误作孔氏《山阴记》,《东方文化研究所汉籍分类目录》史部十一地理类作孔晔《会稽记》。威廉·施坚雅《浙江宁绍地区地方志目录》著录作孔灵符《会稽记》。此书历来引用者甚多,《水经注》卷四〇《浙江水注》云:"又有秦望山,在州城正南,为众峰之杰,陟境便见。"虽不著书名姓氏,实系此书原文。此后,《文选》卷十一《游天台山赋》注,《后汉书》卷二三《郑弘传》注,《艺文类聚》卷八山部,《初学记》卷八地理部,《北堂书抄》卷九四,《寰宇记》卷九六,《御览》卷四一、四七、五四各卷,《法苑珠林》卷三八,《海录碎事》卷三,《方舆胜览》卷六,《舆地纪胜》卷十、十一各卷,《嘉泰会稽志》卷六、九、十各卷,《剡录》卷一、二各卷,《会稽三赋》周世则注,《广博物志》卷五等均有引及。《嘉泰志》卷九卧龙山、铜牛山、罗壁山等条所引孔晔《会稽记》,均注明从《旧经》转引,说明此书南宋时已佚,则上列南宋及其以后各书所引者,均从他书转引而来。历来各书引用此书,撰者名氏亦常不相同。如《类聚》称孔皋,《初学记》称孔晔,《太平御览经史图书纲目》亦称孔晔,《御览》卷内更有称孔华、孔晔等,《海录碎事》称孔灵府,以致《汉唐地理书钞》重订前编书目、浙闽古地理书目门中,竟将孔灵符《会稽记》及孔晔《会稽记》作为两书。至于晔、华、晔、煜、皋等之中,灵符本名为何,实在很难考定。鲁迅认为晔是灵符之名。《会稽郡故书杂集》所辑《会稽记》序云:"或云孔灵符,或云孔晔,晔当是灵符之名,如射的谚一条,《御览》引作灵符,《寰宇记》引作晔,而文字无甚异,知为一人。"此书辑存于《说郛正续》弓六十一,《范声山杂著》,《会稽郡故书杂集》等。撰者,山阴人,曾任会稽太守,系孔靖(字季恭)之子,事迹附于《宋书》卷五四《孔季恭传》。

会稽记佚文　　1 卷

清王仁俊辑。

此文收入于稿本《经籍佚文》中,上海图书馆藏。威廉·施坚雅《浙江宁绍地区地方志目录》著录。此稿本并经上海图书馆制成缩微胶卷。

山居赋

南北朝宋谢灵运撰。

此文收入于明张溥编《汉魏六朝一百三家集》及清严可均揖《全宋文》卷三〇,绍兴府历修府、县志亦多收入。《水经注》卷四〇《浙江水注》引此书作《山居记》,《国史经籍志》卷三,《乾隆绍兴府志》卷七七等著录,均作《山居志》一卷。案《嘉泰会稽志》卷十二、古第宅、谢康乐宅云:"宋谢灵运宅在始宁山中,与太傅宅当不甚远。"《灵运本传》云:"父祖并葬始宁,有故宅及墅,遂移籍会稽,营别业,傍山带江,尽幽居之美,作《山居赋》以自见。"但《嘉泰志》卷十八、抬遗、桂林山引《十道志》云:"谢灵运著《山居赋》处。"是否始宁山为始宁县诸山之统称,而桂林山则为谢氏筑别业之处,不得而知。此赋近四千言,举凡当地山川形势、田园农事、飞禽走兽、草木花果等等,均有详尽记载,是体例完整、内容丰富的一种韵文形式的地方志,是我国最早的韵文形式的地方志之一,是绍兴地区韵文形式的地方志的嚆矢。以后如宋王十朋的《会稽三赋》,孙因的《越问》,诸葛兴的《会稽九颂》以及清陶元藻的《广会稽风俗赋》等等,其形式与内容,均受此文影响。撰者,世袭康乐公,故号康乐,《宋书》卷六七、《南史》卷十九均有传,并参见郝昺衡《谢灵运年谱》。

会稽记

南北朝齐虞愿撰。

此书已佚。徐崇《补南北史艺文志》及《雍正浙江通志》卷二五三经籍十三等著录。《嘉靖余姚县志》卷九学校记著录作《会稽记》2 卷。撰者,字士恭,余姚人。案《南史》卷七〇《虞愿传》云:"撰《会稽记》,文翰数十篇。"

吴越记　　6 卷

撰者及撰述年代不详。

此书久佚。《隋书经籍志》卷二,《旧唐书经籍志》卷上,《新唐书艺文志》卷二著录,则撰述当在唐前。《隋志》及《两唐志》均不著撰人姓氏,宋高似孙《史略》卷五杂史类著录亦不著撰人姓氏,章宗源《隋经籍志考证》卷三及姚振宗《隋书经籍志考证》

卷十三均从《隋志》,亦俱不著撰人姓氏。但明、清著录如《国史经籍志》卷三,《万历绍兴府志》卷五〇,《康熙绍兴府志(王志、俞志)》卷五八,《乾隆绍兴府志》卷七七等,都以此书为谢沉所撰,不知何据。姚振宗《后汉艺文志》载记类《吴越春秋外记》下云:"张遐字子远,试五经补博士,撰《吴越春秋外记》。"又云:"按隋唐三史经籍艺文志杂史类有《吴越记》六卷,不著撰人,《日本国见在书目》云七卷,亦无撰人,疑即此书。"

会稽旧记

撰者及撰述年代不详。

此书已佚,其撰述当在隋唐以前。章宗源《隋经籍志考证》卷六云:"《会稽旧记》卷亡,不著录。"威廉·施坚雅《浙江宁绍地区地方志目录》著录。此书历来少见引用,《史记》卷一本纪一《五帝本纪》"虞舜者"《正义》引《会稽旧记》云:"舜,上虞人,去虞三十里,有姚丘,即舜所生也。"《通鉴地理通释》卷四"尧典厘降二女子于妫汭"注引《会稽旧记》一条与《史记正义》同。《嘉泰会稽志》卷十八拾遗千人坛亦从《史记正义》引《会稽旧记》一条,为今本正义所无。《会稽郡故书杂集》将上述二条辑入孔灵符《会稽记》,《汉唐地理书钞》重订前编书目、浙闽古地理书目门以此书为贺循所撰。《杂集》、《书钞》所据为何,不得而知。

会稽十三州志

撰者及撰述年代不详。

此书已佚,除《元一统志》外,历来绝未见他书引及。《元一统志》卷八江浙等处行中书省绍兴路上虞县,从《图经》引《会稽十三州志》云:"夏禹与诸侯会计,因相虞乐于此,故曰上虞。"案此书历来不见于公私书目,会稽亦从无十三州之建置。从来地理书之称《十三州志》者惟魏阚骃所著,但阚书并无此一条(据《汉唐地理书钞》)。《水经注》卷四〇《浙江水注》云:"禹与诸侯会事讫,因相虞乐,故曰上虞。"与此甚合,但《水经注》未曾注明引自何书。是故此书底细,不得而详。

会稽郡十城地志

撰者及撰述年代不详。

此书已佚。章宗源《隋经籍志考证》卷六云:"卷亡,不著录。"威廉·施坚雅《浙江宁绍地区地方志目录》著录。案历来会稽郡置十县者凡晋、宋、齐、梁四代,故其撰当在此四代之中,张国淦《中国古方志考》(第368页)断为晋人书,尚可斟酌。此书自来除《御览》卷五五九礼仪部引及外,绝未见他书引用,故知缺佚已久。《会稽郡故书杂

集》所辑夏侯曾先《会稽地志》篇中,即以《御览》礼仪部所引《会稽十城地志》一条作
为《夏侯志》,未悉其据。

会稽杂记

撰者及撰述年代不详。

此书已佚。《元一统志》卷八江浙等处行中书省绍兴路上虞县云:"华镇又引《杂
记》云:舜封支庶于会稽,故邑有上虞。"案华镇,宋元丰二年进士,所撰有《会稽录》、
《会稽览古诗》、《会稽考古集》等,今所存者惟《云溪居士集》一种,其中并未引及《杂
记》,故此《杂记》由华氏何书所引,不得而知。因《杂记》言会稽事,故冠以"会稽"二
字收入,其书全称是否即《会稽杂记》,因历来从不见公私书目著录,于事存疑。

越地传

撰者及撰述年代不详。

此书已佚。《汉唐地理书钞》重订前编书目、浙闽古地理书目门存目。《御览》卷
一八四居处部及卷五五六礼仪部均有引及,说明其撰在宋以前而宋初犹在。清周调梅
《越咏》卷上亦引及此书,当系转引。

会稽地志

夏侯曾先撰。

此书,《东方文化研究所汉籍分类目录》史部十一地理类著录,《太平御览经史图书
纲目》作夏侯曾先《会稽记》,《汉唐地理书钞》重订前编书目、浙闽古地理书目门中,附列
于朱育《会稽土地志》。关于此书及其撰者,《会稽郡故书杂集》云:"《隋书经籍志》及新
旧《唐志》皆不载,曾先事迹亦无可考见。唐时撰述已引此书而语涉梁武,当是陈、隋间
人。"此书早佚,宋时地志如《嘉泰会稽志》及《舆地纪胜》卷十等尚有引及,但《嘉泰志》卷
六夏静墓,卷九石帆山,卷十八淮阳里各条,又《宝庆会稽续志》卷四白马湖条等,注明均
自旧经转引,说明此书在南宋时已经难得。则《会稽三赋》石帆山、太白山、铜牛山三条
周世则注所引此书是否周氏目睹,于事存疑。而以后明何镗《古今游名山记》卷首总录
类考山类赋石帆山条及《万历绍兴府志》卷七白马湖条所引者,必系转引无疑。

分吴会丹阳三郡记　　2 卷

撰者及撰述年代不详。

此书已佚。《旧唐书经籍志》卷上,《新唐书艺文志》卷二,《通志艺文略》卷

四,《玉海》卷十六,章宗源《隋经籍志考证》卷六,威廉·施坚雅《浙江宁绍地区地方志目录》等著录。《御览》及《汉唐地理书钞》重订前编书目、浙闽古地理书目门均作《吴会分地记》。按本书书名,其书应涉及今苏南大部、浙西全部及浙东一部。此书历来只见《御览》人事部土城、兵部下山、礼仪部种山各引及一条。上述三条,均在今绍兴。

越地形记

撰者及撰述年代不详。

此书已佚。《太平御览经史图书纲目》著录。《御览》卷九四一鳞介部曾引及,说明撰述当在宋前而宋初犹见。

越城记

撰者及撰述年代不详。

此书历来仅见《寰宇记》引及,缺佚已久。《寰宇记》卷九六江南东道八山阴县飞翼楼云:"飞翼楼,按《越城记》云:六楼、八门,并四水门,飞翼最高。"据此,则此书撰述当在宋前而宋初犹在。

吴越录

撰者及撰述年代不详。

此书已佚。《嘉泰会稽志》卷十七草部葛引此书一条,同卷蕺又引《吴越春秋》一条,故知此书非《吴越春秋》无疑。《嘉泰志》尚能引及,则此书南宋时犹在。

会稽志

撰者及撰述年代不详。

此书已佚。《嘉泰会稽志》卷十八拾遗古冶云:"古冶在州东南,《旧经》引《会稽志》"云云。若此《旧经》系指祥符《越州图经》而言,则此志撰于北宋或北宋以前。《会稽郡故书杂集》将《嘉泰志》所引此条辑入夏侯曾先《会稽地志》之中。按《嘉泰志》所引《夏侯志》,计卷一萧山越城,卷六乌龙庙、夏静墓、虞翻墓,卷九石帆山、铜牛山、长山,卷十渔浦湖、穴湖,卷十八淮阳里等计 10 条,每条均注明引自夏侯曾先《会稽地志》,而古冶条云引自《会稽志》,又不著夏侯之名。《杂集》断为《夏侯志》,未悉其据。

越中记

撰者及撰述年代不详。

此书已佚。《嘉泰会稽志》卷十九于阗钟条引《渔隐丛话》云："唐窦庠作《于阗钟歌送灵澈上人归越序》云灵嘉钟。按《越中记》，此钟本于阗国钟。"《雍正浙江通志》卷四十五古迹七于阗钟，《乾隆绍兴府志》卷七二古迹志二器物于阗钟等所引《越中记》均与《嘉泰志》同，当系从《嘉泰志》转引。

会稽志

撰者及撰述年代不详。

此书已佚。《嘉泰会稽志》卷十引李益谦《防海塘记》谓："《前志》谓蓄水以利灌溉"云云。按李文撰于隆兴，则《前志》必成于隆兴以前。但防海塘建于唐开元十年，则《前志》未必是宋代所纂。张国淦《中国古方志考》第三七〇页断言此书撰于宋代，未悉其据。

会稽志

撰者及撰述年代不详。

此书已佚。《宝庆会稽续志》卷一府廨蓬莱阁引《旧志》一条，原注云："《旧志》今已不传，沈少卿绅和孔司封登蓬莱阁诗云：三山对峙海中央。自注于下云：《旧志》，蓬莱山正偶会稽。"按沈绅，北宋宝元元年（1038）进士，沈注称旧，可能系对《越州图经》而言。因《图经》成于大中祥符（1008—1016），距宝元仅20余年，犹可谓新也。但蓬莱阁建于唐末，并非宋物，则《旧志》未必成于宋代。张国淦《中国古方志考》第370页断言此书撰于宋代，未悉其据。

会稽志

撰者及撰述年代不详。

此书已佚。《永乐大典》卷二二三七、十八阳、贤牧堂，又卷八五二六、十九庚、食日精，各引《会稽前志》一条，均不见于《嘉泰会稽志》。但此《前志》是否《嘉泰志》卷十八古冶，卷十《防海塘记》及《宝庆会稽续志》卷一蓬莱阁（参见以上两种《会稽志》考录）等处所引之《会稽志》，不得而知。

会稽志

撰者及撰述年代不详。

此书已佚。宋任广《书叙指南》卷十四州郡地理下，引《会稽志》云："叙越州曰铜溪。"按任广，北宋末叶人，则此志当纂于北宋或北宋以前。但是否即以上考录的三种《会稽志》之一，不得而知。

会稽录

撰者及撰述年代不详。

此书已佚。《寰宇记》卷九六江南道八越州引《会稽录》云："昔葛洪隐于兰苎山，后于此仙去，所隐几，化为仙鹿而去。此山今有素鹿三脚，此鹿若鸣，官必有殿黜。"此书既为《寰宇记》所引，其撰当在宋前，故《太平广记》引用书目中，此书亦在其列。按《新唐书艺文志》卷二有《乾宁会稽录》一卷，记董昌事（参见该书考录）。但《寰宇记》所引，与董昌事无关，故此书非《乾宁会稽录》无疑。《会稽郡故书杂集》将上述兰苎山一条辑入孔灵符《会稽记》之中，未悉其据。

会稽录　　30 卷

宋林特纂。

此书已佚。《宋史艺文志》三著录。纂者，天禧时顺昌人，曾任刑部尚书，《宋史》卷二八三有传。

会稽录　　1 卷

宋华镇纂。

此书已佚。仅见纂者另一著作《云溪居士集》卷三〇著录此书，绍兴十三年刊本，内容不详。《皕宋楼藏书志》卷七八集部别集类著录《云溪居士集》条下，其子华初成跋云："先君遗文有《云溪集》一百卷，《扬子法言训解》一十卷，《书说》三卷，《会稽览古诗》一百三篇，《长短句》一卷，《会稽录》一卷。"但据四库珍本《云溪居士集》卷首所录绍兴十四年华初成进《云溪集》原表所云："今有先臣《云溪集》凡一百卷，《扬子法言训解》一十卷，《书说》三卷，《会稽览古诗》一百三篇，并目录二十五册。"并无《长短句》、《会稽录》二书。纂者，字安仁，会稽人，元丰二年进士，《宝庆会稽续志》卷五有传。

会稽览古诗

宋华镇撰。

此书已佚。《遂初堂书目》总集类及《宋史艺文志》七等著录，但后者误作叶镇撰。

《宝庆会稽续志》卷五人物云："尝为《会稽览古诗》共百余篇,山川人物,上自虞夏,至于五季,爰暨国朝,苟可传者,皆序而咏歌之。"自《嘉泰会稽志》以来,绍属方志,往往引述此书。清厉鹗即据《会稽志》辑录此诗九篇(《铁门限》、《秦望山》、《樵风泾》、《城山》、《双笋石》、《放马涧》、《虞国墅》、《燕竹》、《孟桥》),并按云:"镇有览古诗一百三篇,《永乐大典》未经收入,今从厉鹗《宋诗纪事》中录出,仅有九篇。鹗乃抄诸《会稽志》者,每题下各系本事,考《宝庆会稽续志》称镇《会稽览古诗》百余篇,历按史册,旁考传记以及稗官琐语,咸见采撷,是镇作诗时亦必有解题,然于《双笋石》题下,乃载及高宗末年及孝宗末年事,镇于元丰二年登时彦榜进士,其上章待制书有云,叨窃名第二十八岁矣,上丰祭酒亦云然,以年考之,镇生当在仁宗皇祐三年,历高宗之末,年当百十四岁,孝宗之末,年则百四十三岁,镇即获寿考亦焉能及睹隆兴以后事,况镇子初成于绍兴十三年以镇遗集乞序于楼炤,则在高宗中镇死已久。尤显然可证,其所系解题本出《会稽续志》原文,特引镇诗以证之,故载有高、孝两朝时事,鹗初弗深考,而直据漫录,纰缪甚矣。然竟削去解题,恐无以备稽核,今仍依《纪事》附录题下而谨附辨正于此。"

会稽新录　　1 卷

宋罗邵撰。

此书已佚。《宋史艺文志》五著录。《乾隆绍兴府志》卷七八经籍志二著录此书列入小说家类,故疑此书非方志之属,但因此书从无他书引用,内容全无所悉,撰者事迹亦无考,姑收录于此。

吴会须知　　1 卷

宋魏羽纂。

此书已佚。《通志艺文略》卷四,《国史经籍志》卷三,《雍正浙江通志》卷二五三,威廉·施坚雅《浙江宁绍地区地方志目录》等著录。纂者,字垂天,婺源人,太平兴国时任两浙路转运使,《宋史》卷二六七、《乾道临安志》卷三及《乾隆婺源县志》卷六六经济人物四有传。

会稽志

高氏撰。

此书已佚。《宝庆会稽续志》卷七、朱中有《潮颐》言及"晚阅高氏《会稽志》"云云。按朱文成于嘉定甲申,仅早于《宝庆续志》一年,《宝庆续志》云:"《旧志》今已不传"(卷一蓬莱阁),则高氏《会稽志》非《旧志》可以无疑。

越史

高氏撰。

此书已佚。《吴越春秋》卷六"越之兴霸自元常矣"徐天祜注引此书一条,说明此书元代犹在。此书撰者与上述《会稽志》撰者是否同一人,不得而知。

会稽三赋　　3卷

宋王十朋撰,宋周世则注,史铸增注,明南逢吉注,尹坛补注,清周炳曾补注。

此书,据《铁琴铜剑楼书目》卷十一云:"乃官越幕时所作,即廷试第一之年冬月也。"则其撰在绍兴二十七年(1157)。历来公私书目多见著录,流行甚广。宋刊本多作三卷,见于《铁琴铜剑楼宋元本书目》史部,《铁琴铜剑楼书目》卷十一史部地理类,《爱日精庐藏书续志》卷二史部载记类,《季沧苇书目》、《稽瑞楼书目》(《丛书集成》本第123页),《皕宋楼藏书志》卷三四史部地理类六,《传是楼书目》宙字三格等。《士礼居藏书题跋记》(抄本)第三册云:"宋本《会稽三赋》,往余所见有三本,一得诸顾八愚家,一见于顾五痴处(今归潜研堂),一见诸顾抱冲所,八愚五痴为昆仲,其两本悉属旧藏,若抱冲则得诸他处,非郡中物也,然皆大字,不分卷,每半叶九行,每行大十八字,小卅二、三字不等,注中有注,此板式与前所见者异矣。"宋刊各本,今均已不存。明刊本多作一卷,见于《文瑞楼书目》卷三史部载记类,《诒庄楼书目》卷三,《爱日精庐藏书志》卷十六史部地理类等。此外如《内阁书目》卷八杂部,《古今书刻》卷上,《邵亭知见传本书目》卷五史部十一地理类,《振绮堂书目》卷一抄本史类,《绛云楼书目》卷一地志类,《千顷堂书目》卷七史部地理类,《孙氏祠堂书目》卷二,《烟屿楼书目》地理类;《孝慈堂书目》名胜等。今华东师范大学图书馆所藏明刊本(鸣野山房沈氏旧藏),即是现存明刊本的一种。按《三赋》为《风俗赋》、《民事堂赋》、《蓬莱阁赋》。《铁琴铜剑楼书目》宋刊本下云:"其《会稽风俗赋》,题剡溪周世则注,郡人史铸增注,有序;其《民事堂》、《蓬莱阁》二赋,题愚斋处士注,即铸也。"《嘉庆山阴县志》卷二六书籍云:"初,嵊县周世则尝为注《会稽风俗赋》,铸病其不详,又为增注,并注后二赋,铸以为当时之人,注当时之作,耳闻目睹,言必有征,视后人想象考索者特为详瞻,且所引无非宋以前书,尤非近时地志杜撰故实,牵合名胜者可比,与十朋之赋相辅而行,亦刘逵、张载分注《三都》之亚也。"道光乙未会稽杜氏仿宋刊本,即仿《铁琴铜剑楼》本所刊,其卷首有嘉定丁丑史铸序,卷末有宋本三赋勘误,在现存各本中堪称佳本。《铁琴铜剑楼书目》另又著录明刊本一利,下云:"是书为明渭南南逢吉注,前列绍兴府图并说。……别藏补注三卷,明上虞尹坛所撰,以补逢吉之未备。"此本即潘景郑《著砚楼书跋》第

114 页—115 页《明嘉靖本会稽三赋》所云:"大吉盖逢吉之兄,出守会稽郡,得是书,虑
注文繁芜,以意授弟逢吉,使之旁参博考,去其无稽而诞者,删其繁与复者,增补阙略,
遂成斯帙。"陕西省图书馆藏有明刊朱墨套印本一种(缺卷四),有南逢吉注,陶望龄
评。又陕西省图书馆及天一阁各藏有明刊本一种,除南逢吉、尹坛注外,尚有会稽胡大
臣订正,卷首附府境图一幅,并有陶望龄序。此书清刊本中有周炳曾补注本,但补注不
多,无甚发明。除刊本外,此文又收入于《王忠文公全集》卷七,《梅溪集》卷四九(《会
稽风俗赋》)及卷五〇(《民事堂赋》、《蓬莱阁赋》),故《铁琴铜剑楼书目》所谓"按此
三赋不载于忠文集中"云云,所言非实。明郭钰校刻之《古越书》卷四,亦收入此文。
历来绍兴府志及山阴、会稽县志,亦多收入此文,其中《蓬莱阁赋》并收入于嘉靖刊本
《古今游名山记》卷十下,此外也收入于《惜阴轩丛书》及《湖海楼丛书》等。天一阁藏
本陶望龄序云:"而龟龄风俗等赋,乃更流传,髫秀之童,无不上口,其家传户习,殆似
元和之诵微之也。"说明此赋在越地曾风行一时。台湾省台北市艺文印书馆于 1964 年
印行此书两种,一种是《湖海楼丛书》本《会稽三赋》,周世则注,史铸增注;另一种是
《惜阴轩丛书》本《会稽三赋注》,南逢吉注,尹坛补注。前者编入该馆《百部丛书》第
四十九部,后者编入《百部丛书》第五十八部,均为此书最新的印本。此书撰者,字龟
龄,乐清人,绍兴二十七年状元,曾任绍兴府签判,《宋史》卷三八七有传,并参见《梅溪
王忠文公年谱》。注者:周世则,嵊县人,绍兴十七年举人。史铸,字颜甫,号愚斋,嘉
定间绍兴人。南逢吉,字元真,号姜泉,渭南人,嘉靖乙未举人,《光绪新续渭南县志》
卷八有传。尹坛,上虞人,《嘉庆上虞县志》卷十、人物八有传。周炳曾,字子固,康熙
间山阴人,见《全浙诗话》卷四一。

越州新志

宋陈公亮纂。

此书已佚,亦未见他书引用,故知流行不广。《嘉靖浙江通志》卷五四,《续文献通
考》卷一七七,《雍正浙江通志》卷二五三等著录。纂者,吴郡人。按《绍熙吴郡志》卷
七,陈于绍熙四年(1193)任绍兴知府,则成书当在此时。

会稽志　　20 卷

宋知府沈作宾创修,知府赵不迹、袁说友续修成,施宿纂,陆游序。嘉泰元年
(1012)修。

此书《宋史艺文志》三著录,误作陆游《会稽志》20 卷,沈作宾、赵不迹《会稽志》等
两书。《澹生堂书目》卷五郡志类著录作《会稽郡旧志》12 册、28 卷,当是此志 20 卷及

《宝庆会稽续志》8 卷。民国十五年（1926）周肇祥影印嘉庆采鞠轩本卷首王家襄序云："两书（驿按，指《嘉泰志》及《宝庆续志》）为宋志之最，向所盛称，顾世少传本，见于著录者仅许氏鉴止水斋藏有原刻本，明正德五年重刊本亦不多见。"今宋刊本已佚，北京图书馆、南京图书馆等尚存有正德五年重刊本，武汉大学图书馆藏有传抄正德五年本。浙江图书馆藏有文澜阁四库全书本，计 18 册，当是从正德五年本抄录。美国斯坦福大学东亚藏书楼藏有明正德五年本的手抄复制本。《万历绍兴府志》卷五〇序志云："《续志》与《前志》板俱存府斋，久而模糊残缺。"此板必是正德五年板，即《四库提要》所谓"正德庚午，郡人王绖复访旧本校刻"之板。此外有嘉庆十三年采鞠轩重刊本，孙星衍《重刊景定建康志后序》（《孙渊如外集》卷三）云："嘉庆三年，予侨居金陵，因求《景定建康志》，得见影宋抄本于吴门。……此志适刊成，余在浙之绍兴，亦属郡人重刊《嘉泰会稽志》，闻已成书。"孙氏所云，即是此本，今浙江图书馆有藏。各本中当以民国十五年影印本流行最广。又《增订四库简明目录标注》史部十一地理类载有山阴杜氏刊本一种，此本从未见他书著录。按山阴杜氏刻书甚多，但未闻有刊及《嘉泰志》者，邵懿辰是否亲见，于事存疑。近人潘景郑在其所著《著研楼书跋》第 99 页《旧抄本嘉泰会稽志》中述及，曾于民国二十五年见有旧抄本一种，其书末有"嘉泰二年五月日□□（驿按，此二字在影印采鞠轩本中作"手分"），俞澄、王思安具安抚使任校正书籍传梓"两行。潘氏又云："此书旧归藏袁氏五砚楼及姚氏咫进斋，今归许氏怀辛斋，与宏治本《严州府志》同为海内秘笈，可宝也。"据此，则宋抄本至今尚有留存可能。此书历来各家多予好评，《书录解题》卷八地理类云："气壮文雅，盖奇作也。"《四库提要》卷六八史部二十四地理类一云："《前志》为目一百十七，《续志》为目五十，不漏不支，叙次有法，如姓氏、送迎、古第宅、古器物、求遗书、藏书诸条，皆他志所弗详，宿独能搜采辑此，使条理秩然。渼所续亦简核不苟，皆地志中之有体要者。"《四库简目》卷七史部十一地理类云："宿尝补掇其父元之《东坡诗注》，渼尝撰《云谷杂记》，其学皆有根柢，故是书亦序有条理。"《雍正山阴县志》卷三八、序志附记云："郡通判施宿作《会稽志》二十卷，山阴人陆游参订且为之序，今人竟谓之放翁志，其文辩驳可喜，笔力畅健，有苏氏父子风，非此老宜不若此。"清卢文弨《嘉泰会稽志跋》（《抱经堂文集》卷九）云："此书简详得中，记叙典核，《临安志》（驿按，指《咸淳临安志》）尚有诒权奸、扬己迹之失，而此无有，要非施为主而佐之以陆（驿按，此陆非指放翁。据清钱大昕《潜研堂文集》卷二九跋："因通判施宿之请，延郡士冯景中、陆子虡等编次，……子虡，即放翁之长子。"）不能鉴裁精当若是。"但李慈铭仍指出此书之四病（《越缦堂日记》三函、同治九年六月初一）云："此志共二十卷，夙称佳志，然有数病：门类杂碎，不立总目，至以守御、讨贼、平乱分为三目，求遗书亦别为一目，偏冗无法，一也。其纪地里山水,古今错杂,漫无裁制,未尝实核其道里,析指沿革,等于胥抄,莫从考核,二也。其志人物,于宋时但及宰辅侍从,而即继以神仙、高僧、伎术,陋而无识,三也。其叙太守,直书陈武帝曰陈霸先,陈文帝曰陈蒨,此虽以俱在梁时,然自来无此书法;其叙人物,直列谢安、谢元、谢灵运、谢惠连、王羲之、王徽之、王献之、王宏之、孙绰、杜京产、褚伯玉、何充诸人而不别之为流寓,皆谬于史法,四也。"此书常见于历来公私书目,除前已提及者外,诸如《文渊阁书目》卷四,《国史经籍志》卷三,《嘉靖浙江通志》卷五四,《宝文堂书目》卷下,《结一庐书目》卷二,《铁琴铜剑楼书目》卷十一,《带经堂书目》卷二,《爱日精庐藏书志》卷十六,《振绮堂书目》卷三,《诒庄楼书目》卷三,《绛云楼书目》卷一,《近古堂书目》卷上,《脉望馆书目》月字号,《八千卷楼书目》卷六,《稽瑞楼书目》(《丛书集成》本第 122 页),《古越藏书楼书目》卷十五,《东洋文库地方志目录》,《东方文化研究所汉籍分类目录》史部十一地理类,威廉·施坚雅《浙江宁绍地区地方志目录》等均有著录,清内阁大库档册、大库官抄本、书字库、霜字架上层所列之《会稽志》,当亦是此书,足见流行极为广泛。朱士嘉《中国地方志综录》增订本中列有科学院地理研究所藏、民国十五年出版、王家襄撰《会稽县志》20 卷。按民国以后,绍兴及山、会二县均未修新志,朱录当系王家襄作序之民国十五年影印嘉庆采鞠轩本《嘉泰志》,因地理研究所书目有讹而朱氏不察,故有此误。威廉·施坚雅《浙江宁绍地区地方志目录》根据《中国地方志综录》著录此书,因而造成同样的错误。此书修者沈作宾,字宾主,归安人,庆元五年至六年知绍兴府,《宋史》卷三九○有传;赵不迹,宗室,庆元六年至嘉泰元年知绍兴府;袁说友,字起岩,隆兴进士,建安人,嘉泰元年知绍兴府。纂者施宿,字武子,长兴人,庆元中起任绍兴府通判,《乾隆长兴县志》卷八人物志循吏有传。此志之成,宿之功尤不可泯。钱大昕《十驾斋养新录》卷十四、《会稽志》云:"考作宾以庆元五年由淮东总领除越守,六年除两浙转运副使而不迹代之,嘉泰元年改知潭州而说友代之,盖创始于庆元庚申而藏事于嘉泰壬戌,前后凡阅三守,而通判尚未改秩,则宿于此志诚有功矣。"卢文弨《嘉泰会稽志跋》云:"武子尝注苏诗,高出王龟龄之上,至今学者重之。"余嘉锡《四库提要辨证》卷七引《宋会要》、《浙江通志名宦传》、翁方纲《苏诗补注》等,考证宿生平事迹甚详。

会稽志序

宋陆游撰,嘉泰元年(1201)撰。

此文即《嘉泰会稽志序》,收入于陆氏《渭南文集》卷十四。按《嘉泰志》与他志不同,卷首不列修纂姓氏,惟陆序言之甚详,略云:"通判府事施君宿发其端,安抚司干办公事李君兼、韩君茂卿为之助,郡士冯景中、陆子虡、王度、朱翯、永嘉邵持正等相与。"

《直斋书录解题》卷八称誉此序："首称禹会诸侯，而以思陵巡狩升府配之，气壮文雅，盖奇作也。"参见《嘉泰会稽志》考录。撰者，字务观，号放翁，山阴人，绍兴三十二年赐进士出身，《宋史》卷三九五有传，并参见于北山撰《陆游年谱》。

宋嘉泰会稽志叙

清吴荣光撰。

此文收入于吴氏《石云山人文集》卷三。文略云："余莅浙以来，闻前明正德间有重刊本，访之未获，癸未岁除余迁黔藩，将行矣，及门张孝廉之子某来谒，手一函请曰，此《嘉泰会稽志》，某先大父东白公欲重刻未果，某之父以戊辰刊就，并及宝庆间张淏《续志》七卷，孙因《越问》一卷。"按戊辰即嘉庆十三年，故此本即采鞠轩重刊本，撰者于文末盛赞此志云："中兴馆阁典章文物粲然可观，即一府志尚能典赡如此，亦足征南宋一代文献云耳。"撰者，字伯荣，号荷屋，广东南海人，嘉庆四年进士，曾任浙江臬使。

嘉泰会稽志跋

清卢文弨撰。

此文收入于卢氏《抱经堂文集》卷九，参见《嘉泰会稽志》考录。撰者事略参见《题越绝后》考录。

越问　　1 卷

宋孙因撰。

此书刊本不见。收入于《宝庆会稽续志》卷八及《康熙绍兴府志（张志、王志，俞志）》卷一，《雍正浙江通志》及《乾隆绍兴府志》亦均收此文于艺文志中。全文为韵文，体例略与方志同。卷首有序，略云："愚不敏，成《越问》一篇，厘为一十五章，凡三千九十五字，借《楚辞》体而去其羌诼謇侘之声，仿《晋问》意而削其佶屈聱牙之制，非足以发扬会稽之盛，庶几附郡志之末云。"其十五章计为：篇引、封疆、金锡、竹箭、鱼盐、舟楫、越酿、越茶、越纸、神仙、隐逸、句践、舜禹、驻跸、良牧。撰者孙因，据《雍正浙江通志》卷一八〇人物六文苑引《两浙名贤录》云："晋余姚令统之后，隐居四明山，博综古今，工文笔，尝采会稽遗事作《越问》，以补王十朋《风俗赋》之缺。"《光绪慈溪县志》卷二五列传二亦有传。

会稽九颂　　1 卷

宋诸葛兴撰。

　　此书刊本不见。收入于《宝庆会稽续志》卷六,《宋诗纪事》卷六一亦提及诸葛兴"尝作《会稽九颂》。"但《雍正浙江通志》卷二六〇及《乾隆绍兴府志》卷七九著录,均作《於越九颂》。其文体略与方志同,是以明、清以来,绍兴府及山、会二县所修方志多收入此文。文首有序略云:"景仰先哲,固无所谓感讽也,直曰颂云尔,闲独妄论古人,不能不发其一二,而其歌吟嗟叹,因寓之以拟骚之声云,附见于此,以其为会稽颂也。"其九颂计为大禹陵、嗣王、二相、马太守庙、王右军祠、贺监祠、城隍庞王、曹娥。撰者,越人,字仁叟,嘉定元年进士。

会稽续志　　　8 卷

　　宋张淏修纂,宝庆元年(1225)创修。

　　此书,《书录解题》卷八地理类及倪灿《宋史艺文志补》等著录。宋刊本已佚。明正德五年重刊本及清嘉庆十三年采鞠轩重刊本尚存,浙江图书馆并藏有文澜阁四库全书丁氏补抄本,计四册。又有民国十五年周肇祥影印采鞠轩重刊本,流行较广。邵懿辰《增订简明四库目录标注》史部十一地理类载及有山阴杜氏刊本,因从未见他书著录,更未见此种版本流传,于事存疑。又《全唐文纪事》卷首征引书目中有《会稽续志》及《宝庆续志》二书,撰者均作张淏,分明即是一书。此书修纂经过,据张淏宝庆元年序云:"《会稽志》作于嘉泰辛酉,距今二十有五年,夫物有变迁,事有沿革,今昔不可同日语也。……所书故辛酉后事,而《前志》时偶有遗逸者,因追补之,疏略者,因增广之,讹误者,因是正之。"此书卷二,安抚题名、提刑题名、提举题名,又卷六进士,均记及景定五年事,则此书付刊,当在咸淳年间,晚于张淏作序达 40 余年。据武英殿聚珍版本张淏撰《云谷杂记》提要,知淏是绍兴二十七年进士,而于绍定元年致仕,自绍兴二十七年至绍定年间,为时达 70 余年,而此书之刊,又在淏致仕 40 年之后,则此书必非淏一人所纂,淏以后,当有他人续成。淏在咸淳时必已物故,不及见此书之刊也。《四库提要》卷六八云:"书成于宝庆元年。"民国十五年影印采鞠轩本卷首王家襄序亦从《提要》,谓此书"成于宝庆元年"。《提要》及王序宜改为"创修于宝庆元年",于事庶几近似。此书历来多有好评,与《嘉泰志》并列。钱大昕《十驾斋养新录》卷十四、《宝庆续志》条云:"其提刑、提举、进士题名,皆《前志》所未有,而人物一门,亦多补《前志》缺漏,吴越钱氏尝称越州为会稽府,《前志》不载而独见于此书,可见其留心掌故矣。"《郑堂读书记补逸》卷十二周中孚跋云:"《会稽志》二十卷,《续志》八卷,其书凡分细目一百十七,详略得中,记叙典核而鉴裁精当,亦地志中之极有体要者。"有关此书其他评论,参见《嘉泰会稽志》考录。此书常见于历来公私书目,其流行之广泛,与《嘉泰志》相似。诸如《文渊阁书目》卷四,《国史经籍志》卷三,《嘉靖浙江通志》卷五四,《千顷堂书目》卷八史部补,《结一庐书目》卷二,《铁琴铜剑楼书目》卷十一,《带经堂书目》卷二,《爱日精庐藏书志》卷十六,《脉望馆书目》月字号,《皕宋楼藏书志》卷三〇,《八千卷楼书目》卷六,《稽瑞楼书目》(《丛书集成》本第122页),《古越藏书楼书目》卷十五,《东洋文库地方志目录》,《东方文化研究所汉籍分类目录》史部十一地理类,威廉·施坚雅《浙江宁绍地区地方志目录》等均有著录。纂者张淏,据《四库提要》卷六八云:"字清源,婺之武义人,其里贯见于《金华志》,而陈振孙《书录解题》又称梁国张淏,盖本开封人而侨居于婺者也。举绍兴二十七年进士,初补将士郎,主管吏部,间架文字,举备故事,绍定元年致仕。"

会稽续志

修纂者及修纂年代不详。

此书已佚。《永乐大典》卷二二六七、六模、镜湖引《续会稽志》一条,不见于《宝庆会稽续志》。又据《大典》,知此《续志》引有《越州图经志》一条。则此书修纂当在明永乐以前,宋大中祥符以后。

会稽续志

修纂者及修纂年代不详。

此书已佚。明田艺蘅《留青日札》卷十七《四皓》引《会稽续志》一条,不见于《宝庆会稽续志》。但此书与上列《永乐大典》卷二二六七所引《续会稽志》是否同书,不得而知。

会稽纪咏

宋洪璞、张淏、王林、程震龙、冯大章合撰。

此书已佚。《书录解题》卷十五总集类云:"汪纲仲举帅越,多所修创,严陵洪璞,每事为一绝,赓者四人,曰张淏、王林、程震龙、冯大章。"据《宝庆会稽续志》卷二,汪纲自嘉定十二年至宝庆二年(1219—1226)间知绍兴府,则此书之撰,当在其时。撰者洪璞,字叔玉,淳安人,《乾隆淳安县志》卷十一介节有传。王林,字叔永,无为军人,寓山阴。

绍兴郡志　　8卷

元韩性纂。

此书已佚。《千顷堂书目》卷八史部补著录,倪灿《补辽金元三史艺文志》地理类、威廉·施坚雅《浙江宁绍地区地方志目录》等著录。此外,金门诏《补三史艺文志》著录作韩性《郡志》八卷,钱大昕《补元史艺文志》卷二地理类著录作韩性《绍兴志》八卷,均是此书。按《元史》卷一九〇列传七十七儒学二《韩性传》所载,性字明善,会稽人,曾任慈湖书院山长,卒于天历年代(1328—1329),则此书之纂,必在天历以前。明、清以来,绍兴府及山阴、会稽二县历修府县志中,常引及此书,直至《道光会稽志稿》中,仍引此书甚多,说明道光时,此书犹在。

绍兴府志

修纂者及修纂年代不详。

此书已佚。《永乐大典》卷二二六六、六模、津湖,引《绍兴府前志》一条,不见于《嘉泰会稽志》及《宝庆会稽续志》。

绍兴府志

修纂者不详,明永乐间修纂。

此书已佚。《乾隆余姚志》卷八云:"余考《嘉泰会稽志》及《永乐绍兴府志》,俱云牟山湖溉田二万二千七百八十七亩。"又同卷桐树湖、松阳湖、赤湖条后云:"按三湖俱废于明初,而《永乐绍兴府志》尚存其名。"则此书乾隆时犹在。《余姚志》言之凿凿,当不致有讹。但《乾隆绍兴府志》何以只字未引,亦不见著录。故此书本末尚存疑窦。

绍兴府志　　2 册

修纂者及修纂年代不详。

此书已佚。《文渊阁书目》卷四署字号第二厨书目旧志类及威廉·施坚雅《浙江宁绍地区地方志目录》等著录,故此书可能成于明初,但与上列《永乐绍兴府志》是否同书,不得而知。

绍兴府志

修纂者及修纂年代不详。

此书已佚。《文渊阁书目》卷四往字号第一厨书目新志类著录,故此书可能成于明正统以前。

大越事略　　2 册

撰者及撰述年代不详。

此书已佚。《明书经籍志》史杂著录,又《文渊阁书目》卷二宙字号第二厨史杂类著录有《大越史略》一部二册,当系同书。

绍兴府志　　42 卷

明戴冠修纂,弘治十三年(1500)修纂。

此书,《千顷堂书目》卷七史部地理类中及威廉·施坚雅《浙江宁绍地区地方志目录》等著录。《雍正浙江通志》卷二五三经籍十三云:“府训导长洲戴冠著,未及刊。”张元忭《万历绍兴府志》序云:“弘、嘉之际,戴训、南守两尝辑之而卒不就以去。”此处“不就”,亦当是未刊之意。《万历绍兴府志》卷五〇序志,孙鑛云:“弘治中,戴冠尝重修郡志,未及梓,其书藏张修撰家,繁简无法,且笔力萎弱,不脱学究气,又誊写差谬甚。”孙鑛必当详阅此稿,其言可信。《乾隆绍兴府志》卷八〇序录云:“明弘治、嘉靖间,戴琥、南大吉等监修未成。”此处戴琥,当是戴冠之误。此书以后迄未刊行,原稿已佚,抄本亦不见。《雍正浙江通志》、《乾隆绍兴府志》及《道光会稽县志稿》等均曾引用。光绪时撰述之《越中名胜百咏》卷内,山镇:石帆山;祠庙:严子陵祠;陵墓:宋六陵;宅里:贺知章故里等条均引及此书,说明直至光绪年代,原稿或抄本犹得见。修纂者,长洲人,弘治间以贡生授绍兴府训导,《明史》卷一八九及《光绪苏州府志》卷八六、人物十三有传。

越郡志略　　10 卷

明司马相纂。

此书已佚。《千顷堂书目》卷七史部地理类中,《明史艺文志》卷二史类谱牒,《雍正浙江通志》卷二五三经籍十三,威廉·施坚雅《浙江宁绍地区地方志目录》等著录。纂者,号菲泉,会稽人,正德十六年进士。《明史艺文志》卷二云:“刑部主事,福建佥事,以大狱不称上志,谴归。”故此书修纂当在司马相谴归以后的嘉靖年代。《万历会稽县志》卷三、风俗曾引及邑人司马相郡志略,并注云:“书尚未出。”《万历会稽县志》修纂于万历三年(1575),则《志略》付刊当在万历三年以后。故《康熙绍兴府志》(王志)卷五八序志所谓“司马相撰《越郡志略》十卷,未行,其书亦未之见”之说不足信。当以刊印不多,所以流传甚稀。《乾隆绍兴府志》卷十八风俗尚有引及,说明乾隆时犹得见。洪焕椿《浙江地方志考录》第 126 页云:“此书,乾隆时就不得见。”未悉其据。

绍兴府志　　12 卷　卷首 1 卷

明知府南大吉修纂。

此书,明嘉靖初修纂,但全书仅刊十二卷,未及完成。《嘉靖浙江通志》卷五四艺文志第八之三图志类著录。又《脉望馆书目》月字号史类八地志著录有抄白《绍兴府志》四本,当亦是此书。又威廉·施坚雅《浙江宁绍地区地方志目录》著录。《乾隆绍兴府志》卷七七经籍一云:"卷首图数十页,凡境内胜迹及水利险要皆具,或但以其图行,曰《绍兴府县图》。"张元忭《万历绍兴府志》序云:"弘、嘉之际,戴训、南守两尝辑之而卒不就以去。"所云南守,即指南大吉所修此书。《万历绍兴府志》卷五〇序志、孙钰云:"嘉靖初年,知府南大古又修郡志,时列名者吕金、张牧、骆居敬皆诸生也,其叙山川,法《山海经》,近简古,然太略,中又好为史断,于郡既鲜关涉,且文亦漫衍寡裁,刻止十二卷,未竟。"孙氏在其纂《万历府志》中,对此志必当详细阅读,其言可信。今志已佚,图亦不见。修纂者南大吉,字元善,号瑞泉,陕西渭南人,正德辛未进士,嘉靖二年任绍兴知府,《光绪新续渭南县志》卷八乡贤有传。

绍兴府志　　50 卷

明知府萧良干修,张元忭、孙钰同纂。万历十四年修,十五年(1587)刊本。

此书,《千顷堂书目》卷七史部地理类中,《红雨楼书目》卷二史部,《内阁书目》卷七志乘部,《八千卷楼书目》卷六史部地理类,《续通志艺文略》四,《续文献通考》卷一七〇经籍三十等著录,均作五〇卷。但《澹生堂书目》卷五、郡志类及《明史艺文志》卷二、史类著录作六十卷。此志为绍兴府属自《嘉泰会稽志》以来流传较广的方志。孙厈在卷末序志中述此志修纂经过云:"宛陵萧公来治越,诸废既举,乃次第及修志,遂以属张子荩元忭及不敏厈。厈逡巡未之敢任,乃府公复命县尹丁君申谕之,厈以札记请于子荩然后致诸焉。素乏讨论,既受命,茫然未得要领,已乃取八邑新旧志割裂之,分类拈出,再反复观焉,始稍稍见端绪,久之未敢举笔。初,厈欲任其草创而以润色俟之子荩,既疏惂不克济,萧公虑杀青无日,乃又属人物于子荩而俾厈专地理也。"故知此志除人物志十五卷(卷三五至卷四九)外,余均为孙厈所纂。《四库提要》卷七四史部三十地理类存目三云:"是志分十八门,每门以图列于书后,较他志易于循览,体例颇善,末为序志一卷,凡绍兴地志诸书。自《越绝书》、《吴越春秋》以下,一一考核其源流得失,亦为创格。"此志的另一重要特色是插图丰富,计疆域志附图 9 幅,城池志 9 幅,署廨志 4 幅,山川志 45 幅,古迹志 3 幅,水利志 10 幅,祠祀志 12 幅,武备志 9 幅,共 102 幅。除《越州图经》、《会稽图叙》等已佚外,历来绍兴府县志中,插图之多,当以此志为第一。此志自万历十五年初刊后,未曾重刊,今国内所存为数已稀。仅知北京图书馆,江苏地理研究所、南京大学图书馆、浙江图书馆等各藏有一部,上海图书馆所藏已残缺,绍兴鲁迅图书馆所藏残缺尤甚,天一阁所藏已残破不堪。此志修者萧良干,字以宁,号拙斋,泾县人,隆庆五年进士,万历十一年任绍兴知府,《嘉庆泾县志》卷十八儒林有传。纂者张元忭,字子荩,号阳和,山阴人,隆庆五年状元,《明史》卷二八三有传。孙鑛,字文融,号月峰,余姚人,万历二年进士,事迹详《乾隆绍兴府志》卷四九人物志九乡贤传及《光绪余姚县志》卷二三,《明史》附于卷二八九《孙燧传》。

寄孙越峰论志书事二通

明张元忭撰。

此文收入于《张阳和文选》卷二。书略云:"绍兴人物本多,与他郡不同,其尤多者,则名臣一条。……嘉靖来人物已备入,人数不少,即如山、会二邑所载,其人尽有不可删者,独姚志颇为寥寥。他日各邑俱多,而姚江独少,恐人必归咎于兄耳。弟意郡志与国史不同,郡志纪一乡之贤,苟有一德一艺者,皆可书也。"张、孙同纂《万历绍兴府志》,此书为当时往来书札。《万历府志》张序云:"文融执礼不入郡,乃各就庐中有事焉。"则当时郡城与余姚之间,张、孙间往来书札必多,《万历府志》中人物志十五卷为张所纂,故此书专论人物也。府志修纂于万历十四年,则此书之撰,当亦在此时。孙越峰即孙鑛,或作月峰,里《万历府志》考录。

於越新编　　45 卷

明诸万里纂,万历四十六年(1618)纂。

此书,《千顷堂书目》卷七地理类中,威廉·施坚雅《浙江宁绍地区地方志目录》等著录。明、清以来,绍兴府及山阴、会稽二县所修方志引用甚多。但自《道光会稽县志稿》及光绪《越中名胜百咏》引用后,鲜见他书引用,说明流传甚稀。洪焕椿《浙江地方志考录》第 127 页亦以此书为佚书。但民国二十三年汉文正楷书局铅印本,萧绍、绍曹嵩、嵩新汽车公司编著,金汤侯序,《越游便览》第 16 页湘湖条下又引及此书,《便览》若不自他书转引,则此书在 30 年代尚有传本。驿为查访此书下落,曾于 1963 年春,由绍兴文物管理委员会负责人方杰陪同,走访当时尚健在的金汤侯氏于绍兴蕙兰桥寓次,承金氏面告,当时确亲见此书。此书书名《於越新编》,按"於越"一词,首见于《春秋》定五:"於越入吴。"又《竹书纪年》卷下亦载及周成王二十四年"於越来宾"。据《汉书地理志》"勾吴"下颜师古注云:"夷族发语声,犹越为於越也。"刘昌诗《芦浦笔记》卷四《于越》云:"《春秋》定公五年,书於越入吴。注云:於,发声也。《史记》又书为于越,注云:发声也,与於同。然则于、於皆越人夷语之发声,犹吴人之言勾吴耳。"李慈铭《息荼庵日记》同治八年七月十三日(《越缦堂日记》二函)云:"盖余姚如余暨、余杭之比,皆越之方言,犹称於越、勾吴也。"由此可知,所谓於越,乃是越部族在越语中的称谓,以后引申作为地名,指古代於越部族的中心即绍兴一带。此书纂者诸万里,山阴人,生平事迹无考。

绍兴杂咏　　1 卷

明黄韶撰。

此书已佚。《万卷堂书目》卷二史部杂史类著录。撰者,字九成,余姚人,成化己丑进士,事迹见《全浙诗话》卷三一。

会稽怀古诗　　1 卷

明唐之淳撰,戴冠次韵。

此书,《万卷堂书目》卷二史部杂史类,《浙江省第五次范懋柱家呈送书目》,《乾隆绍兴府志》卷七七经籍志一,威廉·施坚雅《浙江宁绍地区地方志目录》等著录。《绍兴史迹风土丛谈》第十六册引晁氏《宝文堂书目》著录,不著撰人姓氏,当亦是此书。《艺风藏书再续记》明刻本第三云:"明山阴唐之淳撰,长洲戴冠和韵。之淳字愚士,自号卧游居士,冠字章甫,均有名。此诗,愚士为乡土数典也。前有紫霞子序,称愚士为苹居先生,后有翁好古序,王俊华序。"《百川书志》卷二十、集、别集云:"《会稽怀古诗》一卷,明山阴唐泽撰,长洲戴冠和韵,止三十题,凡六十首,各有小序。"此外,《千顷堂书目》卷八史部地理类下,《雍正浙江通志》卷二五四经籍十四及《佳趣堂书目》等亦有著录。而《千顷堂书目》卷八及《雍正浙江通志》卷二五四另又著录戴冠撰《和会稽怀古诗》一卷,此书不见,是否戴和三十韵另有刊本,不得而知。此书今有道光丙戌山阴杜氏刊本,南京图书馆藏有黑格抄本《唐愚士诗》四卷、《会稽怀古诗》一卷,合一册。杜氏刊本卷首有弘治庚申戴冠序,但已残缺,卷末有同郡翁好古序,天台王俊华序,并有天顺五年山阴张傅士习《题会稽怀古诗后》,张以唐好用古字,特为排列一表,将唐撰各诗中冷僻古字如"淳"字写作"漳"字之类,一一对照,以便读者。正文为唐撰、戴和各 30 题,题下均有小序。30 题计为:帝舜庙、帝禹庙、越王句践、范蠡祠、苧萝山、铸浦、秦望山、项羽庙、严于陵墓、曹孝女祠、刘宠祠、梅山、柯亭、东山、兰亭、贺知章宅、吴越王庙、宋六陵、杜衍墓、唐将军祠、蔡孝子祠、朱孝女祠、南镇庙、镜湖、四明山、沃洲山、剡溪、云门山、若邪溪、湘湖。故各诗范围遍及绍兴府全境。撰者,明初山阴人,《嘉庆山阴县志》卷十四有传,《明史》附于卷二八五《唐肃传》。《千顷堂书目》及《雍正浙江通志》均将撰者作为唐泽,此书另一清刊本亦将撰者作为唐泽,泽是否之淳本名,又是否如上述因淳字古书作漳,因而误作泽字,不得而知。和韵者戴冠,事迹参见《弘治绍兴府志》考录。

和会稽怀古诗   1卷

明戴冠撰。

此书不见。《千顷堂书目》卷八史部地理类下,《雍正浙江通志》卷二五四经籍十四著录。参见《会稽怀古诗》考录。

会稽怀古集

明高廪撰。

此书已佚。《千顷堂书目》卷八史部地理类下,《雍正浙江通志》卷二五四经籍十四,《乾隆绍兴府志》卷七七经籍志一等著录。关于此书撰者及其内容,《康熙山阴县志》卷二九人物志七云:"字居丰,号畏岩,……杜门著述,追怀郡中古迹,分为十类,用各体赋诗二百八十首,为《会稽怀古集》。"

会稽百咏   1卷

明罗纮撰。

此书已佚。《千顷堂书目》卷八史部地理类下,《雍正浙江通志》卷二五四经籍十四,《嘉庆山阴县志》卷二六书籍等著录。撰者,字孟维,成化时山阴人,《嘉庆山阴县志》卷十四乡贤二有传。

绍兴纪略   4卷

明陆梦斗撰。

此书已佚。《澹生堂书目》卷五郡志类著录作四册十卷,但《千顷堂书目》卷七史部地理类中,《雍正浙江通志》卷二五四经籍十四,威廉·施坚雅《浙江宁绍地区地方志目录》等著录均作四卷。《雍正浙江通志》卷二五三云:"其书用韵语,分门纪事,微似赋而文稍近俚,其自叙亦称附于王龟龄之《三赋》。自为注,甚详博。"《雍正山阴县志》卷三八序志云:"值兹土者,宜书一通,置之坐隅。"但《康熙绍兴府志(王志)》卷五八序志云:"中风俗一章,纤悉备矣,大不为乡人讳读之,为之废卷太息。"撰者,山阴人,嘉靖四十年举人。

越记

撰者及撰述年代不详。

此书已佚。清周调梅《越咏》卷上曾引此书一条,此外从未见他书引及,知阙佚已久。

越问　　1卷

清王修玉撰。

刊本不见,收入于康熙霞举堂刊《檀几丛书》第四帙、卷三十六。威廉·施坚雅《浙江宁绍地区地方志目录》著录。卷首略云:"夫越之为境也,西阻豫章,东通桐汭,北拒金陵,南邻闽越。"故其所述范围为浙江全省,但观其全卷所载,仍以山阴、会稽二县事为多。撰者,字清修(一作倩修),仁和人,康熙拔贡,《雍正浙江通志》卷一八三人物七有传。

越中遗事

撰者及撰述年代不详。

此书已佚。清胡浚《会稽山赋》注引此书十一条,又周调梅《越咏》卷下引此书一条。按胡康熙时人,周嘉庆时人,故知此书必撰于康熙以前,而嘉庆以后已难得见。胡引各条抄录如下:"禹庙前有广路平桥,是为御道"("祀坛封兮赭土"注引);"铸浦山多巨木,宋末有人伐山,内得苏木檀香"("黄檀香匹于沈水"注引);"樵风径上有村,名地盘,沿溪多植楂柞,垂荫数里"("炉顶遍束皇之桃李"注引);"思古亭侧有海榴一株,实大如盆盎"("鸳梅双肥,海榴半折"注引);"野蓝夏月生花,土人呼为鸭脚青"("龙牙鸭脚,虎须马铃"注引);"会稽山中人家多酿白酒,味甘而滑"("泉酿红粒以成醪"注引,《越咏》所引亦即此条);"沙鳅善泥行,刺猬能反甲,现肉引虫蚁而食之"("猬反毛而现肉"注引);"若邪溪上有虞姬庙"("灵旗风满兮舞握登之豆笾"注引);"何胤宅在若耶溪,洪水暴作,大木俱拔,胤室独存,钟嵘作《瑞室颂》美之"("潦避瑞室,庵揭义门"注引);"齐祖之蘸笔轩在养鱼池上"("池头蘸笔之轩"注引);"齐抗,字祖之,分司东归,居石伞峰下"("祖之解跋而神怡"注引)。从上列十一条,足见此书所载均越中山川人物,是亦方志之属。

乡谈

清田易撰。

此书无刊本。收入于清徐维则辑《会稽徐氏初学堂群书辑录》及清宣统三年绍兴公报社编《越中文献辑存书》第三册,其内容包括越中史地、人物、方言、掌故,范围兼及八邑,间亦收辑他人撰,如董玚《儿山忆记》,张岱《越山五佚记》等。撰者,山阴人,宇滨遇,号易堂,雍正诸生,《越风诗人小传》及《龙山诗巢志略》卷三有传。

越中杂识　　2 卷

［清］悔堂老人撰，乾隆五十九年（1794）撰。

此书无刊本。洪焕椿《浙江地方志考录》第十目杂志类著录云："抄本，美国国会图书馆藏。"1980 年春，美国斯坦福大学人类学系施坚雅（G. William Skinner）教授以复制本一册见赠于我。1983 年浙江人民出版社据此标点排印。其书共 264 张，计 528 叶，楷书恭抄，出一人手迹。卷首有乾隆五十九年西吴悔堂老人所作序，其时年六十有五。序文以下有绍兴府境全图，绘制甚精。书分上下二卷，上卷分山、水、桥梁、田赋、户口、水利、城池、衙署、学校、祠祀、寺观、帝王、名宦、乡贤、理学、儒林、文苑、忠节共18 目；下卷分忠节（续上卷）、孝行、义行、隐逸、寓贤、后妃、烈女、仙释、方技、古迹、陵墓、碑版、著述、艺文共 14 目。其内容多有他志所未载者。全书除卷首美国国会图书馆藏书章外，绝无其他收藏转移痕迹，足见成书未久，随即去国。撰者西吴悔堂老人，除序言中自述一二外，其生平事迹待考。

重修绍兴府志并八邑志檄

清知府张三异撰，康熙十年（1671）撰。

此文收入于《康熙山阴县志》卷三八序志，文后并附张撰《修志申约》。此《修志申约》亦收入于《嘉庆山阴县志》卷二九前志。按张曾在康熙十二年主修《绍兴府志》，此文当为修该志而作。撰者，汉阳人，字鲁加，号禹木，顺治己丑进士，《同治汉阳县志》卷十八乡贤志有传。

绍兴府志　　58 卷

清知府张三异修，王嗣皋纂。康熙十二年（1673）修。

此书，《雍正浙江通志》卷二五三经籍十三，《培林堂书目》史部郡县志，威廉·施坚雅《浙江宁绍地区地方志目录》等著录，其中《雍正通志》误将纂者刊作王嗣皇。此书康熙十二年刊本仅知北京图书馆藏有一部，康熙三十年重刊本流传亦不多。纂者，字德迈，慈溪人，顺治己丑进士，《光绪慈溪县志》卷三一列传八有传。

绍兴府志

清知府许弘勋等修，康熙十四年（1675）修。

此书已佚，亦不知卷数。仅知此书修于康熙十四年，是否修成付刊，不详。按康熙二十二年刊本《绍兴府志（王志）》卷五八旧序言及："知府升宁绍道千山许弘勋，知府淮阴何源浚，同知三韩张如柏，通判郓中龚鲲、三韩杨彩，御史陈可畏，山阴知县郓中高登先,康熙十四年修。"今书不见,惟康熙十四年许弘勋及何源浚序各一篇,收入于《康熙王志》卷首。康熙十四年距张三异修志仅二年,恐无修志之必要,想系修订张志加以重印,但刊本不见,修者许弘勋,字无功,辽阳人,《越中杂识》名宦及《民国辽阳县志》卷九乡宦志有传。

绍兴府志　　58 卷　图 1 卷

清知府王之宾修,董钦德纂。康熙二十二年(1683)修。

此书,《雍正浙江通志》卷二五三经籍十三,威廉·施坚雅《浙江宁绍地区地方志目录》等著录,原刊本今存。纂者董钦德在卷末跋云:"因细阅壬癸之间句章王德迈先生之《续志》。"此语费解,"壬癸",是否指壬子(康熙十一年)、癸丑(康熙十二年)?果如此,则何以称《张志》为《续志》?此志内容悉本《张志》,即卷次、项目等亦未更动,创见不多。修者,奉天沈阳人,荫生,康熙十九年起任绍兴知府。纂者董钦德,据《会稽董氏名人录》第 8 页云:"字哲文,又字天心,号心庐,邑庠生,生崇祯五年,卒康熙五十四年。"

绍兴府志　　60 卷

清知府李铎修纂。康熙三十年(1691)修。

此书,《雍正浙江通志》卷二五三经籍十三,威廉·施坚雅《浙江宁绍地区地方志目录》等著录,《稽瑞楼书目》(《丛书集成》本第 90 页)著录,康熙五十年修之《绍兴府志》,当亦系此书,"五"字为"三"字之误。原刊本今存。修纂者,字天民,奉天铁岭人,康熙二十八年起任绍兴知府,《越中杂识》名宦及《大同铁岭县志》(伪满大同二年即 1933 年)卷十人物有传。

绍兴府志　　60 卷

清知府俞卿修,邹尚、周徐彩纂。康熙五十八年(1719)纂。

此书,《雍正浙江通志》卷二五三经籍十三及《清史稿艺文志》卷二地理类,威廉·施坚雅《浙江宁绍地区地方志目录》等著录。原刊本今存,但为数已稀,仅知北京图书馆、上海图书馆、华东师范大学图书馆、南京大学图书馆、浙江图书馆等各藏有一部。按《康熙绍兴府志》先后计有张志、许志、王志、李志、俞志五种,今许志根本不得见,张志仅存一二,王志、俞志亦屈指可数,惟李志流传较多。此五志中,《清史稿艺文志》著录者惟俞志一种,又将纂者误作修者,并将邹尚、周徐彩二人误作邹尚周一人。修者,字次公,号恕庵,云南陆良人,康熙辛酉举人,《越中杂识》名宦及《民国陆良县志》卷五宦迹有传。

越郡政略

清知府何源浚撰。

此书已佚。《光绪淮安府志》卷二八艺文著录。撰者，字昆孚，又字梅符，江南山阳人，贡生，康熙十四年起任绍兴知府。《光绪淮安府志》卷二七人物有传。

越州纪略　　1 卷

撰者及撰述年代不详。

此书仅有写本，已佚。《嘉庆山阴县志》卷二六书籍云："凡十八门，体例简严，比之武功、朝邑二志。载及姚启圣、吴兴祚事，盖康熙后人也。"清胡凤丹《曹娥江志》中，此书尚列入引用书目，则光绪时犹得见。

广会稽风俗赋　　1 卷

清陶元藻撰，翁元圻注。

此书，《八千卷楼书目》卷八史部地理类及《会稽陶氏族谱》卷二四艺文志，威廉·施坚雅《浙江宁绍地区地方志目录》等著录。乾隆五十二年(1787)刊本，今存。绍兴县文物管理委员会并藏有清抄本一册。又收入于陶氏《泊鸥山房集》卷十一及《乾隆绍兴府志》卷七九艺文志。撰者，字龙溪，又字篁村，号凫亭，会稽诸生，《樵隐昔瘿》卷九及《越风诗人小传》有传。陶晚年移居萧山，故《民国萧山县志稿》卷十八亦有传。注者，余姚人，乾隆四十六年进士。

绍兴府志　　80 卷　卷首 1 卷

清知府李亨特修，平恕纂。乾隆五十七年(1792)修。

此书，《清朝续文献通考》卷二六六经籍十，《清史稿艺文志》卷二地理类，《八千卷楼书目》卷六史部地理类，《古越藏书楼书目》卷十五舆地古州郡县志，《东洋文库地方志目录》，威廉·施坚雅《浙江宁绍地区地方志目录》等著录。为历修绍兴府志中最晚近者，原刊本今存，流行较广。李慈铭在其《祥琴室日记》同治八年正月二十二日(《越缦堂日记》二函)称此志"尚为佳志"。但又在其《受礼庐日记》中集同治七年三月初一日(《越缦堂日记》二函)校评此书缺点云："阅《乾隆绍兴府志》山川、人物、祠祀等卷，体例错杂，记载疏冗，多不胜驳，人物于乡贤之后，又列宦迹一卷，所载仍是郡人，其意盖以处有名位而无事实者，然佳传林立，与乡贤无异，其区分殊不可解，名目亦不伦。

至采徐羡之入而以为剡人,又仅撮其历官数语,此似目不知书者。其于乡贤分理学、儒林为二卷,拾《宋史》之唾余,而不知钦定《明史》已订正其妄,是尤其谬之大者也。"李氏手校之此志一部,今藏浙江图书馆。此外,李氏另有《乾隆绍兴府志校记》,参见该书考录。此志修者李亨特,监生,奉天铁岭汉军正蓝旗人。《越中杂识》卷上名宦有传。纂者平恕,山阴人,乾隆三十七年进士,曾任吏部侍郎,《绍兴县志资料》第一辑第十四有传。

乾隆绍兴府志校记

清李慈铭撰,蔡冠洛辑录。

此书系从李氏《越缦堂日记》中辑出。威廉·施坚雅《浙江宁绍地区地方志目录》著录。《日记》同治八年正月二十二日云:"随手考订李亨特《乾隆绍兴府志》、徐元梅《嘉庆山阴县志》。……二志于近时尚为佳志,而体例疏谬,记载踳驳之处,盖不胜言。"李氏手校二志的动机与时间于此已明。铅印本卷首民国十八年九月蔡冠洛序略云:"以友人李鸿梁君之介出其手抄《绍兴府志校本》,属为编写,将以付印,以存文献于万一。"据此,则书并非蔡所辑。此书除天津图书馆藏有抄本外,民国十九年(1930)铅印本流传较广,民国二十七年(1938)绍兴县修志委员会铅印《绍兴县志资料》第一辑亦收入其中属于山阴、会稽二县部分。撰者李慈铭,字莼客,号越缦,会稽人,光绪庚辰进士,《清史稿》列传卷二七二有传,并参见平步青《掌山西道监察御史督理街道李慈铭传》考录。

越州风俗

撰者不详。

此书不见,清施山《菫露庵日记》卷二云:"长沙李属云家湘,示一抄本杂稿,失作者姓名,有记吾越风俗一篇,盖实录也。曰:越中风俗详于祭礼,祖宗忌日,必祭必敬,虽远不祧,每岁清明前后旬日祭墓,倾家盛服而出,画船箫鼓,来往如梭,纵百里之遥,十世以上,犹必提羹酒往焉。姻戚或至云礽,岁时犹馈遗存问不绝,当缔姻时,某家第几男,某家第几女,凭媒妁一言。婚帖不书庚造,虽媒妁死,从无悔改者。夫殁妻必守义,或贫贱无子而年齿又韶者,百中一二忍耻再醮,则夫族母族共绝之。村落人烟,巨者数千家,小亦数百户,大率柔懦多强梁少。两人互斗而排解者十人,十人共斗而排解不下百人。甚至父争于前,子掣其肘,夫或被殴,妻惟呼救而已。良由男子重耻畏法,女子耐勤俭畏鬼神,遂习成仁厚之俗,天下莫尚焉。"按施山,字望云,号骈荔,同光间会稽县人。《绍兴县志资料》第一辑第十六册有传。

绍兴掌故琐记

清董实柜重辑。

宁波天一阁藏有此书残损抄本 1 册,系会稽董氏行余讲舍抄本,共 44 页,首页至第六页已缺。天一阁书卡云:"此书无书名,所记皆绍兴地区掌故,首缺六页,编纂者待考。"第四十四页末董实柜写云:"此集已饱蠹鱼,所剩数纸,皆破碎不可渎,今补缀录出,而益以近日所见琐词杂说,随手摘录,俟成帙后再为校订,以续先人之志,实柜谨识。"据此,则此书为会稽董氏旧藏,而经董实柜重加增辑。此书虽残损,但所存绍兴掌故谚语等仍不少,如"绍兴人以不干己事从旁出头者曰顶缸","夜饭少吃口,活到九十九","吃饭行百步,勿用见药铺",等等均是。

越郡新年竹枝词

清钱萝峰撰。

此书,红格抄本 1 册(与戴春波《清明扫墓竹枝词》合订),浙江图书馆藏,内容均越郡新年风俗。撰者事迹无考。

清明扫墓竹枝词

清戴春波撰。

此书,红格抄本 1 册(与钱萝峰《越郡新年竹枝词》合订),浙江图书馆藏,内容均越郡清明扫墓风俗。撰者事迹无考。

绍兴杂录　　2 册

纂辑者不详。

此书,绍兴鲁迅图书馆善本部藏,计黑线稿纸抄本 2 册,中缝印有"会稽董氏"字样。第一册有文抄,如危素撰《余姚州经界图记》、《四明山碑》等;有金石余论,如《建初碑》、《龙藏寺碑》等;又有地理杂录,如鳗井等。第二册多为人物志,如记祁世培、赵公简赈灾事。虽体例杂乱,而范围兼及全郡,内容显系方志。疑系清董钦德所纂辑。

霞西过眼录　　4 册

清沈复粲纂辑。

此书,绍兴鲁迅图书馆善本部藏,计黑线稿纸抄本 4 册,中缝印有"霞西过眼录"字样,当为沈复粲稿本无疑。第一册题作《志事随札》,内容以文抄为主,如吕祖谦《入越记》;第二册为《浙中人物志》,如蔡宗兖、季本、张元忭、萧鸣凤等,计40余人,第三、四两册均为《人物志》,所载均非越人,按地区标明江右、楚中、粤闽、北方四那分,其人如萧良干、薛应旂、黄省曾等,盖外籍而曾在越地者。纂辑者沈复粲,字霞西,生于乾隆四十四年,卒于道光三十年,对绍兴地方文献颇多建树。清宗稷辰《沈霞西墓表》(《躬耻斋文抄》卷十)云:"乾隆中,东南收缴禁书,吾越相戒无藏笥,士竞趋举子业,故科目盛而学术微,以其余力读古书者百不一二焉。独沈氏三昆隐于书肆,反得究心于学,三昆中其季子有志希古,因之得名,龙山九老中之所谓霞西翁名复粲者也。"《绍兴县志资料》第一辑第十五册有传。

越志略例

清李慈铭撰,光绪九年(1883)撰。

李氏《荀学斋日记》戊集上、光绪九年七月二十五日(《越缦堂日记》七函)云:"撰《越志略例》,于山水、先贤两条,言之甚详。"但所撰不见于《日记》,当已缺佚。

越中百咏

清周晋镍撰。

此书为胡凤丹《曹娥江志》引用书之一,今存道光二十九年(1849)苏城汤晋苑局刻、小寄庐藏版。全书不分卷,范围兼及绍兴府属各邑,故为府志之属。撰者,字寄凡,会稽贡生,《越风诗人小传》及《龙山诗巢志略》卷三有传。

越咏　　2卷

清周调梅撰。

此书,咸丰四年(1854)刊本,今存。其书例言云:"前人咏越事,凡记载所及,皆用为题,鄙意以志书人所共见,凡已载省、府、县者概行剔除,故例与前人稍异。"但实际上此书下卷亦引及《嘉泰会稽志》及《宝庆会稽续志》数则,似与例言相径庭。全书上、下卷,共诗三百首,范围兼及绍属八邑。撰者,字半樵,山阴人,咸丰四年作序时,年已七十四。《绍兴县志资料》第一辑第十五册有传。

绍兴人谣

清周子炎撰,光绪二十八年(1902)撰。

此书清刊本今存,内容为越地歌谣谚语,以风俗习惯为主,撰者事迹无考。

越吟残草

清平步青撰。

此书,《绍兴史迹风土丛编》第九册、《栋山先生著述目录》著录。今北京图书馆藏有清抄本一册,并有清绍兴四有大书局石印本流传。撰者,字景荪,号栋山,清末山阴人,同治壬戌进士,事迹参见谢国桢《平景荪事辑》(《明清笔记谈丛》第317页—350页)。

越中山水志

明潘之恒辑。

此书已佚。《脉望馆书目》月字号史类八地志,《文瑞楼书目》卷二史部山水类等著录。撰者,字景升,歙人,侨寓金陵。

地理述

清阚瑞伯撰。

此文不见。清李镜燧《越中山脉水利形势记》引及。撰者事迹与年代均无考,疑是清人。

越中山脉水利形势记

清李镜燧撰。

此文收入于《绍兴县志资料》第一辑第十册。撰者,字槐卿,会稽人,光绪甲午举人。

古越山川三支

清宣元顺辑注。

此书疑未刊。绍兴火珠巷吴宅梵氏藏有抄本一册。卷首宣自述云:"至己未年,余年二十有八,……垂二十年而学习未成。"则宣生于道光十二年(1832),而此书成于光绪二十五年(1899)前后。辑注者仅知为山阴人,事迹不详。

绍兴史迹风土丛谈　　25 册

清钱伯华辑。

此书未刊,稿本25册,浙江图书馆藏。辑者钱伯华当是清末人,其辑是书盖历年累积而成,故编纂较为紊乱。第一册至第十三册,卷首均附有目录,以后除第二十五册外,其余各册均不附目录。所辑内容,各册辄见重复。例如《寓山古青莲院重建四负堂碑铭并序》在第四册及第九册各收辑一次;《掌山西道御史督理街道李慈铭传》在第四册及第七册各收辑一次;其余如《柯山石佛》、《六贤寺记》等多篇均一再重复。又收辑文献常不注来源,如第二册《揉渡船》,实系抄自平步青《霞外攟屑》卷四,第三册《评乾隆府志、山阴县志》等多篇均抄自《越缦堂日记》,而辑者均未注明,不知者以为辑者自撰。各册所辑文献,间亦有民国以后者,如第十四册《民国重修会稽大禹庙碑》,按此次重修在民国二十三年(1934)。故疑此书除钱氏初辑以外,又有后人续辑。

绍兴县修志采访事例

绍兴县修志采访处订。

此书,绍兴印刷局铅印本,今存。按《黄补臣太史年略》、民国六年云:“时间变诡,杜门养疴,以绍兴兼辖山阴、会稽两县,旧志自康熙、嘉庆以来岁久不修(驿按,所谓“嘉庆以来”,当指嘉庆八年徐元梅《山阴县志》,但此志以后,又有道光二十五年王藩《会稽县志》,晚于《嘉庆志》42 年,故“嘉庆以来”应作道光以来),文献沿革,深虑废坠。因从奥宋知事承家发起纂述,为作通启以告全属。并先设采访处于城区,议民国八年一月开局。”则此书之编,当在民国六年以后。此书内容包括绍兴县知事为修志事致浙江省长及财政厅长的呈文;拟订绍兴县修志采访处办事规则(共 18 条);修辑绍兴县志通启(据《年略》,此通启为黄寿衮所撰);最后为绍兴县修志采访处拟订采访类目。计分:疆域、山川、道路、关梁、城池、廨署、坊乡巾镇、驿铺、田赋、户口、水利、物产、风俗、学校、武备、坛庙祠宇、陵墓、寺观、古迹、义举、灾祥、历代诏谕及御制、职官、选举、名宦、乡贤、寓贤、列女、释老、艺术、书籍、碑刻、艺文、教育、实业、警察、交通、地方自治、厘金、积贮、教务、杂记等 42 类。

绍兴县志资料　　第 1 辑　16 册

绍兴县修志委员会辑。

此书,民国二十六年至二十八年辑,威廉·施坚雅《浙江宁绍地区地方志目录》著录,有铅印本流传。第一辑计十六册,内容包括《乾隆绍兴府志》摘补山阴、会稽之部,《乾隆府志》隶属府城之部,越缦堂《嘉庆山阴县志》评改本,李评《乾隆府志》山阴、会稽之部,《康熙会稽县志》及《道光会稽县志稿》校误补遗,碑刻,地理丛刻,氏族,选举,疆域及沿革,山川、道路、雨量及温度,田赋、司法,乡镇,塘闸汇记,人物列传等。

山阴述

唐窦公衡撰,宇文灏立,天宝十三年(754)立。

此碑在宋代即已不存,文收入于《会稽掇英总集》卷二〇。《金石录》卷七目录七第一三二一存目(驿按,此碑,《金石录》第一三二二一又存目一次,当系重列),又《嘉泰会稽志》卷十六碑刻,清沈复粲《越中金石录》,清杜春生《越中金石目》卷下阙访,《雍正浙江通志》卷二五七碑碣三,《乾隆绍兴府志》卷七六金石志二等存目。

山阴记

撰者及撰述年代不详。

此书已佚。《嘉泰会稽志》卷十一江桥,据《太平寰宇记》引此书一条。但今本《寰宇记》并不见此。既然《嘉泰志》从《寰宇记》引来,说明此书撰于北宋以前,而南宋时已不可得。

山阴县志

修纂者及修纂年代不详。

此书已佚,亦不见他书引用。《文渊阁书目》卷四往字号第一厨新志类及威廉·施坚雅《浙江宁绍地区地方志目录》著录,则成书当在明正统以前。

山阴县志   12 卷

明知县许东望创修,知县杨家相续修,张天复、柳文纂,傅易校。

此书,《千顷堂书目》卷七史部地理类中,《红雨楼书目》卷二史部,《内阁书目》卷七志乘部,《澹生堂书目》卷五县志类,威廉·施坚雅《浙江宁绍地区地方志目录》等著录。《万历绍兴府志》卷五〇云:"向有修者未成,嘉靖二十七年,许东望除山阴知县,逾三年乃辑邑志,时张天复、柳文方有名于诸生间,许即以志属之,而聘耆儒傅易参校焉。隆庆改元,天复以江西左参政家居,值杨令君家相续县志,公再执笔,增入近事甚多,独列传循故,俟论定也。时傅已殁,柳方仕于外,公专其事,然今刻本犹称张天复、柳文纂,傅易校,以二公昔日固同事也。"按此书,嘉靖、隆庆二次修纂均有刊本。清吴颖芳辑《浙中古迹考》卷三绍兴府、"后浦阳府"及"百花亭"二条,均引及《隆庆山阴县志》,说明隆庆刊本清初犹在。今隆庆刊本已佚,嘉靖刊本亦流逸海外,日本宫内省图书馆藏有一部,国内仅存雍正重刊本。此书修者许东望,据《民国宿松县志》卷二二选举志一,系直隶宿松人,字应鲁,嘉靖戊戌进士。杨家相,江宁人,据《嘉庆江宁府志》卷三〇科贡表,杨系嘉靖四十四年进士。纂者张天复,即《万历绍兴府志》纂者张元忭之父,字复亨,号内山,嘉靖丁未进士,《雍正浙江通志》卷一七三人物四武功三有传。校者傅易,山阴人,《嘉靖山阴县志》卷十四乡贤二有传。

山阴县志

修纂者不详,明万历时修。

此书已佚,《雍正浙江通志》卷一〇四物产四乳粟,簟笋,梨,篆刀竹,鳗线,蟹及卷一八〇人物六文苑三高廪,各引《万历山阴县志》一条。《乾隆绍兴府志》卷十七物产志一,谷属、粟,又卷十八物产志二鳗线,各引《万历山阴县志》一条。《雍正山阴县志》卷七物产志乳粟云:"粒大如鸡豆(驿按,越人称芡实为鸡豆),色白、味甘,俗曰遇粟。"所引与《雍正浙江通志》及《乾隆绍兴府志》无异,说明《雍正山阴县志》虽未言引自何处,实亦从《万历山阴县志》引来。按《雍正山阴县志》成于雍正二年,而《雍正浙江通志》成于雍正十三年,故《雍正山阴县志》不可能从《雍正浙江通志》转引。是则《万历山阴县志》应确有其书。但除上列数志外,此志历来未见他书引用,亦不见于各家著录。《嘉庆山阴县志》卷二九前志云:"按山阴之有志,始于明嘉靖中知县事许东望,大略以《嘉泰志》为蓝本,至隆庆初,知县杨家相增辑。其在我朝,则康熙十年辛亥,知县高登先重修。"《嘉庆志》之语,竟不涉《万历志》,则此志本末,尚大有可以推索之处。

山阴县志　　38 卷

清知县高登先修,沈麟趾等纂;知县范其铸续修,高荃重编。

此书,《雍正浙江通志》卷二五三经籍十三,威廉·施坚雅《浙江宁绍地区地方志目录》等著录。《雍正山阴县志》卷三八序志所载沈麟趾《重修山阴县志纪略》云:"即邻封荐绅,不辞就正,适慈邑王德迈先生(驿按,即王嗣皋,曾主纂康熙张志)过越,并祈于人物再为删定。"则此书之纂,王嗣皋亦曾参与其事。此志康熙十年(1671)所修及二十二年(1683)续修均有刊本,康熙十年刊本今存,二十二年刊本仅知美国国会图书馆藏有一部。修者高登先,字于岸,钟祥人,顺治己亥进士,康熙十三年任山阴县知事,《同治钟祥县志》卷十一耆旧有传。续修者范其铸,字东岩,汉阳人,顺治戊戌进士,康熙十九年任山阴县知事。纂者沈麟趾,字天石,山阴人,康熙十三年府学贡生。重编者高荃,字基重,嘉兴人,山阴县教谕。

山阴县志　　38 卷

清知县顾彪补修。康熙四十年(1701)补修。

此书已佚。威廉·施坚雅《浙江宁绍地区地方志目录》著录。其实不过是康熙高志之补。据《嘉庆山阴县志》卷二九所载之此志顾序,知所补不过 50 余页,与高志大同小异而已。补修者顾彪,长洲人,《乾隆绍兴府志》卷二七职官志三及《嘉庆山阴县志》卷九职官志均作顾彬。

山阴县志　38卷

清知县丁弘补修,鲁曾煜补纂。

此书,《振绮堂书目》卷三史类地志,威廉·施坚雅《浙江宁绍地区地方志目录》等著录。雍正二年(1724)刊本,今存。《嘉庆山阴县志》卷二九前志云:"其在我朝,则康熙十年辛亥,知县高登先重修,二十二年癸亥,知县范其铸再修之。厥后一补于四十年辛巳,知县顾彪;再补于雍正二年甲辰,知县丁弘。每修补一次,邑令与同官及一邑之士夫,率杂撰序文,累若干首置于卷端,而前志之体裁元本悉在,所略大抵草率应酬之作,故于书罕所发明。"《嘉庆志》所言甚是,此志卷次、目录、文字,无不循高志之旧,新增者寥寥可数,不过序跋应酬及人物志等稍加数事而已。补修者丁弘,顺天府大兴人,雍正元年起任山阴县知事。补纂者鲁曾煜,字启人,号秋塍,山阴人,康熙辛丑进士,《越风诗人小传》及《龙山诗巢志略》卷三有传。

山阴县志　30卷　卷首1卷

清知县徐元梅修,朱文翰、陈石麟等纂。嘉庆八年(1803)修。

此书,《八千卷楼书目》卷七史部地理类,《稽瑞楼书目》(《丛书集成》本第93页),《古越藏书楼书目》卷十五舆地古州郡县志,《东洋文库地方志目录》,威廉·施坚雅《浙江宁绍地区地方志目录》等著录。清李慈铭认为此志"尚为佳志"(《越缦堂日记》二函,同治八年年正月二十二日),但又指出其缺点云:"《徐志》以土地、人民、政事三目为全书之纲,既非志体,区别又多混淆"(《越缦堂日记》二函,同治八年正月二十二日)。李氏另有《山阴县志校记》,参见该书考录。《绍兴史迹风土丛谈》第一册,"徐元梅重修《山阴县志》"条云:"李元仲世熊《宁化志》,分土地、人民、故事为三大纲,……盖本唐枢《湖州府志》(驿按,指《万历湖州府志》)也。嘉庆辛未山阴县知县徐元梅重修《山阴志》,又本李仲元,最为谨严。"此书,嘉庆原刊本今存,又有民国二十五年绍兴县修志委员会铅印本,流传较广。修者徐元梅,河南罗山人,据《嘉庆汝宁府志》卷十六选举所载,系乾隆丙午举人,乾隆丁未进士。纂者朱文翰,歙县人,字苍楣,号见庵,乾隆庚戌进士,《民国歙县志》卷十人物志士林有传。陈石麟,海盐人,乾隆癸卯举人。

嘉庆山阴县志校记

清李慈铭撰,俞奇曾辑录。

此书系从李氏《越缦堂日记》中辑出,参见《绍兴府志校记》考录。威廉·施坚雅《浙江宁绍地区地方志目录》著录。此书末有俞奇曾序,详述此书本末。上海图书馆藏有抄本,又有民国十九年铅印本,蔡元培题签误作《乾隆山阴县志校记》。此外又收入于民国二十七年绍兴县修志委员会铅印《绍兴县志资料》第一辑。

山阴旧志续考

编纂者不详。

此书威廉·施坚雅《浙江宁绍地区地方志目录》著录。江苏地理研究所图书馆藏有道光、咸丰间手稿本一册,计红格稿纸 74 张,共 148 页。卷首有"杭州王氏九峰旧庐之藏书章"。全书内容多系府志和山、会二县旧志摘抄。如山川古迹类收有沈酿川、怪山、射的山、天衣寺、宝林寺、阳明洞天、禹冢等条,人物类收有贺知章、王羲之、祁彪佳、刘昺、徐次铎、赵甸、董玚等条,并收入旧志艺文如胡以涣《乙丑种松篇》、谢翱《冬青引注》、成周助《黄琢山诗序》等。本书所引旧志除李铎府志外,多不记年号,但寻字推句,当为乾、嘉后人所编纂。此书所收,颇有各志未见者。如《乙丑种松篇》,各志仅见篇目,此书独收全文;又如《黄琢山诗序》,各志均无,此书独有。其余各条亦多异于各志者。故此书值得珍视。

山阴县志

修纂者不详,道光末修。

此书,国内未见著录。威廉·施坚雅《浙江宁绍地区地方志目录》著录。美国斯坦福大学东亚藏书楼有此书残本,仅赋役志一卷。

会稽县志

修纂者及修纂年代不详。

此书已佚。《文渊阁书目》卷二十新志类著录,故其撰当在明正统以前。威廉·施坚雅《浙江宁绍地区地方志目录》著录有不记年代的明《会稽县志》一种,或系此书。

会稽县志稿

明知县华舜钦修,金阶、马尧相纂。

此志,嘉靖中始修,未成,稿亦未刊。稿至万历三年知县杨维新修志时尚存,曾为杨志所参考,事见《万历会稽县志》考录。修者华舜钦,无锡人,据《康熙无锡县志》卷十二进士所载,系嘉靖二十年进士,历官至瑞州知府。纂者金阶,字允升,嘉靖中会稽贡生,万历中任金华县训导。马尧相,字伯舜,嘉靖中会稽贡生,《康熙绍兴府志(李志)》卷五〇人物志十三乡贤七有传。

会稽县志稿

明知县张鉴修,岑原道纂。

此书,《雍正浙江通志》卷二五三经籍十三,威廉·施坚雅《浙江宁绍地区地方志目录》等著录,但张鉴误作张镒。此志修纂在嘉靖《华志稿》以后,未成,稿亦未刊。其稿在《万历会稽县志》修纂时已不见,见《万历会稽县志》考录。修者张鉴,南充人,嘉靖庚戌进士,《嘉庆南充县志》卷六之一及《康熙绍兴府志(王志)》卷四二有传。纂者,字山人,余姚人。

会稽县志   16 卷

明知县杨维新修,张元忭、徐渭纂。万历三年(1575)修。

此书,《千顷堂书目》卷七史部地理类中,《红雨楼书目》卷二史部,《内阁书目》卷七志乘部,《澹生堂书目》卷五县志类,威廉·施坚雅《浙江宁绍地区地方志目录》等著录。因其修纂中曾求得金阶、马尧相未成稿参考,故《雍正浙江通志》卷二五三及《乾隆绍兴府志》卷七七著录均将此志作为《嘉靖志》之续成,名为《会稽志》十六卷。《万历绍兴府志》卷五〇云:"嘉靖中,无锡华舜钦为知县,尝属金阶、马尧相辑之,未成;后南充张鉴来,属余姚岑原道为之,又未成。隆庆初,祥符杨节复经纪其事,会以召行而丹徒杨维新继之。时张元忭子荩适请造家居,遂以志属于荩,子荩又荐徐渭,使专编摩而子荩相雠榷也。时岑稿已不复存,惟求得马氏本,加之十七,润色其山川,大约本郡旧志,文字尔雅可观,而户书徭役特详核为邑志最,人物传独出子荩手,人服其公。"此书刊本流传甚稀,清平步青《答徐贻孙》(《樵隐昔癙》卷五)云:"前月二十四日,得手笺承示天池山人《会稽志》一书,如获瑰宝。万历乙亥距今三百五十年,流传久罕,故采集书目无之,四库所以未收此书。虽文恭延天池属草,而人物传乃其自作,或以为全志属之天池一人,似未考府志艺文志注也。会稽置邑以来,未有志乘,此书大辂椎轮,纲举目简,徭赋一门,最为详核。第所分四书,地与治、户、礼三者。越缦堂主虽以未见为耿耿,⋯⋯"故知博览如李慈铭,竟不得见此书,而平步青亦以得此书如获瑰宝。故知此书之罕也。今万历写刊本尚存,书内引书名等刊作阴文,读时一目了然。浙江图书馆并藏有传抄本一部。此书修者杨维新,丹徒人,据《光绪丹徒县志》卷二四所载,系隆庆辛未进士。纂者张元忭,见《万历绍兴府志》考录。徐渭,字文长,山阴人,布衣,《明史》卷二八八有传。

会稽县志诸论

明徐渭撰。

此书即《万历会稽县志》中徐渭所撰诸论。计总论四(地理总论、治书总论、户书总论、礼书总论),各论十六(沿革论、分野论、形胜论、山川论、风俗论、物产论、设官论、作邑论、徭赋论、户口论、水利论、灾异论、官帅论、选举论、祠祀论、古迹论)。收入于明袁宏道编《徐文长文集》,或《海山仙馆丛书》本、《青藤书屋文集》。

会稽县志　　28 卷　卷首 1 卷

清知县吕化龙修,董钦德纂。康熙十年(1671)创修,十三年(1674)刊本。

此书,《八千卷楼书目》卷六史部地理类,《稽瑞搂书目》(《丛书集成》本第 93 页),威廉·施坚雅《浙江宁绍地区地方志目录》等著录。原刊本今存,上海图书馆所藏原刊本上有藏书朱钤云:"王氏藏书同光间修鄞慈两志曾经借出。"又有杨泰亨记云:"此黄山万绿轩旧藏本,光绪庚辰重修慈溪县志,从王休君茂才借观。"其书纸质低劣,印刷模糊,不能辨读者十之二三,但此书原刊本国内已不多见,除上海图书馆外,仅知江苏地理研究所、复旦大学图书馆、浙江图书馆、东北人民大学图书馆各藏有一部。此外,徐家汇藏书楼藏有清抄本一部。绍兴县修志委员会于民国二十五年(1936)出版铅印本一种,流传较广。此志修者吕化龙,广东冈州人。纂者董钦德,事迹见《康熙绍兴府志(王志)》考录。

会稽县志总论序

清毛奇龄撰。

此文收入于毛氏《西河合集》第四十四册序六,序略云:"《会稽县志》前此典修者为山阴张宫谕君。君属徐渭编摩之,因载徐诸论卷端,未有易也。康熙壬子再修志,会稽令君遂以诸论属俞子赓之,因文施易划剔其成版而补锓之,且别汇一帙,仿佛徐集中所载者。"按毛氏所云康熙壬子再修志,即指吕志而言。撰者毛奇龄,原名甡,字大可,萧山诸生,康熙十七年举博学鸿词,授翰林院检讨,曾纂修《明史》,著作甚多,收入于《西河合集》,《清史稿》列传卷六八有传。

续修会稽县志　　28 卷　卷首 1 卷

清知县王元臣修,董钦德、金炯纂。

此书,康熙二十二年(1683)续修,《培林堂目》史部郡县志,《古越藏书楼书目》卷十五與地古州郡县志,威廉·施坚雅《浙江宁绍地区地方志目录》等著录。原刊本今存。又有民国二十五年(1936)绍兴县修志委员会铅印本,题签《康熙会稽县志》(县长陈焕后序),流传较广,美国斯坦福大学东亚藏书楼所藏即是此本。修者王元臣,字圣乘,又字恒斋,据《光绪昆新两县续修合志》卷十七所载,系康熙庚戌进士。

会稽志略

清倪一桂辑,乾隆四十二年(1777)辑。

此书疑未刊,绍兴火珠巷吴宅梵氏藏有红格清抄本一册,不分卷。卷首有辑者倪一桂序,略云:"以余隶会稽,辄有土音之想,遂于徐天池县志中撮其大要,手录一通,山从其支,水从其派,人物各从其类,题曰《会稽志略》。"则此书系从《万历会稽县志》中辑出。辑者,会稽人,乾隆乙卯举人,曾官大理寺丞。

新修会稽县志

清沈复粲纂。

此书不见,仅见《鸣野山房书目》、宗稷辰《沈霞西墓表》附录、《霞西先生又刊书目》著录。纂者事迹参见《霞西过眼录》考录。

会稽县志　　25卷　卷首1卷

清王藩、沈元泰修纂。

此志修纂于道光二十五年(1845)。威廉·施坚雅《浙江宁绍地区地方志目录》著录。原缺地理志下、建置志上下、田赋志、灾异志、学校志、武备志、人物志等8卷,又稿佚选举志、经籍志、金石志3卷,故今仅存原刊残本15卷,浙江图书馆有藏。又有民国二十五年(1936)绍兴县修志委员会铅印本,题签《道光会稽县志稿》(县长贺扬灵跋),亦仅15卷,流行较广。美国斯坦福大学东亚藏书楼所藏即是此本。此志卷一地理志记述分野以后,有"新增经纬度"一项,为绍兴府及山阴、会稽二县前修诸志所无。修纂者王藩,字蓉坡,会稽人,道光丙戌进士;沈元泰,字墨庄,会稽人,道光庚子进士。

会稽新志

清李慈铭纂。

此书未刊,原稿已佚。按清平步青《掌山西道监察御史督理街道李慈铭传》(《樵隐昔嚫》卷十八)云:"著录甚众,……《绍兴府志》、《会稽新志》。"此处所云《绍兴府志》,必系指《乾隆绍兴府志校记》,但《会稽新志》一书,既云新志,必非校勘之类,而为李氏所新纂。平氏又云:"友人仅刻其《骈体文抄》二卷,《诗初集》十卷。"是则此志未刊。故蔡元培《印行越缦堂日记缘起》云:"传中所列书目甚详,余皆未之见。"纂者事迹见《乾隆绍兴府志校记》考录。

稽城东南志　　　1 卷

明王毓芝纂。

此书未刊,已佚。《嘉庆山阴县志》卷二六书籍云:"纪越城东南地理,先絜大纲,下为细目,条理井然。"按越城东南乃会稽县辖境,历修《会稽县志》何以未著录此书而反见于《山阴县志》。纂者事迹无考。

皋部志

清沈铨纂。康熙三十八年(1699)纂。

此书威廉·施坚雅《浙江宁绍地区地方志目录》著录。刊本不见,收入于《皋部沈氏宗谱》,又收入于民国二十七年(1938)绍兴县修志委员会铅印《绍兴县志资料》第一辑第六册。此书内容包括坂、堰、汇头、诸港、溇、池、滩、尖、桥、寺、祠、山等 12 部分,编末又附有《皋部市东堰记》一篇。除《东堰记》外,全书实为一种地名汇编。按《嘉泰会稽志》卷十一桥梁、会稽县云:"皋部桥在县东一十五里,自桥东趋上、下皋部。"则皋部之名,自宋已有。纂者,字衡文,号石庵,康熙时会稽皋部人,《绍兴县志资料》第一辑第十四册有传。

三江志略

清陈和纂。

此书已佚。《乾隆绍兴府志》卷七七经籍志一,威廉·施坚雅《浙江宁绍地区地方志目录》等著录,其纂当在清初。《乾隆府志》卷八建置志二关梁王相桥,又卷三六祠祀志一晏公庙各引此志一条。《乾隆府志》云:"陈和,字息斋,世居三江城,在明时为险要,人物颇盛,距郡稍远,和惧久而讹舛,因作《志略》,仿郡邑之例。"按宋李心传《建炎以来系年要录》卷三九,三江在宋时已为绍兴郡城北一港口。陆游《三江》(《剑南诗稿》卷四四)云:"三江郡东北,古戍郁嵯峨,渔子舣浮叶,更人鼓应鼍,年丰坊酒贱,盗息海商多。"则三江古来已置戍,宋时已为一渔港兼商港。纂者陈和,字宗洛,一字介庵,号息斋,《江城文献》庠生有传。

三江所志

清陈宗洛辑,傅月樵补辑,何留学增删。

此书辑于康熙间,傅月樵于乾隆间补辑,何留学于光绪间增删。威廉·施坚雅《浙江宁绍地区地方志目录》著录。刊本不见,今收入于民国二十七年(1938)绍兴县修志委员会铅印《绍兴县志资料》第一辑第五册。全志分理学、山川、险要、塘闸、风俗、物产、官署、祠祀、名宦、世勋等十门,堪称完备。辑者陈宗洛,即陈和,参见《三江志略》考录。傅、何俱三江人。

江城文献

清张应鳌、张宗城编,邢振纶增补。

此书刊本不见,今收入于民国二十七年(1938)绍兴县修志委员会铅印《绍兴县志资料》第一辑第五册,附于《三江所志》之后。全书分庠生、文科、武科、武甲、乡贤、忠烈、孝友、义行、儒林、寓贤、贞节孝养等十一门,卷末有乾隆辛巳南塘通判孙尔周跋。按江城,指三江所城。《读史方舆纪要》卷九二绍兴府三江镇云:"在府东北四十里浮山北麓,小江经其前,大海浸其东,与三江所城南北相峙,为东海之门,旧有小城,嘉靖二年增筑,方一里,置兵以御倭。"编者张应鳌,字奠夫,号凝庵,明末清初三江人。张宗城,名鼐,字子维,与张同时人,俱庠生。增补者邢振纶,字伯经,嵊县人。

安昌志

清高骧云纂。道光二十年(1840)纂。

此书已散佚。今仅存张世庆《安昌志序》、高骧云《安昌记》及高、张修志书启各一,共4篇。又韩启鸿补辑之安昌古迹、人物、进士、举人、副贡、拔贡、优贡等7篇,亦附入此志。韩注云:"《安昌志》原稿不可觅,韩启鸿搜求颇久,仅得序、记、书、启四首,其古迹、人物,则启鸿所足成也。"上述四篇及韩氏所补七篇,今收入于民国二十七年(1938)绍兴县修志委员会铅印《绍兴县志资料》第一辑第六册,总名冠以《安昌志》。纂者高骧云,原名钰山,字逸帆,道光辛巳举人,韩启鸿补辑《安昌举人》有传。张世庆,字春农,韩补《安昌拔贡》有传。补辑者韩启鸿,字小帆,会稽附生,清末民初人。

安昌记

清高骧云撰。道光二十年(1840)撰。

此文威廉·施坚雅《浙江宁绍地区地方志目录》著录。收入于高氏《漱琴室存稿杂著》,又收入于民国二十七年(1938)绍兴县修志委员会铅印《绍兴县志资料》第一辑第六册,为《安昌志》之一篇。记略云:"山阴为越郡附郭,……又北三十里有安昌乡,西北五十里有安昌市。"高记当指安昌市而言。

鞍村杂咏

清半亭老人撰。

此书,道光寿椿书屋刊本,今存。《绍兴县志资料》第一辑第十一册乡镇,亦收入此文,但作沈少凤《马鞍村杂咏》。《嘉泰会稽志》卷九云:"人安山在县北四十六里,《旧经》云:旧马鞍山,以形似马鞍也,天宝七年改为人安山。"驿按,鞍村即马鞍村,在马鞍山麓。撰者,名沈香岩,字宸桂,号少凤,又号半亭老人,马鞍村人,《龙山诗巢志略》卷三有传。

陡亹八咏诗叙

清黄寿衮撰。光绪十八年(1892)撰。

此文收入于光绪刊本黄氏《莫宦草》,今存。按陡亹即玉山陡亹,《嘉庆山阴县志》卷二十水利云:"玉山陡亹闸,陡亹亦作斗门,在县东北三十三里。唐贞元初观察使皇甫政建。"驿按,自明嘉靖十六年三江闸建成后,玉山陡亹已不复存,但此处聚落,仍称陡亹。撰者,字补臣,山阴人,光绪乙未进士,事迹详《黄补臣太史年略》。

墟中十八咏　　　一卷

清章大来撰。

此书,浙江图书馆藏有抄本一册,实为《墟中十八图咏》的一部分,参见该书考录。墟中指道墟镇,在郡城东北六十里。撰者,字心斋,又字泰占,诸生,会稽道墟人。《清诗纪事本末初编》下册卷七第八三九页云:"有《后甲集》二卷,为康熙五十三年后三年间所撰诗文札记。大来尝从毛奇龄游,故词章之业,颇有根柢。"《全浙诗话》卷四五有传。

墟中十八咏诗叙

清章世法撰。

此文收入于《绍兴县志资料》第一辑第十一册乡镇,实为《墟中十八图咏》的一部分,参见该书考录。撰者,字宗之,号青峰,清初会稽道墟人,《越风诗人小传》及《龙山诗巢志略》卷三有传。

八郑山川记

不著撰者姓氏。

此文,《绍兴县志资料》第一辑第十一册据《八郑郑氏谱》收入,疑是清末所撰,参见《八郑水利记》考录。

梓里记

清吴凤翥撰。

此书威廉·施坚雅《浙江宁绍地区地方志目录》著录。刊本不见,仅见附录于吴隐编订《山阴州山吴氏支谱》,又收入于民国二十七年(1938)绍兴县修志委员会铅印《绍兴县志资料》第一辑第六册。内容系记述城西、州山及其附近之地理风土,包括州山、蛇山、狮山、细山、五老峰、牛山、柯山、七星岩、刑塘、秋湖、洋湖、瓢阁、石佛寺、七尺庙等,甚为详悉。卷末吴寿昌识云:"昔人评西山八记,穷奇尽变,镌镵造化,真宰难为,吾于是篇云然。州山山川人物,有序、有记、有诗、有赋、有传、有志铭,袠然成集,然皆分类编志,未有合而成篇者,故公作此,仍以山水为主,人物则附记之。详所当详而略所当略,体裁宜尔。"撰者,字青于,山阴州山人,乾隆乙卯举人,《绍兴县志资料》第一辑第十四册人物列传有传。

铜坑赋并序

清杜莲衢撰。

此文收入于稿本《杜莲衢杂著》中《甲寅、乙卯稿》,杭州大学图书馆藏。据原序,铜坑在"会稽山之大庆岭东下一支,上连孙岙人烟,下达陶宴岭。"按铜坑,戒名同康,位当秦望山麓,撰者曾在此居住。撰者杜莲衢,名联,光绪三十年进士,曾官礼部右侍郎,《绍兴县志资料》第一辑第十五册有传,并参见抄本《会稽杜侍郎联公自订年谱》,杭州大学图书馆及绍兴鲁迅图书馆均有藏。

太平里形胜记

清宋福撰。

此文,《绍兴县志资料》第一辑第十一册据《日铸宋氏谱》收入。按太平里在日铸岭南 20 里,系会稽山地南部一村落。撰者事迹无考。

二　名胜、古迹、游记类

兰亭诗序

晋王羲之撰。永和九年（353）撰。

此文，《通典》卷一八二二州郡十一及《舆地广记》卷二二两浙路上均作《曲水序》，《会稽掇英总集》卷三及《嘉泰会稽志》卷二〇均作《上巳日会兰亭曲水诗并序》，《方舆胜览》卷六浙东路绍兴府作《兰亭序》，此外并收入于清严可均辑《全晋文》卷二六，《全晋诗》卷五等，浙江省历修通志及绍兴府、山阴、会稽二县历修府、县志亦多收入，但文题亦常不同，如《兰亭序》、《兰亭集序》、《兰亭修禊序》、《三月三日兰亭诗序》等，宋张淏《云谷杂记》卷一云："王羲之与群贤会于山阴之兰亭，各赋诗，羲之为序，自晋至唐皆谓之《兰亭序》，世辄目为《兰亭记》，非也。"故知此文亦有名为《兰亭记》者，明何镗《古今游名山记》卷十下所收者即是其例。又《世说新语·企羡篇》刘孝标注引此文作《临河序》，全文仅 153 字，较唐人临摹本《兰亭序》（共 325 字）少 172 字。永和九年兰亭之会见《晋书》卷五〇、《王羲之传》，与会者除王外，尚有名流谢安、谢万等41 人，赋诗多首，而王文为之序。此序据传由王羲之亲笔书写，是我国历史上书法艺术登峰造极的作品，历来传说和考证甚多。但原书久佚，目前仅有唐人临摹本流传。著名的如欧阳询的《定武本》，民国六年（1917）有正书局影印的《兰亭集序》，即是此本（旧题《定武兰亭肥本》），又有清乾隆帝所集的《兰亭八柱帖》，1973 年上海书画社影印出版的《唐人摹兰亭墨迹三种》，即是《八柱帖》的一部分。其中第一种传为《冯承素摹本》,亦即历来所称的《神龙本》,论者以为与真迹最为接近,因而久负盛名。1964
年北京出版社汇集故宫博物院所藏历代临摹《兰亭序》的著名墨迹,影印出版《兰亭墨
迹汇编》,已经集其大成。各本中,"每览昔人"及"后之览者"二"览"字均书作"揽",
当是王避其祖上讳"王览"之故,则原书为王亲笔,尚有端倪可索。按兰亭其地,何代
始有,说法并不一致。清于敏中《浙程备览》兰亭条云:"或云兰亭非右军始,旧有兰亭
即亭堠之亭如邮铺相似,因右军禊会,名遂著于天下。"则兰亭先右军而有。至于兰亭
其址,据《诗序》仅知其在"会稽山阴",究在会稽山北何处,历来说法纷纭。《水经注》
卷四〇《浙江水注》云:"湖南有天柱山,湖口有亭,号曰兰亭,亦曰兰上里,太守王羲
之、谢安兄弟数往造焉。……太守王廙之,移亭在水中。晋司空何无忌之临郡也,起亭
于山椒,极高尽眺矣。亭宇虽坏,基陛尚存。"则兰亭在晋宋间已数经迁移。《寰宇记》
卷九六越州,引顾野王《舆地志》云:"山阴郭西有兰渚,渚有兰亭,王羲之所谓曲水之
胜境,制序于此。"宋叶廷珪《海录碎事》卷三地理下陂泽门兰渚条云:"山阴县西南二
十里有兰渚,渚有亭曰兰亭,羲之旧迹。"按叶,政和五年进士。则从南北朝以至北宋,
兰亭均在湖中。《嘉泰会稽志》卷九云:"兰渚山在县西南二十七里,王右军《修禊序》
云,此地有崇山峻岭,茂林修竹。"则《嘉泰志》以兰亭在兰渚山,因其时鉴湖湮废,兰渚
已不在湖中,南宋兰渚山实非南北朝兰渚,故《嘉泰志》兰亭与《舆地志》兰亭不是一
地。但吕祖谦《入越记》(《东莱吕太师文集》)云:"十里含晖桥亭,天章寺路口也,才
穿松径至寺,晋王羲之之兰亭。"则吕以天章寺为兰亭故址,兰亭故址又一变。《嘉庆
山阴县志》卷七云:"明嘉靖戊申,郡守沈启移兰亭曲水于天章寺前。"则沈启以天章寺
之说为是。《嘉庆志》又云:"康熙十二年,知府许宏勋重建;三十四年,奉敕重建,有御
书《兰亭序》,勒石于天章寺侧,上覆以亭;三十七年复御书兰亭二大字悬之,其前疏为
曲水,后为右军祠,密室回廊,清流碧沼,入门架以小桥,翠竹千竿,环绕左右。"说明今
兰亭系康熙年代在明嘉靖旧址重建。故兰亭其址,历史上已经一再迁移,今兰亭绝非
晋兰亭可以无疑。参见文征明《兰亭记》,张岱《古兰亭辨》,全祖望《宋兰亭石柱铭》
等文考录。撰者事迹除《晋书》本传外,并可参见清鲁一同撰《右军年谱》。

兰亭诗后序

晋孙绰撰。永和九年(353)撰。

此文系永和兰亭之会所咏诸诗之后序,见《兰亭诗序》考录。文收入于《会稽
掇英总集》卷三,《嘉泰会稽志》卷二〇,《全晋文》卷二六,《全晋诗》卷五等。绍
兴府及山阴、会稽二县历修府县志亦常见收入。撰者,字兴公,事迹附于《晋书》
卷六五《孙楚传》。

兰亭记

宋华镇撰。

此书已佚。《嘉泰会稽志》卷十王右军墨池、右军鹅池二条均引及《华镇记》。《康熙绍兴府志（王志）》卷八山川志五墨池及《乾隆绍兴府志》卷七二古迹志二兰亭均引《华镇记》云："山阴天章寺，即逸少修禊之地，有鹅池、墨池，引溪流相注，每朝廷有命，池墨必见，其将见，则池有浮沫大如斗，涣散满地，云舒霞卷如新石墨，下流水复清澈。皇祐中，三日连发，未几，太宗、真宗、仁宗三朝御书皆至。"按《嘉泰志》、《康熙志》、《乾隆志》引《华镇考古》甚多，而此处俱作《华镇记》，知非《考古》甚明。又《康熙志》、《乾隆志》所引相同而非《嘉泰志》所引者，说明康、乾二志并非从《嘉泰志》转引，则此书康、乾时犹得见。撰者事迹参见《会稽录》考录。

游兰亭诗序

元戴表元撰。至元元年（1335）撰。

此文收入于戴氏《剡源集》卷十。全祖望《宋兰亭石柱铭》云："至元甲午，东平王俣按越，以为是乃永和修禊之地，……遂修曲水故事，人探一韵，剡源戴氏为作《游兰亭序》者也。"全氏所指即此。撰者，字帅初，奉化人，咸淳进士，为至元、大德间东南名儒，《元史》卷一九〇有传。

兰亭记

明文征明撰。嘉靖二十七年（1548）撰。

此文收入于文氏《甫田集》卷十九，《万历绍兴府志》卷九古迹志一，《康熙绍兴府志（李志、俞志）》卷九古迹志一，《康熙山阴县志》卷六，《雍正山阴县志》卷六等。《康熙绍兴府志（张志、王志）》卷九古迹志一，《乾隆绍兴府志》卷七二古迹志二及吴高增《兰亭志》卷七艺文一等亦收入此文，但文题均作《重修兰亭记》。记略云："绍兴郡西南二十七里兰渚之上，兰亭在焉。郡守吴江沈侯省方出郊，得其故地于荒城榛莽中。"盖记郡守沈启重修兰亭事。按沈修兰亭即今兰亭，以后在康熙十二年、三十七年、乾隆十六年、嘉庆三年等均经重修，但亭址不变。撰者，初名璧，以字行，更字征仲，长洲人，《明史》卷二八七有传。

兰亭游览志　　4 卷

明张廷宰撰。

此书已佚,亦不见他书引用,说明流传甚稀,历来仅见《乾隆绍兴府志》卷七七著录。

兰亭

明袁宏道撰。

此文收入于《梨云馆类定袁中郎先生全集》卷四,又中国图书馆出版部民国二十四年(1935)出版《袁中郎游记》第 22 至 23 页收有《兰亭》及《兰亭记》两篇。张岱《跋寓山注二则》(《琅嬛文集》卷五)云:"古人记山水,太上郦道元,其次柳子厚,近时则袁中郎。"故袁氏游记,评价甚高。

古兰亭辨

明张岱撰。康熙十二年(1673)撰。

此文收入于张氏《琅嬛文集》卷三,文略云:"万历癸丑,余年十七,……今年又值癸丑。"则此文当撰于清康熙十二年,撰者时年七十七。其文又云:"坐天章寺方丈寻览古碑,始知旧日兰亭与天章寺,元末火焚,基地尽失,今所谓兰亭者,乃永乐二十七年,邵伯沈公择地建造,因其地有池,乃构亭其上,甃石为沟,引田水灌入,摹仿曲水流觞,尤为儿戏。"按张云"永乐二十七年",当是嘉靖二十七年之误。参见文征明《兰亭记》及全祖望《宋兰亭石柱铭》考录。

癸丑兰亭修禊檄

明张岱撰。康熙十二年(1673)撰。

此文收入于张氏《琅嬛文集》卷三。因王羲之等修禊兰亭在晋永和癸丑,此后每逢癸丑,越中仕宦常作兰亭之会。张氏亦甚重癸丑之年,参见《古兰亭辨》考录。撰者,字宗子,山阴人,《雍正浙江通志》卷一八〇人物六文苑三有传,又清章锡光《禹域贤达一勺》(《偁山文集》卷三)详述其行历。

重建兰亭序

清知府许弘勋撰。康熙十二年(1673)撰。

此文收入于《康熙绍兴府志(张志、王志、李志、俞志)》卷九古迹志卷一,吴高增《兰亭志》卷七艺文一。文记康熙十二年重修兰亭事。按康熙十二年于干支为癸丑。撰者事迹参见《康熙绍兴府志(许志)》考录。

重建兰亭碑记

清姜希辙撰。康熙十二年(1673)撰。

此文收入于《康熙绍兴府志(张志、王志、李志、俞志)》卷九,《康熙山阴县志》卷六,《乾隆绍兴府志》卷七二,《嘉庆山阴县志》卷二八等。文记康熙癸丑知府许弘勋重修兰亭事。按兰亭在康熙年代曾作较大修葺,今兰亭布局,实在康熙中作成。参见《兰亭诗序》考录。撰者,字二滨,余姚人,崇祯壬午举人,《清史稿》列传六十九及《越风诗人小传》有传。

重建兰亭记

清唐炌撰。康熙十二年(1673)撰。

此文收入于《雍正山阴县志》卷六古迹志。文记康熙癸丑知府许弘勋重修兰亭事。撰者唐炌,山阴人,曾任训导,《嘉庆山阴县志》卷十选举二,附仕籍。

宋兰亭石柱铭

清全祖望撰。

此文收入于全氏《鲒埼亭集》卷二四,《六陵劫余志》,《嘉庆山阴县志》卷二八艺文上等。文记兰亭古今沿革,略云:"是亭之迁徙多矣。《水经注》之所志,初在湖口,继移水中,已而移天柱山上,山在湖南,百年之中,三易其地。自刘宋至赵宋,其兴废不知又几度,顾不可考。若以天柱山之道按之,其去今亭三十里,而唐人兰亭联句诗已明言非故地,是则是石柱者,宋兰亭非古兰亭也。"全氏此文意尚在追念南宋六陵及冬青义士事,故文末云:"抑闻宋之初亡也,戊寅六陵之难,遗民鬼战,鸣咽流泉,护双经于竺国,在斯寺也。"(驿按,指天章寺)参见《冬青树引别玉潜序》考录。撰者,字绍衣,号谢山,鄞人,乾隆丙辰进士,《清史稿》列传二八八有传,并参见《鲒埼亭集》卷首董秉纯所编年谱。

兰亭志　　1 卷

清王复礼纂。康熙三十四年(1695)纂。

此书,《八千卷楼书目》卷八史部地理类及《清朝续文献通考》卷二六七经籍十一著录。康熙乙亥(1695)刊本,今存。《郑堂读书记补逸》云:"乙卯,驾幸浙江,毛奇龄以是志及《孤山志》呈进,传谕改正,定为今本,冠以御览。"毛氏《新纂兰亭、孤山二志序》(《西河合集·序》卷二七)言其始末。纂者,仁和人,字需人,号草堂。

兰亭志　　　11 卷　卷首 1 卷

清吴高增辑。

此书,乾隆十七年(1752)凝秀堂刊本,今存。此书卷三量程云:"辛未之春,高增奉郡伯檄,委绘越州各图景,并查名山胜迹,爰偕陆子辛厓,出常禧门登舟,……不觉身至兰亭矣。"故知此书之辑,事前曾经实地踏勘,值得推许。辑者,字敬斋,嘉兴人,乾隆间山阴县训导,《光绪余姚县志》卷二二名宦有传。

兰亭秋禊诗序

清吴高增撰。乾隆十三年(1718)撰。

此文收入于《乾隆兰亭志》卷十艺文四。序略云:"戊辰七月之六日,太守杜补堂先生集诸博士及弟子员,秋禊于兰亭。太守酒阑赋诗,诸赓和成帙,淹留竟日,月出而还,为一时韵事,高增辑而序之。"按杜补堂名甲,乾隆间绍兴知府。

兰亭秋禊诗序

清阮元撰。嘉庆二年(1797)撰。

此文收入于《定香亭笔谈》卷三及《绍兴史迹风土丛谈》第十三册。文略云:"丁巳至山阴,邀同人修禊兰亭,高旻萧爽,林泉共清,一时逸兴不减永和上巳,同人赋秋禊诗,奚铁生为之补图,余作记记之。"撰者阮元,字伯元,号云台,乾隆进士,《清史稿》列传一五一有传,撰此文时,任浙江巡抚。

与荆州太史约修兰亭旧约书

明陈鹤撰。

此文收入于《康熙绍兴府志(张志、李志、俞志)》卷九古迹志一。撰者,嘉靖举人,字鸣轩,一字九皋,号海樵生,山阴人,寓家金陵,《乾隆绍兴府志》卷六二人物志二十二及《越中历代画人传》卷上有传。

会稽山赞

晋郭璞撰。

此文收入于《嘉泰会稽志》卷二〇古诗文及《万历绍兴府志》卷四山川志一等。撰者,字景纯,闻喜人,曾注《山海经》等,为晋代著名地理学家,《晋书》卷七二有传。按会稽山为古来名山之一。《周礼》:"扬州之镇山曰会稽。"《山海经·南山经》:"会稽之山四方,其山多金玉,其下多砆石,勺水出焉。"《越绝书》卷八:"禹始也,忧民救水,到大越,上茅山,大会稽,爵有德,封有功,更名茅山曰会稽。"《吴越春秋》卷四:"周行天下,归还大越,登茅山,以朝四方,……遂更名茅山曰会稽之山。"《通典》卷四六:"秦并天下,令祠官所常奉名山川鬼神可得而序,于是崤以东名山大川祠,曰太室、恒山、泰山、会稽、湘山。"唐杜光廷《五镇海渎记》:"南镇会稽山永兴公在越州。"故知会稽山自战国时起即已闻名。但唐代以前,各书所言会稽山,往往不离神奇色彩。宋代学者,始把会稽山视作一片广阔山地,如叶枢《龙瑞观阳明洞天图经》(《玉简斋丛书》一集):"会稽山周围三百五十里。"又如方勺《泊宅编》上卷:"会稽山为东南巨镇,周围六十里。"今绍兴南部,曹娥江以西,浦阳江以东,兼及诸暨、嵊县、新昌之一部分,均为会稽山地。

会稽山志

明薛应旂撰。

此文收入于明何镗《古今游名山记》卷十下,明慎蒙《天下名山诸胜一览记》卷四。撰者,字仲举,武进人,嘉靖进士,曾主纂《嘉靖浙江通志》。《明史》卷二三一有传。

会稽山辨

明蒋平阶撰。

此文收入于《康熙会稽县志(王志)》卷三山川志及倪一桂辑《会稽志略》。《嘉庆山阴县志》卷三会稽山条引此文作蒋大鸿《辨会稽》。撰者,字大鸿,明末清初江南华亭人,《清史稿》列传二八八有传,并参见清陶及申撰《大鸿蒋先生》(《越中文献辑存书》卷六《筠厂文选》)。

祭告会稽山赋

清丁彦撰。康熙六年(1667)撰。

此文收入于《康熙绍兴府志(张志、李志、俞志)》卷一疆域志。按康熙六年,刑部侍郎王清,奉命祭告会稽山,故有是文。撰者为原任部郎。

会稽山赋

清胡浚撰注。

此书,乾隆五十四年(1789)绿萝书屋藏版,今存。卷首有序,略云:"王龟龄《会稽风俗赋》所载仅曰巨者南镇,是为会稽而已。其石帆、石伞、石箦、香炉、天柱、玉笥、五云、宛委、秦望,又各厘为别峰,未云洞鉴,不足以尽山,……"故撰者为此赋。撰者,字希张,号竹岩,会稽人,康熙庚子举人,《全浙诗话》卷四五及《龙山诗巢志略》卷三有传。

会稽山采植物记

鲁迅撰。

此文撰于宣统二、三年间(1910 年至 1911 年),发表于绍兴《越社社刊》,原题周建人撰,但实为鲁迅所撰。周建人《绍兴光复前鲁迅的一小段事情》(《人民文学》1963年 7、8 月合刊)述及。又周建人《鲁迅与自然科学》(《回忆鲁迅》第五十页)提及:"在绍兴,鲁迅继续做采制植物标本的工作。有一次,他约我一起,出城六七里,到大禹陵后面的会稽山采集。有一次,先在一座小山上采了两种植物,后来又攀上陡峭的山岩,采到一株叫'一叶兰'的稀见植物。"此文即记采集经过。撰者,原名周树人,字豫才,浙江绍兴人,中国现代文学家、思想家和革命家。1881 年诞生,1936 年逝世。著作甚多,有《鲁迅全集》、《鲁迅译文集》、《鲁迅书信集》等。今北京、上海、广州、绍兴等地均建有"鲁迅纪念馆"。

太平山铭

晋孙绰撰。

此文收入于《嘉泰会稽志》卷二〇古诗文及《雍正浙江通志》卷十五山川七等。按太平山,据《嘉泰会稽志》卷九云:"在县东南七十八里,晋谢敷隐居山中十余年,以母老还若邪。"《雍正浙江通志》卷十五云:"谨按,太平山有三,一在会稽,一在余姚,一在上虞,上虞之山一名伞山,惟余姚之山最著,谢敷所隐属会稽或上虞未详,今系于此,从旧志也。"

石箦山记

晋贺循撰。

此书已佚。王庸《中国地理学史》第 147 页云:"贺循有《石箦山记》,《御览》引。"按《御览》卷四七引及石箦云:"石箦其形似箦,在宛委山上。"《寰宇记》卷九六所引与《御览》同,惟石箦作石匮。查此文实从贺循《会稽记》所出,不知王庸所见何本?亦不知其是否将《会稽记》所引石箦之文误书作《石箦山记》。据《嘉泰会稽志》卷九:"石匮山在县东南一十五里,《旧经》云:山形如匮,禹治水毕,藏书于此。"撰者事迹参见《会稽记》考录。

刻石山赞

晋王彪之撰。

此文已佚。《嘉泰会稽志》卷九会稽山条引及。《嘉泰志》云："刻石山在县西南七十里，一名鹅鼻山，白诸暨入会稽，此山为最高。"撰者，字叔武，晋会稽内史，《晋书》七六有传。

修禊云门献之山亭序

唐王勃撰。永淳元年（682）撰。

此文收入于《王勃全集笺注》卷六，《会稽掇英总集》卷二〇，《古今图书集成·职方典》卷九九四，《康熙绍兴府志（张志、王志、李志、俞志）》卷九，《康熙会稽县志（吕志、王志）》卷三，《雍正浙江通志》卷四五，《道光会稽县志稿》卷十六等，并节录于《名胜志》浙江卷四。《嘉泰会稽志》卷十三园池王子敬山亭条云："在云门，唐永淳元年，王勃尝修禊于此亭，今显圣寺后有子敬笔仓，疑距其地不远也。"但《雍正浙江通志》卷四五古迹七王子敬山亭条云："唐永淳二年春，王勃修禊于此。"未悉《雍正志》所据为何。撰者，字子安，初唐四杰之一，《旧唐书》卷一九〇上、《新唐书》卷二〇下有传。

越州秋日宴山亭序

唐王勃撰。

此文收入于《王勃全集笺注》卷六，《文苑英华》卷七〇八及《雍正浙江通志》卷二二六三艺文五等。山亭当指王子敬山亭，按勃曾于永淳元年春修禊于王子敬山亭，故疑同年秋再往而撰此文，参见《修禊云门献之山亭序》考录。

石伞峰铭

唐顾况撰。

此文收入于《万历绍兴府志》卷六山川志三，《康熙绍兴府志（王志）》卷六山川志三，《康熙绍兴府志》卷六，《乾隆绍兴府志》卷三地理志三，《嘉庆山阴县志》卷二八艺文志上等。《嘉泰会稽志》卷十一亦引及此文。按石伞峰据《万历府志》卷六云："会稽山之别峰，下有范蠡养龟池。"撰者，字逋翁，海盐人，至德二年进士，《旧唐书》卷一三〇有传，《光绪嘉兴府志》卷五六亦载其行迹。

会稽虚上石帆山灵泉北坞记

唐权德舆撰。贞元三年（787）撰。

此文收入于《文苑英华》卷八二七。文略云："前代隐士多游践于兹,自东晋而下,谢敷、王子敬、支遁、白道猷、洪偃皆有遗迹留于岩中。"按《水经·浙江水注》:"北则石帆山,山东北有孤石高二十余丈,广八丈,望之如帆,因以为名。"撰者,字载之,天水略阳人,《新唐书》卷一六五有传。

法华山碑

宋陆参撰。咸平(998—1003)间撰。

此碑已不存,文收入于《嘉泰会稽志》卷九,《康熙会稽县志(王志)》卷三山川志,《嘉庆山阴县志》卷三、会稽山条亦从明蒋大鸿《辨会稽》引及此碑。《嘉泰志》云:"咸平中,陆参撰《法华山碑》云,夏后氏巡狩越山,方名会稽,后世分而为秦望,厘为云门、法华,其实一山。"《明一统志》卷四五绍兴府山川法华山条云:"在府城南二十五里,山有十峰,其下有双涧。"按法华山实为会稽山诸峰之一,参见《天衣十峰咏》考录。撰者,字公佐,吴郡人。

官山岙界碑

宋嘉祐二年(1057)立。

此碑已亡,原存谢墅官山岙圣母寺侧,碑文已残缺,但当地水陆地形,仍能借残文窥其全豹。残文收入于《越中金石记》卷二及《绍兴县志资料》第一辑第三册,又《越中金石目》卷上及清罗振玉《再续寰宇碑访录》卷下存目。沈复粲《越中金石录》存目,但作《山阴官山岙遗字》。按官山岙在香炉峰以西、朱华山以东之会稽山中。

天衣十峰咏并序

宋仲休撰,钱易作序。

此文已佚。《宋诗纪事》卷九一云:"仲休,一作仲林,越僧,李文靖公以名士上,赐号海慧大师。有《天衣十峰咏》,钱易为之序。"按钱易,宋初人,则仲休当亦为此时人。《雍正浙江通志》卷二〇〇仙释,引《於越新编》云:"越州人,精习天台教,而禅寂不接人事。得紫衣海慧之号,间作诗,有《天衣十峰咏》。"按《嘉泰会稽志》卷七:"天衣寺在县南三十里,……寺有十峰堂,以山之十峰为堂名。"又卷九法华山条云:"法华山在县西南二十五里,《旧经》云:义熙十三年,僧昙翼诵《法华经》,感普贤应现,因置寺,今为天衣禅院。山有十峰,咸平中,裴使君庄各命以名:一法华,二衣盂,三积翠,四朝阳,五云门,六倚秦,七天女,八猿啸,九起猿,十月岭。"《嘉庆山阴县志》卷三所载,二作衣钵,八作啸猿,余与《嘉泰志》同。王十朋《游天衣诗序》云:"朝阳、法华二峰,尤苍然崒绝于其中。"则十峰之小,以此二峰为最。撰者仲休,《嘉泰会稽志》卷十五有传。作序者钱易,字希白,咸平二年进士,事迹见《宋史》卷三一七《钱惟演传》。

游天衣诗序

宋王十朋撰。绍兴二十八年(1158)撰。

此文收入于《梅溪集》卷十二,《古今天下名山胜概记》卷十七,《古今游名山记》卷十下,《雍正浙江通志》卷二六三艺文五,《绍兴史迹风土丛谈》第二十一册等。文略云:"绍兴戊寅冬十有一月己卯日南至后二日,游天衣者八人,皆前进士宦游于越者。"按《嘉泰会稽志》卷七:"大衣寺在县南三十里。"参见仲休《天衣十峰咏并序》考录。撰者事迹参见《会稽三赋》考录。

东山记

宋王性之撰。

此文收入于明慎蒙《天下名山诸胜一览记》卷四,《嘉泰会稽志》卷九东山条亦引及此书。《嘉泰志》云:"《旧经》云东山在县西北三十里,非也,东山因太傅而名者三,一在临安山中;……一在金陵,……二山虽太傅平生之所游历,非故居之东山也,惟始宁东山,乃其故居。……王性之著《东山记》,言东山之在会稽,其证有七。"按东山所在,历来纷纭,《类编古今事林群书一览》卷二浙东路绍兴府云:"东山,谢安游所。"清王锡麒《方舆诸山考》卷十一云门山条云:"绍兴府南三十里,亦谓之东山。"撰者名铚,汝阴人,寓居剡中,《雍正浙江通志》卷一九五寓贤下有传。

龙瑞宫记

唐贺知章撰。开元二年(714)撰。

此文,《嘉泰会稽志》卷十六作《龙瑞宫记》,《宝庆会稽续志》卷三及《绍兴县志资料》第一辑第三册均作《龙瑞宫山界至记》,杜春生《越中金石记》卷一作《龙瑞宫界至记》。除上述各书收入此文外,《雍正浙江通志》卷二五七碑碣三,《乾隆绍兴府志》卷七六金石志二,《两浙金石志》卷二,《越中金石录》,《於越碑访录》等均存目。《嘉泰志》卷十六碑刻云:"贺知章撰并正书,刻于宫后葛仙公炼丹井侧飞来石上,漫灭,宫内有重刻本。"但《宝庆会稽续志》卷三云:"按宫有石刻《龙瑞宫山界至记》,不知何人所记,乃贺知章书。"则撰人是否贺知章,尚有可疑。按《嘉泰志》卷七:"龙瑞宫在县东南二十五里,有禹穴及阳明洞天。"撰者,会稽永兴人,历官太常博士、太子侍读等,晚年归养山阴,赐鉴湖一曲,《旧唐书》卷一九○中及《新唐书》卷一九六有传。

会稽洞记　　1 卷

唐贺知章撰。

此书已佚。《通志艺文略》,《国史经籍志》卷三,《雍正浙江通志》卷二五三等著录。《遂初堂书目》地理类著录有《会稽洞天记》一书,不著撰者姓氏,疑即此书。

阳明洞天投龙简题记

宋天禧四年(1020)刻。

此碑原在会稽宛委山飞来石摩崖。文收入于《越中金石记》卷二及《绍兴县志资料》第一辑第三册,《越中金石目》卷上,《再续寰宇碑访录》卷下存目。《嘉泰会稽志》卷十一云:"阳明洞天在宛委山龙瑞宫,《旧经》云:三十六洞天之一洞也,一名极玄太元之天,唐观察使元稹以春分日投金简于此。"

阳明洞射的潭投龙简题记

宋天禧四年(1020)刻。

此碑原在会稽宛委山飞来石摩崖。文收入于《越中金石记》卷二及《绍兴县志资料》第一辑第三册,《越中金石目》卷上,《再续寰宇碑访录》卷下存目。《嘉泰会稽志》卷十云:"射的潭在县南仙人石室下。潭深叵测。"

阳明洞天游记

清宗稷辰撰。咸丰七年(1857)撰。

此文收入于宗氏《躬耻斋文抄》卷十一。参见《阳明洞天投龙简题记》考录。撰者,字涤楼,山阴人,道光元年举人,《清史稿》列传二一〇有传。又《光绪余姚县志》卷二四寓贤及平步青《樵隐昔寱》卷十有传。

阳明洞

清张钜撰。

此文收入于《绍兴史迹风土丛谈》第二十三册,《丛谈》系从张氏《半窝日记》抄录。参见《阳明洞天投龙简题记》考录。撰者张钜,字心白,光绪三十一年(1905)为其《半窝日记》所作自记去:"吾家居会稽县北乡永乐村,距城二十余里,在稽山镜水之间,门前小港,地名半窝,"张氏作此日记时,年已八十五。

梅花易洞记

明徐一夔撰。

此文收入于《乾隆绍兴府志》卷七二古迹志二。《嘉庆山阴县志》卷七古迹云："梅花易洞,胡龙臣居越王山下,植梅数百株,因名其处。"撰者,字大章,元末明初天台人,《明史》卷二八五有传,又朱彝尊《曝书亭集》卷六四,记其行迹。

葛仙人洞记

清全祖望撰。

此文收入于全氏《鲒埼亭集外编》卷二二,《嘉庆山阴县志》卷二八艺文上等。《雍正浙江通志》卷十五山川七引《霏雪录》云："在山阴县西北六十里越栖峰下,乃宋九江葛秋岩庆龙游息之所,王君理得函骨于石洞,至今号葛仙洞。"

游云门若耶溪诗序

元戴表元撰。至元元年(1335)撰。

此文收入于戴氏《剡源集》卷十。《越绝书》卷十一云："若耶之溪,涸而出铜。"又卷八云："若耶大冢者,句践所徙葬先君夫镡冢也,去县二十五里。"唐杜光庭《七十二福地记》(《古今游名山记》总录类考)云："若耶溪在越州南樵风泾。"《嘉泰会稽志》卷十云："若耶溪在县南二十五里,北流与镜湖合。"

云门集

元允若辑,黄溍序。至正十年(1350)辑。

此书,《雍正浙江通志》卷二五三经籍十三著录,书未见。平步青《霞外攟屑》卷二四尚引及此书,说明清末犹在。《四库提要》卷七六史部三十二地理类存目云："云门山在会稽城南,元至正十年,相里允若作《云门集》,黄溍序之。"《读史方舆纪要》卷九二绍兴府云门山条云："府南三十里,亦谓之东山,齐永明中,何充去国子祭酒,还东山隐居教授;梁天监四年,选学生往云门,从充受业是也。"辑者允若,元释,绍兴人,字季蘅,号浮休,又号若耶,泰定间曾在云门居住,序者黄溍,字晋卿,义乌人,延祐二年进士,《元史》卷一八一及《康熙金华府志》卷十六有传。

游云门记

明刘基撰。

此文收入于《诚意伯文集》卷五,《古今游名山记》卷十下及《绍兴史迹风土丛谈》

第八册等。云门山在郡城南三十里,参见《云门集》考录。按《诚意伯文集》卷首,明洪武癸亥黄伯生所撰刘氏《行状》云:"羁管公于绍兴,……公在绍兴,放浪山水,以诗文自娱,时与好事者游云门诸山,皆有记。"则此记当在元末刘被羁管时所撰。刘基,字伯温,青田人,《明史》卷一二八有传,并参见刘耀东撰《刘文成公年谱》。

游云门五记　　1卷

明朱右撰。

此书,《台州经籍志》著录,书不见。撰者,字伯贤,临海人。洪武中任萧山县教谕,《明史》卷二八五,朱彝尊《曝书亭集》卷六二及《康熙临海县志》卷九均有传。

云门志略　　5卷

明张元忭辑。

此书,《千顷堂书目》卷八史部地理类下,《脉望馆书目》月字号史类八地志,《澹生堂书目》卷五山川类,《续通志》卷一五九艺文略四,《也是园书目》卷三史部地理志郡邑杂志,《振绮堂书目》卷三史类地志,《虞山钱遵王书目》卷三郡邑杂志,《八千卷楼书目》卷八史部地理类,《四库采进书目·两淮商人马家裕呈送书目》等均有著录,说明流传较广。《四库提要》卷七六史部三十二地理类存目五云:"元至正十年,相里允若作《云门集》,黄溍序之,元忭以其未备,补辑是编,以山川、古迹、名贤为一卷,而余四卷皆艺文,又末大于本矣。"此书各家著录均作五卷,而明刊本五卷今亦存,但《上海图书馆善本目录》卷二山川之属作四卷。辑者事迹参见《万历绍兴府志》考录。

游云门记　　1卷

明黄汝亨撰。

此书,《千顷堂书目》卷七史部地理类,《雍正浙江通志》卷二五三经籍三等著录。全文不见,仅见《雍正浙江通志》卷三六及《乾隆绍兴府志》卷八节录。撰者,仁和人,万历戊戌进士,《雍正浙江通志》卷一七八人物六文苑一有传。

游陶山记

宋邓牧撰。

此文收入于邓氏《伯牙琴续补》,有光绪乙未嘉惠堂丁氏刊本及知不足斋等本。按陶山即陶宴岭,《嘉泰会稽志》卷九云:"陶宴岭在县东南四十四里,《旧经》云,陶弘景隐于此,山有巨石,高数丈,昔为任公钓矶。"撰者,字牧心,号三教外人,宋末元初钱塘人,《雍正浙江通志》卷一九八有传,《宋诗纪事》卷八十一云:"与谢翱友善,岁丙申,至山阴,王脩竹延至陶山书院。"按丙申为端平三年(1236),则邓在绍兴所撰各文均在此时。

自陶山游云门记

宋邓牧撰。

此文收入于邓氏《伯牙琴续补》。知不足斋本按云:"右游记二首(驿按,另一首即《游陶山记》),据吴石仓先生《武林耆旧集》补,吴盖抄自《云门集》,按第一首'是日'二字,似陶山前尚有记;第二首末'胡君云',亦似未完。"据此,由此二文均系抄补而来,其中可能有残缺。

登秦望山记

明董玘撰。

此文收入于董氏《中峰集》附录一,《古今游名山记》卷十下,《万历绍兴府志》卷四,《康熙绍兴府志(俞志)》卷四,《康熙会稽县志(吕志、王志)》卷三等。《水经注》卷四十、《浙江水注》:"又有秦望山,在州城正南,陟境便见,《史记》云,秦始皇登之以望南海,自平地以取山顶七里,悬隥孤危,径路险绝,记云,扳萝扪葛,然后能升,山上无甚高木,当由地迥多风所致。"《嘉泰会稽志》卷九:"秦望山在县东南四十里。"撰者董玘,据《会稽董氏名人录》,原名元,字文玉,号中峰,弘治乙丑进士,曾官翰林院编修,《道光会稽县志稿》卷十七有传。

游秦望山记

明张元忭撰。万历二年(1574)撰。

此文收入于《康熙会稽县志(吕志、王志)》卷三,《雍正浙江通志》卷二六二、艺文四,《乾隆绍兴府志》卷三等。文记万历甲戌登秦望山之游,历来记秦望山胜迹者,当以此文为详。参见董玘《登秦望山记》考录。

南山十五胜记

明董玘撰。

此文收入于董氏《中峰集》卷五。记略云:"浙多名山,在越者尤雄绝天下,故越之山於浙为胜,环越治千里,山皆秀拔,然众奇攒蹙,无与南山者竞,故南山在越为尤胜,南山距越城三舍许。"按《越绝书》卷八:"无余初封大越,都秦余望南,千有余岁而至句

践,句践徙治山北。"又《吴越春秋》卷四:"春秋而祭禹于越,立宗庙于南山之上。"故知
南山在古代为会稽山南部诸山之统称,即《越绝书》所谓"秦余望南"也。"距越城三舍
许",则其位置当在今绍兴与诸暨、嵊县交界一带。

游朱华峰记

清贾树诚撰。道光二十八年(1848)撰。

此文收入于《贾比部集》卷二。记略云:"余家距秦望山不二十里,朱华在秦望之
西不十里,郡志载,朱华凌虚秀耸,东折为陈家岭,迤逦隐现,而郡城卧龙山实胚胎于
此,是亦吾越之望也。今春予与友人张型剑川,假馆陈家岭之罗氏,去山益近,乃命馆
人前导,相与往游焉。"按《嘉庆山阴县志》卷三:"朱华山在府城南二十里,郡城龙脉祖
鹅鼻而宗朱华,朱华之脉,北委于陈家岭、茅阳、方前,以及张家山、应家山,又起琶、亭
诸山,迢递入城。"撰者,会稽人,字雪持,号琴岩,清陈锦撰有《贾琴岩比部传》(《勤余
文牍》卷六),详记其生平。

香炉峰纪游　　1 卷

清朱绶撰。

此文收入于光绪铅印本《小方壶斋舆地丛钞》第四帙。《东方文化研究所汉籍分
类目录》史部十一地理类,威廉·施坚雅《浙江宁绍地区地方志目录》等著录。其文略
云:"出偏门五里而近有香炉峰焉,盖与秦望诸峰毗连而独秀拔之者。"《嘉庆山阴县
志》卷三云:"香炉峰西为山阴,东为会稽,自九里、马家埠而上,溪壑幽邃。"驿按,香炉
峰出稽山门计程十里,出偏门则超过十五里,而朱云"出偏门五里",古代有一类文人,
游山玩水,茫然不计里程,事后随心所臆,信笔纪游,此其例。撰者,仁和人。

游茅岘记

清黄寿衮撰。光绪十六年(1890)撰。

此文收入于光绪刊本《莫宦草》,今存。又收入于《绍兴史迹风土丛谈》第十八册。
《嘉泰会稽志》卷九云:"茅岘在县东南一十五里,茅君隐于此,一名玉笥,出美玉,其形
如笥,山阳一峰,状如香炉,又谓之香炉峰。"参见《香炉峰纪游》考录。撰者事迹参见
《陡亹八咏诗叙》考录。

日铸岭射的峰

清张钜撰。

　　此文收入于张氏《半窝日记》,收辑于《绍兴史迹风土丛谈》第二十三册。按《水经注》卷四〇《浙江水注》:"又有射的山,远望山的,状若射侯,故谓射的。射的之西有石室,名之为射堂,年登否,常占射的,以为贵贱之准,的明则米贱,的阇则米贵,故谚云:射的白,斛米百;射的玄,斛米千。"《嘉泰会稽志》卷九云:"射的山在县南一十五里。"但《嘉泰志》卷九又云:"日铸岭在县南五十五里。"则二山相去甚远。

游小隐山叙

　　宋钱公辅撰。皇祐三年(1051)撰。

　　此碑已不存,文收入于《会稽掇英总集》卷二〇,《古今图书集成·职方典》卷九九四,《越中金石记》卷二,《绍兴县志资料》第一辑第二册等。《两浙金石志》卷五及《再续寰宇碑访录》卷下存目,但后者作《游小隐山记》。《嘉泰会稽志》卷十三小隐山条云:"皇祐中,太守杨纮始与宾从往游,……而通判军州事钱公辅又为刻石记之。"即为此文。按历来记小隐山,首见于《水经注》卷四〇《浙江水注》:"县南九里有侯山,孤立长湖中。"《嘉泰会稽志》卷十三云:"小隐山园在郡城西南镜湖中,四面皆水,旧名侯山。"故知郦注所记即小隐山。《明一统志》卷四五绍兴府古迹小隐园条云:"中有胜奕、忘归、翠麓三亭及撷芳径、扪萝磴、百花顶,山之外有鉴中、倒影二亭,刻石记之,岁久沦于湖矣。"《嘉庆山阴县志》卷二七碑刻云:"宋知府杨纮有《游小隐山叙》,石刻在小隐山上,凡十三行,共四百四字,剥蚀模糊,细读之尚可辨,其不可识者七字,近似者十字。首行,游小隐山叙五字,文曰:越城西南有所谓王氏山园者,……因命通判军州事钱公辅书以镌诸石。"据此,则文又疑杨纮所撰,钱公辅所书。《嘉庆志》在文末云:"此叙,府志未采,《嘉泰志》但云刻石记之,未载原文,今志刻金石卷已竣,续访得此,用附卷末。"《嘉庆志》所谓"续访",未悉是访得《会稽掇英总集》而转抄之,抑是访得原碑而记载之。若是后者,则此碑嘉庆时犹在。撰者,字君倚,常州武进人,皇祐三年任越州通判,后知明州,《宋史》卷三二一有传。

小隐山记

　　宋知府沈作宾撰。庆元五年(1199)撰。

　　此碑已不存,文收入于《越中金石记》卷四及《绍兴县志资料》第一辑第三册,后者作《小隐山题记》。《越中金石录》及《於越碑访录》存目。此外,全文又收入于平步青《宋沈北邨尚书小隐山志石刻跋尾》(《樵隐昔寱》卷十二),题作《小隐山志》。撰者事迹参见《嘉泰会稽志》考录。

柯山记

明黄猷吉撰。

此书不见。《雍正浙江通志》卷四五古迹七览胜亭条引及，又节录于《乾隆绍兴府志》卷七二古迹志二。按柯山在府城西北柯桥西三里，《嘉泰会稽志》卷九："柯山在县西三十一里。"撰者，山阴人，字仕贞，隆庆戊辰进士，《嘉庆山阴县志》卷十八艺术释老有传。

柯山小志   3 卷

清周铭鼎纂。咸丰五年（1855）纂。

此书威廉·施坚雅《浙江宁绍地区地方志目录》著录。原刊本不见，收入于宣统二年（1910）绍兴公报社铅印《越中文献辑存书》第一辑，又收入于《绍兴县志资料》第一辑。纂者，字梅隐，山阴人。洪焕椿《浙江地方志考录》第 321 页录入此书作"清山阴梅隐周纂"，有讹。

柯山八景传并小记

清周铭鼎撰。

此文收入于《柯山小志》卷中。《雍正浙江通志》卷十五山川七云："柯山在县西南三十里，山皆石，其下有水曰柯水，有石佛高十余丈。"《嘉庆山阴县志》卷三柯山条云："蔡邕经会稽高迁亭，见屋椽竹可以为笛，取用之有异声。伏滔《长笛赋》云：柯亭之观，以竹为椽，邕取为笛，其声独绝，柯山得名以此。"按柯亭在柯桥镇，柯山在柯桥镇西三里。

柯山八景记

清张汉撰

此文收入于《柯山小志》卷中。柯山八景为：东山春望，炉柱晴烟，七岩观鱼，清潭看竹，石室烹泉，南洋秋泛，五桥步月，棋枰残雪。撰者事迹无考。

题柯山石壁

清朱彝尊撰。顺治十二年（1655）撰。

此文收入于朱氏《曝书亭集》卷六八及《柯山小志》卷上。撰者，字锡鬯，号竹垞，秀水人，康熙时召试博学鸿词，授检讨，《清史稿》列传二七〇有传。

柯西石宕记

清胡天游撰。

　　此文收入于胡氏《石笥山房文集》卷二及《柯山小志》卷上。文略云："宕也者，水之垫于石者也。工人入山斤石市之，石尽而泓然者也，越宕以观擅称，其东山曰吼，曰鸟门，其西曰柯。"案胡所云越宕三处，其中吼山见袁宏道《吼山记》考录；鸟门山即若贲山，《嘉泰会稽志》卷九云："若贲山在县东十二里，《旧经》云：秦皇东游于此供刍草，俗呼绕门山"；柯山，见《柯山小志》等考录。撰者，字雅威，山阴人，雍正十三年诏举博学鸿词科，《清史稿》列传二七一及《乾隆绍兴府志》卷五四人物十四有传。

游柯山记

　　清吴高增撰。

　　此文威廉·施坚雅《浙江宁绍地区地方志目录》著录。收入于光绪铅印本《小方壶斋舆地丛钞》第四帙。按《乾隆兰亭志》卷三量程云："辛未之春，高增奉郡伯檄，委绘越州各景图，并查名山胜迹。爰偕陆子辛厓出常禧门登舟……"故越州名山胜迹，撰者均经亲身查访，柯山当是其中之一。既然查访在乾隆辛未（1751），则撰文当亦在此时。据《兰亭志》，吴撰各文均应有陆辛厓所绘图，但未见。

游柯岩赋并叙

　　清黄寿衮撰。光绪十六年（1890）撰。

　　此文收入于光绪刊本黄氏《莫宦草》，今存。按柯岩即柯山，柯山以岩宕胜，故亦称柯岩，又称七星岩，张汉《柯山八景记》考录中之七岩观鱼，即此。

柯山石佛

　　不著撰人姓氏。

　　此文收入于《绍兴史迹风土丛谈》第四册，同书第十册又收入一次。按《嘉庆山阴县志》卷三："柯山在山阴县西南三十五里，……东有石佛高十余丈。"

柯山游记

　　清俞蛟撰。

　　此文为撰者《游踪选胜》中之一篇，收入于《小方壶斋舆地丛钞》第五帙第三册。

萝庵游赏小志

　　清李慈铭撰。

　　此书，上海图书馆藏有稿本，系《越缦堂所著书》之一种，又有番禺沈氏晨风阁校刊本。卷首有莼老自序略云："柯山下俯鉴湖,湖之南有山突起,高与柯等,而土沃多桃李,广长俱不及半里,……有僧寺临其上,则萝庵在焉。"《柯山小志》卷中胜览萝庵条云："在湖南山上,柯山古岸禅师建,萝庵二宁匾额为沈公述所书,庵中有如意阁、静心楼、云半间、黄叶山房诸胜。"但全书所记除游柯山萝庵外,尚有游吼山、烟萝洞、漓渚、州山吴氏园、兰亭、平水显圣寺、禹庙、九里山、湖塘越王峥等,并有游杭州西湖数则,均系从李氏《越缦堂日记》中辑出者。

吼山记

明袁宏道撰。

此文收入于《康熙会稽县志(吕志、王志)》卷三山川志上,《乾隆绍兴府志》卷三地理志三等。《绍兴史迹风土丛谈》第二十一册及中国图书馆出版部民国二十四年(1935 年版)《袁中郎游记》第 24 页亦收入此文,但题均作《吼山》。《梨云馆类定袁中郎先生全集》未收此文。按吼山即犬山,在郡城东三十里,《越绝书》卷八云:"犬山者,句践罢吴畜犬猎南山白鹿。"撰者,字中郎,公安人,万历进士,《明史》卷二八八有传。

曹山杂录

明陶士锦撰。

此文已佚。《会稽陶氏族谱》卷二四艺文志著录。曹山即吼山。撰者,字改岩,明末会稽人。

曹山记

清潘谘撰。

此文收入于潘氏《林皋间集》古文卷四及《潘少白先生集》卷六。文略云:"予家南三里有曹山,远望如卧犬,……俗谓之吼山。"历来记曹山(吼山)诸文,当以潘氏此文为最详悉。撰者,原名梓,字海叔,一字少白,号南野翁,乾、嘉间会稽诸生,《樵隐昔瀼》卷九及《越风诗人小传》有传。

游吼山记 1 卷

清吴高增撰。

此文收入于光绪二十年铅印本《小方壶斋舆地丛钞》第四帙。《东方文化研究所汉籍分类目录》史部十一地理类,威廉·施坚雅《浙江宁绍地区地方志目录》等著录。按吼山亦作犰山、曹山、犬山、犬亭山等,参见袁宏道《吼山记》等文考录。《嘉泰会稽志》卷九云：“犬亭山在县东南三十里，《旧经》云：越王畜犬猎南山白鹿，即此。”又据《乾隆兰亭志》卷三：“辛未之春，高增奉郡伯檄委绘越州各景图，并查名山胜迹。”故此文当撰于乾隆辛未（1751）。

游吼山记　　1 卷

清李宗昉撰。

此文收入于光绪铅印本《小方壶斋舆地丛钞》第四帙。《东方文化研究所汉籍分类目录》史部、十一地理类，威廉·施坚雅《浙江宁绍地区地方志目录》等著录。文记郡城至吼山里程甚详，略云：“会稽东十里为尧门山，又东十里至舞阳桥，易小舟南行一里为舞阳庙，又南依山麓成村落者数十家。”其游在丁丑，当为嘉庆二十二年（1817），则此文亦当撰于此时。撰者，字静远，号芝龄，山阳人，嘉庆七年进士，《清史稿》列传一六二及《光绪淮安府志》卷二十七有传。

游吼山记　　1 卷

不著撰人姓氏。

此文收入于光绪铅印本《小方壶斋舆地丛钞》再补编第四帙。《东方文化研究所汉籍分类目录》史部、十一地理类，威廉·施坚雅《浙江宁绍地区地方志目录》等著录。记略云：“绍兴山水秀绝寰区，……余居此凡一月，登府山，游兰亭，谒禹陵，服古人言语摹仿真切不诬也，有称吼山之胜者，余乘舟往。”据此，则撰者非越人。

吼山

清张钜撰。

此文收入于张氏《半窝日记》，收辑于《绍兴史迹风土丛谈》第二十三册。

岩里游记

清俞蛟撰。

此文收入于光绪铅印本《小方壶斋舆地丛钞》第五帙第三册，为撰者所作《游踪选胜》中之一篇。文略云：“吾乡出五云门，由皋埠陆行二十里，地名岩里，凡生长山阴者未至或知焉。……戊子秋，许子兰谷、言子孝思及余皆竹杖芒鞋而往。”按岩里详址今不悉，计程当在吼山一带。游期在戊子，可能是道光八年（1828）。撰者，山阴人，生平不详。

笠山赋

清胡天游撰。

此文收入于胡氏《石笥山房文集》卷一。按全祖望《笠山图记》(《鲒埼亭集外编》卷二二),笠山在山阴临浦,参见全氏该文考录。

羊石山题壁

清朱彝尊撰。康熙三十五年(1696)撰。

此文收入于朱氏《曝书亭集》卷六八。按《嘉泰会稽志》卷九:"羊石山在县西三十六里,有石如羊。"《雍正浙江通志》卷十五山川七作:"县西北三十六里。"当以《雍正志》为是。

羊山石壁铭

清宗稷辰撰。

此文不见。据民国二年(1913)苏州铅印本宗氏《躬耻斋文抄》目录,此文在《文抄》卷十二,但《文抄》卷十二漏列此文。撰者事迹参见《阳明洞天游记》考录。

小蓬莱记(有诗)

元杨维桢撰。

此丈收入于杨氏《东维子集》卷二〇。按小蓬莱,山名。徐一夔《听鹤轩记》云:"越城之阴有山,曰小蓬莱。"傅怀祖《忆游驼峰山记》云:"城北枕大海,少冈阜,惟马鞍之驼峰特名。自趾至顶八、九里,广二十余里,捍潮塘未筑以前,马鞍三十六村胥洪涛,此山矗立海中,又名小蓬莱云。"撰者,山阴人,字廉夫,号铁崖,泰定四年进士,《明史》卷二八五,《全浙诗话》卷二四有传。

忆游驼峰山记

清傅怀祖撰。

此文收入于傅氏《灌园未定稿》卷下。记略云:"吾城南岩嶂层叠,远近名山以百数,所谓行山阴道上,应接不暇者也。城北扼大海,少冈阜,惟马鞍之驼峰特名,自此至顶八、九里,广二十余里,捍潮塘未筑以前,马鞍三十六村胥洪涛,此山矗立海中,又名小蓬莱云。"文末云:"道光之季,与族兄两人,许氏昆仲可范、一山,春秋佳日数往游焉。"则此文之撰,当在道光间。撰者,山阴人,号灌园,世居三江城,距马鞍不远。

会稽县偶山志　2 卷

清章钥纂。乾隆二十三年（1758）纂。

此书，稿成未刊。手稿本今存浙江图书馆。杭州大学图书馆藏有传抄本，题清章
世法辑，章钥编。按偶山即称山，《嘉泰会稽志》卷九云："称山在县东北六十里，《旧
经》云：越王句践称炭铸剑于此。"纂者，会稽道墟人，生平不详。

苞山记

清知县王风采撰。

此文收入于《乾隆绍兴府志》卷三地理志三,《苞山徐氏宗谱》及《绍兴县志资料》
第一辑第十一册。按苞山一名保驾山，在府城东七十里。撰者，字汝载，黄冈人，康熙
己未进士，康熙二十八年任会稽知县，《光绪黄冈县志》卷十宦迹有传。

寓山志　2 卷　附录 1 卷

明祁彪佳撰。

此书,《嘉庆山阴县志》卷二六书籍著录作《寓山志》三卷,《古越藏书楼书目》卷
十五舆地杂地志则作《寓山注》。今北京图书馆藏有此书原刊本《寓山注》2 卷，浙江
图书馆藏有此书抄本 4 册，作《寓山志》。此外，杜春生《祁忠惠公遗集》卷七，亦收入
此书，书名作《寓山志》，又有光绪山阴安越堂平步青重刊本，书名作《寓山注》。据《祁
忠敏公日记》丁丑十二月二十日（驿按，丁丑为公元 1637 年，但丁丑十二月二十日已
为 1638 年）云："校正《寓山志》。"则此书完稿于丁丑末（1638 年）。又《日记》戊寅
（按 1638 年）二月初三日云："晚本原、体原两师见顾，金明桂乃郎挟刻匠以刻《寓山
志》来。"则此书当刊于戊寅（1638 年）。至于此书何以既称"志"，又称"注"，平步青在
其《祁忠惠公寓山注跋》中言之甚详。平跋云："四负堂落成之逾月，静苾僧以院旧藏
忠惠公《寓山志》来，版心鱼尾曰寓山志，下空三字，题曰注，页页皆同；其首行则题曰
寓山注，上、下卷皆同。所谓寓山志者。一部之大题；注者，当篇之子目。按公寄汪然
明书云：辑《寓山志》成，当求作元晏。今卷端无汪叙，张陶庵跋所云记、解、述、涉、赞，
铭皆无之，似在它卷，全书不知凡若干，或年久佚，寺僧但藏此帙，盖其残本也。杜征君
得之沈霞西者，亦即此本，故刻入遗集而删去诸家所作诗及评跋。按评跋批点出张陶
庵手，曾谦父以下百二十七人诗多佚不传。粤逆（驿按：对太平天国污蔑之词）陷越，
椟医煨尘，藏弄此注者殆鲜，异时必就湮没，爰重雕之。"按寓山系祁氏故居,《康熙山
阴县志》卷六古迹志云："寓园去府城西南二十里，中有寓山，崇祯初年，御史祁彪佳引水
凿池，依山作亭。"撰者，字弘吉，号世培，山阴人，天启壬戌进士,《明史》卷二七五有传。

寓山续注

明祁彪佳撰,胡公占点定。

此书未刊,原稿已佚。北京图书馆藏有明末抄本一册,题作《寓山续志》,不分卷。按《祁忠敏公日记》戊寅(1638)六月初三日云:"改《续注》,完于灯下。"又《日记》六月十三日云:"得胡公占札,为予点定《寓山续注》。"则此书成稿于戊寅(1638)。

寓山记

明祁骏佳撰。

此书未刊,收入于抄本《禅悦内外合集》卷七,绍兴鲁迅图书馆藏。撰者,字季超,号方山,系祁彪佳弟,天启山阴选贡,《全浙诗话》卷四二及《越风诗人小传》有传。

跋寓山注二则

明张岱撰。

此文收入于张氏《琅嬛文集》卷五。《寓山注》为祁佳彪所撰,参见该书考录。

与祁世培书

明张岱撰。

此文收入于张氏《琅嬛文集》卷三。祁世培即祁彪佳。书略云:"寓山诸胜,其所得名者,至四十九处。"故此书当为祁撰《寓山志》时之往返信札。参见《寓山志》考录。

祁忠惠公寓山注跋

清平步青撰。

此文收入于山阴安越堂平步青重刊《寓山注》卷末及《樵隐昔寱》卷十二。文述平氏重刊《寓山注》事。参见《寓山志》考录。撰者,字景荪,号栋山,山阴人,同治壬戌进士,《绍兴县志资料》第一辑第十六册人物列传有传,并参见谢国桢撰《平景荪事迹》(《明清笔记谈丛》第317—350页)。

寓山十六景

明祁彪佳辑。

此书,上海图书馆藏有稿本一册,不分卷。

寓山赋并序

明陈子龙撰。

此文收入于《雍正山阴县志》卷十六祠祀志及《嘉庆山阴县志》卷二八艺文上。参见邓履中《寓山园记》考录。撰者，字人中，号大尊，华亭人，崇祯进士，曾任绍兴府推官。

家山记事

宋齐唐撰。

此书已佚。《嘉泰会稽志》卷十铸浦引此书一条，又卷十三云："城东少微山有齐氏家园。"则家山当指少微山而言。撰者，字祖之，山阴人，天圣八年进士，《宝庆会稽续志》卷五及《全浙诗话》卷十六有传。

家山十咏

宋齐唐撰。

此书已佚。《嘉泰会稽志》卷十一真珠泉条云："真珠泉在少微山，齐祖之《家山十咏》，泉其一也。"又卷十三齐氏家园条云："在城东少微山，山甚小而近湖，齐祖之分司东归，遂家焉。……自为《家山十咏》。"

西施山

明袁宏道撰。

此文收入于《梨云馆类定袁中郎先生全集》卷十四，中国图书馆出版部民国二十四年(1935年版)《袁中郎游记》第23至24页，《绍兴史迹风土丛谈》第二十一册等。文略云："西施山在绍兴城外，一名土城，西施教歌舞之处，今为商民别墅。"按《越绝书》卷八："美人宫，周五百九十步，陆门二，水门一，今北坛利里丘土城，句践所习教美女西施、郑旦宫台也，女出苎萝山，欲献于吴，自谓东垂僻陋，恐女朴鄙，故近大道居，去县五里。"明徐渭《西施山书舍记》云："西施山去县东可五里，若《越绝》、若《吴越春秋》，并称土城，后人始易以今名，然亦曰土城山。"

儿山忆记

明董炀撰。

此文收入于清田易《乡谈》及《绍兴掌故琐记》第15至16页。文略云："倪园之可忆者，因通川而廓之，号之曰儿。"则儿山在倪园之中。撰者，字叔迪，万历时会稽人，《嘉庆山阴县志》卷十四乡贤二有传。

历山

清张钜撰。

此文收入于张氏《半窝日记》，收辑于《绍兴史迹风土丛谈》第二十三册。按历山为撰者听居之永乐村附近一小阜。

越山五佚记

明张岱撰。

此文收入于张氏《琅嬛文集》卷二，《绍兴掌故琐记》第22至27页及清田易《乡谈》（《越中文献辑存书》卷五）等，文略云："越中山以曹山、吼山为人所造，天不得而主也；怪山为地所徙，天不得而围也；黄琢、蛾眉为人所匿，天不得而发也。张子志在补天，为作越山五佚。"故此文共分曹山、吼山、怪山、黄琢山、蛾眉山五篇，辄为绍属历修方志选载或摘引。其中《黄琢山记》记越州城内山凡九处甚详，为他书所不载，尤为历修方志所常引。如清倪一桂《会稽志略》，胡肖岩《正续越郡诗赋题解全编》续编卷三等，均单独选载《黄琢山记》。李慈铭《桃华圣解庵日记》已集、光绪三年四月十八日（《越缦堂日记》四函）云："惟所载《越山五佚记》，虽文甚俗劣，而小有裨于志乘。"

黄琢山诗序

清成周助撰。

此文收入于手稿本《山阴旧志续考》。序略云："越城向传八山，张岱定为九山。九山者何？黄琢山也，在华岩寺后，南去予家不远。"撰者，山阴人，雍正乙卯举人。

卧龙山草木记

宋吴芾撰。隆兴二年（1164）撰。

此文收入于《嘉泰会稽志》卷九，杜春生《越中金石目》卷下阙访存目。文略云："越城八面，蜿蜒奇秀者，卧龙山也，……种竹万竿，桃李千本，方将艺茶于秋，栽松于冬，植花卉于春，以尽复旧观。"盖记卧龙山树艺之事。撰者，字明可，仙居人，绍兴进士，隆兴元年至二年知绍兴府，《宋史》卷三八七有传。

卧龙山记

清知府胡以涣撰。康熙二十六年（1687）撰。

此文收入于《康熙绍兴府志（王志）》卷三署廨志，记康熙二十四年在卧龙山植松万株事。撰者,字若丘,长白人,康熙二十三年知绍兴府。

乙丑种松篇　　1 卷

清知府胡以泫序。

此文收入于手稿本《山阴旧志续考》中"卧龙山种松"条下,《嘉庆山阴县志》卷二六书籍云:"康熙甲子知绍兴府事,乙丑种松万株于兴龙山上,一时远近作诗纪其盛,凡二百五十余首,以泫自序。"参见《卧龙山记》考录。

龙山大会启

清何拯撰。

此文收入于《康熙绍兴府志(李志)》卷九古迹志一。按龙山,即卧龙山。《嘉泰会稽志》卷九云:"卧龙山,……《旧经》云种山,一名重山。"《宝庆会稽续志》卷四云:"按元稹《州宅诗序》云:州之子城因种山之势盘绕回抱若卧龙形,故取以为名,是山名卧龙,盖始于元稹。"《嘉庆山阴县志》卷七云:"康熙二十八年,圣祖南巡,……赐名卧龙山曰兴龙山。"

录宝林事实

宋秦观撰。

此文收入于秦氏《淮海集》卷三六。《乾隆绍兴府志》卷三地理志三亦全文收入,但题作《宝林事实》。此外,《嘉泰会稽志》卷九龟山条及《读史方舆纪要》卷九二浙江四绍兴府卧龙山条等均引及此文。《嘉庆山阴县志》卷七云:"塔山在卧龙山之南,下有宝林寺,上有应天塔,旧名龟山,一名飞来,一名宝林,一名怪山。"撰者,字少游,一字太虚,高邮人,《宋史》卷四四四有传。

龟山白玉上经

撰者及撰述年代不详。

此文收入于《康熙会稽县志(吕志、王志)》卷四山川志下。

入越记　　1 卷

宋吕祖谦撰。

此文收入于《东莱吕太师文集》卷十五,《古今游名山记》卷十下,《续百川学海》已集,《说郛正续》弓六四,《金华丛书》,《续金华丛书》等。《东方文化研究所汉籍分类目录》史部十一地理类,威廉·施坚雅《浙江宁绍地区地方志目录》等著录。书名又作《入越录》。卷首云:"淳熙元年八月二十八日,自金华与潘叔度为会稽之游。"则此书当撰于淳熙元年(1174)以后。撰者,字伯恭,婺州人,《宋史》卷四三四有传,又《康熙金华府志》卷十六人物二记其事迹甚详。

入镜中识　　1卷
宋吕祖俭撰,大愚叟集。

此书已佚,亦不见他书引及,仅见《乾隆绍兴府志》卷七七著录。撰者,字子约,婺州人,吕祖谦弟,《宋史》卷四五五有传,又《康熙金华府志》卷十六人物二记其事迹。

浙东西游录
宋谢翱撰。

此书已佚。《雍正浙江通志》卷二五三经籍十一著录。撰者,字皋羽,长溪人,徙浦城,生于宋末元初,曾从文天祥军,宋亡不仕,事迹见《四库大辞典》0—76,并参见徐沁撰《谢皋羽年谱》。

越中行稿
元宇文公谅撰。

此书已佚。《雍正浙江通志》卷二五四经籍四著录。又卷一七五人物四宇文公谅条云:"摄会稽县,……《越中行稿》若干卷。"但此书从不见他书引用,说明流传极稀,内容不得而知。撰者,字子贞,吴兴人,《元史》卷一九○有传,又《嘉靖余姚县志》卷十二名宦传有传。

越游稿
元戴良撰。

此书收入于戴氏《九灵山房集》卷十七至十九,有《金华丛书》本。撰者,字叔能,浦江人,与黄溍有交,《明史》卷二八五有传。又《雍正浙江通志》卷一八一人物六文苑四记其行迹。

越操二首并序
明王祎撰。

此文收入于《王忠文公集》卷十一。二首为《种山操》及《鉴湖操》。卷首有序,略云："夫越之山水胜矣,秦望、云门姑置勿论,即郡城而言之,卧龙之山隐然中踞,其外则鉴湖之水,散为陂渠,云树烟波,与阛阓相映带,浙东诸郡,或莫及之。"撰者,字子允,元末明初义乌人,《明史》卷二八九有传。

吴越游稿　　1 册

明沈明臣、余寅、沈一贯同撰。

此书不见。《四库采进书目浙江省第九次呈进书目》及《浙江采集遗书总录》辛集总集类二存目。《万卷堂书目》卷二史部杂集类著录作一卷。《浙江采集遗书总录》云："皆当时游吴越之作,卞衮汇刻。"撰者沈明臣,鄞人,字嘉则,诸生,曾入胡宗宪幕,《全浙诗话》卷三五及《光绪鄞县志》卷三六有传。余寅,鄞人,字君房,改字僧杲,万历八年进士,《光绪鄞县志》卷三七有传。沈一贯,鄞人,字肩吾,隆庆戊辰进士,万历时曾官户部尚书,《明史》卷二一八有传。

吴越游集　　7 卷

明王叔承撰。

此书不见。《浙江采集遗书总录》辛集总集类二著录。《清代禁毁书目(补遗)清代禁书知见录》引入抽毁书目,该书目云："《吴越游集》六本。查《吴越游集》系王叔承撰,叔承系嘉靖中人,其卷二有警诗,语涉谬妄,应请抽毁。"撰者,吴江人,初名允光,字承父,号昆仑山人,《明史》卷二八八有传,又《光绪苏州府志》卷一○五人物三十二记其行迹。

记山阴道上

明汤显祖撰。

此文收入于《古今天下名山胜概记》卷十七浙江五。汤氏《玉茗堂文集》不见此文。但《胜概记》卷首有王世贞、汤显祖、王稚登序。汤氏既于此书有序,则此文为汤氏所撰当不致有讹。全文仅230余言,略云："渡江而适越之乡,则首西兴,所谓西陵松柏下者,此也;二百里许过东关,即山阴道,亦曰剡溪。"则汤氏所谓山阴道,实在会稽县内,至于山阴道亦曰剡溪,则更为鲁鱼亥豕矣。

湖山纪游

明王埜撰。

此书已佚。《乾隆绍兴府志》卷六二人物志二十二隐逸王埜条云："所编辑有《绍兴名胜题咏》、《五灯集要》、《湖山纪游》诸集。"撰者,字贞翁,号锐岩,山阴人,正德诸生,《嘉庆山阴县志》卷十四乡贤二有传。

客越志　　1 卷

明王稚登撰。

此书,《八千卷楼书目》卷八史部地理类,《稽瑞楼书目》(《丛书集成》本第 85 页)著录。明刊本今存,并收入于明何镗《古今游名山记》卷十下及宛委山堂本《说郛》等。洪焕椿《浙江地方志考录》第 429 页作《客越志略》,并云:"现有光绪刊《武林掌故丛编本》。"按邓之诚《桑园读书记》第 68 页云:"王稚登《客越志》一卷,盖稚登入越,吊故相袁炜之丧,复游宁波。"《古越藏书楼书目》卷十五云:"原书自苏至杭,渡江历绍郡而至宁郡慈、鄞两邑,仍由原途渡江归苏,《武林掌故》删去五月廿五日至六月初十宁绍往返路程而仅录在杭州所记名胜,所以改名《志略》欤。附录十九首诗于后,则《说郛》所无。"据此,则洪焕椿所录系原书节本,又另有《名家西湖游记》第三集本,与《武林掌故》本同。此书常为绍属方志所引用,《乾隆萧山县志》卷三九艺文节选此书有关萧绍一段,并加纂者按语云:"此志吐属凡俗,乃明人之糟粕也,以旧志所载,故存之。"撰者,字百谷,万历间吴县人,《明史》卷二八八有传,《光绪苏州府志》卷一一二记其行迹。

客越集

明王稚登撰。

此书不见。清胡凤丹《曹娥江志》引用书目著录。胡引书目中,此《客越集》与王撰《客越志》并列,故知非《客越志》无疑。《光绪苏州府志》卷一三九艺文四著录有王稚登《越吟》二卷,不知是否即此书。

越吟　　2 卷

明王稚登撰。

此书不见。《光绪苏州府志》卷一三九艺文四著录。参见《客越集》考录。

越游杂记

明王思任撰。

此书不见。清胡凤丹《曹娥江志》引用书目中列入此书,则光绪时犹可见。《鸣野山房书目》卷四集之七前代诗文集著录云:"《游记》二种,山阴王思任著。"则此二种之中,有一种必是此书。撰者,山阴人,字季重,又字遂东,号谑庵,万历乙未进士,《雍正浙江通志》卷一八〇人物六文苑三有传。

越展纪游　　1 卷

明陈维新撰。

此书,上海图书馆藏,威廉·施坚雅《浙江宁绍地区地方志目录》著录。撰者,天启中人。

吴越游草

明闪继迪撰。

此书不见。《光绪永昌府志》卷四二人物志乡贤闪继迪条云:"著有《吴越游草》诸集。"但同书卷六四永人著述又云:"《吴越吟草》,闪继迪撰。"清胡凤丹《曹娥江志》引用书目中亦列入此书,但题作《越游草》。撰者,字元修,云南保山人,万历乙酉举人,《光绪永昌府志》卷四二有传。

越游草

明陈懋仁撰。

此书不见。《雍正浙江通志》卷二五一经籍十一著录。撰者,字无功,崇祯间嘉兴人,《雍正浙江通志》卷一七九人物六文苑二有传。

越游草

清施闰章撰。

此书,顺治刊本一册,北京图书馆藏。卷首有绍兴知府施肇元顺治甲午序。诗以山、会二邑为主,如吼山、三江闸、禹陵、柯亭、怪山等,但兼及八邑,如新昌南明山、嵊县罗星亭等,诗前常有小序。各诗均为撰者所作,山阴徐缄、张梧所选。撰者,直隶真定人,系知府施肇元之弟。

出越城至平水记

明刘基撰。

此文收入于《诚意伯文集》卷五,《古今游名山记》卷十下,《渊鉴类函》卷二九地部会稽诸山,《绍兴史迹风土丛谈》第八册。《雍正浙江通志》卷十五山川七平水条引此文作《游平水记》。文略云:"赤菫山南行六、七里,泊于云峰之下,曰平水市,即唐元微之所谓草市也,其地居镜湖上游,群小水至此入湖。"《嘉泰会稽志》卷十云:"平水在县东二十五里,镜湖所受三十六源水,平水其一也。"《雍正浙江通志》卷十五引《嘉泰会稽志》作"在县东南三十五里。"不知《雍正志》所引何本,但以今日绍兴城与平水之间里程计之,当以《雍正志》为是。

余姚至省下路程沿革记

明黄宗羲撰。天启二年(1622)撰。

此文收入于黄氏《南雷文定前集》卷二。《光绪上虞县志》卷二三水利节录。文略云:"吾邑至省下不过三百里,而曹娥、钱清、钱塘三江横截其间。"此文所记多为此三江间事,而言钱清江水利沿革尤详。撰者,字太冲,号梨洲,又号南雷,余姚人,《清史稿》列传二六七有传,并参见清黄炳垕撰《黄梨洲先生年谱》。

南游日记　　1卷

清丁续曾撰。

《郑堂读书记补逸》卷十八记此书来历云:"康熙辛巳访医江左,适同里王澹庵亦有吴越之游,遂相就道。……渡钱唐,至山阴、会稽而归,于是按日记所经历为是编。"是则此书撰于康熙辛巳(1701)。撰者,字古似,号霍庵,山东日照人,康熙进士,《光绪日照县志》卷八人物有传。

南游记

清孙嘉淦撰。

此文收入于《小方壶斋舆地丛钞》第五帙第一册及清张潮辑《虞初新志》卷十七。篇内所记游程甚广,其中自"东则山阴道上矣"起至"吾犹怅然以山海之奇未尽探也"。此一段凡960余言,专记绍兴之游,足迹遍及山阴城、卧龙山、鉴湖一曲、吼山、禹陵、南镇、兰亭、蕺山、下方山、禹穴等,所记堪称详悉。撰者,字锡公,号懿斋,太原人,康熙进士,《清史稿》列传九十有传。

越游小录　　1卷

清管廷芬撰。

此书未刊。咸廉·施坚雅《浙江宁绍地区地方志目录》著录。《民国海宁州志》卷十五艺文志典籍十七云:"手写本,今藏硖川蒋氏。"浙江图书馆藏有道光三十年(1850)许光治传抄本一册。此外,此书亦收入于《花近楼丛书》,美国斯坦福大学东亚藏书楼所藏即是此本。抄本管廷芬自跋云:"按己亥冬腊雪未作,与方外素交作越东之游,遍览江山诸胜,而禹陵或谓即阳明洞非在宛委山下。至禹迹寺旁有沈园故址,即放翁感怀赋诗之处,而六舟上人云沈园在越城禹迹寺侧,俱未考其确实也。自兵兴以来,回忆旧游竟同昨梦。今富家巨室纷纷渡江避寇,然乱离无乐土,吾恐越东不能恃为安乐窝矣。"据此,则管氏游越在道光己亥(1839)。撰者,海宁人,字培兰,又字子佩,号芷湘,道光诸生。

观光纪游

日本冈千仞撰。

此文收入于《小方壶斋舆地丛钞》第五帙第四册。全纪游程甚广,其中明治十七年(光绪五年、1879年)七月十四日至十六日,专纪绍兴之游,内容系按日记载,足迹遍及柯桥、柯山、鉴湖、禹陵、兰亭、陶堰等地,记名胜古迹而兼有论述。以其非国人之作,故尤足珍贵。撰者,据日本《大人名事典》第一、二卷第549页所载,系明治时代汉学家,曾任东京府学教授、修史馆协修及东京图书馆馆长等职。

辛亥游录

鲁迅撰。

此文即《会稽山采植物记》及《镇塘殿前观潮》。周建人《鲁迅与自然科学》(《回忆鲁迅》第50页)提及鲁迅在会稽山采植物、在镇塘殿观潮并采植物后说:"鲁迅有一篇《辛亥游录》,记的就是这两件事。"参见该二文考录,撰者事迹参见《会稽山采植物记》考录。

越子门前风景记

清陈祖培撰。

此文收入于《文烬》卷三,今有民国九年(1920)绍兴印刷所铅印《越缀》本。其文略云:"越子居柯桥上市,柯桥之风景以越子门前为胜,长廊栉比,大河前横。"故其所记为柯桥风景。按柯桥在郡城西北20里,东距柯山3里,为绍属第一大镇,《读史方舆纪要》卷九二蓬莱驿条下云:"其地水流汗漫,陂深坂曲,为境内之险,亦曰柯桥市。"撰者,字越汀,生平不详,观其所撰《文烬》中,有《甲午战记》一篇,记述甚详,必所亲历,当为清末人。

鉴湖修禊序

宋邓牧撰。咸淳二年(1266)撰。

此文收入于邓氏《伯牙琴》，有光绪乙未嘉惠堂丁氏刊本及《知不足斋丛书》本。因文中言及"岁丙寅三月三日"，故知此文撰于咸淳二年。

镜湖游览志　　5 卷

明陈树功纂，倪元璐序。

此书已佚。《奕庆藏书楼书目》，《鸣野山房书目》，《乾隆绍兴府志》卷七七等著录。祁彪佳《祁忠敏公日记》丁丑年九月二十日云："灯下共阅《镜湖游览志》。"则此书在崇祯丁丑（1637）已经流传。纂者，山阴人，生平不详。序者倪元璐，字玉汝，号鸿宝，上虞人，天启二年进士，曾官户部尚书，《明史》卷二六五有传。

鉴湖

明袁宏道撰。

此文收入于《梨云馆类定袁中郎先生全集》卷十四，中国图书馆出版部民国二十四年（1935）版《袁中郎游记》第 23 页，《绍兴史迹风土丛谈》第 21 册。

鉴湖櫂歌

清胡保泰撰。

此书，乾隆五十二年（1787）清芬堂刊本，今存。卷首有归安闵鹗元序，正文题首云："鉴湖櫂歌一百首，和秀水朱竹垞太史鸳鸯湖櫂歌。"各首所咏，均系山、会二邑名胜古迹，并非专咏鉴湖，各诗多有序跋。撰者，字东山，乾隆时山阴人。

鉴湖竹枝词

清鲁文撰。

此书，红格抄本一册，浙江图书馆藏。卷首有嘉庆壬戌李赓芸序，又有撰者自序略云："乾隆壬子游燕，居京邸五月，有越人长自北地者，屡询鉴湖风物，爰成竹枝词百四十余首以代答。言语无诠次，挂漏多多，亦未臻淇濮之艳，以枚举琐事，未暇体裁焉。"此书卷末有"元孙晋藩手录，来孙恢鸿重印"字样。按撰者为乾、嘉间人，其来孙鲁恢鸿当为清末叶人，则此书在清末必有刊本或排印本，但未见。撰者，字忠赓，又字守堂，绍兴人。

铸浦录

宋齐唐撰。

此书已佚。《嘉泰会稽志》卷十一酒瓮石条引及此书，但同卷欧冶泉引此书又作

《录铸浦事》。《古今图书集成·职方典》卷九八四欧冶井条云："在铸浦,齐唐《录铸浦事》云:有淬剑大井存焉。"清胡浚《会稽山赋》引此书作《铸浦录事》,而所引亦是"淬剑"一条。故疑《图书集成》及《会稽山赋》均从《嘉泰志》转引,此书宋以后已佚。按铸浦在郡城东南30里,一名锡浦,为鉴湖之一部分,与若邪溪相连。

活水源记

明刘基撰。

此文收入于《诚意伯文集》卷五,《古今游名山记》卷十下,《康熙绍兴府志(张志、王志、李志、俞志)》卷二三祠祀志五,《雍正浙江通志》卷二六一艺文三,《绍兴史迹风土丛谈》第八册等。按活水源在铸浦南,为若邪溪支流。

州宅诗序

唐元稹撰。

《宝庆会稽续志》卷一府廨引此文云："州宅居山之阳,凡所谓台榭之胜,皆因高为之,以极登览,尝以诗夸于白乐天。"又卷四府郭云："按元稹《州宅诗序》云:州之子城因种山之势盘绕回抱,若卧龙形,故取以为名。"今《元氏长庆集》卷二二收有《以州宅夸乐天》及《重夸州宅景色》二诗,但序不见。撰者,字微之,河南人,长庆三年至大和三年任越州刺史,《旧唐书》卷一六六及《新唐书》卷一七四有传。

在会稽与京邑游好诗序

唐顾云撰。

此文收入于《文苑英华》卷七一七及《雍正浙江通志》卷二六三艺文五。文略云:"造化之功,东南之胜,独会稽知名。"又云:"若会稽山水,深不可测,高不可及,如是乃能孕灵怪,藏珍宝,生云霞,而尽胜概耳。"撰者,字垂象,唐末池州人。

州宅诗序

宋张伯玉撰。

此文收入于《会稽掇英总集》卷一。《嘉泰会稽志》卷一府廨亦引及。撰者,字公达,建安人,嘉祐八年至治平元年知越州,《宋诗纪事》卷二〇有传。

会稽唱和诗序

宋秦观撰。

　　此文收入于秦氏《淮海集》卷三六。文略云："给事中集贤殿修撰广平程公守越之二年,南阳赵公自杭以太子少保致仕,道越以归。南阳公与广平公其登进士第也为同年,其守浙东西也为邻国,又皆喜登临,乐吟赋,……其所唱和多矣。"按广平程公指熙宁知越州军程师孟,南阳赵公指熙宁知杭州军赵抃。程师孟于熙宁十年至元丰二年知越州,则"广平程公守越之二年"应为元丰元年(1078),此文当撰于此时。

怀乐安蒋公唱和诗序

　　宋秦观撰。

　　此文收入于秦氏《淮海集》卷三六。文略云："会稽之为镇旧矣。岂惟山川形势之盛,实控扼于东南哉。其胜游珍观,相望于枫楠竹箭之上,枕带于藻荇芙蕖之滨,可以从事云月优游而忘年者,殆亦非他州所及,而卧龙山鉴湖,尤为一郡佳处。"按乐安蒋公指景祐知越州军蒋堂,参见《闵山序》考录。

绍兴名胜题咏

　　明王垫撰。

　　此书已佚。《万历绍兴府志》卷五〇著录。《乾隆绍兴府志》卷六二人物志二十二隐逸云："所编辑有《绍兴名胜题咏》、《五灯集要》、《湖山纪游》诸集。"

越中名胜赋

　　清李寿朋撰,沈德潜序。

　　此书,乾隆二十七年(1762)刊本,今存。但乾隆七年刊叶简裁辑《会稽名胜赋》中,已收入李撰《剡溪藤纸赋》一篇,则李书可能尚有乾隆七年以前刊本。本书计赋30篇,其中如《剡溪藤纸赋》、《四明山赋》、《五泄山赋》、《湘湖采莼赋》等各篇,其地区均在山、会二邑以外,故书名越中,当指绍兴府而言。撰者,原名湘,字淑莼,号霍斋,山阴诸生,《龙山诗巢志略》卷三有传。

会稽名胜赋　　2卷

　　清叶简裁选辑。

　　此书,乾隆七年(1742)蔄耕堂刊本,今存。全书计赋33篇,均为清人所作。其中仅《蓬莱阁赋》一篇,为辑者叶氏自撰,余均选他人之作。又全书除《剡溪藤纸赋》(李寿朋撰)及《剡溪访戴赋》(沈锡蕃撰)二篇事涉他邑外,余均系山、会二邑人物。

越中名胜百咏　　2 册

清张桂臣撰。

此书,光绪九年(1883)八杉斋刊本,今存。其书不分卷,按名胜类别分山镇、川泽、寺观、祠庙、陵墓、楼台、亭阁、宅里、城池、村舍、名园、别墅、杂载等 13 类,计百首,其范围兼及绍属各邑。撰者,字韵香,同、光间山阴人。

娥江吟卷

清余澹心撰。

此书不见。仅有毛奇龄为此书所作序一篇,收入于毛氏《西河合集》序九。毛氏在序中言余澹心之游越"扶杖命榾,登高临深。"故知是书为游记之属。撰者名怀,一字无怀,号曼翁,生于明末,莆田人,侨居江宁,事迹参见谢国桢《增订晚明史籍考》卷二一。

王公池记

宋齐唐撰。皇祐五年(1053)撰。

此文收入于《乾隆绍兴府志》卷七二古迹志二,节录于《万历绍兴府志》卷三及《康熙绍兴府志(王志、俞志)》卷三,《宝庆会稽续志》卷一西园条引及《越中金石目》卷下阙访存目。《嘉泰会稽志》卷十云:"王公池在西园,皇祐五年,知州王逵始置,齐祖之撰记。"《万历绍兴府志》卷三八云:"西园有池,名曰王公,盖越人致其思云。"《古今图书集成·职方典》卷九八四云:"王公池旧在西园内,景颇佳胜,今园废而池存,居民杂其旁,一洿池耳。"则此池在清初已荒芜。

石池志

清王绩铭撰。

此文收入于《石家池王氏谱录》(《越中文献辑存书》卷七)。其文略云:"石家池当绍兴城北,在今笔飞坊,考府、县志,皆云在织染局,织染局今废,然大江桥下有小巷,犹谓龙梭径,龙梭,盖织局也。池广袤共十亩,滨池田约数十顷,皆溉之,岁旱则远近絜瓶盎取汲焉。所产鱼虾蠃蛤为庖馔所珍,鬻于市辄倍其价,其旁亦植菱芡茭菰之属。水自南涧门而来,蜿蜒六七里,至大江桥由小江桥者,东至香桥,折而北出昌安门。"所述石家池综合利用甚详悉。撰者,字旃甫,绍兴人。

梅山子真泉铭

唐陆龟蒙撰。

此文收入于《嘉庆山阴县志》卷二八艺文上,《古今图书集成·职方典》卷九九四。按《嘉泰会稽志》卷十五神仙云:"汉梅福,字子真,九江寿春人,……王莽颛政,一朝弃妻子去九江,至今传以为仙,其后有人见于会稽者,变姓名,为吴市门卒云,今山阴之地有山曰梅山,有乡曰梅乡,有里曰梅里。"撰者,字鲁望,吴江人,《新唐书》卷一九六有传。

梅子真泉铭

宋陆游撰。

此文收入于《渭南文集》卷二二,《嘉靖浙江通志》卷九地理志第一三九,《康熙绍兴府志(张志、李志)》卷八,《雍正浙江通志》卷二六八艺文十等。铭略云:"距会稽城东北七里有山名梅山,山之麓有泉名子真泉。"参见陆龟蒙《梅山子真泉铭》考录。

清白泉记

明魏骥撰。

此文收入于《浙江山川古迹记》卷四及《雍正浙江通志》卷十五山川七。按清白泉在卧龙山,宋宝元二年知州范仲淹撰有《清白堂记》,参见该文考录。撰者,字仲房,萧山人,永乐四年进士,《明史》卷一八五有传。

清龙泉碑记

清知府李铎撰。康熙三十年(1691)撰。

此碑已不存,文收入于《康熙绍兴府志(李志、俞志)》卷八山川志五。清龙泉在会稽山禹陵殿左山麓间。撰者事迹参见《康熙绍兴府志(李志)》考录。

菲饮泉铭

清宗稷辰撰。咸丰四年(1854)撰。

此文收入于宗氏《躬耻斋文抄》卷十二。按菲饮泉在禹陵。《明一统志》卷四五绍兴府山川菲饮井条云:"在府城东南一十二里大禹寺西,以禹菲饮食而名。"

蛟平井碑记

撰者及撰述年代不详。

此碑已不存,文亦佚。《嘉庆山阴县志》卷二四寺观蛟平寺条云:"在县西南二十五里,寺始自晋,旧名兴仁,有巨蛟为害,至寺边闻经,饮井水即隐去,王右军改寺为蛟平寺,井曰蛟平井,井水芳洌,深广二尺许,取之不竭,元末寺毁,国朝康熙十九年,僧六和等重建寺宇,掘土得井碑记。"据此,碑记可能撰于晋代。

罗井怀古诗序

清黄受谷撰。

此文收入于《嘉庆山阴县志》卷二八艺文下。序略云:"斯山阴之雁荡,海客之瀛州也。"按罗井即罗仙井,在山阴天乐乡四卦村南。

西园记

宋齐唐撰。

此文已佚。明曹学佺《大明舆地名胜志》浙江卷四绍兴府会稽县云:"宋齐唐《西园记》云:园内有流觞曲水,茂林修竹,亭榭诸景,皆仿兰亭。"按《嘉泰会稽志》卷十云:"王公池在西园,皇祐五年知州王逵始置,齐祖之撰记。"又《宝庆会稽续志》卷一园圃西园条云:"西园在卧龙山之西,……景祐中,唐询作;蒋堂《曲水阁诗序》则以园创于唐;今以齐唐《王公池记》考之,自吴越已为游观之地。"则《嘉泰志》及《宝庆续志》修纂时只见《王公池记》,不见《西园记》。又《嘉泰志》卷一西园条云:"既又为曲水阁,有流觞亭、茂林亭。"文与《名胜志》所引近似,但亦未见《西园记》之名。故疑《名胜志》所引即为《王公池记》。按西园在卧龙山间,其中名胜古迹,《明一统志》记之最详。卷四十五绍兴府古迹西园条云:"在府治西,郡守蒋堂置,中有曲水阁、流觞亭、茂林亭,后人又作望湖楼、飞盖堂、漾月堂、王公池、流杯岩、右军祠、修竹坞、敷荣门、清真轩、蕙风阁、列翠亭、华星亭。"

西园记

清章锡光撰。光绪二十六年(1900)撰。

此文收入于章氏《俙山文集》卷二,系代其宗叔章克安所撰,文略云:"爱所居之西园,筑室六楹,插槿作篱,编茅为亭,凿池大如掌,内多荷蕖,……可以娱老矣。"按此西园为清章克安故居,在会稽道墟镇。撰者,会稽人,字劫丞,号俙山子僧,光绪进士,《绍兴县志资料》第一辑第十六册人物列传有传。

赐荣园柱记

宋汪纲撰。

此文收入于《宝庆会稽续志》卷三千秋鸿禧观条。《宝庆续志》云:"又筑一园于观前,曰赐荣,园中有亭曰幽襟,曰逸兴,曰醒心,曰迎棹,皆纲所建,又筑长堤十里,夹道皆种垂杨芙蓉,有桥曰春波,跨截湖面,春和秋半,花光林影,左右映带,风景尤胜,真越中清绝处也。"撰者,字仲举,新安人,嘉定十四年至绍定元年知绍兴府,《宋史》卷四〇八有传。

王氏园亭记

宋林景熙撰。景炎二年(1277)撰。

此文收入于《乾隆绍兴府志》卷七二古迹志二及《道光会稽县志稿》卷十六古迹。据《乾隆府志》引《王氏家谱》,王氏园在郡城东南隅。撰者,字德旸,号霁山,宋末元初温州平阳人,《宋诗纪事》卷七五,《全浙诗话》卷十八各有传。

镜湖渔舍记

宋谢翱撰。

此文收入于《古今天下名山胜概记》卷十七浙江五。文略云:"王氏别业在城南,盖尽得其胜,近又于其旁莳竹万箇,加以幽花贞石,离立参崿,引水近亭为九曲,前置室如列舟面镜湖,扁之曰渔舍。"故此渔舍在王氏园,参见《王氏园亭记》考录。

五云梅舍记

宋林景熙撰。

此文收入于林氏《霁山集》卷四,《康熙绍兴府志(王志)》卷十,《康熙会稽县志(王志、吕志)》卷五《雍正浙江通志》卷四五,《乾隆绍兴府志》卷七一,《道光会稽县志稿》卷十六等。案五云梅舍为王氏别业,在郡城东南30里。

陶氏园亭志

撰者不详。

此文撰于明代,收入于《会稽陶氏族谱》卷二九。计园亭胜迹22处,其中曹山放生池、青棘园、远曙斋、畅雀园、烟萝洞、樵石山房等,均为曹山名胜。其叙曹山放生池云:"吾乡骨山可伐者:一为柯,一为洋(骈按,指羊山,参见朱彝尊《羊石山题壁》考录),一为箬簹,一为曹,而曹更柔易伐,遂止穴址,水从下趵起溢成池,可数十亩,内中弃而不伐,在上者如梁,在左右与山连缀者如象鼻、如屏,如门,中空者如狮子、如马、如棋枰,或斜注,或平浮,皆错落翔舞,内水与外水接仅容刀,则池之户牖也。"曹山胜景,历历在目。

书游马氏园

明徐渭撰。嘉靖四十四年(1565)撰。

此文收入于《徐文长文集》卷二二,《古今天下名山胜概记》卷十七。文略云:"乙丑春正月廿有四日,与友人携觞俎探禹穴,就十峰山人马丈饮于小园。"故马氏园在城南禹穴附近,而文撰于嘉靖乙丑。

越中园亭记　　6 卷

明祁彪佳撰,胡恒、吕天成序。

此书未刊。威廉·施坚雅《浙江宁绍地区地方志目录》著录。按《祁忠敏公日记》戊寅六月三十日云:"作《越中园亭记》序。"则此书成于崇祯戊寅(1638)。《乾隆绍兴府志》卷七七著录的《越郡名园记》当系此书写本。《嘉庆山阴县志》卷二六书籍云:"《越中园亭记》写本六卷:一考古,二城内,三城内未游园,四城南,五城南未游园,六城东,七城西,八城北,九以下阙,胡恒、吕天成有序。"则写本在嘉庆时犹见残本。按明陶奭龄《小柴桑喃喃录》卷下云:"少时越中绝无园林,近始多有。"奭龄万历时人,则祁书之撰,正是越中园林极盛之时。今此书写本已不得见,但收入于道光间杜煦、杜春生合辑《祁忠惠公遗集》卷八,清平步青所刻《群书校识》以及《越中文献辑存书》第一辑。

今是园记

明刘宗周撰。崇祯十五年(1642)撰。

此文收入于《刘子全书遗编》卷六,《雍正山阴县志》卷六,《嘉庆山阴县志》卷二八艺文上。按《嘉庆志》卷七古迹云:"今是园在县东北五里昌安坊蕺山麓,邢淇澹建。"撰者,字起东,号蕺山,山阴人,万历辛丑进士,《明史》卷二五五有传,并参见清刘汋编《刘忠介公年谱》。

越园纪略

明吕天成撰。

此书已佚,仅有自序一篇,收入于祁彪佳《越中园亭记》。按吕天成亦曾为祁撰《越中园亭记》作序,参见该书考录。

越郡名园赋

明曾益撰。

此文已佚。《乾隆绍兴府志》卷七七著录。撰者,字谦受,明末清初山阴人,《乾隆绍兴府志》卷五四及《全浙诗话》卷四三有传。

快园记

明张岱撰。

此文收入于张氏《琅嬛文集》卷二。《嘉庆山阴县志》卷七古迹云："快园在龙山后，明御史大夫五云韩公别业，旧有剪韭亭，此其遗址。"

寓山园记

清邓履中撰。

此文收入于《雍正山阴县志》卷十六祠祀志三及《嘉庆山阴县志》卷二十八艺文上。按寓山园即寓园，《嘉庆山阴县志》卷七古迹云："寓园在城西南二十里寓山之麓，崇祯初，御史祁彪佳依山作园，……葬之园旁，舍池馆为寺，塑公像于堂，至今存焉。"《绍兴史迹风土丛谈》第四册云："寓园在山阴县西南二十里寓山之麓，明末御史祁彪佳所筑，有芙蓉渡、玉女台、回波屿、梅坡、试莺馆、即花舍、归云轩、远山堂八景。"参见《寓山志》等考录。撰者，南昌人。

寓园赋

清莫之永撰。

此文收入于《雍正山阴县志》卷十六祠祀志三及《嘉庆山阴县志》卷二十八艺文上等。参见《寓山园记》等文考录。撰者，字予锡，监生。明末清初会稽人，《嘉庆山阴县志》卷十四及《道光会稽县志稿》卷十八有传。

陶先生退园记

清邵廷采撰。康熙四十五年（1706）撰。

此文收入于邵氏《思复堂文集》卷四。撰者，字允斯，又字念鲁，清贡生，余姚人，《雍正浙江通志》卷一八〇人物六文苑三有传。

省园记

清蒋士铨撰。

此文收入于《道光会稽县志稿》卷二四杂志。按省园即赵园，在郡城内兴福桥南，乾隆间邑人赵焯所构。撰者，字心余，一字苕生，号清容，江西铅山人，乾隆丁丑进士，《清史稿》列传二七一有传。

治南圃记

清宗稷辰撰。

此文收入于宗氏《躬耻斋文抄》卷十一。按南圃在卧龙山北麓宗氏故居九曲山房。参见宗氏《九曲山房记》考录。

越中牡丹花品　　2 卷

宋仲林撰。雍熙二年(985)撰。

此书已佚。《书录解题》卷十农家类云："其序末称丙戌岁,丙戌者,当是雍熙二年也。"《说郛》目录有《越中牡丹记》一种,僧仲殊撰,必亦是此书无疑。按《嘉泰会稽志》卷十七草部牡丹条云："欧阳公《花品序》云:牡丹出丹州、延州,东出青州,南出越州。……吴越时,钱传瓘为会稽,喜栽牡丹,其盛若莱畦,其成丛立,树者颜色葩房,率皆绝异,时人号为花精。会稽光孝观,有牡丹亦甚异,其尤者名醉西施。熙宁间,程给事公辟镇越,尝领客赏也,公与座客皆赋诗,刻石观中。"《宝庆会稽续志》卷四云："牡丹自吴越盛于会稽。"雍熙去吴越未远,则仲林撰此书时尚是越州牡丹盛时。故《康熙山阴县志》卷七物产志犹引此书序云："越之所好尚惟牡丹,其艳丽者三十二种。"《国史经籍志》卷三史类食货著录有《牡丹花品》一卷,越僧仲林撰,当亦是此书。撰者事迹参见《天衣十峰咏》考录。

花品　　1 卷

宋仲林撰。

此书已佚。《国史经籍志》卷三史类食货著录有《牡丹花品》一卷,越僧仲林撰;又《花品》一卷,宋僧仲林撰。故知此书非《越中牡丹花品》,或系记越中花卉之作。王毓瑚《中国农学书录》第 54 至 55 页认为此书即是《越中牡丹花品》,未悉其据。按仲林即仲休,参见《天衣十峰咏》考录。

牡丹会诗序

明刘基撰。至正十四年(1354)撰。

此文收入于《诚意伯文集》卷四。文略云："甲午之春,余避地会稽,始识祝茂卿于吴君时之所,三月既暮,茂卿之牡丹大开,因得与寓官郡士往观焉。"文中甲午,当为至正十四年。按越中牡丹至明时尚盛,杨慎《丹铅总录》卷三时序类《养花天》云："《花木谱》曰:越中牡丹开时,赏者不间疏亲,谓之看花局。"参见仲休《越中牡丹花品》考录。

同人吴塘观菊花记

清马赓良撰。

此文收入于马氏《鸥堂遗稿》卷一。按《越绝书》卷八："句践已灭吴，使吴人筑吴塘，东西千步，名辟首，后因以为名曰塘。"又按马文略云："吴塘者，《越绝书》句践灭吴筑，今则邨焉，塘名之，去郡四十里而近，在镜湖之西。"撰者，字幼眉，号鸥堂，会稽人，《绍兴县志资料》第一辑第十六册人物列传有传。

望海亭记

宋刁约撰。嘉祐六年（1061）撰。

此文收入于《会稽掇英总集》卷十九，《嘉泰会稽志》卷九。《宝庆会稽续志》卷四及《乾隆绍兴府志》卷三等引及，《越中金石目》卷下阙访存目。文略云："府据卧龙山，为形胜，……龙之脊，望海亭也。先是越王句践创飞翼楼，取象天门，东南伏漏石窦以象地户，陵门四达，以象八风，因山势备筑为城一千一百二十步。至唐，人以楼址为望海亭。"撰者，字景纯，上蔡人，天圣进士，嘉祐五年至六年知越州军，《宋史翼》卷一有传。

越望亭赋

明陶谐撰。

此文收入于抄本《陶庄敏公文集》卷一。按越望亭即望海亭，参见《望海亭记》考录。撰者，字世和，会稽人，弘治九年进士，《明史》卷二〇三有传。

越望亭题咏集序

明董玘撰。嘉靖十五年（1536）撰。

此文收入于《万历绍兴府志》卷三署廨志及《康熙绍兴府志（王志、俞志）》卷三署廨志。《雍正山阴县志》卷六古迹志及《乾隆绍兴府志》卷七二古迹志二亦收入，但题作《越望亭序》。董氏《中峰集》附录卷一则作《越望亭诗集序》。文记嘉靖十五年知府汤绍恩修建越望亭事。按越望亭在卧龙山巅，即宋望海亭故址，参见《望海亭记》考录。

越望亭题八景

明知府萧良干撰。

此文收入于《康熙绍兴府志（俞志）》卷三署廨志。其八景为：云门一望，镜湖千顷，珠山烟火，蜃口楼台，种墓遗址，岳碑遗石，古井清流，孤亭新构。撰者事迹参见

《万历绍兴府志》考录。

重修龙山越望亭记

清知府何源浚撰。康熙十五年(1676)撰。

此碑已不存,文收入于《康熙绍兴府志(王志、李志)》卷九古迹志一。撰者事迹参见《越郡政略》考录。

重修卧龙山越望亭记

清毛奇龄撰。康熙十五年(1676)撰。

此碑已不存,文收入于《西河合集·碑记》卷七。文记康熙十五年知府何源浚重修越望亭事。撰者事迹参见《会稽县志总论序》考录。

镇越亭碑记

清知府李铎撰。康熙二十九年(1690)撰。

此碑已不存,文收入于《康熙绍兴府志(李志、俞志)》卷三署廨志及《乾隆绍兴府志》卷七二古迹志二。按镇越亭即越望亭。撰者事迹参见《康熙绍兴府志(李志)》考录。

适南亭记

宋陆佃撰。熙宁十年(1077)撰。

此文收入于陆氏《陶山集》卷十一,宋《皇朝文鉴》卷八二,《方舆胜览》卷六,《嘉靖浙江通志》卷九,明何镗《古今游名山记》卷十下,《万历绍兴府志》卷九,《康熙绍兴府志(张志、李志、俞志)》卷九,《康熙山阴县志》卷六等。《雍正浙江通志》卷四五古迹七亦节收此文,但题作《梅山适南亭记》。《宝庆会稽续志》卷三云:"本觉寺在县西北十五里梅山,有适南亭。"《嘉庆山阴县志》卷七引《於越新编》云:"适南亭在梅山顶,宋熙宁中,郡守程师孟创,陆佃有记。"撰者,字师农,熙宁三年进士,山阴人,即陆游祖父,《宋史》卷三四三有传。

放生池咸若亭记

宋曾几撰。隆兴二年(1164)撰。

此碑已不存,文亦失传。《越中金石目》卷下阙访存目。《嘉泰会稽志》卷十放生池条云:"放生池在府东南一十里。……隆兴二年二百七十顷以为放生池,奏闻,诏从之,又于池侧置咸若亭,曾文靖公撰记。"故知此文撰于隆兴二年,撰者,字吉甫,赣州人,《宋史》卷三八二有传。

秋风亭记

宋汪纲撰。嘉定十五年(1222)撰。

此文收入于《宝庆会稽续志》卷一,《方舆胜览》卷六,《万历绍兴府志》卷三,《雍正浙江通志》卷四五,《乾隆绍兴府志》卷七二等。《康熙绍兴府志(张志、王志)》卷三亦收入此文,但题作《秋风亭柱记》。《宝庆续志》云:"秋风亭在观风之侧,其废已久,嘉定十五年,汪纲即旧址再建,自记于柱。"

浸碧亭记

宋王爚撰。咸淳七年(1271)撰。

此文收入于《乾隆绍兴府志》卷七二古迹志二,《道光会稽县志稿》卷十六古迹。按浸碧亭在府城东南隅。撰者,字仲潜,一字伯晦,新昌人,嘉定十三年进士,《宋史》卷四一八有传。

临池亭记

元戴表元撰。大德五年(1301)撰。

此碑已不存,文收入于戴氏《剡源集》卷一。《雍正浙江通志》卷四五古迹及《乾隆绍兴府志》卷七二古迹志二均引及。《越中金石目》卷下阙访存目。按《嘉庆山阴县志》卷七:"临池亭,右军祠塾之别业也。"

三友亭记

元王宥撰。

此文收入于《康熙会稽县志(王志)》卷二城池志。按三友亭在会稽县署。撰者,字敬助,元末明初山阴人。

三友亭记

明吴珍撰。成化十五年(1479)撰。

此文收入于《康熙会稽县志(王志)》卷二城池志。撰者,成化会稽知县。

重建窆石亭记

明韩阳撰。天顺六年(1462)撰。

此文收入于《康熙会稽县志(王志)》卷五古迹志及《乾隆绍兴府志》卷七二古迹志二。《雍正浙江通志》卷二五七碑碣三著录作《窆石亭记》。按《万历会稽县志》卷十五古迹:"窆石亭在禹庙之左。"撰者,字伯阳,曾任广东左布政使。

光化亭记

明刘昺撰。嘉靖十年(1531)撰。

此文收入于《康熙山阴县志》卷三署廨志。《雍正浙江通志》卷二五七碑碣三存目。按光化亭在卧龙山,《嘉庆山阴县志》卷五云:"亭三间。东西耳房各三间,嘉靖十年,知县刘昺建,有《光化亭记》。"撰者,字晋初,号望岑,凤阳人,嘉靖进士(驿按,《弘治中都志》卷五作嘉靖戊子进士,《嘉靖山阴县志》卷十二作嘉靖己丑进士),会稽知县,《乾隆凤阳县志》卷十乡贤上有传。

重修兼山亭记

清范其铸撰。康熙二十年(1681)撰。

此文收入于《康熙绍兴府志(王志、俞志)》卷九古迹志一,《雍正山阴县志》卷六古迹志,《乾隆绍兴府志》卷七二古迹志二。文记绍兴知府重修兼山亭事。按《嘉庆山阴县志》卷七:"兼山亭在蕺山巅,明嘉靖十五年,知府汤绍恩、推官陈让建,岁久废,国朝康熙二十年,知府王之宾重建。"撰者,字东岩,汉阳人,顺治戊戌进士,康熙十九年出任山阴知县,《嘉庆山阴县志》卷十二名宦有传。

重修兼山亭记

清杨诩撰。康熙二十年(1681)撰。

此文收入于《雍正山阴县志》卷六古迹志,文记绍兴知府王之宾重修蕺山兼山亭事。参见范其铸《重修兼山亭记》考录。撰者事迹不详。

绿橘亭记

唐颜真卿撰。大历十二年(777)撰。

此碑已亡,文亦失传。《嘉泰会稽志》卷一子城通判北厅条云:"桂堂在便厅之南,吴兴施宿所建,今存袁尚书起岩书其扁,又有绿橘亭,亭记颜春公所书,事见碑刻,今亭与石皆不存。"卷十六碑刻康希铣残碑条云:"大历十二年,颜真卿撰并正书,旧在山阴离渚,今在府治厅壁,通判事施宿又得二十余字于民间,并陷真焉。"杜春生《越中金石目》卷下阙访存目,不著撰人姓氏,唐颜真卿书。

阳春台碑记

清李铎撰。康熙二十九年(1690)撰。

此碑已不存,文收入于《康熙绍兴府志(李志)》卷三署廨志。按阳春台在五云门外,亦称散花亭。《越绝书》卷八云:"山阴古水道,出东郭,从郡阳春亭,去县五十里。"阳春台亦即阳春亭。

阳春台记

清王风采撰。康熙二十九年(1690)撰。

此文收入于《康熙绍兴府志(李志)》卷三署廨志。参见李铎《阳春台碑记》考录。

柱飞翼楼记

宋汪纲撰。嘉定十五年(1222)撰。

此文收入于宋祝穆《方舆胜览》卷六,明何镗《古今游名山记》卷十下。明慎蒙《古今名山诸胜一览记》卷四收入此文作《飞翼楼记》。按《宝庆会稽续志》卷一府廨云:"望海亭在卧龙之西,不知始于何时,……昔范蠡作飞翼楼以压强吴,此亭即其址也。"又云:"嘉定十五年,汪纲重修。"参见刁约《望海亭记》考录。

横碧楼记

明刘基撰。

此文收入于刘氏《诚意伯文集》卷五。按横碧楼在柯桥镇灵秘寺。

翠微楼记

明王英撰。

此文收入于《会稽偁山章氏家乘汇集》卷六及《绍兴史迹风土丛谈》第十四册。按翠微楼在郡城东北五十里道墟章氏宅。撰者,临川人,宣德三年进士,《明史》卷一五二有传。

勅书楼记

明商辂撰。正统八年(1443)撰。

此文不见。《康熙山阴县志》卷六古迹志云:"勅书楼,明正统八年为旌高宗渭好义而建,翰林修撰商辂有记。"撰者,字宏载,淳安人,正统乙丑状元,《明史》卷一七六有传,《乾隆淳安县志》卷九名臣载其行迹。

宜中楼记

明许东望撰。嘉靖二十年(1541)撰。

此文收入于《康熙山阴县志》卷三署廨志。按宜中楼在卧龙山麓,《嘉庆山阴县志》卷五县治条云:"嘉靖二十年,知县许东望移置于寝前厅,后曰宜中楼,有记。"撰者事迹参见《嘉靖山阴县志》考录。

逍遥楼记

明朱赓撰。

此文收入于《康熙山阴县志》卷六古迹志,《嘉庆山阴县志》卷二八艺文上。按《乾隆绍兴府志》卷三地理志三龟山条云:"山下有明朱文懿赓逍遥楼故址。"《嘉庆山阴县志》卷七古迹云:"逍遥楼在龟山下,明大学士朱赓读书处。"撰者,字少钦,号金庭,山阴人,隆庆戊辰进士,《明史》卷二一九有传。

曲水阁诗序

宋唐询撰。景祐四年(1037)撰。

此文收入于《会稽掇英总集》卷二,又《宝庆会稽续志》卷一西园条引及。按曲水阁在西园,《明一统志》卷四五绍兴府古迹西园条云:"在府治西,郡守蒋堂置,中有曲水阁。"参见齐唐《西园记》考录。撰者,字彦猷,钱塘人,仁宗时知杭州军,《宋史》卷三〇三有传。

蓬莱阁诗序

宋章楶撰。元祐二年(1087)撰。

此文收入于《万历绍兴府志》卷三署廨志。《宝庆会稽续志》卷一府廨蓬莱阁条云:"蓬莱阁在设厅后卧龙山之下,昔章楶作《蓬莱阁诗序》云:不知谁氏创始。按阁乃吴越钱镠所建,楶偶不知尔。……自元祐戊辰,章楶修之。"撰者,字质夫,浦城人,元祐二年至三年知越州军,《宋史》卷三二八有传。

蓬莱阁记

宋汪纲撰。嘉定十五年(1222)撰。

此文收入于《宝庆会稽续志》卷一府廨。《宝庆续志》云:"汪纲复修,纲自记岁月于柱云。"参见章楶《蓬莱阁诗序》考录。

松风阁记

元戴表元撰。

此文收入于戴氏《剡源集》卷三及《乾隆绍兴府志》卷七一。《嘉庆山阴县志》卷七云:"松风阁,戴表元记云:山阴王德玉居州城东隅,因台池之秀,林丘之胜,横俯之以为阁,名之以松风。"

松风阁记

明刘基撰。

此文,至正十五年(1355)七月九日撰,收入于《诚意伯文集》卷五,《古今游名山记》卷十下,《天下名山诸胜一览记》卷四,《绍兴史迹风土丛谈》第八册。据刘基《活水源记》云:"灵峰之山,其上曰金鸡峰,……善鸣寺居山中,四面环之,前曰陶山,华阳外史宏景之所隐居;其东南曰日铸峰,欧冶子之所铸剑也;寺之后薄崖石有阁曰松风,奎上人居之。"故此文所记之松风阁在云门金鸡峰善鸣寺,与戴表元所撰松风阁之在郡城内者不同。

松风阁记

明刘基撰。

此文,至正十五年(1355)七月二十三日撰,收入于《诚意伯文集》卷五,文系撰者对云门松风阁之续记。

稽山阁赋

宋程大昌撰。

此文已佚。《宝庆会稽续志》卷二提刑司稽山阁条云:"其址即火珠山也,有乾道中程大昌赋,刻梓揭于梁间。"撰者,字泰之,休宁人,绍兴进士,曾于乾道五年至七年任浙东提刑使,《宋史》卷四三三有传。

镇东阁碑记

清李铎撰。康熙二十九年(1690)撰。

此文收入于《康熙绍兴府志(李志)》卷三署廨志。按《嘉庆山阴县志》卷七古迹云:"镇东阁在县治北一里,即旧子城之镇东门,吴越王钱镠时改名镇东军门,宋、元以来名镇东阁。明嘉靖元年毁,四年知府南大吉重建;国朝康熙二十五年复灾,二十九年知府李铎又建。……高五丈四尺六寸,东西进深四丈六尺,南北宽八丈六尺,阁上有大铜钟,明洪武十年铸,即能仁寺钟也,今钟上铭文年月尚存,声闻数十里。"

镇东阁碑记

清卢纬撰。康熙二十九年(1690)撰。

此文收入于《康熙绍兴府志(李志)》卷三署廨志。文记知府李铎重修镇东阁事,参见李铎《镇东阁碑记》考录。撰者,字织圃,号芸浦,黄安人,康熙举人,康熙二十七年山阴知县,《同治黄安县志》卷八儒林有传。其传略云:"诸如镇东阁、望海亭、三江闸、禹陵、南镇皆次第维新。"所指即此。但禹陵、南镇,均在会稽县境内,不关山阴知县职司,而三江闸位于山阴、会稽二县之间,事关一府,山、会知县从未闻独立承修之事。故《黄安县志》所记,于事实不尽相符。

镇东阁铭

清胡天游撰。

此文收入于胡氏《石笥山房文集》卷四。参见李铎《镇东阁碑记》考录。撰者事迹参见《柯西石宕记》考录。

镇东阁记

清章大来撰。

此文收入于《康熙绍兴府志(李志)》卷三署廨志及《乾隆绍兴府志》卷七一古迹志一。撰者事迹参见《墟中十八咏》考录。

书香阁记

清虞敬道撰。

此文收入于《雍正山阴县志》卷六古迹志。按《嘉庆山阴县志》卷七古迹云:"书香阁在县西南三里小隐山,尤溪令虞敬道别墅。"撰者见《嘉庆山阴县志》卷十选举二附仕籍。

快阁

清张钜撰。

此文收入于张氏《半窝日记》,收辑于《绍兴史迹风土丛谈》第二十三册。文略云:

"放翁致仕后迁居快阁,在绍兴郡城常禧门外。"按《嘉庆山阴县志》卷七:"快阁在西门外,宋陆放翁建,国朝乾隆间任应烈重建。"

清白堂记

宋范仲淹撰。宝元二年(1039)撰。

此文收入于《会稽掇英总集》卷十九,《嘉泰会稽志》卷一,《方舆胜览》卷六,《嘉靖浙江通志》卷九,《万历绍兴府志》卷三,《雍正浙江通志》卷二六〇艺文二,《乾隆绍兴府志》卷七十一等,《雍正山阴县志》卷六亦收入此文,但题作《清白泉亭记》。按《宝庆会稽续志》卷一:"清白堂在蓬莱阁之西,卧龙山之足,康定中,范仲淹所作。按仲淹《堂记》云:获废井泉,色清而白,因命其堂曰清白。"《续志》所云康定中,因康定仅一年,故为康定元年,较他书所载晚一年,不知所据为何。撰者,字希文,苏州人,宝元二年至康定元年知越州军,《宋史》卷三一四有传。

井仪堂记

宋钱伯通撰。嘉祐六年(1061)撰。

此碑已不存,文收入于《会稽掇英总集》卷十九,《万历绍兴府志》卷三,《乾隆绍兴府志》卷七一等。又节收于《康熙绍兴府志(王志、李志、俞志)》卷三。《越中金石目》卷下阙访存目。此文,《雍正浙江通志》卷四四作钱公辅撰。按钱公辅,据《游小隐山叙》,系皇祐三年越州通判,相去十年,郡守已五易其人,故二钱未必是一人。但《嘉泰会稽志》卷一云:"钱公辅有《井仪堂记》。"卷十八又云:"井仪堂,钱伯通撰记。"是则又疑公辅为伯通之号。按井仪堂据《嘉泰志》卷十八:"堂在蓬莱阁之上,望海亭之下,西楼其左,西园其右,成于嘉祐六年,主人刁公景纯也。"刁景纯即刁约,参见《望海亭记》考录。

大雅堂记

宋沈山撰。

此碑已亡,文亦失传。《乾隆绍兴府志》卷七一古迹志一著录,《越中金石目》卷下阙访存目。《嘉庆山阴县志》卷七古迹云:"大雅堂在山阴尉廨,绍兴中,尉沈山作记。"故知撰者为绍兴中山阴县尉,事迹无考。

澄清堂记

宋倪思撰。

此文已佚。《宝庆会稽续志》卷二澄清堂条云：“有淳熙中倪思所撰堂记。”按澄清堂属提刑司,在府治之东。撰者,字正甫,归安人,乾道二年进士,《宋史》卷三九八有传。

世綵堂记

宋史定之撰。

此文已佚。《宝庆会稽续志》卷三云：“通判南厅倅史文卿创世綵堂,其父定之时为江东仓使,有记载其事。”按世綵堂属通判厅,在府治之东。

贤牧堂记

宋袁燮撰。嘉定十四年(1221)撰。

此文已佚。仅见《万历绍兴府志》卷三引及。《宝庆会稽续志》卷一府廨云：“贤牧堂在清白之侧,旧以祀范文正公,……嘉定十四年,袁燮作记,汪纲重创。”《嘉泰会稽志》卷一府廨贤牧堂条云：“以记考之,当是清白亭故址。”所云亦即袁燮记。撰者,字叔和,鄞人,《宋史》卷四〇〇有传。

爽气堂柱记

宋汪纲撰。

此文不见。《宝庆会稽续志》卷三千秋鸿禧观条引及。《宝庆续志》云：“爽气堂,纲有刻字留柱间。”按爽气堂在千秋鸿禧观,位于会稽县东南五里。

柱镇越堂记

宋汪纲撰。嘉定十五年(1222)撰。

此文收入于宋祝穆《方舆胜览》卷六,明何镗《古今游名山记》卷十下,《万历绍兴府志》卷三,《康熙绍兴府志(张志、李志、俞志)》卷三等。《康熙绍兴府志(王志)》卷三及《乾隆绍兴府志》卷七一亦收入此文,但题作《镇越堂柱记》。《宝庆会稽续志》卷一府廨云：“镇越堂,汪纲创建,自记于柱。”按镇越堂在蓬莱阁下。

遂安堂记

明朱文渊撰。

此文收入于《水澄刘氏家谱》卷九及《雍正山阴县志》卷六古迹志。按《嘉庆山阴县志》卷七古迹：“遂安堂在县西二里。”撰者,字叔龙,山阴人,洪武间太学生。

遂安堂记

明司马恂撰。

此文收入于《水澄刘氏家谱》卷九。撰者,字恂如,正统举人,山阴人。

遂安堂记

明吴昉撰。

此文收入于《水澄刘氏家谱》卷九。撰者,永乐间府学贡生。

适安堂记

明王洪撰。

此文收入于《会稽偁山章氏家乘汇集》卷六及《绍兴史迹风土丛谈》第十四册。按适安堂在郡城东北五十里道墟章氏宅。撰者,字希范,钱塘人,洪武十三年进士,修《永乐大典》副总裁,《全浙诗话》卷二八及《雍正浙江通志》卷一七八人物六文苑一有传。

适安堂记

明解缙撰。

此文收入于《会稽偁山章氏家乘汇集》卷六。参见王洪《适安堂记》考录。撰者,字大绅,庐陵人,永乐十二年进士,修《永乐大典》总裁,《明史》卷一四七有传。

适安堂赋

明卢翰撰。

此文收入于《会稽偁山章氏家乘汇集》卷六。撰者,星渚人,永乐十二年进士。

适安堂赋

明罗汝敬撰。

此文收入于《会稽稱山章氏家乘汇集》卷六。撰者,文江人,永乐十二年进士。

适安堂赋

明吾绅撰。

此文收入于《会稽偁山章氏家乘汇集》卷六。撰者,三衢人,永乐十二年进士。但《康熙衢州府志》卷十八选举,仅记开化吾绅为建文四年举人。

适安堂歌有序

明王英撰。

此文收入于《会稽偁山章氏家乘汇集》卷六。撰者事迹参见《翠微楼记》考录。

适安堂歌有序

明曾棨撰。

此文收入于《会稽偁山章氏家乘汇集》卷六。撰者,庐陵人。

绿竹堂记

明余成撰。

此文收入于《康熙会稽县志(王志)》卷十三学校志。按绿竹堂在会稽县教谕衙。撰者,嘉靖中会稽县教谕。

镇越堂记

明陈汝璧撰。

此文未见。《康熙绍兴府志(李志、俞志)》卷三引及,《雍正浙江通志》卷二五七碑碣三著录。参见汪纲《柱镇越堂记》考录。撰者,沔阳人,字玉如,又字琢山,天启甲子副榜,曾任绍兴府推官,《嘉庆上虞县志》卷十人物五有传。

善士堂记

明张直撰。嘉靖二十七年(1548)撰。

此文收入于《山阴清溪徐氏宗谱》卷四。记略云:“吾邑之西南乡曰项里,自昔项羽避仇于吴中,复幽寻胜选以居于此,事平而后去,乡人遂以项名里。……以其山林之岑蔚而可以樵,溪流之渊深而可以渔,土地之肥沃而可以耕,筑室其中,披阅古书。”故善士堂在项里,为徐氏故居。撰者,绍兴人,号龙山居士。

三桂堂记

明杨荣撰。

此文收入于《会稽偁山章氏家乘汇集》卷六。按三桂堂在郡城东北五十里道墟章氏宅。撰者,建安人,正统元年进士。

三桂堂诗序

明王直撰。

此文收入于《会稽偶山章氏家乘汇集》卷六。撰者,泰和人,正统元年进士。

三桂堂赋有序

明金实撰。

此文收入于《会稽偶山章氏家乘汇集》卷六。撰者,三衢人。

三桂堂铭有序

明陈循撰。

此文收入于《会稽偶山章氏家乘汇集》卷六。撰者,庐陵人,永乐十三年状元。

十桂堂记

明王教撰。

此文收入于《会稽偶山章氏家乘汇集》卷六。按十桂堂在郡城东北 50 里道墟章氏宅。撰者,中川人,嘉靖二十年进士。

十桂堂记

明高公佐撰。

此文收入于《会稽偶山章氏家乘汇集》卷六。

十桂堂赋有序

明康正宗撰。

此文收入于《会稽偶山章氏家乘汇集》卷六。

密庵堂铭有序

明吴昉撰。

此文收入于《会稽偶山章氏家乘汇集》卷六。按密庵堂在郡城东北 50 里道墟章氏宅。

绣来堂记

清鲁德升撰。

　　此文收入于《康熙绍兴府志(王志)》卷三署廨志。文记康熙知府修绣来堂事。按绣来堂即镇越堂旧址。撰者,字敬侯,会稽人,康熙辛酉进士。

镇越堂序

　　清李铎撰。康熙二十八年(1689)撰。

　　此文收入于《康熙绍兴府志(李志)》卷三署廨志。文记康熙二十八年重修镇越堂事。参见汪纲《柱镇越堂记》考录。

镇越堂序

　　清卢纬撰,康熙二十八年(1689)撰。

　　此文收入于《康熙绍兴府志(李志)》卷三署廨志。文记康熙二十八年知府李铎重修镇越堂事。

闲桑堂记

　　此文收入于《雍正山阴县志》卷六古迹志。按闲桑堂在县西3里。撰者,字即山,山阴人,康熙庚戌进士,《嘉庆山阴县志》卷十五乡贤三有传。

百忍堂碑记

　　清李铎撰。

　　此碑已不存,文收入于《康熙绍兴府志(李志)》卷三署廨志。按百忍堂在府署二贤祠侧。

丰乐堂碑记

　　清李铎撰。康熙二十八年(1689)撰。

　　此碑已不存,文收入于《康熙绍兴府志(李志)》卷三署廨志。按丰乐堂在府治。

丰乐堂记

　　清王风采撰。康熙二十八年(1689)撰。

　　此文收入于《康熙绍兴府志(李志)》卷三署廨志。

凤来堂记

　　清周惟孝撰。

此文收入于《雍正山阴县志》卷六古迹志。按《嘉庆山阴县志》卷七古迹："凤来堂距县治三里，文学刘明宗建。"

怀仙堂记

清胡天游撰。

此文收入于胡氏《石笥山房文集》卷二及《雍正山阴县志》卷二八艺文上等。按怀仙堂在鉴湖。

清旷轩记

宋汪纲撰。嘉定十五年（1222）撰。

此文收入于《宝庆会稽续志》卷一府廨，《万历绍兴府志》卷三署廨志，《康熙绍兴府志（张志、王志、李志、俞志）》卷三署廨志等。按《宝庆续志》云："清旷轩在云壑之侧，嘉定十五年，汪纲自记于柱。"

鱼乐轩记

明刘基撰。

此文收入于《诚意伯文集》卷五及《雍正浙江通志》卷二六一艺文三等。按鱼乐轩在郡城永福寺。

活水轩记

明宋濂篆额，贝延臣记。

此碑已亡，文亦不传。《古今书刻》卷下浙江省绍兴府存目。活水轩在何处，无考。

听鹤轩记

明徐一夔撰。

此文不见，仅见《乾隆绍兴府志》卷七二古迹志二及《嘉庆山阴县志》卷七古迹节录。按听鹤轩在府城内小蓬莱山。

听雨轩记

清宗稷辰撰。

此文收入于宗氏《躬耻斋文抄》卷十一。按听雨轩在卧龙山北麓，为宗氏故居九曲山房西屋。

卧龙斋记

宋曾巩撰。

此文不见,《乾隆绍兴府志》卷七二古迹志二引及。按卧龙斋在通判北厅,《嘉泰会稽志》卷一子城通判北厅条云:"南丰先生悴越时,有卧龙斋。"《宝庆会稽续志》卷三云:"又筑一室,曰卧龙斋,以其檐俯卧龙之麓也,斋旁地形稍高爽,宜于观眺,湖山之胜,尽在目前。"按此文,曾氏《元丰类稿》不收,但《类稿》卷十二《序越州鉴湖图》文末云:"熙宁二年冬卧龙斋。"则卧龙斋确为南丰起居之处。撰者,字子固,南丰人,嘉祐二年进士,元丰中任越州通判,《宋史》卷三一九有传,并参见清姚范撰《南丰年谱》。

戢隐记

元戴表元撰。

此文收入于戴氏《剡源集》卷四,又《乾隆绍兴府志》卷七二古迹志二引及。按《乾隆府志》,戢隐斋在戢山之阳。

云壑柱记

宋汪纲撰。嘉定十五年(1222)撰。

此文收入于《宝庆会稽续志》卷一府廨,《万历绍兴府志》卷三署廨志,《康熙绍兴府志(张志)》卷三署廨志等。《宝庆续志》云:"云壑在卧龙山之东,汪纲创建,前有乔松甚古,纲自记于柱。"

居室记

宋陆游撰。庆元六年(1200)撰。

此文收入于《渭南文集》卷二〇,《万历绍兴府志》卷十古迹志二,《康熙绍兴府志(张志、王志、李志)》卷十古迹志,《嘉庆山阴县志》卷二八艺文上等。《嘉庆志》卷七古迹云:"陆放翁宅在三山,地名西村,宋宝谟阁待制陆游所居,山在城西九里鉴湖中,与徐、瓶鼎峙,有居室自记。"

书巢记

宋陆游撰。淳熙九年(1182)撰。

此文收入于《渭南文集》卷十八,《万历绍兴府志》卷十,《康熙绍兴府志(张志、王志、李志)》卷十,《雍正浙江通志》卷二六一艺文三,《乾隆绍兴府志》卷七一,《嘉庆山阴县志》卷二八艺文上等。《乾隆府志》云："陆放翁书巢，即陆游藏书处。"《嘉泰会稽志》卷十九云："越藏书有三家，曰左丞陆氏，尚书石氏，进士诸葛氏。"《嘉庆山阴县志》卷七云："陆氏书特全于放翁家，编目甚巨。"

西园诗巢复古记

清金以成撰。

此文收入于《嘉庆山阴县志》卷二一坛庙及民国铅印本《仓帝庙志》第 11 至 12 页。据《嘉庆志》卷七古迹云："诗巢在卧龙山上，即宋西园故址。"按诗巢创于明杨廉夫，祀杨及贺知章、秦系、方雄飞、陆放翁、徐渭六人，称为诗巢六君子。撰者，字补山，又字素存，会稽人，康熙戊戌进士，《全浙诗话》卷四八及《道光会稽县志稿》卷十九有传。

重修诗巢记

清宗稷辰撰。

此文收入于宗氏《躬耻斋文抄》卷十一。按诗巢指龙山诗巢，钱绳武有《龙山诗巢志略》记其详。

诗巢青可厂记

清社煦撰。

此文收入于民国铅印本《续仓帝庙志》第 3 页。记略云："巢右有隙地数弓焉，涤甫宗君谋诸社友，因岩架屋，辟牖栖云，娱吟眺于良朋，惬凭依于往哲，涤甫取放翁诗'山可一窗青'句，颜之曰青可厂。"参见《西园诗巢复古记》及《重修诗巢记》等文考录。涤甫即宗稷辰，事迹参见《阳明洞天游记》考录。撰者杜煦，原名元鼎，字春晖，号尺庄，山阴人，嘉庆十二年举人，《绍兴县志资料》第一辑第十五册人物列传有传。

诗巢青可厂补记

清宗稷辰撰。

此文收入于《续仓帝庙志》第 3 至 4 页。参见《诗巢青可厂记》考录。

王氏府第记

宋王英孙撰。咸淳五年（1269）撰。

此文收入于《乾隆绍兴府志》卷七一古迹志一及《道光会稽县志稿》卷十六古迹。按王氏府第即王希吕宅，王字仲行，宿州人，乾道五年进士，知绍兴府，后寓居绍兴，

《宋史》卷三八八有传。撰者,字才翁,又字脩竹,宋末元初会稽人,《全浙诗话》卷十八及《雍正浙江通志》卷一八八人物八义行中有传。

中峰书屋记

明董玘撰。正德十二年(1517)撰。

此文收入于董氏《中峰集》卷五。按中峰书屋在董氏故居东山。记略云:"予家近在山下,客至未尝不与游,然亦止于所谓两眺者,而未始知中峰之胜。"因记中又言及"丁丑之夏,蒙恩使告归。"故知文撰于正德丁丑。撰者事迹参见《登秦望山记》考录。

怪山书屋记

明董场撰。

此文收入于《雍正山阴县志》卷六古迹志。按《嘉庆山阴县志》卷七古迹:"怪山书屋在县南二里,虞衡周襄绪别业。"撰者事迹参见《儿山忆记》考录。

青藤书屋记

明董场撰。

此文收入于《康熙绍兴府志(俞志)》卷九古迹志一,《乾隆绍兴府志》卷七一古迹志一,《嘉庆山阴县志》卷二八艺文上等。文略云:"书屋在县南,有巷名观巷,右即其址,正德辛巳,徐山人生于是,青藤其所手植。山人生年七十有三,自癸巳后经今又九十一年,计兹藤为百四十余年物矣。"据《嘉庆山阴县志》卷七古迹云:"青藤书屋在旧府治东南一里许,前明徐渭故宅,郡人平午村笔记云:青藤者,木莲藤也,生于天池之旁,天池在观巷。"

青藤书屋赋

明陆韬撰。

此文收入于《雍正山阴县志》卷六古迹志及《嘉庆山阴县志》卷二八艺文上。参见董场《青藤书屋记》考录。清李慈铭《嘉庆山阴县志校记》云:"徐文长本无足深取,青藤书屋略志其迹可矣,此赋既然拙劣,其题其文皆不足存,削之为得。"

青藤书屋记

清钱伯华辑。

此文收入于《绍兴史迹风土丛谈》第七册。参见董场《青藤书屋记》考录。

观巷徐文长青藤书屋

清钱伯华辑。

此文收入于《绍兴史迹风土丛谈》第四册。参见董玚《青藤书屋记》考录。

重游南华馆记

清唐彪撰。康熙十年（1671）撰。

此文收入于《雍正山阴县志》卷六古迹志。按南华馆在郡城南三里，明张天复建。撰者，宁翼脩，兰溪人，康熙中会稽县训导，《嘉庆兰溪县志》卷十三上人物志文学有传。

航坞山居记

清陶元藻撰。

此文收入于陶氏《泊鸥山房集》卷四。参见胡钟生《航坞山居图记》考录。

镇塘殿前观潮

鲁迅撰。

此文撰于宣统二、三年间（1910 年至 1911 年），发表于绍兴《越社社刊》，原题周建人撰，但实为鲁迅所撰。周建人《绍兴光复前鲁迅的一小段事情》（《人民文学》1963 年 7、8 月合刊）述及。又周建人《鲁迅与自然科学》（《回忆鲁迅》第 50 页）提及："还有一次，我们一起到镇塘殿观海潮，潮过雨霁，鲁迅见芦塘中真有野菰，正开着紫花，他就踏进泥塘，采了几株，皮肤也让芦苇叶划破了。"此文即记此次观潮。撰者事迹参见《会稽山采植物记》考录。

三 水利类

水利考

明徐渭撰。

此文收入于《青藤书屋文集》卷十八,《万历会稽县志》卷八。自万历以来,历修绍兴府志及会稽县志多收入。文述山阴、会稽两县河川水利源流沿革,因全文实为撰者所纂《万历会稽县志》中之一篇,故于会稽县特详。撰者事迹参见《万历会稽县志》考录。

全越水利考

清章大来撰。

此文收入于章氏《后甲集》卷上。文略云:"越州水利之全,其载于志者颇详,惟嵊、新昌以溪为水库,余则枕江带海襟堤领闸,前贤蓄泄之功不可忘,而目前之利害有切要者,非仅如志所云也。"故此文所述多系撰者当时之水利,其地区范围包括绍兴府各邑。撰者事迹参见《墟中十八咏》考录。

戴琥水利碑

明戴琥立。成化十八年(1482)立。

此碑已不存,文收入于《乾隆绍兴府志》卷十四水利志一。所记山阴、会稽、萧山三县水利形势甚为详悉。《乾隆府志》云:"明太守戴公言水利最详,立碑于府署。"即此。立碑者戴琥,字廷节,浮梁人,举景泰庚午乡荐,成化中知绍兴府,《乾隆浮梁县志》卷八有传。

答熊再青知府书

清黄寿衮撰。

此文收入于宣统铅印本《小冲言事》卷一。日期作光绪二十五年,《黄补臣太史年略》却以此书作于光绪二十七年,当以《年略》为正。《年略》云:"知绍兴府志熊再青起磻,以三江尾闾不畅,辄辄咨询水利,府君答书谓山、会两县之水以西小江为西干,曹娥江为东干,而铜盘湖即为中干。凡平水七十二溪之水,皆由铜盘湖直泻而下,势甚劲直,可于宋家溇切近严浦庙之东,筑一三眼闸,借以宣泄中干汪洋之水而分三江闸之劳,可无不畅之患,得保田庐云云。语甚翔实,书在《小冲言事》中。"即指此书。此书末云:"当仿王凤生《浙西水利备考》之例,绘图贴说,谨作刍献。"但图未见。撰者事迹参见《陡亹八咏诗叙》考录。

鉴湖

宋蒋堂撰。

此文收入于《会稽掇英总集》卷三。文记鉴湖禁垦事。宋秦观《怀乐安蒋公唱和诗序》云:"前太守二卿乐安蒋公,……湖地沃衍,田于豪夺,为标于朝廷复之。"即指此事。撰者,字希鲁,宜兴人,景祐三年至四年知越州军,《宋史》卷二九八有传。

鉴湖杜杞题名

宋杜杞撰。庆历七年(1047)撰。

此碑已不存,文收入于杜春生《越中金石记》卷二。沈复粲《越中金石录》、《於越碑访录》及罗振玉《再续寰宇碑访录》卷下均存目。按杜杞,庆历中任转运使兵部员外郎,曾立水则于鉴湖,并题名曰:"时与司封郎中知州事陈亚,左班殿勾当检计余元,太常寺太祝知会稽县谢景温,权节度推官陈绎,同定水则于稽山之下,永为民利。"宋曾巩《序越州鉴湖图》云:"杜杞则谓盗湖为田者利在纵湖水,一雨则放声以动州县,而斗门辄发,故为之立石测水,一在五云桥,水深入八尺有五寸,会稽主之;一在跨湖桥,水深四尺有五寸,山阴主之。而斗门之钥使皆纳于州,水溢则遣官视测而谨其闭纵。"所云即此。杜杞,字伟长,无锡人,《宋史》卷三〇〇有传,《康熙无锡县志》卷十六记其行迹。

上傅崧卿太守书

宋陈槖撰。

此文收入于《嘉泰会稽志》卷十。宋以后历修绍兴府及山阴、会稽二县方志亦多收入。书言上虞夏盖湖围垦并引及越州鉴湖水利事。按傅崧卿,字子骏,山阴人,建炎四年知越州军,则陈书当撰于此时。陈槖,字德应,余姚人,政和戊戌进士,《宋史》卷三八八有传。

鉴湖说　　2 篇

宋王十朋撰。

此文分上下二篇,收入于《王忠文公全集》卷七。明、清以来,历修全省通志及绍兴府志,山阴、会稽县志亦大多收入。撰者于绍兴中任绍兴府签判,曾目睹鉴湖兴废,故有是作。撰者主张恢复鉴湖,反对围垦,故在文中提出:"越之有鉴湖,犹人之有肠胃。""盖鉴湖之开有三大利,废湖为田有三大害"等等。对当时主张鉴湖可以围垦者,则力加驳斥,文中言及:"政和末,有小人为州,内交权幸,专务应奉之计,遂建议废湖为田,岁输所入于京师,自是奸民豪族,公侵强据,无复忌惮,所谓鉴湖者,仅存其名。"此处所云"小人为州",当指政和知越州军王仲嶷,此王主张围垦鉴湖,其所见与王十朋不同。参见陈桥驿《古代鉴湖兴废与山会平原农田水利》。撰者事迹参见《会稽三赋》考录。

镜湖

宋熊克撰。

此文收入于《嘉泰会稽志》卷十三。《嘉泰志》引《中兴小历》云:"绍兴二十九年,上因同知枢密院王纶论沟洫利害云:'往年宰臣曾欲尽干鉴湖,云岁可得米十万石。'朕答云:若岁旱,无湖水引灌,即所损未必不过之,凡虑事须及远也。纶曰:贪目前之小利,忘经久之远图,最谋国之深戒。克所著当出于《日历》,则高宗圣训,因已著于简矣。"故知熊撰此文,当在绍兴二十九年(1159)以后。撰者,字子复,建阳人,绍兴进士,《宋史》卷四四五有传。

复鉴湖议

宋徐次铎撰。庆元二年(1196)撰。

此文收入于《嘉泰会稽志》卷十三。明、清以来,历修全省通志,绍兴府志,山阴、会稽县志等,大多收入此文。撰者于庆元时为会稽县尉,时鉴湖大部已遭围垦,徐力主复湖，故有是文。文略云："隆兴改元十一月，知府吴公芾因岁饥请于朝，取江衍所立石牌之外盗为田者尽复之，凡二百七十七顷四十四亩二角十二步，计工度量，先从禹庙后唐贺知章放生池开浚，百余日讫工，每岁期以农隙用工，至农务兴而罢。然次铎出人阡陌，询父老，面形势，度高卑，始知吴公未得复湖之要领。夫为高必因丘陵，为下必因川泽，岂有作陂湖不因高下之势而徒欲资畚锸以为功哉。马公惟知地势之所趋，横筑堤塘，障捍三十六源之水，故湖不劳而自成。历岁滋久，淤泥填塞之处诚或有之，然湖所以废为田者，非直以此也，盖以岁月弥远，湖塘既浸坏，斗门、闸、堰、诸私小沟固护不时，纵闭无节，湖水尽入江海而濒湖之民始得增高益卑而盗以为田。使其堤塘固，闸堰坚，斗门启闭及时，暗沟禁窒不通，则湖可坐复，民虽欲盗耕为尺寸田不可得也。"据此，则徐所持之复湖方法在增堤而不在疏浚。当时对此方法，亦有不同议论。曾巩《序越州鉴湖图》云："壅水使高，必败城郭。"徐文亦言及："又有援旧说而诘之曰：从子之说，不必浚湖使深，必须增堤使高，且惧堤高壅水，万一决溃，必败城郭，子将为之奈何，是又未知形势利害者也，夫水之湍急者，其地或隘不能容，于是有冲激决溢之患，今湖之水源不过三十六，而湖之广余三百里，以其地容其水，裕如也。况自水源所出，北抵于堤及城，远者四、五十里，近犹一、二十里，其水势固已平缓，于冲堤也何有。且堤之去汉如此其久，是必有亏无增，今诚筑堤增于高者二、三尺，计其势方与昔同，昔不虑其决，而今顾虑之，何哉？"此中详情，参见《古代鉴湖兴废与山会平原农田水利》。撰者，字文伯，又字仲友，东阳人，据《寰宇通志》卷二八金华府所载，为绍熙元年进士，《康熙金华府志》卷十六人物二有传。

鉴湖志

撰人不详。

此书已佚。明祁彪佳《祁忠敏公日记》戊寅八月十七日云："午后为陈长耀补寓园于《鉴湖志》内。"故书疑陈长耀所辑，而成书则在戊寅（1638）。陈长耀其人事迹无考。

镜湖记

明郑善夫撰。

此文收入于《康熙会稽县志（王志）》卷四山川志下及倪一桂《会稽志略》。撰者，字继之，号少谷，福州人，弘治进士，《明史》卷二八六有传。《雍正浙江通志》卷一九五寓贤下记其事迹。

狭獴湖避风塘记

撰人不详。

此文收入于《康熙山阴县志》卷十二水利志及《雍正山阴县志》卷十二水利志。文记明崇祯间会稽善士张贤臣筑狭獴湖避风塘事,石塘计长四千余丈。按《嘉泰会稽志》卷十八:"狭獴湖,镜湖之别派,字书有狭无獴,或云獴本徐字,传之讹也。"《万历绍兴府志》卷七山川志四:"狭獴湖在府城北十里,周围广十三余里,俗又呼为黄鳒湖,是舟楫往来之道。"张贤臣,号思溪,绍兴人,《乾隆绍兴府志》卷六十义行上有传。

浚河记

明王守仁撰。

此文收入于《王文成公全书》卷二四、《康熙绍兴府志(俞志)》卷七,《康熙山阴县志》卷十二,《康熙会稽县志(吕志、王志)》卷四,《雍正浙江通志》卷二六二艺文四,《雍正山阴县志》卷十二,《道光会稽县志稿》卷六等。《万历绍兴府志》卷十七亦收入此文,但题作《南守开府河记》。文略云:"越人以舟楫为舆马,滨河而廛者,皆巨室也,日规月筑,水道淤溢,畜泄既亡,旱涝频仍,商旅日争于途,至有斗而死者矣。南子乃决沮障,复旧防,去豪商之壅,削势家之侵。……既而舟楫通,利行旅,欢呼络绎。是秋大旱,江河龟坼,越人之收获输载如常;明年大水,民居免于垫溺,远近称忭。"文中"南子"指绍兴知府南大吉,按南,嘉靖二年知绍兴府,则王文之撰当在此稍后。撰者,字伯安,本籍山阴,迁居余姚,弘治己未进士,尝筑室于会稽县南阳明洞,故自号阳明。《明史》卷一九五有传,并参见明王畿撰《王文成公年谱》。

浚学河记

明季本撰。

此文收入于《万历绍兴府志》卷七,《康熙绍兴府志(俞志)》卷三,《康熙会稽县志(王志)》卷四,《道光会稽县志稿》卷六等。撰者,字明德,会稽人,正德丁丑进士,参见明徐渭《季先生祠堂碑》考录。

浚上灶溪记

明沈宏道撰。

此文收入于《康熙会稽县志(吕志、王志)》卷四,《雍正浙江通志》卷五七,《道光会稽县志稿》卷六等。文内述及:"嘉靖三载,南侯浚城河,浚运渠、浚堰、浚浦,遂浚川二百余里。"此处"南侯"指知府南大吉,故《康熙绍兴府志(张志、俞志)》卷十六及《乾隆绍兴府志》卷十四所收此文均作《南公浚上灶溪本末》。文内所云"浚城河、浚运渠"事,参见王守仁《浚河记》考录。按《万历绍兴府志》卷三:"上灶溪在府城东南二十里。"撰者,字伯元,会稽人,正德进士,《道光会稽县志稿》卷十八人物宦迹有传。

疏通市河呈子

明张岱撰。崇祯七年(1634)撰。

此文收入于张氏《琅嬛文集》卷五。文中述及:"府城南利植门至北昌安门市河一带,中分两县,直达三江口,吸万壑千溪,由肠胃、腹心而脉归尾闾。"按自利植门至昌安门之南北河道,即市河,又称府河,其两岸为山阴、会稽二邑之主要街道,历史上在运输、给水、消防等方面关系重大,嘉靖初,知府南大吉曾主持疏浚(参见《浚河记》考录),而张岱在崇祯中又作疏通之呈。撰者事迹参见《癸丑兰亭修禊檄》考录。

贻绍兴太守张椿山书

清蒋士铨撰。

此文收入于蒋氏《忠雅堂文集》卷八。文略云:"越郡为泽国,城中河流纵横,界画若棋局,其阔处可并三艇,狭处仅容舟。自昌安门入由斜桥至小江桥数十武为城河孔道,两岸列市肆,货船填集,载者卸者鳞鳞然,而舟往来如激箭,每壅阻竟日不能通。究其弊,则曰白篷空船叠泊不散,以致阗塞。……惟饬一诚实小官。查丈附近河身,有稍宽者押令空船分泊各岸,不得聚此一处,严禁叠泊,仍不时往查,犯者杖船侩、总甲及船户,又立禁碑,大书深嵌小江桥下,永垂厉禁。"参见《浚河记》、《疏通市河呈子》等文考录。撰者事迹参见《省园记》考录,按撰者乾隆中曾主讲蕺山书院,在绍兴所撰各文当在此时。

毁水阁记

清韩矩撰。

此文收入于《康熙绍兴府志(俞志)》卷十六,《乾隆绍兴府志》卷十四。文记知府俞卿拆毁城河(即市河)水阁始末。按市河狭窄,西傍山阴县前街,东傍会稽县后街,屋宇栉比,人烟稠密,前后二街商肆民居,辄悬河建造水阁,横亘河上,构通居屋,甚为舟楫往来之碍,故有是举。

禁造城河水阁碑

清俞卿立。康熙五十四年(1715)立。

此碑已不存,文收入于《康熙绍兴府志(俞志)》卷十六,《乾隆绍兴府志》卷十四及《道光会稽县志稿》卷六。《雍正浙江通志》卷五七水利六府河条云:"康熙五十二年,知府俞卿令民开浚,深必三尺,广必及两岸,始于各城门鳞次递进,以一里为程,不一月工竣。五十四年又尽撤城中水阁,恐久而渐弛,乃琢石碑二,一立于仪门下,一立于江桥张神祠。"《乾隆绍兴府志》卷十四水利志一云:"按城河即府河,在府东一里,跨山、会界,市民居货者,架水阁于河上,为便房密室,康熙五十四年,知府俞卿下令尽撤之。"参见《毁水阁记》考录。俞卿事迹参见《康熙绍兴府志(俞志)》考录。

禁造水阁条规

撰者不详。

此条规收入于《道光会稽县志稿》卷六水利。条规当订于康熙知府俞卿之时。参见《毁水阁记》及《禁造城河水阁碑》等文考录。

禁造城河水阁示

清李亨特立。乾隆五十七年(1792)立。

此碑已不存,文收入于《乾隆绍兴府志》卷十四水利志一,《道光会稽县志稿》卷六水利。《乾隆府志》云:"日久禁弛,复有架阁于河者,乾隆五十七年正月,知府李亨特复出示拆毁。"参见《毁水阁记》、《禁造城河水阁碑》等文考录。李亨特事迹参见《乾隆绍兴府志》考录。

三江考

明张元忭撰。

此文收入于《万历绍兴府志》卷七,《雍正浙江通志》卷二六七艺文九,清翟均廉《海塘录》艺文四等。按三江在郡城北,滨浙江,为浦阳、曹娥二江入浙江处。参见《三江志略》、《三江所志》等考录。张文考证浦阳、曹娥二江源流沿革甚详,但其中亦不无牵强之论,清范本礼《吴疆域图说》卷下云:"张元忭谓即山阴柯桥之水,则益谬之甚者。"即指此文而言。撰者事迹参见《万历绍兴府志》考录。

三江考

清毛奇龄撰。

此文收入于毛氏《西河合集》本《萧山县志刊误》,翟均廉《海塘录》艺文四,《小方壶斋舆地丛钞》第四帙等。文述绍兴三江源流沿革。撰者事迹参见《会稽县志总论序》考录。

浦阳江记

清全祖望撰。

此文收入于全氏《鲒埼亭集》卷三〇，又收入于《小方壶斋舆地丛钞》第四帙等。按浦阳江实即钱清江上游，即《嘉庆山阴县志》卷四所云："钱清江在县西五十里，按旧志即浦阳江。"后因明代麻溪坝的修建与碛堰的开启而与钱清江隔绝，径碛堰由萧山渔浦注入浙江。历史上亦有以浦阳江即曹娥江者，首见于《水经注》卷四〇《浙江水注》："浦阳江又东北径始宁县，本上虞之南乡也。……亦谓是水为上虞江。"又《通鉴》卷一三六齐纪二武帝永明四年。"又遣其将孙泓寇山阴，渡浦阳江"胡注："浦阳江，即今之曹娥江也，水发剡溪，皆西流，至曹娥镇始折而东流入海。"全氏此文，虽考证浦阳江源流甚详，但其结果仍墨守郦道元与胡三省之说，全氏云："曹娥为浦阳经流，无疑也。"全氏之说，不足信。

曹娥江志　　　八卷

清胡凤丹撰。光绪三年（1877）撰。

此书，《八千卷楼目》卷八史部地理类，威廉·施坚雅《浙江宁绍地区地方志目录》等著录，光绪退补斋刊本，今存。又收入于《绍兴县志资料》第一辑第六册。此书名为《曹娥江志》，而其实记曹娥江山川水利者甚少，主要为纂辑孝女曹娥及其庙宇沿革事迹。全书八卷之中，仅卷一古迹，记及曹娥江，卷二为纪实、金石、书目，卷三至卷八计六卷均为艺文，末大于本，此书较张元忭《云门志略》更甚。撰者，字月樵，永康人，曾官湖北道员，致仕后在杭州创设退补斋书局，刊书不少。

上绍兴知府请开疏聊江禀文

清陈渭堂等十六人禀。光绪二十□年撰。

此文收入于《绍兴县志资料》第一辑第十二册塘闸汇记。文略云："查聊江在舜、宣港之中，为会、上两邑宣泄之汇，其源则自新、嵊直冲而下，不逢阻隔，则畅行入海；断无溃决之虞。自同治五年前府宪李奉饬开疏后，至今三十余年，两岸沙有涨角三处，……亟宜赶紧疏通，以期水势通畅。"按聊江又称辽江，即道墟镇以北曹娥江下游。本文撰述时间，光绪二十之下残缺一字，但文内述及同治五年以后又 30 余年，而聊江随后于宣统三年疏浚完成，故其撰当在光绪二十年代之后期。

浚辽江始末记

清阮廷渠撰。宣统三年(1911)撰。

此文收入于《越州阮氏宗谱》卷二一。《绍兴县志资料》第一辑第十二册塘闸汇记亦收入此文,但题作《疏掘辽江始末记》。参见《上绍兴知府请开疏聊江禀文》考录。撰者,会稽人,时任东江塘水利会会长。

修会稽防海塘记

宋李益谦撰。隆兴二年(1164)撰。

此文收入于《嘉泰会稽志》卷十、堤塘及《两浙海塘通志》卷三。明清以来,历修绍兴府志及会稽县志大多收入。杜春生《越中金石目》卷下阙访存目。《雍正浙江通志》卷二五七碑碣三存目作《防海塘记》。《嘉泰志》卷十云:"称浦塘在县东四十里,《唐地理志》云:会稽东北四十里有防海塘,自上虞抵山阴百余里以蓄水溉田,开元十年,令李俊之增修;大历十年,观察使皇甫温,大和六年,令李左次又增修之。隆兴中,吴给事芾重加浚叠,李益谦撰记。"撰者事迹无考。

绍兴府新置二庄记

宋叶适撰,嘉定八年(1215)撰。

此碑原在府学宫明伦堂,现已不存。文收入于叶氏《水心集》卷十,阮元《两浙金石志》卷十一,杜春生《越中金石记》卷四,《雍正浙江通志》卷二六一艺文三,《乾隆绍兴府志》卷七六金石志二,《绍兴县志资料》第一辑第四册等。又沈复粲《越中金石录》及《於越碑访录》存目。文记郡守赵彦倓修海塘事。撰者,字正则,永嘉人,淳熙五年进士,《宋史》卷四三四有传。

俞公塘记事

清陈绂撰。康熙五十六年(1717)撰。

此文收入于《康熙绍兴府志(俞志)》卷十七,《乾隆绍兴府志》卷十六,《嘉庆山阴县志》卷二〇。文记康熙五十六年知府俞卿修山阴海塘事。撰者,山阴人,康熙乙酉举人。

山阴海塘碑记

清俞卿立。康熙五十六年(1717)立。

此文收入于《乾隆绍兴府志》卷十六水利志三。《康熙绍兴府志(俞志)》卷十七亦收入此文,但题作《知府俞卿碑记》。文记康熙五十六年修山阴海塘事。《民国陆良县志》卷五宦迹俞卿条云："三江闸溃,设法重修,扩二洞以泻水,利济山、萧二邑;筑山阴、会稽、上虞三海塘二万余丈,易土以石,为万世利。"所指即此。

会稽海塘碑记

清俞卿立。雍正元年(1723)立。

此文收入于《乾隆绍兴府志》卷十六水利志三。《康熙绍兴府志(俞志)》卷十七亦收入此文,但题作《知府俞卿碑记》。文记康熙六十一年修会稽海塘事。

会稽邑侯张公捍海塘纪事碑

清任浚撰。雍正七年(1729)撰。

此碑已不存,文收入于《绍兴县志资料》第一辑第十二册塘闸汇记。邑侯张公指雍正会稽知县张我观,字昭化,山西太平人。

蛏江石塘颂德碑

不著撰者姓氏。乾隆二年(1737)立。

此碑已不存,文收入于《绍兴县志资料》第一辑第十二册塘闸汇记。按蛏江在会稽县蛏浦,滨曹娥江口,在郡城东北50余里。

筑塞小金塘桥洞碑文

清王世安撰。康熙六年(1667)撰。

此碑已不存。文收入于《绍兴县志资料》第一辑第十二册塘闸汇记。文略云："塘以内谓之民田,塘以外谓之灶地,民田种禾输粮,灶地拥晒办课,民灶迥别,塘界悠分,……不谙灶例,作称升课,将沙地私垦一千四百余亩,不纳民粮,不当民差,胆将千古老塘,东西开挖,上建高桥,下立绳堤,内河掘通。"按小金塘即小金团,亦作哨唵,在郡城东北50余里,参见《钦定重修两浙盐法志》卷二图说东江场图。康熙时,塘外涨沙扩大,老沙垦为农田,塘闸改为桥梁,塘内外所见不同,致有是举。撰者王安世,时任会稽知县。

小金塘记

清赵骥撰。康熙五年(1666)撰。

此文收入于《康熙会稽县志(王志)》卷四山川志下。

文记康熙五年修会稽小金塘事。塘在小金(或作哨唵)以北,濒曹娥江口。按《筑

塞小金塘桥洞碑文》云："本县遵即转委粮衙赵骥,亲诣小金团地方,拨夫筑塞。"参见
该文考录。撰者,贡生,康熙中会稽县丞。

致潘良骏论塘工书

清徐树兰撰。

此文撰于光绪间,收入于《绍兴县志资料》第一辑第十二册塘闸汇记。撰者,字仲
凡,号检庵,会稽人,光绪甲子举人,古越藏书楼创办人,《绍兴县志资料》第一辑第十
六册人物列传有传。

呈缴塘闸经费文

清徐树兰撰。光绪二十三年(1897)撰。

此文收入于《绍兴县志资料》第一辑第十二册塘闸汇记。

绍兴知府溥禀复浙抚札查西北两塘工程及经费文

此文复于宣统二年(1910),收入于《绍兴县志资料》第一辑第十二册塘闸汇记。

重建西江塘记

明吴鼎撰。

此文收入于《乾隆萧山县志》卷十三水利下。文记嘉靖十八年大水坏西江塘后修
复事。撰者,武林人,曾官兵部员外郎。

西江塘记

明温纯撰。

此文收入于《两浙海塘通志》卷十八江塘。文记万历中绍兴知府萧良干、萧山县
令刘会修西江塘事。

与郑道尊论筑西江塘书

明余煌撰。崇祯十五年(1642)撰。

此文收入于《余忠节公遗文》(《越中文献辑存书》卷十)。书略云:"萧塘一日不
完,则三县之忧一日未释。"此处萧塘指萧山境内之西江塘。郑道尊指福建侯官人郑
瑄,崇祯十四年起曾任浙江参议。

西江塘议

清周之冕撰

此文收入于《乾隆萧山县志》卷十三水利下,《两浙海塘通志》卷十八江塘,《民国萧山县志稿》卷三水利。文记康熙四年大修西江塘事。撰者,萧山人,字文伯,《乾隆萧山县志》卷二五人物三有传。

急筑西江塘患缺议

清来鸿雯撰。

此文收入于《乾隆萧山县志》卷十三水利下。文记康熙十三年灾后修复西江塘事。撰者,字羽上,萧山人,《乾隆萧山县志》卷二五人物三有传。

大修西江塘记

清来鸿雯撰。

此文收入于《乾隆萧山县志》卷十三水利下。参见《急筑西江塘患缺议》考录。

赵公塘碑

清王增撰。

此文收入于《嘉庆山阴县志》卷二〇。文记乾隆四十一年山阴县令赵思恭修西江塘事。按西江塘沿西小江(钱清江)而筑,自萧山入山阴。

西江塘霤洞议

清张文瑞撰。

此文收入于《乾隆绍兴府志》卷十四水利志一,《乾隆萧山县志》卷十三水利下,《民国萧山县志稿》卷三水利。撰者曾于雍正十三年编成《萧山水利》三集,此文亦即该书中之一篇。撰者,字云表,号六湖,萧山人,《全浙诗话》卷四六及《乾隆萧山县志》卷二五人物三有传。

与绍兴知府俞卿论西江塘塘工书

清赵文壁撰。

此文收入于《绍兴县志资料》第一辑第十二册塘闸汇记。按俞卿康熙末年知绍兴府,书当撰于此时。

两浙巡抚金公重修西江塘记

清毛奇龄撰。康熙二十六年（1687）撰。

此文收入于毛氏《西河合集》碑记六，《乾隆萧山县志》卷十三水利下，《绍兴县志资料》第一辑第十二册塘闸汇记。巡抚金公指康熙二十五年浙江巡抚金鋐，字冶公，宛平人，顺治壬辰进士，曾重修西江塘。

西江备塘记

清张文瑞撰。

此文收入于《乾隆萧山县志》卷十三水利下及《民国萧山县志稿》卷三水利，亦为张氏《萧山水利》中之一篇。

修西江塘税亩图说

清张文瑞撰。乾隆二年（1737）撰。

此文收入于《民国萧山县志稿》卷三水利。文末云：“凡六十八图，皆得西江塘之利而按亩以税者也。”故其文系记载沿西江塘各都图征税以修塘事。

闸务全书　　2 卷

清程鹤寿辑著，程式昭汇编。康熙二十三年（1684）编。

此书，《乾隆绍兴府志》卷七七著录。又《振绮堂书目》卷三史类地志著录作《三江闸务全书》。其书主要系搜集嘉靖建闸以来各种碑记及修闸成规条例等，但其中亦有一部分为程氏有关塘闸水利之著述，故书称辑著。卷首有李元坤、姚启圣等序，并附图二幅，《汤神事实录》一卷。此书，康熙蠡城漱玉斋刊本及咸丰介眉堂刊本均存。又有康熙抄本，绍兴鲁迅图书馆收藏。此外，闸务全书序文一篇，又收入于张应鳌等编《江城文献》。此书辑著者程鹤寿，字鸣九，明末诸生，世居三江，《江城文献》儒林有传。编者程式昭，系辑著者之子。

闸务全书续刻　　4 卷

清平衡辑。

此书稀见。绍兴鲁迅图书馆善本部藏有咸丰刊本，计两册，共四卷。大小版式均与《闸务全书》同。浙江图书馆藏有抄本一部。此书第一册为卷一，系图说碑记；第二册为卷二、三、四，各为修闸备览、修闸补遗、修闸事宜。除卷一外，各卷正文以前，均冠以辑者平衡所撰序文一篇。此书辑者平衡，生平事迹不详。

新建三江塘闸碑记

明陶谐撰。嘉靖十八年(1539)撰。

此文收入于绍兴鲁迅图书馆所藏抄本《陶庄敏公文集》卷七。《闸务全书》卷上及顾炎武《天下郡国利病书》卷八五、浙江三所收此文题作《塘闸碑记》。历来《绍兴府志》及山阴、会稽二县县志,亦多收入此文,但文题往往不同,例如《康熙山阴县志》卷十二及《康熙会稽县志(王志)》卷十二均作《陶谐记》,《雍正浙江通志》卷五七作《建三江应宿闸记》,《乾隆绍兴府志》卷十四作《闸记》,《嘉庆山阴县志》卷二〇作《三江闸纪略》等。因原碑已不存,无从核对,当以陶氏文集为正。按三江闸开工于嘉靖十五年,完工于嘉靖十六年(1537)。故此碑为建闸后最早的碑碣之一。

三江闸见行事宜

明萧良干撰。万历十二年(1584)撰。

此文收入于《万历绍兴府志》卷十七,《康熙绍兴府志(张志、王志、李志、俞志)》卷十七,《康熙山阴县志》卷十二,《雍正浙江通志》卷五七,《雍正山阴县志》卷十二,《乾隆绍兴府志》卷十四,《道光会稽县志稿》卷六,《绍兴史迹风土丛谈》第二十册等。《闸务全书》卷上亦收入此文,但题作《萧公大闸事宜条例》。按撰者于万历十一年起任绍兴知府,主持三江建闸以来的第一次大修,故有是文。文内定有关于大闸之蓄水、保养、修理等条例计八条。《嘉庆泾县志》卷十八儒林萧良干传云:"累迁绍兴知府,修三江闸,筑海塘。"所指即此。

重修三江应宿闸记

明张元忭撰。万历十二年(1584)撰。

此碑已不存,文收入于《万历绍兴府志》卷十七,《康熙绍兴府志(李志)》卷十七,《康熙山阴县志》卷十二,《雍正浙江通志》卷五七,《乾隆绍兴府志》卷十四,《道光会稽县志稿》卷六等。《康熙绍兴府志(张志、王志、俞志)》卷十七作《修闸记》,《雍正山阴县志》卷二〇作《修三江闸记》,《闸务全书》卷上作《修撰张公初修大闸碑记》,《绍兴史迹风土丛谈》第二十册作《应宿闸记》。文记知府萧良干于万历十二年修三江闸事迹,此为三江建闸以来的第一次大修。

闸记

明徐渭撰。

此文收入于《青藤书屋文集》卷二四。文记知府萧良干修三江闸事迹。参见《重修三江应宿闸记》考录。

重修三江闸碑记

明余煌撰。崇祯六年(1633)撰。

此文收入于《余忠节公遗文》(《越中文献辑存书》卷十),《康熙会稽县志(吕志、王志)》卷十二,《道光会稽县志稿》卷六等。《闸务全书》卷上作《修撰余公再修大闸碑记》,《乾隆绍兴府志》作《再修大闸碑记》。按三江闸自嘉靖十六年建成后,一修于万历十二年,再修于崇祯六年,由宁绍台道林日瑞,绍兴知府黄绀,山阴知县钟震阳等主持。撰者,字武贞,会稽人,天启乙丑状元,《明史》卷二六七有传。

修闸成规

明余煌撰。

此文收入于《余忠节公遗文》(《越中文献辑存书》卷十),《乾隆绍兴府志》卷十四,《道光会稽县志稿》卷六等。《闸务全书》卷上作《余公修闸成规条例》,《嘉庆山阴县志》卷二○作《三江修闸成规》。按崇祯六年再修后,余煌厘订修闸成规条例 15 条,较萧良干初修所订,更为详细。

修闸记

清姜希辙撰。康熙二十一年(1682)撰。

此碑已不存,文收入于《康熙绍兴府志(王志、俞志)》卷十七,《康熙会稽县志(王志)》卷十二,《道光会稽县志稿》卷六、《闸务全书》卷上亦收入此文,但题作《京兆姜公三修大闸碑记》,《雍正山阴县志》卷十二作《重修三江应宿闸记》。文记康熙二十一年姚启圣重修三江闸事,此为三江建闸以来的第三次大修。姚启圣字熙止,会稽人,曾官福建总督,《清史稿》列传四十一有传。撰者事迹参见《重建兰亭碑记》考录。

请罢修三江闸议

清毛奇龄撰。康熙四十七年(1708)撰。

此文收入于毛氏《西河合集·议》卷三,《康熙绍兴府志(俞志)》卷十七,《嘉庆山阴县志》卷二○水利,《道光会稽县志稿》卷六等。《西河合集》按云:"康熙四十七年,山阴居民有无赖者,妄言闸座将圮,不经修改必有坍坐崩塌之害,遂估计修费,需银一万三千五百八十六两有奇,分派三县。三县大惊,本府上之督抚,两台发藩宪勘验,且下宪票,请三县乡官会议。"《乾隆绍兴府志》卷十四载其经过云:"康熙四十七年,山阴人李师曾等妄言闸座将圮,不为修改,必致崩塌,知县高天骥估费一万三千五百八十余两,均之山、会、萧三县。时乡官检讨毛奇龄倡言不须修改,持之甚力。制府范时崇下其议,奇龄复坚持不可,议三上,知府俞卿亦力陈其状,事遂寝,而闸座至今无恙。"此文计初议、再议、三议凡三则,文述三江形势及三江闸工程甚详。按此次修闸事,当时各县意见并不尽同,山、会二县因位于闸下,所见往往与萧山相径庭。而对毛氏之议,后世亦褒贬互见,参见蒋士铨《再贻观察书》、王衍梅《铅山先生请重修应宿闸书跋》等文考录。

与宁绍台道潘兰谷观察书

清蒋士铨撰。

此文收入于蒋氏《忠雅堂文集》卷八。文略云:"昨闻此都老成人言,三江应宿闸石脚松弛,圻罅如裂缯,虽两板层蔽,而奔澜激箭透漏泄喷缕缕焉。及此不重加修建,他日之祸烈矣。"文中并兼述修萧山富家池海塘事。潘兰谷名恂,时任分巡宁绍台道,蒋氏时主讲于绍兴蕺山书院。

再贻观察书

清蒋士铨撰。乾隆三十五年(1770)撰。

此书收入于蒋氏《忠雅堂文集》卷八。文略云:"前此建议时,有萧山蔡某伧而瞆者也,忽持彼邑前翰林毛甡所著三不修之说,力梗众议,日不必修、不能修、不可修,大约以此闸为姚制军(驿按,即姚启圣,曾主持三江闸第三次大修工程,参见《修闸记》考录)修坏立论,按毛甡所著之书,言伪而辩,记丑而博。"文末有蒋自注:"此书庚寅三月中再达观察,观察复劄亦恳挚,旋赴吴中勘狱,遂迁嘉湖道去,而七月廿三日飓风作矣,萧山沿海居民遂成鱼鳖,兴利除害,盖有天焉,可慨也。"按庚寅为乾隆三十五年(1770),据陈桥驿《浙江水旱灾年表》1770年云:"七月二十三日,萧山风潮坏塘,淹毙千余人。"故知此文撰于乾隆三十五年无误。

铅山先生请重修应宿闸书跋

清王衍梅撰。

此文收入于《绍兴县志资料》第一辑第十二册塘闸汇记。文略云:"铅山先生两贻宁绍台潘兰谷观察,请重修吾乡三江应宿闸。……后之君子,即指先生两书以驳毛甡三不修之说而果于必行。余时席隅而观焉,盖不自知其何以尊先生而薄西河也。"文内并言及山、会、萧三县对修闸所见不同之原因云："在当日萧山之人，总以此闸切肤山、会，于彼上游无涉，故欲吝其财与力耳。"参见《与宁绍台道潘兰谷观察书》、《再贻观察书》、《请罢修三江闸议》等文考录。铅山先生指铅山人蒋士铨，其事迹参见《省园记》考录。撰者王衍梅，字律芳，号笠舫，嘉庆辛未进士，会稽人，《道光会稽县志稿》卷十九及《龙山诗巢志略》卷三有传。

请修三江闸书

清茹棻、陈太初撰。乾隆六十年（1795）撰。

此文不见。按王衍梅《铅山先生请重修应宿闸书跋》云："乾隆乙卯，乡先辈修撰茹公棻，外舅甘泉令陈公太初复议重修，上书制府觉罗吉公庆时，又有以毛牲之说来梗者，大藩稼轩汪公志伊竟如所请，浃日而檄下，动帑劝捐，自秋至冬数阅月而功成。"撰者茹棻，字稚葵，号古香，会稽人，乾隆甲辰状元，《道光会稽县志稿》卷十八有传。陈太初，山阴人，曾官江南甘泉知县，《嘉庆山阴县志》卷十选举二附仕籍。

答山阴令舒树田水道札

清全祖望撰。

此文收入于全氏《鲒埼亭集》卷三十四及《嘉庆山阴县志》卷二〇等。文中言及："康熙之初，里人姚少保启圣又尝修之，今已七十余年。"按姚启圣修闸在康熙二十一年，以七十余年推之，则全文当撰于乾隆二十年以后。全文又云："乃康熙己丑以后之议，有谓闸本主于泄水，虽有搏啮亦无害，遂恝置至今，则又愚之所不敢信者也。"查毛奇龄《请罢修三江闸议》撰于康熙戊子，则全氏所谓康熙己丑以后云云，盖指毛氏而言。撰者事迹参见《宋兰亭石柱铭》考录。

汤绍恩建闸事迹

撰者不详。

此书不见，《千顷堂书目》卷八史部地理类下著录。汤绍恩字汝承，安岳人，嘉靖五年进士，嘉靖十四年出知绍兴府，于十六年建成三江闸，凡二十八孔，故名应宿闸。《明史》卷二八一及毛奇龄《循吏传》（《西河合集·传目》卷五）有传，万历以来历修绍兴府志及山阴、会稽县志亦均载其行迹。

汤侯治水利碑

明张文渊撰。

此碑已不存,文收入于《康熙绍兴府志(王志、俞志)》卷十七水利志二,文记知府汤绍恩修建三江闸事迹。撰者,弘治己未进士。

重修三江闸西江塘记

清金炯撰。

此文收入于《雍正山阴县志》卷十二水利志。西小江即钱清江,为三江上流之一,故三江闸与西江塘唇齿相依。撰者,山阴人,生平不详。

绍兴三江闸考

清韩振撰。

此文收入于《皇朝经世文编》卷一一六及《绍兴县志资料》第一辑第十二册塘闸汇记。文记三江闸沿革甚详。

重修三江闸碑

清觉罗吉庆撰。嘉庆元年(1796)撰。

此碑已不存,文收入于《闸务全书续刻》卷一。文记嘉庆元年重修三江闸事,茹棻等《请修三江闸书》云:"上书制府觉罗吉公庆时,又有以毛甡之说来梗者,大藩稼轩汪公志伊竟如所请,浃日而橛下。"即此。撰者觉罗吉庆,满人,时任浙江巡抚,《清史稿》列传一三〇有传。

三江闸私议

清宗能述撰。光绪二十一年(1895)撰。

此文收入于《绍兴县志资料》第一辑第十二册塘闸汇记。按清代末叶,三江闸外宣港辄见淤塞,内水宣泄不畅,是以山、会、萧三县常有疏浚之议。撰者曾于光绪十八年用新式测量方法绘制《三江闸港形势图》一幅(参见此图考录),稍后复撰此文,对三江宣港之源流形势、港口淤塞原因及疏浚施工方法均有所剖析。撰者宗能述,绍兴人,字伽弥,光绪中曾任长洲知县,《绍兴县志资料》第一辑第十六册人物列传有传。

三江闸

清钱伯华辑。

此文收入于《绍兴史迹风土丛谈》第四册。系采辑历来有关三江闸记载。

前明绍兴府推官刘侯浚江碑记

明钱象坤撰。崇祯三年（1630）撰。

此碑已不存，文收入于《闸务全书续刻》卷一。刘侯指天启六年绍兴府推官刘光斗。此文既系明人所撰，则文题中"前明"二字显系《闸务全书续刻》辑者平衡所加入。

郡守胡公捐俸置田添造三江闸板铁环并补给闸夫工食碑记

清姜希辙撰。康熙二十五年（1686）撰。

此碑已不存，文收入于《闸务全书续刻》卷一。郡守胡公指康熙绍兴知府胡以涣。

新林周新建石塘记

清宗稷辰撰。

此文收入于宗氏《躬耻斋文抄》卷十一。记略云："道光己酉、庚戌间三遇大水，田庐多受蓄，三江应宿尽开而积水不退，人多谓新林闸一孔纳狂澜之所致也。于是先清外沙之沟，浚而深之，使循故道而达海而海口渐通。西杜内灌之弊，改而张之使为石塘而捍海，而海潮逐渐远。"按新林周在三江闸以西。又按道光己酉、庚戌，为道光二十九、三十年。据陈桥驿《浙江水旱灾年表》道光二十九年（1849）云："闰四月十九，萧山大雨如注，平地水深数尺；五月，山阴、会稽大水倾塘。"又道光三十年（1850）云："五月，山阴、会稽大水；八月，山阴、会稽又大水；萧山西江塘塌。"撰者事迹参见《羊山石壁铭》考录。

勘办绍兴闸港疏浚奏折

清马新贻奏。同治五年（1866）撰。

此文收入于《绍兴县志资料》第一辑第十二册塘闸汇记。奏略云："自江失故道，日趋而西，海亦由西而上，江流日迂而日弱，海沙遂日涨而日高。"按自咸丰以来，江道愈趋北大亹，南岸涨沙益甚，危及三江闸外宣港等处，宣港，乃三江入钱塘江之港，即奏折所谓闸港。奏者马新贻，字谷三，号燕门，菏泽人，道光七年进士，同治浙江巡抚，《清史稿》列传二一三有传，《光绪江宁府志》卷十四之一载其行迹。

禀浙抚勘明三江闸宣港淤沙文

清王凯泰禀。同治五年（1866）撰。

此文收入于《绍兴县志资料》第一辑第十二册塘闸汇记。是《勘办绍兴闸港疏浚奏折》之依据。禀者王凯泰，同治浙江按察使。

禀浙抚开掘宣港文

清沈元泰、周以均、余恩照、章嗣衡、孙道乾、莫元遂等禀。同治五年(1866)撰。

此文收入于《绍兴县志资料》第一辑第十二册塘闸汇记。是《勘办绍兴闸港疏浚奏折》之依据。列名者六人系地方士绅及绍兴府及山、会、萧三县塘工局官员,领衔者沈元泰系道光进士,参见《道光会稽县志稿》考录。

重浚三江闸碑记

清李寿榛撰。同治七年(1868)撰。

此碑已不存,文收入于《绍兴县志资料》第一辑第十二册塘闸汇记。按马新贻《勘办绍兴闸港疏浚奏折》后,疏浚工程由绍兴府主办,于同治七年完工,故有是记。撰者,同治中知绍兴府。

绍兴府高札会稽县金山场曹娥场上虞县东江场掘吕家埠等淤沙文

同治七年(1868)撰。

此文收入于《绍兴县志资料》第一辑第十二册塘闸汇记。按吕家埠等淤沙均在宣港以东,金山、曹娥、东江诸场均为盐场,因江道移北大亹后,南岸各地俱淤,为配合宣港疏浚,故有是文。

山阴知县王示谕开掘丁家堰至夹灶湾清水沟以通闸流文

光绪三十一年(1905)撰。

此文收入于《绍兴县志资料》第一辑第十二册塘闸汇记。按光绪十八年宗能述《三江闸港形势图》(《绍兴县志资料》第一辑第十二册106页),清水沟在三江闸闸港对面,水接大夏山(按即大和山)山西闸,为萧山、山阴二邑塘外沙地泄水归江之路,同治初水灾,三江闸港被淤,曾按此沟旧址,自丁家堰起,开浚十余里以蓄水刷沙,每逢涨沙,借沟水冲洗,但嗣后沟亦渐淤,故此文系示谕重开此沟,以蓄水刷沙,借缓宣港之淤。

致潘遹论三江闸书

清徐树兰撰。

此文收入于《绍兴县志资料》第一辑第十二册塘闸汇记。文撰于光绪间,因当时三江闸外涨沙淤积,故有是书。

安昌沙民擅掘三江闸外新涨沙纪事

撰者不详，宣统三年(1911)撰。

此文载于宣统三年闰六月《绍兴公报》，收辑于《绍兴县志资料》第一辑第十二册塘闸汇记。按钱塘江北趋北豐后，萧山及山阴海塘西段塘外首见淤涨，塘内农民移往塘外涨沙垦植，称为沙民。嗣后山阴海塘东段塘外亦开始淤涨，阻塞西段已垦沙地之排水，是以西段安昌以北塘外沙民前往开掘三江闸外新涨沙地，故有此文。

越州山阴县新建广陵斗门记

宋张焘撰并书，李公度篆额。嘉祐八年(1063)立。

此碑原在三十五都二图，今已不存。文收入于杜春生《越中金石记》卷二及《绍兴县志资料》第一辑第三册。《越中金石目》卷上，《於越碑访录》，《潜研堂金石文字目录》卷四及罗振玉《再续寰宇碑访录》卷下等存目。钱大昕《潜研堂金石文跋尾续》卷四云："广陵斗门乃后汉会稽太守马臻所立三大斗门之一，曾子固《序越州鉴湖图》亦载此名。"

山阴县朱储斗门记

宋沈绅撰。嘉祐三年(1058)撰。

此碑已不存，文收入于《会稽掇英总集》卷十九，又《嘉泰会稽志》卷四斗门引及。《越中金石目》卷下阙访及《乾隆绍兴府志》卷七二金石志二存目。文记山阴知县李茂先修朱储斗门事。按朱储斗门在郡城北30里，距三江口10里。撰者，字公仪，会稽人，宝元元年进士。

修朱储斗门记

宋赵宗万撰。

此文撰于景德间(1004—1007)，碑文俱不存。邵权《越州重修山阴县朱储斗门记》提及此文。杜春生《越中金石记》卷三按："朱储斗门建于唐，一修于景德间，乡人赵仲囷宗万为之记，其文不传。"撰者，字仲囷，大中祥符间山阴人，《宝庆会稽续志》卷五及《宋诗纪事》卷八有传。

越州重修山阴县朱储斗门记

宋邵权撰，江屿书。元祐三年(1088)立。

　　此碑原在府学宫明伦堂,今已不存。文收入于《越中金石记》卷三,《嘉庆山阴县志》卷二七,《绍兴县志资料》第一辑第三册等。《两浙金石志》卷六,《越中金石目》卷上,《越中金石录》,《於越碑访录》等存目。赵之谦《寰宇碑访录》卷四存目作《越州朱储斗门记》。

建斗门闸记

　　明陶谐撰。

　　此文收入于《康熙绍兴府志(张志、李志、俞志)》卷十七,《雍正山阴县志》卷十二,《乾隆绍兴府志》卷十四,《嘉庆山阴县志》卷二〇等。《康熙绍兴府志(王志)》卷十七亦收入此文,但题作《建闸记》。按斗门闸即玉山斗门,在郡城北 30 里,三江闸建成以前,此处为山、会二县水利枢纽。

重建玉山斗门闸记

　　清高辉撰。康熙五十七年(1718)撰。

　　此文收入于《康熙绍兴府志(王志)》卷十七,《雍正浙江通志》卷五七,《乾隆绍兴府志》卷十四,《道光会稽县志稿》卷六等。文记康熙五十七年知府俞卿修玉山斗门事。《嘉庆山阴县志》卷二〇水利玉山陡瞿条云:“康熙五十七年,知府俞卿改建。盖自应宿闸建而斗门之启遂废,然洞狭水急,往往碎舟,俞卿扩之高三尺,复去其柱之碍舟者,有中书舍人高辉碑记。”撰者,山阴人,康熙癸巳进士。

知府戴琥建闸文

　　明王狭撰。

　　此文收入于《康熙山阴县志》卷十二及《雍正山阴县志》卷十二。按三江建闸以前,山阴、萧山二县水患主要来自西小江,戴琥于此江两岸建新灶、柘林、扁拖、夹蓬四闸,并尧山斗门一所,以减缓西小江水患。此即《乾隆浮梁县志》卷八所云:“筑堤数十万丈,捍海得田四万余亩,民称戴公堤,又筑横塘坝而斥卤地多可田,建柘林等处七闸,立石刻水,示民启闭蓄泄。”

新灶诸闸碑记

　　明蒋谊撰。成化十二年(1476)撰。

　　此碑已不存,文收入于《万历绍兴府志》卷十七,《康熙绍兴府志(张志、俞志)》卷十七,《乾隆绍兴府志》卷十四及《嘉庆山阴县志》卷二〇等。文略云:“故于山阴新灶、柘林各置一闸,以泄江南之水;又于扁牴、甲蓬各置一闸,以泄江北之水。"故知所谓新灶诸闸乃指西小江南北之闸共4处。《嘉庆山阴县志》卷二〇水利云:"新灶闸在县西北四十五里,明郡守戴琥建。……碑记成化十二年推官蒋谊撰。"撰者蒋谊,字宗谊,句容人,《万历绍兴府志》卷二九有传。

扁牴闸记

明蒋谊撰。正德六年(1511)撰。

此文收入于《万历绍兴府志》卷十七,《天下郡国利病书》卷八五,《康熙绍兴府志(张志、王志、李志)》卷十七,《康熙山阴县志》卷十二,《雍正浙江通志》卷五七等。按扁牴闸为泾溇诸闸之一,泾溇诸闸另有碑记,参见该文考录。《嘉庆山阴县志》卷二〇扁牴闸条云:"正德六年,知县张焕建,推官蒋谊、尚书邑人王鉴之有记。"

泾溇诸闸碑记

明王鉴之撰。正德六年(1511)撰。

此碑已不存。文收入于《万历绍兴府志》卷十七,《康熙绍兴府志(张志、王志、李志、俞志)》卷十七,《康熙山阴县志》卷十二,《雍正浙江通志》卷五七,《乾隆绍兴府志》卷十四,《嘉庆山阴县志》卷二〇等。文略云:"故于泾溇之区。倚玉山为固,增置水闸,以分泄玉山斗门之水,则三江之至柘林,患可除矣。复于扁牴置闸,左右增置斗门大洞,以小江南北暴涨,而三邑居民可均受其利矣。"按泾溇诸闸与扁牴闸同时建。撰者,字明仲,山阴人,成化进士,《嘉庆山阴县志》卷十四乡贤二有传。

山西闸碑记

清李铎撰。康熙二十九年(1690)撰。

此碑已不存,文收入于《康熙绍兴府志(李志)》卷十七,《乾隆绍兴府志》卷十四等。《嘉庆山阴县志》卷二〇云:"山西小闸在郡城北五十里,明万历间,知府萧良干既修三江大闸,复建山西小闸,凡三洞,以杀上流水势。……国朝康熙二十九年,知府李铎增之二洞,共前为五洞。"按山西闸在龟山(大和山)西山阴海塘上。撰者事迹参见《康熙绍兴府志(李志)》考录。

重建山西闸碑记

清朱阜撰。康熙二十九年(1690)撰。

此碑已不存,文收入于《山阴白洋朱氏宗谱》卷九及《绍兴县志资料》第一辑第十二册塘闸汇记。参见李铎《山西闸碑记》考录。撰者,字即山,山阴白洋人,康熙庚戌进士,《嘉庆山阴县志》卷十五乡贤五有传。

重修郑家闸碑记

不著撰者姓氏。乾隆二十九年(1764年)撰。

此碑已不存,文亦佚。《绍兴县志资料》第一辑第十二册塘闸汇记《芝塘湖水利考》文后附注云:"据调查,……郑家闸在江塘中,与舍浦闸同蓄芝塘湖之水,以溉该乡之田,有乾隆二十九年重修碑记,碑已断,其塘自郑家闸起至界塘埠止,高七尺,阔一丈,长约一里,障夏履桥之水"云云。按《乾隆绍兴府志》卷十四水利志一云:"郑家闸在郡城西南六十里,自义桥分麻溪之流汇芝塘,……水平时则闸芝塘而启郑家闸,使麻溪之水不溢,遇旱则版筑郑家闸而泄芝塘之水以溉江塘中村数十里之田使不涸。"此处《乾隆志》所云郡城西南应作郡城西北。

上巡按御史傅凤翔书

明黄九皋撰。嘉靖十八年(1539)撰。

此文首见于《嘉靖萧山县志》卷二建置志。以后收入于《万历绍兴府志》卷十七,《康熙绍兴府志(张志、王志、俞志)》卷十七,《乾隆绍兴府志》卷十五,《乾隆萧山县志》卷十三,《民国萧山县志稿》卷三等。《嘉靖萧山县志》云:"嘉靖十八年六月,水自西江塘入,乡市巨浸襄陵,进士黄九皋上书言利害。"《两浙海塘通志》卷十八云:"傅为感动,大兴塘工,檄通判周表督其事。"按此文所论多为浦阳江水利沿革。撰者,字汝鸣,号竹山,萧山人,嘉靖戊戌进士,《乾隆萧山县志》卷二四人物二有传。受书者傅凤翔,字德辉,应山人,嘉靖中浙江巡按御史。

民造亭记

明萧敬德撰。嘉靖十五年(1536)撰。

此文收入于《嘉靖萧山县志》卷二,《康熙绍兴府志(李志、俞志)》卷十七,《乾隆萧山县志》卷十三,《民国萧山县志稿》卷三等。《康熙李志》云:"萧山临浦大坝、小坝在县南三十里,乃西江之内障,明正德以来,商舟欲取便,乃开坝建闸,甚为邑害,嘉靖十三年知县王聘塞之;十五年,萧敬德继王;因建民造亭,作记勒石。"按临浦坝既塞,则浦阳江北走碛堰,与钱清江隔绝,历史上浦阳江与钱清江曾有多次通塞,此为其中之一次。撰者,太和人,嘉靖举人,时知萧山县。

临浦小坝记

明萧敬德撰。

此碑已不存,文亦不见。《雍正浙江通志》卷二五七碑碣三存目。参见《民造亭记》考录。

麻溪改坝为桥始末记　　4卷

清王念祖编纂。

此书,民国八年(1919)蕺社铅印本,今存。威廉·施坚雅《浙江宁绍地区地方志目录》作《麻溪改坝始末记》。卷首有图五幅,依次为:《山会萧三县略图》、《天乐水利图》、《麻溪桥图》、《茅山闸图》、《天乐乡水利图》、《屠家桥图》。按麻溪,《水经注》卷四〇《浙江水注》云:"溪水上承嶕岘麻溪。"《嘉泰会稽志》卷十云:"麻溪在县东八十里。"《嘉庆山阴县志》卷四云:"麻溪在县西南一百二十里,出自冕旒山,合流西江。"《嘉泰志》之"县东",分明是"县西"之误。又《嘉庆志》卷二〇水利云:"大江堤在县西南一百二十里,即临浦坝,俗称麻溪大坝。而麻溪者为小坝,在萧山县南三十里,半属萧山,明宣德中筑,以断西江之水。"故此书所记之麻溪坝,实为麻溪小坝。按麻溪为浦阳江支流而与西小江通,在临浦坝未堵以前,麻溪坝为西小江屏障,用以隔绝浦阳江洪水。但麻溪坝与浦阳江之间的山阴天乐乡,则大受浦阳江洪涝之害。嗣后临浦坝堵塞,麻溪坝实已失其作用,可以废撤,天乐乡人因切身利害,持之尤力,奈以山、萧二县,囿于本县利害,而官吏乡绅对浦阳江、麻溪、西小江等地理形势、水利沿革等多茫然无知,以致因循牵延,争议莫决。从明代末叶起,直到清末民初,麻溪坝始完全拆除,改为桥梁。是书所辑,即为明清二代关于麻溪坝存废之各种议论。编纂者,山阴人,光绪丁酉举人。

麻溪坝议

清任三宅撰。崇祯十六年(1643)撰。

此文收入于《乾隆绍兴府志》卷十五,《乾隆萧山县志》卷十三,《嘉庆山阴县志》卷二〇,《民国萧山县志稿》卷三等。《嘉庆山阴县志》卷二〇云:"崇祯初,乡宦刘忠介宗周,以麻溪有坝障一溪之水,改从猫山以合外江,而猫山一带,江塘未筑,江流反挟海潮而进,合于麻溪,一遇雨水浸淫,天乐四乡之民与三万七千余亩之田大受其害,故创立三议曰:上策移坝,谓移坝猫山,使无冲决之患也;曰中策改坝,谓改广霾洞,使天乐乡之水分泄入内河也;曰下策塞坝霾,谓霾洞本坝内之民所私开相旱潦为启闭以专其利,而不顾坝外之天乡,塞之则还其故制,使天乡之民虽受祸于水潦之日,犹稍得挹注于亢旱之年也。忠介是议故为天乐乡民而发，而萧人力阻之，遂止。"此处所渭"萧人力阻之"，任文即是其代表。撰者，字翼寰，诸生，明末清初萧山人，《乾隆萧山县志》卷二五人物三有传。

重修麻溪坝碑记

明余煌撰。崇祯十六年（1643）撰。

此碑已不存，文收入于《余忠节公遗文》（《越中文献辑存书》卷十）。按《嘉庆山阴县志》卷二〇水利云："崇祯十六年，乃于猫山建闸以御江水，乡宦余煌又将麻溪坝霪洞改广之。"此文所记即改广麻溪坝霪洞事。

建茅山闸记

明刘宗周撰。崇祯十六年（1643）撰。

此文收入于《康熙绍兴府志（王志、李志）》卷十七，《雍正浙江通志》卷五七，《乾隆绍兴府志》卷十四，《麻溪改坝为桥始末记》卷一，《绍兴史迹风土丛淡》第二十册等。《康熙绍兴府志（俞志）》卷十七收入此文作《茅山闸记》，《刘子全书》卷二四收入此义作《茅山闸议》。按《雍正浙江通志》卷五七水利六云："茅山闸在麻溪坝外三里，先是天乐四都田截出坝外，岁被江潮淹没，明成化间，知府戴琥于茅山闸之西筑闸二洞以节宣江潮，久之闸圮，水患如故，崇祯十六年，邑绅刘宗周重建。"此文所称茅山闸，亦作猫山闸。

修建山阴茅山闸记

清石韫玉撰。道光八年（1828）撰。

此文收入于《绍兴县志资料》第一辑第十二册塘闸汇记。查石氏《独学庐初稿》、《二稿》、《三稿》、《外集》等，均未收入此文，故此文可能是石氏为他人所代作。按茅山闸自崇祯十六年重建后，日渐圮毁，道光七年，乡人金戴山再次重修，此文所记即此。参见王念祖《重修茅山闸记》考录。撰者，字执如，号琢堂，吴县人，乾隆庚戌状元，《光绪苏州府志》卷八三人物十有传。

重修茅山闸碑

清金跃撰。道光八年（1828）撰。

此碑已不存，文收入于《绍兴县志资料》第一辑第十二册塘闸汇记。《麻溪改坝为桥始末记》卷一亦收入此文，但不著撰人姓氏。文记道光七年乡人金戴山重修茅山闸事。参见王念祖《重修茅山闸记》考录。

重修茅山闸记

清王念祖撰。

此文收入于《绍兴县志资料》第一辑第十二册塘闸汇记。文记道光七年天乐乡人金戴山捐资重修茅山闸事。按记,此闸始修于道光七年二月,成于八年四月,闸长八尺,高二丈二尺,宽三丈六尺。

移倪家霪记

明余煌撰。崇祯十六年(1643)撰。

此文收入于《余忠节公遗文》(《越中文献辑存书》卷十)。按倪家霪在麻溪坝附近。

麻溪坝开塞议辨

清朱孟晖撰。

此文收入于王念祖《麻溪改坝为桥始末记》卷一。在历来麻溪坝存废争议中,朱文赞同废坝,与任三宅之议相径庭。参见《麻溪改坝为桥始末记》及《麻溪坝议》等考录。

麻溪坝论

清葛云飞撰。

此文收入于《麻溪改坝为桥始末记》卷一。撰者为天乐乡人,对麻溪坝及附近水利形势甚为洞悉,故主张废麻溪坝,其论甚详。撰者,字鹏起,一字凌台,道光癸未武进士,《清史稿》列传一五九及《天乐志》卷十九有传,又有清葛以简、葛以敦合编《葛庄节公年谱》。

麻溪坝利弊刍言

清葛留春撰。

此文收入于《麻溪改坝为桥始末记》卷一。其文力陈麻溪坝之弊,坚主撤废。撰者,山阴天乐乡人,《天乐志》卷十九人物有传。

增设均水诸闸记

清胡廷俊撰。康熙四年(1665)撰。

此文收入于《绍兴县志资料》第一辑第十二册塘闸汇记。文记明知府沈启修会稽塘闸事。按均水诸闸均为曹娥江水系涵闸。沈启,字子由,吴江人,嘉靖进士,知绍兴府。撰者,原名赓盛,字载歌,山阴人。

西湖闸闸栏碑记

清徐树兰撰。光绪十六年(1890)撰。

此碑已不存,文收入于《绍兴县志资料》第一辑第十二册塘闸汇记。按西湖即西底湖,其闸在东关镇以北,与曹娥江相通。

西底湖造闸记

清徐树兰撰。光绪十六年(1890)撰。

此文收入于《绍兴县志资料》第一辑第十二册塘闸汇记。按《西湖闸闸栏碑记》,此闸建于光绪十六年。西底湖在郡城东50里东关镇。

再与王道尊论蒿坝书

明余煌撰。

此文收入于《余忠节公遗文》(《越中文献辑存书》卷十)。既曰"再与",则必另有与王道尊书,但未之见。其书略云:"蒿口之议,三宗既不叶,则此议自当报罢,但事虽不举,而说不可不伸。……故惟置闸为启闭,而潮壮则外水得入,潮落则内水不出,猝遇霉霖,则又可泄之以杀水势,有百利而无一害。"余书所云蒿口,即古蒵口,曾巩《序越州鉴湖图》云:"其东曰曹娥斗门,曰蒵口斗门,水之循南堤而东者,由之以入东江。"《嘉泰会稽志》卷四斗门条云:"蒿口斗门在县东六十里"。按蒿口斗门宋以后随鉴湖而废,而此处堤坝仍称蒿坝。鉴湖围垦后,由于地势低洼,内涝为患,而蒿坝横亘,排泄无道,是以屡有开坝之议。

开蒿坝公启

明余煌撰。崇祯十七年(1644)撰。

此文收入于《余忠节公遗文》(《越中文献辑存书》卷十)。文略云:"欲救会稽,必通蒿口,蒿口现有清水闸,往原通江,以为启闭,嘉靖年间,乡民筑塞,其意专重防水,而不知旱亦天所时有,如去岁一望黄茅,良可闵也。万历十七年旱,康州罗先生曾经开掘;廿六年旱,石篑陶先生倡议疏通。皆以大雨适至而止。使当年竣此大工,则数十年来受福无量。……不特兴一时之利,而亦可以永百年之惠。而西有麻溪,东有蒿口,两水交注,汇于三江,则山稽旱潦俱济,而风气亦完固矣。"按《浙江水旱灾年表》第 98 页:"崇祯十五年,山阴、会稽旱;……崇祯十六年,绍兴府旱。"故余煌力主开坝,但以各方异议甚众,其事未果。

与浙臬颛公士卿绍兴府龚公幼安论蒿坝清水闸说帖

清杜莲衢撰。

此文附录于《余忠节公遗文》(《越中文献辑存书》卷十)。按清水闸原为蒿坝排水之闸,嘉靖间为乡民筑塞。故杜文云:"蒿坝建闸,万无一害。"杜赞同前辈余煌之议,主张开坝建闸。撰者事迹参见《铜坑赋并序》考录。

书余忠节公论蒿坝后

清徐树兰撰。光绪元年(1875)撰。

此文附录于《余忠节公遗文》(《越中文献辑存书》卷十)。文略云:"同治丙寅,当事者开宣港而三江受病乃深,旬月不雨,淤沙随潮填圩闸港,柔如饧饴,不可爬抉,霖潦猝至,宣泄不得遽畅,往往害稼,故有开蒿闸以引清刷淤之议,沈墨庄观察试而阻者甚力,不果。……今钟厚堂观察欲有事于蒿闸,将来成效虽未可知,而公法论于数百年之前,所欲用以备旱而未得一试者,今乃不期而成,则事之可异者尔。故并录杜莲衢宗伯之说于右,以俟夫关心水利者。"按钟厚堂曾于咸丰间扩建蒿坝清水闸告成。参见《再与王道尊论蒿坝书》、《开蒿坝公启》、《会稽钟公祠碑记》等文考录。

蒿口新闸辨

不著撰者姓氏。

此文撰于清代,收入于《绍兴县志资料》第一辑第十二册塘闸汇记。文略云:"夫麻溪霆洞,前明余太史煌从戢山刘子议改高广各七尺,仿闸门式,而清水闸亦宜依为增减。"盖亦赞同余煌开坝建闸之说者。参见《开蒿坝公启》考录。

绍兴府理刑推官刘侯开浚后郭壅涂永固患塘碑记

明钱象坤撰。崇祯三年(1630)撰。

此碑已不存,文收入于《绍兴县志资料》第一辑第十二册塘闸汇记。文记推官刘光斗主持开浚后郭涨沙以畅曹娥江水流事。文略云:"后郭涨沙三千余亩,于是水性弗顺,比奔西南,俾受害处沃壤陆沉。"按后郭在会稽县十三、十四、十五都以北。

上布政恽松耘先生书

清黄寿衮撰。光绪二十七年（1901）撰。

此文收入于宣统铅印本《小冲言事》卷一。《黄补太史年略》云："二十七年辛丑，四十二岁，读书家居，时岁旱，会稽士绅议开蒿坝添宜闸，府君洞悉其非，因致书巡抚恽松耘中丞，条陈十害，并切指引水束沙之十弊，事遂寝。"所指即是此文，但《小冲言事》以此书作于光绪二十五年，与《年略》不同，当以《年略》为正。

呈浙省抚藩及宁绍台道请掘徐家堰对岸沙角文

清阮廷渠撰。宣统二年（1910）撰。

此文收入于《绍兴县志资料》第一辑第十二册塘闸汇记。按徐家堰及对岸沙角均在曹娥江下游东、西汇嘴之间，其江道即为辽江，或称聊江。参见《上绍兴知府请开疏聊江禀文》考录。

九湖患田王公闸记

清王风采撰。康熙三十三年（1694）撰。

此文，《绍兴县志资料》第一辑第十二册塘闸汇记据《八郑郑氏谱》收入。文题当已由《郑谱》更改，因文既为王风采所撰，当不致以王公闸自命其题。按王公闸即丰安闸，在会稽县二十四都范阳村。参见《丰安闸碑》考录。撰者事迹参见《苞山记》考录。

会邑王公建闸碑记

不著撰人姓氏。康熙三十三年（1694）撰。

此碑已不存，文收入于《闸务全书》卷上。文记会稽知县王风采建范阳村丰安闸事。参见《丰安闸碑》考录。

会稽邑侯王公捐俸筑堤碑记

不著撰人姓氏。康熙三十七年（1698）立。

此碑已不存，文收入于《绍兴县志资料》第一辑第十二册塘闸汇记。文记会稽知县王风采修建范阳村丰安闸，并修范阳村南山堤岸事。参见《丰安闸碑》考录。

丰安闸碑

清齐召南撰。

此碑已不存,文收入于《绍兴县志资料》第一辑第十二册塘闸汇记。文略云:"康熙三十一年,前令王君风采,筑堤南山,建盈丈小闸,民怀其德,曰王公闸。彭君元玮公来宰会邑,筹策者十年,往来审视,见东隅雄雌二象山对峙中流,曰乌石滩,实新嵊二水涌往、江潮出入之门。……为闸纵十三丈三尺,横一丈五尺,高二丈有奇。"按《道光会稽县志稿》卷六:"丰安闸在二十四都范阳村,乾隆二十八年,知县彭元玮建。"彭字安庐,江西南昌人,雍正己酉举人,乾隆二十年

起任会稽知县。撰者,字次风,号琼台,晚号息圆,天台人,乾隆初举鸿词科,《清史稿》列传九十二有传。

八郑水利记

不著撰者姓氏。

此文约撰于清末,《绍兴县志资料》第一辑第十二册塘闸汇记据《八郑郑氏谱》收入,文内所记八郑水利,仍以丰安闸为主。参见《九湖患田王公闸记》及《丰安闸碑》等文考录。

修闸记

清吕子班撰。道光十三年(1833)撰。

此文收入于《道光会稽县志稿》卷六。文记道光十三年绍兴知府周仲墀修三江闸事,撰者时任宁绍台道。

塘闸研究会简章

宣统元年(1909)立。

此简章收入于《绍兴县志资料》第一辑第十二册塘闸汇记。简章前云:"宣统元年九月,绍兴知府包发鸾以西江、北海二塘亟应修葺,于二十四日选举绅董四人经理其事,该绅等以胸少把握,事无预备,俱仓卒未敢承认,惟公议先设塘闸研究所,并拟定简章禀府。"此为简章拟定之缘起经过。简章共七条,俱为泛泛。

山会萧塘闸水利会规则

宣统二年(1910)立。

此规则收入于铅印本《山会萧塘闸水利会》,又收入于《绍兴县志资料》第一辑第十二册塘闸汇记。规则共分8章,计60条,堪称详尽。其中第一章总纲第三条云:"三县共同关系之塘闸列举如左:一、西江塘,二、北海塘,三、应宿闸。"故知所指三县塘

闸,主要为此。

浙抚札绍兴府改正塘闸水利会规则文

宣统二年(1910)撰。

此文收入于《绍兴县志资料》第一辑第十二册,系对《山会萧塘闸水利会规则》内若干条文指令修改。

重修水利记

明邱浚撰。

此文收入于《乾隆绍兴府志》卷四三人物志三名宦下。文记知府戴琥修西小江水利事。按戴于成化九年知绍兴府,于山、会水利甚有建树。参见《戴琥水利碑》、《戴琥水则碑》诸文考录。

戴琥水则碑

明戴琥立。成化十二年(1476)立。

此碑在郡城内火神庙。水则原在火神庙前河中,久已不存。文收入于《万历绍兴府志》卷十七,《康熙绍兴府志(张志、王志)》卷十七,《天下郡国利病书》卷八五等。碑文云:"种高田,水宜至中则;种中高田,水宜至中则下五寸;种低田,水宜至下则,稍上亦无伤,低田秧已旺。及常时,及菜麦未收时,宜在中则下五寸,决不可令过中则也。收稻时,宜在下则上五寸,再下恐伤舟楫矣。水在中则上,各闸俱用开;至中则下五寸,只开玉山陡亹、扁牭、龛山闸;至下则上五寸,各闸俱用闭。正、二、三、四、五、八、九、十月,不用土筑,余月及久旱用土筑。其水旱非常时月,又当临时按视以为开闭,不在此例也。"按戴氏所定水则,对调节山、会、萧三县内河水位,对不同季节、不同地形的农田种植以及舟楫交通、涵闸启闭等均全面顾及,而水则本身却设置于郡城之内,观察方便,故为山、会、萧水利史上的一项杰出创造。嘉靖十六年三江闸建成以后,因水利形势改变,此水则才逐渐失去作用。

谢仁侯水利碑记

撰者不详。

此碑已不存,残文收入于《麻溪改坝为桥始末记》卷二。谢仁侯,名鼎新,溧阳人,崇祯甲戌进士,崇祯八年起知山阴县,于天乐乡水利颇有建树,故有是文。

天乐荒乡详院恤免碑记

清姜图南撰。康熙十年（1671）撰。

此文收入于《康熙山阴县志》卷十二。《嘉庆山阴县志》卷二〇亦收入此文，但题无"详院"二字。文略云："邑志山阴之田为乡者五，荒者二，曰天乐荒乡，曰江北荒乡。乡之为邻者四十七有奇，而荒者八，天乐则自四十都至四十三都，江北则自四十四都至四十七都。天乐处诸乡之岭外，壤最瘠，受溪洪泪暨江、小江浸灌，二秋往往弗登，较江北为甚。"参见《麻溪改坝为桥始末记》考录。撰者，山阴人，顺治己丑进士。

江田归江文

清俞卿撰。

此文收入于《康熙绍兴府志（俞志）》卷十七，《乾隆绍兴府志》卷十六及《嘉庆山阴县志》卷二〇等。江田系指山阴海塘沿线田亩。文略云："事有习久不察积成大患者，莫如山阴海塘，有循名核实可以救弊补偏，于民无损而事有济者，莫如以折补中乡与历年诡避之江田统归江北之一策"云云。据此，则其文为谋求以江田课税作为维修山阴海塘之需。

江田归江告示

清俞卿立。

此文收入于《康熙绍兴府志（俞志）》卷十七，《乾隆绍兴府志》卷十六及《嘉庆山阴县志》卷二〇等。参见《江田归江文》考录。

会稽论海潮石碑

撰人及撰述年代不详。

此文收入于宋姚宽《西溪丛语》卷下。《丛语》云："旧于会稽得一石碑，论海潮依附阴阳时刻，极有理，不知其谁氏，后恐遗失，故载之。"此文亦转载于《天下郡国利病书》卷八九浙江七。《雍正浙江通志》卷二五七碑碣三存目作《会稽石碑》。

论潮汐

清范寅撰。

此文附于范氏《越谚》。文述钱塘江两岸，而对其南岸即绍兴北境之山川形势论之特详。其文略云："今之浙江，武林诸山迤逦起伏直至尖山以障江海之口，尖山之脉，又迤逦海中，直联上虞之夏盖山，其东岸之鼋、赭二山脉亦迤逦隐联山阴之马鞍山、会稽之偶山、曹娥之凤凰山焉。越郡江海之门户,其内外山脉曲折夹绕,故名曲江,又名之江。"撰者,字啸风,又字虎臣,同治十二年副贡,《绍兴县志资料》第一辑第十六册人物列传有传。

论涨沙

清范寅撰。

此文附于范氏《越谚》。文述绍兴北境钱塘江涨沙颇详。文略云:"其在越城北塘以外者,山阴、会稽、萧山之北境,东至偶山,西迄龛山,北临大海,三十年间亦沙涨数十里。"则咸同间南大亹淤涨速度历历可见。其述涨沙过程及其开发利用亦甚详明。文略云:"其初舂船,继而露于水面,可卤、可芦、可茅、可棉,至于可瓜豆,即转黄壤为黑坟,堪垆塘为桑田矣。"

论古今山海变易

清范寅撰。

此文附于范氏《越谚》。文述绍兴自越王句践起 2300 余年间之山海变易。

四　图说类

会稽图

撰者及撰绘年代不详。

此图已佚,亦未见公私著录。仅见《会稽掇英总集》卷十五唐褚朝阳《观会稽图》云:"良使求图籍,二人巧思饶,全移会稽郡,不散钱江潮,夏禹犹卑室,秦皇尚断桥,宛然山水趣,谁道故乡遥。"据此,则此图内容包括会稽全郡,成图当在唐或唐以前。

越州图经

修纂者及修纂年代不详。

此图经已佚。《嘉泰会稽志》引《旧经》甚多,各卷计引及200余条。案陆游序云:"书虽本之《图经》,《图经》出于先朝。"《旧经》可能即是《图经》。但《嘉泰志》卷一古城,卷四侯轩亭,卷十三许询园,卷十七蜀阜瓜等各条却各引《图经》一条,卷五杂贡又引《祥符图经》一条。又《宝庆会稽续志》卷四白马湖、兰,各引《旧经》一条,但卷一越王台却引《祥符图经》一条,卷三西兴镇条则云:"《图经》,前志俱不曾引及。"同卷上虞法界院条又引及《图经》。祝穆《方舆胜览》卷六浙东路绍兴府襟海带江条引《图经》一条,但戴山条又引《旧经》一条。又《寰宇通志》卷二九绍兴府陈音山等共引《旧经》12条,但兰芎山、飞翼楼等又引《图经》2条。如上所述,宋、明各书中《旧经》与

《图经》并见，看来似非同书。故疑《祥符图经》以前，越州已另有《图经》。案《玉海》卷十四地理图《开宝修图经》云："四年正月戊午，命知制诰卢多逊、扈蒙等重修天下图经，其书迄不克成。六年四月辛丑，多逊使江南，求江表诸州图经，以备修书，于是十九州形势尽得之。"据此，则祥符以前，开宝年代亦曾普修图经，而《玉海》所云："命知制诰卢多逊、扈蒙等重修天下图经。"既云"重修"，可知开宝以前，各地亦已有修图经之事。则上述《嘉泰志》、《宝庆续志》、《方舆胜览》、《寰宇通志》各书中所引《旧经》，可能即是此类图经中之一种。《寰宇通志》所引《旧经》各条中，苎罗山、禹庙、禹穴三条，不见于《嘉泰志》及《宝庆续志》。则此《旧经》明景泰年间尚在。

越州图经　　9卷

宋李宗谔修，李垂、邵焕纂。

此图经已佚。《宋史艺文志》卷三及《嘉靖浙江通志》卷五四、威廉·施坚雅《浙江宁绍地区地方志目录》等著录。《遂初堂书目》地理类著录作《旧越州图经》，《国史经籍志》卷三作《越中图经》。《书录解题》卷八地理类云："《越州图经》九卷，李宗谔祥符所上也，末有秘阁校理李垂、邵焕修及复修名衔，然则此书成于众手而宗谔特提总其凡耳。"故知此书成于大中祥符年代（1008—1016）。案《玉海》卷十四地理图《祥符州县图经》云："庚辰，真宗因览《西京图经》，有所未备，诏诸路州府军监以图经校勘，编入古迹，选文学之官纂修校正，补其阙略来上。及诸路以图经献，诏知制诰孙仅、待制戚纶、直贤集院王随、评事宋绶、邵焕校定。仅等以其体例不一，遂加例重修，命翰学李宗谔、知制诰王曾领其事，又增张知白、晏殊，又选择李垂、韩羲等六人参其事。祥符元年四月戊午，龙图待制戚纶请令修图经官先修东封所过州县图经进内，仍赐中书密院、崇文院各一本，以备检阅，从之。三年十二月丁巳，书成，凡一千五百六十六卷，宗谔等上之，诏嘉奖，赐器币，命宗谔为序。"此即祥符修图经之大概经过，《越州图经》即其中之一。《图经》内容，除以后《嘉泰志》、《宝庆续志》等引用者外，不得而知。陆游《戏咏山阴风物》（《剑南诗稿》卷二七）云："《图经》草草常堪恨。"则其内容简略，可以想见。全祖望《汉会稽三都尉分部录》（《鲒埼亭集外编》卷四九）尚引及李宗谔《图经》，全氏若不自他书转引，则此书清初犹见。修者李宗谔，字昌武，饶阳人，据张国淦《中国古方志考》所录，大中祥符年代，由李领衔修纂之全国各州县图经达22种，李事迹参见《宋史》卷二六五。

会稽图叙

宋沈立撰。熙宁三年（1070）撰。

此图已佚。叙文收入于《会稽掇英总集》卷二〇。历来除《舆地纪胜》卷二〇引及此图外,鲜见他书引及,故知缺佚已久。《嘉泰会稽志》卷一子城条云:"熙宁中,沈立为《越州图序》。"同卷城郭条又云:"熙宁中,郡守沈立为《会稽图叙》。"故知此《会稽图》又称《越州图》。图叙末云:"立曾高本越人也,间领漕居杭,曾为《钱塘图》,今遂守越,因作《会稽图》,少冀好事者知其梗概耳。"撰者,字立之,历阳人,熙宁三年至四年知越州军,《宋史》卷三三三有传。

新修绍兴图经

撰人及撰述年代不详。

此图经已佚。《遂初堂书目》地理类首见此书著录,此后在《雍正浙江通志》卷二五三及《乾隆绍兴府志》卷七七,威廉·施坚雅《浙江宁绍地区地方志目录》等亦均见著录。乾隆以前各家均不言撰者,而《乾隆府志》则言撰者"或即李垂、邵焕也"。案李、邵均大中祥符时人,参见李宗谔《越州图经》考录。《乾隆府志》可能认为此图经即《越州图经》,但李、邵之时何来"绍兴"之名,故成书必在宋绍兴间或绍兴以后,尤袤得而藏之,于时亦符,而图名冠以"新修",当以与《祥符图经》相比而言,故《乾隆府志》之说不足信。不过《遂初堂书目》既已著录,何以《嘉泰志》与《宝庆续志》等均只字未引,说明此书在当时流传极稀。

绍兴府全境图记

明戴琥撰。成化十八年(1482)撰。

此图已佚。《乾隆绍兴府志》卷七七经籍一著录。《乾隆府志》云:"明成化十八年,知府浮梁戴琥撰,绘图刻石。"撰者事迹参见《戴琥水利碑》考录。

绍兴府县图

明南大吉修纂。

此图实即《嘉靖绍兴府志》之卷首,《乾隆绍兴府志》卷七七云:"卷首图数十页,凡境内胜迹及水利险要皆具,或但以其图行,曰《绍兴府县图》。"故知当时曾有此图单行本刊行,今已佚。参见《嘉靖绍兴府志》考录。

绍兴府境内总图

撰者及撰绘年代不详。

此图已佚。《脉望馆书目》月字号史类八地志,《赵定宇书目》志书类(1957年古典文学出版社本第63页）著录。明以前名书目均不见著录,说明此图成于明代。

山阴城图

杨守敬撰。

此图收入于光绪乙巳观海堂刊本《水经注图》第八册浙江水篇。全图山阴城居中,长湖在城南,玉笥、竹林、云门、天柱精舍在湖北,禹庙、禹井在湖南,木客村在湖西南,湖塘在湖西北。盖均为《水经·浙江水注》所载地名也。

序越州鉴湖图

宋曾巩撰。熙宁二年（1069）撰。

此图已佚。序收入于曾氏《元丰类稿》卷十二,《会稽掇英总集》卷二〇,《古文辞类纂》卷七五等。自《嘉泰会稽志》以来,历修浙江省通志及绍兴府志、山阴会稽二县县志,大多收入此文,但文题稍异,如康、乾府志多作《越州鉴湖图序》,《玉海》卷二三地理汉鉴湖节录此文作《序鉴湖》。序末云："及到官后,问图于两县,问书于州与河渠司,至于参核之而图成,熟究之而书具,然后利害之实明,故为论次,庶夫计议有考焉。"据此,则图未必为曾氏所绘。案曾氏在越之日,正值鉴湖围垦加剧,存废之争方殷,参见陈桥驿《古代鉴湖兴废与山会平原农田水利》。

鉴湖图

宋陆游绘。

此图已佚。案《山阴梅湖陆氏宗谱》卷一所载《宋渭南伯放翁公游记略》云："有《鉴湖图》、《鉴湖歌》,至今多诵之。"

两越名山图说

明杨尔曾辑,陈一贯绘,汪忠信镌。

此图说收入于万历刊本《新镌海内奇观》卷五。计於越、瓯越图各一幅。於越图一幅两叶,图上有石匮、禹穴、阳明洞天、兰亭、鹅池等越地景物,但也有越地以外景物如东西四明、雪窦、阿育王寺、赤松山、子陵钓台等。图后附说260余言,图首序云："东海之墟,有二越焉,於越当其北,瓯越当其南,其始一越也,皆禹之后,王句践之所治也,汉无终始别为东瓯,天台以北则於越之故都,雁宕以南则东瓯之别壤,故纪两越名山自南明始。"

绍兴水利图说　　2卷

明贾应璧撰。

此书已佚。《明史艺文志》卷二史类谱牒,《千顷堂书目》卷八史部地理类,《乾隆绍兴府志》卷七七经籍志一,威廉·施坚雅《浙江宁绍地区地方志目录》等著录。撰者,无锡人,万历六年知绍兴府,据《康熙无锡县志》卷十二进士所载,系隆庆二年进士,曾官广东按察使。

天乐水利图议

明刘宗周撰。崇祯十六年(1643)撰。

此图议收入于道光四年山阴范廷镛刊本《刘子全书》卷二四,又收入于《麻溪改坝为桥始末记》卷一。此外,《康熙绍兴府志(王志、李志、俞志)》卷十七,《康熙山阴县志》卷十二,《雍正山阴县志》卷十二,《乾隆绍兴府志》卷十四,《嘉庆山阴县志》卷二〇,《民国萧山县志稿》卷三等均收入,但除前二种图议兼收外,其余各书均删图留议,题作《天乐水利议》。案此图议撰于明崇祯时,当时麻溪坝存废之争方殷,故有是作。参见《麻溪改坝为桥始末记》、《麻溪坝议》、《建茅山闸记》等文考录。

天乐乡水利图说

清朱孟晖撰。

此图说收入于《麻溪改坝为桥始记》卷一。图说赞同麻溪废坝。参见《麻溪改坝为桥始末记》考录。

三江闸港形势图

清宗能述绘。光绪十八年(1892)绘。

此图收入于《绍兴县志资料》第一辑第十二册塘闸汇记第106页。宗在图上加注云:"岁壬辰冬,三江闸港塞十有余里,三邑人士日忧其鱼,纷筹通之之术,述以形势非确图不足以证利弊,爰周测闸近关乎闸流者为一图,以供讲求水利者为一览云。"案此图系采用新式测绘方法绘制。绘者事迹参见《三江闸私议》考录。

越中河川图说

撰者及撰绘年代不详。

此图说已佚。《乾隆绍兴府志》卷十四水利志一应宿闸条引《修闸成规》云:"案《越中水利图说》载汤公建闸,有隶名木隆死于水,闸乃成。"案三江闸建于嘉靖十六年,《图说》既记及汤公建闸事,其撰绘当在此以后;《修闸成规》订于崇祯六年,《成规》既引此书,则撰绘当在此以前。

古越山川图说

撰者及撰绘年代不详。

此图说疑未刊。驿曾于1962年在绍兴火珠巷吴宅梵氏处见此书传抄本一册,但图已不存。案图说内所列地名,书疑清代所撰。

越郡水道图

清黄寿衮撰。光绪二十五年(1899)撰。

案黄氏《小冲言事》卷一《答熊再青知府询越郡水道书》云:"当仿王凤生《浙西水利备考》之例,绘图贴说,谨作刍献。"但图已不存。撰者事迹参见《陡罋八咏诗叙》考录。

绍兴山水图

元董楚方绘。

此图已佚。原图图名亦不得其实。明刘基《诚意伯文集》卷十一《为董楚方题山水图》诗云:"金庭接四明,会稽藏禹穴,半岭生白云,如涛涌溟渤,我在城南隔天镜,朝夕看山知山性……"据此,图内有金庭、四明、会稽诸山,所绘当是绍兴府境,故名此图为《绍兴山水图》。

龙瑞观禹穴阳明洞天图经

宋叶枢记,李宗谔修订。政和四年(1114)记。

此《图经》,《宋史艺文志》卷三著录作《阳明洞天图经》十五卷,《雍正浙江通志》卷二五三经籍十三据《道藏目录》不分卷,《乾隆绍兴府志》卷七七经籍志著录作一卷,《双鉴楼善本书目》卷三子部著录作《龙瑞观图经》一卷,系《道藏汇钞十二种》之一,旧抄本,有董斋藏书印。此书今有《道藏》(洞玄部传记类)本,又收入于《玉简斋丛书》一集,但图均不存。案《道藏目录详注》卷二洞玄部白云霁注云:"龙瑞观在会稽县东南一十五里,即大禹采灵宝玉符治水之所,后得黄帝遁甲开山,因此治水讫乃诚书于洞穴,斯山亦名阳明洞天是也。"又案唐社光廷《三十六洞天记》(据明刊本《名山洞天福地岳渎名山记》)云:"会稽山极玄阳明洞天三百里,在越州会稽县,夏禹采书。"则阳明洞在唐代已被列为全国著名的三十六洞天之一。《嘉泰会稽志》卷七云:"龙瑞宫在县东南二十五里,有禹穴及阳明洞天。"《名胜志》浙江卷四云:"今里人即以阳明洞为禹穴云。"则在明代,洞天与禹穴已不可分。

小隐山园图

撰绘者及撰绘年代不详。

此图已佚。《嘉泰会稽志》卷三云:"小隐山园在郡城西南镜湖中,四面皆水,旧名侯山,晋孔愉尝居焉,皇祐中,太守杨纮始与宾从往游而惬焉,问其主王氏山何名,对曰:有之,非佳名也;亭有名否,则谢不敢。乃以其图来,悉与之名。"据此,则此图为园主王氏旧藏。

寓山图

明吴昌伯绘。

此图不传。案祁彪佳《祁忠敏公日记》己卯三月三十日云:"观吴昌伯作《寓山图》。"则图成于己卯(1639)前。寓山在府城西南 20 里。参见《寓山志》、《寓山园记》等考录。

炉峰图注

撰者及撰绘年代不详。

此图注已佚。清胡浚《会稽山赋》注引及此书计三条:"峰顶有庵,名南天竺,遍植桃李","炉峰下有山石深凹,名曰药凹","妙高峰下有溪曰陶溪"。又清周调梅《越咏》卷上注引及此书二条,一条云:"登炉峰者惟老鼠坪、鲫鱼背最险,又峰顶危崖中断,驾片石以渡,名曰雀桥。"另一条与胡浚所引同。除此二书外,罕见他书引及。胡书刊于乾隆,周书刊于咸丰,故知此《图注》必撰绘于乾隆以前,而咸丰以后即已缺佚。案炉峰即香炉峰,《嘉庆山阴县志》卷三云:"香炉峰西为山阴,东为会稽,自九里、马家埠上,溪壑幽邃。"

会稽山图

绘者及绘制年代不详。

此图已佚。清胡浚《会稽山赋》"钓乐于陶朱"注引《会稽山图》云:"州城南陶朱公钓台。"案胡浚、康熙庚子举人,故知此图当绘于清初或清以前。

三山世隐图记

清李慈铭撰。

此图未刊,已佚。案《桃华圣解庵日记》庚集同治十一年十二月二十五日(《越缦堂日记》四函)云:"撰《三山世隐图记》。"故此图撰于 1873 年(案同治十一年为 1872年,但《日记》所载月日已届 1873 年)。三山为陆游故居所在,据《嘉庆山阴县志》卷七云"陆放翁宅在三山,地名西村,……山在城西九里鉴湖中,与徐、瓶鼎峙。"

航坞山居图记

清奚铁生绘,胡锺生撰记。嘉庆十一年(1806)撰。

此图已佚。仅存胡锺生代谢伯容所撰记一篇,收入于胡氏《愧庐文钞》。记略云:"《航坞山居图》一叶,题跋二十四叶,山阴陈又云藏之。"文末又案云:"图为奚铁生冈绩。梁山舟同书、吴谷人锡麒、袁简斋牧、冯孟亭浩、翁覃溪方纲、钱梅溪泳诸先生皆有题跋。伯容手以示余并丐记后,余惟珠玉在前,续貂可耻,因代伯容述之如此。"案航坞即杭坞,《越绝书》卷八云:"杭坞者,句践杭也,二百石长员卒七士人,度之会夷,去县四十里。"

笠山图记

清全祖望撰。

此文收入于全氏《鲒埼亭集外编》卷二二,但图已不存。案笠山,据全记云:"东浙山阴之临浦有小山焉,盖一卷石之多也,予友徐君廷槐世居其地,从而名之曰笠山。"清胡天游《石笥山房义集》卷一《笠山赋》云:"会稽之野,有笠山焉。"所指即此。

蓬莱阁图

宋王逵撰。

此图已佚。《嘉泰会稽志》卷一府廨蓬莱阁条引张伯玉《州宅诗序》云:"越守王工部,至和中新葺蓬莱阁成,画图来乞诗。工部乃王逵也。"据此,则此图成于至和间。撰者王逵,濮阳人,皇祐四年至五年知越州军,《万历绍兴府志》卷三八有传。

卧龙山楼阁图

撰绘者不详。

此图已佚。明刘基《诚意伯文集》卷十一有《题界画卧龙山楼阁图》诗一首,此诗亦收入于《嘉庆山阴县志》卷二八艺文下。则此图约为元末作品,绘界画者生平不详,案刘诗中有"雁山狂客意匠工,能以翰墨偷天功"之句,则是温州人。

鉴湖一曲图

撰绘者及撰绘年代不详。

此图已佚。《徐文长集》卷十二《贺知章鉴湖一曲图》云："镜湖无处无非曲,乞罢何劳乞赐为,幸有双眸如镜水,一逢李白解金龟。"

墟中十八图咏

清章士等编,章篛轩绘。

此书天一阁藏有清刊本一册,卷首有萧山朱鼎煦藏书章。全书第一部分为图,计斋台、第一泉、柴坞、南易坂、镵、麻园、籁适楼、里港、东市、江山环秀楼、果园、杜浦、黄草沥、楮木湾、浴鹤泉、海崖、两山洞天、宜嘉尖,共十八幅,均道墟镇附近景物。第二部分为诗叙,为章世法(字青峰)所撰。第三部分为记地,亦章世法所撰。第四部分为咏,系章士(字南原)、章成栻(字簧一)、章应枢(字少峰)、章锜(字白陂)、章锺(字鹤泉)、章世法、章大来(字心斋)、章成梿(字思古)、章麟化(字一吾)、章标(字篛轩)10人所撰,人各按图主题,共18首。第五部分为题后,为章士所撰。各文中惟章世法所撰记地书有康熙四十一年壬午年月,则图文大致均为此时所撰绘。

道墟十八图咏序

清毛奇龄撰。

此文收入于毛氏《西河合集》卷四四序四。序中言及:"十人之中有篛轩最少,实为绘图十八以跨于右丞之所,为山庄图者。"参见《墟中十八图咏》考录。

笔山村居图说

清阮炜撰。

此图已佚。《绍兴县志资料》第一辑第十一册乡镇据《笔山周氏谱》收入其文。案笔山在郡城东南 20 里。

林头地理图说

不著撰人姓氏。

此图不见,疑是清末所绘。《绍兴县志资料》第一辑第十一册乡镇据《林头王氏谱》收入其文。案林头在郡城之北,毗邻郡城。

白洋图

清朱鸿翔绘。

此图收入于《山阴白洋朱氏谱》卷四,并附有说明约五百余言。《嘉庆山阴县志》卷五云:"白洋巡检司城在县北五十八里,大海之上有白洋山,缘山而城,亦汤和所筑。"

兰亭修禊图

宋李龙眠绘。

此图已佚。《乾隆兰亭志》卷二图说云:"李龙眠亦有《兰亭修禊图》石刻,则又别开生面。"案李龙眠即李公麟,字伯时,号龙眠居士,皖之舒城人,熙宁三年进上,《宋史》卷四四四有传。

兰亭修禊图

宋薛绍彭绘。

此图不见。郑振铎《插图本中国文学史》卷二第238至239页间插页所载。图上说明云:"从宋薛绍彭兰亭砚。"案薛绍彭,《宋史》卷三二八有传。案兰亭砚即北宋时所制之洮河绿石兰亭砚。洮河在今甘肃省,为黄河上游支流之一,北宋时大水,冲下此类石块甚多,可以作砚,当时制作的洮河绿石兰亭砚甚多,薛绍彭兰亭砚当是其中之一,其砚大小不一,重者超过八公斤,砚面及砚之四周,均雕刻永和兰亭之会。参阅日人宇野雪村撰《文房四宝》一文,载《太阳》杂志1979年5月号。

兰亭祓禊图

宋高宗制。

此图已佚。《乾隆兰亭志》卷二图说云:"又有宋高宗御制祓禊图。……历观缙绅家所藏兰亭画本亦甚伙,然总而稽之,高宗御制图已若商彝周鼎,未易数遭。"故知此图在清初已不可得。

兰亭图叙

不著撰绘人姓氏。

此碑已不存,图叙均佚。《古今书刻》卷下浙江省绍兴府存目。

兰亭图

元汪华玉藏,虞集题。

此图已佚。《乾隆绍兴府志》卷七二古迹志二虞集《题汪华玉所藏兰亭图》云："衡茅负晴旭,有客至我门,共披会稽图,山水盛纷纷,众贤坐水次,飞觞泛沄沄,夷旷各有趣,高闲知右军……。"此处虞集所去《会稽图》按诗意实即《兰亭图》。按历来公私所制兰亭各图,今多已不存。明代所制图,今唯《万历绍兴府志》卷九古迹志二刊有《兰亭修禊图》及《重修兰亭图》各一幅尚存。清代所制者则《乾隆兰亭志》卷二图说所载陆辛厓绘《今兰亭图》及《复古曲水图》可为代表。虞集所题《兰亭图》当为宋、元作品,按虞诗与明、清《兰亭图》对照,其格局大体相似。案虞集,字伯生,号道园,蜀仁寿人,寓居钱塘,大德初荐授大都路儒学教授,《雍正浙江通志》卷一九四及《四部备要书目提要》集部、《道园学古录》有传。

兰亭觞咏图　　1 卷

明宋濂撰记。

此图已佚。明何镗《古今游名山记》卷十下引明宋濂《兰亭觞咏图记》云:《兰亭觞咏图》一卷,相传为唐李公麟所画,……余见此卷于友人家,因借归记其事如左。"则此图明初尚存。明慎蒙《天下名山诸胜一览记》卷四亦收入此文,但图已不见。《菉竹堂书目》卷五法帖类著录,不著撰人姓氏,或即是此图。案《名山记》所引"唐李公麟"应是宋李公麟之误,参见李龙眠《兰亭修禊图》考录。撰记者宋濂,字景濂,号潜溪,浦江人,《明史》卷一二八有传。

流觞曲水图记

绘者不详,明太祖记。洪武九年(1376)记。

此图已佚。《雍正山阴县志》卷六著录作《古兰亭流觞曲水图》一卷。明太祖所撰图记,收入于《康熙绍兴府志(张志、王志、李志、俞志)》卷九,《康熙山阴县志》卷六,《雍正山阴县志》卷六,《乾隆兰亭志》卷二,《乾隆绍兴府志》卷七二等。其中《康熙绍兴府志(王志、李志、俞志)》均作《明高祖御制流觞曲水图记》。清蒋士铨《后游兰亭图跋》云:"洪武间,奉敕写修禊图,凡四十二人,坐者、立者、行吟者,皆徜徉台榭间,今曲水已不可考,或指入山石磵当之。"则此图在乾隆间尚得见。

兰亭图记　　1 卷

明释觉显辑。

此图,今北京图书馆所藏,合遗墨一卷为一册。明刊本,《北京图书馆善本书目》卷三史部下地理类著录。

兰亭图

明文徵明绘。

此图不见。《乾隆兰亭志》卷二图说云："文徵明亦画兰亭人物,布置小异。……历观缙绅家所藏兰亭画本亦甚伙,然总而稽之,高宗御制图已若商彝周鼎,未易数遘,而世所临摹,皆文徵明本。"故知文图为历来临摹流行之本。

古兰亭图

清陆辛厓绘。

此图收入于《乾隆兰亭志》卷二图说。清吴高增《兰亭图说》云:"山阴陆君振宗,绘事入妙,仿文徵明古本为修禊旧图,又按今制为新图。"绘者陆辛厓,字振宗,乾隆间山阴人。

兰亭图说

清吴高增撰。

此义收入于《乾隆兰亭志》卷二图说。参见《古兰亭图》考录。撰者事迹参见《乾隆兰亭志》考录。

今兰亭图

清陆辛厓绘。

此图收入于《乾隆兰亭志》卷二图说。参见《古兰亭图》考录。

复古曲水图

清陆辛厓绘。

此图收入于《乾隆兰亭志》卷二图说。参见《古兰亭图》考录。

后游兰亭图跋

清蒋士铨跋。乾隆三十二年(1767)撰。

此文收入于蒋氏《忠雅堂文集》卷十。文略云:"乾隆三十二年十二月四日,诸君子招子来游,微霰初霁,林壑清冽,时异暮春,羽觞难泛,于是绘《后游兰亭图》,亭隐寒绿,客意方骋,凡十有一人。"案文末所记,十一人中除蒋氏外,尚有刘达夫、刘豹君、吴诗、钟锡圭、朱湘等。图不知何人所绘,今已不见。撰者事迹参见《省园记》

考录。

续兰亭禊饮图序

清丁、阙二人绘,李亨特序。乾隆五十七年(1792)撰绘。

此图已佚。序文收入于《乾隆绍兴府志》卷七二古迹志二。序略云:"因倩工画者绘为图,且自为叙。"据姚兴洁《续兰亭禊饮图记》,知绘者为丁、阙二人。参见姚文考录。作序者李亨特,乾隆绍兴知府,参见《乾隆绍兴府志》考录。

续兰亭禊饮图后序

清丁、阙二人绘,徐嵩后序。乾隆五十七年(1792)撰绘。

此图已佚,后序收入于《乾隆绍兴府志》卷七二古迹志二。参见《续兰亭禊饮图序》考录。

续兰亭禊饮图记

清丁、阙二人绘,姚兴洁记。乾隆五十七年(1792)撰绘。

此图已佚,记收入于《乾隆绍兴府志》卷七二古迹志二。记略云:"乾隆壬子岁三月,绍兴太守李公作续兰亭禊饮会,绘图一卷,与会者二十有一人焉。"又云:"作画者丁君,阙君,斗泉为补山水云,图成于是岁六月。"

兰亭秋禊图

清奚铁生绘。嘉庆二年(1797)绘。

此图已佚。阮元《定香亭笔谈》卷三及《绍兴史迹风土丛谈》第十三册载及。参见阮元《兰亭秋禊诗序》考录。绘者奚铁生,名冈,字九章,号铁生,武林人,终身不与试,著有《冬花庵烬余稿》。

绍兴宋诸陵图

绘者不详。洪武二年(1369)绘。

此图已佚。明张仕敏《穆陵遗骸记》云:"明年(驿案,指洪武二年)六月庚辰,浙江以《绍兴宋诸陵图》进。"案绍兴宋诸陵指宋六陵,即高宗永思陵,孝宗永阜陵,光宗永崇陵,宁宗永茂陵,理宗永穆陵,度宗永绍陵。《雍正浙江通志》卷二三八陵墓四云:"以上诸陵,皆在会稽县东南宝山。"

重建绍兴府庙学图

不著撰绘者姓氏。

此碑立于元代,原在绍兴府学,今已不存。图收入于杜春生《越中金石记》卷七。《绍兴县志资料》第一辑第四册云:"碑高八尺三寸,广四尺二寸。"罗振玉《再续寰宇碑访录》卷下存目作《重建绍兴庙学图》,并云碑阴为"至元三十年良月。"

云门寺图

绘者及撰绘年代不详。

此图已佚。清胡浚《会稽山赋》注引《云门寺图》两条,一条云:"寺前五云溪,上有枫林。"又一条云:"广福寺基在广孝寺左。"据此,其图当是有图有说,属于图说之类。

广孝寺图

绘者及撰绘年代不详。

此图已佚。清胡浚《会稽山赋》"前有看竹之楼垣"注引《广孝寺图》云:"寺侧有萧然楼、看竹楼。"又"永欣抚辨才之塔"注引此图云:"广孝寺在云门寺左,背倚金字山,昔有僧于五云山下掘得阜陵赐碑,上有传忠广孝之寺,遂建道场,寺有六松亭,钟楼出于林杪。"据此,其图当是有图有说,属于图说之类。

绍兴府城衢路图

绘者及绘制年代不详。

原图为日本汉学前驱狩野直禧教授所购得,今藏日本东北大学,图高 54 厘米,宽 58 厘米,右上角题"绍兴府城衢路图",左下角题"绍兴墨润堂石印"。全图内容详细,举凡街道、河渠、湖泊、山丘、衙署、祠庙、桥梁、园苑等,无不备载。日本国立大阪大学文学部斯波义信博士于 1981 年 3 月以此图复制品一幅寄赠。斯波氏认为此图可能是上世纪末作品。按墨润堂为绍兴著名书坊之一,30 年代尚存在。从图内地名观察,斯波氏估计大致无误。

五　地名类

会稽考古集

宋华镇撰，或作华初平撰。

此书已佚。《嘉泰会稽志》卷十箪醪河、鹅池、方干池三条各引华安仁《考古》一条，又卷十一鳗井、葛仙翁井、题扇桥、酒瓮石四条各引此书一条，此外，卷十三赵处士宅条引"华镇云"一条，此"华镇云"，当亦是《考古》。从以上各条可见，所考多是会稽古代地名，此书在《宝庆会稽续志》作《会稽览古》（卷一广平路，卷四南池所引）或《会稽览古集》（卷七四明山广利侯祠所引），因疑此书可能是华氏《会稽览古诗》的别名。清厉鹗《宋诗纪事》卷二七华镇略传云："子初平，亦登进士，为太常博士，有《越中考古录》。"则此书又疑是其子华初平所撰《越中考古录》。自《嘉泰志》与《宝庆续志》以后，绍属方志常引及此书，但所引均见于《嘉泰志》及《宝庆续志》，说明均系转引。明末《名胜志》浙江卷四绍兴府引《华氏考古》计鳗井、大吴王村、小吴王村、淮阳里、广平路等五条，其中大、小吴王村及淮阳咀三条，不见于《嘉泰志》及《宝庆续志》，故疑曹学佺尚亲见此书。撰者事迹参见《会稽录》考录。

吴越考

宋潜说友撰。

此文收入于《咸淳临安志》卷十六。文对春秋吴、越国界考证甚详。案春秋吴、越国界历来有二说,一说以今嘉兴附近为界,《国语·越语上》:"句践之地,南至于句无,北至于御儿。"可为此说代表,此外如《越绝书》、《吴越春秋》等均主是说。另一说以今钱塘江为界,《史记》卷一二九《货殖列传》:"浙江南则越。"《论衡·书虚篇》:"余暨以南属越,钱唐以北属吴,钱唐之江,两国界也。"均可为此说代表。潜氏主前说,博采资料,详加辨析。清李慈铭《祥琴室日记》同治八年三月二十二日(《越缦堂日记》二函)云:"《吴越考》一篇,言杭州于春秋时属越不属吴,辨析尤精。"撰者,字君高,缙云人,淳祐四年进士,咸淳四年任杭州知府,曾主纂《临安志》一百卷,事迹见《四库大辞典》三——五十。

绍兴考

明郭钰撰。

此文附于《郭子式先生校刻书》之《古越书》后,全文 470 余言,对绍兴沿革典故,有所考证。书仅北京图书馆有藏。撰者,字子式,会稽人,《道光会稽县志稿》卷十九人物隐逸有传。

吴越分野

明周述学撰。

此文收入于《绍兴县志资料》第一辑第十册疆域及沿革,系从《后村周氏渊源考》收辑。撰者,字继志,号云渊子,山阴人,《明史》卷二九九有传,《雍正浙江通志》卷一九七方技下记其行迹。

浙东分地录

清全祖望撰。

此文收入于全氏《鲒琦亭集外编》卷四九。文述会稽郡地名、疆域、沿革等颇悉。

汉会稽郡三都尉分部录

清全祖望撰。

此文收入于全氏《鲒埼亭集外编》卷四九及《嘉庆山阴县志》卷二八艺文上。其文考证汉会稽郡三都尉沿革地名甚详。

汉会稽郡二十六县今地考

清黄寿充撰。光绪十九年(1893)撰。

此文收入于光绪刊本黄氏《莫宦草》及《绍兴史迹风土丛谈》第十八册。案汉会稽郡 26 县为吴、娄、无锡、阳羡、曲阿、丹徒、毗陵、由拳、乌程、余杭、海盐、钱唐、富春、山阴、余暨、诸暨、剡、上虞、乌伤、余姚、句章、鄮、鄞、回浦、太末、冶。其中位于钱塘江以北者 13 县，以南者 13 县。

会稽沿革考

清周蕴良撰。

此文收入于周氏《惕斋续集》卷二，文述会稽自古扬州至清绍兴府止，对八县分合沿革、地名变迁等均有所论证。撰者，字味仁，号惕斋，清末会稽人，《绍兴县志资料》第一辑第十六册人物列传有传。

越考

撰者及撰述年代不详。

此文收入于《嘉庆山阴县志》卷一沿革　其文考证越、粤地名颇详。

山阴都图地名细号亩分额南米科则

此书不知谁人所录，亦不知其年代，驿于 1962 年在绍兴火珠巷吴宅梵氏处读得此书传抄本一册，全书载有山阴县全县村名 1000 余处。按村名推索，此书当录于清代。

会稽都图地名细号亩分额南米科则

此书不知谁人所录，亦不知其年代，驿于 1962 年在绍兴火珠巷吴宅梵氏处读得此书传抄本一册，全书载有会稽县全县村名 1000 余处。按村名推索，此书当录于清代。

陶堰考

明陶望龄撰，清陶元藻跋。

此文收入于《绍兴县志资料》第一辑第十一册乡镇。《会稽陶氏族谱》卷一亦收入此文，但文题仅为《地望》二字，文末有陶元藻跋语。案陶堰本鉴湖堰坝之名，宋徐次铎《复鉴湖议》中所云"陶家堰"，即此，位于鉴湖东堤之上，距郡城约 40 里。撰者，字周望，会稽人，万历己丑进士，《明史》卷二一六有传。

皋埠可作高步亦可作皋部

清钱伯华辑。

　　此文收入于《绍兴史迹风土丛谈》第一册,文后并附有《鹅鼻作何避亦作娥避》及《漓渚可作篱渚》二文。案皋埠在郡城东,参见沈铨《皋部志》考录。

陆翰记

　　清陶乾始撰。咸丰四年(1854)撰。

　　此文收入于《绍兴县志资料》第一辑第十一册乡镇。案陆翰,村名,在会稽山陶堰岭南十余里鹿岭之麓。

三泉村名由来

　　清王梦庚、王锡桐合撰。同治八年(1869)撰。

　　此文,《绍兴县志资料》第一辑第十一册乡镇据《三泉王氏谱》收入。三泉村在城南青化峰。

渔渡地望

　　撰者不详。

　　此文收入于清董渭辑《会稽渔渡董氏务本堂支谱》卷一及董金鉴重辑《会稽渔渡董氏族谱》卷一。案渔渡村在曹娥江支流小舜江沿岸,西距汤浦镇三里。

湖塘之名

　　清钱伯华辑。

　　此文收入于《绍兴史迹风土丛谈》第十册。案清马赓良《同人吴塘观菊花记》云:"吴塘者,《越绝书》句践灭吴筑,今则村焉,塘名之,去西郭四十里,而近在镜湖之西。"李慈铭《桃华圣解庵日记》同治壬申十月初五日(《越缦堂日记》四函)云:"《水经注·浙江水》篇云:湖水侧有白鹿山,山北湖塘上旧有亭。……湖塘之名,始见于此。"

吴融村名考

　　清马骧撰。

　　此文,《绍兴县志资料》第一辑第十四册乡镇据《吴融马氏谱》收入。案吴融,村名,在郡城东北40余里。撰者,道光间吴融村人。

吴融

　　清张钜撰。

此文,《绍兴史迹风土丛谈》第二十三册据张氏《半窝日记》收入。参见马骧《吴融村名考》考录。撰者事迹参见《阳明洞》考录。

吴融村命名

清钱伯华辑。

此文收入于《绍兴史迹风土丛谈》第八册。文略云:"在郡城东南,为唐代诗人吴子华故里。"案"东南"当系"东北"之讹。参见马骧《吴融村名考》考录。

师山地望

清锺庆山撰。

此文收入于《会稽锺氏族谱》卷一。师山为一小阜,在吴融村附近,其下有村亦名师山,锺氏所居。

孙端孙氏地望考

清孙钧泰撰。

此文收入于《绍兴县志资料》第一辑第十一册乡镇。案孙端,镇名,在郡城东北50里。撰者,道光时孙端镇人。

蛏浦本名邢浦亦作刑浦

清钱伯华辑。

此文收入于《绍兴史迹风土丛谈》第一册。参见《偁浦地望》考录。

偁浦地望

不著撰者姓氏。

此文收入于《绍兴县志资料》第一辑第十一册乡镇,约为清末撰述,《资料》据《偁浦王氏谱》收入此文。案偁浦亦称蛏浦,《康熙浙江通志》卷七山川会稽县蛏浦条云:"在府城东北四十里,俗盖云多蛏焉,先时与海通,后筑塘隔海淤积成田,东自偁山,西至宋家溇接山阴界,凡二十六里。"

马山考

清钱伯华辑。

此文收入于《绍兴史迹风土丛谈》第六册。文略云:"马山,镇名,在明桑、陆家埭之间。"

羊山祖居记

清韩潮撰。

此文收入于《绍兴县志资料》第一辑第十一册乡镇。案羊山又称羊石山,《雍正浙江通志》卷十五山川七云:"羊石山在府城西北三十六里,有石如羊。"而韩文云:"去郡城三十五里,负海而立。"参见清朱彝尊《羊石山题壁》考录。撰者,字秋帆,山阴人,咸丰癸丑会稽生员。

安昌可作安沧

清钱伯华辑。

此文收入于《绍兴史迹风土丛谈》第一册。案《嘉泰会稽志》卷十二:"安昌乡在县西北八十一里。"参见清高骧云《安昌志》考录。

马鞍村名词

清半亭老人撰。

此书,道光八年(1828)刊本,不见;另有《鞍村杂咏》本,今存。又收入于《绍兴县志资料》第一辑第十一册乡镇,作沈香岩撰《马鞍村名词并序》。案沈香岩即半亭老人,参见《鞍村杂咏》考录。

五云门考

清宗稷辰撰。

此文收入于《绍兴史迹风土丛谈》第十八册。《嘉庆山阴县志》卷五云:"正东曰五云门,古雷门,句践所立。"《水经注》卷四〇《浙江水注》:"阙北百步有雷门,门楼两层,句践所造,时有越之旧木矣。"《太平寰宇记》卷九六江南东道八越州:"句践所立,以吴有蛇门得雷而发,以表事吴之意。"

笔飞弄

清张钜撰。

此文,《绍兴史迹风土丛谈》第二十三册从张氏《半窝日记》收入,案笔飞弄在府城内东北隅。

六　城镇建设类

修子城记

宋刁约撰。

此文已佚。《嘉泰会稽志》卷一子城条云:"刁约守越,奏《修子城记》。"案宋毛维瞻《越州新修子城记》所述,此次修城在嘉祐六年至八年。据《嘉泰志》卷一所引及云:"城成,高二十尺,北因卧龙山环属于南,西抵于堙尾,凡长九千八百尺,城之门有五。"子城即句践小城,《越绝书》卷八云:"句践小城,山阴城也,周二里二百二十三步,陆门四,水门一。"《吴越春秋》卷八云:"小城周千一百二十步,一圆三方,西北飞翼楼以象天门,东南伏漏石窦以象地户,陵门四达,以象八风。"南宋时代之子城,据《嘉泰志》卷一所记:"今子城陵门亦四:曰镇东军门,曰秦望门,曰常喜子城门,曰酒务桥门;水门亦一,即酒务桥北水门是也。"撰者事迹参见《望海亭记》考录。

越州新修子城记

宋毛维瞻撰。治平元年(1064)撰。

此碑已不存,文收入于《会稽掇英总集》卷十九,《越中金石目》卷下阙访存目。文记嘉祐六年至八年(1061—1063)修越州子城事。参见刁约《修子城记》考录。撰者,开封人,居三衢,《宋诗纪事》卷十五有传,《雍正浙江通志》卷一八一人物六文苑四记其行迹。

绍兴新城记

元杨维桢撰。至正十三年（1353）撰。

此碑已不存，文收入于杨氏《东维子集》卷十二，《越中金石目》卷下阙访存目。文略云："至正十二年秋九月，越人筑新城，明年春三月告成。"故文撰于至正十三年。案《嘉庆山阴县志》卷五："元至正十三年，浙江廉访佥事笃满帖睦尔增筑加广，规一乡入城内，始甃以石，开堑绕之，城身东高一丈四尺，西一丈五尺，南一丈六尺，北一丈八尺；脚则东二丈一尺，西一丈九尺五寸，南一丈九尺，北二丈二尺；城楼九，敌楼五，月城十三，兵马厅九，窝铺一百二十五，女墙八千五百四十。"撰者事迹参见《小蓬莱记》考录。

镇越门修城碑

元尹彦良金琮立石。

此碑已不存，文并佚。《越中金石目》卷下阙访存目，杜春生案："镇越门即稽山门。"

稽山门瓮城开路碑

撰者不详。至正二十六年（1366）撰。

碑文俱不存。《乾隆绍兴府志》卷七六金石志二，《越中金石录》，《於越碑访录》等存目。《绍兴县志资料》第一辑第四册存目作《镇越门修城碑》。《两浙金石志》卷十九云："右碑文正书十二行，在山阴县稽山门外，前后漫漶不辨，有兵甲荐与及司徒陇西公领矢按治云云。按是时方国珍之扰，明太祖已有数郡，司徒陇西公能勤完缉，是可记也，惜落不知其名。"

修城记

撰者不详。

此文已佚。《读史方与记要》卷九二引及此书云："嘉靖二年，飓风坏城，因复修筑，并复凿内外池隍。"案《嘉庆山阴县志》卷五云："明嘉靖二年秋，飓风大作，城半圮，知府南大吉修复之。三年冬，又修其倾颓者，女墙悉易新砖，高四尺六寸，厚一尺，复浚凿内外池，外池东广十丈，深一丈；西广八丈，深一丈二尺；南广八丈八尺，深九尺；北广五丈，深八尺。内池俱广一丈八尺，深七尺。"故此文所记，当是嘉靖二、三年间知府南大吉修城事。

重修府城记

清俞卿撰。康熙六十年(1721)撰。

此文收入于《康熙绍兴府志(俞志)》卷二城池志,《雍正浙江通志》卷二四城池二,《乾隆绍兴府志》卷七建置志一,《绍兴史迹风土丛谈》第二十册等。其文略云:"工兴于六月,不半载而告成,楼橹、雉堞、耳城、濠堤以及兵役防守之所,纤悉具备,巍然尽改旧观。"《雍正浙江通志》卷二四云:"康熙六十年,知府俞修筑七百四十九丈,其门各皆仍旧,惟迎恩易为西郭,从俗所称以配东郭云,都泗即都赐,水偏即偏门,常禧即常喜,昌安即三江,殖利俗呼南堰门,常禧俗呼岸偏门。都泗、五云、东郭、稽山四门隶会稽,殖利、水偏、常禧、西郭、昌安五门隶山阴。"

光相桥题记

至元元年(1335)立。

此碑已不存,文收入于杜春生《越中金石记》卷九及《绍兴县志资料》第一辑第三册。《雍正浙江通志》卷三六关梁四引《於越新编》云:"在府西北二里,俗传唐李邕寓居之地。"

钱清江浮桥记

明王袆撰。

此碑立于明初,今已不存,《雍正浙江通志》卷二五七碑碣三著录。文收入于《王忠文公集》卷五(明刊本、《金华丛书》本及《丛书集成》本),《明经世文编》卷四,《雍正浙江通志》卷三六关梁四,《乾隆绍兴府志》卷八建置志二等。按《嘉泰会稽志》卷十一:"钱清桥在县西北五十里。"周益公《思陵录》卷下云:"钱清江者,自三江口来,西过诸暨,约三百余里,阔十余丈,运河半贯其中,高于江水丈余,故南北皆筑堰止水,别设浮桥渡行旅。"王文记至正十七年重修事,略云:"凡为舟十有二,上架板庋,相属以为梁,其长三百有六十尺,广十有七尺,联之以铁绲,绲如桥之长而维其两端于南北堤。"撰者事迹参见《越操二首并序》考录。

钱清石桥记

明王华撰。弘治八年(1495)撰。

此文收入于光绪刊本《山阴前梅周氏宗谱》卷五。案《嘉庆山阴县志》卷五云:"县西北五十三里曰钱清浮桥,明王袆有《浮桥记》,弘治八年,邑人周廷泽乃建今桥。"又案,宣德以后,以麻溪坝之建及碛堰之屡开,浦阳江江流主要北走碛堰,钱清江江道趋于狭窄稳定,故浮桥易以石桥,王文即记石桥建造始末。

钱清江石桥记

明吴骥撰。弘治八年(1495)撰。

此文收入于光绪刊本《山阴前梅周氏宗谱》卷五。文记弘治八年修钱清江石桥事。参见《钱清石桥记》考录。撰者,字文英,山阴人,《乾隆绍兴府志》卷五四人物志十四有传。

重修钱清大新桥记

不著撰者姓氏。

此文收入于光绪刊本《山阴前梅周氏宗谱》卷五。案大新桥即钱清江江桥,此桥于道光初年又进行重修,故有是文,参见《钱清石桥记》考录。

渡东桥记

明陶望龄撰。万历二十三年(1595)撰。

此文收入于《康熙会稽县志(吕志、王志)》卷一,《雍正浙江通志》卷三六关梁四,《乾隆绍兴府志》卷八,《绍兴史迹风土丛谈》第二十册等,文记万历二十年会稽县令罗相修建渡东桥事。其桥据此文所云:“跨水数百丈,酾水十有八道。”案清胡保泰《鉴湖櫂歌》云:“渡东桥在东郭门外,第七洞为神仙水,烹茶清冽,酿家争取之。”

重修越郡石塘记略

清姚夑撰。

此文收入于《绍兴县志资料》第一辑第十二册塘闸汇记。文略云:“自郡城东百里抵曹娥,为四明孔道;西百里抵钱清,为武林孔道。……石塘一线,绵亘二百里,由来尚矣。明季湛然和尚修筑非不坚固,大率因循旧制。”据此,则所修石塘系自曹娥至钱清运河沿岸塘路,此塘路古来称为运道塘,唐元和十年观察使孟简创修,事见《新唐书地理志》。撰者,字胄师,号成庵,顺治甲午举人。

修塘汇志

纂者不详。

此书已佚。《嘉庆山阴县志》卷二〇水利官塘条云:“官塘在县西四十里,自西郭门起至萧山共百里,旧名新堤,即运道塘,唐元和十年观察使孟简所筑,明弘治中,知县李良重修,甃以石,后有僧湛然修之,国朝康熙年间,邑庠生余国瑞倡修,首捐资产,远近乐捐万余金,数年工竣,有《修塘汇志》记其事。"据此,则姚夔《重修越郡石塘记略》,约为《汇志》中之一篇。

判曹食堂厅壁记

唐崔元翰撰。

此碑已不存,《越中金石目》卷下阙访存目。文收入于《会稽掇英总集》卷十八,《嘉泰会稽志》卷一,《万历绍兴府志》卷三,《康熙绍兴府志(张志、李志、俞志)》卷三等。案判曹食堂在府治府金厅。撰者名鹏,以字行,玄宗时人,《旧唐书》卷一三七有传。

重建镇东军府署记

吴越钱镠撰。

碑文俱佚。《越中金石目》卷下阙访存目。案镇东军府署即越州州治,唐僖宗中和三年(883),浙东道越州改为浙东道义胜军;光启三年(887),又改为威胜军;至昭宗乾宁三年(896),又改为镇东军。钱镠时任镇东军节度。撰者,吴越国王,《旧五代史》卷一三三、《新五代史》卷六七有传。

州僚记

撰者及撰述年代不详。

此书已佚。《嘉泰会稽志》卷九土城山条云:"《旧经》引《州僚记》云:越王作土城以贮西施。"《晏元献公类要》卷一两浙路越西施郑旦浣纱石条亦引此书,所引与《嘉泰志》同,但未言自《旧经》转引,故北宋时,此书尚在。《州僚记》既为《旧经》所引,则成书当在宋初或宋以前。

曹娥重修廨宇记

宋齐唐撰。

此文已佚。《嘉泰会稽志》卷四曹娥堰条云:"治平中,齐祖之撰《曹娥重修廨宇记》云:'自阳武之越堤,开封之翟桥,总为堰者二十七,曹娥其一也。'"案曹娥堰在会稽县东72里,滨曹娥江,为东西往来要道。撰者齐唐,字祖之,事迹参见《家山记事》考录。

志省堂记

宋沈起撰。嘉祐五年(1060)撰。

此碑已不存。《雍正浙江通志》卷二五七碑碣三著录,《越中金石目》卷下阙访存目。文收入于《会稽掇英总集》卷十八及《乾隆绍兴府志》卷七一。《嘉泰会稽志》卷十八引及。案志省堂在府署,建于嘉祐五年。撰者,字兴宗,鄞人,庆历五年进士,《宋史》卷三三四有传。

寿乐堂记

宋傅崧卿撰。

此文已佚。仅见《嘉泰会稽志》卷十八拾遗引及。《嘉泰志》云:"寿乐堂在今通判南厅,熙宁中,签书判官厅公事太子中舍张次山始建,即签判旧廨之南堂也。建炎兵火堂坏,签判丁君复新之,傅给事崧卿撰记。"撰者事迹参见《上傅崧卿太守书》考录。

安抚司签厅属官廨舍题名记

宋滕璘撰。嘉定十六年(1223)撰。

此文已佚。《宝庆会稽续志》卷三安抚司签厅条云:"在府治仪门之西,嘉定十六年汪纲重建而移于仪门之外,参议机宜抚干旧无廨舍,皆僦居于市,嘉定十六年,汪纲以武宪旧衙析而改创,庐列有序,参议滕璘作《题名记》,记之甚详。"

修山阴县治记

元韩性撰。

碑文俱佚。《雍正浙江通志》卷二五七碑碣三,《乾隆绍兴府志》卷七六金石志二补遗,《越中金石录》等存目。案《嘉庆山阴县志》卷五:"县治在府治西一里。唐大历七年建于承天桥东,在宝林山麓,去府治五里许。元泰定二年,始迁于今所,即宋上下省马院故址也。"据此,山阴迁治适当韩性在官之时,故此文可能撰于泰定二年(1325)。

察院行署记

明刘栋撰。

此文收入于《康熙山阴县志》卷三署廨志。《雍正浙江通志》卷二五七碑碣三存目。《嘉庆山阴县志》卷五云:"试院俗称新司,在县治东北二里,本射圃基,明嘉靖中,御史王绅檄知县许东望建为察院,凡五层,廊庑凡十二楹,侍郎刘栋撰记。"撰者,字元隆,山阴人,正德辛未进士,《雍正浙江通志》卷一六〇人物一有传。

修县衙记

明徐渭撰。

此文收入于《徐文长文集》卷二四。

修绍兴府公堂记

明黄猷吉撰。

此碑已不存,文亦不见。《雍正浙江通志》卷二五七碑碣三著录。撰者,字仕贞,
山阴人,隆庆进士,绍兴府金事,《嘉庆山阴县志》卷十八、艺术释老有传。

亲民堂记

明王守仁撰。

碑文俱佚。《雍正浙江通志》卷二五七碑砰碣三著录。案亲民堂在府治。

亲民堂记

明黄猷吉撰。万历二十三年(1595)撰。

此文收入于《康熙绍兴府志(王志、李志、俞志)》卷三署廨志。

贡院记

宋胡沂撰。乾道九年(1173)撰。

此文不见。《嘉泰会稽志》卷一贡院条云:"贡院在城西锦鳞坊,卧龙之阴,郡治
之西。……乾道九年,资政殿学士钱公端礼始克成之,东西重庑,为屋百楹,考阅有
厅,宴止有房,誊书糊名,两舍对峙,中门外门,规制屹然,选举盛观,此邦自承,平时
所未见也。既成,乃合在官在泮之士,赋诗宴饮以落之,而礼部尚书胡公沂又为之
记。"故知此文撰于乾道九年。撰者,字周伯,余姚人,绍兴五年进士,《宋史》卷三八
八有传。

宋贡院记

清周廷翰撰。康熙十三年(1674)撰。

此文收入于《康熙绍兴府志(俞志)》卷九古迹志一,《乾隆绍兴府志》卷七一古迹
志一,《嘉庆山阴县志》卷二八艺文上作《古贡院记》。文记浙江承宣布政使蒋毓英捐
金建贡院坊表事。参见《贡院记》考录。

建大堂记

清俞卿撰。康熙五十二年（1713）撰。

此文收入于《雍正浙江通志》卷三一公署二及《乾隆绍兴府志》卷七建置志一。案大堂在衙署。

蓬莱驿碑记

清李铎撰。康熙二十九年（1690）撰。

此碑已不存。此文收入于《康熙绍兴府志（李志）》卷三署廨志。案《嘉庆山阴县志》卷六："蓬莱驿在迎恩门外,唐曰西亭,宋曰仁风。"

蓬莱驿碑记

清卢纬撰。康熙二十九年（1690）撰。

此碑已不存,文收入于《康熙绍兴府志（李志）》卷三署廨志。参见李铎《蓬莱驿碑记》考录。

古越藏书楼记

清张謇撰。光绪三十年（1904）撰。

此文收入于清徐树兰编、光绪三十年崇实书局石印本《古越藏书楼书目》卷首。文略云："吾友显民察使之太翁仲凡先生,乃举其累世之藏书楼以庋之公于一郡,凡其书一若郡人之书也者。其事集议于庚子,告成于癸卯,凡庋古今及域外之书总七万余卷。"所云仲凡,即徐树兰字,庚子为光绪二十六年（1900）,癸卯为光绪二十九年（1903）。案古越藏书楼在郡城鲤鱼桥西,据近人谢灼华《论古越藏书楼在中国近代图书馆史上的地位》（1963 年 12 月 16 日《光明日报》）所论,此为我国封建藏书楼时代的结束和近代图书馆事业趋向成熟的标志。撰者,字季直,号啬庵,南通人,光绪二十年状元,民国成立后曾任农林工商部总长,事迹参见张孝若《南通张季直先生传记》及刘厚生《张謇传记》等。

七　物产经济类

养鱼经　　1 卷

题范蠡撰。

此书已佚。《旧唐书经籍志》卷下,《新唐书艺文志》卷三,《东方文化研究所汉籍分类目录》子部第五农家类等著录。姚振宗《隋书经籍志考证》卷三一云:"梁有陶朱公《养鱼法》一卷,亡。"案《水经注》卷二八《沔水注》云:"(沔水)又东入侍中襄阳侯习郁鱼池,郁依范蠡《养鱼法》作大陂,陂长六十步,广四十步。"说明此书在晋代已流行,则姚振宗所谓"梁有陶朱公《养鱼法》"云云,未必可靠。《文选》卷三五,张景阳《七命》注亦引及此书。此书亡佚甚久,惟《齐民要术》辑存(卷六养鱼第六十一)。宋高似孙《剡录》卷十草木禽鱼诂下引此书作范蠡《鱼经》,当亦是《齐民要术》本。宋代以来公私书目所著录者如《遂初堂书目》谱录类,《红雨楼书目》卷三农圃类,《澹生堂书目》卷八牧养类,《述古堂书目》卷四鸟兽,《虞山钱遵王藏书目》卷二史部豢养,《也是园书目》卷二豢养,《光绪苏州府志》卷一三九艺文中等,均为《齐民要术》本,而明代以来各丛书所收辑者,如《说郛》,《宛委山常说郛》,《辍耕录》,《玉函山房辑佚书》等,亦均从《齐民要术》转抄而来。

谢越布启

南北朝梁刘孝绰撰。

此文收入于《全梁文》卷六〇,撰者本名冉,历官尚书水部郎,《梁书》卷三三有传。

会稽郡造海味法

撰者及撰述年代不详。

此书,《隋书经籍志》卷三著录,故其撰当在隋前。历来公私书目鲜见著录,亦绝未见他书引及,故知缺佚已久。但《国史经籍志》卷三史类食货著录此书。案焦竑《国史经籍志》序云:"今之所录,亦准晁例,以当代见存之书,统于四部,而御制诸书,则冠其首焉。"据此,则焦竑应见此书,于事甚不可解。清徐时栋《四明六志校勘记》卷九余考《明越风物志》七卷条下附记云:"又按《隋书经籍志》有《会稽郡造海味法》一书,考六朝以前,会稽封域甚广,而蒲网海物,则为句章、鄞、鄮所独擅之技,书名虽题会稽,其实亦吾乡方物也,然不敢以臆测遽登于录,聊附识之。"案《越绝书》卷八:"朱余者,越盐官也,越人谓盐曰余,去县三十五里。"则春秋时代,今绍兴城北滨杭州湾处已设有盐场,而海物捕捞,汉晋多见记载。盐鱼具备,海味自能制造。《嘉泰会稽志》卷十七云:"春鱼盐淹而干,名之曰含肚。"并引《大业拾遗记》(骄案,《大业拾遗记》亦名《隋遗录》,或名《南部烟花录》,不知撰者,或题唐颜师古撰,所记均隋代事)云:"越人馌耕以含肚鲞为上馔。"故含肚即是越中海味名产,而《大业拾遗记》所言正是隋代故事。春鱼今越中犹称"报春",即小黄鱼。故海味制造,会稽郡濒江海诸县,类多能之,何必局限于句章、鄞、鄮,徐氏之言,嫌其偏也。

笋谱

明真一撰。

此书已佚。《乾隆绍兴府志》卷七七著录,又卷十七物产志一竹属笋干条引此书一条。案撰者为法华山释,此山产笋甚著名。明袁宏道《天目山记》云:"笋味类绍兴破塘。"破塘在法华山北,法华山所产笋,多由破塘水运外销。又一说真一云游之法华山在杭州,非绍兴法华山,则《乾隆绍兴府志》不应著录此书。

钱石志

清胡天游撰。

此文收入于胡氏《石笥山房文集》卷五,文记绍兴采凿石材事。案绍兴盛产侏罗纪凝灰岩,为建筑良材。

乡物十咏

清吴寿昌撰。

此文收入于《嘉庆山阴县志》卷二八艺文下。其所咏乡物为日铸茶、东浦酒、平水冬笋、型塘杨梅、百步瓜、鉴湖菱、湘湖莼菜、陛门鳗线、陶堰艾糕、宾舍牡丹。其中除湘湖莼菜产于萧山外,余均为山、会二县特产。撰者,字泰交、号蓉塘,山阴人,乾隆己丑进士,《嘉庆山阴县志》卷十六乡贤四有传,《龙山诗巢志略》卷三记其行迹。

日铸茶赋

清褚登瀛撰。

此文收入于清叶简裁《会稽名胜赋》。案日铸即日注,宋欧阳修《归田录》卷一云:"腊茶出于剑建,草茶盛于两浙,两浙之品,日注第一。"故日铸茶在宋代已经名闻海内。《康熙浙江通志》卷十七物产绍兴府日铸茶条云:"出日铸岭,岭下有寺名资寿,其阳坡名油车,朝暮常有日,茶产其地绝奇。"《嘉泰会稽志》卷九:"日铸岭在县东南五十五里。"

会稽茶史

撰者及撰述年代不详。

此书不见。《鸣野山房书目》卷五、四部汇著录、远山堂杂汇 301 种 161 本,内有《会稽茶史》一种,内容不详,姑收录于此。

越茶春栈仿招文

清平步青撰。

此文收入于平氏《安越堂外集》卷十。案此茶栈开设于绍兴郡城,平氏此文实为茶栈的广告性文字。撰者,字景荪,号栋山,山阴人,同治壬戌进士,事迹见谢国桢《平景荪事迹》(《明清笔记谈丛》第 317—350 页)。

种菱

清张钜撰。

此文,《绍兴史迹风土丛谈》第二十三册据张氏《半窝日记》收辑。绍兴水乡,产菱极盛。《嘉庆山阴县志》卷八土产云:"越人谓小者为刺菱,巨者为大菱,四角者为沙角菱,产莫盛于山阴,每岁八月,菱舟环集鉴湖中。"

钱清盐场厅壁记

宋刘宰撰。

此碑已不存,《越中金石目》卷下阙访存目。文收入于清张映玑等纂《钦定重修两浙盐法志》卷二九。但此文又收入于宋楼钥《攻媿集》卷五八,则此文当是楼钥代刘宰所作。文略云:"越之钱清场,江水清淡,以六分为额,……崇宁改盐法,始以钱清分为三场,场基堆阜,四环乃旧校阅之所,今犹目为教场,亭民本九十余户,户每月出盐一席,豪民既夺其地,邑胥又多方渔猎之,复有私贩通注之扰,仅余三十八户而额不减,使之均出,是以重困,四五十年来未尝及额而逋负愈积矣。"案《玉海》卷一八一食货盐铁所记,宋代在山、会两县境内有盐场三处,即三江买纳场、曹娥买纳场、钱清买纳场。文内所谓"崇宁改盐法,始以钱清分为三场",即此。撰者刘宰,字平国,金坛人,绍熙元年进士,《宋史》卷四○一有传;楼钥,字大防,鄞人,隆兴元年进士,《宋史》卷三九五有传。

三江盐场兴造记

元戴表元撰。大德三年(1299)撰。

此碑已不存,《越中金石目》卷下阙访存目,文收入于戴氏《剡源集》卷一。案《嘉庆山阴县志》卷二三田赋云:"三江场在县东北三十里,盐课大使一员,驻扎陡亹镇,现煎团额共一百五十三灶。"参见刘宰《钱清盐场厅壁记》考录。

罢湖田碑记

撰者不详。绍兴二年(1132)立。

此碑原存府治,久佚,文亦不存。清沈复粲《越中金石录》著录。湖田指围垦鉴湖所得之田。案鉴湖自宋初起围垦日剧,存废之议甚多,参见曾巩《序越州鉴湖图》、王十朋《鉴湖说》、徐次铎《复鉴湖议》等文考录。此三文均为反对围垦,鼓吹复湖之作。《罢湖田碑记》虽碑文俱佚,但观其文题,亦必为废田复湖之作。案《鉴湖说》上:"至国朝之兴,始有盗湖为田者,然其害犹微,盗于祥符者一十七户,至庆历间为四百顷,……至于治平熙宁间,盗田者八千余户,为田七百余顷,……今占湖田为二千三百余顷,岁得租米六万余石。"足见此碑虽立于南宋之初,但围垦仍与日俱增,说明围垦是大势所趋,参见《古代鉴湖兴废与山会平原农田水利》。

山阴县量田记

明张天复撰。嘉靖四十四年(1565)撰。

此文收入于《康熙绍兴府志(张志、李志)》卷十四田赋志一。文略云:"嘉靖乙丑,江宁杨令侯山阴,遂采群议,遍履山薮,核黜者所没尽令复故额。"故文系记山阴县丈量山地事。杨令指山阴知县杨家相。撰者,字复亨,号内山,山阴人,嘉靖丁未进士,《万历绍兴府志》主纂人张元忭之父,《雍正浙江通志》卷一七三人物四武功三有传。

立石归田记

明杨节撰。万历元年(1573)撰。

此文收入于《康熙会稽县志(吕志)》卷九田赋志二。《康熙会稽县志(王志)》卷九田赋志上亦收入此文,但题作《归田记》。文记会稽、嵊县二县交界地区清划土地事。因会稽县二十五、二十六都田亩28000余亩,与嵊县交错,历有纠纷,经此次划清后,收归嵊县田5000亩,退归嵊县田近千亩。撰者,万历进士,会稽知县。

查理虚山书

明季本撰。

此文收入于《康熙绍兴府志(张志、李志、俞志)》卷十四田赋志一。文略云:"即一邑而言之,有山之家多致隐瞒而缺额,无山之户或以飞诡而数增,其不抑又甚矣,今遇贤明父母在上,不早为民厘正,则山民困苦无休息之日矣。"故此书系建议丈量山阴县山地之作。案会稽山地原来居民稀少,田亩计算与山会平原不可同日而语,亦无丈量需要。南宋以来,山、会两县人口剧增,会稽山地垦殖扩大,生齿日繁,故丈量成为必需。参见《古代绍兴地区天然森林的破坏及其对农业的影响》(《地理学报》31卷2期,1965年)。撰者事迹参见《浚学河记》考录。

山阴量山法

不著撰者姓氏。

此文收入于《康熙绍兴府志(张志、李志、俞志)》卷十四田赋志一,《嘉庆山阴县志》卷二三田赋,《天下郡国利病书》卷八五浙江三等。文略云:"山有高危险峻,尖峰平冈凹凸深湾远坞,一概量冒,以致奸弊易生,隐缺无计,今开示量山递年,将山分作金木水火土五形,明立五般算法,则行算无差,弓步可核。"此文述五种山形量法甚详悉,其法嘉靖时山阴县丈量山地当已采用,参见《山阴县量田记》、《查理虚山书》等文考录。

量山复额记

明王畿撰。

此碑已不存,文亦缺佚。《雍正浙江通志》卷二五七碑碣三存目。其文当是记嘉靖山阴量山事。撰者,字汝中,号龙溪,山阴人,曾寓居庐陵,嘉靖十一年进士,《明史》卷二八三有传,《同治庐陵县志》卷四四寓贤记其行迹。

会稽和买事宜　　7卷

宋洪迈、郑湜集。绍熙元年(1190)集。

此书已佚。《雍正浙江通志》卷二五四经籍十四著录。《书录解题》卷五典故类云:"浙东帅鄱阳洪迈景卢,提举常平三山郑湜补之集,……时绍熙元年也。"案《宝庆会稽续志》卷三和买条云:"太宗时,马元方为三司判官,建言:方春民乏绝时,预给官钱贷之,至夏秋令输绢于官,故曰和买。然在昔,止是一种权宜措置,至于一岁之间,或行于一郡邑而已。祥符中,王旭知颍州,因岁饥,出库钱贷民约蚕熟,一输一缣。其后李士衡行之陕西,民以为便。至熙宁新法之行,乃施之天下,示为准则。是时会稽民繁,而贪所贷最多,后来钱既乏支,所买之额不除,遂以等户资物力而科配焉。然会稽为额独重于他处,故至今以为病。……故淳熙中,提点刑狱张诏乞用亩头均科奏状云:浙东七州,岁发和买二十八万匹,绍兴一府独当一路之半,诏不知此是累减之数,向来何止当一路之半耶。淳熙八年闰三月一日,指挥除豁德寿宫、延祥庄、泰宁寺并两攒宫及县耕牛赁牛所种二千六百五十三匹三尺三寸。淳熙十六年八月二十三日,又特减四万四千二百八十四匹三丈六尺七寸,遂以一十万匹为额。"《书录解题》卷五云:"初承平时,预买令下,守越者无远虑,凡一路州县所不受之数悉受之;故越之额特重,以匹计者,十四万六千九百,居浙东之半。……参政李彦颖秀叔,尚书王希吕仲行,先后帅越,皆言之,而王画八事尤力,会光庙亦以为贻贫弱之害,户部尚书叶翥叔羽奏乞先减四万四千余匹,止以十万为额。"今此书已佚,不知内容如何。案书成于绍熙元年,即淳熙十六年之次年,则所记当及于淳熙末年事。此书集者洪迈,字景卢,鄱阳人,绍熙元年知绍兴府,事迹见《宋史》卷三七三《洪皓传》。郑湜,字补之,福建闽县人,绍熙时任两浙提举茶盐司。

与郑道尊论平水关税书

明余煌撰。崇祯十五年(1642)撰。

此文收入于《余忠节公遗文》(《越中文献辑存书》卷十)。书略云:"平水关税奏革于仁庙初年,至世庙,则癸卯、庚戌、丙辰又三经申革,勒石永禁矣。"案《宝庆会稽续志》卷三:"平水市在县东二十五里,"元稹《序白氏长庆集》云:"予尝于平水市中见村校诸生竞习歌诗,召而问之,皆对曰,先生教我乐天、微之诗,固亦不知予之为微之也。其自注云:平水,镜湖傍草市名。"

会稽县劝业所报告册(宣统三年上期)　　2 册

会稽县劝业所编。宣统三年(1911)编。

此书原稿本二册,绍兴鲁迅图书馆藏,封面有"会稽县劝业员"朱钤。本书第一册为农田屯垦事项、树艺事项、森林事项、渔业事项、蚕桑事项、农会农事试验场事项、工艺制造事项、工艺货物事项,工场工厂事项、手工业事项等十部分;第二册为商业事项、贩运事项、商团事项、商务营业事项、矿产事项、航业事项、道路事项、电政事项、邮政事项等九部分。全书附有统计表格多种,地图两幅(新式测绘),对会稽县生产与经济概况,记载极为详细,甚足珍贵。

闵山序

宋蒋堂撰。

此文收入于《会稽掇英总集》卷一,《嘉泰会稽志》卷九,《万历绍兴府志》卷四,《康熙绍兴府志(张志、王志、李志、俞志)》卷四,《乾隆绍兴府志》卷三等。文记撰者主持郡城内卧龙山封山育林事。秦观《怀乐安蒋公唱和诗序》云:"前太守二卿乐安蒋公尝以山富草木,樵苏所采,为令于公府止之。"即指此事。撰者事迹参见《鉴湖》考录。

严禁开燔郡南诸山碑记

清毛奇龄撰。

此碑原有二处,一在郡城,一在城南盛塘镇上埠,今均已不存。文收入于《西河合集》碑记卷七及《雍正浙江通志》卷二六二艺文四。略云:"明季崇祯间,居民无厉者开凿陈伽岭山,燔其石而烬,收之以灰以垩,民多灾伤。……勒石永禁。"故此文系禁止开采石灰石以烧制石狄。其文所记勒石者:"邑令高君,郡守何君。"案山阴知县高登先,康熙六年至十五年任职;绍兴知府何源浚,康熙十四年起任职。则此碑之立,当在康熙十四年至十五年之间。

严禁开凿保全阖郡碑记

不著撰者姓氏。

此碑已不存,文收入于《雍正浙江通志》卷五山川志下。系禁止开凿郡南各山石灰石事。参见《严禁开燔郡南诸山碑记》考录。

驼峰山严禁开凿事略

撰者不详。乾隆二十一年(1756)撰。

此文收入于《嘉庆山阴县志》卷三。案《嘉庆志》云:"蓬莱山一名驼峰,俗名大风,有风洞,在府城北三十五里。……驼峰为郡治之后障,捍门之水口,与下马、禹山,并为沿海要区。"

封山碑

清李亨特立。

此碑,乾隆知府李亨特立,今已不存,文收入于《乾隆绍兴府志》卷三。案《乾隆志》云:"案应家山以下五山,遍考地理诸书俱不载,惟土人能指名其处。乾隆五十六年,有奸民私开应家山,采石烧灰,绅士以此山为郡中脉络,不应凿劚,公呈申禁以完固形势焉。"《嘉庆山阴县志》卷三亦收入此文,但题作《严禁凿山碑记》。驿案,《乾隆志》所云:"应家山以下五山",指应家山、狮子山、方前山、陈家岭、大庆山。

八　灾荒类

越州赵公救灾记

宋曾巩撰。熙宁八年（1075）撰。

此文收入于曾氏《元丰类稿》卷十九，《古文辞类纂》卷七五。案《宋史五行志》："熙宁八年八月，两浙旱。"此文记知州赵抃救灾赈恤事。案赵抃，字阅道，西安人，景祐元年进士。

与都提举论灾伤赈济札子

宋王十朋撰。绍兴二十七年（1157）撰。

此文收入于王氏《梅溪集》卷二二及《雍正浙江通志》卷二六〇艺文二等。案陈桥驿《浙江水旱灾年表》绍兴二十七年："风水灾伤，浙江以东，越为甚。"故有是作。

祷雨歌并序

元泰不华撰。至正三年（1343）撰。

此文收入于《康熙绍兴府志（李志、俞志）》卷三灾祥志。序略云："至正三年，余守越，夏六月不雨，率僚遍祷。"撰者，字兼善伯牙吾台氏，至正绍兴路总管，《元史》卷一四三有传。

祷绍兴府城皇祈雨文

清蒋士铨撰。

此文收入于蒋氏《忠雅堂文集》卷十。此文系蒋氏代人所作,其文不记年月。案蒋氏乾隆中主讲蕺山书院,据《浙江水旱灾年表》乾隆十六年(1751):"浙东五十四州县旱。"蒋文所记,恐是此年。

预备仓记

明王守仁撰。

此文收入于《乾隆绍兴府志》卷七建置志一。案《乾隆志》云:"预备仓在大善寺前。"

常平仓亭记

明陶望龄撰。

此文收入于《康熙会稽县志(王志)》卷二城池志。《雍正浙江通志》二五七碑碣三存目。

昌安社仓记

明刘宗周撰。崇祯十三年(1640)撰。

此文收入于《刘子全书》卷二四,文后并附《社仓缘起》云:"岁己卯,江以南秋成概歉,庚辰夏,二麦复不登,远近米贵,吾越处斗绝地,外贩既难,而宁郡及海洋且为尾闾,遂至斗米银二钱,人情汹汹,盖百年未遭之厄数也。"又另附《社仓事宜》,计入例四条,出例十一条。

绍郡义仓征信录

清徐树兰编。

此书,绍兴鲁迅图书馆及宁波天一阁均藏有光绪铅印本。鲁迅图书馆所藏有古越藏书楼藏书章。全书分前后二编,前编为文案,后编为清目。卷首云:"光绪五年,绍兴府正堂奇照会事,照得郡仓积谷一万石,向派何绅维钧经管,上年因何绅病故,叠据伊子何澂等禀请另举接管,兹查该绅诚实廉能,堪以接管义仓"。故有是编。

绍兴府荒政引

明刘宗周撰。崇祯十五年(1642)撰。

此文收入于《刘子全书》卷二一。文记崇祯庚辰、辛巳各年救荒赈济事。案《浙江水旱灾年表》崇祯十三年：“绍兴府旱,不雨者四月。”又崇祯十四年：“绍兴辛巳至癸未连年大旱。”旱荒连年,故有是文。

救荒全书　　18 卷

明祁彪佳撰。崇祯十五年(1642)撰。

此书未刊,缺佚。案《祁忠敏公日记》壬午二月二十七日云：“分《救荒全书》为六章：一举纲,一治本,一原储,一广恤,一宏济,以条目附之,凡百四十余。”又五月三十日云：“辑《救荒全书》,于是日完。”故知此书成于崇祯壬午(1642)。《日记》甲申十二月二十九日云：“得钱塘令顾恕礼父母札,欲刻予《救荒全书》。”但此事不果,据浙江图书馆收藏钞本《寓山注》附录所载祁氏遗言云：“《救荒全书》系数年心思,于世有益,俟平宁之日,方可刻行。”足见此书在祁氏生前确未刊行。又据《日记》壬午八月初一日云：“予分《救荒全书》为十八卷。”此与《日记》附录《祁忠敏公遗书存目记》著录：“《救荒全书》十八册,许孟容校正”相符。今原稿本早佚,《嘉庆山阴县志》卷二六书籍著录有写本一种,无卷数,当系以后传抄之本,但亦不见。绍兴鲁迅图书馆藏有残缺钞本、清沈复粲《鸣野山房钞本》,仅十六卷,计八册。又另有《救荒全书小序》一篇,收入于道光十二年,杜煦、杜春生合辑《祁忠惠公遗集》卷五。

道济录

明祁彪佳、刘宗周撰。

此书已佚。案明张岱《刘宗周祁彪佳列传》(《石匮书后集》)云：“庚辰、辛巳,越中荐饥,彪佳与刘宗周分区赈米,设厂赈粥,……有《道济录》行世。”故此书为救荒书之一种,其撰当在崇祯庚辰(1640)、辛巳(1641)之间。

救荒杂议

明祁彪佳撰。

此文收入于道光十二年,杜煦、杜春生合辑《祁忠惠公遗集》卷六。文中所议均系崇祯辛巳越中灾情赈济等事,或即祁氏《救荒全书》中之一篇。

救荒事宜　　1 卷

明张陛撰,刘宗周序。崇祯十三年(1640)撰。

此书收入于《学海类编》集余卷二,刘宗周序并收入于《刘子全书》卷六。《雍正浙江通志》卷一八八义行中云："张陛，字登子，山阴人，元忭孙，崇祯庚辰，郡大饥，陛赈米三千余石。"《嘉庆山阴县志》卷二六书籍云："崇祯庚辰，岁大饥，刘宗周及祁彪佳皆里居，宗周倡议煮粥，彪佳倡议平粜，陛更出其家粟五百石，佐二人所不及虑，赈或未周，资或虚縻，于是斟酌情形，创为十法，擘划具有条理，多所全活，陛因疏其纲要为此书。"撰者，号小隐，《全浙诗话》卷四二有传。

辛巳越中荒纪   1 册

明祁彪佳撰。

此书未刊，原稿本已佚。《祁忠敏公日记》附录《祁忠敏公遗书存目记》著录。辛巳为崇祯十四年(1641)，案《嘉庆山阴县志》卷二五祈祥云："十四年至十六年癸未俱大旱，连年桃李冬华，正月大雪经旬，斗米三钱五分。"参见《绍兴府荒政引》等文考录。

山阴赈吏序

明周凤翔撰。

此文收入于《周文忠公遗集》卷三，嘉庆癸酉周源刊本，今存。文略云："自庚辛以来，越人之饥剧矣。……吾读汪侯之叙赈，而知微侯宁有吾邑，微吾邑则奚有吾郡。"汪侯指崇祯十三年山阴知县汪元兆。撰者，字仪伯，山阴人，崇祯元年进士，《明史》卷二六六有传。

赈济山会两邑沿海水灾征信录

清徐树兰编。

此书，光绪铅印本，今存。案徐氏呈绍兴府暨山、会两县文云："本年七月间，风潮肆虐，山、会两邑塘外沙地尽遭淹没，冲坏堤埂庐舍无算。"徐氏主持赈济，故有是编。又案《浙江水旱灾年表》光绪九年(1883)："七月初二到初六，山阴、会稽大风潮，沿海各属成灾。"徐编所记，应是此年。

绍郡平粜征信录

清徐树兰编。

此书，光绪铅印本，今存。绍兴鲁迅图书馆所藏此书有古越藏书楼藏书章。此书卷首蔡元培叙云："丁戊之间，海国有歉于米者，贵其值以报，商者趋之，吾沿海诸行省米渐贵，波被吾乡，日异月进，猾民因缘生事，及四月，椎肆夺门，儳焉不终日矣。长官忧之，谘于薦绅，议所以持其平者，贵籴而贱粜，诸绅皆勉力焉，而推徐仲凡太守总其成,三阅月乃竣。凡出米四万余石,而诸薦绅各以賙救之谊行于其党里者不与焉。出内相抵,绌泉六万有奇。簿征信以示元培,元培受而览之。"蔡叙所云"丁戊年间"当指光绪丁西、戊戌,即光绪二十三、二十四年(1897年至1898年)之间,此书之编亦当在此时。

与张太符太守书

明刘宗周撰。

此书收入于《刘子全书》卷二〇。书略云:"越濒海之地,素称瘠土。……先儒朱子社仓法常行之诸路而效,救荒之策,莫善于此。"故此书为刘氏论荒政之书。张太符太守,即天启绍兴知府昆山人张唯鲁。

与王雪肝太守书

明刘宗周撰。

此书共六件,计崇祯十三年及十四年各三件,收入于《刘子全书》卷二〇。各书内容均系论灾荒赈济之事。其中第一书略云:"荒政万难下手,……如社仓一事,诚为标本兼治之计。"第四书略云:"令率二三人告籴于台宁,以为社仓张本。"其余各书亦多主荒政以社仓为先。王雪肝,名孙兰,字畹仲,无锡人,崇祯十三年绍兴知府,《明史》卷二九四有传。

与祁世培书

明刘宗周撰。崇祯十四年(1641)撰。

此书收入于《刘子全书》卷二〇,祁世培即祁彪佳。书略云:"诸君子谋荒政毫无济于事,今不阻外贩而言积储,不言积储而他日又言赈济,皆必不可几者也。"刘氏力主建社仓以御荒歉,故有是书。

与成台道书

明刘宗周撰。崇祯十四年(1641)撰。

此书收入于《刘子全书遗编》卷五。书略云:"我越人之告饥也,……所求于台者,不过二百石。"参见《与王雪肝太守书》第四书:"令率二三人告籴于台宁,以为社仓张本。"此书即去台州告籴之书。成台道指崇祯承宣布政使左参政成仲龙。

与王府尊论备荒书

明余煌撰。崇祯十三年(1640)撰。

此文收入于《余忠节公遗文》(徐维则校,光绪己亥抄本,绍兴鲁迅图书馆藏)。余氏身逢崇祯末叶连岁灾荒,故有是书。王府尊指崇祯绍兴知府王孙兰。

与府县论备荒书

明余煌撰。崇祯十三年(1640)撰。

此文收入于《余忠节公遗文》(《越中文献辑存书》卷十)。

与倪元璐书

明余煌撰。

此文收入于光绪铅印本《明越郡忠节名贤尺牍》第二册第35页。书略云:"日来调停籴米事,与鸿老连发公书。……天雨不止,断送秋成矣。"案《浙江水旱灾年表》崇祯十五年(1642):"八月,绍兴府淫雨伤稼。"书当作于此年。书中鸿老即倪元璐,倪字汝玉,号鸿宝,上虞人,天启二年进士,历官户部尚书,《明史》卷二六五有传。

与乡老告籴书

明余煌撰。崇祯十四年(1641)撰。

此文收入于《余忠节公遗文》(《越中文献辑存书》卷十)。

与王太尊论通商贩护乡村抚流亡书

明余煌撰。崇祯十四年(1641)撰。

此文收入于《余忠节公遗文》(《越中文献辑存书》卷十)。

与熊抚台论通籴书

明余煌撰。崇祯十四年(1641)撰。

此文收入于《余忠节公遗文》(《越中文献辑存书》卷十)。熊抚台指崇祯浙江督抚大臣熊奋渭。

与毕公祖论通商贩护乡村抚流亡书

明余煌撰。崇祯十四年(1641)撰。

此文收入于《余忠节公遗文》(《越中文献辑存书》卷十)。

与周父母论收养书

明余煌撰。崇祯十四年(1641)撰。

此文收入于《余忠节公遗文》(《越中文献辑存书》卷十)。周父母指崇祯会稽知县周灿。

公与台守熊公祖论籴书

明余煌撰。崇祯十四年(1641)撰。

此文收入于《余忠节公遗文》(《越中文献辑存书》卷十。)熊公祖指崇祯台州知府熊山。

公与冯盐台论通籴书

明余煌撰。崇祯十四年(1641)撰。

此文收入于《余忠节公遗文》(《越中文献辑存书》卷十)。冯盐台指崇祯巡盐御史冯垣登。

与周父母论通籴靖乱书

明余煌撰。崇祯十四年(1641)撰。

此文收入于《余忠节公遗文》(《越中文献辑存书》卷十)。

与嵊县邓父母论通籴书

明余煌撰。崇祯十四年(1641)撰。

此文收入于《余忠节公遗文》(《越中文献辑存书》卷十)。邓父母指崇祯十三年嵊县知县邓藩锡。

与周父母论煮粥平粜禁粘书

明余煌撰。崇祯十四年(1641)撰。

此文收入于《余忠节公遗文》(《越中文献辑存书》卷十)。案禁粘即禁种糯米。书略云:"时近清明,播种伊始,前有禁种粘米说,此其时矣。敝乡膏腴之田种粘者什之四五,致有数乡全种粘米而不种粳者,是以绍兴之酒遍满天下而食米之分数减其五六矣。然则积储焉得而不虚,饥荒何由而得济耶。"案自宋以来,越中酿酒盛行,糯米之价倍于粳米,因而糯日扩而粳日缩。《宋会要辑稿》第 126 册云:"建炎四年十月七日,臣僚言:……越州今秋上户率折糯米多至数万石,糯米一斗为钱八百,粳米为钱四百。"

与毕公祖论牙行贩米书

明余煌撰。崇祯十四年（1641）撰。

此文收入于《余忠节公遗文》（《越中文献辑存书》卷十）。书略云："又敝乡之大弊莫忍米牙，然而人不敢言者，所天在米铺，而米铺之所天又在米牙故也。米牙于各乡村囤户，线索在手，价长则使之出，价消则使之藏，囤户不得自由，而消长之权乃一听其播弄，长也甚易而消也甚难，此抬价之弊，人人切齿者也。"

与熊抚台论煮粥书

明余煌撰。崇祯十四年（1641）撰。

此文收入于《余忠节公遗文》（《越中文献辑存书》卷十）。

与周父母论庠友煮粥书

明余煌撰。崇祯十四年（1641）撰。

此文收入予《余忠节公遗文》（《越中文献辑存书》卷十）。

与陈公祖论煮粥书

明余煌撰。崇祯十四年（1641）撰。

此文收入于《余忠节公遗文》（《越中文献辑存书》卷十）。

与祁世培论官积民积书

明余煌撰。崇祯十四年（1641）撰。

此文收入于《余忠节公遗文》（《越中文献辑存书》卷十）。

与祁世培论官积书

明余煌撰。崇祯十四年（1641）撰。

此文收入于《余忠节公遗文》（《越中文献辑存书》卷十）。

与郑道尊论官积民积书

明余煌撰。崇祯十四年（1641）撰。

此文收入于《余忠节公遗文》（《越中文献辑存书》卷十）。郑道尊指崇祯间参议郑瑄。

与郑道尊论官积书

明余煌撰。崇祯十四年(1641)撰。

此文收入于《余忠节公遗文》(《越中文献辑存书》卷十)。

与王太尊论官积书

明余煌撰。崇祯十四年(1641)撰。

此文收入于《余忠节公遗文》(《越中文献辑存书》卷十)。

与王太尊论南粮书

明余煌撰。崇祯十四年(1641)撰。

此文收入于《余忠节公遗文》(《越中文献辑存书》卷十)。

与陈公祖论民积书

明余煌撰。崇祯十四年(1641)撰。

此文收入于《余忠节公遗文》(《越中文献辑存书》卷十)。

与省城上台论通籴书

明余煌撰。崇祯十四年(1641)撰。

此文收入于《余忠节公遗文》(《越中文献辑存书》卷十)。

与省城各上台论通籴书

明余煌撰。崇祯十四年(1641)撰。

此文收入于《余忠节公遗文》(《越中文献辑存书》卷十)。

九 语言类

里居越言

明祁彪佳撰。

此书未刊,原稿不见。据《祁忠敏公日记》卷末绍兴县修志委员会跋所云,祁氏后人所藏祁氏遗著 35 种之中,有《里居越言》12 册,但内容不详。近人邓之诚《桑园读书记》第 3 至 4 页记及此事。邓氏云:"未知年来荡为灰尘否。"案此稿今遍访不得,当已散佚。

越语肯綮录　　1 卷

清毛奇龄撰。

此书康熙时撰,《雍正浙江通志》卷二五四经籍十四,《乾隆绍兴府志》卷七七经籍一著录。今有萧山陆氏补刊《西河合集》本。撰者在卷首案云:"宋赵叔向作《肯綮录》,采方言之切日用者编之成帙,予考隋韵,每有与越语相发明,凡居平呼其音而不得其文者,韵多有之,因略为笔记,名《越语肯綮录》,昔唐时极诟隋韵,名为吴音,岂吴人陆法外,更有越人参与其间。"清范寅《越谚》序云:"康熙时,萧山毛西河先生考隋韵,有与越俗语相发明,将居平呼其音而不得其文者,笔记廿四条,名《越语肯綮录》。"

越谚 2 卷

清周徐彩撰。

此书康熙时撰,已佚。《道光会稽县志稿》卷十九著录。撰者本徐姓,会稽人,字粹存,号几山,康熙庚子举人,《全浙诗话》卷四五及《龙山诗巢志略》卷三有传。

越言释 2 卷

清茹敦和撰。

此书撰于乾隆间,《稽瑞楼书目》(《丛书集成》本第 128 页)著录,今有道光二十九年(1849)刊本,道光巾箱本及茹氏家刊本流传。范寅《越谚》序云:"乾隆时,予乡茹逊来先生论今证古,撰《越言释》一卷。"此处一卷当是二卷之讹。此书内容上卷 68 则,下卷 62 则,共 130 则,共分三类:一为越言解释,如上卷之"督"、"靳",下卷之"哉"、"忒";二为器物解释,如上卷之"筷"、"箩筐",下卷之"镫"、"勺";三为地名解释,如上卷之"吴市门",下卷之"三江"等。其中亦有见于毛奇龄《肯綮录》者,如上卷之"浮水曰洄"即是。撰者,字逊来,会稽人,乾隆甲戌进士,《道光会稽县志稿》卷十七儒林有传。

方言注

清沈复粲撰。

此书不见。《鸣野山房书目》、宗稷辰《沈霞西墓表》附录、《霞西先生又刊书目》著录。

越谚 3 卷　　**附越谚剩语** 2 卷

清范寅撰,黄以周审定,王诒寿阅定。光绪四年(1879)撰。

此书三卷,上卷为语言,计述古之谚、警世之谚等 18 类;中卷为名物,计天部、地部、时令等 24 类;下卷为音义,计一字六音、两字并音等 10 类。三卷以外并有附论,计《论雅俗字》,《论堕贫》等论文 5 则。又附《越谚剩语》二卷,此二卷按其序文撰于光绪七年,系三卷之补遗。此书,光绪八年谷应山房刊本今存。又有光绪三十年石印巾箱本,称为《越谚正续集》,与谷应山房本颇不同,其正文卷端题"俗言智灯难字",系摘取谷应山房本而重加编排者,书中并增对偶字一类,为谷应山房本所无,但附论及剩语则为巾箱本所删。撰者事迹见水利类《论潮汐》考录。

玉雨淙释谚

清平步青撰。

此文收入于平氏《霞外攈屑》卷十。撰者以为方言俚语皆有自来，故有此作。此文释方言俚语，多与越谚类比，是则此文亦为越地谚语之作。如门关条云："北人以门牡为门栓，字书：言铨，拣也，无牡义，越人则砰为门闩。"

十 军事类

乾宁会稽录　　1 卷

撰者不详。

此书已佚。《新唐书艺文志》卷二,《菉竹堂书目》卷六,《明书经籍志》拾补,《雍正浙江通志》卷二四三,《乾隆绍兴府志》卷七七等著录。《宋史艺文志》卷二著录作《乾明会稽录》。宋高似孙《史略》卷五著录云:"记唐末越州董昌叛事。"《国史经籍志》卷三史类编年著录作《会稽录》一卷,注云:"记唐末越州董昌叛。"《十国春秋》卷七七吴越一《武肃王世家》上引此书二条,又清周调梅《越咏》卷上注引此书一条,说明此书清时尚在。案董昌事参见《新唐书》卷二二五《董昌传》。

钱唐平越录　　1 卷

宋元宏撰。

此书已佚。《宋史艺文志》卷二,《乾隆绍兴府志》卷七七著录。案题,此书亦当是《乾宁会稽录》一类,记钱镠平董昌叛事。撰者事迹无考。

保越录

撰者及撰述年代不详。

此书已佚。案《嘉庆山阴县志》卷二二武备引余缙《续保越录序略》云:"《保越录》者,纪唐宋以来节度刺史御寇靖民之实迹也。"是则此书撰于宋后。余缙是康熙时人,故知此书清初尚在。

保越录　　1 卷

元徐勉之撰。

此书,《文渊阁书目》卷二宙字号第二厨史杂类,《菉竹堂书目》卷二,《千顷堂书目》卷五史部霸史类,《明书经籍志》史杂,《补元史艺文志》卷二传记类,《振绮堂书目》卷一钞本史类,《邵亭知见传本书目》卷五史部七,《拜经楼藏书题跋记》卷二,《八千卷楼书目》卷五史部传记类等著录,均不著撰人姓氏。《艺风藏书记》卷四著录,旧蓝格本一卷,元徐勉之撰。《绍兴史迹风土丛谈》第十二册作张士信《保越录》。《雍正浙江通志》卷二四三经籍三引《居易录》云:"记元至正十八年,浙江等处行枢密院副使吕珍守绍兴本末,不著撰人姓氏。"《四库提要》卷五八史部十四传记类上云:"载元顺帝至正十九年明师攻绍兴事,是时明将胡大海,御之者张士诚将吕珍也。凡攻三月,卒不能下,乃还。是录称士诚兵曰我军,称珍曰公,殆士诚未亡时绍兴人所记。"《乾隆绍兴府志》卷七七经籍志一引《黄氏书目》云:"张士诚幕客作。"《乾隆府志》又案云:"今案,海宁州儒学教授徐勉之撰并序。"《嘉庆山阴县志》卷二二武备云:"元至正十九年春正月庚申,明将胡大海等攻绍兴,自二月至五月,百计攻城不得下而去,海宁教授徐勉之著《保越录》纪其事。"《四库总目提要补正》卷十九史部传记类云:"陆氏《藏书志》有旧钞本原本《保越录》一卷,题元徐勉之撰,有至正十九年自序(驿案,见《皕宋楼藏书志》卷二七史部传记类二)。"丁国钧《荷香馆琐言》云:"元临川刘佶《北寻私记》称明为红贼,姚经圮瞻有钞本《保越录》,纸墨极旧,中称明为红兵,与刊本不同,盖刊本为钱蒙叟改去也,见《枣林杂俎》。(驿案:《枣林杂俎》智集)。又《保越录》本徐勉之作,祝枝山《野记》谓出吕珍手,以自表守城之功,降后乃泯之者,殊误。《四库提要》不知何人所撰,则又考之未审矣。"清李慈铭《越缦堂日记补》咸丰十一年九月十六日云:"自至正十九年二月己巳围城至五月己酉解围,编日记载,大小百余战,所讲守御之法甚备。……四库收入史部传记类,外间无刻本,予求之累年,在家时闻霞头孙氏有此书,往借未得,叔子顷自内府借出,见之狂喜,书仅一卷。"李氏所云"外间无刻本",虽非事实,但由此可见刊本流传甚稀。故《万历绍兴府志》卷一形胜及《乾隆绍兴府志》卷七二古迹志二等所引此书,多系此书抄本。《绍兴史迹风土丛谈》第十二册云:"盖守绍兴,拒官兵全城事,出越人笔,词多指斥,云红寇。山阴祁彪佳、常熟钱谦益牧斋录之,改帝号,非复旧本。"则祁、钱所藏均是明钞本。《越中杂识》卷上名宦吕珍条,抄录此书七百余言,并云:"事详徐勉之《保越录》中"。浙江图书馆藏有吴玉墀家抄本一部,是此书清抄本的一种,浙江图书馆义藏有清长洲蒋凤藻心矩斋写刻样本一部,有傅以礼手跋,是此书清刊本的一种。此外,又有咸丰敬德堂许氏重刊本流传,既云重刊,则成丰以前必已另有刊本,约以所印无多,故博览如李慈铭亦不得见。至于《浙江图书馆特藏书目甲编》所云:"是书有明越中刊本,题元徐勉之撰,有叙。"因历来各家著录均未载及此书明刊本事,该书目所据为何,不得而知。此书收入于丛书者不少,如《艺海珠尘》、《学海类编》、《小万卷楼丛书》、《郭子式先生校刻书》等。《丛书集成》亦据上述各丛书重印。撰者多题元徐勉之,仅知其为海宁州儒学教授,《郭子式先生校刻书》中所收题"元乡贡进士杭州路海宁州儒学教授"云云,生平事迹不详。清钱大昕《补元史艺文志》卷二职官类著录有《科名总录》一种,撰者徐勉之,鄱阳人,《保越录》撰者是否即此人,亦不得其详。

武备志

明郭钰辑,张培参订。

此书系《郭子式先生校刻书》之一种,与《保越录》合订一册。全书分寇贼、僭据、兵变三类,均系辑自正史而涉及越事者,"寇贼"类下实为历代农民起义领袖,计孙恩、裘甫、黄巢、方腊4则,僭据类下计董昌一则,兵变类下计成皋、金虏、倭夷3则。

续保越录

清余缙撰。

此书《乾隆绍兴府志》卷七七经籍志一著录。书已佚,序文收入于《康熙绍兴府志(俞志)》卷二六武备志二,《康熙会稽县志(吕志、王志)》卷二城池志,《嘉庆山阴县志》卷二二武备等。其序略云:"《续保越录》者,纪今守许公甲寅年捍孤城,歼群逆,讨平郡邑诸山越之实迹也。"案康熙甲寅(1674),山、会二邑义军响应是年耿精忠、郑经之反清起义,围越州郡城,与知府许宏勋战于城郊亭山等地,义军失利,故有是编。《越中杂识》卷上名宦许宏勋条述此次战役甚详,可补此书。撰者,字仲绅,诸暨人,顺治壬辰进士,《清史稿》列传六十九有传,《清诗纪事本末初编》下册卷七记其行迹。

郡太守平贼碑记

清毛奇龄撰。

此碑已不存,文收入于毛氏《西河合集》碑记卷二。文前有合集纂辑者案云:"此崇祯末西河为王使君所作碑记,今有窃移其词为他碑者,故不载使君姓氏,文亦与旧稍异。"案崇祯末绍兴知府王姓者二人,先王期升,后王孙兰,未知毛氏此文所指何人。

参见《续保越录》考录。

敦说堂碑记

清李铎撰。康熙二十九年(1690)撰。

此碑已不存,文收入于《康熙绍兴府志(李志、俞志)》卷二五武备志一。李志云:"敦说堂即演武堂,康熙十六年为飓风所倾,康熙二十九年知府李铎捐资重构,创建聿新,左置将台,右置鼓亭,前列辕门,仍循古制,颜其额曰敦说堂,政事之暇,常与协守习射讲武于其间焉。"

敦说堂碑记

清卢纬撰。康熙二十九年(1690)撰。

此碑已不存,文收入于《康熙绍兴府志(李志、俞志)》卷二五武备志一。参见李铎《敦说堂碑记》考录。撰者事迹参见《镇东阁碑记》考录。

郡人公纪事略

撰者不详。

此文收入于《嘉庆山阴县志》卷二二武备,文记康熙甲寅(1674)反清义军围攻绍兴府城事。参见余缙《续保越录》考录。

越州纪略

撰者不详。

此书,杨家骆《丛书大辞典》著录,收入于清钱澂、蔡尔康编铅印本《屑玉丛谈》初编。书记太平天国军克越州事,记述越交通、集镇等甚详。

越中纪事诗并序

清沈镛撰。

此文收入于《绍兴史迹风土丛谈》第八册,系记载太平天国军于咸丰十一年(1861)九月二十九日攻入绍兴府城事。

太平天国军克绍邸钞

此邸钞收入于《绍兴史迹风土丛谈》第十册,计咸丰十一年十一月十九日及同治元年正月初日二则。当时绍兴府城为太平天国军所占,邸钞均载及此事。

蠡城被寇记

清陈锦撰。

此文收入于陈氏《勤余文牍》卷四。记略云："郡城失于辛酉九月二十九日,复于癸亥二十七日,计陷贼一年又四月。"案太平天国军于咸丰辛酉(1861)攻入绍兴府城,至同治癸亥(1863)退出。此记所叙,即此一年余中事。其所记除绍兴府城外,兼及萧山、慈溪、宁波等地。虽语涉诋毁,但全记约五千言,资料较为丰富,是有关太平天国军的重要史料。撰者,字昼卿,号补勤老人,山阴人,道光己酉举人,《龙山诗巢志略》卷二有传。

十一　人物类

大夫种　　3 篇

撰者及撰述年代不详。

此书早佚。《汉书艺文志》著录列入兵权谋家。清姚振宗《七略佚文》著录。大夫种指越大夫文种。

范蠡　　2 篇

撰者及撰述年代不详。

此书早佚。《汉书艺文志》著录列入兵权谋家。清姚振宗《七略佚文》著录。范蠡,春秋越大夫。

范子计然　　15 卷

撰者及撰述年代不详。

此书已佚。《新唐书艺文志》卷二,《光绪苏州府志》卷一三九艺文四等著录,《清史稿艺文志》卷三著录作黄奭辑,《范子计然》一卷,列入农家类,《东方文化研究所汉籍分类目录》亦列入子部农家类,《汉唐地理书钞》总目、各州郡土产异物及本草地道书记门存目。此书辑本收入于唐马总《意林》以及清代的《玉函山房辑佚书》、《汉学堂丛书》等。其中《意林》作《范子》十二卷,《玉函山房辑佚书》辑为三卷,列入农家类。

卷上内经一篇辑自《越绝书》,阴谋、富国二篇辑自《吴越春秋》;卷中不分篇,辑自《御览》、《初学记》、《史记·货殖列传》、《文选注》、《后汉书注》、《齐民要术》等;卷下亦不分篇,辑自《御览》、《艺文类聚》、《文选注》、《初学记》等。此外,《子书百家》及《知不足斋丛书》辑有《计倪子》及《范子计然》等文,题周计然撰。案范子、计然,指春秋越大夫范蠡及计倪。

越世家　1 卷

汉司马迁撰。

此书明刊本一种,《八千卷楼书目》卷五、史部、传记类著录。实即《史记·越王句践世家》。

越语　1 卷

三国吴韦昭注。

此书明刊本一种,《八千卷楼书目》卷五、史部、传记类著录。实即《国语·越语》。

大夫种铭

唐李观撰。

此文收入于《会稽掇英总集》卷十七。撰者,字元宾,赞皇人,事迹见《新唐书》卷二六三《李华传》。

越句践论

清全祖望撰。

此文收入于全氏《鲒埼亭集外编》卷三六。

吴越春秋　10 卷

汉赵晔撰。

此书,《隋书经籍志》卷二著录作十二卷,隋以后已佚二卷,故《崇文总目》卷二、杂史类上著录已作十卷。《四库提要》卷六十六、史部二十二、载记类云:"是书前有旧序,称隋、唐《经籍志》皆云十二卷,今存十卷,殆非全书。"但明胡应麟《少室山房笔丛》卷三、甲部、经籍会通三著录仍作十二卷,章宗源《隋经籍志考证》卷三、姚振宗《隋书经籍志考证》卷十三均从《隋志》,作十二卷,《日本国见在书目录》杂史家作七卷,《汉魏丛书》本作六卷,《郑堂读书记》卷二六亦作六卷,今流行各本多作六卷,分为十篇。除卷数外,对于撰者其人,自来也有不同意见。元大德十年刊本徐天祐序云:"观其所作,不类汉文,按邯郸《李氏图书十志目》,亦谓杨方尝刊削晔所为书,至皇甫遵遂合二家考正为之传注,又按《史记注》有徐广所引《吴越春秋》语而《索隐》以为今无此语者,他如《文选注》引季子见遗金事,《吴地记》载阖庐时夷亭事及《水经注》尝载越事数条类皆援据《吴越春秋》而晔本咸无其文,亦无所谓传注,岂杨方所已刊削,而皇甫遵所未考正者耶。"姚际恒《古今伪书考》云:"杨用修曰:《汉书》,赵晔撰《吴越春秋》;《晋书》,杨方亦撰《吴越春秋》。今世所传,晔耶,方耶(驿案,此文见明刊《太史升庵文集》(天一阁藏)卷四七《吴越春秋》)。"黄云眉《古今伪书考补正》认为:"自宋以后,赵书既失,遂以杨书归之赵晔耳。"朱彝尊《经义考》拟经八亦云:"不类汉文。"明谈迁在其《枣林杂俎》圣集《伪书》文中,竟认为此书为袁康所伪作。但明郭钰在其校刻之《古越书》凡例中认为:"《吴越春秋》成于后汉,赵晔山阴人,故综述视他书所记二国事为详,第气格衰弱,而文义时有滞碍。"李慈铭《越缦堂日记补》咸丰十一年正月初九日亦云:"吾越人之著作,以长君此书为最古。"则李氏确信今本为赵晔所撰。此书内容常与《越绝书》相类,故学者多有以此书为依傍《越绝书》之作。如《越绝书》嘉靖丁未刊本陈垲跋云:"赵晔《吴越春秋》,又因是书而为之。"钱培名《越绝书札记》云:"赵晔《吴越春秋》,往往依傍《越绝》。"周中孚《郑堂读书记》卷二六《越绝书》条引《四库提要》云:"其文纵横曼衍,颇类《吴越春秋》,而博奥伟丽,赵长君所弗及也。"《万历绍兴府志》卷五八序志则认为:"其文气卑弱语多俳,又杂以纤纬怪诞之说,不及《越绝》远甚。"后世流行的此书版本,以宋汪纲嘉定甲申(1224)在绍兴所刻者为最著,《带经堂书目》卷二史部载记类著录的影宋钞本(后有汪纲跋),《铁琴铜剑楼书目》卷十史部三载记类和《铁琴铜剑楼宋元本书目》史部著录的校宋本,《爱日精庐藏书志》卷十四史部载记类著录的影写宋刊本等均是其例。另一流行版本为元大德十年(1306)刊、徐天祐音注本,《结一庐书目》卷二史部载记类著录的,即大德原本,《铁琴铜剑楼宋元本书目》史部著录的元刊本,《艺风藏书记》卷四史学第五著录的明翻元本,《爱日精庐藏书志》卷十四著录的明初版本,《双鉴楼善本书目》卷二史部著录的弘治刊本等,亦均是此本。此书,历来藏书家收藏甚多,公私书目常见著录,除上已列举者外,诸如《遂初堂书目》杂史类,《国史经籍志》卷三,《世善堂藏书目录》稗史野史类,《嘉靖浙江通志》卷五四,《宝文堂书目》卷上,《红雨楼书目》卷二,《百川书志》卷四,《古今书刻》卷上,《绛云楼书目》卷一,《述古堂书目》卷一,《近古堂书目》卷上,《也是园书目》卷上,《知圣道斋书目》卷二,《澹生堂书目》史类八,《脉望馆书目》宇字号史类三,《补元史艺文志》卷二,《旧山楼书目》丁,《孙氏祠堂书目》卷三,《孝慈堂书目》杂史,《八千卷楼书目》卷五，《天禄琳琅书目》卷七，《虞山钱遵王藏书目》卷二，《郘亭知见传本书目》卷五，《稽瑞楼书目》(《丛书集成》本第 109 页)，《培林堂书目》史部，《振绮堂书目》卷三以及《增订四库简目标注》史部九载记类，《东方文化研究所汉籍分类目录》史部第四古史类等均见著录。至于目前收藏和流行的版本，宋本已不可见，以元徐天祜音注本及其翻刻本为多。如《四部丛刊》本，即是影印明复元大德本，此外如《四部备要》、《万有文库》各本，亦均是此类版本。北京图书馆藏有大德原本及明弘治十四年邝廷瑞、冯弋刻本等善本，浙江图书馆藏有萱荫楼旧藏明刊本。陕西图书馆藏有万历丙戌武林冯念祖重刻元大德本。此书收入于丛书者甚多，除前已述及者外，尚有《古今逸史》、《说郛》、《广汉魏丛书》、《秘书廿一种》、《增订汉魏丛书》、《会稽徐氏初学堂群书辑录》、《丛书集成》、《万有文库》等，并节收于《古越书》卷四。撰者赵晔，字长君，山阴人，《后汉书》卷一〇九下有传。音注者徐天祜，不少版本及公私著录误作徐天祐。案天祜字受之，越州人，据《四库提要补正》卷二〇云："凌迪知《万姓统谱》，天祜登进士第(驿案，天祜景定三年进士，见《宝庆会稽续志》卷六)，德祐二年，以文林郎国库书监召不赴云云，是天祜本宋末人，入元不仕，其结衔乃追叙宋官耳。"《寰宇通志》卷二九绍兴府人物云："山阴人，宋铨试为词赋第一，注归安尉，晚居郡城，四方学者进谒，莫不以得见先辈仪刑为喜。"又《宋诗纪事》卷六八有传。

吴越春秋佚文　　1 卷

清王仁俊辑。

此文收入于稿本《经籍佚文》，上海图书馆藏。此稿本并经上海图书馆制成缩微胶卷。

吴越春秋校文　　1 卷

清蒋光煦撰。

此书，《清史稿艺文志》卷二著录。又收入于《斠补偶录》(《涉闻梓旧》卷二三)，题作《吴越春秋斠补》。撰者，字生沐，号放庵居士，海宁人，清代藏书家。

读吴越春秋　　1 卷

清俞樾撰。

此书，《清史稿艺文志》卷二著录。又收入于《曲园杂纂》第十八(《春在堂全书》卷三七)，并收入于李念劬堂本及中华书局铅印本《诸子平议》，题为《吴越春秋平议补录》。撰者事迹参见《读越绝书》考录。

吴越春秋校勘记　　1卷

清顾观光撰。

此书,《清史稿艺文志》卷二著录。又收入于《武林山人遗著》第五册。撰者,字宾王,又字尚之,号漱泉,金山人,清贡生,《光绪金山县志》卷二一有传,清张文虎《顾尚之别传》记其详历。

吴越春秋札记

徐乃昌撰。

此文收入于《随盦霞徐氏丛书》本《吴越春秋》及《龙溪精舍丛书》本《吴越春秋》。撰者,字积余,号随盦,南陵人,光绪癸巳举人。

吴越春秋逸文

徐乃昌辑。

此文收入于《随盦徐氏丛书》本《吴越春秋》及《龙溪精舍丛书》本《吴越春秋》。

吴书春秋札记　　1卷

邵瑞彭撰。

此书收入于稿本《邵次公遗著》,四川大学图书馆藏。浙江图书馆亦藏有《邵次公遗著》稿本一部,但未收此文。撰者,字次公,清末民初淳安人。

吴越春秋辨证

余锡嘉撰。光绪二十三年(1897)撰。

此书未刊,原稿已毁。案余氏《四库提要辨证》卷七史部五《吴越春秋》条,锡嘉案:"余十五岁时,尝作《吴越春秋辨证》,既悔少作,原稿又为倭奴所毁,姑撮其大指如此。"案《四库提要辨证》序,1954年余氏年72岁,故知此文撰于光绪丁酉。

吴越春秋外记

汉张遐撰。

此书已佚。朱彝尊《经义考》卷二七五拟经八云:"张氏遐《吴越春秋外记》,佚。"姚振宗《后汉艺文志》载记类引江西《余干县志》云:"张遐字子远,试五经补博士,撰

《吴越春秋外记》。"（驿案，《同治余干县志》卷十六艺文书目云："《吴越春秋外记》，张遐著，今不传。"）姚书又云："按隋唐三史经籍艺文志杂史类有《吴越记》六卷，不著撰人，《日本国见在书目》云七卷，亦无撰人，疑即此书。"又据姚振宗《隋书经籍志考证》卷十三史部三载记类云："其人在顺、桓之世，盖赵晔之后又有此一家。"撰者，《同治余干县志》卷十二人物志二有传。

吴越春秋次录　　1 卷

撰者及撰述年代不详。

此书已佚，《日本国见在书目录》杂史家著录，下有"冷泉院"三字，亦不解。

吴越春秋削繁　　5 卷

晋杨方撰。

此书已佚。《隋书经籍志》卷二，《少室山房笔丛》卷三甲部经籍会通三，朱彝尊《经义考》卷二七五，章宗源《隋经籍志考证》卷三、姚振宗《隋书经籍志考证》卷十三等著录。《晋书》卷六八《杨方传》云："撰《吴越春秋》并杂文行世。"即是此书。黄云眉《古今伪书考补正》谓"今世所传之《吴越春秋》，殆即杨方更撰之本，经后人析五卷为十卷，而又误去其《削繁》之名"云云。

吴越春秋传　　10 卷

唐皇甫遵撰。

此书已佚。《隋书经籍志》卷二，《新唐书艺文志》卷二，《崇文总目》卷二杂史类上，《少室山房笔丛》卷三甲部经籍会通三，《国史经籍志》卷三，《经义考》卷二七五等著录。章宗源《隋经籍志考证》卷三及姚振宗《隋书经籍志考证》卷十三均作《吴越春秋》十卷，皇甫遵撰，无"传"字。马端临《文献通考》经籍二十二云："遵乃合二家之书，考定而注之"。案二家指汉赵晔、晋杨方。

吴越史纂

明刘生撰，汤显祖序。

此书不见。汤显祖《玉茗堂文集》卷四（《汤显祖诗文集》卷三一）《吴越史纂序》云："赤城刘生，集春秋吴越事，为书甚具。"故仅知撰者刘姓，赤城人，与汤显祖同时，其余事迹无考。

吴越史纂序

明汤显祖撰。

此文收入于汤氏《玉茗堂文集》卷四(《汤显祖诗文集》卷三一)。参见《吴越史纂》考录。撰者,字义仍,号若士,临川人,万历进士,《明史》卷二三〇有传。

吴越会粹　　1 卷

撰者及撰述年代不详。

此书已佚。《宋史艺文志》五及《遂初堂书目》伪史类著录。

吴越记余　　5 卷

明钱贵撰。正德五年(1510)撰。

此书,《也是园书目》卷二史部杂史及《虞山钱遵王书目》卷二史部著录均作一卷,《雍正浙江通志》卷二四三经籍十三引《尤氏艺文志》著录不分卷次,《光绪苏州府志》卷一三七艺文二著录作五卷,并附《杂吟》一卷。《四库提要》卷六六史部载记类云:"是编辑吴越故实,分题编录,亦多附以论断,有正德庚午自记。"故知书成于正德庚午(1510)。其所附《杂吟》一卷,据《提要》云:"咏吴越旧迹也,词旨浅近,亦无取焉。"此书,浙江图书馆藏有旧抄本一种,有"翰林院印"朱印一方,书口下有"花水桥阁"四字。撰者,字元抑,长洲人。

会稽贡举簿

撰者及撰述年代不详。

此书已佚。清姚振宗《后汉艺文志》卷二及文廷式《补晋书艺文志》卷二著录。

会稽先贤传　　7 卷

三国吴谢承撰。

此书已佚。《隋书经籍志》卷二,《新唐书艺文志》卷二,《东方文化研究所汉籍分类目录》史部第四古史类著录。《旧唐书经籍志》卷上著录作五卷,故疑唐时已缺佚二卷。《玉海》卷十五地理书著录谢承《会稽》七卷,当亦是此书。《遂初堂书目》著录列入传记类,不分卷次,足见晚宋已仅能见此书残本。此外,《国史经籍志》卷三史类,《嘉靖浙江通志》卷五四,顾櫰三《补后汉艺文志》,侯康《补三国艺文志》卷三,章宗源《隋经籍志考证》卷十三,姚振宗《隋书经籍志考证》卷二〇等著录皆从《隋志》,均作七卷。此书,《初学记》人事部,《御览》职官、人事、服用诸部等均引及。今仅有辑本流传,收入于《宛委山堂说郛》弓五十及《会稽郡故书杂集》。《烟屿楼读书志》卷十三云:"《说郛》本谢承《会稽先贤传》仅一叶耳,采撷而成,非原本也。"《杂集》本作一卷,计辑入严遵、董昆、沈勋、淳于翼,茅开、陈业、阚泽,贺氏等七人。撰者,字伟平,山阴人,事迹见《三国志》卷五〇《吴书》五《谢夫人传》。

会稽典录　　20 篇

晋虞预撰。

此书已佚。案《晋书》卷八二列传五十二《虞预传》云:"著《会稽典录》二十篇,……皆行于世。"《隋书经籍志》卷二,《旧唐书经籍志》卷上,《新唐书艺文志》卷二,《国史经籍志》卷三,丁国钧《补晋书艺文志》卷二,秦荣光《补晋书艺文志》卷二,黄逢元《补晋书艺文志》卷二,吴士鉴《补晋书经籍志》卷二,章宗源《隋经籍志考证》卷十三,姚振宗《隋书经籍志考证》卷二〇,威廉·施坚雅《浙江宁绍地区地方志目录》等著录,均作二十四卷。《嘉靖浙江通志》卷五四著录不分卷。《汉唐地理书钞》总目、诸州郡先贤耆旧仙真传记门存目。《康熙绍兴府志(王志)》卷五九云:"《会稽典录》,晋虞预撰,其书今越中无有。"《乾隆余姚志》卷三五经籍云:"案《会稽典录》,明初尚有完书,今失传。"说明此书在清初就不得见。辑本收入于丛书者甚多,如《宛委山堂说郛》弓五十九,《说郛》卷三,《古今说部丛书》第一集,《四明丛书》第七集,《玉函山房辑佚书续编》,《会稽郡故书杂集》等。《杂集》本分上下二卷,计范蠡、计倪等 77 人。撰者,字叔宁,余姚人,事迹见《晋书》卷八二本传。

会稽太守像赞　　2 卷

贺氏撰。

此书久佚。《旧唐书经籍志》卷上,《新唐书艺文志》卷二,《国史经籍志》卷三,《嘉靖浙江通志》卷五四,文廷式《补晋书艺文志》卷二,章宗源《隋经籍志考证》卷十三等著录。撰者贺氏,不详生平。

会稽先贤像赞　　5 卷

贺氏撰。

此书久佚。《隋书经籍志》卷二著录,不著撰人姓氏。《旧唐书经籍志》卷上著录作四卷,贺氏撰。《新唐书艺文志》卷二著录作《会稽先贤像传赞》四卷,贺氏撰。《玉海》卷十五地理书及章宗源《隋经籍志考证》卷十三著录均作五卷,不著撰人姓氏。文廷式《补晋书艺文志》卷二及姚振宗《隋书经籍志考证》卷二〇等著录均与《隋志》同。《国史经籍志》卷三著录从《旧唐志》。《嘉靖浙江通志》卷五四著录不分卷次。此书历来仅见《北堂书钞》引及董昆（卷三八、三九）及綦母俊（卷七二）二条，此后绝无他书引及，说明唐以后已佚。《玉海》与《国史经籍志》之著录，殆非亲见。此书今有《会稽郡故书杂集》辑本，实即《北堂书钞》所引之二条。

会稽后贤传记　　2 卷

晋锺离岫撰。

此书已佚。《隋书经籍志》卷二著录。《旧唐书经籍志》卷上及《新唐书艺文志》卷二著录均作《会稽后贤传》3 卷。《东方文化研究所汉籍分类目录》著录作《会稽后贤传记》不分卷次。《嘉靖浙江通志》卷五四著录不分卷次。但文廷式《补晋书艺文志》卷二，章宗源《隋经籍志考证》卷十三，姚振宗《隋书经籍志考证》卷二〇等著录均作二卷。《汉唐地理书钞》总目、诸州郡先贤耆旧仙真传记门存目。此书，《世说新语》方正篇注，《初学记》职官部，《御览》人事、服用二部等均曾引及，《玉海》卷十五地理书亦见著录，说明宋时犹在。今仅有辑本流传，收入于《宛委山堂说郛》及《会稽郡故书杂集》。《杂集》本共辑入孔愉、孔郡、孔坦、丁谭、谢仙女等五人。撰者事迹无考，章宗源《隋经籍志考证》卷十三引《通志氏族略》，以为楚人，但《会稽郡故书杂集》不以此说为然，以为是会稽郡人。

会稽先贤祠传赞　　2 卷

宋史浩撰。

此书已佚。《宋史艺文志》卷二、《续文献通考》卷一七七、《世善堂藏书目录》稗史野史类、《嘉靖浙江通志》卷五四等著录。《澹生堂书目》卷四史类十著录作《会稽先贤传赞》二卷。撰者，字直翁，鄞人，绍兴八年进士，乾道四年至六年知绍兴府，《宋史》卷三九六有传，《宝庆四明志》卷九及《延祐四明志》卷五记其行迹。

绍兴名宦乡贤赞　　1 卷

明王綖撰。

此书，《万历绍兴府志》卷五〇，《雍正浙江通志》卷二五四等著录。《雍正山阴县志》卷三八序志云："山阴人王綖撰绍兴名宦七十三人、乡贤八十八人赞，附刻旧志。"天一阁藏有此书明刊残本，但仅存卷一第十一叶起至二十一叶，共十一叶。其中第十三叶云："以上名宦七十有三。"但仅存汪纲、曾巩、王十朋、施宿等 16 人。第十三叶起为乡贤,自汉都护安远侯会稽郑吉起至宋兵部尚书新昌石公弼止,共存 55 人,王充、赵晔、贺循、虞预、谢灵运、齐唐、陆佃、华镇等均在其中。此书格式均每人四句,句四字,如虞预赞云:"务学能文,防术有疏,《会稽典录》,聿劳编著。"华镇赞云:"问学精该,书编《览古》,烨烨词章,光纡乡土。"

越中述传　　4 卷

明南大吉撰。

此书不见。《明史艺文志》卷二著录。《雍正浙江通志》卷二五四及《乾隆绍兴府志》卷七七亦均著录,但书名作《越中纪传》,撰者作南逢吉。案逢吉,大吉弟,参见《会稽三赋》考录。

百越先贤志　　4 卷

明欧大任撰。

此书,《国史经籍志》卷三,《明史艺文志》卷二,《八千卷楼书目》卷五,《道光广东通志》卷一九〇艺文略二等著录。《邵亭知见传本书目》著录,万历壬辰游朴刊本,为此书明刊本。案百越范围甚广,故是书牵涉地区极大,《四库提要》卷五八史部十四传记类云:"所收兼及会稽,以句践旧疆,自南越北尽会稽故地。"此书今有《岭南遗书》及《丛书集成》本。撰者,字桢伯,别号仑山,广东顺德人,《明史》卷二八七有传。

绍兴先达传

明吴骥撰。

此书已佚。《万历绍兴府志》卷五〇,《雍正浙江通志》卷二五四,《乾隆绍兴府志》卷七七等著录。《康熙山阴县志》卷三八序志附记云:"凡志乘传记,率有体裁,李东阳称为文章宗匠。"撰者事迹参见《钱清江石桥记》考录。

於越三不朽图赞　　1 卷

明张岱撰。

此书,《八千卷楼书目》卷五史部传记类著录作三卷。明刊本已佚。今有乾隆凤嬉堂刊本,嘉庆二十一年刊本(有萧山陆成本序),《郡书校识》本及民国七年(1918)绍兴印刷局铅印本等。各本书名颇多出入,有称《越州三不朽图赞》、《越人三不朽图赞》及《於越有明一代三不朽图赞》者。全书分立德、立功、立言三门,以下又分子目,共 100 叶,计 100 人。参见蒋士铨《前明越州先贤三不朽图像序》考录。

前明越州先贤三不朽图像序

清蒋士铨撰。

此文收入于蒋氏《忠雅堂文集》卷二。文略云:"张陶庵辑,前明越中三不朽画像三不朽图,镂版藏朱文懿公家,吾友秉直朱君为公嫡裔,特重此编,于乾隆戊子装印多本,载属予序。"

乡贤考

明刘宗周撰。

此文,《雍正浙江通志》卷二五四经籍十四及《乾隆绍兴府志》卷七七经籍一等著录。收入于《刘子全书》卷二四。

绍兴府乡贤世次录　　　1 卷

明唐九经编。

此书,上海图书馆藏有顺治刊本一种。撰者,字敏一,山阴人,崇祯丁丑进士,《嘉庆山阴县志》卷十四乡贤二有传。

会稽人物志

清董钦德撰,钱荫乔录。

此书未刊,杭州大学图书馆藏有民国十九年(1930)抄本四册。

越州先贤赞　　　1 卷

清周徐彩撰。

此书不见,《乾隆绍兴府志》卷七七著录,《越风诗人小传》所载越风先辈诗人周粹存条下亦记及:"著有《越州先贤赞》。"吴晗《两浙藏书家史略》(载民国二十一年《清华周刊》第 9 期)亦据《绍兴府志》著录此书。

越荫录

清杜甲纂。乾隆十三年(1748)纂。

此书原刊本已佚。今存民国二十八年(1939)铅印《越荫录、传芳录》合印本。全书分三部分:第一部分为越王句践及越 11 臣(范蠡、文种、计倪等)像赞,陆振宗绘图,杜甲及吴高增撰赞。第二部分为越王祠袝祀 11 臣唱和诗。第三部分为越王祠袝祀

11 臣考略。铅印本卷末王世裕识云："绍兴县修志委员会访求文献于姒氏后裔泰生家,得《越荫录》;于倪氏后裔家,得《传芳录》。二书皆清乾隆时杜补堂郡守甲所作也。行政督察专员永新贺公阅而善之,嘱重刊传世,同邑朱君莫君启澜为之补订残阙,并撰越十一臣考略;鲍君亚白轶超任剞劂之,书乃成。是固吾越典型所在,读者知其所兴矣。"

传芳录

清杜甲纂。

此书原刊本已佚。今存民国二十八年(1939)铅印《越荫录、传芳录》合印本。全书分三部分:第一部分为王守仁、孙燧、沈炼,黄尊素、施邦曜、倪元璐、祁彪佳、周凤翔、刘宗周、王思任等 10 人像赞,陆振宗绘图,杜甲等撰赞。第二部分为文。第三部分为诗。卷末有杜煦跋。

于越先贤像传赞　　2 卷

清王龄撰。任熊图。

此书,咸丰七年(1857)刊本今存,又有光绪五年(1879)石印巾箱本。《八千卷楼书目》卷五史部传记类著录石印本《於越先贤像传》,亦即此书。全书 2 卷,分为两册,上卷范蠡等 40 人,下卷虞荔等 40 人。撰者,字啸篁,萧山人。

越中观感录　　1 卷

清陈锦编。

此书,《清史稿艺文志》二地理类著录。书中收有《有明於越三不朽图赞录》及《王文成公弟子姓氏录》等 4 篇。光绪四年(1878)枯荫轩刊本,今存。又全书收入于会稽徐氏《铸学斋丛书》。编者事迹参见《蠡城被寇记》考录。

绍兴名宦　　1 册

清严可均校辑。

此书刊本不见,亦不知其是否付刊。绍兴鲁迅图书馆善本部藏有清抄本一册。辑者,字景文,号铁桥,归安人,嘉庆举人,《清史稿》列传二六九有传。

禹域贤达一勺

清章锡光撰。

　　此文收入于章氏《俙山文集》卷三。文记张岱、陶绶、杜煦等数十人传记。撰者，字劫丞，号俙山子僧，会稽人，光绪进士，《绍兴县志资料》第一辑第十六册人物列传有传。

越中先贤祠目序例

清李慈铭撰。

　　此书，光绪十一年（1885）刊本二册，今存。

宋太守题名记

宋郑戬撰。

　　此记收入于《会稽掇英总集》卷十八，题名前有文。题名太守起于宋初，迄于熙宁三年沈立，故知此记必撰于熙宁间。其题名包括姓名及授官年月等。撰者，字天休，苏州吴县人，熙宁间越州通判，《宋史》卷二九二有传。

越风诗人小传

撰者不详。

　　此书，绍兴鲁迅图书馆藏有抄本 1 册，内容计分诗巢吟会诸贤、越风先辈诗人及《观感录》中越中先辈诗人等三部分。每一部分均罗列诗人数十人及其生平事迹。宋"诗巢"指龙山诗巢，系康、乾间山会二邑诗人所建，钱绳武撰有《龙山诗巢志略》记其详。《观感录》指同、光间陈锦所撰《越中观感录》（参见该书考录）。《小传》既记《观感录》中诗人，其编撰当在《观感录》之后。

越郡阐幽录

清杜宝霈辑。

　　此书，光绪庚辰（1880）知圣教斋刊本，今存，书计甲录至癸录共 10 录，凡 14 册，所辑系道光三十年至光绪绍兴府妇女旌表。辑者，字晴佳，山阴人，道光十七年拔贡，《绍兴县志资料》第一辑第十五册人物列传有传。

越女表微录　　4 卷

　　此书不见。《清史稿艺文志》二传记类著录作一卷，《八千卷楼书目》史部传记类著录作五卷。清卢文弨《越女表微录序》（《抱经堂文集》卷四）云："萧山汪进士焕曾甫，既以其母与其生母之节孝上闻于朝，得旌表矣。……于是如意访问更四年之久，先就山阴、会稽、萧山、余姚、诸暨、嵊六邑所得,录事状呈方伯公,乞檄旌门,以为风化之劝。……汪子又辑为《越女表微录》四卷。"故知人物兼括 6 邑,而书为 4 卷。又卢序撰于乾隆庚子(1780),则此书亦当成于此时。撰者,字龙庄,《民国萧山县志稿》卷十八有传。

马臻与鉴湖考

清李慈铭撰。

此文见李氏《越缦堂日记》二函第十册《受礼庐日记》下集,同治七年(1868)四月初九日记事。全篇约千言,考证马臻创湖事迹及古代鉴湖概况甚详悉。原记无题,姑按意题之。马臻,字叔荐,后汉永和间会稽郡守,始创鉴湖,《嘉泰会稽志》卷二有传。

绍兴水利功臣彭

明许浩撰。

此文收入于《绍兴史迹风土丛谈》第二十册。系撰者《复斋日记》中之一篇。文记明天顺初绍兴知府彭谊兴修水利事。彭谊,字景宜,东莞人,宣德十年乡举,《嘉庆东莞县志》卷二七人物传上及《道光广东通志》卷二七三列传六有传。《东莞县志》云:"筑白马闸,障海潮,溉良田数百顷,郡蒙其利,历九载,多惠政。"

绍兴知府汤公传

清毛奇龄撰。

此文收入于《西河合集·传目》五。《乾隆绍兴府志》卷四三亦收入,但题作《循吏传》。汤公指嘉靖间知府汤绍恩,三江闸建造人,参见《汤绍恩建闸事迹》考录。

明汤太守生日记

清阮文学撰。

此文收入于民国十七年(1928)铅印本《越州阮氏宗谱》卷二一艺文。文记汤绍恩建闸治水事迹。

太守沈郡侯德政

明吕光洵撰。

此文收入于《康熙绍兴府志(张志、李志、俞志)》卷十四田赋志一。太守指嘉靖间绍兴知府沈启,文记沈主持丈量山阴县田亩事。案嘉靖丈量事,参见张天复《山阴县量田记》考录。主其事者实为县令杨家相,沈为当时知府,故有此文。案沈启,字子由,吴江人,嘉靖戊戌进士,《光绪苏州府志》卷一〇五人物三十二云:"出为绍兴知府,所属会稽、新昌、萧山,田与赋左累其长,至弃产以偿,启为平其额,民称便。"撰者,字信卿,新昌人,嘉靖十一年进士,曾任工部尚书,《雍正浙江通志》卷一七三人物四有传,《霞西过眼录》第二册记其行迹。

徐文长传

明袁宏道撰。

此文收入于《梨云馆类定袁中郎先生全集》卷十一传。徐文长,名渭,事迹参见《万历会稽县志》考录。

绍兴太守今迁兵巡道许公去思碑记

清毛奇龄撰。

此碑已不存,文收入于毛氏《西河合集》碑记四。案许公指康熙十二年知绍兴府许弘勋,十四年升任分巡宁绍道,则毛文当撰于此时。许事迹参见《康熙绍兴府志(许志)》考录。

葛壮节公云飞

清钱伯华辑。

此文收入于《绍兴史迹风土丛谈》第三册。案葛,道光癸未武进士,任定海总兵,道光辛丑英军入侵定海之役殉难。事迹参见《麻溪坝论》考录。

掌山西道监察御史督理街道李慈铭传

清平步青撰。

此文收入于平氏《樵隐昔寱》卷十八及《越缦堂日记》卷首。《绍兴县志资料》第一辑第十六册人物列传中李慈铭条下亦即此文。参见《乾隆绍兴府志校记》考录。

送徐伯荪就死序

清陈祖培撰。

此文收入于《文烬》卷三,今有民国九年(1920)绍兴印刷所铅印《越缀》本。案徐伯荪,字锡麟,绍兴人,清末义士,因刺杀安徽巡抚恩铭,举义未成而殉难。

娥江题咏

宋释如莹集。

此书已佚。《雍正浙江通志》卷二五四经籍十四著录。其题咏当为孝女曹娥事。

曹娥碑

邯郸子礼撰。

此碑,《古今书刻》卷下浙江省绍兴府存目,在府城东,今已不存。文载《古文苑》及《嘉泰会稽志》卷二〇。案《水经·浙江水注》云:"江之道南有曹娥碑,娥父盱,迎涛溺死;……娥遂于沉处赴水而死,县令尚度使外甥邯郸子礼为碑文,以彰孝烈。"邯郸子礼,名淳,后汉人。

曹娥碑赋

元杨维桢撰。

此文不见。《曹娥江志》卷二书目著录。

曹娥名贤题咏　　1 卷

明张翰英编,王钰序。

此书,《雍正浙江通志》卷二五四经籍十四,《乾隆绍兴府志》卷七七经籍志一,《曹娥江志》卷二书目等著录。《宝文堂书目》卷下图志著录,不著撰人。《振绮堂书目》卷四集类总集著录作《曹孝娥题咏》,不分卷,张翰英编。此书原有正统四年(1439)刊本,今已佚。《乾隆绍兴府志》卷七七云:"江西左参政邑人张翰英裒集,正统四年王钰序。"《曹娥江志》则以张翰英为上虞人。

哀曹娥赋

明李濂撰。

此文不见。《曹娥江志》卷二书目著录。撰者,字川父,祥符人,正德甲戌进士。

曹娥灵孝志　　2 卷

明许捷辑。崇祯九年(1636)辑。

此书不见。《红雨楼书目》卷二史部著录。《雍正浙江通志》卷二五四经籍十四及《曹娥江志》卷二书目著录均作《灵孝录》。其书当系辑孝女曹娥事。辑者,字云宾,崇祯九年知绍兴府。

娥江诗辑　　2 卷

清沈复粲辑。

此书未刊,稿佚。《鸣野山房书目》、宗稷辰《沈霞西墓表》附录、《霞西先生藏稿目》著录。

十二 学校类

越州新学碑

宋张伯玉撰。政和元年(1111)撰。

此碑已不存,文收入于《越中金石记》卷三,《绍兴县志资料》第一辑第三册。《两浙金石志》卷七存目。《寰宇碑访录》卷六存目作《越州新学记》。《嘉泰会稽志》卷十八拾遗引此文作《新学记》。文记知州刁约建越州新学事。撰者,嘉祐八年至治平元年知越州军。

上成度支书

宋齐唐撰。

此书全文不见。《嘉泰会稽志》卷十八拾遗云:"越州学旧址未详,齐贤良唐。"《上成度支书》云:"东南方国,禹会为大,岁籍贡举,仅百余人,学校不修,生徒佻闵,比年二千石未遑斯制,诚因农隙,考制度,庀工徒,新先儒之宫,东南士子岂不佩执事训以风乡党乎。"案成度支名悦,天圣六年至九年知越州军,则齐书当撰于此时。

学记

宋王铚撰。

此文已佚。《宝庆会稽续志》卷一风俗云:"王铚《学记》云:余姚有诸冯之地,舜所生也;会稽之地,禹所没也。"故《学记》当是此文题目之简称,文题全称为何,不得而知。撰者,字性之,事迹参见《东山记》考录。

重修学校记

宋周绾撰。隆兴二年(1164)撰。

此文已佚。《宝庆会稽续志》卷一学校云:"庆历四年,诏天下皆立学,景祐中,李照始议创建,至嘉祐中方成,隆兴二年,吴芾重修,周绾为记。"撰者,字彦约,瑞昌人,崇宁五年进士,《雍正浙江通志》卷一九一人物九有传。

绍兴府修学记

宋陆游撰。绍熙二年(1191)撰。

此碑已不存,文收入于《雍正浙江通志》卷二六一艺文三,《越中金石记》卷四,《绍兴县志资料》第一辑第四册。《两浙金石志》卷十存目。《寰宇碑访录》卷九存目作《重修县学记》。

绍兴府修学记

撰者不详。嘉定三年(1210)立。

此碑已不存,文收入于《越中金石记》卷四,《绍兴县志资料》第一辑第四册。《乾隆绍兴府志》卷七六金石志二云:"与《二庄记》(案即宋叶适《绍兴府新置二庄记》,参见水利类该文考录)一碑两面,年月姓名俱缺,惟存上半截。"《两浙金石志》卷十一云:"右碑在绍兴府学明伦堂,额题篆书绍兴府修学记六字,径四寸,碑文前后残缺,有廿行,行书径寸,书人名俱缺,有帅守直□□阁留侯孝宗皇帝擢自囊坐及克勾后先父子相望等语,考留正于淳熙二年以显谟阁直学士出知绍兴府,其子恭亦于嘉定三年知绍兴,父子皆著循迹,修学之举,殆创始于正而成于恭,文云庚午之秋,即嘉定三年也。"

山阴县学记

宋陈耆卿撰。嘉定十六年(1223)撰。

此碑已不存,文亦佚。《宝庆会稽续志》卷一云:"山阴县学,嘉定十六年赵汝驷重修,郡捐缗钱三十万以助其费,陈耆卿作记。"撰者,字寿老,临海人,嘉定七年进士,《雍正浙江通志》卷一七六人物五有传。

绍兴路修学残碑

撰者不详。泰定二年(1325)立。

此碑已不存,《再续寰宇碑访录》卷下存目。

御史大夫康里公勉励学校记

元朱镡撰。至正二十一年(1361)撰。

此碑已不存,《两浙金石志》卷十九存目。《金石志》云:"康里公欲修治,会寇逼而止者,是时方国珍据余姚、上虞,以曹娥江为界也。"撰者时任绍兴路儒学教授。

会稽学宫碑记

元韩性撰。天历二年(1329)撰。

此碑已不存,文收入于《康熙会稽县志(王志)》卷十三学校志。《乾隆绍兴府志》卷七六金石志二存目作《修学记》。

会稽儒学重建大成殿记

元韩性撰。至顺元年(1330)撰。

此碑已不存,文收入于《越中金石记》卷八,《绍兴县志资料》第一辑第四册。《两浙金石志》卷十五存目。《再续寰宇碑访录》卷下存目作《绍兴路学修大成殿记》,至治元年立。《补寰宇碑访录》卷五存目作《大成殿记》,至治元年立。

绍兴路重修儒学记

不著撰者姓氏。至治三年(1323)立。

此碑已不存,文收入于《越中金石记》卷八。《再续寰宇碑访录》卷下存目。

绍兴路重修儒学记

元黄溍撰。至正十五年(1355)立。

此碑已不存,文收入于《越中金石记》卷九。《乾隆绍兴府志》卷七二金石志二及《两浙金石志》卷十八存目。

会稽县修学记

元王宥撰。至正十二年(1352)立。

此碑已不存,文收入于《越中金石记》卷九。《乾隆绍兴府志》卷七二金石志二存目。

山阴县学记

元孔瀛撰。至正二年(1342)撰。

此碑已不存,文收入于《康熙山阴县志》卷十三学校志,《雍正山阴县志》卷十三学校志,《嘉庆山阴县志》卷十九学校。《雍正浙江通志》卷二七学校引及。文记至正二年县尹贾文秀重修山阴县学事。撰者时任浙江儒学副提举。

山阴儒学记

元李孝光撰。至正五年(1345)撰。

此碑已不存,文收入于《康熙山阴县志》卷十三学校志,《雍正山阴县志》卷十三学校志,《嘉庆山阴县志》卷十九学校。撰者,乐清人,字季和,《元史》卷一九○有传。

山阴县学记

明刘基撰。

此碑立于元至元间,今已不存,文收入于《康熙山阴县志》卷十三学校志,《雍正山阴县志》卷十三学校志,《嘉庆山阴县志》卷十九学校,但《嘉庆志》题作《重修儒学碑记》。案刘基在元至顺间举进士,曾任浙江儒学副提举。

重修山阴县学及文庙记

明李东阳撰。成化十三年(1477)撰。

此碑已不存,文收入于《康熙山阴县志》卷十三学校志,《雍正山阴县志》卷十三学校志,《嘉庆山阴县志》卷十九学校。文记成化十三年知府戴琥重修山阴县学及文庙事。撰者,据明周圣楷辑纂《楚宝》卷三大臣所载,字宾之,号西涯,茶陵人,天顺八年进士。又《明史》卷一八一有传。

重修山阴县学文庙记

明陆渊之撰。成化十三年(1477)撰。

此碑已不存,文收入于《康熙山阴县志》卷十三学校志,《雍正山阴县志》卷十三学校志,《嘉庆山阴县志》卷十九学校。参见李东阳《重修山阴县学及文庙记》考录。撰者,字克深,上虞人,成化进士。

山阴学记

明王守仁撰。嘉靖二年(1523 年)撰。

此碑已不存,文收入于《康熙山阴县志》卷十三学校志,《雍正山阴县志》卷十三学校志。文记嘉靖二年重修山阴县学事。

重修儒学记

明朱赓撰。万历二十六年(1598)撰。

此碑已不存,文收入于《康熙山阴县志》卷十三学校志,《雍正山阴县志》卷十三学校志,《嘉庆山阴县志》卷十九学校。文记万历二十六年山阴知县耿庭柏重修山阴县儒学事,撰者事迹参见《逍遥楼记》考录。

重修山阴县儒学记

明张元忭撰。万历二十六年(1598)撰。

此碑已不存,文收入于《张阳和文选》卷三。参见朱赓《重修儒学记》考录。

重修绍兴府儒学记

明刘宗周撰。

此碑已不存,文收入于《刘子全书》卷二一。

重修古小学记

明刘宗周撰。崇祯十三年(1640)撰。

此碑已不存,文收入于《刘子全书》卷二一。此外又收入于《康熙绍兴府志(李志)》卷十八学校志,题作《古小学记》;《雍正浙江通志》卷二七学校三,题作《证人书院记》。案古小学即证人书院,刘宗周讲学于此,清改为会稽县义学,在府城南街。

会稽学宫碑记

元程庸撰。大德五年(1301)撰。

碑文俱不存,《康熙会稽县志(王志)》卷十三学校志著录。

会稽学宫碑记

元李祁撰。至正四年(1344)撰。

碑文俱不存,《康熙会稽县志(王志)》卷十三学校志著录。

会稽学宫碑记

明魏骥撰。天顺八年(1464)撰。

此碑已不存,文收入于《康熙会稽县志(王志)》卷十三学校志。

会稽学宫碑记

明韩阳撰。

碑文俱不存,碑立于成化间,《康熙会稽县志(王志)》卷十三学校志著录。

会稽学宫碑记

明章瑄记。成化十六年(1480)立。

碑文俱不存,《康熙会稽县志(王志)》卷十三学校志著录。

会稽学宫碑记

明韩邦问撰。嘉靖元年(1522)撰。

碑文俱不存,《康熙会稽县志(王志)》卷十三学校志著录。

会稽学宫碑记

明董复撰。嘉靖五年(1526)撰。

此碑已不存,文收入于《康熙会稽县志(王志)》卷十三学校志。

会稽学宫碑记

明陶大临撰。隆庆元年(1567)撰。

此碑已不存,文收入于《康熙会稽县志(王志)》卷十三学校志。撰者,字虞臣,会稽人,嘉靖丙辰进士,事迹附见于《明史》卷二〇三《陶谐传》。

会稽学宫碑记

明商廷试撰。隆庆元年(1567)撰。

此碑已不存,文收入于《康熙会稽县志(王志)》卷十三学校志。撰者,会稽人,嘉靖辛丑进士。

会稽学宫碑记

明陶望龄撰。

此碑立于万历间,今已不存。文收入于《康熙会稽县志(王志)》卷十三学校志。《雍正浙江通志》卷二七学校三收入此文作《会稽县重修儒学记》。文记万历会稽县令曹继孝修会稽儒学事。

会稽学宫碑记

明陶望龄撰。

此碑立于万历间,今已不存,文收入于《康熙会稽县志(王志)》卷十三学校志,题作《陶望龄又记》,盖因陶已先撰一文故也。

会稽学宫序

清王元臣撰。康熙二十年(1681)撰。

此碑已不存,文收入于《康熙会稽县志(王志)》卷十三学校志。撰者,会稽知县。

会稽学宫碑记

清金炯撰。康熙二十年(1681)撰。

此碑已不存,文收入于《康熙会稽县志(王志)》卷十三学校志。《雍正浙江通志》卷二七学校三会稽县儒学条云:"康熙二十年,里绅姚启圣重修,金炯为记。"即指此文。

修学碑记

清陈可畏撰。

此碑已不存,文收入于《康熙绍兴府志(张志、李志、俞志)》卷十八学校志。文记康熙间里绅朱懋文捐资修学事。《雍正浙江通志》卷二七学校三绍兴府儒学条云:"康熙六年,里绅朱懋文重建明伦堂,知府夏霖修大成殿,十年,知府张三异重修,陈可畏为记。"撰者,山阴人,顺治壬辰进士。

重修山阴县学记

清高登先撰。康熙七年(1668)撰。

此碑已不存,文收入于《康熙山阴县志》卷十三学校志,《雍正山阴县志》卷十三学校志,《嘉庆山阴县志》卷十九学校。撰者,山阴知县。

越郡古小学碑记

清俞卿撰。

此碑已不存,文收入于《乾隆绍兴府志》卷二〇学校志二。案古小学即清会稽义学,在府治东南三里舍子桥下。参见刘宗周《重修古小学记》及《稽山书院记》考录。

越州府学记

清俞卿撰。

此碑已不存,全文不见,节收于《乾隆绍兴府志》卷二〇学校志二。撰者,绍兴知府。

重修绍兴府学碑记

清李亨特撰。乾隆五十六年(1791)撰。

此碑已不存,文收入于《乾隆绍兴府志》卷二〇学校志二。撰者,绍兴知府。

菲饮泉义学记

清宗稷辰撰。同治元年(1862)撰。

此文收入于宗氏《躬耻斋文钞》卷十一。案菲饮泉在禹陵,参见《菲饮泉铭》考录。

陶山脩竹书院记

宋林景熙撰。

此文收入于林氏《霁山集》卷四。记略云:"陆氏以陶山归公,有峰笔卓,出云门诸山右,其麓种竹万箇,又六年书院成。"故知书院在陶山,原为陆氏旧业,陆氏即熙宁左丞陆佃,即记所谓:"左丞农师陆公,退休绿野,结楼著书,老佚而息藏之,今墓在支峰下。"案脩竹书院实系以宋末王英孙之名名书院,参见《跋王修竹窆宋遗骸事后》考录。撰者事迹参见《王氏园亭记》考录。

和靖书院记

元戴表元撰。大德三年(1299)撰。

此碑已不存,文收入于戴氏《剡源集》卷一。案和靖书院在会稽五云乡石帆里。

稽山书院记

元吴衍撰。

此碑已不存,文收入于《康熙山阴县志》卷十三学校志,《嘉庆山阴县志》卷十九学校。

稽山书院记

明张焕撰。

此碑已不存,文收入于《康熙山阴县志》卷十三学校志,《雍正山阴县志》卷十三学校志。撰者,字主奎,太和人,正德进士,山阴知县,《雍正浙江通志》卷一五三名宦八及《嘉庆山阴县志》卷十二名宦有传。

尊经阁记

明王守仁撰。

此文收入于《嘉靖浙江通志》卷九,《万历绍兴府志》卷十八,《康熙绍兴府志(张志、李志、俞志)》卷十八,《康熙山阴县志》卷十三,《雍正山阴县志》卷十三等,以上各志均收此文于学校志中,而《康熙广西通志》则收此文于卷三六艺文志中。《雍正浙江通志》卷二七学校三稽山书院条云:"嘉靖三年,知府南大吉增建明德堂尊经阁,王守仁为记。"则此文应撰于嘉靖三年(1524)。文略云:"越城旧有稽山书院,在卧龙西冈而荒废久矣。郡守渭南南君元善,既敷政于民,则慨然悼末学之支离,将进之以圣贤之道,于是使山阴令吴君瀛拓书院而一新之,为尊经之阁。"

中峰书院记

撰者不详。

此文收入于董氏《中峰集》附录卷二。文末附董氏家谱原跋云:"按此文仿苏公醉白堂之意而为之,大有微妙之致。旧有郡守洪公讳珠所书中峰书院四大字,盖洪公善书,尝从先生讲学于其中也。"《董氏丛书》编辑者董金鉴案云:"此记从家谱中录出,不知何人所作,盖亦中峰公同时友也。"驿案,中峰书院为洪珠所书,洪字玉方,闽之莆田人,嘉靖初知绍兴府,则此文当亦撰于嘉靖间。

朱文公祠记

明张元忭撰。

此文收入于《万历绍兴府志》卷十八学校志,《康熙绍兴府志(张志、李志、俞志)》卷十八学校志,又《乾隆绍兴府志》卷二〇学校志二引及《张阳和文选》卷三作《修复朱文公祠记》。案《乾隆绍兴府志》,宋朱熹曾在此讲学,为旧稽山书院,在卧龙山西冈。

仕学所记

明萧良干撰。

此碑已不存,文收入于《康熙绍兴府志(张志、俞志)》卷十八,《乾隆绍兴府志》卷二〇。案仕学所即朱文公祠,参见张元忭《朱文公祠记》考录。

西施山书舍记

明徐渭撰。

此文收入于《青藤书屋文集》卷二四,《古今图书集成·职方典》卷九九四,《雍正浙江通志》卷二六二艺文四等。记略云:"西施山去县东可五里,若《越绝》,若《吴越春秋》,并称土城。"案《嘉泰会稽志》卷九:"土城山在县东六里,《吴越春秋》越王使相者求美女于国中,得之苧罗山鬻薪之女西施、郑旦,饰以罗縠,教以行步,习于土城,教于都巷,三年学服而献吴王。"清王锡祺《方舆诸山考》卷十一云:"土城山在府东六里,亦名西施山。"

西施山书舍记

明张岱撰。

此文收入于张氏《琅嬛文集》卷二。参见徐渭《西施山书舍记》考录。

龙首书院记

明南大吉撰。

此文收入于《万历绍兴府志》卷三府廨志,《康熙绍兴府志(张志、俞志)》卷三署廨志。案龙首书院在卧龙山。

稽山书院记

明刘宗周撰。

此碑已不存,文收入于《乾隆绍兴府志》卷二〇学校志二。《刘子全书》卷二一作《古小学记附录》,附于《重修古小学记》文后。案《乾隆绍兴府志》,稽山书院即清会稽义学,亦即古小学,在府治东南三里舍子桥下。

蕺山书院记

清俞卿撰。

此碑已不存,文收入于《康熙绍兴府志(俞志)》卷十八学校志,《乾隆绍兴府志》

卷二〇学校志,《嘉庆绍兴府志》卷十九学校。

请建蕺山书院公启

清邵廷采撰。

此文收入于邵氏《思复堂文集》卷七。撰者事迹参见《陶先生退园记》考录。

蕺山书院记略

清钱伯华辑。

此文收入于《绍兴史迹风土丛淡》第十册。

丰乐书院记

清李铎撰。康熙二十九年(1690)撰。

此碑已不存,文收入于《康熙绍兴府志(李志)》卷十八学校志。案丰乐书院在府学之西。撰者,绍兴知府。

五云书院碑记

清李铎撰。康熙二十九年(1690)撰。

此碑已不存,文收入于《康熙绍兴府志(李志)》卷二〇祠祀志二。案五云书院在郡城东。

龙山书院源流考

清陈杙撰。

此文收入于《嘉庆山阴县志》卷十九学校。

蕺山相韩旧塾记

清全祖望撰。

此文收入于全氏《鲒埼亭集》卷三〇,《嘉庆山阴县志》卷二〇艺文上。

绍兴东湖书院通艺堂记

清陶浚宣撰。

此书,光绪刊本,今存。撰者,字心云,会稽人,光绪二年举人。

府学进士题名

宋淳熙十六年(1189)立。

此碑已不存,《寰宇碑访录》卷九存目。

绍兴府进士题名

宋袁说友撰。庆元二年(1196)立。

此碑已不存,文收入于《嘉泰会稽志》卷三,《越中金石记》卷四,《绍兴县志资料》第一辑第四册。《两浙金石志》卷十及《补寰宇碑访录》卷四存目。撰者,嘉泰元年知绍兴府。

绍兴府进士题名

宋缪蟾撰。绍定五年(1232)立。

此碑已不存,文收入于《越中金石记》卷五及《绍兴县志资料》第一辑第四册。《两浙金石志》卷十存目。撰者,绍兴府学教授。

儒学登科题名碑记

明夏时正撰。成化十二年(1475年)撰。

此碑已不存,文收入于《康熙山阴县志》卷十三学校志及《雍正山阴县志》卷十三学校志等。撰者,初名尚,字季爵,仁和人,正统乙丑进士,《明史》卷一五七有传。

绍兴府学拨酒税额钱记

朱徐赫撰。嘉定十一年(1218)立。

此碑已不存,文收入于《越中金石记》卷四及《绍兴县志资料》第一辑第四册。

绍兴府学整复赁钱榜记

不著撰者姓氏。淳祐八年(1248)立。

此碑已不存,文收入于《越中金石记》卷五及《绍兴县志资料》第一辑第四册。《两浙金石志》卷十二存目。《寰宇碑访录》卷九存目作《府学整复债钱榜》。

绍兴府建小学田记

宋陈景行撰。景定三年(1262)立。

此碑已不存,文收入于《越中金石记》卷六,《绍兴县志资料》第一辑第四册。《两浙金石志》卷十三存目。撰者,据《春游琐谈》第三集、《宋宝祐四年登科录》所载,系处州青田人,宝祐四年进士,绍兴府学教授。

绍兴路增置义田记

元曾钢撰。大德八年(1304)立。

此碑已不存,文收入于《越中金石记》卷七,《绍兴县志资料》第一辑第四册。《寰宇碑访录》卷十一存目作《义廪记》。撰者,绍兴人,曾任安抚副使。

绍兴教育会章程

清何豫才辑。

此书,光绪二十九年(1903)铅印本一册,今存。

绍兴府属学堂通章

绍兴府学堂编印。

此书,光绪二十七年(1901)铅印本一册,今存。

绍兴同仁学校创办历史

不著撰者。

此文收入于《绍兴史迹风土丛谈》第十九册。全文共十二章,计为:一、创立原案节录(光绪三十年十月二十日上谕);二、商部原奏;三、绍兴府札会稽县文;四、职员张震昌等禀请设学立案;五、本校创办人黄补臣太史致绍兴府熊太守函;六、又致浙江布政使翁方伯函;七、藩宪札六月十九日标朱二十一日到绍兴府知府文;八、历年教职员姓名录;九、现任教职员姓氏录;十、沿革;十一、组织概况;十二、本校岁出经费。

绍兴府学堂癸卯甲辰年课艺

清徐锡麟编。

此书,光绪三十年(1904)石印本一册,今存。撰者事迹参见《送徐伯荪就死序》考录,又《绍兴县志资料》第一辑第十六册人物列传有传。

光绪二十七年绍兴府学堂征信录附二十六年收付表二十八年教习题名

绍兴府学堂编。

此书,绍兴鲁迅图书馆藏有绍兴府学堂刊本一册,内容包括教习题名,肄业学生题名,肄业学生积分通表,学生功过表,收付征信表等部分。

绍兴府学堂光绪二十八年征信录

绍兴府学堂编。

此书,绍兴鲁迅图书馆藏有绍兴府学堂刊本一册,内容除"教习"二字改为"教员"外,均与前列二十七年征信录同。

十三　寺观类

太平山日门馆碑

南北朝陶弘景撰。

此碑已不存,文亦佚。《嘉泰会稽志》卷十八拾遗云:"日门山,《南史》:杜京产于会稽日门山聚徒教授。"陶弘景《太平山日门馆碑》云:"构宇太平之东,结架菁山之北。"参见孙绰《太平山铭》考录。撰者,字通明,南朝齐、梁间秣陵人,《梁书》卷五一及《南史》卷七六有传。

修心赋

南北朝陈江总撰。

此文收入于明张溥编《汉魏六朝一百三家集》,清严可均《全宋文》,《嘉泰会稽志》卷二〇,《雍正浙江通志》卷二六九艺文十一等。《康熙绍兴府志(李志、俞志)》卷二三祠祀志龙华寺条亦收入此文,题作江总《修心赋并序》,并云:"龙华寺在都泗门内,即陈江总避难所憩也。"文记会稽龙华寺一带风光景物颇详悉。撰者江总,字总持,洛阳考城人,《陈书》卷二七有传。

秦望山法华寺碑

唐李邕撰。开元二十三年(735)立。

此碑已不存,《金石录》卷六目录六、第一〇九一,《舆地纪胜》卷十两浙路绍兴府碑记,《嘉泰会稽志》卷十六碑刻,顾炎武《金石文字记》卷三,《潜研堂金石文字目录》卷三,《康熙绍兴府志(张志、王志、李志、俞志)》卷二三祠祀志五等存目。《两浙金石志》卷二,《越中金石记》卷一,《绍兴县志资料》第一辑第三册等存目作《大唐秦望山法华寺碑并序》。文收入于《会稽掇英总集》卷十六,《雍正浙江通志》卷二三一寺观,《乾隆绍兴府志》卷七六金石志二,《越中金石记》卷一等,有正书局据旧拓本印有珂罗版本一册。《雍正浙江通志》云:"寺后有十峰堂,堂之前有唐李邕撰碑,断石尚存。"撰者,字泰和,江都人,《旧唐书》卷一九〇中,《新唐书》卷二〇二有传。

游云门寺诗序

唐梁肃撰。

此文收入于《文苑英华》卷七一六。按所记,同游者为陇西李公受,高阳齐霞举。撰者,字宽中,又字敬之,玄宗时陆浑人,《新唐书》卷二〇二有传。

越州开元寺律和尚塔碑并序

唐梁肃撰,大历六年(771)撰。

此碑已不存,文收入于《会稽掇英总集》卷十七,《雍正浙江通志》卷二六五艺文七,《嘉庆山阴县志》卷二八艺文上。《乾隆绍兴府志》卷七六金石志二,《越中金石目》卷下阙访存目。

嘉祥寺大觉禅师国一影堂碑

唐崔元翰撰。贞元二年(786)立。

碑文俱不存,《嘉泰会稽志》卷十六碑刻,《乾隆绍兴府志》卷七六金石志二存目。撰者名鹏,以字行,玄宗时人。

游妙喜寺记

唐李逊撰。

此碑已不存,文收入于《会稽掇英总集》卷十八。《嘉泰会稽志》卷十八拾遗妙喜庵条所引《李逊记》,亦即此文。《越中金石目》卷下阙访存目。此文撰于元和间,撰者,字友道,赵州人,元和五年至九年任越州刺史,《旧唐书》卷一五五、《新唐书》卷一六二有传。

敕戒珠寺记

唐赵璘撰。咸通三年(862)撰。

此碑已不存,文收入于《会稽掇英总集》卷十六。《宝庆会稽续志》卷三节录。《嘉泰会稽志》卷十六碑刻,《乾隆绍兴府志》卷七六金石志二存目。《越中金石目》卷下阙访存目作《戒珠寺记》。《嘉泰志》卷七云:"在府城东北六里四十七步,蕺山之南,本晋右军王羲之故宅,或曰其别业也。"《宝庆续志》卷三云:"寺初名安昌,大中六年改戒珠寺。"撰者字泽章,开成进士。

大庆寺众尼粥田记

唐裴澹撰。咸通三年(862)立。

碑文俱不存,《嘉泰会稽志》卷十六,《舆地纪胜》卷十,《越中金石目》卷下阙访等存目。《嘉泰志》卷七云:"大庆尼寺在府城南三里三百步。"

大庆寺复寺记

唐孙汝玉记。咸通十一年(870)立。

碑文俱不存,《嘉泰会稽志》卷十六碑刻存目,不著撰者。《舆地纪胜》卷十绍兴府碑记引《容斋随笔》作孙汝玉记。《嘉泰志》卷十一桥梁云:"大庆桥在城东南,以傍有大庆寺,故名。"

法华寺戒坛院碑

唐万齐融撰。

此碑已不存,文收入于《会稽掇英总集》卷十七。撰者,越州人,神龙中与贺知章等齐名。

重修圆通妙智教院记

吴越钱镠撰。

碑文俱不存。《宝庆会稽续志》卷三寺院引及。《嘉泰会稽志》卷七云:"圆通妙智教院在府东南三里一百五十步,开宝八年,少卿皮文粲舍地建。"

永福院大象赞

宋沈遘撰。

此文收入于《会稽掇英总集》卷二〇。杜春生《校正会稽掇英总集札记》云:"按此赞见沈辽《云巢编》,遴,或辽字之误,然《万历府志》实作沈遴,岂遴命辽代作者欤。"案永福院在府城内卧龙山。

雍熙寺记

宋齐唐撰。

此碑已不存,文收入于《康熙会稽县志(吕志、王志)》卷五古迹志。《嘉泰会稽志》卷十八引及,《越中金石目》卷下阙访存目。案《嘉泰志》卷七:"雍熙院在县南三十一里一十步。"

证慈寺记

宋褚理撰。熙宁三年(1070)撰。

碑文俱不存,《越中金石目》卷下阙访存目。《宝庆会稽续志》卷三寺院云:"泰宁禅寺在县东南四十里,旧号证慈,绍兴初诏卜昭慈圣显皇后攒宫以证慈视陵,寺遂改赐今名。"

宝林院重修塔记

宋陆佃撰。

此碑已不存,《越中金石目》卷下、阙访存目,文收入于陆氏《陶山集》卷十一,系记广平侯程领州政后修塔事。按记,塔系乾德中所造,熙宁十年八月丙申,寺与塔俱焚,程师孟于时适知越州。

报恩寺塔记

宋钱端礼撰。

此文不见。《嘉泰会稽志》卷十八拾遗应天塔条云:"应天塔,今报恩寺浮图也,……钱参政端礼撰《报恩寺塔记》"云云。《宝庆会稽续志》卷三寺院引此作《应天塔记》。撰者,字处和,临安人,乾道九年至淳熙元年知绍兴府。

天衣寺记

宋王之道撰。

此文已佚,仅见《宝庆会稽续志》卷三天衣寺条引及。案《宝庆续志》:"天衣寺在山阴县西南三十里。"又案《雍正浙江通志》卷二三一寺观六天衣寺条:"在法华山。"撰者,字彦猷,濡须人,宣和进士。

千秋观柱记
宋汪纲撰。

此文已佚,仅见《乾隆绍兴府志》卷七二古迹志二赐荣园条引及。

修千秋观疏
宋陆游撰。

此文收入于《雍正浙江通志》卷二三一寺观六。案千秋观在府东北二里,唐贺知章行馆。

华岩院记
宋陆游撰。庆元五年(1199)撰。

此文收入于《雍正浙江通志》卷二三一寺观六。《乾隆绍兴府志》卷七六金石志二存目作《重建华岩寺记》,《渭南文集》卷十九作《会稽县新建华岩院记》,记略云:"会稽五云乡有山曰黄琢,山之麓,原野旷,水泉冽,岗峦抱负,岩嶂森立。"记该地景色甚详。案《雍正通志》,华岩寺在府东五里。

寿圣院记
宋陆游撰。绍兴二十七年(1157)撰。

此碑已不存,文收入于《渭南文集》卷十七,《康熙绍兴府志(张志、王志、李志)》卷二三祠祀志五,《雍正浙江通志》卷二三一寺观六,《绍兴史迹风土丛谈》第二十册等。《越中金石目》卷下阙访存目作《云门寿圣院记》。案寺在会稽县东四十里。

云门寺诗　　1卷
不著撰者姓氏。

此书已佚。《宋史艺文志》卷七,《雍正浙江通志》卷二五四,《秘书省续编四库阙书目》卷一等著录。

云门广孝寺记
元虞集撰。

此碑已不存,《越中金石目》卷下阙访存目。文收入于《康熙绍兴府志(张志、俞志)》卷二三祠祀志五,《雍正浙江通志》卷二三一寺观六,《乾隆绍兴府志》卷七六金石志二补遗,《道光会稽县志稿》卷二三外志,《越郡诗赋题解》卷五,《绍兴史迹风土丛谈》第二十册等,《康熙绍兴府志(王志、李志)》卷二三祠祀志五均作《云门寺记》。撰者事迹参见《兰亭图》考录。

送觉恩上人归云门序

元戴表元撰。

此文收入于戴氏《剡源集》卷十四。

山阴恩慈院法华会记

元戴表元撰。

此文收入于戴氏《剡源集》卷四。

至大报恩接待院记

元韩性撰。泰定元年(1324)立。

此碑已不存,文收入于《越中金石记》卷八,《绍兴县志资料》第一辑第三册。《再续寰宇碑访录》卷下存目作《至大报恩接待寺记》。

至大教寺记

元韩性撰。泰定三年(1326)立。

此碑已不存,《雍正浙江通志》卷二五七碑碣三,《乾隆绍兴府志》卷七六金石志二补遗存目。文收入于《康熙山阴县志》卷十五祠祀志及《嘉庆山阴县志》卷二七碑刻,均作《绍兴路至大寺碑》。

修明觉院记

元韩性撰。

此碑已不存,文收入于《康熙绍兴府志(李志)》卷二三祠祀志五,《雍正浙江通志》卷二三一寺观六。此外,《康熙会稽县志》卷十六祠祀志下及《道光会稽县志稿》卷二三外志亦收入此文,但文题均作《修明觉宝掌寺记》,《雍正浙江通志》卷二五七碑碣三存目亦同。案《嘉泰会稽志》卷七:"明觉院在县东三十五里刺涪山,唐开元十八年建,……院颇幽绝可爱,院门下数诸峰,如柳州所谓林立四野者,入门石壁屹立,入夏凉爽如秋。"此处"县东"当是"县东南"之讹。

集善教寺记

元程文撰。

碑文俱不存,《雍正浙江通志》卷二五七碑碣三存目。撰者,徽州人,曾任礼部员外郎。

自云峰深居过普济清远楼记

明刘基撰。

此文收入于《诚意伯文集》卷五,《古今游名山记》卷十下,《绍兴史迹风土丛谈》第八册等。案普济为云门诸寺之一,《嘉泰会稽志》卷七云:"普济院在县东四十里,乾德元年卢文朗建。"此处"县东四十里"当系"县东南四十里"之讹。

发普济过明觉寺至深居记

明刘基撰。

此文收入于《诚意伯文集》卷五,《古今游名山记》卷十下,《绍兴史迹风土丛谈》第八册等,参见韩性《修明觉院记》考录。

深居精舍记

明刘基撰。

此文收入于《诚意伯文集》卷五,《古今游名山记》卷十下,《康熙会稽县志(王志)》卷三,《雍正浙江通志》卷二六〇艺文二,《绍兴史迹风土丛谈》第八册等。此文除记深居精舍外,并详述会稽山群峰,略云:"其外山曰秦望,其左山曰木禾,木禾视群山为最高,其前山曰鹅鼻峰,高与木禾等,峰顶大石突起,望之如鹅鼻,大海在鹅鼻东北,其上有秦碑,今亡之矣,鹅鼻北下小山曰望秦,秦望在望秦北,又北曰天柱,曰玉笥,又东北为阳明山,是为禹穴,其下惟湖。"

云门寺志

不著撰者姓氏。

此书已佚,仅见《鸣野山房书目》卷二史之十图书类著录。

云门寺记

明陆梦龙撰。

此碑已不存,《雍正浙江通志》卷二五七碑碣三存目,文收入于《道光会稽县志稿》

卷二三外志。撰者,字君启,山阴人,万历庚戌进士,《康熙会稽县志》卷二四人物志有传,又附于《明史》卷二四一《张问达传》。

云门名刹记

撰者及撰述年代不详。

此书已佚,清胡浚《会稽山赋》"葛岩夜雨而苔生"注引《云门名刹记》云:"云门有上眉、中眉、下眉三岙。"又"明觉印马蹄于石发"注引此记云:"灵峰寺在平水东北,山极高峻。"又"钟则平阳之珠阙"注引此记云:"云门六寺,其三曰显圣,旧在广孝寺左,明湛然禅师移建玉笥山阳,寺门有溪名清晓,岸上多植芙蓉。"案胡浚为康熙庚子举人,则所引此记必撰于清初或清初以前。

重修小能仁寺记

明张元忭撰。

此文不见,《康熙绍兴府志(李志)》卷二三祠祀志五引及。案《嘉庆山阴县志》卷二四:"小能仁寺在县西北三里,开宝六年观察使钱仪建,……明万历四年,道人李明性净桂如晓重修。"

舍青棘园为法堂记

明陶崇撰。天启六年(1626)撰。

此文不见,《乾隆绍兴府志》卷三地理志三曹山条引及。案青棘园在曹山之旁。

兴复大能仁寺因果记

明张岱撰。

此文收入于张氏《琅嬛文集》卷二。案《嘉庆山阴县志》卷二四:"大能仁寺在县南二里,本晋许询舍宅建。"

修大善寺塔碑

明张岱撰。

此碑已不存,文收入于《琅嬛文集》卷三。案《嘉泰会稽志》卷七:"大善寺在府东一里二百一十步,梁天监三年,民黄元宝舍地,钱氏女未嫁而死,遗言以奁中资建寺,僧澄贯主其役,未期年而成。"又案《雍正浙江通志》卷二三一寺观六引《嘉靖山阴县志》:"宋庆元三年,寺塔俱毁,明永乐元年募资重修。"故知张碑以前,大善塔已经重修,但无碑碣留传。

延庆寺纪略　　1 卷

寺释履平撰。

此书已佚。《雍正浙江通志》卷二五四经籍二十四著录。案《嘉泰会稽志》卷七："寺在府东南五里二百二十六步,唐大中十二年,台州刺史罗昭权舍宅建。"

显圣寺志　　16 卷

清赵甸撰。

此书今存。李慈铭《桃华圣解庵日记》同治八年十月初一日(《越缦堂日记》三函)云:"《云门显圣寺志》十卷,康熙初,邑人赵甸编。"《嘉庆山阴县志》卷十四乡贤二云:"赵甸,字璧云,诸生,甲申后,绝意进取,逍遥云门间,……尝修《显圣寺志》。"今《上海图书馆善本目录》卷二古迹之属有《云门显圣寺志》十六卷,顺治刻本,与《嘉庆志》所记吻合。浙江图书馆藏有雍正十三年宝岩寺续刊本十六卷,计 12 册。又一部为民国影钞宝岩寺本,合订成 3 册。李慈铭所见之本恐为宝岩寺本,而又将卷数误记为 10 卷。案《嘉泰会稽志》卷七:"显圣院在县南三十里,周显德二年于拯迷寺石壁峰前建看经院,乾德六年赐号云门,至道二年改今额,有王子敬笔仓。"撰者,字禹功,又字璧云,山阴诸生,《越中历代画人传》卷下有传。

重修平阳寺大殿募疏序

清毛奇龄撰。

此文收入于毛氏《西河合集》序十六。案序,平阳寺在会稽山麓平水镇附近,越王句践曾都于此。

偶山偶心寺志

清赵甸、章世法合辑。

此书,《八千卷楼书目》卷八史部地理类,威廉·施坚雅《浙江宁绍地区地方志目录》等著录,嘉庆十一年(1806)瑞芝堂刊本,今存。浙江图书馆有嘉庆抄本。案《嘉泰会稽志》卷七:"偶心寺在县东北四十五里,梁大同三年建。……在唐为名山,与云门、天衣埒。"辑者赵甸,参见《显圣寺志》考录;章世法,字宗之,会稽诸生,《道光会稽县志稿》卷十七人物儒林有传。

大能仁寺碑记

清姚陶撰。

此碑已不存,文收入于《康熙绍兴府志(王志、俞志)》卷二三祠祀志五,《嘉庆山阴县志》卷二四寺观,《绍兴史迹风土丛谈》第二十四册。案《嘉泰会稽志》卷七:"大能仁禅寺在府南二里一百四步,本晋许询舍宅。"撰者,字次耕,康熙时会稽人,《道光会稽县志稿》卷十八人物宦迹有传。

越王峥创置寺田碑记

清毛奇龄撰。

此碑已不存,文收入于毛氏《西河合集》碑记二。文略云:"越王峥者,越王保栖会稽地也,其地在山阴东偏。"案《越绝书》卷五:"昔者,越王句践与吴王夫差战,大败,保栖于会稽山上。"所指即此。

越王峥欧兜尊者道场铭

清胡天游撰。

此文收入于胡氏《石笥山房文集》卷四,《嘉庆山阴县志》卷二八艺文上。案《嘉庆志》卷三越王山条:"即越王峥,在县西南一百二十里,句践栖兵于此,又名栖山,有走马冈、伏兵路、洗马池、支更楼故址。"毛奇龄《越王峥创置寺田碑记》云:"至正间,有欧兜禅师从钱唐来。"所指即此。案欧兜,元至正间人,《嘉庆山阴县志》卷十八艺术释老有传。

创建羊山石佛寺大悲殿碑记

清毛奇龄撰。

此碑已不存,文收入于毛氏《西河合集》碑记六。记略云:"越有二石佛,一柯山,一羊山也。"案羊山在郡城北,属山阴县,参见《羊山祖居记》考录。

重建赏枋戒定寺址碑记

清毛奇龄撰。

此碑已不存,文收入于毛氏《西河合集》碑记一。案赏枋在郡城北,距柯桥三里。

宗镜禅林记

清石调声撰。

此文不见，《嘉庆山阴县志》卷二四寺观引及。案宗镜禅林在县治西，距城五里。撰者，据《雍正浙江通志》卷一二二职官所载，康熙十一年任汉军右翼副都统，康熙十四年任提督总兵官，则此文当撰于康熙年代。

大善寺志稿　　1 卷

清沈复粲纂。道光十七年（1837）纂

此书，《鸣野山房书目》宗稷辰《沈霞西墓表》附录、《霞西先生藏稿目》著录。书未刊，今有抄本 1 册，藏绍兴鲁迅图书馆。卷首沈复粲记云："卐生和尚，大善寺主僧也。修浮图已，复修殿宇。以其寺不可无志，适余亲诣寺作佛事，和尚以此稿见委，为书所见于左。时道光丁酉初夏。"案《雍正浙江通志》卷二三一寺观六引《於越新编》："大善寺在府东一里，有七级浮图。"

募修大善寺三门疏

明陶奭龄撰。

此文收入于沈复粲《大善寺志稿》。撰者，字君奭，号石梁，万历间会稽县人，《康熙会稽县志（王志）》卷二二有传，又《全浙诗话》卷三四记其行迹。

大善寺塔赋并序

清胡来撰。

此文收入于《大善寺志稿》。

大善寺西方殿碑记

清刘枟撰。顺治九年（1652）撰。

此碑已不存，文收入于《大善寺志稿》。撰者，顺治时任绍兴知府。

重修大善寺记

清王熙撰。康熙三十六年（1697）撰。

此文收入于《大善寺志稿》。撰者，直隶宛平人，时任礼部尚书。

募修大善塔引

清妙参撰。道光十一年（1831）撰。

此文收入于《大善寺志稿》。撰者为寺释。

大善寺募修宝塔引

清妙参撰。道光十年（1830）撰。

此文收入于《大善寺志稿》。

塔山应天寺宝林寺考

清平步青撰。

此文收入于《樵隐昔寱》卷二。文略云："塔山，《吴越春秋》名怪山，为越城八山之一。上有应天寺，俗呼塔曰应天塔。"

塔山及应天塔宝林寺考

清钱伯华辑。

此文收入于《绍兴史迹风土丛谈》第九册。《嘉泰会稽志》卷十八拾遗云："应天塔，今报恩寺浮图也。"《宝庆会稽续志》卷三寺院云："报恩光孝禅寺在府南龟山，龟山一名飞来山，寺初名宝林，……乾符元年再建，又改为应天。……有塔高二十三丈，随寺额以应天名。"

戒珠寺

清张钜撰。

此文，《绍兴史迹风土丛谈》第二十三册从张氏《半窝日记》收辑。案《嘉泰会稽志》卷七："戒珠寺在府东北六里四十七步蕺山之南，本晋右将军王羲之故宅，或曰其别业也，门外有二池，曰鹅池、墨池，其为寺不知所始。"《宝庆会稽续志》卷兰云："戒珠寺在府东北，旧志记载颇疏略，如寺初名昌安，大中六年改戒珠寺，皆不登载。"

华岩寺考

清钱伯华辑。

此文收入于《绍兴史迹风土丛谈》第十册。案《嘉泰会稽志》卷七："华岩寺在府东五里。"

重修澄心寺碑记

清杜莲衢撰。道光二十八年（1848）撰。

此文收入于《杜莲衢杂著·甲寅乙卯稿》。记略云："东关澄心古刹，相传建于唐代。"

下方寺志

辑者不详。

天一阁藏残抄本《绍兴掌故琐记》第十五叶云:"《下方寺志》:余煌《跋三元云卧额》云:寺负山面流,奇石镵削,梧竹蓊郁,为山阴第一名刹。"书既收余煌跋,则必辑于清代。书今不见。

卧龙山文星观碑铭并序

清宗稷辰撰。

此文收入于《续仓帝庙志》第一至二页。案文星观在卧龙山北麓。

十四　庙宇类

祭禹庙文

南北朝宋谢惠连撰。

此文收入于《嘉泰会稽志》卷二〇古诗文,《雍正浙江通志》卷二二一祠祀志五。《嘉泰会稽志》卷六祠庙会稽县下云:"禹庙在县东南一十二里,……禹陵旧在庙傍。"又山阴县下云:"涂山禹庙在县西北四十五里。"谢丈不言庙在何处。案会稽县禹庙《嘉泰志》云:"梁时修庙",故谢氏时尚无此庙;山阴县涂山禹庙则《嘉泰志》未言建于何时。故谢文所指何庙,不得而知。撰者,谢灵运族弟,事迹附于《宋书》卷五三《谢方明传》。

复禹衮冕并修庙记

唐崔及撰。元和三年(808)立。

碑文均佚。《舆地纪胜》卷十绍兴府云:"元和三年十月立,碑阴有薛苹祈雨唱和诗凡十七首。"《嘉泰会稽志》卷十六碑刻,《雍正浙江通志》卷二五七碑碣三,《乾隆绍兴府志》卷七六金石志二,《越中金石目》卷下阙访等存目。

题禹庙壁

宋刘彝撰。皇祐二年(1050)撰。

　　此文收入于《会稽掇英总集》卷二〇。撰者,字执中,福建人,曾知处州府,《宋史》卷三三四有传。

禹庙碑

　　宋施宿立。

　　此碑已不存,文亦佚。《乾隆长兴县志》卷八人物志循吏施宿传云:"通判会稽军,作《会稽志》,刻《禹庙碑》。"

绍兴路重修禹庙记

　　元韩性撰。泰定元年(1324)立。

　　碑文俱佚。《雍正浙江通志》卷二五七碑碣三,《乾隆绍兴府志》卷七六金石志二存目。

敕修夏禹王陵庙碑记

　　清李绂撰。乾隆二年(1737)撰。

　　此碑已不存,文收入于《嘉庆山阴县志》卷二一坛庙。文记乾隆二年修禹陵及禹庙事。案此禹庙在禹陵,据《嘉泰会稽志》卷六,修于南北朝梁时。清阮元《大禹陵庙碑》则云:"陵之有庙,其来已古。"案今本《汉书地理志》:"山阴,会稽山在南,有禹冢禹井。"但别本则作"有禹井禹祠。"阮元所引,即是此本。此"禹祠"是否即禹庙前身,存疑。

大禹陵庙碑

　　清阮元撰。嘉庆六年(1801)撰。

　　此碑已不存,文收入于《嘉庆山阴县志》卷二一坛庙。参见《敕修夏禹王陵庙碑记》考录。

大禹陵庙碑

　　清觉罗百善撰。嘉庆六年(1801)撰。

　　此碑已不存,文收入于《嘉庆山阴县志》卷二一坛庙。文记庚申,辛西二载修庙事。撰者,绍兴知府。

大禹陵庙重修记

　　清宗稷辰撰。咸丰四年(1854)撰。

此文收入于《绍兴史迹风土丛谈》第十四册。此为嘉庆以后之又一次重修。

重修大禹庙碑记

清熊起磻撰。光绪二十六年（1900）撰。

此碑已不存，文收入于《绍兴史迹风土丛谈》第十四册。此为咸丰以后又一次重修。撰者，字再青，江西新建人，时知绍兴府。

会稽禹庙窆石考

鲁迅撰。

此文据1978年9月29日《文汇报》所载《鲁迅十八篇未发表文稿新近发现》一文录入。

修南镇庙记

宋王资深撰。崇宁四年（1105）立。

此碑已不存。《雍正浙江通志》卷二五七碑碣三，《乾隆绍兴府志》卷七六金石志二等存目。文收入于《万历会稽县志》卷十三祠祀志上，《康熙会稽县志（王志）》卷十四祠祀志上。案唐杜光廷《五镇海渎记》（《古今游名山记》总录类考）云："南镇会稽山永兴公，在越州。"《嘉泰会稽志》卷六云："南镇庙在县南一十三里，《周礼职方》：扬州之镇山曰会稽，隋开皇十四年诏南镇会稽山，就山立祠，取其旁巫一人主洒扫，且命多莳松柏。天宝十载，封会稽山为永兴公，岁一祭，南郊迎气日。"撰者，字取道，山阳人，崇宁四年知越州军。

南镇庙记

撰者不详。大德二年（1298）撰。

此碑已不存，文收入于《嘉庆山阴县志》卷二七、碑刻。

重修南镇庙碑

元邓文原撰。皇庆元年（1312）立。

此碑已不存。《两浙金石志》卷十五及《寰宇碑访录》卷十一存目。文收入于《越中金石记》卷七，《绍兴县志资料》第一辑第四册。《万历会稽县志》卷十三祠祀上，《雍正浙江通志》卷二五七碑碣三，《道光会稽县志稿》卷十四亦收入此文，但题作《修南镇庙记》。撰者，字善之，绵州人，流寓杭州，元武宗时任江浙儒学提举司，《元史》卷一七二有传。

南镇降香之记

元韩性撰。延祐七年(1320)撰。

此碑已不存,文收入于《雍正山阴县志》卷二七碑刻。

南镇庙置田记

元韩性撰。泰定三年(1326)撰。

此碑已不存,文收入于《雍正山阴县志》卷二七碑刻,《绍兴县志资料》第一辑第四册。《寰字碑访录》卷十二存目作《南镇庙官田记》。

祭南镇昭德顺王碑

元周顺荣记。致和元年(1328)立。

此碑已不存。《两浙金石志》卷十六存目。《寰宇碑访录》卷十二存目作《致祭南镇昭德顺应王文》。

祀南镇记

撰人不详。元统三年(1335)立。

此碑已不存,文收入于《嘉庆山阴县志》卷二七碑刻。《寰宇碑访录》卷十二存目作《代祀南镇记》。

祀南镇记

元乌马儿撰。后至元二年(1336)立。

此碑已不存,文收入于《嘉庆山阴县志》卷二七碑刻,《绍兴县志资料》第一辑第四册。撰者系国史院编修,元仁宗时任江浙行省平章政事。

祀南镇记

撰人不详。后至元三年(1337)立。

此碑已不存,文收入于《嘉庆山阴县志》卷二七碑刻。

祀南镇记

元揭傒斯撰。后至元五年(1339)立。

此碑已不存,文收入于《嘉庆山阴县志》卷二七碑刻,《绍兴县志资料》第一辑第四册。撰者,字曼硕,系集贤直学士,《元史》卷一八一有传。

重修南镇庙碑

元贡师泰撰。至正四年（1344）立。

此碑已不存，文收入于《嘉庆山阴县志》卷二七碑刻，《绍兴县志资料》第一辑第四册。撰者，字泰甫，宣城人，曾任绍兴路总管府推官，《元史》卷一八七有传。

南镇庙敕祀记。

明张本撰。洪武二年（1369）立。

此碑已不存。《雍正浙江通志》卷二五七碑碣三存目。文收入于《康熙绍兴府志（张志、俞志）》卷十九祠祀志一，《万历会稽县志》卷十三祠祀上，《康熙会稽县志（王志）》卷十四祠祀上。

曹娥庙加封告祠文

撰者不详。

此文撰于宋政和间，收入于《宝庆会稽续志》卷三。案《续志》昭顺灵孝夫人庙条记及："政和五年十一月，以高丽遣使入贡经从，适值小汛，严祭借潮，即获感应，丽人有请，加封灵孝昭顺夫人"云云。

与陆会稽修曹娥旌忠庙

宋王十朋撰。

此文收入于《梅溪集》卷二二。

曹江孝女庙志　　10 卷

明诸万里编。万历四十七年（1619）编。

此书已佚。《千顷堂目》卷八史部地理类下，《雍正浙江通志》卷二五四经籍十四，《曹娥江志》卷二书目，威廉·施坚雅《浙江宁绍地区地方志目录》等著录。万历四十七年刊本。《郑堂读书记》卷二二史部八沈志礼《曹江孝女庙志》案云："庙旧有志，湮没已久。"当指此志而言。案孝女庙在郡城东 70 里曹娥镇。

曹江孝女庙志

清印绘初编，张罡续纂。

此书，《雍正浙江通志》卷二五四经籍十四著录。《四库提要》卷六〇史部十六云：

"印文学君索初编,张明经㠻纂,俱未成。"则此书纂而未成。《雍正志》将此书未成稿与沈志礼《曹江孝女庙志》作为一书,殊嫌混淆,参见沈志礼《曹江孝女庙志》考录。印、张均越郡人。

曹江孝女庙志　　　10 卷

清沈志礼辑。

此书,《四库提要》卷六〇史部十六传记类,威廉·施坚雅《浙江宁绍地区地方志目录》等著录。康熙慎德堂刊本,今存。《郑堂读书记》卷二二史部八云:"宋元祐八年,即其墓侧建庙,庙旧有志,湮没已久,范先因博采一统舆图于省郡邑志诸编,辑成是编。"辑者,字范先,会稽人,曾官广东按察使。

曹江孝女庙志　　　10 卷

清夏煜辑。

此书不见。《稽瑞楼书目》著录。辑者事迹不详。

曹娥孝女庙志　　　8 卷　　　首末各 1 卷、附图。

清金廷栋辑。

此书,《八千卷楼书目》卷八史部地理类,威廉·施坚雅《浙江宁绍地区地方志目录》等著录。《清朝续文献通考》卷二六七经籍十一著录作《曹江孝娥庙志》。今有嘉庆十三年深柳书屋刊本及光绪八年刊本。辑者,山阴人,但浙江图书馆所藏抄本一册,题仁和金廷栋编辑。

曹娥庙志　　　5 卷

清朱文藻纂。

此书不见。《民国杭州府志》卷八七著录。

重修城隍庙记

吴越钱镠撰。梁开平二年(908)撰。

此碑已不存。顾炎武《金石文字记》卷五存目作《镇东墙王庙记》,并云:"今在绍兴府卧龙山西冈上城隍庙中。"《乾隆绍兴府志》卷三六祠祀志一存目,《两浙金石志》卷四存目作《重修墙隍神庙兼奏进崇福侯记》。文收入于《雍正浙江通志》卷二二一祠祀志五。《越中金石记》卷一及《潜研堂金石文字目录》卷三作《崇福侯庙记》,《绍兴县志资料》第一辑第三册所收与《越中金石记》同。案《宝庆会稽续志》卷三祠庙云："城隍显宁庙在卧龙山之西南,神州牧庞玉也,自唐初立祠于此,有梁开平武辰吴越钱王《重修墙隍神庙记》,墙隍即城隍也,武辰即戊辰也,避朱梁讳故以墙代城,以武代戊。"《嘉泰会稽志》卷六云:"城隍显宁庙在子城内卧龙山之西南,自昔记载皆云神姓庞讳玉,……梁开平二年,吴越武肃王上其事封崇福侯。"

越州新修城隍庙记

宋吴颐撰,绍圣五年(1098)撰。

此文原刻于吴越《崇福侯庙记》碑阴,今碑已不存,文收入于《越中金石记》卷三,《绍兴县志资料》第一辑第三册。《乾隆绍兴府志》卷七六金石志二,《两浙金石志》卷七等存目。案城隍庙在卧龙山上。撰者,萧山县主簿。

会稽县城隍庙记

明汪应轸撰。

此碑已不存,《雍正浙江通志》卷二五七碑碣三存目。文收入于《万历会稽县志》卷十三祠祀志上,《康熙绍兴府志(王志)》卷十四祠祀志上,《道光会稽县志稿》卷十四祠祀。撰者,字子宿,山阴人,正德丁丑进士,《明史》卷二〇八有传,《全浙诗话》卷三二记其行迹。

重建城隍庙记

明萧良干撰。

此碑已不存,文收入于《康熙绍兴府志(俞志)》卷十九祠祀志一,《嘉庆山阴县志》卷二一坛庙。

修汉太守马君庙记

唐韦瓘撰。元和十二年(817)撰。

此碑已不存,《越中金石目》卷下阙访存目。文收入于《会稽掇英总集》卷十八。案《嘉泰会稽志》卷六,马太守庙有2处,一在会稽县东南3里80步,一在山阴县西64里。韦记当指前者。撰者,《新唐书》卷一六二有传。

灵济庙碑

清胡天游撰。

此碑已不存,文收入于《石笥山房文集》卷四,《嘉庆山阴县志》卷二八艺文上。文记山、会、萧三县水利,自后汉马臻筑鉴湖,并唐皇甫政、明戴琥事迹,并记三江闸及沿海塘闸水利甚详。案灵济庙在郡城北三江城,灵济侯指明知府三江闸创建人汤绍恩。

三江司闸正神庙碑记

清顾元揆撰。

此碑已不存,文收入于《嘉庆山阴县志》卷二一坛庙。撰者,字端卿,元和人,乾隆甲子举人,乾隆三十九年南塘通判,《光绪苏州府志》卷九〇人物十七有传。

三江闸正神莫龙庙碑

清顾元龙撰。

此碑已不存,文收入于《闸务全书续刻》卷一。案莫龙事甚荒诞,清陈和撰《程鹤翥传》(《江城文献》儒林六)云:"但轻信讹传,载入莫龙姓名,以滋众惑,为少疏耳。"

陶朱公庙碑

宋吴处厚撰。

此碑已不存,文收入于《会稽掇英总集》卷十七。撰者,邵武人,字伯固,皇祐进士,《宋史》卷四七一有传。

大夫种庙碑

清胡天游撰。

此碑已不存,文收入于《石笥山房文集》卷四。

郑太尉庙诗序

宋华镇撰。

此文收入于《雍正浙江通志》卷二二一祠祀志五。案郑太尉即汉郑弘。《嘉泰会稽志》卷六云:"郑太尉庙在县南一十五里,庙下即樵风泾也。"

吴越国武肃王庙碑

五代皮光业撰。

此碑已不存。《嘉泰会稽志》卷六,《越中金石目》卷下阙访存目。文收入于《会稽掇英总集》卷十七,《十国春秋》吴越二武肃王世家下。清钱大昕《十驾斋养新录》卷十五吴越钱武肃王碑云："《会稽志》，吴越钱武肃王碑在府南四十三里六十步，有巨碑，旧在庑下，今乃立荒园中，皮光业之词也，具载唐长兴七年，吴越王弃宫馆后二年，嗣王建庙于越。"撰者，字文通，竟陵人，唐诗人皮日休之子，天福二年任吴越丞相，《十国春秋》卷八六吴越十有传。

唐将军庙祭文

宋傅崧卿撰。

此文收入于《万历绍兴府志》卷十九祠祀志二，《乾隆绍兴府志》卷三六祠祀志一，《道光会稽县志稿》卷十四祠祀。案《嘉泰会稽志》卷六："旌忠庙在府南三里二百六十步。"《康熙会稽县志》卷首有此庙全图。此庙祀宋抗金义士唐琦。《宋史》卷四四八有传。

重修朱太守庙记

元韩性撰。至元五年（1339）撰。

此碑已不存，文收入于《越中金石记》卷九，《绍兴县志资料》第一辑第三册。案庙在昌安门外。

徐相公庙碑

明陈尧弼记。

此碑已不存。《雍正浙江通志》卷二五七碑碣三存目，文收入于《万历会稽县志》卷十三祠祀上，《康熙绍兴府志（张志）》卷十九祠祀志一。撰者，字秉均，大理人，弘治三年会稽知县。

徐相公庙碑

明徐渭撰。

此碑已不存，文收入于《徐文长文集》卷二五，《万历绍兴府志》卷十九祠祀志一，《康熙绍兴府志（张志、李志）》卷十九祠祀志一，《雍正浙江通志》卷二二一祠祀五，《道光会稽县志稿》卷十四祠祀。

与江山阴修愍孝庙

宋王十朋撰。

此文收入于《梅溪集》卷二二。

重建仓帝庙碑记

明郑一麟撰。

此碑已不存,文亦佚。《嘉庆山阴县志》卷二一坛庙云:"古仓帝庙在卧龙山之西,即古西园地,旧有仓帝祠,祠之旁文昌祠附焉,明山西按察使郑一麟重建,有碑记。"撰者,山阴籍上虞人,万历五年进士。

灵应庙碑

不著撰人姓氏。会昌元年(841)立。

碑文俱佚。《舆地纪胜》卷十两浙东路绍兴府碑记及《嘉泰会稽志》卷十六碑刻存目。

越州显宁庙昭祐公牒

绍兴五年(1135)立。

碑文俱不存,《潜研堂金石文字目录》卷六存目。碑原在绍兴府上城隍庙。《潜研堂金石文跋尾》卷五作《越州城隍庙牒》。《补寰宇碑访录》卷四存目作《显宁庙牒》,绍熙元年立。

显宁庙尚书省牒

绍兴五年(1135)立。

碑文俱不存。《潜研堂金石文字目录》卷六存目。

重修显宁庙碑

元冯子振撰。泰定三年(1326)立。

此碑已不存,文收入于《越中金石记》卷八,《绍兴县志资料》第一辑第三册。

绍兴路重建旌忠庙记

元夏泰亨记。至正七年(1347)立。

碑文俱不存,《两浙金石志》卷十七存目。《补寰宇碑访录》卷五存目作《旌忠庙记》。撰者,宜城人,绍兴路儒学教授。

显宁庙记

明季本撰。

此碑已不存,《雍正浙江通志》卷二五七碑碣三存目,文收入于《万历绍兴府志》卷十九祠祀志一,《康熙绍兴府志(张志、俞志)》卷十九祠祀志一,《康熙会稽县志(吕志、王志)》卷十四祠祀志上,《道光会稽县志稿》卷十四祠祀。案显宁庙在郡东南攒宫。

伯益庙纪略

明萧鸣凤撰。

此文收入于《嘉庆山阴县志》卷二一坛庙。参见《稽山大王庙》考录。撰者,字子雝,山阴人,《明史》卷二〇八有传。

太平庙碑记

清余应霖撰。

此碑已不存,文亦不见。《嘉庆山阴县志》卷二一坛庙云:"太平庙在县西四十六里太平桥北,余应霖有记。"撰者,字澍生,山阴人,康熙癸丑进士,《嘉庆山阴县志》卷十五乡贤三有传。

乌龙庙碑记

明王泮撰。

此碑已不存,文收入于《嘉庆山阴县志》卷二一坛庙。案乌龙庙在郡城内火珠巷。撰者,字宗鲁,山阴人,嘉靖乙丑进士,《嘉庆山阴县志》卷十四乡贤二有传。

肇兴庙碑记

清傅王露撰。

此碑已不存,文收入于《嘉庆山阴县志》卷二一坛庙。案肇兴庙在郡城内大善寺。撰者,字晴溪,号玉笋,山阴人,康熙乙未进士,曾主纂《康熙浙江通志》。《全浙诗话》卷四五及《道光会稽县志稿》卷十九文苑有传。

仓帝庙志

清刘正谊编。

此书,民国二十五年(1936)铅印本,今存。卷首有王世裕序。案仓帝庙在卧龙山北麓,祀仓颉,与龙山诗巢同址。编者,字戒谋,山阴贡生,《全浙诗话》卷四五有传。

东岳庙神马将军传略

不著撰者姓氏。

此文收入于《嘉庆山阴县志》卷二一坛庙。

柳姑庙考

清俞永思撰。

此文收入于《嘉庆山阴县志》卷二一坛庙。《嘉泰会稽志》卷六祠庙云："柳姑庙在县西一十里湖桑埭,前临镜湖,盖湖山胜绝处也。"

稽山大王庙记

撰者不详。

此文已佚。《康熙山阴县志》卷十六祠祀志三稽山大王庙云："明萧鸣凤读书处,有记。"案庙在县西15里。《绍兴史迹风土丛谈》第二册云："稽山大王,盖伯益也。"

会稽县重建社坛记

宋陆游撰。

此文收入于《康熙绍兴府志(张志、李志、俞志)》卷十九祠祀志一,《雍正浙江通志》卷二二一祠祀志五。《乾隆绍兴府志》卷三六祠祀志一著录。

社坛碑记

清李铎撰。康熙二十八年(1689)撰。

此碑已不存,文收入于《康熙绍兴府志(李志)》卷十九祠祀志一。

望江楼社庙志略

清刘秉鋆撰。光绪二十三年(1897)撰。

此文收入于《水澄刘氏家谱》卷十二。文略云："按吾越笔飞分社暨关帝庙,坐落古望江楼,创自前明。"

上社庙田碑记

清陶及申撰。

此文收入于《筠厂文选》(《越中文献辑存书》卷十)。文略云："山阴小蓬莱陈君毁光先创公田于上社庙,……西望鞍山,南瞰三江,东北襟大海,亦尘埃中一清都也。"

会稽县重建大成殿记

元韩性撰。至顺元年(1330)撰。

碑文俱不存。《乾隆绍兴府志》卷七六金石志二存目。

妙喜庵序

宋蒋希鲁撰。

此文已佚。《嘉泰会稽志》卷十八云:"妙喜庵,蒋希鲁序云:闰公越之大士,于鉴湖中得唐妙喜庵遗址,结茅而居之。"则庵在鉴湖中。《嘉泰志》卷十八又云:"昔唐刺史李逊记云:云霞草树,横在一目,即其地也。予遂以昔寺名其庵云。"则妙喜庵即故妙喜寺。参见《游妙喜寺记》考录。

慎独先生损庵记

元戴良撰。至正二十六年(1366)撰。

此文收入于《会稽偁山章氏家乘汇集》卷六。案损庵在偁山,系章元善故居。

慎独先生损庵记后

明邵镏师撰。正统四年(1439)撰。

此文收入于《会稽偁山章氏家乘汇集》卷六。撰者,山阳人。

静庵记

明王英撰。

此文收入于《会稽偁山章氏家乘汇集》卷六。案静庵在偁山章氏故居。

万窠庵记

明祁熊佳撰。

此文不见,《嘉庆山阴县志》卷二四寺观引及。案庵在郡城北40里齐贤里蓬莱山北。撰者,字文载,崇祯十三年进士,《嘉庆山阴县志》巷十四乡贤二有传。

六度庵记

明王璗撰。

此文收入于《康熙山阴县志》卷十六裀祀志三,《嘉庆山阴县志》卷二四寺观。案庵在郡城北 30 里巫山乡王相桥北。撰者,字子安,别号石衲,会稽人,崇祯癸酉进士,《江城文献》有传。

山阴上方山长生庵碑记

清毛奇龄撰。

此碑已不存,文收入于毛氏《西河合集》碑记一。案上方山在郡城北 30 里。

大树庵记

清单国骥撰。

此文收入于《康熙山阴县志》卷十六祠祀志三,《嘉庆山阴县志》卷二四寺观。案大树庵在郡城北 10 里大树港之浒。撰者,山阴人,康熙禀生。

十五　祠堂类

王右军祠堂记

唐王师乾撰。

此碑已不存,《嘉泰会稽志》卷十六碑刻,《雍正浙江通志》卷二五七碑碣三等存目。此文收入于《会稽掇英总集》卷十七。《乾隆绍兴府志》卷七六金石志二引《诸道石刻录》云:"唐王右军祠碑从十一代孙师乾撰,无书人名。"

吊王右军宅文并序

宋钱公辅撰。

此文收入于《会稽掇英总集》卷十三。《嘉泰会稽志》卷十三古第宅云:"王羲之宅在山阴县东北六里,旧传戒珠寺是也,《旧经》云:羲之别业,有养鹅池、洗砚池、题扇桥存焉。今寺有右军祠堂。"撰者事迹参见《游小隐山叙》考录。

会稽山南镇永兴公祠堂碣

唐羊士谔撰。贞元元年(785)立。

此碑已不存。《嘉泰会稽志》卷十六碑刻,《乾隆绍兴府志》卷七六金石志二,《越中金石目》卷下阙访等存目。文收入于《会稽掇英总集》卷十七,《道光会稽县志稿》卷十四祠祀。撰者,泰山人,贞元进士,曾为元稹幕府。

建南镇碣记

唐孟简撰。元和十年(815)立。

此碑已不存,《舆地纪胜》卷十,《雍正浙江通志》卷二五七碑碣三等存目。文收入于《会稽掇英总集》卷十八。唐杜光廷《五镇海渎记》(《古今游名山记》卷首,总录类考)云:"南镇会稽山,永兴公在越州。"明薛应旗《会稽山志》(《古今游名山记》卷十下)云:"唐开元十年,封会稽山为南镇永兴公。"撰者,字几道,德州平昌人,元和九年至十二年越州刺史,《旧唐书》卷一六三,《新唐书》卷一六〇有传。

董昌生祠记

不著撰者姓氏。景福元年(892)立。

此文原刻于郡城内天王寺后戬山摩崖,收入于《越中金石记》卷一,《绍兴县志资料》第一辑第三册。《两浙金石志》卷三存目。案董昌,杭州临安人,光启二年至乾宁二年越州刺史,《新唐书》卷二二五下有传。

越州请立程给事祠堂状

宋秦观撰。

此文收入于秦氏《淮海后集》卷六。程给事指知州程师孟,其文述越州山川甚悉,文略云:"浙水之东七州,独越为都会,凡七州之军事督焉。其地西带江,北被海,多雄山杰泽,有桑麻鱼稻藤莼竹箭之饶,土沃而流,水清而不迫。"

灵济侯祠记

撰者及撰述年代不详。

此碑立于宋代,今已不存,《越中金石录》存目。

越帅沈公遘生祠堂记

宋沈绅撰。

此碑已不存,文收入于《会稽掇英总集》卷十九。《越中金石目》卷下阙访存目。《嘉泰会稽志》卷十八拾遗引及此文,但题作《越帅沈公生祠记》。文记嘉祐六年知州沈遘办越州新学事。案沈遘,字文通,钱塘人,《宋史》卷三三一有传。撰者事迹参见《山阴县朱储斗门记》考录。

三贤祠并序

宋王十朋撰。

此文收入于《嘉庆山阴县志》卷二八艺文下。案三贤指吴孜常、唐琦、蔡定。

重修刘忠显公祠堂记

宋史浩撰。乾道五年(1169)立。

此碑已不存,文收入于《嘉泰会稽志》卷十三。《雍正浙江通志》卷二五七碑碣三引《弘治绍兴府志》作"乾道丁丑七月史浩述"。"丁丑"当系"己丑"之误。案刘忠显公指宣和知州刘韐。

尹朱二先生祠堂记

宋刘宰撰。绍定三年(1230)立。

此碑已不存。文收入于《越中金石记》卷四,《绍兴县志资料》第一辑第四册。撰者事迹参见《钱清盐场厅壁记》考录。

宣慰使陈公祠堂记

元俞浙撰。大德四年(1300)立。

此碑已不存,文亦佚。《再续寰宇碑访录》卷下存目。

重修曹娥祠碑记

元韩性撰。

碑文俱不存,《乾隆绍兴府志》卷七六金石志二补遗存目。

王妇祠记

元李孝光撰,泰不华篆书。至治□年立。

此碑已不存,《再续寰宇碑访录》卷下存目,《寒山堂金石林时地考》卷下存目作《王节妇碑》,《雍正浙江通志》卷二五七碑碣三据《弘治绍兴府志》亦作《王节妇碑》,在府学戟门右庑墙壁西南。《雍正浙江通志》卷二二一祠祀五王烈妇祠云:"在清风岭,烈妇临海人,宋末为元帅所劫,乃啮血写诗山石上,投崖下死。"《越游便览》第70至71页,清风岭王烈妇祠记其诗云:"君王无道妾当灾,弃女抛男逐马来,岐路不知何日尽,孤身料得几时回,两行清泪频偷下,一片愁眉锁不开,回首故山看渐远,存亡二字实哀哉。"案清风岭在嵊县境内,但碑在郡城,故仍录入。

铜井龙祠记

元高文秀撰。至元五年(1339)立,正德十二年(1517)重刻。

此碑原在山阴铜井山龙王殿,今已不存。文收入于《越中金石记》卷九,《绍兴县志资料》第一辑第三册。撰者,山阴县尹。

刘太守祠碑记

明王华撰。

此碑已不存,文收入于《康熙绍兴府志(张志、俞志)》卷二一祠祀志三,《乾隆绍兴府志》卷三七祠祀志二。《康熙山阴县志》卷十四祠祀志亦收入,但题作《刘太守生祠记》。据《乾隆绍兴府志》,祠在府城隍庙西。刘太守指明绍兴知府刘麟。案明季绍兴知府弘治十八年任及正德三年任均名刘麟,此指正德三年任,字元瑞,安仁人。

越王祠记

明蔡宗充撰。

此文收入于《康熙山阴县志》卷十四祠祀志一,《雍正山阴县志》卷十四祠祀志一。《嘉庆山阴县志》卷二一坛庙云:"越王祠,祀越王句践,在府西北二里。"撰者,字希渊,山阴人,正德丁丑进士,《雍正浙江通志》卷一七六人物五儒林中有传。

告阳明祠文

明薛应旂撰。嘉靖三十一年(1552)撰。

此文不见。《雍正浙江通志》卷二二一祠祀五引及。

陈侯祠碑记

明诸大绶撰。嘉靖四十四年(1565)立。

此碑已不存,文收入于《嘉庆山阴县志》卷二一坛庙。庙系邑人建祀明山阴知县陈懋观。撰者,字端甫,号南明,山阴人,嘉靖丙辰状元。

徐侯祠碑记

明张元忭撰。

此碑已不存,文收入于《康熙绍兴府志(张志、俞志)》卷二一祠祀志三,《嘉庆山阴县志》卷二一坛庙。案祠在郡城迎恩门外,祀明山阴知县徐贞明。

景贤祠记

明张元忭撰。

此文收入于《康熙绍兴府志(俞志)》卷二一祠祀志三,《康熙会稽县志》卷十四祠祀志上,《道光会稽县志稿》卷十四祠祀。《雍正浙江通志》卷二二一祠祀五著录。案景贤祠祀明乡贤季本,参见《季先生祠堂碑》考录。

庞公祠记

明张元忭撰。

此文收入于《康熙绍兴府志(张志、俞志)》卷二一祠祀志三,《嘉庆山阴县志》卷二一坛庙,《道光会稽县志稿》卷十四祠祀。案祠在郡城府学西,祀明巡按御史庞尚鹏。

会稽吴侯生祠碑

明徐渭撰。

此碑已不存,文收入于《徐文长文集》卷二五,《雍正浙江通志》卷二六六艺文六亦收入此文,但题作《会稽典史吴侯生祠碑》。案吴侯指会稽典史吴成器,休宁人。

季先生祠堂碑

明徐渭撰。

此碑已不存,文收入于《徐文长文集》卷二五,《雍正浙江通志》卷二六六艺文六,《嘉庆山阴县志》卷二八艺文上。季先生指明进士季本,字明德,会稽人。

忠烈祠记

明雷礼撰。

此碑已不存,文收入于《嘉庆山阴县志》卷二一坛庙。《雍正浙江通志》卷二五七碑碣存目。案祠祀明右副都御史孙燧。撰者,丰城人,字必进,嘉靖进士,事迹参见《四库大辞典》一一九七。

尹和靖先生祠记

明临海赵渊记。

此碑已不存,文收入于《万历会稽县志》卷十三祠祀上,《道光会稽县志稿》卷十四祠祀。《雍正浙江通志》卷二五七碑碣三存目。案祠在郡城内舍子桥下古小学内。

龙山文帝祠募疏

明张岱撰。

此文收入于《琅嬛文集》卷二。

萧公祠祀

清朱起蛟撰。

此文收入于《康熙山阴县志》卷十四祠祀志,《嘉庆山阴县志》卷二一坛庙。祠祀顺治浙江巡抚萧起元。撰者,顺治山阴诸生。

下方桥陈氏祠堂记

清陈惟中撰。康熙十九年(1680)撰。

此文收入于《下方桥陈氏宗谱》卷一。文述羊山一带形势甚悉,略云:"越城西北三十里,羊山在焉,广可数百亩,高不过二十丈,昔范大夫凿此山之石以城会稽,故今称蠡城云云。"

忠贞讲院碑记

清王掞撰。康熙二十四年(1685)撰。

此碑已不存,文收入于《嘉庆山阴县志》卷二一坛庙,《道光会稽县志稿》卷十四祠祀。案忠贞讲院即六贤祠,在郡城府学之东,罗门之侧,参见《六贤祠碑记》考录。

六贤祠碑记

清金仁撰。乾隆五十年(1785)撰。

此碑已不存,文收入于《嘉庆山阴县志》卷二一坛庙,又《绍兴史迹风土丛谈》第十册、第十四册各收入此文。祠在郡城府学之东。案六贤指明黄尊素、倪元璐、刘宗周、施邦曜、周凤翔、祁彪佳。撰者,乾隆山阴知县。

朱夫子祠堂记

清李铎撰。

此文收入于《道光会稽县志稿》卷十四祠祀。

永丰祠放生池记

清李铎撰。康熙二十八年(1689)撰。

此碑已不存,文亦佚。《嘉庆山阴县志》卷二一坛庙云:"永丰祠在柯桥永丰坝北,前为放生池,禁渔人网罟,国朝康熙二十八年二月十四日,御驾亲临放生,郡守李铎勒石恭记。"

文范二公祠祭文

清李铎撰。康熙三十年(1691)撰。

此文收入于《康熙绍兴府志(李志)》卷二〇祠祀志二。案文范二公祠在府署清白堂之右,清白泉亭之左。文、范,指春秋越大夫文种、范蠡。

钱清刘公祠记

清李铎撰。康熙三十年(1691)撰。

此文收入于《康熙绍兴府志(李志)》卷二〇祠祀志二。案刘公指汉会稽太守刘宠。

钱清刘公祠记

清王风采撰,康熙三十午(1691)撰。

此文收入于《康熙绍兴府志(李志)》卷二〇祠祀志二。

重修孝烈祠碑记

清俞卿撰。康熙五十二年(1713)撰。

此碑已不存,文收入于《山阴清溪徐氏宗谱》卷六。《嘉庆山阴县志》卷二一坛庙引及,作《徐孝烈祠祀》。案徐孝烈,名允让,元末人,至正十九年夫妇殉难,其祠敕建于万历二十七年,在府城太清院,即山阴城隍庙故址。

重修孝烈祠碑记

清徐以恒撰。乾隆三十四年(1769)撰。

此文收入于《山阴清溪徐氏宗谱》卷六。参见俞卿《重修孝烈祠碑记》考录。

陆孝子祠传

清俞卿撰。

此文收入于《康熙绍兴府志(俞志)》卷二一祠祀志三,《嘉庆山阴县志》卷二一坛庙。陆孝子名尚质,明隆庆时人,其祠在府城西北50里丈午村。

言子祠碑

清俞卿撰。

此碑已不存,文收入于《嘉庆山阴县志》卷二一坛庙。案祠在府城内西如坊。

祭绍兴言子祠文

清蒋士铨撰。

此文收入于蒋氏《忠雅堂文集》卷九。

王阳明祠碑记

清马如龙撰。

此碑已不存,文收入于《嘉庆山阴县志》卷二一坛庙。案祠在府北2里。撰者,字见五,陕西绥德人,康熙二十四年杭州知府。

重修王文成公祠记

清宗稷辰撰。

此文收入于宗氏《躬耻斋文钞》卷十一。文记道光二十九年修祠于郡城西阳明书院事。

王新建伯祠堂记

清陶及申撰。

此文收入于《筼厂文选》(《越中文献辑存书》卷六)。记略云:"府北二里许,则其讲学之所也,堂而祠之亦如鹅湖、鹿洞之有书院也。"

修唐将军祠状

清成周助撰。

此文收入于《嘉庆山阴县志》卷二八艺文上。案唐将军指宋人唐琦,参见宋傅崧卿《唐将军庙祭文》考录。撰者事迹参见《黄琢山诗序》考录。

刘念台先生祠堂记

清郑肇奎撰。

此文收入于《水澄刘氏家谱》卷九。撰者,潮阳人。

子刘子祠堂配享碑

清全祖望撰。

此碑已不存,文收入于全氏《鲒埼亭集》卷二四,《嘉庆山阴县志》卷二八艺文上。案刘子指刘宗周。

重修明绍兴太守汤公祠堂碑文

清舒瞻撰。乾隆十六年(1751)撰。

此碑已不存,文收入于《闸务全书续刻》卷一。

汤太守祠碑记

清施咸撰。乾隆五十八年(1793)撰。

此碑已不存,文收入于《道光会稽县志稿》卷十四祠祀。案祠在府城开元寺内。

重修三江汤公祠记

清宗稷辰撰。咸丰三年(1853)撰。

此文收入于宗氏《躬耻斋文钞》卷十一及《闸务金书续刻》卷三。

会稽钱武肃王祠堂志　　　3 卷

清钱泳辑。

此书,乾隆五十八年刊本,今存。

聂公祠记

清李超孙撰。道光八年(1828)撰。

此文收入于《道光会稽县志稿》卷十四祠祀。案祠在府书院内,祀清知府聂铣敏。撰者系绍兴府教谕。

重修六贤祠记

清宗稷辰撰。咸丰三年(1853)撰。

此文收入于宗氏《躬耻斋文钞》卷十一及《绍兴史迹风土丛谈》第十册,又第十四册重复收入。案祠在郡城府学之东,参见金仁《六贤祠碑记》考录。

请建葛壮节专祠疏

清宗稷辰撰。咸丰五年（1855）撰。

此文收入于宗氏《躬耻斋文钞》卷十四。案葛壮节即葛云飞，参见钱伯华《葛壮节公云飞》考录。

葛壮节祠记

清宗稷辰撰。

此文收入于宗氏《躬耻斋文钞》卷十一。

越中先贤祠目

清李慈铭撰。

此书，威廉·施坚雅《浙江宁绍地区地方志目录》著录。光绪十一年（1885）刊本，今存。案越中先贤祠于光绪十一年十一月初四日落成于北京。李氏《荀学斋日记》庚集下光绪十一年八月二十二日（《越缦堂日记》八函）云："撰先贤祠位凡例，将勒成一书，亦可订郡县乡贤之缪滥。"李氏所记，即是此书。

北京越中先贤祠目序例

清李慈铭撰。

此书收入于上海图书馆所藏稿本《越缦堂所著书》，又收入于《绍兴史迹风土丛谈》第十四册。

寓山青莲院重建四负堂碑铭序

清平步青撰。

此文收入于《樵隐昔寱》卷十九，《绍兴史迹风土丛谈》第四册、第九册各收入一次。文略云："青莲院，故明祁忠惠公寓园，公殉节前夕，遗言死为净业地，公有典祀，而无牖祠浮屠，范象四负堂，岁以六月六日致飨。"

蒿坝钟公祠碑记

清孙祖德撰。光绪三十二年（1906）撰。

此碑已不存，文收入于《会稽钟氏族谱》卷四。《绍兴县志资料》第一辑第十二册塘闸汇记亦收入，但题作《会稽钟公祠碑记》。钟公指会稽人钟念祖，字厚堂，曾于咸丰间扩建蒿坝清水闸。文略云："自明太守汤公作应宿闸于山阴之三江场,⋯⋯兼建清水闸于会稽之蒿坝,引剡江开其源,东首北尾,以剂水旱之平。讫明季入国朝,三县公其利。⋯⋯中间清水闸废,犹恃蒿坝淫洞存什一于千百,久之而淫洞亦湮,于是乎有尾闾而无喉舌,应宿闸不能以时开放,海潮沙泥日再至,辄停淤,闸以外沙碛绵亘常二、三十里,岁恒雨水无所泄,从事开浚卒不敌潮汐之所挟,朝增夕张,人力穷而淫潦之灾无时不有,其为三县之患,于是乎大同治中尝议复清水闸,闸址久为民居成市集,道谋而不溃于成,迄今又再更星纪。近岁钟公宦成归林下,乃会群绅,参前议,审形势,得地于故闸偏右凤山之麓,是宜改建三门之新闸,仍内购民田百余亩,开水道百九十余丈,而外迎剡江,开水道四百余丈以引来源,俾内河常有余而应宿闸不至久闭,得长流以为出口刷沙之用,其成效可必也。"参见《开蒿坝公启》等文考录。案钟念祖,《绍兴县志资料》第一辑第十六册人物列传有传。撰者,会稽人,曾任淳安县教谕。

十六　陵墓类

禹穴碑铭

唐郑鲂撰序,元稹铭,韩杼材书。宝历二年(826)立。

此碑已不存,《金石录》卷九目录九第一七七六,《嘉泰会稽志》卷十六,《越中金石录》等存目。《越中金石目》卷下阙访存目作《禹穴二字碑》。文收入于《会稽掇英总集》卷十六,《万历绍兴府志》卷六,《古今图书集成·职方典》卷九九四,《康熙绍兴府志(张志、李志)》卷六,《雍正浙江通志》卷二六二艺文四,《乾隆绍兴府志》卷七三,《道光会稽县志稿》卷十五等。《雍正浙江通志》所载文云:"宝历景午秋九月",《乾隆绍兴府志》所载文云:"宝历庚午秋九月"。案"景午"、"庚午",当是丙午之误。《史记·太史公自叙》:"登会稽,探禹穴。"此为禹穴最早记载。《水经注》卷四〇《浙江水注》:"山东有湮井,去庙七里,深不见底,谓之禹井,云东游者多探其穴也。"以后言禹穴者甚多,见以下各文考录。

禹穴赋并序

元杨维桢撰。

此文收入于《嘉庆山阴县志》卷二八艺文上,《绍兴史迹风土丛谈》第十七册。此文不收于杨氏《东维子集》。案阮元《四库未收书目提要》卷一,有《铁崖赋稿》二卷,阮元云:"此未刻稿也,赋凡四十八篇,书为洪武三十一年海虞朱燧子新氏手录。"则此赋可能收入于该稿之中。

禹穴记

明郑善夫撰

此文收入于明何镗《古今游名山记》卷十下,《万历绍兴府志》卷六,《康熙绍兴府志(李志、俞志)》卷六,《康熙会稽县志(王志)》卷十四,清王泰来辑《天下名山胜景记》,《雍正浙江通志》卷二六二艺文四,《嘉庆山阴县志》卷二八艺文上,《道光会稽县志稿》卷十五陵墓,《绍兴史迹风土丛谈》第十七册等。文系撰者偕山阴朱节、王琥探禹穴后所撰,云"得禹穴于菲井之上"。案菲井即菲饮泉,在禹庙之西,参见宗稷辰《菲饮泉铭》考录。撰者事迹参见《镜湖记》考录。

禹穴

明杨慎撰。

此文收入于杨氏《丹铅杂录》卷六。文略云:"司马子长自叙云:上会稽,探禹穴。此子长自言遍游万里之目。上会稽,总吴越也;探禹穴,言巴蜀也。"杨氏认为禹穴不在会稽而在蜀,清沈德潜《浙江通志图说·禹陵南镇图说》云:"或曰禹陵在蜀。会稽禹穴乃神禹得黄帝水经之处,此前明杨慎好奇之论,不足据云。"但日人冈千仞同意杨说,在其明治十七年所作之《观光纪游》中云:"禹穴在蜀,以禹陵当之,误矣。"撰者,字用修,号升庵,蜀新都人,正德进士,《明史》卷一九二有传。

游禹穴记事

明刘宗周撰。天启五年(1625)撰。

此文收入于沈复粲《刘子全书遗编》卷六。案记,刘氏游禹穴在乙丑(1625年)。

大禹陵颂

宋诸葛兴撰。

此文,《乾隆绍兴府志》卷七六金石志二补遗著录。实为《会稽九颂》中之一篇,参见《会稽九颂》考录。

禹穴

明袁宏道撰。

此文收入于《梨云馆类定袁中郎先生全集》卷十四,中国图书馆出版部民国二十四年(1935)版《袁中郎游记》第 22 页。

禹穴辨

清彭梦祖撰。

此文收入于《道光会稽县志稿》卷十五陵墓。其文略言禹穴不在会稽,杨慎之说可以信。参见杨慎《禹穴》考录。撰者时任宁绍台兵巡道副使。

禹陵碑记

清李铎撰。康熙三十二年(1693)撰。

此碑已不存,文收入于《康熙绍兴府志(李志)》卷二二祠祀志四。

跋会稽禹穴石铭

清全祖望撰。

此文收入于全氏《鲒埼亭集外编》卷三五。

禹陵铭

清胡天游撰。

此文收入于胡氏《石笥山房文集》卷四。

禹穴记

清胡天游撰。

此文收入于胡氏《石笥山房文集》卷二。《樵隐昔癙》卷八题辞山阴胡稚威《司笥山房文集》云:"往在都门,曾见《沈徵君诗义序》及杭氏《续方言叙》、《送马力奋序》、《禹穴记》四篇,今本无。"案今存咸丰二年重刊本《石笥山房文集》收入此文,平步青所谓今本当系别本。

大禹陵记

清萧穆撰。

此文收入于萧氏《敬孚类稿》卷十五。案记云:"余于光绪壬辰秋九月访老友周季况太守星诒于绍兴,……初十乘画舫出东郭门,南行六、七里,泊舟会稽山下,厚堂备竹兜五,到大禹庙。"则此记当撰于光绪十八年(1892)。撰者,字敬孚,桐城人。

思陵录　　2 卷

宋周必大撰。

此文收入于《周文忠公全集》及《庐陵周益国文忠公集》。全书二卷,上卷自淳熙十四年十二月戊辰至十五年二月丙辰,记宋高宗疾病亡故之事;下卷自淳熙十五年三月丁酉至十六年二月壬戌,记宋高宗梓宫自杭州发运至绍兴攒宫事,撰者随程往返,记沿途经过及陵墓建造甚详。撰者,字子充,一字洪道,庐陵人,绍兴进士,《宋史》卷三九一有传,《同治庐陵县志》卷二六记其行迹,又有《周文忠公年谱》,收入于《周益公文集》卷二○○之中。

六陵

明袁宏道撰。

此文收入于《梨云馆类定袁中郎先生全集》卷十四,《绍兴史迹风土丛谈》第二十一册。《康熙会稽县志(王志)》卷十五祠祀志中及《道光会稽县志稿》卷十五陵墓亦收入此文,但文题均作《游六陵记》。中国图书馆出版部民国二十四年(1935)版《袁中郎游记》第 24 页所收此文题作《宋六陵记》。六陵,据明唐子淳《会稽怀古诗》、《宋攒陵序》云:“在会稽县东南三十里,旧名宝山,一名上皋山,今谓之攒宫山,宋永祐以下诸陵皆在,元灭宋,奸僧杨琏真珈尽发之,别葬其骨钱塘,号壶瓶塔。”

六陵志

撰者不详。

清丁业《六陵劫余志》收有明张元忭《六陵志跋》一文,既有跋,必当有志;跋既为张元忭所撰,则志亦必撰于明代。但书不见。

六陵志跋

明张元忭撰。

此文收入于《六陵劫余志》。全文凡 1400 余言,述六陵事甚悉。

南宋六陵遗事

清万斯同撰。

此文,《雍正浙江通志》卷二四三经籍三,《清史稿艺文志》二杂史类著录。收入于《昭代丛书》己集。《拜经楼藏书题跋记》卷二云:“《六陵遗事》一卷,复附《庚申君遗事》一卷,并万季野先生所辑,先君子手钞校正,并有按语。”撰者,字季野,号石园,清初鄞人,《清史稿》列传卷二七〇有传。

书会稽宋陵始末

清邵廷采撰。

此文收入于邵氏《思复堂文集》卷十。撰者事迹参见《陶先生退园记》考录。

六陵劫余志

清丁业纂。

此书恐无刊本。《八千卷楼书目》卷八史部地理类著录,抄本一部。又南京图书馆藏有古钱草堂抄本一部。今天一阁所藏清嘉庆间抄本一部,书写工整,有"八千卷楼藏书"印记,即八千卷楼著录所藏之书。卷首有"丁业之章"印记,则此本可能为丁氏原稿本。全书四册,不分次序。其中一册收有《明告祭文》、宋濂《书穆陵遗骸》、张士敏《敕葬宋理宗顶骨碑文》等文,并有附考(计宝山,泰宁寺二则)及诗词等。另一册收入文徵明《双义祠记》、孙杰《宋义士唐公序》、全祖望《冬青义士祠祭议与绍守杜君》等文。又一册收入周密《癸辛别集》所载发陵事迹、张孟兼《唐珏传》,陶宗仪《宋义士传》等文及附考冬青穴一条。再一册录《林霁山集》卷首《四库提要》及全祖望《奉浙东孙观察论宋六陵遗事帖子》等文。本书纂者在全书四册中作注释及案语甚多。其中一案语作于嘉庆壬申云:"业又考义士唐珏墓在山阴县北一十五里梅山孟家湾,配寿公主赵氏祔,今县新志亦载之。阮大中丞采访防护山邑祠墓,业曾与此役"云云。案丁业,字在文,会稽人。

有明告祭文

撰者不详。

此文收入于《六陵劫余志》,系洪武间祭六陵文。清谈迁《北游录》纪闻上南宋六陵条云:"明初遣祭孝、理二陵,立享殿,以孝宗志恢复,理宗重道学也。"

南宋诸陵复土记

明王宾撰。

此文收入于《六陵劫余志》。撰者,字仲光,明初人。

书穆陵遗骸

明宋濂撰。

此文收入于《六陵劫余志》。

穆陵遗骸记

明张士敏撰。洪武二年（1369）撰。

此文收入于《万历绍兴府志》卷二〇祠祀志二《康熙绍兴府志（李志）》卷二二祠祀志四,《道光会稽县志稿》卷十五陵墓及《六陵劫余志》。撰者,燕山人,洪武间绍兴知府。

奉浙东孙观察论南宋六陵遗事帖子

清全祖望撰。

此文收入于全氏《鲒埼亭集外编》卷四三,《嘉庆山阴县志》卷二八艺文上及《六陵劫余志》。其中《嘉庆志》题作《奉浙东孙观察书》。书应浙东孙观察之询,述宋六陵遗事。全氏力主毁六陵泰宁寺。书略云:"杨髡,西番谬种,豺虎不食之余,而同恶泰宁寺僧,则攒宫首祸所启也。兹者,西泠道上,虽至五尺之童,争毁杨髡遗迹,凿飞来峰之塔,折六一泉之像。甚者贻祸地藏,波累天女,而泰宁寺殿宇,近在陵寝之侧,……逆僧故址,犁其地而潴之,抑亦厉风教之一端也。"案杨琏真珈,元世祖时江南释教总统,曾发掘杭州、绍兴赵氏陵寝及宋大臣墓百余处。

再奉观察孙公帖

清全祖望撰。

此文收入于全氏《鲒埼亭集外编》卷四三及《六陵劫余志》。《嘉庆山阴县志》卷二八艺文上作《再奉孙观察书》。书议毁攒宫山宋六陵泰宁寺事。参见《奉浙东孙观察论南宋六陵遗事帖子》考录。

答史雪汀问南宋六陵事书

清全祖望撰。

此文收入于全氏《鲒埼亭集外编》卷四三。全氏记南宋六陵遗事诸书文中,当以此书最为详悉。

双义祠记

明文徵明撰。嘉靖二十六年（1547）撰。

此文收入于《万历绍兴府志》卷十九祠祀志一,《康熙绍兴府志（张志、俞志）》卷二一,《康熙会稽县志》卷十四,《道光会稽县志稿》卷十五及《六陵劫余志》。《雍正浙

江通志》卷二二一祠祀志五引及。案祠在会稽县之攒宫,即宋六陵。祠祀元唐珏、林
德旸,均为元时护南宋六陵者。

冬青树引别玉潜序

元张孟兼撰。大德十年(1306)撰。

此文收入于《嘉庆山阴县志》卷二八艺文下及《六陵劫余志》。系撰者为谢翱《冬
青树引别玉潜》诗所作之序,略云:"《冬青树引》者,宋文丞相军门谘事参军谢翱之所
作也。宋攒宫在会稽境内,元杨总统欲利其金玉,以王气在是,矫诏发之,当时山阴唐
珏见诸陵已发,乃乘暮夜使人收贮遗骸骨葬兰亭之山,种冬青树为识。翱,珏之故人
也,至元丙戌入越,尝登越台恸哭丞相,故时有斯作也。自古忠臣义士所见略同,若唐
谢之为,岂《易》所谓同声相应者耶。"案《六陵劫余志》附考冬青穴云:"在府城西南三
十里天章寺前,案唐、林义士埋宋陵骸骨处,六陵各为穴,上植冬青树六株。"

唐义士传

元罗灵卿撰。

此文收入于《万历绍兴府志》卷二〇祠祀志二,《唐熙绍兴府志(张志、李志、俞
志)》卷二二祠祀志四,《乾隆绍兴府志》卷七三陵墓志一,《嘉庆山阴县志》卷二八艺
文下,《六陵劫余志》及《绍兴史迹风土丛谈》第十三册。文记山阴人唐珏护宋六陵事,
案唐珏,字玉潜,号菊存,《乾隆绍兴府志》卷六〇人物志义行上有传。

唐珏传

元张孟兼撰。

此文收入于《康熙绍兴府志(张志、李志)》卷二二祠祀志四及《六陵劫余志》。参
见罗灵卿《唐义士传》考录。撰者名丁,元末明初浦江人,《明史》卷二八五有传,《全浙
诗话》卷二七记其行迹。

宋唐义士传

元陶宗仪撰。

此文收入于《六陵劫余志》。撰者,字九成,黄岩人,《明史》卷二八五有传。

林唐二义士辨

明徐渭撰。

此文收入于《六陵劫余志》。

书林义士事迹

明郑元祐撰。

此文收入于《万历绍兴府志》卷二〇祠祀志一,《康熙绍兴府志(张志、李志、俞志)》卷二二祠祀志四,《乾隆绍兴府志》卷三三陵墓志一及《六陵劫余志》。文记元林德旸护宋六陵事。撰者,字明德,其先遂昌人,徙钱塘,《康熙无锡县志》卷二四流寓有传。

书林唐二义士传后

清万斯同撰。

此文收入于万氏《群书疑辨》卷十一。案林唐二义士指元林德旸(白石)、唐珏(玉潜),均为护宋六陵者,参见罗灵卿《唐义士传》及郑元祐《书林义士事迹》等文考录。

书林唐二义士诗后

清万斯同撰。

此文收入于万氏《群书疑辨》卷十一,案癸未五月,孔希普《述霁山诗》言及南宋六陵事,故有是作。

跋王修竹窆宋遗骸事后

明季本撰。

此文收入于《乾隆绍兴府志》卷七三陵墓志一及《六陵劫余志》。文记王修竹护宋六陵事。王修竹,名英孙,参见《王氏府第记》考录。

冬青义士祠祭议与绍守杜君

清全祖望撰。

此文收入于全氏《鲒埼亭集外编》卷四三,《嘉庆山阴县志》卷二八及《六陵劫余志》。丁业案云:"案杜公讳甲,江苏华亭人,乾隆间绍兴知府,冬青义士指唐珏、林德旸、王修竹、郑扑翁、谢翱、罗铣。"参见《冬青树引别玉潜序》考录。

冬青义士祠祭议二与绍守杜君

清全祖望撰。

此文收入于全氏《鲒埼亭集外编》卷四三,《嘉庆山阴县志》卷二八及《六陵劫余志》。

冬青义士祠祭议三与绍守杜君

清金祖望撰。

此文收入于全氏《鲒埼亭集外编》卷四三及《六陵劫余志》。

杨髡发陵

宋周密撰。

此文收入于周氏《癸辛杂识续集》卷上及丁业纂《六陵劫余志》。文略云:"杨髡发陵之事,人皆知之,而莫能知其详,余偶录得当时其徒互告状一纸,庶可知其首尾。"其文载发陵事甚详。撰者,字公谨,仁和人。丁业《六陵劫余志》案云:"宋宝祐间为义乌令,入元耻食其粟,谢职自隐。"

杨髡发陵

宋周密撰。

此文收入于周氏《癸辛杂识别集》卷上及《六陵劫余志》。文对《续集》有所补充,参见《续集》该文考录。

书癸辛杂志后

清万斯同撰。

此文收入于万氏《群书疑辨》卷十一,参见《杨髡发陵》二文考录。

诛贼髡碑

明田汝成撰。

此碑已不存,文亦不见。系诛讨元西番僧杨琏真珈发南宋六陵事。参见万斯同《书田汝成诛贼髡碑后》考录。撰者,字叔禾,钱塘人,嘉靖进士,《明史》卷二八七有传。

书田汝成诛贼髡碑后

清万斯同撰。

此文收入于万氏《群书疑辨》卷十一。因明田汝成有碑诛西番僧杨琏真珈发六陵罪,万故撰此文于田后,数杨髡之罪也。

会稽唐氏墓记

元戴表元撰。

此文收入于戴氏《剡源集》卷五。

山阴义庄序

清戴震撰。

此文收入于《戴东原集》卷十一。案李慈铭《桃华圣解庵日记》同治辛未六月二十一日(《越缦堂日记》三函)云:"其代冀宁道山阴徐飞山浩所撰《夏履桥义庄记》,可以采入《山阴县志》。"故知此文系代山阴夏履桥人徐浩所撰。文略云:"吾族世居山阴之夏履桥,东去郡治八十里许,凭湖山间,相传禹迹所到,故受名自夏,未能证实也。"撰者,字慎修,一字东原,休宁人,乾隆举人,《清史稿》列传二六八有传。

十七　汇编、总集类

会稽掇英总集　20 卷

宋孔延之纂。熙宁五年(1072)纂。

此书，《书录解题》卷十五总集类，《宋史艺文志》八，《内阁藏书目》卷八杂部，《爱日精庐藏书志》卷三五总集类，《明书经籍志》诗词，《邵亭知见传本书目》卷十六集部八总集类，《皕宋楼藏书志》卷一一三集部总集类二，《八千卷楼书目》卷十九集部总集类，《烟屿楼书目》总集类，《稽瑞楼书目》第 147 页(《丛书集成》本)，《古越藏书楼书目》卷十学部文学下，《东方文化研究所汉籍分类目录》史部十一地理类，威廉·施坚雅《浙江宁绍地区地方志目录》等著录。《四库提要》卷一八六集部三十九总集类一云："其书世鲜流传，藏弆家多未著录，此本乃明山阴祁氏澹生堂旧抄，在宋人总集中最为珍笈，其精博在严陵诸集之上也。"《铁琴铜剑楼书目》卷二三集部总集类云："此书传本绝稀，从澹生堂钞本传录。"李慈铭《桃华圣解庵日记》同治甲戌二月初十(《越缦堂日记》四函)云："是书向无刊本，四库据祁氏澹生堂旧钞本录入，嘉庆丙子，予姻山阴杜明经丙杰从文澜阁转钞付刻。"李氏所云，即山阴杜氏浣花宗塾道光元年(1821)刊本，为此书仅有刊本。《艺风藏书再续记》影写本第六著录，亦为传抄澹生堂本，并云："四库本题目均改，杜尺庄以四库本刻之，未见此真本。"则杜刻本与澹生堂原本尚有区别。此书编纂经过，据刊本卷首孔延之自序云："故自到官，申命吏卒，遍走岩穴，且撽集编籍，询之好事，自太史所载，至熙宁以来，其所谓铭、志、歌、咏得八百五篇,为二十卷,命曰《会稽掇英总集》。"本书纂者孔延之,据清胡玉缙《四库全书总目提要补正》卷五六总集类一云:"一作延世,字长源,江西新淦人,孔子四十六代孙,庆历二年进士,历官知润州,未行卒,陆氏《仪顾堂题跋》考其事迹颇详。"案孔于熙宁四年知越州,其生平事迹亦见于曾巩《司封郎中孔君墓志铭》(《元丰类稿》卷二四)。

续会稽掇英总集　　20 卷

宋程师孟纂。

此书已佚,亦可能即是孔延之《会稽掇英总集》。《书录解题》卷十五总集类云:"熙宁中,郡守孔延之、程师孟相继纂集。"《宋史艺文志》八著录,纂者误程为曾。《光绪苏州府志》卷一三六艺文一亦著录。案孔延之《会稽掇英总集》山阴杜氏浣花宗塾板杜丙杰跋曰:"陈振孙《书录解题》谓熙宁中郡守孔延之、程师孟相继纂集,今书中虽无师孟名,意当时必有序跋,经转写讹脱耳,不然何以知之。《宋史艺文志》别出程师孟《续会稽掇英总集》二十卷,殆一书而误析为二也。"程师孟,熙宁十年至元丰元年知越州,字公辟,吴郡人,《宋史》卷三三一有传。

续会稽掇英集　　5 卷

宋孔延之纂。

此书,南京图书馆藏有影钱叔宝写本一部。

会稽掇英续集

宋丁燧纂。

此书已佚。《书录解题》卷十五总集类云:"其续集则嘉定中汪纲俾郡人丁燧为之。"故知此书为郡守汪纲创议,而郡人丁燧纂。案汪纲,嘉定十四年至绍定元年守越,则纂书当在此时,丁燧事迹无考。

会稽掇英续集　　7 卷

宋黄康弼纂。

此书已佚。《内阁书目》卷八杂部云:"会稽主簿黄康弼编次名贤送行诗,为续集七卷。"《乾隆绍兴府志》卷七八经籍志二著录作 10 卷。《古越藏书楼书目》卷十学部文学下著录,《续会稽掇英总集》5 卷,宋黄康弼编,《潜园群书校补》本,并云:"此集有诗无文,因续孔延之书,故附于此。"《四库全书总目提要补正》卷五六总集一云:"又陆氏《藏书志》有钱谷手钞本二十卷,《续集》五卷(驿案,见《皕宋楼藏书志》卷一一三集部总集类二），其《续集》题将仕郎试秘书省校书郎宋越州会稽县主簿黄康弼编次，并载文震孟手跋，其案语云：此钱馨室手钞本《续集》五卷，四库所未收也。"案《越中金石记》及《绍兴县志资料》第一辑第三册所收《李皇臣题名》云："李皇臣道夫，徐铎振文，张希颜勉之，黄康弼邦彦，元丰己未仲春乙卯同游。"故知纂者字邦彦，其纂当在元丰二年（1079）前后。

会稽掇英总集校误　1卷

清陆心源撰。

此书，《潜园群书校补》本，《古越藏书楼书目》卷十学部文学下著录。撰者，归安人，字刚甫，一字潜园，号存斋，咸丰举人，为清代著名藏书家。

会稽掇英总集拾遗　20卷

清杜丙杰纂。

此书未刊，原稿已佚。李慈铭《桃华圣解庵日记》同治甲戌二月初十（《越缦堂日记》四函）云："惜明经所纂《拾遗》二十卷，未及刊行，今乱后杜氏藏书悉归无何有之乡。"《两浙輶轩续录》卷二四云："著有《会稽掇英集拾遗》二十卷、《札记》一卷、《知圣教斋书目提要》八卷、《荆花轩诗抄》，兵燹后均散佚。"则各稿均已不存。参见《会稽掇英总集》考录。纂者，原名灏，字荐卿，又字吉甫，号菊生，《绍兴县志资料》第一辑第十五册人物列传有传。

越咏　12卷

明王埜辑，张天复增辑。

此书已佚。《万历绍兴府志》卷五〇，《乾隆绍兴府志》卷七七，《千顷堂书目》卷八史部地理类下等著录。《奕庆藏书楼书目》著录作十卷，张天复辑，不著王名。案《雍正山阴县志》卷三八序志附记云："山阴人耆儒王埜辑晋、唐以来名人作为《越咏》，张公天复辑之十之三四而刻行之，板藏修撰元忭家，共十二卷。"由此可知祁氏所藏必非完璧。《渔渡董氏族谱人物传》内，渔渡董氏族谱已引用书目中，有王隐君《越咏》一种，隐君当是埜之别号。又沈复粲《大善寺志稿》卷首引用书目中曾列此书之名，说明此书在清后期犹可见。

越中诗选

明王埜辑。

此书未刊,仅有写本,已佚。李慈铭《荀学斋日记》庚集下,光绪十一年十一月十三日(《越缦堂日记》八函)云:"明诸生王锐岩埜所辑《越中诗选》,余于咸丰间尝在昧经堂书坊见其写本,凡数十册,首尾完善。"

古越书　　4卷

明郭钰辑。

此书,《奕庆藏书楼书目》,《四库采进书目·浙江省第四次鲍士恭呈送书目》,威廉·施坚雅《浙江宁绍地区地方志目录》等著录。《浙江采集遗书录》戊集地理类二云:"汇次左史越绝等书成编,附武备志、保越录二帙。"《鸣野山房书目》卷一史之三衰辑类著录作会稽郭钰编,计《古越书》4卷、《武备志》1卷、《保越录》1卷。案祁彪佳《祁忠敏公日记》乙酉正月十一日云:"郭子式进访,示以所刻《古越书》。"则其书当刻成于崇祯甲申(1644)。此书今惟北京图书馆有明刊本一部,系《郭子式先生校刻书》中之一种,计4卷。卷一,《史记·越王句践世家》一篇,《左传·越败吴于槜李》等2篇,《国语·诸稽郢行成于吴》等10篇;卷二,《越绝书》(不关越事者删节);卷三,《吴越春秋》(不关越事者删节);卷四,《会稽三赋》。卷首孟称舜崇祯甲申季春序略云:"国家适丁厄运,天地崩裂,变出未有,子式负经济之才,痛愤时艰,欲为种、蠡之所为而势不足以为之,故著此书以自见,犹枋得、孔明之意欤。"辑者,字子式,《乾隆绍兴府志》卷六二人物志二十二隐逸有传。

於越碑访录　　1卷

清杜煦辑。

此书,《沈霞西墓表》附《霞西先生藏稿目》著录。书未刊,绍必鲁迅图书馆藏有清抄本一部,浙江图书馆亦藏有抄本一部。

越中金石录　　1卷

清沈复粲辑。

此书,杨家骆《丛书大辞媳》作《越中金石志》,收入于《鸣野山房全集》,今不见。绍兴鲁迅图书馆藏有清抄本一部,浙江图书馆藏有抄本一部,又周氏鸽峰草堂抄本一部。

越中金石广记　　8卷

清沈复粲辑。

此书不见。《鸣野山房书目》、宗稷辰《沈霞西墓表》附录《霞西先生藏稿目》著录。宗氏《沈霞西越中广记序》(《躬耻斋文钞》卷五)云:"嘉庆初,仪真宫师以金石之学提倡东南,于是好古之士征求寝博,山阴杜氏禾子遂辑《越中金石记》。一时搜岩剔壑,凿壁发笥,沈子霞西实左右之,而遗文故迹为前记所略者,裒集自成一编,名《越中金石广记》。"案"仪真宫师"指浙江巡抚阮元,曾辑《两浙金石志》。

越中金石记　　10 卷,卷首 2 卷(《越中金石目》卷上辑存,卷下阙访)。

清杜春生编录。

此书,《八千卷楼书目》卷九史部目录类著录。《沈霞西墓表》附录《霞西先生又刊书目》作《越中金石志》。道光十年(1830)山阴杜氏藏版,今存。民国二十七年(1938)绍兴县修志委员会铅印《绍兴县志资料》第一辑收入属于山阴、会稽二县部分。全书收辑上起汉章帝建初,下迄元顺帝至正,计各种碑碣 218 种。李慈铭《受礼庐日记》同治六年九月初六日(《越缦堂日记》二函)评此书为"考核精严,尤为杰作"云。编录者,字子湘,又字禾子,号二芟,嘉庆十二年举人,《绍兴县志资料》第一辑第十五册人物列传有传。

於越纪咏

纂者及纂辑年代不详。

此书已佚。《遂初堂书目》总集类著录。是否即《宋史艺文志》著录之《於越题咏》,存疑。参见《於越题咏》考录。

於越题咏　　3 卷

宋李弁序。

此书已佚。《宋史艺文志》八著录。纂辑人亦不知其名。此书是否即《遂初堂书目》著录之《於越纪咏》,存疑。

越郡诗选　　8 卷

清黄运泰、毛奇龄辑。

此书,《雍正浙江通志》卷二五四著录。《奕庆藏书楼书目》作黄运泰选,无毛奇龄之名。《民国萧山县志稿》卷三〇书目则作毛奇龄辑,无黄运泰之名。今天一阁藏有刊本四册,计四卷,卷首有朱鼎煦藏书章,卷末朱鼎煦写跋云:"右《越郡诗选》四卷,萧山黄运泰、毛奇龄撰,半叶九行,每行一十九字,白口,四周单阑,卷第在板心阴面之中,卷首有叶襄序、陆圻序、祁鸿孙序,皆不记岁月。异族入主,谁不痛心,凡例近年亡友陈子章侯。按陈洪绶尝住邑中来钦之家,卒于顺治九年壬辰,年五十四(《历代名人谱》作五十六),则是书之刻当在顺治九年之后,而祁鸿孙,班孙有诗有序,又在其未被逮之前。……是书各家藏目罕见,书贾牟利,死衬为四册,以索重值,重值不足惜,死衬真可惜也。"又另一行写跋云:"所选各家,大半无专集,迄今声闻黯然,不能举其里第,堪为皇明萧山诗集之续得者宝之。"案此书辑者黄运泰,字开平,明末清初萧山人。

越风　　　初编 15 卷　　　二编 15 卷,初二编合 10 册。

清商盘评选,刘文蔚、宗圣垣参订,王大治续编。乾隆三十一年(1766)辑。

此书,《古越藏书楼书目》卷十学部文学下著录。乾隆壬辰浴凫山馆王氏刊本,今存。又有嘉庆重刊本。商盘原序云:"上溯顺治,迄于乾隆,百余年来,得诗若干首,厘为若干卷。"评选者商盘,字苍雨,号宝意,雍正庚戌进士,《清史稿》列传七十一有传。

於越诗系　　　60 卷

清沈复粲辑。

此书未刊,稿已佚。《鸣野山房书目》、宗稷辰《沈霞西墓表》附录《霞西先生藏稿目》著录。

越山钟秀集

明唐肃辑。

此书已佚。《万历堂书目》卷二史部杂志类著录。《雍正浙江通志》卷二五四及《乾隆绍兴府志》卷七八著录,均作求渔宗尚辑。案唐肃,字处敬,元末明初山阴人,《明史》卷二八五有传。求渔,字宗尚,嵊县人,《同治嵊县志》卷十四人物志儒林有传。

越郡诗赋题解　　　14 卷

清胡肖岩编辑。

案陈寅《刻正续越郡诗赋题解缘起》云:"吾越肖岩胡先生著《越郡诗赋题解》近百年矣。"正续本刊于光绪十七年,按百年推算,则胡编当在乾隆年间。案《缘起》所述,知此书有双桂轩刊本,但书不见。参见《正续越郡诗赋题解合编》考录。

正续越郡诗赋题解合编　　　正编 14 卷　　　续编 14 卷。

清胡肖岩编辑,陈寅续编。

此书,光绪十七年(1891)鸿宝斋石印巾箱本,今存。

越中文献辑存书　　　第 1 集 4 册

清绍兴公报社,宣统二年(1910)辑。

此书为绍兴公报社所辑,均为山、会二邑地方文献。第一集所收有田易《乡谈》,陶及申《筠厂文选》,王绩铭《石池志》,周鼎铭《柯山小志》,祁彪佳《越中园亭记》,及余煌、徐树兰议论蒿坝诸文(均参见各该文考录)。绍兴公报社铅印本,今存。又连载于《绍兴公报》宣统二年九月至三年九月。绍兴鲁迅图书馆藏有剪报合订本,文字与铅印本小有差异。

会稽郡故书杂集　　　1 册

鲁迅辑,陈衡恪署检。

此书,民国四年(1915)会稽周氏刊本,今存。又收入于 1938 年全集出版社,1946 年作家书屋,1948 年大连光华书店及 1973 年人民文学出版社《鲁迅全集》第八卷。又有单行本,全集出版社出版。香港新月出版社 1962 年亦出有此书单行本。手稿本三册,今亦存。此书所辑计谢承《会稽先贤传》,虞预《会稽典录》,钟离岫《会稽后贤传记》,贺氏《会稽先贤象赞》,朱育《会稽土地记》,贺循《会稽记》,孔灵符《会稽记》,夏侯曾先《会稽地志》等 8 种。卷首有记。案浙江图书馆金步瀛《丛书子目索引》所述,此书为周作人编。刊本卷首记云:"作人幼时尝见武威张澍所辑书,于凉土文献,撰集甚众。……而会稽故籍零落,至今未闻后贤为之纲记,乃创就所见书传,刺取遗篇,累为一帙。"案记,书疑周作人所辑。但此书实为鲁迅所辑,据上海文艺出版社 1958 年版、沈鹏年辑《鲁迅研究资料编目》上辑编录校勘部分《会稽郡故书杂集》条云:"本书系辑《会稽先贤传》等八书而成,于乙卯(1915)二月木刻,丙辰(1916)三月重校,用周作人名义出版。"又胡道静《由地志的伏流谈到清人辑佚工作》(《文汇报》1962 年 6 月 5 日)注六云:"鲁迅先生因受张介侯书的影响,辑录了绍兴的古代地理文献为《会稽郡故书杂集》。"是则此书确为鲁迅所辑,故各版《鲁迅全集》已将记内"作人"字样删去。

俟堂专文杂集

鲁迅辑。

此书,1960 年 3 月北京文物出版社线装影印本,今存。全书计古砖拓本 173 种。此书第一页鲁迅序云:"曩尝欲著《越中专录》,颇锐意搜集乡邦专甓及拓本,而资力薄劣,俱不易致。以十余年之勤,所得仅古专二十余及打本少许而已。迁徙以后,忽遭寇劫,子身逭遁,止携大同十一年者一枚出,余悉委盗窟中,日月余矣,意兴亦尽,纂述之事,眇焉何期,聊集爨余,以为永念哉。甲子八月廿三日宴之敖者手记。"此处,宴之敖者为鲁迅自称,甲子为民国十三年(1924)。

山阴道上集　　34 册

不著编者姓氏。

此书,天津市人民图书馆藏,该馆 1961 年善本目录作《越中耆旧诗》,但原书仅在一册上贴有《山阴道上集》浮签,并无《越中耆旧诗》之名,书系稿本,分四函,计 34 册,有"小云巢"朱钤,书无序跋,亦无卷次,纸张参差,但间有黑格稿纸,中缝刊有"鸣野山房钞存"字样,当为沈复粲所辑。全书收有历来名宦、寓贤及八邑诗人达 800 人之谱,可谓集其大成。

十八　附录

清以后地理文献

绍兴地志述略

尹幼莲编。

此书,民国二十年(1931)铅印本,今存。撰者,绍兴人,时任绍兴中学地理教员。

绍兴地理

绍兴县公安局巡官长警教练所编。

此书约编于民国二十年以后,石印本,今存。全书共分 16 章,计 55 页,附有绍兴全县区划简图一幅。

绍兴县势调查

绍兴县政府编。民国二十一年(1932)编。

此书抄本一册,浙江图书馆藏。全书计分 22 项:一、面积,二、区划,三、山脉,四、河流,五、气候,六、天产,七、人口,八、风俗,九、县署,十、财政,十一、自治,十二、警政,十三、团防,十四、教育,十五、宗教,十六、农业,十七、工业,十八、商业,十九、交通,二

十、县城,二十一、名胜,二十二、古迹,并附有统计表格数种。

绍兴城镇山水顾盼一览

朱震撰。

此文收入于民国二十七年(1938)绍兴县修志委员会铅印《绍兴县志资料》第一辑第十册。

越游便览

萧绍、绍曹蔦、蔦新汽车公司编著,金汤侯序。

此书,民国二十三年(1934)汉文正楷书局铅印本,今存。卷首附有照相版多幅。

绍兴名胜

祝志学、吴文钦著。

此书,民国二十一年(1932)铅印本,浙江省五中附小出版,今存。全书为游记体裁,共12篇,计为望海亭、风雨亭、越王台、大善寺、快阁、兰亭、禹陵、香炉峰、东湖、吼山、宋六陵、柯亭柯岩。全书有插图15幅,卷首有绍兴名胜图。撰者祝志学,诸暨人,吴文钦,海宁人,均为省立第五中学附属小学教员。

曹娥江志稿

徐绳宗编。民国二十六年(1937)编。

此书单行本不见,收入于民国二十七年(1938)绍兴县修志委员会铅印《绍兴县志资料》第一辑第六册。案曹娥江当时为绍兴、上虞两县界河。

曹娥乡土志

徐晨钟编著,朱遂翔增辑。

此书,浙江图书馆藏有民国三十七年(1948)抄本一册。案曹娥在当时属于绍兴县。

沥海所志稿

杨肇春辑。

此书单行本不见,收入于民国二十七年(1938)绍兴县修志委员会铅印《绍兴县志资料》第一辑第六册。案沥海所在曹娥江口,当时属绍兴县。

天乐志

汤叙辑。民国二十四年（1935）辑。

此书单行本不见。收入于民国二十七年（1938）绍兴县修志委员会铅印《绍兴县志资料》第一辑第六册。案天乐乡在旧绍兴县西境。参见王念祖《麻溪改坝为桥始末记》、姜图南《天乐荒乡详院恤免碑记》等文考录。

天乐乡富家墩村志

陈得明辑，民国二十四年（1935）辑。

此书单行本不见，收入于民国二十七年（1938）绍兴县修志委员会铅印《绍兴县志资料》第一辑第六册。参见《麻溪改坝为桥始末记》等考录。

螭阳志　　4卷

张拯滋辑。

此书，民国九年（1920）铅印本，今存。案螭阳即螭渚，又作漓渚或离渚，在绍兴城西南30余里。《嘉泰会稽志》卷十八拾遗："离渚，唐康使君所居。"《嘉庆山阴县志》卷五："县南四十里曰漓渚关。"均是此处。

螭阳十六景诗叙

钱厱渔撰。

此文收入于民国二十七年（1938）绍兴县修志委员会铅印《绍兴县志资料》第一辑第十一册乡镇。

厱湖十景诗叙

钱厱渔撰。

此文收入于民国二十七年（1938）绍兴县修志委员会铅印《绍兴县志资料》第一辑第十一册乡镇。案厱湖即厱石湖，在漓渚镇东北约5里，为古代鉴湖湮废后残留湖泊之一。

欢潭记

田问端撰。

此文收入于民国二十七年（1938）绍兴县修志委员会铅印《绍兴县志资料》第一辑第十一册乡镇案欢潭旧属绍兴县，在城西120里天乐乡。

所前镇沿革

李永和采访。

此文收入于民国二十七年(1938)绍兴县修志委员会铅印《绍兴县志资料》第一辑第十一册乡镇。案所前镇在临浦镇附近,旧属绍兴县。

盐地记

李永和采访。

此文收入于民国二十七年(1938)绍兴县修志委员会铅印《绍兴县志资料》第一辑第十一册乡镇。案西小江沿岸,上至金家弄,下至笠山埠,长约 3 里,均称盐地,旧属绍兴县。

夏履桥

不著撰者姓氏。

此文收入于《绍兴史迹风土丛谈》第十册,原载于民国二十一年(1932)《东南日报》副刊。案夏履桥在绍兴城西北约 80 里。参见清戴震《山阴义庄序》考录。

送驾溇正名记

陈津门采访。

此文收入于民国二十七年(1938)绍兴县修志委员会铅印《绍兴县志资料》第一辑第十一册乡镇。案送驾溇在绍兴城北约 30 里。

啸唫调查记

阮翰斋、阮善昌采访。

此文收入于民国二十七年(1938)绍兴县修志委员会铅印《绍兴县志资料》第一辑第十一册乡镇。案啸唫即小金,在绍兴城东北约 50 里,旧属绍兴县。参见清赵骥《小金塘记》及《筑塞小金塘桥洞碑文》等文考录。

汤浦橐潭村记

郑梦生撰。

此文收入于民国二十七年(1938)绍兴县修志委员会铅印《绍兴县志资料》第一辑第十一册乡镇。案汤浦在绍兴城东南约 50 里,旧属绍兴县。橐潭村在汤浦南 15 里。

芝塘湖水利考

撰者不详。

此文收入于民国二十七年(1938)绍兴县修志委员会铅印《绍兴县志资料》第一辑第十二册塘闸汇记。案芝塘湖即茭塘湖。《嘉泰会稽志》卷十:"茭塘湖在县西五十五里新安乡,以湖多茭葑,故名。"

越南山水图说

朱震撰。

此文收入于民国二十七年(1938)绍兴县修志委员会铅印《绍兴县志资料》第一辑第十册,但图不见。案越南指绍兴县南部会稽山地区。

小舜江源流说

朱震撰。

此文收入于民国二十七年(1938)绍兴县修志委员会铅印《绍兴县志资料》第一辑第十册。案小舜江发源于会稽山地,为曹娥江支流。

平水内山脉河流记

陶堃源撰。

此文收入于民国二十七年(1938)绍兴县修志委员会铅印《绍兴县志资料》第一辑第十册。文内所述系平水镇以南之山脉河流,此区河流均入小舜江,属于曹娥江水系。

新河小记

刘应桂撰。

此文收入于民国二十七年(1938)绍兴县修志委员会铅印《绍兴县志资料》第一辑第十一册乡镇。原载于《民国水澄刘氏谱》。案新河在山阴县城内,东西向,沟通市河,上有福禄、谢公诸桥,沿河街道曰新河弄。

重修琵琶井记

叶杏南撰。民国十七年(1928)撰。

此文收入于《绍兴史迹风土丛谈》第十四册。案《嘉庆山阴县志》卷四:"古琵琶井在轩亭口,湮没已久,顺治庚子冬火灾,井始出,会稽庠生姚奕买为义井。"撰者,严陵人,民国十七年任绍兴县长,此井于是年重修,故有此文。

古轩亭口琵琶井砖记

叶杏南撰。民国十七年(1928)撰。

此文收入于《绍兴史迹风土丛谈》第十四册。参见《重修琵琶井记》考录。

原著浙江人民出版社 1983 年版

绍兴历史地理

前　言

　　近年来,绍兴的学术空气非常活跃,从自然科学到人文科学,从上古历史到现代地理,年年都有著作问世,令人喜不自禁。不过,对于这个地区历史时期地理变迁的研究,即所谓历史地理,似乎还没有学者问津,所以我们不揣浅陋,为家乡提出这个平凡的研究成果,向家乡学术界请教。

　　《绍兴历史地理》进行的是一种区域地理研究,所以我们用区域地理学的方法处理资料,包括篇目的次序排列,都是这样。此书资料主要是从 50 年代初到 60 年代初累积起来的。其中有一些图书馆馆藏的稿本和抄本,也有少量私人藏书。虽然在那时,查阅这类珍稀资料比较方便,但我们仍然非常感谢这些资料的提供者,并且希望有关家乡的这些宝贵资料,特别是私人收藏,在经过"十年灾难"以后,仍能安然无恙。

　　我们两个都是离别家乡的游子,但年轻时却出自家乡的同一所学校。这所学校当年的校歌,开头就是:

　　　　蕺山风高,姚江流长,于越文明漱古芳。

　　我们在外乡,常常以此为家乡而自豪。正因为如此,我们在此书卷末加列了有关绍兴博物馆和绍兴大学的两种《附录》。博物馆和高等学校是于越文明的窗口,我们曾为家乡文明的窗口尽过一点绵薄,所以更希望于越文明欣欣向荣,蒸蒸日上。

著者

2000 年 6 月

一　绍兴的历史发展与沿革地理

于　越

　　旧方志和其他文献常称绍兴地区在春秋以前属扬州之域。其所根据实为《尚书·禹贡》，因为这是一部儒家崇敬的经书。但学术界已经论定，《禹贡》成书于战国后期，夏这个部落的境域，无非今河南、山西的一部分，何来"九州"？"九州"实是战国后期人在列国战乱下的一种希望和假托。①所以在春秋以前这里属于扬州之说，其实是无稽之谈。

　　春秋以前，绍兴地区与中原之间的关系颇多传说，其中最普遍的是禹会诸侯于会稽的故事。其事见于《国语》。②此外如《墨子》、《管子》、《史记》、《越绝书》、《吴越春秋》、《淮南子》诸书，也有类似记载。由于《左传》定公八年载："禹合诸侯于涂山。"杜预注："涂山在寿春东北。"于是不少咬文嚼字的古人，也对"禹会诸侯"的地点争论一道。③其实，王充在《论衡·书虚篇》中早已明白指出："禹到会稽，非其实也。"当夏部落活动于中原一隅之地的时候，今绍兴一带是另外一个部落于越活动的地方。即《孟子·滕文公上》所称的"南蛮鴂舌之人"。居民稀少，语言不通，道路险阻。所以禹的会稽之会，在现代学者看来，当然是个荒诞不经的传说。

　　对于古代于越这个部族，传说很多。见于记载的最早文献是今本《竹书纪年》周成王二十四年的"于越来宾"。时当公元前 11 世纪之末。当然，今本《竹书》的价值与古本不同,前人早有议论。在这种情况下,我们就不妨对照传说进行鉴定。《论衡·超奇篇》说:"白雉贡于越。"《异虚篇》说得更清楚:"周时,天下太平,越尝献雉于周公。"王充无疑是根据越地流行的传说把"献雉"之事写入《论衡》的。王充绝未见过《竹书》,因他撰《论衡》之时,《竹书》尚深埋于汲冢之中。周成王二十四年,周公虽已归政,但在社会上仍有极高声望。故传说作"献雉于周公"。由此可知《竹书》记载的"于越来宾"不诬。所以这不仅是今绍兴地区最早见于历史的记载,而且说明于越这个部族此时已经参与了列国交往。

世界上的任何一个民族,对于他们的来源,大多都有祖辈流传下来的故事,这中间,多半是一种牵强附会的传说,也或许是一个美丽的神话。好像汉族中流行的盘古氏开天辟地一样。汉族周围的少数民族,他们有的仰慕汉族的文化,有的慑于汉族的威力,所以他们常常把自己的祖先与汉族进行攀连,自认是汉族的支庶。在同一部《史记》中,《匈奴传》说:"匈奴,其先祖夏后氏之苗裔也。"在《越世家》也说:"越王句践,其先禹之苗裔。"这样,在暖热的会稽山区"祝发文身"、"逐禽鹿而给食"的于越酋长和在寒冷的蒙古高原"韦鞲毳幕,膻肉酪浆"的匈奴单于,竟是一对兄弟,真是荒谬绝伦。

对于于越的来源,《史记·越世家》说:"夏后帝少康之庶子也,封于会稽,以奉守禹之祀。文身断发,披草莱而邑也。"这个"庶子"是谁?《吴越春秋》卷四有说法:"禹以下六世既得帝少康,少康恐禹祭之绝祀,乃封其庶予于于越,号曰无余。"假使真有这样的事,这位无余当然就是夏王朝的牺牲品,一个在中原过惯了较高文化生活的人,穿着汉族的长袍广袖,头戴冠冕,来到这些赤身露体、身上雕满花纹的蛮子中间,"披草莱而邑也"。没有一个中原人受得了这种苦差使,何况还是帝王的儿子。当然,这是一个荒唐的故事。所以《越绝书》卷八把这种虚妄的传说轻轻撇开:"越王夫镡以上至无余久远,世不可记也。夫镡子允常,允常子句践,大霸称王。"由此可知,这个部族的可信历史实始于夫镡及其子允常,此二人其实不过是部族酋长,到了句践,才够得上称为越王。实际上,直到春秋末期,中原汉人仍称句践为"越人"。"大霸称王",其时已在战国前期。

越族主要分布在钱塘江以南,从上游到下游,并包括今浙东的其他地区,最重要的中心是今绍兴一带。钱塘江以北,在它势力强盛时,也占有一部分地方,因而就和位于今苏南、浙北的句吴发生疆界纠纷,常常引起战争,两国之间根据《春秋》经传记及的战争有下列6次,其中除了一次是于越参与其他大国伐吴外,其余5次,都是于越和句吴两国之间的战争。

经传名称	经传年代	公历	经传原文
春秋	昭公五年	前537	冬,楚子、蔡侯……徐人、越人伐吴。
春秋	昭公三十二年	前510	夏,吴伐越。
春秋	定公五年	前505	于越入吴。
公羊	定公十四年	前496	五月,于越败吴于醉李。
春秋	哀公元年	前494	吴王夫差败越于夫椒,报槜李也,遂入越,越王以甲楯五千,保于会稽。
左传	哀公二十二年	前473	冬十一月,丁卯,越灭吴。

　　见于《春秋》经传的战争,当然是较大的战争。由于两国接壤,边疆上的小战争估计是很多的,两国疆界,也经常随着战争的胜负而变化。古代文献记载吴、越两国疆界互有差异,就是这种原因。《国语·越语上》说:"句践之地,南至于句无,北至于御儿,东至于鄞,西至于姑蔑,广运百里。"韦昭注御儿:"今嘉兴御儿乡也。"清顾炎武说:"石门县东有语儿乡,即古御儿也。"④据新修《崇福镇志》说:"镇境古属越地。名御儿。"⑤今镇外尚有河流,称为语儿泾。说明古代曾有一个时期,句吴与于越,以今崇福镇一带为界。《越绝书》和《吴越春秋》等古籍都以《国语》所记的这个"御儿"(语儿)作为吴、越国界。以后如宋潜说友撰《吴越考》,详述这条国界。⑥明车若水也认为:"春秋时,吴越分界,在今日嘉兴之境。"⑦

　　关于句吴和于越国界的另一种说法是以浙江(今钱塘江)为界。《史记·货殖列传》说:"浙江南则越。"《论衡·书虚篇》说得更具体:"余暨⑧以南属越,钱唐以北属吴,钱唐之江,两国界也。"以后也有不少学者采用此说,宋吴仔《苕溪渔隐丛话》引越僧处默诗:"到江吴地尽,隔岸越山多。"⑨宋林逋《长相思》:"吴山青,越山青,两岸青山相送迎。"⑩明徐渭说得最清楚:"由吴达越必经钱塘,江心之际,吴越分矣。"⑪

　　在前面表列的见诸《春秋》经传的6次战争中,前面4次大概都没有发生国界的重大变化,两国之界维持于杭嘉湖平原中部。但第五次即鲁哀公元年(越王句践三年,吴王夫差二年)的这一次,吴军深入越境,一直打到会稽山,越国屈膝求和,于越的境域缩小到如《越绝书》卷七所说的"上栖会稽,下守滨海"的局面,两国国界以今钱塘江划分,大概就是这以后的事。所以上述各古籍所载的不同国界,实在是不同时期的记录,并不存在孰是孰非的问题。

　　现在再回过头来看看于越的发展。在第四纪晚更新世的所谓假轮虫海退时期,今浙江的海岸在今海岸以东数百公里,海面较今低150多米,直达东海大陆架。⑫所以土地广阔,越族活动于宁绍平原一带,从余姚河姆渡遗址的发掘来看,这个部族已经从事农业,开始种植水稻。由于另一次卷转虫海进从全新世之初就开始掀起,海面不断上升,到距今11000年前后,海面已上升到现代海面−60米的位置;到距今8000年前,上升到－5 米的位置,接着就高过现代海面,淹入陆地。到距今 7000 年—6000 年前,这次海进达到最高峰,宁绍平原成为一片海洋。[13]从卷转虫海进发轫到高峰的 5000 年中,宁绍平原的越族,一部分陆续流散,到今中南半岛、中国台湾、南洋、日本和其他太平洋岛屿,后来称为"外越"。[14]另一部分随着宁绍平原耕作条件的恶化逐渐向南迁移,迁移过程中的最后一批聚落建立在会稽、四明北麓一带,河姆渡就是其中之一。但因海水最后吞没了整片平原,他们就被迫进入会稽、四明山区和浙东的其他山区,这一批越人后来称为"内越"。[15]越人在宁绍平原时已经从事农业,但进入山区以后,自然条件恶劣,不得不从事"随陵陆而耕种,或逐禽鹿而给食"[16]的迁徙农业和狩猎业以谋生存。由于祖辈们的口口相传,生活艰困的山居越人,知道山北原来有一片他们先祖的富庶土地。他们当然析求和盼望,有一位神明能驱走海水,让他们返回那片先祖的乐土。因而也像世界上其他遭遇第四纪海进的地区一样,产生了表达他们希望的神话——禹治水的神话。所以顾颉刚说"禹是南方民族神话中的人物","这个神话的中心点在越(会稽)"。[17]

越人在会稽山区"随陵陆而耕种",即刀耕火种的迁徙农业,烧山而种,肥力耗尽而迁。因此,部族酋长驻地即以后史书中所说的越国都城,随着这种迁徙农业而移动不定。有记载可查的,有埤中和大城等处,都在会稽山区,前者在今诸暨境内,后者在稽北丘陵[18]的秦望山下。《越绝书》卷八说:"无余初封大越,都秦余望南,千有余岁。""千有余岁",只是一个含混的数字,因为他们只知道祖辈相传的平原被海水吞噬,他们进入山区为时很久,却说不上究竟有多少年。现在,从海进、海退的时间计算,越族在会稽山区滞留了 3000 多年。《吴越春秋》卷四把这段漫长的时间总称为"人民山居"。"山居"的条件是很艰难的,即使是部族酋长驻地,如《吴越春秋》卷四所说:"不设宫室之饰。"南北朝初期,有人凭吊会稽山中的于越都城,无非是一些高大的豫樟树,"行伍相当,耸森可爱"。[19]

"人民山居"的漫长时代是由越王句践写上句号的。这就是《越绝书》卷八所说的:"句践徙治山北。"因为海退而出现于会稽山北麓的大片沼泽平原,越人已经纷纷出山去寻找比较高燥的土地从事垦殖,句践才得把他的国都向北迁移。据清毛奇龄的考证,句践的新都在平水附近的平阳,[20]说明已经到达了稽北丘陵的冲积扇附近。"人民山居"时期代代相传的神禹,终于拯救了他们,让他们重返祖辈的家园。只是会稽山北的实际情况和他们在山中的传说并不一样,他们祖辈的家园并不像传说中的那样富庶肥沃。而是一片潮汐直薄、咸水横流的沼泽地。神禹为他们驱走了洪水,但他们获得的却是一片泥泞沮洳的上地。所以禹的神话还有它的后半部。那就是疏导,把沼泽地的积水疏导入海,这就是越人回到平原以后接着要做的事。

　　越王句践是一位有抱负、有才略的部族领袖。他即位的当年,就在今嘉兴附近打败句吴的军队,打伤了吴王阖闾,使他负伤而死。可惜从当时的国势来看,句吴显然比刚从会稽山区出来的于越强大得多。两年以后,阖闾的儿子吴王夫差击溃越军,直入越地,包围了会稽山。句践只好屈膝求和,句践夫妇作为人质,由范蠡大夫陪同去到句吴国都吴(今苏州)忍受屈辱的囚奴生活。在范蠡的策划下,一心图北上称霸的夫差,终于在句践七年(前490)释放了句践。^㉑于是句践返回越国,当年就在今绍兴城建立他的新都城。这个新城利用今府山南麓兴建,称为山阴小城,《越绝书》卷八有详细记载。小城建立以后,接着又兴建大城,基本上奠立了以后会稽郡城和绍兴府城的规模。

　　与吴王夫差一样,越王句践也有到中原角逐称霸的雄心。但是他首先必须消灭与他有深仇大恨的句吴。他一方面对吴王夫差百般屈从,另一方面却卧薪尝胆,积极从事兴国复仇的准备工作。即所谓“十年生聚,十年教训”^㉒的计划。尽一切努力增加人口,发展生产,训练士兵。他在沼泽平原上围堤筑塘,发展了种植业和畜牧业;兴建了冶炼业、造船业和其他手工业。国力有了很大的增强。最后建立起一支包括陆军和水军的总数到达5万人的军队。^㉓到了他在位的二十四年(前473),利用夫差北上称霸的机会,一举击败吴军,覆灭句吴。

　　于是,句践“乃以兵北渡江淮,与齐、晋诸侯会于徐州。致贡于周,周元王使人赐句践已受命号,去还江南,以淮上地与楚,归吴所侵宋地,与鲁泗东方百里。当是之时,越兵横行于江淮之上,诸侯毕贺”。^㉔就这样,于越以一个南蛮小国,经过句践一代二十几年的经营,终于成为国力强盛的大国,与大国诸侯角逐中原,并且得到周王朝的承认。

　　句践在位的第二十五年(前472),迁都琅琊,^㉕句践于其二十七年(前470)去世。迁都以后,绍兴虽然已不是越都,但仍是越族的经济中心和部族中心。越国建都琅琊以后,延续了至少达二百数十年之久。^㉖这段时期中,故都大越(绍兴)的情况缺乏记载。越国的最后一代君王无彊(或作无疆)伐楚,大败,为楚人所杀。时在周显王三十五年(前334)。^㉗据《史记·越世家》所载,楚“尽取故吴地至浙江”。《资治通鉴》亦载,楚“乘胜尽取吴故地,东至于浙江。越以此散,诸公族争立,或为王,或为君,滨于海上”。^㉘从《越世家》和《通鉴》所载,楚国当时所占领的是“故吴地”(《通鉴》作“吴故地”)。“(东)至于浙江”。从现在来说,即楚国所占的土地只达钱塘江以北,钱塘江以南的故越地仍为越人所有。其地位处境,如《越世家》和《通鉴》所载“服朝于楚”(《通鉴》作“朝服于楚”)。但从另外一些文献所记判断,钱塘以南的越人,仍在称王的部族领袖领导之下,并且还有相当充裕的实力。按《水经·河水注》引古本《竹书纪年》,魏襄王七年(前312):“四月,越王使公师隅来献乘舟,始罔及舟三百,箭五百万,犀角、象齿焉(今本《竹书》基本相同)。”当时距越王无彊被杀不过20多年。派公师隅北上的越王是谁？史籍没有记载。但在无疆溃败后不久，就能以这样一大批物资远送北方。这显然是以绍兴为中心的越故地的力量。说明在于越国都北迁以后，故都大越城及其附近地区，仍是越族的经济中心和部族中心。

会稽郡与越州

秦王政二十五年（前222），秦平定长江中下游以南地区。《史记·秦始皇本纪》："定荆江南地，降越君，置会稽郡。"郡名称为会稽，但郡治却不在会稽而在吴（今苏州）。这是什么缘故？前面讨论于越的一节中提到，越国把都城北迁琅琊以后，它的故都大越城仍然是于越的经济中心和部族中心。越族的势力在这里是根深蒂固的。秦始皇当然不愿在这里建立郡治。不仅如此，他并且改变原来的地名，把"大越"改为"山阴"。㉙当时，会稽郡的范围极大，北起长江南岸，南到今福建北部。㉚包括长江和钱塘江之间的10多个县和钱塘江以南的10多个县。从此，绍兴从原来的于越故都成为会稽郡下的一县。不过，在合郡20多个县中，山阴县无疑是个显要的大县，特别受到秦始皇的重视。他于三十七年（前210）出巡，到达这里，并且攀登了会稽山。㉛

秦之所以把句吴和于越旧地合置为一个会稽郡。其意图当然和它废封建、设郡县的政策一致。对于这个地区来说，特别使秦始皇耿耿于怀的是剽悍善战的越族。这一带正是千百年来越族繁衍生息的基地，而大越城更是越王句践的故都。所以他一定要降低它的地位，削弱它的力量。他把南蛮缺舌之中最难以驯服的吴越之地合为一郡，显然是为了便于统治。与此同时，他对这个地区的越人，进行了强迫移民，㉜又驱赶某些北方汉人移居到这里。㉝

秦以后，郡县制度曾经一度削弱。西汉高祖五年（前202），今浙江从北部到中部，大部分地区包括山阴县在内属于分封韩信的楚国，会稽郡不再存在。汉高祖六年（前201），楚国废除，辖地分散，原秦会稽郡辖地置同姓荆国（楚国是异姓王国），山阴县在其辖境之内。汉景帝三年（前154）发生了"七国之乱"，引起了一次全国性的建置变化。景帝四年以后，秦会稽郡的建置恢复。山阴县在会稽郡辖下，整个西汉都是如此。这一段时期，有关这一带的记载极少。大概也是这个地区发展缓慢的时期，与全国其他发达的地区相比，这里显然是个落后地区。司马迁是这段时期中考察过这个地区的著名人物。但他在《货殖列传》中对这里只有一句话的记叙："浙江南则越。"而对郡治吴，他说了不少话，并且称道其地："东有海盐之饶，章山之铜，三江、五湖之利，亦江东一都会也。"

范围广大的会稽郡，一直维持到东汉中期，越王句践故都作为郡下属县，延续了

300多年。由于郡内生产力的逐渐提高,人事趋于复杂,交通不便,这样大面积的行政区划,确实尾大不掉。于是出现了分郡的要求:"后汉顺帝时,阳羡令周嘉上书,以吴、越二国,周旋一万一千里,以浙江山川险绝,求得分置。"㉞"分置"在东汉顺帝永建四年(129)获得实现,㉟这就是所谓"吴会分治"。大体上以钱塘江为界,江北置吴郡,郡治设于吴,即分治前的会稽郡治;江南置会稽郡,郡治设于山阴,领山阴、余暨、诸暨、剡、上虞、余姚、句章、鄞、鄮、乌伤、太末、章安等12县。㊱山阴既为会稽郡治,越王句践的故都重新显露头角,成为一郡的政治、经济、文化中心。分治以后,会稽郡的地域仍然很大,它包括了整个浙东。

此后,历三国、两晋、南北朝以至隋唐,虽然经常有一些名称上或辖属关系上的变化,但绍兴一直是浙东的一个重要政治、经济、文化中心。起初是会稽郡的郡治,后来则是越州的州治。由于社会生产力的不断提高和人口的继续增长,郡一级的行政区划趋于增加,会稽郡的管辖范围就逐渐缩小。三国吴太平二年(256),会稽郡东部建立了临海郡。㊲吴永安三年(260),会稽郡南部,即今闽北地区建立了建安郡。㊳吴宝鼎元年(266),又建立了东阳郡。㊴从此,会稽郡的辖境就缩小到以后明、越二州的范围。

永嘉之乱以后,晋朝政权东迁,中原士民大量南迁,会稽顿时成为国内的著名大邑,其重要性曾被比作北方的关中。㊵苏峻之乱以后,建康宫阙灰烬,有人曾建议东晋迁都会稽。㊶会稽在江南的显要地位,于此可见。东晋简文帝时,会稽郡曾一度为其子道子的封邑,改称会稽国。后因道子孙修之无嗣,废会稽国,仍为会稽郡。㊷南北朝之初,山阴县已经号称"海内剧邑"。㊸说明这一时期,绍兴地区在经济、文化等方面有了很大的发展。这种发展,在行政区划的变化上也得到充分反映。南朝宋孝建元年(454),浙东的会稽、东阳、永嘉、临海和今浙、皖边境的新安五郡,置于东扬州辖下,而州治就在会稽。㊹而接着于大明三年(459),又一度把扬州州治从原来的建康移到会稽。㊺此事实在不同寻常。因为自从晋室东渡以后,建康既为扬州州治,又为国家首都。所以"扬州刺史为诸州统帅,多以上相领之,六朝皆然"。㊻而会稽居然一度膺此重寄,足见其地位在当时的重要。扬州州治虽然旋即迁返建康,但会稽从梁代初年起又被升为东扬州。㊼全祖望说:"六朝扬州封内以丹阳为王都,而吴郡乃其近畿,故多合二郡为扬州,而以会稽为东扬州。"㊽说明正由于"会稽人阜物殷",㊾使其俨然与建康东西相峙,成为六朝江南的两大都会。

如上所述,会稽郡在六朝时代的沿革变化是相当频繁的。在这种频繁的变化中,会稽郡特别是它的郡治在六朝的半壁河山中不断地提高了声望。而与此同时,郡治内部由于经济、文化的发展,户口的增加,也有调整其行政区划的必要。南朝齐已经提出了把山阴县分为两县的建议。⑩这种建议到不久以后的陈代(557—588)终于实现。作为郡治的山阴县,包括郡城内外,划分为山阴、会稽两县。⑪这是会稽县在历史上的首次出现。

中国自从西晋永嘉之乱以来所出现的南北分裂的局面,持续了两个多世纪,到隋一统而终于结束。随着隋的一统,行政区划出现了较大改变。隋初,实行了并省州、郡、县和改郡为州的措施。开皇九年(589)以后,今浙江省境置 5 郡、24 县,已不到南朝梁、陈二代省境内郡、县的一半。开皇九年废郡,改东扬州为吴州,置总管府。大业元年(605)废总管府置越州,三年复置会稽郡。郡以下也有较大变化,山阴县被改名为会稽县,作为郡治。南朝时作为东扬州州治的会稽郡,曾有 10 县。但隋朝缩减到 4 县(会稽、句章、剡、诸暨)。⑫

对于绍兴历史上的沿革变化来说,隋代的行政区划和名称的变化,最重要的是越州一名的出现。秦始皇害怕越人,在地名上删去"越"字,也不让"越"字进入行政区划。从此 800 多年,"越"作为一个地名确实很少再见。现在,朝廷以"越"作为这个州的州名,所以这无疑是 800 多年中绍兴地名的一个重要变化。

从隋大业到唐乾元的一个半世纪中,"越州"和"会稽郡"有几次反复的变化。从乾元元年(758)起。"越州"的名称就稳定下来,⑬一直嬗递至于北宋。

这中间在辖境上的重要变化,是州境的再次缩小。由于海上交通的发展,越州东境的海上贸易日趋繁盛。开元二十六年(738),在采访使齐澣的建议下,于原鄮县设置了行政地位与越州相同的明州。⑭初建时的明州,所辖仅鄮(州治)、奉化、慈溪、象山 4 县。而越州,其时为隋初所并废的山阴县已经恢复,所辖有会稽、山阴、诸暨、余姚、剡、上虞、萧山 7 县(会稽、山阴同为州治),并于唐德宗贞元三年(787)成为浙江东道的道治所在,置观察使,统辖浙东各州。⑮著名诗人元稹,曾在唐穆宗长庆年代(779—831)任浙江东道观察使兼越州刺史。在任上作诗,有"会稽天下本无俦"⑯之语。元稹出生于中原大都会洛阳。到越州前曾任官同中书门下平章事,就是唐朝的宰相。像他这样一位见过世面的人,居然如此称道越州,说明越州在当时确实是全国的一大都会。显然也是今浙江省境内的最大都会。贞元三年朝廷分浙江东西道为三,各置观察使,其中除了浙东治越州外,浙西治润州(今镇江),宣、歙、池治宣州(今宣城)。⑰即此一端可以证明,今浙江境内够得上"道"一级治所的城市,还只有越州一处。

直到唐朝末期,越州州城亦即山阴、会稽两县县治,在今浙江省境仍处于首屈一指的地位。据《资治通鉴》所记,唐僖宗光启二年(886),"董昌谓钱镠曰:汝能取越州,吾以杭州授汝。……十一月,钱镠克越州。……昌徙镇越州,自称知浙东军府事,以钱镠知杭州事"。⑱董昌为杭州刺史,钱镠是其部将。但董昌却得越而弃杭,这就说明越州在当时尚在杭州之上。乾宁四年(897),吴越王钱镠定杭州为吴越国西府,越州为吴越国东府。西府是实际上的首都。定都以后,他对杭州作了一番很大的营建。至此,杭州才开始超过越州。不过东府仍是他的行都,钱镠于乾宁四年、天复元年(901)、后梁开平三年(909),数度驻节越州,擘画经营,建树甚多,促进了这个地区的继续发展,奠定了南宋初期成为临时国都的重要基础。⑲

绍兴府

北宋末年,金人南下,占领东京(开封),即所谓靖康之变。全国动乱,绍兴地区也经历了一次战祸。由于金兵南下,宋高宗于建炎三年(1129)十月从杭州渡钱塘江至越州,驻跸州廨,越州第一次成为南宋的临时首都。⑳但金兵紧紧尾随,当年十二月,宋高宗又东奔避难。安抚使李邺以州城降金。

建炎四年初,金兵撤退,南宋朝廷于当年四月从温州再度返越,以州治为行宫,越州第二次作为南宋的临时首都,为期达一年零八个月之久。㉑这一次驻跸越州,由于为时较久,军事形势也较稳定。越州在一年多时间里成为南宋的政治、经济、文化中心,这是绍兴历史上的一件大事。

越州既已为临时首都,宋高宗虽无恢复中原之志,但也很想在此苟延残喘。巩固一下南宋小朝廷的所谓中兴之业。因此,建炎四年以后,他就改元为绍兴元年(1131)。并且仿"唐幸梁州故事,升州为府,冠以纪元"。㉒这样,越州从绍兴元年起,就改称绍兴府。宋高宗为什么要用"绍兴"这个年号代替建炎,又为什么要把这个年号留在他驻跸的越州,用以代替越州这个原来的名称。陆游在嘉泰《会稽志序》中写明了这个过程:

> 我高宗皇帝御龙舟,横涛江,应天顺动,复禹之迹。驻跸弥年,定中兴之业。群盗削平,强虏退遁。

"群盗削平,强虏退遁"。宋高宗自从在南京(今商丘)仓猝即位以来,一直在兵荒马乱中南奔,建炎四年确实迎来了相对安定的局面,改元绍兴,显然含有中兴的愿望在内。他逃避金兵追击,即位以来从北向南到过许多城市,而越州是他转危为安的地方,对他和宋室朝廷,都是一个值得纪念的地方,所以在改元之时要用"唐幸梁州故事"。这是指的唐建中四年(783)朱泚之变,唐德宗出奔梁州(今陕西汉中),改元兴元元年(784),并诏改梁州为兴元府。㉓"绍兴"原来是个年号,本来无须解释,但是由于"升州为府",它取代越州,成为南宋的一个二级行政区划地名,人们为了解释地名,就牵连到这个年号。由于这个年号如上所述确实含有中兴的愿望在内，因此，长期以来，"绍兴"被解释作为"绍祚中兴"。包括历代地方志书以及近代宋史研究的文献，都是这样说法。一直要到近年新修《绍兴市志》，⁶⁴才寻根究底，从宋人著作中找到当年改元的诏书原文：

> 绍兴元年正月一日己亥，大赦改元。敕曰："绍奕世之宏休，兴百年之丕绪。爰因正岁，肇易嘉名，发涣号于治朝，霈鸿恩于寰宇，其建炎五年，可改绍兴元年。"⁶⁵

由此可知，"绍兴"，从年号到地名，都从"绍奕世之宏休，兴百年之丕绪"语而来。它确实具有中兴之意，但长期流行的"绍祚中兴"，却是没有根据的以讹传讹之谈。"绍兴"，作为一个地名，自从 1131 年以来，一直沿用至今，由于这个地区的人杰地灵，所以作为地名的"绍兴"，在海内外已经有了极高的知名度。

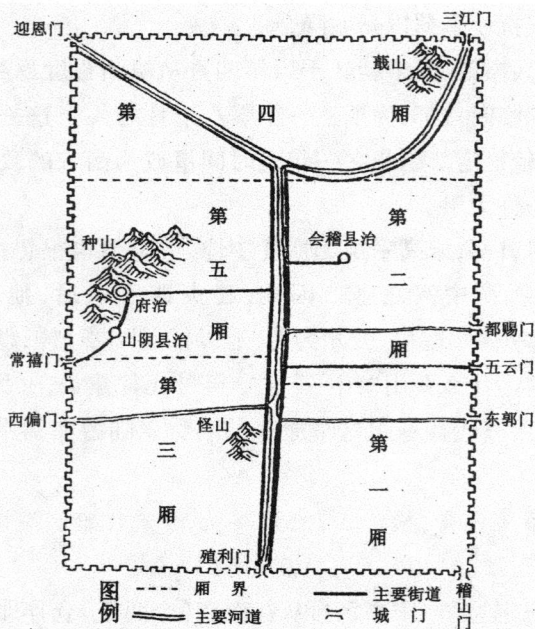

图一　南宋绍兴府城示意图

改元以后，当年十一月，移跸杭州。对于宋高宗改元以后随即弃绍就杭，历史上有不少议论。不久前出版的《南宋史稿》⁶⁶总结了历来议论，提出对这件史实的比较完整的说法：

　　从历史上看,虽说"会稽乃报仇雪耻之地",但要将南宋政权长期建立在这里,也出现了一系列的问题:一是南宋皇室和统治集团中的主要官员大批集中到绍兴府以后,造成当地物资供应严重匮乏,物价飞涨,甚至一兔的价格也要五六千文,不仅百姓生活更加困难,统治者的奢侈生活也得不到保障。二是绍兴府地处浙东一隅,漕运很不方便,各地赋税无法上贡,财政上出现了严重危机。南宋政府为加强搜刮,甚至公开出卖承直、修武郎以下官,以充国库。三是久驻绍兴府,也不利于高宗打出抗金恢复的旗帜,以自欺欺人。于是大臣们纷纷上疏,指出绍兴府非可以长久驻跸之地,如中书舍人洪拟说:"舍四通八达之郡,而趋偏方下邑,道里僻远,非所以示恢复。形势卑陋,不足以坚守御。水道壅隔,非漕挽之便。轻弃二浙,失煮海之利。"刚刚被任命为左相的吕颐浩也提出了类似看法。到当年十一月,高宗终以"会稽漕运不济"为由,下诏"移跸临安"。绍兴二年(1132)正月,他在张俊等人护卫下,来到了临安府。⑰

　　上面引文中洪拟的话,如"偏方下邑"、"形势卑陋"之类,显然语出偏执。绍兴不宜长期驻跸,从政治形势看,因为其地不在抗金前哨,不符合当时朝野的抗金要求。从经济形势看,因为它与当时产粮最丰富的太湖平原之间有钱塘江之阻,在支持作为一个首都的后勤需要上存在困难。至于绍兴在南宋这个半壁河山中的地位,即使在杭州定都以后,它仍然是数一数二的。《宋绍兴府进士题名一》⑱说:"越今为陪都……要非余郡可比。"这里,"陪都"的说法没有正式依据。但陆游在嘉泰《会稽志序》中所说:"股肱近藩,东诸侯之首地。"陆游在《序》又说:"今天下钜镇,惟金陵与会稽耳。"由于首都临安府,其正式名分不过是"行在所",所以南宋并无陪都的设置。但绍兴这个近畿大邑,实际上具备了若干陪都的条件。会稽山下被选定作为王室的陵寝所在。⑲由于大量赵氏宗室居住于此,朝廷的宫学也在此创办。"要非余郡可比"的话是信而有征的。绍兴六年(1136),朝廷规定山阴等40处为全国大邑。⑳因为这里在经济上的繁荣发展,同时又是当时全国的重要文化中心之一,㉑而山水之秀,又甲于天下。㉒所以这个地方,在"绍兴"得名以前。会稽和越州,早已不同凡响;而在"绍兴"得名以后,更是扶摇直上誉满天下。总的说来,句践的建城定都,六朝的繁荣秀丽,南宋的充实发展,这是绍兴历史上的三个高峰。

　　前面提及,绍兴在南宋是与金陵齐名的全国两大城市,绍兴府城(即山阴、会稽两县县城)已经是一座拥有居民万户的大型城市,㉓厢坊建置,已趋完备,全城建有5厢96坊。㉔直到清末,绍兴府城内的坊巷名称及布局,都以此为基础。

南宋绍兴府城厢坊建置表（据宝庆《会稽续志》卷一）

厢	坊			
第一厢	外竹园坊 外钟离坊 外梧柏坊 目莲坊 小新坊 礼禋坊	里竹园坊 里钟离坊 里梧柏坊 季童坊 都亭坊	晋昌坊 静林坊 杏花坊 义井坊 法济坊	元真坊 甘露坊 亲仁坊 新路坊 孝义坊
第二厢	棚楼坊 照水坊 石灰坊 押队坊 祥特坊	花行坊 小德政坊 朴术坊 诸善坊 詹状元坊	日池坊 宝幢坊 乐义坊 上党坊 莫状元坊	月池坊 广陵坊 永福坊 义井妨
第三厢	西河坊 华岩坊 大市门坊 南观仁坊 耀灵坊 京兆坊 河南坊 桐木坊	小驿坊 铁钉坊 治平坊 狮子坊 植利坊 天井坊 施水坊 槿木坊	南市 蕙兰坊 甲子坊 云西坊 采家坊 水沟坊 船场坊 爱民坊	富民坊 德惠坊 开元坊 菩提坊 柴场坊 大新坊 府桥坊
第四厢	贤良坊 北市 新河坊 武勋坊 笔飞坊	火殊坊 瓦市 大路坊 昼锦坊 斜桥坊	少微坊 双桥坊 石灰坊 迎恩坊 戒珠坊	板桥坊 水澄坊 锦鳞坊 草貌坊 王状元坊
第五厢	教德坊 秦望坊	卧龙坊	车水坊	显应坊

除了城内的坊巷建置外，山会两县乡村中的乡里建置也较前代更为严密。计山阴县 14 乡、43 里，会稽县 14 乡、33 里。以后明清时代的乡里建置，大体上都沿袭南宋的规模。

南宋以后，绍兴地区的沿革变化很小。元代在全国范围内改"府"为"路"，绍兴府称为绍兴路，但明代即恢复"府"的称号，从明到清不变。其辖区和属县亦无二致。

南宋山阴会稽两县乡里建置表（据嘉泰《会稽志》卷十）

县	乡	对府城位置	到府城距离（里）	辖里
山阴	坊郭	城郊		大云、市南、北海、新河
	迎恩	西北	25	兰上、明福、会昌、苦竹
	灵芝	西北	25	袁宾、宾祐、万岁、禹川、尽祐、埭石、北渎、勾渎
	感凤	东北	26	永仁、玉笥
	巫山	东北	28	朱尉、永仁、鹿山、涂山、石城
	温泉	西北	28	怀信、兴德、崇业
	梅市	西北	29	梅福、永新、宝盆
	旌善	西北	30	敬忠、周嘉
	承务	西南	27	洪渐、道泰
	禹会	西北	50	广陵
	清风	西北	80	清化、骆思
	安昌	西北	81	齐贤、东林
	新安	西南	100	调山
	天乐	西南	120	方山、馨浦、斯里、刹竿
会稽	坊郭	城郊		待贤、德政
	凤林	东	2	西施、镜水、石亭
	雷门	东北	13	上皋、皋平、石渎、长乐
	上亭	东北	22	上许、静志、淳墅
	袁孝	东	35	通德
	广孝	东	40	苏墟、崇德
	曹娥	东北	45	福严、箬林
	延德	东北	80	西岭
	富盛	东	50	积下
	太平	东南	100	章汀、全节、太平、蒿山
	千秋	东	60	稽山、城南
	德政	东南	110	太钦、赤石、奉化
	五云	东南	12	石帆、西施
	东土	东南	72	美箭、谢公、回潭

元朝为时短促，而举国扰攘，无可足述，自明至清，因西方资本主义东渐的影响，浙省境内沿海城市如宁波、温州，崛起甚速，绍兴在经济地位上未免见逊。但在文化上由于前代的雄厚传统而愈益欣欣向荣。"蕺山风高，姚江流长"，[75]成为东南的文化名都。[76]此外，六朝以来"山阴道上行，如在镜中游"的自然风光依旧，而人文胜迹则增加甚多，所以又是海内传颂的"山水名都"。[77]

注释:

① 《禹贡》九州为:冀、兖、青、徐、扬、荆、豫、梁、雍。但古人假托九州除《禹贡》外尚有《周礼·职方》、《吕氏春秋·有始览》、《尔雅·释地》,假托的州名,与《禹贡》仅有个别差异。

② 《国语·鲁语下》:"昔禹致群神于会稽之山。"

③ 如唐苏鹗《苏氏演义》卷上,宋苏轼、苏辙《涂山诗》,罗泌《路史》等。明方以智则认为"涂山有四"。他在《通雅》卷十三说:"古会稽并辖淮南,涂山实在寿春,非山阴也。"

④ 《一统志案说》卷十浙江。

⑤ 上海书店出版社 1994 年版。

⑥ 咸淳《临安志》卷十六。

⑦ 《脚气集》卷上。

⑧ 今萧山。

⑨ 《苕溪渔隐丛话·前集》卷二四。

⑩ 胡云翼选注《唐宋词一百首》,中华书局 1961 年版。

⑪ 《半禅庵记》,载《青藤书屋文集》卷二四。

⑫ 陈桥驿《越国文化·序二》,上海社会科学院出版社 1998 年版。

⑬ 陈桥驿《越族的发展与流散》,载《东南文化》1989 年第 6 期,又收入于《吴越文化论丛》,中华书局 1999 年。

⑭ 《越绝书》卷八及《林邑记》(据《水经·温水注》所引)均提及"外越"。

⑮⑳ 《越绝书》卷八。

⑯㉔ 《吴越春秋》卷六。

⑰ 《古史辨》,北平朴社 1926 年版。

⑱ 按自然区域划分,会稽山南部的丘陵地,属于小舜江流域,面积约 350 平方公里,称为稽南丘陵。北部的丘陵地,属于三江水系,面积约 460 平方公里,称为稽北丘陵。

⑲ 《会稽记》、戴《宛委山堂说郛》(《说郛正续》)弓六一。

⑳ 《重修平阳寺大殿募疏序》,载《西河合集》卷十六。

㉑ 陈桥驿《论句践与夫差》,载《浙江学刊》1987 年第 4 期,又收入于《吴越文化论丛》。

㉒ 《左传》哀公元年。

㉓ 陈桥驿《古代于越研究》,载《民族研究》1982 年第 2 期,又收入于《吴越文化论丛》。

㉕ 今山东省胶南县附近。

㉖ 陈桥驿《于越历史概论》,载《浙江学刊》1984 年第 2 期,又收入于《吴越文化论丛》。

㉗ 楚灭越时间有几种说法,这里按《史记·越世家》及《资治通鉴》。

㉘ 《资治通鉴》卷二《周纪二》。

㉚ 《汉书·地理志》有会稽郡,无闽中郡,故学术界对闽中郡有不同说法。王国维《秦郡考》

（《观堂集林》第十二卷）及谭其骧《秦郡新考》（《长水集》上，人民出版社 1987 年版），均认为秦郡有《闽中邵》。则今浙南、闽北应为闽中郡辖境。

㉛　《史记·秦始皇本纪》。

㉜　《越绝书》卷八："徙大越民，置余杭、伊攻、□、故鄣。"

㉝　《越绝书》卷八："因徙天下有罪适吏民，置海南故大越处。"按"适"同"谪"。

㉞　《元和郡县图志》（中华书局 1983 年版）卷二六。按"周喜"，别本作"周嘉"。

㉟　《后汉书·顺帝纪》。

㊱　永和以后又增设永宁（章安县东瓯乡）、东部（永嘉县）两县。

㊲　《三国志·吴书·孙亮传》。

㊳　《三国志·吴书·孙休传》。

㊴　《三国志·吴书·孙皓传》。

㊵　《晋书·诸葛恢传》："今之会稽，昔之关中。"

㊶　《资治通鉴》卷九四《晋纪》，成帝咸和四年："是时宫阙灰烬，以建平园为宫。温峤欲迁都豫章，三吴之豪，请都会稽。"

㊷　万斯同《历史年表》卷一二。

㊸　《宋书·顾颛之传》。

㊹　《资治通鉴》卷一二八《宋纪》。

㊺　《宋书·沈怀文传》。

㊻　《越缦堂日记补》咸丰十一年五月九日。

㊼　《舆地广记》卷二二。

㊽　《浙西分地录》，载《鲒埼亭集外编》卷四九。

㊾　《晋书·诸葛恢传》。

㊿　《南齐书·沈宪传》。

51　《读史方舆纪要》卷九二《浙江四》。

52 55　均据《元和郡县图志》卷二六。

53 54　《新唐书·地理志》。

56　《夸州宅景色》，载《元氏长庆集》卷二二。

57　《资治通鉴》卷二三二《唐纪》。

58　《资治通鉴》卷二五六《唐纪》。

59　《吴越钱氏志》卷七："宋高宗南渡，初驻绍兴，继乃定都临安，皆因钱氏东西二府之旧。"

60　《宋史纪事本末》卷六三。

61　《建炎以来系年要录》卷三二。

62　陆游《嘉泰会稽志序》

63　《资治通鉴》卷二三一《唐纪》。

64　浙江人民出版社 1996 年版。

(65) 徐梦莘《三朝北盟会编》卷一四四。

(66) 何忠礼、徐吉军著,杭州大学出版社1999年版。

(67) 宋高宗于是年移跸临安府,称临安府为“行在”,绍兴七年(1137)又移跸建康府(今南京)。次年(绍兴八年)返回临安府,称临安府为“行在所”,其实就在此定都。

(68) 杜春生《越中金石记》卷四。

(69) 位于会稽山北麓的宝山,高宗时已建昭慈、永祐两攒宫,以后又续建高宗永思陵、孝宗永阜陵、光宗永崇陵、宁宗永茂陵、理宗永穆陵、度宗永绍陵,合称宋六陵。

(70) 熊克《中兴小纪》卷二〇。

(71) 乾隆《绍兴府志》卷一八引明司马相《越郡志略》:“衣冠之盛,咸萃于越,为六朝文物之薮。……宋南渡后,学徒益盛。”

(72) 叶绍翁《四朝见闻录》丁集:“奔走东南湖、湘、闽、广、江、浙之间,历尽览矣,山水之秀,无如越也,盖甲于天下者也。”

(73) 王十朋《会稽三赋》“周览城围,鳞鳞万户。”

(74) 宝庆《会稽续志》卷一。

(75) 此为民国时代省立绍兴中学校歌歌词。“蕺山”指刘宗周(1578—1645),因其曾讲学蕺山。“姚江”指姚江学派,即阳明学派,为王阳明(1472—1528)所创。

(76) 张元忭万历《绍兴府志序》“明兴,人文益盛,斌斌焉,轶邹鲁而冠东南矣。”

(77) 王穉登《客越志略》,载嘉靖刊本何镗《古今游名山记》卷十下。

二　历史自然地理

地质与地史

　　地质与地史是一个地区自然环境的重要内涵,但它并非区域自然地理要素。只是由于它和区域自然地理有密切关系,所以把这一部分也相应收入此篇。另外,地质与地史属于一种大区域的概念,而绍兴是一个小区域,在绍兴历史地理中记叙这方面的内容,其地域范围显然比绍兴要大得多。

　　从大地构造来看,绍兴地区位于华夏陆台的东北部,是浙闽地盾的一部分。和华夏陆台其他地区一样,这里在震旦纪以前已经基本稳定,其基底由复杂的变质岩系组成。在整个古生代的漫长时期中,除了缓慢的升降运动和局部的海进外,没有较大的变动。中生代以后,火山喷发从侏罗纪开始,一直延续到白垩纪以后,使许多古老岩层覆盖上凝灰岩、粗面岩和流纹岩等火山喷出体。花岗岩的侵入作用,此时也大量开始。到第三纪,火山活动还局部存在,曾有玄武岩的喷出。第四纪主要是沉积作用,晚更新世以来的海面升降,反复的海进海退,对以后的平原地貌具有直接的影响。

　　对于中国东海晚更新世以来的海进,通常以当时海洋中盛存的一种肉足纲原生动物有孔虫(foraminifera)命名。第一次是星轮虫(asterorotlia)海进,发生于距今10万年以前。迄今为止,山会平原和整个宁绍平原都还没有发现过这次海进和海退(发生于距今7万年前)的遗迹,所以可置之勿论。第二次是假轮虫(pseudorotalia)海进,发生于距今 4 万余年前,海退则发生于距今 2.5 万年前。假轮虫海退是一次全球性的大规模海退,中国东部海岸伸张约 600 公里,东海中最外缘的一道贝壳堤,位于东海大陆架前缘 – 155 米,C^{14} 测年为 14780 ± 700 年前。[①]这是至今发现的假轮虫海退的最后海岸线。当时,宁绍平原是一片广大平原,东缘的今舟山群岛与平原毗连,舟山群岛以东,还有大片陆地。第三次是卷转虫(ammonia)海进,发轫于全新世之初,到距今 1.2 万年前后,海面就上升到现代海面 – 110 米的位置上,到 1.1 万年前后,上升到 – 60 米的位置上,到了距今 8000 年前,海面就上升到现代海面 – 5 米的位置上,接着就淹及陆地。这次海进到距今 7000 年—6000 年前到达最高峰,今宁绍平原和省境内的其他平原均被一片"卷转虫海"所淹没。[②]20 世纪 70 年代这一带挖掘所谓"人防工程",在大约 – 12 米高程处,出现大量牡蛎壳,即是这次海进的物证。海退约在距今 5000 年时开始,海面逐渐下降,会稽山地以北随着涸出,在人们从事改造以前,形成一片沼泽平原。

按照地史与构造,绍兴地区的地壳是很稳定的,虽然历史上间或也有地震的记载,但一般都很轻微。大概都是由别处或海洋中的地震所引起。从文献记载看,最严重的一次是清康熙七年六月十七日(1668 年 7 月 25 日)晚上的一次,据《清史稿·灾异志》所载:"绍兴地震,压毙人畜。"这次地震的震中在山东莒州、郯城,震级达 8.5 级,波及全国 12 省 200 多府、州、县,并及朝鲜平安道、平壤、铁山等处,绍兴是这次地震外围的波及地区。乾隆《绍兴府志》的记载是:"康熙七年六月十七日戌时,各邑地震,屋瓦多落,门壁皆响;三十日亥时,地又震。"按《清史稿》有"次日又震"的记载。大概都属于这次强烈地震的余震。《中国地震图集》对这次地震记载甚详,在震中是:"自夜彻旦,震响不止。六月十八,七月十七,八月十三,八月十八日屡震。自戊申至癸丑,余震六年不息。"[③]所以绍兴府各邑的震感也比较强烈。下面把清代以前这个地区的地震包括可能是地震的记录,列成一个简表。

绍兴历史地震表

地震年代		地震地区	震　情	资料来源
中国纪元	公元			
汉永元元年	89	会稽	秋七月乙未会稽山崩。	《资治通鉴》卷四七《汉纪》三九
晋太康九年	288	会稽	正月地震。	《晋书·五行志》
咸和九年	334	会稽	九年三月丁酉地震。	《晋书·五行志》
隆和元年	362	扬州	四月甲戌地震,湖渎溢。	《晋书·五行志》
义熙三年	407	山阴	地陷,有声如雷。	乾隆《绍兴府志》卷八〇
义熙八年	412	山阴	春三月壬寅,山阴县地陷。	《通志·灾祥略》
唐贞元二十一年	805	越州	山崩。	万历《绍兴府志》卷十三
大中十三年	859	会稽	地震。	万历《绍兴府志》卷十三

续表

地震年代		地震地区	震　情	资料来源
中国纪元	公元			
咸通十三年	872	浙东西	四月庚子朔,地震。	《新唐书·五行志》
后唐天成四年	929	吴越	地震,居人有坏庐舍者。	《吴越备史》卷一
宋建隆三年	962	吴越	九月庚戌,地震响如雷。	《吴越备史》卷四
元至正十三年④	1354	绍兴	十二月乙酉地震。	《元史·五行志》
至正二十六年	1366	山阴	六月,卧龙山裂。	《元史·五行志》
明洪武三十二年	1399	会稽	二月九日地震。	万历《绍兴府志》卷十三
正统八年	1443	绍兴	十一月,山移于平地,地动。	《二申野录》卷二
正统十四年	1449	绍兴	府山移于平地,又地动,白毛生。	《留青日札》卷一
天顺四年	1461	会稽	十二月地震。	万历《绍兴府志》卷十三
天顺八年	1465	会稽	十二月地震。	《二申野录》卷二
成化十三年	1477	绍兴	春,瓜山裂。	万历《会稽县志》卷八(抄本)
成化十八年	1482	山阴	地震。	万历《绍兴府志》卷十三
弘治十八年	1505	绍兴	九月十二,地震有声。	《二申野录》卷三
正德十六年	1521	山阴	二月地震。	《二申野录》卷三
嘉靖三年	1524	山阴	二月十五地震。	万历《绍兴府志》卷十三
嘉靖二十年	1541	绍兴	春,骆驼山鸣。	万历《绍兴府志》卷十三
嘉靖三十九年	1560	山阴	二月地大震。	万历《绍兴府志》卷十三
嘉靖四十二年	1563	山阴	卧龙山鸣。	雍正《山阴县志》卷九
万历十七年	1589	绍兴	七月乙未地震。	《明史·五行志》
万历二十年	1592	浙江	地震。	《万历实录》卷二五五
万历三十二年	1604	绍兴	十一月初九夜半各邑地震。	康熙《绍兴府志》卷十三
崇祯九年	1636	山会	二十六日戌时地震。	《二申野录》卷八
清顺治十二年	1655	闽浙	四月地震。	《罪惟录》卷十九
康熙七年	1668	绍兴	六月十七日戌时,地震压毙人畜,次日又震。	《清史稿·灾异志》
康熙七年	1668	绍兴	六月三十日亥时地震。	康熙《绍兴府志》卷十三
道光二十六年	1846	绍兴	六月十三地震。	道光《会稽县志稿》卷九
咸丰五年	1855	绍兴	正月二十九午刻地动。	《越缦堂日记补》

　　上表所记录的当然并不完全可靠,如山崩、地陷、山移、山裂之类。其中有的实在不是地震。也有的记录是同一次地震在不同文献中以不同时间记入,如乾隆《绍兴府志》和《通志》记录的晋义熙三年及八年的地震,记载的内容相同,可能是日期的错误。所以对于绍兴的历史地震,此表只能作为一种参考。

　　此外,上表所列的"地震地区",除少数如"扬州"、"闽浙"、"浙江"外,其余均是绍兴或山阴、会稽。山、会两县以外的绍兴属邑,没有列入上表。其实,发生于诸暨、萧山、上虞等府境的地震,山、会两县不会没有震感。根据《浙江灾异简志》,[⑤]历史上记录的绍兴府所属除了山阴和会稽以外的 6 县的地震有 21 次,只是由于文献上没有"绍兴"、"山阴"、"会稽",所以未被上表所收入。当然,在这 21 次之中,有的确实是山、会两县没有震感的小地震,甚至也不排除某些文献的误记。但其中也有震级很高、波及范围很大的地震,如清咸丰三年三月初七(1853 年 4 月 14 日)的东大洋地震,震级到达 7 级,波及北起今河北、山东,南到浙江、福建的 90 多个府、州、县,朝鲜的京城也有震感。[⑥]绍兴府属邑如萧山、上虞、嵊县、余姚都有记录,但绍兴、山阴、会稽却不见记录,这无疑是文献的遗漏。

山川地形

本书在前面的记述中,例如沿革,涉及会稽郡、越州和绍兴府,区域范围都较广大。在记述地质、地史中,由于内容也涉及较大范围,实际上都超越了"绍兴"的概念。本书以下的记述,在地域范围上大概都以历史上的山阴、会稽两县为界。按照自然地理实体来说,其范围大致是曹娥江以西,浦阳江以东,杭州湾以南,会稽山主脊(即山、会两县与诸、嵊两县之界)以北,即历史上山阴、会稽两县的主要辖境。

绍兴地区(山阴和会稽)的山川秀丽,自古闻名。王羲之所说的"山阴道上行,如在镜中游",王子敬所说的"山川自相映发,使人应接不暇",顾长康所说的"千岩竞秀,万壑争流"等等,早已脍炙人口。会稽山自古森林茂密,满山苍翠。而在中生代以后的火山活动中,暴露在地表的凝灰岩、流纹岩等,由于长期的风化侵蚀和人为的采凿等影响,使这座名山又具有怪石嶙峋、洞穴幽邃的特色。诸如秦始皇刻石、秦始皇坐石、丞相石、落星石、射的石、射的山石室、石帆山、鹤鸣山石鹤、石匮山、禹庙石船、欧冶子铸剑处孤石等等,都是以石著称的胜景。会稽山以北,由于鉴湖的建成,一个巨大的人工湖承受会稽山三十六源之水,湖光山色,风景瑰丽。鉴湖以北是广大平原,河渠交错,湖沼棋布,孤丘挺拔,阡陌纵横,是一片水乡泽国的舒坦景观。平原以北则是滚滚钱江,平沙千里,堤塘横亘,涌潮澎湃,海阔天空,江海胜景,气势宏壮。以上所述,是绍兴山川地形的总貌。以下分会稽山地和山会平原两部分进行记叙。

会稽山地

从地形方面观察,绍兴地区的南部和西部是一片丘陵,称为会稽山地。会稽山从秦代起就和太室山、恒山、泰山等并列;[⑦]到了唐代,又被封为全国各名山中的所谓"南镇"。[⑧]它实际上是一片经过侏罗纪回春的古老丘陵,范围相当广阔。东西最宽约 50 公里,东南到西北最长约 150 公里。古人所谓"会稽山周围三百五十里",[⑨]只是大体言之而已。在丘陵内部,丘陵的分布和走向都比较复杂。会稽山地的主干部分,绵亘于山阴、会稽和诸暨、嵊县边界,主峰如鹅鼻山、真如山(五百冈)、五岩山、尖子冈,高度均在海拔700米以上。其中鹅鼻山高达海拔788米,是全境最高的山峰。从主干部分按西南、东北走向,分出一系列海拔500米上下的丘陵。构成整个山地的复杂形势。

会稽山有三条主要分支,按照后来的名称,它们的分布大概是这样的:

东翼是真如山(五百冈),向东北延伸,经鹅鼻山、四峰山、衙堂山、驻跸岭、葡萄岭等,直抵上浦镇附近的曹娥江边,是曹娥江与其支流小舜江的分水岭。

中翼称为化山,从尖子冈向东北延伸,经龙池山、陶宴岭、五峰岭、甘平冈、台五冈等,直至曹娥江以南的凤凰山,是曹娥江与古代鉴湖水系的分水岭。

西翼称为西干山,从尖子冈向北经作丹冈、古博岭、辣岭、关口山、大武尖等,直至钱清西北的牛头山。并且从大武尖以西的横山岭向西北分出一支越王峥山,包括青化山、越王峥等较高山峰,向北直至西小江以南的王家大山以北诸山。西干山是浦阳江下游诸水和古代鉴湖水系的分水岭。

上述会稽山的三条主要分支,其本身也杂出了更多较小的丘陵分支,使地形显得崎岖复杂。在真如山和化山之间,较大的丘陵分支有木涡尖山和独支尖山等,山峰高度多在海拔500米以上,形成会稽山范围内较高的一片丘陵地。由于它的位置偏南,我们称它为稽南丘陵。

北部化山和西干山之间的地区,情况比南部更为复杂。化山北侧有5个向北伸展的丘陵分支,西干山东侧有10多个西南、东北走向的丘陵分支。虽然这些丘陵分支一般都在海拔500米以下,比稽南丘陵显得低矮,但是由于这是古代绍兴一个重要活动中心,因而其中有不少古越名山,如秦望山、宛委山、云门山、若耶山、赤堇山、天柱峰等。由于这个地区在位置上偏北,我们就相应称它为稽北丘陵。

稽南丘陵的面积约为350平方公里左右,全部在小舜江流域范围以内。小舜江是曹娥江在绍兴境内最大的支流,这条河流在历史上没有较大变化,支流杂出,水量丰富,构成无数的山间盆地和山麓冲积扇。这些盆地和冲积扇,都是古代越人活动的地区,刀耕火种,是会稽山地中开发最早的地区。不过由于稽南丘陵地形比较崎岖,盆地和冲积扇都很狭窄,对生产活动限制很大,因此,自从越王句践在位以后,越人的生产活动中心就从这里迁移到稽北丘陵。

稽北丘陵的面积约为460平方公里左右。属于古代鉴湖水系。和稽南丘陵一样,稽北丘陵内部也有许多山间盆地,丘陵北端,在山势开朗处,形成一系列冲积扇。和稽南丘陵不同,稽北丘陵特别是其北部,地形显得低平,冲积扇以下,又是一系列宽狭不等的河漫滩,最后和山会平原连成一片。

山会平原

山会平原是指后海（今杭州湾）以南，稽北丘陵以北和以东，曹娥江以西的范围内的平原而言。历史上大体是若耶溪（北出三江口）以西属山阴县，以东属会稽县，所以称为山会平原。平原是卷转虫海退以后的产物，所以它当然没有上述丘陵地那样稳定，特别是其水系，历史上曾有较大变化。

山会平原的南部，即以后鉴湖湖堤以南的地区，地形一般高出北部 2 米—3 米，地下水位较低，除了河流和星罗棋布的湖泊外，也有比较广阔的高燥土地，早期即已垦殖。但在洪水季节，河湖泛滥，连成一片。所以这个地区，从春秋以来称为庆湖，[⑩] 从后汉安帝起又改为镜湖。[⑪] 实际上是一片季节性的积水区。

山会平原北部，即以后鉴湖湖堤以北的广大地区，是一片沼泽地，除了崛起于深厚冲积层上的若干孤丘外，地面高程一般都在海拔 5 米上下。地下水位很高，河湖纷歧，泛滥漫溢。《禹贡》所谓"厥土惟涂泥"，正是适当的写照。

山会平原的水系是很复杂的。"鉴湖三十六源"当然未免夸大，但从稽北丘陵北流的河流，为数确有 20 多条。其中东部有伧塘溪、青塘诸溪、富盛溪、御河、若耶溪、南池溪、栖凫溪、破潭溪、兰亭溪、苦竹溪、离渚溪等，以若耶溪为最大，若耶溪在唐代已经闻名，被列为全国七十二"福地"之一。[⑫] 其余河流以后大多汇入若耶溪。西部有容山溪、干溪、型塘溪、古城溪、余支溪、白石溪等，这些河流相互汇合，古代称为柯水。所有这些河流，从会稽山北麓流出，最后通过曹娥江、钱清江或者是独流注入后海。

山会平原的水系，在历史地理上具有两种显著的变化过程。其一是水体自南向北逐渐迁移的变化，其二则是潮汐河流转变为淡水内河的变化。在后汉永和五年（140）以前，整个山会平原，不论是南部或北部，都是潮汐出没之处。导源于稽北丘陵诸河，只是在冲积扇以上的部分才不受潮汐的影响。永和五年完成了南塘（即鉴湖湖堤）的围筑，这个地区成为一个人工水库，才隔绝了潮汐的影响，形成一片广大的淡水区域。南塘以北直抵后海沿岸，一直是一片低洼的沼泽地，由于汉唐以来的海塘修筑和河湖网的整治，才逐渐远离潮汐，形成一个淡水河湖网系统。北宋以后，随着鉴湖的最后湮废，南塘以南的庞大水体转入北部，山会平原南北部的河湖网系统才逐渐形成今日的形势。此后并于明代后期的一系列水利工程的影响下，和萧山平原的河湖网汇合，形成山、会、萧三县独立的三江水系。所以山会平原水系如上所述的变化，并不是纯自然地理的变化，而是人类改造自然的结果。为此，这个水系的详细变化过程，将在以下农田水利中再作讨论。

下面对与山会平原关系最大的三条潮汐河流曹娥江、浦阳江、钱塘江略加阐述。

曹娥江源出天台和东阳，经新昌、嵊州北流，历史上循会稽县东缘，成为会稽、上虞两县的界河,北流注入后海。这条河流历来有些争论,恐怕与其名称的传讹很有关系。历史上最早记载这条河流的大概是王充的《论衡·书虚篇》:"浙江、山阴江、上虞江皆有涛。"这是王充所记的当年的潮汐河流:浙江是今钱塘江,山阴江是今若耶溪,上虞江就是今曹娥江。王充习惯于以汉代县名称谓县境河流,前面已经提到过他所说的"钱唐之江",即是其例。这里他又提到"上虞江"、"山阴江",[13]说明当时这些河流,还没有固定的名称。但到了六朝,《水经·渐江水注》记载这条河流称为浦阳江,有人认为这是郦道元的大错。[14]但《水经·河水注五》中引及《论衡》,说明郦道元是知道王充称此河为上虞江的,所以也有人认为郦道元无讹。当然,《水经注》描述这条河流的上源,说它导源乌伤县,经诸暨而后东回北转,这显然是错误的。但曹娥江古代除王充所称的上虞江以外尚有何名,确实尚难肯定。清代有些学者认为曹娥江即古剡溪。[15]剡为嵊县古名,则剡溪只是嵊县附近的一段河道而已。唐梁载言《十道志》[16]:"浦阳江有琵琶岸,有曹娥碑。"梁氏既知有曹娥碑而仍称此江为浦阳江,而《元和郡县图志》[17]仍称此江为上虞江,这些都说明,直到唐代,曹娥江一名尚未流行。所以《水经注》、《十道志》等称此江为浦阳江,不能加以否定。当然,这不过是一个地名上的问题,与绍兴历史地理的关系并非重大,可以搁置勿论。至于这条河流的本身,除了下游出海处常有摆动,中上游河道在历史上大体稳定。

现在再说山阴西境的浦阳江,浦阳江古名潘水,[18]又称东江。[19]浦阳江之名到南北朝开始盛行,它与曹娥江确系两条河流,人所共知。至于如上所述地名上的混淆,并不涉及历史自然地理的实质,而且要辨正也很困难。所以没有讨论的必要。

浦阳江发源于浦江县,但六朝尚无此县,所以《水经注》说它发源于乌伤(今义乌)不讹。北流经诸暨(这一段因西施的故事而称为浣纱江)而入山阴西境,下流在萧山境内,辗转经过临浦、湘湖和渔浦三个古代湖泊,从渔浦注入钱塘江。浦阳江既然仅仅掠过山阴西部县界,本来不必赘述。但历史上曾经盛传,浦阳江河道原来是由临浦北行东折,经钱清镇自三江口注入后海。[20]而且事实上,山会平原北部的确在一段时期中受到浦阳江的很大影响,为此,浦阳江的历史变迁,在绍兴历史自然地理上确实事关重要。

古代浦阳江自临浦北出渔浦,这是证据确凿的。首先提出浦阳江河道的有关这方面材料的是北魏阚骃的《十三州志》。即:"浙江自临平湖南通浦阳江。"这里的临平湖是临浦之误,早为明张元忭、[21]清毛奇龄[22]和阮元等所指出。阮元说得最明确,他说:"临平湖乃临湖之误,临湖即今临浦,横亘于浦浙之间。"[23]浦阳江自临浦北人,进入湘湖,湘湖在《水经·渐江水注》中称为西城湖。位于临浦与渔浦之间。清丁谦指出:"上湘湖西南有一港,经义桥镇,本与浦阳江相通。"[24]这就说明了古代浦阳江与湘湖的关系。浦阳江自湘湖北出注入渔浦,渔浦又称渔浦湖。[25]首见于晋人记载,[26]清毛奇龄说:"临浦一水,尾可从渔浦以出浙江,首可经峡口以通浦阳。"[22]这里就把浦阳江和渔浦的关系交代明白了。所以清范本礼认为浦阳江"乃临浦之支流入钱塘江者,与钱清本不相通",[28]这是完全正确的。

这里还需要提及钱清江,钱清江的上流是前面叙述山会平原时提到的柯水。柯水至钱清镇,和发源于西干山的夏履江汇合,始称钱清江,然后东流从三江口入海。钱清江与浦阳江原是两条完全不同的河流,不能混为一谈。不过由于临浦、湘湖等都是古代较大的湖泊,这些湖泊的东部也和山会平原的河湖相联系。因此,在非常洪水年份,浦阳江水才会通过这些湖泊,汇入钱清江出海。浦阳江和钱清江的这种关系,并不是经常的关系。所以认为钱清江是古代浦阳江河道,这是毫无根据的。只是在北宋以后,由于浦阳江在临浦镇附近修筑了碛堰,出口受阻,江水才一时转入钱清江。以后,在明代后期以前,随着碛堰的时开时堵,浦阳江时而注入钱清江,时而复归故道,成为山会平原的心腹大患,这是一个水利问题,将在以下详加讨论。

山会平原以北,历史上称为"海"或者"后海"。实际上乃是钱塘江的河口段或称杭州湾。钱塘江是一条著名的潮汐河流。上述王充所说的"有涛",语,并且说明了这是一条特殊的潮汐河流,"有涛"指的是涌潮,具有涌潮现象的潮汐河流,在世界上是少见的。[29]钱塘江的另一特殊性是河口的摆动。此河河口即杭州以东到尖山一段,历史上一直摆动于南北之间。有时紧靠山会平原北缘,有时则移向北岸,其间有南大亹、中小亹、北大亹三口。[30]为此,钱塘江一直给予山会平原以强烈的影响,而这种影响,由于河口的南北移动,各代有所差异。

春秋以前的钱塘江河口江道,由于缺乏资料,犹待通过古地理的研究才能确定。春秋吴越交战时代,虽然也没有直接记述江道的资料,但根据当时于越的江防情况,江道流向,仍可约略考见。《吴越春秋》卷七记载越王句践战败后入臣于吴的情况是:"君臣皆送至浙江之上,临水祖道,军陈固陵。"固陵即六朝西陵也就是今西兴,在当时是滨临江边的。《越绝书》卷八曾记下了于越的三处江防要地:"石塘者,越所害军船也……去县四十里;防坞者,所以遏吴军也,去县四十里;杭坞者,句践杭也……去县四十里。"上述三处中,今惟杭坞可考,即今日萧山东南的航坞山。石塘与防坞虽然已不可考,但按其记载的去县里程与杭坞相同,则其位置当也在与杭坞相邻的钱塘江边。根据上述钱塘江西濒固陵、东靠杭坞的情况,则江在南大亹可以无疑。春秋战国以后。虽然整个汉代没有留下有关江道移动的直接记载,但是可以认为江道基本上仍然稳定在南大亹。因为虽然郦道元对江南水系的记载存在不少错误,但他所说:"江水又东迳赭山南。"[31]至少说明在赭山以南确有水道存在。这就是六朝江道在南大亹的很好根据。到了唐代,山会平原北部的海塘建筑已见于正史记载。[32]而且直到唐朝末年,西陵仍然是一个位于江边的军事要塞。[33]说明江走南大亹的形势仍然无大改变。北宋熙宁十年(1077),在绍兴城西北 15 里的梅山上北望,就可看到钱塘江以及江上的帆船。[34]而直到南宋初年,绍兴府城以北 25 里的羊山,尚位于江滨。[35]诸如此等,都是江道经过南大亹的确凿佐证。

　　从历史记载中观察江道北移的动向,最初始于南宋嘉定十二年(1219),即所谓"海失故道"。[36]当时,江水曾一度直薄绍兴对江的海宁城下。但另一方面,直到嘉定末年,山阴海塘仍有修护的记载。[37]说明江水主流虽曾一时趋向北大亹,但接着仍回归向南,南大亹不仅没有封闭,甚至直到元代末叶,仍然畅通无阻。至正四年(1344),山阴县沿江的白洋港,大型船舶仍可靠岸。[38]这说明嘉定十二年的"海失故道"只是一种江道变迁的讯号,但江道北移却是一种渐变的过程。这个过程到明代初期而显得更为清楚,出现了"自洪武至万历海凡五变"。[39]江道屡次北移,却又屡次南转。海宁县随着"五变"而五修堤塘,但南大亹却也无封闭的记载,并且还常有风潮之患。例如在成化七年(1471)北大亹海变以后的次年即成化八年(1472),南大亹的山阴海塘也接着发生了"风潮大作,塘尽坏,山、会、萧三县滨海之民皆被患"的情况。[40]所以江道虽历"五变",北大亹遭受 5 次冲激,而江道主流仍在南大亹与中小亹之间。明万历之初,北大亹仍为涓涓细流,但万历三年(1575),江道主流第一次转向北大亹。[41]于是山会平原以北,萧山与山阴两县交界处的瓜沥、九墩等处沙地,即于此时发展了晒盐作业。[42]这是山会北部对南大亹涨沙进行利用的首次记载。但江道的这种摆动仍然是不稳定的,上述瓜沥、九墩一带的涨沙,到崇祯六年(1633)"又坍尽无遗"。[43]所以崇祯十年[44]和十三年,[45]山阴北缘的白洋村都曾有观潮的记录。涌潮滚滚,直薄白洋村海塘和村西的龟山(今称大和山)。[46]直到明末清军南下之时,钱江南岸的明军自西至东以七条沙、西兴、瓜沥等地为防守据点,[47]说明当时的江道仍出南大亹。所以风潮之患在当时仍然经常袭击山、会、萧各县,甚至于冲倒堤塘,灌入运河,造成运河的淤塞不通。[48]

　　南大亹的逐渐淤塞并且趋于稳定,大概始于雍正前后。海登斯丹(Heidtenstam. H)关于南大亹于雍正元年(1723)开始渐淤的说法,[49]可以认为是大致确实的。因为据载:"康熙十九年(1680)四月望日,海潮自中小亹入。"[50]自此至康熙三十六年(1697),江道一直经中小亹,"杭绍两郡相安无事"。[51]则当时江道以中小亹为主流,南大亹淤情已更明显。而接着在康熙四十二年(1703),"水势北趋,宁城(按指海宁)迤南之桑田,渐成沧海;康熙五十四年(1715),潮汐直逼塘根"。[52]于是,据康熙五十六年(1717)记载,山阴县海塘以外,已经"卤地数十里"。[53]与此同时,中小亹的淤象也随即发生。朱轼在康熙五十九年(1720)的奏疏中说:"赭山以北,河庄山以南,乃江海故道,近因淤塞,以致江水海潮,尽归北岸。"[54]如上所述,可见南大亹海道虽有前述崇祯六年之变,但自明末以来,总的趋势是淤多开少。北大亹虽然时开时淤,但总的趋势是逐渐开畅。至于中小亹,其实只不过是南北迁移中的一个暂时过渡而已。因此,虽然以后在乾隆十二年(1747)进行人工掘开中小亹的工程,使江道一时又从北大亹南移,进入中小亹,并一度出现北涨南坍的现象。[55]但仅仅十二年,到乾隆二十四年(1759),江道又转回北大亹,[56]而且得到了相对稳定的局面。

钱塘江江道稳定在北大亹以后,南大亹故道就逐渐淤积,成为一片沙地。当然,在淤积初期,土地仍不稳定,如雍正十一年(1733)的《沙地钱粮归入宗祠碑记》[57]所说:"奈沙地沧桑叵测,坍涨不常。"但到了咸丰、同治年间,这片沙地不仅趋于稳定,而且还向东扩展,形成三江口以西的所谓乾坤两号沙地。[58]整片沙地的面积达到40万亩以上,称为南沙。南沙的名称来由说法不一,一说这片沙地位于钱塘江南岸;另一说因沙地各乡本在江北,属于海宁,地处海宁之南,[59]故称南沙。以后一说的可能性为大。因为南沙虽然位于江南,但自乾隆形成以来,一直在海宁县的管辖之下。直到嘉庆十七年(1812),才从海宁划归萧山,[60]其中一小部分属于山阴。

以上对于钱塘江河口段江道迁徙的探讨,不仅因为江道本身流经绍兴辖境,特别是由于其迁徙变化,对山会平原发生很大的影响。前面已经述及,山会平原在古代不但其北部是一片沼泽地,即地形较高的南部,也成为一片湖沼棋布的季节性积水区。山会平原的这种大量内涝积水情况,一方面固然与其地形低洼、山水旺发有关,但另一方面也和钱塘江的山洪潮汐有关。由于古代沿海塘闸未备,山会平原上的河流,直接间接,都和后海沟通。所以直到晋代,在鉴湖地区还常能捕到乌贼鱼(墨鱼),[61]一日二度的钱江潮汐,侵入山会平原的大小河流,造成平原北部的长期泛滥。在山水盛发季节,由于潮汐顶托,排泄不畅,也可以造成平原南部的泛滥。在江道走南大亹的时期,这种影响就特别强烈,而江道北移以后,这种影响就显著减轻。清初以后,南沙逐渐形成而且得到稳定,从此,除了三江口一段外,漫长的山阴北岸与钱塘江完全隔绝,这是山会平原历史自然地理方面的一个重大变化。

气候与灾害天气

绍兴地区的气候属于温暖多雨的亚热带季风气候。四季分明,夏季炎热,春秋温暖,冬季较冷但并非严寒。越大夫文种所说的"贾人夏则资皮,冬则资缔",[62]具体地反映了这个地区的这种气候情况。诸如"吴为裸国",[63]"吴越之俗,断发文身"[64]等记载,都足以证明这一带在一年之中,大部分时间都是炎热或温暖的。冬季没有严寒天气的事实,可以借助于历史气象资料的分析。南宋以前,记载疏缺;南宋以后记载称详。这类资料中偶有严寒年份,但也无非是淡水河湖的冰冻而已,而且这种记录也极为少见。今日可以查考的,只有明万历六年(1578)[65]和清康熙九年(1670)[66]等少数例子。陆游诗"街头初卖苑池冰",自注云:"会稽不藏冰,卖者皆自行在来。"[67]夏日卖冰,需要从杭州运来,具体说明绍兴地区冬季一般不冷、无冰可藏的事实。根据这一带历史上自然植物的分布和若干作物的栽培,例如长期以来竹类的盛长,唐代以来即见记载的如茶、柑橘等作物的普遍栽培,都足以说明这里的冬季具有较高的气温。

在历史时期,气候是有变化的,有暖期和冷期的交替,前人已经作过研究。不过对绍兴这样一个小地区来说,进入历史时期以后,气候的变化看来不大。所以在研究历史气候时,了解一下这里的现代气候也是必要的。[68]

对于天气的观察,古代绍兴是值得自豪的。早在公元前500年前后,越王句践在龟山建立了一座怪游台,这是我国有历史记载的最早的气象和天文观察台之一。据《越绝书》卷八所记:"龟山者,句践起怪游台也。东南司马门因以炤龟,又仰望天气,观天怪也。高四十六丈五尺二寸,周五百三十二步。"直到南朝宋,孔灵符仍记及此事:"城西门外百余步有怪山,越时起灵台于山上,又作三层台以望云。"[69]既然筑台是为了"望云",这当然是气象台一类的建筑。在北宋的著述中也记及这里有一座望云楼的建筑,[70]说明这座建筑在历史上有很大影响。

越国对灾害天气和天气规律的研究,大概与龟山怪游台的建筑有关。《史记·货殖列传》记载越大夫计倪在这方面的研究:"故岁在金,穰;水,毁;木,饥;火,旱。旱则资车,水则资舟,物之理也。六岁穰,六岁旱,二十岁一大饥。"[71]我们当然无法考查计倪的话是他从怪游台长期观察的结果,其中涉及阴阳五行的语言显然并不符合气象、气候学原理,但在2000多年以前对天气现象的这种探索,是应该值得称道的。

现在讨论历史上绍兴的灾害天气。绍兴的灾害天气包括水、旱、热带风暴(台风)、春寒等,其中以水潦的频率最高。下面是根据各种历史文献统计所得的这个地区的灾害天气记录。

绍兴历史水灾记录

公元	朝代	受灾时期	受灾地域	灾情	资料来源
前484	春秋	句践十三年	越	水旱不调	《吕氏春秋》、《吴越春秋》[72]
329	晋	咸和四年七月	会稽郡	大水	《通志·灾祥略》
374	晋	宁康二年	会稽郡	水	《晋书·孝武纪》
454	南北朝	宋孝建元年八月	会稽郡	大水	《宋书·五行志》
648	唐	贞观二十二年夏	越州	水	《新唐书·五行志》
729	唐	开元十七年八月	越州	大水	《资治通鉴》卷二一三
767	唐	大历二年秋	浙东西	水	《新唐书·五行志》

续表

公元	朝代	受灾时期	受灾地域	灾情	资料来源
817	唐	元和十二年	越州	水	《新唐书·五行志》
831	唐	大和五年六月	两浙	大水	《新唐书·五行志》
833	唐	大和七年冬	越州	淫雨	李绅《渡西陵诗序》
1034	宋	景祐元年	越州	大水	万历《绍兴府志》卷十三
1037	宋	景祐四年八月	越州	大水	《宋史·仁宗纪》
1061	宋	嘉祐六年七月	两浙	淫雨	《宋史·五行志》
1099	宋	元符二年	两浙	水	《宋史·五行志》
1119	宋	宣和元年十一月	山阴县	大水	万历《绍兴府志》卷十三
1124	宋	宣和六年	会稽县	水	万历《绍兴府志》卷十三
1133	宋	绍兴三年七月	山阴县	水	嘉庆《山阴县志》卷二五
1134	宋	绍兴四年四、五月	浙东西	霖雨	《文献通考·物异九》
1135	宋	绍兴五年五月	山阴县	水	万历《绍兴府志》卷十三
1139	宋	绍兴九年	会稽县	水	万历《绍兴府志》卷十三
1148	宋	绍兴十八年	山阴县	水	万历《绍兴府志》卷十三
1150	宋	绍兴二十年	山阴县	大水	嘉庆《山阴县志》卷二五
1157	宋	绍兴二十七年	绍兴府	大水	王十朋《与都提举论灾伤振济札子》
1159	宋	绍兴二十九年	绍兴府	水	《文献通考·物异三》
1163	宋	隆兴元年	绍兴府	水溢	《宋会要辑稿》第一百四十九册
1165	宋	乾道元年	绍兴府	淫雨	《宋会要辑稿》第一百二十七册
1166	宋	乾道二年一至四月	会稽	淫雨	《宋史·五行志》
1167	宋	乾道三年秋	会稽	淫雨	《通志·灾祥珞》
1168	宋	乾道四年七月	会稽县	大水	嘉庆《山阴县志》卷二五
1174	宋	淳熙元年	会稽	水	《宋史·五行志》
1176	宋	薄熙三年五月及八月	浙东西	积雨、水	《宋史·五行志》
1177	宋	淳熙四年五月	浙东西	连日大风雨	《宋史·五行志》
1181	宋	淳熙八年五月	绍兴府	大水	《宋史·五行志》
1183	宋	淳熙十年	山阴、会稽	淫雨大水	万历《绍兴府志》卷十三
1192	宋	绍熙三年四、五月	山阴、会稽	霖雨	万历《绍兴府志》卷十三
1196	宋	庆元二年	山阴、会稽	大水	万历《绍兴府志》卷十三
1197	宋	庆元三年九月	山阴县	水	万历《绍兴府志》卷十三
1199	宋	庆元五年六至八月	浙东西	霖雨	《宋史·五行志》
1209	宋	嘉定二年	山阴、会稽	大水	万历《绍兴府志》卷十三
1210	宋	嘉定三年五、六月	会稽县	大雨、水	万历《绍兴府志》卷十三
1213	宋	嘉定六年	山阴县	水	万历《绍兴府志》卷十三
1216	宋	嘉定九年五月	绍兴府	大水	《宋史·五行志》
1222	宋	嘉定十五年	山阴、会稽	大水	《宋会要辑稿》第一四十九册
1227	宋	宝庆三年	越中	水潦	《宋史·汪纲传》[23]

续表

公元	朝代	受灾时期	受灾地域	灾情	资料来源
1264	宋	景定五年	山阴、会稽	大水	万历《绍兴府志》卷十三
1266	宋	咸淳二年	山阴、会稽	大水	万历《绍兴府志》卷十三
1272	宋	咸淳八年八月	山阴、会稽	大水	万历《绍兴府志》卷十三
1289	元	至元二十六年二月	会稽县	大水	万历《会稽县志》卷八（抄本）
1296	元	元贞二年	会稽县	水	万历《会稽县志》卷八（抄本）
1330	元	至顺元年闰七月	绍兴路	水	《元史·五行志》
1337	元	至元三年二月	绍兴路	大水	《元史·五行志》
1387	明	洪武二十年	山阴、会稽	大风雨	万历《绍兴府志》卷十三
1456	明	景泰七年五月及七月	会稽县	淫雨	万所《会稽县志》卷八（抄本）
1460	明	天顺四年四、五月	绍兴府	阴雨连绵、江河泛滥	万历《绍兴府志》卷十三
1461	明	天顺五年五月	绍兴府	淫雨	万历《会稽县志》卷八（抄本）
1477	明	成化十三年春	绍兴府	水	万历《绍兴府志》卷十三
1496	明	弘治九年六月	山阴县	大雨	《明史·五行志》
1518	明	正德十三年	会稽县	淫雨	万历《绍兴府志》卷十三
1527	明	嘉靖六年六月	山阴、会稽	淫雨	万历《绍兴府志》卷十三
1539	明	嘉靖十八年闰七月	绍兴府	大水	万历《绍兴府志》卷十三
1540	明	嘉靖十九年九月	会稽县	大水	万历《绍兴府志》卷十三
1587	明	万历十五年	山阴、会稽	自秋雨至冬	康熙《绍兴府志》卷十三
1588	明	万历十六年	山阴、会稽	淫雨	康熙《绍兴府志》卷十三
1621	明	天启元年	山阴、会稽	水	道光《会稽县志稿》卷九
1640	明	崇祯十三年秋	山阴、会稽	大水	康熙《绍兴府志》卷十三
1642	明	崇祯十五年八月	绍兴府	淫雨伤稼	《祁忠敏公日记》
1664	清	康熙三年八月	山阴县	大水	嘉庆《山阴县志》卷二四
1665	清	康熙四年八月	山阴县	大水	康熙《绍兴府志》卷十三
1670	清	康熙九年六月	山阴县	大水	康熙《绍兴府志》卷十三
1682	清	康熙二十一年	山阴、会稽	淫雨	康熙《绍兴府志》卷十三
1683	清	康熙二十二年春	会稽县	淫雨	道光《会稽县志稿》卷九
1690	清	康熙二十九年秋	浙东	大水起蛟	清钱易《乡谈》
1713	清	康熙五十二年	山阴县	临浦坝塘坍，麻溪坏	朱孟晖《麻溪坝开塞议辨》
1776	清	乾隆四十一年四月	山阴县	麻溪坍坝，临浦塘决	朱孟晖《麻溪坝开塞议辨》
1843	清	道光二十三年八月	会稽县	秋霖大作，初八日曹娥决口	《会稽杜侍郎联公自订年谱》
1849	清	道光二十九年五月	山阴、会稽	大水倾塘	《越缦堂日记补》

公元	朝代	受灾时期	受灾地域	灾情	资料来源
1850	清	道光三十年五月及八月	山阴、会稽	大水	《越缦堂日记补》
1854	清	咸丰四年闰七月	山阴、会稽	大风雨损禾稼	《越缦堂日记朴》
1855	清	咸丰五年三、四月	山阴、会稽	淫雨	《越缦堂日记补》
1860	清	咸丰十年秋	绍兴府	大水	《越缦堂日记补》
1866	清	同治四年闰五月	绍兴府	大水	《孟学斋日记》丙集
1871	清	同治十年九月	山阴、会稽	连雨两旬	《桃华圣解盦日记》丁集
1889	清	光绪十五年	山阴、会稽	水	黄寿裒《小冲言事》卷一
1899	清	光绪二十五年七月	山阴、会稽	水	黄寿裒《小冲言事》卷一

上列水灾记录，当然是并不完整的。但是即使从这些片断中，我们仍然不难掌握这个地区历史上水灾发生的初步规律。在上列 87 次[74]水灾记录中，有月份或季节记载的达 68 次，[75]其中发生于五、六两月份及夏季的共有 28 次，而五月份特多，共有 20 次。发生于八月、九两月份及秋季的共有 20 次，其中八月份特多，共有 13 次。此外，发生于七月份的也达 7 次。由此可知，历史上的水灾主要发生于五月份起到九月份为止的 5 个月中，其中五月和八月，是水灾最频繁的月份。

五六月份的水灾可以说明，梅雨过多是绍兴地区水灾的重要原因。历史上许多严重的水灾均由梅雨过多而引起。例如万历《绍兴府志》所载宋绍熙三年（1192）："会稽四月霖雨至于五月。"《绍兴府志》所载明天顺四年（1460）的水灾，《天顺实录》记得比较完整："绍兴四五月阴雨连绵，江河泛滥，麦禾俱伤。"而清同治四年（1865）闰五月初的水灾，则是文献记载中可以查证的最严重一次。山阴、会稽、萧山三县于是年五月连续下雨，复于五月二十九日起大雨，江河暴涨，以致"绍兴七处发蛟"。而闰五月初一，"西江塘决千余丈，东江塘决五百余丈"。于是萧山"居人无栖者皆露宿屋脊"，而绍兴也"水没城闉"，"大街俱可行舟"。造成了"稻秧无复遗种，果蔬之属，亦靡孑存。盖藏所贮皆饷海，若乃至棉花、菜油、秫酿百物，俱如一洗"。[76]受灾惨重，可见一斑。当然，六月份的降水过多，除了梅雨以外，还应当考虑到热带风暴（台风）带来的大量降水，以下当再论及。

八九两月份发生的水灾，说明秋雨过多也是这个地区引起水灾的重要原因。同样，在八月份的大量降水中，也必须考虑热带风暴的因素。

七月份发生水灾的原因最为复杂。这个月份的降水主要有热雷雨、地形雷雨、锋面雷雨和台风雨四类。其中热雷雨范围很小，持续不久，不可能造成严重水灾。地形雷雨虽然对稽北丘陵有一些影响，但范围也不大，加上冲积扇以下河道众多，泄水方便,一般也不致成灾。锋面雷雨的范围较大,持续也较久,可以造成灾害天气。而台风雨造成灾害的可能性在四者中可能最大。虽然资料整理过程中,已经尽可能把可以肯定的台风列入以下有关台风的灾害统计中去,但由于历史资料在记载上的粗略,甄别颇不容易,所以在上列统计表中仍然需要考虑。

另外尚须说明,在上列统计表中,水灾次数一望而知以南宋为最多,在以下旱灾和台风等灾害中,也有类似情况。究其原因,约有两个方面:首先是南宋一代,由于古代鉴湖适于这个时期完全湮废,而新的农田水利设施还没有赶上山会平原水利形势的发展需要,以致出现"每岁雨稍多则田以淹没,晴末久而湖已枯竭",⑰灾情频繁。另外一个重要的原因是南宋建都临安,绍兴是首都近畿,这个时期的文献很多,灾情记录也特别详细。

在降水特别少的年份,绍兴地区也容易发生旱灾。不过按照历史记录的次数来看,这个地区旱灾发生的频率远比水灾要低。这除了气候特点所起的作用外,也和这个地区的地形、水系特点有密切关系。下面按文献记录表列历史上的旱灾概况。

绍兴历史旱灾记录

公元	朝代	受灾时期	受灾地域	灾情	资料来源
355	晋	咸康元年六月	会稽郡	大旱	《晋书·五行志》
约368	晋	太和中六月	会稽郡	大旱	《通志·灾祥略》
463	南北朝	大明七年	浙东	大旱	《通志·灾祥略》
805	唐	贞元二十一年夏⑱	越州	镜湖竭	《新唐书·五行志》
839	唐	开成四年十月	会稽	大旱	万历《绍兴府志》卷十三
894—896	唐	乾宁一至三年	越州	大旱	《吴越备史》卷一
953	后周	广顺三年	吴越	大旱	《吴越备史》卷四
1063	宋	嘉祐八年七月	山阴、会稽	旱	万历《绍兴府志》卷十三
1075	宋	熙宁八年八月	两浙	大旱	曾巩《越州赵公救灾记》
1097	宋	绍圣四年	两浙	旱	《文献通考·物异》卷十
1135	宋	绍兴五年	浙东	旱	《宋会要辑稿》第一百四十一册
1141	宋	绍兴十一年秋	绍兴府	旱	《宋会要辑稿》第一百四十九册
1154	宋	绍兴二十四年	浙东西	旱	《宋史·五行志》
1160	宋	绍兴三十年	浙东	旱	《宋史·五行志》
1163	宋	隆兴元年	山阴、会稽	旱	道光《会稽县志稿》卷九
1170	宋	乾道六年	浙东	旱	《宋史·五行志》
1173	宋	乾道九年	山阴、会稽	旱	万历《绍兴府志》卷十三
1175	宋	淳熙二年八月	山阴、会稽	旱	万历《绍兴府志》卷十三
1180	宋	淳熙七年四至九月	绍兴府	大旱	《宋史·五行志》
1194	宋	绍熙五年	浙东西	大旱,鉴湖竭	《宋史·五行志》

续表

公元	朝代	受灾时期	受灾地域	灾情	资料来源
1204	宋	嘉泰四年五至七月	浙东西	旱	《宋史·五行志》
1205	宋	开禧元年夏	浙东西	旱	《宋史·五行志》
1215	宋	嘉定八年	绍兴府	旱	《宋会要辑稿》第一百二十九册
1240	宋	嘉熙四年	绍兴府	旱	万历《绍兴府志》卷十三
1299	元	大德三年	会稽县	旱	万历《会稽县志》卷八（抄本）
1302	元	大德六年	绍兴路	旱	万历《绍兴府志》卷十三
1324	元	泰定元年	山阴、会稽	旱	万历《会稽县志》卷八（抄本）
1333	元	元统元年四至八月	绍兴路	旱	《元史·五行志》
1336	元	至元二年三至八月	浙江	旱	《元史·五行志》
1343	元	至正三年	绍兴路	旱	万历《绍兴府志》卷十三
1352	元	至正十二年四至七月	绍兴路	旱	《元史·五行志》
1415	明	永乐十三年	山阴、会稽	旱	万历《绍兴府志》卷十三
1447	明	正统十二年夏秋间	绍兴府	旱	《明史·五行志》
1457	明	天顺元年	会稽县	旱	万历《会稽县志》卷八（抄本）
1477	明	成化十三年	绍兴府	旱	《明史·五行志》
1508	明	正德三年	山阴、会稽	旱	嘉庆《山阴县志》卷二四
1522	明	嘉靖元年	山阴、会稽	旱	万历《绍兴府志》卷十三
1523	明	嘉靖二年	会稽县	旱	万历《会稽县志》卷八（抄本）
1524	明	嘉靖三年	山阴、会稽	大旱	万历《绍兴府志》卷十三
1545	明	嘉靖二十四年	山阴、会稽	大旱	万历《会稽县志》卷八（抄本）
1598	明	万历二十六年五至七月	绍兴府	大旱	康熙《绍兴府志》卷十三
1625	明	天启五年	山阴、会稽	大旱	康熙《绍兴府志》卷十三
1641	明	崇祯十四年	山阴、会稽	旱	康熙《绍兴府志》卷十三
1642	明	崇祯十五年	山阴、会稽	旱	康熙《绍兴府志》卷十三
1643	明	崇祯十六年四月	绍兴府	旱	《祁忠敏公日记》
1646	清	顺治三年四至八月	山阴、会稽	旱	康熙《绍兴府志》卷十三
1655	清	顺治十二年	山阴、会稽	旱	康熙《绍兴府志》卷十三
1671	清	康熙十年	绍兴府	旱	康熙《绍兴府志》卷十三
1856	清	咸丰六年五至九月	山阴,会稽	旱	《越缦堂日记补》
1862	清	同治元年夏	绍兴府	大旱	《孟学斋日记》甲集

　　以上50次旱灾记录中,有月份或季节记载的仅有20次,不过旱灾的记录与水灾不同,特别水量丰富的山会平原,一般总要持续几个月不雨,才能造成一次严重的旱灾。在上述20次记录中,按季节统计,旱灾出现于夏季的达7次,出现于秋季的达3次,而兼及夏秋两季的达8次。由此可知,绍兴地区的旱灾主要在夏秋二季,而尤以夏季为烈。春冬两季的旱情是罕见的。

　　对记录中有月份和季节的 20 次作全面的比较,绍兴历史上的旱灾,主要出现于四月到八月的 5 个月份。这 5 个月份中,四、五月和八月的灾情主要是由于梅雨和秋雨的变率而引起的。六、七两个月份,在统计中是历史上旱情发展的最高峰,这当然是与副热带高压的强度有关。

　　虽然这个地区旱灾发生的频率远比水灾要低,但在某些年份,旱情却是非常严重的。例如《新唐书·五行志》所载:"贞元二十一年夏,越州镜湖竭。"《宋史·五行志》所载:"绍熙五年春,浙东西郡县自去年冬不雨至于夏。"万历《绍兴府志》补充说:"是年鉴湖竭。"特别是贞元二十一年,因为那时的镜湖还有 200 平方公里左右的湖面,这样的大湖至于旱竭,长期不雨自可无疑。历史上严重的旱灾对绍兴地区的农业生产和人民生活的损害当然是很大的。曾巩记载宋熙宁八年(1075)的旱灾灾情是:"吴越民饥馑疾疠,死者殆半。"[29] 万历《绍兴府志》记载明嘉靖二十三年到二十四年(1544—1545)的旱灾灾情是:"湖尽涸为赤地,斗米银二钱,人饥死接踵。"由此可知,旱灾也是这个地区历史上的严重灾害天气。

　　由于绍兴地滨沿海,因此,除了水旱灾以外,热带风暴(台风)也是这里的重要灾害天气。下表所列,是历史文献记载的可以确定为台风的记录。

绍兴历史台风灾记录

公元	朝代	受灾时期	受灾地域	灾情	资料来源
828	唐	大和二年	越州	大风海溢	《新唐书·五行志》
约 1027	宋	天圣中夏	山阴、会稽	暴风	嘉泰《会稽志》卷十九
1093	宋	元祐八年	两浙	海风驾潮	《宋史·五行志》
1158	宋	绍兴二十八年	浙东西	大风	《宋史·五行志》
1163	宋	隆兴元年八月	绍兴府	大风	《宋史·五行志》
1194	宋	绍熙四年七月	山阴、会稽	天风海溢坏堤	道光《会稽县志稿》卷九
1197	宋	庆元三年八月	山阴、会稽	大风	万历《绍兴府志》卷十三
1210	宋	嘉定三年八月	山阴、会稽	大风	乾隆《绍兴府志》卷八〇
1211	宋	嘉定四年八月	山阴县	海水败堤	《宋史·五行志》
1271	宋	咸淳七年	山阴、会稽	大风	万历《绍兴府志》卷十三
1393	明	洪武二十六年闰六月	山阴、会稽	大风海溢	万历《绍兴府志》卷十三
1471	明	成化七年闰九月	杭嘉湖绍	海溢	《明史·五行志》
1472	明	成化八年七月十七	会稽县	大风海溢	万历《会稽县志》卷八(抄本)
1477	明	成化十三年六月	山阴、会稽	大风海溢	万历《会稽县志》卷八(抄本)
1494	明	弘治七年	山阴、会稽	海溢	万历《绍兴府志》卷十三
1507	明	正德二年	山阴县	飓风海溢	嘉庆《山阴县志》卷二五
1512	明	正德七年七月	山阴县	飓风海溢	嘉庆《山阴县志》卷二五
1518	明	正德十三年	山阴、会稽	飓风	万历《绍兴府志》卷十三
1534	明	嘉靖十三年七月	会稽县	飓风海溢	万历《会稽县志》卷八(抄本)

续表

公元	朝代	受灾时期	受灾地域	灾情	资料来源
1568	明	隆庆二年	山阴、会稽	大风	乾隆《绍兴府志》卷八○
1575	明	万历三年	杭嘉宁绍	海涌	《明史·五行志》
1591	明	万历十九年七月	宁绍苏松常	滨海潮溢	《明史·五行志》
1602	明	万历三十年七月	山阴、会稽	大风雨	康熙《绍兴府志》卷十三
1609	明	万历三十七年七月	会稽县	飓风	道光《会稽县志稿》卷九
1627	明	天启七年九月	山阴、会稽	暴风雨 一昼二夜	康熙《绍兴府志》卷十三
1628	明	崇祯元年七月	山阴、会稽	大风	康熙《绍兴府志》卷十三
1629	明	崇祯二年八月	山阴、会稽、萧山	海溢	康熙《绍兴府志》卷十三
1646	清	顺治三年八月	山阴、会稽	大风	康熙《绍兴府志》卷十三
1712	清	康熙五十一年八月	山阴、会稽	风雨大作海 蠡立数十丈	陈绶《俞公塘纪事》
1713	清	康熙五十二年秋	山阴、会稽	飓风	陈绶《俞公塘纪事》
1723	清	雍正元年七月	山阴、会稽	飓风坏堤	乾隆《绍兴府志》卷八○
1758	清	乾隆二十三年八月	山阴、会稽	风潮坏 三江所城	嘉庆《山阴县志》卷二五
1854	清	咸丰四年闰七月初六	山阴、会稽	大风雨	《越缦堂日记补》
1875	清	光绪元年	会稽县	蒿坝倒塘	《浚辽江始末记》[⑩]
1883	清	光绪九年七月	山阴、会稽	风潮	徐树兰《振济山会两邑沿海 水灾征信录》

　　在上列 35 次历史台灾中,有记载的月份是六至九月,说明这四个月中,都有台风登陆酿灾的可能。其中七月份达 12 次,八月份达 8 次,足见这是绍兴最易遭受台灾的两个月,而尤以七月份为最。宋王十朋说的"飓风作于孟秋兮",[⑪]指的就是这个时期。

　　在绍兴地区过境的台风,绝大多数都伴随暴雨。例如清李慈铭《越缦堂日记补》所载咸丰四年(1854)闰七月初六日大风雨一日,酿成灾害,当属台风过境无疑。但也有过境台风不伴随暴雨的,如嘉泰《会稽志》卷十九所载的宋天圣中(1023—1032)夏季:"夜,暴风震霆而无雨,空中有人马声,终夜方息。……百里间林木禾稼皆颠仆。"[⑫]其记载带有虚妄,但很可能也是台风过境。历史上台风对绍兴造成的严重灾害往往是破坏海塘发生海溢,因此受灾最剧的地区多在杭州湾沿岸和山会平原北部。但风力特强的台风,也可以造成府、县全境的极大损害。例如万历《绍兴府志》所载,宋嘉定三年(1210)八月的台风:"坏攒宫陵殿宫墙六十余所,陵木三千余章。"[⑬]这是台风造成南部丘陵地区严重破坏的例子。历史记录中特别严重的台风灾害以崇祯元年(1628)七月二十三日下午过境的一次最为突出。这次台风中心横扫宁绍和杭嘉地区,故《明史·五行志》、《二申野录》卷八以及杭州、嘉兴、绍兴等地方志均有记录。康熙《绍兴府志》的记载是："大风拔木发屋,海大溢,府城街市行舟,山、会、萧民溺死各数万,上虞、余姚各以万计。"《二申野录》说："七月二十三日大风雨海溢,绍兴府大水,府城街市行舟,民溺死者数万余。"道光《会稽县志稿》卷九记载这次台风的风力:"大风飘瓦,吹倒石坊。"

绍兴地区历史上的风灾记录,也应该考虑到龙卷风的可能性。例如清同治五年(1866)六月初三日的大风,据记载:"南池坏民屋数十家,挟去十四人,数十里始坠地,死者六人。皇甫庄拔去大石坊一,飞坠贺家池,又挟去一小舟。"[64]这一年浙江省各种文献记载的灾害天气,仅五月间昌化、于潜、兰溪等地大水。[65]而六月初三的大风不见他处记载。因而最大可能是一次面积较大的陆龙卷。所以不列入台风统计。

如上所述,水、旱、台三灾,是绍兴历史上最重要的三种灾害天气。此外,历史记录中出现的灾害天气还有春寒。因为这个地区的早春天气一般温暖,偶尔一遇的早春低温,就可以造成春花作物的严重损害。不过春寒的记录在历史文献中更为零星片断,仅将可以大致肯定的表列如下。

绍兴历史春寒记录

公元	朝代	受灾时期	受灾地域	灾情	资料来源
1165	宋	乾道六年	绍兴府	春大饥,夏无麦	《文献通考·物异七》
1193	宋	绍熙四年	绍兴府	无麦	《文献通考·物异七》
1208	宋	开禧四年[66]	绍兴府	无麦	《文献通考·物异七》
1223	宋	嘉定十六年	浙	无麦	《宋史·五行志》
1658	清	顺治十五年	绍兴府	菽麦无收	康熙《绍兴府志》卷十三

上列各次春寒之所以可以大致肯定,因为曾用几种资料加以核对。例如《文献通考》所记:"乾道元年春,绍兴大饥,夏无麦。"在万历《绍兴府志》卷十三中也有记载:"二三月,会稽盛寒,首种败。"则春寒可以无疑。历史上绍兴的春寒往往和多雨结合在一起,至今这个地区的天气谚语中还有"春寒多雨水"的说法。在上述乾道元年的春寒中,《宋会要辑稿》第一百二十七册就记及:"乾道元年二月二十二日诏,朕以淫雨不止,有伤蚕麦。"说明这种天气现象古今一致。

绍兴历史上的主要灾害天气已如上述。必须指出,历史上的灾害天气,一方面是一个历史气候的问题,但另一方面也是一个历史农田水利的问题。在农田水利条件较好的情况下,天气变化纵然较大也不足以成灾,而相反,农田水利废弛不修,则并不剧烈的异常天气也可能造成灾害。此外,由于地区不同,对相同的天气变化就可能出现不同的反映,会稽山地易旱,山会平原易涝,这就是明显的例子。即使在同一地区,不同的作物,对相同的天气变化也会产生不同的结果。所以这是一个比较复杂的问题。

这里只能根据历史文献的记载加以探讨。在本书以后有关农业和农田水利的记叙中，对此问题还要加以讨论。

自然资源

　　无论是现代或是历史时期，自然资源对于地区的经济发展，总是一个极为重要的条件。因此，历史地理学也和现代地理学一样，把对地区自然资源的探索研究作为一项重要任务。当然，古代与现代不同，由于当时人类对于自然资源的利用能力完全不能和现代相比。因此在今日看来非常珍贵的自然资源，在历史时期却可能视若草芥，既不能发现、采取或利用，也没有任何文献记载。此外，由于科学技术的发展，现代地理学对于自然资源的研究，可以吸取其他技术科学的成果，并且用数学的方法，进行精密的统计和分析。但历史地理学则不然，它虽然也可以应用现代地理学的方法，进行野外考察；但由于许多自然资源，现在早已不再存在，因此主要还必须通过历史文献的记载进行有关这方面的研究。

　　在绍兴历史上的自然资源中，自然植物资源具有重要的意义，对于绍兴在历史时期的经济发展有直接的影响。绍兴地区在古代富于天然森林资源，在春秋战国时代，绍兴的森林资源与《禹贡·扬州》描述的"厥木维乔"并无二致。当时，除了地下水位很高的那些沼泽地以外，到处都是高大茂密的森林。公元前3世纪前后的越王句践时代. 在今绍兴城附近，森林尚有广泛的存在。传说离城4里的外山，曾是句践的采樵之地。[87]离城7里的乐野，则是越王的弋猎处。[88]最广大的森林分布在稽南丘陵和稽北丘陵。这片茂密的原始森林，在当时称为南林。[89]南林的范围很广，其南部由于山岳连绵. 可能和当时浙江中部、南部甚至闽、赣等地的森林连成一片。它的北缘约和稽北丘陵北坡的山麓线一致，距城近处只有15里。[90]南林古木参天，树冠茂密，是一片常绿和落叶混交林，松柏科为其中的主要树种。[91]此外尚有檀、㮿、柘、桧、榖、楝、楸、桎、樗、枫、桐、檫、粜、梓、梗、柟、栎、橹、榆等等，[92]拥有巨量的建筑良材和薪炭资源。

　　除了高大的乔木以外，这个地区还到处成长着竹林。根据汉代前后的记载，这一带竹的种类已经不少，例如筱、篛、竹、箭等等。[93]汉以后的各种方志、笔记中，载及的种类为数更多，如笙竹、慈竹、苦竹、紫竹、公孙竹等等。竹类比较能适应低湿的自然环境，所以分布更为广泛。不仅在稽南丘陵和稽北丘陵普遍生长，即使庆湖地区和山会平原北部，只要稍为高燥的地方，都有竹类的分布。

　　森林和竹林以外的沼泽地，包括庆湖地区的若干地方和山会平原北部，则生长着茂密的各种草类。《禹贡·扬州》描述的"厥草惟夭"就是这种植被景观的写照。此外,由于这个地区水面广阔,距海甚近,因此常年风势较强,所以会稽山地中海拔500米以上的山峰,特别是其迎风面,一般也缺乏高大树木,成为一种高山草原的景观。[94]

自然植物资源,其中特别是森林资源,对绍兴历史上的经济发展起过重要作用。森林资源一方面是建筑材料,诸凡宫殿、民居、船舶、器用等等,都非木材不办。绍兴的森林资源除了自给以外,还可以外运,早在春秋战国时代,这里就有森林资源外运的记载。[95]森林资源对于这个地区的另一重要性是提供大量需要的薪炭燃料。绍兴及其附近地区都没有煤炭一类的矿物燃料资源,长期以来,不仅是民用燃料依靠森林,而且重要的手工业如冶金、陶瓷、砖瓦、制盐等等,也都以木炭作为燃料。

竹类在绍兴的经济发展中也有重要意义,早在越王句践时代,竹类就已经成为重要的物资,在建筑和器物制造上广泛应用。[96]后汉时代著名的柯亭,即是以竹为椽[97]的,说明竹类在这个地区也用于房屋建筑。陆游诗:"东冈竹千竿,大者围过尺。"[98]可见这里的竹类干径粗大,适宜于作为建筑材料。此外,竹类在稍后又是造纸工业的原料,同时还能获得大量竹笋,绍兴在历史上的竹笋产量甚为可观,甚至成为官府采购科买的对象。[99]稽北丘陵北麓冲积扇地带的许多集镇,都是竹笋的集散地,明袁宏道曾经称誉这里竹笋的味美,与西天目山的竹笋相类。[100]而以平水为集散地的冬笋,长期来尤负盛名。[101]

绍兴的森林资源在历史时期的破坏过程是相当迅速的。于越前期,生产活动主要在稽南丘陵,由于耕作的需要,这一带的山间盆地和山麓冲积扇地带的森林,必然有过大量砍伐。特别是在当时生产技术很落后的情况下,刀耕火种,在所难免,更易造成森林资源的破坏,只是今日没有记录可查而已。到了越王句践时代,有关森林砍伐的记载就见于文献。除了《越绝书》和《吴越春秋》等所载数千人出动的大规模砍伐以外,以木柴和木炭作为燃料的手工业如冶金、[102]制盐[103]等已经有了发展,森林资源开始有了大量的经常性支出,逐渐破坏了自然界原来所保持的平衡。

在历史上森林破坏的过程中,砍伐速度一旦超过了自然更新的速度以后,整个森林的毁灭就会加速度地进行。绍兴地区森林破坏的这个关键性时期大概始于东晋。由于朝廷南迁,会稽成为江南重镇。耕地、用材、燃料等的需要都大量增加。为此,从东晋开始,平原地区的森林逐渐砍伐殆尽。谢安在永和九年(353)写的《兰亭诗》说:"森森连岭,茫茫原畴。"[104]说明当时从稽北丘陵北望,已经是原畴茫茫,看不到森林了。当然,在会稽山地,由于砍伐不易和运输困难,森林在当时还保留得比较完整。众所熟知的王羲之《兰亭诗序》中所说:"此地有崇山峻岭,茂林修竹。"[105]虽然只能说明兰亭附近兰渚山一带的情况,但同一时期的谢万,却留下了登高望远的记录,他在《兰亭诗》中说:"肆眺崇阿,寓目高林,青萝翳岫,修竹冠岑。"[106]说明当时在稽北丘陵极目远望,丘陵内部的森林,还是相当完整的。

　　东晋以后,在整个南北朝时代中,东南地区一直是全国的政治、经济中心,北方移民不断南来。在刘宋年代,山阴县已经出现了"土地褊狭,民多田少"[106]的现象。至此,平原地区必然已无残留的森林。平原地区的森林既已荡然无存,砍伐自然要进入山区。从此,采樵远入会稽山地的记载,陆续在文献上出现。[108]当然,在初期向山区砍伐时,只是为了用材和燃料的需要,木材和薪炭等的生产数量,都得考虑到市场的实际需要量和运输条件。砍伐还不至于漫无限制。但唐初以后,利用山坡的茶树种植业在稽北丘陵开始发展,[109]到北宋而盛极一时。[110]为了获得植茶所需的坡地,森林砍伐的规模就空前扩大。这样,会稽山地的某些地方在宋代就出现了"有山无木"[111]的现象。自此以后,绍兴的森林资源就趋于枯竭。到明代玉米和番薯引入以后,山区的垦殖进一步扩大,稽南丘陵和稽北丘陵除了容易更新的竹林以外,基本已经童秃。所以清代的记载中指出这里已"无森林之可言"了。[112]不仅是在用材的取给上已经毫无意义,而且沿海制盐业所需的木柴燃料,也感到不胜负担。清代中叶以后,绍兴北部各盐场开始从传统的刮泥淋卤煎煮的方法,过渡到刮泥淋卤板晒的方法。[113]这虽然一方面是制盐技术改进的措施,但一方面却也是森林资源枯竭的标志。以会稽县为例,宣统二年(1910)该县运入货物总额为 322005 元,其中松杉杂木、寿枋段板、花梨、红木、柴炭等,数达 237140 元。占全年运入货价的 74%,[114]森林资源的枯竭可见一斑。

　　竹林的情况与森林不同,历史上任何时期,在会稽山地都有一定数量的分布。这一方面由于竹类成长迅速,竹林破坏以后,更新比较容易。另一方面是由于经营竹林获利较快。所以绍兴地区存在的竹林,都是人工栽培养护的。历史上这个地区的竹林所提供的价值为数甚巨,无法统计。直到清代末叶,仅会稽一县,每年即能生产竹类4500 万斤,竹笋 170 万斤,[115]是一项重要的财富。

　　和自然植物资源一样,古代绍兴的野生动物资源也是非常丰富的。根据历史文献,这个地区在史前时代曾经有巨大的爬虫类栖息活动,所以存留着它们的骨骼化石。《国语·鲁语下》:"吴伐楚,堕会稽,获骨焉,节专车。"韦昭注:"骨一节,其长专车。"这很可能就是中生代的恐龙化石。这种巨大的骨骼化石,直到宋代还续有发现。嘉庆《山阴县志》引《旧志》说:"宋时建里社,掘土得骨长七尺,仍瘗之,立神社,像于其上,故名七尺庙。"[116]按记载,七尺庙在今柯桥附近的湖塘镇。当然,我们不能以史前动物论证历史动物,但既然有这样的发现,所以也顺便在此提及。

　　在历史时期,绍兴的森林茂密已如上述,则野生动物资源的丰富也就可以不言而喻。《禹贡·扬州》所载"齿、革、羽毛",蔡沈注:"象有齿,犀兕有革。"当时的所谓"扬州",范围很大,仅仅根据蔡沈的注释,绍兴的森林中有没有象、犀等动物,还不能确实论定。但现在从考古发掘的成果来看。河姆渡遗址第四文化层中存在的动物骨骼即有亚洲象和犀。⑩而从历史文献来看,古本《竹书纪年》魏襄王七年(前312)越王派公师隅贡献的物品中有"犀角、象齿"。说明《禹贡》的记载不讹。由于这一带森林茂密,气候暖热,这类大型野生动物在林间活动,直到唐末,据《十国春秋》卷十八所载,吴越宝正六年(931)"秋七月,有象入信安境,王命兵士取之,圈而育焉"。又《吴越备史》卷四所载,癸丑三年(953)"东阳有大象自南方来。陷陂湖而获之"。上述两项记载均在今金华一带,可能因为当时会稽、四明山地的森林已经缩减,所以这类大型野生动物向南转移。但古代绍兴确实有象、犀存在则可以无疑。

　　除了象、犀等大型动物外,绍兴森林中古代出没的动物为数还有很多。绍兴城南的南林,春秋时代还是虎豹出没之地。⑪此外并有猿、猴、熊、罴、野猪、鹿、麂、狐、兔等等。⑪

　　对于野生动物资源的利用,早在春秋战国时期就有了记载。除了上述《竹书纪年》所列作为贡物外,《禹贡·扬州》也记及这里的贡品"齿、革、羽毛"。狩猎业在于越是重要的生产活动,《越绝书》卷八曾记及当时在城郊乐野和南山的狩猎活动。野生动物的毛皮当时已被广泛利用,不仅在与邻国交往的礼品中常见毛皮,⑫在国际贸易中,毛皮也已经成为重要商品。⑫

　　这里还值得把所谓"鸟田"的传说稍加讨论。不少历史文献如《越绝书》、《吴越春秋》等,都有"鸟田"的记载,其中以《水经注·渐江水》说得最为明白:"有鸟来,为之耘,春拔草根,秋啄其秽,是以县官禁民,不得妄害此鸟,犯则刑无赦。""鸟田"是什么?汉王充对此有相当科学的解释。他说:"实者,苍梧多象之地,会稽众鸟所居。《禹贡》曰:彭蠡既潴,阳鸟悠居。天地之情,鸟兽之行也。象自蹈土,鸟自食苹,土蹶草尽,若耕田状,壤靡泥易,人随种之。"至于这些鸟是什么鸟,从哪里来,王充的解释也很清楚:"雁鹄集于会稽,去避碣石之寒,来遭民田之毕,蹈履民田,啄食草粮,粮尽食索,春雨适作,避热北去,复之碣石。"⑫这其实是一种至今仍然南来北往的候鸟,学名称为绿头鸭(Anas platythynehos),绍兴人称为野鸭。"鸟田"说明了当时这个地区禽类的丰富。也说明这片沼泽平原是它们理想的栖息场所。"鸟田"的意义,除了王充所说的以外,显然还有对土地施肥的价值,大群候鸟的栖息,鸟粪在恢复土地肥力方面当然很有作用,人们看到了"鸟田"的丰收,所以"县官禁民,不得妄害此鸟"。

　　野生动物资源的破坏是和森林的破坏同时发生的。春秋战国以后,随着山会平原地区森林的消灭,这个地区的野生动物特别是大型动物迅速减少。但是直到三国前后,稽北丘陵和其他山区,由于森林仍然存在,野生动物资源还是相当丰富。⑫根据南北朝初期的记载,会稽山中还有猨、狳、狸、犴、猥、猟、猋等动物,⑫而山区以外,还有熊、罴、豺、虎、猰、鹿、麞等动物。⑫但此后,稽北丘陵的森林也大部消灭,到了宋代,较大的野生动物如虎豹之类,就已经退缩到稽南丘陵一隅,⑫并且日益减少。明代以后,会稽山中偶见一虎,即成为文人笔记材料,甚至写入志乘,[122]视为大事。也说明野生动物资源在这个地区已经没有什么经济意义了。

如上所述,绍兴曾经拥有丰富的森林资源和陆上野生动物资源,但都在历史发展过程中次第消灭。此外,绍兴还有丰富的水产生物资源,在地区的经济发展中也具有重要意义。绍兴位于海滨,而且河湖密布,淡水水面广阔,水产生物资源早就为当地人们所熟悉和利用。正如《国语·越语下》所述,这个地区"滨于东海之陂,鼋鼍鱼鳖之与处,而蛙黾之与同渚"。这就反映了当时人民对水产资源的了解程度。对于水产资源的利用,当时也已经开始。[123]山会北缘的后海,由于适当咸水与淡水的接触处,内河流注,带入丰富的饵料,而潮汐又不断把海产鱼类送入内陆,所以水产资源在这一带就特别丰富。早在晋代,人们就在这一带捕捉从沿海游入内陆的墨鱼。[124]在五代吴越王的宴席中,单单蟹类一项,就能摆出 12 个不同的品种。[125]此外,附近海中还有紫菜、海带等海生生物资源。唐代以来,绍兴地区的人民也已经加以利用。

嘉泰《会稽志》[126]曾把自春秋以来这里的人们所认识和利用的水产生物资源加以列举。其中淡水生物有鲈、鲤、鲫、鳝、鳢、鳙、鲢、银鱼、鳖鱼等,咸水生物有鲻、鲜、石首鱼(按即大黄鱼)、春鱼(按即小黄鱼)、梅鱼、比目鱼、乌贼(按即墨鱼)、水母等,虾、蟹则淡水与咸水均有,此外还有甲壳软体动物如蚌、蛤、珠母[127]等等。水产生物资源长期来成为这个地区人民的重要肉食来源,并且还有其他一些用途。

最后对绍兴历史上的矿物资源稍加讨论。这个地区历史上发现和利用的矿物资源为数不多。在自然地理上的主要原因是:第一,这个地区沉积岩分布有限,加上中生代的火山活动,原有矿物也受火山活动而分散,分布很不规则,发现困难。第二,占全面积大部分的山会平原,为卷转虫海进以来的深厚冲积层所掩盖,深处即使有矿物存在,在古代也不可能发现利用。第三,古人能够认识和利用的矿物种类有限,主要是金、银、铜、铁、锡等金属矿物和少量非金属矿物,除此以外,纵有蕴藏,亦无采掘利用的需要。第四,全境大部分地区为坚硬的中生代火成岩所覆盖,在古代技术不高的情况下,采掘很有困难,往往是露头部分一经采完,矿山就被弃置。所以古代绍兴对于矿物资源的利用,显然不能与生物资源的利用相比。

从文献记载来看,绍兴地区有关矿物的资料,首见于《山海经》记及的金玉和蚨石,[128]但记载并不可靠。《越绝书》和《吴越春秋》这两种土著地方文献中都有关于赤堇山产锡和若耶溪产铜[129]的记载。赤堇山位于若耶溪上游的铸浦附近,距城东南约 30 里,这一带的地名铸浦、上灶等,都与手工冶炼有关,说明在先秦确有开采事实,但以后不再有开采记载,则锡矿可能是一处藏量不大的露头。若耶溪的铜,据所载"涸而出铜"的话,大概是从上游冲刷下来的铜矿砂,用淘洗方法取得,对技术落后的古代来说,产量估计也是不大的。

除了赤堇和若耶以外,绍兴还有几处早期的铜矿资源有记载可以追索。铜在当时是制造武器的主要原料,所以现在看来,蕴藏量实在不大,但他们作了尽可能地采掘利用。当时的一处铜矿在离城25里的铜牛山,古名姑中山,按《越绝书》卷八所载“姑中山者,越铜官之山也。”既称“铜官”,则在矿山附近还设置冶炼场所。夏侯曾先《会稽地志》说:“昔有铜牛见于灵汜桥,人逐之,奔入此山,掘地视之,悉铜屑也。”[135]既有铜屑,当是当年冶炼所余。还有一处是去城35里的六山,按《越绝书》卷八所载:“句践铸铜,铸铜不烁,埋之东坂。”说明这一铜矿的采掘和冶炼没有成功,或许是矿砂的含铜率太低的缘故。此外,《越绝书》卷八还有锡山的记载:“练塘者,句践时采锡山为炭,称炭聚,载从炭渎至练塘。”在于越的青铜时代,锡的重要性和铜一样,青铜是铜锡合金,所以称为锡青铜,是于越制造武器的主要原料。所以虽然从现在看来,这个地区的锡矿并不丰富,但他们还是尽可能地开采利用。至于锡山的地理位置,万历《绍兴府志》卷四据《旧经》在府城东50里。从至今尚存的“练塘”这个聚落来看,《旧经》是正确的。

除了上述以外,古代绍兴见于记载的金属矿物还有铅和银两种。嘉泰《会稽志》卷九记及此两者均出于锡山,位于县东50里。前代采掘的矿坑,在嘉泰年间尚存遗迹。此外,在城南山、会两县交界处的甘溪地方,也有铅矿的蕴藏。矿场面积达二三里,相传在明代尚有开采。[136]府城以东的银山,在明代也尚有银砂的开采。[137]

在非金属矿物中,见之于文献记载的惟朱砂及云母两种,朱砂首见于唐代的越州贡品,[138]但未言及产地。按《明史·地理志》,则朱砂与上述铅、银的产地相去不远。[139]云母据清代记载,也蕴藏于会稽县银山地方。[140]

矿物建筑材料,在绍兴有较广的分布和很大的蕴藏量,历史上开采利用极为普遍,是一项重要的矿物资源。这中间首先是建筑石料。绍兴地区地下水位高,许多建筑都不宜使用木材,石材的应用才更趋广泛。绍兴境内到处都有中生代凝灰岩的分布,这种石料,坚硬细密,美观耐用,而且岩石具有一定的节理,开采也较方便,南北朝记载中的所谓“会稽多石”,[141]其实就是指的这种石材。早在宋代,绍兴的石料已经向外输出。[142]现在绍兴尚存的许多古代建筑,也大多采用这种石料。府城及平原村镇的路衢桥梁等,也都是凝灰岩制作的石材。清胡天游说:“越山石多而采,百材资焉。”[143]凝灰岩在绍兴分布甚广,但采凿需要考虑运输条件,所以集中于平原地区有河道可通的若干孤丘附近。例如城东的绕门山和曹山,城西的柯山和城北的羊山等。据传在越王句践时代,羊山的石材采凿已经开始。[144]直到明清时代,这些地方仍是重要的采石场。[145]在石材采凿过程中,一旦及于地下水层,则矿坑潴为塘湖。所以这些古老的石材矿山,如东湖、吼山、柯岩、羊山等,迄今都是绍兴的风景区。

绍兴地区的高岭土分布很广,长期来提供制造砖瓦的大量原料。品质较高的还有紫砂,历史上以县西60多里紫砂岭所产为著名,[146]可以制作高级陶器。质地更优的高岭土是瓷器的原料,绍兴历史上著名的青瓷器,即是在这种丰富的原料基础上烧制出来的。

绍兴缺乏沉积岩层,因此,作为重要矿物建筑材料的石灰石蕴藏不多,分布不广。最为著名的石灰石矿在城南兰亭附近,这里拥有比较丰富的寒武纪石灰岩,从明代起,即有规模较大的开采利用。[147]盛塘镇(即破塘)以南的陈伽岭山,从明崇祯年代起也有采掘和烧制石灰的。[148]此外,陈伽岭附近的应家山、狮子山、方前山、大庆山等处,也曾有人经营石灰石的开采和烧制。[149]由于当时这些地方的官吏认为开山烧石要破坏风水,所以先后遭到禁止。

最后是北部沿海的食盐资源。由于清初以前钱塘江以南大亹为通道,山、会两县北缘均濒海,盐场范围很广,食盐成为长期来具有区际意义的产品,按《越绝书》所载,这种资源在春秋时代就已开始利用。[150]在整个绍兴北部沿海的各盐场中,海水的含盐度并不一样,大体上是东部含盐度高而西部低,这是因为钱塘江淡水冲洗的影响;故而最偏西的钱清盐场所产食盐,在绍兴诸盐场中质量最次。[151]以东各场质量较高。

注释:

① 王靖泰、汪品先《中国东部晚更新世以来海面升降与气候变化的关系》,载《地理学报》1980年第3期。

② 陈桥驿《越族的发展与流散》,载《东南文化》1989年第6期,又收入于《吴越文化论丛》,中华书局1999年版。

③⑥ 国家地震局地球物理研究所、复旦大学中国历史地理研究所主编:《中国历史地震图集》(清时期),中国地图出版社1990年版。

④ 万历《会稽县志》(抄本)卷八《灾异》作"至正十四年十二月乙酉"。今从《元史》。

⑤ 陈桥驿编《浙江灾异简志》,浙江人民出版社1991年版。

⑦ 《通典》卷四六《山川》:"秦并天下,令祠官所常奉名山川鬼神可得而序。于是自崤以东名山大川祠。曰太室、恒山、泰山、会稽、湘山。"

⑧ 杜光庭《五镇海渎记》(《名山洞天福地岳渎名山记》,南京图书馆藏明刊本):"南镇会稽山,永兴公在越州。"

⑨ 叶枢《龙瑞观阳明洞天图经》,《玉简斋丛书》一集。

⑩ 谢承《会稽先贤传·贺氏》,鲁迅:《会稽郡故书杂集》。

⑪ 陈继儒《太平清话》卷二。

⑫　杜光庭《七十二福地记》,《古今游名山记》卷首总录类考:"若耶溪在越州南樵风泾。"

⑬　此"山阴江"、与指若耶溪的下游,即从府城北出三江口者。

⑭　如明黄宗羲《今水经序》:"以曹娥江为浦阳江……皆错误之大者。"

⑮　齐召南《水道提纲》卷一六。

⑯　《汉唐地理书钞》辑本。

⑰　《元和郡县图志》卷二六。

⑱　《汉书·地理志》会稽郡:"余暨,萧山,潘水所出,东入海。"张元忭:《三江考》(《海塘录》艺文四):"《汉书》潘水即浦阳江。"

⑲　范本礼《吴疆域图说》(《南菁书院丛书》):"浦阳江自诸暨以北者,于古为东江。"

⑳　嘉泰《会稽志》卷十萧山县浦阳江条:"浦阳江在县东……俗名小江,一名钱清江。"但《嘉泰志》并不载钱清江注入三江口。浦阳江即钱清江并注入三江口之说,至明代后期始盛行,如黄九皋《上巡按御史傅凤翔书》(万历《绍兴府志》卷十七)等均倡此说。"后海"见清陈伦炯《海国闻见录·天下沿海形势录》(中州古籍出版社,1985年);"余姚之后海。"李长傅注:"余姚之后海,指杭州湾。"

㉑　《三江考》。

㉒㉗　《杭志三诘三误辨》(《西河合集》本)。

㉓　《浙江图考》中,载《挈经室一集》卷一三。

㉔　《水经注正误举例》卷五。

㉕　顾野王《舆地志》(《汉唐地理书钞》辑本)。

㉖　《文选注》卷二六引晋顾夷《吴郡记》:"富春东三十里有渔浦。"

㉘　《吴疆域图说》。

㉙　陈桥驿《钱塘江及其河口的历史地理研究》(《浙江档案·档案史料研究》1997增刊):"全世界具有涌潮现象的河流,除了钱塘江以外,只有巴西的亚马逊河一处。但我曾于1982年出访南美,考察亚马逊河流域的赤道雨林,并特地到河口观察此河涌潮,所见无非是一种高低不齐的汹涌浪潮,从河口滚滚进入,完全不能与钱塘潮相提并论。所以钱塘潮实际上是唯我独有的世界绝胜,是一种价值连城的旅游资源。"

㉚　南大亹(门)在坎山、航坞山与赭山之间;中小亹亦称鳖子亹,在赭山与蜀山之间;北大亹在蜀山与海宁故治(即盐官镇)之间。即今江道。清朱定元《海塘节略总序》云:"北大亹约阔三十余里,有河庄山为界;河庄以南为中小亹,约阔八里,有赭山为界;赭山以南为南大亹,约阔三十余里,有绍郡之坎山为界。"

㉛　《水经注》卷二九《沔水注》。

㉜　《新唐书·地理志》始记及开元十年会稽县修海塘事。

㉝　《吴越备史》卷一。

㉞　陆佃《适南亭记》载《陶山集》卷一一。

㉟　《羊山韩氏宗谱》卷一引《山南谱》:"山阴为越之北境,而羊山又在山阴之北,去郡城二十五

里,负海而立,绵亘数里。"按羊山韩氏系随建炎南渡从北方迁来,故所述当是南宋初年情况。

㊱ 《宋史·五行志》:"(嘉定)十二年,盐官县海失故道,潮汐冲平野三十余里,至是侵县治。"

㊲ 宝庆《会稽续志》卷四。

㊳ 王裸:《绍兴谳狱记》,载《王忠文公集》卷八。

㊴ 按明陈善《海塘议》(《两浙海塘通志》卷二〇),五变指永乐九年(1411)、成化七年(1471)、弘治五年(1492)、嘉靖七年(1528)、万历三年(1575)。

㊵ 雍正《浙江通志》卷六三引《弘治绍兴府志》。

㊶ 《闸务全书》上卷:"壬申(按1572)、癸酉(按1573)间,流尚细微,至乙亥(按1575,万历三年)六月廿三日,遂骤决而成大江。"

㊷㊸ 《闸务全书》上卷。

㊹ 祁彪佳《祁忠敏公日记》丁丑八月十五日。

㊺㊻ 张岱《陶庵梦忆》卷三。

㊼ 黄宗羲《行朝录》卷三,徐鼒:《小腆纪年附考》卷十。

㊽ 任三宅《修萧北海塘议》,载《两浙海塘通志》卷十九。

㊾ Heidenstam. H,"Report on the Hydrology of the Hangchow Bay and the Chientang Estuary", Wanpo Conservancy Board,S. H. I. , Series 1. No. 5, 1921.

㊿ 康熙《钱塘县志》卷一二。

51 52 朱定元《海塘节略总序》,载《两浙海塘通志》卷二。

53 《知府俞卿山阴海塘碑记》,载乾隆《绍兴府志》卷一六。

54 翟均廉《海塘录·奏议一》。

55 《海塘录·奏议四》。

56 《海塘录·奏议五》。

57 《下方桥陈氏宗谱》卷一。

58 黄寿衮《答熊再青知府询越郡水道书》,载《小冲言事》卷一。

59 同上书载曰:"自乾隆中,欺、赭两山之间沙地,日趋而北,即海宁所谓南沙是也。"

60 民国《萧山县志稿》卷一。《嘉庆重修一统志》卷二九四作嘉庆十六年;民国《海宁州志稿》卷二作嘉庆十八年。

61 《水经·浙江水注》。

62 《国语·越语上》。

63 《论衡·书虚篇》。

64 《论衡·四讳篇》。

65 万历《绍兴府志》卷一三:"万历六年,合郡大雪,寒,运河冰合。"

66 康熙《绍兴府志》卷一三:"十二月初三日,连日大风,盛寒,各邑江河冰合。"

67 《重午》,载《剑南诗稿》卷二一。

68 绍兴东湖气象站1961年—1977年纪录:年平均气温16,4℃,绝对最高温39.5℃(1964),

绝对最低温 -10.1℃(1969),年平均相对湿度 80.5%,年平均蒸发量 1147 毫米,年平均降水量 1424.2 毫米,年最大降水量 1896.2 毫米(1975),年最小降水量 911 毫米(1967),连续最大降水日数 15 天(1963)。

(69) 《会稽记》,鲁迅:《会稽郡故书杂集》辑本。

(70) 吴颖芳《浙中古迹考》(天一阁藏清初精抄本)卷三望云楼条引《晏公类要》:"在州东怪山上,即句践怪游台。"

(71) 《越绝书》卷四与《史记》稍异:"计倪对曰:太阴三岁处金则穰,三岁处水则毁,三岁处木则康,三岁处火则旱。故散有时积籴有时领,则决万物不过三岁而发矣。"

(72) 《吴越春秋》卷九:"句践十三年……越国洿下水旱不调。"《吕氏春秋·长攻》:"越国大饥。"姑作水灾记入。

(73) 《宋史·汪纲传》;"绍定元年。召赴行在。帝曰:闻卿治行甚美。越中民力如何?对曰:去岁水潦。""去岁"当指绍定元年前一年,故记入宝庆三年。

(74) 按年度统计共为 84 次,但其中宋淳熙三年,明景泰七年,清道光三十年,每年均有两次水灾,故应为 87 次。

(75) 按年度统计为 56 次,但其中某些年度,灾情连绵数月,故合计为 68 次。

(76) 同治四年灾情,均据李文纟《越缦堂詹詹录》上集,系抄录李慈铭同治四年闰五月十二日、二十日、六月十四日各日日记。

(77) 王十朋《鉴湖说》上篇,载《王忠文公集》卷七。

(78) 万历《绍兴府志》卷十三作贞元二十二年,查贞元无二十二年,故不予记入。

(79) 曾巩《越州赵公救火记》,载《元丰类稿》卷十九。

(80) 《越州阮氏宗谱》卷二一。

(81) 王十朋《会稽三赋》。

(82) 嘉泰《会稽志》卷一九。

(83) 攒宫即指宋六陵,位于稽北丘陵北麓。

(84) 李慈铭《孟学斋日记》丙集上(《越缦堂日记》一函七册,同治五年六月初十日)。

(85) 陈桥驿编《浙江灾异简志》,浙江人民出版社 1991 年版。

(86) 年份记载恐有误,开禧无四年,当是嘉定元年。

(87) 万历《绍兴府志》卷四。

(88)(90) 《越绝书》卷八。

(89) 《吴越春秋》卷九:"越有处女,出于南林。"嘉泰《会稽志》卷十八:"南林在山阴县南。"

(91) 《越绝书》卷八:"初徙琅玡。使楼船卒二千八百人,伐松柏以为桴。"说明南林拥有大量松柏科树类。

(92) 据南朝宋谢灵运《山居赋》(《全宋文》卷三一),唐李德裕《平泉草木记》(《唐人说荟》第十一册)等,但其中不少树的名称,无法查明于今为何树。

(93) 《禹贡·扬州》:"筱簜既敷。"《尔雅》卷下:"东南之美者,有会稽之竹箭。"

㉔ 《水经·浙江水注》:"又有秦望山………扳萝扪葛,然后能升,山上无甚高木,当山地迥多风所致。"按秦望山高海拔585米。

㉕ 《吴越春秋》卷八:"越王乃使大夫种赍……文笋七枚……晋竹十廋。"又卷九:"吴王好起宫室,用工不辍。王选名山神材,奉而献之。"均为当时森林资源外运的记录。

㉖ 《吴越春秋》卷八"文笋七枚","晋竹十廋",又卷九"袁公即杖箖菸竹",都是竹类广泛利用的例子。

㉗ 伏滔《长笛赋》(《全晋文》卷一三三):"柯亭之观,以竹为椽。"

㉘ 《东冈》载《剑南诗稿》卷五一。

㉙ 《建炎以来系年要录》卷一七〇:"晟,会稽人,前日论本府科买箭笋扰民。"

⑩ 袁宏道《天目山记》,载雍正《浙江通志》卷二六二《艺文》四。

⑪ 吴寿昌《乡物十咏》(载嘉庆《山阴县志》卷二八)第三,平水冬笋:"都人珍十倍,贩到一开樽。"

⑫ 《越绝书》卷八:"句践时采锡山为炭,称炭聚,载从炭渎至练塘。"

⑬ 《越绝书》卷八:"朱余者,越盐宫也。"

⑭⑯ 丁福保辑《全汉三国晋南北朝诗》卷五。

⑮ 《全晋文》卷二六。

⑰ 《宋书·孔季恭传》。

⑱ 《南史·朱百年传》:"入会稽南山.伐樵采箬为业。"

⑲ 陆羽《茶经》卷下:"越州上,明州、婺州次,台州下。"按陆羽,天宝、贞元间人,故会稽山地的植茶业在唐初已经发展。

⑳ 欧阳修《归田录》卷一;"草茶盛于两浙,两浙之品。日注第一。"按日注即日铸,位于稽北丘陵。

㉑ 庄季裕《鸡肋编》卷上。

㉒ 《会稽县劝业所报告册》宣统三年上期(抄本,绍兴鲁迅图书馆藏)。

㉓ 范寅《越谚》卷下:"咸丰十一年,仿岱山盐法,作板晒盐。"

㉔㉕ 《会稽县劝业所报告册》宣统三年上期(抄本)。

㉖ 嘉庆《山阴县志》卷二〇。

㉗ 《河姆渡遗址第一期发掘报告》,载《考古学报》1978年第1期。

㉘ 《吴越春秋》卷八:"纵于南林之中。今但因虎豹之野。"

㉙ 《越绝书》卷八,《越咏》卷下引《南方羽毛记》、《会稽三赋》等,

㉚ 《吴越春秋》卷八:"狐皮五双……以复封礼。"

㉛ 《国语·越语上》:"大夫种进对曰:臣闻贾之人,夏则资皮。"

㉜ 《论衡·偶会篇》。

㉝ 晋虞预《会稽典录》(《会稽郡故书杂集》辑本):"虞翻对王景兴曰:山有金木鸟兽之殷。"按虞翻为三国时人。

⑫⑫　据刘宋谢灵运《山居赋》,但其中若干动物名称。无法认定于今为何种动物。

⑫　宝庆《会稽续志》卷四:"古博岭在县西四十里,往多虎豹栖止。"按古博岭位于稽南丘陵,为山阴、诸暨二县县界。

⑫　例如万历《会稽县志》卷八(抄本):"隆庆元年,有虎入城中,宿蕺山,徙明真观。道上晓开户,攫伤之,众哗,逐走千秋巷,堕厕中,为诸丐所毙。"又如明朱国祯《涌幢小品》卷三一:"徐恩,山阴人……刘薪项里岭,日未午,一虎从丛筱中出。"又如明陶奭龄《喃喃录》(上海图书馆藏抄本):"崇祯甲戌……仓埠民以铳毙一虎。"又如雍正《山阴县志》卷九:"顺治十六年己亥,虎至西郭门,外山有虎乱伤百余人。"

⑫　《越绝书》卷八;"因以下为目鱼池,其利不租。"这是绍兴利用水产资源的早期记载。

⑫　《水经·浙江水注》。

⑬　赵翼《陔余丛考》卷四三。

⑬　嘉泰《会稽志》卷一九。

⑬　《会稽三赋》:"孕珠之蠃。"当属珠母(珍珠贝)一类。

⑬　《山海经·南山经》:"会稽之山四方,其上多金玉,其下多砆石。"

⑬　《越绝书》卷一一:"赤堇之山,破而出锡,若耶之溪,涸而出铜。"

⑬　据《太平寰宇记》卷九六《江南东道八·越州》所引。

⑬⑭　《会稽县商业事项》宣统二年上期(抄本,绍兴鲁迅图书馆藏)。

⑬　万历《绍兴府志》卷四。

⑬　《通典》卷六《食货六·赋税下》。

⑬　《明史·地理志》:"会稽县有铅银,旧产银珠"。按"银珠"为绍兴方言,至今绍地犹称朱砂为银珠。

⑭　《荀志灵鬼志》,据《太平广记》卷四七二所引。

⑭　《涌幢小品》卷十五:"吴越之奇石,此宋所采者。"

⑭　《伐石志》,载《石笥山房文集》卷五。

⑭　《山阴下方桥陈氏宗谱》卷三:"越城西北三十里,羊山在焉。……昔范大夫凿此山之石以城会稽。"

⑭　余煌《修闸成规》(乾隆《绍兴府志》卷十四):"每洞用石匠八名,共二百二十四名,于洋山(按即羊山)、犬山、柯山、绕门山等处,各立匠头。"

⑭　嘉庆《山阴县志》卷三引《旧志》:"箬岭在县西六十二里,紫砂岭在箬岭北,有紫砂。"

⑭　平步青《霞外捃屑》卷四。

⑭　毛奇龄《严禁开燔郡南诸山碑记》,载《西河合集》碑记七。按"陈伽岭山",乾隆《绍兴府志》卷三作"陈家岭"。

⑭　《知府李享特封山碑记》,载《乾隆绍兴府志》卷三。

⑮　《越绝书》卷八:"朱余者,越盐官也。"

⑮　姚宽《西溪丛语》卷上。

三　历史人口与城市地理

越部族

目前尚可查考的绍兴境内的最早居民是越部族。关于越人的来源,尚待研究的假设之一是 70 年代发现的"建德人"。当时得到的只是一枚犬齿化石,按铀系测年,取得两个数据。其一是 9.7 ±0.8 万年,另一是 10.8 ±0.9/0.8 万年。[①] 所以大体上是 10 万年。在地质年代中属于晚更新世,在历史年代中属于旧石器时代。联系到地史上的星轮虫海进在年代上的近似,就不免要设想"建德人"是否因海进而从平原进入山区。这种设想当然过于大胆,而且仍然难以证明在假轮虫海退以后活动于今宁绍平原上的越人就是"建德人"的后裔。不过,"建德人"的出现,至少为越人的来源增加了一种思考的线索,以后的事,还有待考古发掘的新成就和体质人类学的研究。

假轮虫海退时期,越人活动于今宁绍平原,从事耕作和渔猎。从宁绍平原南缘的河姆渡遗址观察,越人在当时已经有了较高的文化水平。由于卷转虫海进从全新世之初开始,海面不断升高,开始是今舟山群岛以东的陆地沦于海水,接着是舟山群岛与大陆的分离。随着是宁绍平原环境的逐渐恶化.潮汐侵袭沿海,倒灌内河,土壤盐渍化,收成减少。在这个过程中,越人不断流散。其中一部分人先后离开不断缩小的陆地,依靠一些原始的航行工具漂洋过海。南到越南,北到日本,这些地方至今都还有许多冠以"越"字的地名。还有走得更远的,甚至有可能横过太平洋。《史前漂流太平洋的越人》②一文中,对这方面有详细的记述。留在宁绍平原上的越人,一部分跨越今杭州湾移往今浙西、苏南的丘陵地带,③另一部分则随着海水的南进而不断南移,河姆渡即是他们南移过程中的最后一批聚落之一。④海水最后到达会稽、四明诸山以北的山麓线,这批越人被迫进入山区。《越绝书》称这批进入浙东山区的越人为"内越",称那些漂洋出海或留在附近岛屿上的越人为"外越"或"东海外越"。⑤

进入山区的越人,其生产和生活当然都不能与平原时代相比。所谓"随陵陆而耕种,或逐禽鹿而给食"。⑥借刀耕火种的迁徙农业和狩猎业以谋求部族的生存。由于口口相传,越人的后代都知道他们早先生活在一片富庶的平原上,而现在这片平原已被海水所吞噬。他们希望有一位神明,驱走海水。让他们回到祖辈相传的平原上去,于是产生了禹的神话。⑦

越人在条件困难的山区居住了几千年,《吴越春秋》把这一段艰难的时期总结为一句话:"人民山居。"⑧但越人神话中的禹,最后果然拯救了这个部族,距今约5000年,海退开始了。会稽山以北,逐渐显露出陆地,越人陆续移入北麓冲积扇地带进行垦殖,生产有了发展,越人对外的交流也增加了,所以出现了前述《竹书纪年》在周成王二十四年"于越来宾"的记载。从此以后,越部族进入了它的历史时期,在不少文献中有了记载。

尽管由于自然环境的好转,越人开始进入当时的列国交往舞台,但是与中原汉族相比,其文化是落后的,就是《孟子·滕文公》所说的"南蛮鴃舌"。在《史记》、《汉书》、《论衡》等文献中记及的越部族,都是"断发文身"的。⑨庄子说:"宋人资章甫而适诸越。越人断发文身,无所用之。"⑩这就具体地说明越人与中原文化的差距。不仅是一般的部族居民,即部族首领也是一样,并不像儒家所传的是中原派来的少康庶子的排场。《淮南子》说:"越王句践劗发文身,无皮弁搢笏之服,拘罢拒折之容。"⑪在气候暖热的南方,所有部族大概都经过这样一个阶段。

关于这个部族的勇敢好斗,《汉书·地理志》的记载是:"吴粤⑫之君皆好勇,故其民至今好用剑,轻死易发。"一直到越王句践时代,这个部族还采用斯巴达式的方法以培养部族的勇敢战斗精神。《墨子·兼爱下》说:"昔者,越王句践好勇,教其士臣三年,以知其为未足以知之也。焚舟失火,鼓而进之,其士偃前列,伏水火而死,有不可能胜数也"。《论衡·率性篇》说:"句践试其士,于寝宫之庭,赴火死者不可胜数。"正是由于越人的蛮悍,所以中原列国一直视其为蛮夷。《春秋》昭公五年:"冬,楚子、蔡侯、陈侯、许男、顿子、沈子、徐人、越人,伐吴。"这里的所以称"越"为"人",即是被视作蛮夷。《左传》昭公五年就直截了当地写作:"冬十月,楚子以诸侯及东夷伐吴。"这里的"东夷",就是指越人和徐人。

　　与中原相比的落后以及被中原视为蛮夷的事实,越人在当时是并不讳言的。越王
句践自己就承认:"此乃僻陋之邦,蛮夷之民也。"[13]的确,越部族和中原汉族相比,无论
在生产力发展水平以及语言、文化、生活习惯等方面,都有很大的差异。当中原已经有
了发达的农业和手工业的时代,越部族还以原始的迁徙农业和狩猎业为生。对于中原
已经灿然可观的文化,越人也是不能理解的。以音乐为例,《吕氏春秋·遇合篇》说:
"吹籁工为善声,因越王不喜;更为野声,越王大说。"

　　在宗教信仰方面,于越大概属于一种信奉多神教部族。他们信巫术,敬鬼神,[14]占
卜是他们决定许多事情的依据。按照《越绝书》的记载,越神巫所居之地称为巫里,那
里所建的亭祠,直到后汉仍然存在。神巫死后,有他们专用的墓葬地,称为巫山。神巫
中有一个名叫巫社的,特别享有盛名。他的子孙当然世代为神巫,越王句践曾经为这
些神巫亲自经营墓葬。[15]"吴、楚多淫祠",[16]这是这一带古代居民多神教信仰的明显残
余。直到建国以前,浙东各地蒙受古代于越多神教信仰的影响,仍然相当强烈地存在。

　　越部族原来以绍兴一带为聚居中心。秦始皇征服这个地区以后,蛮悍的越人显然
群起反抗,这从《秦会要》[17]所说"东南有天子气"一语中可以窥及。所以秦始皇必须
驱散以绍兴为中心的越人。《越绝书》卷八说:"徙大越民,置余杭、伊攻、□、故鄣,因
徙天下有罪适吏民,置海南故大越处。"卷二说:"乌程、余杭、黝、歙、无湖、石城县以
南,皆故大越徙民也,秦始皇帝刻石徙之。"秦始皇把这些越人强制迁移到今浙西、
皖南,而让汉人中的罪犯和贬谪官吏,即所谓"有罪适(按同谪)吏民"移入这个地区
以改变这里的民族结构。另外一部分越人不服从秦始皇的强制迁移,他们离开绍兴
向南流移,即明焦竑所说:"此即谓东越、南越、闽越也。东越一名东瓯,今温州;南
越始皇所灭,今广州;闽越今福州。皆句践之裔。"[18]此外还有一部分越人就近逃入
浙、皖、赣一带的山区,后来称为"山越"。《后汉书·灵帝纪》:"丹阳山越贼围太守
陈夤。"这大概是史籍中首先提出"山越"之名的。《资治通鉴》汉纪四八在抄录《灵
帝纪》此条下,胡三省注云:"山越本亦越人,依阻山险,不纳王租,故曰山越。"至了
三国时代,浙东、西和皖南山区的山越频繁活动,在《三国志·吴书》的全琮、贺齐诸
传中多有记载。

人口动态

　　在古代,绍兴地区是地广人稀的。越部族是东南地区人口最少的部族之一。句践
七年(前490),越王对范蠡说:"今欲定国立城,人民不足,其功不可以兴,为之奈
何?"[19]就具体说明了这个部族人口稀少的事实。为了增加人口,越王句践曾经采取了

一系列有效措施,包括限制夫妻的年龄差距,提倡早婚,加强孕妇和产妇的保育,奖励生育等等,这在《国语·越语上》说得很明白:"令壮者无取老妇,令老者无取壮妻。女子十七不嫁,其父母有罪;丈夫二十不娶,其父母有罪。将免者以告,公令医守之。生丈夫,二壶酒,一犬;生女子,二壶酒,一豚。生三人,公与之母;生二人,公与之饩。"但是尽管如此,到句践十五年(前482)准备起兵伐吴时,倾整个部族的全部力量,能凑集来的军队也仍不过是"习流二千人,俊士四万,君子六千,诸御千人"[20]而已,总数不过5万人之谱。与"夫差衣水犀甲者十有三万人"[21]的句吴相比,越部族仍是族小丁少的。《古代于越研究》一文曾对当时的于越人口作过估计:"若接两丁抽一的数字来估计,则当时部族的青壮年男子已达十万人之数,相应加上等量的青壮年妇女,则总数就达二十万。另外还应按比例加上各占四分之一的不成丁幼年和老年,则当时越部族的人口总数约为三十万人之谱。"[22]按照这个部族分布的一般疆域,即《国语·越语上》所说的,"南至于句无,北至于御儿,东至于鄞,西至于姑蔑"的范围,大体上以5万平方公里的面积计算,则人口密度约为每平方公里6人。当然,人口并不是平均分布的,在这大约5万平方公里的范围中,显然存在着一个人口的聚集中心,即句践从句吴释放后的疆域,所谓"吴封百里于越,东至炭渎,西至周宗,南造于山,北薄于海"。[23]面积估计约为5000平方公里,这个地域的中心,正是于越的国都大越城。句践伐吴胜利,最后迁都琅琊。军队和居民必然大量随之北迁,人口分布相应发生较大变化,以大越城为中心的部族聚居中心,人口必然有所减少。一直要到越国在琅琊失势,部族再度南迁以后,今绍兴一带的人口才又有所增加。

　　前面已经提及,今绍兴地区的越人在秦一统后遭到秦始皇的强迫迁移而流散,虽然有汉人中的所谓"有罪适吏民"迁入这个地区,但人口总数从秦以至两汉,或许更趋减少。据《汉书·地理志》所载,整个会稽郡共有223038户,计1032604人。当时会稽郡辖26县,则平均每县不到4万人。而且在26县之中,包括郡治吴在内,有7个县在今江苏境内,是当时郡内经济最发达的地区。必然聚集了较多的人口。另外6个县在今浙西地区,当时经济也比较发达。上述13个县占郡内全部县数的一半,人口必然超过一半。其余在今浙东的13个县中,山阴虽然居于首要地位,但由于苏南、浙西已经囊括了一半以上的人口,则绍兴地区的人口最多也不致超过全郡各县的平均数,当为4万人之谱。司马迁曾经到过这个地方,他所说的"地广人希",[24]显然是其目击的真实记载。所以这个地区在当时曾成为关东人口稠密地区移民的对象。[25]

　　后汉会稽郡范围缩小到浙东的14县,据《续汉书·郡国志》的记载,郡内共有123090户,计481196人。按照平均数来说,各县人口不过35000但当时山阴县是郡治所在,是合郡的第一大城,居民自然要较多地超过平均数,估计人口可能在5万以上。

在今日可以查索的晋代或以后的文献中，无法获得绍兴地区在晋代的人口数字，仅知会稽郡 10 县，有户 3 万。[26]晋代会稽郡户口的所以大大少于后汉，是由于辖区锐减的缘故。因为后汉会稽郡包括今整个浙东，而晋代的会稽郡范围仅及以后的宁、绍两府，面积已不到后汉的五分之一。所以从实际估计，绍兴地区在晋代的人口，应该比后汉有所增加。

前面已经提及永嘉之乱以后北方人民随晋室大批东迁的事。《晋书·王导传》说："洛京倾覆，中州士女，避乱江左者十六七。"当时南迁的汉人到底有多？谭其骧先生在《晋永嘉乱后之民族迁徙》[27]一文中，根据当时在江南建立的侨州、郡、县户口作了估计："截至宋世止（案指刘宋），南渡人口约共有九十万，占当时全国境人口约五百四十万之六分之一。"南渡人口之中，有为数很多的官僚士大夫人物。谭先生曾经统计过《南史》中进入列传的人物（不计后妃、宗室、孝义等），隶籍北方的有 506 人，而南方土著只有 222 人。这些从北方南迁的世家大族，本身是一批文化人，而且挟有资财，他们涌到江南，对江南来说，不仅增加了大量人口，而且发展了经济，提高了文化。

绍兴自从后汉鉴湖建成以来，北部的沼泽平原也因水利条件的改变而获得垦殖，自然面貌从越人自会稽山区初入平原时的穷山恶水变为山青水秀，风景优美。因而吸引了许多北方来客，当时移入会稽的显要家族有王羲之、谢安、孙绰、李充、许询、支遁等等。[28]则一般平民移入的，为数必更不少。到了南北朝初期，会稽郡的户数已经增加到 52228，人口增加到 348014。[29]其中山阴一县即占了 3 万户，成为海内剧邑，[30]使今绍兴一带出现了"土地褊狭，民多田少"[31]的现象，以至地价高达"亩直一金"[32]的程度。因而不得不采取了"徙无赀之家于余姚、鄞、鄮三县界"，[33]以减轻山阴县的人口负荷。前面已经提到，南齐高帝曾经打算把山阴县分成两县，户口增加是其中的重要原因。

隋代为时短促，绍兴的户口材料比较疏缺，现在唯一能获得的依据是《隋书》的记载，会稽郡 4 县，仅有 20271 户，[34]没有丁口数字。较之五代初期，有了很大的减少。而从五代到隋，绍兴一带并无较大的战乱和自然灾害，则户口大量缩减的记载使人不可理解。

所以这里有必要穿插一论对于历史人口资料的处理问题。由于种种原因，例如征丁、征粮以及对那些零星分散的聚落居民调查不易，在古代的人口统计中，漏报户口的现象是普遍存在的。而地方官为了便于完成中央规定的各项丁粮任务，也往往有意地让这种现象存在。此外，对于客籍户口与不成丁人口是否列入统计，对户口数字的影响更大。对于隋代的绍兴户口，我们找不到其他材料，或许只能以上述原因加以解释了。

从唐代的户口统计中，也可以回过头来发现一点《隋书》的户口统计问题。根据《元和郡县志》的记载，开元年间（713—741）的会稽郡越州，共有 107645 户。[35]开元去隋不到 100 年，尽管这段时期时政局稳定，生产发展，有利于人口的繁衍。但相差总不可能如此之大。而且从地区范围说,开元时代的统计地域不包括余姚郡明州在内,大约只有隋代会稽郡范围的一半。说明《隋书》的统计数字确实偏小。唐代会稽郡越州的户口,除了上述《元和郡县志》的数字外,早《元和志》成书十年的《通典》,载明全郡为88336户,共529147人。[㊱]此外,《新唐书·地理志》的记载,越州7县,共有90279户,计529589人。上述《元和志》、《通典》、《新唐书·地理志》三者的记载近似,特别是《通典》所载与《新唐书·地理志》基本相同,说明资料是比较可靠的。当时越州包括六七个县,[㊲]而今绍兴有山阴、会稽两县,按照平均数来看,则人口约在15万之谱,说明有唐一代,绍兴的户口确有了较大增加。

唐代末年以至吴越,绍兴一带发生了数次较大的战乱,以致在这段时期中,户口数有所缩减,情况可在宋初的人口统计中窥及一二。宋初太平兴国年间(976—983),越州户口据记载为主客户56491户,[㊳]则与唐代的9万户上下相去颇远。但自此以后,绍兴地区又获得较长时期的安定,户口又趋回升。大中祥符四年(1011),越州已增加到187180户。共成丁人口329348人。其中会稽县为34076户,成丁人口35585人;山阴县为2171户,共成丁人口3800人。则整个绍兴(山、会两县)合计为36247户,计成丁人口39385人。[㊴]加上不成丁人口,若按总人口的四分之一计算,[㊵]则绍兴的人口当为5万人之谱。上述《嘉泰志》所载大中祥符年代的越州户口,与《元丰九域志》[㊶]所载全州为152962户的数字相近,因此资料是比较可靠的。

历来绍兴地区人口的迅速增加,都与人口的机械变动(指外来移民)有关,这种趋向在宋代更显得突出。北宋末年,由于北方的动乱不稳,居民南移的态势已经开始明显。在徽宗崇宁年代(1102—1106),越州的户数增加到270306户,人口增加到367390人。[㊷]和大中祥符年间相比,人口固然有了增加,而户数的增加显得尤快。这就说明了,在当时的民户中间,出现了大批丁口很少的新兴户。这些丁口很少的新兴户,显然与北方移民有密切关系。

南宋初年是绍兴地区人口的机械变动最频繁的时期,由于华北为金人所占,居民大批南迁。据建炎三年(1129)的记载,当时“渡江之民,溢于道路”。[㊸]而浙江成为四方移民的中心。[㊹]绍兴由如前面所说曾经成为临时首都,移民涌入这个地区的为数尤多。据记载,来自赵、魏、秦、晋、齐、鲁各地的上大夫阶级,[㊺]充斥山、会城内。不仅是“空第皆给百官寓止”,[㊻]连寺院也成了他们的临时寓所。境内较大的寺院如能仁寺、禹迹寺等等,都被他们所占用。[㊼]由于绍兴地区比较富庶,朝廷于建炎四年(1130)下诏要南迁到各地的贫苦百姓到绍兴一带安置。[㊽]于是,绍兴城内的居民区随着迅速扩大。北宋大中祥符年代,城内的坊名,据《越州图经》所载,属于会稽县的有20坊,属于山阴县的有12坊。但到了南宋嘉泰年间(1201—1204),这个数字增加了3倍。[㊾]为此.这里的户口在这段时期中有了迅速的增加。根据嘉泰元年(1201)的记载,[50]绍兴府共有主客户 273343 户,计成丁人口 334012 人,老幼残废疾不成丁人口 107072 人。其中会稽县共有 35406 户,成丁人口 41781 人,不成丁人口 14348 人;山阴县共有 36652 户,成丁人口 46227 人,不成丁人口 15767 人。则山、会两县约有居民 12 万人。这样,从北宋大中祥符以来的不到 200 年中,绍兴地区的人口增加了 1 倍多。而这里还应该指出,在前面灾害天气中已经提到,大中祥符以后的熙宁八年(1075),由于严重的自然灾害所引起的疾疫,绍兴地区受到了"死者殆半"的人口损失。为此,嘉泰元年(1201)较之大中祥符四年(1011)的人口增加数字,实际上还远远不止一倍之数。说明了机械变动在这个时期绍兴地区的人口数字上的重要作用。

如上所述,虽然在宋一代绍兴的人口增加很快,但是由于农业生产在这段时期发展也很迅速,因此在农业中仍然感到劳动力的缺乏,特别是在收获的大忙季节,需要从诸暨、嵊县等地进口季节性劳动力。陆游诗"上客已随新雁到,晚禾犹待薄霜收",自注说:"剡及诸暨人以八月来水乡助获,谓之'上客',以其来自山中也。"[51]就清楚地说明了这种事实。

从南宋到元代,绍兴地区的人口仍然不断增加,根据万历《绍兴府志》的记载,[52]在至元年间(1280—1294),绍兴路共有 300148 户,计成丁人口 854847 人。按照当时绍兴路 8 县平均计算,加上不成丁人口,则山、会两县的人口已经超过 25 万。不过这个数字到了泰定年间(1324—1327)又有所缩减。按《万历志》记载,户数缩减到 222657,成丁人口缩减到 548869。则山、会 2 县人口又缩减到 20 万以下。按照前面灾害天气的统计,从至元到泰定间的 40 多年中,这个地区的重大水旱灾害达 8 次之多,这大概就是户口缩减的重要原因。

明代初年,根据万历《绍兴府志》的记载,[53]洪武年间(1368—1398),绍兴府共有 267047 户,计成丁人口 1038059 人。其中山阴县 53946 户,计成丁人口 204503 人;会稽县 39879 户,计成丁人口 59439。则山、会两县入籍的成丁人口,为数达 264000 人之谱。至于山、会两县这个时期的总人口数字,估计比较困难。因为经过元末明初的一段战乱,户政不修,漏报的人口数字必然很大。若以不成丁不在籍人口与在籍成丁人口相等计算,则绍兴的人口当已超过 50 万人,这是前代从未到达过的数字。洪武以后,绍兴户口续有较大增加,到了 180 年以后的万历年间(1573—1619),据万历《绍兴府志》的记载,[54]绍兴全府共有 165678 户,计 575651 人。其中山阴县有 29142 户,计成丁人口 115490 人;会稽县有 18608 户,计成丁人口 62004 人。从表面数字上看,户口反而比洪武年代有了缩减。但实际上当时由于户政紊乱,漏报的户口数字甚大,按照《万历志》纂撰人之一徐渭的估计,当时不成丁不在籍的人口达到在籍人口的 3 倍以上。[55]则山、会两县的人口已经超过了 70 万之数。

　　入清以后,特别是从康熙以来,浙江全省的人口出现两种现象,第一是人口数量急剧增加;第二是人口分布有了较大变化。在以往,人口主要集中在杭嘉湖平原、宁绍平原、温黄平原以及内地的一些盆地如金衢盆地等之中,这些平原和盆地。只占全省面积的 23.2%。而占全省面积 70.4% 的山地丘陵,人口却很稀少,这段时期起,大量人口开始向山地丘陵移动。这当然是与作物新品种的引入,即与美籍学者何炳棣所说"土地利用的革命"[56]有关。根据《嘉庆一统志》卷二八一的记载,康熙五十二年(1713),浙江全省人口为 2710649 人,但到乾隆五十六年(1791),在这不到 80 年的时期里,全省人口竟跃升到 22829000 人,几乎增加了 7 倍半。[57]这大量增加的人口,当然与省内广大山地丘陵的开发垦殖有关。只要查阅一下各县方志就可以知道,几乎所有地方,在这一时期都开始种植番薯和玉米这两种适宜于在山地丘陵种植的粮食作物。

　　绍兴的情况和全省一样,按照嘉庆《山阴县志》卷十一的统计。康熙十六年(1677)。山阴的人口为户 122119,男女大小人口 1002582。到嘉庆七年(1802),又增加到 1008832 人。当时会稽县的人口数字,今日无可查考。若按万历、康熙二代。以会稽县人口约为山阴县一半的标准合计,则当时绍兴的人口总数已超过 150 万。当然,这个时期绍兴人口的剧增,除了"朝天壁陛,番薯六谷"[58]这一重要原因外,也要考虑到钱塘江河口转入北大亹后,涨沙和海涂开始垦殖利用。绍兴人口至此发展到历史上的顶峰,在会稽山区,陆游诗中诸如"山鸟啼孤戍,……草市少行旅"[59]以及"山重水复疑无路,柳暗花明又一村"[60]的现象从此不复存在,而平原地区,如清末调查报告中所说的:"水岸田畔,凡可资耕种者,几无一隙之存。"[61]所以绍兴人不得不大量地向浙西的杭嘉湖三府与江苏的昆山等地迁移。[62]由于绍兴移民在农业生产上具有良好的素养,勤劳朴实,易于和客地土著融洽相处,所以常能安居客地,促进了当地的生产发展。[63]

聚落与城镇的形成和发展

　　在公元前 6 世纪以前,越部族的生产活动主要是迁徙农业和狩猎业,部落居民的活动还局限于会稽山地,聚落的形成当然也在山地之中。《水经·浙江水注》记载的有两处;一处称为埤中,据记载在"诸暨北界";另一处在秦望山南,《水经注》说:"山南有嶕岘,岘里有大城,越王无余之旧都也。"像这样一类作为部族中心的大型聚落,直到刘宋时代,尚有遗迹可寻。[64]其他著述中记及会稽山地在越部族时代的大型聚落还有《越绝书》卷八记载的会稽山上城、木客、苦竹城;《越州旧经》记载的侯城[65]等等。这些称城的聚落,有一些至今仍有线索可稽。以《越绝书》记载的苦竹城为例,今漓渚以南 4 公里绍兴、诸暨两县界上有苦竹村,坐落在娄宫江上游的一处山间盆地中。《越州旧经》说:"苦竹城在山阴县西南二十九里。"⑯按方位里程今苦竹村与《旧经》所记符合。其实,在自然条件较好的山间盆地或河谷地之中,当时都可能建立聚落,只是不见于记载罢了。由于人们从事迁徙农业和狩猎业活动,所以这些原始聚落可能是不固定的,这就是《吴越春秋》卷六所说的:"无余质朴,不设宫室之饰,从民所居。"但是无论如何,会稽山地中这一时期形成的聚落,是绍兴历史时期见于记载的最早聚落。

古代绍兴地区的聚落首先在会稽山地形成,这是和当时的生产性质及自然条件有密切关系的。因为山地中拥有丰富的森林和动物资源,山间盆地和河谷地有平坦的土地可以进行刀耕火种。因此,部族原始聚落就在这里形成,并且持续了一段相当长的时期。但是,随着生产力的提高和部族人口的增加,聚落分布局限在会稽山地的这种情况就开始有所改变。前面提及《越绝书》记载越王句践迁都平阳的事,就是这种变化的标志。平阳在今平水镇附近,说明部族的生产活动范围,已从崎岖的会稽山地,进入了山北的一系列山麓冲积扇地段。除了平阳以外,《越州旧经》记载的越王城,即今古城村,⑰也正在这一地段。从自然条件来说,这一带土地广阔而平坦,灌溉便利,水土资源的丰富较之会稽山地不可同日而语;而和北部的沼泽平原相比,它们却又位处山麓,地势高燥,不受咸潮的威胁,有利于定居农业的发展。而且每一冲积扇都有流入平原的河流,交通便利。越王句践所说的"水行山处,以船为车,以楫为马",⑱指的恰恰就是这个地带。这样,山麓冲积扇就成为越部族从会稽山地进入北部平原的跳板,形成了越部族在会稽山北的第一批聚落。从这一带近代发现的许多战国和汉代古窑址中也可以得到证明。⑲

定居农业在山麓冲积扇地带的发展,对于农业生产力的提高具有重大意义,部族居民进一步向水土资源更为丰富的北部冲积平原推进成为势所必然。这就是《吴越春秋》卷五记载越大夫范蠡所说的"不处平易之都,四达之地,将焉立霸王之业"。不过,要开发江湖密布、咸潮出没的沼泽地,并不是一件轻而易举的事。于是,崛起于冲积平原上的孤丘,就成为人们开发沼泽平原的立足点。山会平原上的这类孤丘多至数百,它们从二三十米以至百余米,不受咸潮的冲刷。孤丘上的森林和泉水,提供了燃料和饮水的方便。孤丘南麓的向阳地带,又为人们的居住提供了有利的小气候条件。于是人们就以此为基地,在此地围堤筑塘,发展农业生产。这样,在公元前 6 世纪之末,山会平原上的孤丘聚落就陆续形成了。除了种山南麓的小城将在以下讨论外,这一时期形成的这类聚落为数甚多,仅《越绝书》卷八记及的就有种植衣料作物的麻林山和葛山,驯养牲畜的犬山、白鹿山、鸡山、豕山,此外还有稷山、独山、巫山、独妇山、龟山、土城山等等。

孤丘聚落的形成对于开发广大的沼泽平原是一个有利条件。他们以孤丘为立足点,开始在孤丘附近比较高燥的平原地区围堤筑塘,蓄淡拒咸,垦殖小片土地。早在越王句践时代,就已有富中大塘、吴塘、练塘,都见于《越绝书》的记载。[70]不见记载的小堤小塘,为数当然更多。由于垦殖和涵闸管理的方便,堤塘一带就出现聚落,早期的这类聚落因缺乏记载而无法列举,但后汉初期鉴湖工程完成,沿湖筑有长达 127 里的湖堤,堤上设置了 76 处闸堰等水工建筑,沿湖堤一带,当然是一片高燥地带,于是这个地带立刻形成了许多聚落,举凡从事闸堰管理、农业、水产业、运输业等居民,都聚集在这带状分布的沿湖聚落之中。这类聚落常常以当地的闸堰为名,至今尚存的陶家堰可以为例。[71]甚至在鉴湖湮废、闸堰消失以后,这种以闸堰为名的聚落依然存在。清平步青所说的"越中常禧门外,自跨湖桥迤南北,有中堰、湖桑、清水闸、沈酿堰、湖塘诸村,绵亘四十里",[72]就是沿湖聚落中的一段。

　　在沿湖聚落形成以后,北部杭州湾(后海)沿岸的沿海聚落也接着逐渐形成。早在春秋越部族时代,由于海运和制盐业的需要,少量沿海聚落已经出现。《越绝书》卷八记载的固陵、杭坞、防坞、石塘等的地理位置,由于其中的固陵和杭坞至今仍然清楚可考,[73]可以说明它们都在当时的钱塘江沿岸。另一处由于制盐业形成的聚落朱余,可能即是今日三江口附近的朱储村。当然,当时由于海塘并不完整,沿海聚落只是零星地出现。等到鉴湖工程完成以后,由于山会平原北部迅速开垦,海塘建筑成为当务之急,而随着海塘的建筑,沿海聚落就开始大量形成。古代绍兴北部海塘修筑的正式记载见于《新唐书·地理志》,为时在公元 8 世纪(722 年,唐开元十年),说明了唐初海塘已经建成,则沿海聚落必然有了很大发展。

　　鉴湖成堤以后,海塘相继完成,山会平原北部广大地区的垦殖具备了良好条件。前面提及西晋永嘉之乱以后北人大批南迁,山会平原的土地到达"亩直一金"的程度,垦殖加速进行,平原聚落于是大量形成,迅速发展。当时,在聚落形成的初期,大量聚落必然首先在接近湖堤便于垦殖的地带建立,但是随着沿海堤塘的修建,远离湖堤的土地也有了垦殖的条件,于是湖堤与海塘之间的广大地区,都有了聚落的形成与发展。海塘全部完成以后,整个山会平原摆脱了咸潮的影响,河湖网迅速得到整理,鉴湖积蓄的淡水向北部转移,湖底淤浅,终至湮废,于是,原来是鉴湖的山会平原南部也获得垦殖,聚落也相继出现。这样,从南宋开始,整个山会平原,从南到北,人口稠密,聚落栉比。明人在这一带的旅行记载是"十树一村,五树一坞"。[74]清人的记载更为生动明白,"湖田日辟,屋庐坟墓日稠,千村万聚,一望如屯云"。[75]平原聚落在古代绍兴的各类聚落中形成最晚,但却得到其他各类聚落所完全不可比拟的发展,它在清代官方登记的山、会两县的 1353 个聚落中占 73.5%的绝对多数。[76]

　　平原聚落的分布与河湖有密切关系,大量的这类聚落分布在河流沿岸,这就是明王阳明所说的:"越人以舟楫为舆马,滨河而廛者,皆巨室也。"[77]此外,有的分布在渡口桥边、河港尽头,有的分布大小河流的汇口,有的分布葑泥填淤的州岛。这些聚落,常常以河、湖、港、渎、泾、桥、渡、汇、溇、[78]荡、葑、埠等为名。在清代官方登记的山阴县共668处聚落中,以上述河、湖、港、渎等为名的达230处,在会稽县的685处聚落中,更达263处,[79]情况可见一斑。

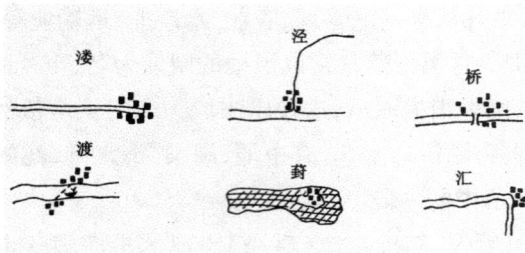

图二　平原聚落的几种图式

　　如上所述,绍兴地区历史时期形成的聚落,按其地域类型有山地聚落、山麓冲积扇聚落、孤丘聚落、沿湖聚落、沿海聚落、平原聚落六大类。每一种地域类型的聚落,不仅有其特殊的自然环境,而且也有其特殊的聚落职能,即聚落居民所从事的主要生产活动。聚落的地域类型,实际上就是历史时期人们对各种不同的自然环境利用和改造的反映,而聚落的命名则往往和自然环境及聚落职能有关。绍兴在历史时期形成的各类聚落,其自然环境、职能和常见地名等,大体如下表所列:

聚落类型	自然环境	聚落职能	常见地名	占聚落总数的百分比%[80]
山地聚落	1000米以下的丘陵,山间盆地、河谷地。	开始是迁徙农业和狩猎业,以后转入定居农业。	山、岭、墺、城、溪等。	13.5
山麓冲积扇聚落	向北缓倾而平坦的冲积扇,北缘是河流通航的起点。	农业、内河运输业。是山地和平原的交通纽带。	塘、埠、埠头等。	4.5
孤丘聚落	二三十米到百余米的孤丘,周围是沼泽平原。	农业、畜牧业	山。	3
沿湖聚落	人为的湖堤,堤南是鉴湖、堤北是沼泽平原。	闸堰管理和内河运输业、农业、水产业。	闸、堰、塘、坝等。	2
沿海聚落	人为的海塘,塘南是山会平原,塘北是杭州湾。	塘闸管理和航海业、水产业、农业。	塘、闸、山、溇等。	3.5
平原聚落	沼泽平原,河流交错,湖泊棋布	农业、水产业、内河运输业。	河、湖、港、渎、泾、桥、渡、汇、溇、荡、葑、埠等。	73.5

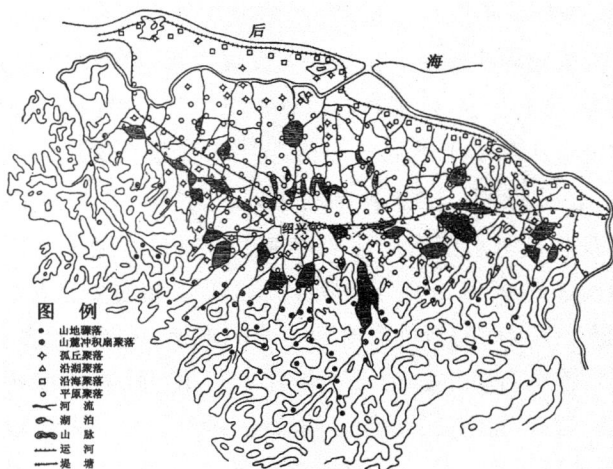

图例
· 山地聚落
● 山麓冲积扇聚落
◇ 孤丘聚落
△ 沿湖聚落
□ 沿海聚落
○ 平原聚落
〜 河　流
〜 潮　泊
≈ 山　脉
≈ 运　河
— 堤　塘

图三　南宋绍兴地区聚落分布图

　　聚落的地域类型及其分布都不是固定不变的。随着生产力的提高。人口的增加
以及自然环境在人类利用和改造下所发生的改变,聚落类型及其分布也不断地发展变
迁。前面已经论及,聚落分布之所以具有不同的地域类型,是由于不同地区在自然环
境上的特殊性以及这种特殊性所引起的聚落在职能上的差异。一旦这种自然环境的
特殊性在人类利用和改造的过程中发生变化,聚落的职能也会相应改变,于是,不同类
型的聚落之间的差异也就随之消失。例如山会平原上早期形成的孤丘聚落,是作为人
们在咸潮出没的沼泽平原上的立脚点而出现的。在孤丘周围的沼泽平原得到改造以
后,这类聚落和一般平原聚落之间的差异也就消失。同样,沿湖聚落的形成是鉴湖水
利工程修建的结果,鉴湖湮废以后,这类聚落也就成为平原聚落的一部分。北部濒临
杭州湾的沿海聚落也随着海岸的移动而发生变化。前面提到,自从有历史记载以来,
钱塘江口是稳定在南大亹的。从明代开始,逐渐有了北移趋向,山阴海塘以北的涨沙
也随着逐渐扩大。到了清代初期,江道转移北大亹,南大亹全部淤涨,沿海聚落从此不
再滨海,就变为一般的平原聚落。

　　历史时期形成的聚落,在地理位置上有时也可能发生变迁。当然。这种变迁也是
和生产密切有关的。早在越部族时代,会稽山地的聚落就迁徙无常,这种迁徙是为了
适应当时"随陵陆而耕种,或逐禽鹿而给食"的迁徙农业和狩猎业的需要。此后,在其
他聚落类型中,也有相似的情况,山麓冲积扇聚落可以为例。前面已经提及,聚落从会
稽山地向北部冲积扇发展,这是生产力发展的一种标志。人们在冲积扇北缘围堤筑
塘,发展定居农业,因此,这类聚落常常称塘,如破塘、伧塘、型塘等等;人们利用这一带

的河流发展北部平原的内河运输业,因此,这类聚落又常常称为埠或埠头,如旧埠、西埠、迪埠、平水埠头、娄宫埠头等等。定居农业发展以后,整个冲积扇遭到开垦,土壤流失空前加剧,于是,河流开始淤浅,通航起点就逐渐下移。以山会平原最大的河流若耶溪为例,唐代舟舫可直达秦望山下的云门诸寺,[⑩]宋代虽已淤浅,但载重50石的舟楫循干流尚可从半水上溯25里,[⑫]溯其支流犹可到达天柱峰下。[⑬]到了明代,舟楫只能到达平水。[⑭]此后,从清代到平水江水库建成以前。舟楫只能到平水以北8里的平水埠头,从其他冲积扇流出的河流也莫不如此,例如西南部的娄宫汇,在南宋淳熙元年(1174)舟楫可通至兰亭以南的新桥头附近。[⑮]明代末年,只能通至娄宫埠头,已比南宋退缩了10里。笔者曾从西埠(栖凫)溯西埠江上行10里,在施家桥观察早已淤浅的清代石桥,石桥孔内置有可供拉纤者行走的石路,纤绳擦痕,深深地楔入石块之中,说明载重船舶昔日可拉纤过桥上溯。询问当地父老,知民国初年,重载石料船尚可抵桥下,桥边设有凿石场。但此河久已淤浅,目前通航点已在西埠以北。其他如破塘江、上灶江等莫不如此。通航起点一旦北移,原来的聚落在经营运输业方面就失去意义。于是聚落随着北移,在新的通航起点形成第二个聚落。这样的聚落往往在地名上有所反映,例如新的平水称为平水埠头,新的破塘称为破塘下埠,新的谢墅称为下谢墅等等。聚落一旦迁移,原来的聚落大多并不废弃,但其职能随即变化,成为一般的农业聚落,而新建的聚落则在运输业上取代了旧聚落的地位,并且获得较大的发展。

　　濒临杭州湾的沿海聚落,在历史时期也有类似冲积扇聚落的迁徙情况。这类聚落,在职能上除了一般地经营农业以外,主要是从事海上运输业、捕鱼、制盐和其他海涂生产。因此,聚落位置必须紧靠海岸。绍兴北缘的海岸,即是钱塘江河口的北大亹。明代以后。由于江道北移,这些聚落一时出现了随着江道纷纷北移的现象。而聚落北移,往往也在地名上留下痕迹。如桑盆村因北移而出现前、后两桑盆地村,此外如前、后礼江村。前、后单溇村等都是如此,前村在南,后村在北,其间相距5至10里不等。有的聚落是随着海岸北移而一迁再迁,如梅林村和盛陵村等,都有前、中、后三村。以盛陵村为例,此村在明成化以前,原是徐氏聚落族而居的一个沿海渔村,成化间(1465—1487)北迁4里另立一村(即中盛陵),天启间(1621—1627)又北迁3里再立一村(即后盛陵)。[⑯]盛陵村以西今属萧山的坎(凫)山镇,虽然不是绍兴所属,但作为这个地区的一个古代的沿海聚落,其发展过程很有特色,不妨在这里附带一叙。前面提及《越绝书》卷八记载的杭坞,今称航坞山,坎山就此山之下。这个聚落在宋代已见记载。[⑰]是一个以海运业为主的沿海港埠,其聚落建筑是呈南北向的两行房屋所构成的一条狭街。随着海岸的北移,这条狭街就不断向北延伸,整个聚落最后成为东西宽不过10多米而南北长达3公里的一条狭窄的长带。所有这些聚落最后由于钱塘江江道的全面北移而完全与海洋隔绝了关系,除了上述坎山成为一个商业集镇外,其余大部分都转变为一般的平原农业聚落。

上述各种类型的聚落,在其发展过程中,有些条件较好的。就逐渐扩大,形成集镇。最早的山地聚落是各种聚落类型中条件较差的,由于山地崎岖,在越部族迁入山会平原后,生产停滞,人口稀少。所以集镇甚少,只有在盆谷地形比较宽广,山溪河流汇合,交通冲要的地方形成如黄坛、汤浦等少数集镇,清代初期居民迁入山区较多以后,这类集镇才获得较大的发展。

山麓冲积扇聚落凭借其河流通航起点的优势,集镇的发展显得有利,如漓渚、破塘、南池、平水、上灶、富盛、伧塘等,都因此而成为大小不等的集镇。

沿湖聚落在鉴湖湮废以后原来的聚落职能已经消失,但由于这类聚落位于山会平原南北之间,凭借东西向的运河交通方便,而鉴湖原来设置闸坝之处,又多有南北流向的河流。为此,这一带聚落发展成为集镇的也有不少,如东关、陶堰、皋埠、湖塘等均是其例。

沿海聚落中发展成为集镇的为数不多,这是因为江道北移以后这一带与海隔绝而显得封闭,只有少数条件特殊而仍有出海之利者如孙端、斗门等,发展成为集镇。

平原聚落是历史时期绍兴建立最晚的聚落,但在山会平原获得全面的垦殖以后,平原上河网纵横,湖泊棋布,水利修治,交通便捷,聚落不断增加和扩大,其中不少大型聚落就发展成为集镇,诸如马山、阳嘉龙、下方桥、东浦、华舍等等,而柯桥和安昌成为山会平原许多集镇中的佼佼者。柯桥作为一个聚落,在后汉已经出现,[⑧]由于运河的修凿和运道塘的建成,使它成为一个绍兴城西北的交通枢纽和兴旺发达的集镇。安昌在地理位置上接近沿海聚落,钱塘江江道北迁以后,南沙迅速形成,适宜于棉花种植,因而成为新兴的棉花产地,棉花和其他农产品的集散,促进了安昌迅速发展,使它成为山会平原的一大集镇。

前面提及孤丘聚落由于周围土地的垦殖而失去其原有职能,成为一般的平原聚落。很少形成集镇的例子。但这中间有一个特例,就是越国首都大越城,大越城是按照句践的意旨和范蠡的设计建成的,但从发展的过程来看,它的基础实在是孤丘聚落。

前面已经提及范蠡的建都思想:"今大王欲国树都,并敌国之境,不处平易之都,据四达之地,将焉立霸王之业。"闭塞的会稽山地当然不是"平易之都",山麓冲积扇虽然比较开阔,但仍远非平易四达。要达到范蠡的要求,立城建都,自非山会平原不可。但山会平原在当时是一片沼泽地,必须依靠孤丘作为立足点。在今绍兴城范围,东西约5里,南北约7里,冲积层上崛起的大小孤丘达9处之多,[⑧]其中最高的种山(76米)、戗山(52米)和怪山(32米),构成三足鼎峙的形势。当公元前5世纪初句践在此立城建都以前,越族居民必然已在这些孤丘上建立了不少聚落,并在每座孤丘附近围堤筑塘,垦殖了若干土地。人口有了相当的增加,农业生产也有了一定的基础,而且还有很大的开拓潜力。在这样一片平易之都、四达之地的地理位置上,凑上这样优越的孤丘众多的地形条件,在整个山会平原上,确实是最理想的立城建都之地。

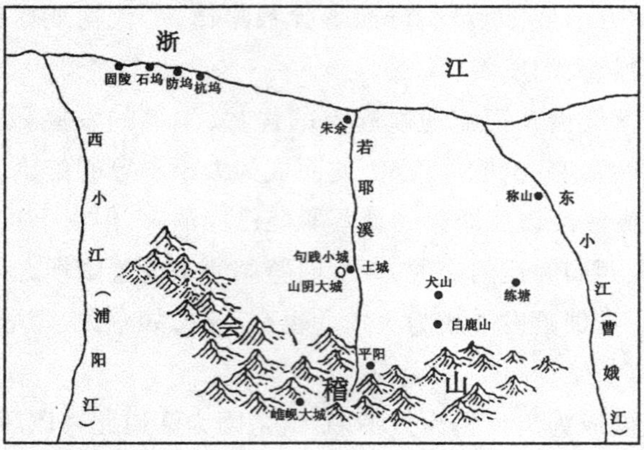

图四　小城和大城的地理位置

据《吴越春秋》卷五的记载,句践被吴王释放回国,时当其在位第七年的十二月。当时,在句吴内部,明显地存在以太宰嚭为首的主和派和以伍子胥为首的主战派。[90]只要后者得势,于越随时可以覆亡于句吴的大军之下。对于这种形势,句践和他的谋士范蠡、文种等,都是十分清楚的。他们务必建立一座足以抵抗句吴入侵的城堡,而且必须抓紧时机,迅速建成,所以这座城堡不可能有较大的规模。这可能是句践在返国的当年就着手兴建小城的原因。

因为时间紧迫,小城的建筑不可能把这一带九处孤丘的所有聚落都包罗在内,而是选择了在九处孤丘中最高的种山东南麓兴建。小城既是国都,在于越战败、国王被俘两年多以后,迅速地建城定都,具有号召整个部族,重振旗鼓,团结抗敌的意义。但小城同时又是一座军事堡垒,它必须坚固周密,能够顶得住敌人的进攻。按照这样的要求,种山东南麓确是十分理想的建城地址。因为种山在地形上,北麓陡峭,南麓缓倾。全山从西南到东北有6条高阜,其中第四高阜最高,而第五高阜南麓坡地最为宽广,有足够的土地可以建立宫室,并从事垦殖。这一带又富于泉水,后代历史上记载的有清白泉、三汲泉、方井、乌龙井等,[91]在今日踏勘中,这些井泉大体仍然存在。在潮汐直薄、土地斥卤的自然环境中,这些泉水使这个都城的饮水无虞匮乏。小城西北有种山为屏障,不仅有效地改善了这个都城的小气候条件,而满山林木。更为宫室提供了

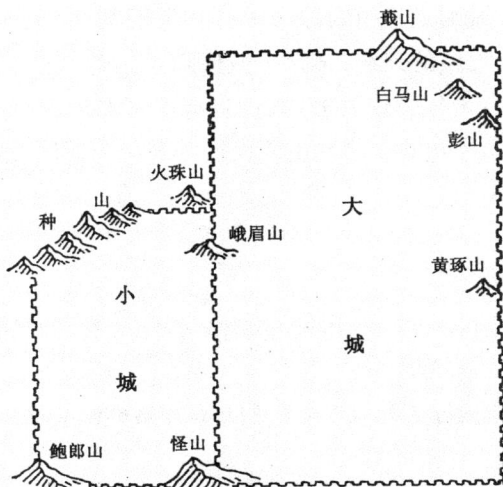

图五　小城和大城示意图

燃料的需要。种山在军事上还有更为重要的价值,因为越国是战败国,在战胜国句吴的监视下,明目张胆地筑城自固是不允许的。这就是《吴越春秋》卷五所记载的,在小城建筑时,"缺西北示服事吴也"。由于句吴的军队驻扎在钱塘江以北,正位于于越的西北方,所以小城西北方不筑城垣是于越臣服于句吴的表示。但是城垣依种山而筑,西北方虽然没有城垣,却有比城垣更为可靠的种山作屏障。而且范蠡更在此山的最高阜上建造了一座飞翼楼,[92]其实就是瞭望台。当时钱塘江江道从南大亹出海。从飞翼楼可以北眺江滨,句吴若有军事行动,于越即可随时作好准备。

图六　种山与于越宫室图

就这样,于越在很短的时间里,迅速地筑成了这座周围只有 2 里稍多的国都兼军事堡垒,使整个越部族有了一个新的、坚强的政治中心,让部族在风雨飘摇中站稳了脚跟。于是紧接着小城的落成,范蠡又在小城外建筑了城周大于小城 10 倍的山阴大城。大城把这个地区的大部分孤丘聚落都包罗在内。可以设想,在范围广大的大城之中,除了街衢、河渠、屋宇、工场等以外,仍然还保留着许多牧场和耕地。小城是于越的政治中心和军事堡垒,大城则是于越的经济中心和生产基地。小城的迅速建成,为大城的兴筑赢得了时间;而大城的兴筑,又为小城保障了给养,进一步巩固了小城的基础,使越王句践"十年生聚,十年教训"的复兴计划有了可靠的保证。以后的绍兴城市,就这样从公元前 5 世纪初的句践小城和山阴大城的基础上逐渐发展起来。

注释:

① 陈铁梅《我国旧石器考古年代的进展与详述》,《考古学报》1988 年第 3 期。

② 《文化交流》第 22 期,1996 年。

③ 陈桥驿《越旅的发展与流散》,《东南文化》1989 年第 6 期,又收入于《吴越文化论丛》,中华书局 1999 年版。

④ 乐祖谋《历史时期宁绍平原城市的起源》,《中国历史地理论丛》第 3 辑,陕西人民出版社1988 年版。

⑤⑮⑰ 《越绝书》卷八。

⑥⑧ 《吴越春秋》卷四。

⑦ 《古史辨》,北平朴社,民国十五年(1926)年版。

⑨ 《史记·越王句践世家》、《汉书·地理志》、《论衡·四讳篇》。

⑩ 《庄子·逍遥游》。

⑪ 《淮南子·齐俗训》。

⑫ "越"是越音汉译,《春秋经传》、《史记》、《越绝书》等均作"越",但《汉书》作"粤"。

⑬ 《越绝书》卷七。

⑭ 钱培名《越绝书札记》,载《龙溪精舍丛书》)。

⑯ 《新唐书·狄仁杰传》。

⑰ 孙楷《秦会要订补》卷六:"始皇尝曰:东南有天子气。于是东游以厌之。"

⑱ 《焦氏笔乘续集》卷三。

⑲⑱ 《吴越春秋》卷六。

⑳㉑ 《吴越春秋》卷一〇。

㉒ 陈桥驿《古代于越研究》,羲《民族研究》1982 年第 1 期,又收入于《吴越文化论丛》,中华书局 1999 年版。

㉓ 《吴越春秋》卷五。

㉔ 《史记·货殖列传》。

㉕ 《通典》卷一《食货·田制上》:"景帝六年,诏郡国令人得去硗狭耽宽肥。至武帝,遂徙关东贫人于陇西、北地、西河、上郡、会稽。"

㉖ 《晋书·地理志》。

㉗　《长水集》上册,人民出版社 1987 年版。

㉘　《晋书·王羲之传》。

㉙　《宋书·州郡志》。

㉚　《宋书·顾觊之传》。

㉛㉝　《宋书·孔季恭传》。

㉜　《宋书·孔季恭传·史臣曰》。

㉞　《隋书·地理志下》。

㉟　《元和郡县志》卷二六。

㊱　《通典》卷一八二《州郡十一》会稽郡。

㊲　《通典》作 6 县,《新唐书·地理志》作 7 县,此因上虞县从隋开皇废去后,到贞元初复置的
　　缘故。

㊳　《太平寰宇记》卷九六。

㊴　嘉泰《会稽志》卷五。但所载山阴县的户口数字显然有讹,已无法核实。

㊵　不成丁人口对成丁人口的比例数,系参照《嘉泰志》的人口统计拟定。该志统计中,山、会
　　两县不成丁人口,各为两县总人口的 25.5%,绍兴府的不成丁人口则为全府总人口的
　　24.2%。故此比例数定为 1/4。

㊶　《元丰九域志》所载越州户计主 152585,客 337 共 152962 户。按《元丰九域志》成书于元丰
　　八年(1085),与大中祥符四年相去 74 年。

㊷　《宋史·地理志》。

㊸　《宋会要辑稿》第一六〇册。

㊹　《建炎以来系年要录》卷一五八:"四方之民,云集二浙,百倍常时。"

㊺　陆游《老学庵笔记》卷八。

㊻　宝庆《会稽续志》卷七。

㊼　周密《癸辛杂识》后集。

㊽　《宋会要辑稿》第一六〇册:"诏诸处流移百姓所在孤苦无依者,并仰越州安泊赈济。"

㊾　嘉泰《会稽志》卷四。

㊿　嘉泰《会稽志》卷五。

51　陆游《秋日郊居》,载《剑南诗稿》卷二五。

52 53 54　万历《绍兴府志》卷一五。

55　徐渭《户口论》(《青藤书屋文集》卷一八);"今按籍口六万二千有奇,不丁不籍,奚啻二
　　倍之。"

56　Ho Ping – ti , Studies on the Population of China , 1368—1953 , Cambridge , Harvard University
　　Press , 1959.

57　陈桥驿《历史上浙江省的山地垦殖与山林破坏》. 载《中国社会科学》1983 年第 4 期。

58　《绍兴方言》,国际文化出版公司 2000 年版。

(59) 陆游《山行》,载《剑南诗稿》卷七六。

(60) 陆游《游西山村》,载《剑南诗稿》卷一。

(61)(62) 《会稽县劝业所报告册》宣统三年上期,抄本,绍兴鲁迅图书馆藏。

(63) 《申报》光绪七年四月十七日"自粤匪(按系对太平天国军的蔑词)乱后,土民稀少,山乡尤甚,若余杭、武康、安吉、孝丰等邑,遗黎更属寥寥。……以故客民纷至沓来,视为利薮,顾其中亦分数等,最安静者为宁、绍人,皆置产乐业,为子孙永远计,与土著殊觉和洽。"

(64) 孔令符《会稽记》(宛委山堂《说郛》弓六一);"越之中叶,在此为都,离宫别馆,遗基尚在。"

(65)(66) 嘉泰《会稽志》卷一所引。

(67) 《吴越春秋》卷六。

(69) 张拯亢《续绍兴出土古物调查记》,手稿本,绍兴鲁迅图书馆藏。

(71) 《光绪会稽陶氏族谱》卷一:"陶氏所居。鉴湖州潭地,曰东陶家堰,曰西陶家堰。"

(72) 《霞外捃屑》卷四。

(73) 固陵即今西兴镇,见张宗祥校本《越绝书》卷八注;杭坞即今航坞山,见陈桥驿《古代鉴湖兴废与山会平原农田水利》,载《地理学报》1962 年第 3 期。

(74) 王穉登《客越志略》,载《古今游名山记》卷一〇下。

(75) 陈绂《俞公塘记事》,载乾隆《绍兴府志》卷一六。

(76)(79) 据《山阴都图地名细号亩分额南米科则》及《会稽都图地名细号亩分额南米科则》,(均系清抄本,绍兴吴宅梵藏)。

(77) 王守仁《浚学河记》,载《王文成公全书》眷二四。

(78) 绍兴方言,河港尽头的聚落称"溇"。沿海聚落往往位于南北向河港的尽头,故名"溇"者甚多。

(80) 据《山阴都图地名》及《会稽都图地名》二抄本所载的聚落总数。

(81) 熊克《镜湖》,载嘉泰《会稽志》卷一三。

(82) 嘉泰《会稽志》卷一二:"若耶溪络南来自五云乡界,经县界二十五里,胜五十石舟。"

(83) 邓牧《陶山游记》,载《伯牙琴续补》。

(84) 刘基《出越至平水记》,载《诚意伯文集》卷六。

(85) 吕祖谦《入越记》(载《东莱吕太师文集》):"辨色发枫桥……十里于溪……十里古博岭……十里含晖桥亭,天章寺路口也,遂穿松径入寺。……复出官道数里,买舟泛鉴湖。"按上述里程计算,吕买舟在今新桥头附近。

(86) 《盛陵文和堂徐氏宗谱》卷一《世系》。

(87) 陆游《舟中》(《剑南诗稿》卷三八):"龛山古戍更漏中。"

(88) 《后汉书·蔡邕传》称为柯亭。

(89) 孙因《越问》(宝庆《会稽续志》卷八):"八山蛇其中蟠兮。"原注:"府城有八山。"按八山为种山(卧龙山)、蕺山(戒珠山)、龟山(怪山)、白马山、彭山、鲍郎山、峨眉山、火珠山。又明张岱《越山五佚记》(载《琅嬛文集》卷二)中又指出第九山为黄琢山。

⑨ 陈桥驿《论句践与夫差》,载《浙江学刊》1987 年第 4 期,又收于《吴越文化论丛》,中华书局,1999 年。

⑨ 范仲淹《清白堂记》,《舆地纪胜》卷一〇。乾隆《绍兴府志》卷六等。

⑨ 据《越绝书》卷八,《吴越春秋》卷五。

四 历史经济地理

农 业

古代绍兴的农业发展。根据文献记载，可以上溯到迁徙农业时代，即前面引《吴越春秋》所引于越初期的"随陵陆而耕种，或逐禽鹿面给食"。在前面关于自然资源的讨论中，曾经提及"鸟田"的事，鸟田其实也是于越先代迁徙农业的证明。

根据前述越部族的移动情况，可以说明越王句践迁都平阳以前，农业生产活动主要在稽南丘陵进行。但是也不能认为，当时的稽北丘陵和山会平原就完全没有农事活动，因为卷转虫海退在距今 5000 年前就已经开始，原在稽南丘陵这批称为"内越"的越人，必然会有去到稽北丘陵并且进入平原的。根据记载。在吴王僚时期，由于公子光之祸，吴王子庆忌的家属，曾南渡钱塘江隐居在稽北丘陵以北的平原地区，并且得到越人的帮助，"予湖泽之刚，俾擅其利，表其族曰庆氏，名其曰庆湖"。[①]按公子光之祸载于《春秋》昭公二十七年（前 515）。这说明在句践迁都平阳以前的 20 年左右，稽北丘陵及其以北的若干平原地区，已经有了局部的农事活动。

当然，北部地区定居农业的较大规模发展，是在句践迁都以后，特别是在句践去吴返越以后。在他的所谓"十年生聚，十年教训"的长期计划之中，发展农业即是其中的重要内容之一。

根据各种资料判断，在句践时代，农业各部门中，种植业已经成为当时的主导部门,而其中特别重要的是粮食作物的种植。当时的粮食作物种类,文献记载中有提"五谷"的,[②]也有提"八谷"的。[③]但文献中具体提及的作物名称,一共有 7 种:粢、黍、赤豆、稻粟、麦、大豆、穬。其中"粢"最好,被列为第一等"甲货",而"穬"的身价最低,列为末等"庚货"。[④]现在,从河姆渡遗址中证明,水稻已经是当时的重要作物,则《越绝书》所记的"粢",很可能就是水稻。《吴越春秋》卷五记述的农事季节和活动是:"春种八谷,夏长而养,秋成而聚,冬畜而藏。"又说:"留意省察.谨除苗秽,秽除苗盛。"后者所述,其实就是水稻种植中的耘田工作。说明当时不仅种植水稻,而且耕作过程已经并不粗放。

当然,于越的粮食作物中有"八谷"之称,说明除了水稻以外,其他的作物还有不少。这就必须考虑到其中有一些是旱作,这是他们在会稽山地发展农业所必须播种的品种。在进入冲积扇和平原的初期,由于水稻种植必须围堤筑塘,蓄淡拒咸,因此在一些灌溉条件不好的土地上,旱作的种植仍有必要。这就是《越绝书》所载的粮食,从"甲货"到"庚货"有 7 种之多的原因。

水稻在古代绍兴成为主导粮食作物,与这个地区的垦殖和水利密切相关。这中间,后汉前期是一个划时代的关键时期。由于鉴湖水利工程的完成,山会平原北部的9000 顷沼泽地才因排灌条件改善而得以次第开垦。古代绍兴的种植业开始有了空前的发展,而水稻在粮食作物中的主导地位也就从此确定,历晋、南北朝和隋唐各代,从耕地面积的扩大和人口的增加等方而,都反映了绍兴种植业发展和粮食产量增加的事实。到了唐代末年,越州仓廪中积储的稻米为数到达 300 万斛。[⑤]水稻种植业的发达可见一斑。五代后汉乾祐二年(949),吴越王钱宏俶用豁免赋税的办法奖励人民开荒,[⑥]使粮食特别是水稻的种植更为发展。到了宋代初年,水稻几乎已成为绍兴一带的唯一粮食作物了。[⑦]由于水稻的广泛播种,宋朝南渡以后,两浙成为全国最大的粮食基地,而其中苏、湖、明、越四州,产量又占两浙总产量的大半。[⑧]至此,绍兴已经成为全国著名的粮产地,这里的粮食,不仅供应附近地区的需要,即北方的山东等地,也常来这里贩籴。[⑨]

由于水稻在粮食作物中的重要地位,水稻的品种也大量增加,南宋嘉泰年代,绍兴一带的水稻品种已达 56 种之多。[⑩]水稻种植既是农家的头等大事,所以品种成为他们关心的重要问题。在此后元、明、清各代的记载中,可以经常发现绍兴从县外、省外甚至国外引进的优良品种,诸如余杭白、宜兴白、江西稻、泰州红、宣州早、早占城、寒占城、红占城之类,[⑪]不一而足。良种的不断引入,成为推动这个地区种植业发展的重要技术措施之一。

在早期,绍兴的许多水稻品种中,晚熟的粳稻占了绝大优势。但以后早熟的品种开始出现。《嘉泰志》记载的50多个品种中，已有一种称为黄籼[12]的早熟品种，黄籼，按道光《会稽县志稿》作穬籼。[13]《越谚》注云："穬籼，早稻，长米红斑。"[14]说明这种早稻在宋代已经种植。这一品种在绍兴的开始种植，一方面是使长期来粳稻独盛的局面逐渐改变为粳稻和籼稻并重；另一方面更推动了这个地区耕作制度的逐渐改变，提高了土地的复种指数，有利于种植业的更快发展。宋代以后，早熟的籼稻在绍兴就更趋普遍。根据明代的记载，成熟期仅60日的早熟籼稻，[15]已经有了推广。为此，在清初的记载中，农历六月已成为早稻的收获期。[16]尽管直到清代中叶，晚熟的粳稻在绍兴一带的水稻播种面积中仍占很大的优势，[17]说明这个地区的水稻耕作制度基本上以单季晚稻为主，但根据早稻、早白粘等早熟籼稻品种增加的情况来看，间作稻和连作稻的种植，特别是在生长季较短的山区，[18]也已经比较普遍了。

这里还有必要一提，从宋代起，绍兴的水稻种植中出现一种异常的现象，即糯稻品种甚多，播种面积和产量都很大，这是由于酿造工业大量发展的缘故。南渡之初，谷价腾贵，甚至达到酒价不足以偿米曲的程度。[19]因此更刺激了糯稻的大量种植。在一个时期，糯稻甚至要占水稻播种面积的十分之六。[20]到了明代，这种现象仍然存在，糯稻的播种面积高达十分之四。[21]产量甚至超过粳稻。[22]因此造成了当地粮食的不足。这就是徐渭所指出的"酿日行而炊日阻，农者且病而莫之制也"。[23]加上人口较多，需要本来颇大，为此，早在明代后期，绍兴就已经是一个缺粮地区。"虽甚丰登，亦只供半年之食，是以每藉外贩，方可卒岁"。[24]清代以后，一方面由于缺粮情况愈益严重，另一方面也由于苏南、浙西一带所产糯米品质较绍兴所产更优，酿造业所需原料已多依外来，于是绍兴本地的糯稻播种面积和产量才逐渐下降。根据清末会稽县的调查，该县宣统三年（1910）的稻米总产量中，粳米占86%，籼米占11%，糯米已降低到只占3%了。[25]

总的说来，自汉唐以来，绍兴的种植业一直以水稻种植为主导部门，迄于晚清，在这个部门中，无论从水利、肥料、品种和耕作技术等方面，都积累了长期经验，生产力有了很大提高。所以清代末叶，美国长老会牧师约翰逊（J. F. Johnson）的报告说："绍兴土地的生产能力特别大。"[26]情况可见一斑。

除了水稻以外，绍兴在杂粮的种植方面历来多不居重要地位。虽然上述《越绝书》所引春秋时代的粮食，杂粮的种类很多，但自从水稻在汉代成为主导粮食作物以后，杂粮的种植就迅速减少。这是江南一带平原地区的普遍现象，非独绍兴为甚。宋朝初年，朝廷认为这个地区如此单一的稻米生产，不利于抗御自然灾害，曾经下诏要这个地区多种杂粮，并告示："民乏粟麦豆种者，于淮北州郡给之。"[27]自此，杂粮种植虽然稍有增加，但直到南宋嘉泰年代，如上所述在《嘉泰志》中记载的水稻品种超过50种，而杂粮仍不过是粟类 4 种,麦类 3 种和少数黍稷、豆类而已。这类杂粮,从春秋战国以来以南部山区为产地。明代以后,钱塘江江道逐渐北移,山会平原北部滩涂淤涨,这片盐土沙地,由于土壤和水利的关系,不宜种植水稻,成了新的杂粮产地。㉘

绍兴引进较晚的杂粮是玉米,到明万历年代始见记载,㉙较我国引种玉米的最早记载约迟六七十年。㉚当时称玉米为"遇粟",直到今天,绍兴方言仍把玉米称作"遇粟"。按杭州人田艺蘅在其万历元年(1573)成书的《留青日札》中称玉米为"御麦",㉛"遇"、"御"同音,故绍兴的"遇粟"可能从杭州的"御麦"之音转来。玉米后来在会稽山地和沿海沙地广泛种植,但产量并不很大,直到清代末叶,会稽全县的产量,还不过18000 多石而已。㉜

在绍兴的杂粮种植历史中,引进时期与玉米相似而种植较玉米为广、产量较玉米为多的是番薯。明末祁彪佳说:"从海外得红薯异种,每一本可收得薯一二车,以代粒,足果百人腹。"㉝由于番薯对自然环境的要求不高,特别适宜于在山区种植,这样,使广大的会稽山地也可能生产大量粮食,大大地推动了绍兴南部和西部山区的垦殖。到了清代,番薯已成为山区的主要粮食。仅会稽一县,清代末叶的番薯产量就在 150 万斤以上。㉞

上述玉米和番薯两种杂粮的引种,在当时确实使粮食产量大大提高,并且具有重要的救荒价值。但后来却造成水土剧烈流失,人口恶性膨胀的后果,这在前面有关人口的讨论中已经提及了。

除了粮食作物以外,历史上绍兴的种植业部门中,也发展了技术作物的种植。由于长期来在自给自足的小农经济支配之下,技术作物的种类是极多的,在境内的分布也至为广泛,但产量大和具有区际意义的种类不多。技术作物中比较重要的是纤维作物,其中种植最早的是麻类,其品种据记载有麻和葛二类。葛种于会稽东 10 里的葛山,㉟从春秋以来苎麻一直是这个地区的重要纤维作物。到汉代,绍兴出产的麻类曾经名闻国内,所以《淮南子》有"于越生葛絺"㊱的记载。由于原料供应的充裕,使绍兴成为当时全国范围内的重要麻织工业中心之一。㊲以后由于蚕桑业的发达,元代以后,又因棉花使用的逐渐普遍,绍兴地区的苎麻种植才趋于缩减。但直到明代,它仍和茶叶、桑树,成为这个地区的 3 种重要技术作物。㊳甚至清代中叶,苎麻在绍兴本地出产的布匹中,仍有较多的应用。㊴

生产动物性纤维的蚕桑业在绍兴一带曾有长期的发展。蚕丝在这个地区的纺织原料中占有重要的位置。这里的蚕桑业发轫于何时,目前还颇难论定。一般说来,小规模的经营可能在春秋于越时代就已经出现。《越绝书》卷四有"劝农桑"的话,可以窥及一二,当时,其邻国句吴,有关蚕桑的记载已经非常具体。《越绝书》卷二提到:

"子胥行至溧阳界中,见一女子,击絮于濑水。"《吴越春秋》卷四也有"击绵"的记载。句吴的蚕桑业既已相当发达,则吴越毗邻,蚕桑业传入于越自然极有可能。不过从战国以至两汉,绍兴的蚕桑业规模想必较小,所以麻织工业在当时盛极一时,而蚕桑业却没有见诸记载的产品。

一直要到隋唐时代,绍兴的蚕桑业才大有发展。至此,这个地区不仅成为各种著名丝绸的全国产地,而且还从当时蚕桑业高度发达的华北地区引入蚕种。[40]由于各地对丝绸的需要,一年中育蚕的次数开始增加。到了宋代,除了春蚕以外,也有饲育夏蚕和秋蚕的,一年中育蚕多至 3 次。[41]虽然对于这种增加饲育次数的做法,当时认为有害桑树生长。[42]但对于绍兴蚕桑业空前发展,这是一种很具体的材料。直到明代末叶,蚕桑业在绍兴仍然和粮食种植及渔业并列,成为农业中的三个最重要的部门,[43]并且仍然一年育蚕 3 次。[44]尽管自从元代以后,棉织品开始逐渐流行。但绍兴居民的衣料,直到明末仍然"丝布其服",[45]丝织品还居于很重要的地位。清代,中外通商趋于发达,绍兴所产生丝,成为外商收购对象,[46]从而促进了蚕桑业生产。

除了蚕桑以外,绍兴一带从宋明时代就有了饲育柘(柞)蚕的记载。[47]而清代末叶曾对柞蚕饲育作过规模较大的试验。[48]根据当时调查,绍兴东南山区有不少柞树分布。其中俗称"白头栗"的尤多,宜于柞蚕食用,不过树木分散,利用不便。宣统二年(1910),曾有人把不少柞树迁移集中,进行了柞蚕放养,结果柞蚕吐丝成茧,获得成功。不过由于收获不大,以后就没有继续发展。

顺便提一下绍兴的棉花种植。这是一个发展很晚的部门。虽然江南的很多地区在元代初年已有棉花的种植,[49]但绍兴一带一直要到万历《会稽县志》中,才第一次有木棉出产的记载。[50]清代以后,山、会两县以北的涨沙扩大,成为绍兴的重要棉花种植区。当时,山阴的植棉区主要在安昌以北的白洋山一带的涨沙。道光年间,其产值已经"岁登数十万"。[51]会稽以北的涨沙,也以棉花为主要作物,播种面积占全部涨沙的一半,年产量在清末约为 3500 担。[52]据清末安昌厘局的捐税额,花、布捐年万有奇,货捐七千余。[53]则棉花和棉布两项的税款,已超过全部货税,这个地区棉花种植业确已有了较大发展。

除了苎麻和蚕桑以外,绍兴出现较晚的一种重要技术作物是茶叶。但从经济意义来看,茶叶比上述两种更为重要。前两者虽然在历史上都曾盛极一时,但后来次第衰落。而茶叶的重要地位却迄今不变。绍兴植茶的最早记载始于唐初,陆羽《茶经》卷下述及浙东所产茶叶的品质是:"越州上,明州、婺州次,台州下。"这里就说明,绍兴茶叶在其初见记载之时就居于浙东第一。到了宋代,绍兴的植茶业盛况空前,当时,在宜于植茶的会稽山地,茶园分布极为广泛。著名的产品除日铸岭的雪芽茶[54]外,还有会稽山的茶山茶,天衣山的丁坞茶,陶宴岭的高隅茶,秦望山的小朵茶,东土乡的雁路茶,兰亭的花隅茶等。[55]甚至连城内的卧龙山(种山)上也开辟了茶园,出产著名的瑞龙茶,[56]论品质仅次于日铸茶。[57]不过日铸岭一带的茶园以后长期兴盛不衰,成为著名的平水茶的重要产地之一,而卧龙山的茶园却好景不长,到了清代中叶就荒芜不存了。[58]

　　这些产于会稽山地的茶叶,在品质上是负有盛誉的。当时国内出产的茶叶,主要有腊茶和草茶两类,草茶之中,日铸岭的产品曾被推崇为全国第一。[59]宋代绍兴所产的茶叶,据绍兴三十二年(1162)的记录,包括当时整个绍兴府属县在内,年产量共为385060斤。[60]据沈括所记,当时的“越茶”曾出现于陕北延州,[61]流行之广,可以想见。宋代以后,虽然国内植茶地区不断扩大,使绍兴的茶叶产量在全国比例中有所下降。但明清两代,会稽山地的植茶业仍然发达,而品质也仍在国内居于很高的地位。《广舆记》记载绍兴府的上产,第一种就是日铸。[62]明代研究茶叶的著名学者许次纾,认为国内可以与武夷茶相颉颃的茶叶有4种,绍兴的日铸茶即是其中之一。[63]而万历《会稽县志》卷三引黄氏《青箱记》也仍说“日铸茶江南第一”。日铸茶自宋代以来长期擅名于国内,日铸岭附近的会稽山地自唐以来也长期发展了植茶业。万历《绍兴府志》卷十一说:“今会稽山往往产茶,总谓之绍兴茶。”说明当时整个会稽山地都有茶园的分布。明代的绍兴茶同样受人欢迎,是“北方竞市”[64]的俏货。“据都门牙家说,越州所贩茶,每岁盖计三万金也”。[65]则产量之大,也可窥及一二。由于会稽山地的植茶业发达,稽北丘陵的平水镇,自清以来形成一个茶市,这就是这个茶区之所以称为平水茶区的原因。[66]实际上平水茶来自绍属8县,并非会稽山地一区的产品。平水茶在清末年产约1200万斤,其中山、会两县约占十分之四。[67]其实,由于印度茶和锡兰茶在清代已经盛行,平水茶在清代的产量已较前远为缩减。但据清末曹娥厘局的捐税数额,当时曹娥镇货捐年52000余,茶捐3万有奇,[68]与货捐总数相比,说明茶叶产量和输出仍然可观。

　　历史时期绍兴的种植业中,果园业也占有重要地位。各种果园中,种植最早和规模最大的是柑橘。绍兴的柑橘栽培始于何时颇难确切断定。《禹贡》所谓“厥包桔柚锡贡”,虽然泛指整个扬州,但也可以认为是绍兴栽培柑橘的最早记载。据《列子》所载:“吴越有木焉曰櫾,碧树冬青,实丹而味酸”。[69]按《尔雅·释木》:“櫾”即“柚”,则《列子》的记载在地域范围上较《禹贡》更可证明绍兴一带柑橘栽培的悠久历史。我国南方的柑橘栽培业在汉代已经很盛,柑橘已成为市场上的一种重要商品。《盐铁论·通有》所谓“若各居其处,食其食,则是桔柚不鬻”,可以为证。在那个时代,柑橘栽培业的获利是很高的。所以司马迁说:“蜀汉江陵千树橘”,因其获利富裕,“其人皆与千户侯等”。[70]虽然,汉代绍兴的橘园资料自来缺乏流传,但到了晋代,这个地区的柑橘产量已经较大。王羲之写到："奉橘三百颗，霜未降，未可多得。"[71]在霜降以前柑橘尚未完全成熟的季节，亲友间馈赠，一次就是三百颗，则产量之丰，可以想见。晋代以后，在南北朝初期，绍兴的柑橘已经葱郁成林。[72]接着，许多专业化的橘农出现了，当时称为橙橘户，或称橘籍。[73]专业的橘农每年向政府缴纳赋税，称为橘税。[74]这就说明，绍兴的柑橘种植业已经非常发达了。

到了唐代，绍兴的柑橘种植业盛极一时，当时，这个地区出现了"有园皆种橘"的局面，[75]而且橘园的规模很大，有的橘园拥有橘树1000株上下。[76]当时，南起会稽山地，北到山会平原，到处都有橘园的分布。某些地区的橘园并且长期不衰，成为名产，会稽县东北部的称山附近即是其中较著名的一处，这里早在唐代初年，河畔水边遍布了橘柚园。[77]直到清初，虽然绍兴的柑橘种植早已衰落，但这里仍以出产品质优异的蜜橘出名，[78]栽培历史长达千年之久。从整个绍兴来看。自唐至宋为柑橘栽培的全盛期，但宋代以后，浙江南部的栽橘新区如台州、温州等开始兴起，由于新区在柑橘栽培的自然条件特别是气候方面大大优于绍兴等省内栽橘老区。清王士祯的笔记中说："宋时江南大寒，积雪尺余，河尽冰，凡橘皆冻死，伐为薪。"[79]在绍兴，虽然在陆游诗中还有"绿苞和叶摘新橙"，[80]"累累橘弄黄"[81]的记载。但毕竟无法与浙南的新区相比，到了明代，万历《会稽县志》卷三在引任昉《述异记》追溯绍兴以前的柑橘栽培后，志书纂者不得不加上一句："今非其旧。"实际上，南宋年间杭州水果市场上出售的柑橘，主要来自南方，如福柑、台柑、衢橘、温柑等等，[82]已经没有绍兴柑橘的地位。

除了柑橘以外，古代绍兴在果园栽培业方面也还有其他一些果品。会稽县南的昌园是一个规模很大的专业梅园，园内有梅万株，附近居民都以植梅为业。[83]府城西南的花径、容山等处，有许多桃、李果园。[84]据记载其盛况是"连冈接岭皆桃李，略无杂木，方春时，花盛发如锦绣"。此外，项里的杨梅园也很著名，产品在杭州的水果市场有重要地位。[85]

和柑橘种植业一样，其他果园种植业在宋代以后也逐渐式微。果园业在绍兴衰落的原因是多方面的，首先是由于人口增加而引起的粮食需要，因而使粮田排斥了果园的存在。关于人口从宋代起增加的情况，前面已有说明。而对于人民对耕地的迫切需要，以后还要论述。其次，在古代绍兴的果园产品中，具有区际意义的除了柑橘以外。还有甘蔗、木瓜等种，其中甘蔗在唐、宋时代都列为贡品。[86]木瓜盛产于会稽山地，产量直到元代仍居全国之首。[87]由此可知，古来绍兴具有出口价值的果品，都是热带和亚热带果品。从自然条件来说，闽广各地栽培这类果品远比绍兴具有优势。但宋代以前，闽广各地的经济发展水平还较低，与主要市场即中原之间，交通运输也不便利。但宋代开始，特别是朝廷南迁以后，这种形势有了很快的改变。市场开始接近闽广，绍兴在果园业中的这种优势随着消失。到了清代,宋代以来在记载中能够较大量地运销到城镇及外地的水果,只有西部会稽山地区的杨梅比较著名,[88]其他均已不再足道了。

绍兴在蔬菜种植方面也有悠久的历史。根据记载,春秋于越时代,这里已经有了专业化的蔬菜产地。其中较著名的是秽山,又名稷山。[89]位于会稽县东 50 里[90]古代绍兴菜农在培养蔬菜品种方面,曾作出过贡献,其中在唐代已经闻名国内的"会稽之菰"[91]即是著名的一种。菰菜即是茭白,是一种利用菌瘿栽培的蔬菜,使黑穗菌侵入茭心而生苔,以供食用,是世界唯我独有的蔬菜品种。[92]到了宋代,绍兴的蔬菜品种已经非常完备,嘉泰《会稽志》卷十七记载的蔬菜,计有菰、蕺、交首(即茭白)、菘、蓳、葱、韭苋、苦荬、莴苣、姜、蒜、茄、芹、莼、芰、菱、芡、藕、蕨、瓜等种,则现在所有的主要蔬菜已经基本完备。不过和水果生产不同,历代以来,绍兴的蔬菜主要供本地消费,具有区际意义的品种不多。

可以顺便一提的是绍兴历史上的花卉栽培业。早在北宋初年,绍兴已有《越中牡丹品》和《花品》之类的著作问世。[93]说明花卉栽培为时已久。绍兴的著名花卉,据唐、宋二代的记载,计有山茶、百叶蔷薇、海棠、菊、牡丹、芍药等等。[94]专业化的花卉栽培业集中在城内望花桥一带。[95]北宋时代,卧龙山西麓,曾经建立过一个称为西园的公立花园。[96]到了明代,公私园林在城内外纷纷建立,[97]这些都和这里的花卉栽培业有关。

在古代绍兴农业部门中除了种植业以外,另外一个重要的部门是水产业。其中包括淡水渔业、海洋捕捞业、水生植物种植业、海涂养殖业等等,在这个地区都有悠久的发展历史。这中间,发展最早的淡水渔业。《越绝书》卷八曾有句践在会稽山上城之下经营目鱼池的记载,宝庆《会稽续志》说:"句践兵败栖会稽,范蠡即山穿池,毓鱼鳖三年,水陆之味不乏。"[98]按《舆地纪胜》引《旧经》的记载,范蠡养鱼之所在南池,位于山阴县东南 26 里。[99]这个地区即古代庆湖地区,河湖均与后海相通,说明句践时代的渔业已经是一种外荡渔业。这种渔业,在于越当时各生产部门中已经相当重要,所以范蠡指出:"治生之法有五,水畜第一。"[100]范蠡把他在越地的淡水养殖经验,总结成为《养鱼经》一书,是世界上最古老的养鱼文献。[101]《养鱼经》对于池塘条件、选种、鲤鱼的生殖季节、雌雄的比例及其生长速度等,都有详细的叙述,并且已掌握了养鱼的几个重要生产环节。[102]《养鱼经》不仅说明了古代绍兴的淡水养殖概况,而且对全国淡水养殖业的发展具有很大意义。例如汉代的习郁,即学习范蠡,按《养鱼经》的方法,在汉水流域建立了养鱼池。[103]

春秋以后,绍兴的淡水渔业继续有所发展。后汉以后,由于鉴湖围堤成功,淡水水面空前扩大,淡水渔业的发展获得了更好的条件。随着淡水渔业的发展,淡水鱼的品种就大量增加,根据南北朝初期的记载,这个地区的淡水鱼计有鲩、鲤、鲢、鲂、鲋、鳊、鲂、鳜、鲦、鳢、鳔、鳟等十余种。[104]在这10余种之中,大部分是作为淡水捕捞对象的野生鱼类,但可以在塘外内河放养的品种,除了见于《养鱼经》的鲤鱼外,至此也新增了鲩(即鲩,今称草鱼)、鲢、鲆3种。鲢和鲆并提,可能就是花鲢和白鲢。则后来绍兴普遍放养的青、草、鳙(即花鲢)、鲢(即白鲢)、鲤5种淡水鱼中,除了青鱼出现较晚外,其余均有悠久的养殖历史了。

经过长期历史经验的积累,到了明代,绍兴的淡水渔业已经成为一个完整的产业体系。据万历《绍兴府志》卷十一的记载:"山、会、诸暨以南,大多凿池养鱼为业,每春初,九江有贩鱼秧者,买放池中,辄以万计。为鱼秧时,饲以粉;稍大,则饲以糟糠;久则饲以草。……其间多鳙、鲢、鲤、鲩、青鱼而已。"从这个记载中可以看到,不仅当今淡水养殖的主要鱼种那时已经齐全;并且还懂得了鱼类成长过程中喂以不同的饲料和根据鱼类在水体中栖息的位置,进行混合养殖,提高了淡水养殖的效果。

较淡水渔业稍晚,绍兴的海洋捕捞业,在汉代以后,也有较大的发展。三国时代,地方政府曾对海洋捕捞课税,"黄鱼一枚。收稻一斛"。[105]晋代在这个地区有捕捞乌贼鱼的记载。[106]到南北朝初期,记载中所见的海洋鱼类为数已经较多,如鲗、鲔、鲹、鲻等,[107]说明对海洋资源的利用进一步扩大。随着海洋捕捞业的发展,海产品的加工成为非常必要,于是,隋代以前,就有《会稽郡造海味法》一书的问世。[108]虽然这本不知作者的专著早已亡佚,但它和范蠡的《养鱼经》一样,对于说明绍兴海洋捕捞业的发展具有重要意义。接着,浅海养殖业在唐代也有了发展,像紫菜的采集和加工等开始见于记载。[109]

到了宋代,由于商业的发达,海洋捕捞进一步扩大,诸如大黄鱼、小黄鱼、梅鱼、比目鱼、水母等洄游鱼类都有了捕捞,说明人们已经掌握海洋鱼类的洄游规律,已经有了渔汛捕捞习惯。此外,养殖食用贝甲类的海涂作业也得到了发展。[110]为了储藏和运输的方便,加工的海洋捕捞产品有了增加,例如用大黄鱼制成的鲞和用小黄鱼制成的含肚,都是当时绍兴的名产。

水生植物种植业也是绍兴水产业的重要内容,这其实就是河湖的综合利用。在历史上,绍兴的菱、芡实和莼菜等的出产都很著名,[111]而藕的产量尤大。根据《嘉泰志》卷十七的记载,从偏门到三山,从昌安门到梅山,河湖中遍植莲藕,有红莲藕、白莲藕、花下藕等许多品种,其中稽山门外禹庙一带的罗文藕,则是闻名遐迩的特产。

宋代以后,虽然由于鉴湖的湮废,淡水水面一时有所缩小,但绍兴的水产业并未因此而降低了它的重要性。所以在明代,据徐渭在《西施山书舍记》[112]中所叙,绍兴的农业部门仍以田、渔、桑三者为主。不过,由于鉴湖湮废造成水体北移的情况,因此水产业在地理分布上开始从古代的鉴湖及其沿岸转移到山会平原北部。当时,山、会北部的杭州湾沿岸,成为水产业的重要基地。这一带,北负后海,南濒河网,既可经营沿海捕捞和海涂养殖,也可从事淡水渔业。许多专业化的渔村就在这一带建立起来,其中三江村即是很著名的一处。[113]这里除了出产各种海洋鱼类外,附近海涂中所产的白蛤也很著名。此外还有外江(指潮汐河流)的江鱼、鲋鱼和内河的鳜鱼等,集各种鱼货于一地,盛况可以想见。海涂养殖业在这一带也到处都有发展,蛏和蚶是主要产品。其中蛏浦出产的蛏尤为著名。[114]另一重要的水产基地是山会平原北部,这一带河流交织,湖泊棋布,是淡水渔业和水生植物种植最发达的地区。特别是在那些较大的湖泊如狄溇湖、瓜渚湖、铜盘湖、贺家池等附近一带。例如狄溇湖中出产特有的狄溇鱼,[115]贺家池则"池内多鱼利,而产菱尤美"。[116]直到清代初叶,这一带出产的芡实和莼菜,都被列为贡品,[117]可以说明品质的优异。

如上所述,绍兴的水产业,不仅有悠久的发展历史,并且有重要的经济意义。尽管在南宋一代出现了水体转移和水面缩减的事实,但这个生产部门却一直有所发展。当然,由于会稽山地自然植被的严重破坏,水土剧烈流失,明代以后,山会平原水体缩减的趋势继续有所发展。为此,到了清代,水产业已经因此受到影响。根据清末的调查报告,以会稽一县为例,虽然全县从事淡水捕捞的各种专业渔船尚有760艘之多,[118]但因为"内河浅隘,生产无多,渔人殚日夕之劳,或不足供一日之养"。[119]在历史时期的后期,绍兴的水产业开始出现了问题。

水　利

前面叙述历史时期绍兴的农业,谈到在种植业中以水稻占主导地位。从这里就可以设想农田水利建设在这个地区农业发展中的重要意义。因为种植业比任何另一个农业部门更有赖于水利,而在种植业中,水稻的种植比其他任何作物都要求有更好的排灌条件。为此,历史上绍兴的农业发展过程,和这个地区的农田水利是分不开的。所以,在绍兴历史农业地理的研究中,有关农田水利的问题,居有极为重要的地位。

绍兴和《禹贡》扬州的其他地区一样,在《禹贡》成书的战国时代,土地是被列为最下等的。[120]清代学者俞正燮曾对此作出解释:"扬州地势最下,沮洳可知,厥土惟涂泥,所谓以水济水,不堪用矣,由故下下也。"[121]这样的解释是正确的。现在看来,绍兴北负后海,拥有广阔的山会平原,江河稠密,湖泊棋布,具有发展农田水利事业的良好条件。但是在远古时代,人类的智慧和技术都不能与后世相比,在改造和利用自然环境的过程中,困难是很大的。吴王阖闾与伍子胥所说的一席话,很可以说明这个问题。阖闾说:"吾国僻远,顾在东海之地,险阻润湿,又有江海之害。……田畴不垦,为之奈何？"[122]这里，阖闾所说的"润湿"和"江海之害"，在于越也是一样的。的确，绍兴在当时北有咸潮，南有山洪，积水停潴，山会平原成为一片沼泽。这就是前面已经引及的管仲的话："越之水重浊而洎，故其民愚疾而垢。"管仲是到达过吴越地区的。[123]他从地形高燥，水利完备的中原，见到江南这种南蛮鴃舌之地，万流所凑，涛湖泛决，加上文化又这样落后，因而说出这一番话，这是很实在的。其实，越王句践自己也说过"越性脆而愚，水行而山处"[124]的话，原是同一意思。

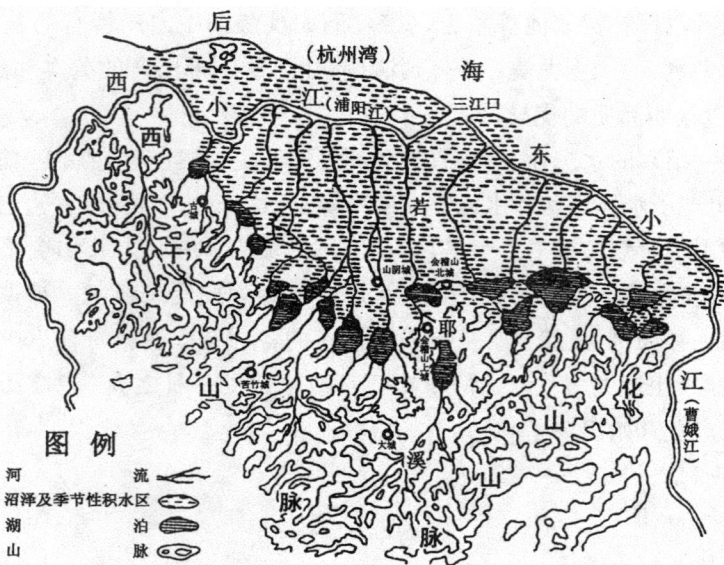

图七　永和以前山会水系示意图（前500—139）

　　为此，越人在山会平原定居以后，一开始就面临到水的威胁问题。与在会稽山地进行刀耕火种不同，在这片沼泽平原上从事垦殖，必须围堤筑塘，拒咸蓄淡。在越大夫计倪所提出的发展农业生产的办法中，水利建设，特别是围堤筑塘，[125]成为当务之急。前面在农业的讨论中已经列举了当时兴建的重要堤塘。其中的富中大塘，据传说即是因为土地肥美的缘故，所以以"富中"为名。[126]这也就反映了建筑堤塘的经济效益。由此可以设想，自从春秋以来，山会平原上陆续兴修的大小堤塘，为数必很可观。

　　从秦代以至汉代，随着农业的发展，垦殖的扩大，山会平原的堤塘兴修继续进行，大量堤塘兴修的结果，终于在后汉时代出现了规模空前的鉴湖工程。[127]这个工程建筑于汉顺帝永和五年（140），由会稽郡守马臻主持，工程的主要部分是围堤。根据记载，[128]鉴湖湖堤以会稽郡城为中心，分为东西两段，东段自五云门至曹娥江，长72里；

西段自常僖门至钱清江,长 55 里,全长 127 里。当然,湖堤未必都在永和年代修筑,前面已经述及,自于越以来,零星修筑的堤塘为数不少,至此加以培修加固和连接,也是很可能的。

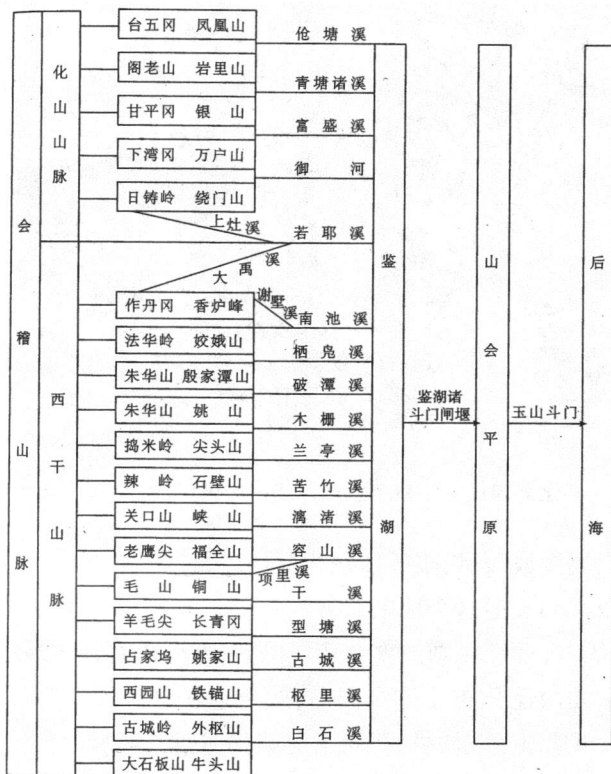

图八　鉴湖源流示意图

下面为"图八　鉴湖源流示意图"内容：

会稽山脉				
化山山脉	台五冈　凤凰山	仑塘溪		
	阁老山　岩里山	青塘诸溪		
	甘平冈　银山	富盛溪		
	下湾冈　万户山	御河		
	日铸岭　绕门山	上灶溪 若耶溪	鉴	
稽山山脉 西干山脉	大禹溪			
	作丹冈　香炉峰	禹堰溪南池溪		
	法华岭　姣娥山	栖凫溪		山
	朱华山　殷家潭山	破潭溪		会
	朱华山　姚山	木栅溪	玉山斗门	平
	捣米岭　尖头山	兰亭溪		原
	辣岭　石壁山	苦竹溪	湖	
	关口山　峡山	漓渚溪		后
	老鹰尖　福全山	容山溪		
	毛山　铜山	项里溪 干溪		海
	羊毛尖　长青冈	型塘溪		
	占家坞　姚家山	古城溪		
	西园山　铁锚山	枢里溪		
	古城岭　外枢山	白石溪		
	大石板山　牛头山			

（中部标注：鉴湖诸斗门闸堰）

湖堤围成以后,堤内河湖因遭到拦截而泛滥漫溢,于是,湖堤与稽北丘陵之间,从山麓冲积扇以下,包括所有平原、洼地、河漫滩等,都积水而成为一片泽国,就形成了一个人工大湖。建湖之始,这个湖泊的名称不得而知。《水经注》记及时称为长湖或大湖,到唐代称为镜湖,宋代起才称鉴湖。此湖的南界和西界是稽北丘陵的山麓线,北界是湖堤,全湖呈狭长形,周围长度据记载为 358 里,[29]其面积包括湖中洲岛在内为 206平方公里。[30]由于东部地形略高于西部。全湖实际上又分成东西两部分,以郡城东南从稽山门到禹陵全长 6 里的驿路作为分湖堤:东部称东湖,面积约 107 平方公里;西部称西湖,面积约 99 平方公里;东湖水位一般较西湖高 0.5 米—1 米。以上所述是古代鉴湖的大致轮廓。

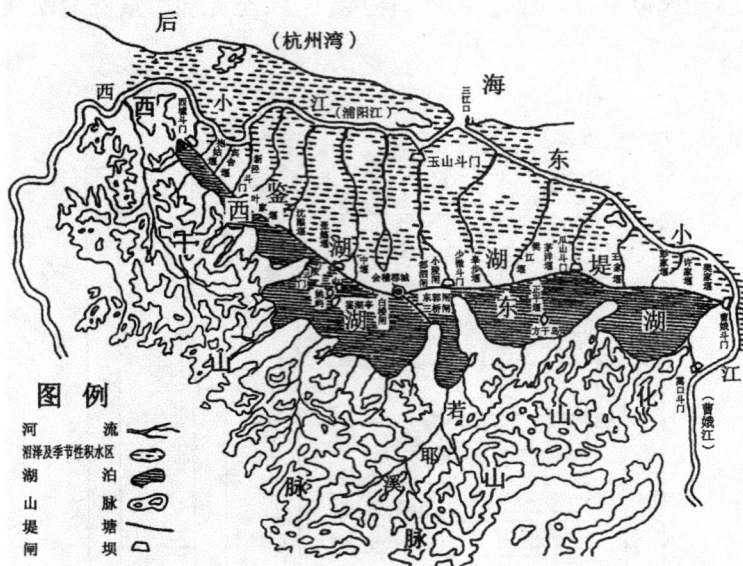

图九　永和至北宋山会水系示意图（140—1010）

　　还必须指出，湖堤围成以后，也不能认为堤内就是浩渺一片。当然，原来的湖泊和港汊地区，湖底是较深的。但这个地区三五相连的低矮冈阜为数不少，而微地形较之北部也复杂得多。因此，即使在湖泊整个形成以后，湖内仍有许多浅滩，在枯水季节可以局部涸出。此外，湖内还分布着许多洲岛，较著名的如三山、姚屿、道士庄、干山等等。[131]这些洲岛周围和其他湖底浅处，仍可常时或间时进行耕种。

　　鉴湖工程的另一重要组成部分是涵闸排灌设备。涵闸系统主要包括斗门、闸、堰、阴沟等四种。斗门属于大型水闸一类，主要设置于鉴湖和潮汐河流直接沟通之处，既用于排洪，也用于拒咸，作用最为重要。闸和堰设置于鉴湖和主要内河沟通之处，规模不及斗门，而堰比闸更为简单。闸和堰的作用一方面是排洪，一方面是供给内河以灌溉用水，并保证内河以通行舟楫的必要水位。此外就是阴沟，系沟通湖内和湖外内河的小型输水隧道，其作用和闸堰相当。斗门、闸、堰等设置，永和以后，历代有所增减，究竟哪些在鉴湖初创时已经建立，现在很难查清。根据记载，马臻初创的斗门有3处，其中一处为广陵斗门，[132]其余2处，留待下文考证。至于目前可以查考的全部涵闸，其中很多是后代添设的，主要有斗门8处，闸7处，堰28处，阴沟33处。[133]这些设施虽然湮废已久，但今天在当地仍有不少地名以当年的闸堰为名；若干斗门、闸、堰，今日进行现场观察，犹可从依稀残迹和水道形势，追索当年建置的规模。

后　　海

三江口

玉山斗门

山　会　平　原

西塘斗门　抱姑堰　宾舍堰　蔡家堰　新泾斗门　叶家堰　柯山堰　沈酿斗门　广陵闸　三石堰　白石堰　白山堰　中楼堰　楼桥闸　陶南堰　东郭堰　东泗陵闸　都泗闸　小石堰　少微斗门　大步堰　皋埠闸　樊江堰　正平闸　茅洋堰　瓜山斗门　夏家堰　许家堰　樊家堰　曹娥堰

鉴　湖
（西　湖）

三桥闸

湖
（东　湖）

曹娥斗门

蒿口斗门

稽　北　丘　陵

图例：斗门　闸　堰

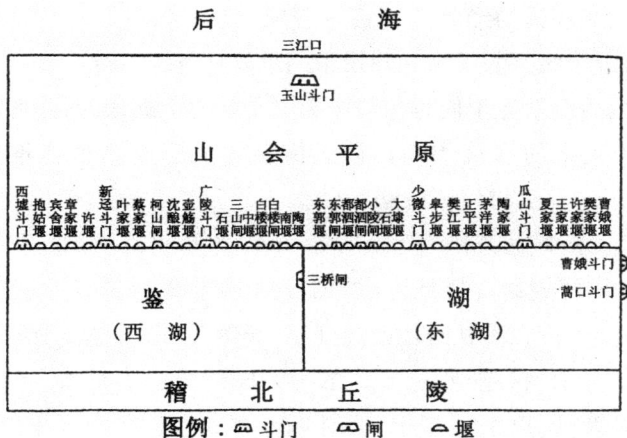

图十　鉴湖斗门、闸、堰示意图

此外，为了调节水位以保证湖堤安全和计量灌溉用水，在会稽县五云门外小陵桥以东及山阴县常禧门外跨湖桥以南，各设则水牌（即水位尺）一处。但是由于鉴湖和其他内河水道的变迁，则水牌的位置代有更易。上述两处则水牌是否初创时设置，也已不得而知。

在鉴湖围堤蓄水的过程中，除了一定数量的耕地被淹外，还淹毁了不少房屋和坟墓。马臻就因此而遭到一伙人的匿名控告，而被颟顸的朝廷处以极刑。[134]但这个水利工程的效益确是十分巨大的。由于它的庞大拦蓄能力和丰富蓄水量，使山会平原解除了来自稽北丘陵的洪水威胁，得到了充分的灌溉。而且由于鉴湖在地形上较北部高出二三米，使湖面在一般水位时较北部平原高四五米，因此，灌溉的方法非常简易。这就是《会稽记》所记述的："筑塘蓄水高丈余，田又高海丈余，若水少，则泄湖灌田；如水多，则开湖泄田中水入海。"[135]这样，鉴湖以北，曹娥江以西，钱清江以南的9000多顷土地，在此后的大约800年中，减少了自然灾害，扩大了土地垦殖，增加了农业收成，相对地改善了人民生活。因此，鉴湖不愧为历史上长江以南的伟大水利工程，而它的创始人马臻的功绩，也是永垂不朽的。[136]

如上所述，鉴湖围堤以后，在灌溉和防洪方而，起了重大的作用。但由于9000顷土地位于湖堤以北，对来自后海的咸潮，仍然无法防御。虽然山会平原北部后海沿岸的零星海塘建筑，为时可能很早，但直到东晋成帝（326—334）之时，何充在会稽作郡守，如前所述，仍然还可以在鉴湖以北地区捕捉乌贼鱼，说明了这个地区与后海相连的情况。南北朝时代，后海潮汐，还能影响郡城内的地下水位。[137]甚至直到唐末，海水仍然通过潮汐河流，造成郡城附近地区的斥卤。[138]对于种植业的发展，这实在是个心腹大患。根据历史上绍兴农民的经验："田亩一着咸,数年未易回复。"[139]因此,鉴湖围堤以后,海塘的建筑就成为绍兴农田水利建设中的重要任务。

绍兴濒海地区的海塘建于何时?按照历史文献的记载,会稽县海塘始见于唐开元十年(722)县令李俊之的修筑。[140]而山阴县海塘始见于唐垂拱二年(686)所筑的界塘,[141]但事迹不明。这说明前代记载必有缺失。故自来各家对于山、会海塘的建筑时间多不作论定。如宋李益谦作"莫原所始",而清程鹤翥、韩振孙等均称"汉唐以来"。[142]汉唐以前的沿海筑塘资料是否还能追索?在前面讨论自然地理的部分已经指出山、会北部的盐业生产在春秋时代已经开始,既然在海边制盐,则零星的海塘必然已有修建。前面也已经引及《越绝书》卷八的另一段记载:"石塘者,越所害军船也……去县四十里;防坞者,所以遏吴军也,去县四十里;杭坞者,句践杭也……去县四十里。"以上3处虽然都未指出方位,但其中杭坞即今航坞山,位于后海沿岸。而防坞据《一统志》[143]所载在萧山县东40里。是则上述3处均在毗邻,同为后海沿岸越人抗吴的海防要地。所以石塘可以视为山、会北部最早的海塘记录。当然,春秋时代的海塘是零星片段的,或是为军用,或是为了制盐,或是为了小规模的围垦,对于山会平原的拒咸蓄淡没有多大意义。

与春秋时代一样,山、会海塘在汉代也没有正式记载。但上述马臻主持的鉴湖工程中,提及鉴湖调节灌溉的方法是:"若水少,则泄湖灌田;如水多,则闭湖泄田中水入海。"这里,泄湖灌田是容易理解的,因为鉴湖有众多的斗门、闸、堰等设备。但泄田中水入海,是依靠什么呢?说明在永和以前,沿海必然已经有了片段的堤塘和零星的涵闸设备。而马臻主持围堤时,沿海的堤塘涵闸,想必也做过一番整修工作。其中比较可靠的是玉山斗门。根据宋嘉祐三年(1058)的《山阴县朱储斗门记》所说:"乃知汉太守马臻初筑塘而大兴民利也,自尔沿湖水门众矣。今广陵、曹娥皆是故道,而朱储特为宏大。"[144]可见马臻初创的斗门是广陵、曹娥和朱储(即玉山)3处。前面已经指出马臻初创的三大斗门中,完全可以肯定的只有广陵一处。按现存记载鉴湖涵闸斗门的最早文献,当推宋曾巩的《鉴湖图序》。该文列名的斗门计有朱储、新径、柯山、广陵、曹娥、蒿口6处。其中新径建于唐大和,[145]曹娥建于宋天圣[146]均有史可考。而柯山斗门在宋徐次铎《复鉴湖议》中作闸而不作斗门,且其位近广陵,势非要害。则不可考者惟朱储、蒿口2处。比较上述几种资料,则永和初创的斗门中,曹娥和蒿口二者或尚存疑窦,而广陵和朱储(玉山)二者,则已大体可以肯定。

从位置、水道和地形来看,玉山斗门确是非常理想的。这里位于绍兴城正北30里的陡亹镇。由此入海的河流近代称为直落江,其实就是稽北丘陵诸河干流若耶溪的下流。东西有玉山和金鸡山两座孤丘。这种双峰夹峙,一水奔流的形势,确是建筑枢纽工程的理想地址。曾巩所说："因三江之上,两山之间,疏为二门,而以时视田中之水,小溢则纵其一,大溢则尽纵之,使入于三江之口。"[146]这也就是《通典》引《会稽记》的"如水多,则闭湖泄田中水入海"。按玉山斗门从唐代起改建成八孔闸门,则曾巩所说的"疏为二门",所指当是永和初创时的情况。

如上所述,从永和时代初创玉山斗门的论证中,说明了山、会沿海在汉代修建涵闸的情况。但是这个时期的堤塘涵闸,毕竟是零星片段的。尽管在直落江下游从陡亹到三江一带,堤塘涵闸看来已有不少,但沿海的大部分地区,堤塘显然尚未修建完成。因此,从鉴湖流出的许多河流,有的注入钱清、曹娥等江下流辗转出海,有的则单独入海。汇入直落江而入海的为数不多。所以玉山斗门所能控制的范围并不很大,沿海咸潮对于山会平原的影响,仍然无法消弭。

山、会北部沿海大规模的海塘修建肇始于唐代,这是根据记载可以肯定的事实。开元十年(722),会稽县令李俊之主持兴修防海塘,东起上虞,北到山阴,全长百余里。此后在大历十年(775)和大和六年(832),又都进行过增修。这一段海塘由于大部分位于曹娥江河口沿岸,后来习惯上称为东江塘。[148]从会稽县境来说。经过这一时期的海塘修筑,后海与曹娥江已经基本上与内河隔绝了关系。这样,从鉴湖北流注入曹娥江的许多河流,都从此汇入了直落江而北出玉山斗门。于是山会平原的内河水系扩大,玉山斗门对鉴湖的调节作用有了改善,而它的排水负荷也相应加重。这些都是东江塘的效果。在李俊之主持东江塘修筑的大约50年以后,浙东观察使皇甫政接着于贞元二年(786)主持了玉山斗门的改建工程,把原来的两孔斗门改为八孔闸门,玉山斗门就从此称为玉山闸。[149]这就是防海塘效果的有力证明。

山阴县的海塘修建资料比会稽县复杂。前述《嘉泰志》所载的界塘,只是山阴与萧山两县之间的50里而已,并未言及整个山阴的后海沿岸。但自垂拱以后,包括唐代与北宋,均不见有关山阴县的海塘记载。山阴海塘在历史文献上的再一次出现,为时已在南宋中期,即嘉定六年(1213)溃决后的重修。[150]说明嘉定以前山阴海塘早已存在。事实上,既然会稽海塘在唐开元已经完成,山阴与会稽海岸密切相连,当时决不至于没有海塘,只是记载不曾流传而已。嘉定六年的所以见于记载,是因为这一次的溃决规模极大,据记载倒坍共达5000丈,以致斥卤殃田者7万余亩。[151]这才由郡守赵彦倓主持修复工程,东起汤湾,西到王家浦,[152]全长达6160丈,其中三分之一用石料建成。[153]以后朝廷曾经诏示浙东其他地区按山阴体例修建石塘,[154]说明嘉定年代修建的山阴石塘,按时期还数浙东最早的石塘之一。这段海塘由于位当绍兴以北,以后习惯上称为北海塘。

山、会两县历代以来在海塘工程中花费了巨量的人力物力。修塘的目的是为了抵御后海的咸潮。拒咸的另一方面也就是为了蓄淡。因为必须要有充足的淡水,才能使农田得到及时的灌溉。为此,自永和以后,北部海塘的渐趋完整,就更进一步地改善了山会平原的农田水利条件。但是在另一方面,永和围堤以后,除了北部咸潮的问题以外,在鉴湖灌溉上,也还存在另外一种缺陷。因为在永和围堤之初,山会平原的垦殖面积还不大,田亩离湖当不至于太远,从湖中排水灌溉,自然比较便利。但以后垦殖范围渐广。唐代以后,按照聚落的分布来看,^⑤山会平原北部的耕地,最远离湖堤已达30里,依靠鉴湖为数不多的涵闸排水灌溉,显得鞭长莫及。这就说明,随着山会平原农业的发展,鉴湖以北的广大平原地区,越来越有了蓄淡灌溉的必要。

在山会平原北部进行蓄淡需要什么条件?除了在沿海修建一条隔绝后海与内河关系的堤塘外,还需要有一个稠密的河湖网,既用以积蓄淡水,也作为灌溉渠道。为此,永和以后,山、会两县在不断修建海塘的同时,也大力整治了山会平原的河湖网。山会平原原来是一片沼泽地,在整治河湖网的过程中,同时还可以降低地下水位,缩小沼泽范围,扩大耕地面积。在古代绍兴有记载的河湖网整治工程中,漕渠的疏凿是最早的成就之一。这条河道北起西陵(后称西兴),南经绍兴城东折而至曹娥江边的曹娥和蒿坝,全长逾200里。主持疏凿的是晋会稽内史贺循,为时当在公元300年前后。这一带是水乡泽国,贺循丰持疏凿,或许是将原有的若干河道连接和疏浚而已。这条河道以后被称为西兴运河,属于浙东运河的一段,而且事实上在内河运输中起了重要作用。但在晋代疏凿之初,倒确是为了灌溉的需要,^⑤由于运河的疏凿,加上北部其他河湖的挖掘整治,使鉴湖对山会平原的关系,无论是排水和灌溉。都有了显著的改进。山会平原的河流,原来都是南北流向的,鉴湖湖堤上的一系列涵闸,就必须设置在湖堤和这些河道的交错处,才能利用这些河道排水。这样,涵闸的数量就受到河道数量的限制,因而影响了鉴湖的排水能力和速度。运河疏凿以后,河道与鉴湖平行,东段(会稽县境内)河道即在鉴湖湖堤之下,两段(山阴县境内)河道距湖堤也不过三四里。这样就把湖堤与河道在一定距离内间隔直交的局面,改变为湖堤与河道始终平行的局面,大大增加了敷设涵闸的可能性,便利了鉴湖的排水。而且由于运河的开凿,沟通了原来许多南北向河流之间的关系,在彼此调节水量方面,也有很大的好处。运河以后一直是山会平原内河网中最大的东西干道。鉴湖湮废以后,它就直接承担接纳稽北丘陵诸河的任务,在排灌和调节诸河水量方面起了更大的作用。

唐宋以来,随着海塘的渐趋完整,山会平原的河湖网整治也日益扩展。由于这些河湖大部分都是农民在垦殖过程中加以整治的,因此除了若干工程特别巨大的如唐元和十年开凿的山阴新河^⑤等以外,多数都没有文献记载。到了宋代海塘全部修成和巩固以后,山会平原上一个稠密的河湖网也就同时形成了。这就是清顾炎武所描述的:

"自唐以来,后海北塘成,蓄水于北塘之南、南塘之北者。在会稽有三大湖:一曰贺家池,一曰俞林大板荡,一曰东大池;在山阴有三大湖:一曰青田,一曰瓜滋,一曰狭楂;在萧山有一大湖,曰湘湖。灌田共数十万顷。"[158]顾氏所说的都是这个地区著名的大湖,它们都有较大的面积和蓄水量,以山阴的狭楂(猹)湖为例,这个湖泊在明代末叶的记载是:"湖周围四十余里,傍湖而居者二十余村。"[159]除了上列有名可指的大湖以外,这个地区实际上更是"支流港汊.萦绕联络,大者为湖、为池、为溇、为潭,小者为港、为渚、为渎、为泾、为浦、为湾、为汇、为荡、为汀",[160]积蓄了大量淡水,为农田灌溉创造了十分有利的条件。

如上所述,山会海塘的修建与河湖网的整治,是绍兴从永和鉴湖围堤以来,在农田水利上的两项重要的建树。从事物发展的过程来看,鉴湖围堤对于以后这两项工程的完成具有重大的促进作用。而另一方面,在这两项工程渐次完成的同时,也反过来影响鉴湖,使鉴湖本身也发生了深刻的变化。也就是说,鉴湖在山会平原农田水利事业继续发展的过程中,逐渐进入它的晚期,终至大部被围垦,成为农田。

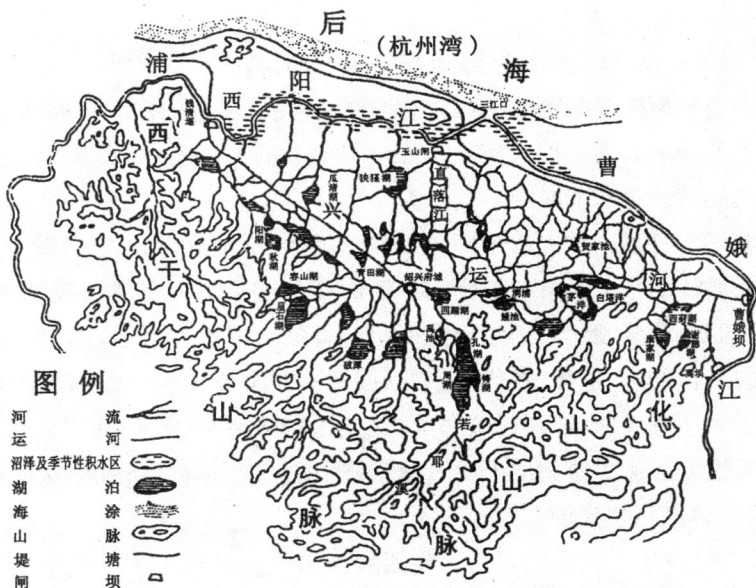

图一一　南宋以后山会水系示意图(1127)

鉴湖的围垦是一个长时期的过程,早在唐代中叶前后。湖底浅处已经出现了小少莳田,[161]说明鉴湖已经逐渐淤浅。只是由于当时堤塘尚未完备,鉴湖蓄淡势不可无,为此,在吴越天宝八年(915),鉴湖又作一次较大的疏浚。[162]但是时隔不久,到北宋大中祥符年间(1008—1019),围垦已又趋盛行。[163]起初是滨湖农民的零星围垦,到庆历年间(1041—1048),垦出的湖田还只有4顷。[164]从庆历年间到治平年间(1064—1067)的20多年中,围垦的规模就渐次扩大,垦出的湖田已达700多顷。到宋高宗南渡前后,围垦入于全盛,最后垦出了湖田2000多顷。至此,古代鉴湖除特别低洼处形成新的湖泊和其他许多积水的港汊河道外,大部分成为耕地。[165]当时,在古代东湖地区潴成的新湖有浮湖、白塔洋、谢憩湖、康家湖、泉湖、西莙湖等;在古代西湖地区潴成的新湖有周湖、孔湖、铸浦、屃石湖、容山湖、秋湖、阳湖等。鉴湖之名虽然仍存在,但清平步青说:"越人呼西跨湖桥南至鲍郎山四周为鉴湖。"[166]则明、清以来所称的鉴湖,仅仅是郡城以西一段宽阔的河道而已。

鉴湖湮废以后,原来注入鉴湖的所谓三十六源,从此直接注入运河,然后辗转经过北部水网地区从三江口入海。由于鉴湖的大量积水随着湖底的逐渐淤浅而转移到山会平原北部,由于山会平原北部同时也进行了一系列河湖网的整治工程,这样就引起了北部河湖形势的很大改变。除了原有的河湖扩大了面积外,还增加了许多新的河湖。自此以后,除了浦阳江和钱清江之间的复杂关系将在以下论及外,山会平原河湖网已逐渐形成近代的形势。

鉴湖的围垦是在许多原因的综合影响下造成的,其中特别重要的有下列几个方面。

第一,山会平原随着海塘的完成,河湖网的整治和耕地的向北扩展,既有了蓄淡的可能,也有了蓄淡的必要。而且实际上分出了鉴湖的大量蓄水,逐步取代了鉴湖的作用,削弱了鉴湖继续存在的必要。

第二,鉴湖本身是一个人工水库,从永和以后的800多年来,它一直承受着三十六源的输沙量,淤浅的程度是日益加剧的。前面述及这个地区自然植被破坏的过程,永和围堤以后的初期,鉴湖流域的水土保持是较好的。但晋代以后,随着森林破坏的加速,水土流失日益严重,这样,古代鉴湖的后期,一方面是鉴湖湖底不断淤浅,蓄水能力不断降低;而另一方面,则地形比鉴湖低二三米的山会平原北部,却相反地大大地增加了蓄水能力,这就加速了鉴湖的干涸过程,替围垦创造了有利条件。这就是北宋王仲蒨所指出的:"鉴湖自然淤淀。"[167]

第三是人民对于土地的需要。这和绍兴人口增加密切相关。这个地区历史上的人口增加前面已有论述。由于人口增加引起对土地需要的日益迫切。特别是前面提及的从北宋大中祥符四年到南宋嘉泰元年的不到200年时间中,山、会两县的人口增长了一倍以上。而这个时期,恰恰正是鉴湖被围垦殆尽的时期。

鉴湖围垦的经济效益是很显著的。早在北宋局部围垦时期,政和元年(1111)就以其围垦收益作为苏、湖、秀三州的水利建设费用。[168]政和六年(1116),鉴湖的围垦收益又一次拨为平江府水利建设之用。[169]南宋之初,据估计鉴湖围垦的收益每年可得10万斛。[170]在当时这实际上是不小的数字,张浚当时曾在陕西一带从事大规模的屯垦,但其收益,也不过每年10万斛而已。[171]鉴湖最后围出了良田2000多顷,为山会平愿扩大了四分之一的耕地面积,其价值当然是不言而喻的。

关于鉴湖的围垦问题,历史上曾经出现长期的争论。随着围垦的加速,在景祐年间(1034—1037)开始有人创议要恢复鉴湖,其中不乏知名人士如曾巩和以后的王十朋等,先后相继,事实上形成了一个"复湖派"。先是越州知州蒋堂于景祐三年(1037)上奏朝廷请求恢复鉴湖。以后历代有曾巩、王十朋、徐次铎等,[172]他们提出许多理由和方法,鼓吹恢复永和时代的鉴湖,复湖派的种种议论,对后世发生了深刻的影响,这种影响,甚至一直遗留到近代。复湖派的愿望无疑是好的,在他们的创议中,揭露了朝廷的若干弊政,也具有进步意义。但他们对于鉴湖和山会平原水利问题的见解,却是停滞而不是发展的,他们的论点存在着很大的片面性和许多错误。

为了强调复湖的必要,复湖派首先过分夸大鉴湖的作用。[173]在鉴湖湮废的原因方面,简单地归之于奸民豪族的盗湖为田。[174]至于复湖的方法,他们本身约有两种不同的意见:一种是挖掘疏浚,另一种是增高湖堤。

如前所述,鉴湖在山会平原农田水利上有过重大贡献,但不应过分夸大这种作用。复湖派认为自永和围堤以后,直到湮废以前,山会平原数百年中无水旱灾。山、会两县历史上的水旱灾已如上述,事实上,仅仅从晋咸和到唐开成的大约500年中,山会地区见之于史籍记载的重大水旱灾(台风海溢不计)就有14次之多,其中唐贞元二十一年(805)夏季,鉴湖甚至全部干涸,旱情可见一斑。足见如"岁无水旱"之类的说法,并不符合实际情况。而且在鉴湖的后期,一方面由于湖底淤浅而降低了拦蓄能力,另一方面也由于山会平原北部耕地的扩展而显得鞭长莫及。在这种不断发展的水利形势下,若把山会水利停留在鉴湖一点上,水旱灾害只能是不断增加的。

对于鉴湖从围垦到全部湮废的原因,复湖派把它简单地归之于奸民豪族的盗湖为田,这当然是很片面的。在鉴湖围垦全盛时期,地主豪强直接插手湖田的争夺,这是可以想象的。但在初期零星围垦阶段,却是沿湖农民基于土地的要求而自发进行的。这一点在复湖派的某些议论上也是不得不承认的。[175]当然,是谁围垦的问题,并不涉及问题的实质。事实上,在那个时代,不论是农民围垦也罢,地主围垦也罢;不管是湖田也好,山田也好,土地的绝大部分总是为地主所占有的。这里之所以提出这个问题,只是为了说明,由于当时人口的增加和对粮食的需要,整个社会对土地的要求较前大为迫切,再加上其他种种如上所述的原因,才导致鉴湖的围垦和湮废。

至于复湖派所提出的复湖方法,不论是疏浚或是增堤,也都并非善策。增堤使高的复湖方法,由嘉祐越州知州刁约创导于前。复经徐次铎鼓吹于后。这种方法的显而易见的危险性,即复湖派的另一部分人也认为是"瓮水使高,必败城郭",[174]不可轻易造次。挖掘疏浚的复湖方法,在复湖派中曾有较多人支持,但这种方法的巨大工程量,却完企脱离当时的社会实际。嘉祐的另一知州张伯玉曾为这项工程算过一笔账:"日役五千人,浚湖使至五尺,当十五岁毕;至三尺。当九岁毕。"[177]这当然是无法承担的。当然,复湖的方法问题也仍然不是问题的实质。问题的实质是,根据当时的水利形势,复湖有没有必要和有没有可能? 事实是,鉴湖湖底已经全面淤高,鉴湖蓄水已经大量转移到平原北部,水道形势已经整个改变,水利要求也已经迥非昔比。复湖的不必要和不可能,后世有识之士已有所论。[178]当时情况,围垦已是必然趋势。空谈复湖,固然于事无补;即不顾客观条件而轻率从事,也必然徒劳无功,以失败告终。关于这方面,隆兴元年(1163)知府吴芾故事可以为证。[179]

鉴湖湮废的过程同时也是山会水道形势改变的过程,在这个过程中,由于水利措施没有跟得上形势发展的需要,因而出现了一些农田水利上的问题,曾巩所说:"每岁少雨,田未病而湖盖已先涸"。[180]徐次铎所说:"春时重被水潦之害,夏秋之间雨或愆期又无积蓄之水为灌溉之利。"[181]情况都是实在的。王十朋提出的"废湖有三大害"。[182]虽然语涉夸张,但也有部分事实根据。这些事实,正是说明了水利措施必须符合农业发展和水道形势变化的要求。水道既已变化,积水既已北迁。则山会水利必须进行平原南北两部的统筹考虑,不能再停留在鉴湖一点之上。但复湖派一成不变地以数百年前的古人古事为准绳,夸大鉴湖的作用,奢谈复湖的功利。虽然群众实际上并不支持他们,[183]但在当时的上层社会中,确实制造了一股复湖空气,把人们的注意力局限在是否复湖和如何复湖等问题上,因而疏忽了山会水利在不断发展中所产生的新的重大问题。景祐以来,越州和绍兴府属的许多地方官,本身都纠缠在复湖问题的圈子里,自然也影响了对于山会水利问题全局的研究。而在那些复湖派的反对者中间对山会水利具有发展眼光的真知灼见,[184]也就遭到等闲视之。因此,有宋一代,特别是在南宋,除了对复湖问题的反复争论外,山会农田水利的实际建树却是不多的。一直要到明代,由于山会水利形势的继续发展,更为清楚地说明了这个地区农田水利的关键问题,早就不是纠缠在复湖问题上所能解决的。因此,虽然复湖派的影响还是存在,而当时上层社会对复湖派的那些议论也仍然采取尊重的态度。[185]但是毕竟也有不少对山会水利具有发展眼光和实际研究的人物如戴琥、汤绍恩等,[186]他们敢于用实际行动撇开复湖派的陈腐议论,领导人民脚踏实地地解决了这个地区农田水利中的许多实际问题,例如碛堰的复通、麻溪坝的兴筑、三江闸的修建等等。大大改善了山会平原自从古代鉴湖湮废以来的水利形势。兹分述如下:

　　鉴湖湮废以后,山会平原的水道形势发生了很大变化。平原北部,由于鉴湖蓄水的北移,因而扩大了水面和提高了水位,无论灌溉和航运,都比以前便利。但平原南部,即原来鉴湖的所在地区,却发生了水面缩减,水位大幅度下降的情况。这种情况,在南宋中叶即已甚为显著。熊克根据当时目击,举出了水位下降的四个证据,他说:"唐时太守皆乘舟舫至云门诸寺,一也;今若耶溪旁草市,谓之平水,以地考之,未为湖以前水不能留,有湖则水不亟去,津涯深广,故曰平水,二也;禹祠有山路,度岭至龙瑞宫,谓之观岭,来观皆由此路,今不复行,湖存则水浸山麓,不可并山而南,必由岭路,湖废而并湖有路,三也;平水之南有五云桥,盖唐时舟舫所经,今则陆地矣,四也。"[187]这个地区水位的下降,一方面影响当地的农业灌溉,同时也有碍于交通航运。[188]为此,鉴湖湮废以后,山会平原南部,由于蓄水北移,利于保持较高的水位以备旱情;但山会平原北部,由于玉山斗门泄水能力不大,利于保持较低的水位以免洪涝。平原南北部在这个问题上存在的矛盾,充分说明了,在鉴湖湮废后的新形势下,严格涵闸蓄泄制度,保持内河合理水位,已成为山会平原农田水利的重要措施。这就是明成化十二年(1476)知府戴琥建立的水则。[189]这个水则设置在府城内佑圣观前的府河中,按照水则,管理玉山斗门等的启闭。水则说:"种高田,水宜至中则;种中高田,水宜至中则下五寸;种低田,水宜至下则,稍上五寸亦无妨,低田秧已旺,及常时,及菜麦未收时,宜在中则下五寸,决不可令过中则也,收稻时,宜在下则上五寸,再下恐伤舟楫矣。水在中则上,各闸俱用开;至中则下五寸,只开玉山斗门、匾拖、鼋山闸;至下则上五寸,各闸俱用闭。正、二、三、四、五、八、九、十月,不用土筑。余月及久旱用土筑。其水旱非常时月,又当临时按视以为开闭,不在此例也。"这个水则,不仅合理地照顾到各不同高程地区和各季节的农事进行,而且也妥善地安排了农业和航运之间的关系。是古代绍兴水利事业中的一项重大成就。

　　如上所述,说明了在鉴湖湮废以后,严格沿海的涵闸启闭和管理内河水位对于山会平原农田水利的重要意义。在这项工作中,也存在着一种很大的困难,这就是浦阳江的问题。浦阳江如前面自然地理中所述,自古以来有它自己的江道,与鉴湖水系原不相涉。究竟浦阳江何时与山会平原发生关系,又如何发生关系?这里就有考证论述的必要。

　　对于浦阳江下游河道,从明代后期起,曾普遍流行一种说法,认为目前的浦阳江下流河道,是明代凿通临浦镇西北的碛堰山而造成的人工改道。浦阳江故道是从临浦镇北走东折,经钱清镇而在绍兴三江口注入后海。近代学者也一致继承了这种说法。例如朱庭祜、盛莘夫、何立贤诸氏,认为"明代浦阳江之改道工程,实为地理上之重要变迁"。[190]陈吉余氏则把明代学者所谓的改道,名之为"浦阳江的人工袭夺"。[191]尽管对于凿通碛堰山的时间,历来有宣德、[192]天顺、成化或弘治[193]诸说,但对浦阳江原来出三江口和明代人工改道这一点,学者自来均无异议。按此说首见于明嘉靖十八年(1539)萧山进士黄九皋《上巡按御史傅凤翔书》,流传已达400多年之久。

前面自然地理部分论述山川地形时认为目前的浦阳江下游河道即是古代的浦阳江下游河道。这种判断并非只凭几种方志的传袭,而是全面地从历史地理研究的结果。从地史与地质方面考察,则今浦阳江下游河道即史前浦阳江下游河道,已早为学者所指出。[194]根据目前这个地区的土壤分布情况,绝大部分为乌沙土组土壤。这种土壤的母质主要是河湖沉积物。此外,这个地区的泥炭分布也很普遍,这些都是古代临浦、渔浦等大湖和浦阳江下游河道存在的有力证据。当然,史前的浦阳江河道,属于古地理学研究的对象,此处不拟赘述。但这里必须阐明,在历史时期浦阳江下游从临浦、渔浦而注入钱塘江的河道,究竟何时畅通,何时淤塞?因为这个问题直接牵连到山会平原北部的农田水利问题,有必要认真研究。

前面山川地形的论述中已经提出,北魏阚骃所说浙江与浦阳江之间以临浦相连通的话。北魏以前的各家著述中,没有提出过浦阳江的名称。但《汉书·地理志》所说:"余暨,萧山,潘水所出,东入海。"余暨故城在今萧山之西,[195]与阚骃所说的浦阳江河道大体符合,所以郦道元认为《汉书·地理志》的"潘水","疑是浦阳江之别名也"。[196]为此,可见汉代前后的浦阳江下游河道,确在今萧山以西注入钱塘江。

从晋代以至南北朝,浦阳江下游河道并无变化。接《资治通鉴》所载,[197]南北朝时代,浦阳南北津各有埭司,以稽察行旅。浦阳南北津位于何处?胡三省认为南津为梁湖堰,北津为曹娥堰,[198]这实在是个很大的错误,这是因为他把曹娥江与浦阳江混为一谈的缘故。[199]曹娥与梁湖是江西与江东的关系,何能称为南北津?按《南史·顾颉之传》:"齐永明六年,西陵戍主杜元懿言:吴兴无秋,会稽丰登,商旅往来,倍多常岁。西陵牛埭税官格,日三千五百,如臣所见,可以倍增,并浦阳南北津、柳浦四埭,乞为官领摄,一年格外可长四百余万。"由此可见,西陵、柳浦、浦阳南津、浦阳北津四埭。必然位于吴兴和会稽之间的交通要道上。假使浦阳南北津是曹娥和梁湖,怎能掌握吴兴和会稽之间的客商税收?毫无疑问,上述四埭,都是钱塘江的渡口,西陵(兴)与柳浦成为一组,这是众所周知的;浦阳南北津成为另一组,浦阳南津位于浦阳江口的渔浦,浦阳北津位于渔浦对江的定山。[200]这一组渡口,古来与西陵、柳浦齐名,即清顾祖禹所说:"西兴渔浦最为通道。"[201]津渡既以浦阳为名,则浦阳江在此注入钱塘江当可尤疑。

在整个南北朝时代中,从杭州定山渡江至渔浦,然后溯浦阳江以至萧山、山阴、会稽甚至诸暨和婺属地区,是一条交通要道。当时有关这一条通道的记载是很多的。如《宋书》孔颉之变,[202]将军吴喜遣部从定山进军渔浦。《南齐书》富阳唐寓之起兵,[203]渡江自渔浦溯浦阳江南进等均是其例。同样,浦阳江流域各地,也以此通道为外出捷径。这就是《水经注》所载:"湖水(案指临浦)上通浦阳江,下注浙江,名曰东江,行旅所从,以出浙江也。"[㉔]

综上所述,关于浦阳江在古代北出萧山的诸种记载中,《汉书·地理志》、《十三州志》等都是当时的记载,而前述如张元忭、毛奇龄、阮元等诸家所言,都是后世的论述。但不管是当时的记载或后世的论述,都没有说明浦阳江自临浦北出的具体流路。这一方面固然是古籍记事的疏缺,另一方面也反映了这个地区河湖纷歧的情况。根据地形和水道形势进行实地考察,在临浦全盛时期,除了浦阳江以外,麻溪、夏履江、永兴河等,也都是它的支流。而临浦沟通渔浦的河道主要有二:一条自临浦南部西折,通过高洪尖与马鞍山之间的平原地区,从今河上村北出。这个地区,至今仍有河道存在,而河上村以北则为今永兴河河道。另一条自临浦西部木根山与碛堰山之间的平原地区西折,从今义桥镇附近北出。临浦湮废以后,木根山与碛堰山之间的平原地区残留为通济湖,仍有水道沟通。通济湖到清雍正年代尚为一周围 10 里的小湖。[㉕]至今湖虽全废,但河道仍然存在。当然,在这个湖泽地带,临浦与渔浦之间沟通的支流小港必然很多,上述只是主要的干流而已。

如上所述,许多历史文献载明了古代浦阳江下游河道的大体流向,而探索这些历史文献,结合现场考察,就能更进一步地追索古代浦阳江下游河道的具体流程。虽然时历沧桑,而复原还是比较清楚的。但是自从明代以来,不少学者的说法恰恰相反,他们坚信古代浦阳江出绍兴三江口,只是由于明代开凿碛堰山的结果,才改道北出萧山。为此,研究碛堰山开凿的真相,对阐明浦阳江下游河道的变迁问题具有重要意义。

明代以来,学者们虽然一致肯定碛堰山开凿于明代,但对开凿的具体年代,却说法纷纭,莫衷一是。特别是像黄九皋、刘宗周、任三宅这些嘉靖、天启、崇祯年间的人物,距他们所说的开凿年代为时尚不很远,但说法却彼此径庭,这本身就说明了这些说法的不可靠性。所以在论述碛堰山开凿问题以前,先行列举几项材料,用以证明碛堰山开凿于明代的说法,实际上完全没有根据。

第一,盛传在天顺、成化或弘治年代开凿的碛堰山,实际上早在宣德以前就已经畅通。据《明史·河渠志》所载:"宣德十年,主事沈中言,山阴西小江,上通金衢,下接三江海口……近淤,宜筑临浦戚堰(按即碛堰)障诸湖水,俾仍出小江。"这里,既然提出要堵塞碛堰,足证碛堰早已畅通,则开凿何须等到天顺以后?

第二,盛传知府戴琥主持开凿之事,但戴琥自己却明明说,"诸暨江旧有碛堰,并从小江入海;堰废,始析为二。"[㉖]这说明碛堰是旧有之物。戴琥并且还估计了筑堰的年代,他说:"讵不知筑堰之初,未有海塘(按指山阴海塘)。"前已论及,山阴海塘的修筑完备,为时在南宋嘉定。筑堰既早于南宋,则凿通碛堰山自然更在南宋以前。

第三,戴琥的估计并非没有根据。事实上,嘉泰《会稽志》卷四已经载有"碛堰"一条,位于萧山县南30里,与今碛堰山缺口完全相符。则明代的开凿云云,自然全属无稽。

根据上述,碛堰山的开凿早于南宋,这是可以肯定的。但是要判断具体的开凿年代,事实上存在困难。因为它和古代临浦等湖泊的兴废有密切关系。古代临浦等湖泊,都位于天然洼地之中,最初无疑是自然形成的。但整个钱塘江南岸的平原地区,也必须看到人们为了农业需要而在许多洼地积水区围堤筑塘的事实。自汉至唐,如越州鉴湖、明州广德湖等,为数多至数十。临浦等湖泊也不例外,古人在它周围筑堤修塘的事实曾屡见记载。例如嘉泰《会稽志》卷四所载的荻泾塘,后来称为白露塘,[⑳]即位于古代临浦西岸。这一带的堤塘,据万历《绍兴府志》所载是"从古有之,不知其始"。此外,万历《绍兴府志》又指出:"从四都(按指湘湖以北一带)至渔浦十五里,古塘也。"[㉘]为此,临浦、渔浦、湘湖等湖泊,在很大程度上都具有人工湖的性质。所以盛唐诗人称渔浦为"陂泽",[㉙]而湘湖到北宋则完全成为一个人工湖。

既然临浦等湖泊都具有人工湖性质,则碛堰山的开凿就显然可以理解。因为自汉以来,这个地区修建人工湖和利用天然洼地所普遍采用的方法,大体上总是一面围堤筑塘以拒咸蓄淡。一面则选择山丘冈阜或其他形势要害处遍置斗门、闸、堰以资排灌或导水入海。碛堰山是古代临浦西岸的一座孤丘,其顶峰虽然高达160米,但其鞍部还不到20米,凿通并不困难。因此,人们在利用古代临浦的过程中,选择这个有利地形加以凿通以设置斗门、闸、堰,乃是很可能的,这在钱塘江南岸平原地区的其他湖泊利用中极为常见,古代鉴湖的玉山斗门即是一个非常相似的例子。而且古代临浦周围历史上堰坝至今有名可查的还有不少,其中也有一些是穿凿孤丘的。例如嘉泰《会稽志》卷四记载的与碛堰并列的楮木堰,载明在萧山县西南30里。此堰在《嘉泰志》以后绝不再见他书记载,说明湮废已久。但按方位里程及地形水道进行实地考察,此堰故迹在临浦以西的木根山与虎爪山之间,至今水道穿山而过,刀斧痕迹尚依稀可辨。此外,在古代临浦西岸,至今以堰为名的聚落还有不少,如韩家堰、金家堰、陈家堰、大堰等均是其例。而碛堰其实只是古代临浦周围许多闸堰中的一处而已。

既然碛堰山的开凿是古人利用临浦的结果,而临浦、渔浦、湘湖等湖泊,首见于晋代文献,直到晚唐犹见记载。则其存在时间,至少当在600年以上。碛堰山的开凿,自然也在这一段时期中完成。可以设想的是,在整个临浦存在的历史中,碛堰山的开凿工程,当以后期完成的可能性较大。因为临浦存在的前期,不仅湖底较深,拦蓄量较大,而临浦与渔浦沟通的浦阳江下游河道,也必然畅通无阻。则浦阳江上游纵有洪水,也不致造成临浦的大害。但临浦在其存在的后期,由于湖底淤浅,拦蓄能力降低,而沟通渔浦的浦阳江下游河道,也必然较前淤浅而减小了流量。在浦阳江上游则因自然植被的进一步破坏而加剧了洪水。为此。开凿山口以排泄洪水的需要较临浦的前期就大为增加,于是就促成了这项工程的实现。当然,工程很可能是在一个较长的时期中逐步完成的。开始或许是一个不大的缺口,相当于前述古代鉴湖的阴沟。以后随着排洪需要的增加而逐渐扩大凿深,修成一个堰坝。至于在自晋至唐的较长时期要断定开凿的具体年代,那是极其困难的。事实上,在钱塘江南岸平原地区的许多古代湖泊中,即使记载丰富如古代鉴湖,则在全湖 76 处斗门、闸、堰、阴沟中,能够确定具体年代的,也还不到十分之一。所以对于记载十分疏缺的临浦等湖泊,要获得其堰坝开凿的具体年代,显然没有可能,因而也无必要。

必须研究的是,浦阳江在临浦以下,既有西出今河上村和北出今义桥镇的原有河道自渔浦入江,则浦阳江主流又为何改从碛堰山口北出? 这是浦阳江下游河道变迁中的重要转折,它和以后这条河流的更大变迁有密切关系,所以必须探讨这一变迁的原因和时间。

浦阳江下游河道的北出碛堰山口,必须联系到临浦、湘湖和渔浦等湖泊的围垦过程。尽管关于临浦的围垦过程不曾留下文字记载,但我们还可以从有关湘湖和渔浦的记载中获得旁证。[210]据万历《绍兴府志》卷十六的记载,湘湖原是一片低洼的民田,经常受浸。宋神宗时已有人奏请为湖,到政和二年(1112)围堤成湖才付诸实现。[211]这就说明,南北朝时代的西城湖,到北宋中期已经成为一片低洼的耕地。而到北宋末期,才又恢复成湖。至于渔浦,在盛唐诗人吟咏中所谓"厬恾浪始开,漾漾入渔浦",[212]尚是一个大湖。而如前所述在晚唐犹见记载。但到北宋仁宗时期,却出现了"市肆凋疏随浦尽"[213]的现象。则湮废的年代和湘湖大体相仿。由此可以推论,临浦的围垦湮废,在北宋中期,当也基本完成。当然,湖泊的围垦湮废并非成于一旦,这些湖泊既然在北宋中期已经湮废,则围垦进行可能始于五代甚至晚唐。

在临浦开始围垦的年代,湖底必已大大淤高,拦蓄能力随之锐减。原来从临浦西出今河上村及北出今义桥镇的浦阳江下游河道,也必然由于河床的淤浅而逐渐减小了流量。于是碛堰山口的排洪负荷就愈益增加,山口自然也就一再地加以拓宽。而且在山口以上,由于湖底和河床的淤浅,临浦的常年水位,较前显然提高;在山口以下,则因湍急的洪水一再通过,河床已经大为拓宽和刷深。这样,随着湖泊的逐渐缩小,碛堰山口成为浦阳江主要通道的条件也就逐渐具备。于是,当初作为溢洪道的碛堰山口,到后来就成为常年性的浦阳江通道之一。以后湖泊围垦殆尽,原来西出今河上村及北出今义桥镇的河道成为涓涓细流,碛堰山口终于负担起通过浦阳江水量的主要任务,成为浦阳江北注钱塘江的主要通道。

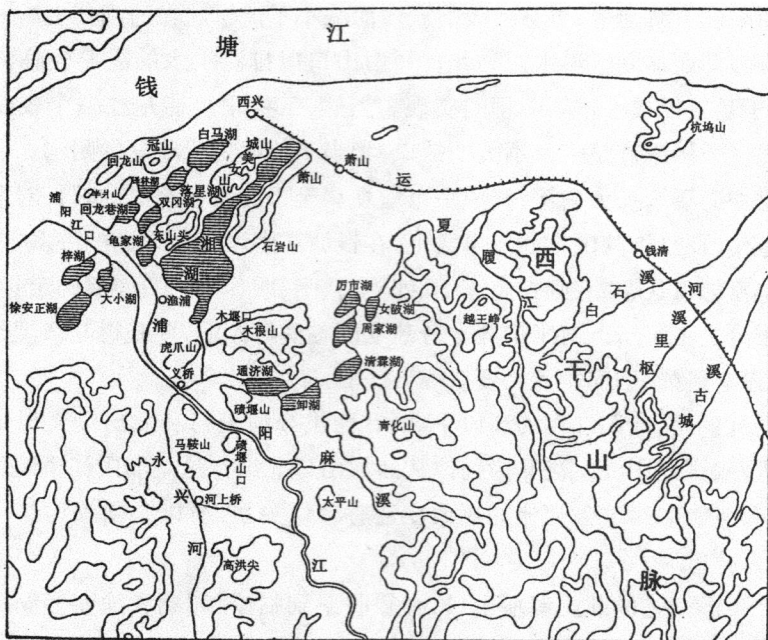

图一二　北宋后期浦阳江下游示意图

　　关于碛堰山口作为浦阳江下游主要河道的年代,大致可以作这样的估计:既然临浦等湖泊到北宋中期已经湮废,则原有西出今河上村及北出今义桥镇的河道也必然已经淤塞。但刁约于北宋嘉祐年间出任越州知州时,尚能乘舟取道渔浦,而据他在渔浦所见的"翩翩商楫来溪口"[214]的实况,说明交通仍然频繁,足见此时碛堰山口已经畅通。尽管由于渔浦的湮废而引起刁约所见的"市肆凋疏",但是与钱塘江沿岸的另一渡口西兴相比,直到熙宁十年(1077),渔浦的商业仍然超过西兴。该年渔浦征收的商税达3240贯又190文,相当于西兴(800贯23文)的4倍。[215]这就说明了碛堰山口的畅通、商品不须盘驳的事实。所以碛堰山口作为浦阳江主要通道的年代,大致当在北宋初期,而直到北宋后期,依然畅通无阻。

　　碛堰山口在北宋时作为浦阳江的主要通道,但如上述在南宋嘉泰《会稽志》中,却第一次发现山口已经建有一座名为碛堰的堰坝。碛堰山的名称,恐怕也是因为山口建了碛堰才产生的。[216]碛堰的出现,说明浦阳江下游的河道形势又有了变化。为此必须把碛堰修建的时间和原因加以研究。

　　碛堰既然首见于《嘉泰志》,则其修建必早于嘉泰。据乾隆《萧山县志》卷十三所载:"古驿道由渔浦渡入浦阳江,南宋渡攒宫于会稽,乃取便道,截流渡江抵西陵发舟。"攒宫是十分笨重之物,假使当时浦阳江下游河道畅通,则何致盘驳于柳浦西陵之间？更何故称此为"便道"？案南宋攒宫南运始于绍兴十二年(1142)，[217]则碛堰修筑当在南宋之初。此外，关于碛堰修建的时间，我们还可以在西兴运河方面获得旁证。西兴运河的完成虽然早在晋代，但自来罕见整治疏浚的记载。而南宋初期。有关此运河的整治疏浚的记载，却一时大量出现。在乾道初年，不仅疏浚了西兴、萧山段河道，并且还开凿了从西兴到钱塘江边的一段新河道。[218]这也说明了浦阳江堵塞的事实。这些事实和戴琥"讵不知筑堰之初，未有海塘"的说法，在时间上也完全符合。

在碛堰初凿作为溢洪道的年代，山口有一些斗门、闸、堰之类的建筑是可以想象的。但自从山口扩大成为浦阳江的主要通道以后，这里一直是畅通无阻的。为何到南宋初期又要修筑堰坝加以堵塞？这里必须看到，浦阳江在碛堰以南，河道流经诸暨、山阴和萧山三县县界上。对于浦阳江的水利和航运等问题，三县的利害关系是并不一致的。自从南宋以来，三县之间对于浦阳江问题的争执不绝于书。在水利问题上，早于南宋乾道八年(1172)，为了在一次洪水以后开堵碛堰以南的纪家汇的问题，就引起了诸、萧二县的严重争执。[219]萧山县令张晖甚至扬言："头可断，汇不可开。"[220]在航运问题上，则前述《明史·河渠志》所载宣德年间沈中的言论即是其例，以后在正统年代，山阴人王信也力争堵堰以利山、会航运。[221]大体言之，从农业上说，碛堰的开启不利于堰北的萧山而利于诸暨和山阴；碛堰的堵塞则不利于诸暨和山阴，却有利于堰北的萧山。从航运上说，则山、会两县均利于碛堰之堵，而诸、萧两县则获利不大。所以不仅在上述三县之间存在矛盾，而农业和航运之间，利害关系也不相同。因此，碛堰山口就出现了一时筑堰一时废堰的情况。从南宋初期以至明后期，碛堰因而屡兴屡废，其中有文献可考的约有下列多次：

中国纪元	公元	碛堰兴废	内容记略	资料来源
宋绍兴十二年	1142	堵	古驿道由渔浦渡入浦阳江，南宋渡攒宫于会稽，乃取便道，截流渡江抵西陵发舟。	《中兴小纪》卷三〇，乾隆《萧山县志》卷十三
淳熙七年至十三年	1180—1186	开	陆游诗《渔浦》、《宿渔浦》、《溯小江饭舟中》等。	《剑南诗稿》卷十三，卷二〇
淳熙十五年	1188	堵	钱清江者，自三江口来，西过诸暨约三百余里，阔十余丈，运河午贯其中，高于江水丈余……	《思陵录》卷下
嘉泰以前[222]	1201 以前	开	西小江水路，东南来自诸暨县界，经县界五十五里，西北入萧山县界，胜舟五百石。	嘉泰《会稽志》卷十二

续表

中国纪元	公元	碛堰兴废	内容记略	资料来源
嘉定年代	1208—1224	堵	太守赵彦倓筑(塘)以御小江(案指钱清江)。	万历《绍兴府志》卷十七
不明年代	—	开		
明洪武五年	1372	堵	钱清北坝,洪武五年建,成化二年以小江不通,故废。	嘉靖《萧山县志》卷二
宣德十年以前	1435 以前	开	主事沈中言……宜筑临浦戚堰,障诸湖水,俾仍出小江,诏部复夺。	《明史·河渠志》
正统十二年	1447	堵	诏巩山阴人王信奏,命萧山、山阴二县起役浚之(指钱清江)。	《明史·河渠志》
天顺元年	1457	开	知府彭谊建白马山闸以遏三江之潮,闸东尽涨为田,自是江水不通于海(指三江口后海)。	万历《绍兴府志》卷十七
不明年代	—	堵		
成化二年	1466	开	成化二年以小江不通……	《明史·河渠志》
不明年代	—	堵		
成化十八年	1482	开	堰决不可成,小江决难复通矣	戴琥《水利碑》
正德年代	1506—1521	堵㉓	商舟欲取便,乃开坝(指临浦坝)建闸。	雍正《浙江通志》卷五七
嘉靖十六年	1537	开	绍恩至,相浦阳江上游,恢复前守戴琥所开碛堰。	毛奇龄《循吏传》(《西河合集》传目卷五)

　　如上表所列,直到嘉靖十六年以后,才不再见筑堰的记载。在此以前,兴废过程实际上比上表还要复杂得多。明代以来的许多学者,把碛堰山的开凿和碛堰的兴废混为一谈,复各据某一资料,各主一说,以致说法纷纭,造成许多错误。而他们所论定的碛堰山何年开凿,浦阳江何年改道云云,充其量不过是碛堰在其多次兴废过程中的一次而已。

　　明代以来,不少学者之所以偏信浦阳江故道东出三江门,另外还有一个重要的原因是因为混淆浦阳江和曹娥江的关系。认为浦阳江是曹娥江的支流,也就是说,浦阳江流贯山会平原而东,汇曹娥江而北注三江口。身居钱塘江南岸地区的学者如全祖望、㉔茹逊来㉕等,竟都言之凿凿。这是足不出户,只在故纸堆中考据的必然结果。

　　事实上,古代浦阳江与山会平原水系是各有所归而又互有联系的。会稽山尾间西翼即西干山,是两者之间的明显分水岭。在古代,西干山以东诸水如白石溪、余支溪、

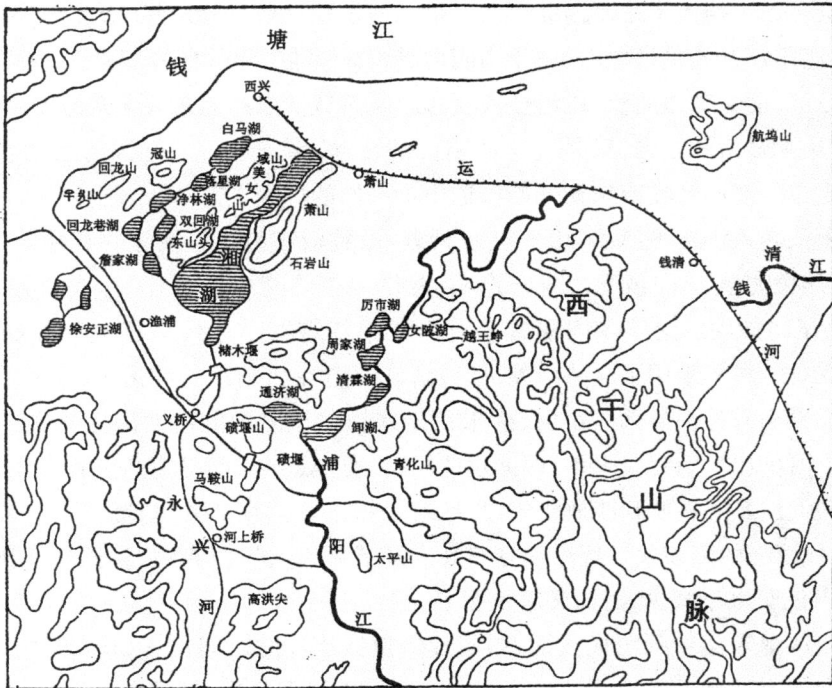

图一三　碛堰堵塞时期浦阳江下游示意图（以南宋嘉定年代为例）

古城溪、型塘溪等,东流经山会平原北部注入后海;西干山以西诸水如麻溪、夏履江等则注入临浦,北流转入钱塘江。只是由于浦阳江河床的不断淤高和沿河修建了堤防的缘故,麻溪和夏履江才最后随着临浦的湮废而转入山会平原。

但在另一方面,浦阳江与山会平原水系也不能截然分开。因为古代临浦与萧山东部平原相接,而萧山东部平原实际上就是山会平原的延续部分。虽然按照地形和水道形势,临浦、湘湖、渔浦等湖泊,主要无疑是北与钱塘江相沟通的。但是这些湖泊的北部,却也和山会平原有所联系,这种联系在晋代以后由于西兴运河的沟通而更为密切。因此,在非常洪水年份,浦阳江上游的洪水,必然也通过临浦,部分地转入山会平原。而且在临浦的晚期,由于湖底淤浅而提高了水位,浦阳江水通过临浦转入山会平原就更为便利。临浦湮废以后,原来的湖泊成为河网和一连串的小湖。通过这些河湖,浦阳江和山会平原的关系依然存在。而且由于从临浦北出渔浦的许多大小河道多遭淤塞,仅有碛堰山口一途相通。则浦阳江水转入山会平原的可能较临浦湮废前更为增加。到碛堰山口一旦堵塞,浦阳江就全部转入山会平原,循西兴运河借道钱清江东注后海。

　　山会平原的河流本来多南北流向。从钱清东至三江口原来并无大河。因此,当碛堰初筑,浦阳江开始借道之时,由于山阴海塘尚未完备,所以在钱清以东,浦阳江水并不专注三江,而是散漫北流,纷纷注入后海。既然钱清以东原来并无东流的大河,故南宋以前,绝无钱清江之名,只是由于浦阳江的转入,南宋以后才有钱清江之名流传。[25]这实际上也是浦阳江在南宋初开始借道山会平原的佐证。

　　浦阳江转入山会平原后,由于洪水频繁,以致沿江村落在南宋一代中出现了"水旱频仍,居民寥落"[26]的情况。自宋迄明,两岸一带终至成为一片"斥卤之地,蒹苇之场"。[27]为了防御洪水泛滥,南宋嘉定年代开始沿江筑塘,[28]以约束江水不致漫流,导之迳出三江口。尽管采用了这些措施,但钱清江河道在浦阳江的冲击下,面貌发生了很大变化。原来只是一条无名小河,南宋初年在钱清镇附近的河面即宽达十余丈,[29]已非一般内河可比。到元代末年,根据建造浮桥的记载,[30]河面已宽达三百六十尺,成为一条滔滔大江。一直要到明成化年代,戴琥主持了麻溪坝的修建,断绝了它和浦阳江的关系,钱清江的面貌才又逐渐恢复旧观。到了弘治八年(1495),钱清江浮桥又改建成石桥,[31]说明水量减少,河面又趋收缩了。

　　虽然从南宋初年到明代后期,浦阳江借道钱清江的时间长达300年之久。但是由于碛堰如上所述的兴废无常。因此,在这300年多之中,浦阳江主流时而借道钱清江,时而复归故道。所以尽管有了借道的事实,但碛堰以北的原有河道,绝无湮废的现象。前述朱庭祜等认为碛堰南北在明代只有小河,即所谓:"临浦之北,渔浦之南,各有小港,小舟可通,其中惟有碛堰小山为限。"[32]不仅是"碛堰小山为限"决非事实,只有小港和仅通小舟也不足为信。前面碛堰兴废表上已引《嘉泰志》所载,这条河流"胜舟五百石",这样的舟,当然不是小舟。根据元末浦阳江口渔浦新桥的建桥记载,这座"出没于潮汐之险"的桥梁,全长共达500尺。[33]则江流滚滚,可以想见,岂止小港而已。

　　以上说明了浦阳江与山会平原关系的原委。浦阳江自南宋起始借道山会平原,循所谓钱清江注入三江口。尽管由于碛堰兴废无常,这种借道时断时续,但它毕竟替山会平原带来了莫大的损害,成为鉴湖湮废以后山会平原农田水利上的重大问题。

　　要消弭钱清江的水患,首先自然必须隔绝它和浦阳江的关系。为了这个目的,早在明宣德年代就已有临浦坝的修建,[34]到了成化年间,又进行了重修。[35]在成化重修的同时,知府戴琥另外又在临浦以东主持了麻溪坝的修建,[36]这样就基本上断绝了浦阳江和山会平原的关系。此外,戴琥又在钱清江下游两岸的堤防上修建了一系列涵闸以排泄江水。在江南的有新灶、柘林二闸,在江北有夹蓬、扁牮二闸。[37]以后在正德年间又增修了扁牮南闸和泾溇闸。[38]

钱清江下游的这些涵闸建筑,实际上还只是一种治标的办法,因为南闸所泄的水,转入山会平原内河系统,最后还是要通过玉山斗门排泄,这就加重了玉山斗门的负荷,加重了山会平原的内涝隐患。北闸所泄的水,更往往漫溢于山阴海塘与江塘之间,这就造成了万历《绍兴府志》卷四所说的:"潮水灌入,沙涂壅积,遇涝辄溢,遇旱即涸。"甚至在特大洪水时期,还不得不权宜设策,掘开海塘以排泄钱清江洪水,㉔这些涵闸的修建,另一方面也反映了钱清江和浦阳江的关系其实并不完全断绝。因为临浦和麻溪诸坝的修筑,也正和碛堰一样,常常引起诸暨、山阴、萧山三县的利害冲突,因而也出现时兴时废的现象。这种情况继续替钱清江的根治带来困难。如上所述,一直要到嘉靖十六年(1537)三江闸建立和碛堰的开启以后,钱清江的水利问题才得以解决。

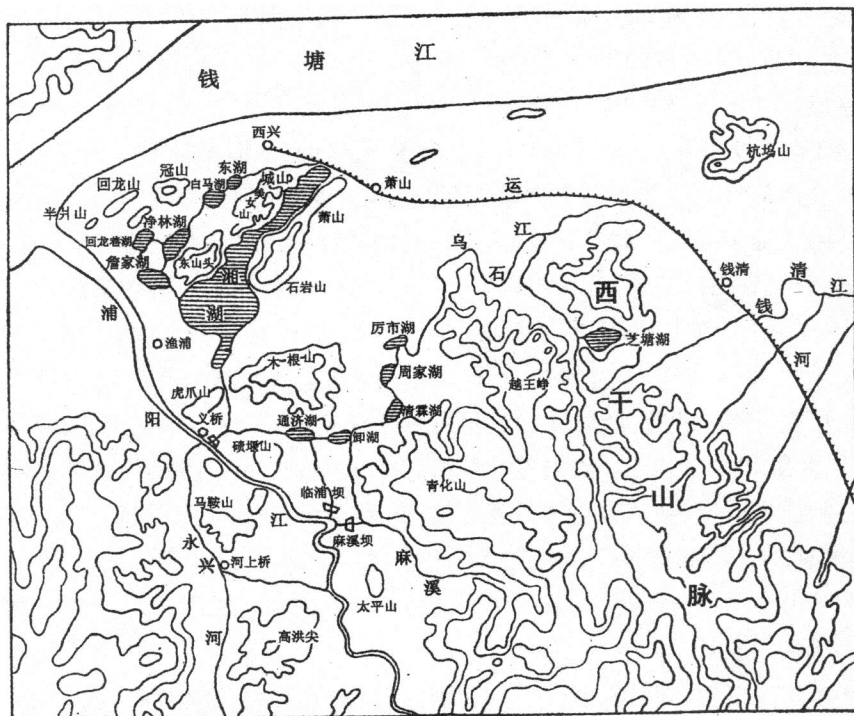

图一四　嘉靖十六年以后浦阳江下游示意图

在上述钱清江的治理过程中,另外必须解决的是来自三江口的潮汐问题。因为钱清江是南宋以后随着浦阳江的借道而出现的一条山会平原北部的新的大河,并不在玉山斗门控制之内。这样,潮汐和山洪相顶托,不仅加重了泛滥和内涝,而且还造成这一带土壤的盐渍化。天顺元年知府彭谊修筑白马山闸已见前所列碛堰兴废表。此闸之建,也是为了抵御潮汐,而且起了一些作用。但白马山距三江口30里,潮汐仍能长驱闸下,山会平原北部仍有大部分地区在潮汐的威胁之下。而钱清江从白马山闸以下到三江口一段,由于潮汐侵袭,"其潮汐之来也,拥沙以入;其退也,停沙而出,迨至日久,沙拥成阜"。[241]使河道情况不断恶化,问题仍未获解决。

山会平原北部和钱清江问题,最后是由嘉靖知府汤绍恩主持修建了一系列水利工程而解决的。在此以前,尽管浦阳江对于钱清江的干扰已经逐步解决,但钱清江在浦阳江的长期借道以后已经成为一条较大的潮汐河流。当时,钱清江以南,山会平原的全部河流都以陡亹闸(玉山斗门)为枢纽,是一个淡水内河水系。钱清江以北,萧山平原和山会平原的一部分,也是一个淡水内河水系。这个地区的河流,一部分由龛山闸和沿海其他一些小涵闸排泄,另一部则注入钱清江。由于钱清江的东西横贯,隔离了这两个淡水内河水系的关系,并且还经常地扰乱这两个内河水系。汤绍恩所主持的水利工程,是一个改造流域的工程。工程主要包括两个部分,一部分是彻底断绝浦阳江和山会平原的关系。另一部分则是兴建一项控制原钱清江南北两个淡水内河水系的总的枢纽工程。关于前者,如上所述,主要是开通碛堰,使浦阳江水有所泄,并切实地堵塞临浦、麻溪诸坝,使其不再干扰山会平原。关于后者,则是著名的三江闸的修建。

三江闸选址于三江所城西北,这里不仅是钱清江的出口,同时也是陡亹闸的出口。闸西不远,有马鞍山诸峰绵亘,火成岩岩基横过河床,成为建闸的巩固基础。工程开始于嘉靖十五年(1536)七月,历半年于嘉靖十六年完成。[242]此闸原设计为36孔,在施工过程中又改为28孔。[243]全长达103.15米。由于闸基全依天然岩基而建,因此,每个闸孔的深浅并不一致。最深的达5.14米,最浅的只有3.4米。闸身全部用块石叠成,石体巨大,每块多在1000斤以上。石与石牝牡相衔,胶以灰秫,灌以生铁,修得十分坚固。[244]

三江闸建成以后,钱清江随着成为一条淡水内河。这就是全祖望所说的:"嗣是以后,钱清有江之名而实则不复为江,可以引江之利而不受其害。"[245]于是,萧山平原的内河水系与山会平原合而为一,形成统一的所谓三江水系。这是历史上绍兴农田水利事业的一项巨大成就。

三江闸建成以后,同时也建立了一套闸的管理制度,并在以后的施行中逐步得到完善。在府治佑圣观前和闸内平澜处,各建有水则一处,以观察水位,调节闸门的启闭。水则上刻有金、木、水、火、土五级:水至金字脚,各门俱开;至木字脚,开16门;至水字脚,开8门。夏季水至火字头,则筑闸门,秋季水至土字头筑闸门。[246]这样,既有利于抗潮和防洪,又妥善地解决了灌溉和航运的要求。三江闸此后在明万历十二年(1584)、崇祯六年(1633)、清康熙二十一年(1682)、乾隆六十年(1795)、道光十三年(1833)先后修理5次(清以后不计)。[247]一直是萧绍平原的水利枢纽。

工　业

　　早在春秋时代,越王句践就已经有了工官的设置,[24]说明绍兴历史的工业发展,渊源甚早。

　　冶金工业是古代绍兴十分重要的工业部门。在漓渚出土的古代铜制兵器,曾经被认为其时代与北方的殷周相当,即新石器与青铜器嬗递时代的产物。[25]至于春秋越国,铜和锡的冶炼,已经获得较大的发展,当时,冶炼用的燃料是木炭。据《越绝书》卷八的记载:句践时“采锡山为炭,称炭聚,载从炭渎至炼塘”。在这一段记载中,指出了燃料基地所在,燃料的运输路线和冶炼工业的布局,是一项完整的古代冶金工业地理资料。其中称山和炼塘,据嘉泰《会稽志》卷九的记载,均在县东 60 里。此外,《越绝书》卷八还记载了六山和姑中山,也都有冶炼工业的分布。其中六山在会稽县东 14 里,[26]姑中山则在城南 15 里的射的山西南。[27]

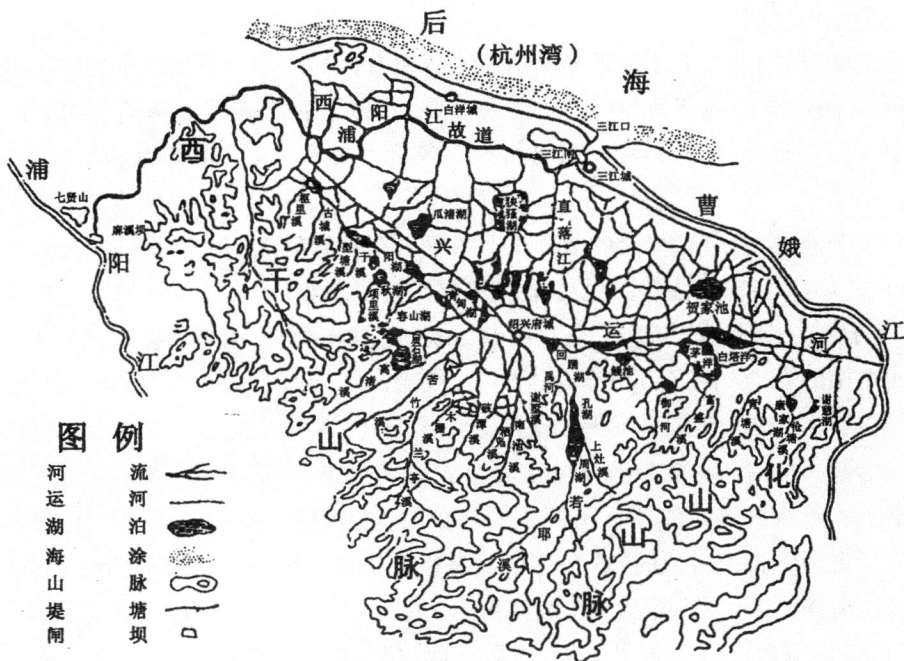

图一五　嘉靖(1357)以后山会水系示意图

　　当时,铜的主要用途之一是铸造战争武器,其中特别是剑。相传早在越王允常时代,于越的铸剑名匠欧冶子已经铸造出了不少好剑。[⑳]据嘉泰《会稽志》卷十三所记：
"昔越句践有宝剑五,闻于天下。今越有铸浦、上灶、下灶、剑翁岭,说者以为皆越王铸
剑之地。"近年来在绍兴出土的不少战国青铜剑,不但证实了当时冶铜工业的发展,同
时也证实了铸剑技术的成就。陆续出土的于越冶铸的青铜剑,如"越王剑"、"越王者
旨于赐剑"、"越王之子剑"、"越王丌北古剑"[㉑]等,都已具有高度的冶铸技术。而1965
年在湖北省江陵县纪南城附近楚墓中出土的"越王句践剑",[㉒]无论在冶铸技术和艺术加
工等方面,都不愧为一件精湛的作品。充分说明了于越时代手工业冶铸的发展水平。

　　古代绍兴的冶铜工业在一个相当长的时期中持续不衰。从汉代以至三国,绍兴成
为全国的重要铸镜中心。这是与春秋战国以来这个地区冶铜工业和铜的加工工业的
发展有直接关系的。日本学者梅原末治曾记述了绍兴出土的建安二十五年的神兽镜
和黄武五年会稽山阴铸造的神兽镜。[㉓]此后,绍兴出土的铜镜,为数相当不少。诸如柯
桥、南池、皋埠、东关、富盛、漓渚等地,都有不少铜镜出土。[㉔]出土的铜镜中,除了神兽
镜外,还有不少画像镜。[㉕]在漓渚一带,古代的冢墓中,甚至一墓中多至铜镜数面的。
镜铭中的年号多为黄武、黄龙、嘉禾、赤乌、建兴等。[㉖]说明了从后汉到三国,绍兴铜镜
铸造业的发展情况。

　　除了铜以外,历史上比较重要的冶金工业还有铅的冶炼。绍兴城东的锡山拥有铅
矿资源。宋代初年,越州每年生产的铅在3000斤以上。后来可能是资源的枯竭而逐
渐减少。元丰元年(1078),年产量已仅600多斤。[㉗]到了南宋嘉泰年间,铅的生产完全
停止。

　　有一个问题是,绍兴古代的冶金工业中是否有铁的冶炼? 由于有一些古代文献中
提到过铁,如《吴越春秋》卷四说："干将作剑,采王山之铁。"晋王嘉《拾遗记》(《汉魏
丛书》本)卷三说到范蠡相越之时,"铜铁之类,积如山阜"。嘉泰《会稽志》卷十三记
载越州东南的古冶,引《会稽记》说："铜牛、铁冶,越王铸剑之所。"明欧大任也说欧冶
子和干将,"凿茨山,泄其溪,取铁作剑三枚"。[㉘]因此,不少人认为绍兴一带在越国时代
就已经冶铁。但清代史家赵翼从"赤堇之山,破而出锡;若耶之谷,涸而出铜"之语,推
定欧冶子和干将所铸的剑都不用铁。[㉙]赵翼的推定,从现在出土的越国青铜剑已经得
到证实。古籍中各家所说的"铁",应该都是指的金属。按国内各族的情况进行比较,
越国时代冶铁是不可能的。乾隆《绍兴府志》卷七二《古迹志二》还记载有一条"采访
事实"："铁坞墩在(山阴)城外五里,土墩隆起,相传即汉时煅冶之所。"这一条记载为
绍兴历代文献所未见,乾隆《绍兴府志》也是当时采访而得的传说,所以不足为凭。

　　由于本地资源的缺乏,汉唐以后,绍兴的冶金工业就趋于衰落,历史上著名一时的
金属加工业如铸剑、铸镜等,也同时式微。本地所需的金属和金属制品,多从外地输

入。但是到了明代初年,这里又兴起了一种金属加工业,即是所谓锡箔业。这是一种耗费许多金属特别是大量人力的迷信工业,它在绍兴一带盛行了数百年之久。根据记载,丧祭焚烧纸钱起于汉代。[@]但自来并无焚烧锡箔的记载。锡箔之所以于明初在这里流行,一方面是由于绍兴旧有锡矿的采炼,百姓使用锡器的甚多,社会上有一批制锡业的技术工人;一方面是由于户口大量增加,谋生不易,容易发展能够吸收大量劳动力的新行业;再一方面因为当时杭州的金箔相当发达。[@]绍兴与杭州接近,对掌握这种金属制箔的复杂技术比较有利。锡箔从此成为绍兴的大宗出口品,根据清代末叶的统计,仅会稽一县,从事这项工业的锤工和砑工共达 5500 人,年产锡箔达 145 万块。[@]其中外销者居十分之八。[@]

由于绍兴"水行而山处"的自然环境,造船工业自古就有较大的发展。越王句践在城北 50 里的后海边建造了他的船官,并且拥有一支包括"戈船三百艘"[@]的船队。在句践迁都琅琊的时候,如前所述,曾用"楼船卒二千八百人,伐松柏以为桴"。说明当时的造船工业,已经有了较大的规模。

春秋战国以后,绍兴的造船工业仍然有所发展。汉代的"越舲"[@]是当时全国有名的船舶。唐初贞观二十二年(648),朝廷命令越州和婺、洪等州造海船及双舫 1100 艘。[@]婺、洪二州都不濒海,则其中海船必为越州所造,说明绍兴是当时全国的造船工业中心之一。唐代以后,由于明州和杭州的兴起,绍兴的造船工业逐渐失去了全国意义。但尽管如此,这里的造船业仍然具有一定规模。故元袁桷还提到:"越船十丈如青螺,小船一丈如飞彼。"[@]说明各种海船和内河船舶的建造工业,仍然比较发达。

绍兴曾经是历史上重要的纺织工业城市之一。这里的纺织工业,具有悠久的历史。最早发展的纺织工业部门是麻织工业,《吴越春秋》卷八记载越王句践所说:"吾欲采葛,使女工织细布。"即是麻织工业发展的佐证。在越向吴进献的贡物中,曾有"葛布十万"[@]的记载,说明当时的麻织工业规模已经不小。所以麻织品已经成为市场上的重要商品,即《国语·越语上》所说的:"夏则资皮,冬则资绤。"到了汉代,绍兴的麻织工业更为发达,它和临淄、陈留、汉中,成为当时全国的四大麻织工业中心。[@]绍兴麻织品的精细品质,曾经得到王室的青睐。据《后汉书·陆续传》所载,汉光武帝看到陆闳所穿的越布单衣,就要会稽郡经常把这种麻布作为贡品。三国时代,会稽麻布甚至远销海外。据《三国志·吴书·孙权传》:"亶州在海中……有数万家,其上人民有至会稽货布。"说明当时越州麻布的声名。不过从唐代以后,绍兴的麻织工业开始衰落。到了宋代则更不如前。南宋嘉泰年间,绍兴一带所需的麻布,主要已来自福建。[@]麻织工业至此已经完全式微了。

比麻织工业较晚兴起的是丝织工业,虽然丝织工业的实际发展年代不会比麻织工业晚得太久,但绍兴的丝织品在全国显露头角,却要到隋唐时代。隋炀帝时,越州贡献的耀花绫。[23]有纹突起,光彩极佳,具有优异的品质。到了唐代,绍兴的丝织品有了更大的发展,由于品种的增加和质量的提高,绍兴丝织品风行全国,并且成为重要的贡品。《通典》记载的越州贡品包括白编绫、交梭、轻调等,[24]此外被作为贡品的还有宝花罗、花纹罗、十样绫、花纹绫、轻容纱、生縠纱、花纱等。[25]其中特别著名的是罗,通称越罗。杜甫诗说:"越罗与楚练,照耀舆台躯。"[26]其声名可见一斑。唐代末年,浙东观察在越课税:"每旬发一纲金万两,银五千锭,越绫万五千匹,他物称是。"[27]越绫在当时是越州所产各种丝织品通称。《太平寰宇记》卷九六《越州下》所记:"古称出纤丽之物。"也指的越州所产的丝织品。在北宋初期的贡品中,增列了绯纱和越绫两个新名目,[28]这和后来在《元丰九域志》所载的越绫和茜绯纱,当是同样产品。据陆游在四川所见,蜀中的遂宁县也产罗,但那里居然名其产品为"越罗"。[29]说明越罗在宋代仍然名闻海内。此外,轻容纱也是当时著名的品种之一。这是一种无花薄纱,具有很高的质量。[30]

元代以后,由于棉织品逐渐增加,排斥了丝织品在市场上的固有地位。而绍兴尚未大量植棉,因此绍兴纺织业在国内的地位就大为下降。但是虽然如此,绍兴在明初仍然是全国设置官营织染局的少数城市之一。[31]当时的织染局设在今大江桥下。不过由于市场情况不佳,原来的丝织品不仅品种有所减少,质量也较前低落。以越罗为例,在明一代,据记载:"织染局虽造,而民间所织绝无佳者。"[32]尽管直到清代,罗和绫二者仍然是这个地区的重要土贡。[33]但在国内的地位已经远不如昔了。清代后期,绍兴丝绸业计有大小作坊400多户,年产各种绸缎约4万余尺,大部分作坊分布在蚕桑业发达的山会平原北部,形成了以华舍为中心的手工织绸业区。华舍附近的安昌、下方桥、亭后、板桥等地,丝绸业也都很发达。[34]此外,以蚕丝为原料的纱类如生纱、官纱等,产量也很可观,主要分布在会稽县境内。[35]会稽县的官纱输出到沪、粤各地,据清末叶的统计,年达60万元,在全县的输出物品中,仅次于茶叶和锡箔,居第三位。[36]

由于使用于纺织业的纤维品种增加,从清代起,绍兴也开始发展利用多种纤维的纺织业,例如用棉纱织成的狭幅梅市布,经用丝纬用棉纱的梭幅布,经用苎麻而纬用棉纱的小春布等。[37]都是当时比较有名的产品。但这些产品都只是为了本地的需要,没有多少出口价值。说明绍兴的纺织工业在全国的地位,已经远非汉唐时代可比了。

在古代绍兴的工业中,陶瓷工业曾一度名闻遐迩。绍兴发展陶瓷工业的条件是优越的。除了高岭土的蕴藏相当丰富外,作为陶瓷器釉彩的青料,在绍兴一带山区出产甚多,质量远胜于江西和广东所产。[38]绍兴一带的陶瓷业发展为时甚早,目前出土的许多陶器,按制作形式多在两汉以前。近代发现的较大窑址中,漓渚附近的蔺家山古窑和娄家坞古窑都较著名。[39]当然,这些古窑中有不少可能是古代砖瓦业的遗址。因烧制砖瓦在越国时代就已经相当发达。[⑳]在古代,砖瓦业和陶瓷业在原料上和技术上,往往是互相联系的。

陶瓷制作发展的结果,是瓷器的出现。根据研究:"中国是世界上最早生产瓷器的国家,而越州上虞曹娥江沿岸,是世界最早的瓷窑分布地区。近年来发现的曹娥江西岸的小仙坛青瓷窑址建于东汉,距今已有二千年,是全世界最早的瓷窑。"[㉑]在绍兴出土的瓷器中,有三国吴永安三年(260)的制品,是全国出土的最早瓷器之一。[㉒]

绍兴的陶瓷业发轫甚早,但在全国显露头角,却是初唐以后的事,即是著名的越窑。越窑起初建立在绍兴,[㉓]根据考古发掘,稽北丘陵一带发现的古代窑址甚多。越窑的另一重要基地在越州余姚的上林湖(今属慈溪),其产品主要是青瓷。和小仙坛一样,这里在东汉就开始烧制青瓷器,而到唐、五代至北宋前期,鼎盛一时。越州所产的青瓷,从唐代起成为全国最著名的瓷器。陆羽在《茶经》(卷中)曾把越瓷与当时另一种著名的邢瓷(河北邢州所产)对比:"若邢瓷类银,越瓷类玉,邢不如越一也;若邢瓷类锡,则越瓷类冰,邢不如越二也;邢瓷白而茶色丹,越瓷青而茶色绿。邢不如越三也。"唐人诗中推赞越瓷的作品甚多,如陆龟蒙诗:"九秋风露越窑开,夺得千峰彩色来。"国际著名陶瓷专家、日本的三上次男教授,在其名著《陶瓷之路》[㉔]中描述青瓷:"这种瓷器的青色,其清澈犹如秋高气爽的天空,也如宁静的深海。"

越窑在国内的地位至唐末宋初而达到顶点。吴越钱氏在绍兴一带建立了所谓秘色窑,制造秘色器,其意为只准宫廷收藏,不准臣庶和民间使用。身份竟高贵到如此。吴越国王曾先后于宝大元年(924)和清泰二年(935),向唐朝进贡秘色器。[㉕]又于开宝二年(969)和太平兴国八年(983),向宋朝进贡秘色器。[㉖]宋初太平兴国七年(982),宋太宗曾派殿前承旨赵仁济监理越州窑务。[㉗]所以越州在宋初的贡品项目中,瓷器位列第二。[㉘]直到北宋元丰年代,越州贡品中,瓷器仍是主要项目。[㉙]所以在整个北宋时期,绍兴的陶瓷工业一直具有重要地位。

越窑青瓷器是中国古代出口最多的瓷器。上述三上次男教授曾偕同日本其他几位陶瓷学家,在埃及开罗南郊的一座中世纪城堡废墟福斯塔特进行发掘,获得的各种瓷片达六七十万片之多,他们从1964年起花了几年时间,对这些瓷片进行了整理研究。三上次男在这些瓷片中拣出了中国瓷片12000片。他在《陶瓷之路》中说:"从福斯塔特所发现的中国瓷器来看,首先是唐代的唐三彩、邢州白瓷、越州窑瓷、黄褐釉瓷和长沙窑瓷,其中特别多的是越州窑瓷。"说明越窑青瓷器的出口数量居各种瓷器之首。

北宋以后,浙江境内的龙泉窑青瓷异军突起,所以从南宋开始,绍兴一带的陶瓷工业趋于衰落。著名一时的越窑从此不复再见。[㉚]到了明代,绍兴一带的民窑虽然仍有不少,但所制大多是粗拙器物,只供本地所需,不再外销了。[㉛]

由于绍兴拥有丰富的竹类资源,历史上又是一个文化发达之区,因此,自古以来就有规模较大的造纸工业,曾经是一个国内著名的纸张供给地。晋王羲之为会稽内史时,曾经一次从库存中拨出笺纸 9 万枚赠人。[502]充足的库存证明了造纸工业的发展。到了唐代,韩愈称纸为"会稽楮先生"。[503]说明绍兴的造纸工业在国内具有重要地位。所以从唐代起,越州的贡品中就开始有纸张一项。[504]宋代,两浙成为全国造纸工业中心,而绍兴在两浙之中更显得重要。由于造纸原料的各种竹类,主要分布在会稽山区,因此造纸工业基本上也分布在这里一带。当时政府设有汤浦、新林、枫桥、三界四个纸局,[505]都是会稽山区的集镇。在宋代绍兴所产的各种纸张中,特别著名的是竹纸,包括姚黄、学士、邵公等品种,[506]受到当时书家的高度赞扬。著名书家米芾在《硾越纸学书》诗中说:"越筠万杵如金版,安用杭油与池茧,高出巴郡乌丝阑,平欺泽国清华练。"[507]杭州油纸、池州茧纸、巴郡乌丝阑纸和泽国清华练纸,都是当时的名纸,而绍兴竹纸的质量则高过所有这些名纸。元代,绍兴的造纸工业仍然发达,产品有彩色粉笺、蜡笺、花笺、罗纹笺等,[508]也都著名于国内。明代以后,这个地区的造纸工业才较前衰落。[509]这中间,除了竹类资源的减少外,特别重要的原因是由于锡箔业的发展。造纸业转向为锡箔所需要而有利可图的鹿鸣纸(六名纸)。于是传统名纸的生产就从此式微,而会稽山区仍是这种锡箔业用纸的制造中心。除了绍兴本地使用外,还向杭州输出。[510]根据清末的统计,仅会稽一县,制造这种纸张的工人即达 2300 多人,年产量达 3 万担。[511]

与造纸工业有密切联系的是,古代绍兴的雕版印刷业也曾发达一时。元稹在白居易的诗集序文的自注中曾说:"扬越多作书摹勒乐天及予杂诗卖于市肆。"[512]说明在雕版印刷刚刚开始的唐代,绍兴一带的雕版印刷已经相当发达。到了宋代,绍兴的印刷业有了更大的发展,当时,两浙东路提举茶盐司曾在绍兴一带刻了许多卷帙浩繁的书籍,像长达 294 卷的《资治通鉴》,书末就有"绍兴二年七月初一日,两浙东路提举茶盐司库下绍兴府余姚县刊板,绍兴三年十二月二十日毕工,印造进人"字样。当时,绍兴府所刻的书,常见于公私藏书著录。例如清缪荃孙所藏的《毛诗正义》40 卷的影宋本,其原书即有"绍兴九年九月十五日绍兴府雕造"字样。南宋嘉定十五年(1222),知府汪纲主持修建的府城内各府库房舍中,即已包括书板库和书籍库各一处。[513]这实在就是官办的印刷业。所以王国维说:"北宋监本刊于杭者殆居泰半,南渡以后……而绍兴为监司安抚驻所,刊书之多,几与临安埒。"[514]直到元代,绍兴的印刷出版业仍然著名国内,当时的官刻巨著如《辽史》、《金史》等。都是奉旨发到杭州、绍兴一带刊行的。[515]

古来绍兴一带藏书家极多,和这里造纸业及雕板印刷的发展显然很有关系。例如唐末的裴氏书楼,[516]建立于雕板印刷尚未盛行之时。黄巢攻陷长安以后,长安书籍荡然无存,曾以裴氏藏书补充了京师所失。[517]裴氏藏书之富可以想见。南宋绍兴十三年

(1143)，直秘阁陆宰从绍兴献藏书 13000 卷。[⑩]另一会稽人诸葛行仁，也献书 8546 卷。[⑪]以后如明钮氏万卷楼藏书，[⑫]祁氏澹生堂藏书，[⑳]清初的奕庆楼藏书[㉒]等，在国内也都有重要地位。王国维认为古来刊本最盛的是浙江，而浙江刊本除杭州最发达外，绍兴也是其中的一处。[㉓]直到清代，绍兴的印刷出版业仍然有所发展。墨润堂书苑即是其例。陈桥驿在《影印〈越中杂识〉原版复印本序》[㉔]中说："绍兴墨润堂书苑，创始于清同治年间，早期设在绍兴西营内，称为墨润堂书庄，专业木刻石印，刊书称多。以后在大街水澄桥设门市部，称墨润堂书苑，刊售书籍兼营文具。墨润堂刊印之书，曾经蜚声国内，并且流传东瀛，曩年前东京大学东洋文化研究所所长斯波义信教授，曾将日本东北大学汉学前驱狩野直禧教授珍藏的《绍兴府城衢路图》一幅复印赠我，图下署'浙绍墨润堂石印'图中标明西营内墨润堂书庄地址，则此图当是同治年间所印。事详拙著《绍兴地方文献考录》，此处重提，为了说明书苑往昔业绩于一斑。"说明有清一代，绍兴的印刷出版业，包括继承前代的雕板以及后起的石印等，仍然继续发展，其所刊行之书，流行也广。

顺便提及与古代造纸和雕板印刷有联系的是，清光绪三十年（1904）的古越藏书楼。此藏书楼为清徐树兰（1837—1902）所创建，在府城内鲤鱼桥西首，藏书达 7 万余卷。楼有蔡元培所题联："吾越多才由续学，斯楼不朽在藏书。"武汉大学谢灼华曾于60 年代撰文《"古越藏书楼"在中国近代图书馆史上的地位》，认为："古越藏书楼是二十世纪初徐树兰在浙江绍兴设立的公共图书馆。……标志着我国封建藏书楼时代的结束和近代图书馆事业的趋向成熟。"[㉖]

在古代绍兴的食品工业各部门中，酿造工业发轫甚早，而以后具有重要地位。《吕氏春秋·顺民篇》说："越王苦会稽之耻，欲深得民心……有酒流之江，与民同之。"前面提及句践奖励生育的办法中有"两壶酒"的话。说明绍兴在春秋时代就已经从事酿酒。

但必须说明的是，这类古籍记及的绍兴酒显然不是后来的绍兴黄酒。日人西园寺公一曾撰文说绍兴黄酒已有 4000 年历史，[㉘]此话绝不足信。与世界各地一样，酒的出现正如晋江统的《酒诰》所说："有饭不尽，委之空桑，郁结成味，久蓄芬芳，本出于此，不由奇方。"早期的酒多是一种酒精含量较低的饮料。直到南北朝，绍兴酒的性状还是如此，即所谓"山阴甜酒"。[㉙]到了唐朝，记载中还有所谓"缸面酒"，[㉚]大概也是带有甜味的低酒精饮料。直到中国北方酿造高酒精的酒类以后，绍兴恐怕还停留于"山阴甜酒"的老式酿造。所以宋朱翼中《北山酒经》中曾对当时北人和南人的饮酒习惯作过比较。他说："北人不善偷甜，所以饮多，令人膈上懊恓。"直到南宋之初，北方移民还吃不惯当时的绍兴酒。据记载："（隆裕太后）喜饮酒，上以越酒不可饮，令别酝。"[㉜]

这就说明，当时，宋高宗也认为"越酒不可饮"。所以秦含章在《中国绍兴黄酒》[⑥]所写的《黄酒的过去、现在和未来》一篇中说："现在绍兴酒的酿造法，原则上发展了《北山酒经》所传下来的方法。"《北山酒经》是北宋末期的作品，说明现在的绍兴黄酒，其酿造方法，当在南宋一代中经过不断的改进而定型。南宋之初的绍兴酒，属于"山阴甜酒"一类，宋高宗和隆裕太后的饮酒习惯当然属于"北人不善偷甜"。所以说出"越酒不可饮"的话。

随着宋朝的南迁，移入绍兴的北方人一时大量增加，随着饮酒习惯和市场的变化，"山阴甜酒"型的绍兴酒就逐渐向绍兴黄酒型的绍兴酒过渡。因为绍兴有酿酒原料，有品质优异的鉴湖水，又有长期的酿造技术，所以这方面的条件是很优越的。而酿造业在这一时期得到了很大的发展。陆游诗提及绍兴城内"酒满街头"[⑯]可以为证，南宋著述提到绍兴所产的名酒有瑞露酒和蓬莱春等名。[⑰]这些名酒当然已经不是甜酒型的，否则就不可能成为当时海内名酒。这一时期绍兴酿造业的发展，还可以从糯米价格的飞跃上涨中得到证明。南宋之初，绍兴的糯米价格较粳米高出一倍，"糯米一斗为钱八百，粳米为钱四百"。[⑱]这当然是由于酿造业发展的缘故。

明代以后，绍兴黄酒获得更大的发展，见于记载的品种不断增加，有豆酒、薏苡酒、地黄酒、鲫鱼酒等等，[⑲]其中豆酒据雍正《山阴县志》卷七所载："一名花露，甲于天下。"从这类酒名来看，大概都是在黄酒中泡入某种药材、补品、香料之类。例如在黄酒中投入鲫鱼而称为鲫鱼酒的，近代农民自己酿酒时也还保存这种习惯。以后广泛流行的名称如状元红酒、[⑳]加饭酒和双加饭酒，[㉑]也相继出现。绍兴黄酒除了一部分供本地需要外，每年都有大量外销。有的专门运销于北路北京、天津一带，称为京庄酒；有的运销南路，到广东一带，称为广庄酒。[㉒]出现了"越酒行天下"[㉓]的局面。

历史上绍兴的酿造业，除了家酿和零星的小酿户非常普遍外。而城北的东浦、柯桥、阮社一带，成为一个重要的酿酒中心。这个地区由于接近鉴湖，取水方便，而且附近的糯米产量也不小，原料不必远程运输，所以发展的条件很好。这一带附近许多村镇，都是酒坊林立，例如柯桥附近的梅市，即是香雪酒的重要产地。[㉔]柯桥虽然只是一个集镇，但到了清代初年，其酿造业已经知名国内。[㉕]"东浦十里吹酒香"，[㉖]说明酒坊在这一带的普遍程度。历史上绍兴酿造业的另一个中心在府城内，因为这里不仅是一个重要的销售市场，而且由于它在交通上的枢纽地位，每年外销的酒，也多从此装运。所以在明代，府城内的酒坊已经很多。[㉗]著名的酒坊"高长兴酿坊"则于康熙元年（1662）在府城内创设。[㉘]在绍兴黄酒的全盛时代，年产量可达30万缸。每缸可灌10坛。[㉙]

酿造工业在绍兴的历史发展中有重要意义。如前所述的许多工业部门，历史上曾在这个地区发达一时,但以后多因条件的改变而衰落。惟酿造工业部门却历久不衰,是绍兴具有生命力的工业部门,长期来具有特色和全国地位。

古代绍兴的食品工业中,另一个具有区际意义的重要部门是制盐工业。这当然是和这个地区濒临后海的自然条件分不开的。盐是人们不可缺少的食物,因此,如前所述,这个地区的制盐工业发轫甚早。春秋于越就在朱余建立了盐官。朱余即是后来的朱储。不过由于中国的政治中心一直在北方,北方也有盐业基地,所以绍兴的盐业在很长时期中缺乏区际意义。到了唐朝,朝廷在越州设置兰亭监,管理这个地区盐业生产,其下有官办的盐场5处,其中的会稽东场和会稽西场,[845]都在今绍兴境内的后海沿岸,绍兴制盐业的区际意义开始增加。宋朝南渡以后,政治、经济中心南移,东南成为全国盐利最厚的地区,[846]于是绍兴一带的盐场增加,制盐工业获得迅速发展。当时,绍兴府拥有盐场4处,其中在山、会二县境内的有3处:即三江买纳场、曹娥买纳场、钱清买纳场。[847]其中三江即是春秋于越的朱余,其他二场则是后来陆续增设的。

从盐场的规模来说,三江场显然最大。南宋绍兴年代的盐产额,[848]钱清场为6635石1斗4升8合,曹娥场为16586石4斗9升7合2勺,三江场则高达29322石5斗6升6合。这里,钱清场的产额所以最小,和自然条件也有密切关系。由于这个盐场已经位于杭州湾西部,受到内陆淡水的影响较大,海水的含盐度已经不高了。[849]

上述三处盐场在以后元、明、清各代一直存在,成为“商贩毕集”[850]的东南地区重要盐产地之一。以盐易米,[851]弥补了绍兴地区的粮食不足。而其中三江场更得到很大发展,到了清代前期,已经成为浙东最大的盐场,[852]并且还在它以东新建了东江盐场。[853]

在清代前期,绍兴地区各盐场的具体分布及规模大体如下:[854]三江场的盐灶主要分布在三江、童家、陈顾、新凤、宝盆等地,东西延长达20多里,有锅盘153副;东江场的盐灶分布在宋家溇、姚家埭、称浦等地,东西延长达30多里,有锅盘96副,规模仅次于三江场;钱清场的盐灶分布在钱清、尧山、瓜沥、盛陵、九墩、安昌等地,有锅盘76副;曹娥场的盐灶分布在贺东、哨唅等地,只有锅盘17副,规模最小。

绍兴一带的制盐方法,一向采用刮碱淋卤,[855]然后置盘中煎熬成盐。浙西各盐场多用铁盘,而绍兴各盐场多用竹盘,盘内涂以石灰,故颜色较浙西所产的略黄。[856]绍兴的制盐何时才从刮碱淋卤煎熬的方法改为刮泥淋卤板晒的方法,在历代盐法志中并无正式记载。直到道光年代,从山、会北部的马鞍山北望,仍可看到许多盐灶。[857]说明当时板晒尚不流行。前面有关自然地理部分所述清范寅提到咸丰十一年(1861)余姚开始仿岱山盐法进行板晒的事,这大概是可靠的记载。由于板晒大大降低了制盐的成本,余姚盐业就异军突起,获得迅速发展。为此,清代中叶以后,绍兴一带的制盐业开始衰落。根据记载,[858]到清末以前,绍兴一带的食盐已经主要依靠余姚的晒盐。城北后海沿岸诸盐场从此不再制盐。

绍兴的新式工业发展极晚。直到光绪、宣统年间,才有少数私商创设工场,仿制日用舶来品如毛巾、肥皂之类。其中稍有成就的是肥皂制作。由于市场对此颇有需要,府城内出现了振兴公司和元丰裕厂两家制造肥皂的工厂,年产量约 16000 箱,产值不过 4 万元。[69]而元丰裕厂不久就告倒闭,此外就无所足述了。

运输业

由于自然环境的关系,在绍兴古代的运输业部门中,以水上运输最为重要。在前面论述造船工业时,已经说明了春秋于越时代这里就发展了造船工业,所以当时的水上运输已经初具规模。推动当时运输业发展的因素,一方面是频繁的战争,另一方面是渐趋发展的商业。

在吴越交战中,水军具有很重要的地位。于越不仅有前已指出的防坞、杭坞、石塘等港口码头设备及戈船 300 艘的水军船队,同时也还有"习流二千人"[70]的一支水军队伍。这样庞大的一支水上力量,既为战争所用,自然也为运输所用。而且在经常发生的战争中,物资调动频繁,事实上也促进了水上运输的发展。

商业活动在当时也推动了水上运输业的发展。根据目前可见的零星记载,春秋战国时代,于越的商业已经相当发达。大夫计倪曾建议句践要合理调整农业和商业之间关系。计倪说:"籴石二十则伤农,九十则伤末,伤农则草木不辟,末病则货不出。故籴高不过八十,下不过二十,农末俱利矣。"[71]相传"范蠡相越,收四海难得之货,盈积于越都以为器"。[72]也说明了当时于越与外地之间贸易发达的情况。至于于越与外界航行的主要道路,则《禹贡·扬州》写得很清楚,"沿于江海,达于淮泗"。

当时从于越到中原,主要是从固陵入钱塘江经浙西诸河以达太湖或长江。吴越两国长期兵戎相见,主要也在这个地带。句践灭吴以后,曾拟将吴王夫差囚禁于甬句东,[73]甬句东即今舟山,由此说明从绍兴东行至今宁波一带入海的水路,当时也已经存在。句践在灭吴后迁都琅琊,曾建立大规模的船队和木筏队以从事水上运输,这里就应该考虑到,这支船队和木筏队可能是山会平原北部的后海各港直接出杭州湾去琅琊的,于越和其南部地区的交通联系,也可以借助于许多河流进行。由于水土尚未大量流失,当时这些河道的情况比后代要优越得多,船舶可以从下流直溯上源。特别是曹娥、浦阳二江,更可深入于越南部。不过由于当时的于越南部还是一片很落后的地区,所以在这方面没有留下记载。

春秋战国以后,随着生产的发展和技术的进步,绍兴的交通运输有了长足发展,而水上运输仍然是这里的主要运输手段。从地区内部来说,鉴湖围堤于后汉,洄水上溯,使源自稽北丘陵诸河的水位有了很大提高,大大便利了南部山区的水上运输。以若耶溪为例,后汉以后,虽然其地名承袭先代,仍然以溪为名,但实际上已经具有"舻艒何泛泛,空水其悠悠"[364]的大河景象了。所以鉴湖的形成,使南部山区和北部平原之间的交通联系有了极大的进步。当然。当时北部平原的河流网尚未全面整治,在交通运输上还没有能够发挥很大的作用。但接着在晋代有了运河的兴修,成为北部平原河流整治的重要记录。晋代的运河即宋代所谓的漕渠,亦即一般所称的西兴运河。河道西起萧山以北的西兴镇,经钱清、柯桥而达绍兴城。东折经皋步、陶堰、东关而达曹娥和蒿坝。绍兴以北的一段,与运道塘平行;绍兴以东的一段,则利用鉴湖的东湖部分通航,共长200多里。其中除曹娥到蒿坝一段中间越过低矮岗阜,显系人工开凿外,其余绝大部分都是利用原有河道整治疏浚而成的。这条运河的航行条件很好,根据宋代记载,可以通航载重500石的船舶。[365]

运河整治以后,绍兴对外的水上交通联系有了更进一步的发展。当时钱塘江南北渡口,除了春秋以来的固陵(即西兴)以外,固陵以西的渔浦渡也早已兴起。由于这里江面较狭,[366]并且可以利用浦阳出入之便。[367]加上晋代以后浦阳江和运河的联系,使此途成为绍兴一带对外联系的主要通道。[368]自隋至唐,中原地区的运河次第凿成,绍兴与当时的全国政治经济中心的中原地区之间,已经有了直接的船舶交通联系。[369]至于绍兴与杭州之间,通过渔浦渡和西陵(西兴)渡的船舶联系,自然就更为密切。白居易所说"为向两川邮吏道,莫辞来去递诗筒",[370]可以说明这种情况。此外,从唐代起,由于明州的兴起及其海上贸易的发展,绍兴与明州之间的水上交通也相应有了很大发展。除了通过明州与沿海各港埠发生关系外,当时由于中国与日本之间的贸易已很发达。特别是由于"东南沿海人民,夙善航海,每造船舶,往来中日间"。[371]宁波就成为当时的重要基地之一。中日间不少信使和商品的往来,都通过自明州至越州的水道而北上。此外,绍兴也利用其北部濒临后海的有利位置,直接与沿海各地甚至日本进行海上联系。对中日文化交流具有重大贡献的鉴真和尚,[372]他的第五次东渡,即于唐天宝七年(748)从越州出发。[373]在日本朱雀天皇时代,适当中国五代之时,日本与吴越钱氏之间的商业活动特别密切。[374]从明州经越州到吴越西府杭州的水道,就成为当时中日间的重要商道,盛况可以想见。这里还必须指出,西兴运河在航运上的所以特别具有价值,和钱塘江江口的沙洲险阻有很大关系。这就是宋姚宽所指出的:"海商船舶畏避沙潬,不由大江,惟泛余姚小江,易舟而浮运河,达于杭越矣。"[375]姚宽的目击记载当然可靠,有关这条航道的记载,另外还有不少。[376]

西兴运河以后一直是绍兴区内和区外联系的主要水道。南宋以后,由于渔浦渡有碛堰之阻,西兴渡的重要性增加,因而在南宋中又增凿了自西兴至钱塘江边的一段新河道,[677]以减少盘驳的不便。因此,宋代以后,西兴运河仍然是"浙东四府之人,往来会城及两京各省"[678]的要道。"外夷、日本、蕃舶,毕献方物;浙东温、台、宁、绍等府卫所官民商贾所必经之处"。[679]所以"舟行如梭……有风则帆,无风则纤,或击或刺,不间昼夜"。[680]盛况可见一斑。

当然,西兴运河作为一条历史上的交通干道,本身也存在不少缺陷。首先,这条河流东阻于曹娥江,西阻于钱塘江,运河的东西两端都有盘驳之劳。南宋曾一度驻跸越州,而以后之所以迁都临安,这也是其中原因之一。[681]其次,由于全河各段的水位高程并不一致,沿河设有堰坝,过往船舶,轻载者需要车堰,[682]重载者必须盘驳。因而降低了运输效率。早期的堰坝已不可考,南宋时,从西兴到府城,尚有钱清北堰、钱清南堰、都泗堰3处。东行逾曹娥江,则还有曹娥、梁湖二堰。[683]直到明代,才由于这个地区河湖网的进一步整治而废去了这些堰坝。第三,运河在钱清以北一段,河道并海塘而行,紧靠杭州湾,常易受到海潮的侵袭,以致泥沙淤塞为患。南宋时曾一度"为潮泥淤塞,深仅二三尺,舟楫往来,不胜牵挽般驳之劳";[684]而明代又再次"为潮所齧,假途西江,水径迂回;绝无纤路操舟之劳,几倍畴昔"。[685]这种情况,直到清初钱塘江口夐北移才得改善。

除了西兴运河以外,汉唐以来,绍兴的对外交通,尚有曹娥、浦阳二江。曹娥江为绍兴至嵊县、新昌一带的交通干道。东晋王献之以舟从绍兴到嵊县,隔宿而达。[686]说明当时已经成坦途。而傍江而行的陆路,却是"猷路峻狭,不得并行,行者牵木稍进,不敢俯视"。[687]具体说明了古代绍兴水路运输的优势。按唐代记载,从会稽山到东阳,可以"乘风挂帆"。[688]说明当时由于水土未曾大量流失,曹娥江干支流河道甚佳,与今日不可同日而语。李白的《梦游天姥吟留别》一诗,虽然只是作者的一种想象,但事实上却也反映了曹娥江上游的河道情况,根据宋代的记载,流经会稽县县界的曹娥江江段长达40里,可以行驶载重500石的船舶。[689]这条河流,后来由于流域中自然植被的破坏,河道每况愈下,航行日趋困难。

浦阳江通过临浦、湘湖等与西兴运河相联系,北可出渔浦入钱塘江,南可溯诸暨到婺属各地,是绍兴对外的重要水上通道之一。六朝以来,征战行旅出入此途者不绝于书,已如前述。南宋之初,浦阳江原道有碛堰之阻,下游时而借道钱清江出三江口,绍兴与浦阳江上游诸县的交通更趋便利。根据宋代记载,浦阳江航道可以行驶载重500石的船舶。[690]一直要到明代后期,由于临浦和麻溪坝的修建,浦阳江与绍兴的航行关系,依靠临浦镇附近的峙山船闸继续维持。

除了上述西兴运河、曹娥江和浦阳江之外,山会平原北部濒临杭州湾的形势,也替这个地区的对外水上交通带来便利。南宋以前,这一带最主要的港口是朱储斗门(玉山斗门），常有"闽商海舶"，[592]结集于此。但以后由于港口淤塞，到南宋之初，港口北移到三江口。[593]陆游诗中记及了这个港口的海商贸易情况，"三江郡东北，古戍郁嵯峨……年丰坊酒贱，盗息海商多"。[594]三江口以后一直成为这个地区的最大港口，它一方面通过杭州湾及钱塘江进行短途航运以弥补西兴运河的不足，例如在元代即曾因西兴运河的艰涩而发展了杭州与三江口之间的航运交通。[595]一方面更以三江口为基地，发展了远洋交通，其中与日本之间的交通往来即是其例。明谢肇淛说："驵狯之徒，冒险射利，视海为陆，视日本如邻室耳，往来贸易，彼此无间。"[596]清同治四年（1865），大风吹坠府城内大善寺塔顶，曾于承尘（即藻井）间获得日本天明四年（按乾隆四十九年）铸钱2000枚。[597]说明直到清代，绍兴与日本的贸易仍然不衰。此外，通过三江口与国内其他沿海港埠的贸易也很频繁。如范寅所说："吾绍之商于山东者，每由三江乘船漂海往返。"[598]除了三江口以外，由于钱塘江下游河道直到明代末年仍然滞留在南大亹，故山阴北缘长期濒海，所以其他港口也有不少。白洋港即是其中之一。直到元代末叶，白洋港尚有大船停泊的记载。[599]

　　绍兴区内的水上交通，原来以鉴湖航运为中心。随着西兴运河的整治和鉴湖的湮废，情况不断有所发展。西兴运河的整治标志了山会平原水利的开发，是北部平原内河航运发展的嚆矢。鉴湖的湮废逐渐改变了山会平原南部的交通形势。水位降低的结果，使发源于稽北丘陵诸河的航程都有所缩短。以主要河流若耶溪为例，唐代舟舫可达秦望山下的云门诸寺。[600]宋时虽已淤浅，但载重50石的舟楫循干流尚可从平水上溯25里。[601]循其支流犹可到达天柱峰下。[602]到了明代，舟楫只能平水为止。[603]从清代以至近代，则已退缩到距平水8里的平水埠头。其他从稽北丘陵发源的河流也莫不如此。例如西南部的较大干流娄宫江，在南宋淳熙元年（1174），舟楫约可通至今新桥头附近。[604]但从清代以至近代，舟楫只能通至娄宫埠头，已比南宋退缩了10多里。这就对山区的水上交通，带来一定的不利。但原来的鉴湖地区在湖泊湮废以后，成为一个港汊纵横、湖泊棋布的水网，仍然有利于水上交通的发展。而水体北移的结果，使山会平原北部的河湖网有了显著的扩大，南北两部的水位差也随之消失，早期沿鉴湖湖堤所设置的许多堰坝都先后废弃，大大便利了绍兴区内的水上交通。使这个地区以舟为车，以楫为马的交通特色，得到了更进一步的发展。根据清代末叶的调查资料，仅会稽一县，就拥有航船、埠船、乌篷船、五舱船、市船、小划船等各种船只达2595艘。[605]

　　除了水上的交通运输以外，古代绍兴在陆上交通方面，都只居次要的地位。南部山区与诸暨、嵊县联系的大路，是历史上绍兴对外的陆上交通干道。这些道路自稽南丘陵越过分水岭到达稽北丘陵，与各河的航行起点相衔接。其中特别重要的是翻越古博岭与诸暨枫桥相联系的道路。因为相传越王允常曾在诸暨建都，故此途开发必然甚早。越王句践封范蠡后人的苦竹里，[400]今名称为古筑，也在此路附近，距古博岭不远。此后历代征战行旅。亦多以此路为必经。例如唐末钱镠攻刘汉宏，[407]即由古博岭至平水。宋吕祖谦自婺州入越，也由枫桥越古博岭至天章寺附近买舟。[408]这条古道中的最后一段，即自稽北丘陵到府城常禧门，乃是历史上著名的"山阴道上"，[409]沿途风景，脍炙人口。

稽北丘陵以北的广大平原上，历史上并无比较重要的陆上道路，鉴湖围堤以后，虽然湖堤本身也具有交通的价值。但由于沿湖即是水道，加上从晋代起西兴运河的整治，因此湖堤除了在区内交通上有一些作用外，在对外联系上并无较大意义。唐元和十年（815），观察使孟简主持修建运道塘，[410]从西郭门起经柯桥、钱清而直达萧山，与西兴运河并行。到明嘉靖十七年（1538），知府汤绍恩将鉴湖湖堤修成通衢，[411]与运道塘相联结，经皋步、陶堰、东关诸镇以达曹娥。这条东起曹娥西达萧山的道路，后来习惯上称为官塘，全部用石材建成，是北部平原唯一一条具有区际意义的陆上道路。但在实际作用上，这条道路仍然不过是水上运输的纤路而已。绍兴城北，从昌安门至三江口，也于明洪武二十年（1387）修成一条昌安塘。[412]除了作为纤路外，在海防上还具有一定的战略意义。同时，随着这一时期，山会沿海的三江、白洋各所城、巡检司城，以及马鞍山、乌风山、宋家溇、周家墩、桑盆等烽堠的设置，山会海塘作为一条沿海交通道路的意义就有所增加。在海防和运输上起了一定作用。

除了上述以外，山会平原在历史上已无足述的陆路。即使在平原内部，行旅交通甚至田舍往还，也常常非舟莫办。桥梁津渡，比比皆是。仅嘉泰《会稽志》卷十一列名的桥梁，府城内就达100座，城外也达六七十座。而津渡比桥梁更为普遍。重要的津渡，在钱清江有三江渡、荷湖渡、前梅渡，在曹娥江有曹娥渡、称山渡、小江渡，[413]一般的津渡则到处都是。关于这方面，清平步青曾经有生动的描写："越中野渡，方舟中流，引绳两端，分系于岸。渡者曳绳出水置舟中，欲东则舟掣而东，西亦如之，呼曰揉渡船。"[414]这是这个地区区内交通的真实写照。在水乡，这种"揉渡船"一直延续到近代。

注释：

① 吴谢承《会稽先贤传》，《会稽郡故书杂集》辑木。

② 《越绝书》卷四："五谷既已收。"

③ 《吴越春秋》卷五："春种八谷。"

④㊱ 《越绝书》卷四。

⑤ 《十国春秋》卷七七。

⑥ 《资治通鉴》卷二八八："吴越弘俶椒募民能垦荒者，勿收其税，由是境内无弃田。"

⑦㉗ 《宋史·食货志》。

⑧ 《建炎以来系年要录》卷八六。

⑨ 《建炎以来系年要录》卷三五。

⑩⑫㊶㊷(55)(84)(111)(272)(306)(345) 嘉泰《会稽志》卷一七。

⑪ 据万历《绍兴府志》卷一一，康熙《会稽县志》卷六，雍正《浙江通志》卷一〇四引弘治《绍兴府志》，嘉庆《山阴县志》卷八等。

⑬ 道光《会稽县志稿》卷八。

⑭ 范寅:《越谚》卷中。

⑮ 雍正《浙江通志》卷一〇四引弘治《绍兴府志》，按清代绍兴府属方志中称这种早熟品种为“蚤白粘”。

⑯ 康熙《会稽县志》卷六。

⑰ 据道光《会稽县志稿》卷八，嘉庆《山阴县志》卷八，

⑱ 《会稽县劝业所报告册》宣统三年上期(抄本):“除山乡禾稻一年二熟外，余皆秋收之后栽种豆麦。”

⑲ 《鸡肋篇》卷中。

⑳ 孙因《越问》(宝庆《会稽续志》卷八):“稉种居其十六兮。”接“稉”，即“糯”。

㉑㉒ 徐渭《物产论》，载《青藤书屋文集》卷一八。

㉓ 万历《会稽县志》(抄本)卷三:“邑壤多秫少秔。”

㉔ 祁彪佳《救荒杂议》。载《祁忠惠公遗集》卷六。

㉕㉜㉞㊽(52)(67)(118)(119)(264)(285)(286)(311)(359)(405) 《会稽县劝业所报告册》宣统三年上期(抄本)。

㉖ 《英国皇家亚洲学会中国分会会报》卷二三，第 107 页。

㉘ 范寅《论涨沙》。载《越谚》卷下。

㉙ 雍正《浙江通志》卷一〇四《物产四》“乳粟”引万历《山阴县志》:“粒大如鸡豆(即芡实，绍兴方志称芡实为鸡豆子)，色白，味甘，俗名遇粟。”又乾隆《绍必府志》卷一七《物产志——》引万历《山阴县志》:“乳粟俗名遇粟。”说明遇粟之名始于万历《山阴县志》。案万历《山阴县志》仅见上述《雍正志》和《乾隆志》引及，此外罕见他书引用，亦未见公私著录，说明此书刊行甚少，而亡佚已久，但可证明玉米引种的时代。

㉚ 我国最早引种玉米的文献记载始于正德《颍州志》卷三《土产五谷部》，称为“珍珠秫”。案正德《颍州志》成书于明正德六年(1511)。

㉛ 田艺蘅《留青日札》卷二六《御麦》:“御麦出于西番，旧名番麦，以其曾进御，故曰御麦。干叶类稷，花类稻穗，其苞如拳而长，其须如红绒，其粒如芡实，大而莹白，花开于顶，实结干节。真异谷也。吾乡传得此种，多有种之者。”

㉝ 祁彪佳《寓山注》卷下。

㉟(124)(248)(266)(406) 《越绝书》卷八。

㊱ 《淮南子·原道训》。

㊲ 陈义方《纺织史话》三《我国最早的纺织中心》，载《大公报》1962 年 7 月 26 日。

㊳ 陆容《菽园杂记》卷一三:“绍兴多种桑、苎、茶。”

㊴ 嘉庆《山阴县志》卷八所载的“小春布”,即以苎麻为经,棉纱为纬。

㊵ 何延之《兰亭纪原》(《兰亭考》卷三):“乃问曰:檀越何来?翼(指萧翼,唐初人)因就前致揖云:弟子是北人,携鬻蚕种。”

㊸ 徐渭《西施山书舍记》(载《青藤书屋文集》)卷二四:“以田,以渔,以桑者,尽亩与水无不然。”

㊹(50) 万历《会稽县志》(抄本)卷三。

㊺ 徐渭《风俗论》。

㊻ 刘禺生《世载堂杂忆》(中华书局,1962年)《补述容闳先生事略》:“旋任英商宝顺公司书记……至绍兴,收丝而返。”

㊼ 宝庆《会稽续志》卷四《草木》:“柘,越中多有之,非但叶可供蚕。”又万历《会稽县志》(抄本)卷三:“柘,越中多有之,叶可供蚕。”

㊾ 赵翼《陔余丛考》卷三〇。

(51) 高骧云《安昌记》,载《漱琴室存稿》。

(53)(68) 《浙志便览》卷二。

(54)(110) 王十朋《会稽三赋》。

(56) 宝庆《会稽续志》卷四:“卧龙山茶冠于吴越,岁以充贡,每贡,则易称为瑞龙茶。”

(57) 乾隆《绍兴府志》卷一七《茶》:“今会稽产茶极多,佳品惟卧龙一种,得名亦盛,几与日铸相亚。卧龙者,出卧龙山。”

(58) 宗圣堂《龙山茶歌》(《九曲山房诗钞》续集):“龙山之茶称瑞草,山在城中树原少,以充方物微乎微,一针半粒空言好。……我家久住龙山下,不见茶园与茶社,山邻屋后或存两三株,枯芽焦片同荒芜。”案宗圣堂系乾隆间人。

(59) 欧阳修《归田录》卷一:“腊茶出于剑建。草茶盛于两浙,两浙之品,日注第一。”按日注即日铸。康熙《浙江通志》卷十七《物产·绍兴府日铸茶》:“出日铸岭,岭下有寺名资寿,其阳坡名油车,朝暮常有日,产茶其地绝奇。”此说明日铸岭在地形和小气候方面的特殊条件。

(60) 《宋会要辑稿》第一二六册。

(61) 《梦溪笔谈》卷一三《权智》。

(62) 明陆应扬《广舆记》卷一〇。

(63) 明许次纾《茶疏》:“天台之雁荡,括苍之大盘,东阳之金华,绍兴之日铸,皆与武夷相为伯仲。”

(64)(65) 万历《绍兴府志》卷一一。

(66) 《会稽县劝业所报告册》宣统三年上期(抄本)在森林事项下附述平水绿茶云:“平水地属会邑,其所收之茶该括八县,且远及于杭州之四乡,而以平水名者,总汇之区,出口之地也。”

(69) 《列子·天瑞》。

(70) 《史记·货殖列传》。

(71)(307) 米芾《书史》。

(72) 谢灵运《山居赋》。

⑬　陈继儒《珍珠船》卷四。

⑭　任昉《述异记》,《汉唐地理书钞》辑本。

⑮　杜荀鹤《送友人游越》。

⑯　李绅《桔园》:"桔园千株欲变金。"(《全唐诗》八函一册)。

⑰　骆宾工《称心寺诗》(《称山称心寺志》卷五,抄本,浙江省图书馆藏):"沼回橘柚林。"

⑱　胡保泰《鉴湖棹歌》:"蜜桔色似黄金,味同甘露;产道墟、陶堰。"

⑲　《居易录谈》,《学海类编》本。

⑳　陆游《霜天晚兴》,《剑南诗稿》卷一三。

㉑　陆游《秋晚岁登戏作》。《剑南诗稿》卷二五。

㉒　吴自牧《梦粱录》卷一六;《西湖老人繁胜录》。

㉓　嘉泰《会稽志》卷一八。

㉕　周密《武林旧事》卷三。

㉖　《元和郡县志》卷二六;《太平寰宇记》卷九六。

㉗　王祯《农书》卷九。

㉘　吴寿昌《乡物十咏》第四"型塘杨梅"。

㉙　《太平寰宇记》卷九六。

㉚　康熙《会稽县志》卷三。

㉛　段成式《酉阳杂俎》卷七。

㉜　吴耕民《祖国的蔬菜园艺》,地图出版社 1953 年版。

㉝　按《书录解题》卷一〇,此书著于北宋雍熙二年(985),又按《国史经籍志》史类《食货》,著录有《牡丹花品》1 卷,《花品》1 卷,均为越僧仲林撰(《书录解题》作仲休)。

㉞　据《平泉草木记》及宝庆《会稽续志》卷四。

㉟　嘉泰《会稽志》卷一一:"望花桥在府学前。其旁地名上原,多以艺花为业,桥盖以此得名。"

㊱　嘉泰《会稽志》卷一〇:"王公池在西园,皇祐五年知州王逵置。"按王公池后称庞公池。

㊲　祁彪佳《越中园亭记》。

㊳　宝庆《会稽续志》卷四引华镇《会稽览古诗》。

㊴　《舆地纪胜》卷一〇。

⑩⑩　《养鱼经》,《齐民要术》辑本。

⑩⑪　集美水产专科节校,广东水产专科学校,山东水产专科学校合编《鱼类学》,农业出版社版。

⑩⑫　上海水产学院主编《池塘养鱼学》,农业出版社版。

⑩⑬　《水经·沔水注》。

⑩⑭⑩⑦　谢灵运《山居赋》。

⑩⑤　周调梅《越咏》卷上引《吴志》。

⑩⑥⑭⑭⑭⑭　《水经·浙江水注》。

⑩⑧　《隋书·经籍志》卷三著录。

⑩　《太平御览》卷九八〇引唐郭季产《集异纪》："会稽照诞入海采菜,于山上暴之。……历乃就诞乞少紫菜,诞不与。"

⑫　《青藤书屋文集》卷二四。

⑬　张岱《陶庵梦忆》卷四。

⑭　乾隆《绍兴府志》卷一八引弘治《绍兴府志》。

⑮　雍正《浙江通志》卷一〇四引弘治《绍兴府志》。

⑯　胡保泰《鉴湖棹歌》。

⑰　洪亮吉《乾隆府厅州县图志》卷二七。

⑳　《禹贡·扬州》："厥田惟下下。"

㉑　《扬田下下说》,载《癸巳类稿》卷一。

㉒　《吴越春秋》卷四。

㉓　《管子·小匡》第二〇："南至吴越。"

㉕　《越绝节》卷四："必先省赋敛,劝农桑,饥馑在间,或水或塘,因熟积以备四方。"

㉖　乾隆《绍兴府志》卷一四引《十道志》。

㉗　鉴湖是宋代开始流行的名称。此湖初建时不知其名,《水经·浙江水注》称长湖、大湖。《舆地志》(《汉唐地理书钞》辑本)称为南湖,唐朝起称为镜湖。说法甚多,各有其据,不一一列举。

㉘㉚　陈桥驿《古代鉴湖兴废与山会平原农田水利》,载《地理学报》1962年第3期。

㉙　鉴湖周围长度,唐以前均引孔灵符《会稽记》,作310里,宋以后各家作358里,此说始于曾巩《鉴湖图序》。载《元丰类稿》卷一三。

㉛　各洲岛均系唐以后名称。

㉜　钱大昕《潜研堂金石跋尾》卷一三按嘉祐八年《越山阴县新建广陵斗门记》云："广陵斗门乃后汉会稽太守马臻所立三大斗门之一。"

㉝㉟㉜㉟㊿　曾巩:《鉴湖图序》。

㉞　马臻《后汉书》无传,此说据孔灵符《会稽记》。

㉟　《通典》卷一八二引《会稽记》作:"如水多,则闭湖泄田中水入海。"此"闭"字,较《会稽记》"开"字为佳。

㊱　据历修绍兴志书,山、会人民推崇马臻,于唐开元中在鉴湖边为他立祠。今绍兴偏门跨湖桥南,尚有马太守庙。

㊲　慧皎《高僧传》(《海山仙馆丛书》本):"会稽宝林寺有井,应大江潮候。"按宝林寺在今塔山。

㊳　《吴越钱氏志》下函卷五:"吴越王于会稽县五云、稽山门外凿井数十,盖为江水斥卤,居民苦之故也"

㊴　阮廷渠《浚辽江始末记》,载《越州阮氏宗谱》卷二一。

㊶㊺㊾㉗⑭⑩　《新唐书·地理志》。

⑭ 嘉泰《会稽志》卷一〇："界塘在县西四十七里,唐垂拱二年始筑,为堤五十里,阔九尺,与萧山分界,故曰界塘。"

⑭ 据宋李益谦《修防海塘记》(嘉泰《会稽志》卷十)及清韩振《绍兴三江闸考》(《皇朝经世文编》卷一一六)。

⑭ 《嘉庆重修一统志》卷二九四。

⑭ 沈绅《山阴县朱储斗门记》,载《会稽掇英总集》卷一九。

⑭ 《宋史·曾公亮传》。

⑭⑭ 《浙江省水利局修筑绍兴三江闸报告》,载《绍兴县志资料》第 1 辑。

⑭ 吴庆莪《陡亹闸考证》,载《绍兴县志资料》第 1 辑。

⑭⑭ 《宋会要辑稿》第一五二册。

⑮ 《宋史·五行志》。

⑮ 叶适《绍兴府新置二庄记》,载《水心集》卷一〇。

⑮ 雍正《浙江通志》卷六三引弘治《绍兴府志》。

⑮ 《吴越备史》卷一,乾宁三年："自西陵去石城,……去越城仅三十里。"按万历《绍兴府志》卷二"石城在府北三十里。"说明唐末在城北沿海已经出现了称"城"的大型聚落。

⑯ 嘉泰《会稽志》卷一〇："晋司徒贺循临郡,凿此以溉田。"

⑯ 顾炎武《天下郡国利病书》卷八五。

⑯ 《狭猱湖避风塘记》,载雍正《山阴县志》卷一二。

⑯ 乾隆《绍兴府志》卷一〇。

⑯ 秦系《题镜湖野老所居》(《全唐诗》4 函 8 册)："路细莳田移。"又唐元稹《和乐天十八韵》(《全唐诗》元函九册)："莜莳绿文茵。"

⑯ 《十国春秋》卷七八："天宝八年……开东府南湖,立法甚备。"

⑯ 围垦年代及亩数,均据曾巩《鉴湖图序》。

⑯ 实际亩数当比记载的要多,因为官府所知仅起科湖田。已经垦出而隐瞒不报的当不在少数。

⑯ 《宋会要辑稿》第一百二十五册："乾道元年,……诏绍兴府开浚鉴湖。除贺知章放生池旧界十八余顷为放生池水面外,其余听从民便,逐时放水,以旧耕种。"说明鉴湖最后围垦殆尽,当在乾道初年。

⑯ 《书严忠节公金敬山小传后》,载《樵隐昔癝》卷一四。

⑯ 陈橐《上傅崧卿太守书》,载嘉泰《会稽志》卷一〇。

⑯ 《宋会要辑稿》第一二四册："臣僚言,苏、湖、秀三州,并江积水为患,故须圩岸以障。越州有鉴湖租三十万,法许兴修水利支用,乞令本路提举常平司,委三州令佐相视,创立圩岸工之费,取足于鉴湖钱粮,从之。"

⑯ 《宋会要辑稿》第一二四册："奉诏相度平江府积水……合作钱米,赵逐到越州鉴湖封椿米,欲乞支拨一十万石……批降依奏。"

⑰ 《建炎以来系年要录》卷一五四。

⑰ 熊克《中兴小记》卷二〇。

⑫ 曾巩,元丰中越州通判;王十朋,绍兴中绍兴府签判;徐次铎,庆元中会稽县尉。

⑬ 例如《鉴湖图序》:"无荒废之田,水旱之岁者,此也。"《鉴湖说》上篇:"自越之有鉴也,岁无水旱,而民足于衣食。"

⑭ 《鉴湖图序》:"奸民浸起……盗湖为田。"《鉴湖说》上篇:"奸民豪族,公侵强据。"

⑮⑲⑱ 徐次铎:《复鉴湖议》。

⑱ 万历《绍兴府志》卷十六张元忭案语:"前乎汉而无海塘,则镜湖不可不筑,后乎宋而有海塘,则镜湖可以不复。"顾炎武:《天下郡国利病书》卷八五。"故事只欲废田为湖,而不知泥沙壅遏,不能积水,虽废其田无益也。"

⑫ 《鉴湖说》上篇。

⑬ 《鉴湖图序》:"此将来之害,而众人所未睹也,"《鉴湖说》上篇:"非湖之不可复也,盖异议者有以摇之也。"《复鉴湖议》:"相与十百为群,决堤纵水。"上列各例,均说明群众不支持复湖。

⑭ 据《鉴湖图序》,当时有张次山提出:"湖废,仅有存者,难卒复,宜益广漕路及他便利处,使可漕及注民田。里置石柱以识,柱之内禁田者。"这个意见的正确性,为后来山会水利形势所证实。按张系一地方小吏,事迹无考。

⑮ 宋代以后,绍兴府和山、会二县所修方志,复湖派的议论往往仍奉为正宗。

⑯ 戴琥,明成化绍兴知府;汤绍恩,明嘉靖绍兴知府。

⑰ 熊克《镜湖》,载嘉泰《会稽志》卷一三。

⑱ 《宋会要辑稿》第一二五册。

⑲ 今水则已不存在,水则碑已移大禹陵碑廊。

⑳ 《钱塘江塘工地质后编·钱塘江之发育及其变迁》,油印本,浙江省图书馆藏。

㉑ 《杭州湾地形述要》,载《浙江学报》第1卷第2期,1947年。

㉒ 宣德说首见于明刘宗周《天乐水利图仪》,载《刘子全书》卷二四。

㉓ 天顺说首见于万历《萧山县志》(接此志已残缺,仅见乾隆《绍兴府志》卷一五所引)。成化或弘治说首见于明黄九皋《上巡按御史傅凤翔书》,载嘉靖《萧山县志》卷。

㉔ 《钱塘江塘工地质后编》:"从地形上之观察,碛堰山被开为浦阳江出口之处,在史前时期,恐原为浦阳江之出口。"

㉕ 王先谦《后汉书集解·郡国志四》。

㉗ 《资治通鉴》卷一三六《齐纪二》。

㉘ 《通鉴》卷一三六《齐纪二》武帝永明六年胡注。

㉙ 《通鉴》卷一三六《齐纪二》武帝永明四年,胡注:"浦阳江,即今之曹娥江也。水发剡溪,皆西流,至曹娥镇始折而东,流入海。"

㉚ 毛奇龄《杭志三诘三误辨》:"西岸有定山,东岸有渔浦,夹江而峙。"

㉛ 《读史方舆纪要》卷九。

㉜ 《宋书·孔觊传》。

⑳　《南齐书・沈文季传》。

⑳　乾隆《萧山县志》卷五,引张文瑞《水利附刻》,案张书成于雍正十三年,已亡佚。

⑳　戴琥:《水利碑》,载乾隆《绍兴府志》卷一四。

⑳　乾隆《绍兴府志》卷一五引万历《萧山县志》。

⑳　万历《绍兴府志》卷一七。

⑳　常建《渔浦》(《全唐诗》2 函 10 册):"陂泽茸鹁鹕。"

⑳　有关湘湖的著述甚多。但以美国汉学家肖帕(R. K. Schoppa,汉名萧邦齐)所著最为完备。
　　《宋代浙江经济史研究》(徐海荣、徐吉军译,京华出版社 1999 年版)卷首陈桥驿《序言》:
　　"美国瓦尔巴莱索大学历史系主任萧邦齐教授于 1989 年在耶鲁大学出版社出版的专著:
　　《湘湖——九个世纪的中国世事》(Xiang Lake – Nine Centuries of Chinese Life),此书是萧邦
　　齐在我的研究室经过半年的文献研究和实地考察而写成的,是目前我们可以看到的对于
　　湘湖历史地理研究的最完备的成果。"

⑳　毛奇龄《湘湖水利志》卷一(《西河合集》本)。

⑳　陶翰《乘潮至渔浦作》(《全唐诗》2 函 10 册)。

⑳⑳　刁约《过渔浦作》,载《会稽掇英总集》卷五。

⑳　《宋会要辑稿》第一二九册。

⑳　碛堰山是一座小山,故古代无名可考。当地亦有称为"七贤山"的,恐系"碛堰"二字转呼而
　　来。《明史・河渠志》称为"戚堰"。

⑳　熊克《中兴小纪》卷三〇。

⑳　《宋史・河渠志》。

⑳　嘉泰《会稽志》卷一〇。

⑳　朱孟晖《麻溪坝开塞议辨》。

⑳　《明史・河渠志》。

⑳　《嘉泰志》成于嘉泰元年,故所记当是嘉泰以前事。

⑳　临浦坝既开,说明山会水系与浦阳江又恢复沟通,则碛堰自应相应堵塞。但开坝以后仍建
　　水闸,而水闸只为"商舟取便",并非经常开启,则当时碛堰可能亦非全堵,而是部分堵塞。

⑳　全祖望《浦阳江记》(《鲒埼亭集》卷三〇):"曹娥之为浦阳经流,无疑也。"

⑳　茹逊来《三江》(《越言释》卷下):"浦阳入于曹娥,曹娥既会浦阳,并而入于钱塘。"

⑳　李慈铭《越缦堂日记》光绪元年十一月初五日。

⑳　半亭老人《鞍村杂咏》。

⑳　《上巡按御史傅凤翔书》。

⑳　万历《绍兴府志》卷一七。

⑳　周必大《思陵录》卷上,载《周文忠公全集》。

⑳　王祎《钱清江石桥记》,载《王忠文公集》卷五。

⑳　吴骤《钱清江石桥记》,载《光绪前梅周氏宗谱》卷五。

(233) 《钱塘江塘工地质后编》。

(234) 杨维桢《渔浦新桥记》,载《东维子集》卷一二。

(235) 雍正《浙江通志》卷五七。

(236) 《读史方舆纪要》卷九二。

(237) 乾隆《绍兴府志》卷一四。

(238) 邱濬《重修水利记》,载乾隆《绍兴府志》卷四三。

(239) 王鉴之《泾溇诸闸碑记》,载万历《绍兴府志》卷一七。

(240) 陶谐《塘闸碑记》,载《闸务全书》卷上。

(241) 韩振《三江闸考》,载《皇朝经世文编》卷一八六。

(242) 《明史·汤绍恩传》。

(243) 《闸务全书》卷上。

(244) 工程数字均据浙江省水利局《修筑绍兴三江闸工程报告》,载《绍兴县志资料》第1辑。

(245) 《答山阴令舒树田水道札》,载《鲒埼亭集》卷三四。

(246) 萧良干《大闸事宜条例》,载《闸务全书》卷上。

(249) 张拯亢《绍兴漓诸出土之句兵考》,油印本,绍兴鲁迅图书馆藏。

(250) 《舆地纪胜》卷一〇。

(251) 夏侯曾先《会稽地志》。

(252) 《吴越春秋》卷二。

(253)(254) 陈谦《越王句践の剑》,载《人民中国》(日文版)1973年6月号别册。

(255) 梅原末治《绍兴古镜聚英》,日本京都文星堂影印本。

(256)(289) 张拯亢《续绍兴出土古物调查记》,手稿本,绍兴鲁迅用书馆藏。

(257)(258) 王士伦《浙江出土铜镜选集》,中国古典艺术出版社1957年版。

(259) 《宋会要辑稿》第一三七册。

(260) 《百越先贤志》卷一。

(261) 《陔余丛考》卷二一。

(262) 叶氏《爱日斋丛钞》卷五。

(263) 都穆《都公谭纂》卷上:"洪武中,山西张姓者多异术,以其乡人不善金箔,常往杭州学以授之。"

(265) 《会稽县商业事项》,宣统三年上期,抄本,绍兴鲁迅图书馆藏。

(267) 《淮南子·俶真训》。

(268) 《资治通鉴》卷一九九。

(269) 《越船行》,载《清容居士集》卷八。

(270) 《吴越春秋》卷八。

(271) 陈义方《纺织史话》,《大公报》1962件7月26日。

(273) 冯贽《南部烟花记》,载《唐人说荟》第13册。

(274) 《通典》卷六《食货六·赋税下》。

㉗ 杜甫《后出塞曲》。《全唐诗》4 函 3 册。

㉗ 《资治通鉴》卷二五九。

㉗ 《太平寰宇记》卷九六。

㉗ 陆游《老学庵笔记》卷二。

㉗ 周密《齐东野语》卷一〇。

㉘ 《明史·食货志》。

㉘ 乾隆《绍兴府志》卷一八引弘治《绍兴府志》。

㉘ 洪亮吉《乾隆府厅州县图志》卷二七。

㉘ 《绍兴之丝绸》，建设委员会经济调查所 1937 年印。

㉘ 雍正《山阴县志》卷七。

㉘ （清）朱琰《陶说》卷一。

㉙ 《水经·浙江水注》："州郡屋宇屋之大瓦，亦多是越之故物。"

㉙ 陈桥驿《从丝绸之路到陶瓷之路》，载《历史月刊》1999 年 5 月号。

㉙ 镜塘《芜湖见闻》，载《旅行杂志》第 27 卷第 12 期，1953 年。

㉙ 胡行之《越窑秘色器研究》，载《绍兴史迹风土丛谈》第八册抄本，浙江图书馆藏。

㉙ 日本东京岩波书店版，中译本胡德芬译，天津人民出版社，1983 年。

㉙ 《十国春秋》卷七八。

㉙ 《十国春秋》卷八二。

㉗㉟ 丁慰长、陈觉民《浙江杂谈》，上海文化出版社 1960 年版。

㉙ 《太平寰宇记》卷九六。

㉙ 《元丰九域志》卷五。

㉚ 陶宗仪《辍耕录》卷二九引宋叶寘《垣斋笔衡》："中兴渡江……旧越窑不复见矣。"

㉚ 万历《绍兴府志》卷一一。

㉚ 斐启《斐子沿林》，鲁迅《古小说钩沉》本。

㉚ 《毛颖传》，载《全唐文》卷五六七。

㉚ 嘉泰《会稽志》卷四。

㉚ 文震亨《长物志》。

㉚ 万历《绍兴府志》卷一一："越中昔时造纸甚多。……今越中昔人所称名纸绝无闻，惟竹纸间有之，然亦不佳。"

㉚ 《会稽杜侍郎联公自订年谱》（抄本，绍兴鲁迅图书馆藏）："南人信鬼作纸钱以资冥用，其纸出会稽山中，贩于杭城。"

㉛ 《白氏长庆集序》，载《元氏长庆集》卷五一。

㉛ 宝庆《会稽续志》卷一。

㉛㉜ 《两浙古刊本考序》，载《观堂集林》卷一七。

㉛ 《十国春秋》卷五二。

㉝ 《新唐书·董昌传》:"僖宗始还京师,昌取越民裴氏藏书献之。"

㉜ 《越咏》卷上。

㉛ 嘉泰《会稽志》卷一六。

㉚ 《艺风藏书记》卷一。

㉑ 《澹生堂藏书目》为明祁承㸁所编,共14卷。

㉒ (清)祁理孙编有《奕庆藏书楼书目》。

㉔ 浙江古籍出版社1992年版。

㉕ 《光明日报》1963年12月16日。

㉖ 《中国の酒》,载《人民中国》日文版1962年11月号。

㉗ 《金楼子》卷六。

㉘ 何延之《兰亭纪原》,载宋桑世昌《兰亭考》卷三。

㉙ 《建炎以来系年要录》卷二六。

㉚ 中国财政经济出版社,1999年。

㉛ 冯时化《酒史》卷下引陆游《小圃独酌》。

㉜ 朱弁《曲洧旧闻》卷一;(宋)周密《武林旧事》卷六;《西湖老人繁胜录》。

㉝ 《宋会要辑稿》第一二六册。

㉞ 万历《绍兴府志》卷一一。

㉟ 平步清《霞外捃屑》卷一〇。

㊱㊲ 《越谚》卷中。

㊳㊺ 万历《会稽县志》(钞本)卷三。

㊴ 《越缦堂日记》同治六年四月十一日。

㊵ 陶元藻《广会稽风俗赋》:"东浦之酲兮,沈酿遍于九埭。"

㊶ 《越缦堂日记》咸丰五年正月十三日。

㊷ 万历《绍兴府志》卷一一。

㊸ 《黄酒酿造》,轻工业出版社1960年版。

㊹ 《绍兴史迹风土丛谈》抄本第十五册。

㊻ 《宋史·食货志》:"东南盐利,视天下为最厚。"

㊼ 《玉海》卷一八一。

㊽ 《宋会要辑稿》第一三二册,按宋制以50斤为1石。

㊾ 姚宽《西溪丛语》卷上。

㊼ 徐勉《保越录》:"命行枢密院椽吏华凯、尹性善,以盐易米三万石。"

㊼㊼㊼㊼㊼ 《嘉庆两浙盐法志》卷七。

㊼ 半堂老人《鞍村杂咏》。

㊼ 冲斋居士《越乡中馈录》(民国五年手稿本,绍兴文物管理委员会藏)卷上:"越城食盐向以安城盘煎者为上……惟近行新法,废煎盐而销余姚晒盐。"

㊀ 《吴越春秋》卷一〇。徐天祜注："所谓习流，即习水战之兵。"

㊁ 《拾遗记》卷三。

㊂ 《国语·越语上》，"甬句东"，杜预注："会稽句章县东海中洲也。"

㊃ 王籍《入若耶溪诗》，载丁福保《全汉三国晋南北朝诗》。

㊄ 嘉泰《会稽志》卷一二。

㊅ 《史记·秦始皇本纪》。

㊇ 《南史·顾颙之传》

㊈ 何延之《兰亭纪原》（《兰亭考》卷三）："翼遂微服至潭洛，随商舶至越。"

㊉ 白居易《醉封邮筒寄微之》，载《白氏长庆集》卷五三。

㉛ 木宫彦泰《中日交通史》上卷。

㉜ 赵朴初《鉴真和尚圆寂一千二百年—中日两国人民の文化的血缘关系さぉもり》，载《人民中国》日文版 1963 年第 5 期。

㉝ 贺昌群《古代にぉほら中国と日本との交通》。载《人民中国》日文版 1963 年第 5 期。

㉞ 陈懋恒《明代倭寇考略》。

㉟ 《西溪丛语》卷上。

㊱ 例如《宋会要辑稿》第一四三册，宋王明清《挥麈前录》卷四等，都有相似记载。

㊲ 《宋史·河渠志》。

㊳㊿ 任三宅：《修萧山北海塘议》，载《两浙海塘通志》卷九。

㊴ 陈壮《长山堤记》，载乾隆《绍兴府志》卷一六。

㊵ 王稺登《客越志略》。

㊶ 《建炎以来系年要录》卷四九："（绍兴元年十一月）戊戌，诏以会稽漕运不济，移跸临安。"

㊷ 这个地区的堰坎，历史上均借牛力纤挽船舶过堰，通常称为车堰。

㊸ 陈桥驿《浙东运河的变迁》，载《运河访古》，上海人民出版社，1986 年；又收入于陈桥驿《吴越文化论丛》，中华书局 1999 年版。

㊹ 宝庆《会稽续志》卷四。

㊻ 《世说新语》卷下之上《宠礼第二十二》。

㊽ 《越咏》卷下引《广异记》。

㊾ 李白《梦游天姥岭留别》："我欲因之梦吴越，一夜飞渡镜湖月。湖月照我影，送我至剡溪。"

㊿⓪ 嘉泰《会稽志》卷一二。

⓪ 《重修朱储斗门记》，载《越中金石志》卷三。

⓪ 《建炎以来系年要录》卷三九。

⓪ 陆游《三江》，载《剑南诗稿》卷四四。

⓪ 徐勉《保越录》："分省平章张士信，遣元帅张士俊，漕杭米一万石，由官河至绍兴，后因艰涩，俊乃自浙江出海，径达三江。"

⓪ 《五杂俎》卷四。

㊞ 《越缦堂日记》同治六年四月初一日。

㊞ 《越谚》卷下。

㊞ 王禕《绍兴谳狱记》,载《王忠文公集》卷八。

⑩ 熊克《镜湖》,载嘉泰《会稽志》卷一三。

⑪ 嘉泰《会稽志》卷一二:"若耶溪路南来自县五云乡界,经县界二十五里北入镜湖,胜五十石舟。"

⑫ 邓牧《陶山游记》,载《伯牙琴》续补。

⑬ 刘基《出越城至平水记》,载《诚意伯文集》卷六。

⑭ 吕祖谦《入越记》(《东莱吕太师文集》):"十里古博岭……十里含晖桥亭,天章寺路口也,遂穿松径至寺,盖晋王羲之兰亭……复出官道数里,买舟泛鉴湖。"

⑰ 《吴越备史》卷一。

⑱ 《入越记》。

⑲ 《世说新语》卷上之上《言语第二》。

⑪ 万历《绍兴府志》卷一六。

⑫ 嘉庆《山阴县志》卷二〇。

⑬ 雍正《浙江通志》卷三六。

⑭ 《霞外捃屑》卷四。

原著署　车越乔　陈桥驿著

上海书店出版社 2001 年版

绍兴简史

《绍兴历史文化丛书》序

　　绍兴是国务院公布的首批历史文化名城，在当时公布的 24 座同类名城之中，也包括以后陆续公布的许多这类名城之中，从历史和文化两方面进行考察研究，绍兴都具有它与众不同的独特性。中国是个历史悠久、文化璀璨的大国，古都名城，所在多有。论区域历史，绍兴显然比不上中原秦晋；论城市规模，绍兴也远不及北京南京，但绍兴却拥有其他一切名城所无法比拟的特色。

　　我往年曾撰《聚落、集镇、城市、古都》一文（《河洛史志》1994 年第 3 期），从聚落地理学的观点，阐述这四种不同类型聚落的概念及其发展变迁的规律。一座现代城市，在其以往的发展历史中，古都是它登峰造极的经历。我在该文中曾为一个现代城市而获得古都称号设定了两个条件：

　　第一，这个城市，在历史上曾经成为一个独立政权的首都，却并不计较这个独立政权的辖境大小和时间长短。例如，五代的闽，建都长乐府（今福州），只有 37 年；五代的南汉，建都兴王府（今广州），只有 55 年。但福州和广州均可作为古都。第二，可以称为古都的现代城市，在地理位置上必须与当年的古都重合，或部分重合。

　　上世纪 90 年代，我受有关方面的委托，主编《中国都城辞典》（江西教育出版社1999 年出版），颇有一些够不上古都称号的城市，因获悉我主编这部辞典，希望在辞典上列名。这当然是爱莫能助的事，我不得不在这部辞典的《前言》中重申这两个条件，以取得这些城市的谅解。

　　现在来看看绍兴,绍兴是从一个聚落发展成为古都的现代城市。我在拙作《历史时期绍兴地区聚落的形成与发展》(《地理学报》1980年第1期,收入于《吴越文化论丛》,中华书局1999年版)一文中曾经作过论证,这个地区在第四纪卷转虫海退以后是一片沮洳泥泞的沼泽地,从会稽山地进入沼泽平原的越族先民是在平原的一些孤丘建立聚落,从事垦殖的。绍兴城的前身,就是这个地区的若干孤丘聚落。远古人民在平原上利用丘阜建立安身立业的聚落,这是常见的事,不要说南方,在黄河流域也有不少这样的例子。但从孤丘聚落发展成为都城,不仅建城的年代确然可考,而且城址长期稳定不变,实在很难找出像绍兴这样的城市。以中国著名的古都为例,现代西安肇始于西周丰镐,但丰镐在今西安以西,绝不重合,以后的秦咸阳和汉长安则在今西安以南,也绝不重合。现代西安是在隋唐长安的基础上发展起来的。现代洛阳也是如此,周代所建的王城在今城以西,汉魏故城在今城以东,都并不重合,现代洛阳也是在隋唐故城上发展起来的。

　　绍兴却完全不同于播迁不定的其他古都,我在《历史时期绍兴城市的形成与发展》(《纪念顾颉刚学术论文集》下册,巴蜀书社1990年出版,又收入于《吴越文化论丛》)一文中对此作了阐述:沼泽平原上的孤丘聚落在公元前6世纪前后已经出现,而今绍兴城一带,在东西约五里、南北约七里的范围内,冲积层上崛起的大小孤丘达九处之多,越王句践在其即位的第七年(前490),以这些孤丘聚落为基础建成这座都城。其中最高的种山、戢山和怪山,构成三足鼎峙的形势,这种形势迄今不变,成为城址稳定的坐标。所以我在《论绍兴古都》(《历史地理》第9辑,收入于《吴越文化论丛》)一文中指出:"在我国,实在很难再找出像绍兴这样一个古都,在地理位置上如此稳定不变。"由于建城年代的记载确凿和城址的稳定不变,作为一个古都,它的存在实际上比现代西安和洛阳等都要早得多,这就是绍兴名城在历史上的不同凡响。

　　从文化的角度考察绍兴,绍兴的文化渊源可以追溯到禹的传说。早在上世纪20年代,顾颉刚就在《古史辨》中提出:"禹是南方民族神话中的人物","这个神话的中心点在越(会稽)"。我在拙作《越族的发展与流散》(《东南文化》1989年第6期,收入于《吴越文化论丛》)一文中分析了顾氏的论断。由于当时在第四纪研究方面还显然落后,所以他在洪水的来源上尚未虑及海进,从当今的第四纪研究成果评价顾氏的论断,他的论断完全符合事实。我在此文中说:"越族居民在会稽、四明山地的山麓冲积扇顶端,俯视这片茫茫大海,面对着这块他们祖辈口口相传的、如今已经为洪水所吞噬的故土,当然不胜感慨。他们幻想和期待着有这样一位伟大的神明,能驱走这滔滔洪水,让他们回到这块广袤、平坦、富庶、美丽的平原上去。"这就是顾颉刚所指出的这个中心点在越(会稽)的神话的由来。

神禹确实为他们驱走了宁绍平原的洪水,但呈现在古代越人面前的,却并非祖辈所传的平原沃土,而是一片潮汐出没的沼泽地。对于长期生活在崎岖的会稽山地的越人,平原对他们当然是一种极大的诱惑,但早期进入平原的越人,显然面临着极大的困难。自此以后,越王句践领导越族人民,改造自然,发展生产,即所谓"十年生聚,十年教训"的艰苦事业。早期流传于越人之间的神禹治水的神话,表达了他们"神"定胜天的愿望,而句践的业绩,诸如兴修富中大塘和吴塘等,用以拒咸蓄淡,改造水土,发展垦殖等等,则是实实在在的人定胜天。不论是"神"定胜天的愿望和人定胜天的实干,他们的目的,都是为了改造绍兴古代的水环境。越族先民的殷切愿望和越王句践的艰苦经营,都是为了让这个地区穷山恶水的自然环境,转变为山青水秀的沃土息壤。而绍兴的古代文化,就是从这种改造自然的过程中孕育起来的。

越王句践初步完成了越族先民的愿望,后汉太守马臻以其巨大的魄力创建了鉴湖,绍兴的穷山恶水获得了根本的改变。随着自然环境的改变,人文环境也出现了飞跃式发展,两晋之间北人大批南迁,许多中原望族,都以会稽为安身乐土,东晋永和九年(353)的兰亭修禊,是绍兴文化高度繁荣的标志。以王羲之为首的 42 位全国一流名士汇集于稽山镜水之间,确实集一时之盛。自然环境的改造促进了经济发展,经济的持续发展带来了文化的繁荣。管仲曾谓"越之水重浊而泊,故其民愚疾而垢",在此时出现了"山阴道上行,如在镜中游"的如画风景。司马迁目击的这个"地广人稀"的鄙陋之区,发生了"土地褊狭,民多田少"的巨变。从两晋之后到两宋之间,在当地生产力已经不断提高的基础上,又一次接纳了大批北方来客,经济与文化因而更有大幅度的上升,这就是陆游在嘉泰《会稽志·序》中所说的:"股肱近藩东诸侯之首也","今天下巨镇,惟金陵与会稽耳。"所以综观绍兴的历史,从远古到于越,从于越到两汉、两晋、两宋以至近代,一直是循着改造自然、发展经济、繁荣文化的良性循环不断提高,不断前进,这就是绍兴这座名城的历史文化特色。独特的历史,独特的地理,孕育了独特的文化,这也就是我们编撰这部《绍兴历史文化丛书》的缘起。

文化的内涵十分广泛,加上绍兴这座名城自从建城 2500 年来不同凡响的经历,绍兴历史文化的整理研究是一个大课题。我们的前辈和当代的不少学者,都曾从各个不同角度对这个课题作过研究,并且获得了不少优秀的成果。由于这个课题实在深远广大,要对此进行全面而系统的整理研究,或许不是一辈人和一个时代可以完成的。集腋成裘,聚沙成塔,有待于学者们的继续努力。

我们花了较大的力量,组织编撰这部《丛书》,尽可能地考虑到绍兴历史文化的各个方面,选定了 30 个课题,按课题性质,约请当代有造诣的专家学者执笔。这些课题中,有的以文化为重心,如《绍兴越文化》、《绍兴水文化》、《绍兴语言文化》、《绍兴旅游文化》等,有的以历史为线索,如《绍兴农业史》、《绍兴灾异史》、《绍兴书法史》、《绍兴教育史》等,有的则以专题形式撰写,如《绍兴师爷》、《绍兴堕民》等。《丛书》包罗的这30种书稿,内容当然各异,体裁也不尽同,但阐述和弘扬绍兴历史文化的宗旨是《丛书》的每一位作者都充分明确并作了最大努力的。《丛书》虽然出版于一朝,但其实都是每一位作者多年积累资料和长期辛勤耕耘的成果。我们当然不敢自诩这部《丛书》能对绍兴历史文化作出多少贡献,我们的意愿仅仅是在这新世纪之初,为这座历史名城奉上一份薄礼,同时也是为海内外绍兴籍人士以及其他对越文化有兴趣的学者提供一点资料。长江后浪推前浪,希望在这个世纪中,绍兴历史文化的研究能获得更大的成就,当然更希望绍兴这座知名于海内外的名城,在经济上和文化上继续欣欣向荣,蒸蒸日上。

这部《丛书》由前绍兴市旅游局局长傅建祥先生创议,经过他的周详擘划,尽力筹措,落实了经费和出版事宜。《丛书》的选题、组稿和编辑有一个复杂的过程,在这方面,前绍兴县地方志办公室的颜越虎先生做了大量工作。我忝为《丛书》顾问,在《丛书》行将问世之时,特写数言,祝贺此书的出版,也感谢各书作者们的奉献和中华书局的支持。

陈桥驿

2003 年 12 月于浙江大学

第一章　史前的绍兴

第一节　第四纪的海陆变迁

史前这一概念，从时间上说实在漫长，对于史前的绍兴，从历史研究的角度来说，我们既缺乏这段漫长时间中的资料，而且也没有这样的必要。当然，对于地质学、地史学、矿物学、古生物学等方面的研究者，把研究的时代追溯得更遥远一些，即所谓追本溯源，是有这种需要的。陈桥驿在《绍兴历史地理》①一书中，对此曾经有过一段简述：

> 从大地构造来看，绍兴地区位于华夏陆台东北部，是浙闽地盾的一部分。和华夏陆台的其他地区一样，这里在震旦纪以前已经基本稳定，其基底由复杂的变质岩系组成。在整个古生代的漫长时期中，除了缓慢的升降运动和局部的海进外，没有较大的变动。中生代以后，火山喷发从侏罗纪开始，一直延续到白垩纪以后，使许多古老岩层覆盖上凝灰岩、粗面岩和流纹岩等火山喷出体。花岗岩的侵入作用，至此也大量开始。到第三纪，火山活动还局部存在，曾有玄武岩的喷出。

史前的绍兴，应该从第四纪说起。第四纪是与当今最接近的地质年代，地球上出现人类，也从这个时期开始，当然，距今也有 250 万年。尽管它的后期，与绍兴历史上的自然与人文都有重要关系，但我们对此也仍然只有大体的了解。在第四纪的这 250 万年之中，自然界发生三个方面反复的变化，或者也可以说是轮回。首先是气候，它是其余两种自然变化或者说轮回的主导因素。在这个地质时期中,气候有反复轮回的冷暖过程。一个时期气候寒冷,另一个时期气候回暖,所以有冷期与暖期之分。在冷期期间,地球上绝大部分地区的水都被冰冻起来,到了暖期,冰冻又开始消融,所以有冰期与间冰期的反复轮回。冰期是天寒地冻的时期,海洋水和陆地水都被冰冻起来,成为大片冰川。于是海面就降低,许多岛屿都与大陆连接起来。间冰期是冰川大片融化的时期,于是海面提高,不仅原来与大陆连接的海岛又与大陆分离,因为海面提高,海水就逐渐进入大陆,使不少大陆也沦入海域。前者称为海退,后者称为海进。这就是海进与海退的反复轮回。

在第四纪的这250万年之中,在地史上分为更新世和全新世两个时期,更新世是漫长的,从第四纪之始直到距今1.5万年为止。距今1.5万年以后,则称为全新世。前面提及的自然界在第四纪的三种反复轮回中,与绍兴的自然和人文具有关系的,只是第四纪的后期,即更新世的最后时期与全新世时期。更新世的最后时期,我们称为晚更新世。在这段时期中,包括绍兴在内的中国很大一片地区,都发生了上述三种自然界的变化和轮回。出现了寒期和暖期,冰期与间冰期。在冰期中,大陆上的所有水体也冻结成冰,称为大陆冰川,至今仍留下冰川遗迹。不过这种现象,绍兴可以不予考虑,正如陈桥驿在《越国文化》[②]一书的《序》中所说:"由于东亚季风在晚第三纪(neogene)已经形成,这个地区正当东南季风的迎风面上,夏季半年降水丰沛,气候暖热,冬季半年虽然气温较低,但由于降水很少,即使在南部会稽、四明山地,也不足以形成永久性的冰盖,所以在整个第四纪中不受冰川影响,自不待言。"

对于这个时期绍兴及其附近地区的气候,陈桥驿在这篇《序》中曾经作过论证:

自从晚更新世以来,宁绍平原的气候情况各方面已经多有论证。有的学者从这个时期的湖泊沉积作出论证:"在余杭瓶窑镇费家头灰褐色土层中找到水蕨类、海金沙属和龙骨属等植物化石,显示亚热带气候的标志。"[③]而瓶窑镇土层中的发现,与钱塘江南岸没有差异。海金沙(Lygodium)孢粉和水龙骨(Polypodium)孢粉,正是河姆渡第三文化层60厘米处土壤的孢米组合[④]。河姆渡遗址的动植物组成是说明晚更新世到全新世宁绍平原气候最有说服力的证据。这个遗址中出土的动物骨骼中包括红面猴(Macaca speciosa)、猕猴(Macaca mulatta)、犀(Rhinoceros sp.)、亚洲象(Elephas maxiums)等,[⑤]按世界陆地动物地理分区,上列动物都分布在旧热带界和东洋界,也就是说,都是热带和亚热带的典型动物[⑥]。根据河姆渡遗址出土叶片鉴定的树种,计有山毛榉的赤皮椆(Qucrcus gilva)、栎(Qucrcus sp.)、苦槠(Castanophyllasderophylla),桑科的天仙果(Ficus hookcyana),樟科的细叶香桂(Cinnamonun chingii)、山鸡椒(Litzea cubeba)、江浙钓樟(Linderachie-

nii）等等,这些都属于亚热带常绿林、阔叶林和落叶阔叶林的树种。由此可知,宁
绍平原在当时是一种温暖湿润的亚热带季风气候。此外,从河姆渡出土的动物骨
骼得出的鹈鹕(Pelccanusps.)、鸬鹚(Phalacrocorax sp.)、鹭(Ardea sp.)、鹤(Gurs
sp.)、野鸭(Auas sp.)、扬子鳄(Alligator sinensis)、许多鱼类,以及植物中的蓼属
(Polygonum)、菱角(Trapauatauas)、香蒲属(Typha)、狐尾藻(Myriophyllum)等[⑦],
说明在平原中富于河湖和沼泽。

上面引及的《越国文化·序》中,以河姆渡为例,来说明史前时期,即从晚更新世
起的宁绍平原的气候与生物概况,总的说,这种论证还是比较科学的。但从另一方面
来看,河姆渡在整个宁绍平原上有它的特殊性,因为它是在第四纪海陆变迁之中的最
后一次海进时最后一批沦入海域的地区,以河姆渡遗址的发现论证当时的宁绍平原,
虽没有脱离科学的原理,但毕竟还是一种推论。

所以我们必须研究这个地区的海陆变迁过程。当然,我们只讨论晚更新世以来的
海陆变迁。因为在这以前,我们既缺乏资料,而且与我们《绍兴简史》这个课题的研
究,也没有什么关系。

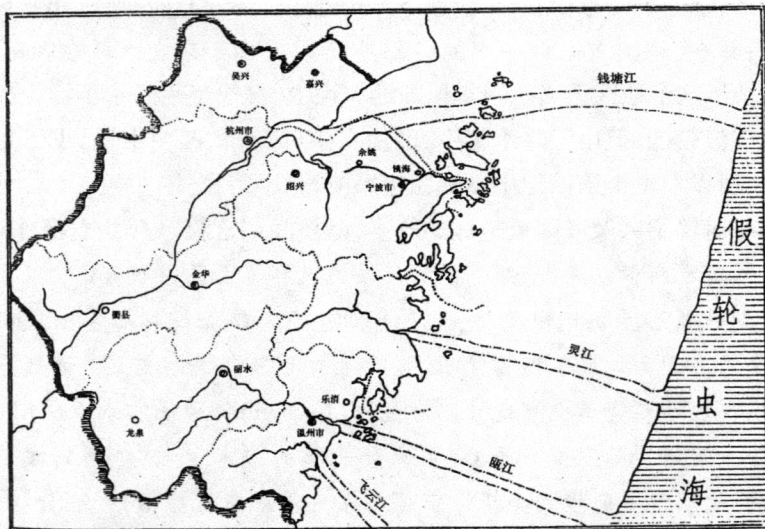

假轮虫海示意图

对于中国东海晚更新世以来的海进,通常以当时海洋中盛存的一种肉足纲原生动
物有孔虫(foraminifera)命名。第一次足星轮虫(asterorotlia)海进,发生于距今 10 万年
以前。迄今为止,山会平原和整个宁绍平原都还没有发现过这次海进和海退(发生于
距今 7 万年前)的遗迹,所以可置之勿论。第二次是假轮虫(pseudorotalia)海进,发生

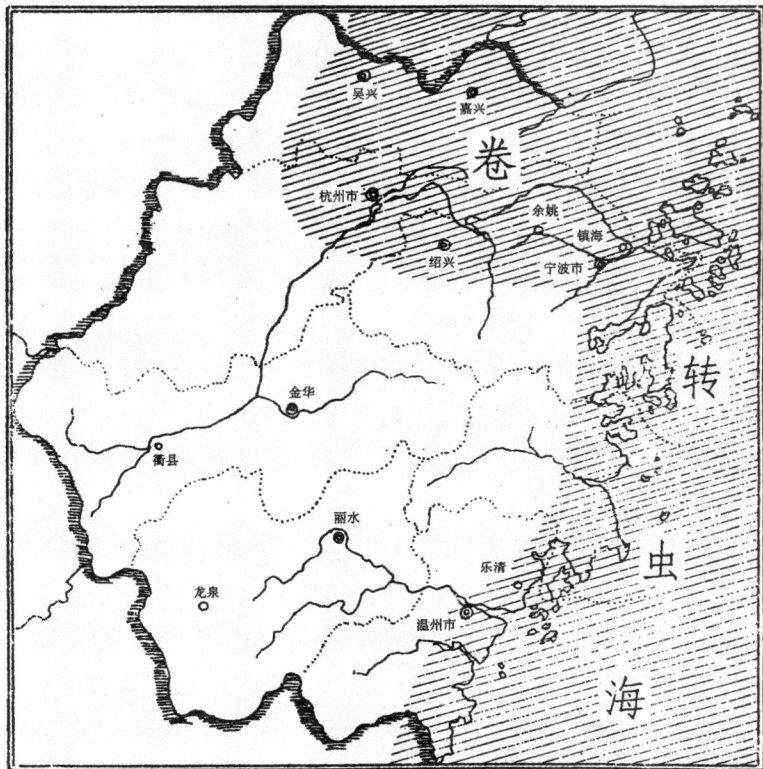

卷转虫海示意图

于距今 4 万余年前,海退则发生于距今 2.5 万年前。假轮虫海退是一次全球性的大规模海退,中国东部海岸伸张约 600 公里,东海中最外缘的一道贝壳堤,位于东海大陆架前缘 −155 米,C^{14} 测年为 14780 ± 700 年前。[⑧]这是至今发现的假轮虫海退的最后海岸线。当时,宁绍平原是一片广大平原,东缘的今舟山群岛与平原毗连,舟山群岛以东,还有大片陆地。第三次是卷转虫(ammonia)海进,发轫于全新世之初,到距今 1.2 万年前后,海面就上升到现代海面 −110 米的位置上;到 1.1 万年前后,上升到 −60 米的位置上;到了距今 8000 年前,海面就上升到现代海面 −5 米的位置上,接着就淹及陆地。这次海进到距今 7000 年—6000 年前到达最高峰,今宁绍平原和省境内的其他平原均被一片"卷转虫海"所淹没。[⑨]20 世纪 70 年代这一带挖掘所谓"人防工程",在大约 −12 米高程处,出现大量牡蛎壳,即是这次海进的物证。海退约在距今 5000 年时开始,海面逐渐下降,会稽山地以北随着涸出,在人们从事收造以前,形成一片沼泽平原。

卷转虫海进的过程,也是宁绍平原自然环境恶化的过程。当然,海进的前期,首先蒙受影响的是东海大陆架的出露部分。这个地区的原始居民在自然环境恶化的过程中,或许还有一部分内迁到舟山丘陵(即今舟山群岛)和丘陵以西的今宁绍平原。当距今8000年海进发展到今海面−5米的位置上时,舟山丘陵早已和大陆分离成为群岛,而宁绍平原的环境恶化则开始加剧。当时,不仅土地面积缩小,而且一日两度的咸潮,从所有河流倒灌入内陆,土壤迅速盐渍化,人们的主要生产部门,即当时(按河姆渡遗址的考证)已经存在的水稻种植,从连年减产直到没有收成。卷转虫海进如上述从距今1.5万年前开始,经6000年—7000年之久,海面才达到与现代海面相似的高程。因此,这次海进的前期,宁绍平原的自然环境并不遭受较大影响。但自从海面达到−5米以后,不过1000余年,整个宁绍平原就沦入海域。因此,在海进的末期,宁绍平原的环境恶化是非常剧烈和迅速的。这也就是在这1000余年时间中,原来在这片自然环境非常优越的宁绍平原上繁衍生息的越族居民,发生了部族居民大规模迁徙的主要原因。

由于海进的发展,宁绍平原自然环境恶化是从北向南渐进的。且不论部族居民迁徙的其他途径,许多从事农耕的居民,由于土地盐渍化的影响,成批地从咸潮侵袭的北部向比较高燥的南部迁徙,这是可以设想的一条必然途径。所以沿会稽山和四明山北麓一线,山水充沛而咸潮难及,必然是南迁居民的最好去处,河姆渡就是其中之一。所以陈桥驿在《越族的发展与流散》[⑩]一文中曾经说过:"像河姆渡这样的遗址,在会稽山麓线以北,即漓渚、坡塘、南池、平水、上灶等一线南北,肯定也有存在,将来还可以继续发现。"

乐祖谋在其《历史时期宁绍平原城市的起源》[⑪]一文中指出:

如果把河姆渡文化持续的年代和这次海进的极盛年代,把河姆渡遗址的地理位置和这次海进的最大波及范围对照一下,就可以看出它们之间有着极其明显的内在联系。根据C^{14}测定,河姆渡四个文化层持续的年代在距今7000年—6000年前,这正是"卷转虫海进"走向高潮的年代,而海进达到极限的年代和河姆渡文化消失的年代是完全吻合的。河姆渡遗址紧靠山麓地带,而这里也正是海水最后到达的地方。

乐祖谋在这一段话以后接着又说:

显然,联系全新世末的这次大海进所造成的宁绍平原地理环境的巨大变化,对于河姆渡人以后本地区人类社会发展的种种疑问都可以迎刃而解了。可以想见,当距今约6000年,亦即河姆渡最后一个文化层的时候,海水直拍山麓,整个平原都被淹没,化为一片浅海,于是这里的人类活动便不得不中断了。此时河姆渡人的后裔当然不会坐以待毙,他们必然开始大规模的迁徙。

河姆渡以及与河姆渡在同一高程地区的地方,人们的迁徙途径当然不止一处,但最便捷的无疑就是向南进入会稽、四明山区。从此,他们失去了得天独厚的宁绍平原,而辗转于崎岖狭隘的丘陵山地。这或许就是这个部族在以后几千年中发展缓慢的主要原因。在以会稽山地为中心的浙东山区几千年,这个部族的主要活动可以用"人民山居","随陵陆而耕种,或逐禽鹿而给食"⑫等话来概括,也就是说长期停滞于刀耕火种的迁徙农业和狩猎业阶段。山区的水土资源当然无法与宁绍平原相比,这使这个部族的发展受到很大的限制。部族酋长的驻地根据传说有埤中和礁岘大城等处,⑬都在会稽山中。由于刀耕火种,土壤的肥力消失很快,所以必然迁徙频繁,实际的酋长驻地,比当今传说中的必然要多。

部族还有一个关于他们祖辈的传说,必然世世代代,口口相传,绵延不绝。这就是他们的祖先居住的那片美好土地,平原辽阔,水土肥美,耕作方便,收成丰富。可惜由于天谴(是怎样的"天谴",是否与《旧约·创世纪》或希腊神话相似,现在无从知悉),现在沦为一片大海,让人民在山地中受苦受难。由于这类神话的世代流传,越族人民在会稽、四明山地的山麓冲积扇顶端,俯视这片茫茫大海,面对着这块他们的祖辈口口相传的、如今已为洪水所吞噬的美好故土,当然不胜感慨和怀念。他们幻想和期待着有这样一位伟大神明,能够驱走洪水,让他们回到祖辈相传的这块广阔、平坦、富庶、美好的土地上去。这或许就是局促在山区的越族人民普遍祈祷和期待的。所以顾颉刚在《古史辨》中所说的话,绝非凭空臆想,而是符合科学逻辑的。

第二节　大禹及大禹治水的传说

顾颉刚在《古史辨》⑭中指出:"禹是南方民族神话中的人物","这个神话的中心点在越(会稽)"。把中国第一个王朝的第一位国君,作为被正统史书中称为的南蛮鴃舌的神话中的人物,这确实是大胆的,但也是科学的。由于科学的发展,顾颉刚当年的大胆假设,现在已经得到了充分的证实。这里插一句至今还有不少人不愿听的话,在殷商后期当今大家都看得到、摸得着的青铜文明和甲骨文明以前的中国历史,说参差半信或许还是比较厚道的,其实这中间包含了大量的神话。陈桥驿在《〈水经注〉记载的禹迹》⑮一文中曾提到:因为如傅斯年先生所说:"禹的踪迹的传说是无所不在的,北匈奴,南百越,都说是禹后。而龙门、会稽,禹之迹尤著名。即在古代僻居汶山(岷山)一带不通中国的蜀人,也一般的有治水传说。"⑯傅氏最后指出:"盖禹是一种神道,即中国之 Osiris,"⑰禹鲧之说,本中国之创世传说(Genesis)。下面摘抄的一段,是陈桥驿受顾颉刚、傅斯年等先贤的启发,在读《水经注》一书中所记载禹迹的议论:

　　读一读《水经注》记载的禹迹,对我来说,也不无启发。因为从这里看到了禹
的传说在内容上和地域上都有进一步的扩大。神话和传说本来不必如同历史一
样的认真对待,但应该承认,它们仍然是值得研究的。其实,对于上古历史,特别
是经过儒家们打扮并且统一了口径的上古历史,它们与神话、传说的差距有时实
在不大。就以这个夏朝为例,对于传说中的这个禹的儿子,或许实际上就是夏这
个部落的第一位酋长启,有关他的登台,儒家经典与其他文献就有截然不同的记
载。《孟子·万章上》说:禹荐益于天,七年,禹崩,三年丧毕,益避禹之子于箕山
之阴,朝觐讼狱者,不之益而之启,曰:吾君之子也。但古本《竹书纪年》却说:益
干启政,启杀之。长期在儒教熏陶下的中国人当然既不愿也不敢相信《竹书》的
话。何况《竹书》在泥土里埋了五六百年,而在这段时期里,儒家的学说早已先声
夺人,一统天下。

　　现在我们不妨设想一下,按照儒学,夏朝初期的这种权力斗争是和平过渡的。
但按照《竹书》,夏部落中的启和益两大势力,是在腥风血雨中定局的,假使真的
如此,那么,启无疑是夏部落中的第一位酋长。至于我们要议论的禹,作为治水先
驱,那当然是个神话;作为夏朝的开国之君,则其身份也不过是以后的周文王而已。
在此摘抄这一段,并不是为了要否定夏这个朝代和禹这位国君。因为对于夏和禹
的怀疑,上世纪20年代就有学者们提出来了。事实是,直到最近,当有人花了国家大
量经费研究所谓"夏商周断代工程"并得提出他们的成果以后,《中国文物报》曾在
2001年6月6日以《夏商周断代工程引起的海外学术讨论纪实》为题,用一个整版的
篇幅翻译摘登了国际网议的部分内容。我们并不评论参加网议的这些国际学者们对
"工程"的臧否,但这个版上一篇署名刘星的《这场争论引起的若干思考》中有一段话,
确实值得我们深思。他说:

　　关于是否有夏、二里头是否夏以及二里头文化是否步入了国家社会等等问
题,我们在上述评论中已经多少表明了我们的立场。运用"同代文字证明"的逻
辑,我们只能对夏的存在打一个问号,因为目前还没有出土文字证明司马迁关于
夏的记载是真实可靠的;同样,二里头是否夏,也存在类似的问题。
在《绍兴史纲》[18]序言中,陈桥驿曾提及这一问题:

　　我真佩服刘星先生的这段话,他确实说得既科学,又含蓄。"因为目前还没
有出土文字证明司马迁关于夏的记载是真实可靠的",所以,"我们只能对夏的存
在打一个问号"。司马迁对夏说了些什么?《夏本纪》中抄录了《禹贡》全文,这里
记录了大禹移山倒海的神功,竟把第四纪甚至第三纪的地质变迁都包罗在内。[19]
以上说的这几句话,刘星先生当然知道,他之所以说要等待出土文字证明《夏本

纪》的可靠,这就是《序》中所说的他的"含蓄"之处。在学术上的事,不管来头有多大,背景有多厚,我们还是可以把它点破。司马迁没有念过地质学,不懂得什么"褶皱"、"断层"、"造山运动"以及近代才被学者们研究出来的"板块构造"之类,所以关于要等待同代文字的出土以证明《夏本纪》的可靠,我们认为这样的"同代文字",可以不必再等待了。

　　写上面这一些,并不是节外生枝,或者是借题发挥,议论那个耗资巨大的"断代工程"的无稽,而且也并不是为了否定中国历史上的这个"夏"的朝代(虽然我们并不相信"夏"这个朝代),主要是为了说明"禹"的神话确实如顾颉刚所假设的出于越(会稽)。这里不谈夏朝的事,只是说明汉族人后来流传的禹治水的故事,是从越地移植过去,而移植的痕迹是十分清楚的。总的说来这种神话只能产生在水环境之中,而黄河流域虽然有黄河及其支流,但并不存在像越地一样的水环境。黄河在洪水季节或许确有《尚书·尧典》所说的"汤汤洪水方割"的景象,但在枯水季节,它实在是一条涓涓细流。特别是汉族的主要聚居地黄河中游,不大可能发生《诗·商颂·长发》所说的"洪水茫茫"的情况。这种移植的最明显的张冠李戴之处在于治水的思想和方法。传说中的禹治水的方法是疏导,这种方法无疑是针对山会平原水环境的产物。山会平原河流短小,从南部山地北流到海边不过几十公里,当然可以用疏导的方法。把山会平原的治水方法移植到黄河,就不得不另外塑造一个主张"堙"的方法的鲧作为牺牲品,即《尚书·尧典》中的"殛鲧于羽山"。于是,山会平原的治水方法就在黄河"付诸实施"。但黄河的上流在西戎,下流在东夷,神话当然不必计较是谁管辖的问题,让禹从西戎的"积石"一直疏导万里,导到东夷的"九河"。其实黄河历来都用"堙"的方法,如今黄河在郑州以下,大堤高高在上,就是"堙"的结果。

　　以上这些话,本来不必再在这里浪费笔墨,傅斯年先生早在几十年以前就把此称为 Osiris 了。但是必须要说的是,禹的传说出于绍兴,这对于这个地区具有重大的意义。禹当然是个神话人物,前面已经说过,神话也有神话的价值。禹的神话内容甚多,但对于绍兴具有重要价值的有"内转外"和"外转内"的两种。"内转外"的就是上述汉人移植过去的治水方法——疏导。疏导的方法只能在山会平原上才能用得上,而这个地区的这片沼泽平原,正是通过疏导才获得整治的。禹的神话的这一部分,是绍兴历代治水所遵循的方法,也就是明徐渭所说的"缵禹之绪"。直到今天,例如新三江闸的修建和设计中的曹娥江闸的修建等等,都是这种神话的延续。当然,从远古开始的对这片沼泽平原采用疏导的整治方法,显然是一些聪明务实的人按照当时的实际情况而逐步进行的,禹的神话所起的作用当然很大,因为它具有号召力,让大家坚信,疏导的方法是必然可以把他们的故土整治到与他们的祖辈所传下来的一样。汉人把这个神话移植过去，我们也不能说它没有价值。当然。单单从疏导的治水方法而言，要把一条年输沙量有 10 多亿吨的河流，用这种方法，排沙入海，这是今天也做不到的事。但是我们应该看到因这个神话而派生出来的一个更伟大的神话：正是因为禹用疏导的方法治平洪水，所以才获得人民的拥戴，而大舜把帝位禅让给他，于是中国出现了第一个王朝和第一位皇帝。从汉人来说，这个神话虽然属于越人"内转外"的产品，但是其受益是不可估量的。

上面提到，对于越人来说，后来又从这个神话引入了许多"外转内"的东西。因为当时汉人的文化高，在禹的神话的原版上添枝加叶的能力强，除了《禹贡》记叙一套"地质功能"以外，还有其他许多落后的越人所想不到的事情。例如到会稽山召集一个全国诸侯大会之类。这类"外转内"的故事，越人当然无法鉴别真伪，后来却仍然由聪明的汉人将其揭穿。例如会稽山大会之事，王充在《论衡·书虚篇》中指出："禹到会稽，非其实也。"王充虽然是汉人，但是他身居会稽，对于这种与绍兴直接有关的胡说八道，他是属于不得不揭露其非。但应该承认，这个神话的有些"外转内"故事，对绍兴还是很有价值的，例如儒家们所描述的禹治水的那种大公无私的精神（即所谓"三过其门而不入"，只是《孟子·滕文公》说"八年"而《史记·夏本纪》说"十三年"，或许是传说不同，也或许是太史公没有注意和孟子统一口径，这些都无关大局），却永远在绍兴流传，成为绍兴的一种精神财富。

大禹的神话，如顾颉刚所说出于绍兴。顾氏提出这种假设后 10 年，另一位学者冀朝鼎说了一些很有见地的话：[20]

> 顾颉刚对于古代中国历史文献的各种资料，作了大胆的分析与比较之后，便否认了关于禹与洪水问题的传统观点。这种传统观点把禹说成是在工程技术方面一个伟大的统治人物，说他驯服了在中国引起洪水泛滥的河流，把中国（北部）从一次特大的洪水之中挽救出来，并建立了夏朝。

> ……

> 将来新发现的证据，可能证实也可能推翻顾颉刚所作结论的积极贡献，但不管怎样，他对这个传说的传统说法所给予的有力的批判，似乎已经成功地打破了这样一种神秘的理论：即认为中国水利事业的开端，要归功于一个英雄神灵的仁慈和他的自我牺牲的活动。通过宗教正统学者反复断言了若干世纪以后，这个神秘的理论，才有可能对治水活动起源方面的有用资料，进行客观的研究。

尽管冀朝鼎说了比较稳健的"将来新发现的证据，可能证实也可能推翻顾颉刚所作结论的积极贡献"的话，其实，他在思想上是完全倾向于顾颉刚一边的。而现在，由于第四纪研究的进步，沿海贝壳堤的探索和科学的测年技术的发展，顾颉刚的假设已经得到了完全的证实。从科学的历史学、古地理学、第四纪学、考古学等方面来说，"禹是南方民族神话中的人物"，"这个神话的中心点在越（会稽）"，已经不必再有怀疑。这是绍兴史前史的一个方面。

但是全世界各国和各地区的史前史中，都包含着大量神话，而如前所说，神话有神话的价值。奥林匹亚（Olympia）不是出于希腊神话吗？但如今竟发生了全世界瞩目的力量。顾颉刚和冀朝鼎的著作已经出版了半个多世纪，我们读过顾氏的书，并读过冀氏书的英文本和中译本，肯定也有不少绍兴学者读过这些书。不过在这20多年中，是陈桥驿第一个写文章把他们提出的关于"禹"的观点向绍兴人反复介绍的，而且介绍的重点是禹的神话出于绍兴，后来被汉人移植到北方，并且以"治水"为中心加以发挥，把这个神话发展得更神秘伟大、丰富多彩。

在绍兴的史前史中，一部分是按照现代科学的论证，阐明从晚更新世以来这个地区的海陆变迁以及越人的流散迁徙，包括在会稽、四明等浙东山地的迁徙农业和狩猎业活动，以后又随着海退返回平原，对泥泞沮洳的沼泽地进行疏导和改造。另一部分是在卷转虫海进以后的水环境中所流传的关于禹的神话。神禹终于驱走了茫茫海水，让越人返回祖辈的故土，并且用禹的疏导方法，让这片被海水吞噬了几千年的平原又变得肥沃富庶。

我们当然坚信科学。但另一方面，我们并不反对流传悠久的关于禹的神话。特别是经过汉人的移植和加工以后，这个神话，已经产生了极大的民族凝聚力。在绍兴，人们对这个神话也是深信不疑的，当然，他们之中，多数人都是从《史记·夏本纪》之类的记叙中获悉其中因果的，诸如会稽山的全国诸侯大会，"帝禹东巡狩，至于会稽而崩"，或是《史记·越王句践世家》中"越王句践，其先禹之苗裔，夏后帝少康之庶子也"等等，从顾颉刚、冀朝鼎等著作中进行研究的或许只是少数，而且许多人至今仍然认为这并非神话，而是信史。

最近20年中，绍兴文化界出版了不少名人传记（包括志书中的人物传），不管编者按的是信史观点或神话观点，禹必是开卷第一人。陈桥驿在《大禹研究·序》[20]的篇末指出：

> 收入这本论文集的，是各行各业的专家们，从各不相同的学科对这个问题的研究心得。研究的对象虽然都是禹，但每篇论文所讨论的重点不同，每位执笔的学者根据的资料、思考的方法包括论文表达的形式都很有差异。但是有一个重要的观点已经逐渐统一起来，这就是，禹是在越地土生土长的人物，他的崇高精神和伟大人格，他的人定胜天的坚强意志和卓越不凡的治水方法，一直扎根在这个地区。现代绍兴人可以理直气壮地说：禹是我们的。

注释：

① 上海书店出版社 2001 年版。

② 方杰主编，上海社会科学院出版社 1998 年版。

③ 参见《中国自然地理·古地理》上册，科学出版社 1984 年版。

④⑤ 《河姆渡遗址动植物遗存的鉴定研究》，《考古学报》1987 年第 1 期。

⑥⑦ 参见《中国自然地理·动物地理》，科学出版社 1979 年版。

⑧ 王靖泰、汪品先《中国东部晚更新世以来海面升降与气候变化的关系》，《地理学报》1980 年第 3 期。

⑨ 陈桥驿《越族的发展与流散》，《东南文化》1989 年弟 6 期，收入于《吴越文化论丛》，中华书局，1999 年。

⑩ 原载《东南文化》1989 第 6 期，收入《吴越文化论丛》，中华书局 1999 年版。

⑪ 载陈桥驿主编《中国历史地理论丛》第 3 辑，陕西人民出版社 1988 年版。

⑫ 《吴越春秋》卷六。

⑬ 《水经注》卷四〇《浙江水》："《记》云：扳萝扪葛，然后能升，山上无甚高木，当由地迥多风所致。山南有礁岘，岘里有大城，越王无余之旧都也。"按《记》是何书不详，按前文，或是孔灵符《会稽记》。又同卷："《吴越春秋》所谓越王都埤中，在诸暨北界"。按今本《吴越春秋》无此，当是此书佚文。

⑭ 民国十五年（1926）北平朴社版。

⑮ 载《浙江学刊》1996 年第 5 期，收入于《吴越文化论丛》，中华书局 1999 年版，又收入于《水经注研究四集》，杭州出版社 2003 年版。

⑯ 《庆祝蔡元培先生 65 岁论文集》，国立中央研究院历史语言研究所集刊外编第一种，1923 年。

⑰ Osiris，古埃及的地狱判官，在中国可喻为阎罗王。

⑱ 傅振照著，百家出版社 2002 年版。

⑲ 此序又发表于《学术界》2002 年第 6 期。

⑳ 冀文原系英文，伦敦乔治·艾伦和昂温有限公司 1936 年出版，中译本朱诗鳌译，书名作《中国历史上的基本经济区与水利事业的发展》，中国社会科学出版社 1981 年版。

㉑ 陈瑞苗、周幼涛主编《大禹研究》，浙江人民出版社 1995 年版。

第二章　绍兴进入历史时期

第一节　"于越来宾"

前面写了《史前的绍兴》，下面转入历史时期的绍兴。这里必须说明，因为此书书名定为《绍兴简史》，所以在"史前"和"进入历史时期"这两个标题中都用了"绍兴"这个地名。其实，从地域上说，"绍兴"是公元 12 世纪才出现的地名，所以这两章中的"绍兴"，显然要比以后的绍兴不知扩大了多少倍。

在古代，今国境范围中居住着许多部族（落），在北方，文化发达、人口众多、地域较广的部族是汉族。他们把周围一些相对落后的部族称为蛮夷戎狄。在南方，从今东南沿海到闽广等地，也居住着许多不同的部族。汉族人统称他们为"南蛮𬶍舌"。其中有一支称为越族或于越族的部族，是南方诸部族中的较大一支，分布在今东南地区，就今天的地域来说，大概包括浙江、苏南、皖南、赣东、闽北等地。前面记叙的在假轮虫海退时期活动于今宁绍平原的，就是越族的先民。

由于卷转虫海进的掀起，这个地区的所有平原都沦入海域，这支部族才从平原进入山区。又经过了好几千年，后来发生了海退，他们又回到了平原。部族中出了一位强悍精明的酋长句践，他于公元前 490 年利用今绍兴一带的这片沼泽平原上的好几座孤立丘阜，建成了一个后来可以称为城市的大型聚落，作为他的国都，称为大越城。事情的经过很复杂，这里简叙一下，目的是为了说明越王句践的故都大越城就是今天的绍兴。我国历史悠久，朝代嬗递，故都极多，但当年的故都并非今天的城市，这种情况非常普遍。譬如西安是我国著名古都，但它的前身即西周国都沣镐和秦国都咸阳，都和今西安相去颇远，今西安是在隋、唐故都长安的基址上建立起来的。洛阳也是我国的著名古都，但现代洛阳既非东周王城，也非汉魏故城，而也是在隋唐故城的基址上建立起来的。在我国的许多古都中，绍兴是非常稳定不变的。因为当年越王句践在一片沼泽地上建城，必须依靠山丘。在当时作为建城依靠的山丘，其中有三座至今仍存，即种山（今府山，或称卧龙山）、蕺山、怪山（今塔山），此三山是当时大越城的固定坐标，由此可以证明，春秋大越城与今绍兴城在地理位置上没有变化。

既然大越城与今绍兴城位置不变，而大越城是越王句践故都，因此，这里所记叙的绍兴进入历史时期，其实是越这个部族进入历史时期，越部族分布的地域很大，但如前所述，部族自从进入浙东山区以后，部族酋长驻地经常移动在会稽山地带，这一带显然是这个部族的活动中心，所以整个部族与绍兴地区关系密切，而标题作《绍兴进入历史时期》，与我们记叙的主题，也并无多大矛盾。陈桥驿曾经撰写过《浙江的历史时期与历史纪年》[①]一文，该文所称的"浙江"，其实也是指越族，地域范围也比以后的浙江省要大。

这里还必须说明一个问题，一个部族、一个地区，都是在经过漫长的史前时期以后才进入历史时期的。在某些情况下，史前时期与历史时期的界限是很清楚的，而在另一些情况下，史前时期与历史时期的界限比较模糊，各家有不同的看法，甚至于今尚无定论。

对于绍兴进入历史时期（其实是越族进入历史时期）的问题，我们采用的标志，是这个部族进入历史记载。当然，进入历史记载必须要有史书作为依据，譬如说《春秋》经传或者从《史记》开始的所谓"正史"之类。但如《汉书·艺文志》所说的"小说家者流，盖出于稗官，街谈巷语，道听途说者之所造也"，即所谓"稗官野史"，当然是不足为信的。不过鉴别这类记载，事情并不简单，其中还有许多争议。前面已经提到，作为"正史"之首的《史记》，其中有许多是司马迁记录的当时的神话，《夏本纪》中就记入了一大篇禹的"地质功能"。陈桥驿在《〈水经注〉记载的禹迹》[②]一文中提及：最引人入胜的是《史记》，《越王句践世家》中说："越王句践，其先禹之苗裔，夏后帝少康之庶子也。"《匈奴传》中说："匈奴，其先祖夏后氏之苗裔也。"就这样，南蛮鴃舌、祝发文身的越王，与韦韝毳幕、膻肉酪浆的单于，结成了一南一北的昆仲关系。现在看起来不免有些荒唐滑稽。但是应该相信，太史公绝不是一个信口开河的人，他的记载显然根据当时流行的传说。所以，我们说"正史"也并不是完全可信的。

越族的历史时期（也就当时越人所分布的这片地域，包括其中心今绍兴一带在内),始于今本《竹书纪年》周成王二十四年(公元前十一世纪末)记录的:"于越来宾。"这是作为一个南方部族与当时最发达强大的汉族发生关系而被正式记入史书的开端。用另外一句话说:越族(于越)正式登上历史舞台。这里必须说明的是,今本《竹书纪年》为宋人所收辑,王国维在《今本竹书纪年疏证》卷首《自序》中说:"始知《今本》所载,殆无一不及他书,其不见他书者不过百分之一。"《今本》的价值与《古本》不可相提并论,这是学术界无人不知的事。但我们则认为《今本》的这一条是可信的,所以必须作一点分析。王国维对《今本》是作了逐条考证的,《今本》所记不见于他书者,"不过百分之一"。而"于越来宾"恰恰就在这"百分之一"之中。按《今本》涉及越事者共18条,亦唯此条不见于其他古籍记载。特别重要的是我们可以为这一条的可靠性取得有力的旁证。王充《论衡·超奇篇》曰:"白雉贡于越",《论衡·异虚篇》说得更清楚:"周时,天下太平,越尝献雉于周公。"他撰《论衡》之时,《竹书》尚深埋于汲冢之中,他无疑是根据当时的越地传说而记上这件事的。当然,周公于成王七年已经归政,但由于其声名甚高,越地传说仍称周公,于事并不矛盾。所以今本《竹书纪年》的这条可以作为信史,其时距良渚文化的下限不过1000年。

按《竹书纪年》的记事体例,外族"来宾"的记载不少,于越亦其中之一,在当时,有关这一类记载,都属于族(国)际关系(即今天所谓的外事)的事务。不过周成王二十四年去沣镐朝贡的于越,其酋长是何人,酋长驻地在今浙东或会稽山地的何处,均不得而知。

第二节　于越

上面已阐明了绍兴进入历史时期肇始于今本《竹书纪年》周成王二十四年的"于越来宾"。于越是从晚更新世到全新世分布在东南地区的一个部族(落)。现在所知今浙江省境的最早人类是"建德人"(仅仅发现一枚犬齿),根据铀系测年,其时大体上距今10万年,[③]正是星轮虫海进鼎盛之时,"建德人"是否是因海进而退居山区的越族祖先,由于我们至今缺乏考古学、古生物学特别是体质人类学的根据,所以无法对此进行论证。

但是从假轮虫海退时期到卷转虫海进时期的这大约一万年时期中,越人的发展与流散是比较清楚的。从前面《假轮虫海进示意图》可以窥及,当时浙江省境的土地面积比今天大概要大一倍。舟山群岛和沿海所有岛屿都和大陆相连。宁绍平原与杭嘉湖平原其实连成一片,因钱塘江在这个地区尚属中游,江面狭窄,不能与今天相比。从河姆渡遗址进行推论,越人在大片肥沃平坦的土地上,从事农耕和水产捕捞活动,亚热带季风的气候条件和丰富的水土资源,促成了这个部族的较大发展。但从全新世开始的卷转虫海进,使这个部族从兴旺转入衰落,从聚集走向流散。现在只能从河姆渡及其他若干类似的遗址中(但许多遗址都尚无科学的测年数据不足为凭)推索这个部族的兴衰和流散。陈桥驿在《史前漂流太平洋的越人》④一文中提及:

从距今1.1万年时舟山群岛以东沦为海域以及稍后舟山群岛与大陆分离以前,必然已有越人流散,除了一部分内迁进入宁绍平原以外,另一部分必然漂流出海。在距今0.8万年起,宁绍平原也受到海水的侵袭,平原上的越人,除了逐渐南移进入山地以外,其中也必有另一部分漂流出海。其结果是越人分成进入浙东山地和漂流太平洋的两部分,《越绝书》把前者称为"内越",后者称为"外越"。乐祖谋在《历史时期宁绍平原的城市起源》一文中认为,《越绝书》中的"内越"和"外越",即是卷转虫海进时期移居山地和海岛的两个越族分支。历来持这种看法的学者甚多,例如蒙文通,他在《外越与澎湖台湾》一文中,认为澎湖和台湾的原始居民,即是古代移入的外越人。美国的徐松石在《南洋棕色民族与中国古越人的血统关系》一文中,更认为越人迁徙远达南洋。日本的国分直一和木下尚子合撰《日本西南诸岛出土的史前时期贝符》一文中,提出了这些岛上的贝符有来自"中国东南沿海地方"的可能。美国的杨江甚至把越人与马来——玻里尼西亚地区进行了联系(《马来——玻里尼西亚与中国南方文化的传统关系》)。学者们提出的这些考证,都是很有价值的。

但是在所有关于越人的迁徙考证中,最重要是有说服力的,莫过于作为族名和国名的这个"越"字的迁徙。譬如家族的迁徙,由于家族有姓氏,不管你迁徙到天涯海角,只要姓氏存在,总可查得清楚这个家族的渊源来历。而"越",乃是这个部族的姓氏,所以"越"字在哪里出现,必有越人到了哪里,这是绝无疑问的。

现在,传播到海外的"越"实在不少,中南半岛的越南,就以"越"作为国名。至于日本,冠以"越"字的地名,从自然地理地名到郡邑、城市、村落,真是不计其数,在文中陈桥驿曾对这些称"越"的海外地名,从语音到分布,都作了详细的说明,全文最后说:

现在想象这些史前的越人,他们在太平洋上的漂流生活,实在充满危险。依靠一些简陋的原始航行工具和太平洋风浪搏斗。不管是在太平洋沿岸,太平洋深处或是横越太平洋,中途覆没的概率是极高的。在这个过程中,葬身太平洋的越人不知有多少!但是他们毕竟在太平洋中的许多大小岛屿安下身来,蕃衍生息,并且把越人的姓氏和文化传播到那里,不由得引起我们对这批在史前闯入太平洋的越人,感到无限钦佩和崇敬。

以上简述了在卷转虫海进时期的越人迁徙,他们有的远涉重洋。由于我们此书写的是《绍兴简史》,当时离开浙江的越人,即《越绝书》所称的"外越",不归入此书的记叙议论。我们只写海进时期从宁绍平原北部逐步南迁到会稽、四明山麓线,然后进入山区的这一部分越人,即《越绝书》所称的"内越"。顺便指出,从现存的文献查索,把越族区分成"内越"和"外越"的,仅《越绝书》与《林邑记》两种,其中"内越"仅《越绝书》提及,此书卷八:"无余初封大越,都秦余望南,千有余岁而至句践,句践徙治山北,引属东海,内、外越别封削也。"这是古籍中唯一一次提到"内越"的记载。至于"外越",《越绝书》卷二:"宿甲者,吴宿兵候外越也。"又卷八:"(秦)因徙天下有罪适吏民,置海南故大越处,以备东海外越。"《越绝书》以外而记及"外越"的是《林邑记》。林邑即占婆,公元 2 世纪末,在今越南中南部一带建国。其书早已亡佚,但《水经注》尚引及二处:卷三六《温水注》:"《林邑记》曰:(寿泠)浦通铜鼓外越,安定黄冈心口,盖度铜鼓,即骆越也。"又同卷:"《林邑记》曰:外越、纪粟、单都,纪粟出浦阳,渡便州,至典由;渡故县,至咸驩。咸罐属九真。"卷三七《叶榆河注》:"江水南对安定县,《林邑记》所谓外越、安定、纪粟者也。"

从以上所见的几条"内越"和"外越"的记载中,"内越"仅见一处,而且意义非常明确,所指就是越王句践的"大越"。由于大越(当时在会稽山中)以外,还有许多流徙的越人,这些越人所居之处,有的与大越非常接近,当时可能还互有往来,所以把他们称为"外越"。从"东海外越"一语中可以设想,当卷转虫海进鼎盛之时,紧逼会稽、四明诸山的这个浅海,"内越"人统称为东海。当时,今舟山群岛山上,余姚以北的翠屏山丘陵以及绍兴北线的马鞍山等地,必然还有安土重迁的越人留居在那里,因为与会稽、四明诸山相距不远,这些习俗同、语言通的越人之间,依靠独木舟或竹、木筏等工具,必然互有往来,彼此关系仍然密切,所以这些地方的越人虽然不属"内越",但当句践徙治山北(即从会稽山区进入平原)以后,要作一番"封削"处理。因为他们其实都是自己人。而秦始皇则不然,他虽然征服了大越,但对于今浙江沿海诸岛上的越人尚无力征讨,所以要在陆上设防,"以备东海外越"。至于《林邑记》记及的今中南半岛外越,虽然也是越族的移民,但情况与上述日本、太平洋群岛等相似,并不在《越绝书》的记叙之内。

现在回到《绍兴简史》的本题上来,以上议论的"内越"和"外越",与绍兴早期的历史紧密相关的当然是"内越",也就是越王句践所称的大越。这是一个海进时期进入会稽山区的部族,一般称为于越。对于于越的来源,《史记·越王句践世家》说:"夏后帝少康之庶子也,封于会稽,以奉守禹之祀。文身断发,披草莱而邑焉。"这个"庶子"是谁?《吴越春秋》卷六的说法是:"禹以下六世而得帝少康,少康恐禹祭之绝祀,乃封其庶子于越，号曰无余。"假使真有这样的事，这位无余当然就是夏王朗的牺牲品，一个在中原过惯了较高文化生活的人，穿着汉族的长袍广袖，头戴冠冕，来到这些赤身露体、满身花纹的蛮子中间，"披草莱而邑也"，没有一个中原人受得了这种苦差使，何况还是帝王的儿子。当然，这是一个荒唐的故事。所以《越绝书》卷八把这种虚妄的传说轻轻撇开："越王夫镡以上至无余，久远，世不可记也。夫镡子允常，允常子句践，大霸称王。"由此可知，虽然前已指出这个部族是在周成王二十四（公元前 11 世纪末）进入历史时期的。但这个部族的可信历史实始于夫镡及其子允常，此二人其实不过是部族酋长，到了句践，才够得上称为越王。实际上，直到春秋末期，中原汉人仍称句践为"越人"。"大霸称王"，其时已在战国前期。

写到这里，又不得牵涉到长期活跃在今苏南和浙西的另一支越人——句吴。这支越人，也是在卷转虫海进时期越过钱塘江而进入浙西和苏南丘陵的。正如陈桥驿在《〈吴越春秋〉及其记载的吴越史料》[⑤]一文中指出的，他们就是以后的马家浜文化、崧泽文化和良渚文化等的创造者。卫聚贤先生在 1937 年就已经提出"吴越是一个民族"的见解。[⑥]谭其骧先生认为句吴和于越是"一族两国"。[⑦]其实，吴、越两国在语言和习俗等方面相同的事实，古人早已看到。《越绝书》曾两次提到：他们之间"吴越为邻，同俗并土"[⑧]和"吴越二邦，同气共俗"。[⑨]《吴越春秋》也称："吴与越，同音共律，上合星宿，下共一理。"[⑩]《吕氏春秋·知化篇》则称："吴之与越也，接土邻境壤，交通属，习俗同，语言通。"意思都一样。必须指出的是，现在也已经有人发表了与我们相同的见解，王逢申先生在其《从姑苏繁华史看中华文化之辉煌》[⑪]一文中说："夷人、越人留在吴地山岭地带的支族，后来形成吴国吴人的主体部分。"由于这一部分越人在海进时期迁离较早，而浙西、苏南山地在自然和人文条件上都比浙东山地优越，这个地区不像浙东那样闭塞，地理位置面向北方汉族，易于接受汉族文化，因而在经济和文化上的发展，都比局促于浙东山地的"内越"要走在前面。所以句吴某种意义上也是"外越"，但是他们与"东海外越"不同，他们不仅不承认自己是"外越"，而且把所有与"内越"（其实也包括"内越"）亲近的"外越"均视作敌手，《越绝书》卷二有几条均记及于此："娄门外力士者，阖庐所造，以备外越。""娄北武城，阖庐所以候外越也"。"宿甲者，吴宿兵候外越也"。这几条之中，"宿甲"。一条最为清楚，从这一条中，可以见及他们与"外越"已经发生过兵戎相见之事。

当然，上面记及的几条涉及"外越"之事，对句吴都不足以为大患。在句吴发展的前期，他们的心腹大患，正是其"接土邻境壤"、[⑫]"同气共俗一"[⑬]的于越。由于疆域相接，兵戎常见，而记入《春秋》经传的战事都是当时的重大军事行动，如下表所列的就达 6 次：

经传名称	经传年代	公 历	经传原文
春　秋	昭公五年	前 537	冬,楚子、蔡侯……徐人、越人伐吴。
春　秋	昭公三十二年	前 510	夏,吴伐越。
春　秋	定公五年	前 505	于越入吴。
公　羊	定公十四年	前 496	五月,于越败吴子醉李。
春　秋	哀公元年	前 494	吴王夫差败越于夫椒,报檇李也,遂入越,越子以甲楯五千,保于会稽。
左　传	哀公二十二年	前 473	冬十一月,丁卯,越灭吴。

上列《春秋》经传记载的 6 次战争中,第 5 次(哀公元年)是于越战败最严重的一次,句吴军深入越境,结果是于越屈膝求和,句践夫妇作为人质到句吴国都姑苏,大夫范蠡随行。在姑苏服了两年多的劳役。结果于句践在位的第七年(前 490)才被释放回越。对于夫差之所以不置句践于死地而让其返国,历史上曾有各种不同的说法。其中比较普遍的是,句吴的伍员(子胥)是力主处死句践的,却因越人疏通了句吴的另一权臣伯嚭(太宰嚭),由他出面劝说夫差让句践返越。长期以来,吴、越各地对伍子胥和太宰嚭的一忠一奸,传说已久。陈桥驿《论句践与夫差》[14]一文阐述此事。夫差之所以释放句践,是因为他胸怀北上争霸的大志,因而希望有一个安定的后方。至于伍子胥和太宰嚭,二人都是楚的亡臣,都有深重家仇,对于如何处置句践的事,只是政见不同,决不能以此而论忠奸。从历史事实来看,句践当然最后达到了他的灭吴复仇的夙愿,而夫差也北上黄池,一度称霸。所以陈桥驿在该文的末尾指出:

> 句践与夫差之所以能够在这个动荡的时代中平地崛起,除了他们自己都有雄心壮志和出众才能以外,他们所任用的若干能人对他们的辅佐,也具有重要作用,如句践任用的计倪、文种、范蠡,夫差任用的伍子胥、王孙骆、太宰嚭等,都是当时的杰出人物,这中间,太宰嚭对于夫差成为春秋最后一霸,范蠡对于句践成为战国最前一雄,更是功不可没的。

越王句践是个有雄才大略的人物,他即位以后就决定了要从会稽山区进入山会平原即祖辈传说中的故土的计划。但当时的平原已经成为一片沮洳泥泞的沼泽,必须经过改造,才能恢复祖辈传说中的优势。上述《越绝书》记载的"句践徙治山北",就是他发展部族计划的开始。当然,要实施这种计划是需要有步骤地进行的,所以在他即位之初,就把他的驻地迁移到会稽山麓冲积扇顶端的平阳。[15]可惜迁都的计划刚刚开始,军事上的失利随即来到,这就是上述哀公元年句吴军队的长驱直入,败军之君被迫到句吴过了两年多的俘虏生活。由于夫差北上称霸的野心,当然也包括随行的范蠡的策

划,使他能于其即位后的第7年从姑苏南返,渡浙江(钱塘江)归国,《吴越春秋》卷七把这个场景写得非常生动:

> 至浙江之上,望见大越,山川重秀,天地再清。与夫人叹曰:"吾已绝望,永辞万民。岂料再还,重复乡国。"言竟掩面,涕泣阑干。此时万姓咸欢,群臣毕贺。

句践当然不会再回到会稽山去,他在把驻地迁移到平阳时,已经与大夫范蠡商量怎样进一步到平原建都之事。《吴越春秋》卷八记下了范蠡当时提出的建都选址设想:"今大王欲国树都,并敌国之境,不处平易之都,据四达之地,将焉立霸王之业?"按照范蠡的这种选址设想,句践在回国的当年(前490),就选择今卧龙山东南麓建筑句践小城,据《越绝书》卷八所记:城"周二里二百四十三步,陆门四,水门一。"随即又在小城以东建筑山阴大城,据上述同书记载:"大城周二十里七十二步",设有"陆门三,水门三"。这样就奠定了于越发展的基础,同时又是后世绍兴城市的创始。

山会平原在地形上是个南北向的缓斜面。从会稽山麓线到当时的浙江(今杭州湾)南岸,即于越的海防要地固陵、石塘、防坞、杭坞一线之间,今绍兴城恰恰处于中间偏南的地理位置。山会平原的东西两翼,各以东小江(曹娥江)和西小江(浦阳江)为屏障。对此两江,今绍兴城正处于居中的地理位置。在吴、越两国的多次交战中,于越曾经兵败于浦阳,也曾被围困于会稽山地(哀公元年),因此,立城建都在地理位置上的选择,像句践这样一位饱经征战的人物,当然是十分重视的。句践小城和山阴大城在地理位置上确实具有攻守两便、进退咸宜的形势。当然,地理位置是个大形势,建立都城的条件还必须具体考虑当地的自然条件。因为如前所述,当时的山会平原是一片潮汐直薄、土地斥卤的沼泽地,在这里即使是建立一般的聚落,也必须利用崛起于沼泽地上的孤丘的地形条件。要建立一座都城,考虑自然更须全面。前面已经提及了种山、戢山、怪山等孤丘建城的略况。事实是,今绍兴城一带,在东西约五里,南北约七里的范围内,冲积层上崛起的大小孤丘达9处之多。[⑩]种山(海拔76米)、戢山(52米)、怪山(32米)是其中最高的3处,构成三足鼎峙的形势。当公元前5世纪初建都之前,于越居民必然已在这些孤丘上建立了许多聚落,并在聚落附近围堤筑塘,垦殖了若干土地。人口有了相当的增加,农业生产也有一定的基础,而且还有很大的开拓潜力。

在古代,凡是平原地区,早期的居民常常利用冲积层上的孤丘建立聚落,宁绍平原的这种早期聚落与北方的黄淮海平原差可相比。这是因为孤丘地势高燥,可以避免洪涝;山上植被丰富,燃料不虞匮乏;平原上(特别是当时的宁绍平原)水质咸苦,而山泉可供饮用;孤丘南坡挡风向阳,具有较为温暖的小气候条件;孤丘在平原上是一个制高点,在军事上也处于有利的守御地位。所以直到《汉书·地理志》的记载中,孤丘聚落而建为县城的已有顿丘、雍丘、封丘、平丘、重丘、乘丘等20余处。

　　小城是句践返国的当年就兴建的,因为时间紧迫,当然不可能把这一带的九处孤丘都包罗在内,所以才选择了在九处中最高的种山东南麓兴建。小城既是国都,在于越战败,国君被俘两年多以后,迅速地建城定都,具有号召整个部族,重整旗鼓,团结抗敌的意义。而小城同时又是一个军事堡垒,它必须坚固周密,能够顶得住敌人的进攻。按照这样的要求,种山东南麓确是一个十分理想的建城地址。因为种山在地形上,北麓陡峭,南麓缓倾,全山从西南到东北有六条高阜,其中第四高阜最高,而第五高阜南麓坡地最为宽广,有足够的土地可以建立宫室,并从事垦殖。这一带又富于泉水,历史上记载的有清白泉、三汲泉、方井、乌龙井等,在今日的测勘中,这些井泉大体仍然存在。小城西北有种山为屏障,不仅有效地改善了这个都城的小气候条件,而满山林木,更为宫室提供了充分的建筑材料和燃料。种山在军事上还有更为重要的价值。因为于越是战败国,在战胜国句吴的监视下,明目张胆地筑城自然是不允许的。这就是《吴越春秋》卷八所记载的,在小城建筑时"缺西北,示服事吴也"。由于当时的越国国境已经很小,即所谓"吴封百里于越,东至炭渎,西至周宗,南造于山,北薄于海"。[17]句吴部队驻禁在钱塘江以北,正位于于越的西北方。因此,小城西北方不筑城垣是于越臣服于句吴的表示。但是整座城垣依种山而筑,西北方虽无城垣,却有比城垣更为可靠的种山屏护,而且范蠡更在此山的最高山阜上建造了一座飞翼楼。[18]其实就是瞭望台。当时钱塘江江道从南大门出海,在飞翼楼(从宋代起称为望海亭,现恢复为飞翼楼)可以北眺江滨,句吴若有军事行动,于越即可随时准备。

　　就这样,于越在很短的时间里,迅速地筑成了这座周围只有2里稍多的国都兼军事堡垒,使整个于越部族有了一个新的、坚强的政治中心,让部族在战败失君以后又站稳了脚跟。于是,紧接着小城的落成,范蠡又在小城外围建筑了城周大于小城10倍的山阴大城。大城把这个地区的大部分孤丘聚落都包罗在内。可以设想,在范围广阔的大城之中,除了街衢、河渠、屋宇、工场等以外,仍然还保留着许多耕地和牧场。小城是于越的政治中心和军事基地,大城则是于越的经济中心和生产基地。小城的迅速建成,为大城的兴建赢得了时间;而大城的建成,又为小城保障了给养。于是,越国从风雨飘摇中稳定了下来。以后的绍兴城市,随着历代贤牧良守和人民大众的惨淡经营,附郭延伸,城市扩大,但句践时代这三山坐标之间的地区,却一直是这座于越故都的中心。

　　立国建都是于越复兴强大的基础。但是句践与他的几位谋士如范蠡、文种、计倪诸大夫都知道,要能够真正地兴国灭吴,雪会稽之耻,最重要的是要增强国力,也就是要发展生产,扩充财富,增加人口,训练士兵。在当时,于越与句吴之间,国力上的差距实在极大,这是句践和范蠡在姑苏的两年多时间里亲眼目睹的。对此,句践下定了决心,这就是《史记·越王句践世家》所记述的"卧薪尝胆"的故事。与禹的大公无私品格和疏导治水的策略一样,以后的绍兴人,一直以此作为世代承传的绍兴精神。

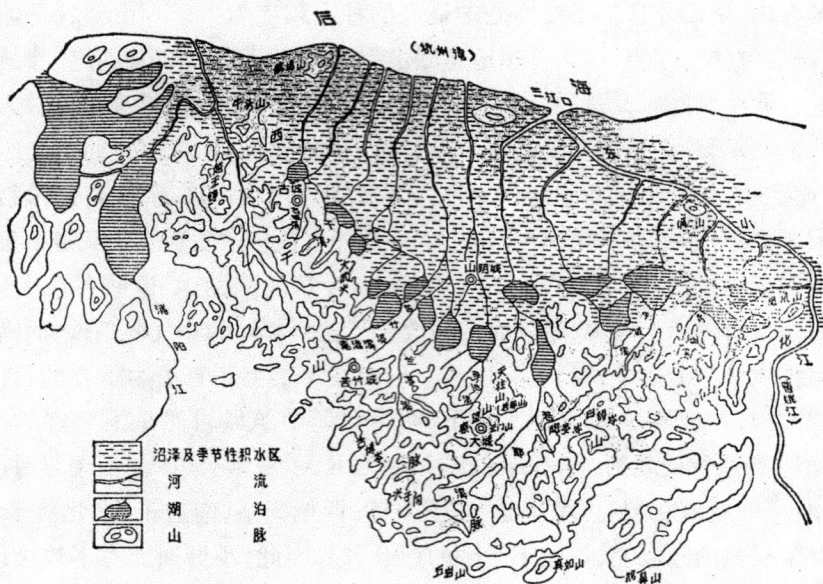

卷转虫海退以后山会平原示意图

　　《管子·水地篇》说:"越之水重浊而洎,故其民愚疾而垢。"这确实是海退以后,山居越人陆续进入平原以后的实际情况。在一片沮洳泥泞、土地斥卤的沼泽平原上,一批祝发文身,又饥又羸的蛮子,羸在那里挣扎着生活。在文明的北方汉人眼里,于越的现实就是如此。初期进入平原的越人,他们实际上也必须依靠各处的大大小小的丘阜,利用咸潮不及的山坡土地从事垦殖,因为与崎岖狭隘、肥力耗尽的会稽山地相比,这里已经要好得多了。句践返国以后当然要抓紧改造水土的工作,因为只有这样才能使他的子民吃得饱,才有多余的粮食来供应士兵,发展其他生产。在这方面,围堤筑塘是最重要的,目的是为了拒咸蓄淡,争取可以垦殖的土地。这中间,《越绝书》卷八记载的"富中大塘"是最著名的一处。"富中大塘"当然是选择一片比较高燥的沼泽地围垦出来的,这中间包括疏导沼泽积水,在其北缘筑堤拒咸,在其南缘开渠迎淡等工程。对于禹来说,疏导是一个神话;而于句践与他的子民,疏导是一种实践。"富中大塘"围垦了多大面积,现在无从知悉,另外,从《越绝书》流传下来的堤塘名称如练塘、吴塘之类,也都包含着疏导工程在内。此外,《越绝书》和《吴越春秋》中都记及了"鸟田"的故事。《水经·浙江水注》说:"有鸟来,为之耘,春拔草根,秋啄其秽。"尽管这种说法存在附会,但既然称为"鸟田",显然已经是整片经过垦殖的土地,当然也是从沼泽平原上疏导出来的。

农作物的品种当时已经较多。《越绝书》卷四说："五谷既已收。"《吴越春秋》卷九说："春种八谷。"这些文献中提出的具体作物名称共有 7 种：粢、黍、赤豆、稻粟、麦、大豆、穬。《越绝书》把"粢"列为第一等"甲货"，可能就是水稻。《吴越春秋》卷九记叙了当时的农事活动："春种八谷，夏长而养，秋成两聚，冬蓄而藏。"又说："留意省察，谨除苗秽，秽除苗盛。"后者所述，其实就是水稻种植中的耘田工作。说明当时不仅种植水稻，把它作为粮食中的"甲货"，而且其耕作过程也已相当精细，并不粗放。

在农业生产中，当时也发展了畜牧业，《越绝书》卷八记及的有养狗的犬山，养鸡的鸡山和养猪的豕山。由于我们现在对于越当时的诸如婚姻、家庭等社会制度还缺乏研究，他们所从事的劳动是一个家族进行的或是更大的部族集体进行的，现在还没有依据，但由于犬、鸡、豕等养殖而与地名加以联系，则显然是一种原始的牧场畜牧业，是一种以相当大的集体进行劳动的。此外，《越绝书》卷四有"劝农桑"的话，而范蠡又有《养鱼经》的著作，[19]说明蚕桑业和淡水水产养殖业也已有了发展。

农业以外，手工业在这个时期也开始有所发展。由于兴国灭吴是句践坚定不移的心愿，要打仗，必须要有武器，所以手工业中，采矿和金属冶炼是当时非常重要的部门。《越绝书》卷八有一条记载句践发展这个手工业部门的文字："采锡山为炭，称'炭聚'，载从炭渎至炼塘，各因事名之。"这段文字指出了燃料基地所在，燃料的运输路线和冶炼工业的布局，是一项完整的古代冶金工业资料。此外，《越绝书》卷八还记载了句践的采铜和冶铜工业基地姑中山，并有"句践铸铜"的记载。上述锡、铜之类的金属，都是冶制青铜的原料，也是于越军队武器的来源。

于越的其他手工业部门，都记载在《越绝书》卷八之中。例如对国计民生关系重大的盐业。依靠濒海的有利条件，于越在大越城以北的朱余设置了盐业基地。手工业中还有一个十分重要的部门是造船业。《越绝书》说越人"以船为车，以楫为马"。在河姆渡和萧山跨湖桥遗址中，就有木桨和独木舟的出土，可以为证。船不仅是他们不可稍离的交通运输工具，而在他们积极准备的伐吴战争中，更是必需的战争工具。所以他们在大越城北 50 里设有"船官"，即造船工业基地。造船需要木材。在句践后来迁都琅琊之时，曾用 2800 人的伐木大军，在会稽山的木客村采伐制造船筏用的松柏等木材，规模确实巨大。

越人在东南地区的分布虽然很广，但与北方汉人所建列国以及与其同族的句吴相比，实在是小国寡民。在经过哀公元年之败以后，土地缩小，人口减少，国势当然更大受影响。所以增加人口，实在是当务之急。在这方面，句践的措施是："令壮者无取老妇，令老者无取壮妻；女子十七不嫁，其父母有罪，丈夫二十不娶，其父母有罪；将免者以告，公医守之；生丈夫，二壶酒，一犬，生女子，二壶酒，一豚；生三人，公之与母，生二人，公之与饩。"⑳这种措施的确使人口有了较快的增长。在句践准备兴兵伐吴的前夕，他已经建立起一支规模不小的军队。据《吴越春秋》卷十的记载，这支军队包括"习流二千人、俊士四万、君子六千、诸御千人"，总数达到了 5 万人之谱。若按两丁抽一的数字估计，则当时部族的青壮年已达 10 万人之数。相应加上等量的青壮年妇女，则总数就达 20 万，另外还应按比例加上各占四分之一的不成丁幼年和老年，则当时于越部族的人口总数约为 30 万人之谱。

部队当然经过严格的训练，作为一支南蛮部族，加上迫切的复仇情结，训练的方法当然是十分残酷的。《淮南子·主术训》说："越王好勇，而民皆处危争死。"《论衡·牵性篇》根据当时尚流传的传说写了一种句践的残酷练兵方式："句践试其士于寝宫之庭，赴火者不可胜数。"王充记叙的这个传说在当时是很流行的，或许也是真实的。因为《墨子·兼爱下》也记及："昔者，越王句践好勇，教其士臣三年，以其知为未足以知之也，焚舟失火，鼓而进之，其士偃前列，伏水火而死，有不可胜数也。"

《左传·哀公元年》曾记下了一段伍子胥的话，伍子胥是竭力主张夫差趁句践人质于吴的机会置其死地以免后患的。他说："越十年生聚而十年教训，二十年之外，吴其为沼乎？"而结果，在不到二十年年的时间内，于越就于哀公二十二年灭掉了句吴。于越因此而强盛，如《吴越春秋》卷十所记：

> 句践已灭吴，乃以兵北渡江淮，与齐、晋诸侯会于徐州，致贡于周，周元王使人赐句践，已受命号，去还江南。以淮上地与楚，归吴所侵宋地，与鲁泗东方百里。当是之时，越兵横行于江淮之上，诸侯毕贺。

从这段记载中，说明在于越灭吴以后，势力鼎盛，达于极点。不过从时代来说，今本《竹书纪年》记录"于越灭吴"在周元王四年（前 472）之下（一说为周元王三年，即前 473）。在中国历史时代中，春秋终于周敬王四十四年（前 476）。而在此之前，夫差已经耀武中原，主持了黄池之会。于越之所以获胜，除了句践的处心积虑，发奋图强以外，在进军的时间上利用了夫差忙于称霸北方，也是重要因素。所以前面已经指出，夫差在覆亡以前，已经完成了他称霸的意愿，我国历史上素称"春秋五霸"，其实还应增加吴王夫差，他是春秋的最后一霸。句践的灭吴兴国，为时已在战国之始，我国历史上素称"战国七雄"，其实还应加越王句践，他是战国的最初一雄。

与夫差一样，句践同样有称霸中原的野心，今本《竹书纪年》在周贞定王元年下记录"于越徙都琅琊"。其时为公元前 468 年。上述周元王四年与周贞定王元年两条，虽然出于《今本竹书》，但前一条所记与《史记·六国表》完全相同，后一条与《吴越春秋》稍有出入，《吴越春秋》称句践卒于其在位的二十七年，其时尚在周贞定王元年以前两年。但元徐天祜在句践二十七年条下引《通鉴外纪》作注："句践三十三年薨，其时已在周贞定王五年(前464)。"古史中的这点差异本属难免难辨,特别是于越北迁以后,大越城已成它的故都,《绍兴简史》不必在这些问题上深究了。

于越迁都到琅琊以后,延续了至少达二百数十年之久。开始曾经称雄一时,灭火滕伐郯,为各国所惧,《吕氏春秋·顺民篇》有说:"齐庄子请攻越,问于和子,和子曰:先君有遗令曰:无攻越,越,猛虎也。"但后来因为发生了宫廷内讧,亲子相残,国势陡落。《庄子·让王篇》提及:"越人三世弑其君,王子搜患之,逃乎丹穴,而越国无君,求王子搜不肯出,越人薰之以艾,乘以王舆。"像这样一位被迫即位的君王,还能有什么作为呢。此后由他的儿子无疆(彊)即位,楚人一击,就此崩溃,于越的历史告终。但在若干不同的文献中,无疆以后,尚有几代君王。这些与《绍兴简史》原来已不相涉,但由于于越是从大越城起家的,虽然北迁琅琊,但大越城仍是这个部族的故都。所以我们仍在此把不同文献中记叙的于越世系整理分录,以供参阅:

一、《越绝书》:句践——与夷——子翁——不扬——无疆——之侯——尊——亲。]

二、《吴越春秋》:句践——兴夷——翁——不扬——无疆——玉——尊——亲。

三、《史记·越世家》:句践——鼫与——不寿——翁——翳——之侯——无疆。

四、《竹书纪年》:句践——鹿郢——不寿——朱句——翳——(诸咎)——(孚错枝)——初无余——无颛——无疆。

本文按《越世家》及《竹书纪年》,把无疆(彊)作为最后一个于越君王。不过无疆被楚所杀以后,于越作为一个部族,仍未消亡。而且楚人的势力也仅止于浙江北岸,浙东包括故都大越城,仍在越人居留的地域之中,即《越世家》所说:"诸族子争立,或为王,或为君,滨于江南海上。"这显然是部族之中没有一个精明强悍的领袖出来领导部族,以致部族分裂为若干支族,由各支族领袖统率,分别居留在今钱塘江以南的宁绍平原和沿海一带。但是这种部族分裂的局面,可能并不十分长久。各族之中,最后还是出现了称王的强有力人物,把分散的部族在一定程度上统一了起来。或许是慑于楚的强大势力,他们在政治上和军事上已经不敢再在列国间显露头角,但仍然出现了《古本竹书》记载的他们向魏进贡的故事。当时魏是大国,又是楚的劲敌,所以他们的进贡不是没有目的的。据《水经·河水注》引《古本竹书》:"(魏襄王七年)四月,越王使公师隅来献乘舟,始罔及舟三百,箭五百万,犀角象齿焉。"今本《竹书纪年》所记基本相同。按魏襄王七年为公元前312年,时距无疆之败仅20余年,派公师隅北上的越王是谁,史籍没有记载,但这条记载至少可以说明两点:第一,被楚国击溃而分崩离析的越部族,此时又在他们原来的基地宁绍地区统一了起来,并且又出现了可以称越王的领袖。因为假使仅仅是一个支族的领袖,是没有可能聚集起如此大量的物资向魏国进贡的。把这样一大批物资从宁绍地区运送到魏都大梁,必须组织一支巨大的运输力量,也不是一个支族的能力所能办到的。第二,向魏国进贡的这批物资,都是于越的土产。船是越人最熟悉并有能力建造的东西。箭就是竹,它和犀角、象齿,都是会稽山地中的山林产品。于越在当时新败之余,有能力一次向魏国进贡如此大量的物资,足见这个地区不仅自然资源丰富,其生产力也必相当可观。这些都说明于越部族在当时还有较大的潜力。

于越北迁 200 多年,这段时间,与本书关系已经不大。但到了无疆之败以后,部族回归,倒又是涉及本书值得记叙的事了。

注释:

① 载《杭州师范学院学报》1999 年第 2 期。

② 载《浙江学刊》1996 年第 5 期,收入于《吴越文化论丛》,中华书局 1999 年版。又收入于《水经注研究四集》,杭州出版社 2003 年版。

③ 陈铁梅《我国旧石器考古年代的进展与评述》,《考古学报》1988 年第 3 期。

④ 载《文化交流》1996 年第 22 辑。

⑤ 载《杭州大学学报》(哲学社会科学版)1984 年第 1 期,收入于《吴越文化论丛》,中华书局 1999 年版。

⑥ 《吴越释名》,《江苏研究》5、6 合期,1937 年 6 月。

⑦ 邹逸麟《谭其骧论地名学》,《地名知识》1982 年第 2 期。

⑧ 《越绝书》卷六。

⑨⑬ 《越绝书》卷七。

⑩ 《吴越春秋》卷五。

⑪ 载《吴文化与苏州》,同济大学出版社 1992 年版。

⑫ 《吕氏春秋·贵直篇》。

⑭ 载《浙江学刊》1987 年第 4 期,收入于《吴越文化论丛》,中华书局 1999 年版。

⑮ 毛奇龄《重修平阳寺大殿募疏序》,《西河合集》卷一六。

⑯ 孙因《越问》(载《宝庆会稽续志》卷八):"八山蛇其中蟠兮。"原注:"府城内有八山。"按八山为种山(卧龙山)、蕺山(戒珠山)、龟山(怪山)、白马山、彭山、鲍郎山、峨眉山、火珠山。又明张岱《越山五佚记》(《琅嬛文集》卷二)中有黄琢山一处。

⑰ 《国语·越语上》。

⑱ 《吴越春秋》卷八。

⑲ 陈桥驿《绍兴地方文献考录》七·《物产经济类》:《养鱼经》一卷题范蠡撰。此书久佚,《旧唐书经籍志》卷下,《新唐书……艺文志》卷三,《东方文化研究所汉籍分类目录》子部、第五农家类等著录。姚振崇《隋书经籍志考证》卷三一云:"梁有陶朱公《养鱼法》一卷,亡。"

案《水经注》卷二八《沔水注》云:"(沔水)又东入侍中襄阳侯习郁鱼池,郁依范蠡《养鱼法》作犬陂,陂长六十步,广四十步。"说明此书在晋代已流行。……此书亡佚已久,惟《齐民要术》辑存(卷六,养鱼第六十一)。

⑳　《国语·越语上》。

第三章　绍兴的历史沿革

　　前面已经把史前的绍兴和绍兴进入历史时期以后的概况作了简叙。显然,这两章中所叙的绍兴,在地域上比实际上的绍兴要大得多。第一章写的是地质与地史上的绍兴,全篇内容是一种地域上的宏观概念,只是绍兴也涉及其中。第二章写的是一种部族上的宏观概念。直到这个部族的最后时期,才把绍兴定为都城。当然,与第一章相比,它已经直接触及了绍兴。从会稽山区到大越城,确实都是历史上的绍兴。但是,顾名思义,《绍兴简史》当然应该以绍兴为中心。但以上两章,在内容上都牵涉到绍兴以外的地域。读者或许会感到不着边际。所以这里必须说明的是,我们写的是绍兴的历史,虽然因为篇幅所限,是一本简史,却并不是以往的诸如"通俗演义"之类。因为历史是一种科学,司马迁在其《报任安书》中为历史学所作的定义:"究天人之际,通古今之变",其理至今不变,但由于这两千多年来,涉及"天人"和"古今"的自然科学和人文科学已经有了很大的发展。与历史科学关系密切的,诸如地质学、地史学、古生物学、古地理学、考古学、人类学等等,都与司马迁写《史记》的时代有了极大的不同。在这样的情况下,即使是写一个小区域的历史,我们也有必要首先从宏观上进行考虑,才能科学地写出一个小区域的历史来。本书的前面两章,我们就是出于这样的考虑撰写的。

　　现在开始写绍兴的历史沿革,已经从宏观的绍兴,进入了《绍兴简史》的主题。但对此我们也还得作一点科学的解释。读一读历来的绍兴地方志或其他史书,开宗明义说绍兴的地理区域,常常是"禹贡扬州之域。"《禹贡》是部什么书? 它是经书《尚书》

中的一篇,是本书第一章中引及的《中国文物报》上刘星先生所谓对其存在要"打一个问号"的夏朝的经书,说了一大篇详叙禹的"地质功能"的话。而这种"地质功能"是将一个地域很小的部落扩大到秦汉时代的版图,即"九州"的范围来描述的。近代学者经过反复研究,已经明确了此书出于战国后期,书中的"九州",是作者的假托。当然,近年来新编的志书和其他文献,不会再重复这种神话。历史科学毕竟是在进步的。

　　沿革在中国历史上并不是一个古老的词汇。《隋书·高祖纪》云:"载怀沿革,事有不同。"这大概是最早使用"沿革"这个词汇的历史文献。不过"沿革"所描述的这种社会现象,却在相当古老的时代就已经存在。《汉书·地理志》首先把事物相沿和变迁的一个方面,即郡县的建置和变迁过程,进行了归纳记载。因为中国自秦建郡县制以后,到了《汉书·地理志》作为依据的元始二年,即公元 2 年,已经有了 200 多年的历史。当时,郡(包括与郡同级的国)已有 103 个,县(包括与县同级的道、邑、侯国)已有 1587 个,这中间,有的是秦置的,有的是元始二年以前历年建置的,而名称和隶属关系历年又常有改变。《汉书·地理志》把这一同类事物的相沿和变迁汇为一帙,这是一种重要的创造。《汉书·地理志》本身虽然绝未使用"沿革"这个词汇,但它所归纳记载的,其实就是自秦以来以至新莽的郡县建置的沿革。例如京兆尹、华阴县下云:"故阴晋,秦惠文王五年,更名宁秦,高帝八年,更名华阴,……莽曰华坛也。"短短数语,把华阴县的几百年沿革记载得扼要清楚。所以谭其骧先生说:"不读《汉书·地理志》,就无法从事历代疆域政区沿革的研究。"① 而侯仁之先生则认为,由于《汉书·地理志》的著述,"从而形成了'沿革地理'这门学问。论者以为'沿革地理'是从宋朝开始的,实际上《汉志》已创其端。"②

　　在历史研究中,弄清沿革是一件比较繁杂却并不困难的工作。自从 20 世纪 80 年代之初修纂志书,各市县都要涉及各自的沿革,本来以为这一部分内容是不易致讹的,但实际上并非如此。为此,陈桥驿撰写了《关于"沿革"和浙江省新修志书沿革卷篇的讨论》③一文,以引起各市县修志者的注意。文中提出了有关浙江省志书中存在的包括各市县建置沿革差错在内等 5 个问题。其中第五个问题是西汉的行政区划问题。新修志书记述建置沿革,在这段时间出现的问题最多,所以在沿革卷篇中,西汉是值得注意的朝代。不少新修志书认为西汉之初的行政区划是沿用秦的郡县制,即所谓"西汉因之"。有的认为当地在秦属会稽郡,西汉"仍属会稽郡",有的说"西汉仍因秦制"。说明要对各地的建置沿革梳理清楚,也必须花一番功夫。现在我们撰写《绍兴简史》,是以建置沿革为线索,简述各个时代的历史变迁和重要历史事件,与志书的建置沿革卷篇不同。但建置沿革在简史中仍具有提纲挈领的作用,所以在正文记叙之前,赘述如上数言。

第一节　会稽郡

　　前面提及《绍兴简史》的撰写,以建置沿革为线索,来记叙其间的历史变迁和重要历史事件。这以前,我们也记叙了一些于越的历史。于越的境域比现在的绍兴要大得多,除了早期的酋长驻地和以后的国都大越城以外,它是怎样划分地区的,或者说有没有地区划分的体制,我们都无从知悉。所以在于越这一部分的记叙中,未曾述及于此。

　　中国的行政区划是从秦开始的,即所谓郡县制。从郡、县的名称来说,春秋、战国时代已经出现。《通典》卷三三、职官十五云:"春秋时,列国相灭,多以其地为县,则县大而郡小。故传云:上大夫受县,下大夫受郡。"又云:"至于战国,则郡大而县小矣。故甘茂谓秦武王曰:宜阳大县,名曰县,其实郡也。"按春秋、战国时的郡、县,其性质仍是封邑。如《左传·僖公三十三年》"晋襄公以再命命先茅之县赏胥臣",又《左传·宣公十五年》"晋侯赏士伯以瓜衍之县"等,均是其例。

　　《史记·秦始皇本纪》所载,始皇二十六年才按李斯之议分天下为三十六郡,郡县制从此开端。当然,对于三十六郡之数,后世史家颇有争议,但其中会稽郡的建置是没有争议的。事实上,始皇二十六年以后,陆续增置又有年代可考者尚有不少。这类著述甚多,如王国维有《秦郡考》,④谭其骧有《秦郡新考》,⑤因不涉我们的主题,所以不作议论。

　　秦王政二十五年(前222),平定长江中下游地区。《秦始皇本纪》称:"定荆江南地,降越君,置会稽郡。"《汉书·地理志》会稽郡下云:"秦置,高帝六年为荆国,十二年更名吴,景帝四年属江都,属扬州。"⑥《汉志》会稽郡所记县26,县数和县名,当与秦所置无异。其中山阴县下云:"会稽山在南,上有禹冢、禹井,扬州山,越王句践本国,有灵园。"这几句话当然是班固的注释。班固的注释并不完整,也不完全正确。据《汉书·异姓诸王表》,高祖五年正月,"徙韩信王楚"。故当时今浙江省的大部分包括今绍兴在内均属楚国。又《地理志》广陵国下:"景帝四年,更名江都。"广陵县下云:"江都易王非,广陵厉王胥,皆居此,并得鄣郡而不得吴。""不得吴"3字,可以说明上述会稽郡下"景帝四年属江都,属扬州"一句有讹。丹阳郡下云:"故鄣郡,属江都,武帝元封二年更名丹阳。"由此可知,景帝时的江都国,其境域除了今苏南和皖南的一部分地区外,并包括今浙江省的于潜、安吉、淳安等地在内。这些话或许属于多余,但是由于事涉会稽郡,而在上世纪90年代我们查阅的新修25种市县方志中,不要说《异姓诸王表》和《两粤传》未曾查阅,连并不完全正确的《地理志》也只有少数几种才作一些抄录,因此许多人一直以为秦所置的会稽郡在汉初照样存在,而山阴县仍然是会稽郡下一县,所以有必要在此再赘述几句。

现在回到秦置会稽郡的这件史事上来。于越是一个只有语言没有文字的部族,于越的语言,对于汉人来说是一种"外语",孟子称这种"外语"为"南蛮鴃舌"。以后越汉之间发生了文化交流,利用汉字表述于越的人名和地名,这种越音汉译的工作,或许是由汉人始作的,但以后越人中的上层人士也开始学习汉字。但因为毕竟是越音汉译,所以不同的文献上,仍有不同的写法。例如作为部族名和国名的"越",在《史记》、《越绝书》和以后的多数文献上都作"越",但《汉书》却作"粤"。

其他地名和人名也有这种情况,陈桥驿在其主编《浙江古今地名词典》⑦的卷首《前言》中曾经举过若干例子,如乌程、菰城(今湖州)、由拳、由卷、囚卷(今嘉兴),姑末、姑妹、姑蔑(今龙游附近),御儿、语儿(今桐乡附近)等等,不胜枚举。其实在历史上早已有学者注意到这个问题。例如清李慈铭在《越缦堂日记》同治八年七月十三日下说:"盖余姚如余暨、余杭之比,皆越之方言,犹称于越、句吴也。姚、暨、虞、剡,亦不过以方言名县,其义无得而详。"会稽也是一样,《越绝书》曾译作"会夷"。但古人常常把这汉译越语,按汉字字义加以解释,《夏本纪》释会稽:"会稽者,会计也",也和刘敬叔《异苑》释乌伤的所谓"乌口皆伤"⑧一样是望文生义。其实,秦置会稽郡,《汉书·地理志》所列郡、县名称,除山阴、海盐⑨二县使用汉名外,其余县名(包括郡名),都保留了原来的越语地名。此二县县名由越语改为汉语,《越绝书》均有说明。此书卷八说:"因徙天下有罪适吏民置海南故大越处,以备东海外越,乃更名大越曰山阴。"按《谷梁》僖公二十八年:"水北为阳,山南为阳",这种前述《汉志》华阴的"太华山在南"一样,把会稽山北的大越城改为山阴,这是正宗的汉意。于越是个强悍不羁的部族,是秦始皇在东南的心腹大患,何况附近海岛上还有尚未被他征服的"东海外越"。他于其在位的三十七年(前201),曾不顾渡越钱塘江之险,亲自到达这个地区巡视,所以他当然必除掉大越城这个地名,并且把居留在这个地区的越人进行强迫迁移。这就是《越绝书》卷八所说的:"徙大越民,置余杭、伊攻、□故鄣。"此书卷二也说:"乌程、余杭、黝、歙、无湖、石城县以南,皆故大越徙民也。秦始皇帝刻石徙之。"目的当然是为了防制这些顽民造反。那些不愿接收他强迫迁移的,就向外地奔逃,到浙南、闽广等地落脚,即后来焦竑所说的:"此即所谓东越、南越、闽越也。东越一名东瓯,今温州;南越始皇所灭,今广州;闽越今福州。皆句践之裔。"⑩另外还有一部分就地逃入深山,称为"山越"。《资治通鉴》汉纪四十八在抄录《灵帝纪》此条下,胡三省注云:"山越本亦越人,依山阻险,不纳王租,故曰山越。"为了填补这个地区越人被强迫驱赶的空虚,上面已经提及秦始皇曾以一批北方汉人移入,但这批汉人如上所述均属"有罪适(同"谪")吏民",是一批罪犯和亡命之徒。所以从历史事实来说,秦始皇时代的这一次移民,是北人成批南迁的第一次。但这批移民属于下九流之类,与以后两晋、两宋时期的移民完全不好相比。

从郡县制开始的时候起,尽管郡名仍称会稽,但郡治在吴(今苏州),大越故都改称山阴县,是全郡 26 县之一。据《汉书·地理志》所载,全郡共有 223038 户,计 1032604 人。则合郡 26 县,每县平均 4 万人。而且在这 26 县之中,包括郡治在内,有 7 个县在今江苏境内,是当时合郡经济最发达的地区,必然聚居了较多的人口。另外 6 个县在今浙两地区,当时经济也较发达。上述 13 县占了全郡总县数的一半。其余今浙东、闽北的 13 个县中,山阴虽然是大越故都,但是经过秦始皇的这一番折腾,原来的越人全部驱走,而从北方移入的填补者估计素质不高,人烟稀少,生产停滞,经济萧条,城市当然得不到什么发展。司马迁曾经到过这个地方,他在《货殖列传》中记录的目击现象是"地广人稀"。这就是绍兴从于越流散到西汉一代中停滞衰落的实际情况。

绍兴从秦建郡县到西汉前期的停滞衰落,完全属于人为的原因。从另一面看,沼泽连片的山会平原,自从越王句践利用疏导的方法进行整治以来,水土资源已经获得了较好的利用条件,可以垦殖的土地必然日趋扩大。另外,会稽山地的山林资源非常丰富。前面述及在越王无疆被楚所灭后不过 20 余年,公师隅就能奉越王之命以大批物资向魏国进贡,这批物资,多半都是会稽山中的资源。按照这样的条件,这个地方对外来人口的吸引力和生产的恢复还是较大、较快的。而且它毕竟是越王句践的故都,城市规模在会稽郡下除了郡治吴以外,恐怕没有他县可以相比。当时的会稽郡,北起苏南,南到闽北,境域实在广大。从西汉后期到东汉前期,生产有了一定的发展,经济有了相对的提高以后,郡治设在全郡北部,显得尾大不掉,在这种形势下,终于出现了东汉永建四年(129)的吴(郡)会(稽郡)分治。两郡郡界,大体上以钱塘江为界,北属吴郡,南属会稽郡。而经过从秦到东汉这漫长 500 年,山阴县凭借上述种种优势,仍然是浙东、闽北的第一大城,因此,它就理所当然地成了会稽郡的郡治。全郡领山阴、余暨、诸暨、剡、上虞、余姚、句章、鄮、鄞、乌伤、太末、章安等 12 县,山阴成了整个浙东的政治、经济、文化中心。

吴会分治和山阴县成为会稽郡治,实际上是大势所趋,说明山阴县在当时已经达到了一种统率一个大地区的众望所归的地位,而且也是一种在经济上和文化上对一个大地区的义不容辞的义务。分治以后不过 12 年,会稽郡守马臻在永和五年(140)就主持了鉴湖工程,说明自从句践在山会平原这片沼泽地上从事疏导整治以来,许多从会稽山地北流的河川,经过疏导,多已可以直流入海,而山会平原北部的水土资源,远比南部丰富,具有更大的垦殖价值,已经吸引了不少垦殖者。由于沿海海塘尚未完成,土地斥卤所造成的沼泽地仍然不少,但只要淡水供应充分,垦殖实非难事,而且较南部显然具有更好的效果。为此,马臻经过规划,毅然实施了工程量不小的围堤作业。根据陈桥驿《古代鉴湖兴废与山会平原农田水利》[⑪]一文所汇集和整理历代以来积累的资料表明,鉴湖湖堤以会稽郡城为中心,分为东西两段,东段自五云门至曹娥江,长72里;西段自常禧门至钱清江,长55里,全长127里。当然,湖堤未必都在永和年代修筑,前面已经述及,自于越以来,零星修筑的堤塘为数不少,至此加以培修加固和连接,是很可能的。

湖堤围成以后,堤内河湖因遭到拦截而泛滥漫溢,于是,湖堤与稽北丘陵之间,从山麓冲积扇以下,包括所有平原、洼地、河滩等,都积水而成为一片泽国,就形成了一个人工大湖。建湖之始,这个湖泊的名称不得而知。《水经注》记及时称为长湖、大湖,到唐代称为镜湖,宋代起才称鉴湖。此湖的南界和西界是稽北丘陵的山麓线,北界是湖堤,全湖呈狭长形,周围长度据记载为358里,[⑫]其面积包括湖中洲岛在内为206平方公里。[⑬]由于东部地形略高于西部,全湖实际上又分成东西两部分,以郡城东南从稽山门到禹陵全长6里的驿路作为分湖堤:东部称东湖,面积约107平方公里;西部称西湖,面积约99平方公里。东湖水位一般较西湖高0.5米—1米。以上所述的是古代鉴湖的大致轮廓。

还必须指出,湖堤围成以后,也不能认为堤内就是浩渺一片。当然,原来的湖泊和港汊地区,湖底是较深的。但这个地区三五相连的低矮冈阜为数不少,而微地形较之北部也复杂得多。因此,即使在湖泊整个形成以后,湖内仍有许多浅滩,在枯水季节可以局部涸出。此外,湖内还分布着许多洲岛,较著名的如三山、姚屿、道士庄、干山等等。[⑭]这些洲岛周围和其他湖底浅处,仍可常时或间时进行耕种。

鉴湖工程的另一重要组成部分是涵闸排灌设备。涵闸系统主要包括斗门、闸、堰、阴沟等四种。斗门属于大型水闸一类,主要设置于鉴湖和潮汐河流直接沟通之处,既用于排洪,也用于拒咸,作用最为重要。闸和堰设置于鉴湖和主要内河沟通之处,规模不及斗门,而堰比闸更为简单。闸和堰的作用一方面是排洪,另一方面是供给内河以灌溉用水,并保证内河以通行舟楫的必要水位。此外就是阴沟,系沟通湖内和湖外内河的小型输水隧道,其作用和闸堰相当。斗门、闸、堰等设置,永和以后,历代有所增减,究竟哪些在鉴湖初创时已经建立,现在很难查清。根据记载,马臻初创的斗门有3处,其中一处为广陵斗门。[⑮]至于目前可以查考的全部涵闸,其中很多是后代添设的,主要有斗门8处,闸7处,堰28处,阴沟33处。[⑯]这些设施虽然湮废已久,但今天在当地仍有不少地名以当年的闸堰为名;若干斗门、闸、堰,今日进行现场观察,犹可从依稀残迹和水道形势,追索当年鉴湖的规模。

此外,为了调节水位以保证湖堤安全和计量灌溉用水,在会稽县五云门外小陵桥以东及山阴县常禧门外跨湖桥以南,各设则水牌(即水位尺)一处。但是由于鉴湖和其他内河水道的变迁,则水牌的位置代有更易。上述两处则水牌是否初创时设置,也已不得而知。

会稽山脉

化山山脉
- 台五冈　凤凰山 —— 伧塘溪
- 阁老山　岩里山 —— 青塘诸溪
- 甘平冈　银山 —— 富盛溪
- 下湾冈　万户山 —— 御河
- 日铸岭　绕门山 —— 上灶溪　若耶溪

大禹溪

西干山脉
- 作丹冈　香炉峰 —— 谢墅溪　南池溪
- 法华岭　姣娥山 —— 栖凫溪
- 朱华山　殷家潭山 —— 破潭溪
- 朱华山　姚山 —— 木栅溪
- 捣米岭　尖头山 —— 兰亭溪
- 辣岭　石壁山 —— 苦竹溪
- 关口山　峡山 —— 漓渚溪
- 老鹰尖　福全山 —— 容山溪
- 毛山　铜山 —— 项里溪　干溪
- 羊毛尖　长青冈 —— 型塘溪
- 占家坞　姚家山 —— 古城溪
- 西园山　铁锚山 —— 枢里溪
- 古城岭　外枢山 —— 白石溪
- 大石板山　牛头山

鉴湖　　鉴湖诸斗门闸堰　　山会平原　　玉山斗门　　后海

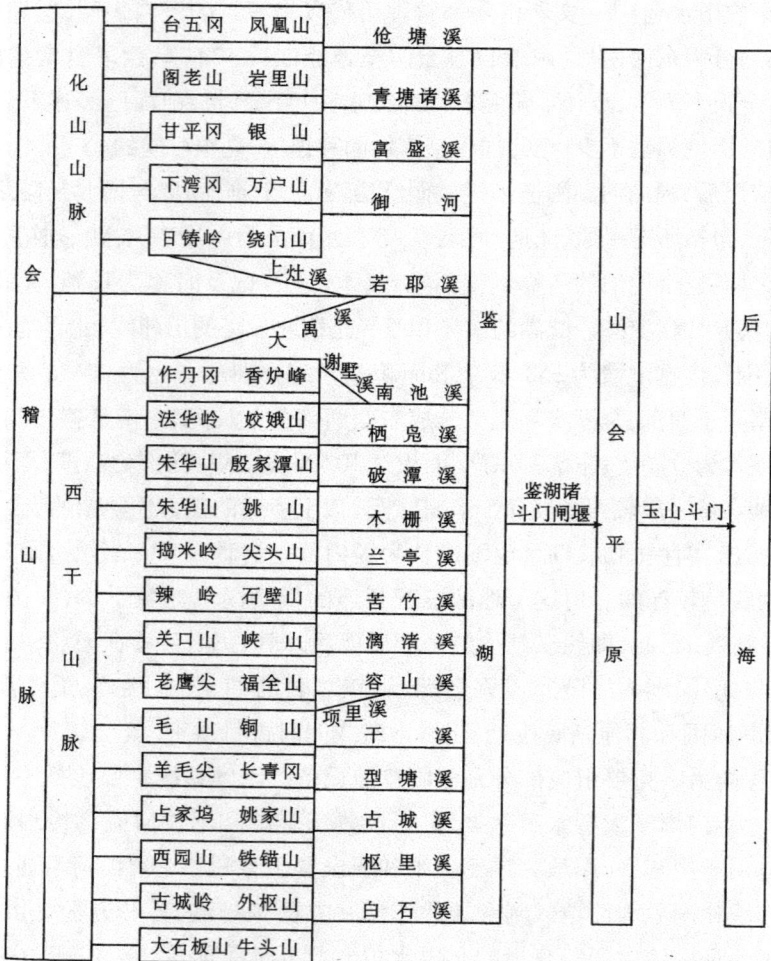

鉴湖源流示意图

在鉴湖围堤蓄水的过程中,除了一定数量的耕地被淹外,还淹毁了不少房屋和坟墓。马臻就因此而遭到一伙人的匿名控告,而被颟顸的朝廷处以极刑。[⑰]但这个水利工程的效益确是十分巨大的。由于它的庞大拦蓄能力和丰富蓄水量,使山会平原解除了来自稽北丘陵的洪水威胁,得到了充分的灌溉。而且由于鉴湖在地形上较北部高出二三米,使湖面在一般水位时较北部平原高四五米,因此,灌溉的方法非常简易。这就是《会稽记》所记述的:"筑塘蓄水高丈余,田又高海丈余,若水少,则泄湖灌田;如水多,则开湖泄田中水入海。"[⑱]这样,鉴湖以北,曹娥江以西,钱清江以南的9000多顷土地,在此后的大约 800 年中,减少了自然灾害,扩大了土地垦殖,增加了农业收成,相对地改善了人民生活。因此,鉴湖不愧为历史上长江以南的伟大水利工程,而它的创始人马臻的功绩,也是永垂不朽的。⑲

鉴湖的建成,当然是古代绍兴经济上的一次飞跃发展,是禹神话中的疏导治水的一种伟大实践,绍兴的自然面貌也因此而获得重大的改变。《管子》所谓"越之水重浊而洎",那时的绍兴真是穷山恶水。而此时,稽山镜水让绍兴成为一个人间胜境,吸引了许多文人学士到这游览甚至卜居。

西晋之末,北方发生了永嘉之乱,大批中原人被迫南迁,绍兴由于自然风景优美,成为许多文人学士汇聚的理想处所。当时移入这个地区的中原望族名士有王羲之、谢安、孙绰、李充、许询、支遁等等,在文化上极一时之盛。而其最有代表性的聚会是东晋永和九年(353)的兰亭修禊。陈桥驿曾撰《兰亭与〈兰亭〉》⑳一文,此刊出版于台北,按其体例,每文卷首都有编者的一段提要文字。该文的提要是:

> 王羲之的《兰亭集序》是中国书法史上登峰造极之作,当时文人汇集流觞曲水的修禊之地——兰亭,也随之名闻遐迩。然而,由于地理环境的变迁,兰亭位置也曾数度迁移,而与今日之兰亭毫不相涉。本文除了依各种史料考证兰亭故址外,同时也对《兰亭集序》非出于右军之手笔的说法提出辩白。

这位编者的《提要》,确实把该文作了一个很好的概括。兰亭修禊的兰亭在哪里?《水经·浙江水注》写得最明白:"湖南有天柱山,湖口有亭,号曰兰亭,亦曰兰上里,太守王羲之、谢安兄弟数往造焉。"这里的所谓湖,就是鉴湖。当时是鉴湖蓄水全盛的时代,兰亭就建在天柱山下的鉴湖口,也算是鉴湖的一景。以后鉴湖水体北移,这里就没有湖了,但天柱山的位置古今不变。所以全祖望在《宋兰亭石柱铭》㉑中说:"自刘宋至赵宋,其兴废不知又几度,顾不可考。若以天柱山之道案之,其去今亭三十里。"一处名胜古迹,好像前面述及的古都一样,位置的移动乃是常事。不过永和九年的那次修禊,聚集的文人都是当时全国第一流的,多达 42 位,还留下了这样一幅被称为"天下第一行书"的《兰亭集序》。在当时的首都建康,恐怕也摆不出这样的场面来。

经济的发展自不待言,山阴县在南朝之初,已经成为"海内剧邑"。㉒由于鉴湖水利的效益,使山会平原北部成为大片沃土良田。于是就出现了"土地褊狭,民多田少"㉓的现象,以至地价高达"亩直一金"㉔的程度,不得不"徙无赀之家于余姚、鄞、鄮三县界",㉕以减轻山阴县的人口负担。会稽郡的辖境在东汉以后虽然不断缩小,随着临海郡(三国吴太平二年,即 256 年)、建安郡(吴永安二年,即 256 年)、东阳郡(吴宝鼎元年,即 266 年)的建置,会稽郡缩小到今宁绍地区的范围。但其在经济和文化上的地位仍然不可小视,如《晋书·诸葛恢传》所云:"今之会稽,昔之关中。"这种形势,一直不变。南朝宋孝建元年(454),浙东的会稽、东阳、永嘉、临海和今浙皖边境的新安五郡,置于东扬州辖下,而州治就在会稽。㉕山阴县城已经成为一座规模宏大的城,终于在南朝末期的陈代(557—588),郡城一分为二,建成山阴和会稽二县。㉗

第二节　越州

绍兴是越王句践故都,绍兴称越,由来已久,并且一直延续到今天。绍兴人喜欢以"越"字命名各种事物。譬如书有《越谚》,报有《越铎日报》,丝绸有"越罗",陶瓷有"越窑",包括现风行全国的"越剧"等等,这显然是一种历史形成的癖好。但是实际上在郡县建置中,"越"字的出现并不很早。

以绍兴为中心的地区,在行政区划上称为越州,是从隋炀帝大业元年(605)开始的。会稽郡早在隋朝建国之初,就已经取消,但以后又几度恢复,最后一次恢复会稽郡的名称是唐玄宗天宝元年(742)。从唐肃宗乾元元年(758)起,越州的建置和名称从此稳定下来,不再变化。㉘越州的辖区,开始时大体相当于今天的宁波和绍兴两个地区,以后逐渐缩小。山阴与会稽两县在这期间时分时合,但一直是州治所在。

在会稽郡时代,郡境范围广阔,而郡治绍兴,一直是闻名全国的头等城市。可以这样说,会稽郡时代,是绍兴在浙江首屈一指,而在全国显露头角的时代;越州的时代,不仅辖境逐渐缩小,作为州治的绍兴,在全国和全省的地位也开始削弱,是一个从发展的顶峰逐渐下降的时代。

首先是越州领域的缩小,这是因为到了唐代,海上贸易开始发达起来。越州东部的鄞县,通过海上贸易,经济得到较快的发展,已经达到可以和山、会两县相颉颃的程度。于是在唐玄宗开元二十六年(738),建立了以鄞县为中心,在行政地位上与越州相等的明州。㉙越州的范围缩小到东起姚江上游,西抵浦阳江流域,南达会稽山地,北滨杭州湾的地区。这个范围一直保持到清末。

越州的境域虽然缩小,但是作为州治的绍兴,晚唐以前在目前省境范围内的地位,仍然还是领先的。唐德宗贞元三年(787),越州成为浙江东道的道治所在,当时的浙江东道领有越、衢、婺、温、台、明、处7州,绍兴仍不失为7州的首城。直到9世纪初期,著名诗人元稹当越州刺史时,他在任上作诗,仍说"会稽天下本无俦"。㉚元稹是见过世面的中原人,他这样夸越州州城,说明中唐以后,越州在城市规模上,俨然还是一个大城。从生产发展上说,鉴湖的灌溉效益在这个时期仍然较好,而后海沿岸的海塘工程基本完成,北部平原已经得到全面的垦殖。在农业生产的其他部门,如蚕桑业和会稽山地的植茶业等,也都开始迅速发展。手工业生产在这一时期获得蓬勃的发展,其中造纸业和陶瓷业的产品流行全国,甚至输出国外,丝绸业也已开始在全国显露头角。总的说来,经济提高的幅度较之前代是很有可观的。但是,从另一方面看,由于全国生产力在这一时期得到很大的发展,许多比越州条件更有利的城市,在经济和城市规模方面,有了比越州更快的发展速度。因此,从比较上说,越州的地位下降了。在全国所有发展较快的城市中,也包括和越州毗邻的杭州在内。杭州由于交通位置上是江南运河与钱塘江的交汇处,广大的杭嘉湖平原在农业生产上有巨大的潜力,而 8 世纪末期又引西湖之水入城,解决了居民的饮水问题。许多原因促使这个城市在经济上迅速发展,规模不断扩大,终于在唐代末叶超过绍兴,成为省境内的最大城市,而绍兴从此退居次位。

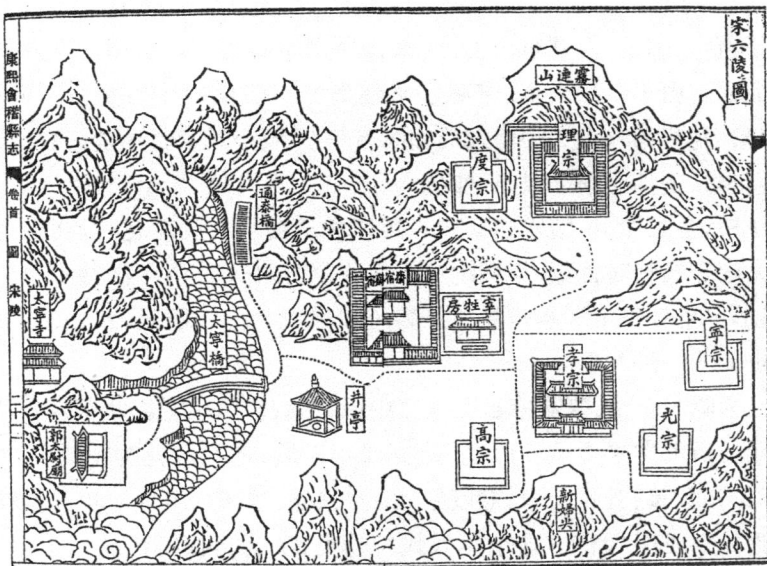

宋六陵图

　　唐代末叶,由于中央政权削弱,地方势力进行割据,绍兴地区曾经发生过几次战争,这些战争对越州的发展无疑是产生不良影响的。第一次是杭州刺史董昌与浙东观察使刘汉宏之间的战争。战场在绍兴的外围和城郊,从唐僖宗中和二年(882)打到光启元年(886),兵荒马乱,对绍兴是很伤元气的。结果,以董昌部将钱镠攻占越州而结束。[31]但接着于唐昭宗乾宁三年(896)又发生董昌与钱镠之间的战争,战场主要在越州城郊,结果是钱镠又一次攻占越州,才结束了战争。[32]

　　钱镠在这一次获胜后,建立了吴越国,把杭州定为吴越国西府,越州为吴越国东府,西府是吴越国实际上的首都。经过钱镠毕生的惨淡经营,杭州从此超过了越州。但是,越州作为吴越国的东府,是吴越国的行都,在吴越一代,也有较大的发展。钱镠在乾宁四年(897)、吴越天宝元年(908)、天宝二年(909)数度驻节越州,擘划经营,很有建树。由于鉴湖的淤浅情况当时已日见严重,钱镠亲自主持了鉴湖的疏浚,并且订立了每年疏浚的规章制度。[33]此外,在越州的生产发展以至州城的扩充、整修等方面,都做了不少工作。吴越国时代命名的街道桥梁,至今仍然存在。吴越东府的几十年建设,使绍兴在北宋一代仍然不失为东南地区的一大都会,而且奠定了南宋初年作为全国临时首都的基础。

第三节　绍兴府

北宋末年,金人南下,占领东京(开封),即所谓靖康之变。全国动乱,绍兴地区也经历了一次战祸。由于金兵南下,宋高宗于建炎三年(1129)十月从杭州渡钱塘江至越州,驻跸州廨,越州第一次成为南宋的临时首都。[34]但金兵紧紧尾随,当年十二月,宋高宗又东奔避难。安抚使李邺以州城降金。

建炎四年初,金兵撤退,南宋朝廷于当年四月从温州再度返越,以州治为行宫,越州第二次作为南宋的临时首都,为期达一年零八个月之久。[35]这一次驻跸越州,由于为时较久,军事形势也较稳定。越州在一年多时间里成为南宋的政治、经济、文化中心,这是绍兴历史上的一件大事。

越州既已为临时首都,宋高宗虽无恢复中原之志,但也很想在此苟延残喘,巩固一下南宋小朝廷的所谓中兴之业。因此,建炎四年以后,他就改元为绍兴元年(1131),并且仿"唐幸梁州故事,升州为府,冠以纪元"。[36]这样,越州从绍兴元年起,就改称绍兴府。宋高宗为什么要用"绍兴"这个年号代替建炎,又为什么要把这个年号留在他驻跸的越州,用以代替越州这个原来的名称。陆游在嘉泰《会稽志·序》中写明了这个过程:"群盗削平,强虏退遁。"宋高宗自从在南京(今商丘)仓猝即位以来,一直在兵荒马乱中南奔,建炎四年确实迎来了相对安定的局面,改元绍兴,显然含有中兴的愿望在内。他逃避金兵追击,即位以来从北向南到过许多城市,而越州是他转危为安的地方,对他和宋室朝廷,都是一个值得纪念的地方,所以在改元之时要用"唐幸梁州故事"。这是指的唐建中四年(783)朱泚之变,唐德宗出奔梁州(今陕西汉中),改元兴元元年(784),并诏改梁州为兴元府。[37]"绍兴"原来是个年号,本来无须解释,但是由于"升州为府",它取代越州,成为南宋的一个二级行政区划地名,人们为了解释地名,就牵连到这个年号。由于这个年号如上所述确实含有中兴的愿望在内,因此,长期以来,"绍兴"被解释作为"绍祚中兴"。包括历代地方志书以及近代宋史研究的文献,都是这样说法。一直要到近年新修《绍兴市志》,[38]才寻根究底,从宋人著作中找到当年改元的诏书原文:

绍兴元年正月一日己亥,大赦改元。敕曰:绍奕世之宏休,兴百年之丕绪。爰因正岁,肇易嘉名,发涣号于治朝,霈鸿恩于寰宇,其建炎五年,可改绍兴元年。[39]

由此可知,"绍兴",从年号到地名,都从"绍奕世之宏休,兴百年之丕绪"一语而来。它确实具有中兴之意,但长期流行的"绍祚中兴",却是没有根据的以讹传讹之谈。"绍兴",作为一个地名,自从1131年以来,一直沿用至今,由于这个地区的人杰地灵,所以作为地名的"绍兴",在海内外已经有了极高的知名度。

改元以后,当年十一月,移跸杭州。对于宋高宗改元以后随即弃绍就杭,历史上有不少议论。《南宋史稿》[40]总结了历来议论,提出对这件史实的比较完整的说法:

从历史上看,虽说"会稽乃报仇雪耻之地",但要将南宋政权长期建立在这里,也出现了一系列的问题:一是南宋皇室和统治集团中的主要官员大批集中到绍兴府以后,造成当地物资供应严重匮乏,物价飞涨,甚至一兔的价格也要五六千文,不仅百姓生活更加困难,统治者的奢侈生活也得不到保障。二是绍兴府地处浙东一隅,漕运很不方便,各地赋税无法上贡,财政上出现了严重危机。南宋政府为加强搜刮,甚至公开出卖承直、修武郎以下官,以充国库。三是久驻绍兴府,也不利于高宗打出抗金恢复的旗帜,以自欺欺人。于是大臣们纷纷上疏,指出绍兴府非可以长久驻跸之地,如中书舍人洪拟说:"舍四通八达之郡,而趋偏方下邑,道里僻远,非所以示恢复。形势卑陋,不足以坚守御。水道壅隔,非漕挽之便。轻弃二浙,失煮海之利。"刚刚被任命为左相的吕颐浩也提出了类似看法。到当年十一月,高宗终以"会稽漕运不济"为由,下诏"移跸临安"。绍兴二年(1132)正月,他在张俊等人护卫下,来到了临安府。[41]

上面引文中洪拟的话,如"偏方下邑"、"形势卑陋"之类,显然语出偏执。绍兴不宜长期驻跸,从政治形势看,因为其地不在抗金前沿,不符合当时朝野的抗金要求。从经济形势看,因为它与当时产粮最丰富的太湖平原之间有钱塘江之阻,在支持作为一个首都的后勤需要上存在困难。至于绍兴在南宋这个半壁河山中的地位,即使在杭州定都以后,它仍然是数一数二的。《宋绍兴府进士题名一》[42]说:"越今为陪都……要非余郡可比。"这里,"陪都"的说法没有正式依据。但陆游在嘉泰《会稽志·序》中说:"股肱近藩,东诸侯之首地","今天下钜镇,惟金陵与会稽耳。"这是毫无疑问的。由于首都临安府,其正式名分不过是"行在所",所以南宋并无陪都的设置。但绍兴这个近畿大邑,实际上具备了若干陪都的条件。会稽山下被选定作为王室的陵寝所在。[43]由于大量赵氏宗室居住于此,朝廷的宫学也在此创办,"要非余郡可比"的话是信而有征的。绍兴六年(1136),朝廷规定山阴等40处为全国大邑。[44]因为这里在经济上的繁荣发展,同时又是当时全国的重要文化中心之一,[45]而山水之秀,又甲于天下,[46]所以这个地方,在"绍兴"得名以前,会稽和越州之名,早已不同凡响;而在"绍兴"得名以后,更是扶摇直上,誉满天下。总的说来,越国的建城定都,六朝的繁荣秀丽,南宋的充实发展,这是绍兴历史上的三个高峰。

前面提及,绍兴在南宋是与金陵齐名的全国两大城市,绍兴府城(即山阴、会稽两县县城)已经是一座拥有居民万户的大型城市,[47]厢坊建置,已趋完备,全城建有 5 厢96 坊。[48]直到清末,绍兴府城内的坊巷名称及布局,都以此为基础。

除了城内的坊巷建置外,山会两县乡村中的乡里建置也较前代更为严密,计山阴县14 乡、43 里,会稽县 14 乡、33 里。以后明清时代的乡里建置,大体上都沿袭南宋的规模。

南宋绍兴府城厢坊建置一览[49]

厢	坊			
第一厢	外竹园坊 外钟离坊 外梧柏坊 目莲坊 小新坊 礼裡坊	里竹园坊 里钟离坊 里梧柏坊 季童坊 都亭坊	晋昌坊 静林坊 杏花坊 义井坊 法济坊	元真坊 甘露坊 亲仁坊 新路坊 孝义坊
第二厢	棚楼坊 照水坊 石灰坊 押队坊 祥符坊	花行坊 小德政坊 朴木坊 诸善坊 詹状元坊	日池坊 宝幢坊 乐义坊 上党坊 莫状元坊	月池坊 广陵坊 永福坊 义井坊
第三厢	西河坊 华岩坊 大市门坊 南观仁坊 耀灵坊 京兆坊 河南坊 桐木坊	小驿坊 铁钉坊 治平坊 狮子坊 植利坊 天井坊 施水坊 槿木坊	南市 蕙兰坊 甲子坊 云西坊 采家坊 水沟坊 船场坊 爱民坊	富民坊 德惠坊 开元坊 菩提坊 柴场坊 大新坊 府桥坊
第四厢	贤良坊 北市 新河坊 武勋坊 笔飞坊	火珠坊 瓦市 大路坊 昼锦坊 斜桥坊	少微坊 双桥坊 石灰坊 迎恩坊 戒珠坊	板桥坊 水澄坊 锦鳞坊 草貌坊 王状元坊
第五厢	教德坊 秦望坊	卧龙坊	车水坊	显应坊

南宋山阴会稽两县乡里建置一览[50]

县	乡	对府城位置	到府城距离(里)	辖　里
	坊郭	城郊		大云、市南、北海、新河
山阴	迎恩	西北	25	兰上、明福、会昌、苦竹
	灵芝	西北	25	袁宾、宾佑、万岁、禹川、尽祐、埭石、北渎、勾渎
	感凤	东北	26	永仁、玉笥
	巫山	东北	28	朱尉、永仁、鹿山、涂山、石城
	温泉	西北	28	怀信、兴德、崇业
	梅市	西北	29	梅福、永新、宝盆
	旌善	西北	30	敬忠、周嘉
	承务	西南	27	洪渐、道泰
	禹会	西北	50	广陵
	清风	西北	80	清化、骆思
	安昌	西北	81	齐贤、东林
	新安	西南	100	调山
	天乐	西南	120	方山、馨浦、斯里、刹竿
会稽	坊郭	城郊		街贤、德政
	凤林	东	2	西施、镜水、石亭
	雷门	东北	13	上皋、皋平、石渎、长乐
	上亭	东北	22	上许、静志、淳墅
	袁孝	东	35	通德
	广孝	东	40	苏墟、崇德
	曹娥	东北	45	福严、箬林
	延德	东北	80	西岭
	富盛	东	50	积下
	太平	东南	100	章汀、全节、太平、蒿山
	千秋	东	60	稽山、城南
	德政	东南	110	太钦、赤石、奉化
	五云	东南	12	石帆、西施
	东土	东南	72	美箭、谢公、回潭

　　南宋以后,绍兴地区的沿革变化很小。元代在全国范围内改"府"为"路",绍兴府称为绍兴路,但明代即恢复"府"的称号,从明到清不变,其辖区和属县亦无二致。

　　元朝为时短促,而举国扰攘,无可足述。自明至清,因西方资本主义东渐的影响,浙省境内沿海城市如宁波、温州,崛起甚速,绍兴在经济地位上未免见逊。但在文化上由于前代的雄厚传统而愈益欣欣向荣。"蕺山风高,姚江流长",[51]绍兴成为东南的文化名都。㉜此外,六朝以来"山阴道上行,如在镜中游"的自然风光依旧,而人文胜迹则增加甚多,所以又是海内传颂的"山水名都"。㉝

注释:

① 《汉书·地理志选释》,《长水集》下册,人民出版社1987年版。

② 《中国古代地理学简史》,科学出版社1962年版。

③ 载《浙江方志》1996年第6期,收入于《陈桥驿方志论集》,杭州大学出版社1997年版。

④ 《观堂集林》第一二卷。

⑤ 《长水集》上册,人民出版社1987年版。

⑥ 《汉志》刘敞注:"景帝四年封江都王并得鄣郡而不得吴。名曰江都,然则会稽不得云属江都。"

⑦ 浙江教育出版社1991年版。

⑧ 《水经·浙江水注》。

⑨ 《越绝书》卷二:"海盐县,始为武原乡。"又卷八:"觐乡北有武原。武原,今海盐。"又卷八:"朱余者,越盐官也,越人谓盐曰'余'。"前二条,说明海盐为越语武原所改;后一条,说明越语中盐称余,故可证海盐是汉语地名。

⑩ 《焦氏笔乘续集》卷三。

⑪ 《地理学报》1962年第3期,收入于《吴越文化论丛》,中华书局,1999年。

⑫ 鉴湖周围长度,唐以前均引孔灵符《会稽记》,作310里,宋以后各家作358里,此说始于曾巩《鉴湖图序》,载《元丰类稿》卷一三。

⑬ 见《古代鉴湖兴废与山会平原农田水利》。

⑭ 各洲岛均系唐以后名称。

⑮ 钱大昕《潜研堂金石跋尾》卷一三按嘉祐八年《越山阴县新建广陵斗门记》云:"广陵斗门乃后汉会稽太守马臻所立的三大斗门之一。"

⑯ 曾巩《鉴湖图序》,《元丰类稿》卷一三。

⑰ 马臻,《后汉书》无传。此说据孔灵符《会稽记》。

⑱ 《通典》卷一八二引《会稽记》作:"如水多,则闭湖泄田中水入海。"此"闭"字,较《会稽记》"开"字为佳。

⑲ 据历修绍兴志书,山、会人民推崇马臻,于唐开元中在鉴湖边为他立祠。今绍兴偏门跨湖桥南,尚有马太守庙。

⑳ 载《历史月刊》1998年第10期。

㉑ 《鲒埼亭集》卷二四。

㉒ 《宋书·顾觊之传》。

㉓㉔㉕　《宋书·孔季恭传》。

㉖　《通鉴》卷一八二,《宋纪》。

㉗　《方舆纪要》卷九二,《浙江四》。

㉘　《新唐书·方镇表》。

㉙　《新唐书·地理志》。

㉚　元稹:《重夸州宅景色》,《元氏长庆集》卷二二。

㉛㉜　《吴越备史》卷一。

㉝　曾巩《越州鉴湖图序》,《元丰类稿》卷一三。

㉞　《宋史纪事本末》卷六三。

㉟　《建炎以来系年要录》卷三二。

㊱　陆游嘉泰《会稽志·序》。

㊲　《资治通鉴》卷二三一。

㊳　浙江人民出版社 1996 年版。

㊴　徐梦莘《三朝北盟会编》卷一四四。

㊵　何忠礼、徐吉军著,杭州大学出版社 1999 年版。

㊶　宋高宗于是年移跸临安府,称临安府为"行在"。绍兴七年(1137)又移跸建康府(今南京),次年(绍兴八年)返回临安府,称临安府为"行在所",其实就在此定都。

㊷　杜春生《越中金石记》卷四。

㊸　位于会稽山北麓的宝山,高宗时已建昭慈、永祐两攒宫,以后又续建高宗永思陵、孝宗永阜陵、光宗永崇陵、宁宗永茂陵、理宗永穆陵、度宗永绍陵,合称宋六陵。

㊹　熊克《中兴小纪》卷二〇。

㊺　乾隆《绍兴府志》卷一八引明司马相《越郡志略》:"衣冠之盛,咸萃于越,为六朝文物之薮。……宋南渡后,学徒益盛。"

㊻　叶绍翁《四朝见闻录》丁集:"奔走东南湖、湘、闽、广、江、浙之间,历尽览矣,山水之秀,无如越也,盖甲于天下者也。"

㊼　王十朋《会稽三赋》:"周览城闉,鳞鳞万户。"

㊽㊾　宝庆《会稽续志》卷一。

㊿　嘉泰《会稽志》卷一二。

51　此为民国时代省立绍兴中学校歌歌词。"蕺山"指刘宗周(1578—1645),曾讲学蕺山,开蕺山学派;"姚江"指姚江学派,即阳明学派,为王阳明(1472—1528)所创。

52　张元忭《万历绍兴府志序》:"明兴,人文益盛,斌斌焉,轶邹鲁而冠东南矣。"

53　王樨登《客越志略》,载嘉靖刊本何镗《古今游名山记》卷一〇下。

第四章 绍兴的自然环境

第一节 地质与地史

地质与地史是一个地区自然环境的重要内涵。地质构造与地史变迁,是一个地区历史自然环境和现代自然环境的基础。地区历史是在地区自然环境中发展演变的。所以《绍兴简史》有必要考虑绍兴的历史自然环境,并包括地质与地史在内。对于这个问题,近半个世纪中我们曾经涉足一个误区,所以这里必须先说明两个方面。

第一个方面是地理环境与社会发展的关系问题。对于这个问题,著名学者谭其骧先生与他的门人葛剑雄教授已有专文议论,[①]我们不妨抄录他们的原文,当然,我们也是赞同他们观点的:

　　由于斯大林曾经批判过"地理环境决定论",虽然他没有完全否定地理环境的作用,却认为它的影响,并不是决定的影响,因为社会的变化和发展快得不可比拟。[②]毛泽东也作过更具体的解释,[③]限于篇幅,我们不想对此作全面的分析和评论,但只要同马克思、恩格斯的有关论述对照一下,我们就不难发现它们的片面性。而且稍有地理常识的人也会知道,地理环境既包括宇宙运动、地球进化这样的宏观环境,也是指气候、植被、水文等具体方面或局部地区,某一时期的微观变化;既包括自然地理环境,也应该包括在人类社会产生以后必然存在的人文地理环境。这些条件的变化当然不必"以若干万年为单位而显现",也完全可能在几千年、几百年、几十年甚至几年或几个月内就显现其变化了。

　　不管毛泽东所论的初衷所在,客观上造成了在历史研究中只讲阶级和阶级斗争,完全不讲地理环境的影响;在论述人与自然的关系中,无限夸大人的作用,片面宣扬"人定胜天"这样两种错误倾向。尽管在国外史学界、社会学界存在着过于强调地理条件的现象,但在中国史学界,就总体而言,至今还是讲得太少了,是重视不够。七年前我们曾经发表过这样的意见,[④]并欣喜地看到史学界同仁的类似观点;但从几年来的实际看,这一错误倾向还没有扭转。

　　需要说明的第二方面是,我们在区域历史自然环境研究中加入了地质与地史的内容,并如上所述说明了加入这种内容的理由。我们加入的这一些内容,属于纯自然的现象,并不涉及人文因素。近年常常见闻到一个所谓"地质灾害"的名词,有的电视节目中还专门列入地质灾害的预报。这当然是一件好事。但值得商榷的是,当前所谓的"地质灾害",内容多是指的滑坡、泥石流、山体崩坍等等。"地质"是一种纯自然的概念,地质学是一门纯自然科学。现我们在媒体中看到的各地发生的这种"地质灾害",多半都是人为的,诸如石材的滥施采凿,山岭上植被的过度破坏和垦殖等等,因此它并不是一种纯粹的自然灾害。我们当然完全赞同对于这类灾害的预防和预报,但是把它们称为"地质灾害",实在是值得考虑的。真正的地质灾害,主要是地震和火山爆发(包括由海底火山爆发引起的海啸)。当然,有关这些方面,我们现在也在进行预测和预报。

　　对于绍兴的地质与地史,本书在《史前的绍兴》一章中已经作了阐述,不必在此重复。按照地史构造,绍兴地区的地壳是很稳定的,虽然历史上间或也有地震的记载,但一般都很轻微。大概都是由别处或海洋中的地震所引起。从各种资料进行查索,绍兴或其附近地区没有一处成为地震震中的。按记载地震的文献,最严重的一次是清康熙七年六月十七日(1668 年 7 月 25 日)晚上的一次,据《清史稿·灾异志》所载:"绍兴地震,压毙人畜。"这次地震的震中在山东莒州、郯城,震级达 8.5,波及全国 12 省 200多府、州、县,并及朝鲜平安道、平壤、铁山等处,绍兴是这次地震的周围波及地区。乾隆《绍兴府志》的记载是:"康熙七年六月十七日戌时,各邑地震,屋瓦多落,门壁皆响;三十日亥时,地又震。"《清史稿》有"次日又震"的记载。大概都属于这次强烈地震的周余震。《中国历史地震图集》[⑤]对这次地震记载甚详,其震中是:"自夜彻旦,震响不止。六月十八,七月十七,八月十三,八月十八屡震。自戊申至癸丑,余震六年不息。"所以绍兴府各邑的震感也比较强烈。下面把清代以前这个地区的地震包括可能是地震的记录,列成一个简表:

绍兴历史上地震一览

地震年代		地震地区	震 情	资料来源
中国纪元	公元			
汉永元元年	89	会稽	秋七月乙未会稽山崩。	《资治通鉴》卷四七
晋太康九年	288	会稽	正月地震。	《晋书·五行志》
咸和九年	334	会稽	九年三月丁酉地震。	《晋书·五行志》
隆和元年	362	扬州	四月甲戌地震,湖渎溢。	《晋书·五行志》
义熙三年	407	山阴	地陷,有声如雷。	乾隆《绍兴府志》卷八〇
义熙八年	412	山阴	春三月壬寅,山阴县地震。	《通志·灾祥略》
唐贞元二十一年	805	越州	山崩。	万历《绍兴府志》卷十三
大中十三年	859	会稽	地震。	万历《绍兴府志》卷十三
咸通十三年	872	浙东西	四月庚子朔,地震。	《新唐书·五行志》
后唐天成四年	929	吴越	地震,居人有坏庐舍者。	《吴越备史》卷一
宋建隆三年	962	吴越	九月庚戌,地震响如雷。	《吴越备史》卷四
元至正十三年[⑥]	1354	绍兴	十二月乙酉地震。	《元史·五行志》
至正二十六年	1366	山阴	六月,卧龙山裂。	《元史·五行志》
明洪武三十二年	1399	会稽	二月九日地震。	万历《绍兴府志》卷十三
正统八年	1443	绍兴	十一月,山移于平地,地动。	《二申野录》卷二
正统十四年	1449	绍兴	府山移于平地,又地动,白毛生。	《留青日札》卷一
天顺四年	1461	会稽	十二月地震。	万历《绍兴府志》卷十三
天顺八年	1465	会稽	十二月地震。	《二申野录》卷二
成化十三年	1477	绍兴	春,瓜山裂。	万历《会稽县志》卷八(抄本)
成化十八年	1482	山阴	地震。	万历《绍兴府志》卷十三
弘治十八年	1505	绍兴	九月十二,地震有声。	《二申野录》卷三
正德十六年	1521	山阴	二月地震。	《二申野录》卷三
嘉靖三年	1524	山阴	二月十五地震。	万历《绍兴府志》卷十三
嘉靖二十年	1541	绍兴	春,骆驼山鸣。	万历《绍兴府志》卷十三
嘉靖三十九年	1560	山阴	二月地大震。	万历《绍兴府志》卷十三
嘉靖四十二年	1563	山阴	卧龙山鸣。	雍正《山阴县志》卷九

续表

地震年代		地震地区	震　情	资料来源
中国纪元	公元			
万历十七年	1589	绍兴	七月乙未地震。	《明史·五行志》
万历二十年	1592	浙江	地震。	《万历实录》卷二五五
万历三十二年	1604	绍兴	十一月初九夜半各邑地震。	康熙《绍兴府志》卷十三
崇祯九年	1636	山会	二十六日戌时地震。	《二申野录》卷八
清顺治十二年	1655	闽浙	四月地震。	《罪惟录》卷十九
康熙七年	1668	绍兴	六月十七日戌时,地震压毙人畜,次日又震。	《清史稿·灾异志》
康熙七年	1668	绍兴	六月三十日亥时地震。	康熙《绍兴府志》卷十三
道光二十六年	1846	绍兴	六月十三地震。	道光《会稽县志稿》卷九
咸丰五年	1855	绍兴	正月二十九午刻地动。	《越缦堂日记补》

　　上表所记录的当然并不完全可靠,如山崩、地陷、山移、山裂之类,其中有的实在不是地震。也有的记录是同一次地震在不同文献中以不同时间记入,如乾隆《绍兴府志》和《通志》记录的晋义熙三年及八年的地震,记载的内容相同,可能是日期的错误。所以对于绍兴的历史地震,此表只能作为一种参考。

　　此外,上表所列的"地震地区",除少数如"扬州"、"闽浙"、"浙江"外,其余均是绍兴或山阴、会稽。山、会两县以外的绍兴属邑,没有列入上表。其实,发生于诸暨、萧山、上虞等府境的地震,山、会两县不会没有震感。根据《浙江灾异简志》,[⑦]历史上记录的绍兴府所属除了山阴和会稽以外的 6 县的地震有 21 次,只是由于文献上没有"绍兴"、"山阴"、"会稽",所以未被上表所收入。当然,在这 21 次之中,有的确实是山、会两县没有震感的小地震,甚至也不排除某些文献的误记。但其中也有震级很高、波及范围很大的地震,如清咸丰三年三月初七(1853 年 4 月 14 日)的东大洋地震,震级到达 7 级,波及北起今河北、山东,南到浙江、福建的 90 多个府、州、县,朝鲜的京城也有震感[⑧]。绍兴府属邑如萧山、上虞、嵊县、余姚都有记录,但绍兴、山阴、会稽却不见记录,这无疑是文献的遗漏。

第二节　山川地形

本书在前面的记述中,例如沿革,涉及会稽郡、越州和绍兴府,区域范围都较广大。在记述地质、地史中,由于内容也涉及较大范围,实际上都超越了"绍兴"的概念。本书以下的记述,在地域范围上大概都以历史上的山阴、会稽两县为界。按照自然地理实体来说,其范围大致是曹娥江以西,浦阳江以东,杭州湾以南,会稽山主脊(即山、会两县与诸、嵊两县之界)以北,即历史上山阴、会稽两县的主要辖境。

绍兴地区(山阴和会稽)的山川秀丽,自古闻名。王子敬所说的"山川自相映发,使人应接不暇",⑨顾长康所说的"千岩竞秀,万壑争流"⑩等等,早已脍炙人口。会稽山自古森林茂密,满山苍翠。而在中生代以后的火山活动中,暴露在地表的凝灰岩、流纹岩等,由于长期的风化侵蚀和人为的采凿等影响,使这座名山又具有怪石嶙峋、洞穴幽邃的特色。诸如秦始皇刻石、秦始皇坐石、丞相石、落星石、射的石、射的山石室、石帆山、鹤鸣山石鹤、石匮山、禹庙石船、欧冶子铸剑处孤石等等,部是以石著称的胜景。会稽山以北,由于鉴湖的建成,一个巨大的人工湖承受会稽山三十六源之水,湖光山色,风景瑰丽。鉴湖以北是广大平原,河渠交错,湖沼棋布,孤丘挺拔,阡陌纵横,是一片水乡泽国的舒坦景观。平原以北则是滚滚钱江,平沙千里,堤塘横亘,涌潮澎湃,海阔天空,江海胜景,气势宏壮。以上所述,是绍兴山川地形的总貌。以下分会稽山地和山会平原两部分进行叙述。

一、会稽山地

从地形方面观察,绍兴地区的南部和西部是一片丘陵,称为会稽山地。会稽山从秦代起就和太室山、恒山、泰山等并列;⑪到了唐代,又被封为全国各名山中的所谓"南镇"。⑫它实际上是一片经过侏罗纪回春的古老丘陵,范围相当广阔。东西最宽约50公里,东南到西北最长约150公里。古人所谓"会稽山周围三百五十里",⑬只是大体言之而已。在丘陵内部,丘陵的分布和走向都比较复杂。会稽山地的主干部分,绵亘于山阴、会稽和诸暨、嵊县边界,主峰如鹅鼻山、真如山(五百冈)、五岩山、尖子冈,高度均在海拔700米以上。其中鹅鼻山高达海拔788米,是全境最高的山峰。从主干部分按西南、东北走向,分出一系列海拔500米上下的丘陵,构成整个山地的复杂形势。

会稽山有3条主要分支,按照后来的名称,它们的分布大概是这样的:

东翼是真如山(五百冈),向东北延伸,经鹅鼻山、四峰山、衙堂山、驻跸岭、葡萄岭等,直抵上浦镇附近的曹娥江边,是曹娥江与其支流小舜江的分水岭。

中翼称为化山,从尖子冈向东北延伸,经龙池山、陶宴岭、五峰岭、甘平冈、台五冈等,直至曹娥江以南的凤凰山,是曹娥江与古代鉴湖水系的分水岭。

西翼称为西干山,从尖子冈向北经作丹冈、古博岭、辣岭、关口山、大武尖等,直至钱清西北的牛头山。并且从大武尖以西的横山岭向西北分出一支越王峥山,包括青化山、越王峥等较高山峰,向北直至西小江以南的王家大山以北诸山。西干山是浦阳江下游诸水和古代鉴湖水系的分水岭。

上述会稽山的3条主要分支,其本身也杂出了更多较小的丘陵分支,使地形显得崎岖复杂。在真如山和化山之间,较大的丘陵分支有木涡尖山和独支尖山等,山峰高度多在海拔500米以上,形成会稽山范围内较高的一片丘陵地。由于它的位置偏南,我们称它为稽南丘陵。

北部化山和西干山之间的地区,情况比南部更为复杂。化山北侧有5个向北伸展的丘陵分支,西干山东侧有10多个西南、东北走向的丘陵分支。虽然这些丘陵分支一般都在海拔500米以下,比稽南丘陵显得低矮,但是由于这是古代绍兴一个重要活动中心,因而其中有不少古越名山,如秦望山、宛委山、云门山、若耶山、赤堇山、天柱峰等。由于这个地区在位置上偏北,我们就相应称它为稽北丘陵。

稽南丘陵的面积约为350平方公里左右,全部在小舜江流域范围以内。小舜江是曹娥江在绍兴境内最大的支流,这条河流在历史上没有较大变化,支流杂出,水量丰富,构成无数的山间盆地和山麓冲积扇。这些盆地和冲积扇,都是古代越人活动的地区,刀耕火种,是会稽山地中开发最早的地区。不过由于稽南丘陵地形比较崎岖,盆地和冲积扇都很狭窄,对生产活动限制很大,因此,自从越王句践在位以后,越人的生产活动中心就从这里迁移到稽北丘陵。

稽北丘陵的面积约为460平方公里左右,属于古代鉴湖水系。和稽南丘陵一样,稽北丘陵内部也有许多山间盆地,丘陵北端,在山势开朗处,形成一系列冲积扇。和稽南丘陵不同,稽北丘陵特别是其北部,地形显得低半,冲积扇以下,又是一系列宽狭不等的河漫滩,最后和山会平原连成一片。

二、山会平原

山会平原是指后海(今杭州湾)以南,稽北丘陵以北和以东,曹娥江以西的范围内的平原而言。历史上大体是若耶溪(北出三江口)以西属山阴县,以东属会稽县,所以称为山会平原。平原是卷转虫海退以后的产物,所以它当然没有上述丘陵地那样稳定,特别是其水系,历史上曾有较大变化。

　　山会平原的南部,即以后鉴湖湖堤以南的地区,地形一般高出北部 2 米—3 米,地下水位较低,除了河流和星罗棋布的湖泊外,也有比较广阔的高燥土地,早期即已垦殖。但在洪水季节,河湖泛滥,连成一片。所以这个地区(从春秋以来称为庆湖,^⑭从后汉安帝起又改为镜湖^⑮),实际上是一片季节性的积水区。

　　山会平原北部,即以后鉴湖湖堤以北的广大地区,是一片沼泽地,除了崛起于深厚冲积层上的若干孤丘外,地面高程一般都在海拔 5 米上下。地下水位很高,河湖纷歧,泛滥漫溢。《禹贡》所谓"厥土惟涂泥",正是适当的写照。

　　山会平原的水系是很复杂的。"鉴湖三十六源"当然未免夸大,但从稽北丘陵北流的河流,为数确有 20 多条。其中东部有伧塘溪、青塘诸溪、富盛溪、御河、若耶溪、南池溪、栖凫溪、破潭溪、兰亭溪、苦竹溪、漓渚溪等,以若耶溪为最大,若耶溪在唐代已经闻名,被列为全国 72"福地"之一。^⑯其余河流以后大多汇入若耶溪。西部有容山溪、干溪、型塘溪、古城溪、余支溪、白石溪等,这些河流相互汇合,古代称为柯水。所有这些河流,从会稽山北麓流出,最后通过曹娥江、钱清江或者是独流注入后海。

　　山会平原的水系,在历史地理上具有两种显著的变化过程。其一是水体自南向北逐渐迁移的变化,其二则是潮汐河流转变为淡水内河的变化。在后汉永和五年(140)以前,整个山会平原,不论是南部或北部,都是潮汐出没之处。导源于稽北丘陵诸河,只是在冲积扇以上的部分才不受潮汐的影响。永和五年完成了南塘(即鉴湖湖堤)的围筑,这个地区成为一个人工水库,才隔绝了潮汐的影响,形成一片广大的淡水区域。南塘以北直抵后海沿岸,一直是一片低洼的沼泽地,由于汉唐以来的海塘修筑和河湖网的整治,才逐渐远离潮汐,形成一个淡水河湖网系统。北宋以后,随着鉴湖的最后湮废,南塘以南的庞大水体转入北部,山会平原南北部的河湖网系统才逐渐形成今日的形势。在此后及明代后期的一系列水利工程的影响下,和萧山平原的河湖网汇合,形成山、会、萧 3 县独立的三江水系。所以山会平原水系如上所述的变化,并不是纯自然地理的变化,而是人类改造自然的结果。

　　下面对与山会平原关系最大的三条潮汐河流曹娥江、浦阳江、钱塘江略加阐述。

　　曹娥江源出天台和东阳,经新昌、嵊州北流,历史上循会稽县东缘,成为会稽、上虞两县的界河,北流注入后海。这条河流历来有些争论,恐怕与其名称的传讹很有关系。历史上最早记载这条河流的大概是王充的《论衡·书虚篇》:"浙江、山阴江、上虞江皆有涛。"这是王充所记的当年的潮汐河流:浙江是今钱塘江,山阴江是今若耶溪,上虞江就是今曹娥江。王充习惯于以汉代县名称谓县境河流,前面已经提到过他所说的"钱塘之江",即是其例。这里他又提到"上虞江"、"山阴江"^⑰,说明当时这些河流,还没有固定的名称。但到了六朝,《水经·浙江水注》记载这条河流称为浦阳江,有人认为这是郦道元的大错。[18]但《水经·河水注五》中引及《论衡》,说明郦道元是知道王充称此河为上虞江的,所以也有人认为郦道元无讹。当然,《水经注》描述这条河流的上源,说它导源乌伤县,经诸暨而后东回北转,这显然是错误的。但曹娥江古代除王充所称的上虞江以外尚有何名,确实尚难肯定。清代有些学者认为曹娥江即古剡溪。[19]剡为嵊县古名,则剡溪只是嵊县附近的一段河道而已。唐梁载言《十道志》[20]:"浦阳江有琵琶岸,有曹娥碑。"梁氏既知有曹娥碑而仍称此江为浦阳江,而《元和郡县图志》[21]仍称此江为上虞江,这些都说明,直到唐代,曹娥江一名轻易尚未流行。所以《水经注》、《十道志》等称此江为浦阳江,不能加以否定。当然,这不过是一个地名上的问题,与绍兴历史地理的关系并非重大,可以搁置勿论。至于这条河流的本身,除了下游出海处常有摆动,中上游河道在历史上大体稳定。

现在再说山阴西境的浦阳江,浦阳江古名潘水,[22]又称东江。[23]浦阳江之名到南北朝开始盛行,它与曹娥江确系两条河流,人所共知。至于如上所述地名上的混淆,并不涉及历史自然地理的实质,而且要辨正也很困难,所以没有讨论的必要。

浦阳江发源于浦江县,但六朝尚无此县,所以《水经注》说它发源于乌伤(今义乌)不讹。北流经诸暨(这一段因西施的故事而称为浣纱江)而入山阴西境,下流在萧山境内,辗转经过临浦、湘湖和渔浦三个古代湖泊,从渔浦注入钱塘江。浦阳江既然仅仅掠过山阴西部县界,本来不必赘述。但历史上曾经盛传,浦阳江河道原来是由临浦北行东折,经钱清镇自三江口注入后海。[24]而且事实上,山会平原北部的确在一段时期中受到浦阳江的很大影响,为此,浦阳江的历史变迁,在绍兴历史自然地理上确实事关重要。

古代浦阳江自临浦北出渔浦,这是证据确凿的。首先提出浦阳江河道的有关这方面材料的是北魏阚骃《十三州志》。即:"浙江自临平湖南通浦阳江。"这里的临平湖是临浦之误,早为明张元忭、[25]清毛奇龄[26]和阮元等所指出。阮元说得最明确,他说:"临平湖乃临湖之误,临湖即今临浦,横亘于浦浙之间。"[27]浦阳江自临浦北入,进入湘湖,湘湖在《水经·浙江水注》中称为西城湖。位于临浦与渔浦之间。清丁谦指出:"上湘湖西南有一港,经义桥镇,本与浦阳江相通。"[28]这就说明了古代浦阳江与湘湖的关系。浦阳江自湘湖北出注入渔浦,渔浦又称渔浦湖,[29]首见于晋人记载。[30]清毛奇龄说:"临浦一水,尾可从渔浦以出浙江,首可经峡口以通浦阳"。[31]这里就把浦阳江和渔浦的关系交代明白了。所以清范本礼认为浦阳江"乃临浦之支流入钱塘江者,与钱清本不相通",[32]这是完全正确的。

这里还需要提及钱清江,钱清江的上流是前面叙述山会平原时提到的柯水。柯水至钱清镇,和发源于西干山的夏履江汇合,始称钱清江,然后东流从三江口入海。钱清江与浦阳江原是两条完全不同的河流,不能混为一谈。不过由于临浦、湘湖等都是古代较大的湖泊,这些湖泊的东部也和山会平原的河湖相联系。因此,在非常洪水年份,浦阳江水才会通过这些湖泊,汇入钱清江出海。浦阳江和钱清江的这种关系,并不是经常性的关系。所以认为钱清江是古代浦阳江河道,这是毫无根据的。只是在北宋以后,由于浦阳江在临浦镇附近修筑了碛堰,出口受阻,江水才一时转入钱清江。以后,在明代后期以前,随着碛堰的时开时堵,浦阳江时而注入钱清江,时而复归故道,成为山会平原的心腹大患,这是一个水利问题。

山会平原以北,历史上称为"海"或者"后海"。实际上乃是钱塘江的河口段或称杭州湾。钱塘江是一条著名的潮汐河流。上述王充所说的"有涛"一语,说明了这是一条特殊的潮汐河流,"有涛"指的是涌潮,具有涌潮现象的潮汐河流,在世界上是少见的。[33]钱塘江的另一特殊性是河口的摆动。此河河口即杭州以东到尖山一段,历史上一直摆动于南北之间。有时紧靠山会平原北缘,有时则移向北岸,其间有南大亹、中小亹、北大亹三口。[34]为此,钱塘江一直给予山会平原以强烈的影响,而这种影响,由于河口的南北移动,各代有所差异。

春秋以前的钱塘江河口江道,由于缺乏资料,犹待通过古地理的研究才能确定。春秋吴越交战时代,虽然也没有直接记述江道的资料,但根据当时于越的江防情况,江道流向,仍可约略考见。《吴越春秋》卷七记载越王句践战败后入臣于吴的情况是:"群臣皆送至浙江之上,临水祖道,军阵固陵。"固陵即六朝西陵,也就是今西兴,在当时是滨临江边的。《越绝书》卷八曾记下了于越的三处江防要地:"石塘者,越所害军船也……去县四十里"。防坞者,所以遏吴军也,去县四十里。杭坞者,句践杭也……去县四十里。"上述三处中,今惟杭坞可考,即今日萧山东南的航坞山。石塘与防坞虽然已不可考,但按其记载的去县里程与杭坞相同,则其位置当也在与杭坞相邻的钱塘江边。根据上述钱塘江西濒固陵、东靠杭坞的情况,则江在南大亹可以无疑。春秋战国以后,虽然整个汉代没有留下有关江道移动的直接记载,但是可以认为江道基本上仍然稳定在南大亹。因为虽然郦道元对江南水系的记载存在不少错误,但他所说:"江水又东迳赭山南。"[35]至少说明在赭山以南确有水道存在。这就是六朝江道在南大亹的很好根据。到了唐代,山会平原北部的海塘建筑已见于正史记载。[36]而且直到唐朝末年,西陵仍然是一个位于江边的军事要塞。[37]说明江走南大亹的形势仍然无大改变。北宋熙宁十年(1077),在绍兴城西北 15 里的梅山上北望,就可看到钱塘江以及江上的帆船。[38]而直到南宋初年,绍兴府城以北 25 里的羊山,尚位于江滨。[39]诸如此等,都是江道经过南大亹的确凿佐证。

从历史记载中观察江道北移的动向,最初始于南宋嘉定十二年(1219),即所谓

"海失故道"。[40]当时,江水曾一度直薄绍兴对江的海宁城下。但另一方面,直到嘉定末年,山阴海塘仍有修护的记载。[41]说明江水主流虽曾一时趋向北大亹,但接着仍回归向南,南大亹不仅没有封闭,甚至直到元代末叶,仍然畅通无阻。至正四年(1344),山阴县沿江的白洋港,大型船舶仍可靠岸。[42]这说明嘉定十二年"海失故道"只是一种江道变迁的讯号,但江道北移却是一种渐变的过程。这个过程到明代初期而显得更为清楚,出现了"自洪武至万历海凡五变"。[43]江道屡次北移,却又屡次南转。海宁县随着"五变"而五修堤塘,但南大亹却也无封闭的记载,并且还常有风潮之患。例如在成化七年(1471)北大亹海变以后的次年即成化八年(1472),南大亹的山阴海塘也接着发生了"风潮大作,塘尽坏,山、会、萧三县滨海之民皆被患"的情况。[44]所以江道虽历"五变",北大亹遭受 5 次冲激,而江道主流仍在南大亹与中小亹之间。明万历之初,北大亹仍为涓涓细流,但万历三年(1575),江道主流第一次转向北大亹。[45]于是山会平原以北,萧山与山阴两县交界处的瓜沥、九墩等处沙地,即于此时发展了晒盐作业。[46]这是山会北部对南大亹涨沙进行利用的首次记载。但江道的这种摆动仍然是不稳定的,上述瓜沥、九墩一带的涨沙,到崇祯六年(1633)"又坍尽无遗"。[47]所以崇祯十年[48]和十三年,[49]山阴北缘的白洋村都曾有观潮的记录。涌潮滚滚,直薄白洋村海塘和村西的龟山(今称大和山)。[50]直到明末清军南下之时,钱江南岸的明军自西至东以七条沙、西兴、瓜沥等地为防守据点,[51]说明当时的江道仍出南大亹。所以风潮之患在当时仍然经常袭击山、会、萧各县,甚至于冲倒堤塘,灌入运河,造成运河的淤塞不通。[52]

南大亹的逐渐淤塞并且趋于稳定,大概始于雍正前后。海登斯丹(Heidenstam. H)关于南大亹于雍正元年(1723)开始渐淤的说法[53]可以认为是大致确实的。因为据载:"康熙十九年(1680)四月望日,海潮自中小亹入。"[54]自此至康熙三十六年(1697),江道一直经中小亹,"杭绍两郡相安无事"。[55]则当时江道以中小亹为主流,南大亹淤情已更明显。而接着在康熙四十二年(1703),"水势北趋,宁城(按指海宁)迤南之桑田,渐成沧海";康熙五十四年(1715),潮汐直逼塘根。[56]于是,据康熙五十六年(1717)记载,山阴县海塘以外,已经"卤地数十里"。[57]与此同时,中小亹的淤象也随即发生。朱轼在康熙五十九年(1720)的奏疏中说:"赭山以北,河庄山以南,乃江海故道,近因淤塞,以致江水海潮,尽归北岸。"[58]如上所述,可见南大亹海道虽有前述崇祯六年之变,但自明末以来,总的趋势是淤多开少。北大亹虽然时开时淤,但总的趋势是逐渐开畅。至于中小亹,其实只不过是南北迁移中的一个暂时过渡而已。因此,虽然以后在乾隆十二年(1747)进行人工掘开中小亹的工程,使江道一时又从北大亹南移,进入中小亹,并一度出现北涨南坍的现象。[59]但仅仅 12 年,到乾隆二十四年(1759),江道又转回北大罿,[60]而且得到了相对稳定的局面。

钱塘江江道稳定在北大罿以后,南大罿故道就逐渐淤积,成为一片沙地。当然,在淤积初期,土地仍不稳定,如雍正十一年(1733)的《沙地钱粮归入宗祠碑记》[61]所说:"奈沙地沧桑叵测,坍涨不常。"但到了咸丰、同治年间,这片沙地不仅趋于稳定,而且还向东扩展,形成三江口以西的所谓乾坤两号沙地。[62]整片沙地的面积达到40万亩以上,称为南沙。南沙的名称来由说法不一,一说这片沙地位于钱塘江南岸;另一说因沙地各乡本在江北,属于海宁,地处海宁之南,[63]故称南沙。以后一说的可能性为大。因为南沙虽然位于江南,但自乾隆形成以来,一直在海宁县的管辖之下。直到嘉庆十七年(1812),才从海宁划归萧山,[64]其中一小部分属于山阴。

以上对于钱塘江河口段江道迁徙的探讨,不仅因为江道本身流经绍兴辖境,特别是由于其迁徙变化,对山会平原发生很大的影响。前面已经述及,山会平原在古代不但其北部是一片沼泽地,即地形较高的南部,也成为一片湖沼棋布的季节性积水区。山会平原的这种大量内涝积水情况,一方面固然与其地形低洼、山水旺发有关,但另一方面也和钱塘江的山洪潮汐有关。由于古代沿海塘闸未备,山会平原上的河流,直接间接都和后海沟通。所以直到晋代,在鉴湖地区还常能捕到乌贼鱼(墨鱼),[65]一日二度的钱江潮汐,侵入山会平原的大小河流,造成平原北部的长期泛滥。在山水盛发季节,由于潮汐顶托,排泄不畅,也可以造成平原南部的泛滥。在江道走南大罿的时期,这种影响就特别强烈,而江道北移以后,这种影响就显著减轻。清初以后,南沙逐渐形成而且得到稳定,从此,除了三江口一段外,漫长的山阴北岸与钱塘江完全隔绝,这是山会平原历史自然地理方面的一个重大变化。

第三节　气候与灾害天气

绍兴地区的气候属于温暖多雨的亚热带季风气候。四季分明,夏季炎热,春秋温暖,冬季较冷却但并非严寒。越大夫文种所说的"贾人夏则资皮,冬则资绨",[66]基本反映了这个地区的这种气候情况。诸如"吴为裸国",[67]"吴越之俗,断发文身"[68]等记载,都足以证明这一带在一年之中,大部分时间都是炎热或温暖的。冬季没有严寒天气的事实,可以借助于历史气象资料的分析。南宋以前,记载疏缺;南宋以后记载称详。这类资料中偶有严寒年份,但也无非是淡水河湖的冰冻而已,而且这种记录也极为少见。今日可以查考的,只有明万历六年(1578)[69]和清康熙九年(1670)[70]等少数例子。陆游诗"街头初卖苑池冰",自注云:"会稽不藏冰,卖者皆自行在来。"[71]夏日卖冰,需要从杭州运来,说明绍兴地区冬季一般不冷、无冰可藏。根据这一带历史上自然植物的分布和若干作物的栽培,例如长期以来竹类的盛长,唐代以来即见记载的如茶、柑橘等作物的普遍栽培,都足以说明这里的冬季具有较高的气温。

在历史时期,气候是有变化的,有暖期和冷期的交替,前人已经作过研究。不过对绍兴这样一个小地区来说,进入历史时期以后,气候的变化看来不大。所以在研究历史气候时,了解一下这里的现代气候也是必要的。[72]

对于天气的观察,古代绍兴是值得自豪的。早在公元前 500 年前后,越王句践在龟山建立了一座怪游台,这是我国有历史记载的最早的气象和天文观察台之一。据《越绝书》卷八所记:"龟山者,句践起怪游台也。东南司马门,因以炤龟。又仰望天气,观天怪也。高四十六丈五尺二寸,周五百三十二步。"直到南朝宋,孔灵符仍记及此事:"城西门外百余步有怪山,越时起灵台于山上,又作三层台以望云。"[73]既然筑台是为了"望云",这当然是气象台一类的建筑。在北宋的著述中也记及这里有一座望云楼的建筑,[74]说明这座建筑在历史上有很大影响。

越国对灾害天气和天气规律的研究,大概与龟山怪游台的建筑有关。《史记·货殖列传》记载越大夫计倪在这方面的研究:"故岁在金,穰;水,毁;木,饥;火,旱。旱则资车,水则资舟,物之理也。六岁穰,六岁旱,二十岁一大饥。"[75]我们当然无法考查计倪的话是不是他从怪游台长期观察的结果,其中涉及阴阳五行的语言显然并不符合气象、气候学原理,但在 2000 多年以前对天气现象的这种探索,应该是值得称道的。

下面论述历史上绍兴的灾害天气。如同上述"地质灾害"一样,这里我们必须把"灾害天气"这个词汇作一点说明。记得那年陈桥驿应加拿大和美国几所大学之邀前去讲学,他在讲题中列入了《中国的灾害天气研究》(The Study of Calamitous Weather in China)这个讲题,这是因为这个课题在当时确实是国内学术界特别是气候、气象学界研究的热门,而陈桥驿曾编撰过《浙江灾异简志》[76]一书,在这方面也占有了一些经验和资料。但在一处讲过以后(此前已在别处讲过一次),一位学者在发言中建议把"灾害天气"(Calamitous Weather)改为"异常天气"(Unusual Weather)。他说了一些理由,并举了一些北美的例子,认为"异常天气"比"灾害天气"更为恰当。后来陈桥驿确实对他的发言作过一番考虑,并且也承认"异常天气"确比"灾害天气"合理。例如在浙江,一次台风过境,假使风力不大,并不一定遭受灾害。而这个时候往往是缺水季节,台风带来的降水,倒是使一大片地区获益。又如在舟山等海岛上,夏季大旱,对种植业当然造成灾害,但对制盐业却带来丰收。像这样同样的天气变化对不同行业产生的不同结果,例子还有很多。

绍兴的灾害天气包括水、旱、台风(或热带风暴)、春寒等,其中以水潦的频率最高,下面是根据各种历史文献统计所得的这个地区的灾害天气记录:

绍兴历史上水灾记录一览

公元	朝代	受灾时期	受灾地域	灾　情	资料来源
前484	春秋	句践十三年	越	水旱不调	《吕氏春秋》、《吴越春秋》⑦
329	晋	咸和四年七月	会稽郡	大水	《通志·灾祥略》
374	晋	宁康二年	会稽郡	水	《晋书·孝武纪》
454	南北朝	宋孝建元年八月	会稽郡	大水	《宋书·五行志》
648	唐	贞观二十二年夏	越州	水	《新唐书·五行志》
729	唐	开元十七年八月	越州	大水	《资治通鉴》卷二一三
767	唐	大历二年秋	浙东西	水	《新唐书·五行志》
817	唐	元和十二年	越州	水	《新唐书·五行志》
831	唐	大和五年六月	两浙	大水	《新唐书·五行志》
833	唐	大和七年冬	越州	淫雨	李绅《渡西陵诗序》
1034	宋	景祐元年	越州	大水	万历《绍兴府志》卷一三
1037	宋	景祐四年八月	越州	大水	《宋史·仁宗纪》
1061	宋	嘉祐六年七月	两浙	淫雨	《宋史·五行志》
1099	宋	元符二年	两浙	水	《宋史·五行志》
1119	宋	宣和元年十一月	山阴县	大水	万历《绍兴府志》卷一三
1124	宋	宣和六年	会稽县	水	万历《绍兴府志》卷一三
1133	宋	绍兴三年七月	山阴县	水	嘉庆《山阴县志》卷二五
1134	宋	绍兴四年四、五月	浙东西	霖雨	《文献通考·物异九》
1135	宋	绍兴五年五月	山阴县	水	万历《绍兴府志》卷一三
1139	宋	绍兴九年	会稽县	水	万历《绍兴府志》卷一三
1148	宋	绍兴十八年	山阴县	水	万历《绍兴府志》卷一三
1150	宋	绍兴二十年	山阴县	大水	嘉庆《山阴县志》卷二五
1157	宋	绍兴二十七年	绍兴府	大水	王十朋《与都提举论灾伤赈济札子》
1159	宋	绍兴二十九年	绍兴府	水	《文献通考·物异三》
1163	宋	隆兴元年	绍兴府	水溢	《宋会要辑稿》第一四九册
1165	宋	乾道元年	绍兴府	淫雨	《宋会要辑稿》第一二七册
1166	宋	乾道二年一至四月	会稽	淫雨	《宋史·五行志》
1167	宋	乾道三年秋	会稽	淫雨	《通志·灾祥略》
1168	宋	乾道四年七月	会稽县	大水	嘉庆《山阴县志》卷二五
1174	宋	淳熙元年	会稽	水	《宋史·五行志》
1176	宋	淳熙三年五月及八月	浙东西	积雨、水	《宋史·五行志》
1177	宋	淳熙四年五月	浙东西	连日大风雨	《宋史·五行志》

续表

公元	朝代	受灾时期	受灾地域	灾　情	资料来源
1181	宋	淳熙八年五月	绍兴府	大水	《宋史·五行志》
1183	宋	淳熙十年	山阴、会稽	淫雨大水	万历《绍兴府志》卷一三
1192	宋	绍熙三年四、五月	山阴、会稽	霖雨	万历《绍兴府志》卷一三
1196	宋	庆元二年	山阴、会稽	大水	万历《绍兴府志》卷一三
1197	宋	庆元三年九月	山阴县	水	万历《绍兴府志》卷一三
1199	宋	庆元五年六至八月	浙东西	霖雨	《宋史·五行志》
1209	宋	嘉定二年	山阴、会稽	大水	万历《绍兴府志》卷一三
1210	宋	嘉定三年五、六月	会稽县	大雨、水	万历《绍兴府志》卷一三
1213	宋	嘉定六年	山阴县	水	万历《绍兴府志》卷一三
1216	宋	嘉定九年五月	绍兴府	大水	《宋史·五行志》
1222	宋	嘉定十五年	山阴、会稽	大水	《宋会要辑稿》第一四九册
1227	宋	宝庆三年	越中	水潦	《宋史·汪纲传》㉓
1264	宋	景定五年	山阴、会稽	大水	万历《绍兴府志》卷一三
1266	宋	咸淳二年	山阴、会稽	大水	万历《绍兴府志》卷一三
1272	宋	咸淳八年八月	山阴、会稽	大水	万历《绍兴府志》卷一三
1289	元	至元二十六年二月	会稽县	大水	万历《会稽县志》卷八（抄本）
1296	元	元贞二年	会稽县	水	万历《会稽县志》卷八（抄本）
1330	元	至顺元年闰七月	绍兴路	水	《元史·五行志》
1337	元	至元三年二月	绍兴路	大水	《元史·五行志》
1387	明	洪武二十年	山阴、会稽	大风雨	万历《绍兴府志》卷一三
1456	明	景泰七年五月及七月	会稽县	淫雨	万历《会稽县志》卷八（抄本）
1460	明	天顺四年四、五月	绍兴府	阴雨连绵、江河泛滥	万历《绍兴府志》卷一三
1461	明	天顺五年五月	绍兴府	淫雨	万历《会稽县志》卷八（抄本）
1477	明	成化十三年春	绍兴府	水	万历《绍兴府志》卷一三
1496	明	弘治九年六月	山阴县	大雨	《明史·五行志》
1518	明	正德十三年	会稽县	淫雨	万历《绍兴府志》卷一三
1527	明	嘉靖六年六月	山阴、会稽	淫雨	万历《绍兴府志》卷一三
1539	明	嘉靖十八年闰七月	绍兴府	大水	万历《绍兴府志》卷一三
1540	明	嘉靖十九年九月	会稽县	大水	万历《绍兴府志》卷一三
1587	明	万历十五年	山阴、会稽	自秋雨至冬	康熙《绍兴府志》卷一三
1588	明	万历十六年	山阴、会稽	淫雨	康熙《绍兴府志》卷一三

续表

公元	朝代	受灾时期	受灾地域	灾　情	资料来源
1621	明	天启元年	山阴、会稽	水	道光《会稽县志稿》卷九
1640	明	崇祯十三年秋	山阴、会稽	大水	康熙《绍兴府志》卷一三
1642	明	崇祯十五年八月	绍兴府	淫雨伤稼	《祁忠敏公日记》
1664	清	康熙三年八月	山阴县	大水	嘉庆《山阴县志》卷二四
1665	清	康熙四年八月	山阴县	大水	康熙《绍兴府志》卷一三
1670	清	康熙九年六月	山阴县	大水	康熙《绍兴府志》卷一三
1682	清	康熙二十一年	山阴、会稽	淫雨	康熙《绍兴府志》卷一三
1683	清	康熙二十二年春	会稽县	淫雨	道光《会稽县志稿》卷九
1690	清	康熙二十九年秋	浙东	大水起蛟	清钱易《乡谈》
1713	清	康熙五十二年	山阴县	临浦坝塘坍，麻溪坏	朱孟晖《麻溪坝开塞议辨》
1776	清	乾隆四十一年四月	山阴县	麻溪坍坝，临浦塘决	朱孟晖《麻溪坝开塞议辨》
1843	清	道光二十三年八月	会稽县	秋霖大作，初八日曹娥决口	《会稽杜侍郎联公自订年谱》
1849	清	道光二十九年五月	山阴、会稽	大水倾塘	《越缦堂日记补》
1850	清	道光三十年五月及八月	山阴、会稽	大水	《越缦堂日记补》
1854	清	咸丰四年闰七月	山阴、会稽	大风雨损禾稼	《越缦堂日记补》
1855	清	咸丰五年三、四月	山阴、会稽	淫雨	《越缦堂日记补》
1860	清	咸丰十年秋	绍兴府	大水	《越缦堂日记补》
1866	清	同治四年闰五月	绍兴府	大水	《孟学斋日记》丙集
1871	清	同治十年九月	山阴、会稽	连雨两旬	《桃华圣解盦日记》丁集
1889	清	光绪十五年	山阴、会稽	水	黄寿衮《小冲言事》卷一
1899	清	光绪二十五年七月	山阴、会稽	水	黄寿衮《小冲言事》卷一

　　上列水灾记录，当然是并不完整的。但是即使从这些片断中，我们仍然不难掌握这个地区历史上水灾发生的初步规律。在上列 87 次[79]水灾记录中，有月份或季节记载的达 68 次，[80]其中发生于五、六两月份及夏季的共有 28 次，而五月份特多，共有 20

次。发生于八九两月份及秋季的共有 20 次,其中八月份特多,共有 13 次。此外,发生于七月份的也达 7 次。由此可知,历史上的水灾主要发生于五月份起到九月份为止的 5 个月中,其中五月和八月,是水灾最频繁的月份。

五六月份的水灾可以说明,梅雨过多是绍兴地区水灾的重要原因。历史上许多严重的水灾均由梅雨过多而引起。例如万历《绍兴府志》所载宋绍熙三年(1192):"会稽四月霖雨至于五月。"《绍兴府志》所载明天顺四年(1460)的水灾,《天顺实录》记得比较完整:"绍兴四五月阴雨连绵,江河泛滥,麦禾俱伤。"而清同治四年(1865)闰五月初的水灾,则是文献记载中可以查证的最严重一次。山阴、会稽、萧山三县于是年五月连续下雨,复于五月二十九日起大雨,江河暴涨,以致"绍兴七处发蛟"。而闰五月初一,"西江塘决千余丈,东江塘决五百余丈"。于是萧山"居人无栖者皆露宿屋脊",而绍兴也"水没城闉","大街俱可行舟",造成了"稻秧无复遗种,果蔬之属,亦靡孑存,盖藏所贮皆饷海,若乃至棉花、菜油、秫酿百物,俱如一洗"。[⑧]受灾惨重,可见一斑。当然,六月份的降水过多,除了梅雨以外,还应当考虑到热带风暴(台风)带来的大量降水,以下当再论及。

八九两月份发生的水灾,说明秋雨过多也是这个地区引起水灾的重要原因。同样,在八月份的大量降水中,也必须考虑热带风暴的因素。

七月份发生水灾的原因最为复杂。这个月份的降水主要有热雷雨、地形雷雨、锋面雷雨和台风雨四类。其中热雷雨范围很小,持续不久,不可能造成严重水灾。地形雷雨虽然对稽北丘陵有一些影响,但范围也不大,加上冲积扇以下河道众多,泄水方便,一般也不致成灾。锋面雷雨的范围较大,持续也较久,可以造成灾害天气。而台风雨造成灾害的可能性在四者中可能性最大。虽然资料整理过程中,已经尽可能把可以肯定的台风列入以下有关台风的灾害统计中去,但由于历史资料在记载上的粗略,甄别颇不容易,所以在上列统计表中仍然需要考虑。

另外尚须说明,在上列统计表中,水灾次数一望而知以南宋为最多,在以下旱灾和台风等灾害中,也有类似情况。究其原因,约有两个方面:首先是南宋一代,由于古代鉴湖适于这个时期完全湮废,而新的农田水利设施还没有赶上山会平原水利形势的发展需要,以致出现"每岁雨稍多则田以淹没,晴未久而湖已枯竭",[⑫]灾情频繁。另外一个重要的原因是南宋建都临安,绍兴是首都近畿,这个时期的文献很多,灾情记录也特别详细。

在降水特别少的年份,绍兴地区也容易发生旱灾。不过按照历史记录的次数来看,这个地区旱灾发生的频率远比水灾要低。这除了气候特点所起的作用外,也和这个地区的地形、水系特点有密切关系。下面按文献记录表列历史上的旱灾概况。

绍兴历史上旱灾记录一览

公元	朝代	受灾时期	受灾地域	灾　情	资料来源
355	晋	咸康元年六月	会稽郡	大旱	《晋书·五行志》
约368	晋	太和中六月	会稽郡	大旱	《通志·灾祥略》
463	南北朝	大明七年	浙东	大旱	《通志·灾祥略》
805	唐	贞元二十一年夏⑧	越州	镜湖竭	《新唐书·五行志》
839	唐	开成四年十月	会稽	大旱	万历《绍兴府志》卷一三
894—96	唐	乾宁一至三年	越州	大旱	《吴越备史》卷一
953	后周	广顺三年	吴越	大旱	《吴越备史》卷四
1063	宋	嘉祐八年七月	山阴、会稽	旱	万历《绍兴府志》卷一三
1075	宋	熙宁八年八月	两浙	大旱	曾巩《越州赵公救灾记》
1097	宋	绍圣四年	两浙	旱	《文献通考·物异》卷一〇
1135	宋	绍兴五年	浙东	旱	《宋会要辑稿》第一四一册
1141	宋	绍兴十一年秋	绍兴府	旱	《宋会要辑稿》第一四九册
1154	宋	绍兴二十四年	浙东西	旱	《宋史·五行志》
1160	宋	绍兴三十年	浙东	旱	《宋史·五行志》
1163	宋	隆兴元年	山阴、会稽	旱	道光《会稽县志稿》卷九
1170	宋	乾道六年	浙东	旱	《宋史·五行志》
1173	宋	乾道九年	山阴、会稽	旱	万历《绍兴府志》卷一三
1175	宋	淳熙二年八月	山阴、会稽	旱	万历《绍兴府志》卷一三
1180	宋	淳熙七年四至九月	绍兴府	大旱	《宋史·五行志》
1194	宋	绍熙五年	浙东西	大旱,鉴湖竭	《宋史·五行志》
1204	宋	嘉泰四年五至七月	浙东西	旱	《宋史·五行志》
1205	宋	开禧元年夏	浙东西	旱	《宋史·五行志》
1215	宋	嘉定八年	绍兴府	旱	《宋会要辑稿》第一二九册
1240	宋	嘉熙四年	绍兴府	旱	万历《绍兴府志》卷一三
1299	元	大德三年	会稽县	旱	万历《会稽县志》卷八（抄本）
1302	元	大德六年	绍兴路	旱	万历《绍兴府志》卷一三
1324	元	泰定元年	山阴、会稽	旱	万历《会稽县志》卷八（抄本）
1333	元	元统元年四至八月	绍兴路	旱	《元史·五行志》
1336	元	至元二年三至八月	浙江	旱	《元史·五行志》
1343	元	至正三年	绍兴路	旱	万历《绍兴府志》卷一三

续表

公元	朝代	受灾时期	受灾地域	灾情	资料来源
1352	元	至正十二年四至七月	绍兴路	旱	《元史·五行志》
1415	明	永乐十三年	山阴、会稽	旱	万历《绍兴府志》卷一三
1447	明	正统十二年夏秋间	绍兴府	旱	《明史·五行志》
1457	明	天顺元年	会稽县	旱	万历《会稽县志》卷八（抄本）
1477	明	成化十三年	绍兴府	旱	《明史·五行志》
1508	明	正德三年	山阴、会稽	旱	嘉庆《山阴县志》卷二四
1522	明	嘉靖元年	山阴、会稽	旱	万历《绍兴府志》卷一三
1523	明	嘉靖二年	会稽县	旱	万历《会稽县志》卷八（抄本）
1524	明	嘉靖三年	山阴、会稽	大旱	万历《绍兴府志》卷一三
1545	明	嘉靖二十四年	山阴、会稽	大旱	万历《会稽县志》卷八（抄本）
1598	明	万历二十六年五至七月	绍兴府	大旱	康熙《绍兴府志》卷一三
1625	明	天启五年	山阴、会稽	大旱	康熙《绍兴府志》卷一三
1641	明	崇祯十四年	山阴、会稽	旱	康熙《绍兴府志》卷一三
1642	明	崇祯十五年	山阴、会稽	旱	康熙《绍兴府志》卷一三
1643	明	崇祯十六年四月	绍兴府	旱	《祁忠敏公日记》
1646	清	顺治三年四至八月	山阴、会稽	旱	康熙《绍兴府志》卷一三
1655	清	顺治十二年	山阴、会稽	旱	康熙《绍兴府志》卷一三
1671	清	康熙十年	绍兴府	旱	康熙《绍兴府志》卷一三
1856	清	咸丰六年五至九月	山阴、会稽	旱	《越缦堂日记补》
1862	清	同治元年夏	绍兴府	大旱	《孟学斋日记》甲集

以上50次旱灾记录中,有月份或季节记载的仅有20次,不过旱灾的记录与水灾不同,特别水量丰富的山会平原,一般总要持续几个月不下雨,才能造成一次严重的旱灾。在上述20次记录中,按季节统计,旱灾出现于夏季的达7次,出现于秋季的达3次,而兼及夏秋两季的达8次。由此可知,绍兴地区的旱灾主要在夏秋二季,而尤以夏季为烈。春冬两季的旱情是罕见的。

对记录中有月份和季节的20次作全面的比较,绍兴历史上的旱灾,主要出现于四月到八月的5个月份。这5个月份中,四五月和八月的灾情主要是由于梅雨和秋雨的变率而引起的。六七两个月份,在统计中是历史上旱情发展的最高峰,这当然是与副热带高压的强度有关。

虽然这个地区旱灾发生的频率远比水灾要低,但在某些年份,旱情却是非常严重的。例如《新唐书·五行志》所载："贞元二十一夏,越州镜湖竭。"《宋史·五行志》所载："绍熙五年春,浙东西郡县自去年冬不雨至于夏。"万历《绍兴府志》补充说:"是年鉴湖竭。"特别是贞元二十一年,因为那时的镜湖还有 200 平方公里左右的湖面,这样的大湖至于旱竭,长期不雨自可无疑。历史上严重的旱灾对绍兴地区的农业生产和人民生活的损害当然是很大的。曾巩记载宋熙八年(1075)的旱灾灾情是:"吴越民饥馑疾疠,死者殆半。"㊳万历《绍兴府志》记载明嘉靖二十三年到二十四年(1544—1545)的旱灾灾情是:"湖尽涸为赤地,斗米银二钱,人饥死接踵。"由此可知,旱灾也是这个地区历史上的严重灾害天气。

　　由于绍兴地滨沿海,因此,除了水旱灾以外,热带风暴(台风)也是这里的重要灾害天气。下表所列,是历史文献记载的可以确定为台风的记录。

绍兴历史上台风灾害记录一览

公元	朝代	受灾时期	受灾地域	灾情	资料来源
828	唐	大和二年	越州	大风海溢	《新唐书·五行志》
约 1027	宋	天圣中夏	山阴、会稽	暴风	嘉泰《会稽志》卷一九
1093	宋	元祐八年	两浙	海风驾潮	《宋史·五行志》
1158	宋	绍兴二十八年	浙东西	大风	《宋史·五行志》
1163	宋	隆兴元年八月	绍兴府	大风	《宋史·五行志》
1194	宋	绍熙四年七月	山阴、会稽	大风海溢坏堤	道光《会稽县志稿》卷九
1197	宋	庆元三年八月	山阴、会稽	大风	万历《绍兴府志》卷一三
1210	宋	嘉定三年八月	山阴、会稽	大风	乾隆《绍兴府志》卷八〇
1211	宋	嘉定四年八月	山阴县	海水败堤	《宋史·五行志》
1271	宋	咸淳七年	山阴、会稽	大风	万历《绍兴府志》卷一三
1393	明	洪武二十六年闰六月	山阴、会稽	大风海溢	万历《绍兴府志》卷一三
1471	明	成化七年闰九月	杭嘉湖绍	海溢	《明史·五行志》
1472	明	成化八年七月十七	会稽县	大风海溢	万历《会稽县志》卷八(抄本)
1477	明	成化十三年六月	山阴、会稽	大风海溢	万历《会稽县志》卷八(抄本)
1494	明	弘治七年	山阴、会稽	海溢	万历《绍兴府志》卷一三
1507	明	正德二年	山阴县	飓风海溢	嘉庆《山阴县志》卷二五
1512	明	正德七年七月	山阴县	飓风海溢	嘉庆《山阴县志》卷二五
1518	明	正德十三年	山阴、会稽	飓风	万历《绍兴府志》卷一三

续表

公元	朝代	受灾时期	受灾地域	灾情	资料来源
1534	明	嘉靖十三年七月	会稽县	飓风海溢	万历《会稽县志》卷八（抄本）
1568	明	隆庆二年	山阴、会稽	大风	乾隆《绍兴府志》卷八〇
1575	明	万历三年	杭嘉宁绍	海涌	《明史·五行志》
1591	明	万历十九年七月	宁绍苏松常	滨海湖溢	《明史·五行志》
1602	明	万历三十年七月	山阴、会稽	大风雨	康熙《绍兴府志》卷一三
1609	明	万历三十七年七月	会稽县	飓风	道光《会稽县志稿》卷九
1627	明	天启七年九月	山阴、会稽	暴风雨一昼二夜	康熙《绍兴府志》卷一三
1628	明	崇祯元年七月	山阴、会稽	大风	康熙《绍兴府志》卷一三
1629	明	崇祯二年八月	山阴、会稽、萧山	海溢	康熙《绍兴府志》卷一三
1646	清	顺治三年八月	山阴、会稽	大风	康熙《绍兴府志》卷一三
1712	清	康熙五十一年八月	山阴、会稽	风雨大作，海蠹立数十丈	陈绂《俞公塘纪事》
1713	清	康熙五十二年秋	山阴、会稽	飓风	陈绂《俞公塘纪事》
1723	清	雍正元年七月	山阴、会稽	飓风坏堤	乾隆《绍兴府志》卷八〇
1758	清	乾隆二十三年八月	山阴、会稽	风潮坏三江所城	嘉庆《山阴县志》卷二五
1854	清	咸丰四年闰七月初六	山阴、会稽	大风雨	《越缦堂日记补》
1875	清	光绪元年	会稽县	蒿坝倒塘	《浚辽江始末记》[⑧]
1883	清	光绪九年七月	山阴、会稽	风潮	徐树兰《赈济山会两邑沿海水灾征信录》

　　在上列 35 次历史台灾中，有记载的月份是六至九月，说明这 4 个月中，都有台风登陆酿灾的可能。其中七月份达 12 次，八月份达 8 次，足见这是绍兴最易遭受台灾的两个月，而尤以七月份为最。宋王十朋说的"飓风作于孟秋兮"，[⑨]指的就是这个时期。

　　在绍兴地区过境的台风，绝大多数都伴随暴雨。例如清李慈铭《越缦堂日记补》所载咸丰四年（1854）闰七月初六日大风雨一日，酿成灾害，当属台风过境无疑。但也有过境台风不伴随暴雨的，如嘉泰《会稽志》卷十九所载的宋天圣中（1023—1032）夏季："夜，暴风震霆而无雨，空中有人马声，终夜方息。……百里间林木禾稼皆颠仆。"其记载带有虚妄，但很可能也是台风过境。历史上台风对绍兴造成的严重灾害往往是破坏海塘发生海溢，因此受灾最剧的地区多在杭州湾沿岸和山会平原北部。但风力特强的台风,也可以造成府、县全境的极大损害。例如万历《绍兴府志》所载,宋嘉定三年(1210)八月的台风:"坏攒宫陵殿宫墙六十余所,陵木三千余章。"[⑧]这是台风造成南部丘陵地区严重破坏的例子。历史记录中特别严重的台风灾害以崇祯元年(1628)七月二十三日下午过境的一次最为突出。这次台风中心横扫宁绍和杭嘉地区,故《明史·五行志》、《二申野录》卷八以及杭州、嘉兴、绍兴等地方志均有记录。康熙《绍兴府志》的记载是:"大风拔木发屋,海大溢,府城街市行舟,山、会、萧民溺死各数万,上虞、余姚各以万计。"《二申野录》说:"七月二十三日大风雨海溢,绍兴府大水,府城街市行舟,民溺死者数万余。"道光《会稽县志稿》卷九记载这次台风的风力:"大风飘瓦,吹倒石坊。"

绍兴地区历史上的风灾记录,也应该考虑到龙卷风的可能性。例如清同治五年(1866)六月初三日的大风,据记载:"南池坏民屋数十家,挟去十四人,数十里始坠地,死者六人。皇甫庄拔去大石坊一,飞坠贺家池,又挟去一小舟。"[⑧]这一年浙江省各种文献记载的灾害天气,仅五月间昌化、于潜、兰溪等地大水。[⑨]而六月初三的大风不见他处记载。因而最大可能是一次面积较大的陆龙卷。所以不列入台风统计。

如上所述,水、旱、台三灾,是绍兴历史上最重要的三种灾害天气。此外,历史记录中出现的灾害天气还有春寒。因为这个地区的早春天气一般温暖,偶尔一遇的早春低温,就可以造成春花作物的严重损害。不过春寒的记录在历史文献中更为零星片断,仅将可以大致肯定的表列如下。

绍兴历史上春寒记录一览

公元	朝代	受灾时期	受灾地域	灾情	资料来源
1165	宋	乾道六年	绍兴府	春大饥,夏无麦	《文献通考·物异七》
1193	宋	绍熙四年	绍兴府	无麦	《文献通考·物异七》
1208	宋	开禧四年[⑩]	绍兴府	无麦	《文献通考·物异七》
1223	宋	嘉定十六年	浙	无麦	《宋史·五行志》
1658	清	顺治十五年	绍兴府	菽麦无收	康熙《绍兴府志》卷十三

上列各次春寒之所以可以大致肯定,因为曾用几种资料加以核对。例如《文献通考》所记:"乾道元年春,绍兴大饥,夏无麦。"在万历《绍兴府志》卷十三中也有记载:"二三月,会稽盛寒,首种败。"则春寒可以无疑。历史上绍兴的春寒往往和多雨结合在一起,至今这个地区的天气谚语中还有"春寒多雨水"的说法。在上述乾道元年的春寒中,《宋会要辑稿》第一百二十七册就记及:"乾道元年二月二十二日诏,朕以淫雨不止,有伤蚕麦。"说明这种天气现象古今一致。

绍兴历史上的主要灾害天气已如上述。必须指出,历史上的灾害天气,一方面是一个历史气候的问题,但另一方面也是一个历史农田水利的问题。在农田水利条件较好的情况下,天气变化纵然较大也不足以成灾,而相反,农田水利废弛不修,则并不剧烈的异常天气也可能造成灾害。此外,由于地区不同,对相同的天气变化就可能出现不同的反映,会稽山地易旱,山会平原易涝,这就是明显的例子。即使在同一地区,不同的作物,对相同的天气变化也会产生不同的结果,所以这是一个比较复杂的问题。这里只能根据历史文献的记载加以探讨。

第四节　自然资源

无论是现代或是历史时期,自然资源对于地区的经济发展,总是一个极为重要的条件。

在绍兴历史上的自然资源中,自然植物资源具有重要的意义,对于绍兴在历史时期的经济发展有直接的影响。绍兴地区在古代富于天然森林资源,在春秋战国时代,绍兴的森林资源与《禹贡·扬州》描述的"厥木维乔"并无二致。当时,除了地下水位很高的那些沼泽地以外,到处都是高大茂密的森林。公元前5世纪前后的越王句践时代,在今绍兴城附近,森林尚有广泛的存在。传说离城4里的外山,曾是句践的采樵之地。[91]离城7里的乐野,则是越王的弋猎处。[92]最广大的森林分布在稽南丘陵和稽北丘陵,这片茂密的原始森林,在当时称为南林。[93]南林的范围很广,其南部由于山岳连绵,可能和当时浙江中部、南部甚至闽、赣等地的森林连成一片。它的北缘约和稽北丘陵北坡的山麓线一致,距城近处只有15里。[94]南林古木参天,树冠茂密,是一片常绿和落叶混交林,松柏科为其中的主要树种。[95]此外尚有檀、樆、柘、桧、榖、楝、楸、柽、樗、枫、桐、檫、枼、梓、梗、栎、楮、榆等等,[96]拥有巨量的建筑良材和薪炭资源。

除了高大的乔木以外,这个地区还到处长着竹林。根据汉代前后的记载,这一带竹的种类已经不少,例如筿、篶、竹、箭等等。[97]汉以后的各种方志、笔记中,载及的种类为数更多,如笙竹、慈竹、苦竹、紫竹、公孙竹等等。竹类比较能适应低湿的自然环境,所以分布更为广泛。不仅在稽南丘陵和稽北丘陵普遍生长,即使庆湖地区和山会平原北部,只要稍为高燥的地方,都有竹类的分布。

森林和竹林以外的沼泽地,包括庆湖地区的若干地方和山会平原北部,则生长着茂密的各种草类。《禹贡·扬州》描述的"厥草惟夭"就是这种植被景观的写照。此外,由于这个地区水面广阔,距海甚近,因此常年风势较强,所以会稽山地中海拔500米以上的山峰,特别是其迎风面,一般也缺乏高大树木,成为一种高山草原的景观。[98]

自然植物资源,其中特别是森林资源,对绍兴历史上的经济发展起过重要作用。森林资源一方面是建筑材料,诸凡宫殿、民居、船舶、器用等等,都非木材不办。绍兴的森林资源除了自给以外,还可以外运,早在春秋战国时代,这里就有森林资源外运的记载。[99]森林资源对于这个地区的另一重要性是提供大量需要的薪炭燃料。绍兴及其附近地区都没有煤炭一类的矿物燃料资源,长期以来,不仅是民用燃料依靠森林,而重要的手工业如冶金、陶瓷、砖瓦、制盐等等,也都以木炭作为燃料。

竹类在绍兴的经济发展中也有重要意义,早在越王句践时代,竹类就已经成为重要的物资,在建筑和器物制造上广泛应用。[100]后汉时代著名的柯亭,即是以竹为椽的,[101]说明竹类在这个地区也用于房屋建筑。陆游诗:"东冈竹千竿,大者围过尺。"[102]可见这里的竹类干径粗大,适宜于作为建筑材料。此外,竹类在稍后又是造纸工业的原料,同时还能获得大量竹笋,绍兴在历史上的竹笋产量甚为可观,甚至成为官府采购科买的对象。[103]稽北丘陵北麓冲积扇地带的许多集镇,都是竹笋的集散地,明袁宏道曾经称誉这里竹笋的味美,与西天目山的竹笋相类。[104]而以平水为集散地的冬笋,长期来尤负盛名。[105]

绍兴的森林资源在历史时期的破坏过程是相当迅速的。于越前期,生产活动主要在稽南丘陵,由于耕作的需要,这一带的山间盆地和山麓冲积扇地带的森林,必然有过大量砍伐。特别是在当时生产技术很落后的情况下,刀耕火种,在所难免,更易造成森林资源的破坏,只是今日没有记录可查而已。到了越王句践时代,有关森林砍伐的记载就见于文献。除了《越绝书》和《吴越春秋》等所载数千人出动的大规模砍伐以外,以木柴和木炭作为燃料的手工业如冶金、[106]制盐[107]等已经有了发展,森林资源开始有了大量的经常性支出,逐渐破坏了自然界原来所保持的平衡。

在历史上森林破坏的过程中,砍伐速度一旦超过了自然更新的速度以后,整个森林的毁灭就会加速度地进行。绍兴地区森林破坏的这个关键性时期大概始于东晋。由于朝廷南迁,会稽成为江南重镇。耕地、用材、燃料等的需要都大量增加。为此,从东晋开始,平原地区的森林逐渐砍伐殆尽。谢安在永和九年(353)写的《兰亭诗》说:"森森连岭,茫茫原畴。"[108]说明当时从稽北丘陵北望,已经是原畴茫茫,看不到森林了。当然,在会稽山地,由于砍伐不易和运输困难,森林在当时还保留得比较完整。众所熟知的王羲之《兰亭集序》中所说:"此地有崇山峻岭,茂林修竹。"[109]虽然只能说明兰亭附近兰渚山一带的情况,但同一时期的谢万,却留下了登高望远的记录,他在《兰亭诗》中说:"肆眺崇阿,寓目高林,青萝翳岫,修竹冠岑。"[110]说明当时在稽北丘陵极目远望,丘陵内部的森林,还是相当完整的。

东晋以后,在整个南北朝时代中,东南地区一直是全国的政治、经济中心,北方移民不断南来,在刘宋年代,山阴县已经出现了"土地褊狭,民多田少"[111]的现象。至此,平原地区必然已无残留的森林。平原地区的森林既已荡然无存,砍伐自然要进入山区。从此,采樵远入会稽山地的记载,陆续在文献上出现。[112]当然,在初期向山区砍伐时,只是为了用材和燃料的需要,木材和薪炭等的生产数量,都得考虑到市场的实际需要量和运输条件。砍伐还不至于漫无限制。但唐初以后,利用山坡的茶树种植业在稽北丘陵开始发展,[113]到北宋而盛极一时。[114]为了获得植茶所需的坡地,森林砍伐的规模就空前扩大。这样,会稽山地的某些地方在宋代就出现了"有山无木"[115]的现象。自此以后,绍兴的森林资源就趋于枯竭。到明代玉米和番薯引入以后,山区的垦殖进一步扩大,稽南丘陵和稽北丘陵除了容易更新的竹林以外,基本已经童秃。所以清代的记载中指出这里已"无森林之可言"了。[116]不仅是在用材的取给上已经毫无意义,而沿海制盐业所需的木柴燃料,也感到不胜负担。清代中叶以后,绍兴北部各盐场开始从传统的刮泥淋卤煎煮的方法,过渡到刮泥淋卤板晒的方法。[117]这虽然一方面是制盐技术改进的措施,但另一方面却也是森林资源枯竭的标志。以会稽县为例,宣统二年(1910)该县运入货物总额为322005元,其中松杉杂木、寿枋段板、花梨、红木、柴炭等,数达237140元,占全年运入货价的74%,[118]森林资源的枯竭可见一斑。

竹林的情况与森林不同,历史上任何时期,在会稽山地都有一定数量的分布。这一方面由于竹类成长迅速,竹林破坏以后,更新比较容易。另一方面是由于经营竹林获利较快。所以绍兴地区存在的竹林,都是人工栽培养护的。历史上这个地区的竹林所提供的价值为数甚巨,无法统计。直到清代末叶,仅会稽一县,每年即能生产竹类4500万斤,竹笋170万斤,[119]是一项重要的财富。

和自然植物资源一样,古代绍兴的野生动物资源也是非常丰富的。根据历史文献,这个地区在史前时代曾经有巨大的爬虫类栖息活动,所以存留着它们的骨骼化石。《国语·鲁语下》:"吴伐楚,堕会稽,获骨焉,节专车。"韦昭注:"骨一节,其长专车。"这很可能就是中生代的恐龙化石。这种巨大的骨骼化石,直到宋代还续有发现。嘉庆《山阴县志》引《旧志》说:"宋时建里社,掘土得骨长七尺,仍瘗之,立神社,像于其上,故名七尺庙。"[120]按记载,七尺庙在今柯桥附近的湖塘镇。当然,我们不能以史前动物论证历史动物,但既然有这样的发现,所以也顺便在此提及。

在历史时期,绍兴的森林茂密已如上述,则野生动物资源的丰富也就可以不言而喻。《禹贡·扬州》所载"齿、革、羽毛",蔡沈注:"象有齿,犀兕有革。"当时的所谓"扬州",范围很大,仅仅根据蔡沈的注释,绍兴的森林中有没有象、犀等动物,还不能确实论定。但现在从考古发掘的成果来看,河姆渡遗址第四文化层中存在的动物骨骼即有亚洲象和犀。[121]而从历史文献来看,古本《竹书纪年》魏襄王七年(前312)越王派公师隅贡献的物品中有"犀角、象齿",说明《禹贡》的记载不讹。由于这一带森林茂密,气候暖热,这类大型野生动物在林间活动,直到唐末,据《十国春秋》卷十八所载,吴越宝正六年(931)"秋七月,有象入信安境,王命兵士取之,圈而育焉"。又《吴越备史》卷四所载,癸丑三年(953)"东阳有大象自南方来,陷陂湖而获之"。上述两项记载均在今金华一带,可能因为当时会稽、四明山地的森林已经缩减,所以这类大型野生动物向南转移。但古代绍兴确实有象、犀存在则可以无疑。

除了象、犀等大型动物外,绍兴森林中古代出没的动物为数还有很多。绍兴城南的南林,春秋时代还是虎豹出没之地。[122]此外并有猿、猴、熊、罴、野猪、鹿、麂、狐、兔等等。[123]

对于野生动物资源的利用,早在春秋战国时期就有了记载。除了上述《竹书纪年》所列作为贡物外,《禹贡·扬州》也记及这里的贡品"齿、革、羽毛"。狩猎业在于越是重要的生产活动,《越绝书》卷八曾记及当时在城郊乐野和南山的狩猎活动。野生动物的毛皮当时已被广泛利用,不仅在与邻国交往的礼品中常见毛皮,[124]在国际贸易中,毛皮也已经成为重要商品。[125]

这里还值得把所谓"鸟田"的传说稍加论述。不少历史文献如《越绝书》、《吴越春秋》等,都有"鸟田"的记载,其中以《水经注·渐江水》说得最为明白:"有鸟来,为之耘,春拔草根,秋啄其秽,是以县官禁民,不得妄害此鸟,犯则刑无赦。""鸟田"是什么?汉王充对此有相当科学的解释。他说:"实者,苍梧,多象之地;会稽,众鸟所居。《禹贡》曰:彭蠡既潴,阳鸟悠居。天地之情,鸟兽之行也。象自蹈土,鸟自食苹,土蹶草尽,若耕田状,壤靡泥易,人随种之。"至于这些鸟是什么鸟,从哪里来,王充的解释也很清楚:"雁鹄集于会稽,去避碣石之寒,来遭民田之毕,蹈履民田,喙食草粮,粮尽食索,春雨适作,避热北去,复之碣石。"[126]这其实是一种至今仍然南来北往的候鸟,学名称为绿头鸭(Anas platyrhynehos),绍兴人称为野鸭。"鸟田"说明了当时这个地区禽类的丰富,也说明这片沼泽平原是它们理想的栖息场所。"鸟田"的意义,除了王充所说的以外,显然还有对土地施肥的价值,大群候鸟的栖息,鸟粪在恢复土地肥力方面当然很有作用,人们看到了"鸟田"的丰收,所以"县官禁民,不得妄害此鸟"。

野生动物资源的破坏是和森林的破坏同时发生的。春秋战国以后,随着山会平原地区森林的消失,这个地区的野生动物特别是大型动物迅速减少。但是直到三国前后,稽北丘陵和其他山区,由于森林仍然存在,野生动物资源还是相当丰富。[127]根据南北朝初期的记载,会稽山中还有猨、猙、狸、豜、獌、獥、猏等动物,[128]而山区以外,还有熊、罴、豺、虎、貔、鹿、麇等动物。[129]但此后,稽北丘陵的森林也大部消失,到了宋代,较大的野生动物如虎豹之类,就已经退缩到稽南丘陵一隅,[130]并且日益减少。明代以后,会稽山中偶见一虎,即成为文人笔记材料,甚至写入志乘,[131]视为大事。也说明野生动物资源在这个地区已经没有什么经济意义了。

如上所述,绍兴曾经拥有丰富的森林资源和陆上野生动物资源,但都在历史发展过程中次第消失。此外,绍兴还有丰富的水产生物资源,在地区的经济发展中也具有重要意义。绍兴位于海滨,而且河湖密布,淡水水面广阔,水产生物资源早就为当地人们所熟悉和利用。正如《国语·越语下》所述,这个地区"滨于东海之陂,鼋鼍鱼鳖之与处,而蛙黾之与同渚"。这就反映了当时人们对水产资源的了解程度。对于水产资源的利用,当时也已经开始。^⑫山会北缘的后海,由于适当咸水与淡水的接触处,内河流注,带入丰富的饵料,而潮汐又不断把海产鱼类送入内陆,所以水产资源在这一带就特别丰富。早在晋代,人们就在这一带捕捉从沿海游入内陆的墨鱼。^⑬在五代吴越王的宴席中,单单蟹类一项,就能摆出 12 个不同的品种。^⑭此外,附近海中还有紫菜、海带等海生生物资源。唐代以来,绍兴地区的人们也已经加以利用。

嘉泰《会稽志》曾把自春秋以来这里的人们所认识和利用的水产生物资源加以列举。^⑮其中淡水生物有鲈、鲤、鲫、鳝、鳢、鳙、鲢、银鱼、紫鱼等,咸水生物有鲻、鲜、石首鱼(即大黄鱼)、春鱼(即小黄鱼)、梅鱼、比目鱼、乌贼(即墨鱼)、水母等,虾、蟹则淡水与咸水均有,此外还有甲壳软体动物如蚌、蛤、珠母^⑯等等。水产生物资源长期来成为这个地区人们的重要肉食来源,并且还有其他一些用途。

最后对绍兴历史上的矿物资源稍加叙述。这个地区历史上发现和利用的矿物资源为数不多。在自然地理上的主要原因是:第一,这个地区沉积岩分布有限,加上中生代的火山活动,原有矿物也受火山活动而分散,分布很不规则,发现困难。第二,占全面积大部分的山会平原,为卷转虫海进以来的深厚冲积层所掩盖,深处即使有矿物存在,在古代也不可能发现利用。第三,古人能够认识和利用的矿物种类有限,主要是金、银、铜、铁、锡等金属矿物和少量非金属矿物,除此以外,纵有蕴藏,亦无采掘利用的需要。第四,全境大部分地区为坚硬的中生代火成岩所覆盖,在古代技术不高的情况下,采掘很有困难,往往是露头部分一经采完,矿山就被弃置。所以古代绍兴对于矿物资源的利用,显然不能与生物资源的利用相比。

从文献记载来看,绍兴地区有关矿物的资料,首见于《山海经》记及的金玉和砆石,^⑰但记载并不可靠。《越绝书》和《吴越春秋》这两种土著地方文献中都有关于赤堇山产锡和若耶溪产铜^⑱的记载。赤堇山位于若耶溪上游的铸浦附近,距城东南约 30里,这一带的地名铸浦、上灶等,都与手工冶炼有关,说明在先秦确有开采事实,但以后不再有开采记载,则锡矿可能是一处藏量不大的露头。若耶溪的铜,据所载"涸而出铜"的话,大概是从上游冲刷下来的铜矿砂,用淘洗方法取得,对技术落后的古代来说,产量估计也是不大的。

除了赤堇和若耶以外,绍兴还有几处早期的铜矿资源有记载可以追索。铜在当时是制造武器的主要原料,所以现在看来,蕴藏量实在不大,但他们作了尽可能地采掘利用。当时的一处铜矿在离城 25 里的铜牛山,古名姑中山,按《越绝书》卷八所载"姑中山者,越铜官之山也。"既称"铜官",则在矿山附近还设置冶炼场所。夏侯曾先《会稽地志》说:"昔有铜牛见于灵汜桥,人逐之,奔入此山,掘地视之,悉铜屑也。"[139]既有铜屑,当是当年冶炼所余。还有一处是去城 35 里的六山,按《越绝书》卷八所载:"六山者,句践铸铜。铸铜不烁,埋之东坂。"说明这一铜矿的采掘和冶炼没有成功,或许是矿砂的含铜率太低的缘故。此外,《越绝书》卷八还有锡山的记载:"练塘者,句践时采锡山为炭,称'炭聚',载从炭渎至练塘。"在于越的青铜时代,锡的重要性和铜一样,青铜是铜锡合金,所以称为锡青铜,是于越制造武器的主要原料。所以虽然从现在看来,这个地区的锡矿并不丰富,但他们还是尽可能地开采利用。至于锡山的地理位置,万历《绍兴府志》卷四据《旧经》称在府城东 50 里。从至今尚存的"练塘"这个聚落来看,《旧经》是正确的。

除了上述以外,古代绍兴见于记载的金属矿物还有铅和银两种。嘉泰《会稽志》卷九记及此两者均出于锡山,位于县东 50 里。前代采掘的矿坑,在嘉泰年间尚存遗迹。此外,在城南山、会两县交界处的甘溪地方,也有铅矿的蕴藏。矿场面积达二三里,相传在明代尚有开采。[140]府城以东的银山,在明代也尚有银砂的开采。[141]

在非金属矿物中,见之于文献记载的惟朱砂及云母两种,朱砂首见于唐代的越州贡品,[142]但未言及产地。按《明史·地理志》,则朱砂与上述铅、银的产地相去不远。[143]云母据清代记载,也蕴藏于会稽县银山地方。[144]

矿物建筑材料,在绍兴有较广的分布和很大的蕴藏量,历史上开采利用极为普遍,是一项重要的矿物资源。这中间首先是建筑石料。绍兴地区地下水位高,许多建筑都不宜使用木材,石材的应用才更趋广泛。绍兴境内到处都有中生代凝灰岩的分布,这种石料,坚硬细密,美观耐用,而且岩石具有一定的节理,开采也较方便,南北朝记载中的所谓"会稽多石",[145]其实就是指的这种石材。早在宋代,绍兴的石料已经向外输出。[146]现在绍兴尚存的许多古代建筑,也大多采用这种石料。府城及平原村镇的路衢桥梁等,也都是凝灰岩石材。清胡天游说:"越山石多而采,百材资焉。"[147]凝灰岩在绍兴分布甚广,但采凿需要考虑运输条件,所以集中于平原地区有河道可通的若干孤丘附近。例如城东的远门山和曹山,城西的柯山和城北的羊山等。据传在越王句践时代,羊山的石材采凿已经开始。[148]直到明清时代,这些地方仍是重要的采石场。[149]在石材采凿过程中,一旦及于地下水层,则矿坑潴为塘湖。所以这些古老的石材矿山,如东湖、吼山、柯岩、羊山等,迄今都是绍兴的风景区。

绍兴地区的高岭土分布很广,长期来提供制造砖瓦的大量原料。品质较高的还有紫砂,历史上以县西60多里紫砂岭所产为著名,[150]可以制作高级陶器。质地更优的高岭土是瓷器的原料,绍兴历史上著名的青瓷器,即是在这种丰富的原料基础上烧制出来的。

绍兴缺乏沉积岩层,因此,作为重要矿物建筑材料的石灰石蕴藏不多,分布不广。最为著名的石灰石矿在城南兰亭附近,这里拥有比较丰富的寒武纪石灰岩,从明代起,即有规模较大的开采利用。[151]盛塘镇(即破塘)以南的陈伽岭山,从明崇祯年代起也有采掘和烧制石灰的。[152]此外,陈伽岭附近的应家山、狮子山、方前山、大庆山等处,也曾有人经营石灰石的开采和烧制。[153]由于当时这些地方的官吏认为开山烧石要破坏风水,所以先后遭到禁止。

最后是北部沿海的食盐资源。由于清初以前钱塘江以南大亹为通道,山、会两县北缘均濒海,盐场范围很广,食盐成为长期来具有区际意义的产品,按《越绝书》所载,这种资源在春秋时代就已开始利用。[154]在整个绍兴北部沿海的各盐场中,海水的含盐度并不一样,大体上是东部含盐度高而西部低,这是因为钱塘江淡水冲洗的影响。故而最偏西的钱清盐场所产食盐,在绍兴诸盐场中质量最次,[155]以东各场质量较高。

注释:

① 参见《回顾与展望——中国历史地理学四十年》,肖黎主编《中国历史学四十年》,书目文献出版社1989年版,又收入于华林甫编《中国历史地理学五十年1949—1999》,学苑出版社2001年版。

② 《论辩证唯物主义与历史唯物主义》,《斯大林文选》第193页(谭、葛文原注)。

③ 见《毛泽东选集》第1卷第277页(谭、葛文原注)。

④ 见《在马克思主义指导下开创我国历史地理研究的新阶段》,《沿着马克思的理论道路前进》,上海人民出版社1983年版。

⑤⑧ 《中国历史地震图集》(清时期),中国地图出版社1990年版。

⑥ 万历《会稽县志》(抄本)卷八《灾异》作"至正十四年十二月乙酉",今从《元史》。

⑦ 陈桥驿编,浙江人民出版社1991年版。

⑨⑩ 《世说新语·言语》。

⑪ 《通典》卷四六《山川》:"秦并天下,令祠官所常奉名山川鬼神可得而序。于是自崤以东名山大川祠,曰太室、恒山、泰山、会稽、湘山。"

⑫ 杜光庭《五镇海渎记》(《名山洞天福地岳渎名山记》):"南镇会稽山,永兴公在越州。"

⑬ 叶枢《龙瑞观阳明洞天图经》,《玉简斋丛书》一集。

⑭ 谢承《会稽先贤传·贺氏》,(《会稽郡故书杂集》辑本)。

⑮ 陈继儒《太平清话》卷二。

⑯ 杜光庭《七十二福地记》,《古今游名山记》卷首总录类考:"若耶溪在越州南樵风泾。"

⑰ 此"山阴江"当指若耶溪的下游,即从府城北出三江口者。

⑱ 如黄宗羲《今水经序》:"以曹娥江为浦阳江……皆错误之大者。"

⑲ 齐召南《水道提纲》卷一六。

⑳ 《汉唐地理书钞》辑本。

㉑ 《元和郡县图志》卷二六。

㉒ 《汉书·地理志》会稽郡:"余暨,萧山,潘水所出,东入海。"张元忭:《三江考》:"《汉书》潘水即浦阳江。"

㉓ 范本礼《吴疆域图说》:"浦阳江自诸暨以北者,于古为东江。"

㉔ 嘉泰《会稽志》卷十萧山县浦阳江条:"浦阳江在县东……俗名小江,一名钱清江。"但嘉泰《会稽志》并不载钱清江注入三江口。浦阳江即钱清江并注入三江口之说,至明代后期始盛行,如黄九皋《上巡按御史傅风翔书》等均倡此说。"后海"见清陈伦炯《海国闻见录·天下沿海形势录》:"余姚之后海。"李长傅注:"余姚之后海,指杭州湾。"

㉕ 见《三江考》。

㉖ 见《杭志三诘三误辨》(《西河合集》本)。

㉗ 《浙江图考》。

㉘ 《水经注正误举例》卷五。

㉙ 顾野王《舆地志》(《汉唐地理书钞》辑本)。

㉚ 《文选注》卷二六引晋顾夷《吴郡记》:"富春东三十里有渔浦。"

㉛ 《杭志三诘三误辨》。

㉜ 《吴疆域图说》。

㉝ 陈桥驿《钱塘江及其河口的历史地理研究》(《浙江档案·档案史料研究》1997 增刊)。

㉞ 南大亹(门)在坎山、航坞山与赭山之间;中小亹亦称鳖子亹,在赭山与蜀山之间;北大亹在蜀山与海宁故治(即盐官镇)之间,即今江道。清朱定元《海塘节略总序》云:"北大亹约阔三十余里,有河庄山为界;河庄以南为中小亹,约阔八里,有赭山为界;赭山以南为南大亹,约阔三十余里,有绍郡之坎山为界。"

㉟ 《水经注》卷二九《沔水注》。

㊱ 《新唐书·地理志》始记及开元十年会稽县修海塘事。

㊲ 《吴越备史》卷一。

㊳ 陆佃《适南亭记》,《陶山集》卷一一。

㊴ 《羊山韩氏宗谱》卷一引《山南谱》:"山阴为越之北境,而羊山又在山阴之北,去郡城二十五里,负海而立,绵亘数里。"按羊山韩氏系随建炎南渡从北方迁来,故所述当是南宋初年情况。

㊵ 《宋史·五行志》:"(嘉定)十二年,盐官县海失故道,潮汐冲平野三十余里,至是侵县治。"

㊶　宝庆《会稽续志》卷四。

㊷　王祎《绍兴谳狱记》,《王忠文公集》卷八。

㊸　按明陈善《海塘议》,五变指永乐九年、成化七年、弘治五年、嘉靖七年、万历三年。

㊹　雍正《浙江通志》卷六三引弘治《绍兴府志》。

㊺　《闸务全书》上卷:"壬申、癸酉间,流尚细微,至乙亥六月廿三日,遂骤决而成大江。"

㊻㊼　《闸务全书》上卷。

㊽　祁彪佳《祁忠敏公日记》丁丑八月十五日。

㊾㊿　张岱《陶庵梦忆》卷三。

51　黄宗羲《行朝录》卷三。

52　任三宅《修萧北海塘议》。

53　Heidenstam. H,"Report on the Hydrology of the Hangchow Bay and the Chientang Estuary",
Wanpo Conservancy Board,S. H. I.,Series 1,No. 5,1921.

54　康熙《钱塘县志》卷十二。

55 56　朱定元《海塘节略总序》,载《两浙海塘通志》卷二。

57　《知府俞卿山阴海塘碑记》,载乾隆《绍兴府志》卷一六。

58　翟均廉《海塘录·奏议一》。

59　翟均廉《海塘录·奏议四》。

60　翟均廉《海塘录·奏议五》。

61　《下方桥陈氏宗谱》卷一。

62　黄寿衮:《答熊再青知府询越郡水道书》,《小冲言事》卷一。

63　《小冲言事》卷一:"自乾隆中,坎、赭两山之间沙地,日趋而北,即海宁所谓南沙是也。"

64　民国《萧山县志稿》卷一。《嘉庆重修一统志》卷二九四作嘉庆十六年;民国《海宁州志稿》
卷二作嘉庆十八年。

65　《水经·浙江水注》。

66　《国语·越语上》。

67　《论衡·书虚篇》。

68　《论衡·四讳篇》。

69　万历《绍兴府志》卷一三:"万历六年,合郡大雪,寒,运河冰合。"

70　康熙《绍兴府志》卷一三:"十二月初三日,连日大风,盛寒,各邑江河冰合。"

71　《重午》,《剑南诗稿》卷二一。

72　绍兴东湖气象站 1961—1977 年纪录:年平均气温 16.4℃,绝对最高温 39.5℃(1964),绝对
最低温 –10.1℃(1969),年平均相对湿度 80.5%,年平均蒸发量 1147 毫米,年平均降水量
1424.2 毫米,年最大降水量 1 896.2 毫米(1975),年最小降水量 911 毫米(1967),连续最
大降水日数 15 天(1963)。

73　《会稽记》(《会稽郡故书杂集》辑本)。

⑭　吴颖芳《浙中古迹考》卷三,望云楼条引《晏公类要》:"在州东怪山上,即句践怪游台。"

⑮　《越绝书》卷四与《史记》稍异:"计倪对曰:太阴三岁处金则穰,三岁处水则毁,三岁处木则康,三岁处火则旱。故散有时积籴有时领,则决万物不过三岁而发矣。"

⑯　浙江人民出版社 1991 年版。

⑰　《吴越春秋》卷九:句践"十三年……越国洿下,水旱不调。"《吕氏春秋·长攻》:"越国大饥。"姑作水灾记入。

⑱　《宋史·汪纲传》:"绍定元年,召赴行在。帝曰:闻卿治行甚美,越中民力如何? 对曰:去岁水潦。""去岁"当指绍定元年前一年,故记入宝庆三年。

⑲　按年度统计共为 84 次,但其中宋淳熙三年,明景泰七年,清道光三十年,每年均有两次水灾,故应为 87 次。

⑳　按年度统计计为 56 次,但其中某些年度,灾情连绵数月,故合计为 68 次。

㉑　同治四年灾情,均据李文纨《越缦堂詹詹录》上集,系抄录李慈铭同治四年闰五月十二日、二十日、六月十四日各日日记。

㉒　王十朋《鉴湖说》上篇,《王忠文公集》卷七。

㉓　万历《绍兴府志》卷十三作贞元二十二年,查贞元无二十二年,故不予记入。

㉔　曾巩《越州赵公救灾记》,《元丰类稿》卷一九。

㉕　《越州阮氏宗谱》卷二一。

㉖　王十朋《会稽三赋》。

㉗　攒宫即指宋六陵,位于稽北丘陵北麓。

㉘　李慈铭《孟学斋日记》丙集上,《越鳗堂日记》一函七册,同治五年六月初十日。

㉙　陈桥驿《浙江灾异简志》,浙江人民出版社 1991 年版。

㉚　年份记载恐有误,开禧无四年,当是嘉定元年。

㉛　万历《绍兴府志》卷四。

㉜㉝　《越绝书》卷八。

㉞　《吴越春秋》卷九:"越有处女,出于南林。"嘉泰《会稽志》卷十八:"南林在山阴县南。"

㉟　《越绝书》卷八:"初徙琅琊,使楼船卒二千八百人伐松柏以为桴。"说明南林拥有大量松柏科树类。

㊱　据南朝宋谢灵运《山居赋》(《全宋文》卷三一),唐李德裕《平泉草木记》(《唐人说荟》第十一册)等,但其中不少树的名称,无法查明于今为何树。

㊲　《禹贡·扬州》:"筱簜既敷。"《尔雅》卷下:"东南之美者,有会稽之竹箭。"

㊳　《水经·浙江水注》:"又有秦望山……扳萝扪葛,然后能升,山上无甚高木,当由地迥多风所致。"按泰望山高海拔 585 米。

㊴　《吴越春秋》卷八:"越王乃使大夫种索……文笋七枚……晋竹十廋。"又卷九:"吴王好起宫室,用工不辍。王选名山神材,奉而献之。"均为当时森林资源外运的记录。

㊵　《吴越春秋》卷八"文笋七枚"、"晋竹十廋",又卷九"袁公即杖箖箊竹",都是竹类广泛利用

的例子。

⑩ 伏滔《长笛赋》(《全晋文》卷一三三)："柯亭之观,以竹为椽。"

⑩ 《东冈》,《剑南诗稿》卷五一。

⑩ 《建炎以来系年要录》卷一七〇："晟,会稽人,前日论本府科买箭笋扰民。"

⑩ 袁宏道《天目山记》,雍正《浙江通志》卷二六二,《艺文四》。

⑩ 吴寿昌《乡物十咏》(嘉庆《山阴县志》卷二八)第三,平水冬笋："都人珍十倍,贩到一开博。"

⑩ 《越绝书》卷八："句践时采锡山为炭,称'炭聚',载从炭渎至练塘。"

⑩⑮ 《越绝书》卷八："朱余者,越盐官也。"

⑱ 《全汉三国晋南北朝诗》卷五。

⑲ 《全晋文》卷二六。

⑩ 《全汉三国晋南北朝诗》卷五。

⑪ 《宋书·孔季恭传》。

⑫ 《南史·朱百年传》："入会稽南山,伐樵采箬为业。"

⑬ 陆羽《茶经》卷下："越州上,明州、婺州次,台州下。"按:陆羽,天宝、贞元间人,故会稽山地
的植茶业在唐初已经发展。

⑭ 欧阳修《归田录》卷一："草茶盛于两浙,两浙之品,日注第一。"按:日注即日铸,位于稽北
丘陵。

⑮ 庄季裕《鸡肋编》卷上。

⑯ 《会稽县劝业所报告册》宣统三年上期。

⑰ 范寅《越谚》卷下："咸丰十一年,仿岱山法,作板晒盐。"

⑱⑲ 《会稽县劝业所报告册》宣统三年上期。

⑳ 嘉庆《山阴县志》卷二〇。

㉑ 《河姆渡遗址第一期发掘报告》,《考古学报》1978 年第 1 期。

㉒ 《吴越春秋》卷八："纵于南林之中,今但因虎豹之野。"

㉓ 《越绝书》卷八、《越咏》卷下引《南方羽毛记》、《会稽三赋》等。

㉔ 《吴越春秋》卷八："狐皮五双……以复封礼。"

㉕ 《国语·越语上》："大夫种进对曰:臣闻贾之人,夏则资皮。"

㉖ 《论衡·偶会篇》。

㉗ (晋)虞预《会稽典录》(《会稽郡故书杂集》辑本)："虞翻对王景兴曰:山有金木鸟兽之殷。"
按:虞翻为三国时人。

㉘㉙ 据(刘宋)谢灵运《山居赋》,但其中若干动物名称,无法认定于今为何种动物。

㉚ 宝庆《会稽续志》卷四："古博岭在县西四十里,往多虎豹栖止。"按:古博岭位于稽南丘陵,
为山阴、诸暨二县县界。

㉛ 例如万历《会稽县志》卷八："隆庆元年,有虎入城中,宿蕺山,徙明真观,道士晓开户,攫伤
之,众哗,逐走千秋巷,堕厕中,为诸丐所毙。"又如明朱国祯《涌幢小品》卷三一："徐恩,山

阴人……刘薪项里岭,日未午,一虎从丛筱中出。”又如明陶奭龄《喃喃录》:“崇祯甲戌……伧塘民以铳毙一虎。”又如雍正《山阴县志》卷九:“顺治十六年己亥,虎至西郭门,外山有虎乱伤百余人。”

⑬² 《越绝书》卷八:“因以下为目鱼池,其利不租。”这是绍兴利用水产资源的早期记载。

⑬³ 《水经·浙江水注》。

⑬⁴ 赵翼《陔余丛考》卷四三。

⑬⁵ 嘉泰《会稽志》卷一九。

⑬⁶ 《会稽三赋》:“孕珠之嬴。”当属珠母(珍珠贝)一类。

⑬⁷ 《山海经·南山经》:“会稽之山四方,其上多金玉,其下多玞石。”

⑬⁸ 《越绝书》卷一一:“赤堇之山,破而出锡;若耶之溪,涸而出铜。”

⑬⁹ 据《太平寰宇记》卷九六《江南东道八》越州所引。

⑭⁰⑭⁴ 《会稽县商业事项》宣统三年上期。

⑭² 《通典》卷六《食货六》赋税下。

⑭³ 《明史·地理志》:“会稽县有铅银,旧产银珠。”按:“银珠”为绍兴方言,至今绍兴犹称朱砂为银珠。

⑭⁵ 《荀志灵鬼志》,据《太平广记》卷四七二所引。

⑭⁶ 《涌幢小品》卷十五:“吴越之奇石,此宋所采者。”

⑭⁷ 《伐石志》,《石笥山房文集》卷五。

⑭⁸ 《山阴下方桥陈氏宗谱》卷一:“越城西北三十里,羊山在焉。……昔范大夫凿此山之石以城会稽。”

⑭⁹ 余煌《修闸成规》(乾隆《绍兴府志》卷一四):“每洞用石匠八名,共二百二十四名,于洋山(按即羊山)、犬山、柯山、绕门山等处,各立匠头。”

⑮⁰ 嘉庆《山阴县志》卷三引《旧志》:“箬岭在县西六十二里,紫砂岭在箬岭北,有紫砂。”

⑮¹ 平步青《霞外捃屑》卷四。

⑮² 毛奇龄《严禁开燔郡南诸山碑记》,《西河合集》碑记七。按:“陈伽岭山”,乾隆《绍兴府志》卷三作“陈家岭”。

⑮³ 《知府李享特封山碑记》,乾隆《绍兴府志》卷三。

⑮⁵ 姚宽《西溪丛语》卷上。

第五章　绍兴的人口与聚落

第一节　人口动态

在先秦时期,绍兴地区是地广人稀的。于越是个人口很少的部族,句践七年(前490),越王句践对范蠡说:"今欲定国立城,人民不足,其功不可以兴,为之奈何?"①就具体说明了这个部族人口稀少的事实。前面已经提到,为了增加人口,越王句践曾经采取了一系列有效措施,包括限制夫妻的年龄差距,提倡早婚,加强孕妇和产妇的保育,奖励生育等等,前面也已引《国语·越语上》所说:"令壮者无取老妇,令老者无取壮妻。女子十七不嫁,其父母有罪;丈夫二十不娶,其父母有罪。将免者以告,公令医守之。生丈夫,二壶酒,一犬;生女子,二壶酒,一豚。生三人,公与之母;生二人,公与之饩。"但是尽管如此,到句践十五年(前482)准备起兵伐吴时,倾整个部族的全部力量,能凑集来的军队也仍不过是"习流二千人、俊士四万、君子六千、诸御千人"②而已,总数不过5万人之谱。与"夫差衣水犀甲者十有三万人"③的句吴相比,越部族仍是族小丁少的。《古代于越研究》一文曾对当时的于越人口作过估计:"若按两丁抽一的数字来估计,则当时部族的青壮年男子已达十万人之数,相应加上等量的青壮年妇女,则总数就达二十万。另外还应按比例加上各占四分之一的不成丁幼年和老年,则当时越部族的人口总数约为三十万人之谱。"④按照这个部族分布的一般疆域,即《国语·越语上》所说的,"南至于句无,北至于御儿,东至于鄞,西至于姑蔑"的范围,大体上以5

万平方公里的面积计算,则人口密度约为每平方公里 6 人。当然,人口并不是平均分布的,在这大约 5 万平方公里的范围中,显然存在着一个人口的聚集中心,即句践从句吴释放后的疆域,所谓"吴封地百里于越,东至炭渎,西至周宗,南造于山,北薄于海"。⑤面积估计约为 5000 平方公里,这个地域的中心,正是于越的国都大越城。句践伐吴胜利,最后迁都琅琊,军队和居民必然大量随之北迁,人口分布相应发生较大变化,以大越城为中心的部族聚居中心,人口必然有所减少。一直要到越国在琅琊失势,部族再度南迁以后,今绍兴一带的人口才又有所增加。

前面已经提及,今绍兴地区的越人在秦一统后遭到秦始皇的强迫迁移而流散,虽然有汉人中的所谓"有罪适吏民"迁入这个地区,但人口总数从秦以至两汉,或许更趋减少。据《汉书·地理志》所载,整个会稽郡共有 223038 户,计 1032604 人。当时会稽郡辖 26 县,则平均每县不到 4 万人。而且在 26 县之中,包括郡治吴在内,有 7 个县在今江苏境内,是当时郡内经济最发达的地区,必然聚集了较多的人口。另外 6 个县在今浙西地区,当时经济也比较发达。上述 13 个县占郡内全部县数的一半,人口必然超过一半。其余在今浙东的 13 个县中,山阴虽然居于首要地位,但由于苏南、浙西已经囊括了一半以上的人口,则绍兴地区的人口最多也不致超过全郡各县的平均数,当为 4 万人之谱。这就是司马迁目击的"地广人希",所以这个地区在当时曾成为关东人口稠密地区移民的对象。⑥

后汉会稽郡范围缩小到浙东的 14 县,据《续汉书·郡国志》的记载,郡内共有 123090 户,计 481196 人。按照平均数来说,各县人口不过 35000。但当时山阴县是郡治所在,是合郡的第一大城,居民自然要较多地超过平均数,估计人口可能在 5 万以上。

在今日可以查索的晋代或以后的文献中,无法获得绍兴地区在晋代的人口数字,仅知会稽郡 10 县,有户 3 万。⑦晋代会稽郡户口的所以大大少于后汉,是由于辖区锐减的缘故。因为后汉会稽郡包括今整个浙东,而晋代的会稽郡范围仅及以后的宁、绍两府,面积已不到后汉的五分之一。所以从实际估计,绍兴地区在晋代的人口,应该比后汉有所增加。

前面已经提及永嘉之乱以后北方人民随晋室大批东迁的事。《晋书·王导传》说:"洛京倾覆,中州士女,避乱江左者十六七。"当时南迁的汉人到底有多少?谭其骧先生在《晋永嘉乱后之民族迁徙》⑧一文中,根据当时在江南建立的侨州、郡、县户口作了估计:"截至宋世止(案指刘宋),南渡人口约共有九十万,占当时全国境人口约五百四十万之六分之一。"南渡人口之中,有为数很多的官僚士大夫人物。谭先生曾经统计过《南史》中进入列传的人物(不计后妃、宗室、孝义等),隶籍北方的有 506 人,而南方土著只有 222 人。这些从北方南迁的世家大族,本身是一批文化人,而且挟有资财,他们涌到江南,对江南来说,不仅增加了大量人口,而且发展了经济,提高了文化。

绍兴自从后汉鉴湖建成以来,北部的沼泽平原也因水利条件的改变而获得垦殖,自然面貌从越人自会稽山区初入平原时的穷山恶水变为山青水秀,风景优美,因而引吸了许多北方来客,当时移入会稽的显要家族有王羲之、谢安、孙绰、李充、许询、支遁等等。⑨一般平民移入的,为数必更不少。到了南北朝初期,会稽郡的户数已经增加到52228,人口增加到348014。⑩其中山阴一县即占了 3 万户,成为海内剧邑,使今绍兴一带出现了"土地褊狭,民多田少"的现象,以至地价高达"亩直一金"的程度。因而不得不采取了"徙无赀之家于余姚、鄞、郧三县界",以减轻山阴县的人口负荷。前面已经提到,南齐高帝曾经打算把山阴县分成两县,户口增加是其中的重要原因。

隋代为时短促,绍兴的户口材料比较疏缺,现在唯一能获得的依据是《隋书》的记载,会稽郡 4 县,仅有 20271 户,⑪没有丁口数字。较之五代初期,有了很大的减少。而从五代到隋,绍兴一带并无较大的战乱和自然灾害,则户口大量缩减的记载使人不可理解。

所以这里有必要穿插一论对于历史人口资料的处理问题。由于种种原因,例如征丁、征粮以及对那些零星分散的聚落居民调查不易,在古代的人口统计中,漏报户口的现象是普遍存在的。而地方官为了便于完成中央规定的各项丁粮任务,也往往有意地让这种现象存在。此外,对于客籍户口与不成丁人口是否列入统计,对户口数字的影响更大。对于隋代的绍兴户口,我们找不到其他材料,或许只能以上述原因加以解释了。

从唐代的户口统计中,也可以回过头来发现一点《隋书》的户口统计问题。根据《元和郡县志》的记载,开元年间(713—741)的会稽郡越州,共有 107645 户。⑫开元去隋不到 100 年,尽管这段时期政局稳定,生产发展,有利于人口的繁衍。但相差总不可能如此之大。而且从地区范围说,开元时代的统计地域不包括余姚郡明州在内,大约只有隋代会稽郡范围的一半,说明《隋书》的统计数字确实偏小。唐代会稽郡越州的户口,除了上述《元和郡县志》的数字外,早《元和郡县志》成书 10 年的《通典》,载明全郡为 88336 户,共 529147 人。⑬此外,《新唐书·地理志》的记载,越州 7 县,共有 90279户,计 529589 人。上述《元和郡县志》、《通典》、《新唐书·地理志》三者的记载近似,特别是《通典》所载与《新唐书·地理志》基本相同,说明资料是比较可靠的。当时越州包括六七个县,⑭而今绍兴有山阴、会稽两县,按照平均数来看,则人口约在 15 万之谱,说明有唐一代,绍兴的户口确有了较大增加。

唐代末年以至吴越,绍兴一带发生了数次较大的战乱,以致在这段时期中,户口数有所缩减,情况可在宋初的人口统计中窥及一二。宋初太平兴国年间(976—983),越州户口据记载为主客户 56491 户,[15]则与唐代的 9 万户上下相去颇远。但自此以后,绍兴地区又获得较长时期的安定,户口又趋回升。大中祥符四年(1011),越州已增加到187180 户,共成丁人口 329348 人。其中会稽县为 34076 户,成丁人口 35585 人;山阴县为 2171 户,共成丁人口 3800 人。则整个绍兴(山、会两县)合计为 36247 户,计成丁人口 39385 人。[16]加上不成丁人口,若按总人口的四分之一计算,[17]则绍兴的人口当为 5万人之谱。上述嘉泰《会稽志》所载大中祥符年代的越州户口,与《元丰九域志》[18]所载全州为 152962 户的数字相近,因此资料是比较可靠的。

历来绍兴地区人口的迅速增加,都与人口的机械变动(指外来移民)有关,这种趋向在宋代更显得突出。北宋末年,由于北方的动乱不稳,居民南移的态势已经开始明显。在徽宗崇宁年代(1102—1106),越州的户数增加到 270306 户,人口增加到367390 人。[19]和大中祥符年间相比,人口固然有了增加,而户数的增加显得尤快。这就说明了,在当时的民户中间,出现了大批丁口很少的新兴户。这些丁口很少的新兴户,显然与北方移民有密切关系。

南宋初年是绍兴地区人口的机械变动最频繁的时期,由于华北为金人所占,居民大批南迁。据建炎三年(1129)的记载,当时"渡江之民,溢于道路"。[20]而浙江成为四方移民的中心。[21]绍兴由如前面所说曾经成为临时首都,移民涌入这个地区的为数尤多。据记载,来自赵、魏、秦、晋、齐、鲁各地的士大夫阶层,[22]充斥山、会城内。不仅是"空第皆给百官寓止",[23]连寺院也成了他们的临时寓所,境内较大的寺院如能仁寺、禹迹寺等等,都被他们所占用。[24]由于绍兴地区比较富庶,朝廷于建炎四年(1130)下诏要南迁到各地的贫苦百姓到绍兴一带安置。[25]于是,绍兴城内的居民区随着迅速扩大。北宋大中祥符年代,城内的坊名,据《越州图经》所载,属于会稽县的有 20 坊,属于山阴县的有 12 坊。但到了南宋嘉泰年间(1201—1204),这个数字增加了 3 倍。[26]为此,这里的户口在这段时期中有了迅速的增加。根据嘉泰元年(1201)的记载,绍兴府共有主客户 273343 户,计成丁人口 334012 人,老幼残废疾不成丁人口 107072 人。[27]其中会稽县共有 35406 户,成丁人口 41781 人,不成丁人口 14348 人;山阴县共有 36652 户,成丁人口 46227 人,不成丁人口 15767 人。则山、会两县约有居民 12 万人。这样,从北宋大中祥符以来的不到 200 年中,绍兴地区的人口增加了 1 倍多。而这里还应该指出,在前面灾害天气中已经提到,大中祥符以后的熙宁八年(1075),由于严重的自然灾害所引起的疾疬,绍兴地区受到了"死者殆半"的人口损失。为此,嘉泰元年(1201)较之大中祥符四年(1011)的人口增加数字,实际上还远远不止一倍之数。说明了机械变动在这个时期绍兴地区的人口数字上的重要作用。

如上所述,虽然在宋一代绍兴的人口增加很快,但是由于农业生产在这段时期发展也很迅速,因此在农业中仍然感到劳动力的缺乏,特别是在收获的大忙季节,需要从诸暨、嵊县等地进口季节性劳动力。陆游诗"上客已随新雁到,晚禾犹待薄霜收",自注说:"剡及诸暨人以八月来水乡助获,谓之'上客',以其来自山中也。"[28]诗及注清楚地说明了这种事实。

从南宋到元代,绍兴地区的人口仍然不断增加,根据万历《绍兴府志》的记载,在至元年间(1280—1294),绍兴路共有300148户,计成丁人口854847人。[29]按照当时绍兴路8县平均计算,加上不成丁人口,则山、会两县的人口已经超过25万。不过这个数字到了泰定年间(1324—1327)又有所缩减。按《万历志》记载,户数缩减到222657,成丁人口缩减到548869。则山、会2县人口又缩减到20万以下。按照前面灾害天气的统计,从至元到泰定间的40多年中,这个地区的重大水旱灾害达8次之多,这大概就是户口缩减的重要原因。

明代初年,根据万历《绍兴府志》的记载,洪武年间(1368—1398),绍兴府共有267047户,计成丁人口1038059人。[30]其中山阴县53946户,计成丁人口204503人;会稽县39879户,计成丁人口59439人。则山、会两县入籍的成丁人口,为数达264000人之谱。至于山、会两县这个时期的总人口数字,估计比较困难。因为经过元末明初的一段战乱,户政不修,漏报的人口数字必然很大。若以不成丁不在籍人口与在籍成丁人口相等计算,则绍兴的人口当已超过50万人,这是前代从未到达过的数字。洪武以后,绍兴户口续有较大增加,到了180年以后的万历年间(1573—1619),据万历《绍兴府志》的记载,[31]绍兴全府共有165678户,计575651人。其中山阴县有29142户,计成丁人口115490人;会稽县有18608户,计成丁人口62004人。从表面数字上看,户口反而比洪武年代有了缩减。但实际上当时由于户政紊乱,漏报的户口数字甚大,按照《万历志》纂撰人之一徐渭的估计,当时不成丁不在籍的人口达到在籍人口的3倍以上。[32]则山、会两县的人口已经超过了70万之数。

入清以后,特别是从康熙以来,浙江全省的人口出现两种现象:第一是人口数量急剧增加;第二是人口分布有了较大变化。在以往,人口主要集中在杭嘉湖平原、宁绍平原、温黄平原以及内地的一些盆地如金衢盆地等之中,这些平原和盆地,只占全省面积的23.2%。而占全省面积70.4%的山地丘陵,人口却很稀少。这段时期起,大量人口开始向山地丘陵移动。这当然是与作物新品种的引入,即与美籍学者何炳棣所说"土地利用的革命"[33]有关。根据嘉庆《一统志》卷二八一的记载,康熙五十二年(1713),浙江全省人口为2710649人,但到乾隆五十六年(1791),在这不到80年的时期里,全省人口竟跃升到22829000人,几乎增加了7倍半。[34]这大量增加的人口,当然与省内广大山地丘陵的开发垦殖有关。只要查阅一下各县方志就可以知道,几乎所有地方,在这一时期都开始种植番薯和玉米这两种适宜于在山地丘陵种植的粮食作物。

绍兴的情况和全省一样,按照嘉庆《山阴县志》卷十一的统计,康熙十六年(1677),山阴的人口为户 122119,男女大小人口 1002582。到嘉庆七年(1802),又增加到 1008832 人。当时会稽县的人口数字,今日无可查考。若按万历、康熙二代,以会稽县人口约为山阴县一半的标准合计,则当时绍兴的人口总数已超过 150 万。当然,这个时期绍兴人口的剧增,除了"朝天壁陡,番薯六谷"⑤这一重要原因外,也要考虑到钱塘江河口转入北大亹后,涨沙和海涂开始垦殖利用。绍兴人口至此发展到历史上的顶峰,在会稽山区,陆游诗中诸如"山鸟啼孤戍,……草市少行旅"⑥以及"山重水复疑无路,柳暗花明又一村"⑦的现象从此不复存在,而平原地区,如清末调查报告中所说的:"水岸田畔,凡可资耕种者,几无一隙之存。"⑧所以绍兴人不得不大量地向浙西的杭嘉湖三府与江苏的昆山等地迁移。⑨由于绍兴移民在农业生产上具有良好的素养,勤劳朴实,易于和客地土著融洽相处,所以常能安居客地,促进了当地的生产发展。⑩

第二节　聚落与城镇的形成和发展

在公元前 6 世纪以前,越部族的生产活动主要是迁徙农业和狩猎业,部落居民的活动还局限于会稽山地,聚落的形成当然也在山地之中。《水经·渐江水注》记载的有两处:一处称为埤中,据记载在"诸暨北界";另一处在秦望山南,《水经注》说:"山南有嶕岘,岘里有大城,越王无余之旧都也。"像这样一类作为部族中心的大型聚落,直到刘宋时代,尚有遗迹可寻。⑪其他著述中记及会稽山地在越部族时代的大型聚落还有《越绝书》卷八记载的会稽山上城、木客、苦竹城;《越州旧经》记载的侯城⑫等等。这些称城的聚落,有一些至今仍有线索可稽。以《越绝书》记载的苦竹城为例,今漓渚以南 4 公里绍兴、诸暨两县界上有苦竹村,坐落在娄宫江上游的一处山间盆地中。《越州旧经》说:"苦竹城在山阴县西南二十九里。"⑬按方位里程今苦竹村与《旧经》所记符合。其实,在自然条件较好的山间盆地或河谷地之中,当时都可能建立聚落,只是不见于记载罢了。由于人们从事迁徙农业和狩猎业活动,所以这些原始聚落可能是不固定的,这就是《吴越春秋》卷六所说的:"无余质朴,不设宫室之饰,从民所居。"但是无论如何,会稽山地中这一时期形成的聚落,是绍兴历史时期见于记载的最早聚落。

古代绍兴地区的聚落首先在会稽山地形成,这是和当时的生产性质及自然条件有密切关系的。因为山地中拥有丰富的森林和动物资源,山间盆地和河谷地有平坦的土地可以进行刀耕火种。因此,部族原始聚落就在这里形成,并且持续了一段相当长的时期。但是,随着生产力的提高和部族人口的增加,聚落分布局限在会稽山地的这种情况就开始有所改变。前面提及《越绝书》记载越王句践迁都平阳的事,就是这种变化的标志。平阳在今平水镇附近,说明部族的生产活动范围,已从崎岖的会稽山地,进入了山北的一系列山麓冲积扇地段。除了平阳以外,《越州旧经》记载的越王城,即今古城村,[44]也正在这一地段。从自然条件来说,这一带土地广阔而平坦,灌溉便利,水土资源的丰富较之会稽山地不可同日而语;而和北部的沼泽平原相比,它们却又位处山麓,地势高燥,不受咸潮的威胁,有利于定居农业的发展。而且每一冲积扇都有流入平原的河流,交通便利。越王句践所说的"水行山处,以船为车,以楫为马",[45]指的恰恰就是这个地带。这样,山麓冲积扇就成为越部族从会稽山地进入北部平原的跳板,形成了越部族在会稽山北的第一批聚落。从这一带近代发现的许多战国和汉代古窑址中也可以得到证明。[46]

定居农业在山麓冲积扇地带的发展,对于农业生产力的提高具有重大意义,部族居民进一步向水土资源更为丰富的北部冲积平原推进成为势所必然。这就是《吴越春秋》卷八记载越大夫范蠡所说的"不处平易之都,据四达之地,将焉立霸王之业"?不过,要开发江湖密布、咸潮出没的沼泽地,并不是一件轻而易举的事。于是,崛起于冲积平原上的孤丘,就成为人们开发沼泽平原的立足点。山会平原上的这类孤丘多至数百,它们从二三十米以至百余米,不受咸潮的冲刷。孤丘上的森林和泉水,提供了燃料和饮水的方便。孤丘南麓的向阳地带,又为人们的居住提供了有利的小气候条件。于是人们就以此为基地,在此地围堤筑塘,发展农业生产。这样,在公元前6世纪之末,山会平原上的孤丘聚落就陆续形成了。除了种山南麓的小城外,这一时期形成的这类聚落为数甚多,仅《越绝书》卷八记及的就有种植衣料作物的麻林山和葛山,驯养牲畜的犬山、白鹿山、鸡山、豕山,此外还有稷山、独山、巫山、独妇山、龟山、土城山等等。

孤丘聚落的形成对于开发广大的沼泽平原是一个有利条件。他们以孤丘为立足点,开始在孤丘附近比较高燥的平原地区围堤筑塘,蓄淡拒咸,垦殖小片土地。早在越王句践时代,就已有富中大塘、吴塘、练塘,都见于《越绝书》的记载。[47]不见记载的小堤小塘,为数当然更多。由于垦殖和涵闸管理的方便,堤塘一带就出现聚落。早期的这类聚落因缺乏记载而无法列举,但后汉初期鉴湖工程完成,沿湖筑有长达127里的湖堤,堤上设置了76处闸堰等水工建筑,沿湖堤一带,当然是一片高燥地带,于是这个地带立刻形成了许多聚落,举凡从事闸堰管理、农业、水产业、运输业等居民,都聚集在这带状分布的沿湖聚落之中。这类聚落常常以当地的闸堰为名,至今尚存的陶家堰可以为例。[48]甚至在鉴湖湮废,闸堰消失以后,这种以闸堰为名的聚落依然存在。清平步青所说的"越中常禧门外,自跨湖桥迤南北,有中堰、湖桑、清水闸、沈酿堰、湖塘诸村,绵亘四十里",[49]就是沿湖聚落中的一段。

　　在沿湖聚落形成以后,北部杭州湾(后海)沿岸的沿海聚落也接着逐渐形成。早在春秋越部族时代,由于海运和制盐业的需要,少量沿海聚落已经出现。《越绝书》卷八记载的固陵、杭坞、防坞、石塘等的地理位置,由于其中的固陵和杭坞至今仍然清楚可考,⑩可以说明它们都在当时的钱塘江沿岸。另一处由于制盐业形成的聚落朱余,可能即是今日三江口附近的朱储村。当然,当时由于海塘并不完整,沿海聚落只是零星地出现。等到鉴湖工程完成以后,由于山会平原北部迅速开垦,海塘建筑成为当务之急,而随着海塘的建筑,沿海聚落就开始大量形成。古代绍兴北部海塘修筑的正式记载见于《新唐书·地理志》,为时在公元 8 世纪(722 年,唐开元十年),说明了唐初海塘已经建成,则沿海聚落必然有了很大发展。

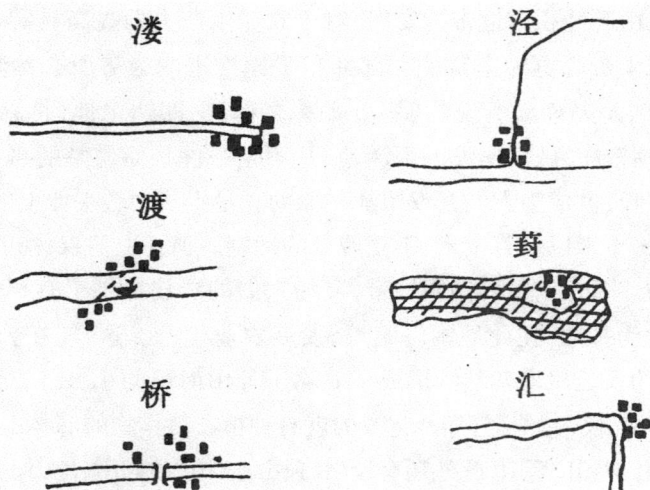

平原聚落的几种图式

　　鉴湖成堤以后,海塘相继完成,山会平原北部广大地区的垦殖具备了良好条件。前面提及西晋永嘉之乱以后北人大批南迁,山会平原的土地到达"亩直一金"的程度,垦殖加速进行,平原聚落于是大量形成,迅速发展。当时,在聚落形成的初期,大量聚落必然首先在接近湖堤便于垦殖的地带建立,但是随着沿海堤塘的修建,远离湖堤的土地也有了垦殖的条件,于是湖堤与海塘之间的广大地区,都有了聚落的形成与发展。海塘全部完成以后,整个山会平原摆脱了咸潮的影响,河湖网迅速得到整理,鉴湖积蓄的淡水向北部转移,湖底淤浅,终至湮废,于是,原来是鉴湖的山会平原南部也获得垦殖,聚落也相继出现。这样,从南宋开始,整个山会平原,从南到北,人口稠密,聚落栉比。明人在这一带的旅行记载是"十树一村,五树一坞"。⑪清人的记载更为生动明白,

"湖田日辟,屋庐坟墓日稠,千村万聚,一望如屯云"。[52]平原聚落在古代绍兴的各类聚落中形成最晚,但却得到其他各类聚落所完全不可比拟的发展,它在清代官方登记的山、会两县的 1353 个聚落中占 73.5% 的绝对多数。[53]

平原聚落的分布与河湖有密切关系,大量的这类聚落分布在河流沿岸,这就是明王阳明所说的:"越人以舟楫为舆马,滨河而廛者,皆巨室也。"[54]此外,有的分布在渡口桥边、河港尽头,有的分布在大小河流的汇口,有的分布在葑泥填淤的州岛。这些聚落,常常以河、湖、港、渎、泾、桥、渡、汇、溇、[55]荡、葑、埠等为名。在清代官方登记的山阴县共 668 处聚落中,以上述河、湖、港、渎等为名的达 230 处,在会稽县的 685 处聚落中,更达 263 处,情况可见一斑。

如上所述,绍兴地区历史时期形成的聚落,按其地域类型有山地聚落、山麓冲积扇聚落、孤丘聚落、沿湖聚落、沿海聚落、平原聚落六大类。每一种地域类型的聚落,不仅有其特殊的自然环境,而且也有其特殊的聚落职能,即聚落居民所从事的主要生产活动。聚落的地域类型,实际上就是历史时期人们对各种不同的自然环境利用和改造的反映,而聚落的命名则往往和自然环境及聚落职能有关。绍兴在历史时期形成的各类聚落,其自然环境、职能和常见地名等,大体如下表所列。

聚落类型	自然环境	聚落职能	常见地名	占聚落总数的百分比%[56]
山地聚落	1000 米以下的丘陵,山间盆地、河谷地。	开始是迁徙农业和狩猎业,以后转入定居农业。	山、岭、墺、城、溪等。	13.5
山麓冲积扇聚落	向北缓倾而平坦的冲积扇,北缘是河流通航的起点。	农业、内河运输业。是山地和平原的交通纽带。	塘、埠、埠头等。	4.5
孤丘聚落	二三十米到百余米的孤丘,周围是沼泽平原。	农业、畜牧业。	山。	3
沿湖聚落	人为的湖堤,堤南是鉴湖,堤北是沼泽平原。	闸堰管理和内河运输业、农业、水产业。	闸、堰、塘、坝等。	2
沿海聚落	人为的海塘,塘南是山会平原,塘北是杭州湾。	塘闸管理和航海业、水产业、农业。	塘、闸、山、溇等。	3.5
平原聚落	沼泽平原,河流交错,湖泊棋布。	农业、水产业、内河运输业。	河、湖、港、渎、泾、桥、渡、汇、溇、荡、葑、埠等。	73.5

聚落的地域类型及其分布都不是固定不变的。随着生产力的提高,人口的增加以及自然环境在人类利用和改造下所发生的改变,聚落类型及其分布也不断地发展变迁。前面已经论及,聚落分布之所以具有不同的地域类型,是由于不同地区在自然环境上的特殊性以及这种特殊性所引起的聚落在职能上的差异。一旦这种自然环境的特殊性在人类利用和改造的过程中发生变化,聚落的职能也会相应改变,于是,不同类型的聚落之间的差异也就随之消失。例如山会平原上早期形成的孤丘聚落,是作为人们在咸潮出没的沼泽平原上的立脚点而出现的。在孤丘周围的沼泽平原得到改造以后,这类聚落和一般平原聚落之间的差异也就消失。同样,沿湖聚落的形成是鉴湖水利工程修建的结果,鉴湖湮废以后,这类聚落也就成为平原聚落的一部分。北部濒临杭州湾的沿海聚落也随着海岸的移动而发生变化。前面提到,自从有历史记载以来,钱塘江口是稳定在南大亹的。从明代开始,逐渐有了北移趋向,山阴海塘以北的涨沙也随着逐渐扩大。到了清代初期,江道转移北大亹,南大亹全部淤涨,沿海聚落从此不再滨海,就变为一般的平原聚落。

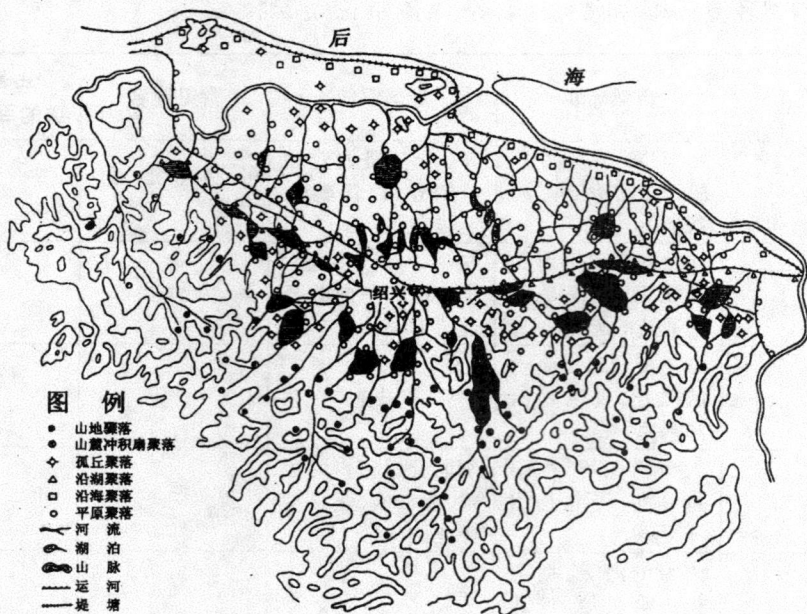

南宋绍兴地区聚落分布图

历史时期形成的聚落,在地理位置上有时也可能发生变迁。当然,这种变迁也是和生产密切有关的。早在越部族时代,会稽山地的聚落就迁徙无常,这种迁徙是为了适应当时"随陵陆而耕种,或逐禽鹿而给食"的迁徙农业和狩猎业的需要。此后,在其他聚落类型中,也有相似的情况,山麓冲积扇聚落可以为例。前面已经提及,聚落从会稽山地向北部冲积扇发展,这是生产力发展的一种标志。人们在冲积扇北缘围堤筑塘,发展定居农业,因此,这类聚落常常称塘,如破塘、伧塘、型塘等等;人们利用这一带的河流发展北部平原的内河运输业,因此,这类聚落又常常称为埠或埠头,如旧埠、西埠、迪埠、平水埠头、娄宫埠头等等。定居农业发展以后,整个冲积扇遭到开垦,土壤流失空前加剧,于是,河流开始淤浅,通航起点就逐渐下移。以山会平原最大的河流若耶溪为例,唐代舟舫可直达秦望山下的云门诸寺。[57]宋代虽已淤浅,但载重 50 石的舟楫循干流尚可从平水上溯 25 里,[58]溯其支流犹可到达天柱峰下。[59]到了明代,舟楫只能到达平水。[60]此后,从清代到平水江水库建成以前,舟楫只能到平水以北 8 里的平水埠头。从其他冲积扇流出的河流也莫不如此,例如西南部的娄宫江,在南宋淳熙元年(1174)舟楫可通至兰亭以南的新桥头附近。[61]明代末年,只能通至娄宫埠头,已比南宋退缩了 10 里。陈桥驿曾从西埠(栖凫)溯西埠江上行 10 里,在施家桥观察早已淤浅的清代石桥,石桥孔内置有可供拉纤者行走的石路,纤绳擦痕,深深地楔入石块之中,说明载重船舶昔日可拉纤过桥上溯。询问当地父老,知民国初年,重载石料船尚可抵桥下,桥边设有凿石场。但此河久已淤浅,目前通航点已在西埠以北。其他如破塘江、上灶江等莫不如此。通航起点一旦北移,原来的聚落在经营运输业方面就失去意义,于是聚落随着北移,在新的通航起点形成第二个聚落。这样的聚落往往在地名上有所反映,例如新的平水称为平水埠头,新的破塘称为破塘下埠,新的谢墅称为下谢墅等等。聚落一旦迁移,原来的聚落大多并不废弃,但其职能随即变化,成为一般的农业聚落,而新建的聚落则在运输业上取代了旧聚落的地位,并且获得较大的发展。

　　濒临杭州湾的沿海聚落,在历史时期也有类似冲积扇聚落的迁徙情况。这类聚落,在职能上除了一般地经营农业以外,主要是从事海上运输业、捕鱼、制盐和其他海涂生产。因此,聚落位置必须紧靠海岸。绍兴北缘的海岸,即是钱塘江河口的北大疆。明代以后,由于江道北移,这些聚落一时出现了随着江道纷纷北移的现象。而聚落北移,往往也在地名上留下痕迹。如桑盆村因北移而出现前、后两桑盆地村,此外如前、后礼江村,前、后单溇村等都是如此,前村在南,后村在北,其间相距 5 至 10 里不等。有的聚落是随着海岸北移而一迁再迁,如梅林村和盛陵村等,都有前、中、后三村。以盛陵村为例,此村在明成化以前,原是徐氏聚落族而居的一个沿海渔村,成化间(1465—1487)北迁 4 里另立一村(即中盛陵),天启间(1621—1627)又北迁 3 里再立一村(即后盛陵)。[62]盛陵村以西今属萧山的坎(窆)山镇,作为这个地区的一个古代的沿海聚落,其发展过程很有特色。前面提及《越绝书》卷八记载的杭坞,今称航坞,坎山就在此山之下。这个聚落在宋代已见记载,[63]是一个以海运业为主的沿海港埠,其聚落建筑是呈南北向的两行房屋所构成的一条狭街。随着海岸的北移,这条狭街就不断向北延伸,整个聚落最后成为东西宽不过10多米而南北长达3公里的一条狭窄的长带。所有这些聚落最后由于钱塘江江道的全面北移而完全与海洋隔绝了关系,除了上述坎山成为一个商业集镇外,其余大部分都转变为一般的平原农业聚落。

上述各种类型的聚落,在其发展过程中,有些条件较好的,就逐渐扩大,形成集镇。最早的山地聚落是各种聚落类型中条件较差的,由于山地崎岖,在越部族迁入山会平原后,生产停滞,人口稀少,所以集镇甚少,只有在盆谷地形比较宽广,山溪河流汇合,交通冲要的地方形成如黄坛、汤浦等少数集镇,清代初期居民迁入山区较多以后,这类集镇才获得较大的发展。

山麓冲积扇聚落凭借其河流通航起点的优势,集镇的发展显得有利,如漓渚、破塘、南池、平水、上灶、富盛、伧塘等,都因此而成为大小不等的集镇。

沿湖聚落在鉴湖湮废以后原来的聚落职能已经消失,但由于这类聚落位于山会平原南北之间,凭借东西向的运河交通方便,而鉴湖原来设置闸坝之处,又多有南北流向的河流。为此,这一带聚落发展成为集镇的也有不少,如东关、陶堰、皋埠、湖塘等均是其例。

沿海聚落中发展成为集镇的为数不多,这是为江道北移以后这一带与海隔绝而显得封闭,只有少数条件特殊而仍有出海之利者如孙端、斗门等,发展成为集镇。

平原聚落是历史时期绍兴建立最晚的聚落,但在山会平原获得全面垦殖以后,平原上河网纵横,湖泊棋布,水利修治,交通便捷,聚落不断增加和扩大,其中不少大型聚落就发展成为集镇,诸如马山、阳嘉龙、下方桥、东浦、皋步、华舍等等。而柯桥和安昌成为山会平原许多集镇中的佼佼者。柯桥作为一个聚落,在后汉已经出现,[64]由于运河的修凿和运道塘的建成,使它成为一个绍兴城西北的交通枢纽和兴旺发达的集镇。安昌在地理位置上接近沿海聚落,钱塘江江道北移以后,南沙逐渐形成,适宜于棉花种植,因而在原来没有植棉传统的山会平原出现了一大片新兴的棉花产地,棉花和其他农产品的集散,促进安昌的迅速发展,使它成为平原上的一大集镇。

平原聚落在绍兴历史上形成的各种类型的聚落中最后成为数量最多、分布最广、人口最多和经济上最优裕的聚落。绍兴的大量集镇也都由平原聚落发展形成。由于山会平原的垦殖具有一段相当漫长的历史,所以平原聚落的形成随着垦殖的进展,同样是在较长的时期中次第形成的。而且在形成的初期,由于垦区的扩展、河湖的布局、交通的变易等影响,聚落的位置也会出现移动的情况。所以必然存在相同的聚落名称而位置实已不同的现象。也会出现聚落名称相同,而因为位置移动或规模变易而必须在聚落原名之上冠以识别的字眼,如山地聚落中的"上祝"、"下祝",沿海聚落中的"前盛陵"、"中盛陵"、"后盛陵"等一样,平原聚落中也有这一类情况,例如"钱清"、"南钱清","皋步"、"小皋步"等等。

平原聚落由于如上所述的数量众多和形成时期漫长,所以要考证每一个聚落的具体形成年代,是一件相当困难的事,好在近来各地又开始重视诸如家谱和村史的修纂,或许对这个问题,可以获得较好的解决。

至于平原聚落中由聚落而形成的许多集镇,它们的形成过程和时代,若按每个集镇进行考证,也具有很大的工作量,而且其结论也未必一定可靠。我们曾经对绍兴的若干集镇作过这方面的初步研究,感到其间有不少问题很难获得适当的结论。可以举一个平原聚落中一个由聚落发展成为著名集镇——东浦的例子。陈桥驿为朱顺佐先生所撰《江南人物春秋——绍兴东浦》[65]一书卷首所撰的《序》中,除了对东浦在历史上从聚落到集镇作了力所能及的考证以外,最后提出了一个颇难获得确切结论的问题:

> 另外一个问题是东浦这个聚落,在什么时候发展成为集镇? 对于这个问题,因为学术界已经有比较成熟的理论可循,探索比较容易。美国著名汉学家施坚雅(G. W. Skinner)在其主编的世界名著《中华帝国晚期的城市》(The City in Late Imperial China)[66]一书中,通过大量事实的论证,提出的中国自唐末到北宋发生的所谓"中世纪城市革命"。根据他的分析,表现为五种现象:一、放松了每县一市,市须设立在县城的规定;二、官市组织衰落,终至瓦解;三、坊市制度消灭,而代之以自由得多的街道规划,可以在城内或四郊各处进行交易买卖;四、某些城市迅速扩大,市郊商业迅速发展;五、出现了有重要经济意义的大批中小城镇。施坚雅所提出的"中世纪城市革命"的最后一种现象,对于江南集镇的大批兴起一事,至关重要。我曾在拙作《德清县志序》[67]和《平湖县志序》[68]中,论述了许多江南集镇的形成和发展问题。江南的多数集镇,大概都从南宋到明代这一时期形成,并且迅速获得发展。东浦在北宋甚至更早就有陆氏(按指陆游祖辈)这个书香家族定居,南宋一代中,陆氏家族中成为进士的竟多至十人。说明东浦在形成集镇之前,早已是一个文化发达的大聚落。一旦商品经济发展,繁华的集镇在这里出现,这是必然的结果。而东浦的这种兴隆昌盛的局面,估计在南宋已经出现。

最后提一提几种聚落类型中的孤丘聚落问题。这种聚落是山地聚落和平原聚落中的跳板,在绍兴的聚落史上具有重要意义。孤丘聚落在其周围的土地垦殖完成以后,特别是由于整个山会平原的疏导工程渐次完成以后,这种聚落就失去其原有的职能而成为一般的平原聚落,也很少有形成集镇的例子。不过这中间有一个特例,就是于越的故都大越城。大越城是按照句践的意旨和范蠡的设计建成的,但从其发展的过程来看,它的基础显然是早已在这些孤丘上建立起来的孤丘聚落。这些孤丘聚落在绍兴历史上的贡献真是不同凡响。依靠这些孤丘聚落,越王句践建成了句践小城和山阴大城,建成了他从会稽山区进入山会平原的国都大越城。经过这 2000 多年来的风风雨雨,朝代嬗递,沿革变迁,于越故都出现过多少名人,发生过多少大事。现在,它是中国第一批上榜的历史文化名城,是全国乃至国际有名的古都。而正是由于在公元前 490 年建都之时的三座孤丘,至今仍然鼎峙,让世世代代的人们看到,这是一座举世罕见的、地理位置恒定不变的名城和古都。

注释:

① ⑤ 《吴越春秋》卷八。

② ③ 《吴越春秋》卷十。

④ 陈桥驿《古代于越研究》,《民族研究》1982 年第 1 期,收入于《吴越文化论丛》,中华书局 1999 年版。

⑥ 《通典》卷一《食货·田制上》:"景帝六年,诏郡国令人得去硗狭就宽肥。至武帝,遂徙关东贫人于陇西、北地、西河、上郡、会稽。"

⑦ 《晋书·地理志》。

⑧ 《长水集》上册,人民出版社 1987 年版。

⑨ 《晋书·王羲之传》。

⑩ 《宋书·州郡志》。

⑪ 《隋书·地理志》下。

⑫ 《元和郡县志》卷二六。

⑬ 《通典》卷一八二《州郡十一·会稽郡》。

⑭ 《通典》作 6 县,《新唐书·地理志》作 7 县,此因上虞县从隋开皇废去后,到贞元初复置的缘故。

⑮ 《太平寰宇记》卷九六。

⑯ 嘉泰《会稽志》卷五。但所载山阴县的户口数字显然有讹,已无法核实。

⑰ 不成丁人口对成丁人口的比例数,系参照嘉泰《会稽志》的人口统计拟定。该志统计中,山、会两县不成丁人口,各为两县总人口的 25.5%,绍兴府的不成丁人口则为全府总人口的 24 2%。故此比例数定为 1/4。

⑱ 《元丰九域志》所载越州户计主 152585,客 337 共 152962 户。按《元丰九域志》成书于元丰八年(1085),与大中祥符四年相去 74 年。

⑲ 《宋史·地理志》。

⑳ 《宋会要辑稿》第一六〇册。

㉑ 《建炎以来系年要录》卷一五八:"四方之民,云集二浙,百倍常时。"

㉒ 陆游《老学庵笔记》卷八。

㉓ 宝庆《会稽续志》卷七。

㉔ 周密《癸辛杂识》后集。

㉕ 《宋会要辑稿》第一六〇册:"诏诸处流移百姓所在孤苦无依者,并仰越州安泊赈济。"

㉖ 嘉泰《会稽志》卷四。

㉗ 嘉泰《会稽志》卷五。

㉘ 《秋日郊居》,《剑南诗稿》卷二五。

㉙㉚㉛　万历《绍兴府志》卷一五。

㉜ 徐谓《户口论》(《青藤书屋文集》卷十八):"今按籍口六万二千有奇,不丁不籍,奚啻三倍之。"

㉝ Ho Ping–ti, Studies on the Population of China, 1368—1953, Cambridge, Harvard University Press, 1959.

㉞ 陈桥驿《历史上浙江省的山地垦殖与山林破坏》,《中国社会科学》1983 年第 4 期。

㉟ 《绍兴方言》,国际文化出版公司 2000 年版。

㊱ 陆游《山行》,《剑南诗稿》卷七六。

㊲ 陆游《游西山村》,《剑南诗稿》卷一。

㊳㊴　《会稽县劝业所报告册》宣统三年上期。

㊵ 《申报》光绪七年四月十七日:"自粤匪(按:指太平天国军)乱后,土民稀少,山乡尤甚,若余杭、武康、安吉、孝丰等邑,遗黎更属寥寥……以故客民纷至沓来,视为利薮,顾其中亦分数等,最安静者为宁、绍人,皆置产乐业,为子孙永远计,与土著殊觉和洽。"

㊶ 孔令符《会稽记》(宛委山堂《说郛》弓六一):"越之中叶,在此为都,离宫别馆,道基尚在。"

㊷㊸㊹　嘉泰《会稽志》卷一所引。

㊺ 《吴越春秋》卷六

㊻ 张拯亢《续绍兴出土古物调查记》(手稿本)。

㊼ 《越绝书》卷八。

㊽ 《会稽陶氏族谱》卷一:"陶氏所居,鉴湖州渚地,曰东陶家堰,曰西陶家堰。"

㊾ 《霞外捃屑》卷四。

㊿ 固陵即今西兴,见张宗祥校本《越绝书》卷八注;杭坞即今航坞山,见陈桥驿《古代鉴湖兴废与山会平原农田水利》。

51 王樨登《客越志略》,《古今游名山记》卷一下。

52 陈绂《俞公塘记事》,乾隆《绍兴府志》卷一六。

53 据《山阴都图地名细号亩分额南米科则》及《会稽都图地名细号亩分额南米科则》,(均系清抄本,绍兴吴宅梵藏)。

54 王守仁《浚学河记》,《王文成公全书》卷二四。

⑤ 绍兴方言,河港尽头的聚落称"溇"。沿海聚落往往位于南北向河港的尽头,故名"溇"者甚多。

⑤ 据《山阴都图地名》及《会稽都图地名》抄本所载的聚落总数统计所得。

⑤ 熊克《镜湖》,嘉泰《会稽志》卷一三。

⑤ 嘉泰《会稽志》卷一二:"若耶溪络南来自五云乡界,经县界二十五里,胜五十石舟。"

⑤ 邓牧《陶山游记》(载《伯牙琴续补》)。

⑥ 刘基《出越至平水记》,《诚意伯文集》卷六。

⑥ 吕祖谦《入越记》(载《东莱吕太师文集》):"辨色发枫桥……十里干溪……十里古博岭……十里含晖桥亭,天章寺路口也,遂穿松径入寺。……复出官道数里,买舟泛鉴湖。"按上述里程计算,吕买舟在今新桥头附近。

⑥ 《盛陵文和堂徐氏宗谱》卷一《世系》。

⑥ 陆游《舟中》(《剑南诗稿》卷三八):"麀山古戎更漏中。"

⑥ 《后汉书·蔡邕传》中称为柯亭。

⑥ 浙江大学出版社1993年版。

⑥ 此书已有中译本,叶光庭等译,陈桥驿校,中华书局2000年版。

⑥ 浙江人民出版社1992年版。

⑥ 上海人民出版社1993年版。

第六章　绍兴的区域经济

第一节　农业

古代绍兴的农业发展,根据文献记载,可以上溯到迁徙农业时代,即《吴越春秋》所引于越初期的"随陵陆而耕种,或逐禽鹿而给食"。在前面关于自然资源的讨论中,曾经提及"鸟田"的事,鸟田其实也是于越先民迁徙农业的证明。

根据前述越部族的移动情况,可以说明越王句践迁都平阳以前,农业生产活动主要在稽南丘陵进行。但是也不能认为,当时的稽北丘陵和山会平原就完全没有农事活动。因为卷转虫海退在距今 5000 年前就已经开始,原在稽南丘陵这批称为"内越"的越人,必然会有去到稽北丘陵并且进入平原的。根据记载,在吴王僚时期,由于公子光之祸,吴王子庆忌的家属,曾南渡钱塘江隐居在稽北丘陵以北的平原地区,并且得到越人的帮助,"予湖泽之田,俾擅其利,表其族曰庆氏,名其曰庆湖"。[①]按公子光之祸载于《春秋》昭公二十七年(前 515)。这说明在句践迁都平阳以前的 20 年左右,稽北丘陵及其以北的若干平原地区,已经有了局部的农事活动。

当然,北部地区定居农业的较大规模发展,是在句践迁都以后,特别是在句践去吴返越以后。在他的所谓"十年生聚,十年教训"的长期计划之中,发展农业即是其中的重要内容之一。

根据各种资料判断,在句践时代,农业各部门中,种植业已经成为当时的主导部门,而其中特别重要的是粮食作物的种植。当时的粮食作物种类,文献记载中有提"五谷"的,[②]也有提"八谷"的。[③]但文献中具体提及的作物名称,一共有 7 种:粢、黍、赤豆、稻粟、麦、大豆、穄。其中"粢"最好,被列为第一等"甲货",而"穄"的身价最低,列为末等"庚货"。[④]现在,从河姆渡遗址中证明,水稻已经是当时的重要作物,则《越绝书》所记的"粢",很可能就是水稻。《吴越春秋》卷九记述的农事季节和活动是:"春种八谷,夏长而养,秋成而聚,冬畜而藏。"又说:"留意省察,谨除苗秽,秽除苗盛。"后者所述,其实就是水稻种植中的耘田工作。说明当时不仅种植水稻,而且耕作过程已不粗放。

当然,于越的粮食作物中有"八谷"之称,说明除了水稻以外,其他的作物还有不少。这就必须考虑到其中有一些是旱作,这是他们在会稽山地发展农业所必须播种的品种。在进入冲积扇和平原的初期,由于水稻种植必须围堤筑塘,蓄淡拒咸,因此在一些灌溉条件不好的土地上,旱作的种植仍有必要。这就是《越绝书》所载的粮食,从"甲货"到"庚货"有 7 种之多的原因。

水稻在古代绍兴成为主导粮食作物,与这个地区的垦殖和水利密切相关。这中间,后汉前期是一个划时代的关键时期。由于鉴湖水利工程的完成,山会平原北部的9000 顷沼泽地才因排灌条件改善而得以次第开垦。古代绍兴的种植业开始有了空前的发展,而水稻在粮食作物中的主导地位也就从此确定,历晋、南北朝和隋唐各代,从耕地面积的扩大和人口的增加等方面,都反映了绍兴种植业发展和粮食产量增加的事实。到了唐代末年,越州仓廪中积储的稻米为数到达 300 万斛。[⑤]水稻种植业的发达可见一斑。五代后汉乾祐二年(949),吴越王钱宏俶用豁免赋税的办法奖励人民开荒,[⑥]使粮食特别是水稻的种植更为发展。到了宋代初年,水稻几乎已成为绍兴一带的唯一粮食作物了。[⑦]由于水稻的广泛播种,宋朝南渡以后,两浙成为全国最大的粮食基地,而其中苏、湖、明、越四州,产量又占两浙总产量的大半。[⑧]至此,绍兴已经成为全国著名的粮产地,这里的粮食,不仅供应附近地区的需要,即北方的山东等地,也常来这里贩籴。[⑨]

由于水稻在粮食作物中的重要地位,水稻的品种也大量增加,南宋嘉泰年代,绍兴一带的水稻品种已达 56 种之多。[⑩]水稻种植既是农家的头等大事,所以品种便成为他们关心的重要问题。在此后元、明、清各代的记载中,可以经常发现绍兴从县外、省外甚至国外引进的优良品种,诸如余杭白、宜兴白、江西稻、泰州红、宣州早、早占城、寒占城、红占城之类,[⑪]不一而足。良种的不断引入,成为推动这个地区种植业发展的重要技术措施之一。

在早期,绍兴的许多水稻品种中,晚熟的粳稻占了绝大的优势。但以后早熟的品种开始出现。嘉泰《会稽志》记载的 50 多个品种中,已有一种称为黄秈[12]的早熟品种,黄秈,按道光《会稽县志稿》作穬秈,[13]《越谚》注云:"穬秈,早稻,长米红斑。"[14]说明这种早稻在宋代已经种植。这一品种在绍兴的开始种植,一方面是使长期来粳稻独盛的局面逐渐改变为粳稻和秈稻并重;另一方面更推动了这个地区耕作制度的逐渐改变,提高了土地的复种指数,有利于种植业的更快发展。宋代以后,早熟的秈稻在绍兴就更趋普遍。根据明代的记载,成熟期仅六十日的早熟秈稻,[15]已经有了推广。为此,在清初的记载中,农历六月已成为早稻的收获期。[16]尽管直到清代中叶,晚熟的粳稻在绍兴一带的水稻播种面积中仍占很大的优势,[17]说明这个地区的水稻耕作制度基本上以单季晚稻为主,但根据早稻、早白粘等早熟秈稻品种增加的情况来看,间作稻和连作稻的种植,特别是在生长季较短的山区,[18]也已经比较普遍了。

这里还有必要一提,从宋代起,绍兴的水稻种植中出现一种异常的现象,即糯稻品种甚多,播种面积和产量都很大,这是由于酿造工业大量发展的缘故。南渡之初,谷价腾贵,甚至达到酒价不足以偿米曲的程度。[19]因此更刺激了糯稻的大量种植。在一个时期,糯稻甚至要占水稻播种面积的十分之六。[20]到了明代,这种现象仍然存在,糯稻的播种面积高达十分之四,[21]产量甚至超过粳稻。[22]因此造成了当地粮食的不足。这就是徐渭所指出的"酿日行而炊日阻,农者且病而莫之制也"。[23]加上人口较多,需要本来颇大,为此,早在明代后期,绍兴就已经是一个缺粮地区。"虽甚丰登,亦只供半年之食,是以每藉外贩,方可卒岁"。[24]清代以后,一方面由于缺粮情况愈益严重,另一方面也由于苏南、浙西一带所产糯米品质较绍兴所产更优,酿造业所需原料已多依外来,于是绍兴本地的糯稻播种面积和产量才逐渐下降。根据清末会稽县的调查,该县宣统二年(1910)的稻米总产量中,粳米占 86%,秈米占 11%,糯米已降低到只占 3% 了。[25]

总的说来,自汉唐以来,绍兴的种植业一直以水稻种植为主导部门,迄于晚清,在这个部门中,无论从水利、肥料、品种和耕作技术等方面,都积累了长期经验,生产力有了很大提高。所以清代末叶,美国长老会牧师约翰逊(J. F. Johnson)的报告说:"绍兴土地的生产能力特别大。"[26]情况可见一斑。

除了水稻以外,绍兴在杂粮的种植方面历来多不居重要地位。虽然上述《越绝书》所引春秋时代的粮食,杂粮的种类很多,但自从水稻在汉代成为主导粮食作物以后,杂粮的种植就迅速减少。这是江南一带平原地区的普遍现象,非独绍兴为甚。宋朝初年,朝廷认为这个地区如此单一的稻米生产,不利于抗御自然灾害,曾经下诏要这个地区多种杂粮,并告示:"民乏粟麦豆种者,于淮北州郡给之。"[27]自此,杂粮种植虽然稍有增加,但直到南宋嘉泰年代,如上所述在嘉泰《会稽志》中记载的水稻品种超过 50

种,而杂粮仍不过是粟类 4 种,麦类 3 种和少数黍稷、豆类而已。这类杂粮,从春秋战国以来以南部山区为产地。明代以后,钱塘江江道逐渐北移,山会平原北部滩涂淤涨,这片盐土沙地,由于土壤和水利的关系,不宜种植水稻,成了新的杂粮产地。[28]

绍兴引进较晚的杂粮是玉米,到明万历年代始见记载,[29]较我国引种玉米的最早记载约迟六七十年。[30]当时称玉米为"遇粟",直到今天,绍兴方言仍把玉米称作"遇粟"。按杭州人田艺蘅在其万历元年(1573)成书的《留青日札》中称玉米为"御麦",[31]"遇"、"御"同音,故绍兴的"遇粟"可能从杭州的"御麦"之音转来。玉米后来在会稽山地和沿海沙地广泛种植,但产量并不很大,直到清代末叶,会稽全县的产量,还不过18000 多石而已。[32]

在绍兴的杂粮种植历史中,引进时期与玉米相似而种植较玉米为广、产量较玉米为多的是番薯。明末祁彪佳说:"从海外得红薯异种,每一本可收得薯一二车,以代粒,足果百人腹。"[33]由于番薯对自然环境的要求不高,特别适宜于在山区种植,这样,使广大的会稽山地也可能生产大量粮食,大大地推动了绍兴南部和西部山区的垦殖。到了清代,番薯已成为山区的主要粮食。仅会稽一县,清代末叶的番薯产量就在 150 万斤以上。[34]

上述玉米和番薯两种杂粮的引种,在当时确实使粮食产量大大提高,并且具有重要的救荒价值。但后来却造成水土剧烈流失,人口恶性膨胀的后果,这在前面有关人口的论述中已经提及了。

除了粮食作物以外,历史上绍兴的种植业部门中,也发展了技术作物的种植。由于长期来在自给自足的小农经济支配之下,技术作物的种类是极多的,在境内的分布也至为广泛,但产量大和具有区际意义的种类不多。技术作物中比较重要的是纤维作物,其中种植最早的是麻类,其品种据记载有麻和葛二类。葛种于会稽东 10 里的葛山,[35]从春秋以来苎麻一直是这个地区的重要纤维作物。到汉代,绍兴出产的麻类曾经名闻国内,所以《淮南子》有"于越生葛絺"[36]的记载。由于原料供应的充裕,使绍兴成为当时全国范围内的重要麻织工业中心之一。[37]以后由于蚕桑业的发达,元代以后,又因棉花使用的逐渐普遍,绍兴地区的苎麻种植才趋于缩减。但直到明代,它仍和茶叶、桑树,成为这个地区的 3 种重要技术作物。[38]甚至清代中叶,苎麻在绍兴本地出产的布匹中,仍有较多的应用。[39]

生产动物性纤维的蚕桑业在绍兴一带曾有长期的发展。蚕丝在这个地区的纺织原料中占有重要的位置。这里的蚕桑业发轫于何时,目前还颇难论定。一般说来,小规模的经营可能在春秋于越时代就已经出现。《越绝书》卷四有"劝农桑"的话,可以窥及一二,当时,其邻国句吴,有关蚕桑的记载已经非常具体。《越绝书》卷二提到:

"子胥行至溧阳界中,见一女子,击絮于濑水。"《吴越春秋》卷四也有"击绵"的记载。句吴的蚕桑业既已相当发达,则吴越毗邻,蚕桑业传入于越自然极有可能。不过从战国以至两汉,绍兴的蚕桑业规模想必较小,所以麻织工业在当时盛极一时,而蚕桑业却没有见诸记载的产品。

一直要到隋唐时代,绍兴的蚕桑业才大有发展。至此,这个地区不仅成为各种著名丝绸的全国产地,而且还从当时蚕桑业高度发达的华北地区引入蚕种。[40]由于各地对丝绸的需要,一年中育蚕的次数开始增加。到了宋代,除了春蚕以外,也有饲育夏蚕和秋蚕的,一年中育蚕多至 3 次。[41]虽然对于这种增加饲育次数的做法,当时认为有害桑树生长。[42]但对于绍兴蚕桑业空前发展,这是一种很具体的材料。直到明代末叶,蚕桑业在绍兴仍然和粮食种植及渔业并列,成为农业中的三个最重要的部门,[43]并且仍然一年育蚕 3 次。[44]尽管自从元代以后,棉织品开始逐渐流行。但绍兴居民的衣料,直到明末仍然"丝布其服",[45]丝织品还居于很重要的地位。清代,中外通商趋于发达,绍兴所产生丝,成为外商收购对象,[46]从而促进了蚕桑业生产。

除了蚕桑以外,绍兴一带从宋明时代就有了饲育柘(柞)蚕的记载。[47]而清代末叶曾对柞蚕饲育作过规模较大的试验。[48]根据当时调查,绍兴东南山区有不少柞树分布,其中俗称"白头栗"的尤多,宜于柞蚕食用,不过树木分散,利用不便。宣统二年(1910),曾有人把不少柞树迁移集中,进行了柞蚕放养,结果柞蚕吐丝成茧,获得成功。不过由于收获不大,以后就没有继续发展。

这里还要顺便提一下绍兴的棉花种植。这是一个发展很晚的部门。虽然江南的很多地区在元代初年已有棉花的种植,[49]但绍兴一带一直要到万历《会稽县志》中,才第一次有木棉出产的记载。[50]清代以后,山、会两县以北的涨沙扩大,成为绍兴的重要棉花种植区。当时,山阴的植棉区主要在安昌以北的白洋山一带的涨沙。道光年间,其产值已经"岁登数十万"。[51]会稽以北的涨沙,也以棉花为主要作物,播种面积占全部涨沙的一半,年产量在清末约为 3500 担。[52]据清末安昌厘局的捐税额,花、布捐"年万有奇,货捐七千余"。[53]则棉花和棉布两项的税款,已超过全部货税,这个地区棉花种植业确已有了较大发展。

除了苎麻和蚕桑以外,绍兴出现较晚的一种重要技术作物是茶叶。但从经济意义来看,茶叶比上述两种更为重要。前两者虽然在历史上都曾盛极一时,但后来次第衰落。而茶叶的重要地位却迄今不变。绍兴植茶的最早记载始于唐初,陆羽《茶经》卷下述及浙东所产茶叶的品质是:"越州上,明州、婺州次,台州下。"这里就说明,绍兴茶叶在其初见记载之时就居于浙东第一。到了宋代,绍兴的植茶业盛况空前,当时,在宜于植茶的会稽山地,茶园分布极为广泛。著名的产品除日铸岭的雪芽茶[54]外,还有会稽山的茶山茶,天衣山的丁坞茶,陶宴岭的高坞茶,秦望山的小朵茶,东土乡的雁路茶,兰亭的花坞茶等。[55]甚至连城内的卧龙山(种山)上也开辟了茶园,出产著名的瑞龙茶,[56]论品质仅次于日铸茶。[57]不过日铸岭一带的茶园以后长期兴盛不衰,成为著名的平水茶的重要产地之一,而卧龙山的茶园却好景不长,到了清代中叶就荒芜不存了。[58]

　　这些产于会稽山地的茶叶,在品质上是负有盛誉的。当时国内出产的茶叶,主要有腊茶和草茶两类,草茶之中,日铸岭的产品曾被推崇为全国第一。[59]宋代绍兴所产的茶叶,据绍兴三十二年(1162)的记录,包括当时整个绍兴府属县在内,年产量共为385060斤。[60]据沈括所记,当时的"越茶"曾出现于陕北延州,[61]流行之广,可以想见。宋代以后,虽然国内植茶地区不断扩大,使绍兴的茶叶产量在全国比例中有所下降。但明清两代,会稽山地的植茶业仍然发达,而品质也仍在国内居于很高的地位。《广舆记》记载绍兴府的土产,第一种就是日铸茶。[62]明代研究茶叶的著名学者许次纾,认为国内可以与武夷茶相颉颃茶叶有四种,绍兴的日铸茶即是其中之一。[63]而万历《会稽县志》卷三引黄氏《青箱记》也仍说"日铸茶江南第一"。日铸茶自宋代以来长期擅名于国内,日铸岭附近的会稽山地自唐以来也长期发展了植茶业。万历《绍兴府志》卷十一说:"今会稽山往往产茶,总谓之绍兴茶。"说明当时整个会稽山地都有茶园的分布。明代的绍兴茶同样受人欢迎,是"北方竞市"[64]的俏货。"据都门牙家说,越州所贩茶,每岁盖计三万金也"。[65]则产量之大,也可窥及一二。由于会稽山地的植茶业发达,稽北丘陵的平水镇,自清以来形成一个茶市,这就是这个茶区之所以称为平水茶区的原因。[66]实际上平水茶来自绍属8县,并非会稽山地一区的产品。平水茶在清末年产约1200万斤,其中山、会两县约占十分之四。[67]其实,由于印度茶和锡兰茶在清代已经盛行,平水茶在清代的产量已较前远为缩减。但据清末曹娥厘局的捐税数额,当是曹娥镇货捐年52000余,茶捐3万有奇,[68]与货捐总数相比,说明茶叶产量和输出仍然可观。

　　历史时期绍兴的种植业中,果园业也占有重要地位。各种果园中,种植最早和规模最大的是柑橘。绍兴的柑橘栽培始于何时颇难确切断定。《禹贡》所谓"厥包桔柚锡贡",虽然泛指整个扬州,但也可以认为是绍兴栽培柑橘的最早记载。据《列子》所载:"吴越有木焉曰櫾,碧树冬青,实丹而味酸。"[69]按《尔雅·释木》:"櫾"即"柚",则《列子》的记载在地域范围上较《禹贡》更可证明绍兴一带柑橘栽培的悠久历史。我国南方的柑橘栽培业在汉代已经很盛,柑橘已成为市场上的一种重要商品。《盐铁论·通有》所谓"若各居其处,食其食,则是桔柚不鬻",可以为证。在那个时代,柑橘栽培业的获利是很高的。所以司马迁说:"蜀汉江陵千树橘",因其获利富裕,"其人皆与千户侯等"。[70]虽然,汉代绍兴的橘园资料自来缺乏流传,但到了晋代,这个地区的柑橘产量已经较大。王羲之写道:"奉橘三百枚,霜未降,未可多得。"[71]在霜降以前柑橘尚未完全成熟的季节,亲友间馈赠,一次就是三百颗,则产量之丰,可以想见。晋代以后,在南北朝初期,绍兴的柑橘已经葱郁成林。[72]接着,许多专业化的橘农出现了,当时称为橙橘户,或称橘籍。[73]专业的橘农每年向政府缴纳赋税,称为橘税。这就说明,绍兴的柑橘种植业已经非常发达了。

到了唐代,绍兴的柑橘种植业盛极一时,当时,这个地区出现了"有园皆种橘"的局面,[74]而且橘园的规模很大,有的橘园拥有橘树1000株上下。[75]当时,南起会稽山地,北到山会平原,到处都有橘园的分布。某些地区的橘园并且长期不衰,成为名产,会稽县东北部的称山附近即是其中较著名的一处,这里早在唐代初年,河畔水边遍布了橘柚园。[76]直到清初,虽然绍兴的柑橘种植早已衰落,但这里仍以出产品质优异的蜜橘出名,[77]栽培历史长达千年之久。从整个绍兴来看,自唐至宋为柑橘栽培的全盛期,但宋代以后,浙江南部的栽橘新区如台州、温州等开始兴起,由于新区在柑橘栽培的自然条件特别是气候方面大大优于绍兴等省内栽橘老区。清王士禛的笔记中说:"宋时江南大寒,积雪尺余,河尽冰,凡橘皆冻死,伐为薪。"[78]在绍兴,虽然在陆游诗中还有"绿苞和叶摘新橙"、[79]"累累橘弄黄"[80]的记载。但毕竟无法与浙南的新区相比,到了明代,万历《会稽县志》卷三在引任昉《述异记》追溯绍兴以前的柑橘栽培后,志书纂者不得不加上一句:"今非其旧。"实际上,南宋年间杭州水果市场上出售的柑橘,主要来自南方,如福柑、台柑、衢橘、温柑等等,[81]已经没有绍兴柑橘的地位了。

除了柑橘以外,古代绍兴在果园栽培业方面也还有其他一些果品。会稽县南的昌园是一个规模很大的专业梅园,园内有梅万株,附近居民都以植梅为业。[82]府城西南的花径、容山等处,有许多桃、李果园。[83]据记载其盛况是"连冈接岭皆桃李,略无杂木,方春时,花盛发如锦绣"。此外,项里的杨梅园也很著名,产品在杭州的水果市场有重要地位。[84]

和柑橘种植业一样,其他果园种植业在宋代以后也逐渐式微。果园业在绍兴衰落的原因是多方面的。首先是由于人口增加而引起的粮食需要,因而使粮田排斥了果园的存在。关于人口从宋代起增加的情况,前面已有说明。而对于人们对耕地的迫切需要,以后还要论述。其次,在古代绍兴的果园产品中,具有区际意义的除了柑橘以外,还有甘蔗、木瓜等种,其中甘蔗在唐、宋时代都列为贡品。[85]木瓜盛产于会稽山地,产量直到元代仍居全国之首。[86]由此可知,古来绍兴具有出口价值的果品,都是热带和亚热带果品。从自然条件来说,闽广各地栽培这类果品远比绍兴具有优势。但宋代以前,闽广各地的经济发展水平还较低,与主要市场即中原之间,交通运输也不便利。但宋代开始,特别是朝廷南迁以后,这种形势有了很快的改变。市场开始接近闽广,绍兴在果园业中的这种优势随着消失。到了清代,宋代以来在记载中能够较大量地运销到城镇及外地的水果,只有西部会稽山地区的杨梅比较著名,[87]其他均已不再足道了。

绍兴在蔬菜种植方面也有悠久的历史。根据记载,春秋于越时代,这里已经有了专业化的蔬菜产地。其中较著名的是秽山,又名稷山,[88]位于会稽内县东50里。[89]古代绍兴菜农在培养蔬菜品种方面,曾作出过贡献,其中在唐代已经闻名国内的"会稽之菰"[90]即是著名的一种。菰菜即是茭白,是一种利用菌瘿栽培的蔬菜,使黑穗菌侵入茭心而生苔,以供食用,是世界唯我独有的蔬菜品种。[91]到了宋代,绍兴的蔬菜品种已经非常完备,嘉泰《会稽志》卷十七记载的蔬菜,计有菰、戢、交首(即茭白)、菘、薤、葱、韭、苋、苦荬、莴苣、姜、蒜、茄、芹、莼、芰、菱、芡、藕、蕨、瓜等种,则现在所有的主要蔬菜已经基本完备。不过和水果生产不同,历代以来,绍兴的蔬菜主要供本地消费,具有区际意义的品种不多。

可以顺便一提的是绍兴历史上的花卉栽培业。早在北宋初年,绍兴已有《越中牡丹品》和《花品》之类的著作问世,[92]说明花卉栽培为时已久。绍兴的著名花卉,据唐、宋二代的记载,计有山茶、百叶蔷薇、海棠、菊、牡丹、芍药等等。[93]专业化的花卉栽培业集中在城内望花桥一带。[94]北宋时代,卧龙山西麓,曾经建立过一个称为西园的公立花园。[95]到了明代,公私园林在城内外纷纷建立,[96]这些都和这里的花卉栽培业有关。

在古代绍兴农业部门中除了种植业以外,另外一个重要的部门是水产业。其中包括淡水渔业、海洋捕捞业、水生植物种植业、海涂养殖业等等,在这个地区都有悠久的发展历史。这中间,发展最早的淡水渔业。《越绝书》卷八曾有句践在会稽山上城之下经营目鱼池的记载,宝庆《会稽续志》说:"句践兵败栖会稽,范蠡即山穿池,毓鱼鳖三年,水陆之味不乏。"[97]按《舆地纪胜》引《旧经》的记载,范蠡养鱼之所在南池,位于山阴县东南26里。[98]这个地区即古代庆湖地区,河湖均与后海相通,说明句践时代的渔业已经是一种外荡渔业。这种渔业,在于越当时各生产部门中已经相当重要,所以范蠡指出:"治生之法有五,水畜第一。"[99]范蠡把他在越地的淡水养殖经验,总结成为《养鱼经》一书,这是世界上最古老的养鱼文献。《养鱼经》对于池塘条件、选种、鲤鱼的生殖季节、雌雄的比例及其生长速度等,都有详细的叙述,并且已掌握了养鱼的几个重要生产环节。[100]《养鱼经》不仅说明了古代绍兴的淡水养殖概况,而且对全国淡水养殖业的发展具有很大意义。例如汉代的习郁,即学习范蠡,按《养鱼经》的方法,在汉水流域建立了养鱼池。[101]

春秋以后,绍兴的淡水渔业继续有所发展。后汉以后,由于鉴湖围堤成功,淡水水面空前扩大,淡水渔业的发展获得了更好的条件。随着淡水渔业的发展,淡水鱼的品种就大量增加,根据南北朝初期的记载,这个地区的淡水鱼计有鲩、鲤、鲢、鲂、鲋、鳊、鲂、鳜、鲹、鳢、鳣、鳟等十余种。[102]在这10余种之中,大部分是作为淡水捕捞对象的野生鱼类,但可以在塘外内河放养的品种,除了见于《养鱼经》的鲤鱼外,至此也新增了鲩(即鲸,今称草鱼)、鲢、鲂3种。鲢和鲂并提,可能就是花鲢和白鲢。则后来绍兴普遍放养的青、草、鳙(即花鲢)、鲢(即白鲢)、鲤5种淡水鱼中,除了青鱼出现较晚外,其余均有悠久的养殖历史了。

经过长期历史经验的积累,到了明代,绍兴的淡水渔业已经成为一个完整的产业体系。据万历《绍兴府志》卷十一的记载:"山、会、诸暨以南,大多凿池养鱼为业,每春初,九江有贩鱼秧者,买放池中,辄以万计。为鱼秧时,饲以粉;稍大,则饲以糟糠;久则饲以草。……其间多鳙、鲢、鲤、鲩、青鱼而已。"从这个记载中可以看到,不仅当今淡水养殖的主要鱼种那时已经齐全;并且还懂得了鱼类成长过程中喂以不同的饲料和根据鱼类在水体中栖息的位置,进行混合养殖,提高了淡水养殖的效果。

较淡水渔业稍晚,绍兴的海洋捕捞业,在汉代以后,也有较大的发展。三国时代,地方政府曾对海洋捕捞课税,"黄鱼一枚,收稻一斛"。[103]晋代在这个地区有捕捞乌贼鱼的记载。[104]到南北朝初期,记载中所见的海洋鱼类为数已经较多,如鳓、鲔、鲨、鲻等,[105]说明对海洋资源的利用进一步扩大。随着海洋捕捞业的发展,海产品的加工成为非常必要,于是,隋代以前,就有《会稽郡造海味法》一书的问世。[106]虽然这本不知作者的专著早已亡佚,但它和范蠡的《养鱼经》一样,对于说明绍兴海洋捕捞业的发展具有重要意义。接着,浅海养殖业在唐代也有了发展,像紫菜的采集和加工等开始见于记载。[107]

到了宋代,由于商业的发达,海洋捕捞进一步扩大,诸如大黄鱼、小黄鱼、梅鱼、比目鱼、水母等洄游鱼类都有了捕捞,说明人们已经掌握海洋鱼类的洄游规律,已经有了渔汛捕捞习惯。此外,养殖食用贝甲类的海涂作业也得到了发展。[108]为了储藏和运输的方便,加工的海洋捕捞产品有了增加,例如用大黄鱼制成的鲞和用小黄鱼制成的含肚,都是当时绍兴的名产。

水生植物种植业也是绍兴水产业的重要内容,这其实就是河湖的综合作用。在历史上,绍兴的菱、芡实和莼菜等的出产都很著名,[109]而藕的产量尤大。根据嘉泰《会稽志》卷十七的记载,从偏门到三山,从昌安门到梅山,河湖中遍植莲藕,有红莲藕、白莲藕、花下藕等许多品种,其中稽山门外禹庙一带的罗文藕,则是名闻遐迩的特产。

宋代以后,虽然由于鉴湖的湮废,淡水水面一时有所缩小,但绍兴的水产业并未因此而降低了它的重要性。所以在明代,据徐渭在《西施山书舍记》[110]中所叙,绍兴的农业部门仍以田、渔、桑三者为主。不过,由于鉴湖湮废造成水体北移的情况,因此水产业在地理分布上开始从古代的鉴湖及其沿岸转移到山会平原北部。当时,山、会北部的杭州湾沿岸,成为水产业的重要基地。这一带,北负后海,南濒河网,既可经营沿海捕捞和海涂养殖,也可从事淡水渔业。许多专业化的渔村就在这一带建立起来,其中三江村即是很著名的一处。[111]这里除了出产各种海洋鱼类外,附近海涂中所产的白蛤也很著名。此外还有外江(指潮汐河流)的江鱼、鲻鱼和内河的鳜鱼等,集各种鱼货于一地,盛况可以想见。海涂养殖业在这一带也到处都有发展,蛏和蚶是主要产品。其中蛏浦出产的蛏尤为著名。[112]另一重要的水产基地是山会平原北部,这一带河流交织,湖泊棋布,是淡水渔业和水生植物种植最发达的地区。特别是在那些较大的湖泊如独猕湖、瓜渚湖、铜盘湖、贺家池等附近一带。例如独猕湖中出产特有的独猕鱼,[113]贺家池则"池内多鱼利,而产菱尤美"。[114]直到清代初叶,这一带出产的芡实和莼菜,都被列为贡品,[115]可以说明品质的优异。

如上所述,绍兴的水产业,不仅有悠久的发展历史,并且有重要的经济意义。尽管在南宋一代出现了水体转移和水面缩减的事实,但这个生产部门却一直有所发展。当然,由于会稽山地自然植被的严重破坏,水土剧烈流失,明代以后,山会平原水体缩减的趋势继续有所发展。为此,到了清代,水产业已经因此受到影响。根据清末的调查报告,以会稽一县为例,虽然全县从事淡水捕捞的各种专业渔船尚有 760 艘之多。[116]但因为"内河浅隘,生产无多,渔人殚日夕之劳,或不足供一日之养"。[117]在历史时期的后期,绍兴的水产业开始出现了问题。

第二节　工业

早在春秋时代,越王句践就已经有了工官的设置,[118]说明绍兴历史上的工业,渊源甚早。

冶金工业是古代绍兴十分重要的工业部门。在漓渚出土的古代铜制兵器,曾经被认为其时代与北方的殷周相当,即新石器与青铜器嬗递时代的产物。[119]至于春秋越国,铜和锡的冶炼,已经获得较大的发展,当时,冶炼用的燃料是木炭。据《越绝书》卷八的记载:句践时"采锡山为炭,称'炭聚',载从炭渎至炼塘"。在这一段记载中,指出了燃料基地所在、燃料的运输路线和冶炼工业的布局,是一项完整的古代冶金工业资料。其中称山和炼塘,据嘉泰《会稽志》卷九的记载,均在县东 60 里。此外,《越绝书》卷八还记载了六山和姑中山,也都有冶炼工业的分布。其中六山在会稽县东 14 里,[120]姑中山则在城南 15 里的射的山西南。[121]

当时,铜的主要用途之一是铸造战争武器,其中特别是剑。相传早在越王允常时代,于越的铸剑名匠欧冶子已经铸造出了不少好剑。[122]据嘉泰《会稽志》卷十三所记:"昔越句践有宝剑五,闻于天下。今越有铸浦、上灶、下灶、剑翁岭,说者以为皆越王铸剑之地。"近年来在绍兴出土的不少战国青铜剑,不但证实了当时冶铜工业的发展,同时也证实了铸剑技术的成就。陆续出土的于越冶铸的青铜剑,如"越王剑"、"越王者旨于赐剑"、"越王之子剑"、"越王丌北古剑"[123]等,都已具有高度的冶铸技术。而1965年在湖北省江陵县纪南城附近楚墓中出土的"越王句践剑",[124]无论在冶铸技术和艺术加工等方面,都不愧为一件精湛的作品,充分说明了于越时代手工业冶铸的发展水平。

古代绍兴的冶铜工业在一个相当长的时期中持续不衰。从汉代以至三国,绍兴成为全国的重要铸镜中心。这是与春秋战国以来这个地区冶铜工业和铜的加工工业的发展有直接关系的。日本学者梅原末治曾记述了绍兴出土的建安二十五年的神兽镜和黄武五年会稽山阴铸造的神兽镜。[125]此后,绍兴出土的铜镜,为数相当不少。诸如柯桥、南池、皋埠、东关、富盛、漓渚等地,都有不少铜镜出土。[126]出土的铜镜中,除了神兽镜外,还有不少画像镜。[127]在漓渚一带,古代的冢墓中,甚至一墓中多至铜镜数面的。镜铭中的年号多为黄武、黄龙、嘉禾、赤乌、建兴等,[128]说明了从后汉到三国,绍兴铜镜铸造业的发达情况。

除了铜以外,历史上比较重要的冶金工业还有铅的冶炼。绍兴城东的锡山拥有铅矿资源。宋代初年,越州每年生产的铅在3000斤以上。后来可能是资源的枯竭而逐渐减少。元丰元年(1078),年产量已仅600多斤。[129]到了南宋嘉泰年间,铅的生产完全停止。

有一个问题是,绍兴古代的冶金工业中是否有铁的冶炼? 由于有一些古代文献中提到过铁,如《吴越春秋》卷四说:"干将作剑,采五山之铁精,六合之金英。"晋王嘉《拾遗记》(《汉魏丛书》本)卷三说到范蠡相越之时,"铜铁之类,积如山阜"。嘉泰《会稽志》卷十三记载越州东南的古冶,引《会稽记》说:"铜牛、铁冶,越王铸剑之所。"明欧大任也说欧冶子和干将,"凿茨山,泄其溪,取铁作剑三枚"。[130]因此,不少人认为绍兴一带在越国时代就已经冶铁。但清代史家赵翼从"赤堇之山,破而出锡;若耶之谷,涸而出铜"之语,推定欧冶子和干将所铸的剑都不用铁。[131]赵翼的推定,从现在出土的越国青铜剑已经得到证实。古籍中各家所说的"铁",应该都是指的金属。按国内各族的情况进行比较,越国时代冶铁是不可能的。乾隆《绍兴府志》卷七二《古迹志二》还记载有一条"采访事实":"铁坞墩在(山阴)城外五里,土墩隆起,相传即汉时煅冶之所。"这一条记载为绍兴历代文献所未见,乾隆《绍兴府志》也是当时采访而得的传说,所以不足为凭。

由于本地资源的缺乏,汉唐以后,绍兴的冶金工业就趋于衰落,历史上著名一时的金属加工业如铸剑、铸镜等,也同时式微。本地所需的金属和金属制品,多从外地输入。但是到了明代初年,这里又兴起了一种金属加工业,即是所谓锡箔业。这是一种耗费许多金属特别是大量人力的迷信工业,它在绍兴一带盛行了数百年之久。根据记载,丧祭焚烧纸钱起于汉代。[132]但自来并无焚烧锡箔的记载。锡箔之所以于明初在这里流行,一方面是由于绍兴旧有锡矿的采炼,百姓使用锡器的甚多,社会上有一批制锡业的技术工人;一方面是由于户口大量增加,谋生不易,容易发展能够吸收大量劳动力的新行业;再一方面因为当时杭州的金箔相当发达。[133]绍兴与杭州接近,对掌握这种金属制箔的复杂技术比较有利。锡箔从此成为绍兴的大宗出口品,根据清代末叶的统计,仅会稽一县,从事这项工业的锤工和砑工共达5500人,年产锡箔达145万块。其中外销者居十分之八。[134]

由于绍兴"水行而山处"的自然环境,造船工业自古就有较大的发展。越王句践在城北50里的后海边建造了他的船宫,并且拥有一支包括"戈船三百艘"的船队。在句践迁都琅琊的时候,如前所述,曾用"楼船卒二千八百人,伐松柏以为桴",[135]说明当时的造船工业,已经有较大的规模。

春秋战国以后,绍兴的造船工业仍然有了所发展。汉代的"越舲"[136]是当时全国有名的船舶。唐初贞观二十二年(648),朝廷命令越州和婺、洪等州造海船及双舫1100艘。[137]婺、洪二州都不濒海,则其中海船必为越州所造,说明绍兴是当时全国的造船工业中心之一。唐代以后,由于明州和杭州的兴起,绍兴的造船工业逐渐失去了全国意义。但尽管如此,这里的造船业仍然具有一定规模。故元袁桷还提到:"越船十丈如青螺,小船一丈如飞梭。"[138]说明各种海船和内河船舶的建造工业,仍然比较发达。

绍兴曾经是历史上重要的纺织工业城市之一。这里的纺织工业,具有悠久的历史。最早发展的纺织工业部门是麻织工业,《吴越春秋》卷八记载越王句践所说:"吾欲采葛,使女工织细布。"即是麻织工业发展的佐证。在越向吴进献的贡物中,曾有"葛布十万"[139]的记载,说明当时的麻织工业规模已经不小。所以麻织品已经成为市场上的重要商品,即《国语·越语上》所说的:"夏则资皮,冬则资絺。"到了汉代,绍兴的麻织工业更为发达,它和临淄、陈留、汉中,成为当时全国的四大麻织工业中心。[140]绍兴麻织品的精细品质,曾经得到王室的青睐。据《后汉书·陆续传》所载,汉光武帝看到陆闳所穿的越布单衣,就要会稽郡经常把这种麻布作为贡品。三国时代,会稽麻布甚至远销海外。据《三国志·吴书·孙权传》:"亶州在海中……有数万家,其上人民有至会稽货布。"说明当时越州麻布在外的声名。不过从唐代以后,绍兴的麻织工业开始衰落。到了宋代则更不如前。南宋嘉泰年间,绍兴一带所需的麻布,主要已来自福建。[141]麻织工业至此已经完全衰落了。

比麻织工业较晚兴起的是丝织工业,虽然丝织工业的实际发展年代不会比麻织工业晚得太久,但绍兴的丝织品在全国显露头角,却要到隋唐时代。隋炀帝时,越州贡献的耀花绫,[142]有纹突起,光彩极佳,具有优异的品质。到了唐代,绍兴丝织品有了更大的发展,由于品种的增加和质量的提高,绍兴丝织品风行全国,并且成为重要的贡品。《通典》记载的越州贡品包括白编绫、交梭、轻调等,[143]此外被作为贡品的还有宝花罗、花纹罗、十样绫、花纹绫、轻容纱、生縠纱、花纱等。[144]其中特别著名的是罗,通称越罗。杜甫诗说:"越罗与楚练,照耀舆台躯。"[145]其声名可见一斑。唐代末年,浙东观察在越课税:"每旬发一纲金万两,银五千锭,越绫万五千匹,他物称是。"[146]越绫在当时是越州所产各种丝织品通称。《太平寰宇记》卷九六《越州下》所记:"古称出纤丽之物。"也指的越州所产的丝织品。在北宋初期的贡品中,增列了绯纱和越绫两个新名目,[147]这和后来在《元丰九域志》所载的越绫和茜绯纱,当是同样的产品。据陆游在四川所见,蜀中的遂宁县也产罗,但那里居然名其产品为"越罗",[148]说明越罗在宋代仍然名闻海内。此外,轻容纱也是当时著名的品种之一。这是一种无花薄纱,具有很高的质量。[149]

元代以后,由于棉织品逐渐增加,排斥了丝织品在市场上的固有地位。而绍兴尚未大量植棉,因此绍兴纺织业在国内的地位就大为下降。但是虽然如此,绍兴在明初仍然是全国设置官营织染局的少数城市之一。[150]当时的织染局设在今大江桥下。不过由于市场情况不佳,原来的丝织品不仅品种有所减少,质量也较前低落。以越罗为例,在明一代,据记载:"织染局虽造,而民间所织绝无佳者。"[151]尽管直到清代,罗和绫二者仍然是这个地区的重要土贡。[152]但在国内的地位已经远不如昔了。清代后期,绍兴丝绸业计有大小作坊400多户,年产各种绸缎约4万余尺。大部分作坊分布在蚕桑业发达的山会平原北部,形成了以华舍为中心的手工织绸业区。华舍附近的安昌、下方桥、亭后、板桥等地,丝绸业也都很发达。[153]此外,以蚕丝为原料的纱类如生纱、官纱等,产量也很可观,主要分布在会稽县境内。[154]会稽县的官纱输出到沪、粤各地,据清末叶的统计,年达60万元,在全县的输出物品中,仅次于茶叶和锡箔,居第三位。[155]

由于使用于纺织业的纤维品种增加,从清代起,绍兴也开始发展利用多种纤维的纺织业,例如用棉纱织成的狭幅梅市布,经用丝纬用棉纱的梭幅布,经用苎麻而纬用棉纱的小春布等。[156]都是当时较有名的产品。但这些产品都只是为了本地的需要,没有多少出口价值。说明绍兴的纺织工业在全国的地位,已经远非汉唐时代可比了。

在古代绍兴的工业中,陶瓷工业曾一度名闻遐迩。绍兴发展陶瓷工业的条件是优越的。除了高岭土的蕴藏相当丰富外,作为陶瓷器釉彩的青料,在绍兴一带山区出产甚多,质量远胜于江西和广东所产。[157]绍兴一带的陶瓷业发展为时甚早,目前出土的许多陶器,按制作形式多在两汉以前。近代发现的较大窑址中,漓渚附近的蔺家山古窑和娄家坞古窑都较著名。[158]当然,这些古窑中有不少可能是古代砖瓦业的遗址。因烧制砖瓦在越国时代就已经相当发达。[159]在古代,砖瓦业和陶瓷业在原料上和技术上,往往是互相联系的。

陶瓷制作发展的结果,是瓷器的出现。根据研究:"中国是世界上最早生产瓷器的国家,而越州上虞曹娥江沿岸,是世界最早的瓷窑分布地区。近年来发现的曹娥江西岸的小仙坛青瓷窑址建于东汉,距今已有二千年,是全世界最早的瓷窑。"[163]在绍兴出土的瓷器中,有三国吴永安三年(260)的制品,是全国出土的最早瓷器之一。[163]

绍兴的陶瓷业发轫甚早,但在全国显露头角,却是初唐以后的事,即是著名的越窑。越窑起初建立在绍兴,[163]根据考古发掘,稽北丘陵一带发现的古代窑址甚多。越窑的另一重要基地在越州余姚的上林湖(今属慈溪),其产品主要是青瓷。和小仙坛一样,这里在东汉就开始烧制青瓷器,而到唐、五代至北宋前期,鼎盛一时。越州所产的青瓷,从唐代起成为全国最著名的瓷器。陆羽在《茶经》(卷中)曾把越瓷与当时另一种著名的邢瓷(河北邢州所产)对比:"若邢瓷类银,越瓷类玉,邢不如越一也;若邢瓷类锡,则越瓷类冰,邢不如越二也;邢瓷白而茶色丹,越瓷青而茶色绿,邢不如越三也。"唐人诗中推赞越瓷的作品甚多,如陆龟蒙诗:"九秋风露越窑开,夺得千峰彩色来。"国际著名陶瓷专家、日本的三上次男教授,在其名著《陶瓷之路》[163]中描述青瓷:"这种瓷器的青色,其清澈犹如秋高气爽的天空,也如宁静的深海。"

越窑在国内的地位至唐末宋初而达到顶点。吴越钱氏在绍兴一带建立了所谓秘色窑,制造秘色器,其意为只准宫廷收藏,不准臣庶和民间使用,身份竟高贵到如此。吴越国王曾先后于宝大元年(924)和清泰二年(935),向唐朝进贡秘色器。[164]又于开宝二年(969)和太平兴国八年(983),向宋朝进贡秘色器。[165]宋初太平兴国七年,宋太宗曾派殿前承旨赵仁济监理越州窑务。[166]所以越州在宋初的贡品项目中,瓷器位列第二。[167]直到北宋元丰年代,越州贡品中,瓷器仍是主要项目。[168]所以在整个北宋时期,绍兴的陶瓷工业一直具有重要地位。

越窑青瓷器是中国古代出口最多的瓷器。上述三上次男教授曾偕同日本其他几位陶瓷学家,在埃及开罗南郊的一座中世纪城堡废墟福斯塔特进行发掘,获得的各种瓷片达六七十万片之多,他们从1964年起花了几年时间,对这些瓷片进行了整理研究。三上次男在这些瓷片中拣出了中国瓷片12000片。他在《陶瓷之路》中说:"从福斯塔特所发现的中国瓷器来看,首先是唐代的唐三彩、邢州白瓷、越州窑瓷、黄褐釉瓷和长沙窑瓷,其中特别多的是越州窑瓷。"说明越窑青瓷器的出口数量居各种瓷器之首。

北宋以后,浙江境内的龙泉窑青瓷异军突起,所以从南宋开始,绍兴一带的陶瓷工业趋于衰落。著名一时的越窑从此不复再见。[169]到了明代,绍兴一带的民窑虽然仍有不少,但所制大多是粗拙器物,只供本地所需,不再外销了。[170]

由于绍兴拥有丰富的竹类资源,历史上又是一个文化发达之区,因此,自古以来就有规模较大的造纸工业,曾经是一个国内著名的纸张供给地。晋王羲之为会稽内史时,曾经一次从库存中拨出笺纸 9 万枚赠人。[171]充足的库存证明了造纸工业的发展。到了唐代,韩愈称纸为"会稽楮先生",[172]说明绍兴的造纸工业在国内具有重要地位。所以从唐代起,越州的贡品中就开始有纸张一项。[173]宋代,两浙成为全国造纸工业中心,而绍兴在两浙之中更显得重要。由于造纸原料的各种竹类,主要分布在会稽山区,因此造纸工业基本上也分布在这里一带。当时政府设有汤浦、新林、枫桥、三界四个纸局,[174]都是会稽山区的集镇。在宋代绍兴所产的各种纸张中,特别著名的是竹纸,包括姚黄、学士、邵公等品种,[175]受到当时书家的高度赞扬。著名书家米芾在《砑越纸学书》诗中说:"越筠万杵如金版,安用杭油与池茧,高出巴郡乌丝阑,平欺泽国清华练。"[176]杭州油纸、池州茧纸、巴郡乌丝阑纸和泽国清华练纸,都是当时的名纸,而绍兴竹纸的质量则高过所有这些名纸。元代,绍兴的造纸工业仍然发达,产品有彩色粉笺、蜡笺、花笺、罗纹笺等,[177]也都著名于国内。明代以后,这个地区的造纸工业才较前衰落。[178]这中间,除了竹类资源的减少外,特别重要的原因是由于锡箔业的发展。造纸业转向为锡箔所需要而有利可图的鹿鸣纸(六名纸),于是传统名纸的生产就从此式微,而会稽山区乃是这种锡箔业用纸的制造中心。除了绍兴本地使用外,还向杭州输出。[179]根据清末的统计,仅会稽一县,制造这种纸张的工人即达 2300 多人,年产量达 3 万担。[180]

与造纸工业有密切联系的是,古代绍兴的雕版印刷业也曾发达一时。元稹在白居易的诗集序文的自注中曾说:"扬越多作书,摹勒乐天及予杂诗卖于市肆。"[181]说明在雕版印刷刚刚开始的唐代,绍兴一带的雕版印刷已经相当发达。到了宋代,绍兴的印刷业有了更大的发展,当时,两浙东路提举茶盐司曾在绍兴一带刻了许多卷帙浩繁的书籍,像长达 294 卷的《资治通鉴》,书末就有"绍兴二年七月初一日,两浙东路提举茶盐司库下绍兴府余姚县刊板,绍兴三年十二月二十日毕工,印造进入"字样。当时,绍兴府所刻的书,常见于公私藏书著录。例如清缪荃孙所藏的《毛诗正义》40 卷的影宋本,其原书即有"绍兴九年九月十五日绍兴府雕造"字样。南宋嘉定十五年(1222),知府汪纲主持修建的府城内各府库房舍中,即已包括书版库和书籍库各一处。[182]这实在就是官办的印刷业。所以王国维说:"北宋监本刊于杭者殆居泰丰,南渡以后……而绍兴为监司安抚驻所,刊书之多,几与临安埒。"[183]直到元代,绍兴的印刷出版业仍然著名国内,当时的官刻巨著如《辽史》、《金史》等,都是奉旨发到杭州、绍兴一带刊行的。[184]

古来绍兴一带藏书家极多,和这里造纸业及雕板印刷的发展显然很有关系。例如唐末的裴氏书楼,[185]建立于雕板印刷尚未盛行之时。黄巢攻陷长安以后,长安书籍荡然无存,曾以裴氏藏书补充了京师所失。[186]裴氏藏书之富可以想见。南宋绍兴十三年(1143),直秘阁陆宰从绍兴献藏书 13000 卷。[187]另一会稽人诸葛行仁,也献书 8546 卷。[188]以后如明钮氏万卷楼藏书,[189]祁氏澹生堂藏书,[190]清初的奕庆楼藏书[191]等,在国内也都有重要地位。王国维认为古来刊本最盛的是浙江,而浙江刊本除杭州最发达外,绍兴也是其中的一处。[⑩]直到清代,绍兴的印刷出版业仍然有所发展。墨润堂书苑即是其例。陈桥驿在《影印〈越中杂识〉原版复印本·序》[⑩]中说:"绍兴墨润堂书苑,创始于清同治年间,早期设在绍兴西营内,称为墨润堂书庄,专业木刻石印,刊书称多。以后在大街水澄桥设门市部,称墨润堂书苑,刊售书籍兼营文具。墨润堂刊印之书,曾经蜚声国内,并且流传东瀛,曩年前东京大学东洋文化研究所所长斯波义信教授,曾将日本东北大学汉学前驱狩野直禧教授珍藏的《绍兴府城衢路图》一幅复印赠我,图下署'浙绍墨润堂石印',图中标明西营内墨润堂书庄地址,则此图当是同治年间所印。事详陈桥驿《绍兴地方文献考录》,此处重提,为了说明书苑往昔业绩于一斑。"说明有清一代,绍兴的印刷出版业,包括继承前代的雕板以及后起的石印等,仍然继续发展,其所刊行之书,流行也广。

顺便提及与古代造纸和雕板印刷有联系的是,清光绪三十年(1904)的古越藏书楼。此藏书楼为清徐树兰(1837—1902)所创建,在府城内鲤鱼桥西首,藏书达7万余卷。楼有蔡元培所题联:"吾越多才由续学,斯楼不朽在藏书。"武汉大学谢灼华曾于60年代撰文《古越藏书楼在中国近代图书馆史上的地位》,认为:"古越藏书楼是二十世纪初徐树兰在浙江绍兴设立的公共图书馆。……标志着我国封建藏书楼时代的结束和近代图书馆事业的趋向成熟。"[⑩]

在古代绍兴的食品工业各部门中,酿造工业发轫甚早,而以后具有重要地位。《吕氏春秋·顺民篇》说:"越王苦会稽之耻,欲深得民心……有酒流之江,与民同之。"前面提及句践奖励生育的办法中有"两壶酒"的话,说明绍兴在春秋时代就已经从事酿酒。

但必须说明的是,这类古籍记及的绍兴酒显然不是后来的绍兴黄酒。日本西园寺公一曾撰文说绍兴黄酒已有4000年历史,[⑩]此话绝不足信。与世界各地一样,酒的出现正如晋江统的《酒诰》所说:"有饭不尽,委之空桑,郁结成味,久蓄芬芳,本出于此,不由奇方。"早期的酒多是一种酒精含量较低的饮料。直到南北朝,绍兴酒的性状还是如此,即所谓"山阴甜酒"。[⑩]到了唐朝,记载中还有所谓"缸面酒",[⑩]大概也是带有甜味的低酒精饮料。直到中国北方酿造高酒精的酒类以后,绍兴恐怕还停留于"山阴甜酒"的老式酿造。所以宋朱翼中《北山酒经》中曾对当时北人和南人的饮酒习惯作过比较。他说:"北人不善偷甜,所以饮多,令人膈上懊恢。"直到南宋之初,北方移民还吃不惯当时的绍兴酒。据记载:"(隆裕太后)喜饮酒,上以越酒不可饮,令别酝。"[⑩]这就说明,当时,宋高宗也认为"越酒不可饮"。所以秦含章在《中国绍兴黄酒》[⑩]所写的《黄酒的过去、现在和未来》一篇中说:"现在绍兴酒的酿造法,原则上发展了《北山酒经》所传下来的方法。"《北山酒经》是北宋末期的作品,说明现在的绍兴黄酒,其酿造方法,当在南宋一代中经过不断的改进而定型。南宋之初的绍兴酒,属于"山阴甜酒"一类,宋高宗和隆裕太后的饮酒习惯当然属于"北人不善偷甜",所以说出"越酒不可饮"的话。

随着宋朝的南迁,移入绍兴的北方人一时大量增加,随着饮酒习惯和市场的变化,"山阴甜酒"型的绍兴酒就逐渐向绍兴黄酒型的绍兴酒过渡。因为绍兴有酿酒原料,有品质优异的鉴湖水,又有长期的酿造技术,所以这方面的条件是很优越的。而酿造业在这一时期得到了很大的发展。陆游诗提及绍兴城内"酒满街头"[200]可以为证。南宋著述提到绍兴所产的名酒有瑞露酒和蓬莱春等名酒。[201]这些名酒当然已经不是甜酒型的,否则就不可能成为当时海内名酒。这一时期绍兴酿造业的发展,还可以从糯米价格的飞跃上涨中得到证明。南宋之初,绍兴的糯米价格较粳米高出一倍,"糯米一斗为钱八百,粳米为钱四百"。[202]这当然是由于酿造业发展的缘故。

明代以后,绍兴黄酒获得更大的发展,见于记载的品种不断增加,有豆酒、薏苡酒、地黄酒、鲫鱼酒等等,[203]其中豆酒据雍正《山阴县志》卷七所载:"一名花露,甲于天下。"从这类酒名来看,大概都是在黄酒中泡入某种药材、补品、香料之类。例如在黄酒中投入鲫鱼而称为鲫鱼酒的,近代农民自己酿酒时也还保存这种习惯。以后广泛流行的名称如状元红酒、[204]加饭酒和双加饭酒,[205]也相继出现。绍兴黄酒除了一部分供本地需要外,每年都有大量外销,有的专门运销于北路到北京、天津一带,称为京庄酒;有的运销南路,到广东一带,称为广庄酒,[206]出现了"越酒行天下"[207]的局面。

历史上绍兴的酿造业,除了家酿和零星的小酿户非常普遍外,而城北的东浦、柯桥、阮社一带,成为一个重要的酿酒中心。这个地区由于接近鉴湖,取水方便,而且附近的糯米产量也不小,原料不必远程运输,所以发展的条件很好。这一带附近许多村镇,都是酒坊林立,例如柯桥附近的梅市,即是香雪酒的重要产地。[208]柯桥虽然只是一个集镇,但到了清代初年,其酿造业已经知名国内。而"东浦十里吹酒香",[210]说明酒坊在这一带的普遍程度。历史上绍兴酿造业的另一个中心在府城内,因为这里不仅是一个重要的销售市场,而且由于它在交通上的枢纽地位,每年外销的酒,也多从此装运。所以在明代,府城内的酒坊已经很多。[211]著名的酒坊"高长兴酿坊"则于康熙元年(1662)在府城内创设。[212]在绍兴黄酒的全盛时代,年产量可达30万缸,每缸可灌10坛。[213]

酿造工业在绍兴的历史发展中有重要意义。如前所述的许多工业部门,历史上曾在这个地区发达一时,但以后多因条件的改变而衰落。惟酿造工业部门却历久不衰,是绍兴具有生命力的工业部门,长期来具有地方特色和全国地位。

　　古代绍兴的食品工业中,另一个具有区际意义的重要部门是制盐工业。这当然是和这个地区濒临后海的自然条件分不开的。盐是人们不可缺少的食物,因此,如前所述,这个地区的制盐工业发轫甚早。春秋于越就在朱余建立了盐官。不过由于中国的政治中心一直在北方,北方也有盐业基地,所以绍兴的盐业在很长时期中缺乏区际意义。到了唐朝,朝廷在越州设置兰亭监,管理这个地区盐业生产,其下有官办的盐场5处,其中的会稽东场和会稽西场,[214]都在今绍兴境内的后海沿岸,绍兴制盐业的区际意义开始增加。宋朝南渡以后,政治、经济中心南移,东南成为全国盐利最厚的地区,[215]于是绍兴一带的盐场增加,制盐工业获得迅速发展。当时,绍兴府拥有盐场4处,其中在山、会二县境内的有3处:即三江买纳场、曹娥买纳场、钱清买纳场。[216]其中三江即是春秋于越的朱余,其他二场则是后来陆续增设的。从盐场的规模来说,三江场显然最大。南宋绍兴年代的盐产额,[217]钱清场为6635石1斗4升8合,曹娥场为16586石4斗9升7合,三江场则高达29322石5斗6升6合。这里,钱清场的产额所以最小,和自然条件也有密切关系。由于这个盐场已经位于杭州湾西部,受到内陆淡水的影响较大,海水的含盐度已经不高了。[218]

　　上述三处盐场在以后元、明、清各代一直存在,成为“商贩毕集”[219]的东南地区重要盐产地之一。以盐易米,[220]弥补了绍兴地区的粮食不足。而其中三江场更得到很大发展,到了清代前期,已经成为浙东最大的盐场,[221]并且还在它以东新建了东江盐场。[222]

　　在清代前期,绍兴地区各盐场的具体分布及规模大体如下:三江场的盐灶主要分布在三江、童家、陈顾、新凤、宝盆等地,东西延长达20多里,有锅盘153副;东江场的曲灶分布在宋家溇、姚家埭、称浦等地,东西延长达30多里,有锅盘96副,规模仅次于三江场;钱清场的盐灶分布在钱清、尧山、瓜沥、盛陵、九墩、安昌等地,有锅盘76副;曹娥场的盐灶分布在贺东、哨唫等地,只有锅盘17副,规模最小。[223]

　　绍兴一带的制盐方法,一向采用刮碱淋卤,[224]然后置盘中煎熬成盐。浙西各盐场多用铁盘,而绍兴各盐场多用竹盘,盘内涂以石灰,故颜色较浙西所产的略黄。[225]绍兴的制盐何时才从刮淋卤煎熬的方法改为刮泥淋卤板晒的方法,在历代盐法志中并无正式记载。直到道光年代,从山、会北部的马鞍山北望,仍可看到许多盐灶,[226]说明当时板晒尚不流行。前面所述清范寅提到咸丰十一年(1861)余姚开始仿岱山盐法进行板晒的事,这大概是可靠的记载。由于板晒大大降低了制盐的成本,余姚盐业就异军突起,获得迅速发展。为此,清代中叶以后,绍兴一带的制盐业开始衰落。根据记载,到清末以前,绍兴一带的食盐已经主要依靠余姚的晒盐。[227]城北后海沿岸诸盐场从此不再制盐。

　　绍兴的新式工业发展极晚。直到光绪、宣统年间,才有少数私商创设工场,仿制日用舶来品如毛巾、肥皂之类。其中稍有成就的是肥皂制作。由于市场对此颇有需要，府城内出现了振兴公司和元丰裕厂两家制造肥皂的工厂，年产量约 16000 箱，产值不过 4 万元。^㉘而元丰裕厂不久就告倒闭，此外就无所足述了。

第三节　运输业

由于自然环境的关系，在绍兴古代的运输业部门中，以水上运输最为重要。在前面论述造船工业时，已经说明了春秋于越时代这里就发展了造船工业，所以当时的水上运输已经初具规模。推动当时运输业发展的因素，一方面是频繁的战争，另一方面是渐趋发展的商业。

在吴越交战中，水军具有很重要的地位。于越不仅有前已指出的防坞、杭坞、石塘等港口码头没备及戈船 300 艘的水军船队，同时也还有"习流二千人"^㉙的一支水军队伍。这样庞大的一支水上力量，既为战争所用，自然也为运输所用。而且在经常发生的战争中，物资调动频繁，事实上也促进了水上运输的发展。

商业活动在当时也推动了水上运输业的发展。根据目前可见的零星记载，春秋战国时代，于越的商业已经相当发达。大夫计倪曾建议句践要合理调整农业和商业之间关系。计倪说："籴石二十则伤农，九十则病末。农伤则草木不辟，末病则货不出。故籴高不过八十，下不过三十，农末俱利矣。"^㉚相传"范蠡相越，收四海难得之货，盈积于越都以为器"。^㉛也说明了当时于越与外地之间贸易发达的情况。至于于越与外界航行的主要道路，则《禹贡·扬州》写得很清楚，"沿于江海，达于淮泗"。

当时从于越到中原，主要是从固陵入钱塘江经浙西诸河以达太湖或长江。吴越两国长期兵戎相见，主要也在这个地带。句践灭吴以后，曾拟将吴王夫差囚禁于甬句东。^㉜甬句东即今舟山，由此说明从绍兴东行至今宁波一带入海的水路，当时也已经存在。句践在灭吴后迁都琅琊，曾建立大规模的船队和木筏队以从事水上运输，这里就应该考虑到，这支船队和木筏队可能是山会平原北部的后海各港直接出杭州湾去琅琊的，于越和其南部地区的交通联系，也可以借助于许多河流进行。由于水土尚未大量流失，当时这些河道的情况比后代要优越得多，船舶可以从下流直溯上源。特别是曹娥、浦阳二江，更可深入于越南部。不过由于当时的于越南部还是一片很落后的地区，所以在这方面没有留下记载。

春秋战国以后，随着生产的发展和技术的进步，绍兴的交通运输有了长足发展，而水上运输仍然是这里的主要运输手段。从地区内部来说，鉴湖围堤于后汉，洄水上溯，使源自稽北丘陵诸河的水位有了很大提高。大大便利了南部山区的水上运输。以若耶溪为例,后汉以后,虽然其地名承袭先代,仍然以溪为名,但实际上已经具有"馀艎何泛泛,空水其悠悠"[229]的大河景象了。所以鉴湖的形成,使南部山区和北部平原之间的交通联系有了极大的进步。当然,当时北部平原的河流网尚未全面整治,在交通运输上还没有能够发挥很大的作用。但接着在晋代有了运河的兴修,成为北部平原河流整治的重要记录。晋代的运河即宋代所谓的漕渠,亦即一般所称的西兴运河。河道西起萧山以北的西兴镇,经钱清、柯桥而达绍兴城。东折经皋步、陶堰、东关而达曹娥和蒿坝。绍兴以北的一段,与运道塘平行;绍兴以东的一段,则利用鉴湖的东湖部分通航,共长200多里。其中除曹娥到蒿坝一段中间越过低矮岗阜,显系人工开凿外,其余绝大部分都是利用原有河道整治疏浚而成的。这条运河的航行条件很好,根据宋代记载,可以通航载重500石的船舶。[230]

运河整治以后,绍兴对外的水上交通联系有了更进一步的发展。当时钱塘江南北渡口,除了春秋以来的固陵(即西兴)以外,固陵以西的渔浦渡也早已兴起。由于这里江面较狭,[231]并且可以利用浦阳出入之便,[232]加上晋代以后浦阳江和运河的联系,使此途成为绍兴一带对外联系的主要通道。自隋至唐,中原地区的运河次第凿成,绍兴与当时的全国政治经济中心的中原地区之间,已经有了直接的船舶交通联系。[233]至于绍兴与杭州之间,通过渔浦渡和西陵(西兴)渡的船舶联系,自然就更为密切。白居易所说"为向两川邮吏道,莫辞来去递诗筒",[234]可以说明这种情况。此外,从唐代起,由于明州的兴起及其海上贸易的发展,绍兴与明州之间的水上交通也相应有了很大发展。除了通过明州与沿海各港埠发生关系外,当时由于中国与日本之间的贸易已很发达。特别是由于"东南沿海人民,夙善航海,每造船舶,往来中日间",[235]宁波就成为当时的重要基地之一。中日间不少信使和商品的往来,都通过自明州至越州的水道而北上。此外,绍兴也利用其北部濒临后海的有利位置,直接与沿海各地甚至日本进行海上联系。对中日文化交流具有重大贡献的鉴真和尚,[236]他的第五次东渡,即于唐天宝七年(748)从越州出发。[237]在日本朱雀天皇时代,适当中国五代之时,日本与吴越钱氏之间的商业活动特别密切。[238]从明州经越州到吴越西府杭州的水道,就成为当时中日间的重要商道,盛况可以想见。这里还必须指出,西兴运河在航运上的所以特别具有价值,和钱塘江江口的沙洲险阻有很大关系。这就是宋姚宽所指出的:"海商船舶畏避沙浑,不由大江,惟泛余姚小江,易舟而浮运河,达于杭越矣。"[239]姚宽的目击记载当然可靠,有关这条航道的记载,另外还有不少。[240]

西兴运河以后一直是绍兴区内外联系的主要水道。南宋以后,由于渔浦渡有碛堰之阻,西兴渡的重要性增加,因而在南宋中又增凿了自西兴至钱塘江边的一段新河道,[241]以减少盘驳的不便。因此,宋代以后,西兴运河仍然是"浙东四府之人,往来会城及两京各省"[256]的要道。"外夷、日本、蕃舶,毕献方物;浙东温、台、宁、绍等府卫所官民商贾所必经之处"。[257]所以"舟行如梭……有风则帆,无风则纤,或击或刺,不间昼夜",[258]盛况可见一斑。

当然,西兴运河作为一条历史上的交通干道,本身也存在不少缺陷。首先,这条河流东阻于曹娥江,西阻于钱塘江,运河的东西两端都有盘驳之劳。南宋曾一度驻跸越州,而以后之所以迁都临安,这也是其中原因之一。[259]其次,由于全河各段的水位高程并不一致,沿河设有堰坝,过往船舶,轻载者需要车堰,[260]重载者必须盘驳,因而降低了运输效率。早期的堰坝已不可考,南宋时,从西兴到府城,尚有钱清北堰、钱清南堰、都泗堰3处。东行逾曹娥江,则还有曹娥、梁湖二堰。[261]直到明代,才由于这个地区河湖网的进一步整治而废去了这些堰坝。第三,运河在钱清以北一段,河道并海塘而行,紧靠杭州湾,常易受到海潮的侵袭,以致泥沙淤塞为患。南宋时曾一度"这潮泥淤塞,深仅二三尺,舟楫往来,不胜牵挽般驳之劳";[262]而明代又再次"为潮所齧,假途西江,水径迂回;绝无纤路,操舟之劳,几倍畴昔"。[263]这种情况,直到清初钱塘江口鼊北移才得改善。

除了西兴运河外,汉唐以来,绍兴的对外交通,尚有曹娥、浦阳二江。曹娥江为绍兴至嵊县、新昌一带的交通干道。东晋王献之以舟从绍兴到嵊县,隔宿而达,[264]说明当时已经成坦途。而傍江而行的陆路,却是"歆路峻狭,不得并行,行者牵木稍进,不敢俯视",[265]具体说明了古代绍兴水路运输的优势。按唐代记载,从会稽山到东阳,可以"乘风挂帆",[266]说明当时由于水土未曾大量流失,曹娥江干支流河道甚佳,与今日不可同日而语。李白的《梦游天姥吟留别》[267]一诗,虽然只是作者的一种想象,但事实上却也反映了曹娥江上游的河道情况。根据宋代的记载,流经会稽县县界的曹娥江江段长达40里,可以行驶载重500石的船舶。[268]这条河流,后来由于流域中自然植被的破坏,河道每况愈下,航行日趋困难。

浦阳江通过临浦、湘湖等与西兴运河相联系,北可出渔浦入钱塘江,南可溯诸暨到婺属各地,是绍兴对外的重要水上通道之一。六朝以来,征战行旅出入此途者不绝于书,已如前述。南宋之初,浦阳江原道有碛堰之阻,下游时而借道钱清江出三江口,绍兴与浦阳江上游诸县的交通更趋便利。根据宋代记载,浦阳江航道可以行驶载重500石的船舶。[269]一直要到明代后期,由于临浦和麻溪坝的修建,浦阳江与绍兴的航行关系,依靠临浦镇附近的峙山船闸继续维持。

除了上述西兴运河、曹娥江和浦阳江之外,山会平原北部濒临杭州湾的形势,也替这个地区的对外水上交通带来便利。南宋以前,这一带最主要的港口是朱储斗门(玉山斗门),常有"闽商海舶",[270]结集于此。但以后由于港口淤塞,到南宋之初,港口北移到三江口。[271]陆游诗中记及了这个港口的海商贸易情况,"三江郡东北,古戍郁嵯峨……年丰坊酒贱,盗息海商多"。[20]三江口以后一直成为这个地区的最大港口,它一方面通过杭州湾及钱塘江进行短途航运以弥补西兴运河的不足,例如在元代即曾因西兴运河的艰涩而发展了杭州与三江口之间的航运交通。[23]一方面更以三江口为基地,发展了远洋交通,其中与日本之间的交通往来即是其例。明谢肇淛说:"驵狯之徒,冒险射利,视海为陆,视日本如邻室耳,往来贸易,彼此无间。"[24]清同治四年(1865),大风吹坠府城内大善寺塔顶,曾于承尘(即藻井)间获得日本天明四年(按:乾隆四十九年)铸钱 2000 枚。[25]说明直到清代,绍兴与日本的贸易仍然不衰。此外,通过三江口与国内其他沿海港埠的贸易也很频繁。如范寅所说:"吾绍之商于山东省者,每由三江乘船漂海往返。"[26]除了三江口以外,由于钱塘江下游河道直到明代末年仍然滞留在南大亹,故山阴北缘长期濒海,所以其他港口也有不少,白洋港即是其中之一。直到元代末叶,白洋港尚有大船停泊的记载。[25]

绍兴区内的水上交通,原来以鉴湖航运为中心。随着西兴运河的整治和鉴湖的湮废,情况不断有所发展。西兴运河的整治标志了山会平原水利的开发,是北部平原内河航运发展的嚆矢。鉴湖的湮废逐渐改变了山会平原南部的交通形势。水位降低的结果,使发源于稽北丘陵诸河的航程都有所缩短。以主要河流若耶溪为例,唐代舟舫可达秦望山下的云门诸寺。[26]宋时虽已淤浅,但载重 50 石的舟楫循干流尚可从平水上溯 25 里。[27]循其支流犹可到达天柱峰下。[27]到了明代,舟楫只能平水为止。[27]从清代以至近代,则已退缩到距平水 8 里的平水埠头。其他从稽北丘陵发源的河流也莫不如此。例如西南部的较大干流娄宫江,在南宋淳熙元年(1174),舟楫约可通至今新桥头附近。[27]但从清代以至近代,舟楫只能通至娄宫埠头,已比南宋退缩了 10 多里。这就对山区的水上交通,带来一定的不利。但原来的鉴湖地区在湖泊湮废以后,成为一个港汊纵横、湖泊棋布的水网,仍然有利于水上交通的发展。而水体北移的结果,使山会平原北部的河湖网有了显著的扩大,南北两部的水位差也随之消失,早期沿鉴湖湖堤所设置的许多堰坝都先后废弃,大大便利了绍兴区内的水上交通。使这个地区以舟为车、以楫为马的交通特色,得到了更进一步的发展。根据清代末叶的调查资料,仅会稽一县,就拥有航船、埠船、乌篷船、五舱船、市船、小划船等各种船只达 2595 艘。[23]

除了水上的交通运输以外,古代绍兴在陆上交通方面,都只居次要的地位。南部山区与诸暨、嵊县联系的大路,是历史上绍兴对外的陆上交通干道。这些道路自稽南丘陵越过分水岭到达稽北丘陵,与各河的航行起点相衔接。其中特别重要的是翻越古博岭与诸暨枫桥相联系的道路。因为相传越王允常曾在诸暨建都,故此途开发必然甚早。越王句践封范蠡后人的苦竹里,[23]今名称为古筑,也在此路附近,距古博岭不远。此后历代征战行旅,亦多以此路为必经。例如唐末钱镠攻刘汉宏,[23]即由古博岭至平水。宋吕祖谦自婺州入越,也由枫桥越古博岭至天章寺附近买舟。[276]这条古道中的最后一段,即自稽北丘陵到府城常禧门,乃是历史上著名的"山阴道上",[277]沿途风景,脍炙人口。

　　稽北丘陵以北的广大平原上,历史上并无比较重要的陆上道路,鉴湖围堤以后,虽然湖堤本身也具有交通的价值。但由于沿湖即是水道,加上从晋代起西兴运河的整治,因此湖堤除了在区内交通上有一些作用外,在对外联系上并无较大意义。唐元和十年(815),观察使孟简主持修建运道塘,[278]从西郭门起经柯桥、钱清而直达萧山,与西兴运河并行。到明嘉靖十七年(1538),知府汤绍恩将鉴湖湖堤修成通衢,[279]与运道塘相联结,经皋步、陶堰、东关诸镇以达曹娥。这条东起曹娥西达萧山的道路,后来习惯上称为官塘,全部用石材建成,是北部平原唯一一条具有区际意义的陆上道路。但在实际作用上,这条道路仍然不过是水上运输的纤路而已。绍兴城北,从昌安门至三江口,也于明洪武二十年(1387)修成一条昌安塘。[280]除了作为纤路外,在海防上还具有一定的战略意义。同时,随着这一时期山会沿海的三江、白洋各所城、巡检司城,以及马鞍山、乌风山、宋家溇、周家墩、桑盆等烽堠的设置,山会海塘作为一条沿海交通道路的意义就有所增加,在海防和运输上起了一定作用。

　　除了上述以外,山会平原在历史上已无足述的陆路。即使在平原内部,行旅交通甚至田舍往还,也常常非舟莫办。桥梁津渡,比比皆是。仅嘉泰《会稽志》卷十一列名的桥梁,府城内就达100座,城外也达六七十座。而津渡比桥梁更为普遍。重要的津渡,在钱清江有三江渡、荷湖渡、前梅渡,在曹娥江有曹娥渡、称山渡、小江渡,[281]一般的津渡则到处都是。关于这方面,清平步青曾经有生动的描写:"越中野渡,方舟中流,引绳两端,分系于岸。渡者曳绳出水置舟中,欲东则舟掣而东,西亦如之,呼曰揉渡船。"[282]这是这个地区区内交通的真实写照。在水乡,这种"揉渡船"一直延续到近代。

注释:

① 谢承《会稽先贤传》(《会稽郡故书杂集》辑本)。

② 《越绝书》卷四:"五谷既已收。"

③ 《吴越春秋》卷九:"春种八谷。"

④[230] 《越绝书》卷四。

⑤ 《十国春秋》卷七七。

⑥ 《资治通鉴》卷二八八:"吴越弘俶募民能垦荒者,勿收其税,由是境内无弃田。"

⑦ 《宋史·食货志》。

⑧ 《建炎以来系年要录》卷八六。

⑨　《建炎以来系年要录》卷三五。

⑩⑫㊶㊷㊺83⑩⑭⑰㉔　嘉泰《会稽志》卷一七。

⑪　据万历《绍兴府志》卷一一,康熙《会稽县志》卷六,雍正《浙江通志》卷一〇四引弘治《绍兴府志》,嘉庆《山阴县志》卷八等。

⑬　道光《会稽县志稿》卷八。

⑭⑳⑲　范寅《越谚》卷中。

⑮　雍正《浙江通志》卷一〇四引弘治《绍兴府志》。按清代绍兴府属方志中称这种早熟品种为"蚤白粘"。

⑯　康熙《会稽县志》卷六。

⑰　据道光《会稽县志稿》卷八,嘉庆《山阴县志》卷八。

⑱　《会稽县劝业所报告册》宣统三年上期:"除山乡禾稻一年二熟外,余皆秋收之后栽种豆麦。"

⑲　庄绰《鸡肋编》卷中。

⑳　孙因《越问》(宝庆《会稽续志》卷八):"稬种居其十六兮。"按:"稬",即"糯"。

㉑㉒　徐渭《物产论》,《青藤书屋文集》卷一八。

㉓　万历《会稽县志》卷三:"邑壤多秫少秔。"

㉔　祁彪佳《救荒杂议》。

㉕㉜㉞㊽㊼67⑯⑰⑭⑮⑳㉓　《会稽县劝业所报告册》宣统三年上期。

㉖　《英国皇家亚洲学会中国分会会报》卷二三。

㉗　《宋史·食货志》。

㉘　范寅《越谚》卷下。

㉙　雍正《浙江通志》卷一〇四《物产四》"乳粟"引万历《山阴县志》:"粒大如鸡豆",色白,味甘,俗名"遇粟"。又乾隆《绍兴府志》卷十七《物产志一》引万历《山阴县志》:"乳粟俗名遇粟。"说明遇粟之名始于万历《山阴县志》。案万历《山阴县志》仅见上述《雍正志》和《乾隆志》引及,此外罕见他书引用,亦未见公私著录,说明此书刊行甚少,而亡佚已久。但可证明玉米引种的时代。

㉚　我国最早引种玉米的文献记载始于正德《颍州志》卷三《土产五谷部》,称为"珍珠秫"。案正德《颍州志》成书于明正德六年。

㉛　田艺蘅《留青日札》卷二六《御麦》:"御麦出于西番,旧名番麦,以其曾进御,故曰御麦。干叶类稷,花类稻穗,其苞如拳而长,其须如红绒,其粒如芡实,大而莹白,花开于顶,实结于节,真异谷也。吾乡传得此种,多有种之者。"

㉝　祁彪佳《寓山注》卷下。

㉟⑱㉟　《越绝书》卷八。

㊱　《淮南子·原道训》。

㊲　陈义方《纺织史话》三《我国最早的纺织中心》,《大公报》1962年7月26日。

㊳ 陆容《菽园杂记》卷一三:“绍兴多种桑、苎、茶。”

㊴ 嘉庆《山阴县志》卷八所载的“小春布”,即以苎麻为经,棉纱为纬。

㊵ 何延之《兰亭纪原》(《兰亭考》卷三):“乃问曰:檀越何来? 翼(指萧翼,唐初人)因就前致揖云:弟子是北人,携鬻蚕种。”

㊸ 徐渭《西施山书舍记》(《青藤书屋文集》卷二四):“以田,以渔,以桑者,尽亩与水无不然。”

㊹㊿(207) 万历《会稽县志》卷三。

㊺ 徐渭《风俗论》,《青藤书屋文集》卷一八。

㊻ 刘禺生《世载堂杂忆》中《补述容闳先生事略》:“旋任英商宝顺公司书记……至绍兴,收丝而返。”

㊼ 宝庆《会稽续志》卷四《草木》:“柘,越中多有之,非但叶可供蚕。”又万历《会稽县志》卷三:“拓,越中多有之,叶可供蚕。”

㊾ 赵翼《陔余丛考》卷三〇。

(51) 高骧云《安昌记》(载《漱琴室存稿》)。

(53) 《浙志便览》卷二。

(54)(108) 王十朋《会稽三赋》。

(56) 宝庆《会稽续志》卷四:“卧龙山茶冠于吴越,岁以充贡,每贡,则易称为瑞龙茶。”

(57) 乾隆《绍兴府志》卷一七《茶》:“今会稽产茶极多,佳品惟卧龙一种,得名亦盏,几与日铸相亚。卧龙者,出卧龙山。”

(58) 宗圣堂《龙山茶歌》:“我家久住龙山下,不见茶园与茶社。”案:宗圣堂系乾隆间人。

(59) 欧阳修《归田录》卷一:“腊茶出于剑建,草茶盛于两浙,两浙之品,日注第一。”按日注即日铸。康熙《浙江通志》卷一七《物产・绍兴府日铸茶》:“出日铸岭,岭下有寺名资寿,其阳坡名油车,朝暮常有日,产茶其地绝奇。”此说明日铸岭的特殊条件。

(60) 《宋会要辑稿》第一三六册。

(61) 《梦溪笔谈》卷一三《权智》。

(62) 陆应扬《广与记》卷十。

(63) 许次纾《茶疏》:“天台之雁荡,……绍兴之日铸,皆与武夷相为伯仲。”

(64)(65)(170)(203)(211) 万历《绍兴府志》卷一一。

(66) 《会稽县劝业所报告册》宣统三年上期在森林事项下附述平水绿茶云:“平水地属会邑,其所收之茶该括八县,且远及于杭州之四乡,而以平水名者,总汇之区,出口之地也。”

(68) 《浙志便览》卷二。

(69) 《列子・天瑞》。

(70) 《史记・货殖列传》。

(71) 米芾《书史》。

(72)(102)(105) 谢灵运《山居赋》。

(73) 陈继儒《珍珠船》卷四。

⑭ 杜荀鹤《送友人游越》。

⑮ 李绅《桔园》:"桔园千株欲变金。"(《全唐诗》卷四八一)。

⑯ 骆宾王《称心寺诗》(《称山称心寺志》卷五):"沼回橘柚林。"

⑰ 胡保泰《鉴湖棹歌》:"蜜桔色似黄金,味同甘露;产道墟、陶堰。"

⑱ 《居易录谈》(《学海类编》本)。

⑲ 陆游《霜天晚兴》,《剑南诗稿》卷一三。

⑳ 陆游《秋晚岁登戏作》,《剑南诗稿》卷二五。

㉑ 吴自牧《梦粱录》卷一六。

㉒ 嘉泰《会稽志》卷一八。

㉔ 周密《武林旧事》卷三。

㉕ 《元和郡县志》卷二六;《太平寰宇记》卷九六。

㉖ 王祯《农书》卷九。

㉗ 吴寿昌《乡物十咏》第四"型塘杨梅"。

㉘ 《太平寰宇记》卷九六。

㉙ 康熙《会稽县志》卷三。

㉚ 段成式《酉阳杂俎》卷七。

㉛ 吴耕民《祖国的蔬菜园艺》,地图出版社 1953 年版。

㉜ 按:《书录解题》卷一〇,此书著于北宋雍熙二年(985),又按《国史经籍志·史类·食货》,著录有《牡丹花品》一卷,《花品》一卷,均为越僧仲林撰(《书录解题》作仲休)。

㉝ 据《平泉草木记》及宝庆《会稽续志》卷四。

㉞ 嘉泰《会稽志》卷一一:"望花桥在府学前,其旁地名上原,多以艺花为业,桥盖以此得名。"

㉟ 嘉泰《会稽志》卷一〇:"王公池在西园,皇祐五年知州王逵置。"按王公池后称庞公池。

㊱ 祁彪佳《越中园亭记》。

㊲ 宝庆《会稽续志》卷四引华镇《会稽览古诗》。

㊳⑳ 《舆地纪胜》卷一〇。

㊴ 《养鱼经》(《齐民要术》辑本)。

⑩⑩ 参见谭郁钧主编的《池塘养鱼学》,农业出版社 1960 年版。

⑩⑩ 《水经·沔水注》。

⑩⑬ 周调梅《越咏》卷上引《吴志》。

⑩⑭㉖㉜ 《水经·浙江水注》。

⑩⑯ 《隋书·经籍志》卷三著录。

⑩⑰ 《太平御览》卷九八〇引唐郭季产《集异纪》:"会稽照诞入海采菜,于山上暴之。……历乃就诞乞少紫菜,诞不与。"

⑩⑩ 《青藤书屋文集》卷二四。

⑪⑪ 张岱《陶庵梦忆》卷四。

⑪⑮ 乾隆《绍兴府志》卷一八引弘治《绍兴府志》。

⑬ 雍正《浙江通志》卷一〇四引弘治《绍兴府志》。

⑭ 胡保泰《鉴湖棹歌》。

⑮ 洪亮吉《乾隆府厅州县图志》卷二七。

⑲ 张拯亢《绍兴漓渚出土之句兵考》(油印本)。

㉑ 夏侯首先《会稽地志》(《会稽郡故书杂集》辑本)。

㉒ 《吴越春秋》卷二。

㉓㉔ 陈谦《越王句践の八剑》,载《人民中国》(日文版)1973年6月号别册。

㉕ 梅原末治《绍兴古镜聚英》,日本京都文星堂影印本。

㉖⑯ 张拯亢《续绍兴出土古物调查记》(手稿本)。

㉗㉘ 王士伦《浙江出土铜镜选集》,中国古典艺术出版社1957年版。

㉙ 《宋会要辑稿》第一三七册。

㉚ 《百越先贤志》卷一。

㉛ 《陔余丛考》卷二一。

㉜ 叶寅《爱日斋丛钞》卷五。

㉝ 都穆《都公谭纂》卷上:"洪武中,山西张娃者多异术,以其乡人不善金箔,常往杭州学以授之。"

㉞ 《会稽县商业事项》,宣统三年上期。

㊱ 《淮南子·俶真训》。

㊲ 《资治通鉴》卷一九九。

㊳ 《越船行》,载《清容居士集》卷八。

㊴ 《吴越春秋》卷八。

㊵ 陈义方《纺织史话》,《大公报》1962年7月26日。

㊷ 冯贽《南部烟花记》,《唐人说荟》第一三册。

㊸ 《通典》卷六《食货六·赋税下》。

㊹ 《新唐书·地理志》。

㊺ 杜甫《后出塞曲》,《全唐诗》卷一八。

㊻ 《资治通鉴》卷二五九。

㊼ 《太平寰宇记》卷九六。

㊽ 陆游《老学庵笔记》卷二。

㊾ 周密《齐东野语》卷一〇。

㊿ 《明史·食货志》。

⑮ 洪亮吉《乾隆府厅州县图志》卷二七。

⑯ 《绍兴之丝绸》,建设委员会经济调查所1937年印。

⑯ 雍正《山阴县志》卷七。

⑮ （清）朱琰《陶说》卷一。

⑯ 《水经·浙江水注》："州郡屋宇屋之大瓦，亦多是越之故物。"

⑯ 陈桥驿《从丝绸之路到陶瓷之路》，《历史月刊》1999 年第 5 期。

⑯ 镜塘《芜湖见闻》，《旅行杂志》第 27 卷第 12 期，1953 年。

⑯ 胡行之《越窑秘色器研究》，《绍兴史迹风土丛谈》第八册。

⑯ 日本东京岩波书店出版，中译本胡德芬译，天津人民出版社 1983 年版。

⑯ 《十国春秋》卷七八。

⑯ 《十国春秋》卷八二。

⑯⑱ 丁慰长、陈觉民《浙江杂谈》，上海文化出版社 1960 年版。

⑯ 《太平寰宇记》卷九六。

⑯ 《元丰九域志》卷五。

⑯ 陶宗仪《辍耕录》卷二九引宋叶寘《垣斋笔衡》："中兴渡江，……旧越窑不复见矣。"

⑰ 斐启《斐子语林》（鲁迅《古小说钩沉》本）。

⑰ 《毛颖传》，《全唐文》五六七。

⑰ 《新唐书·地理志》。

⑰ 嘉泰《会稽志》卷四。

⑰ 米芾《书史》。

⑰ 文震亨《长物志》。

⑰ 万历《绍兴府志》卷一一："越中昔时造纸甚多。……今越中昔人所称名纸绝无闻，惟竹纸间有之，然亦不佳。"

⑰ 《会稽杜侍郎联公自订年谱》："南人信鬼作纸钱以资冥用，其纸出会稽山中，贩于杭城。"

⑱ 《会稽县劝业所报告册》宣统三年上期。

⑱ 《白氏长庆集序》，《元氏长庆集》卷五一。

⑱ 宝庆《会稽续志》卷一。

⑱ 《两浙古刊本考序》，《观堂集林》卷一七。

⑱ 《十国春秋》卷五二。

⑱ 《新唐书·董昌传》："僖宗始还京师。昌取越民裴氏藏书献之。"

⑱ 《越咏》卷上。

⑱ 嘉泰《会稽志》卷一六。

⑱ 《艺风藏书记》卷一。

⑲ 《澹生堂藏书目》为明祁承㸁所编，共 14 卷。

⑲ （清）祁理孙编有《奕庆藏书楼书目》。

⑲ 《两浙古刊本考》。

⑲ 浙江古籍出版社 1992 年版。

⑲ 《光明日报》1963 年 12 月 16 日。

⑮　《中国の酒》,《人民中国》日文版 1962 年 11 月号。

⑯　《金楼子》卷六。

⑰　何延之《兰亭纪原》,载宋桑世昌《兰亭考》卷三。

⑱　《建炎以来系年要录》卷三六。

⑲　中国财政经济出版社,1999 年。

⑳　冯时化《酒史》卷下引陆游《小圃独酌》。

㉑　朱弁《曲洧旧闻》卷一;宋周密《武林旧事》卷六;《西湖老人繁胜录》。

㉒　《宋会要辑稿》第一二六册。

㉔　平步清《霞外捃屑》卷十。

㉘　《越缦堂日记》同治六年四月十一日。

㉙　陶元藻《广会稽风俗赋》:"东浦之酝兮,沈酿遍于九垓。"

㉚　《越缦堂日记》咸丰五年正月十三日。

㉜　《黄酒酿造》,轻工业出版社,1960 年。

㉝　《绍兴史迹风土丛谈》第一五册。

㉟　《宋史·食货志》:"东南盐利,视天下为最厚。"

㊱　《玉海》卷一八一。

㊲　《宋会要辑稿》第一三二册。按宋制以 50 斤为 1 石。

㊳　姚宽《西溪丛语》卷上。

㊴　万历《会稽县志》卷二。

㊵　徐勉《保越录》:"命行枢密院掾吏华凯、尹性善,以盐易米三万石。"

㉑㉒㉓　《嘉庆两浙盐法志》卷七。

㉔㉕　方勺《泊宅编》卷三。

㉖　半堂老人《鞍村杂咏》。

㉗　冲斋居士《越乡中馈录》卷上:"越城食盐向以安城盘煎者为上……惟近行新法,废煎盐而
销余姚晒盐。"

㉙　《吴越春秋》卷一〇。徐天祜注:"所谓习流,是即习水战之兵。"

㉛　《拾遗记》卷三。

㉜　《国语·越语上》,"甬句东",杜预注:"会稽句章县东海中洲也。"

㉝　王籍《入若耶溪》,载丁福保《全汉三国晋南北朝诗》。

㉞　嘉泰《会稽志》卷一二。

㉟　《史记·秦始皇本纪》。

㊲　何延之《兰亭纪原》(《兰亭考》卷三):"翼遂微服至潭洛,随商舶至越。"

㊳　白居易《醉封邮简寄微之》,载《白氏长庆集》卷五三。

㊴　木宫彦泰《中日交通史》上卷。

㊵　赵朴初《鉴真和尚圆寂一千二百年——中日两国人民的文化的血缘关系さねもり》,《人民中

国》日文版 1963 年第 5 期。

㉑ 贺昌群《古代におほら中国と日本との交通》，《人民中国》日文版 1963 年第 5 期。

㉒ 陈懋恒《明代倭寇考略》。

㉓ 《西溪丛语》卷上。

㉔ 例如《宋会要辑稿》第一四三册，宋王明清《挥麈前录》卷四等，都有相似记载。

㉕ 《宋史·河渠志》。

㉖㉝　任三宅《修萧山北海塘议》，《两浙海塘通志》卷九。

㉗ 陈壮《长山堤记》，乾隆《绍兴府志》卷一六。

㉘ 王穉登《客越志略》。

㉙ 《建炎以来系年要录》卷四九：“（绍兴元年十一月）戊戌，诏以会稽漕运不济，移跸临安。”

㉚ 这个地区的堰坝，历史上均借牛力纤挽船舶过堰，通常称为车堰。

㉛ 陈桥驿《浙东运河的变迁》，《运河访古》，上海人民出版社，1986 年；又收入于《吴越文化论丛》，中华书局，1999 年。

㉜ 宝庆《会稽续志》卷四。

㉞ 《世说新语》卷下之上《宠礼第二十二》。

㉟ 《越咏》卷下引《广异记》。

㊱ 李白《梦游天姥吟留别》：“我欲因之梦吴越，一夜飞渡镜湖月。湖月照我影，送我至剡溪。”

㊲㊳ 嘉泰《会稽志》卷一二。

㊴ 《重修朱储斗门记》，《越中金石志》卷三。

㊵ 《建炎以来系年要录》卷三九。

㊶ 陆游《三江》，《剑南诗稿》卷四四。

㊷ 徐勉《保越录》：“分省平章张士信，遣元帅张士俊，漕杭米一万石，由官河至绍兴，后因艰涩，俊乃自浙江出海，径达三江。”

㊸ 《五杂俎》卷四。

㊹ 《越缦堂日记》同治六年四月初一日。

㊺ 《越谚》卷下。

㊻ 王褘《绍兴谳狱记》，《王忠文公集》卷八。

㊼ 熊克《镜湖》，嘉泰《会稽志》卷一三。

㊽ 嘉泰《会稽志》卷一二：“若耶溪路南来自县五云乡界，经县界二十五里北入镜湖，胜五十石舟。”

㊾ 邓牧《陶山游记》（载《伯牙琴续补》）。

㊿ 刘基《出越城至平水记》，《诚意伯文集》卷六。

(272) 吕祖谦《入越记》（《东莱吕太师文集》）：“十里古博岭……十里含晖桥亭，天章寺路口也，遂穿松径至寺，盖晋王羲之兰亭……复出官道数里，买舟泛鉴湖。”

(274) 《越绝书》卷八。

(275) 《吴越备史》卷一。

㉗⑥　吕祖谦《入越记》。

㉗⑦　《世说新语》卷上之上·言语第二。

㉗⑧　《新唐书·地理志》。

㉗⑨　万历《绍兴府志》卷一六。

㉘⓪　嘉庆《山阴县志》卷二〇。

㉘①　雍正《浙江通志》卷三六。

㉘②　《霞外捃屑》卷四。

第七章　绍兴的文化人物

　　绍兴素有"文化之都"、"名士之乡"的美誉,这也确乎道出了绍兴最突出、最本质的特点。历史上,绍兴的文化鼎盛世所共识:在思想领域,从王充朴素唯物主义的"元气自然论"到王阳明主观唯心主义的"心学";在文学领域,从被认为"中国诗歌之雏形"的《候人歌》到现代文学史上的传世之作《阿Q正传》;在艺术领域,从"天下第一行书"《兰亭集序》到清丽委婉、细腻抒情的越剧……,都在国内乃至国际上颇具影响。此外,在教育、科技、学术、宗教等方面,也有许多引人瞩目的成就。而这所有的文化现象均与众多的绍兴名士密不可分。文化与人物融为一体,良性互动:文化滋养人物,人物发展文化。灿若群星的名士造就了绍兴熠熠生辉的文化奇观,一代又一代的才人汇成了绍兴滔滔不绝的文化长河。对绍兴文化的研究离不开对绍兴人物的研究,展示绍兴名士的风采也就自然展示了绍兴文化的精髓,所以我们把文化和人物合并在一个章节中来加以叙述。

　　作为人才渊薮的绍兴,在历史上究竟出过多少人物,确实难以胜数。但明代著名文学家袁宏道的一句"士比鲫鱼多",①倒从一个侧面回答了这个问题。袁宏道是一位见过世面的人,万历二十五年(1597)到绍兴后,绍兴的文风之盛、文人之众,给他留下了极为深刻的印象,难怪他发出了如此强烈的感叹。如果说这只是袁宏道的一番感慨、一种印象,而并非是精确统计以后得出的结论,那我们不妨再举一些具体准确的数据来加以说明:

　　有人对先秦以来400多个地方人物的分布进行分析,统计出杰出人才最多的52

个市县。在这 52 个市县中,浙江占 12 个,其中绍兴名列第二。[②]

《绍兴市志》载:"统计资料表明:从全国范围看,不论从哪一方面选录人物,绍兴人都占有一定比重。清以前的历史人物中,仅《中国人名大辞典》(商务印书馆 1921 年版)就收录绍籍名人 500 人以上。《中国近现代人名大辞典》(中国国际广播出版社 1989 年版)收录绍籍名人 163 人。《中华民国军政职官人物志》(春秋出版社 1989 年版)收绍籍党政军要人上百人,其中上将 9 人,省长(主席)15 人。浙江革命烈士纪念馆展出的烈士中,绍兴人占了五分之一。"[③]"据粗略统计,今绍兴市境之内,自唐以来,先后考取文武进士 2238 名,文武状元 27 名;民国以后,科技人才辈出,现有中国科学院学部委员(院士)37 名,具有正高级职称的教授、研究员以及获得国家重大科技成果奖的 700 多名,还不包括其他方面有重大成就的杰出人才。从全国范围看,绍兴市地域面积不到全国 1‰,人口只占全国 1/300,而各类人才(据各种名人辞典统计)占全国的 2% 以上,某些专、世人才超过 4%"。[④]

而其中绍兴县(旧属绍兴府的山阴、会稽两县)则一直处于人才的中心地位,更显示出一种引人关注的人才密集现象。我们不妨作个比较,从唐代至清代,南方某省只出过 9 名状元。而"据历代府、县志书《选举》中进士名录辑录,绍兴(山阴、会稽)自唐证圣元年(695)至清光绪三十一年(1905)兴学校教育,废科举制度止,共出进士 1390 名(文科 1216 名,武科 174 名),其中状元 19 名(文科 11 名,武科 8 名),榜眼 10 名(文科 7 名,武科 3 名),探花 8 名(文科 5 名,武科 3 名)"。[⑤]

这样的数据无疑最有说服力。由此可见,绍兴文化人物之众、人才层次之高的确是其他许多地方难以比拟的。

纵观绍兴历史上的文化人物,大致可以从文化世家、文化流派、文化群体和文化名士四个方面来加以探究。本章将从这四个方面加以简述。

第一节 文化世家

中国是一个具有浓厚宗法意识的文明古国,在长期的封建社会中,家族始终是构成中国社会的基石。《白虎通·宗族篇》曰:"族者何也,族者凑也、聚也,谓恩爱相流凑也。上凑高祖,下至玄孙,一家有吉,百家聚之,合而为亲。生相亲爱,死相哀痛,有会聚之道,故谓之族。"家族是由血缘纽带维系着的宗法性组织,因其经济利益和文化心态的一致,形成了稳固的社会实体,即宗族共同体,成为社会机体生生不息的细胞。

在历史上,有的家族长于兵事,威震天下;有的精于商贾,名满四海。而绍兴的众多家族则往往是学业传家,以涌现出一个个俊才、创造出各具特色的家族文化而令世人敬仰。余姚虞氏家族即是一例。

自西汉至唐代，余姚虞氏硕儒辈出，影响至巨。《南史》载："县大姓虞氏千余家……子弟纵横，递相庇荫，厚自封植。"⑥据不完全统计，虞氏家族从事文化学术活动的有 25 余人，其中 18 人史籍记载有学术著述 62 种 965 卷，内容涉及经学、史学、诸子学、天文学、历法学、医药学、书法学、金石学等，最有影响者为虞翻、虞喜、虞预、虞世南。⑦

三国时期虞翻的高祖虞光、曾祖虞成、祖虞凤、父虞歆皆精于《易》学，他幼承家学，数十载潜心于《易》学，著《易注》9 卷，颇受孔融的赏识，由此而成为当时的《易》学名家。可惜《易注》早佚，唐代李鼎祚《周易集解》、清代黄奭《汉学堂丛书》、孙堂《汉魏二十一家易注》、张惠言《周易虞氏义》、《周易虞氏消息》、《虞氏易札》等，或辑其文辞，或引其学说，并对他在《易》学研究中的地位与影响作了充分的肯定。除此之外，虞翻还有《易》学论著 10 余种：《周易日月变例》6 卷、《周易集林律历》1 卷、《注京房周易律历》1 卷、《京氏参同契律历志注》1 卷、《易律历》1 卷、《周易参同契注》等。虞翻在研究其他经学、史学、天文学、历法学、诸子学等方面也很有成就，著有《春秋外国语注解》21 卷、《孝经注》、《史记注》28 卷、《杨太子玄经注》14 卷、《论语注》10 卷、《老子注》2 卷等。

晋代的虞喜在天文学上最有成就。咸和五年（330），他经过多年研究，发现了"岁差"，这一发现对提高历法计算的准确性具有十分重要的意义。在此之前，人们不知道"天周"（恒星年）、"岁周"（太阳年）之间的差别，以为两者相同。虞喜对天象进行了长期的观察研究，反复推算，发现太阳从第一年冬至到第二年冬至向西移过一定的位置，确认"五十年退一度"，这就是"天周"与"岁周"差，即"岁差"。尽管根据现代天文学的测定，"岁差"为 71 年零 8 个月，也就是说虞喜的发现离实际还有不小的差距，但这一发现毕竟是中国天文学史上的重要成果，对后世的天文学发展产生了巨大的影响，此后，祖冲之、刘焯把"岁差"应用于历法，制订了著名的《大明历》、《皇极历》。虞喜又于咸康年间（335—342）撰写《安天论》1 卷，提出"天高穷于无穷，地深测于不测，天确乎在上，有常安之形；地魄焉在下，有居静之体，当相覆冒，方则俱方，圆则俱圆，无方圆不同之义也"的观点，同时他主张"宣夜"说，并批驳了当时盛行的"浑天"说、"盖天"说。虞喜还长于经学，著有《尚书释问》1 卷、《毛诗释》18 卷、《周官驳难》5 卷、《赞郑玄论语注》9 卷、《论语新书对张论》10 卷、《孝经注》3 卷、《志林新书》20 卷、《后林新书》20 卷、《广林》1 卷、《释滞》1 卷、《通疑》1 卷等。

晋代虞预的主要成就在史学方面，他曾著《晋书》40 卷，这是一部由个人撰写的国史。同时虞预注重区域人文历史的搜集整理，撰《会稽典录》20 篇，⑧为绍兴地区重要的地方文献。他还另撰《虞氏家传》12 卷，《集》10 卷等。

此外虞氏在晋代尚有虞耸，著《穹天论》1 卷等；虞潭，著《投壶经》1 卷、《投壶变》

1卷等；虞谷，著《奏事》6卷等。南朝宋有虞贤，著《虞氏家记》5卷、《虞氏家谱》1卷等。南朝齐有虞愿，著《会稽记》2卷等；虞通之，著《后妃记》4卷、《善谏》2卷、《集》20卷等；虞炎，著《集》7卷等；虞和有，著《法书目录》6卷、《上法书表》1卷等；虞惊，著《食珍录》等；虞遐，著《论语注》10卷等。南朝梁有虞羲，著《集》9卷等；虞僧诞，著《申杜难服》等；虞骞，著《集》(卷数不详)等。南朝陈有虞荔，著《立代论》3卷、《欹器图》1卷、《古今鼎录》1卷等。隋朝有虞绰，著《帝王世纪音》4卷、《驿马四位法》1卷、《长洲玉鉴》238卷(合撰)、《类集》113卷等；虞世基，主纂《区宇图志》1200卷等。⑨

而虞氏家族文化的最杰出的代表当数初唐的虞世南。在唐初著名书法家中，虞世南政治地位最高。他去世时，唐太宗亲临灵前哭悼，称"虞世南与我犹一体也"，⑩他评价虞世南有五绝：德行、忠直、博学、文辞、书翰，并称他为"当代名臣，人伦准的"。⑪虞世南是初唐四大书法家之一，他得智永传授，一生勤奋临池，史传常卧被中画腹习书，"其书得大令(王献之)之宏规，含五方之正色。姿荣秀出，智勇在焉。秀岭危峰，处处间起。行草之际，尤所偏工。及其暮齿，加以遒逸"。⑫他的书法深得二王精髓，笔致外柔内刚，圆融遒丽，锋势内敛，有一种含蓄雍容之态。他与欧阳询齐名，人称"欧、虞"，有《孔子庙堂碑》等传世。其书法理论亦自成一家，所著《笔体论》1卷、《书旨述》、《笔髓论》、《观学篇》等对当时及后世都产生了重要的影响。虞世南死后，唐太宗曾感叹"钟子期死，伯牙不复鼓琴"了。⑬虞世南还长于史学，其《帝王略论》5卷，充分体现出他的史识。而他所编的《北堂书钞》160卷，是国内现存最早的类书。此外，虞世南还撰有《君臣谧议》1卷、《大唐书仪》10卷、《群书理要》50卷、《兔园策》10卷、《观学篇》及《集》30卷等。

绍兴另一个有代表性的文化家族是居住在绍兴县陶家堰村的陶氏。陶堰是一个历史悠久的聚落，如前所述，作为堰坝的陶堰成于东汉永和五年(140)，既然这个堰坝以"陶"为名，足见在筑堰以前，陶氏已经聚居在这一带，所以作为聚落的陶堰必然要早于永和。

陶堰虽然历史悠远，但毕竟只是一个依傍鉴湖之堤的小村。令人惊异的是，就是这样一个看似普通的村庄，明清两代竟孕育了进士42人，举人111人(包括进士42人)，贡生83人和非科举出身的官宦、学者多人。陈敏尔先生在《江南人才名镇—陶堰》⑭一书的序言中有很精到而又概括的叙述：

　　明代开科进士、官至广东参议的陶悍；殿试进士第二名、官至吏部尚书的陶大临；中进士后官至兵部尚书的陶谐；官至礼部尚书的陶承学；著名的哲学家陶望龄、陶奭龄等等，是陶家堰村抚育的首批卓越人物。

　　清代著名书画家陶杏秀、陶方琦、陶濬宣等人的著作、画册，文学家陶元藻撰的《泊鸥山房集》、《全浙诗话》、《越谚遗编考》、《越画见闻》等等也是留给后人的极为宝贵的文化遗产。

辛亥革命时期著名的革命活动家、光复会主要领导人陶成章,一生"以革命为事",以"革命的真正实业家"著称,孙中山盛赞"抱革命宗旨十余年,奔走运动不遗余力,光复之际,陶君实有巨功",陶成章毅然以革命为己任,洒热血,抛头颅,光辉业绩,彪炳史册。

从上述材料中我们不难看出,陶氏家族的确是人才辈出,称雄一方。这里不妨再列举一个数据:明嘉靖十四年(1561)会试,全国共取进士394名,陶大顺、陶允淳父子同登进士之榜,陶家堰村一个村的进士数量占当年全国总数的1.97%。

陶氏家族在陶堰生息繁衍,家族文化哺育了一代又一代的才人。陶氏所创造的人才奇迹,从全国乃至世界范围来说,都是毫不逊色的。

明清两代陶家堰村进士、举人一览⑮

朝代	进士			举人		
明代	陶怿	陶谐	陶大年	陶性	陶咨	陶诰
	陶大有	陶承学	陶大临	陶璐	陶谔	陶师文
	陶幼学	陶大顺	陶允淳	陶良学	陶允光	陶允明
	陶允宜	陶望龄	陶崇道	陶志高	陶与龄	陶大邦
	陶靖流	陶履卓		陶奭龄	陶志宁	陶荣龄
				陶曾龄	陶秉礼	陶祖猷
清代	陶之元	陶作楫	陶式玉	陶澄龄	陶峨	陶觐
	陶士铣	陶必达	陶德泰	陶思	陶峒	陶仕春
	陶士倧	陶愈隆	陶思深	陶燮	陶光煦	陶奕曾
	陶以忠	陶履常	陶杏秀	陶章曾	陶思涛	陶世凤
	陶中郎	陶士麟	陶鉴	陶章尧	陶泽渊	陶振
	陶延琡	陶镕	陶际尧	陶奎联	陶廷珍	陶廷钺
	陶福恒	陶澐	陶恩培	陶甄	陶尧佐	陶尧臣
	陶宝森	陶摺绥	陶方琦	陶福元	陶庆麒	陶大铨
	陶家驹	陶联琇	陶仁荣	陶绍泉	陶斯曾	陶自华
	陶邵学			陶钧	陶棠	陶良翰
				陶寿玉	陶庆仍	陶嘉绶
				陶良骏	陶谟	陶模
				陶守廉	陶嘉猷	陶世昌
				陶继昌	陶方瑄	陶祖培
				陶在铭	陶濬宣	陶福祥
				陶家	陶闻远	陶镛

以上我们列举了两个文化家族,其实像这样的家族在绍兴不胜枚举,如以贺弼为

代表的谢氏家族,以孔稚圭为代表的孔氏家族,以谢灵运为代表的谢氏家族,以王羲之、王献之为代表的王氏家族,以徐浩为代表的徐氏家族,以陆游为代表的陆氏家族,以姚宽为代表的姚氏家族,以石公弼为代表的石氏家族,以张元忭、张岱为代表的张氏家族,以吕曾见为代表的吕氏家族,以祁承爜、祁彪佳为代表的祁氏家族,以任颐为代表的任氏家族,以罗振玉为代表的罗氏家族,以鲁迅(周树人)为代表的周氏家族等等,他们犹如灿烂星座把绍兴的历史天空点缀得多姿多彩。

第二节　文化流派

流派是指学术思想或文艺创作方面的派别。在绍兴的文化史上,众多的文人学士或相互切磋,传承发展;或交流争鸣,互补提高,形成了一个个延绵不绝、异彩纷呈的文化流派,如思想领域里的阳明学派、蕺山学派,艺术领域里的青藤画派、海上画派,医学领域里的绍派伤寒、医经学派,文学领域里的山水诗派、越中曲派等等,成为绍兴历史文化中光彩夺目的篇章。限于篇幅,这里简要介绍阳明学派和绍派伤寒。

阳心学作为一种社会思潮,风靡当世,并对后代的思想界产生巨大影响。因为王阳明有众多的门人弟子,形成了一个影响广泛的流派,即阳明学派。黄宗羲在《明儒学案》中将此按地域分为7派,世称"王学七派",即浙中、江右、南中、楚中、北方、粤闽、泰州7派:

(1)浙中王门,主要是王阳明在浙江尤其是绍兴(包括余姚)的后学,如徐爱、蔡宗衮、朱节、钱德洪、王畿、季本、黄绾、董沄、陆澄、顾应祥、黄宗明、张元冲、程文德、徐用检、万表、王宗沐、张元忭、胡瀚等;

(2)江右王门,主要是王阳明在江西的后学,如邹守益、欧阳德、聂豹、罗洪先、刘文敏、刘邦采、刘阳等;

(3)南中王门,主要是王阳明在江苏的后学,如黄省曾等;

(4)楚中王门,主要是王阳明在湖南常德的后学,如蒋信等;

(5)北方王门,主要是王阳明在河南、山东的后学,如穆孔晖、张后觉、孟秋、尤时熙、南大吉等;

(6)粤闽王门,主要是王阳明在广东、福建的后学,如薛侃、周坦等;

(7)泰州王门,主要是王阳明在江苏泰州的后学,如王艮、王襞、王栋、林春、赵贞吉、何祥、耿定向、耿定理、徐樾等。

此外,王阳明在贵州的弟子或再传弟子也颇多,主要有陈宗鲁、马廷锡、孙应鳌、李渭、邹元标等,他们有的兴办教育,有的著书立说,在传播阳明心学、培养人才等方面各有所成,不妨称之为"贵州王门"。⑯

在"王学"的这些分支中,浙中王门无疑是最重要的,而在浙中王门众多的弟子中,王畿、钱德洪、徐爱、张元忭又是代表性人物。

王畿,字汝中,号龙溪,人称龙溪先生,山阴人,他是深得王阳明器重的门生。明正德十六年(1521),王畿初次受业于王阳明。嘉靖二年(1523),他受试礼部不第,听说王阳明在稽山书院讲学,便回到故里,决定终身受业于王阳明,成为王阳明最赏识的弟子之一。王阳明出游时,王畿和钱德洪便担当起稽山书院的主讲,所以,两人有"教授师"之称。王畿还奔走于江、浙、闽、楚等地,讲学传道,长达40余年,所到之处,听者云集,对弘扬阳明心学起到重要作用。他秉承阳明心学,又有所发挥,他的"四无"说(心体是无善无恶的,则意、知、物亦皆无善无恶)和"良知现成"论(良知本来具足,不假人为,能够自然发用流行)把王阳明主体道德哲学发展到了更为彻底的地步。⑰

钱德洪,名宽,字德洪,以字行,改字洪甫,号绪山,人称绪山先生,余姚人。嘉靖二年(1523),王阳明回到绍兴,在稽山书院讲学,钱德洪学于门下。遇王阳明外出,钱德洪与王畿居守书院,向四方来学者讲授王学大旨,被称为"教授师"。七年在赴京试途中听到王阳明病故,奔丧江西,并扶柩归绍。十一年中进士,历官至刑部郎中。后因郭勋案下狱,削职为民,便归于江浙、宣歙、湖广等地,讲授阳明心学达30年,与王畿同为王阳明浙中高足,编纂王阳明著述不遗余力,备受推崇。他对王畿的"四无说"提出了不同的看法,认为那等于取消了"功夫"。在钱德洪看来,作为心的本体的良知是至善、至纯的,他主张"谨独即是致良知","于事物上实心磨炼"良知,注重"为善去恶"的修炼功夫。⑱

徐爱,字曰仁,号横山,余姚人,王阳明妹夫。正德二年(1507)拜王阳明为师,为王阳明第一个及门弟子。次年中进士,任祁州知州。后升南京兵部员外郎、南京工部郎中。七年冬,与王阳明同舟归省,听王阳明讲授《大学》宗旨。后来徐爱辑为《传习录》,此书成为王阳明哲学的代表著作。王阳明"良知"之说,开始不为人接受,徐爱把王阳明讲授的内容编成《语录》等,用于教授,王学才逐渐为学者信从。他恪守王阳明"四句教",遵循王阳明"心有体有用"之说,认为良知至善无比,提出治学须辨义利之分,强调实际的磨炼。清黄宗羲说:"阳明之学,先生(指徐爱)为得其真。"⑲

张元忭,字子荩,号阳和,山阴人。隆庆五年(1571)状元,先后任翰林院修撰、左春坊左谕德兼侍读等职。他曾经师从王畿(但后来与王畿的观点相左),潜心研习"良知"之学,并躬行实践数十年。张元忭对"良知"说有自己的见地,认为"心"学是儒学的"一贯之旨","万事万物皆起于心。心无事而贯天下之事,心无物而贯天下之物,此一贯之旨也",[20]他把"良知"理解为"纯粹至善"的人性的自然本体,主张划清"良知"与"知觉"的界限,指出:"谓良知有善无恶则可,谓良知无善无恶则不可。致知之功,全在察其善恶之端,方是实学。今人于种种妄念,俱认为良知,则不分善恶之言误之也。"[21]张元忭还提出了"悟修并进"的主张,认为这是"救时之意",并对"徒言良知而不言致,徒言悟而不言修"的时弊进行了针砭,[22]体现了他直言不避的品格。顺便需要提及的是,张元忭还和孙鑛合纂万历《绍兴府志》,和徐渭合纂万历《会稽县志》,为弘扬绍兴地方文化发挥了积极的作用。

绍派伤寒是指历代越地医家从绍兴地域特点出发研究伤寒而创立的一个医学学派,也是绍兴在全国最有影响的一个医学流派,创始于明代,成熟于清末民初,许多的绍籍名医为丰富绍派伤寒的实践,提升绍派伤寒的理论,扩大绍派伤寒的影响,不懈努力,终有所成。

绍派伤寒根据绍兴地区气候温湿,温热多挟湿邪为患的特点,提出了六经融合三焦,寒温自成一统的观点,既不同于一般伤寒学派,又有别于吴门温病学派,形成了富有鲜明绍兴地方特色的医药文化。

在绍派伤寒的形成发展过程中,张景岳、俞根初、何廉臣成为其中的代表性人物。

张景岳,名介宾,字惠卿,号景岳。幼年时受其父影响,14岁时,又从名医金梦石学医,得其真传。他勤于实践,又善于思考,对《内经》一书用功尤多,先后历30余年时间,四易其稿,撰成《张氏类经》32卷及《类经图翼》、《类经附翼》,此外,还有《景岳全书》64卷,《质疑录》1卷等,这些著述对中医理论的发展具有承前启后的重要作用,人称"仲景之后,千古一人"。张景岳对绍派伤寒的形成具有开创之功,《伤寒典》为《景岳全书》中的16个组成部分之一,他认为伤寒是外感百病的总名,强调因地制宜,注重温补调理,其观点对后世产生较大影响。

真正奠定绍派伤寒学说理论基础的是清初名医俞根初,绍派伤寒亦因其所著的《通俗伤寒论》而得名。俞根初,名肇源,出生于中医世家,一生行医,享誉越地。他总结40余年的行医实践,尤其是诊治伤寒的经验,撰成《通俗伤寒论》。为著此书,俞根初先后研读了诸如《内经》、《千金方》、《伤寒总病论》、《张氏医通》、《伤寒全生集》等数十种医学著作,可谓博采众长。更可贵的是他十分重视医学实践,"其学术手法,皆从病人实地练习、熟验而得,不拘于方书也,一在于其经验耳"。[23]因此,俞根初提出的见解,深为当时及后世的医学名家所折服。何廉臣曾评价道:"俞氏此著,勤求古训,博采众法,加以临证多年,经验丰富,故能别开生面,独树一帜,多发前人所未发,一洗阴阳五行之繁文,真苦海之慈航,昏衢之巨炬也。"[24]

此后,绍籍名医何廉臣又对发展绍派伤寒学说作出了很大的贡献。何廉臣,名炳文,号印岩,以字行。他也出身于世医之家,行医半个世纪,影响遍及两浙。一生著述颇宏富,所著、所编、所校之书,如《廉臣医案》、《印岩医话》、《全国名医验案类编》、《药学汇讲》等数十种,但他用功最勤、论及最多的当数伤寒,他先后著《重订广温热论》、《感症宝筏》、《湿温时疫治疗法》、《增订时病论》,增订《通俗伤寒论》、校勘《伤寒百证歌注》、《伤寒广要》、《伤寒述义》、《伤寒识论》等书,深入阐发了绍派伤寒的学术观点,成为该学派后期的集大成者。

此外,绍派伤寒著名医家还有高学山、何秀山、赵晴初、黄寿衮、邵兰荪、胡宝书等,他们均为绍派伤寒的发展作出了独特的贡献。

第三节　文化群体

在绍兴的文化人物中,就群体而言,绍兴师爷无疑是最具名声的。在明清两代,"绍兴师爷"形成了庞大的幕僚群体,以至于出现了"无绍不成衙"之说。

师爷,又称幕友、幕客、幕僚,是明清地方主官聘请的辅助自己处理公务的文职人员。清李伯元在其《文明小史》⑤第十三回中说:"有位刑钱师爷姓余名豪,表字伯集,是绍兴府会稽县人。原来那绍兴府有一种世袭的产业,叫做作幕。什么叫做作幕? 就是各省的那些衙门,无论大小,总有一位刑名老夫子,一位钱谷老夫子;只河南省的刑钱是一人合办的居多,所以只称为刑钱师爷。说也奇怪,那刑钱老夫子,没有一个不是绍兴人,因此,他们结成个帮,要不是绍兴人就站不住。"这虽是小说家之言,但也是现实的一种反映。仅以《绍兴县志资料》(第一辑)中所列的人物来看,就有习幕之人150余位。其实师爷之前所以冠以"绍兴"二字,并不是说绍兴的读书人都学幕,也不是说除了绍兴人之外就无人习幕,只是因为绍兴人中从事此项职业的人很多,便给人留下师爷非绍兴人莫属的印象。

那么,绍兴何以会有这么多人的去当师爷呢? 其中有着复杂的社会原因,主要是科举竞争激烈所致。古代读书人的出路无非一条(做官),耕读传家是千万家庭的选择,金榜题名是无数学子的期盼。绍兴历来文风炽盛,读书人众多,但是录取的名额毕竟有限,所以,在绍兴,一个人要考中进士或者举人,比起其他地区来,可以说更加困难。周作人曾经说过:

> 天下文风未必真在"敝邑",但是应考的人却实在不少;在当时山阴会稽还未合并为绍兴县的时候,会稽一县的考生总有五百余人,当时出榜以五十人为一图,写成一个圆图的样子,共有十图左右,若在邻县诸暨恐怕还要多些,而每"进学"就是考取秀才的定额只有四十名,所以如考在第十图里,即使每年不增加来考的

人,只就这些人中拔取,待到自己进学,也已在十多年以后了。这些被淘汰下来的人,那么哪里去了呢? 他们如不是改变计划,别寻出路,便将"场楦"进而为"街楦"——在街上游荡的人,落到孔乙己的地位里去了。㉖

为了解决生计问题,当师爷便成为这些读书人的选择。汪辉祖说:"吾辈以图名未就,转而治生,惟习幕一途,与读书为近,故从事者多。"㉗因为做师爷毕竟也是在官府当差,和读书人的愿望最为接近,况且还可以边做师爷边应考,有机会实现金榜题名的最终理想。而且幕业又是收入较高的一种职业。"吾辈从事于幕者,类皆章句之儒,为童子师,岁脩不过数十金,幕惰所入或数倍焉,或数十倍焉"。㉘这是一个方面。

另一方面,绍兴毕竟是文风鼎盛,据统计,在清代,绍兴府所出的进士多达 505 名(不包括侨寓各地考中进士的绍兴人及其后裔),居全国科甲排行榜的第 6 位,而进士是国家体制中的重要力量,得中进士就意味着封官晋爵。因此,绍兴籍官员在全国各地随处可见,这些人出任各地官员时往往首先起用来自家乡的亲戚或朋友充当幕僚。

除了文化的原因之外,绍兴多出师爷还和绍兴人多地少的经济特点有关。绍兴系鱼米之乡,生活条件优越,所以人口增长较快,到明代绍兴已经成为一个地狭人稠的地区。明王士性曾指出:"绍兴、金华二郡,人多壮游在外。如山阴、会稽、余姚,生齿繁多,本处庐室田土,半不足供。其儇巧敏捷者,入都为胥办,自九卿至闲曹细局,无非越人……。"㉙他说的是许多绍兴人因为当地人多地少,谋生困难,所以不远千里到京城当书吏。清代的情况更甚,除了许多人"入都为胥办"外,更有大批的绍兴人到全国各地充当师爷,游幕四方,从而逐渐形成了"绍兴师爷"这样一个特殊而又庞大的文化群体。

绍兴师爷依其职务性质,可以分为刑名师爷、钱谷师爷、书启师爷、挂号师爷、征比师爷等几类。

刑名师爷是负责办理刑事、民事案件的幕僚。在清代,各级地方行政官吏一般都兼任司法,只有督抚衙门才有臬司专理司法事务。由于省以下的行政官吏,大多系科举出身,只懂得八股文,对法律条文是外行;或者是捐官出身,对法律更是一窍不通。而刑名案件办理得当与否,直接涉及各级地方行政官吏的前程,因此,地方官吏不得不把此类事务委托于熟谙《大清律例》的专职师爷,即刑名师爷。清代有一个极其庞大的法律体系,其主体是《大清律例》,它是清代关于刑事、民事和行政诸法的总集。所谓律例,乃是法律条文和案件判例的合称,律包括名律、吏律、户律、礼律、兵律、刑律、工律等,律文分为很多目,每一目之下都附有很多例。从顺治到同治的 200 多年时间,法律条文便大量增加,达 1800 多条,案件判例更是不计其数,不经过专门的学习钻研,根本无法掌握。然而,司法断案恰恰是朝廷考察地方官员的主要工作,各级官府必须聘请精于律例的刑名师爷方能高枕无忧。所以,刑名师爷无疑是各类师爷中地位最高的,也是影响最大的。

钱谷师爷是专门负责处理财政、赋税的幕僚。清朝还未产生会计制度,每一任行政官吏的任卸,都必须办理接收移交、制作四柱清册,必须盈查核实账目,而盘查核实账目只有依靠平时的收支记载,不仅手续繁复,其中还包含了许多陈规陋习。这一事务不仅需要有一定的专业知识,而且由于与各级地方政府财政命脉攸关,因此,钱谷师爷也相当重要,其地位仅次于刑名师爷。

书启师爷则专门负责掌管来往书信。他们根据清朝官场的种种惯例,或逢年过节,或遇上司生日,或添丁、升官、加级之际,书写贺信;若遇上司亲属死亡,则需书写唁信。信中文字要求甚高,骈四俪六,气概堂皇,必须要有专职师爷加工处理。此类应酬文字大多可以套用书籍,且千篇一律,因此,书启师爷不大为人重视,其地位也较上述两类师爷逊色。

挂号师爷主要负责批牍,即批答文件。其地位因幕主而异,若幕主放手,使之广泛涉及各类行政事务,而幕府又大量需要此类成员,其地位也随之升高;否则,仅负责来往文件的注册登记。

征比师爷主要负责考核征收田赋,幕府中有钱谷师爷,他们与征比师爷有联系又有区别。钱谷师爷代主官理一州一县的赋税事务,有关征收之事也包含在其职责范围之内。在一些钱谷事务比较简单的州县,征比师爷一席就不一定设置。在一些钱谷事务比较繁杂的地方,一方面钱粮征收的事务比较重,另一方面杂税以及捐派的事务也比较繁杂,再加上这些地方往往是田土争讼事件的多发区,所以,钱谷师爷在集中征收"正赋"的上下两忙时,一般很难兼顾各方。要对付这种应接不暇的情况,可以由地方官再聘请一位钱谷师爷来解决。但这样做,两人终究还是要形成某种分工的。因此,与其再请一位名义上总理钱谷事务却实际只负责其中某一项事务的钱谷师爷,还不如直接请一位征比师爷。这样,既分工明确,又在报酬支付上更加合算。征比师爷既然只负责征收地丁钱粮,一般就不管其他赋税事务,而且地丁钱粮的上兑、奏销事宜也不在管理的范围,他的职能在于上下两忙时的征催。

在清代的各级幕府中,不论大小,都需要各类师爷佐治,并视事务的多少来确定师爷人数的多少。但即使在最简僻、最小的官署衙门中,也至少要有一位师爷,兼管刑名和钱谷,也就是说得身兼数职了。

绍兴师爷自明代起(徐渭可视为其代表),至清末推行"新政",实行司法独立为止,在中国的政治舞台上存在了300多年,产生了不可小觑的作用。

清朝末年,开始实行司法独立,师爷逐渐淡出。辛亥革命以后,各级政府都分别设置了秘书、司法、财金等部门,取代了封建幕僚制,师爷最终没落。

第四节　文化名士

一、于越的谋士：文种与范蠡

越王句践从兵败国破、身为人质的危亡处境中，最后达到兴越灭吴、称霸中原的愿望，除了他自己的雄才大略外，也和他所任用的一帮谋士分不开。这帮谋士称为大夫，其中有名可查的有文种、范蠡、计倪、苦成、曳庸、皓进、诸稽郢、皋如等。其中功劳最大的，当然是文种与范蠡。他们所创立的学说是越国乃至中国谋士文化的精华。

文种据传说姓文名种，字会，楚国鄒人。在句践夫妇离越去吴作人质的前夕，正当于越生死存亡的关键时刻，范蠡决定随行保驾。在国内假使没有一个有威望、有能力的权臣主持国政，那就马上会分崩离析。于是，大家就推荐文种负此重任。大夫曳庸说他是"国之梁栋，君之爪牙"。[30]大夫皋如说他"忠而善虑，民亲其知，士乐为用"。[31]文种自己也临危不让，说："夫内封疆之役，外修耕战之备。荒无遗土，百姓亲附。臣之事也。"[32]就这样，文种在于越最艰难危急的时刻，以身自任，度过了两年多朝不保夕的岁月。在这段时间里，他一面主持国政，一面还要为营救句践奔走于吴、越二国之间，最终使得夫差把句践夫妇与随行的范蠡释放回国。

句践返越以后，除了加紧重建家园外，最念念不忘的大事，就是如何兴越灭吴，报仇雪耻。他以此事垂询大夫计倪，计倪说：范蠡处事精明而善理内政，文种见识广阔而长于外交，伐吴大业得与文种商议。于是，句践召见文种，文种就向句践献出了著名的"九术"：

> 一曰尊天事鬼，以求其福。二曰重财币以遗其君，多货贿以喜其臣。三曰贵籴粟稿以虚其国，利所欲以疲其民。四曰遗美女以惑其心，而乱其谋。五曰遗之巧工良材，使之起宫室，以尽其财。六曰遗之谀臣，使之易伐。七曰强其谏臣，使之自杀。八曰君王功国富，而备利器。九曰利甲兵以承其弊。[33]

"九术"得到了句践的完全赞同，而付诸实施。文种知道夫差有大起宫殿的欲望，而会稽山中有的是原始森林，于是就派遣木工千人，入山伐木一年，把大量良材献给吴国。夫差不顾伍子胥"桀起灵台，纣起鹿台"[34]的力谏，大起姑苏之台，高三百丈，广八十四丈，在二百里范围内都可以仰望遥见，弄得句吴道死巷哭，民不聊生。文种又深知夫差淫而好色，于是就在会稽山西翼的苎罗山下，物色到西施与郑旦二人，通过句吴太宰嚭，献给夫差。当时伍子胥也以"夏亡以妹喜，殷亡以妲己，周亡以褒姒"[35]的教训进谏，但夫差充耳不听，从此沉湎酒色，不理政事。

　　文种还亲自去到句吴,诡称于越遭遇饥荒,向句吴告籴。虽然伍子胥力主拒绝,但夫差在太宰嚭的怂恿下,将稻谷万斛借给于越。两年后,于越选择了最好的稻谷蒸熟后还给句吴。夫差看到了于越归还的稻谷颗粒饱满,要太宰嚭把这批稻谷留作种子,因此就造成了吴国的大饥。[36]

　　由于"九术"的成功实施,于越的国势蒸蒸日上,而句吴却每况愈下。夫差最后又中计命伍子胥自伏。于是,于越终于在公元前 472 年覆没了句吴,并且北渡江淮,与齐、晋诸侯会于徐州,周室也派人赐句践以命号,句践达到了他逐鹿中原的目的。

　　此时,范蠡对文种说:"高鸟已散,良弓将藏;狡兔已尽,良犬将烹。"句践"可与共患难而不可共处乐"。[37]但文种不相信范蠡的话。范蠡毅然出走,文种却仍然留下来。范蠡出走后一年(前 471),句践仿效夫差杀伍子胥的办法,赐文种一把属镂之剑。文种仰天叹息,伏剑自尽。[38]

　　文种死后,句践将他葬在西山。人们怀念文种,把此山改为"种山",即现在绍兴城内的卧龙山。文种墓历经修葺,至今仍在卧龙山上。

　　于越的另一位谋士是大夫范蠡。范蠡据传说姓范名蠡,字少伯,楚国三户人。他在于越最危险的时刻,随同句践入吴。入吴前夕,他说:"辅危主,存亡国。不耻屈厄之难,安守被辱之地。往而必返,与君复仇者,臣之事也。"[39]在句吴两年多的俘虏生活中,范蠡含垢忍辱,终于使句践化险为夷,平安返越。

　　回越以后,范蠡首先为于越在山会平原上选定了一个建立城市的地址,把于越的中心从崎岖的会稽山地,迁移出来,先后兴建了小城和大城。范蠡选择今绍兴城所在地建立国都,体现了他远大的战略思想。于越一代的历史和以后 2000 多年的历史,都充分证明范蠡所选择的建城地址,是十分理想的。

　　范蠡处事精明而善于理政,他实际上是于越"十年生聚、十年教训"中最重要的计划者和领导者。他告诉句践:"且夫广天下、尊万乘之主,使百姓安其居、乐其业者,唯兵。兵之要在于人,人之要在于谷。故民乐,则主安;谷多,则兵疆。王而备此二者,然后可以图之也。"[40]这一席话成为于越的基本国策。

　　为了观察天文现象和天气现象,以掌握季节变化和气候变化的规律,他为句践在怪山(今城内塔山)建造了一座怪游台,"高四十六丈五尺二寸,周围五百三十二步"。[41]这座建立于公元前 490 年稍后的综合性观象台,称得上是世界上最早建立的天文台和气象台之一。

　　除了整顿内政、发展生产以外,他也注重军队的建设。他招聘了著名的射手、楚国人陈音,让他担任于越军队的射击教官,提高了队伍的作战技术。他还同时配合文种的"九术",进行从内部瓦解句吴的工作。他在今绍兴城东建造一座土城,让西施和郑且在这里学习舞蹈和各种社会礼仪,然后又亲自把她们献到夫差身边去。范蠡的确是一个知识渊博、才能出众的人物。对于他,敌国的评价可能比本国的赞誉更有意义。伍子胥曾经在夫差面前,把范蠡说成越国的"圣臣"。这样的称号,范蠡是受之无愧的。

范蠡懂得功成身退的道理,公元前472年,句践大功告成的当年,他就毅然引退,乘扁舟出三江入五湖,人们从此不知道他的行踪。句践特地叫良工为他铸了一座金像,放在自己的座侧,与这座金像朝夕论政,以表示对他的纪念。后来有人传说他到了陶地,改名陶朱公,成为一个慷慨而豪富的商人,累资巨万,但也常常散发资财以救助别人。

范蠡虽然有十分渊博的知识,又有非常丰富的实践经验,但是由于当时社会条件的限制,他的著作能够流传下来的,据说只有《养鱼经》一种。书中谈到:"治生之术有五,水蓄第一。"范蠡把水产业的地位说得这么高,一定是在一种河湖广阔的自然环境之中产生的想法。因此,这部著作很可能是他在绍兴的时候撰写的。《越绝书》中也谈到越王句践战败后在会稽山凿池养鱼的事,两者是相符的。可惜这部著作已经散失,现在留下来的,只是后人收辑起来的一小部分。㊷

二、汉代的思想家和史学家:王充与袁康、吴平、赵晔

在东汉,绍兴诞生了一位杰出的思想家王充,他吸取了当时天文学等一些学科的科学成果,坚持了唯物主义的天道自然论,从而给当时天人感应的神学目的论以有力的打击,并对先秦史籍中的迷信思想和世俗的迷信传统进行了一些批判,在中国唯物主义哲学和无神论思想的发展史上,做出了重大的贡献。

汉光武刘秀建武三年(27),王充出生在上虞县一个以"贾贩为事"的破落家庭,约卒于汉和帝刘肇永元年间(89—104),享年70余岁。他6岁进入书馆,因天资聪明,又勤奋学习,成绩优异。后被郡县推举到京师洛阳进入太学学习,师从当时著名的文学家、史学家班彪。㊸在洛阳,王充过目不忘的才学,曾广受传颂。大约在32岁时,王充返回故乡,担任上虞县掾功曹,不久又升任会稽郡都尉府掾功曹。那时适逢连年旱灾,食物稀缺,百姓流亡,可贵族豪门仍奢纵无度。为此,王充写了一本奏记,向会稽郡太守提出了禁奢侈、备困乏的建议,但没有被采纳。会稽素来为粮食主产区,人们又习惯用大量的粮食酿酒。于是王充又向郡守上了一本奏记,提出在灾荒之年,应该禁酒,但又未被采纳。王充的主张不仅得不到支持,反而受到一些世俗庸人的讥议。因政见不合,王充辞官而去。后来他专门写了一部《讥俗节义》,对当时的现实作了深刻的揭露和讽刺。

　　旱情刚刚过去，建初元年（76），会稽牛多疾疫，垦田减少，谷价大涨；四年（79）又遭水灾；五年（80），再遭旱灾，百姓被迫离开土地，流离失所。但那时"贵戚近亲，奢纵无度，嫁娶送终，尤为僭侈。有司废典，莫肯举察"。㉔作为一个敏锐的思想家，王充十分重视这种现象，认为这是严重的社会问题，他又专门写了《政务》一书，以阐发自己的政治见解。

　　完成《讥俗节义》和《政务》后，王充便投入了《论衡》的写作。自从"废退"之后，王允便"贫无一亩庇身"，㉕仅以塾师的微薄收入维持生计，但生活上的困厄不能使他屈服，王充谢绝了一切婚丧应酬，集中精力写作《论衡》，到汉章帝永和三年（86），基本上完成了这部哲学著作。此年，王充60岁。

　　之后，王充到丹阳、庐江、九江等地任职，汉章帝章和二年（88），返回上虞。王充的好友山阴人谢夷吾，时任钜鹿太守，听说这个消息，特地上书汉章帝举荐王充，他说："充之天才，非学所加，虽前世孟轲、孙卿，近汉扬雄、刘向、司马迁，不能过也。"㉖汉章帝看了谢夷吾的荐表后，特诏公车署派员到会稽征辟，王充以老病为辞，没有奉诏，最终在上虞度过余生。

　　王充的学说得到了后世蔡邕、葛洪、韩愈、章太炎等名家的肯定。这里我们特别要讲述的是乡人对他的理解与赞赏，前面提到的谢夷吾举荐便是一例。三国时期，会稽虞翻更是对王充作了高度的评价，他说王充"洪才渊懿，学究道源，著书垂藻，骆驿百篇，释经传之宿疑，解当世之盘结，或上穷阴阳之奥秘，下摅人情之归极"。㉗元代大儒韩性曾为《论衡》作序，他说："盖其为学博，其用功勤，其著述诚，有出于众人之表者也"。"《论衡》之书独传之今，譬之三代鼎彝之器，宜乎为世之所宝也"。清李慈铭认为《论衡》一书"理浅词复，……惟言多警俗，不嫌俚直，以晓愚蒙，间亦有理解，故世争传之"。㉘李越缦的看法当然是富有见地的。

　　王充的哲学思想对后世的影响无疑是深远的，他对绍兴地域文化的贡献无疑也是巨大的。绍兴地域文化带有明显的海洋文化特征，其中王充对潮汐的认识和鸟田的阐发，正是对其海洋文化特征的一种揭示。上虞在杭州湾畔，属于濒海地区。王充生长在这里，对潮涨潮落的现象十分熟悉，并进而对此进行了深入的思考，得出了正确的结论："涛之起也，随月盛衰，大小满损不齐同。"㉙它抓住了潮汐与月球运动的本质关系。众所周知，在此之前，吴越地区盛传的是潮汐是由潮神（伍子胥）所致的说法，王充对这种说法给予了明确的否定，他认为"潮汐往来，犹人之呼吸，气出入也"，㉚是"天地之性，上古有之"，㉛而伍子胥不可能发起潮汐。他从绍兴三江口地理特征分析了海潮增强的原因："其发海中之时，漾驰而已。入三江之中，殆小浅狭，水激沸起，故腾为涛。"㉜这样的分析是建立在仔细观察和深入思考的基础上的，因而是符合客观实际的,可以说,王充是中国古代最早科学解释潮汐现象的学者。此后许多人包括晋代的杨泉、葛洪、唐代的窦叔蒙、封演,宋代张君房、燕肃、余靖、沈括等,都认同并完善了王充的学说。

王充对古代绍兴另一自然现象"鸟田"也作了科学解释。"鸟田"是一则古老的传说。《越绝书》曰:"大越海滨之民,独以鸟田,大小有差,进退有行,莫将自使,其故何也? 禹始也,忧民救水到大越,上茅山;……,无以报民功,教民鸟田,一盛一衰。"[53]《吴越春秋》中也有类似的记载:"禹崩之后,众瑞并去。天美禹德,而劳其功,使百鸟还为民田,大小有差,进退有行,一盛一衰,往来有常。"[54]另外,在《水经注》、《博物志》等古籍中也有记及,是王充首先对"鸟田"现象作了合理的解释:"传书言,舜葬于苍梧,象为之耕;禹葬会稽,鸟为之田。……鸟田象耕,报祐舜禹,非其实也。实者,苍梧,多象之地;会稽,众鸟所居。象自蹈土,鸟自食苹,土蹶草平,若耕田状,壤靡泥易,人随种之,世俗则谓舜禹田。"[55]这种现象即使在现在滨海涂田上也还可以见到,土壤中寄生的水生物及水草,会引来群鸟啄食,鸟群离开后便留下茫茫水田,易于耕种。我们知道绍兴自古以来就是重要的农业区,从 7000 年前开始,就孕育了发达的稻作文化。这一带有着得天独厚的鸟类生存环境,生活在古越海滨的鸟类,以候鸟居多,且多是农业上的益鸟,如鹈鹕、鸬鹚、鹭、鹤、野鸭、雁、鸦、鹰等。[56]越地大面积的水田,势必招引数量众多的农业益鸟,这是十分自然的。"春拔草根,秋啄其秽",利用鸟类可以进行大面积的除草,还可以进行虫害防治,这一点在原始农业阶段,显得尤为重要,同时,成千上万的飞鸟,会留下大量的粪便,又成为不可多得的肥料。正因为这一切给古越先民带来了莫大的好处,于是他们逐渐把鸟作为自己的崇拜对象,加以神化,这就是"鸟田"传说的由来,也是越人鸟图腾产生的重要原因。而王充的有关论述,恰恰给了我们有益的启示。

前面我们一再提到,绍兴地区的历史记载最早开始于于越时代。而于越的历史,除了在《国语·越语》和《史记·越王句践世家》中有一些记载外,大部分都依靠后汉的《越绝书》与《吴越春秋》这两部著作,才得以保存下来。假使没有这两部著作,今天流传的关于于越的许多情况,我们就无从知晓。因此,对于这个地区最古老的历史记载的保留,这两部著作起了十分重要的作用。

先说《越绝书》。这部书是我国最古老的历史书之一,名气大,价值确也不小,但它的作者,却是两位默默无闻的历史学家。他们写出了这样重要的著作,却不想把自己的姓名流传下来,为了考证这部书的真实作者,历代许多学者花费过不少功夫。

在我国早期的图书目录如《隋书·经籍志》、《旧唐书·经籍志》、《新唐书·艺文志》中,都已经列有《越绝书》的名称。但对于此书的作者,历来却没有定论,有的说是孔子的弟子子贡所作，也有的说是伍子胥所作，有的干脆就不列作者。实际上，此书卷二《吴地传》末尾，写到："句践徙瑯邪到建武二十八年，凡五百六十七年。"建武是后汉光武帝的年号，建武二十八年即公元52年，子胥和子贡都是春秋末叶人，怎能写到后汉初年的事情？一看便知是错误的。古人当然也看到这一点，但是由于找不到真正的作者，所以这种说法，才一直以讹传讹地流传到明代。

明正德到嘉靖时期（1522—1565），由于有些学者的仔细钻研，才发现此书的作者安排在书中的一项秘密。此书卷十五，即全书的最后一篇，称为《篇叙外传记》有一段话：

> 记陈厥说，略有其人，以去为姓，得衣乃成；厥名有米，覆之以庚。禹来东征，死葬其疆。不直自斥，托类自明；写精露愚，略以事类，俟告后人。文属辞定，自于邦贤。邦贤以口为姓，承之以天；楚相屈原，与之同名。明于古今，德配颜渊。

这段话原来是一段隐语，"以去为姓，得衣乃成"，分明是个"袁"字；"厥名有米，覆之以庚"，实在就是"康"字；因为《越绝书》以前的许多著作，如《墨子》、《管子》、《吕氏春秋》、《淮南子》、《史记》等书中，都有禹葬会稽的传说，所以"禹来东征，死葬其疆"，无疑是指会稽。这一段话实际上就是说，此书作者是会稽人袁康。下面所说"文属辞定，自于邦贤"，意思是校订此书的，是一位邦贤（邦贤，是同郡贤者之意）；"邦贤以口为姓，承之以天"，是个"吴"字；"楚相屈原，与之同名"，大家知道，屈原名平，因此后半段话，实际上就是说，校订此书的是同郡人吴平。

这个隐语的发现，在明人杨慎的《丹铅总录》、胡侍的《真珠船》、田艺蘅的《留青日札》等书上，都有记载。余姚人陈垲在嘉靖二十六年（1547）重刊的《越绝书》跋尾中说："千载隐语，得升庵而后白。"升庵是杨慎的号，所以首先发现这段隐语的，可能就是杨慎。清初修订《四库全书》，将此书作者正式定名为："会稽袁康所作，同郡吴平所定。"

的确，这部被王充称誉为当时五大名著之一的《越绝书》，在后世也获得了很高的评价。因为此书详细记载了吴越交战，越王句践生聚教训，最后兴越灭吴、逐鹿中原的经过，内容涉及兵法、权谋、术数等等，所以有些学者称它为"复仇之书"。[57]因为此书也记载了许多有关季节变化，农田水利，土地利用，粮食丰歉等内容，所以有些学者也把它作为一本发展生产、经世致用之书。[58]此书中的《吴地传》与《地传》两篇，详细记载了句吴和于越的山川、地理、城池、物产等等，所以，有的学者又把此书作为我国地方志的鼻祖。[59]对于我国古籍遗产中的这样一本不可多得的好书，当然是应该归功于袁康和吴平这两位不平凡的历史学家的。

可以与《越绝书》配成姊妹篇的另一部记载于越的历史著作，是《吴越春秋》。它的作者是后汉的另一位历史学家，山阴人赵晔。赵晔，字长君，与袁康、吴平相比，赵晔的名望显得更大些，因为在《后汉书·儒林传》中，有他的一篇简单传记。但是实际上,他没有当过什么官,在当时也是一个不得志的小人物。年轻时代,他曾经当过县官下面的一个小吏,上司命令他去迎接督邮,而他的傲骨实在令他做不了这种卑躬屈膝的差使。他宁愿丢掉这个小小的职位,而跋涉到边疆的犍为郡去,拜一位名师,在那里茹苦含辛,埋头苦学达 20 年之久。既不回家,也不与家里通音讯,家里人以为他已经亡故。学成以后回家,地方官员知道他有学问,请他出来做官,但是他拒绝接受,仍在家闭门读书和著作,最后写成了《吴越春秋》等书。实际上他的一生是默默无闻的。后汉末年,著名的学者蔡邕来到绍兴,读到了他的著作,不禁拍案叫绝,认为比王充的《论衡》还好。蔡邕回到京都,把这些著作传示给其他学者,赵晔的著作才开始为公众所闻知,而他也从此为学者所景仰。

　　《吴越春秋》内容有许多与《越绝书》相似之处,表明赵晔曾把《越绝书》作为重要的参考资料。但是,他绝不是简单地抄录,《吴越春秋》记载于越和句吴两国间的关系,内容比《越绝书》详细,其中不少资料是《越绝书》所完全没有的,说明他在写作过程中,除了《越绝书》以外,还广征博引,搜集了许多当时有流传而现在早已亡佚的资料,这些资料对于研究于越历史,非常珍贵。另外,《吴越春秋》写作的体裁,与《越绝书》也很不相同。《越绝书》现在所存的共 19 篇,每篇之间的连贯性不强,都是可以独立成篇的。但在《吴越春秋》现存的 10 篇之中,篇与篇之间有紧密的联系。赵晔是个严谨的历史学家,他在写作中十分重视年代的记载,10 篇之中,除了吴太伯和越王无余两篇,因为时在远古无年可记外,其余每一篇中的每一件历史事实,首先都记明年代。因此,《吴越春秋》是一部结构严谨的历史书。

　　当然,赵晔是一个苦读出身的人,天赋的才华可能不及袁康和吴平,也可能是受到体例结构的限制,因此,《吴越春秋》在文章的气魄和文字的技巧方面,没有达到《越绝书》的水平。有的学者认为,《吴越春秋》不及《越绝书》的“博奥伟丽”,[⑩]也有学者认为《吴越春秋》“文气卑弱”,[⑪]还有一些学者认为,《吴越春秋》“文气时有滞碍”。[⑫]这些议论可能都是正确的,但是,无论如何《吴越春秋》仍不失为绍兴地区一部古老的历史名著,它的丰富资料和翔实的年代记载,更可补《越绝书》的不足。

三、东晋、南北朝的书法家和文学家:王羲之与谢灵运

　　西晋末叶,因为北方发生“五胡乱华”的大变故,晋室南迁建康,这就是东晋。一时,北方的士大夫甚至一般平民,纷纷渡江南迁。这是我国历史上汉族的第一次大规模南迁。当时,绍兴地区正处于鉴湖水利工程发挥作用的全盛时期,土地大片垦殖,农业比较发达,而且山青水秀,风景诱人,因而成为一个对北人南迁很有吸引力的地方。许多名流学士,都纷纷来到这里,他们有的到此做官,有的至此寄寓,有的做官后在此

定居。著名的书法家王羲之,即是其中之一。

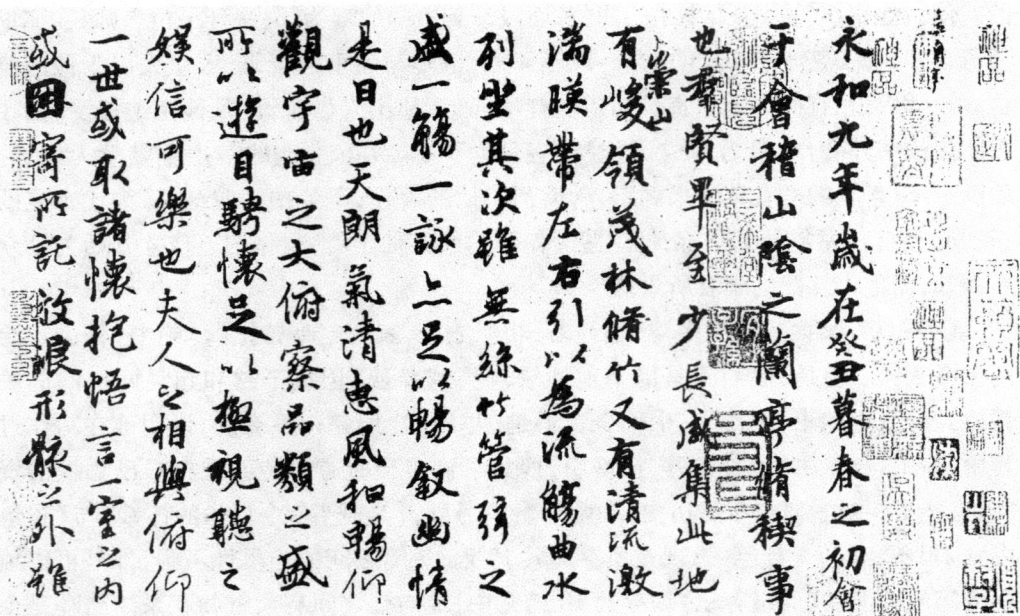

《兰亭集序》摹本

　　王羲之,字逸少,山东琅琊人。他的祖辈都是晋朝的官吏,他自己在少年时代就列身士大夫之林,成为一个知名人士。他写得一手好字,特别善于隶书,被称为"古今之冠"。人们赞赏其书法"飘如浮云,矫若惊尼"。⑧他南渡后到浙东,一过钱塘江,立刻被这里的山水所吸引,决定终生在此安家。公元 4 世纪中叶,他出任会稽郡内史,从而有机会尽情地享受这里的自然美景。在和稽山鉴水的日夕接触之中,他深感会稽山水之妙。"山阴道上行,如在镜中游"是包括王羲之在内的无数旅人的共同体验。永和九年(353)三月三日,他邀集宦游或寓居在绍兴的名流如谢安、谢万、孙绰等 41 人,到稽北丘陵的兰亭去饮酒赋诗,这就是著名的兰亭之会。席间,名流们一共做了 30 多首诗,王羲之为这些诗写了一篇序文,这就是著名的《兰亭集序》。⑥相传王羲之一时兴来,用鼠须笔在乌丝阑茧纸上,把这篇 325 字的文章一气呵成,不仅文辞脍炙人口,而且成为我国书法艺术上登峰造极的作品。但原书据说埋入昭陵,只有唐人的临摹本在后世流行。著名的如欧阳询"定武本",还有一种传为"冯承素摹本",也就是历来所称的"神龙本"。过去不少书法家认为,这一本和真迹最为接近,因而久负盛名。

　　王羲之写《兰亭集序》的故事,当然只能视作一种传说。对于这件事,历来考证甚
多,说法也很纷歧,正反两面都可以举出一些考证来说明自己的观点,这当然是学术上
的争论。

　　兰亭现在是绍兴的一处名胜古迹。但实际上,永和以后,兰亭已经迁移过多次,现
在的兰亭,早已不是晋代的兰亭了。兰亭的位置,在王羲之的《兰亭集序》里仅仅说
"会于会稽山阴之兰亭。"这句话有两种解释:一种是会稽郡山阴县的兰亭,另一种是
会稽山北的兰亭。两种解释都对,但都不够明确。《水经注》的记载比《兰亭诗序》明
确得多,它说:"湖南有天柱山,湖口有亭,号曰兰亭,亦曰兰上里,太守王羲之、谢安兄
弟数往造焉。"⑥⑤这段记载说明,当时兰亭在天柱山附近的鉴湖湖口。天柱山是稽北丘
陵的一座山峰,它的位置现在仍然明确,但由于鉴湖早已湮废,它附近的鉴湖湖口,就
无法确定了。在王羲之等集会以后,兰亭的位置接着就开始迁移。《水经注》又说:
"太守王廙之,移亭在水中,晋司空何无忌之临郡也,起亭于山椒,极高尽眺矣。亭宇
虽坏,基陛尚存。"⑥⑥这段记载,说明在晋一代中,兰亭从湖口迁到湖中,又从湖中迁到
天柱山山顶,迁移了好几次。在以后各朝里,兰亭继续迁移,到了北宋人的著述中,兰
亭已经在山阴的天章寺。⑥⑦天章寺的位置,根据南宋人的著述,可以清楚地计算出来,
位于绍兴到诸暨的陆路上。⑥⑧这个地方,即使在鉴湖全盛时期,也决不濒湖。清朝初年
有人计算过,六朝时代的天柱山兰亭,和北宋以后的天章寺兰亭,相距达 30 里。⑥⑨

　　北宋时代的天章寺和兰亭,在元代末年的战乱中都被焚毁,一直要到明嘉靖二十
七年(1548),绍兴知府沈启,又在天章寺以北择地重建。⑦⑩这一次重建,实际上也不是
宋代故址了。但是现在的兰亭,就是这一次重建后并经多次修葺的。明末清初的张
岱,曾多次到兰亭宴游,对兰亭故址的迁移很有研究。他对沈启重建的兰亭颇有看法:
"旧兰亭与天章古寺,元末火焚,基地尽失。今之所谓兰亭者,乃永乐二十七年郡伯沈
公择地建造。因其地有二池,乃构亭其上。甃石为沟,引田水灌入,摹仿曲水流觞,尤
为儿戏。"⑦①但不管是不是儿戏,康熙三十四年(1695),康熙皇帝一道手谕,地方官立刻
在这里大加修葺,并把康熙御书《兰亭集序》刻石放在亭橆两旁。康熙另外又写了"兰
亭"两个大字,置于亭中。这样,不论以前有过多少考证,兰亭就算定了。到了乾隆十
六年(1751),乾隆皇帝亲自来到这里,写了好几首诗,每一首诗都提到当年王羲之在
这里的聚会。既然皇帝硬要把这里作为永和年代的兰亭,大家也就不再说话。

　　东晋以后,在一个相当长的时期中,绍兴地区一直是文人学士荟萃之所,文风持续
兴盛。东晋末年诞生于绍兴的谢灵运,即是众多文人中的一个代表性人物。前面介绍
的以王羲之为首的永和兰亭之会中,谢安和谢万都是与会的名士。而谢灵运的曾祖父
谢奕,就是谢安和谢万的同胞兄弟;他的祖父谢玄,即是被封为康乐公的东晋车骑将

军;父亲谢瑍,曾任秘书郎。总之,这是一个世代为官的家族。这个家族因为在淝水之战中功勋卓著,所以在社会上很有声望。

谢氏家族原籍陈郡阳夏,南渡后卜居会稽,所以谢灵运于晋孝帝太元十年(385)生于会稽。他出生后不久,父亲谢瑍去世,祖父谢玄眼看独子独孙,担心抚养不易,在谢灵运出生后,就把他送到钱塘杜明师处抚养,因此,他的童年和少年,是在杭州度过的。15 岁那年,他从钱塘去建康,也就在这一年,他承袭了祖父康乐公的封荫。后世便称谢灵运为谢康乐。

谢灵运 21 岁就到军队里当文职官员,由于随军行动,十几年中跑遍了今江苏、安徽、江西、湖北各地,并且有机会来到庐山,在那里见到学识渊博的高僧慧远。他原来是一个负才傲俗的人,平时很少有人被他看得上眼。但和慧远一相见,他立刻肃然心服,成为知交。谢灵运天赋极高,加上足迹广阔,涉猎丰富,青年时代就名噪一时,人们称誉他的学问是“博综该洽,易、老、仙、释,靡不精究”。[72]他每成一诗,士庶即竞相传写,远近诵读。[73]

他的盛名和恃才傲物的处世态度,不可避免地会遭到同僚们的妒忌。东晋元熙二年(420),刘裕篡位成为南朝宋的第一个皇帝。宋武帝永初三年(422),谢灵运就在朝廷受到排挤,外放为永嘉太守。从建康到永嘉上任的途中,他道经富春江,并且第一次回到了他出生的会稽和他祖辈卜居的始宁别墅,留下了一些至今传诵的诗篇。他在永嘉一年,不理政事,放荡于山水之间。浙南的许多名胜古迹,都留下了他的足迹和诗篇。

宋少帝景平元年(423),他称疾辞官,打算不再做官、终老山林。他家族中的许多人都写信劝阻他,但他不为所动,于次年回到会稽故居,开始了息隐田园的生活。当时他已届不惑,年岁大了,学问也成熟了。他住在会稽山地中今绍兴和上虞之间的始宁别墅里,细心观察这个地区的自然环境,这一带的山川形势,田园农事,草木花果,飞禽走兽等等,无不详尽研究。最后,写出了杰作《山居赋》。[74]在这篇近四千字的韵文中,他对会稽山地和四明山地一带的自然环境,作了综合性的描述。除了山川地形和季节变化等写得十分细致外,这个地区的动植物经他的调查而写入文中的,有野兽 16 种,鸟类 10 种,鱼类 16 种,树木 14 种,[75]果木 14 种,水草 16 种,蔬菜 10 余种等等。对于这些动植物的地理分布,他还作了规律性的研究。例如野兽,他指出有 8 种生存在山上,另外 8 种活动于山下。对于树木,他指出由于地形和土壤的不同,而分布具有区域差异。对于动植物的品种,他也细心地加以鉴别。例如对竹、箭这两种竹类植物,文中就辨别了它们的差异。这篇地理著作,在体裁上是用韵文形式写作的,结构紧凑,音韵谐和,词藻华丽,不仅具有丰富的内容,而且也具有高度的写作技巧。《山居赋》所记载的绍兴地区地理概况,今天已成为研究这个地区历史地理的珍贵资料。

谢灵运终老会稽的希望,终未实现。由于他才华过高,名声过大,即使循迹山林,也仍然避免不了那些忌才如仇者的陷害。宋文帝元嘉八年(431),会稽太守孟顗竟到朝廷诬告他有谋反的阴谋,使他不得不离开原来打算终身退隐的会稽,而赶到建康去声辨。皇帝虽然相信他的声辨,却也不放心让他再回会稽去,就派他到临川去当内史。在临川不过一年,妒忌他的人再一次诬陷他阴谋叛乱,结果于元嘉十年(433)被流放到广州,并且在广州遭到杀害。当时他还只有四十九岁。[76]要是他能够如愿地在会稽终老,相信在他晚年,将会写出比《山居赋》更好的作品来。

四、唐宋的诗人:贺知章与陆游

唐朝是一个诗的黄金时代,诗人多,诗更多。文风鼎盛的绍兴地区,当然也不例外。在唐一代中,这里出了不少诗人,其中最著名的就是贺知章。贺知章,字季真,原籍越州永兴县(今萧山)。他青年时代就以文词著名,武后证圣元年(695)成为进士,接着就在京都长安当官,先后任礼部侍郎和工部侍郎等,并加集贤殿学士的衔头,最后,成为太子宾客。这虽然是个没有实权的职务,但因是太子的老师,而受到朝野人士的普遍尊敬。

贺知章是一个生性旷达、谈吐诙谐、不修边幅的人。所以朝中贤达都喜欢和他往还。到了晚年,他的性格变得更为放荡不羁,常常喝醉了酒,舞文弄墨,因此他自称为"四明狂客"。贺知章不仅是诗人,也是书法家,特别擅长写草隶,一张纸只写十几个字,人们往往把他的手迹如同珍宝一样地收藏起来。[77]他一生写了许多文章,吟了更多的诗。他文思敏捷,才情豪放,正如《旧唐书·贺知章传》中所说的:"醉后属词,动成卷轴,文不加点,咸有可观。"所以,他的作品肯定很多,可惜大都散失。在清朝初年整理的《全唐诗》时,他的各种体裁的诗被收入在内的,小过20首而已。

从证圣元年成为进士起,他在朝廷为官达50年之久。天宝三年(744),他上奏唐玄宗,希望做一个道士,返乡去度余年。玄宗同意他的要求,并在他离京之日,要包括皇太子在内的百官,前去送行。对贺知章来说,这确实是一种十分荣耀的宠遇了。就这样,他回到了离别多年的故乡。

回到越州,地方官早已为他作好了安排。因为从名义上说,他已经成为一个道士,所以他的住宅就被题为"千秋观"。朝廷并赐给他"鉴湖一曲",让他有个游览和休养的地方。鉴湖后来又称贺监湖,就是这样得名的。故乡的情况没有什么变化,但他离开故乡时,只不过是个20岁左右的年轻人,如今已是一个白发苍苍的老人。他和家乡的年幼一辈,彼此都不相识,所以对他自己来说,变化却是够大的。这引起了他的万分感慨,因此而写下了一首著名的诗篇:

少小离乡老大回,乡音难改鬓毛衰;

儿童相见不相识,笑问客从何处来?

这样的诗篇与其说是一首绝诗,倒不如说是几句生动的对话。多么的通俗,多么的自然,一点儿都没有矫揉造作的地方,但是感情却又是如此丰富。写诗到达这样的境界,可谓炉火纯青了。

他有时住在千秋观,有时到鉴湖一曲去游憩。鉴湖也和他年轻时一样,依然是那样的山光水色,风景如画。他因而也写下了这样的诗篇:

离别家乡岁月多,近来人事半消磨;

唯有门前镜湖水,春风不改旧时波。

这同样是一首不事雕琢,但韵味却又十分悠长的作品。他在越州过着优游自得的退隐生活,一直到86岁高龄,才与世长辞。

在贺知章身上,我们可以看到不少优良品质。首先,尽管他服官盛世,生活优裕,不免流于颓废,到后来甚至看破红尘,以道士归隐。但是对于边防的巩固和国家的尊严,却是十分关心的。他是一个忠诚的爱国主义者。他在《送人之军》一诗中,说道:"陇云晴半雨,边草夏先秋;万里长城寄,无贻汉国忧。"对于边防巩固和祖国安全的关切,跃然纸上。其次,贺知章虽然服官多年,但生性豁达纯朴,并没有沾染多少当时的官场习气。这从他的交友、接物中,可以得到证明。他在长安做官达50年,结识的达官贵宦不知有多少,但是他最赏识的,却是一个才华横溢而没有功名的李白。李白与贺知章第一次在长安紫极宫相见。贺知章当时已身居太子宾客的高官显位,李白却还是一个布衣。他读了李白的诗,十分欣赏佩服,把李白称为"谪仙",一见如故,坐下来对饮畅叙。手头适无钱沽酒,贺知章毫不犹豫地解下佩在身上以显示官品级别的金龟,要人去换了酒来饮,多么真挚,多么豪爽!接着,贺知章又向唐玄宗推荐,把李白任为供奉翰林。由此,二人结下了深交。贺知章告老还乡时,李白写了好几首情深意长的诗为他送行,其中一首七绝说:

镜湖流水漾清波,狂客归身逸兴多;

山阴道士如相见,应写黄庭换白鹅。

以后,李白得悉贺知章在越州去世,十分感伤,又写了不少怀念的诗篇,其中如"金龟换酒处,却忆泪沾巾","念此杳如梦,凄然伤我情"⑱等等,感情都十分真切。

此后,绍兴不断涌出有才气的诗人,不过他们的成就和声望,很少能与贺知章相比。一直要经过三个半世纪,才诞生了后来居上的陆游。

陆游,字务观,号放翁,越州山阴县人。他生于宋徽宗宣和七年(1125)。一年以后,"靖康之变"发生。因此,从他开始懂事的时候起,就生活在强敌逼境的南宋,可以说,他的一生开始就是多灾多难的。的确,从文学诗词上的成就和声名来说,他超过了贺知章,他的著作也绝大部分保存了下来。[⑦]但是他个人的遭遇,却是十分不幸的。

陆游在青年时代蒙受婚姻问题的极大痛苦,整个过程宛如一出哀怨的悲剧。他的第一位妻子是他的表妹唐婉。婚后,年轻夫妻的感情很好。不幸的是婆媳不能相处,陆游的母亲十分厌恶这个媳妇。在封建礼教的迫害下,两人最后忍痛分离。陆游被迫再娶,唐婉也终于改嫁给赵士程。这对双方当然都是很痛苦的,他们已经结婚几年,夫妻恩爱,这种感情是一辈子都无法忘怀的。陆游31岁那年,曾到绍兴城南的沈园独自春游。这一天,唐婉与赵士程也在沈园游览。这种邂逅的滋味,不消说是非常苦涩的。唐婉心里十分难受,但她表面上还能强自镇静,表现得落落大方,替陆游与赵士程作了介绍。在沈园的亭子里,赵士程夫妇殷勤地款待了陆游。唐婉为陆游斟酒,两人都有说不尽的离怀别苦。但是,在那样的场合里,纵有千言万语,也无法倾吐半句。陆游无限感伤,在园壁上题了一阕《钗头凤》的词:

红酥手,黄滕酒,满城春色宫墙柳。东风恶,欢情薄,一怀愁绪,几年离索。错,错,错!

春如旧,人空瘦,泪痕红浥鲛绡透。桃花落,闲池阁,山盟虽在,锦书难托。莫,莫,莫!

诵读了这样的词,唐婉衷肠寸断,哀伤欲绝,回家后不久,就抑郁而死。对陆游来说,这种痛苦的经历,更是他终生念念不忘的。40年以后,陆游已是一个年逾古稀的老人了,他又一次重游沈园,回忆前情,泫然泪下,不禁又写下了两首题为《沈园》的绝诗:

城上斜阳画角哀,沈园非复旧池台。

伤心桥下春波绿,曾是惊鸿照影来。

梦断香消四十年,沈园柳老不吹绵。

此身行作稽山土,犹吊遗踪一泫然。

除了婚姻的痛苦以外,陆游的仕途也很不得意。陆游的祖父陆佃,在宋徽宗时代曾任礼部侍郎,一度拜尚书右丞。他年轻时就荫补登仕郎,后来又得到赐进士出身。但是,由于他抗金救国的主张,受到朝廷中掌握大权的主和派排斥,一直得不到重用。宋孝宗乾道六年(1170),范成大到四川去主持军务,陆游做了他的参议官,随范入蜀,军务倥偬,走遍了陕西和四川的许多地方。淳熙五年(1178)又回到临安,被派到严州等地做了几任地方官。由于得不到朝廷的信任,一直没有升迁。宋宁宗嘉泰三年(1023),朝廷给他一个宝章阁待制的空衔头而退休。其实,陆游绝不是一个追求功名利禄的贪得无厌的人,由于仕途坎坷,他一直处于人微言轻的地位,他的抗金救国的抱负,也就一直无法实现。

陆游一生最痛苦的事情,当然是夷敌侵凌,中原沦陷。而抗金救国、还我河山,是他耿耿于怀的愿望。他在自知不久于人世的时候,仍然满腔希望地写下了《示儿》一诗:

　　　死去原知万事空,但悲不见九州同;

　　　王师北定中原日,家祭无忘告乃翁。

陆游终于以85岁的高龄,在对收复国土、复兴民族的焦急盼望中,与世长辞。他给我们留下的遗产,首先当然是他的那颗超乎一切的爱国热心。

当然,一个热爱祖国的人也必然热爱他的家乡。陆游是山阴人,晚年长期卜居鉴湖沿岸的三山。从他的诗篇中可以看到,他经常到会稽山地和北部平原游览。对于家乡的山川草木、土产方物,他无不讴歌赞美,充满热爱。不仅如此,他还教育子孙后辈热爱乡土,亲手绘制了《鉴湖图》,撰写了《鉴湖歌》,要他们世世代代传诵。[⑧]他的《鉴湖歌》,一开头就说:"千金不须买画图,听我长歌歌鉴湖。"对于家乡的优美风景,他是何等地引为自豪! 特别重要的是,为了整理和保存乡土文物,他在晚年要长子陆子虡和郡中的其他一些文士,编纂《会稽志》。在他的擘划指导下,此志于嘉泰元年(1021年)编纂完成。他亲自为此志写了一篇序文,这就是至今流传、得到各方面好评的嘉泰《会稽志》。[⑧]从全国来说,也是至今尚存的少数几种宋代方志之一。这是陆游在乡土文物上的重大贡献。

五、明代的哲学家和艺术家:王阳明与徐渭

王阳明,名守仁,字伯安,生于明成化八年(1472),卒于明嘉靖七年(1529),终年58岁。因为他曾隐居会稽阳明洞,又创办过阳明书院,所以世称阳明先生。他创立的庞杂的阳明心学体系,集我国古代主观唯心主义之大成,不仅风靡当世,而波及后代,并对日本等国思想界产生了巨大影响。

在阳明心学的形成和形成以后,各有三个发展阶段;即"三变"。形成过程中的"三变"一是为"遍读考亭(朱熹)之书",指学习程朱理学;二是"出入于佛老",指受到佛、道思想的影响;三是"忽悟格物致知之旨",指心学思想的初步形成。心学形成以后的"三变"一指"以默坐澄心为学";二指"专提'致良知'三字";三指"所操益熟,所得益化"。[⑧]而这些过程中的重要阶段,王阳明都是在绍兴度过的,因此,可以说绍兴是阳明心学的重要发源地。

王阳明曾于弘治十五年(1502)告病回越,筑室阳明洞,行导引术。导引在当时主要属道教一系的修行方法,阳明潜心于此,显然表现了对道教的某种认同。事实上,早在1488年,王阳明已开始对道教发生了兴趣。这一年王阳明到南昌完婚,举行婚礼这

一天,他信步走入一个名为铁柱宫的道观,见一道士静坐榻上,便上前请教有关养生之论。听了道士解说后,王阳明若有所得,于是与道士相对而坐,直至第二天才回家。但是后来他更多地把它们看作一种术,因为他意识到这种方术徒然浪费精力,"非道也"。而王阳明所追求的,主要是作为"第一等事"的"道"。

王阳明于正德十六年(1521)回到故里。此时他已 50 岁。归越后,王阳明得以专意于讲习诵读,其讲学规模亦盛极一时,学生常多达数百人,"环先生而居者比屋,如天妃、光相诸刹,每当一室,常合食者数十人;夜无卧处,更相就席,歌声震旦。南镇、禹穴、阳明洞诸山远近寺刹,徙足所到,无非同志游寓所在"。[83]慕名前来的学生不仅人数多,而且周转很快,他几乎每月都要送别一批门生,迎来一批弟子。会稽郡守南大吉亦执弟子礼,常问学于王阳明,并特意为此修建了稽山书院,作为王阳明讲学之所。此后,前来受学的门生更是络绎不绝,其中不少分别来自湖广、直隶、南赣、安福、新建、泰和等地。讲学之余,王阳明亦时与门生弦歌于朗月清风之中。嘉靖三年(1524)的中秋之夜,王阳明设席于碧霞池边,与弟子百余人共赏秋月。

嘉靖六年(1527),王阳明受命出征。此前他已提出著名的"四句教":"无善无恶是心之体,有善有恶是意之动,知善知恶是良知,为善去恶是格物。"[84]在某种意义上"四句教"是王阳明对其心学的一个总规。王畿(字汝中)与钱德洪(名宽)是深得王阳明器重的弟子,其地位非同一般的门人。在对"四句教"内在意蕴的理解上,钱德洪与王畿产生了分歧,为求得共识,两人最后求正于王阳明。

就在启程赴广西前一天,王阳明与钱德洪、王畿共会于会稽伯府碧霞池的天泉桥。钱德洪提及了与王畿讨论四句教一事,并概述了各自看法:

> 汝中曰:"此恐未是究竟话头。若说心体是无善无恶,意亦是无善无恶的意,知亦是无善无恶的知,物亦是无善无恶的物矣。若说意有善恶,毕竟心体还有善恶在。"德洪曰:"心体是天命之性,原是无善无恶的。但人有习心,意念上见有善恶在,格、致、诚、正、修,此正是复那性体功夫。若原无善恶,功夫亦不消说矣。"[85]

王阳明对钱、王注重"四句教"十分赞赏,并认为王畿的思路是从本体悟入,"一悟本体,即是功夫,人己内外,一齐具透了";[86]钱德洪的取向则是在"功夫熟后,渣滓得尽时,本体亦明尽了";[87]并归纳道:"二君之见,正好相资为用,不可各执一边。"[88]这里王阳明主要根据钱德洪、王畿所问,从本体与功夫的关系上对四句教作了阐释。在某种意义上,四句教可以看作是王阳明对其心学的一个总的规定。对钱、王的以上阐释和嘱咐,常被称为天泉证道,这是王阳明生前在绍兴的最后一次总结性的论学。

明代正德十六年三月四日(1521 年 3 月 12 日),徐渭出生于绍兴。他是我国明代最杰出的文学家和艺术家之一。

我们通常都知道徐渭是以"文韬"著称,殊不知他还颇具"武略"。袁宏道曾说:"文长自负才略,好奇计,谭兵多中。"[⑧]嘉靖三十三年(1554)十月,总兵俞大猷、典史吴成器率军在绍兴城西的柯亭包围了一股入侵的倭寇,官军渡水击之受挫。徐渭在观察地形和敌军阵势以后,作了分析,认为官军的失误在于背水为阵,俞大猷、吴成器根据徐渭的意见,以船诱敌,使倭寇沉溺水中,取得了柯亭之战的胜利。嘉靖三十四年(1555)夏,倭寇百余人渡曹娥江,至绍兴城东的皋埠。知府刘锡典、典史吴成器率兵围击,徐渭"至高埠(皋埠),进舟贼所据之处,观览地形,及察知人事",[⑨]建议"遣壮士三十人,衔枚,彻首足裹绿衣,混草小色,匍匐出深苗,渡狭水,伏两林中。却遣壮士三十人,从南渡与战,佯走而伏发,东北二面,亦各三十人,鼓噪继进,彼如空楼而逐,北军入据其楼,东军横断其归,佯走者转戈北向,三夹而击,蔑不济矣,此之谓速战之利",[⑩]但知府刘锡典并没有采纳徐渭的建议,倭寇便利用夜间从东面偷渡突围,攻掠数千里,杀伤四五千人。十月,又有倭寇200余人,经慈溪、余姚,渡曹娥江顺流而至龛山。参将卢镗出战刚回,胡宗宪催其再战,卢镗要求修整数日,于是胡宗宪招集亲兵,命吴成器统领击敌,全歼倭寇。徐渭也随同参加此次战役,战后,徐渭写了《龛山凯歌》、《龛山之捷》等诗文,表达对战将的称颂和战事胜利的喜悦。

徐渭天资聪颖,才思敏捷,结交广泛。他曾与萧勉、陈鹤、杨珂、朱公节、沈鍊、钱楩、柳文、诸大绶、吕光升等人结成文社,人称"越中十子"。他们中间有的是在籍官员,有的是赋闲的乡绅,有的是山林隐逸,有的是少年才俊,徐渭和他们一起谈艺论文,相互切磋,如陈鹤善长绘画、精于戏曲,杨珂长于书法,都曾对徐渭产生较大的影响。此外,善画山水的谢时臣,长于戏曲、善画山水花鸟的沈仕,以画梅出名的刘世儒,善诗文绘画的沈明臣等,徐渭在和他们的交往中,画艺得到了很大的提高,最终融会贯通,变化脱胎,创立"青藤画派",写下了中国美术史上辉煌灿烂的一页。据徐渭门人、明代曲学大家王骥德的记载,与此同时,他还创作了《四声猿》等剧本,成为流传至今有影响的明代剧作。[⑫]此后徐渭又撰写了我国戏曲史上重要文献《南词序录》,虽然不足五千言,结构也不严密,但处处闪烁着他对戏曲艺术的真知灼见。徐渭的书法也别具一格,他自己曾说"吾书第一,诗二,文三,画四",[⑬]虽然这样的说法未必确当,但可看出他对自己的书法是多么自负!的确,徐渭在书法上是下了很大功夫的,他曾先后纂辑《笔玄要旨》、《玄抄类摘》等书法专著,对各家书法作品、书法著作的广泛搜求和深入研究,并进行静思、体悟、磨炼,他的书法"笔意奔放如其诗,苍劲中姿媚跃出","诚八法之散圣,字林之侠客也"。[⑭]而他的诗文更是"眼空千古,独立一时",[⑮]公安派领袖袁宏道逢人便称徐渭"诗文崛起,一扫近代芜秽之习",[⑯]并把他列为明代第一。

张天复、张元忭及张汝霖、张汝懋祖孙三代都和徐渭有交,徐渭因误杀妻子入狱,张元忭曾设法营救其出狱。明嘉靖时,张天复病故后,张元忭守制家居。时嘉靖、隆庆《山阴县志》已由张天复、柳文编纂完成,万历《绍兴府志》由张元忭、孙鑛编纂完成,唯《会稽县志》自嘉靖金阶、马尧相,到隆庆岑原道,均未完成,于是当时的知县杨维新请张元忭主持编修。张元忭邀请徐渭参加编撰。万历《会稽县志》分四类十六项,徐渭在把握全志内容的基础上,撰写了《会稽县志》的总论和分论,计:

地理总论:沿革论、分野论、形胜论、山川论、风俗论、物产论;

治书总论:设官论、作邑论;

户书总论:徭赋论、户口论、水利论、灾异论。

礼书总论:官帅论、选举论、祠祀论、古迹论。

徐渭在诸论中集中阐述了会稽自然、人文、历史、民俗、物产等各方面的特点和他对此的认识与观点。由于徐渭、张元忭的周详擘划,大胆创新,万历《会稽县志》成为绍兴现存志书中的一部上佳之作。

六、晚清的革命志士:徐锡麟与秋瑾

清代末叶,朝廷昏聩,政治腐败,特别是鸦片战争以后,帝国主义的侵略日甚一日,而清朝封建统治的残酷,更是无所不用其极。全国人民在内忧外患的煎熬之下,水深火热。在这种亡国灭族的灾难面前,全国各地的文化人士首先起来。他们挺身而出,抛头颅,洒热血,从事推翻清朝反动统治的革命。在这场革命斗争中,绍兴地区的文化人士,也踊跃地加入到了革命的行列,其中如徐锡麟、秋瑾、陶成章、陈伯平等,都在革命中贡献了自己的生命。而徐锡麟和秋瑾,即使从全国来说,也是影响巨大的代表人物。

徐锡麟,字伯荪,清同治十二年(1873)生于绍兴一个封建士绅家庭。他在少年时代就喜欢阅读当时从国外翻译书籍,而对天文、历算一类的新知识特别感兴趣。[⑰]他深感不提倡科学知识,就不能消除人们的愚昧。所以,20余岁就到绍兴中学堂任教,希望把学到的新知识,传授给学生。当时,进步的知识分子已经开始在各地建立各种组织,上海由于有外国租界的掩护,行动比较方便,浙江的一些文化人士就在上海建立光复会,徐锡麟即是其中的一个积极分子。为了传播科学知识,徐锡麟又于1902年集资在绍兴轩亭口开设一家书局,并在杭州青云街设分局,专门运售翻译的西洋和东洋新书,并经售《新民报》。光绪二十九年(1903),他以山阴县禀生的资格,到杭州参加乡试,中了副贡,成为一个有了功名的人士,这对于他从事革命活动是十分有利的。他担任了山阴县学堂的校长、绍兴府学堂的监督,继续传播科学知识,启发民众觉悟。光绪三十一年(1905),他在绍兴富商许仲卿的资助下,在城内古贡院创办大通师范学堂,并以提倡兵式体操为名,经知府熊起磻批准,到上海购买后膛九响枪五十枝、子弹两万发,实际上是准备革命武装。他邀集绍属各县具有革命思想的地方帮会领袖,利用体操专修科的名义,培训军事干部。同时,他又假托帮助清政府实施征兵,让大通学堂的毕业生回到本乡创办团练,去传播革命种子,并积蓄武装起义的军事力量。

大通学堂分为特别班与普通班两班,前者学生全部都是会党成员,他们只练操习武,不修其他学科,这些学生毕业后都是革命武装的骨干力量。普通班的学生中,有一部分也是会党成员,其余的学生有不少具有革命思想,他们开设国文、史地、数学等课程,但仍有大量时间进行体操和军事训练。依靠内部的严格保密和对外的善于应付,学堂深得知府熊起磻的信任,第一期的教学,进行得十分顺利。由于徐锡麟离校赴日,以后才由秋瑾接办。大通学堂的确为革命培养了不少人材,后来与徐锡麟在安徽同时殉难的陈伯平,就是大通学堂出身的。

作为举人,按照清朝的制度,他可以出钱捐一个官当。出于革命活动的方便,在许仲卿的帮助下,徐锡麟捐得了一个道员。为了联络志士,组织力量,学习新的军事知识,他又邀集青年志士20余人,东渡日本。在那里学习半年后毕业,随即返回祖国。

回国以后,他以候补道员的资格,于1906年分发到安徽省城安庆候差。安徽省巡抚满洲人恩铭,因为徐锡麟在日本学过警察,就派他主持巡警学堂。从此,安徽巡警学堂就成了徐锡麟组织革命、策划起义的基地。经过比较周密的准备,他们计划在这年五月二十八日(7月8日),请巡抚恩铭及省城所有高级官员到巡警学堂参加毕业典礼并观操练,趁机将全省显要一网打尽,宣布起义。

由于当时各地革命党人的活动十分活跃,清朝的官员已经感到草木皆兵,惶惶不可终日,因此加强了防范。老奸巨猾的恩铭原定五月二十八日去巡警学堂,却突然通知提早于二十六日前去,使徐锡麟不得不将起义时间仓促提前,因而组织、联系等工作,受到很大影响。

二十六日那天,恩铭带了一大批官员,来到巡警学堂观操,他不知死已临头。典礼开始时,徐锡麟拔出藏在马靴内的手枪,当场将恩铭击毙。然后与陈伯平、马宗汉两人,率领100多名巡警学生,前往占领军械局。由于起义提前,联系不周,而敌人已经作了准备。到达军械局后,立刻遭到敌人包围。陈伯平在战斗中殉难,而徐锡麟和马宗汉在众寡悬殊的情况下,不幸被捕。起义失败。

当局用一切酷刑审讯徐锡麟,但徐锡麟大义凛然,绝不为屈。他在笔供上说:"革命党本多,在安庆实我一人。"他早把生死置之度外,笔供说:"尔等杀我好了,两手两足剁了,全身砍碎了均可。"[38]他还通过笔供,揭露清朝统治者搞"立宪"的阴谋诡计,号召人民群起革命。他说:"立宪是万万做不到的,革命是人人做得到的。"[39]

　　徐锡麟最后被以十分残酷的方式杀害,年仅 35 岁。徐锡麟所播种的革命种子,不久就在全国范围内茁壮成长,开花结果,革命的浪潮很快就葬送了昏聩腐朽的清王朝。

　　徐锡麟在安徽慷慨就义后还不到 10 天,清朝统治者又于这年六月初六日在绍兴杀害了秋瑾。

　　秋瑾,字璿卿,号竞雄,别号鉴湖女侠。她出生于绍兴的一个官宦家庭,祖父是厦门知府,所以童年和少年是在福建度过的。厦门当时已经被帝国主义强迫开为商埠,因此,外国殖民者的凶横霸道,以及当地土豪劣绅勾结外人鱼肉人民的情况,已使少年时代的秋瑾十分愤慨,孕育了反清救国、复兴民族的革命思想。[⑩]

　　秋瑾从小聪颖,11 岁就学会了做诗。16 岁时,她祖父卸任携眷返绍,居住在城南的和畅堂(现秋瑾故居)。她从表弟单忠勋处学会了骑马、纵跳、击剑等武艺。接着,她父亲秋寿南出任常德、湘潭二县的厘金局总办,携眷到湖南上任。到了湖南以后,秋瑾就在她 22 岁那年,嫁给湘潭人王廷钧为妻。王家是湘潭的首富,王廷钧是个行为不端的纨绔子弟。对于这样的封建婚姻,秋瑾当然是非常痛苦的。1903 年,王廷钧由于贪慕虚荣,在清政府户部里捐了一个主事的职位,带秋瑾和他们的一子一女到北京居住。北京是清朝反动统治的中心,但也是各式人物荟萃、各种思想交流的地方。从闭塞的湘潭来到北京,秋瑾的眼界为之一广。她阅读了许多新的书刊,目击朝廷的昏聩腐败,更加增强了革命意志,并进一步认识到提高女权、提倡男女平等的必要。这就使她萌发了去日本留学、学习新知识、结识革命志士的宏愿,而且终于冲破王廷钧的百计阻挠,在 1904 年把子女带回绍兴,付托给了母亲,自己只身东渡去日本。

　　到日本以后,当年就在日语讲习会毕业。为了筹措学习款项,又从东京返绍一次,在绍兴结识徐锡麟,并参加光复会。随即又赴日进入青山实践女学校读书。在校里,她努力研究女子教育、工艺等学问。为了提倡女子就业,她还悉心研究医药、看护等工作,参考日本书籍,编译了《看护学教程》。当然,对秋瑾来说更重要的是结识革命志士,组织革命工作。秋瑾在东京先后认识了陶成章、鲁迅、陈公猛等同乡人,他们都是爱国人士。在日本,虽然学习任务紧张,革命活动又多,她却每时每刻不忘关心祖国的河山。她在《感时》一诗里写道:"祖国山河频入梦,中原名士孰挥戈。"她在《感愤》一诗里写道:"国破方知人种贱,义高不碍客囊贫;经营恨未酬同志,把剑悲歌涕泪横。"一字一句,都表现了她对于祖国的无比热爱和对革命事业的焦急与热切。

　　当时,清政府觉察到留日学生的反清革命活动,就千方百计与日本政府勾结,让日本文部省颁布《清国留学生取缔规则》,禁止留日学生的爱国活动。当时在日本留学的中国学生达 8000 多人,无不愤慨抗议,罢课交涉。对于日、清勾结的这种卑劣行为,秋瑾当然痛恨欲绝,她决心停学归国,以实际行动进行革命。这样,她就于 1906 年春离开东京,经上海返回绍兴。

到绍兴以后,她曾在明道女学堂担任体操教习,但不久又去吴兴浔溪女校任校,所到之处,都积极宣传革命。为了刺杀敌人的需要,她到上海与陈伯平等制炸药,不慎因炸药爆炸而受伤。1906年冬,她又聘请陈伯平当主笔,在上海创办《中国女报》,以唤起妇女,争取男女平等,参加抗清革命。秋瑾自己写了发刊词和其他许多文章。女报先后出了两期,因经费困难而停刊。1907年春,她应大通学堂同仁的要求,去主持校务,再一次回到故乡绍兴。

秋瑾主持下的大通学堂,立刻成为浙江的重要革命基地。她一面联络光复会和各县的龙华会、平阳党等地方帮会革命组织,一面又联络杭州的浙江新军第二标和浙江武备学堂的军士和学员,筹组统一的光复军。她把光复军的宗旨、制度、服饰、旗号等等,都作了详细而具体的规定。这年夏历五月初,她赶赴上海与陈伯平、马宗汉会晤,密商浙、皖两省起义的计划。最后,她决定五月二十六日为浙江各地起义的时间,派人传达到各处,准备到那天一举起义。但可惜事机不密,金华、兰溪、武义等地的革命活动,在起义日以前先后败露,加上叛徒的破坏,以致起义无法如期发动。徐锡麟在安徽刺杀恩铭的消息传到浙江以后,浙江巡抚张曾敭和绍兴知府贵福都心惊胆战,生怕落得个恩铭的下场。他们从省城调集大批军队,于六月初四日如临大敌地开入绍兴,包围大通学堂,逮捕了秋瑾。

秋瑾在狱中坚贞不屈,正气凛然,不管敌人如何刑讯逼供,除了"秋风秋雨愁煞人"这一诗句外,没有任何供词,使福贵等人无可奈何。秋瑾终于在六月初六日凌晨,从容就义于绍兴轩亭口。轩亭口现在屹立着"秋瑾烈士纪念碑",以供人们凭吊和纪念。

七、文化的承前启后者:蔡元培与鲁迅

在中国乃至世界文化史上,蔡元培和鲁迅是两座耸立的高峰。他们传承中国文化精髓,吸纳世界先进文化,兼收并蓄,去粗取精,以自己的远见卓识和毕生努力,开创中国的新文化,成为中国文化链上的重要一环,起到了承前启后的关键作用。

蔡建国先生在《蔡元培先生传略》[⑩]的前言中说:

> 蔡元培是我国伟大的爱国主义者、民主革命家、杰出的教育家和思想家,为我国的独立、民主、繁荣昌盛而奋斗了终生。在民主主义革命时期,他为振兴中华而提倡民权,宣传和投身反清革命,并致力于批判和废除封建主义的教育制度,奠定了我国新教育体系的基础。他在北京大学的一系列卓有成效的改革,在中国教育史上产生了深远的影响。他注意促进中西文化的交流和融合,大力传播新文化、新思想,为我国的科学、文化、教育事业的繁荣,作出了富有开创性的贡献。他晚

年发起组织中国民权保障同盟,积极营救和保护了一批共产党人和进步人士,为中国的革命事业作出了重要的贡献。

蔡元培在政治、教育、科学、文化、学术等方面给人们留下了极为宝贵的财富,他是中华民族的骄傲。

正是在这种意义上,毛泽东同志称他是"学界泰斗、人世楷模"。他不愧是"现代中国知识界的卓越前驱"。

这里我们着重记述蔡元培对绍兴地域文化的贡献。

蔡元培(原字鹤卿,后自号孑民),清同治六年十二月十七日(1868年1月11日)出生在绍兴城内笔飞弄一个商贾之家。6岁起由塾师授课,在李申甫、王懋修等业师的指导下,刻苦好学,打下了扎实的学业基础。

1886年,蔡元培由田宝祺先生介绍,到同乡藏书家徐树兰的铸学斋做校订工作,同时充当徐树兰侄子徐维则的伴读。田宝祺,是蔡元培在《自写年谱》中视为"生平第一知己"的人物,蔡元培的六叔曾在其家充任塾师多年。田宝祺非常赏识蔡元培的才华,认为可以造就,所以推荐给徐树兰,使其获得进一步读书深造的机会。蔡元培校了哪些书,已无可考,不过他的学生蒋复璁的回忆为我们提供了一些线索。蒋复璁在《蔡元培先生的旧学及其他》一文中说:"民国二十四年我在南京办中央图书馆筹备处的时候,蔡先生到南京来,有一天他对我说他这两天想借一部《绍兴先正遗书》看看。我把书找来给蔡先生送去。他亲口对我说:'这部书是我编的。'我把这书打开来一看,上头刻了一行:'赐进士出身翰林院编修蔡元培编校'。我赶紧说:'我实在荒唐,竟然不知道这书是老师编的。'""就在这一部《绍兴先正遗书》中蔡先生校的有四种:一是《重订周易小义》,下署'山阴蔡元培校',二是卢文弨的《群书拾补初编》,三是《群书拾补补遗》,四是王瑞履的《重论文斋笔录》"。[⑩]当然,蔡元培所校的书也许不止这些,但目前我们所知有确切记载的仅此而已,探究和考证工作只能留待后学。

1889年8月,蔡元培参加恩科乡试,中第23名举人。然后,又上京参加会试,但未及复试便返回故乡。回绍后,曾以贡士的身份应邀担任刚刚成立的上虞县志馆总纂一职。为编好志书,他拟订了《重修上虞县志例言》。因其所提修志体例遭到馆内同人反对,便作《罪言》一篇,将自己拟就的编目与明代万历和清代嘉庆时所修旧县志编目列表比较,说明因革。但说明并不奏效,反对仍很激烈,于是蔡元培辞职归家。后来,县志馆长朱士黻认为蔡元培所拟体例"义例精当,卓然成家",把《例言》刊于新修县志卷末,以供后人审识。此后,蔡元培仍往徐树兰铸学斋读书,读经史所作,历时半年之久。

1894年,蔡元培从绍兴赴京参加散馆考试,随后被授为翰林院学士。1898年,蔡元培回到绍兴,怀抱"志以教育挽彼沦胥"的信念,来到了绍兴中西学堂。这所学校由徐树兰于1897年创办,校舍在龙山脚下古贡院西侧,约有学生30人。学校依学生程度分为三斋,相当于后来的高小、初中和高中一年级,所习课程可谓中西结合,既有经学、词学、史学,又有物理、算术、外语。这是一所颇为新潮的学校,教师也选当时绍兴一流人士,所以很有吸引力。蔡元培与徐树兰是故交,他深厚的国学功底为徐氏所赏识,因此他一回到绍兴就被徐氏聘到学堂作了校长。蔡元培本人对这项工作也很看重,因为他已为自己立下了委身教育的志向,正憧憬着在这一方热土上大展宏图,为国家培养出有用的人才。蔡元培出任校长后,在该校进行了一些改革。他聘任教职人员,修订学堂章程,整理校藏图书,并"移寓学堂",主持校务。外语课程原有英、法二种,他增设日语,辗转托人延聘日籍教师中川外雄来校任教。中西学堂虽然是所新的学校,但其内部新旧两派之争比较激烈。教员中新派人物有马用锡、杜亚泉、胡道南等,都力倡新思想。旧派迁怒于蔡元培,试图把他逐出学堂。徐树兰听信了旧派的言论,便以老前辈身份来教训蔡元培,蔡元培愤而辞职。此后,他还应嵊县剡山书院之聘担任了一段时间的院长,拟对这所旧式学校充实新学,进行改革。在任期间,他多次演讲,大力提倡科学,号召学生根据自己的具体情况、爱好和兴趣,选择自己的发展方向。后因经费不支等原因,校务无从改进,于是辞去院长职务。同一时期,诸暨县的丽泽书院也聘请蔡元培为院长,他未赴任,但他仍对书院表达了自己的意见,建议书院改为新式学校。1901年8月,蔡元培应邀请到上海澄衷中学任教,从此离开了绍兴。

蔡元培对绍兴地域文化作出的一大贡献是整理出版了李慈铭的《越缦堂日记》。李慈铭一生坚持记日记40年之久,达数百万言,其中对清代同、光朝政和北京等地社会风貌有生动具体的记述,尤其是大量的读书札记,文史价值甚高。李慈铭病逝后,蔡元培受其家人之托,对70余册李氏日记曾作初步整理,以备刻印。后来,沈曾植、刘翰怡、缪荃孙等人也先后筹划印行,都未能实现。

蔡元培与李慈铭及他的《越缦堂日记》有着非常特殊的关系。1889年8月,蔡元培中举,当时在北京任御使的李慈铭阅读浙江官版《题名录》时,在全省137名举人中只把蔡元培和沈宝琛2人的姓名、籍贯记入日记。稍后李慈铭又在《郇学斋日记》记载了蔡元培会试后延期复试的原因。1892年春,蔡元培被授为翰林院学士。但他在翰林院里并没有多少事可做,对京官生活也渐趋冷漠。此时,应李慈铭的邀请,蔡元培兼任李氏嗣子李庆候的家庭教师,为其讲授《春秋左氏传》,同时还为李慈铭代阅天津问津书院的课卷,平时即寓居李宅。1894年底,李慈铭病逝,李家南归,蔡元培移居绍兴会馆。1919年初,蔡元培与友人商定,"仿曾湘乡日记例",以影印方式刊出李氏日记。他约请张弧、傅增湘、王幼山、王式通4人作为发起人谋求社会的支持,得到李慈铭的故友及文化出版界的大力赞助。蔡元培进而与主持商务印书馆的张元济议定出版事宜。此时,他闲居沪、杭,得以专心致力于日记的编印。其间,李慈铭之侄李璧臣带来日记64册(另有9册由樊增祥取走),蔡元培翻检后与之商议,决定先印同治癸亥至光绪戊子,即1863—1888年的日记51册,取越缦堂为其共名,以浙江公会名义付印。此后,从送交书稿、审定书样到题签书名、商议书价,蔡元培都亲自经手。到1920年,《越缦堂日记》终于影印问世。1933年10月,时任国立北平图书馆馆长的蔡元培又发起印行《越缦堂日记补》,该书1935年10月由商务印书馆出版。[⑩⑩]

蔡元培对绍兴地域文化作出的又一大贡献是培养和发现了许多文化人才,鲁迅便是其中之一。

1881年9月25日,鲁迅诞生在绍兴城内的都昌坊口。鲁迅原名周树人,字豫才,是我国著名的现代文学家、思想家和革命家。

鲁迅从小生长在绍兴,他童年读书和嬉耍的环境,在他的《从三味书屋到百草园》一文中有生动的描写。鲁迅童年和少年时代的绍兴城乡自然环境和社会情况,在他的许多小说如《社戏》、《阿Q正传》、《孔乙己》、《风波》、《药》、《祝福》、《故乡》等中,也都有所反映。

自从1898年去南京水师学堂求学后,他只有从日本归来,即清朝末年和民国初年在绍兴中学堂和山会初级师范学堂教书的时期,居住在绍兴。1912年鲁迅应蔡元培的邀请去教育部工作。鲁迅离开绍兴去北京以后,从北京到厦门,从厦门到广州,最后又从广州到上海定居,其间除了1913年、1916年两度回家探亲,以及最后于1919年回绍兴搬家外,直到他于1936年逝世,就很少再回故乡。鲁迅一生中在故乡的时间不算很长,特别是他一生事业中的重要时期,都不在故乡。但是,鲁迅是个热爱故乡的人,他对他从小长大的这块乡土,有十分深厚的感情,对地方文化也作出了重要贡献。

1909年6月,鲁迅从日本回国后,即到杭州浙江两级师范学堂任教一年。1910年秋,回到故乡的绍兴中学堂任教。为了把现代科学知识大量地传授给故乡的学生和社会,他在繁重的教学工作之余,十分重视在故乡开展科学普及的工作。当时,绍兴有一种杂志叫做《越社社刊》,他就在这个刊物上发表一些科学普及的文章,为桑梓人民普及科学知识服务。现在可以查到的还有两篇,一篇是《会稽山采植物记》,[⑩④]记载他到禹陵附近的会稽山采集植物标本的经过。他曾经攀上会稽山的陡峭悬崖,采到了一种叫做"一叶兰"的稀见植物。鲁迅在杭州的浙江两级师范学堂任教时,除了自己的繁重课程外,还兼任当时日籍植物学教师铃木珪寿的翻译。当时,他几乎每星期六下午都带学生到野外去采集植物标本。[⑩⑤]因此,到了绍兴,他仍继续这个工作。另外一篇是《镇塘殿前观潮》。[⑩⑤]镇塘殿在绍兴东北孙端镇附近的海塘上,属于东江塘的一部分。

此文除了记载这里的海潮外,还写了他趟进长满芦苇的泥塘,采集长在泥塘中的水生植物——野菰的经过。这些科普文章的发表,对当时相当闭塞的绍兴社会,当然是很有作用的。

绍兴在历史上是个文化发达的地方,自古以来流传下来的文化遗产很多,历代也很注意这些文化遗产的保藏和传播。但从清代中叶起,由于政治腐败,文化也开始衰落。以修纂府志为例,明朝200多年中,官修和私修的府志达七、八种。清朝初期,仅康熙一朝60年中,府志就修纂过5次。但从乾隆五十七年(1792)最后一次修志后,到鲁迅所在的时期,相隔已经100多年,府志竟未曾修纂过一次。不仅如此,过去流传的许多文献,也已经大量散失,这是鲁迅深感痛心的。因此,清末民初,他曾花费了大量精力,从各种古籍中辑录有关会稽郡的历史文献,包括三国吴谢承的《会稽先贤传》、晋虞豫的《会稽典录》、三国吴朱育的《会稽土地记》、晋贺循的《会稽记》、南北朝宋孔灵符的《会稽记》、夏侯曾先的《会稽地志》等8种文献,使这些方文献得到部分的复原。鲁迅把这些文献合为一帙,名为《会稽郡故书杂集》,[⑩]于1915年在北京木刻印行,保存了濒于散失的乡土文献。鲁迅在此书序言中说:"会稽故籍零落,至今未闻后贤为之纲纪,乃创就所见书传,刺取遗篇,累为一帙。"大家知道,鲁迅的经济情况,特别是在那个时候,非常拮据。但他不惜花费大量精力和财力,印行此书,在当时的确不是一件轻而易举的事。因为"会稽故籍零落",所以热爱乡土的鲁迅,义不容辞地承担了这样的责任。此书手稿本3册,至今仍然保存在北京的鲁迅纪念馆,成为绍兴乡土文献中的珍品。

除了乡土文献外,对于其他乡土文物,鲁迅也十分留意,特别是对于绍兴出土的砖瓷及其拓本。有关这类文物,除了道光十年(1830)杜春生编纂的《越中金石记》十卷外,此后就不再有人从事这方面的研究。所以鲁迅从早年起就锐意搜集故乡的砖瓷和拓本,打算撰写一部《越中专录》的专著,为乡土文物事业贡献力量。当然,这是一种非常花钱的工作,鲁迅自己知道:"资力薄劣,俱不易致。"[⑩]经过十几年辛勤劳动,他获得了古砖20余种和一些拓本。但是后来家庭迁徙,收藏被人侵吞,只剩下大同十一年(545)的古砖1枚和古砖拓本173种。鲁迅编写《越中专录》的愿望虽然没有实现,但是他辛勤搜集了许多资料,仍然为绍兴保存了不少珍贵的文献。1960年该拓本由北京文物出版社影印出版,书名《俟堂专文杂集》。

注释:

① 袁宏道《初至绍兴》(《袁宏道集笺校》卷八):"闻说山阴县,今来始一过。舴方革履小,土

比鲫鱼多。聚集山如市,交光水似罗。家家开老酒,只少唱吴歌。"

② 　缪进鸿《历代浙江人才的初步研究》,《东南文化》1989 年第 6 期。

③④　任桂全总纂《绍兴市志》卷四十四,浙江人民出版社 1996 年版。

⑤ 　傅振照主编《绍兴县志》第 41 编,中华书局 1999 年版。

⑥ 　《南史·沈踽传》。

⑦ 　参见《余姚市志》第 31 编,浙江人民出版社 1993 年版。

⑧ 　《晋书·虞预传》曰:"著《会稽典录》二十篇,……皆行于世。"而《隋书·经籍志》卷二、《旧唐书·经籍志》卷上、《新唐书·艺文志》卷二等均作 24 卷。

⑨ 　参见明嘉靖《余姚县志》、明万历《余姚县志》、清乾隆《余姚志》、清光绪《余姚县志》等。

⑩⑪⑬　《旧唐书·虞世南传》。

⑫ 　张怀瑾《书断》。

⑭ 　朱顺佐、张能耿《江南人才名镇—陶堰》,浙江大学出版社 1993 年 5 月版。

⑮ 　参见《会稽陶氏族谱》及《江南人才名镇—陶堰》。

⑯ 　刘宗碧《王守仁在贵州时期的哲学思想》,《中国哲学史研究》1984 年第 2 期。

⑰ 　参见黄宗羲《明儒学案》卷一二《浙中王门学案二》。

⑱ 　参见黄宗羲《明儒学案》卷一一《浙中王门学案一》。

⑲ 　黄宗羲《浙中王门学案一》,《明儒学案》卷一一。

⑳ 　张元忭《答田文学》,《明儒学案》卷一五《浙中王门学案一·不二斋论学书》。

㉑ 　张元忭《寄冯纬川》,《明儒学案》卷一五《浙中王门学案一·不二斋论学书》。

㉒ 　张元忭《答周海门》,《明儒学案》卷一五《浙中王门学案一·不二斋论学书》。

㉓ 　何秀山《通俗伤寒论·序》。

㉔ 　何廉臣《通俗伤寒论·序》。

㉕ 　李伯元《文明小史》,上海古籍出版社 1997 年版。

㉖ 　周作人《周作人回忆录》,湖南人民出版社 1982 年版。

㉗ 　汪辉祖《佐治药言》"勿轻令人习幕"条。

㉘ 　汪辉祖《佐治药言》"自处宜洁"条。

㉙ 　王士性《广绎志》卷四。

㉚㉛㉜㊴　《吴越春秋》卷七。

㉝㉞㉟㊱　《吴越春秋》卷九。

㊲㊳　《吴越春秋》卷一〇。

㊵ 　《越绝书》卷一三。

㊶㊾　《越绝书》卷八。

㊷ 　范蠡撰《养鱼经》一卷,在《旧唐书·经籍志》及《新唐书·艺文志》中均有著录。《水经·沔水注》说:"白马陂水又东,入侍中襄阳侯习郁鱼池,郁依范蠡《养鱼法》作大陂,陂长六十步,广四十步。"说明此书在晋代已经流行。此书亡佚已久,零星部分辑存于《齐民要术》卷

六之中。

㊸㊺ 《后汉书·王充传》。

㊹ 《后汉书·肃宗孝章帝纪》。

㊻ 《后汉书·王充传》注引谢承语。

㊼ 《三国志·吴志·虞翻传》裴松之注引《会稽典录》。

㊽ 莫伯骥《五十万卷楼群书跋文》子部一《论衡》。

㊾㊿(51)(52)(55) 王充:《论衡·书虚篇》。

(54) 《吴越春秋》卷六。

(56) 《河姆渡遗址动植物遗存的鉴定研究》,《考古学报》1978年第1期。

(57) 钱培名《越绝书札记》,《小万卷搂丛》及《龙溪精舍丛书》。

(58) 张宗祥校本《越绝书》张宗祥序。

(59) 乾隆《醴泉县志》毕沅序:"一方之志,始于《越绝》";朱士嘉:《宋元方志传记索引》序:"《越绝书》是现存最早的方志。"

(60) 周中孚《郑堂读书记》卷二六。

(61) 万历《绍兴府志》卷五八。

(62) 郭钰《古越书》凡例。

(63) 《晋书·王羲之传》。

(64) 此文名称甚多,如《兰亭序》、《曲水序》、《兰亭诗序》、《兰亭记》、《临河记》、《兰亭修禊序》、《上巳日会兰亭曲水诗并序》、《三月三日兰亭诗序》等等。

(65)(66) 《水经·浙江水注》。

(67) 康熙《绍兴府志》卷八墨池引华镇《兰亭记》。

(68) 吕祖谦《入越记》。

(69) 全祖望《宋兰亭石柱铭》,《鲒埼亭集》卷二四。

(70) 文征明《兰亭记》,《甫田集》卷二九。

(71) 张岱《古兰亭辩》,《琅嬛文集》卷三。

(72) 锺嵘《诗品》卷三。

(73) 《宋书·谢灵运传》。

(74) 此文收入于明张溥编《汉魏六朝一百三家集》及清严可均辑《全宋文》。

(75) 因原文在记载树木处缺佚两字,故所记树木可能有16种。

(76) 郝昺衡《谢灵运年谱》,《华东师范大学学报》1957年第3期。

(77) 《新唐书·贺知章传》。

(78) 《对酒忆贺监(二首)》,《全唐诗》卷一八二。

(79) 流传至今的主要有其子陆子虡编定的《剑南诗稿》85卷、《渭南文集》(包括文章与词)50卷。

(80) 《宋渭南伯放翁公游记略》,《山阴梅湖陆氏宗谱》卷一。

㉛ 嘉泰《会稽志》20 卷,历来好评甚多,宋陈振孙《书录解题》卷八说:"气壮文雅,盖奇作也";《四库全书总目提要》卷六八说"不漏不支,叙次有法";清卢文弨《嘉泰会稽志跋》(《抱经堂文集》卷九)说:"简详得中,纪叙典核。"

㉜ 参见黄宗羲《明儒学案》卷一〇《姚江学案》。

㉝㉞㉟㊱㊲㊳ 《传习录》卷下。

㊴ 袁宏道《徐文长传》,《徐渭集》附录,中华书局 1983 年版。

㊵㊶ 徐渭《拟上府书》,《徐渭集·徐文长三集》卷一六,中华书局 1983 年版。

㊷ 汤显祖在《玉茗堂牡丹亭序》中说:"《四声猿》乃词坛飞将,辄为之演唱数通,安得生致文长,自拔其舌!"

㊸ 陶望龄《徐文长传》,《徐渭集》附录,中华书局 1983 年版。

㊹㊺㊻ 袁宏道《徐文长传》,《徐渭集》附录,中华书局 1983 年版。

㊼ 《绍兴县志资料》第一辑第十六册《人物列传》。

㊽㊾ 《皖案徐锡麟遗事》,上海裕记书庄光绪三十三年(1907)版。

100 朱耀庭《秋瑾》,浙江人民出版社 1957 年版。

101 蔡建国编《蔡元培画传》,上海人民美术出版社 1988 年版。

102 蒋复璁《蔡元培先生的旧学及其他》,《蔡元培传记资料》卷九,台湾天一出版社 1999 年版。

103 参见蔡元培《印行〈越缦堂日记补〉缘起》,《蔡元培全集》第六卷,中华书局 1984 年版。

104106 周建人《鲁迅与自然科学》,《回忆鲁迅》,上海人民出版社 1976 年版。

105 方各《鲁迅先生在浙江两级师范学堂》,《浙江日报》1979 年 7 月 27 日。

107 此书收入于 1946 年作家书屋、1948 年大连光华书店、1973 年人民文学出版社《鲁迅全集》第 8 卷。单行本除全集出版社出版的外,香港新月出版社 1962 年也有此书单行本出版。

108 《俟堂专文杂集》题记。

后　记

　　上世纪70年代之末,由于政治气氛有了一些松动,上海人民出版社的吴慈生先生专程到杭州索稿,要我写一本《绍兴史话》。[①]他知道我是绍兴人,"文革"前曾在《地理学报》写过几篇有关这个地区的专题论文,手头必有资料,写一本通俗的地方史话或许是举手之劳。确实,我对故乡是有深厚感情的,写《史话》属于义不容辞。但是我接受稿约的重要原因,却是因为感到历史学方面的有些禁锢在当时已被逐渐打开。历史不一定就是阶级斗争史,也不一定就是农民起义史。当时,不少知识分子包括一些当官的,仍然心有余悸。我算是胆大的,其实也是在某种意义上看透了时代潮流的,所以我就毫不犹豫地接受了这个任务。

　　这是当时写《史话》的情况。《史话》或许让那些绷紧了"阶级斗争"琴弦的人们知道,除了《社会主义好》和《大海航行靠舵手》之类以外,在人间的乐器中,还可奏出一些赏心悦耳,不令人紧张厌倦,而是有益无害的曲子。正如《余杭县志》主编周如汉先生在《两教授》[②]一文中所说:"那次我回绍兴去,买了一本陈先生写的《绍兴史话》,读后深感他对绍兴史事研究之深,表述之精,使我这个故乡游子了解绍兴古老而值得自豪的历史……"。《史话》是一本通俗读物,周先生对它的评价未免过高,但我自己在写作时确实注意了阅读对象的问题,尽量注意到眼下流行的所谓的"可读性"。当然可读性不能影响科学性,我后来曾为《绍兴酒文化》[③]一书作《序》,提及了这本《史话》的事,我说:"我做研究工作,写文章,素来主张言必有据。"《绍兴史话》虽然是本小册子,但是我还是尽可能地注明资料的出处。总的说来,当年写《史话》,为的是既给读者以一些正确的知识,也不妨作为茶余酒后的谈助,尽量不想板起面孔,而让内容表现得轻松一些。

这本《绍兴简史》和《史话》显然有些不同。我们当然不敢自诩是一本学术著作,但是这毕竟是一本史书,而作为史书,不管是简是繁,从体例、格局到内容,必须遵循史书的规范。尽管我们还是尽量注意少让读者感到它板起面孔,可根据前几年和车越乔先生合撰《绍兴历史地理》的经验,要把此书写得像《史话》一样,显然是有困难的。

随意举个例子,《史话》的第一章名为《远古的绍兴》。"远古",写《史话》则可,写《简史》却不可。这是因为"远古"一词,没有严格的时间概念。摊开地质年代表,太古代、元古代,都是"远古",《史话》可以随意聊聊,但《简史》则不行,因为太古代、元古代的绍兴是个什么样子,我们一点资料也不掌握,所以就无法"简述"。兰亭附近有石灰岩,原来有个叫灰灶头的地方,人们在那里从事采掘,这里的石灰岩生成于古生代的寒武纪,距今已有 6 亿年;城东的吼山、远门山,城西的羊山、柯山,都有大量的凝灰岩,这是中生代侏罗纪的产物,距今也已有好几千万年,但那个时候绍兴的概貌,我们也不知道。所以,在《简史》中,第一章我们就定名为《史前的绍兴》。"史前"是个有时间概念的历史学名词,与"史前时期"相对的时期是"历史时期"。这两个词汇并不像"远古"那样的笼统无际,它不仅有时间性,而且有区域性。总起来说,我们希望这本书不仅有可读性,而且有科学性。

越虎君在主编整套丛书的同时,和我一起撰写《绍兴简史》一书,我们共同商议了本书的提纲,确定了本书的体例和写法。他协助我整理资料,并负责查找图片、校核全书,做了大量的工作,还独立完成了若干章节的撰稿任务,实属不易。

杨乃燕、潘宝木、钟守成等先生为本书提供了精彩的照片,我们还从《绍兴市志》和《绍兴县志》中采录了一些图照,限于《丛书》的体例,不能在书中一一注明,特在此表示谢意!

陈桥驿

2003 年 10 月 10 日于浙江大学

注释：

① 上海人民出版社 1982 版。

② 《霜林集——修志漫笔》，上海科学技术文献出版社 1994 年版，又附录于《陈桥驿方志论集》，杭州大学出版社 1997 版。

③ 绍兴市政协编，中国大百科全书出版社 1990 年版。

原著署　陈桥驿　颜越虎著

中华书局 2004 年版